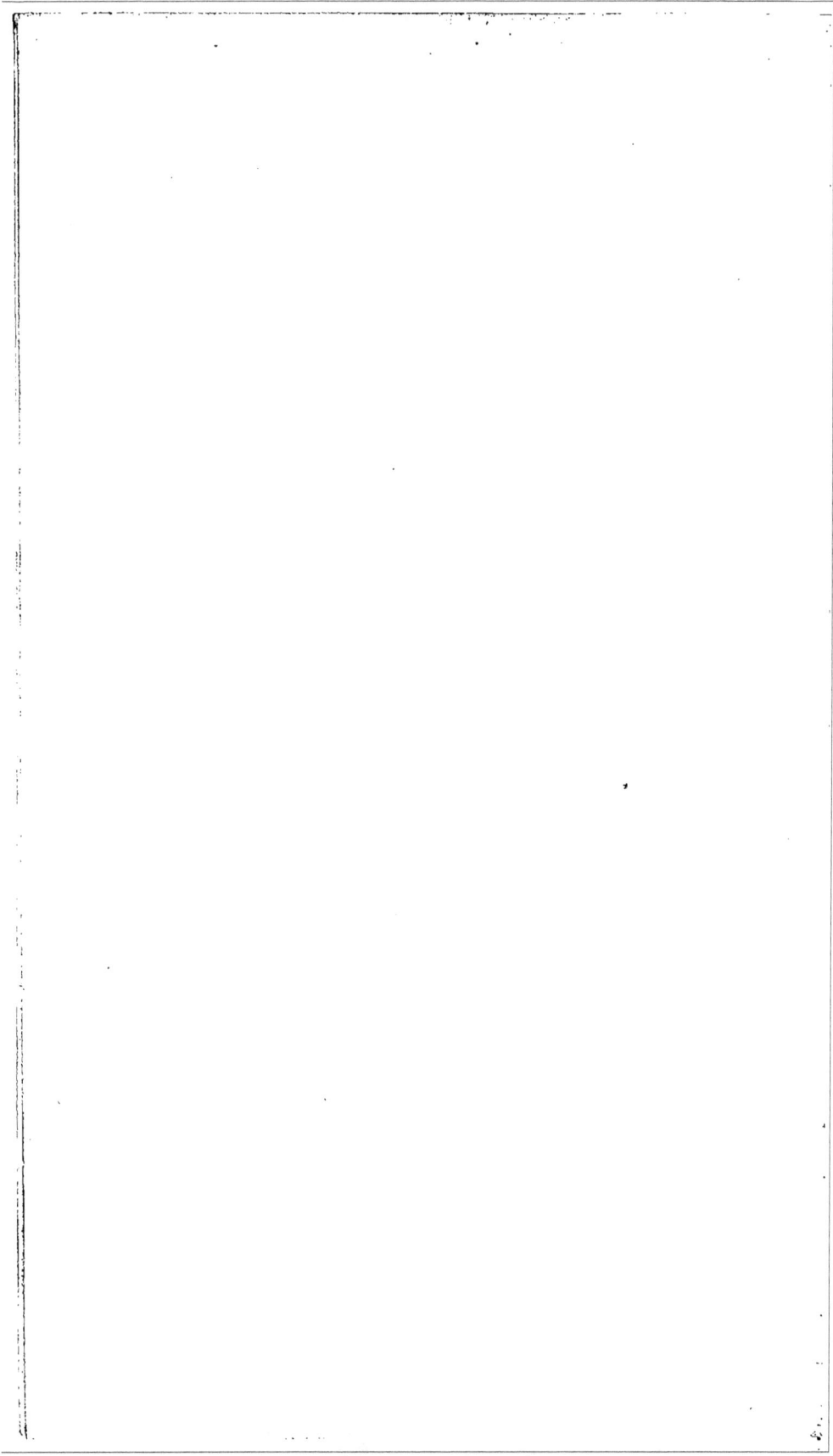

LOIS, DÉCRETS,

ORDONNANCES, RÉGLEMENS,

AVIS DU CONSEIL-D'ÉTAT.

———

TOME VINGT-HUITIÈME.

DE L'IMPRIMERIE DE A. GUYOT,

IMPRIMEUR DU ROI, DE LA MAISON D'ORLÉANS,

ET DE L'ORDRE DES AVOCATS AUX CONSEILS ET A LA COUR DE CASSATION,

Rue Neuve-des-Petits-Champs, N° 37.

COLLECTION COMPLETE

DES

LOIS,

Décrets, Ordonnances, Réglemens,

AVIS DU CONSEIL-D'ÉTAT,

PUBLIÉE SUR LES ÉDITIONS OFFICIELLES DU LOUVRE; DE L'IMPRIMERIE NATIONALE,
PAR BAUDOUIN; ET DU BULLETIN DES LOIS;

(De 1788 à 1830 inclusivement, par ordre chronologique),

Continuée depuis 1830;

Avec un choix d'*Actes inédits*, d'*Instructions ministérielles*, et des Notes sur chaque Loi,
indiquant : 1° les Lois analogues; 2° les *Décisions* et *Arrêts* des Tribunaux et du Conseil-
d'État; 3° les *Discussions* rapportées au Moniteur;

SUIVIE D'UNE TABLE ANALYTIQUE ET RAISONNÉE DES MATIÈRES,

PAR J. B DUVERGIER,

Avocat à la Cour royale de Paris.

TOME VINGT-HUITIÈME.

Deuxième Edition.

PARIS

CHEZ A. GUYOT ET SCRIBE, LIBRAIRES-ÉDITEURS,

RUE NEUVE-DES-PETITS-CHAMPS, N° 37.

1835.

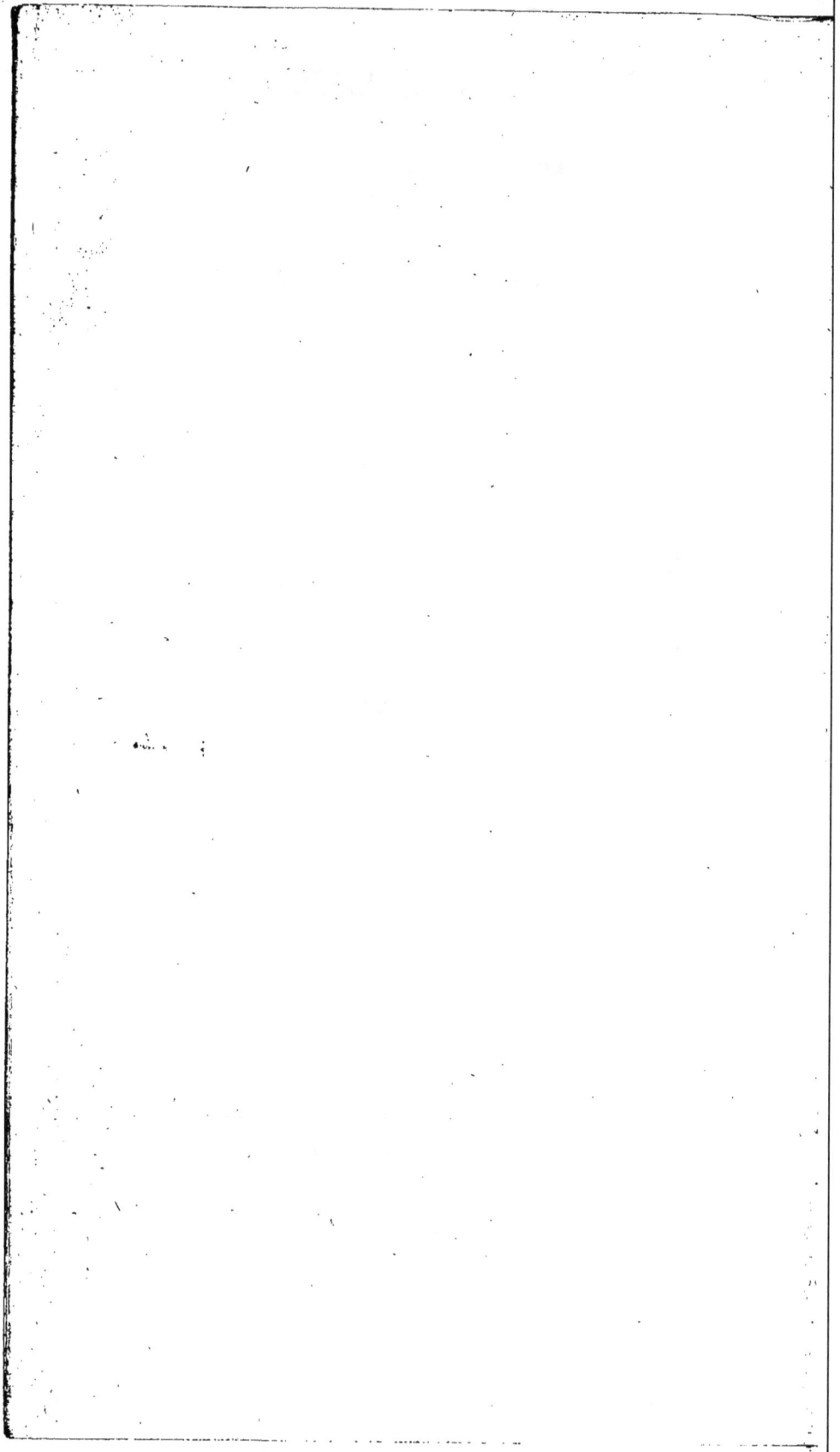

COLLECTION COMPLÈTE

DES

LOIS, DÉCRETS,

ORDONNANCES, RÉGLEMENS,

ET

AVIS DU CONSEIL-D'ÉTAT,

DEPUIS 1788 JUSQU'A 1830.

●●

MONARCHIE CONSTITUTIONNELLE. — CHARLES X.

➤●●◄

3 = Pr. 12 JANVIER 1828. — Ordonnance du Roi concernant la poursuite des contraventions à l'article 3 de l'ordonnance royale du 14 août 1816, qui défend expressément à tous pêcheurs et autres d'acheter en mer du hareng de pêche étrangère. (8, Bull. 208, n° 7733.)

Charles, etc.

Sur le rapport de notre ministre secrétaire d'État des finances;

Vu l'ordonnance royale du 14 août 1816, portant réglement sur la pêche du hareng et du maquereau, et spécialement les articles 3 et 34;

Vu les articles 2 et 3 de notre ordonnance en date du 27 septembre 1826, par lesquels les officiers et employés de nos douanes sont chargés de constater, avec ou sans le concours des syndics de pêche, les contraventions pré-vues par l'article 3 de l'ordonnance précitée du 14 août 1816, sauf à déférer les délin-quans aux tribunaux compétens en matière de douanes;

Considérant qu'il doit y avoir unité de com-pétence et de peines pour les mêmes contra-ventions, et qu'il résulte cependant de notre ordonnance du 27 septembre 1826 que deux ordres de juridiction et de condamnations sont appliqués aux contraventions à l'article 3 de l'ordonnance du 14 août 1816;

Voulant remédier aux inconvéniens qui résultent de cet état de choses (1);

Notre Conseil-d'État entendu,

Nous avons ordonné et ordonnons ce qui suit :

Art. 1er. Les contraventions à l'art. 3 de l'ordonnance royale du 14 août 1816 qui se-ront constatées à l'avenir par les officiers et

(1) L'article 34 de l'ordonnance du 14 août 1816 attribue aux tribunaux de police correc-tionnelle la connaissance des contraventions cons-tatées par les syndics des pêcheurs ; les articles 2 et 3 de l'ordonnance du 27 septembre 1826 attri-buent la connaissance des mêmes contraventions, lorsqu'elles sont constatées par les employés et

officiers de douanes, *aux tribunaux compétens en matière de douanes*, c'est-à-dire, sans doute, aux juges-de-paix (art. 3 et 4 de la loi du 14 fructidor an 3; art. 6 et 13, tit. 4. de la loi du 9 floréal an 7; art. 16 et 29 de la loi du 17 dé-cembre 1814; ordonnance du 30 octobre 1816).

28.

1

employés de nos douanes, avec ou sans le concours des syndics de pêche, seront poursuivies par voie de police correctionnelle, et déférées à nos tribunaux de première instance comme si elles avaient été constatées par les syndics de pêche. En conséquence, les agens des douanes requerront, dans leurs procès-verbaux, l'application des condamnations portées en l'article 3 précité de l'ordonnance du 14 août 1816.

2. Nos ministres secrétaires d'Etat des finances et de l'intérieur (comte de Vil'èle) sont chargés de l'exécution de la présente ordonnance.

3 JANVIER 1828. — Ordonnance du Roi portant nomination de deux conseillers d'Etat en service extraordinaire. (8, Bull 208, n° 7734.)

3 JANVIER 1828. — Ordonnance qui accorde des lettres de déclaration de naturalité au sieur François. (8, Bull. 216, n° 11307.)

3 JANVIER 1828. — Ordonnance qui accorde des lettres de naturalisation en faveur du sieur Vanden-Abbeille, dit Abel (Pierre-Jean), né dans les Pays-Bas, le 24 septembre 1783. (8, Bull. O., 2e sect., n° 3953.)

3 JANVIER 1828. — Ordonnance qui admet les sieurs Drewel et Autelet à établir leur domicile en France. (8, Bull. 209, n° 7814.)

3 JANVIER 1828. — Ordonnance qui autorise le sieur Garant à établir un *lavoir à bras* pour le lavage du minerai de fer sur sa propriété sise à Montbleuse, commune d'Etrelle, département de la Haute-Saône. (8, Bull. 217, n° 8062.)

3 JANVIER 1828. — Ordonnance qui accorde des lettres de déclaration de naturalité au sieur Charvey. (8, Bull. 220, n° 8116.)

3 JANVIER 1828. — Ordonnance qui accorde des lettres de déclaration de naturalité au sieur Touglet. (8, Bull. 263, n° 9915.)

3 JANVIER 1828. — Ordonnance qui autorise le consistoire israélite de Metz, département de la Moselle, à accepter une inscription de 25 fr. de rente sur l'Etat, offerte par le sieur Hayamsohn-Créhange, pour le soulagement des pauvres israélites de cette ville. (8, Bull. 217, n° 8064.)

4 = Pr. 8 JANVIER 1828. — Ordonnance du Roi portant nomination à plusieurs ministères. (8, Bull. 205, n° 7679.)

Art. 1er. Le sieur comte Portalis, pair de France, est nommé ministre secrétaire d'Etat au département de la justice et garde-des-sceaux.

Le sieur comte de la Ferronnaye, pair de France, est nommé ministre secrétaire d'Etat au département des affaires étrangères.

Le sieur vicomte de Caux, membre de la Chambre des députés, est nommé ministre secrétaire d'Etat de l'administration de la guerre.

La présentation aux emplois vacans dans l'armée nous sera faite désormais par notre bien-aimé fils le Dauphin. Les nominations seront contre-signées par le ministre de l'administration de la guerre (1).

Le sieur vicomte de Martignac, membre de la Chambre des députés, est nommé ministre secrétaire d'Etat au département de l'intérieur.

Sont distraites des attributions du ministre de l'intérieur celles qui sont relatives au commerce et aux manufactures. pour être réunies aux attributions actuelles du bureau de commerce et des colonies (2).

Le sieur comte de Saint-Cricq, membre de la Chambre des députés, est nommé ministre secrétaire d'Etat, président du conseil supérieur de commerce et des colonies (3).

Le sieur comte Roy, pair de France, est nommé ministre secrétaire d'Etat au département des finances.

2. A l'avenir, l'instruction publique ne fera plus partie du ministère des affaires ecclésiastiques (4).

3. Notre ministre secrétaire d'Etat au département de la marine et des colonies (comte de Chabrol) est chargé de l'exécution de la présente ordonnance.

4 = Pr. 8 JANVIER 1828. — Ordonnance du Roi qui élève à la dignité de pairs du royaume MM. les comtes de Villèle, de Peyronnet et Corbière. (8, Bull. 205, n° 7681.)

Art. 1er. Les sieurs comte de Villèle, comte de Peyronnet et comte de Corbière, sont élevés à la dignité de pairs du royaume, pour en jouir eux et leurs descendans en ligne directe, naturelle et légitime, de mâle en mâle et par ordre de primogéniture, ainsi que des

---

(1) *Voy.* ordonnance du 17 janvier 1828, qui modifie celle-ci, en ce qui touche le ministre de la guerre.

(2) *Voy.* ordonnance du 6 janvier 1824, portant institution du conseil supérieur du commerce et des colonies.

(3) *Voy.* ordonnance du 20 janvier 1828, qui détermine les attributions du ministre du commerce.

(4) *Voy.* ordonnance du 26 août 1824; ordonnance du 1er février 1828, qui nomme le grand-maître de l'Université, et l'ordonnance du 10 février 1828, qui nomme le grand-maître *ministre secrétaire d'Etat de l'instruction publique.*

droits, honneurs et prérogatives qui y sont attachés. Il est dérogé, à leur égard, à l'article 1er de l'ordonnance du 25 août 1817 (1).

2. Notre ministre secrétaire d'État au département de la marine et des colonies (comte de Chabrol) est chargé de l'exécution de la présente ordonnance.

4 JANVIER == Pr. 21 AVRIL 1828. — Ordonnance du Roi portant que M. le comte de Villèle, ancien président du conseil des ministres et ministre secrétaire d'État au département des finances, jouira en cette qualité d'une pension de douze mille francs sur les fonds du Trésor royal. (8, Bull. 225 bis, n° 3.)

Charles, etc.

Vu la loi du 11 septembre 1807, concernant les pensions des grands fonctionnaires de l'État;

Sur le rapport de notre ministre secrétaire d'État au département de la marine,

Nous avons ordonné et ordonnons ce qui suit :

Art. 1er. Le sieur comte de Villèle, ancien président du conseil des ministres et ministre secrétaire d'État au département des finances, jouira en cette qualité, sur les fonds du Trésor royal, d'une pension annuelle et viagère de douze mille francs, avec jouissance du 4 janvier 1828.

2. Notre ministre secrétaire d'État des finances est chargé de l'exécution de la présente ordonnance, qui sera insérée au Bulletin des Lois.

Donné au château des Tuileries, le 4e jour du mois de janvier, l'an de grâce 1828, et de notre règne le quatrième.

Signé CHARLES.

Par le Roi :

Le pair de France ministre secrétaire d'État de la marine et des colonies,

Signé Cte DE CHABROL (2).

4 JANVIER == Pr. 21 AVRIL 1828. — Ordonnance du Roi portant que M. le comte de Peyronnet, ancien garde-des-sceaux, ministre secrétaire d'État au département de la justice, jouira en cette qualité d'une pension de douze mille

francs sur les fonds du Trésor royal. (8, Bull. 225 bis, n° 4.)

Charles, etc.

Vu la loi du 11 septembre 1807, concernant les pensions des grands fonctionnaires de l'État;

Sur le rapport de notre ministre secrétaire d'État de la marine,

Nous avons ordonné et ordonnons ce qui suit :

Art. 1er. Le sieur comte de Peyronnet, ancien garde-des-sceaux, ministre secrétaire d'État au département de la justice, jouira en cette qualité, sur les fonds du Trésor royal, d'une pension annuelle et viagère de douze mille francs, avec jouissance du 4 janvier 1828.

2. Notre ministre secrétaire d'État des finances (3) est chargé de l'exécution de la présente ordonnance.

4 JANVIER == Pr. 21 AVRIL 1828. — Ordonnance du Roi portant que M. le comte Corbière, ancien ministre secrétaire d'État au département de l'intérieur, jouira en cette qualité d'une pension de douze mille francs sur les fonds du Trésor royal. (8, Bull. 225 bis, n° 5.)

Charles, etc.

Vu la loi du 11 septembre 1807, concernant les pensions des grands fonctionnaires de l'État;

Sur le rapport de notre ministre secrétaire d'État au département de la marine,

Nous avons ordonné et ordonnons ce qui suit :

Art. 1er. Le sieur comte Corbière, ancien ministre secrétaire d'État au département de l'intérieur, jouira en cette qualité, sur les fonds du Trésor royal, d'une pension annuelle et viagère de douze mille francs, avec jouissance du 4 janvier 1828.

Notre ministre secrétaire d'État des finances (4) est chargé de l'exécution de la présente ordonnance, qui sera insérée au Bulletin des Lois.

4 JANVIER 1828 == Pr. 1er DÉCEMBRE 1830. — Ordonnance du Roi (Charles X) qui autorise l'acquisition d'un hôtel, par le ministre de

(1) *Voy.* notes sur cette ordonnance, sur l'ordonnance du 5 novembre 1827, sur l'art. 27 de la Charte et sur l'ordonnance du 19 août 1815.

(2) Nous avons cru devoir rapporter la signature du ministre, pour faire remarquer que c'est le ministre des finances qui a été chargé de l'exécution, et le ministre de la marine qui a contresigné l'ordonnance. — Il n'y a rien à conclure, selon nous, de cette circonstance contre la légalité de l'acte : peu importe qu'il ne soit pas dans les attributions ordinaires du ministre de la marine; car la division des attributions entre les différens ministères est aujourd'hui réglemen-

taire, et il n'y a point incapacité absolue pour un ministre de concourir à des actes qui ne sont pas de son département. Cependant, lorsqu'un ministre est appelé à remplir, pour un certain temps, les fonctions d'un de ses collègues, le Roi rend ordinairement une ordonnance qui lui donne le portefeuille par *interim*. La loi du 27 avril == 25 mai 1791 portait, art. 2 : « qu'il appartient au pouvoir législatif de statuer sur le nombre, la division et la démarcation des départemens du ministère. »

(3 et 4) *Voyez* note sur l'ordonnance précédente.

l'instruction publique, aux frais de l'Université. (9, Bull. O., 25, n° 454.)

Charles, etc.

Sur le rapport de notre ministre secrétaire d'Etat au département de l'instruction publique;

Vu la délibération, en date du 4 décembre 1828, par laquelle notre conseil royal de l'instruction publique demande l'autorisation d'acquérir, au nom et pour le compte de l'université, un hôtel qui sera destiné au logement du ministère de l'instruction publique, au placement du conseil et des bureaux;

De l'avis du comité de l'intérieur et du commerce,

Nous avons ordonné et ordonnons ce qui suit:

Art. 1er. Notre ministre de l'instruction publique, grand-maître de l'Université de France, est autorisé à acquérir, au nom et pour le compte de l'université, moyennant le prix de quatre cent cinquante mille francs, l'ancien hôtel de Rochechouart, sis à Paris, rue de Grenelle Saint-Germain, n° 116 nouveau et 97 ancien, lequel sera destiné au logement du grand-maître, au placement du conseil royal et des bureaux de l'Université.

2. Notre ministre secrétaire d'Etat de l'instruction publique (M. Vatimesnil) est chargé de l'exécution de la présente ordonnance.

4 JANVIER 1828. — Ordonnance du Roi portant nomination de ministres d'Etat, membres du conseil privé. (8, Bull. 205, n° 7680.)

4 JANVIER 1828. — Lettres-patentes portant érection de majorat en faveur de M. de Lavaissière de Vertuzan. (8, Bull. 208, n° 7815.)

6 = Pr. 12 JANVIER 1828. — Ordonnance du Roi qui supprime la direction de la police générale établie au département de l'intérieur. (8, Bull. 208, n° 7735.)

Charles, etc.

Sur le rapport de notre ministre secrétaire d'Etat au département de l'intérieur,

Nous avons ordonné et ordonnons ce qui suit:

Art. 1er. La direction de la police générale établie au département de l'intérieur est supprimée (1).

2. Notre ministre secrétaire d'Etat de l'intérieur (vicomte de Martignac) est chargé de l'exécution de la présente ordonnance.

6 = Pr. 12 JANVIER 1828. — Ordonnance du Roi portant convocation de deux colléges électoraux d'arrondissement. (8, Bull. 208, n° 7738.)

Charles, etc.

Sur le rapport de notre ministre secrétaire d'Etat de l'intérieur;

Vu notre ordonnance du 4 de ce mois, qui nomme pairs de France les sieurs comtes de Villèle et Corbière;

Vu les lois des 5 février 1817, 29 juin 1820 et 2 mai 1827, et les ordonnances des 4 septembre et 11 octobre 1820 et 27 juin 1827,

Nous avons ordonné et ordonnons ce qui suit:

Art. 1er. Le collége du troisième arrondissement électoral de la Haute-Garonne est convoqué à Villefranche pour le 24 février prochain, à l'effet d'élire un député en remplacement du sieur comte de Villèle, appelé à la pairie.

2. Le collége du deuxième arrondissement électoral d'Ille-et-Vilaine est convoqué à Rennes pour le 21 février prochain, à l'effet d'élire un député en remplacement du sieur comte Corbière, appelé à la pairie.

3. Conformément à l'article 6 de la loi du 2 mai 1827, la liste électorale arrêtée le 30 septembre dernier, ainsi que le tableau de rectification prescrit par le même article, seront affichés le 16 janvier dans le département d'Ille-et-Vilaine, et le 19 dans le département de la Haute-Garonne. Les réclamations seront admises dans le département d'Ille-et-Vilaine jusqu'au 15 février, et dans celui de la Haute-Garonne jusqu'au 18 du même mois (2).

4. Il sera procédé aux opérations qui concernent lesdits tableaux et leur clôture, conformément aux ordonnances des 4 septembre 1820 et 27 juin 1827; et aux opérations des colléges électoraux, conformément à l'ordonnance du 11 octobre 1820.

5. Notre ministre secrétaire d'Etat de l'intérieur (vicomte de Martignac) est chargé de l'exécution de la présente ordonnance.

6 JANVIER 1828. — Ordonnance du Roi qui nomme M. de Belleyme préfet de police à Paris. (8, Bull. 208, n° 7736.)

6 JANVIER 1828. — Ordonnance qui nomme M. Delavau conseiller d'Etat en service ordinaire. (8, Bull. 208, n° 7737.)

9 JANVIER 1828. — Ordonnance portant con-

---

(1) Voy. loi du 12 nivose an 4, qui établit un ministère de la police; arrêté du 28 fructidor an 10, qui le supprime; décret du 21 messidor an 12, qui le rétablit; décret du 16 mai 1814, qui le supprime; ordonnance du 9 juillet 1815, qui le rétablit; ordonnance du 29 décembre 1818, art. 2, qui le supprime; ordonnance du 21 février 1820, qui établit une direction gé-

nérale de la police; ordonnance du 9 janvier 1822, qui la supprime, et autorise seulement le ministre de l'intérieur à créer près de lui un directeur de la police.

(2) Voy. notes sur l'ordonnance du 23 décembre 1827, qui convoque le collége départemental de Lons-le-Saulnier.

cession au duc Decazes des mines de houille situées dans l'arrondissement de Villefranche (Aveyron), sous le nom de *concession de Serons et Paleyret*. (Bull. 212, n° 7944.)

9 JANVIER 1828. — Ordonnance qui autorise le sieur Fustigière à conserver et tenir en activité l'usine à fer, dite *forge neuve*, située dans la commune de Saint-Cernin de Reillac, département de la Dordogne. (Bull. 227, n° 8063.)

9 JANVIER 1828. — Ordonnance qui autorise l'inscription de deux cent soixante pensions civiles et militaires. (Bull. 228, n° 1.)

9 = Pr. 26 JANVIER 1828. — Ordonnance du Roi qui modifie celle du 24 octobre 1814, relative au dépôt des exemplaires des écrits imprimés et des épreuves des planches et estampes. (8, Bull. 209, n° 7807.)

Charles, etc.

Sur le rapport de notre ministre secrétaire d'État au département de l'intérieur;

Vu l'ordonnance royale du 24 octobre 1814,

Nous avons ordonné et ordonnons ce qui suit :

Art. 1er. Le nombre des exemplaires des écrits imprimés et des épreuves des planches et estampes dont le dépôt est exigé par la loi, et qui avait été fixé à cinq par les articles 4 et 8 de l'ordonnance royale du 24 octobre, est réduit, outre l'exemplaire et les deux épreuves destinés à notre bibliothèque, conformément à la même ordonnance, à un seul exemplaire et une seule épreuve pour la bibliothèque du ministère de l'intérieur.

2. Notre ministre secrétaire d'État de l'intérieur (vicomte de Martignac) est chargé de l'exécution de la présente ordonnance.

9 JANVIER 1824. — Ordonnance qui nomme M. le comte du Coëtlosquet conseiller d'État en service ordinaire. (8, Bull. 209, n° 7808.)

9 JANVIER 1828. — Ordonnance qui accorde des pensions de retraite à douze militaires y dénommés, imputables sur le crédit d'inscription de l'année 1828. (8, Bull. 211 *bis*, n° 12.)

9 JANVIER 1828. — Ordonnance du Roi qui autorise des exploitations dans les bois ou les réserves de plusieurs communes. (8, Bull. 209, n° 7809.) *Voy.* Code forestier, art. 16 et 90.

11 JANVIER 1828. — Ordonnance du Roi qui nomme M. le maréchal-de-camp Nompère de Champagny directeur-général du personnel au département de la guerre. (9, Bull. 210, n° 7843.)

13 = Pr. 28 JANVIER 1828. — Ordonnance du Roi portant autorisation définitive de la communauté des sœurs hospitalières de la Sainte-Trinité établie à Thodure, département de l'Isère (1). (8, Bull. 210, n° 7845.)

Charles, etc.

Vu la loi du 24 mai 1825;

Vu la déclaration des sœurs hospitalières de la Sainte-Trinité de Thodure, qu'elles adoptent et s'engagent à suivre les statuts des sœurs de la Sainte-Trinité de Valence, approuvés par décret du 16 juillet 1810;

Vu la délibération du conseil municipal de Thodure du 7 novembre 1827, tendant à ce que cet établissement soit autorisé;

Vu le consentement de l'évêque de Grenoble, du 29 novembre 1827;

Sur le rapport de notre ministre secrétaire d'État au département des affaires ecclésiastiques,

Nous avons ordonné et ordonnons ce qui suit :

Art. 1er. La communauté des sœurs hospitalières de la Sainte-Trinité établie à Thodure, département de l'Isère, diocèse de Grenoble, gouvernée par une supérieure locale, dépendante de la supérieure générale, dont la résidence est à Valence, dans la maison chef-lieu de la congrégation, est définitivement autorisée.

2. Notre ministre secrétaire d'État au département des affaires ecclésiastiques (comte de Frayssinous) est chargé de l'exécution de la présente ordonnance, qui sera insérée au Bulletin des Lois.

13 = Pr. 28 JANVIER 1828. — Ordonnance du Roi portant autorisation définitive de la communauté des sœurs de Notre-Dame établie à Saint-Julien d'Empare, département de l'Aveyron (2). (8, Bull. 210, n° 7846.)

Charles, etc.

Vu la loi du 24 mai 1825;

Vu la déclaration des sœurs de Notre-Dame de Saint-Julien d'Empare, qu'elles adoptent et s'engagent à suivre les statuts des sœurs de Notre-Dame de Rodez, enregistrés au Conseil-d'État, conformément à l'ordonnance royale du 1er novembre 1826;

Vu la délibération du conseil municipal de Saint-Julien d'Empare du 15 mai 1827, tendant à ce que cet établissement soit autorisé;

(1) Il nous paraît indispensable d'insérer les diverses ordonnances portant autorisation de communautés religieuses, puisque du fait de l'insertion au Bulletin des Lois dépend, selon nous, l'existence légale de la communauté et sa capacité de recevoir. *Voy.* notes sur l'art. 3 de la loi du 24 mai 1825, t. 25, p. 223.

(2) *Voy.* la note sur l'ordonnance précédente.

Vu le consentement de l'évêque de Rodez, du 26 décembre 1827;

Sur le rapport de notre ministre secrétaire d'Etat au département des affaires ecclésiastiques,

Nous avons ordonné et ordonnons ce qui suit :

Art. 1er. La communauté des sœurs de Notre-Dame, établie à Saint-Julien d'Empare, département de l'Aveyron, diocèse de Rodez, gouvernée par une supérieure locale, est définitivement autorisée.

2. Notre ministre secrétaire d'Etat au département des affaires ecclésiastiques (comte de Frayssinous) est chargé de l'exécution de la présente ordonnance, qui sera insérée au Bulletin des Lois.

---

13 JANVIER 1828.—Ordonnance du Roi portant que M. le vicomte Siméon est nommé directeur au département de l'intérieur, des belles-lettres, sciences et beaux-arts. (8, Bull. 216, n° 8043.)

---

13 JANVIER 1828. — Ordonnance du Roi qui autorise des exploitations dans les bois ou les réserves de plusieurs communes. (8, Bull. 209, n° 7810.) *Voy.* Code forestier, art. 16 et 90.

---

13 JANVIER 1828. — Ordonnances qui autorisent l'acceptation de dons et legs faits aux desservans successifs des succursales de Saint-Fromont, de Ternuay, de Sainte-Colombe, de Zoteux et Becourt, de Burgille; aux fabriques des églises de Meistralzheim, de Chateau-Châlon, de Briey, de Rosheim, de Plédran, de Beaulieu, de Saint-Victor, de Séné, de Trémilly, de Paris, de Vrécourt, de Montchervrel, d'Onge, de Trévenneuc, de Sainte-Colombe, de Saint-Samson, Lanvallay et Lehon, de Lithaire, de Portbail, de Caux, de Damas-au-Bois, d'Arches, de Balz, de Belz, du Bussières, de la Haye-Pesnel, de Sarcelles, de Vannes, d'Orleans, de Monteneuf, de Pluméhan, du Fossat, de Saint-Thomas de Courceriers et de Niederbronn; aux séminaires d'Alby, de Troyes, de Tours et du Mans. (8, Bull. 256, n° 9463 à 9504.)

---

13 JANVIER 1828. — Ordonnance portant concession au duc Decazes du minerai à fer existant dans le terrain houillier d'Aubin, département de l'Aveyron. (8, Bull. 212, n° 7945.)

---

16 JANVIER 1828. — Ordonnance qui accorde des lettres de déclaration de naturalité au sieur Perot. (8, Bull. 284, n° 10930.)

---

16 JANVIER 1828. — Ordonnance qui accorde des lettres de déclaration de naturalité au sieur Ghiglione. (8, Bull. 296, n° 11308.)

---

16 JANVIER 1828. — Ordonnance qui admet les sieurs Diah, Krassel, Eichhoff, Gravé, Jacquemin, Dupont, Braconnier, Chwald, Wren et Porvel, à établir leur domicile en France. (8, Bull. 213, n° 7954.)

---

16 JANVIER 1828. — Ordonnance qui accorde des lettres de naturalité au sieur Grenn. (8, Bull. 213, n° 8017.)

---

16 JANVIER 1828. — Ordonnances qui autorisent l'acceptation de dons et legs faits aux hospices de Pont-le-Roi, de Lombez, d Amplepuis et de Lyon; aux pauvres des Junies, d'Allier, d'Oloron, de Coulans et de Beaumont. (8, Bull. 217, n° 8065 à 8073.)

---

16 JANVIER 1828. — Ordonnances qui autorisent l'acceptation de dons et legs faits aux hospices de Saint-Julien-le-Montagnier, de Mondragon et de Beziers; aux pauvres de Mazères, de Beauvillers et de Lodève. (8, Bull. 218, n° 8083 à 8089.)

---

16 JANVIER 1828. — Ordonnance qui accorde des lettres de déclaration de naturalité au sieur Jacquemond. (8, Bull. 220, n° 8117.)

---

16 JANVIER 1828. — Ordonnance qui autorise le sieur Maille à prendre du service près de sa majesté catholique. (8, Bull. 220, n° 8122.)

---

16 JANVIER 1828. — Ordonnances qui autorisent l'acceptation de dons et legs faits aux pauvres de Meslay et de Lodève et aux hospices de Fains et de Lodève. (8, Bull. 220, n° 8123, 8124 et 8125.)

---

16 JANVIER 1828. — Ordonnances qui autorisent l'acceptation de dons et legs faits aux hospices de Vitry-le-Français, d'Arras, de Mansigné, de Châtillon, d Hyères, d Entrevaux, de Troyes, de Narbonne, d'Aix, de Bergerac, de Lodève, de Saugues, de Thionville, d Angers, de Limoux et de Beziers; aux pauvres de Paris, de Châtillon, de Saint-Jouin, de Verdun, de Narbonne, de Valady, de Plains, de Damprichard, de Trevillers, de Piré, de Luzillé, de Châtelneuf, de Cernans, de Roujan, de Montpellier, de Cosqueville, de Sainte-Honorine-la-Chardonne, de Chomerac, d Amagé-sur-Seulles, de Dôle et de Cressery; aux fabriques de Valady, des Plains et de Damprichard, et à la commune de Valady. (8, Bull. 221, n° 8127 à 8159.)

---

16 JANVIER 1828. — Ordonnances qui autorisent l'acceptation de dons et legs faits aux pauvres de Beuzeville-la-Bastide, de Coudekerque et de Mussy-sous-Dun; aux hospices de Liancourt, de Calais, d'Ardes et de Roye, et à la société d'agriculture de Paris. (8, Bull. 222, n° 8169 à 8176.)

16 JANVIER 1828. — Ordonnance qui accorde des lettres de déclaration de naturalité au sieur Stadler. (8, Bull. 232, n° 8488.)

17 = Pr. 28 JANVIER 1828. — Ordonnance du Roi portant que M. le vicomte de Caux, nommé par ordonnance royale du 4 janvir 1828 ministre secrétaire d'État de l'administration de la guerre, prendra le titre de ministre secrétaire d'État de la guerre, et qui règle le mode de propositions à soumettre à Sa Majesté en ce qui touche le personnel de l'armée. (8, Bull. 210, n° 7842.)

Charles, etc.

Vu notre ordonnance du 4 de ce mois, par laquelle nous avons chargé notre bien aimé fils le Dauphin de nous présenter les nominations aux emplois vacans dans l'armée;

Voulant prévenir toute incertitude sur la nature et l'étendue des fonctions que nous avons confiées au ministre secrétaire d'État chargé par la même ordonnance de l'administration de la guerre;

Sur le rapport de notre ministre secrétaire d'État de l'administration de la guerre,

Nous avons ordonné et ordonnons ce qui suit :

Art. 1er. Le sieur vicomte de Caux, nommé par ordonnance du 4 janvier courant ministre secrétaire d'État de l'administration de la guerre, prendra le titre de *ministre secrétaire d'État de la guerre.*

2. Il conservera les attributions dont se formait le département de la guerre, sauf la présentation aux emplois vacans dans l'armée, que nous avons confiée à notre bien-aimé fils le Dauphin.

3. Le travail préparatoire qui servira de base aux propositions que notre bien-aimé fils nous soumettra sera signé par notre ministre secrétaire d'État de la guerre, et certifié par lui conforme aux lois et ordonnances sur l'avancement dans l'armée.

4. Notre ministre secrétaire d'État de la guerre (vicomte de Caux) est chargé de l'exécution de la présente ordonnance.

18 JANVIER 1828. — Ordonnance qui nomme secrétaire général du ministère de la guerre M. Fourier d'Hincourt, colonel au corps royal d'état-major. (8, Bull. 210, n° 7844.)

20 JANVIER = Pr. 9 FÉVRIER 1828. — Ordonnance du Roi qui porte que M. le comte de Saint-Cirq, nommé par ordonnance royale du 4 janvier 1828 ministre secrétaire d'État, président du conseil supérieur du commerce et des colonies, prendra le titre de ministre secrétaire d'État au département du commerce et des manufactures, et déterminera les attributions de ce nouveau département (1). (8, Bull. 213. n° 7946.)

Voy. ordonnances des 4 JANVIER 1828, et 6 JANVIER 1824.

Charles, etc.

Voulant ne laisser aucun doute sur le but dans lequel, par notre ordonnance du 4 de ce mois, nous avons jugé à propos d'instituer un ministère spécial pour les affaires commerciales et industrielles de notre royaume, et en même temps déterminer les attributions de ce nouveau département de manière à prévenir toute incertitude ou difficulté sur ses rapports avec les autres départemens ministériels;

Notre Conseil entendu,

Nous avons ordonné et ordonnons ce qui suit :

Art. 1er. Les attributions du ministère institué par notre ordonnance du 4 janvier pour les affaires commerciales et industrielles sont :

La suite et la direction des rapports de notre Gouvernement avec les conseils généraux du commerce et des manufactures, les chambres de commerce, les comités et chambres consultatives des arts et manufactures, et autres organes des besoins et des intérêts du commerce et de l'industrie;

La police des bourses de commerce, et la nomination des courtiers et agens de change, à l'exception des courtiers et agens de change près la bourse de Paris, dont la nomination demeure dans les attributions de notre ministre des finances;

L'examen des demandes d'établissement de sociétés anonymes et d'assurances mutuelles, et l'approbation de leurs statuts et réglemens;

Les créations ou suppressions de foires, quand il y a lieu;

La vérification et l'approbation des listes de négocians notables concourant à l'élection des tribunaux de commerce;

La proposition et l'ordonnancement des primes accordées pour les pêches lointaines, et de tous encouragemens jugés nécessaires au développement du commerce et des manufactures, à l'exclusion toutefois des primes consistant seulement dans le remboursement des taxes perçues par le Trésor, le remboursement, dans ce cas, continuant de se faire par l'administration des douanes, sous l'autorité de notre ministre des finances;

L'administration du Conservatoire des arts et métiers et des écoles royales analogues;

---

(1) On peut comparer les attributions actuelles du ministre du commerce et des manufactures avec celles que lui conférait le décret du 19 janvier 1812.

La délivrance des brevets d'invention et l'exécution des lois y relatives;

L'examen et l'approbation des réglemens relatifs aux professions industrielles;

La direction des mesures relatives à l'exposition périodique des produits de l'industrie;

La centralisation, au moyen de ses communications avec les ministres des autres départemens, de tout ce qui, dans les faits constatés par les administrations générales, dans la correspondance de nos agens à l'étranger et aux colonies et des commandans de nos stations dans les diverses mers, est de nature à faire apprécier la marche et les besoins de notre commerce et de notre navigation;

La réunion de tous les documens, y compris ceux créés dans les autres départemens ministériels, propres à mettre en lumière les forces commerciales et industrielles du royaume; la proposition et la direction de toutes enquêtes ayant pour objet de mieux connaître et de distinguer plus sûrement tout ce qui peut hâter leur développement;

La préparation des projets de lois et d'ordonnances relatifs au commerce tant intérieur qu'extérieur.

2. Le sieur comte de Saint-Cricq, nommé par notre ordonnance du 4 janvier courant, ministre secrétaire d'État, président du conseil supérieur du commerce et des colonies, prendra le titre de *ministre secrétaire d'État au département du commerce et des manufactures.*

3. Le crédit accordé au département de l'intérieur pour des parties de service maintenant attribuées au département du commerce et des manufactures, et celui accordé au département des finances pour les dépenses du bureau de commerce et des colonies, seront transportés au budget que le ministre du commerce et des manufactures devra soumettre à notre approbation pour les besoins de son département.

4. Nos ministres secrétaires d'État sont chargés, chacun en ce qui le concerne, de l'exécution de la présente ordonnance.

20 JANVIER = Pr. 9 FÉVRIER 1828.—Ordonnance du Roi qui nomme préfet du département de Seine-et-Oise M. Capelle, conseiller-d'État. (8, Bull. 213, n° 7947.)

Art. 1er. Le sieur Capelle, conseiller d'État, est nommé préfet du département de Seine-et-Oise, en remplacement du sieur de Tocqueville, appelé à la pairie (1).

2. Notre ministre secrétaire d'État au département de l'intérieur (vicomte de Martignac) est chargé de l'exécution de la présente ordonnance.

20 JANVIER 1828. — Ordonnance du Roi portant proclamation des brevets d'invention, de perfectionnement et d'importation, pris pendant le quatrième trimestre de 1827, et des cessions qui ont été faites, durant le cours de ce trimestre, de tout ou partie des droits résultant de titres de la même nature. (8, Bull. 221, n° 8126.)

22 JANVIER 1818. — Ordonnance qui nomme M. de Chaignon président du collège départemental du Jura. (8, Bull. 211, n° 7901.)

23 = Pr. 28 JANVIER 1828. — Ordonnance du Roi portant que la peine à appliquer à tout militaire convaincu d'avoir volé de l'argent de l'ordinaire de ses camarades, ou tout autre effet à eux appartenant, est celle de six ans de fers portée par la loi du 12 mai 1793 (2). (8, Bull. 210, n° 7841.)

Voy. loi du 15 JUILLET 1829.

Charles, etc.

Sur le rapport de notre garde-des-sceaux, ministre secrétaire d'État au département de la justice, relatif au référé prononcé par le jugement du conseil de révision perma-

---

(1) Cette ordonnance est remarquable en ce qu'elle établit l'incompatibilité entre la qualité de pair et les fonctions de préfet. Il y a cependant des exemples contraires.

(2) Cette ordonnance non-seulement décide la question d'abrogation de la loi du 12 mai 1793, mais en outre suppose que le pouvoir d'interpréter les lois appartient, soit au Roi soit au Conseil-d'État, soit au ministre de la justice.

La question d'abrogation de la loi du 12 mai 1793 a excité l'attention générale.

D'abord quelques jurisconsultes ont pensé que cette loi n'avait été faite que pour le temps de guerre; que cela résultait de l'énonciation même de son titre; qu'ainsi, elle avait cessé d'exister de plein droit, dans toutes ses dispositions, par le seul fait de la paix. Ils ont fait valoir, comme une considération puissante en

faveur de leur système, l'excessive sévérité de la loi de 1793. Ils ont puisé des argumens dans la législation relative à l'armée navale, qui ne prononce pas même cinq années d'emprisonnement pour les vols commis dans les arsenaux et à bord des vaisseaux; enfin ils ont fait remarquer que ce n'est pas seulement un des titres de la loi, mais bien son *intitulé général*, qui énonce qu'elle n'est faite que pour le temps de guerre. On a répondu que la nécessité de maintenir la discipline justifiait la rigueur des lois pénales militaires; qu'au surplus, la loi de 1793 avait diminué les peines prononcées par les lois antérieures, puisque les ordonnances de 1727 et de 1765 punissaient de mort le vol entre camarades, ou chez l'habitant, que l'énonciation portée dans l'un des titres de la loi de 1793 pourrait, en vertu de la règle *inclusio unius*, faire penser que ce titre seul était temporaire, et ne devait avoir effet que jusqu'à la

nent de la septième division militaire, séant à Grenoble, du 14 septembre 1827; ledit référé motivé sur ce qu'il y a lieu à l'inter-

prétation de la loi, attendu qu'après l'annulation de deux jugemens des conseils de guerre permanens de la dix-neuvième division

paix; qu'au surplus, le Code militaire du 21 brumaire an 5, confirmant les lois antérieures, avait imprimé à la loi de 1793 un caractère général et permanent; qu'il était enfin fort difficile de déterminer, dans plusieurs cas, si l'on était en *état de paix ou de guerre;* qu'on pouvait encore faire remarquer que la loi du 12 mai 1793 a, par son art. 25, sect. 4, abrogé toutes les lois antérieures pour les cas qu'elle prévoit; qu'elle-même n'a été remplacée par aucune loi postérieure pour plusieurs de ses dispositions, et que son inexécution laisserait une foule de lacunes dans notre législation militaire. — *Voyez* dissertations de M. Isambert, *Gazette des Tribunaux* du 20 mai 1826 et du 1ᵉʳ février 1828; articles du *Moniteur* des 20 juillet, 11 et 16 décembre 1827; dissertation par M. Odilon-Barrot, *Gazette des Tribunaux* du 30 janvier 1828. — Divers arrêts de la Cour de cassation, même ceux qui ont décidé que l'article de la loi de 1793, relatif au détournement d'effets militaires, était abrogé, peuvent être cités, comme établissant que la loi précitée est maintenue dans sa généralité. — Il faut rappeler aussi, comme analogue, l'arrêt du 21 août 1822, lequel a décidé que, la loi du 13 brumaire an 5 n'ayant pas été remplacée depuis la paix par une loi nouvelle, elle a conservé toute sa force, quoique son terme eût été fixé à l'époque de la paix (S. 22, 1, 321).

Passant de la question d'abrogation générale à l'application de certaines dispositions de la loi, on a prétendu que plusieurs étaient évidemment abrogées. Notamment on a soutenu que l'art. 13, section 3 (confirmé par l'art. 1ᵉʳ de la loi du 3 floréal an 2), qui punit de cinq ans de fers tout militaire qui vend ou met en gage ses armes, son habillement ou fourniment, a été virtuellement abrogée par l'art. 72 de l'arrêté du 19 vendémiaire an 12, qui ne punit que *des travaux publics (peine non infamante)* la désertion avec détournement d'effets militaires. Si la *désertion,* plus le *détournement d'effets militaires,* ne sont punis, par l'arrêté de l'an 12, que d'une peine correctionnelle, il est impossible, a-t-on dit, que le *détournement seul* soit puni d'une peine infamante, d'après la loi de 1793. Vainement on a voulu établir une distinction entre le détournement d'effets militaires opéré dans l'intention directe de commettre un vol, et le détournement qui n'est que la conséquence nécessaire de la désertion. Cette appréciation, un peu subtile de la moralité d'un même fait, n'a pas été accueillie. La Cour de cassation a, par plusieurs arrêts, jugé que l'article 13, section 3 de la loi du 12 mai 1793 est virtuellement abrogé par l'article 72 de l'arrêté du 19 vendémiaire an 12; que la seule peine actuellement applicable est celle que prononcent les articles 406 et 408 du Code pénal de 1810 (*voy.* arrêts des 26 février et 1ᵉʳ août 1818; S. 18, 1, 186 et 388; — arrêt du 30 décembre 1825; Bulletin criminel, et D., 1826, 1, 150).

Enfin, la question d'abrogation de l'art. 12,

section 3 de la loi du 12 mai 1793, a été encore plus vivement controversée que celle relative à l'abrogation de l'art. 13. M. Isambert, par sa dissertation insérée dans la *Gazette des Tribunaux* du 20 mai 1826, a exercé une grande influence sur la jurisprudence des conseils de guerre; et le succès qu'il a obtenu devant les conseils de guerre de Brest a ajouté une nouvelle autorité à ses argumens (*voy. Gazette des Tribunaux* des 11 et 21 novembre 1826). L'article 12 prononce la peine de six années de fers contre le vol entre camarades; les raisons invoquées pour établir l'abrogation de cette disposition sont à peu près celles qui ont été indiquées ci-dessus pour établir l'abrogation générale de la loi. — Les articles du *Moniteur,* et la *Dissertation* de M. Odilon-Barrot, dont il a déjà été question, présentent les argumens sur lesquels se fonde le système de la non-abrogation; la Cour de cassation, par arrêt du 20 avril 1827, a adopté cette dernière opinion. En rapprochant ce dernier arrêt de celui du 31 décembre 1825, relatif à l'abrogation de l'article 13, on est convaincu que ces deux arrêts, l'un décidant que l'article 12 est en vigueur, l'autre que l'article 13 est abrogé, sont cependant parfaitement conciliables : l'arrêt du 20 avril 1827 est rapporté au Bulletin criminel de 1827, p. 243, et par Sirey, 27, 1, 421. *Voy.* aussi un arrêt du 14 avril 1826 (S. 27, 1, 37; D. 27, 1, 358).

La solution que contient l'ordonnance, objet de nos observations, est donc en harmonie avec la jurisprudence de la Cour de cassation, et conforme, selon nous, aux véritables principes. Que l'humanité réclame contre la gravité des peines prononcées par l'article 12 de la loi de 1793, et il y aura unanimité de vœux; mais prétendre que cet article de loi est abrogé nous paraît une thèse erronée.

Si nous n'avions à examiner l'interprétation donnée à la loi du 12 mai 1793 qu'en elle-même, nous n'aurions rien à ajouter; mais il reste une seconde question plus grave que la première, celle de savoir si cette interprétation est donnée dans une forme constitutionnelle et par le pouvoir compétent.

Nos observations sur ce point de droit public ont trouvé leur place sur l'avis du Conseil-d'Etat du 27 novembre = 17 décembre 1823. Nous devons nous borner ici à faire remarquer que l'article 12, titre II, loi du 16 = 24 août 1790, et l'article 21 de la loi du 27 novembre = 1ᵉʳ décembre 1790, l'article 256 de la constitution du 5 fructidor an 3, l'article 23 de la loi du 18 vendémiaire an 6, les articles 52, 65 et 66 de la constitution du 22 frimaire an 8, attribuent exclusivement au pouvoir législatif le droit d'interpréter les lois; — que l'article 11 de l'arrêté du 5 nivose an 8, et la loi du 16 septembre 1807, ont conféré, au contraire, le droit d'interprétation au Conseil-d'Etat; — que l'art. 440 du Code d'instruction criminelle confirme ces dernières dispo-

militaire, rendus sur la poursuite dirigée contre le nommé Ribet (Jean-Marie), soldat à la trente-troisième compagnie de fusiliers sédentaires, comme prévenu de vol envers un de ses camarades, le troisième jugement rendu dans la même affaire le 8 dudit mois de septembre, par le premier conseil de guerre permanent de ladite septième division militaire, en exécution du jugement d'annulation du conseil de révision de ladite dix-neuvième division militaire, est attaqué par les mêmes moyens qui avaient été employés contre les deux premiers ;

Vu l'article 440 du Code d'instruction criminelle, ainsi conçu : « Lorsqu'après une « première cassation le second arrêt ou juge- « ment sur le fond sera attaqué par les mêmes « moyens, il sera procédé selon les formes « prescrites par la loi du 16 septembre 1807; »

Vu le jugement rendu le 17 avril 1827 par

---

sitions; — que, depuis la restauration, le pouvoir législatif ayant été rétabli dans la plénitude de ses droits, et le Conseil-d'État ayant cessé d'avoir une participation légale à la confection des lois, la loi du 16 septembre 1807 a été regardée comme virtuellement abrogée; que cette opinion a été manifestée, 1° par la résolution adoptée en 1814 par la Chambre des pairs et la Chambre des députés, et portant, article 3 : *La déclaration inter-* *prétative est proposée, discutée, etc., dans la* *forme ordinaire des lois*; 2° par le fait de la présentation aux Chambres de la loi du 19 mars 1817, interprétative des articles 115 et 160 du Code de commerce ; 3° par la discussion à la Chambre des pairs sur la pétition à elle adressée dans l'intérêt du sieur Terry, libraire (*voy*. Moniteur du 7 mars 1827); 4° par la discussion à la même Chambre sur l'article 161 du projet de Code militaire, devenu le 163e. (Cet art. 161 portait qu'après deux cassations l'interprétation serait donnée en la forme déterminée par l'article 2 de la loi du 16 septembre 1807, l'article 440 du Code d'instruction criminelle, et la *décision royale du 17* *décembre 1823*) — On demanda la suppression de l'énonciation de la loi de 1807 et de la décision du 17 décembre 1823 : elle fut consentie, et, d'ailleurs, on fit des réserves expresses relativement à la question d'abrogation de la loi de 1807. — (*Voy.* Moniteur des 30 mars, page 480, et 25 avril 1827). En conséquence, l'avis du Conseil-d'État du 27 novembre = 17 décembre 1823, par lequel ce Conseil lui-même s'attribue de nouveau la faculté d'interprétation de la loi, a été accusé d'illégalité; au surplus, cet avis n'a reçu d'application que par l'ordonnance du 1er septembre 1827, interprétative de l'article 11 de la loi du 21 octobre 1814, touchant la police de la librairie (*voy*. notes sur cette ordonnance). *Voy*. maintenant la loi du 30 juillet 1828.

Il importe de faire remarquer que les avis du Conseil-d'État rendus avant la restauration, en exécution de la loi du 16 septembre 1807, avaient une forme autre que celle des ordonnances interprétatives des 1er septembre 1827 et 23 janvier 1828; lesquelles sont seulement, et comme toutes les ordonnances ordinaires, contre-signées par le ministre, et se bornent à énoncer que le *Conseil-d'État a été entendu* (*voy*. dans la Collection, *passim*, la forme des avis du Conseil-d'État, par exemple celui du 18 décembre 1813).

On a dit un peu légèrement que la présente ordonnance du 23 janvier 1828 doit être assimilée à celle du 1er septembre 1827 : cela n'est pas exact. En effet, l'ordonnance de 1828 ne vise pas la décision royale du 27 novembre =

---

17 décembre 1823, qui est visée dans l'ordonnance du 1er septembre 1827.

On pourrait regarder comme peu importante la différence qui vient d'être indiquée entre l'ordonnance du 1er septembre 1827 et celle du 23 janvier 1828, résultant de ce que la seconde ne vise pas, comme la première, la décision royale du 27 novembre = 17 décembre 1823 : cependant, si l'on considère ces deux ordonnances quant à leur effet obligatoire, on s'aperçoit que cette différence peut avoir des conséquences très-graves : la décision royale de 1823 suppose que les ordonnances interprétatives rendues conformément à ses dispositions ne seront que des solutions spéciales pour un cas particulier, que de véritables jugements définitifs sur procès; qu'ainsi, elles n'auront pas le caractère d'interprétation législative et générale, faisant règle pour l'avenir, dans tous les cas semblables : d'où il suit que l'ordonnance du 1er septembre 1827, rendue en vertu de la décision de 1823, n'a pas dû être considérée comme règle obligatoire pour les tribunaux; telle est aussi l'opinion que s'en sont formée les magistrats; la *Gazette des Tribunaux* a rapporté une foule de jugements ou arrêts postérieurs à l'ordonnance du 1er septembre : la plupart ont décidé, contrairement à cette ordonnance, que la peine prononcée par le règlement de 1723 n'est point applicable au libraire qui exerce sans brevet. Mais l'ordonnance du 23 janvier 1828 se fonde uniquement sur la loi de 1807, et sur l'article 440 du Code d'instruction criminelle. Il n'y est point question de la décision de 1823 : si donc cette ordonnance n'est pas absolument illégale dans son principe, si elle doit avoir un effet quelconque, il semble que, suivant l'esprit de la loi du 16 septembre 1807, elle est une véritable interprétation législative, générale, faisant règle pour l'avenir, et non pas un simple règlement sur un cas particulier, comme l'ordonnance du 1er septembre 1827. Il est vrai que la décision de 1823 n'attribue aux interprétations données en vertu de la loi de 1807 que le caractère de *solutions* *spéciales* pour des cas particuliers; mais on a toujours pensé, depuis la loi de 1807, que cette loi conférait au Conseil-d'État le pouvoir de donner des interprétations générales et législatives (*voy*. le rapport de M. Desèze à la Chambre des pairs sur la loi du 19 mai 1817, S. 17, 2, 382; *voyez* surtout le discours de l'orateur du Gouvernement en présentant la loi de 1807. S. 8, 2, 37, et l'excellent écrit publié par M. Ch. Lucas, intitulé : *Observations sur l'ordonnance du 1er sep-* *tembre 1827*).

le deuxième conseil de guerre permanent de la dix-neuvième division militaire, séant à Lyon, qui a prononcé contre ledit Ribet la peine de cinq années d'emprisonnement pour raison dudit vol, par application de l'art. 401 du Code pénal de 1810;

Vu le jugement du conseil permanent de révision de ladite division militaire en date du 25 dudit mois d'avril, qui a annulé ledit jugement par le motif qu'il y avait lieu à l'application de l'article 12 de la loi du 12 mai 1793, et qu'il avait été fait une fausse application de l'article 401 du Code pénal de 1810, et a renvoyé l'accusé et les pièces de la procédure devant le premier conseil de guerre permanent de ladite division militaire;

Vu le jugement du premier conseil de guerre de ladite division en date du 18 mai suivant, qui prononce la peine de cinq années d'emprisonnement, comme le jugement déjà annulé, par application du même article 401 du Code pénal de 1810, et seize francs d'amende;

Vu le jugement du conseil de révision de ladite dix-neuvième division militaire en date du 2 juin 1827, portant annulation de celui du dix-huit mai ci-dessus, comme étant conforme à celui rendu le 17 avril précédent, et renvoi du prévenu et des pièces de la procédure par-devant le premier conseil de guerre permanent de la septième division militaire, séant à Grenoble;

Vu le jugement du premier conseil de guerre permanent de ladite septième division militaire, rendu en exécution du renvoi ci-dessus, et qui inflige les mêmes peines d'emprisonnement et d'amende;

Vu le jugement sus-énoncé du conseil de révision permanent de la septième division militaire, du 14 septembre 1827, qui ordonne le référé;

Vu l'article 12 de la section 5 (1), titre Ier de la loi du 12 mai 1793, portant : « Tout « militaire convaincu d'avoir volé l'argent « de l'ordinaire de ses camarades, ou tout « autre effet à eux appartenant, sera puni « de six ans de fers; »

Vu l'article 5 du Code pénal de 1810, ainsi conçu : « Les dispositions du présent Code « ne s'appliquent pas aux contraventions, « délits et crimes militaires; »

Vu l'avis du Conseil-d'Etat approuvé le 22 mai 1812, qui établit que « la législation « des conseils de guerre ordinaires les auto- « rise à appliquer le Code pénal civil dans « les cas non prévus par les lois militaires; »

Considérant que l'article 12 la loi du 12 mai 1793 sus-énoncé a prévu spécialement le cas du vol fait par un militaire, soit de l'argent de l'ordinaire de ses camarades, soit de tout autre effet à eux appartenant, et a déterminé la peine applicable à ce crime;

Que cette disposition n'a été ni abrogée ni modifiée par aucune loi postérieure;

Que, si le titre de la loi porte : *Code pénal militaire pour les troupes en temps de guerre* (2), le texte ne renferme aucune disposition qui en limite l'application à aucun temps;

Considérant que le Code du 21 brumaire an 5 (11 novembre 1796) porte, article 22, titre VIII, que tout délit militaire *non prévu par le présent Code* sera puni conformément aux lois précédemment rendues, et que ce Code n'a pas statué sur le vol de militaire à militaire;

Considérant qu'aux termes de l'article 5 du Code pénal de 1810 et de l'avis du Conseil-d'Etat approuvé le 22 mai 1812, les dispositions des lois pénales ordinaires ne sont applicables aux délits des militaires qu'à défaut des lois pénales militaires;

Notre Conseil-d'Etat entendu,

Nous avons ordonné et ordonnons ce qui suit :

Art. 1er. La peine à appliquer à tout militaire convaincu d'avoir volé de l'argent de l'ordinaire de ses camarades, ou tout autre effet à eux appartenant, est celle de six ans de fers portée en l'article 12, section III, titre Ier de la loi du 12 mai 1793.

2. Notre garde-des-sceaux, ministre secrétaire-d'Etat au département de la justice (comte Portalis), et notre ministre secrétaire-d'Etat au département de la guerre (Vicomte de Caux), sont chargés, chacun en ce qui le concerne, de l'exécution de la présente ordonnance, qui sera insérée au Bulletin des Lois.

23 = Pr. 28 JANVIER 1828. — Ordonnance du Roi portant qu'il sera formé une chambre temporaire dans le tribunal de première instance séant à Marvejols. (8, Bull. 210, n° 7847.)

Charles, etc.

Vu l'article 39 de la loi du 20 avril 1810;

Considérant qu'il existe un grand nombre d'affaires civiles arriérées devant notre tribunal de première instance de Marvejols, département de la Lozère, et qu'il importe de remédier aux inconvéniens qui résultent d'un tel état de choses;

---

(1) *Lisez* : Section III.
(2) Dans la collection officielle du Louvre, on lit : *Décrets de la convention nationale du 12 mai 1793 : 1° organisation des tribunaux criminels militaires; 2° Code pénal militaire.* — 1° Organisation des tribunaux criminels militaires. —

Titre Ier, organisation des tribunaux criminels militaires, pour les troupes de la République, en temps de guerre (suit le premier décret). 2° *Code pénal militaire pour toutes les troupes de la République en temps de guerre* (suit le second décret).

Sur le rapport de notre garde-des-sceaux, ministre secrétaire d'Etat au département de la justice (1),

Nous avons ordonné et ordonnons ce qui suit :

Art. 1er. Il sera formé dans notre tribunal de première instance séant à Marvejols, pour l'expédition des affaires civiles, une chambre temporaire, dont la durée n'excédera pas un an à compter de son installation.

A l'expiration de ce temps, cette chambre cessera de droit, si elle n'a pas été prorogée ou renouvelée.

2. Notre garde-des-sceaux, ministre secrétaire d'Etat au département de la justice (comte Portalis) est chargé de l'exécution de la présente ordonnance, qui sera insérée au Bulletin des Lois.

———

23 JANVIER=Pr. 1er FÉVRIER 1828.—Ordonnance du Roi portant autorisation définitive de la communauté des sœurs hospitalières de Saint-Joseph établie à Malvalette, commune de Bas, département de la Haute-Loire (2). (8, Bull. 211, n° 7903.)

Charles, etc.

Vu la loi du 24 mai 1825;

Vu la déclaration des sœurs hospitalières de Saint-Joseph, établies à Malvalette, commune de Bas, département de la Haute-Loire, qu'elles adoptent et s'engagent à suivre exactement les statuts des sœurs de Saint-Joseph du Puy, enregistrés au Conseil-d'Etat, conformément à l'ordonnance royale du 1er avril 1827;

Vu la délibération du conseil municipal de Bas, du 20 novembre 1825, tendant à ce que cet établissement soit autorisé;

Vu le consentement de l'évêque du Puy, du 8 août 1827;

Sur le rapport de notre ministre secrétaire d'Etat au département des affaires ecclésiastiques,

Nous avons ordonné et ordonnons ce qui suit:

Art. 1er. La communauté des sœurs hospitalières de Saint-Joseph, établie à Malvalette, commune de Bas, département de la Haute-Loire, gouvernée par une supérieure locale, est définitivement autorisée.

2. Notre ministre secrétaire d'Etat au département des affaires ecclésiastiques (comte de Frayssinous) est chargé de l'exécution de la présente ordonnance, qui sera insérée au Bulletin des Lois.

23 JANVIER = Pr. 1er MARS 1828.—Ordonnance du Roi qui autorise la ville de Dieppe (Seine-Inférieure) à élever un abattoir public. (8, Bull. 216, n° 8044.)

Charles, etc.

Sur le rapport de notre ministre secrétaire d'Etat de l'intérieur;

Vu les délibérations du conseil municipal de Dieppe des 25 mai 1826 et 27 janvier 1827, relatives à la construction d'un abattoir public, avec fonderie et triperie dans cette ville;

Les certificats constatant que la demande de placer cet établissement au Pollet, derrière la nouvelle prison, a été affichée à Dieppe et dans les communes environnantes à cinq kilomètres de rayon;

Les enquêtes de commodo et incommodo dressées à Dieppe les 23 février et 26 juin 1827, et les oppositions qui y sont consignées,

L'avis du conseil de préfecture de la Seine-Inférieure, du 20 août 1827;

Le procès-verbal des hommes de l'art chargés par le maire de Dieppe de visiter le terrain désigné, en date du 25 octobre 1827;

Ensemble le plan des lieux;

Vu le décret du 15 octobre 1810 et l'ordonnance royale du 14 janvier 1815;

Notre Conseil-d'Etat entendu,

Nous avons ordonné et ordonnons ce qui suit :

Art. 1er. La ville de Dieppe (Seine-Inférieure) est autorisée à élever un abattoir public et commun, avec fonderie et triperie, pour l'abattage des bestiaux et porcs destinés à la consommation des habitans, la fonte des suifs et la préparation des issues, au Pollet, derrière la nouvelle prison.

2. Aussitôt que ledit établissement aura été mis en état de servir, et dans le délai d'un mois au plus tard après que l'autorité locale en aura donné avis au public par affiches, les bouchers et charcutiers établis à Dieppe ne pourront abattre en aucun autre lieu les bestiaux et les porcs servant à leur commerce, et les tueries et échaudoirs particuliers seront tous fermés.

Toutefois, les propriétaires et les habitans qui élèvent des porcs pour la consommation de leur maison conserveront la faculté de les abattre chez eux, pourvu que l'abattage ait lieu dans un endroit clos et séparé de la voie publique.

3. Les bouchers et charcutiers forains pourront également faire usage dudit abattoir; mais cette disposition est simplement facultative pour eux, soit qu'ils concourent à l'ap-

———

(1) Un erratum placé au Bull. 211 indique qu'on doit ajouter la mention : Notre Conseil-d'Etat entendu.—Voy. ordonnance du 19 avril 1817, et la note puisée dans M. d Cormenin.

(2) Voy. note sur l'ordonnance du 13 janvier 1828.

provisionnement de la ville, ou qu'ils approvisionnent seulement la banlieue; ils seront libres de tenir des abattoirs et des étaux hors de la ville, sous l'approbation des autorités locales.

4. Les bouchers et charcutiers de la ville, dont le nombre ne pourra être limité, seront tenus de se faire inscrire à la mairie, où ils feront connaître leur domicile et justifieront de leur patente. Ils auront la faculté d'exposer et de vendre de la viande à leur domicile, pourvu que ce soit dans des étaux convenablement appropriés, suivant les règles de la police.

5. Les bouchers et charcutiers forains pourront aussi exposer et débiter de la viande dans la ville, mais seulement sur les places ou lieux publics désignés par le maire et aux jours fixés par lui, et ce, en concurrence avec les bouchers et charcutiers de la ville qui voudront profiter de la même faculté.

6. Lorsque la fonderie et la triperie publiques qui seront annexées à l'abattoir auront été mises en état de servir pour l'usage auquel elles seront destinées, il ne sera plus délivré de permission pour ouvrir dans la ville de nouvelles fonderies ni des triperies particulières, sans préjudice des droits de celles qui existaient antérieurement au décret du 15 octobre 1810, ou qui ont été régulièrement autorisées depuis cette époque, et qui continueront à être exploitées concurremment avec la fonderie et la triperie publiques.

7. Les droits à payer par les bouchers, charcutiers, fondeurs et tripiers, pour l'occupation des places dans l'abattoir, la fonderie et la triperie de Dieppe, seront réglés par un tarif proposé et arrêté dans la forme ordinaire.

8. Le maire de Dieppe pourra faire les réglemens locaux nécessaires pour la police de ces établissemens, ainsi que pour le commerce de la boucherie et de la charcuterie; mais lesdits réglemens ne deviendront exécutoires qu'après avoir reçu l'approbation du ministre de l'intérieur, sur l'avis du préfet du département.

9. Notre ministre secrétaire d'Etat de l'intérieur (vicomte de Martignac) est chargé de l'exécution de la présente ordonnance, qui sera insérée au Bulletin des Lois.

23 JANVIER 1828. — Ordonnance qui nomme M. de Balzac secrétaire général du ministère de l'intérieur et directeur de l'administration départementale. (8, Bull. 213, n° 7948.)

23 JANVIER 1828 — Ordonnance qui admet les sieurs Barron et Smith à établir leur domicile en France. (8, Bull. 213, n° 7955.)

23 JANVIER 1828. — Ordonnance du Roi qui autorise des exploitations dans les bois ou les réserves de plusieurs communes, et des fabriques de quatre églises. (8, Bull. 211, n° 7902.) Voy. Code forestier, art. 16 et 90.

23 JANVIER 1828. — Ordonnances qui concèdent au duc Decazes les mines de fer existant dans les communes de Venzac, de Villefranche et de Salles - Comtaux, département de l'Aveyron. (8, Bull. 214, n°s 8018 et 8019.)

23 JANVIER 1828. — Ordonnance qui autorise une donation faite à la ville de Béthune. (8, Bull. 222, n° 8177.)

23 JANVIER 1828. — Ordonnance qui autorise les sieurs Bernardi, Germain et autres, à établir, dans les bâtimens de l'ancienne saline de Château-Salins (Meurthe), une verrerie pour la fabrication de la gobeletterie et du verre à vitres. (8, Bull. 222, n° 8181.)

23 JANVIER 1828. — Ordonnance qui autorise le sieur Andraud à conserver et tenir en activité l'usine à fer de l'Etang-Neuf, commune de Payzac, département de la Dordogne. (8, Bull. 222, n° 8182.)

23 JANVIER 1828. — Ordonnance qui autorise le sieur Michelin à conserver et tenir en activité l'usine à fer de la Maque, commune de Saint-Saud, département de la Dordogne. (8, Bull. 222, n° 8183.)

23 JANVIER 1828. — Ordonnance qui autorise le sieur Larret-Ladorie à conserver et tenir en activité la forge dite de Ladorie, commune de Saint-Pardoux-la-Rivière, département de la Dordogne. (8, Bull. 222, n° 8184.)

23 JANVIER 1828. — Ordonnance qui autorise le sieur Cousturier à rétablir un patouillet sur la rivière de Seine, près du haut - fourneau d'Ampilly-le-Sec, département de la Côte-d'Or. (8, Bull. 222, n° 8185.)

23 JANVIER 1828. — Ordonnances qui autorisent l'acceptation de dons et legs faits aux fabriques des églises de Vendrest, de Château-Châlons, de Cohiniac, de Narbonne, de Françoy, de Job, de la Bastide-Coloumat, de Mohon, de Rochefort, de Saint-Germain de Coulamer; au desservant de la succursale de Vendrest; aux séminaires de Versailles, d'Agen, de St.-Omer; à diverses communautés et congrégations établies à Saint-Anthelme, à Clermont, à Cury-lès-Yviers, à Mâcon, à Saint-Pol-de-Leon, à Séez, à Versailles, à Job, à Saint-Just-de-Baffie. (8, Bull. 256, n°s 9505 à 9527.)

23 JANVIER 1828. — Ordonnance qui accorde des lettres de déclaration de naturalité au sieur Springer. (8, Bull. 271, n° 10468.)

27 JANVIER == Pr. 15 FÉVRIER 1828.—Ordonnance du Roi qui répartit en deux sections spéciales la somme de trente-trois millions cent soixante-quinze mille francs accordée par la loi du 24 juin 1827, pour les dépenses des affaires ecclésiastiques pendant l'année 1828. (8, Bull. 214, n° 8008.)

Voy. ordonnance du 17 FÉVRIER 1828.

Charles, etc.

Vu la loi du 24 juin 1827, qui accorde au ministère des affaires ecclésiastiques et de l'instruction publique un crédit de trente-cinq millions pour ses dépenses pendant l'année 1828, savoir :

Pour les affaires ecclésiastiques. 33,175,000 f
Pour l'instruction publique. . . 1,825,000
                                  _____
                                  35,000,000

Vu l'article 2 de notre ordonnance du 4 janvier 1828, portant qu'à l'avenir l'instruction publique ne fera plus partie du ministère des affaires ecclésiastiques;

Vu l'article 151 de la loi du 25 mars 1827, l'article 2 de l'ordonnance du 14 septembre 1822, et les dispositions de notre ordonnance du 1er septembre 1827;

Sur le rapport de notre ministre secrétaire d'État des affaires ecclésiastiques,

Nous avons ordonné et ordonnons ce qui suit :

Art. 1er. La somme de trente-trois millions cent soixante-quinze mille francs, accordée par la loi du 24 juin 1827, pour les dépenses des affaires ecclésiastiques pendant l'année 1828, est répartie en deux sections spéciales et en neuf chapitres.

1re SECTION SPÉCIALE. *Administration centrale.*

Chap. Ier. Frais d'administration centrale . . . . 380,000 f

IIe SECTION SPÉCIALE. *Clergé.*

—— II. Traitement et indemnités fixes du clergé	25,650,000 f	
—— III. Dépenses du chapitre royal de Saint-Denis.	200,000	
—— IV. Dépenses de la maison des hautes études ecclésiastiques . .	200,000	
—— V. Bourses des séminaires	1,200,000	32,795,000
—— VI. Secours au clergé.	2,210,000	
—— VII. Dépenses extraordinaires des édifices diocésains	1,760,000	
—— VIII. Dépenses ordinaires diocésains.	1,440,000	
—— IX. Dépenses diverses accidentelles ou imprévues	135,000	

Total. 33,175,000

2. Notre ordonnance du 21 novembre 1827, rendue pour la répartition du crédit de trente-cinq millions, comprenant ensemble les dépenses des affaires ecclésiastiques et de l'instruction publique, est rapportée.

3. Nos ministres secrétaires d'Etat des affaires ecclésiastiques et des finances (comtes de Frayssinous et Roy) sont chargés, chacun en ce qui le concerne, de l'exécution de la présente ordonnance, qui sera insérée au Bulletin des Lois.

_____

27 JANVIER == Pr. 3 MAI 1828.—Ordonnance du Roi portant autorisation, conformément aux statuts y annexés, de la société anonyme de l'hôtel Saint-Jean, formée à Toulouse. (8, Bull. 226 bis, n° 1.)

Charles, etc.

Sur le rapport de notre ministre secrétaire d'Etat du commerce et des manufactures;

Vu les art. 29 à 37, 40 et 45 du Code de commerce;

Notre Conseil-d'Etat entendu,

Nous avons ordonné et ordonnons ce qui suit :

Art. 1er. La société anonyme de l'hôtel Saint-Jean, formée à Toulouse, par actes passés, les 2 novembre 1816 et 26 novembre 1827, par-devant Bruno-Moureau Roc et son collègue, notaires en ladite ville, est autorisée; sont approuvés les statuts contenus auxdits actes, lesquels resteront annexés à la présente ordonnance.

2. Nous nous réservons de révoquer la présente autorisation en cas de violation des statuts par nous approuvés, et sans préjudice des dommages-intérêts des tiers.

3. La société sera tenue de remettre, tous les six mois, une copie de son état de situation au préfet du département de la Haute-Garonne, au greffe du tribunal de commerce de Toulouse; pareille copie sera transmise à notre ministre du commerce et des manufactures.

4. Notre ministre secrétaire d'Etat du commerce et des manufactures (M. Saint-Cricq) est chargé de l'exécution de la présente ordonnance, qui sera publiée au Bulletin des Lois, et insérée dans le Moniteur et dans un journal d'annonces judiciaires du département de la Haute-Garonne.

Société anonyme de l'hôtel Saint-Jean.

L'an mil huit cent vingt-six et le 2 novembre, à Toulouse, par-devant Me Bruno-Monereau Roc et son collègue, notaires royaux à la résidence de Toulouse, soussignés, ont comparu, etc.

Tous domiciliés à Toulouse;

Qui nous ont dit qu'étant dans l'intention d'établir une société anonyme à Toulouse, et de former les statuts qui doivent la régir, ils nous requièrent de les transcrire, et, lesdits statuts réglés et arrêtés, de recevoir à la suite des présentes, et même par actes séparés, les souscriptions et adhésions des actionnaires; lesquels actes ne feront qu'un seul avec le présent; de laquelle réquisition nous avons donné acte auxdits comparans; lesquels, voulant former ladite société anonyme, en ont convenu, fixé et arrêté unanimement les bases suivantes :

STATUTS.

1° Il est formé une société anonyme sous la dénomination de *Compagnie de l'hôtel Saint Jean, pour la tenue des foires.*

2° Le but de la société est de conserver et de maintenir dans cet hôtel la réunion des marchands et fabricans de draps et autres étoffes de laine, fil, coton, soie et autres marchandises, à toutes les époques des foires établies et à établir dans la ville de Toulouse;

3° La durée de la société est fixée à quatre-vingt-dix-neuf années.

4° Elle achètera l'hôtel Saint-Jean, et y fera toutes les dispositions nécessaires pour atteindre complètement le but qu'elle se propose.

5° Le capital de la société est de cent soixante-cinq mille francs; il est formé par cinquante-cinq actions de trois mille francs chacune.

Le numéro de chaque action sera établi sur un registre-matrice. Les nom, profession et domicile du propriétaire y seront inscrits, avec la date du jour où l'action aura été souscrite. Le directeur et l'actionnaire y apposeront leur signature.

Le titre, portant les mêmes indications, sera remis à l'actionnaire; il sera revêtu des signatures du bureau d'administration, et frappé d'un timbre particulier à la compagnie.

Ces actions sont essentiellement mobilières, et pourront être cédées par la voie de l'endossement : mais elles sont en même temps nominatives; en conséquence, le cédant et le cessionnaire seront tenus de faire inscrire le transfert sur le registre des actions à ce destiné, et de le signer eux-mêmes, ou de se faire représenter, à cet égard, par un fondé de procuration spéciale et authentique.

L'inscription du transfert sera signée par le directeur.

6° La société est régie par un directeur, deux administrateurs, un inspecteur des foires et un trésorier, qui composent le bureau d'administration.

Leurs fonctions durent trois années; mais celles d'administration ne seront exercées que par semestre : à cet effet, il en sera nommé six qui exerceront successivement, de deux en deux par semestre, de sorte qu'il n'y aura jamais que deux administrateurs qui fassent partie du bureau d'administration.

7° Le directeur agit comme mandataire de la société et la représente dans tous ses actes; il convoque les assemblées générales, préside le bureau d'administration et dirige les travaux; il fait exécuter les décisions de l'assemblée des actionnaires et celles du bureau d'administration; il souscrit au nom de la société toute action, soit en justice, soit devant toute autorité; il rend compte de ses faits au bureau d'administration, et signe, avec un administrateur au moins, les baux à loyer, les mandats de paiement et les autres engagemens de la société.

8° Aucun emprunt ne pourra être contracté qu'en vertu d'une délibération prise en assemblée générale, aux trois quarts des votes.

9° Le bureau d'administration délibère sur les locations de l'hôtel, soit pour les foires, soit pour les particuliers, et sur les réparations d'entretien seulement.

Il a la surveillance des grosses réparations et autres travaux qui auront été ordonnés par l'assemblée générale.

Il nomme et révoque les employés nécessaires à l'exploitation de la société, fixe leur traitement, et les tient sous ses ordres. Il ordonnance les frais d'administration.

Il détermine le dividende à distribuer par action à la fin de chaque semestre.

Le bureau a enfin le droit de convoquer des assemblées générales extraordinaires lorsqu'il le juge convenable.

Les délibérations du bureau sont prises à la majorité; elles seront motivées, transcrites sur le registre, et signées du directeur et d'un administrateur au moins.

10° L'inspecteur des foires est chargé spécialement de recevoir les marchandises destinées aux foires, d'assigner les places aux marchands et fabriquans, de maintenir l'ordre et la régularité dans l'emploi et la destination des magasins et des halles, de provoquer même à cet égard toute délibération du bureau, s'il y a lieu; enfin de veiller spécialement en cette partie à tout ce qui pourra intéresser la société et le succès de son entreprise.

11° Le trésorier est chargé des recettes et des dépenses de la société. Les unes et les autrès ne seront faites que sur bordereaux ou mandats signés par le directeur et un administrateur au moins.

12° Il sera tenu un registre de contrôle par l'un des administrateurs de semestre; tous les bordereaux de recette et mandats de dépense seront visés par lui et inscrits sur son registre à la fin du semestre de son exercice; il arrêtera son registre de contrôle. Dans les dix jours suivans, le bureau s'assemblera, examinera les comptes du trésorier, vérifiera la caisse et le contrôle, et arrêtera les registres.

13° Dans la première quinzaine de janvier, tous les comptes de l'année précédente, accompagnés des pièces justificatives, seront soumis à deux censeurs, qui, après un examen approfondi, en feront leur rapport à l'assemblée générale du 15 février.

Ce rapport devra s'expliquer sur l'importance et l'utilité des dépenses, sur les moyens d'économie, s'il en existe, et sur la possibilité de l'accroissement des recettes.

Les censeurs ne peuvent être pris parmi les administrateurs en exercice. Leurs fonctions durent aussi trois années.

14° Il sera établi près le bureau d'administration un conseil du contentieux, composé de trois actionnaires, où seront renvoyées toutes les affaires litigieuses de la société; il ne pourra être pris de délibération sur ces affaires qu'après le rapport de ce conseil.

15° Un architecte sera attaché au bureau d'administration; il dressera les plans et devis de toutes les constructions et réparations qui seront projetées. Il n'aura droit à des honoraires que pour les constructions nouvelles et les grosses réparations; ses soins pour tout le reste seront gratuits.

A la fin de chaque semestre, l'architecte se réunira au bureau d'administration, pour faire une visite des bâtimens de l'hôtel. Il en sera rendu compte à l'assemblée générale suivante, à moins qu'il y eût urgence; et, dans ce cas, une assemblée générale serait aussitôt convoquée.

16° L'assemblée générale se compose de tous les actionnaires : tous ont également voix délibérative, quel que soit le nombre d'actions que chacun d'eux possède.

Mais l'action est indivisible pour le droit de voter dans les assemblées : quel que soit le nombre de personnes auxquelles une action pourrait appartenir, soit comme héritiers, soit comme membres d'une maison de commerce, elles ne pourront être représentées que par une seule, et ne pourront avoir ensemble qu'une voix.

17° Un actionnaire ne pourra posséder plus de dix actions.

18° Il y aura de droit une assemblée générale tous les ans au 15 février, pour entendre les comptes qui y seront rendus par le directeur, par le trésorier, et les rapports du censeur et de l'architecte; pourvoir aux objets qui lui seront proposés, soit par le bureau d'administration, soit par les censeurs, et enfin nommer les officiers qui devront entrer en fonctions le 1er janvier de l'année suivante.

19° L'assemblée générale est présidée par le plus âgé des administrateurs présens; trois actionnaires, pris hors de l'administration et nommés par le président, rempliront les fonctions de scrutateurs et de secrétaire : ils composeront le bureau de l'assemblée.

Les délibérations seront signées par le président, par le directeur, par les deux scrutateurs et par le secrétaire.

20° Pour délibérer valablement, l'assemblée devra être composée de la moitié plus un du nombre des actionnaires : les décisions seront prises à la majorité de l'assemblée, sauf l'exception portée par l'art. 8; elles seront obligatoires pour tous les actionnaires.

21° Il ne pourra être fait de constructions nouvelles ni de grosses réparations, sans qu'il en ait été délibéré en assemblée générale.

A cet effet, un plan et un devis seront dressés par l'architecte, et mis au concours par affiches après l'approbation de l'assemblée générale.

Le cahier des charges sera dressé par le bureau d'administration. Le directeur recevra les soumissions cachetées; au jour fixé, le bureau d'administration en fera le dépouillement et prononcera l'adjudication. Le directeur recevra la soumission de la caution de l'adjudicataire.

Le bureau d'administration déterminera les mesures de sûreté qu'il pourra être convenable de prendre à l'égard de l'adjudicataire et de sa caution.

Les honoraires de l'architecte seront compris de droit dans le montant de l'adjudication.

22° Toutes les décisions du bureau d'administration seront portées à la connaissance de l'assemblée générale suivante par un rapport du directeur : les censeurs devront exprimer leur opinion.

23° Toutes les fonctions sont gratuites, sauf l'exception déjà faite pour l'architecte. Elles ne peuvent être occupées que par des actionnaires.

24° A la première assemblée générale, le directeur, le trésorier et les deux censeurs seront nommés pour trois ans.

Il sera également nommé six administrateurs; mais ils seront renouvelés par tiers chaque année, à l'époque fixée pour les nominations. Le sort désignera, lors de la première élection, ceux qui devront sortir pendant les deux premières années.

Après la première élection, le directeur et le trésorier ne pourront être choisis que parmi ceux qui auront déjà fait partie de l'administration.

Tous les fonctionnaires pourront être réélus.

25° Dans le cas où, par décès ou démission, l'une des places d'administrateur, d'inspecteurs des foires ou de censeur deviendra vacante, le bureau d'administration pourvoira au remplacement provisoire jusqu'à la première assemblée générale, qui devra faire l'élection définitive.

Mais, s'il y a lieu de remplacer le directeur ou le trésorier, l'assemblée générale des actionnaires sera convoquée immédiatement par le bureau, et elle procédera au remplacement.

26° Toutes les fonctions sont révocables; mais la révocation ne pourra être prononcée qu'en assemblée générale et par les trois quarts des votes.

27° La société réserve la faculté d'acquérir et d'éteindre les quinze premières actions, qui seront en vente : en conséquence, le vendeur devra en donner avis au bureau d'administration, qui rendra sa réponse dans le délai de quinze jours, et qui en fera payer le montant à la valeur du cours.

A défaut de cours établi, la valeur sera fixée par deux arbitres choisis, l'un par le bureau, et l'autre par le vendeur; les deux arbitres nommeront un tiers, en cas de discord.

A chaque mutation, il sera payé par action vingt-quatre francs pour frais de bureau, et trois francs pour les employés.

28° Tout actionnaire qui aurait intérêt dans un établissement du même genre que celui de l'hôtel Saint-Jean ne pourra assister à aucune assemblée, ni faire partie de l'administration.

29° Les débiteurs de la société et les faillis non réhabilités, s'il s'en trouvait parmi les actionnaires, ne pourront être nommés à aucune fonction administrative.

30° Le siége de la société est à l'hôtel Saint-Jean à Toulouse. Une salle y sera réservée pour le bureau et pour les archives.

31° A l'époque de la dissolution de la société, le mode de liquidation sera déterminé par une délibération de l'assemblée générale.

32° Tout actionnaire est censé avoir connaissance des statuts et y avoir adhéré.

33° Les soussignés déclarent qu'ils donnent pouvoir à MM. Bru, agent de change, et Léon Ducos, négociant, d'acquérir l'hôtel Saint-Jean au nom de la société, au prix de cent cinquante mille francs.

34° Le montant des actions sera versé entre les mains de M. Roc, notaire, sur l'invitation qui en sera faite par le directeur.

35° Les soussignés donnent pouvoir à Me Guittard l'aîné, avocat, de demander au Gouvernement l'autorisation prescrite, et de faire à cet égard tous actes, pétitions et démarches quelconques pour l'obtenir.

Et de tout ce que dessus nous avons donné acte aux comparans.

Fait et passé dans l'hôtel Saint-Jean; et ont les comparans signé, de ce requis, avec lesdits notaires, après lecture faite.

Société anonyme de l'hôtel Saint-Jean.

L'an mil huit cent vingt-sept, et le 26 novembre, à Toulouse, par-devant Me Bruno-Moncreau Roc et son collègue, notaires royaux à la résidence de Toulouse, soussignés, ont comparu, etc.

Lesquels, déférant aux observations de son excellence le ministre de l'intérieur, qui leur ont été transmises par une lettre de M. le préfet du département de la Haute-Garonne, en date du 11 septembre dernier, sont convenus des amendemens suivans aux statuts de ladite société, délibérés par un acte du 2 novembre 1826, au rapport dudit Me Roc et son collègue, enregistré.

Les articles 1, 5, 8, 25 et 27 sont abrogés; ils sont remplacés par les dispositions suivantes :

« Art. 1er. Il est formé une société anonyme sous la dénomination de *Compagn.e de l'hôtel Saint-Jean.*

« Art 5. Le capital de la société est de cent soixante-cinq mille francs; il est formé par cinquante-cinq actions de trois mille francs chacune.

« Le numéro de chaque action sera établi sur un registre à ce destiné. Les noms, profession et domicile du propriétaire y seront inscrits, avec la date du jour où l'action aura été souscrite. Le directeur et l'actionnaire y apposeront leur signature.

« Le titre portant les mêmes indications sera remis à l'actionnaire; il sera revêtu des signatures du bureau de l'administration et frappé d'un timbre particulier à la compagnie.

« Les actions sont essentiellement mobilières, mais elles sont aussi nominatives : elles ne pourront être cédées que par un transfert sur le registre, qui sera mentionné au dos du titre de l'action; en conséquence, le cédant et le cessionnaire seront tenus de faire inscrire le transfert sur le registre des actions à ce destiné, et de le signer eux-mêmes, ou de se faire représenter à cet égard par un fondé de procuration spéciale et authentique. Le transfert sera signé aussi par le directeur.

« Art. 8. Il ne pourra être fait d'emprunt qu'il n'ait été délibéré en assemblée générale par la moitié plus un du nombre des actionnaires réunissant les trois quarts des actions.

« On ne pourra recourir aux emprunts que
» pour fournir aux grosses réparations et
« améliorations. Dans aucun cas, la totalité
» des emprunts ne pourra dépasser le quart
» du capital primitif de la société.

« Ils ne pourront être faits par voie de
« circulation ni de signature de commerce.

« Art. 25. Dans le cas où, par décès, dé-
» mission ou révocation, l'une des places
» d'administrateur, d'inspecteur des foires ou
» de censeur, deviendra vacante, le bu-
» reau d'administration pourvoira au rem-
» placement provisoire jusqu'à la première
» assemblée générale, qui devra faire l'élec-
» tion définitive.

« Mais, s'il y a lieu de remplacer le direc-
« teur ou le trésorier, l'assemblée générale
« des actionnaires sera convoquée immédia-
» tement par le bureau, et elle procédera au
» remplacement.

« Art. 27. Les dépenses pour réparations
» d'entretien seront toujours payées par le
» produit des locations, et le dividende à
» distribuer aux actionnaires ne sera fixé que
» sur le restant de ce produit.

« Il sera en outre établi un fonds de réserve
» pour servir aux dépenses imprévues. Cette
» réserve sera formée par une retenue d'un
» cinquième des bénéfices; elle s'accumulera
» successivement jusqu'à la somme de six
» mille francs.

« Si, par des événemens qu'on ne peut
» prévoir, le capital de la société se trouve
» réduit à la moitié du capital primitif, dans
» ce cas la société devra être dissoute et en-
» trer en liquidation, à moins que les ac-
» tionnaires ne se déterminent à fournir un
« supplément pour remplacer le déficit. »

Et de tout ci-dessus nous avons donné acte
aux comparans.

Fait et passé en l'étude dudit Me Roc; et
ont les comparans signé, de ce requis, avec
lesdits notaires, après lecture faite.

27 JANVIER = Pr. 3 MAI 1828. — Ordonnance du
Roi qui approuve une modification aux statuts
de la société anonyme dite Fabrique de Marcq-
en-Bareuil. (8, Bull. 226 bis, n° 2.)

Charles, etc.

Sur le rapport de notre ministre secrétaire
d'État au département du commerce et des
manufactures;

Vu l'article 14 des statuts de la société anonyme de la fabrique de Marcq-en-Bareuil,
portant que la société sera administrée par
un conseil composé de cinq actionnaires,
possédant chacun au moins dix actions nominatives;

Vu l'extrait du procès-verbal de la délibération de l'assemblée générale en date du
14 avril 1827, réduisant à cinq le nombre
d'actions nécessaires pour faire partie du
conseil d'administration;

Vu les articles 46 et 47 des statuts;

Notre Conseil-d'État entendu,

Nous avons ordonné et ordonnons ce qui
suit :

Art. 1er. La délibération de l'assemblée
générale des actionnaires de la société anonyme dite *Fabrique de Marcq-en-Bareuil*, en
date du 14 avril 1827, est approuvée en ce
qui touche la réduction à cinq du nombre
d'actions nécessaire pour faire partie du conseil d'administration de la compagnie.

La présente approbation est donnée sous
la garantie de l'accomplissement des formalités prescrites par les articles 46 et 47 pré-
cités des statuts de la société.

2. Notre ministre secrétaire d'État du commerce et des manufactures (M. Saint-Cricq)
est chargé de l'exécution de la présente ordonnance, qui sera publiée au Bulletin des
Lois, et insérée dans le *Moniteur* et dans le
journal d'annonces judiciaires dans le département du Nord.

27 JANVIER 1828. — Ordonnance du Roi portant autorisation définitive de la communauté
des sœurs de Saint-Charles, établie à Sainte-
Foy-les-Lyon, département du Rhône (1).
(8, Bull. 213, n° 7950.)

27 JANVIER 1828. — Ordonnance du Roi portant
autorisation définitive de la communauté des
filles de la Retraite établies à Lesneven, département du Finistère (2). (8, Bull. 213,
n° 7951.)

27 JANVIER 1828. — Ordonnance portant nomination à plusieurs préfectures. (8, Bull.
213, n° 7949)

27 JANVIER 1828. — Ordonnance portant que
le legs fait à la fabrique de la paroisse des
Anses d'Arlets, à la Martinique, par la demoiselle Clinet, de l'universalité de ses biens,
est réduit à la somme de quatre mille francs,
et sera accepté, ainsi réduit, par le conseil de
fabrique de ladite paroisse. (8, Bull. 224,
n° 8221.)

27 JANVIER 1828. — Ordonnances qui autorisent
l'acceptation de dons et legs faits aux fabriques de Vigeau, de Greneton, de Fontainebleau, d'Hendicourt, de Moitiers, de Montjean, de Remilly, de Théting ; au séminaire
d'Autun, aux desservans successifs de la succursale de Tharoiseau et aux pauvres de Thé-
ding. (8, Bull. 256, n°s 9528 à 9557.)

30 JANVIER 1828. — Ordonnance qui admet le
sieur Stephens à établir son domicile en France.
(8, Bull. 213, n° 7956.)

(1 et 2) *Voy.* suprà, p. 8.

30 JANVIER 1828. — Ordonnance qui autorise les sieur et demoiselle Roucher à ajouter à leur nom celui de Lamothe, et le sieur Verdier à ajouter au sien celui de Serviers. (8, Bull. 213, n° 7953.)

30 JANVIER 1828. — Ordonnance qui accorde une pension à M. Delaître, ancien préfet de Seine-et-Oise. (8, Bull. 218 bis, n° 2.)

30 JANVIER 1828. — Ordonnance qui accorde des lettres de déclaration de naturalité au sieur Gismondi. (8, Bull. 220, n° 8118.)

30 JANVIER 1828. — Ordonnance qui accorde des lettres de déclaration de naturalité au sieur Bergenheusse. (8, Bull. 220, n° 8119.)

30 JANVIER 1828. — Ordonnances qui autorisent l'acceptation de donations faites à la commune de Clignat, à l'hospice d'Honfleur et aux pauvres de Chassagne. (8, Bull. 222, n°s 8178 à 8180.)

30 JANVIER 1828 — Ordonnances qui autorisent l'acceptation de donations faites aux hospices de Louviers, de Gimont, de Monségur, de Lorhes, de Saint-Sever, de Cahors et de Cherbourg; aux pauvres d'Aniade, de Moirans, de Picauville, d'Evron et de Vaucouleurs. (8, Bull. 223, n°s 8194 à 8205.)

30 JANVIER 1828. — Ordonnances qui autorisent l'acceptation de donations faites à la commune de Guerquesalles et aux hospices de Strasbourg et de Saverne. (8, Bull. 224, n°s 8222 à 8224.)

30 JANVIER 1828 — Ordonnances qui autorisent les sieurs Bonhomme-Duguy et Val ad-Sourla à conserver et tenir en activité les usines à fer qu'ils possèdent à Saint-Paul-la-Rorhe et à Ethouars. (8, Bull. 225, n°s 8229 et 8230.)

30 JANVIER 1828. — Ordonnance qui concède au sieur Peyrhere une mine de plomb argentifère existant dans les communes de Courgoul et de Saurir, departement du Puy-de-Dôme. (8, Bull. 225, n° 8231.)

30 JANVIER 1828 — Ordonnances qui autorisent l'acceptation de donations faites aux hospices de Lyon, de Mantes, de Roye, de Lorgues, de Draguignan et de Darney; aux pauvres de Bollene et à l'asile de la Providence. (8, Bull. 225, n°s 8232 à 8239.)

30 JANVIER 1828. — Ordonnance qui accorde des lettres de déclaration de naturalité au sieur Posteris. (8, Bull. 229, n° 8444.)

30 JANVIER 1828. — Ordonnances qui autorisent l'acceptation de dons et legs faits aux fabriques des églises de Romonville, de Wolffganzen, de Plougoumelen, de Jumieges, d'Alier, de Josaville, de Châlons, d'Epinal, de Kapelkinger, de Longeville, de Nogent, d'Orny, de Saint-Urbary, de Metz, de Poitiers, de Brassac, de Montigneuf, de Marbeville, et aux desservans successifs de la succursale de Villeneuve et Villefrie. (8, Bull. 256, n°s 9538 à 9558.)

31 JANVIER 1828. — Tableau des prix des grains pour servir de régulateur de l'exportation et de l'importation, conformément aux lois des 16 juillet 1819 et 4 juillet 1821, arrêté le 31 janvier 1828. (8, Bull. 211, n° 7900.)

1er FÉVRIER 1828. — Ordonnance du Roi qui nomme M. de Vatimesnil grand maître de l'Université de France, ministre d'État, membre du conseil des ministres. (8, Bull. 213, n° 7951.) Voy. ordonnance du 5 FÉVRIER 1828.

3 FÉVRIER 1828. — Ordonnance du Roi portant autorisation définitive de la communauté des sœurs hospitalières de l'instruction chrétienne dite de la Providence, établie à Moulin, département de l'Allier (1). (8, Bull. 214, n° 8009.)

5 FÉVRIER 1828. — Discours de la couronne, à l'ouverture de la session des Chambres. (Mon. du 6 février 1828.)

Messieurs, c'est toujours avec la même satisfaction que je vous vois réunis autour de mon trône, et que je viens vous faire connaître la situation de la France.

Mes relations avec les puissances de l'Europe continuent à être amicales et satisfaisantes. Les affaires de l'Orient présentent seules quelques difficultés; mais le traité que j'ai signé avec le roi d'Angleterre et l'empereur de Russie a posé les bases de la pacification de la Grèce, et j'ai lieu d'espérer encore que les efforts de mes alliés et les miens triompheront, sans le secours de la force, des résistances de la Porte-Ottomane.

Le combat imprévu de Navarin a été à la fois une occasion de gloire pour nos armes et le gage le plus éclatant de l'union des trois pavillons.

La péninsule fut long-temps pour nous une cause de sacrifices; ils touchent à leur terme. Rassurée sur ses frontières, l'Espagne s'occupe avec persévérance du soin d'étouffer dans son sein le déplorable germe des discordes civiles; tout m'annonce que je pourrai très incessamment, d'accord avec le

_____

(1) Voy. suprà, p. 6.

roi mon neveu, rendre mes soldats à leur patrie, et soulager mes peuples d'un pénible fardeau.

Un blocus rigoureux, dont le terme est fixé au jour où j'aurai reçu la satisfaction qui m'est due, contient et punit Alger, et protége le commerce français.

Dans des parages lointains, et sous la domination incertaine de gouvernemens naissans, notre pavillon a éprouvé quelques agressions; mais j'ai ordonné qu'on exigeât de justes réparations, et j'ai prescrit des mesures qui mettront à l'abri de tout dommage la fortune de mes sujets.

Si je puis ainsi, Messieurs, porter audehors un regard satisfait, l'état intérieur de mon royaume ne m'offre pas moins de motifs de sécurité.

Vous verrez, par les documens qui seront mis sous vos yeux, que, si les produits des contributions diverses ont subi quelque diminution, les sources de la richesse publique n'ont éprouvé aucune altération durable. Des circonstances extraordinaires ont produit un excédant de dépenses auquel il sera nécessaire de pourvoir. J'ai ordonné à mes ministres de vous en rendre compte, et je leur ai prescrit de marcher constamment vers une économie sévère et bien entendue.

J'ai appelé mon fils à intervenir dans les promotions militaires. L'armée trouvera dans cette disposition nouvelle le témoignage le plus assuré de ma bienveillance pour elle.

Le développement progressif du commerce et de l'industrie, cette gloire des états pacifiques, a accru leurs besoins, et sollicite des débouchés plus nombreux. J'ai voulu qu'un ministre créé dans leur intérêt reçût la mission spéciale de me proposer tout ce qui sera propre à seconder leur activité toujours croissante.

Quelle que soit l'intimité des rapports qui doivent exister entre la religion et l'éducation des hommes, l'instruction publique et les affaires ecclésiastiques m'ont paru exiger une direction séparée, et j'en ai ordonné la division.

Voulant affermir de plus en plus dans mes états la Charte qui fut octroyée par mon frère, et que j'ai juré de maintenir, je veillerai à ce qu'on travaille avec sagesse et maturité à mettre notre législation en harmonie avec elle.

Quelques hautes questions d'administration publique ont été signalées à ma sollicitude. Convaincu que la véritable force des trônes est, après la protection divine, dans l'observation des lois, j'ai ordonné que ces questions fussent approfondies, et que leur discussion fît briller la vérité, premier besoin des princes et des peuples.

Messieurs, le bonheur de la France est l'objet de tous mes vœux et de toutes mes pensées. Pour l'assurer, je saurai conserver l'autorité forte et tutélaire qui appartient à ma couronne. Je compte aussi, Messieurs, je compte beaucoup sur le concours de vos lumières et sur l'accord de vos sentimens. La parole de votre roi appelant l'union des hommes de bien ne peut trouver ici que des cœurs disposés à l'entendre et à lui répondre.

———

6 FÉVRIER 1828 = Pr. 21 FÉVRIER 1831.—Ordonnance du roi (Charles X) qui arrête la répartition du travail entre les différentes branches de l'administration des finances. (9, Bull. O ; 44, nº 1109.)

Charles, etc.

Vu les réglemens qui ont successivement organisé les différentes branches de l'administration des finances;

Voulant déterminer la classification des services dont la direction est confiée au ministère des finances, et arrêter la répartition du travail entre les divisions administratives qui le composent;

Sur le rapport de notre ministre secrétaire d'Etat des finances,

Nous avons ordonné et ordonnons ce qui suit :

Art. 1er. Le ministère des finances comprend dix branches principales de service, dont les attributions et le travail sont répartis de la manière suivante :

BRANCHES PRINCIPALES DE SERVICE.	ATTRIBUTIONS.
1 Administration des revenus publics. { Direction des contributions directes. . . . . / Direction générale de l'enregistrement et des domaines. / Direction des douanes et sels. / Direction des boissons, tabacs et poudres . . . . / Direction des postes . . . . . / Direction des forêts . . . . . / Administration de la loterie. }	Assiette, répartition et recouvrement des contributions et revenus publics; Liquidation des frais de ces différens services; Personnel et exploitation de ces branches d'administration.
2 Administration des monnaies	Surveillance des ateliers monétaires; Liquidation des frais et direction du personnel de ce service.
3 Direction du mouvement général des fonds.	Application des ressources aux besoins; Négociations, émissions et conversions de valeurs; Préparation des distributions mensuelles des fonds, arrêtées par le Roi; Contrôle et mise en paiement des ordonnances; Liquidation des frais de trésorerie.
4 Direction de la dette inscrite.	Inscription, mouvement et contrôle des rentes et pensions sur l'Etat et des cautionnemens en numéraire; Liquidation des arrérages et intérêts de ces divers services.
5 Direction de la comptabilité générale des finances	Directions des comptabilités de deniers publics; centralisation de leurs résultats, situation générale de l'administration des finances et des budgets; comptes rendus; contrôle et surveillance de la gestion des comptables.
6 Direction du contentieux des finances.	Questions contentieuses; poursuites et recouvrement des débets et créances litigieuses; agence judiciaire du Trésor; bureau des oppositions, cautionnemens en rentes et immeubles.
7 Secrétariat général.	Dépêches, archives et contre-seing; Matériel de l'administration centrale, ordonnancement et comptabilité spéciale des dépenses du ministère; Correspondance avec les administrations des finances; Personnel et direction du mouvement des inspecteurs des finances.
8 Secrétariat particulier.	Personnel extérieur; nomination à tous les emplois; Personnel du ministère; portefeuille du ministre; Préparation des lois de finances; liquidation des pensions de retraite.
9 Caisses. { Caisse centrale du Trésor... / Payeur principal du Trésor. }	Service des fonds au ministère. Service des paiemens au ministère.
10 Travaux temporaires. { Division pour l'indemnité des émigrés . . . . / Division pour l'indemnité des colons de Saint-Domingue. }	Préparation des travaux de ces deux liquidations.

2. Notre ministre secrétaire d'Etat des finances (M. Roy) est chargé de l'exécution de la présente ordonnance.

6 FÉVRIER = Pr. 1er MARS 1828. — Ordonnance du Roi qui autorise la ville de Senlis (Oise) à établir un abattoir public. (8, Bull. 226, n° 8045.)

Charles, etc.

Sur le rapport de notre ministre secrétaire d'État au département de l'intérieur;

Vu les délibérations du conseil municipal de Senlis des 11 juin 1825, 23 avril et 3 novembre 1827, relatives à l'établissement dans cette ville d'un abattoir public, avec une fonderie de suif en branche;

Vu les certificats qui constatent que des affiches annonçant le projet de former cet établissement ont été apposées à Senlis et dans les communes situées à cinq kilomètres de rayon;

Vu l'enquête *de commodo et incommodo*;

Vu les oppositions des sieurs Mony et Charlemagne Dupuis et leur désistement;

Vu les observations des bouchers de Senlis;

Vu l'avis du conseil de préfecture du département de l'Oise du 7 juillet 1827, tendant à rejeter les oppositions formées contre cet établissement;

L'avis du préfet de l'Oise du 11 août 1827;

Le procès-verbal d'enquête *de commodo et incommodo*, du 5 novembre 1827;

Le décret du 15 octobre 1810, et l'ordonnance royale du 14 janvier 1815;

Notre Conseil-d'État entendu,

Nous avons ordonné et ordonnons ce qui suit:

Art. 1er. La ville de Senlis (Oise) est autorisée à établir un abattoir public et commun, avec une fonderie de suif en branche.

Ledit établissement sera construit sur un terrain appartenant à la commune, et situé dans le faubourg Saint-Martin, près la rivière de la Nonette.

2. Aussitôt que les échaudoirs auront été mis en état de servir, et dans le délai d'un mois au plus tard après que le public en aura été averti par affiches, l'abattage des bœufs, vaches, veaux, moutons et porcs destinés à la consommation des habitans, aura lieu exclusivement dans l'abattoir public, et toutes les tueries particulières seront interdites et fermées.

Toutefois, les propriétaires ou particuliers qui élèvent des porcs pour la consommation de leur maison conserveront la faculté de les abattre chez eux, pourvu que ce soit dans un lieu clos et séparé de la voie publique.

3. Les bouchers et charcutiers forains pourront également faire usage de l'abattoir public, mais sans y être obligés, soit qu'ils concourent à l'approvisionnement de la ville, soit qu'ils approvisionnent seulement la banlieue: ils seront libres de tenir des échaudoirs et des étaux hors de la ville, dans les

communes voisines, sous l'approbation de l'autorité locale.

4. Lorsque la fonderie de suif en branche qui se trouve annexée à l'abattoir aura été mise en état de faire le service, il ne sera plus délivré de permission pour ouvrir dans la ville de nouvelles fonderies particulières; néanmoins, toutes celles qui existaient antérieurement au décret du 15 octobre 1810, ou qui ont été régulièrement autorisées depuis cette époque, pourront continuer à exercer concurremment avec la fonderie publique.

5. En aucun cas et pour quelque motif que ce soit, le nombre des bouchers et charcutiers ne pourra être limité; tous ceux qui voudront s'établir à Senlis seront seulement tenus de se faire inscrire à la mairie, où ils feront connaître le lieu de leur exploitation et justifieront de leur patente.

6. Les bouchers et charcutiers de la ville auront la faculté d'exposer en vente et de débiter de la viande à leur domicile, dans des étaux convenablement appropriés à cet usage, en suivant les règles de la police.

7. Les bouchers et charcutiers forains pourront exposer en vente et débiter de la viande dans la ville, mais seulement sur les lieux et marchés publics désignés par le maire et aux jours fixés par lui, et ce, en concurrence avec les bouchers et charcutiers de la ville qui voudront profiter de la même faculté.

8. Les droits à payer par les bouchers, charcutiers et fondeurs, pour l'occupation des places dans l'abattoir public, seront réglés par un tarif arrêté dans la forme ordinaire.

9. Le maire de la ville de Senlis pourra faire les réglemens locaux nécessaires pour le service de l'abattoir public et commun, ainsi que pour le commerce de la boucherie et charcuterie; mais ces actes ne seront exécutoires qu'après avoir reçu l'approbation de notre ministre de l'intérieur, sur l'avis du préfet.

10. Notre ministre secrétaire d'État de l'intérieur (vicomte de Martignac) est chargé de l'exécution de la présente ordonnance, qui sera insérée au Bulletin des Lois.

---

6 FÉVRIER 1828. — Ordonnance qui nomme M. de Balzac et M. le vicomte de Beaumont conseillers d'État en service extraordinaire. (8, Bull. 214, n° 8007.)

---

6 FÉVRIER 1828. — Ordonnance qui autorise l'inscription au Trésor royal de trois pensions ecclésiastiques. (8, Bull. 218 *bis*, n° 3.)

---

6 FÉVRIER 1828. — Ordonnance qui accorde une pension à M. de Roux de Laric, en qualité d'ancien chevalier de Malte, présent à la capitulation. (8, Bull. 218 *bis*, n° 4.)

---

6 FÉVRIER 1828. — Ordonnance qui accorde une pension au sieur Michel, ex-vérificateur des poids et mesures. (8, Bull. 228 bis, n° 6.)

6 FÉVRIER 1828. — Ordonnances qui autorisent l'acceptation de dons et legs faits aux communes de Volleville, d'Harcourt, de Doulevent-le-Château, de Courdemanche, de Chailly-en-Bierre, de Mouzeni, de Paissières, de Saint Pol, de Marligne-Briand, de Saint-Julien du Serre, d'Hubersent, de Serqueux, de Grasse, de Pierrepont et de l'Epinay-le-Comte. (8, Bull. 225, n°ˢ 8240 à 8254.)

10 = Pr. 15 FÉVRIER 1828. — Ordonnance du Roi portant que l'instruction publique sera dirigée par un ministre secrétaire d'Etat qui exercera les fonctions de grand-maître de l'Université de France. (8, Bull. 214, n° 8005.)

Charles, etc.

Vu l'ordonnance du 16 août 1824, qui avait créé le ministère des affaires ecclésiastiques et de l'instruction publique;

Vu l'article 2 de notre ordonnance du 4 janvier dernier, portant qu'à l'avenir l'instruction publique ne fera plus partie du ministère des affaires ecclésiastiques,

Nous avons ordonné et ordonnons ce qui suit :

Art. 1er. L'instruction publique sera dirigée par un ministre secrétaire d'Etat.

Il exercera les fonctions de grand maître de l'Université de France, telles qu'elles sont déterminées par les lois et réglemens.

2. Notre garde-des-sceaux, ministre secrétaire d'Etat au département de la justice (comte Portalis), est chargé de l'exécution de la présente ordonnance.

10 = Pr 15 FÉVRIER 1828. — Ordonnance du Roi qui nomme M. le comte de Boubers secrétaire général du ministère des finances. (8, Bull. 214, n° 8010.)

Charles, etc.

Vu notre ordonnance du 6 février 1828, qui a déterminé la répartition du travail du ministère des finances entre les différentes branches d'administration qui le composent,

Nous avons ordonné et ordonnons ce qui suit :

Art. 1er. Le sieur comte de Boubers, inspecteur général des finances, est nommé secrétaire général du ministère des finances, et est appelé à remplir les fonctions déterminées dans l'art. 7 (1) du tableau joint à notre ordonnance dudit jour qui fixe les attributions du secrétariat général, toutes dispositions antérieures contraires demeurant revoquées.

2. Notre ministre secrétaire d'Etat des finances (comte Roy) est chargé de l'exécution de la présente ordonnance.

10 FÉVRIER 1828. — Ordonnance du Roi qui nomme M. de Vatimesnil ministre secrétaire d'Etat au département de l'instruction publique. (8, Bull. 214, n° 8006.)

10 FÉVRIER 1828. — Ordonnance du Roi portant autorisation définitive de la communauté des sœurs hospitalières de la Croix établie à Craponne, département de la Haute-Loire (2). (8, Bull. 215, n° 8025.)

10 FÉVRIER 1828. — Ordonnance du Roi portant autorisation définitive de la communauté des religieuses hospitalières de la Miséricorde de Jésus, établie à Gouarec, département des Côtes-du-Nord (3). (8, Bull. 215, n° 8026.)

10 FÉVRIER 1828. — Ordonnance du Roi portant autorisation définitive de la communauté des sœurs hospitalières de Saint-Joseph établie à Lempdes, département de la Haute-Loire (4). (8, Bull. 215, n° 8024.)

10 FÉVRIER 1828. — Ordonnance portant nomination des présidens de deux collèges électoraux d'arrondissement (8, Bull. 216, n° 8046.)

10 FÉVRIER 1828. — Ordonnances qui autorisent l'acceptation de dons et legs faits aux fabriques des églises d'Attigny, de Torcy, de Mouzon, de Plouer, de Baillicourt, de Joigny, de Mesnil-Raoult, de Saint-Venant, de Perrancey, de Doingt, de Poinçon-lès-Fays, de la Croisille, de Lagny, de Dourlan, de Mézières et d'Or-chwir; aux desservans successifs de la succursale de Guenin; à la maison ecclésiastique d'Ecole; à la commune de Lauzerte, aux séminaires de Chartres et de Grenoble. (8, Bull. 256, n°ˢ 9559 à 9580.)

(1) Les attributions du secrétariat général sont déterminées par l'article 7 du tableau joint à l'ordonnance du 6 février 1828, ainsi qu'il suit :

Dépêches, archives et contre-seing;

Matériel de l'administration centrale; ordonnancement et comptabilité spéciale des dépenses du ministère;

Correspondance avec les administrations de finances;

Personnel et direction du mouvement des inspecteurs des finances.

(Note du Bulletin officiel.)

Nota. L'ordonnance du 6 février 1828 n'est point au Bulletin des Lois.

(2) Voy. note, p. 5.

(3) Voy. note, p. 5.

(4) Voy. note, p. 5.

13 FÉVRIER = Pr. 1er MARS 1828. — Ordonnance du Roi qui modifie le tarif du péage établi sur le pont de bois de Nevers, département de la Nièvre. (8, Bull. 216, n° 8047.)

Charles, etc.

Sur le rapport de notre ministre secrétaire d'Etat au département de l'intérieur;

Vu la délibération du conseil municipal de Nevers du 7 juillet 1827, tendant à ce qu'il soit fait différentes modifications au tarif du péage établi sur le pont de bois de Nevers;

Notre Conseil-d'Etat entendu,

Nous avons ordonné et ordonnons ce qui suit :

Art. 1er. Il sera fait au tarif du péage établi sur le pont de bois de Nevers, département de la Nièvre, les modifications suivantes :

1° Tous les ouvriers employés aux travaux autres que ceux du pont de Nevers, et qui se trouvent compris dans l'un des cas d'exemption spécifiés dans l'art. 4 du tarif annexé à notre ordonnance du 17 janvier 1827, seront assujétis à un droit de cinq centimes par individu.

2° Les voitures à bœufs conduisant d'autres objets que ceux spécifiés dans la partie du tarif qui traite des exemptions seront assujéties au péage pour l'aller et le retour d'après un nombre d'attelages, c'est-à-dire une charrette ou chariot attelé d'une paire de bœufs. . . . .   15 c.

Chaque pair de bœufs en sus. . . .   10

Les chariots et chars-à-bancs couverts, attelés d'un cheval, servant aux transport des voyageurs.   45

Chaque cheval en sus.   15

3° Toute voiture attelée de bœufs ou de chevaux servant habituellement au transport des denrées et des marchandises, qui passera sur le pont, portant des personnes, sera assujétie au droit de péage, comme voiture chargée, suivant le nombre de ses attelages et la classe de la voiture, et chaque personne placée sur la voiture paiera en outre le droit de cinq centimes.

4° Tout voyageur qui ne serait pas militaire, passant sur le pont de Nevers dans les voitures des convois militaires, sera assujéti au péage.

5° Les veaux et les moutons (la paire) et les cochons placés sur les voitures, des chevaux, ou autrement, pour traverser le pont, seront assujétis au droit de cinq centimes.

6° Les enfans au-dessous de douze ans sont exempts du droit de péage;

7° Toutes les voitures agricoles ayant leur chargement de foin, paille, avoine, d'orge, de légumes, de blé, de bois de chauffage pour l'approvisionnement de la ville, seront exemptes du droit de passage, à l'entrée comme à la sortie, toutes les fois qu'elles sortiront le même jour à vide ou avec le même chargement;

8° Les pataches conduisant du blé à Nevers seront exemptes du droit de péage, seulement à l'entrée.

2. Notre ministre secrétaire d'Etat de l'intérieur (vicomte de Martignac) est chargé de l'exécution de la présente ordonnance.

13 FÉVRIER = Pr. 8 MARS 1828. — Ordonnance du Roi relative à la construction d'un pont sur la Seine, à l'amont de Paris, au lieu dit la Bosse de Marne. (8, Bull. 217, n° 8054.)

Charles, etc.

Sur le rapport de notre ministre secrétaire d'Etat au département de l'intérieur;

Vu le projet de construction d'un pont sur la Seine, à l'amont de Paris, au lieu dit la Bosse de Marne, et de deux parties de route aux abords, au moyen d'un péage à concéder à l'adjudicataire des travaux;

Vu le cahier des charges de l'entreprise, le tarif du péage à percevoir sur le pont après son achèvement, et le procès-verbal de l'adjudication passée en conseil de préfecture du département de la Seine, le 24 octobre 1827;

Notre Conseil d'Etat entendu,

Nous avons ordonné et ordonnons ce qui suit :

Art. 1er. L'adjudication passée par le préfet du département de la Seine, le 24 octobre 1827, aux sieurs comte Dubois, Durand, Beneton, Billiard et Lamouroux, pour la construction, à leurs frais, risques et périls, d'un pont sur la Seine, à l'amont de Paris, au lieu dit la Bosse de Marne, et de deux parties de route aux abords, moyennant la concession d'un péage à percevoir sur le pont, après son achèvement, pendant quatre-vingt-dix-neuf ans, est approuvé (1).

2. Le tarif du péage est fixé comme il suit :

Chaque personne à pied chargée ou non chargée d'un fardeau (cinq cent.).   5

Chaque cheval ou mulet et son cavalier, valise comprise (dix centimes) . .   10

Une voiture suspendue à deux roues, à un cheval ou mulet, et pour une litière à deux chevaux, conducteur compris (vingt-cinq centimes)   25

Une voiture suspendue à quatre roues, à un cheval ou mulet, conducteur compris (trente centimes)   30

Une voiture suspendue à quatre roues, à deux chevaux ou mulets, conducteur compris (trente-cinq centimes).   35

_____

(1) Voyez note sur l'ordonnance du 6 décembre 1827, approuvant l'adjudication des travaux du pont de Choisy-le-Roi.

Chaque cheval ou mulet, chargé ou
non chargé, non compris le conduc-
teur (cinq centimes)   5

Un âne ou une ânesse, chargé ou
non chargé, non compris le conduc-
teur (deux centimes et demi) 2 1/2

Chaque cheval d'augmentation aux
voitures suspendues (cinq centimes). .   5

Bestiaux destinés à la vente.

Chaque bœuf ou chaque vache, non
compris le conducteur (cinq centimes).   5

Chaque veau ou porc, non compris
le conducteur (un cent. et un quart).   1 1/4

Chaque mouton, brebis, bouc, chèvre, non compris le conducteur (un
centime et un quart). 1 1/4

Lorsque les moutons, brebis, boucs
et chèvres, sont au-dessus de cinquante, cinq centimes pour la totalité
du nombre qui excédera cinquante jusqu'à cent, et cinquante centimes pour
le nombre qui excédera le premier cent
jusqu'à deux cents, et pareillement cinquante centimes pour le nombre qui
excéderait la seconde centaine.

Seront exempts les bœufs conduits
aux abattoirs.

Usages divers.

Chaque charrette attelée d'un cheval
ou mulet, y compris le conducteur
(quinze centimes).   15

Chaque charrette attelée de deux chevaux ou mulets, y compris le conducteur (vingt centimes).   20

Chaque charrette attelée de trois chevaux ou mulets, y compris le conducteur (vingt-cinq centimes).   25

Une charrette à vide, le cheval et le
conducteur compris (quinze centimes).   15

Chaque cheval ou mulet d'augmen-
tation (cinq centimes)   5

Roulage.

Chaque chariot de roulage à quatre
roues, un cheval et le conducteur
(vingt centimes).   20

Chaque chariot de roulage à quatre
roues et deux chevaux, et le conducteur (vingt-cinq centimes).   25

Chaque chariot de roulage à quatre
roues et trois chevaux, et le conducteur (trente centimes).   30

Chaque chariot de roulage à vide,
un seul cheval et le conducteur (quinze
centimes).   15

Chaque cheval d'augmentation (cinq
centimes).   5

Agriculture.

Cheval, mulet, bœuf, vache ou âne
employés au labour, ou allant au pâturage. . . . .   *Néant.*

Mouton, brebis, bouc, chèvre, al-
lant au pâturage. . . . .   *Néant.*

Charrette chargée, employée au transport des engrais ou à la rentrée des récoltes, le cheval et le conducteur. . .   *Néant.*

La même, revenant à vide, le che-
val et le conducteur (dix centimes). .   10

Chaque cheval d'augmentation à vide
(cinq centimes).   5

Chaque charrette chargée ou non
chargée, attelée d'un âne ou d'une
ânesse, et le conducteur (cinq cent.).   5

Chaque âne ou ânesse d'augmenta-
tion (deux centimes et demi). 2 1/2

Un chariot de ferme à quatre roues,
chargé, les deux chevaux ou bœufs et
le conducteur (vingt centimes).   20

Le même à vide et le conducteur
(quinze centimes).   15

Chaque cheval ou bœuf d'augmen-
tation (cinq centimes).   5

Seront exempts du droit de péage le préfet
du département de la Seine, le sous-préfet
de l'arrondissement de Sceaux, les maires et
adjoints des communes de Maisons-Alfort et
d'Ivry, le juge-de-paix du canton, les ingénieurs, conducteurs et piqueurs des ponts-et-
chaussées, les employés de l'administration
des contributions indirectes, et les agens du
service de la navigation, lorsqu'ils se transporteront pour raison de leurs fonctions respectives. Seront exempts du même droit les
militaires de tout grade voyageant en corps
ou isolément, et porteurs d'ordres de service ou de feuilles de route.

Seront enfin exempts les malles faisant le
service des postes de l'État, et les courriers
du Gouvernement.

3. Les concessionnaires du péage tiendront
constamment affiché dans le lieu le plus apparent le tarif du péage qu'ils sont autorisés
à percevoir.

4. Notre ministre secrétaire d'État au département de l'intérieur (vicomte de Martignac) est chargé de l'exécution de la présente
ordonnance.

13 FÉVRIER = Pr. 8 MARS 1828. — Ordonnance
du Roi qui autorise la ville de Colmar (Haut-
Rhin) à construire un abattoir public. (8, Bull.
217, n° 8055.)

Charles, etc.

Sur le rapport de notre ministre secrétaire
d'État au département de l'intérieur;

Vu les délibérations du conseil municipal
de Colmar des 14 juillet 1820 et 8 juin 1827,
relatives à l'abattoir public établi en cette
ville;

L'avis du préfet du 1er août suivant :

Notre Conseil-d'État entendu,

Nous avons ordonné et ordonnons ce qui
suit :

Art. 1er. La ville de Colmar, département
du Haut-Rhin, est autorisée à construire un
abattoir public et commun, sauf à accomplir,

pour le choix du local, les formalités prescrites par le décret du 15 octobre 1810, et par l'ordonnance royale du 14 janvier 1815.

En attendant, le bâtiment dans lequel a lieu maintenant l'abattage des bestiaux et des porcs continuera d'être affecté à cet usage.

2. A dater de la publication de la présente ordonnance, l'abattage des bestiaux et porcs destinés à la consommation des habitans aura lieu exclusivement dans ledit établissement, et toutes les tueries particulières sont interdites et fermées.

Toutefois, les propriétaires ou particuliers qui élèvent des porcs pour la consommation de leur maison conserveront la faculté de les abattre chez eux, pourvu que ce soit dans un lieu clos et séparé de la voie publique.

3. Les bouchers et charcutiers forains pourront également faire usage de l'abattoir public, mais sans y être obligés, soit qu'ils concourent à l'approvisionnement de la ville, soit qu'ils approvisionnent seulement la banlieue : ils seront libres de tenir des abattoirs et des échaudoirs hors de la ville, sous l'approbation de l'autorité locale.

4. En aucun cas et pour quelque motif que ce soit, le nombre des bouchers et charcutiers ne pourra être limité. Tous ceux qui voudront s'établir à Colmar seront seulement tenus de se faire inscrire à la mairie, où ils feront connaître leur domicile et justifieront de leur patente.

5. Les bouchers et charcutiers de la ville auront la faculté d'exposer en vente et de débiter de la viande à leur domicile, dans des étaux convenablement appropriés à cet usage, en suivant les règles de police.

6. Les bouchers et charcutiers forains pourront exposer en vente et débiter de la viande dans la ville, mais seulement sur les lieux et marchés publics désignés par le maire, et aux jours fixés par lui, et ce en concurrence avec les bouchers et charcutiers de la ville qui voudront profiter de la même faculté.

7. Les droits à payer par les bouchers et charcutiers, pour l'occupation des places dans l'abattoir public, seront réglés par un tarif arrêté dans la forme ordinaire.

8. Le maire de la ville de Colmar pourra faire les réglemens locaux nécessaires pour le service de l'abattoir public, ainsi que pour le commerce de la boucherie et de la charcuterie ; mais ces actes ne seront exécutoires qu'après avoir reçu l'approbation de notre ministre de l'intérieur, sur l'avis du préfet.

9. Notre ministre secrétaire d'Etat au département de l'intérieur (vicomte de Martignac) est chargé de l'exécution de la présente ordonnance, qui sera insérée au Bulletin des Lois.

13 FÉVRIER = Pr. 8 MARS 1828. — Ordonnance du Roi qui classe des chemins au rang de routes départementales de la Gironde. (8, Bull. 217, n° 8056.)

Charles, etc.

Sur le rapport de notre ministre secrétaire d'Etat de l'intérieur ;

Vu les délibérations du conseil général du département de la Gironde tendant à ce que la partie de la route royale n° 89, de Lyon à Bordeaux, qui se trouve abandonnée depuis l'achèvement de la nouvelle route de Libourne à Bordeaux, et les chemins de Bordeaux à Pauillac par Blanquefort, Cantenac et Margaux, et de Sainte-Foy à La Sauvetat, soient classés au rang des routes départementales ;

Vu l'avis du préfet et celui du conseil général des ponts-et-chaussées ;

Notre Conseil d'Etat entendu,

Nous avons ordonné et ordonnons ce qui suit :

Art. 1er. Les chemins indiqués dans les délibérations du conseil général du département de la Gironde sont et demeurent classés au rang des routes départementales de ce département, avec les numéros et dénominations qui suivent :

N° 17, de Libourne à Bordeaux ;

N° 18, de Bordeaux à Pauillac par Blanquefort, Cantenac et Margaux ;

N° 19, de Sainte Foy à la Sauvetat.

2. L'administration est autorisée à acquérir les terrains nécessaires pour perfectionner et rectifier ces nouvelles routes ; elle se conformera, à ce sujet, aux dispositions de la loi du 8 mars 1810.

3. Notre ministre secrétaire d'Etat de l'intérieur (vicomte de Martignac) est chargé de l'exécution de la présente ordonnance.

13 FÉVRIER = Pr. 8 MARS 1828. — Ordonnance du Roi qui classe au rang des routes départementales du Cantal le chemin de Chaudes-Aigues à St-Chely. (8, Bull. 217, n° 8057.)

Charles, etc.

Sur le rapport de notre ministre secrétaire d'Etat de l'intérieur ;

Vu la délibération du conseil général du département du Cantal, tendant à ce que le chemin de Chaudes-Aigues à Saint-Chely soit classé au rang des routes départementales ;

Vu l'avis du conseil général des ponts-et-chaussées ;

Notre Conseil d'Etat entendu,

Nous avons ordonné et ordonnons ce qui suit :

Art. 1er. Le chemin de Chaudes-Aigues à Saint-Chely est et demeure classé au rang des routes départementales du Cantal, sous le n° 4.

2. L'administration est autorisée à acquérir les terrains nécessaires pour achever ou perfectionner cette nouvelle route; elle se conformera, à ce sujet, aux dispositions de la loi du 8 mars 1810.

3. Notre ministre secrétaire d'Etat de l'intérieur (vicomte de Martignac) est chargé de l'exécution de la présente ordonnance.

_____

13 FÉVRIER 1828. — Ordonnance qui accorde des lettres de déclaration de naturalité au sieur Reiners. (8, Bull. 309, n° 11830.)

_____

13 FÉVRIER 1828. — Ordonnance qui nomme M. le baron Bacot de Romans directeur général de l'administration des contributions indirectes. (8, Bull. 215, n° 8020.)

_____

13 FÉVRIER 1828. — Ordonnance qui nomme M. le baron de Villeneuve directeur général de l'administration des douanes. (8, Bull. 215, n° 8021.)

_____

13 FÉVRIER 1828. — Ordonnance qui nomme M. Bourdeau directeur général de l'administration de l'enregistrement et des domaines. (8, Bull. 215, n° 8022.)

_____

13 FÉVRIER 1828. — Ordonnance qui nomme M. Benoist ministre d'Etat et membre du conseil privé. (8, Bull. 215, n° 8023.)

_____

13 FÉVRIER 1828. — Ordonnance qui autorise le sieur Banc-Lanaute à ajouter à son nom celui de Hauterive. (8, Bull. 216, n° 8048.)

_____

13 FÉVRIER 1828. — Ordonnance qui admet les sieurs Delerueilleries, Haldi, Haulregard, Lak, Latham et Trilla, à établir leur domicile en France. (8, Bull. 216, n° 8049.)

_____

13 FÉVRIER 1828. — Ordonnance qui autorise l'inscription au Trésor royal de cent quatre-vingt-trois pensions civiles et militaires. (8, Bull. 218 bis, n° 5.)

_____

13 FÉVRIER 1828 — Ordonnance qui accorde une pension à M. Mougez, ex-administrateur des monnaies. (8, Bull. 218 bis, n° 7.)

_____

13 FÉVRIER 1828. — Ordonnance qui accorde des lettres de déclaration de naturalité au sieur Meyer. (8, Bull. 220, n° 8120.)

_____

13 FÉVRIER 1828. — Ordonnances qui autorisent l'acceptation de dons et legs faits aux hospices de Saint-Quentin, de Honfleur, de Grenoble, de Roanne, du Puy, de Châlon-sur-Marne, de Lunéville, de Stenay, de Tarbes, de Grasse, d'Arras, de Moiss c, et à la Salpêtrière de Paris; aux pauvres de Saint-Pol de Léon, de Chef-Dupont, de Montjean, de Mesnil-Raouli, de Bourg-en-Bresse, de Lodève, de Saint-Claude, de la Réunion, de Chasserades, de Loigné, de Tarbes, de Saint-Loup, du Havre, d'Oissy, de Saint-Amand-de-Montaigu et de Toulon; à la maison royale de santé d'Avignon et à la commune de Mattaincourt. (8, Bull. 225, n°s 8255 à 8288.)

_____

13 FÉVRIER 1828. — Ordonnance qui autorise le sieur Barthélemy fils à établir une verrerie dans la commune de Vidauban (Var). (8, Bull. 226, n° 8312.)

_____

13 FÉVRIER 1828. — Ordonnance qui autorise la veuve Poumeau-Delille à conserver et tenir en activité l'usine à fer d'Anlhiac (Dordogne). (8e, Bull. 226, n° 8313.)

_____

13 FÉVRIER 1828. — Ordonnance qui accepte la renonciation faite par le sieur Berlioz à la concession de la mine d'antimoine de Las-Corbos, commune de Maison, département de l'Aude. (8, Bull. 227, n° 8325.)

_____

13 FÉVRIER 1828 — Ordonnance portant concession au duc Decazes des mines de fer de Kaimar, commune de Pruines, département de l'Aveyron. (8, Bull. 227, n° 8326.)

_____

13 FÉVRIER 1828. — Ordonnance qui autorise le sieur Grosjean à établir un haut-fourneau pour fondre le minerai de fer dans l'usine qui lui appartient sur les territoires de Charleville et de Mont y Notre-Dame, département des Ardennes. (8, Bull. 227, n° 8327.)

_____

13 FÉVRIER 1828. — Ordonnance qui accorde des lettres de déclaration de naturalité au sieur Grossier. (8, Bull. 229, n° 8445.)

_____

13 FÉVRIER 1828. — Ordonnance qui accorde des lettres de déclaration de naturalité au sieur Devvilde. (8, Bull. 229, n° 8446.)

_____

13 FÉVRIER 1828. — Ordonnance qui accorde des lettres de déclaration de naturalité au sieur Fiori. (8, Bull. 252, n° 9262.)

_____

13 FÉVRIER 1828. — Ordonnance qui accorde des lettres de déclaration de naturalité au sieur Leliez. (8, Bull. 263, n° 9916.)

_____

13 FÉVRIER 1828. — Ordonnance qui accorde des lettres de déclaration de naturalité au sieur Barrières. (8, Bull. 271, n° 10469.)

_____

13 FÉVRIER 1828. — Ordonnance qui accorde des lettres de déclaration de naturalité au sieur Pachoud. (8, Bull. 271, n° 10470.)

17 FÉVRIER = Pr. 1ᵉʳ MARS 1828. — Ordonnance du Roi portant création d'un conseil supérieur de la guerre, sous la présidence de son altesse royale monseigneur le Dauphin. (8, Bull. 216, n° 8040.)

Charles, etc.

Voulant établir la législation militaire sur des principes fixes, et soumettre l'organisation de nos forces de terre aux rectifications qui nous paraîtraient nécessaires pour concilier ce qu'exige la dignité de notre royaume avec l'économie de nos finances ;

Voulant donner à notre armée un nouveau gage de notre bienveillance royale ;

Sur le rapport de notre ministre secrétaire d'Etat au département de la guerre,

Nous avons ordonné et ordonnons ce qui suit :

Art. 1ᵉʳ. Il sera créé un conseil supérieur de la guerre, sous la présidence de notre bien-aimé fils le Dauphin.

2. Les projets de lois, d'ordonnances, de réglemens et de décisions concernant l'organisation et la législation militaires, seront à l'avenir discutés par notre conseil de la guerre, avant d'être soumis à notre approbation.

3. Le conseil supérieur de la guerre examinera, sur le renvoi qui lui en sera fait par notre ordre, les lois et ordonnances actuellement en vigueur sur l'organisation et la législation de notre armée, à l'effet d'indiquer successivement les améliorations dont elles pourraient être susceptibles.

4. Le conseil supérieur de la guerre sera composé de notre ministre secrétaire d'Etat de la guerre, de trois maréchaux de France, et de douze lieutenans généraux.

Deux intendans militaires seront attachés au conseil, avec voix consultative.

Un maréchal-de-camp ou un colonel remplira les fonctions de secrétaire.

5. Nous nous réservons de statuer ultérieurement sur l'ordre du travail et des délibérations du conseil, ainsi que sur ses relations avec notre ministre secrétaire d'Etat de la guerre.

6. Notre ministre secrétaire d'Etat de la guerre (vicomte de Caux) est chargé de l'exécution de la présente ordonnance.

17 FÉVRIER = Pr. 1ᵉʳ MARS 1828. — Ordonnance du Roi qui met à la disposition du ministre secrétaire d'Etat au département de l'instruction publique la somme d'un million huit cent vingt-cinq mille francs accordée par la loi du 24 juin 1827 pour les dépenses de l'instruction publique pendant l'année 1828, et qui répartit cette somme en trois sections spéciales (1). (8, Bull. 216, n° 8042.)

Charles, etc.

Vu la loi du 24 juin 1827, qui accorde un crédit d'un million huit cent vingt-cinq mille francs pour les dépenses de l'instruction publique pendant l'exercice 1828 ;

Vu l'article 151 de la loi du 25 mars 1817, l'article 2 de l'ordonnance du 14 septembre 1822 et les dispositions de notre ordonnance du 1ᵉʳ septembre 1827 ;

Sur le rapport de notre ministre secrétaire d'Etat au département de l'instruction publique,

Nous avons ordonné et ordonnons ce qui suit :

Art. 1ᵉʳ. La somme d'un million huit cent vingt-cinq mille francs, accordée, par la loi du 24 juin 1827, pour les dépenses de l'instruction publique pendant l'année 1828, est mise à la disposition de notre ministre secrétaire d'Etat au département de l'instruction publique, et répartie en trois sections spéciales et en quatre chapitres, ainsi qu'il suit :

Iʳᵉ SECTION SPÉCIALE.

Administration centrale. . . . . (2).

IIᵉ SECTION SPÉCIALE. *Collèges royaux.*

Chap. Iᵉʳ. Dépenses fixes, proviseurs et professeurs.	927,700	
Chap. II. Bourses royales et dépenses diverses. . .	822,300	} 1,775,000
Chap. III. Ecole royale de Bourbon-Vendée	25,000	

IIIᵉ SECTION SPÉCIALE. *Instruction primaire.*

Chap. unique. Encouragement à l'instruction primaire. 50,000

Total. . . 1,825,000

---

(1) *Suprà*, ordonnance du 27 janvier 1828.
(2) On a fait observer que, *l'instruction publique* se trouvant séparée des *affaires ecclésiastiques*, la somme de 380,000 francs allouée au ministre des affaires ecclésiastiques et de l'instruction publique, pour *frais d'administration centrale* (voy. ordonnance du 27 janvier 1828), aurait dû être répartie entre les deux ministres ; mais le *Moniteur* a répondu que la somme de

380,000 fr. était entièrement consacrée aux frais d'administration centrale du ministère des affaires ecclésiastiques, les traitemens des employés des bureaux de l'Université étant compris dans le budget du conseil royal de l'instruction publique ; qu'ainsi ce n'était que pour *mémoire* que la section intitulée *administration centrale* pouvait figurer dans l'ordonnance du 17 février (*voy*. Mon. du 24 février 1828).

2. Nos ministres secrétaires d'Etat aux départemens de l'instruction publique et des finances (de Vatimesnil et comte Roy) sont chargés, chacun en ce qui le concerne, de l'exécution de la présente ordonnance, qui sera insérée au Bulletin des Lois.

———

17 FÉVRIER = Pr. 3 MAI 1828. — Ordonnance du Roi portant autorisation, conformément aux statuts y annexés, de la société anonyme formée à Paris sous la dénomination de *Compagnie des mines de houille de Montrelais.* (8, Bull. 226 *bis*, n° 3.)

Charles, etc.

Sur le rapport de notre ministre secrétaire d'Etat du commerce et des manufactures;

Vu les articles 29 à 37, 40 et 45 du Code de commerce;

Notre Conseil-d'Etat entendu,

Nous avons ordonné et ordonnons ce qui suit :

Art. 1er. La société anonyme formée à Paris sous la dénomination de *Compagnie des mines de houille de Montrelais,* par acte passé, le 19 janvier dernier, par-devant Chodron et Montaud, notaires en ladite ville, est autorisée; les statuts contenus audit acte, lequel restera annexé à la présente ordonnance, sont approuvés, sauf les réserves portées aux articles suivans.

2. La présente société est autorisée pour quatre-vingt-dix-neuf ans, à dater de ce jour, toutefois sans préjudice des effets de conventions particulières des intéressés entre eux.

3. La disposition de l'article 17 des statuts, qui rend le vendeur solidairement garant avec les cessionnaires successifs dans le cas de transfert des actions avant leur paiement intégral, demeure générale et absolue, nonobstant les deux exceptions prévues audit article.

4. Nous nous réservons de révoquer notre autorisation, en cas de violation ou de non-exécution des statuts par nous approuvés, et sans préjudice des dommages-intérêts des tiers.

5. La société sera tenue de remettre, tous les six mois, un extrait de son état de situation aux préfets de la Seine et de la Loire-Inférieure, aux greffes des tribunaux et aux chambres de commerce de Paris et de Nantes; pareil extrait sera transmis à notre ministre du commerce et des manufactures.

6. Notre ministre secrétaire d'Etat du commerce et des manufactures (M. Saint-Cricq) est chargé de l'exécution de la présente ordonnance, qui sera publiée au Bulletin des Lois, et insérée dans le Moniteur et dans un journal d'annonces judiciaires du département de la Seine et de la Loire-Inférieure.

Compagnie des mines de houille de Montrelais.

Par-devant Me Claude-François Chodron et Jean-Eustache Montaud, notaires à Paris, soussignés, furent présens, etc.

Société.

M. Berthault, audit nom, MM. Thuret, de l'Espine et de Linneville, désirant donner un plus grand développement à cette exploitation, ont résolu de le faire par les moyens d'une société anonyme, dont ils ont réglé les clauses et conditions ainsi qu'il suit, tant pour eux que pour MM. Garnier, Leroux et Lévesque, attendu leur soumission ci-après, et les autres personnes qui deviendront par la suite propriétaires d'actions, sauf à remplir ensuite les formalités et conditions nécessaires pour obtenir l'autorisation du Gouvernement.

Art. 1er. M. Berthault, èsdits noms, et MM. Thuret, de l'Espine et de Linneville, s'associent par ces présentes entre eux, avec mesdits sieurs Garnier, ici représenté par M. Lelièvre, Leroux et Lévesque, ce dernier représenté par M. de Linneville, toutefois en accomplissant, par mesdits sieurs Garnier, Leroux et Lévesque, les soumissions ci-après faites, et pour les autres acquéreurs ultérieurs des actions dont il va être parlé pour l'exploitation desdites mines de Montrelais.

2. La durée de la société sera de quatre-vingt-dix-neuf années, à dater du 1er janvier 1827.

3. Elle sera connue sous la raison de *Compagnie des mines de houille de Montrelais.*

4. Son siége sera établi à Paris, dans les bureaux de l'administration.

5. M. Berthault, èsdits noms, et MM. Thuret, de l'Espine et de Linneville, mettent dans la société les immeubles, droits de concession, effets mobiliers, et généralement tout ce qui compose l'établissement de ladite exploitation, dans l'état où il se trouvait le 1er janvier 1827, suivant l'inventaire qui en a été lors dressé.

Les immeubles sont grevés d'une rente foncière de cent quatre-vingt-dix-sept francs cinquante-trois centimes, d'une autre rente foncière de sept francs quarante centimes, et de mille vingt-cinq francs de rentes viagères en douze parties; lesquelles rentes ci-devant énoncées demeurent à la charge de la société, à compter du 1er janvier 1827.

M. Bertault, èsdits noms, et MM. Thuret, de l'Espine et de Linneville, garantissent, chacun individuellement, aux actionnaires, la propriété et paisible jouissance dudit établissement, savoir : MM. Poulet, Berthault et Thuret, chacun pour trois douzièmes; M. de l'Espine, pour deux douzièmes, et M. de Linneville pour le dernier douzième; et chacun d'eux seul pour ses faits personnels.

6. Le fonds social se divise en deux parties.

La première partie se compose:

1° De la valeur de la concession des mines d'une étendue superficielle de quatre-vingt-dix-huit kilomètres soixante-quinze hectomètres carrés;

2° Des travaux préparatoires et des masses de charbon que les ouvrages souterrains ont découverts jusqu'à une certaine profondeur;

3° Des routes faites pour faciliter le débouché des charbons.

Ces objets ne sont pas évalués ici; mais ils doivent entrer en considération dans la valeur que représentent les actions, puisqu'ils sont des avances de fonds réelles, qui viennent contribuer à la prospérité de la concession, après avoir constitué son existence.

La seconde partie se compose:

1° De la valeur des immeubles, meubles, matériaux, machines, outils, chevaux et charbon mis au jour, suivant l'inventaire fait le 1er janvier 1827, s'élevant à six cent neuf mille cent vingt-cinq francs quatre-vingt-dix-neuf centimes, laquelle somme sera réduite, comme on le verra ci-après, à une somme ronde de six cent mille francs, ci 609,125f 99c

2° D'une somme de six cent mille francs en argent, jugée nécessaire pour l'exécution de tous les travaux souterrains et autres dépenses que doit entraîner le développement d'une grande exploitation, et naturellement à l'acquit de tous les engagemens qu'aurait pu contracter la société, ci 600,000 00

Total. 1,209,125 99

Attendu la difficulté de donner une valeur précise aux objets dont se compose la première partie du fonds social, on est convenu de ne déterminer ledit fonds social qu'eu égard à la somme de douze cent mille francs, montant, en nombre rond, des deux articles dont se compose la seconde partie.

7. Ce fonds social est divisé en cinq cents actions, dont chacune représentera:

1° Le cinq centième de la propriété de tous les objets mentionnés dans la première partie;

2° Les douze cents francs qui sont la cinq centième partie, en nombre rond, du montant de l'inventaire au 1er janvier 1827;

3° La portion appelée ou à appeler sur le fonds de six cent mille francs mis à la disposition des administrateurs, et payable de la manière qui sera déterminée à l'article 9.

Le nombre des actions ne pourra être augmenté, sous quelque prétexte que ce soit.

8. Ces cinq cents actions sont réparties ainsi qu'il suit entre les propriétaires actuels, qui en conviennent ainsi, savoir:

A M. Poulet, cent vingt-cinq, ci. 125

A M. Berthault, cent vingt-quatre, ci 124

A M. Thuret, cent vingt-cinq, ci. 125

A M. de l'Espine, quatre-vingt-quatre, ci. 84

Et à M. de Limeville, quarante-deux, ci 42

Nombre pareil. . . 500 act.

9. La somme de six cent mille francs, dont il est question à l'article 6, sera versée, à raison de douze cents francs par action, aux époques déterminées par le conseil d'administration qui va être institué ci-après; les actionnaires seront avertis un mois avant l'époque fixée pour le paiement.

Ces douze cents francs seront payables par cinquièmes.

10. Les actions seront numérotées, depuis un jusqu'à cinq cents inclusivement; elles seront revêtues des signatures de trois au moins des administrateurs ci-après nommés.

11. Elles ne produiront aucun intérêt, et ne donneront lieu qu'à des dividendes successifs sur les bénéfices nets.

12. Elles seront extraites d'un registre à souche déposé dans les bureaux de l'administration.

13. Elles seront nominatives et transmissibles par voie de transferts, qui seront signés par les actionnaires vendeurs, ou par leurs fondés de procurations spéciales, et qui seront inscrits sur un registre à ce destiné et déposé au bureau de l'administration. Les ventes d'actions pourront encore s'opérer par des transports passés par actes authentiques, et toutes mutations d'actions, par quelques voies qu'elles aient lieu, seront portées sur les registres de transferts, qui indiqueront les noms des propriétaires d'actions, leurs demeures et les domiciles qu'ils auront élus.

14. Chaque actionnaire ne sera tenu des engagemens de la société que jusqu'à concurrence de son intérêt dans ladite société.

15. Chaque intéressé participera aux bénéfices et contribuera aux pertes en proportion du nombre de ses actions.

16. En cas de décès d'un actionnaire, ses héritiers seront tenus de désigner celui d'entre eux qui devra représenter l'actionnaire décédé.

17. En cas de transferts avant le paiement intégral de la somme de douze cents francs, mentionnée dans l'article 9 ci-dessus, le vendeur sera solidairement garant avec les cessionnaires successifs; cependant cette garantie n'aura pas lieu dans les deux cas ci-après:

1° Si le vendeur a fait agréer son cessionnaire par le conseil d'administration;

2° Si les cessionnaires sont des actionnaires ou intéressés contractant par ces présentes ou y représentés par leurs mandataires.

18. Les avis pour le paiement des cinquièmes de ladite somme de douze cen's francs seront donnés par le président de l'administration, au fur et à mesure des besoins de la société, et par des lettres circulaires chargées au bureau de la poste.

19. A défaut de paiement dans le mois qui suivra l'époque déterminée, et après un simple commandement resté sans effet au domicile élu par l'actionnaire en retard de payer, sans que le délai d'un mois ci-dessus fixé puisse être prorogé à cause des distances de domicile, l'action afférente à ce paiement sera vendue pour le compte du titulaire, et par le ministère d'un officier public, tel qu'un notaire, un agent de change ou un courtier, selon le mode de vente qui sera adopté par les administrateurs, et dont ils auront le choix.

S'il y a perte, le titulaire sera poursuivi pour la différence; s'il y a excédant à la revente, il lui en sera tenu compte.

Dans le cas où le titulaire serait propriétaire de plusieurs actions, il n'en serait vendu que le nombre suffisant pour remplir la société de la somme qui lui serait due.

L'excédant, s'il y a lieu, lui sera remis.

20. La qualité d'actionnaire, de quelque manière qu'elle soit acquise, emportera de plein droit, pour ce qui sera relatif à la société, soumission à la juridiction du tribunal de commerce de Paris, siège de l'administration.

Statuts de l'administration.

21. Il faut être propriétaire de cinq actions au moins pour assister aux assemblées générales et y avoir voix délibérative.

22. Nul fondé de pouvoir, quel que soit le nombre d'actionnaires qu'il représente, ne sera admis aux assemblées s'il n'est lui-même propriétaire d'une action au moins.

L'action ou les actions dont se trouvera propriétaire le fondé de pouvoir se cumuleront avec celles de ses commettans pour former son nombre de voix; de telle sorte que, si ses actions cumulées avec celles qu'il représentera forment le nombre de cinq, il aura une voix; si elles forment le nombre de dix, il aura deux voix, et ainsi de suite jusqu'à vingt actions cumulées, qui lui donneront quatre voix.

23. Dans les assemblées générales, les voix seront comptées ainsi qu'il suit, savoir :

Une voix pour cinq actions;
Deux voix pour dix actions;
Trois voix pour quinze actions;

Et quatre voix seulement pour vingt actions et au delà, quel qu'en soit le nombre.

Celui qui sera fondé de plusieurs procurations ne pourra avoir plus de quatre voix, quel que soit le nombre d'actions qu'il représente.

24. Il y aura une assemblée générale chaque année dans le courant du mois de mars; elle se tiendra dans le local de l'administration à Paris. Elle sera convoquée par lettres chargées et adressées aux domiciles connus, un mois au moins avant celui indiqué pour la tenue de l'assemblée.

25. Elle sera constituée lorsque les actionnaires présens réuniront les trois quarts des voix délibératives, dont le nombre sera déterminé et connu par le registre d'immatricule des actionnaires et de leurs transferts. En cas de partage, le président aura voix prépondérante.

26. Dans le cas où une assemblée générale serait sans résultat, il en sera convoqué une seconde à un mois d'intervalle, et elle pourra délibérer, si elle réunit le tiers des voix. En cas de partage, le président aura également voix prépondérante.

27. Les assemblées générales seront présidées par le président de l'administration; les délibérations seront transcrites sur un registre à ce destiné, et signées par tous les actionnaires présens.

28. La société sera régie par six administrateurs, possédant chacun dix actions au moins, sauf ce qui va être dit sous l'art. 29.

Dans le cas où, par la division des actions, il ne se trouverait pas suffisamment d'actionnaires réunissant dix actions pour former un nombre double de celui des administrateurs à nommer, alors les administrateurs seront choisis parmi tous les actionnaires indistinctement.

29. Ils seront nommés par l'assemblée générale et révocables par elle; ils seront élus pour trois ans; leur nomination aura lieu à la majorité de voix, comptées selon le mode indiqué dans l'article 25. Ils seront choisis, autant que possible, parmi les actionnaires résidant au lieu du siège de la société.

Le nombre des administrateurs peut être porté jusqu'à neuf.

30. Le renouvellement des administrateurs se fera chaque année par tiers, en suivant l'ordre d'ancienneté de nomination.

Toutefois, à la fin de chacune des deux premières années, le renouvellement d'un tiers sera déterminé par le sort entre les administrateurs non encore renouvelés.

Ils seront toujours rééligibles.

31. Le conseil d'administration, qui se composera de six administrateurs, sera présidé alternativement, pendant l'espace de six mois, par chacun de ses membres, en commençant par le plus ancien d'âge.

Le président aura la signature pour la correspondance et pour l'exécution des arrêtés du conseil; il sera, en cas d'absence ou d'empêchement, remplacé par l'administrateur le plus ancien d'âge.

32. La place d'un des administrateurs venant à vaquer avant le temps des réélections, si les administrateurs restent en nombre de cinq ou de quatre, la place restera vacante jusqu'à la prochaine assemblée générale; mais, s'ils sont moins de quatre, il sera pourvu provisoirement au remplacement par les autres administrateurs, sauf confirmation ou réélection par l'assemblée générale.

33. Les administrateurs se réuniront chaque fois qu'il sera nécessaire, et au moins une fois par mois; ils ne pourront délibérer qu'au nombre de trois; les décisions seront prises à la majorité des voix individuelles; en cas de partage, celle du président sera prépondérante.

34. L'administration réglera toutes les opérations, vérifiera et arrêtera les comptes, et réglera le montant des dividendes.

Ses délibérations seront motivées, signées par les administrateurs présens, et portées sur un registre tenu à cet effet.

35. Les fonctions d'administrateur sont gratuites; cependant l'assemblée générale pourra leur allouer des jetons de présence.

36. Le conseil d'administration plaide au nom de la société, tant en demandant qu'en défendant; appelle de tous jugemens et se pourvoit en cassation; nomme, quand il juge à propos, des arbitres et amiables compositeurs pour juger en dernier ressort toutes discussions et contestations intéressant la société; à cet effet, passe et signe tous compromis; compose et transige aussi, quand il le juge à propos, et aux conditions qui lui paraissent convenables.

37. Les administrateurs ne sont responsables que de l'exécution du mandat qu'ils ont reçu, et ne contractent, en raison de leur gestion, aucune obligation personnelle ni solidaire relativement aux engagemens de la société.

38. A chaque assemblée générale, le conseil d'administration, le directeur et le caissier remettront un état raisonné de la situation des travaux d'exploitation, de l'extraction et de la caisse.

39. Le conseil d'administration fera, à chaque assemblée générale, un rapport sur la situation des affaires de la société; il lui présentera tous les comptes et inventaires, tant du matériel que des produits en magasin et en caisse.

40. L'assemblée générale nommera deux commissaires pour examiner les comptes et lui en faire leur rapport à la première assemblée générale, qui sera pour lors indiquée au jour le plus prochain.

L'assemblée générale approuve ou désapprouve ces comptes.

Le dividende sera payé aux époques qui seront déterminées par le conseil d'administration.

41. Dans les inventaires qui seront faits lorsqu'il y aura lieu d'établir l'actif de la société, les acquisitions de terrains, bâtimens, les machines d'épuisement et d'extraction, les outils et ustensiles, seront considérés comme faisant partie de l'actif de la société, et, à cause du dépérissement successif de quelques-uns de ces différens objets, leur valeur sera déterminée par le conseil d'administration, et ne pourra, dans aucun cas, entrer dans l'inventaire pour plus que le montant de leur évaluation primitive diminuée d'un quinzième.

42. Le conseil d'administration nomme et révoque à son gré le caissier et tous les employés et agens de la compagnie; il détermine le nombre des employés, leurs fonctions et leur traitement, etc.

Il surveille et dirige toutes les opérations de l'établissement, et fait tous les réglemens nécessaires.

La caisse de la société sera tenue provisoirement par la maison Thuret et compagnie, qui ouvrira un compte courant à la société, selon l'usage du commerce.

43. Il y aura, pour la direction et la conduite des travaux, un directeur nommé par le conseil: il sera révocable.

44. Le directeur a sous ses ordres immédiats les employés et les ouvriers attachés à l'exploitation.

45. Il fait tous les actes administratifs dans les limites des pouvoirs et des instructions qui lui seront donnés par le conseil d'administration.

46. Le directeur devra envoyer tous les mois copie des écritures au conseil d'administration, les états de situation dans les formes qui lui seront tracées, et qui indiqueront le produit de l'exploitation, les ventes, les achats de matières, d'approvisionnemens, les recettes et dépenses.

47. Il établira et fera parvenir au conseil, chaque année, l'inventaire général de la mine, afin que ce conseil puisse l'examiner et le soumettre à l'assemblée générale.

48. Le directeur peut suspendre les employés sous ses ordres et les remplacer provisoirement, sauf à en référer sur-le-champ au conseil d'administration.

49. Le conseil d'administration fixe le traitement du directeur.

50. Le conseil d'administration pourra déléguer un de ses membres ou l'un des actionnaires pour se rendre sur les lieux d'exploitation, afin de lui faire connaître de quelle manière les travaux sont exécutés, et de le mettre à même d'apprécier les faits sur les-

quels le conseil désirerait avoir des informations précises.

51. Les frais de voyage, rédaction, rapports, etc., auxquels le membre du conseil de l'actionnaire désigné aurait droit, lui seront payés d'après un état signé par lui et visé par le président du conseil d'administration, pour que le caissier puisse l'acquitter.

52. Il sera fait un fonds de réserve jusqu'à concurrence de cent cinquante mille francs, pour subvenir aux besoins imprévus, à raison d'une retenue de dix pour cent annuellement sur chaque dividende.

L'emploi de cette réserve sera réglé par le conseil d'administration.

Le fonds de réserve pourra néanmoins être élevé par le conseil d'administration à trois cent mille francs, toujours par la même retenue de dix pour cent sur les dividendes.

Il n'y aura lieu à un dividende lorsqu'il sera reconnu qu'il n'y a en caisse que les fonds nécessaires pour le roulement de l'établissement ; et, dans ce cas, l'assemblée générale des actionnaires devra être consultée.

53. La dissolution de la présente société aura lieu de plein droit avant le terme de son expiration, et la liquidation en sera immédiatement faite, si, à la fin d'une année, l'inventaire présente une diminution de l'actif au-delà de la moitié des douze cent mille francs, qui se composent tant de l'inventaire de 1827, dont il a été ci-devant parlé, que des fonds supplémentaires destinés aux besoins de la société.

La dissolution de la société pourra même avoir lieu, toujours avant le terme de son expiration, dans le cas où, après l'emploi des six cent mille francs en argent qui font partie du fonds social, la société ne pourrait pas payer de dividende pendant deux années consécutives ; mais alors la détermination à cet égard ne sera prise qu'autant qu'elle serait consentie à la majorité des trois quarts des voix des actionnaires en somme dans une assemblée générale, qui sera convoquée, à cet effet, par lettres chargées ; auquel cas, et pour ce cas seulement, chaque action comptera pour une voix.

54. En cas de dissolution ou à l'expiration de la société, l'assemblée générale des actionnaires déterminera le mode à suivre pour la liquidation.

55. M. Lelièvre, audit nom, soumet M. Garnier, M. Leroux se soumet, et M. de Linneville, comme mandataire de M. Lévesque, soumet ce dernier, à s'intéresser à la présente société, savoir :

M. Garnier, pour vingt-une actions ;

M. Leroux, pour vingt actions ;

M. Lévesque, pour quinze actions ;

Et ce en acquérant lesdites actions de ceux des propriétaires actuels de ces actions auxquels il conviendrait d'en vendre.

28.

56. Quant à présent, et pour cette fois seulement, MM. Thuret de Linneville, de l'Espine, Garnier, Leroux et Lévesque rempliront les fonctions d'administrateurs pendant cinq années à partir du 1er janvier 1827, sans préjudice des règles établies à l'art. 29 pour la révocation, s'il y avait lieu. Au cas de vacance de la place d'aucun d'eux, les autres administrateurs pourvoiront provisoirement au remplacement de celui dont les fonctions auront cessé, sauf confirmation ou nouvelle nomination par la plus prochaine assemblée.

57. MM. Poulet et Berthault sont nommés directeurs, pour en exercer les fonctions conjointement, et sous leur responsabilité solidaire, pendant les cinq premières années de la société, à la charge par eux de se conformer aux arrêtés du conseil d'administration ; en cas du décès de l'un d'eux, le survivant continuera à remplir les fonctions de directeur, le tout sans préjudicier aux dispositions de l'article 43 pour la révocabilité.

Les articles 56 et 57 ci-dessus sont transitoires, comme ne s'appliquant qu'aux cinq premières années de la société ; à l'expiration desquelles cinq premières années, les art. 29 et 43 recevront leur exécution.

58. Toutes les difficultés qui pourraient s'élever entre la société et les actionnaires ou ayant-droit de ceux-ci, relativement aux affaires de la société, seront soumises à deux arbitres nommés par les parties respectives.

A défaut par l'une des parties de nommer son arbitre dans les trois jours de la sommation qui lui aura été faite, il sera nommé d'office par le tribunal de Paris.

En cas de partage, les arbitres sont autorisés à choisir un tiers-arbitre ; dans le cas où ils ne s'accorderaient pas sur le choix de ce tiers arbitre, il serait nommé par le tribunal de commerce de Paris.

Les parties seront tenues de s'en rapporter à la décision arbitrale comme à un jugement en dernier ressort, sans pouvoir en appeler ni se pourvoir en cassation.

Les arbitres sont dispensés de l'observation des délais et des formes judiciaires : ils prononceront comme amiables compositeurs.

59. Ces présentes seront soumises à l'approbation de sa majesté.

Ce fait en présence de mondit sieur Garnier, ci-devant nommé, qualifié et domicilié, présentement logé à Paris, rue Richelieu, hôtel de Cahors, n° 16.

Dont acte, pour l'exécution duquel les parties font élection de domicile, savoir : M. Berthault, tant pour lui que pour M. Poulet, en l'étude de Me Montaud, l'un des notaires à Paris soussignés, sise à Paris, rue Louis-le-Grand, n° 7 ; et MM. Thuret, l'Espine, Leroux, Hervé de Linneville, tant pour lui que pour M. Lévesque, et Lelièvre pour

3

M. Garnier, tous en la demeure sus-désignée de M. Thuret.

Fait à Paris, en la demeure de M. Thuret, l'an 1828, le 19 janvier; et ont signé avec lesdits notaires, après lecture faite, en pareil endroit de la minute des présentes, qui est demeurée en la possession dudit Me Chodron.

---

17 FÉVRIER 1828. — Ordonnance du Roi portant nomination des membres du conseil supérieur de la guerre. (8, Bull. 216, n° 8041.)

---

17 FÉVRIER 1828. — Ordonnances qui autorisent l'acceptation de dons et legs faits à la congrégation établie à Montléan; aux fabriques des églises de Mortain, de Champeau, de Juzet et d'Izaut, de Montmirail, d'Ormoy et de Terq, et aux séminaires d'Orléans et de Luçon. (8, Bull. 256, nos 9581 à 9589.)

---

17 FÉVRIER 1828. — Ordonnances qui autorisent l'acceptation de dons et legs faits aux fabriques des églises de Tréon, de Pfaffenheim, de Villebaron, de Cornsnuds, de Grès-de-Ile-Jourdain, de Notre-Dame du Mont, de Cheptainville et de Lyon, et au séminaire diocésain de Rennes. (8, Bull. 257, nos 9596 à 9606.)

---

20 FÉVRIER = Pr. 8 MARS 1828. — Ordonnance du Roi qui modifie celle du 7 avril 1824, portant réglement pour l'exercice de la profession de boulanger dans la ville des Sables-d'Oonne, département de la Vendée. (8, Bull. 217, n° 8058.)

Charles, etc.

Vu l'ordonnance royale du 7 avril 1824, portant réglement pour l'exercice de la profession de boulanger dans la ville des Sables-d'Olonne, département de la Vendée;

Vu la délibération du conseil municipal de ladite ville en date du 30 octobre 1827;

Notre Conseil-d'Etat entendu,

Nous avons ordonné et ordonnons ce qui suit:

Art. 1er. L'article 2 de l'ordonnance du 7 avril 1824, qui oblige les boulangers de la ville des Sables-d'Olonne, département de la Vendée, à avoir constamment en magasin un approvisionnement en farine de première qualité s'élevant à cent vingt mille kilogrammes, est annulé et remplacé par les dispositions suivantes.

2. La permission nécessaire pour exercer la profession de boulanger dans ladite ville ne sera accordée par le maire que sous les conditions ci-après spécifiées.

Chaque boulanger se soumettra à avoir constamment en réserve dans son magasin un approvisionnement en farine de froment de première qualité.

Cet approvisionnement sera, savoir:

Pour le boulanger de première classe, de neuf mille kilogrammes;

Pour celui de seconde classe, de six mille kilogrammes;

Pour celui de troisième classe, de trois mille sept cent cinquante kilogrammes;

Et pour tous les boulangers réunis, de quatre-vingt-dix mille kilogrammes, quantité reconnue suffisante en temps ordinaire pour assurer la subsistance de toute la ville pendant plus d'un mois.

En cas de guerre maritime ou de tout autre évènement qui accroîtrait la consommation dans la ville des Sables, et sur la demande des autorités locales, l'approvisionnement stipulé ci-dessus devra être augmenté d'un tiers pour chaque classe, et fixé ainsi qu'il suit:

Pour le boulanger de première classe, douze mille kilogrammes;

Pour celui de seconde classe, huit mille kilogrammes;

Pour celui de troisième classe, cinq mille kilogrammes;

Et pour tous, de cent vingt mille kilogrammes au moins.

3. Dans aucun cas et pour quelque motif que ce soit, le nombre des boulangers ne pourra être limité.

4. Les dispositions de l'ordonnance précitée du 7 avril 1824 qui ne sont pas contraires à celles de la présente continueront d'être exécutées dans leurs forme et teneur.

5. Notre ministre secrétaire d'Etat de l'intérieur (vicomte de Martignac), et notre garde-des-sceaux, ministre de la justice (comte Portalis), sont chargés de l'exécution de la présente ordonnance, qui sera insérée au Bulletin des Lois.

---

20 FÉVRIER = Pr. 1er AVRIL 1828. — Ordonnance du Roi relative aux formalités à remplir pour la validité des oppositions formées au paiement de toutes les dépenses des colonies exigibles en France. (8, Bull. 222, n° 8162.)

Charles, etc.

Art. 1er. Les oppositions formées au paiement de toutes les dépenses des colonies exigibles en France devront continuer, quelle que soit l'imputation sur les fonds généraux de la marine, ou sur les fonds coloniaux reportés de la caisse des invalides de la marine à la caisse centrale et de service du Trésor royal, d'après notre ordonnance du 20 décembre 1826, d'être signifiées simultanément au ministère des finances et au ministère de la marine et des colonies, conformément à l'avis publié par ce dernier département le 17 avril 1826.

2. Sont et demeurent chargés, en vertu

de l'article 56r du Code de procédure ci-vile, de recevoir les significations qui doivent leur être faites simultanément, savoir :

A Paris, au ministère des finances,

Le chef du bureau des oppositions ;

Et au ministère de la marine,

Le trésorier général des invalides, agent comptable du service des colonies ;

Dans les départemens,

Les payeurs des ports et les receveurs généraux des finances (1).

3. Nos ministres des finances (comte Roy) et de la marine et des colonies (comte de Chabrol) sont chargés, chacun en ce qui le concerne, de l'exécution de la présente ordonnance, qui sera insérée au Bulletin des Lois.

20 FÉVRIER 1828. — Ordonnance portant que les communes de Schwersdorff-Nunkirchen, Remeldorff, qui faisaient partie de l'ancien canton de Roling, et celles de Falk et de Kreutzwald, qui dépendaient de celui de Sarre-Louis, arrondissement de Thionville, département de la Moselle, sont définitivement réunies au canton de Bouzonville, même arrondissement et même département. (8, Bull. 217, n° 8074.)

20 FÉVRIER 1828. — Ordonnance qui accorde une pension au sieur Pechinel, ex-vérificateur des poids et mesures. (8, Bull. 218 bis, n° 8.)

20 FÉVRIER 1828. — Ordonnance qui autorise les sieurs Derone et compagnie à établir un patouillet à cheval pour le lavage du minerai de fer dans la commune de Montbleuse, département de la Haute-Saône. (8, Bull. 227, n° 8328.)

20 FÉVRIER 1828. — Ordonnances qui autorisent les sieurs Leclercq-Sézille et Judhe-la-Rivière à établir et conserver en activité de fer qu'ils possèdent dans les communes de Trith-Saint-Léger (Nord) et de Champagnac (Haute-Vienne). (8, Bull. 228, n°s 8395 et 8396.)

24 FÉVRIER 1828. — Ordonnance du Roi portant autorisation définitive de communautés des sœurs hospitalières de la Miséricorde, établies à Clermont, Saint-Saudoux et Vertaizon, département du Puy-de-Dôme (2). (8, Bull. 217, n° 8059.)

24 FÉVRIER 1828. — Ordonnance du Roi portant autorisation définitive de la communauté des sœurs de la Miséricorde établie à Cahors, département du Lot (3). (8, Bull. 217, n° 8060.)

24 FÉVRIER 1828. — Ordonnance qui accorde des pensions de retraite à huit militaires y dénommés, imputables sur le crédit spécial de dix-huit cent mille francs. (8, Bull. 218 bis, n° 9.)

24 FÉVRIER 1828. — Ordonnance qui accorde des pensions de retraite à quatre militaires y dénommés, imputables sur le crédit d'inscription de 1825 et années antérieures. (8, Bull. 218 bis, n° 10.)

24 FÉVRIER 1828. — Ordonnance qui accorde un secours annuel à l'orpheline du militaire y dénommé, imputable sur le crédit d'inscription de l'année 1827. (8, Bull. 218 bis, n° 11.)

24 FÉVRIER 1828. — Ordonnance qui accorde des pensions de retraite à trois militaires y dénommés, imputables sur le crédit d'inscription de l'année 1827. (8, Bull. 218 bis, n° 12.)

24 FÉVRIER 1828. — Ordonnance qui accorde des pensions à trois veuves de militaires y dénommées, imputables sur le crédit d'inscription de l'année 1827. (8, Bull. 218 bis, n° 13.)

24 FÉVRIER 1828. — Ordonnance qui accorde des pensions de retraite à cent dix-huit militaires y dénommés, imputables sur le crédit d'inscription de l'année 1828. (8, Bull. 224 bis, n° 1.)

24 FÉVRIER 1828. — Ordonnance qui accorde des pensions à vingt-sept veuves de militaires y dénommées, imputables sur le crédit d'inscription de l'année 1827. (8, Bull. 224 bis, n° 2.)

24 FÉVRIER 1828. — Ordonnances qui autorisent l'acceptation de dons et legs faits aux fabriques des églises de Soussey, de Roches, de Runau, de Pontailler, de Lidery, de Saint-Launeuc, de Saint-Pol et de Saillans, et au séminaire d'Ornans de Clermont. (8, Bull. 257, n°s 9607 à 9616.)

25 FÉVRIER 1828. — Ordonnance qui nomme M. Royer-Collard président de la Chambre des députés. (8, Bull. 217, n° 8053.)

27 FÉVRIER 1828. — Ordonnance qui distrait du canton de Condé la commune de Laroque, et la réunit au canton de Vassy, département du Calvados, et porte que les villages de Canteloup et des Castillons, dépendans de la commune d'Estry, sont réunis à celle de Laroque. (8, Bull. 218, n° 8090.)

(1) Voy. les lois des 14 = 19 février 1792, 30 mai = 8 juin 1793, et décret du 18 août 1807.

(2) Voy. note, page 5.

(3) Voy. note, page 5.

5.

27 FÉVRIER 1828. — Ordonnance portant que les communes de Franseilles et de Donnazac sont distraites du canton de Castelnau de Mont-mirail, et réunies à la commune de Cordes, département du Tarn. (8, Bull. 218, n° 8091.)

27 FÉVRIER 1828. — Ordonnances qui autorisent l'acceptation de legs faits aux pauvres de Carcassonne, de Saint-Mamet, de Lodève, de Lespignan, de Lamotte d'Aveillans, d'Orléans, de Moulins-la-Marche et de Filain ; aux hospices de La Rochelle, de Clermont-Hérault, de Laval, de Lunéville et de Perpignan. (8, Bull. 225, n°s 8289 à 8301.)

27 FÉVRIER 1828. — Ordonnance qui autorise le sieur Prévost à conserver en activité et à augmenter l'usine à fer de Fenières, commune de Jumilhac-le-Grand, département de la Dordogne. (8, Bull. 227, n° 8329.)

27 FÉVRIER 1828. — Ordonnances qui autorisent l'acceptation de dons et legs faits aux hospices de Fauconnier, de Castres, de Toulon et de Grasse ; aux pauvres de Trainayes, de Montboreux-sur-Saône et de Paris ; aux communes de Toury-Lucy, de Pellonailles et de Neuilly. (8, Bull. 227, n°s 8330 à 8338)

27 FÉVRIER 1828. — Ordonnance qui concède au sieur de Moré les mines de plomb argentifère existant dans le canton de Pontgibaud (Puy-de-Dôme). (8, Bull. 228, n° 8397.)

28 FÉVRIER 1828. — Grandes lettres de naturalisation pour le prince d'Arenberg (contre-signées comte Portalis). (Moniteur du 17 avril 1828.)(1).

Charles, etc.

Notre bien-aimé le prince d'Arenberg (Pierre Alcantara-Charles-Marie), né à Paris, le 2 octobre 1790, nous a exposé que, par acte du 9 octobre 1803 (6 brumaire an 12), la qualité de Français a été conférée au duc d'Arenberg son père, ainsi qu'à trois de ses fils, et nommément à l'exposant ; que, bien que devenu Français et notre sujet, il ne pourrait, d'après les dispositions de l'ordonnance du 4 juin 1814. jouir de la faculté insigne que nous avons daigné lui accorder en l'élevant à la dignité de pair du royaume, et réaliser son vœu ardent de nous donner des preuves de sa fidélité et de son dévouement à notre personne, s'il ne nous plaisait de lui accorder des lettres de grande naturalisation, et d'ajouter cette nouvelle faveur à celle que nous lui avons déjà accordée.

A ces causes, voulant traiter favorablement l'exposant, de notre grace spéciale, pleine puissance et autorité royale, vu que nous n'avons rien tant à cœur que de faire éprouver les effets de notre munificence royale aux descendans de ceux qui, dans la carrière des armes, se sont signalés par leur valeur et par leur fidélité; que le prince d'Arenberg a rendu lui-même d'honorables services; voulant d'ailleurs reconnaître dans sa personne les services rendus à la monarchie par ses aïeux, le maréchal d'Isenghien et le comte de la Mark, nous avons dit et déclaré, disons et déclarons par ces présentes signées de notre main, voulons et nous plaît que ledit prince d'Arenberg soit tenu et réputé, ainsi que nous le tenons et réputons, pour notre naturel sujet et regnicole; qu'il puisse jouir des priviléges, franchises, libertés, droits civils et politiques dont jouissent nos vrais et originaires sujets, notamment de celui de siéger dans la Chambre des pairs, tout ainsi que si ledit exposant était originaire de notre royaume, sans qu'au moyen des lois, ordonnances et réglemens d'icelui, il lui soit fait aucun empêchement dans la pleine et libre jouissance des droits et priviléges qu'il nous plaît de lui accorder, l'ayant, quant à ce, dispensé et habilité, dispensons et habilitons, à la charge de fixer pour toujours son domicile dans notre royaume.

Ordonnons que les présentes, signées de notre main, seront adressées à la Chambre des pairs et à celle des députés, pour être vérifiées et être ensuite sur ce toutes lettres nécessaires expédiées.

28 FÉVRIER 1828. — Ordonnance du Roi qui autorise des exploitations dans les bois ou les réserves de plusieurs communes. (8, Bull. 218, n° 8081.) Voy. Code forestier, art. 16 et 90.

28 FÉVRIER 1828. — Ordonnance qui accorde des lettres de déclaration de naturalité au sieur Gustin. (8, Bull. 316, n° 11153.)

28 FÉVRIER 1828. — Ordonnances qui accordent des lettres de déclaration de naturalité aux sieurs Gérard et Porion. (8, Bull. 284, n°s 10934 et 10935.)

28 FÉVRIER 1828. — Ordonnance qui admet les sieurs d'Eichthal, Marcatand et Moitor à établir leur domicile en France. (8, Bull. 218, n° 8082.)

_____

(1) La vérification des lettres de grande naturalisation par les Chambres n'est pas une simple formalité telle que les Chambres soient absolument obligées d'accueillir les lettres de naturalité. Il a été reconnu, au contraire, que les Chambres ont le droit de voter, et de voter au scrutin secret, sur la question de savoir si les lettres seront ou ne seront pas déclarées vérifiées (voy. Moniteur des 16, 20, 22 et 27 avril, 1828).

28 FÉVRIER 1828. — Ordonnance qui accorde des lettres de déclaration de naturalité au sieur André. (8, Bull, 232, n° 8489.)

28 FÉVRIER 1828.—Ordonnances qui autorisent l'acceptation de dons et legs faits à diverses communautés et congrégations établies à Saint-Amand-Roche-Savine, à Ampuis, à Hennebon, à Olliergues, à Bayeux, à Rouen, à Saint-Symphorien-d'Ozon, à Saint-Didier de Chalaronne, à Buillé-sur-Loir, à Saint-Paul-aux-Bois, et au diocèse de Séez. (8, Bull. 257, n°° 9617 à 9627.)

29 FÉVRIER 1828 — Tableau des prix des grains pour servir de régulateur de l'exportation et de l'importation, conformément aux lois des 16 juillet 1819 et 4 juillet 1821, arrêté le 29 février 1828 (8, Bull. 216, n° 8039.)

29 FÉVRIER 1828. — Ordonnance qui nomme MM. Lainé de Villévêque et Dubo'el questeurs de la Chambre des députés. (8, Bull. 218, n° 8079.)

2 = Pr. 24 MARS 1828. — Ordonnance du Roi qui prescrit l'enregistrement et la transcription, sur les registres du Conseil-d'Etat, des statuts de trois congrégations religieuses de femmes. (8, Bull. 219, n° 8095.)

Charles, etc.

Vu l'article 2 de la loi du 24 mai 1825;

Vu, 1° l'approbation donnée, le 28 décembre 1826, par l'évêque de Soissons aux statuts des sœurs de la Croix établie à Saint-Quentin, département de l'Aisne ;

2° L'approbation donnée, le 1er septembre 1827, par l'évêque de Séez, aux statuts des filles de l'Education chrétienne d'Echauffour, département de l'Orne ;

3° L'approbation donnée le 22 novembre 1827, par l'évêque d'Agen aux statuts de la congrégation des filles de Marie établie à Agen ;

Vu lesdits statuts ;

Considérant que les congrégations religieuses de femmes ci-dessus mentionnées ont déclaré dans leurs statuts qu'elles étaient soumises dans les choses spirituelles à la juridiction de l'ordinaire;

Considérant que lesdits statuts ne contiennent rien de contraire à la Charte constitutionnelle, aux droits de notre couronne, aux franchises, libertés et maximes de l'église gallicane (1), ni aux lois du royaume touchant la nature et la durée des vœux (2);

Sur le rapport de notre ministre secrétaire

d'Etat au département des affaires ecclésiastiques ;

Notre Conseil-d'Etat entendu,

Nous avons ordonné et ordonnons ce qui suit :

Art. 1er. Les statuts des trois congrégations religieuses de femmes dirigées chacune par une supérieure générale, et ayant pour but l'éducation chrétienne des jeunes personnes qui leur sont confiées et l'instruction gratuite des pauvres filles, savoir :

Ceux, 1° de la congrégation des sœurs de la Croix établie à Saint-Quentin, département de l'Aisne ;

2° De la congrégation des filles de l'Education chrétienne établie à Echauffour, département de l'Orne ;

3° De la congrégation des filles de Marie établie à Agen ;

Lesdits statuts, dûment vérifiés, et tels qu'ils sont annexés à la présente ordonnance, seront enregistrés et transcrits sur les registres de notre Conseil d'Etat : mention de la transcription sera faite par le secrétaire général du Conseil-d'Etat sur la pièce enregistrée.

2. Nonobstant toutes expressions desdits statuts qui pourraient n'y point paraître conformes, les personnes faisant partie desdites congrégations ne pourront disposer de leurs biens meubles et immeubles que dans les limites prescrites par l'article 5 de la loi du 24 mai 1825 (3).

3. Nous nous réservons d'autoriser ultérieurement, s'il y a lieu, lesdites congrégations, après l'accomplissement des formalités prescrites par la loi (4).

4. Notre ministre secrétaire d'Etat au département des affaires ecclésiastiques (comte de Frayssinous), et notre garde-des-sceaux ministre secrétaire d'Etat de la justice (comte Portalis), sont chargés, chacun en ce qui le concerne, de l'exécution de la présente ordonnance, qui sera insérée au Bulletin des Lois.

2 = Pr. 24 MARS 1828.— Ordonnance du Roi qui prescrit l'enregistrement et la transcription, sur les registres du Conseil-d'Etat, des statuts de la communauté des sœurs du Cœur de Marie, dites *de la Providence*, établie à La Flèche, département de la Sarthe (1). (8, Bull. 219, n° 8096.)

Charles, etc.

Vu l'article 2 de la loi du 24 mai 1825 ;

vu l'approbation donnée, le 30 avril 1827,

---

(1) *Voy.* décret du 25 février 1810; loi du 18 germinal an 10; déclaration des évêques du 3 avril 1826.

(2) *Voy.* lois des 28 octobre = 1er novembre 1789; 13 = 19 février 1790; 18 août 1792; Constitution du 5 fructidor an 3, article 352.

(3) *Voy.* notes sur cet article.

(4) Il eût fallu une loi, si ces congrégations n'avaient pas existé au moins de fait au 1er janvier 1825. *Voy.* les ordonnances d'autorisation des 23 mars et 8 avril 1828; *voyez aussi notes sur* la loi du 24 mai 1825.

(5) *Voy.* notes sur l'ordonnance qui précède.

par l'évêque du Mans aux statuts des sœurs du Cœur de Marie dites de la *Providence* de la Flèche, département de la Sarthe;

Vu lesdits statuts;

Considérant que cette communauté a déclaré dans ses statuts qu'elle était soumise dans les choses spirituelles à la juridiction de l'ordinaire;

Considérant que lesdits statuts ne contiennent rien de contraire à la Charte constitutionnelle, aux droits de notre couronne, aux franchises, libertés et maximes de l'église gallicane, ni aux lois du royaume touchant la nature et la durée des vœux;

Sur le rapport de notre ministre secrétaire d'Etat au département des affaires ecclésiastiques;

Notre Conseil-d'Etat entendu,

Nous avons ordonné et ordonnons ce qui suit:

Art. 1er. Les statuts de la communauté des sœurs du Cœur de Marie dites *de la Providence*, établie à la Flèche, département de la Sarthe, formant un établissement isolé dirigé par une supérieure locale, et ayant pour but l'éducation gratuite des jeunes filles, le soulagement des malades à domicile, le soin des orphelins, des enfans pauvres, des infirmes des deux sexes, etc.;

Lesdits statuts, dûment vérifiés, et tels qu'ils sont annexés à la présente ordonnance, seront enregistrés et transcrits sur les registres du Conseil-d'Etat: mention de la transcription sera faite par le secrétaire général du Conseil-d'Etat sur la pièce enregistrée.

2. Nonobstant toutes expressions desdits statuts qui pourraient n'y point paraître conformes, les personnes faisant partie de ladite congrégation ne pourront disposer de leurs biens meubles et immeubles que conformément aux dispositions du Code civil et dans les limites prescrites par l'article 5 de la loi du 24 mai 1825.

3. Nous nous réservons d'autoriser ultérieurement, s'il y a lieu, ladite communauté, après l'accomplissement des formalités prescrites par la loi.

4. Notre ministre secrétaire d'Etat au département des affaires ecclésiastiques (comte de Frayssinous), et notre garde-des-sceaux, ministre secrétaire d'Etat au département de la justice (comte Portalis), sont chargés, chacun en ce qui le concerne, de l'exécution de la présente ordonnance, qui sera insérée au Bulletin des Lois.

2 ═ Pr. 24 MARS 1828. — Ordonnance du Roi qui prescrit l'enregistrement et la transcription, sur les registres du Conseil-d'Etat, des statuts de quatre congrégations religieuses de femmes. (1). (8, Bull. 219, n° 8097.)

Charles, etc.

Vu l'article 2 de la loi du 24 mai 1825;

Vu 1° l'approbation donnée, le 14 octobre 1825, par l'évêque de Châlons, aux statuts de la congrégation des religieuses de Notre-Dame de Châlons, département de la Marne;

2° L'approbation donnée, le 16 novembre 1825, par l'archevêque de Tours, aux statuts des religieuses de la Trinité établies à Tours;

3° L'approbation donnée, le 18 février 1826, par l'évêque d'Agen, aux statuts des religieuses annonciades établies à Villeneuve-d'Agen, département de Lot-et-Garonne;

4° L'approbation donnée, le 1er mars 1827, par l'évêque de Viviers, aux statuts des religieuses de Notre-Dame de Tournon, département de l'Ardèche;

Vu lesdits statuts;

Considérant que les congrégations religieuses de femmes susmentionnées ont déclaré dans leurs statuts qu'elles étaient soumises dans les choses spirituelles à la juridiction de l'ordinaire;

Considérant que lesdits statuts ne contiennent rien de contraire à la Charte constitutionnelle, aux droits de notre couronne, aux franchises, libertés et maximes de l'église gallicane, ni aux lois du royaume touchant la nature et la durée des vœux,

Sur le rapport de notre ministre secrétaire d'Etat au département des affaires ecclésiastiques;

Notre Conseil-d'Etat entendu,

Nous avons ordonné et ordonnons ce qui suit:

Art. 1er. Les statuts des quatre congrégations religieuses de femmes, connues, la première, sous le nom de *Religieuses de Notre-Dame*, établie à Châlons, département de la Marne;

La deuxième, sous le nom de *Religieuses de la Trinité*, établie à Tours, département d'Indre-et-Loire;

La troisième, sous le nom de *Religieuses annonciades*, établie à Villeneuve-d'Agen, département de Lot-et-Garonne;

La quatrième, sous le nom de *Religieuses de Notre-Dame*, établie à Tournon, département de l'Ardèche,

Formant chacune un établissement isolé, dirigé par une supérieure locale, et ayant pour but soit de donner une éducation chrétienne aux jeunes personnes qui leur sont confiées, et d'instruire gratuitement les pauvres filles, soit d'offrir un asile aux veuves ou filles qui veulent se retirer du monde et vivre dans la retraite;

Lesdits statuts, dûment vérifiés, et tels qu'ils sont annexés à la présente ordonnance, seront enregistrés et transcrits sur les registres de notre Conseil-d'Etat: mention de la trans-

(1) *Voy.* notes 1, 2, 3 et 4 de la page précédente.

cription sera faite par le secrétaire général du Conseil d'Etat sur la pièce enregistrée.

2. Nonobstant toutes expressions desdits statuts qui pourraient n'y point paraître conformes, les personnes faisant partie desdites congrégations ne pourront disposer de leurs biens meubles et immeubles que dans les limites prescrites par l'article 5 de la loi du 24 mai 1825.

3. Nous nous réservons d'autoriser ultérieurement, s'il y a lieu, lesdites congrégations, après l'accomplissement des formalités prescrites par la loi.

4. Notre ministre secrétaire d'Etat au département des affaires ecclésiastiques (comte de Frayssinous), et notre garde-des-sceaux, ministre secrétaire d'Etat de la justice (comte Portalis), sont chargés de l'exécution de la présente ordonnance, qui sera insérée au Bulletin des Lois.

2 = Pr. 24 MARS 1828. — Ordonnance du Roi qui prescrit l'enregistrement et la transcription, sur les registres du Conseil-d'Etat, des statuts de la communauté des religieuses annonciades établie à Langres, département de la Haute-Marne (1). (8ᵉ, Bull. 219, nᵒ 8098.)

Charles, etc.

Vu la loi du 24 mai 1825;

Vu l'approbation donnée, le 20 août 1825, par l'évêque de Langres, aux statuts de la communauté des religieuses annonciades établie à Langres, département de la Haute-Marne; Vu lesdits statuts;

Considérant que cette communauté est soumise pour le spirituel à la juridiction de l'ordinaire;

Considérant que lesdits statuts ne dérogent pas aux lois du royaume, et ne contiennent rien de contraire à la Charte constitutionnelle, aux droits de notre couronne, aux franchises, libertés et maximes de l'église gallicane (2);

Sur le rapport de notre ministre secrétaire d'Etat au département des affaires ecclésiastiques;

Notre Conseil-d'Etat entendu,

Nous avons ordonné et ordonnons ce qui suit :

Art. 1ᵉʳ. Les statuts de la communauté des religieuses annonciades établie à Langres (Haute-Marne), gouvernée par une prieure, et ayant pour fin de se sanctifier par la prière et le travail pour subvenir à leurs besoins et à ceux du prochain;

Lesdits statuts, dûment vérifiés, et tels qu'ils sont annexés à la présente ordonnance, se-

ront enregistrés et transcrits sur les registres de notre Conseil-d'Etat : mention de la transcription sera faite par le secrétaire général du Conseil sur la pièce enregistrée.

2. Nonobstant toutes expressions desdits statuts qui pourraient n'y point paraître conformes, les personnes faisant partie de ladite communauté ne pourront disposer de leurs biens meubles et immeubles que dans les limites prescrites par l'article 5 de la loi du 24 mai 1825.

3. L'article 14 des statuts, portant que l'engagement des religieuses annonciades devra être fait en présence de l'évêque ou de son délégué, qui dressera l'acte et le consignera dans un registre double, dont un exemplaire sera déposé entre les mains de la supérieure, et l'autre aux archives de l'évêché, est approuvé, sans préjudice de l'accomplissement des formalités prescrites, sous les rapports civils par l'article 3 du décret du 18 février 1809.

4. Nous nous réservons d'autoriser ultérieurement, s'il y a lieu, ladite communauté, après l'accomplissement des formalités prescrites par la loi.

5. Notre ministre secrétaire d'Etat au département des affaires ecclésiastiques (comte de Frayssinous), et notre garde-des-sceaux, ministre secrétaire d'Etat au département de la justice (comte Portalis), sont chargés, chacun en ce qui le concerne, de l'exécution de la présente ordonnance, qui sera insérée au Bulletin des Lois.

2 = Pr. 24 MARS 1828. — Ordonnance du Roi qui prescrit l'enregistrement et la transcription, sur les registres du Conseil-d'Etat, des statuts de la congrégation religieuse connue sous le nom de communauté du Saint-Sépulcre, établie à Charleville, département des Ardennes (3). (8. Bull. 219, nᵒ 8099.)

Charles, etc.

Vu l'article 2 de la loi du 24 mai 1825;

Vu l'approbation donnée, le 29 avril 1826, par notre cousin le cardinal archevêque de Reims, aux statuts de la congrégation du Saint-Sépulcre établie à Charleville, département des Ardennes; Vu lesdits statuts;

Considérant que la congrégation religieuse de femmes ci-dessus mentionnée a déclaré dans ses statuts qu'elle était soumise dans les choses spirituelles à la juridiction de l'ordinaire;

Considérant que lesdits statuts ne contiennent rien de contraire à la Charte constitutionnelle, aux droits de notre couronne, aux

(1) Voy. les notes 1, 2, 3 et 4 de la page 37.

(2) On ne lit pas dans cette ordonnance, comme dans les autres, ni aux lois du royaume touchant la nature et la durée des vœux; on ne sau-

rait voir dans cette omission une intention particulière.

(3) Voy. les notes 1, 2, 3 et 4 de la page 37.

franchises, libertés et maximes de l'église gallicane, ni aux lois du royaume touchant la nature et la durée des vœux;

Sur le rapport de notre ministre secrétaire d'Etat au département des affaires ecclésiastiques;

Notre Conseil-d'Etat entendu,

Nous avons ordonné et ordonnons ce qui suit:

Art. 1er. Les statuts de la congrégation religieuse connue sous le nom de *Communauté du Saint-Sépulcre*, établie à Charleville, département des Ardennes, dirigée par une supérieure locale, et ayant pour objet de former à la piété et à la vertu les jeunes personnes qui leur sont confiées, et de leur enseigner la lecture, l'écriture, le calcul et les autres sciences et ouvrages qui conviennent à leur sexe;

Lesdits statuts, dûment vérifiés, et tels qu'ils sont annexés à la présente ordonnance, seront enregistrés et transcrits sur les registres de notre Conseil-d'Etat: mention de la transcription sera faite par le secrétaire général du Conseil-d'Etat sur la pièce enregistrée.

2. Nonobstant toutes expressions desdits statuts qui pourraient n'y point paraître conformes, les personnes faisant partie de ladite congrégation ne pourront disposer de leurs biens meubles et immeubles que dans les limites prescrites par l'article 5 de la loi du 24 mai 1825.

3. Nous nous réservons d'autoriser ultérieurement, s'il y a lieu, ladite congrégation, après l'accomplissement des formalités prescrites par la loi.

4. Notre ministre secrétaire d'Etat au département des affaires ecclésiastiques (comte de Frayssinous), et notre garde-des-sceaux, ministre secrétaire d'Etat au département de la justice (comte Portalis), sont chargés, chacun en ce qui le concerne, de l'exécution de la présente ordonnance, qui sera insérée au Bulletin des Lois.

2 == Pr. 24 MARS 1828. — Ordonnance du Roi qui prescrit l'enregistrement et la transcription, sur les registres du Conseil-d'Etat, des statuts des religieuses de la congrégation de Saint-Joseph établie à Lyon, département du Rhône. (8, Bull. 220, n° 8106.)

Charles, etc.

Vu la loi du 24 mai 1825;

Vu le décret du 10 avril 1812, contenant brevet d'institution publique des religieuses de Saint-Joseph dans le diocèse de Lyon, et approbation de leurs statuts;

Vu les nouveaux statuts auxquels elles ont déclaré se soumettre;

Vu l'approbation donnée à ces statuts, le 21 mars 1827, par l'archevêque d'Amasie, administrateur du diocèse de Lyon;

Considérant que lesdits statuts ne diffèrent essentiellement des statuts approuvés par le décret du 10 avril 1812, qu'en ce qu'ils soumettent les religieuses qui les ont souscrits à l'autorité d'une supérieure générale;

Considérant d'ailleurs qu'ils placent la congrégation sous la juridiction de l'ordinaire; qu'ils ne dérogent pas aux lois du royaume et ne contiennent rien de contraire à la Charte constitutionnelle, aux droits de notre couronne, aux franchises, libertés et maximes de l'église gallicane (1);

Sur le rapport de notre ministre secrétaire d'Etat au département des affaires ecclésiastiques;

Notre Conseil d'Etat entendu,

Nous avons ordonné et ordonnons ce qui suit:

Art. 1er. Les statuts des religieuses de la congrégation de Saint-Joseph établie à Lyon, département du Rhône, gouvernée par une supérieure générale, et ayant pour fin le service des malades et des infirmes, soit dans les hôpitaux, soit à domicile; l'instruction gratuite des pauvres filles, et généralement toutes les œuvres de charité et de miséricorde.

Lesdits statuts, dûment vérifiés, et tels qu'ils sont annexés à la présente ordonnance, seront enregistrés et transcrits sur les registres de notre Conseil-d'Etat: mention de la transcription sera faite par le secrétaire général du Conseil sur la pièce enregistrée.

2. Nonobstant toutes expressions desdits statuts qui pourraient n'y point paraître conformes, les personnes faisant partie de ladite congrégation ne pourront disposer de leurs biens meubles et immeubles que dans les limites prescrites par l'article 5 de la loi du 24 mai 1825 (2).

3. Notre ministre secrétaire d'Etat au département des affaires ecclésiastiques (comte de Frayssinous), et notre garde-des-sceaux, ministre secrétaire d'Etat au département de la justice (comte Portalis), sont chargés, chacun en ce qui le concerne, de l'exécution de la présente ordonnance, qui sera insérée au Bulletin des Lois.

(1) *Voy.* loi du 18 germinal an 10; décret du 25 février 1810; déclaration des évêques du 3 avril 1826, et les notes 2, 3 et 4 de la page 37.

(2) *Voy.* notes sur cet article.

2 MARS 1828. — Ordonnance du Roi qui autorise des exploitations dans les bois ou les réserves de différentes communes et hospices. (8, Bull. 219, n° 8094.) *Voy.* Code forestier, art. 16 et 90.)

2 MARS 1828. — Ordonnance du Roi portant autorisation, conformément aux statuts y annexés, de la société formée à Paris sous le titre de *Société des Papeteries du Marais et de Sainte-Marie.* (8, Bull. 226 *bis*, n° 4.)

2 MARS 1828. — Ordonnance qui accorde une pension à la veuve d'un employé des administrations de l'armée. (8, Bull. 218 *bis*, n° 14.)

2 MARS 1828. — Ordonnances qui autorisent l'acceptation de dons et legs faits aux fabriques des églises de Caenelny, de Coronal, de Lodève, de Treigny, de Valognes, de Primé et de Saint-Illide; aux séminaires diocésains de Toulouse et d'Avignon, à l'annexe vicariale de Landrefaugt et à la commune de Saint-Illide. (8, Bull. 257, n°s 9628 à 9637.)

3 MARS 1828. — Ordonnance qui nomme M. le baron Hyde-de-Neuville, ministre secrétaire d'État au département de la marine et des colonies. (8, Bull. 217, n° 8050.)

3 MARS 1828. — Ordonnance portant nomination à plusieurs préfectures. (8, Bull. 218, n° 8078.)

3 MARS 1828. — Ordonnance qui nomme ministre secrétaire d'État au département des affaires ecclésiastiques M. Feutrier, évêque de Beauvais. (8, Bull. 217, n° 8051.)

3 MARS 1828. — Ordonnance qui nomme ministres d'État, membres du conseil privé, M. le comte Chabrol de Crousol et M. le comte Frayssinous, évêque d'Hermopolis. (8, Bull. 217, n° 8052.)

4 = Pr. 15 MARS 1828. — Ordonnance du Roi portant convocation de colléges électoraux dans les départemens de l'Ardèche, du Doubs, du Lot et des Deux-Sèvres. (8, Bull. 218, n° 8075.)

Charles, etc.

Sur le rapport de notre ministre secrétaire d'État au département de l'intérieur;

Vu les lois des 5 février 1817, 29 juin 1820 et 2 mai 1827, et les ordonnances royales des 4 septembre et 11 octobre 1820 et 27 juin 1827;

Vu les lettres du président de la Chambre des députés en date des 9, 11 et 18 février, annonçant que la Chambre a reçu les démissions des sieurs de Merey, Dubay et de Folmont, élus députés par les colléges des deuxièmes arrondissemens électoraux du Doubs, de l'Ardèche et du Lot;

Vu l'extrait du procès-verbal des séances de la Chambre des députés en date du 14 février, contenant la décision qui annule l'élection du sieur Mauguin, élu député par le collége du deuxième arrondissement électoral des Deux-Sèvres (1),

---

(1) L'annulation a été prononcée par le motif que le département des deux Sèvres, qui nomme trois députés, en avait nommé deux (M. Mauguin et M. Agier), qui n'avaient pas leur domicile politique dans le département, contrairement à l'article 42 de la Charte, portant : « La moitié " au moins des députés sera choisie parmi des " éligibles qui ont leur domicile politique dans " le département. »

Une discussion fort intéressante s'est élevée dans la Chambre des députés, au sujet de cette élection. On a d'abord reconnu, comme conséquence évidente de l'article 42 de la Charte, que, si le nombre des députés à élire dans un département est impair, il faut nécessairement que la moitié plus un soit choisie parmi des éligibles ayant leur domicile politique dans le département.

Sous l'empire de la loi du 5 février 1817, où tous les députés étaient nommés dans chaque département par un collége unique, il était facile aux électeurs de savoir où commençait pour eux le droit de choisir parmi les éligibles étrangers au département, et la jurisprudence parlementaire paraissait fixée en ce sens, que, dans le cas où le droit de choisir hors du département avait été excédé, l'annulation des élections devait être prononcée, en partant du dernier élu, et en remontant jusqu'à ce qu'on fût rentré dans la limite légale.

Depuis la loi du 29 juin 1820, chaque collége d'arrondissement procédant à ses opérations isolément et simultanément, il est possible qu'un nombre de députés étrangers au département, excédant la limite légale, se trouve nommé, sans que chaque collége ait pu prévoir le vice de l'élection.

Dans un cas semblable, et par exemple, lorsque les trois colléges d'un département ont trois députés à nommer, et qu'ils en choisissent deux n'ayant pas leur domicile politique dans le département, faut-il annuler ces deux élections? n'en faut-il annuler qu'une? par quelle voie peut-on se déterminer à déclarer nulle l'une plutôt que l'autre? Enfin, la difficulté peut-elle être écartée, si l'un des deux élus offre sa démission?

La Chambre a reconnu, 1° qu'il serait trop rigoureux d'annuler les deux élections; 2° que l'un des deux élus ne pouvait pas donner sa démission, et trancher ainsi la difficulté, parce que sa démission ne faisait pas disparaître le vice radical des deux élections; 3° que, ni le nombre des suffrages, ni la priorité de l'heure

Nous avons ordonné et ordonnons ce qui suit :

Art. 1er. Le collège du deuxième arrondissement électoral est convoqué pour le 8 avril prochain (1), à l'effet de nommer un député dans chacun des départemens de l'Ardèche, du Doubs, du Lot et des Deux-Sèvres. Ces collèges se réuniront dans les villes de Tournon, Besançon, Puy-l'Evèque et Niort.

2. Les listes électorales arrêtées précédemment et les tableaux de rectification prescrits par l'article 6 de la loi du 2 mai 1827 seront affichés le 18 mars courant.

Les réclamations cesseront d'être admises après le 3 avril inclusivement, et la clôture des listes aura lieu le 5 avril.

3. Il sera procédé aux opérations qui concernent les tableaux de rectification et à leur clôture, conformément aux ordonnances des 4 septembre 1820 et 27 juin 1827, et aux opérations des collèges électoraux, conformément à l'ordonnance du 11 octobre 1820.

4. Notre ministre secrétaire d'Etat de l'intérieur (vicomte de Martignac) est chargé de l'exécution de la présente ordonnance.

4 MARS 1828. — Ordonnance du Roi portant que M. le comte Frayssinous, ancien ministre secrétaire d'Etat au département des affaires ecclésiastiques, jouira en cette qualité d'une pension de douze mille francs sur les fonds du Trésor royal. (8, Bull. 225 bis, n° 6.)

4 MARS 1828. — Ordonnance du Roi portant que M. le comte Chabrol, ancien ministre secrétaire d'Etat au département de la marine et des colonies, jouira en cette qualité d'une pension de douze mille francs sur les fonds du Trésor royal. (8, Bull. 225 bis, n° 7.)

6 = Pr. 15 MARS 1828. — Ordonnance du Roi portant qu'il sera procédé à la formation d'un tableau de rectification de la liste électorale des Vosges. (8, Bull. 228, n° 8076.)

Voy. loi du 24 MARS 1825 et ordonnance du 27 MARS 1828.

Charles, etc.

Sur le rapport de notre ministre secrétaire d'Etat au département de l'intérieur;

Vu les lois des 5 février 1817, 29 juin 1820 et 2 mai 1827, et les ordonnances des 4 septembre et 11 octobre 1820, et 27 juin 1827;

Vu l'extrait du procès-verbal des séances de la Chambre des députés en date du 20 février dernier, contenant la décision qui annule les élections du département des Vosges (2);

Considérant que, d'après le deuxième paragraphe de l'article 1er de la loi du 29 juin 1820, les électeurs des départemens qui, comme celui des Vosges, renferment cinq arrondissemens de sous-préfecture, doivent être répartis en plusieurs collèges électoraux ou n'en former qu'un seul, selon que leur nombre dépasse quatre cents ou n'excède pas cette limite;

Que la liste électorale des Vosges, arrêtée en novembre dernier, comprenait quatre cent neuf électeurs;

Considérant que des réclamations se sont élevées contre la rédaction de cette liste, et qu'il est constant que des erreurs y ont été commises;

Considérant que, pour connaître d'une manière légale et positive s'il y a lieu de former un ou plusieurs collèges, il est indispensable d'ordonner une rectification préliminaire de ladite liste et la publication de ce travail,

---

de l'élection, ni le sort, ne pouvaient servir à déterminer la préférence pour l'un des élus.

Le bureau chargé de l'examen de la difficulté a, par l'organe de son rapporteur, exprimé l'opinion que le plus âgé des élus devait être préféré; c'est en effet, l'élection du plus jeune qui a été annulée (séance du 14 février: Mon. du 16 février 1828). L'art. 62 de la loi du 19 avril 1831 veut qu'il soit procédé par la voie du sort à la désignation de l'arrondissement qui doit procéder à la réélection.

(1) Cette ordonnance ne laisse pas un mois d'intervalle entre l'époque de l'affiche des listes et des tableaux de rectification, et le jour de la réunion des collèges; cependant, comme nous l'avons fait remarquer (note sur l'art. 3 de l'ordonnance du 23 décembre 1827 = 8 janvier 1828), l'article 3 de la loi du 29 juin 1820, qui exige cet intervalle d'un mois, nous semble devoir être appliqué lorsqu'il s'agit d'élections postérieures de plus de deux mois à la clôture annuelle des listes. — Les ordonnances des 23 décembre 1827, 6 janvier 1828 et des 6 et 13 mars 1828 ci-après, laissent l'intervalle d'un mois entre l'affiche et la convocation. La loi du 19 avril 1831 n'admet plus de rectification.

(2) Il résulte de cette décision que, lorsqu'un département divisé en cinq arrondissemens ne compte pas quatre cents électeurs; que cependant la liste dressée par le préfet en présente un plus grand nombre, par suite d'inscriptions d'électeurs faux ou sans qualité, et qu'en conséquence on a divisé en plusieurs collèges les électeurs qui devaient se réunir dans un seul (aux termes de l'article 1er, loi du 29 juin 1820), il y a lieu d'annuler toutes les élections; peu importe qu'une loi antérieure eût divisé le département en arrondissemens électoraux, à une époque où il n'y avait plus de quatre cents électeurs... La Chambre a aussi décidé implicitement qu'elle peut apprécier les droits des électeurs pour statuer sur la validité d'*élections* (Mon. du 21 février 1828). — Sur la question de savoir si la Chambre est compétente pour apprécier les droits des électeurs, *voyez infra*, p. 64, notes.

Nous avons ordonné et ordonnons ce qui suit :

Art. 1er. Il sera procédé immédiatement à la formation d'un tableau de rectification de la liste électorale des Vosges.

Seront portés sur ce tableau, soit en addition, soit en retranchement, les individus qui ont acquis ou perdu les droits électoraux depuis la publication de la liste arrêtée en novembre dernier, et les électeurs inscrits sur cette liste qui, antérieurement à la présente ordonnance ou en réponse à la demande qui leur sera adressée par le préfet, ont déclaré ou déclareront qu'ils ne possèdent pas ces droits.

Ledit tableau sera publié le 21 mars courant, en même temps que la liste arrêtée en novembre dernier.

2. Nous nous réservons de déterminer ultérieurement par une ordonnance spéciale la réunion en un ou plusieurs collèges des électeurs de ce département, et de fixer l'époque de la convocation.

Notre ministre secrétaire d'État de l'intérieur (vicomte de Martignac) est chargé de l'exécution de la présente ordonnance.

6 = Pr. 15 MARS 1828. — Ordonnance du Roi portant convocation des collèges électoraux de département et d'arrondissement y désignés. (8, Bull. 218, n° 8077.)

Voy. ordonnance du 23 MARS 1828 ci-après, et notes sur l'ordonnance du 4 MARS ci-dessus.

Charles, etc.

Sur le rapport de notre ministre secrétaire d'État au département de l'intérieur ;

Vu les lois des 5 février 1817, 29 juin 1820 et 2 mai 1827, et les ordonnances royales des 4 septembre et 11 octobre 1820, et 27 juin 1827 ;

Vu les lettres du président de la Chambre des députés en date des 28 et 29 février, annonçant l'option des sieurs Dupont, Kératry, Royer-Collard, Augustin Périer, Pelet (de la Lozère), Hyde de Neuville, Louis, Dupin aîné, Gérard, Humblot-Conté, Laffitte, Casimir Périer, Benjamin Constant, Ternaux et Bignon, élus députés par plusieurs collèges électoraux ;

Vu l'extrait du procès-verbal des séances de la Chambre des députés, contenant la décision, en date du 11 février, qui annule l'élection du sieur de Chardonnet, élu député par le collège départemental de Saône-et-Loire (1),

Nous avons ordonné et ordonnons ce qui suit :

Art. 1er. Les collèges électoraux d'arrondissement désignés ci-après sont convoqués pour le 21 avril prochain dans les villes indiquées au tableau ci-dessous, à l'effet d'élire chacun un député.

DÉPARTEMENS.	DÉSIGNATION des collèges électoraux.	VILLES où ils se réuniront.
Eure	Du 2e arrondissement. . . .	Pont-Audemer.
Finistère	Du 1er idem	Brest.
Hérault	Du 2e idem	Béziers.
Isère	Du 2e idem	Tullins.
	Du 4e idem	Vienne.
Loir-et-Cher	Du 2e idem	Vendôme.
Marne	Du 1er idem	Châlons.
Mayenne	Du 3e idem	Mayenne.
Meurthe	Du 2e idem	Lunéville.
Nièvre	Du 1er idem	Nevers.
Oise	Du 3e idem	Senlis.
Rhône	Du 2e idem	Lyon.
Saône-et-Loire	Du 4e idem	Charolles.
Sarthe	Du 2e idem	Mamers.
	Du 1er idem	Paris.
	Du 2e idem	Paris.
	Du 3e idem	Paris.
Seine	Du 4e idem	Paris.
	Du 6e idem	Paris.
	Du 7e idem	Paris.
Seine-Inférieure	Du 1er idem	Rouen.
	Du 4e idem	Yvetot.
Seine-et-Marne	Du 3e idem	Melun.

(1) L'élection de M. Chardonnet a été déclarée nulle, en ce qu'il ne justifiait de la propriété d'une partie de ses immeubles que par un acte de partage sous seing privé, et par conséquent n'ayant ni caractère authentique, ni date certaine (séance du 11 février, Mon. du 12).

2. Le collège départemental de Saône-et-Loire est convoqué pour le 10 avril prochain dans la ville de Mâcon, à l'effet d'élire un député.

3. Les listes électorales arrêtées précédemment et les tableaux de rectification prescrits par l'article 6 de la loi du 2 mai 1827 seront affichés le 18 mars courant.

Les réclamations seront admises jusqu'au 14 avril inclusivement, et la clôture des listes aura lieu le 17 du même mois. Ces dernières époques sont fixées, pour le collège départemental de Saône-et-Loire, aux 5 et 7 avril.

4. Il sera procédé aux opérations qui concernent les tableaux de rectification et leur clôture, conformément aux ordonnances des 4 septembre 1820 et 27 juin 1827, et aux opérations des collèges électoraux, conformément à l'ordonnance du 11 octobre 1820.

5. Notre ministre secrétaire d'État de l'intérieur (vicomte de Martignac) est chargé de l'exécution de la présente ordonnance.

———————

6 = Pr. 24 mars 1828. — Ordonnance du Roi qui prescrit le rétablissement, dans les dépôts publics, des titres relatifs aux biens dans la possession desquels sont rentrés les émigrés, et qui règle les conditions de la remise des expéditions de ces titres aux anciens propriétaires. (8, Bull. 219, n° 8092.)

Charles, etc.

Sur le rapport de notre ministre secrétaire d'État des finances, portant que divers propriétaires rentrés dans la totalité ou partie de leurs biens, en exécution de la loi du 5 décembre 1814, ou qui antérieurement les avaient rachetés, demandent la remise des titres relatifs à ces biens, qui ont été déposés dans les archives publiques, soit à Paris, soit dans les départemens;

Vu les lois des 17 juillet 1793 (1) et 27 janvier 1794 (2);

Voulant satisfaire aux demandes des anciens propriétaires de ces titres, et concilier leurs intérêts avec les droits qui peuvent être acquis à des tiers;

Notre Conseil d'État entendu,

Nous avons ordonné et ordonnons ce qui suit:

Art. 1er. Les minutes de tous actes publics, jugemens ou arrêtés, qui ont été extraites des dépôts publics où elles existaient, et déposées soit au secrétariat des mairies, soit dans toutes autres archives publiques, en exécution de la loi du 27 janvier 1794 (8 pluviose an 2) et autres lois antérieures, seront ré-

tablies dans les dépôts publics d'où elles ont été extraites, en observant, sous la surveillance de nos procureurs près les tribunaux de première instance, en ce qui concerne les actes notariés, les formalités prescrites par l'article 58 de la loi du 16 mars 1803 (25 ventose an 11).

2. Les officiers publics dépositaires des minutes ainsi rétablies pourront en délivrer des expéditions entières aux parties intéressées qui leur en auront fait la demande, conformément à l'article 23 de la loi du 16 mars 1803.

3. Les expéditions d'actes publics, jugemens ou arrêtés, qui se trouvent déposées dans les archives publiques par suite de l'exécution des lois de confiscation, ne pourront être remises aux anciens propriétaires ou à leurs ayant-droit qu'autant qu'ils justifieront: 1° qu'il existe une minute ou une autre expédition qui en tienne lieu dans un dépôt où toute autre partie intéressée puisse recourir au besoin; 2° qu'ils ont qualité pour revendiquer l'expédition disponible.

4. Si une minute ou une expédition tenant lieu de minute n'existe pas, l'expédition disponible sera déposée dans le dépôt public d'où la minute aura été extraite, et l'officier public dépositaire pourra en délivrer des expéditions entières conformément à l'article 2 de la présente ordonnance.

5. Notre ministre secrétaire d'État des finances (comte Roy) est chargé de l'exécution de la présente ordonnance.

———————

6 = Pr. 24 mars 1828. — Ordonnance du Roi qui réunit aux départemens du Bas-Rhin et de la Moselle les communes et parties de communes cédées à la France par la convention définitive conclue avec la Bavière, pour la démarcation de la frontière du Nord. (8, Bull. 220, n° 8105.)

Charles, etc.

Sur le rapport de notre ministre secrétaire d'État au département de l'intérieur;

Notre Conseil-d'État entendu,

Nous avons ordonné et ordonnons ce qui suit:

Art. 1er. La commune de Nieder-Steinbachh et les parties des communes de Weiler d'Altenstadt, cédées à la France par la convention définitive conclue le 9 décembre 1825, entre la France et la Bavière, pour la démarcation de la frontière du Nord, sont réunies au canton et à l'arrondissement de Wissembourg, département du Bas-Rhin.

———————

(1) Voy. l'art. 6 du décret du 17 juillet 1793, et le décret du 2 octobre 1793.

De ce que les titres féodaux devaient être brûlés aux termes de ces lois, on n'a pu conclure

qu'il fût défendu de les produire et d'en exciper (27 juillet 1818; Cass. S. 19, 1, 126).

(2) Voy. l'article 3 de la loi du 27 janvier 1794.

2. La commune d'Ober-Steinbach, cédée à la France par la même convention, est réunie au canton de Ritche et à l'arrondissement de Sarguemines, département de la Moselle, dont elle faisait anciennement partie.

3. Notre garde-des-sceaux (comte Portalis), et nos ministres secrétaires d'Etat de l'intérieur et des finances (vicomte de Martignac et comte Roy), sont chargés de l'exécution de la présente ordonnance, qui sera insérée au Bulletin des Lois.

6 = Pr. 24 MARS 1828. — Ordonnance du Roi relative à l'ouverture d'une route de Sens à Saint-Florentin, département de l'Yonne. (8, Bull. 220, n° 8107.)

Charles, etc.

Sur le rapport de notre ministre secrétaire d'Etat au département de l'intérieur ;

Vu les délibérations du conseil municipal de la ville de Sens, département de l'Yonne, et des communes de Cerisiers, Arces et Champlot, situées dans le même département, qui offrent de contribuer à la construction de la route de Sens à Saint-Florentin ;

Vu le projet des travaux de cette route ;

Notre Conseil-d'Etat entendu,

Nous avons ordonné et ordonnons ce qui suit :

Art. 1er. La route de Sens à Saint-Florentin, département de l'Yonne, sera ouverte et terminée conformément au projet et aux plans qui seront approuvés par notre directeur général des ponts-et-chaussées.

Cette route, après son achèvement, fera partie de celle de première classe, n° 5, de Paris à Genève et en Italie.

2. Les offres des communes et particuliers qui ont pris l'engagement de contribuer à la dépense sont acceptées ; le préfet du département prendra les mesures nécessaires pour les faire réaliser.

3. La route royale n° 6, qui s'embranche à Joigny sur celle n° 5, s'embranchera sur cette dernière à Sens, après l'achèvement de la route de Sens à Saint-Florentin.

4. Notre ministre secrétaire d'Etat de l'intérieur (vicomte de Martignac) est chargé de l'exécution de la présente ordonnance.

6 = Pr. 24 MARS 1828. — Ordonnance du Roi portant établissement d'une caisse d'épargnes et de prévoyance dans la ville de Nîmes. (8, Bull. 220, n° 8109.)

Charles, etc.

Sur le rapport de notre ministre secrétaire d'Etat au département de l'intérieur ;

Vu la délibération du conseil municipal de Nîmes, en date du 8 mai 1826 ;

Vu l'avis du préfet du Gard, en date du 29 du même mois ;

Vu les diverses ordonnances royales qui autorisent l'établissement de caisses d'épargnes et de prévoyance dans plusieurs villes du royaume ;

Notre Conseil-d'Etat entendu,

Nous avons ordonné et ordonnons ce qui suit :

Art. 1er. Il sera établi dans notre bonne ville de Nîmes une caisse d'épargnes et de prévoyance.

2. Cette caisse recevra en dépôt les petites sommes qui lui seront confiées par les cultivateurs, les ouvriers, les artisans, les domestiques et toutes les autres personnes économes ou industrieuses.

3. Elle sera régie par douze administrateurs choisis, pour la première fois, par l'assemblée générale des fondateurs, et pris parmi eux. Chaque année, trois de ces administrateurs, d'abord désignés par le sort et ensuite par l'ancienneté, cesseront leurs fonctions : leurs successeurs seront choisis par les administrateurs restans. Les administrateurs sortans pourront être réélus.

4. Les administrateurs pourront aussi être choisis par la suite parmi les personnes qui, au moyen de souscriptions ou de dons faits en faveur de l'établissement, seront admises par délibération du conseil d'administration à participer aux droits et priviléges des fondateurs primitifs.

Les fonds qui seront déposés à la caisse seront employés en achat de rentes sur l'Etat.

5. Le mode de comptabilité et d'administration intérieure sera réglé par l'administration de l'établissement, sous l'approbation du préfet du département.

6. La caisse d'épargnes recevra en dépôt toutes les sommes qui ne seront pas au-dessous d'un franc.

7. L'intérêt ne courra au profit du prêteur que lorsque ses épargnes auront atteint la somme de douze francs : il ne sera alloué aucun intérêt pour les portions de dépôt excédant cette somme ou ses multiples.

8. L'intérêt sera dû à compter du premier jour du mois qui suivra l'époque à laquelle aura été versée ou complétée chaque somme de douze francs.

9. L'intérêt des dépôts sera réglé à la fin de chaque mois : il sera ajouté au capital, et pourra produire des intérêts pour le mois suivant.

10. Aussitôt que le compte d'un déposant présentera une somme suffisante pour acheter, au cours moyen du jour, une inscription de dix francs de rente sur l'Etat, le transfert de cette rente sera fait en son nom. S'il en forme la demande, il en deviendra propriétaire et en pourra disposer à son gré ; s'il ne retire pas son inscription, la caisse en res-

tera dépositaire, et en touchera les arrérages, qui seront portés au crédit du titulaire.

11. Les dépôts seront restitués à quelque époque que ce soit et à la volonté des prêteurs, en prévenant huit jours d'avance : mais la caisse pourra, si elle le juge convenable, rembourser avant l'expiration de ce délai.

12. Les sommes retirées ne porteront point d'intérêt pour les jours écoulés du mois pendant lequel le retrait sera opéré, la caisse n'allouant aucun intérêt pour les fractions de mois.

13. L'intérêt que la caisse d'épargnes et de prévoyance paiera aux déposans sera fixé par une décision de notre ministre secrétaire d'Etat de l'intérieur, rendue sur la proposition de l'administration de l'établissement et l'avis du préfet, et qui sera portée à la connaissance du public.

14. La dissolution de la caisse d'épargnes et de prévoyance arrivant par quelque cause que ce soit, les valeurs qui resteront libres après le remboursement de tous les dépôts et le paiement de toutes les dettes seront concédées aux établissemens de charité de la ville de Nîmes, d'après la répartition qui en sera arrêtée par le conseil municipal et approuvée par le ministre de l'intérieur, sur l'avis du préfet.

15. Notre ministre secrétaire d'Etat au département de l'intérieur (vicomte de Martignac) est chargé de l'exécution de la présente ordonnance, qui sera insérée au Bulletin des Lois.

6 = Pr. 24 MARS 1828. — Ordonnance du Roi portant établissement d'un mont-de-piété dans la ville de Nîmes. (8, Bull. 220, n° 8110.)

Voy. loi du 16 PLUVIOSE an 12 ; décret du 24 MESSIDOR an 12 et notes.

Charles, etc.

Sur le rapport de notre ministre secrétaire d'Etat de l'intérieur ;

Notre Conseil-d'Etat entendu,

Nous avons ordonné et ordonnons ce qui suit :

Art. 1er. Il sera formé dans notre bonne ville de Nîmes (Gard) un mont-de-piété qui sera régi, sous la surveillance du préfet et l'autorité de notre ministre secrétaire d'Etat de l'intérieur, par une administration gratuite et charitable, composée de trois membres du conseil municipal, d'un membre de la commission administrative des hospices, d'un membre du bureau de bienfaisance, d'un juriconsulte, et d'un notable versé dans les opérations de banque.

2. Pour la première fois, la nomination des deux derniers administrateurs sera faite par notre ministre de l'intérieur sur une liste triple de candidats présentés par le préfet ; les cinq autres seront nommés par le ministre, sur l'avis du préfet, et sur la présentation des administrations charitables dont ils doivent nécessairement faire partie. En cas de vacance, il y sera pourvu conformément au règlement annexé à la présente ordonnance.

3. Les registres, les reconnaissances, les procès-verbaux de vente, et généralement tous les actes relatifs à l'administration du mont-de-piété de Nîmes, seront exempts des droits de timbre et d'enregistrement.

4. Le capital destiné à subvenir aux prêts sur nantissement est fixé à cent cinquante mille francs. Il ne pourra être porté au-delà de cette somme sans l'autorisation de notre ministre de l'intérieur.

5. Le capital indiqué par l'article précédent sera formé :

1° Par la somme de cinquante mille francs votée en faveur de cet établissement par le conseil municipal de Nîmes ;

2° Par les cautionnemens en numéraire des préposés du mont-de-piété, et par ceux des receveurs des établissemens de bienfaisance du département du Gard ou d'autres départemens, en tant que les lois existantes n'ordonnent pas le versement de ces cautionnemens au Trésor royal.

6. Pourront aussi être versés dans la caisse du mont-de-piété, afin de concourir à la formation du capital indiqué à l'article 4, tous les deniers appartenant aux établissemens de bienfaisance qui proviendront de recettes extraordinaires et qui n'auront pas d'affectation spéciale.

7. Le mont-de-piété pourra aussi recevoir les fonds qui lui seront offerts par des particuliers, soit à titre de placement, soit comme simple dépôt, dans la forme et sous les conditions indiquées au règlement.

8. Le taux des intérêts à payer par l'établissement pour les fonds provenant des cautionnemens indiqués au paragraphe 3 de l'article 5 sera le même que celui que paie le Trésor royal pour les cautionnemens qui y sont versés ; et le taux des intérêts à payer pour les sommes provenant des placemens indiqués aux articles 6 et 7 sera déterminé par notre ministre de l'intérieur, sur la proposition de l'administration et l'avis du préfet.

9. Les bénéfices résultant des opérations du mont-de-piété, toutes les dépenses payées, augmenteront, avec le montant des *boni* non réclamés dans les trois années de la date des dépôts, la dotation de l'établissement. Ces fonds seront employés au remboursement successif des capitaux versés dans la caisse du mont-de-piété et qui lui seront étrangers ; ce qui permettra de diminuer le taux de l'intérêt des prêts sur nantissement.

10. En cas de suppression du mont-de-piété, et après la liquidation de cet établissement, la somme de cinquante mille francs donnée par la ville de Nimes sera réintégrée dans la caisse municipale, et le surplus de la dotation sera concédé aux établissemens de charité de la même ville, d'après la répartition qui sera arrêtée par le conseil municipal, et approuvé par le ministre de l'intérieur, sur l'avis du préfet.

11. En exécution de la loi du 16 pluviose an 12 (6 février 1804) et au moyen des dispositions de la présente ordonnance, les maisons de prêt qui existent à Nimes seront fermées, et leur liquidation sera opérée dans le plus court délai.

12. Notre ministre secrétaire d'Etat au département de l'intérieur (vicomte de Martignac) est chargé de l'exécution de la présente ordonnance, qui sera insérée au Bulletin des Lois.

6 = Pr. 24 MARS 1828. — Ordonnance du Roi qui prescrit la publication de la bulle d'institution canonique de M. Blanquet de Rouville pour l'évêché de Numidie *in partibus infidelium*. (8, Bull. 220, n° 8108.)

Charles, etc.

Sur le rapport de notre ministre secrétaire d'Etat au département des affaires ecclésiastiques ;

Notre Conseil-d'Etat entendu,

Nous avons ordonné et ordonnons ce qui suit :

Art. 1er. La bulle donnée à Rome, à Saint-Pierre, le 5 des calendes de février de l'an de l'Incarnation 1827 (28 janvier 1828), portant institution canonique, pour l'évêché de Numidie, *in partibus infidelium*, de M. Etienne Blanquet de Rouville, est reçue et sera publiée dans le royaume en la forme accoutumée.

2. Ladite bulle d'institution canonique est reçue sans approbation des clauses, formules ou expressions qu'elle renferme et qui sont ou pourraient être contraires à la Charte constitutionnelle, aux lois du royaume, aux franchises, libertés et maximes de l'église gallicane.

3. Ladite bulle sera transcrite en latin et en français sur les registres de notre Conseil-d'Etat : mention de ladite transcription sera faite sur l'original par le secrétaire général du Conseil.

4. Notre ministre secrétaire d'Etat au département des affaires ecclésiastiques (Feutrier), et notre garde-des-sceaux, ministre secrétaire d'Etat au département de la justice (comte Portalis), sont chargés, chacun en ce qui le concerne, de l'exécution de la présente ordonnance, qui sera insérée au Bulletin des Lois.

6 MARS 1828. — Ordonnance qui nomme conseiller d'Etat en service extraordinaire M. Vauvilliers, maître des requêtes, secrétaire général du ministère de la marine et des colonies. (8, Bull. 218, n° 8080.)

6 MARS 1828. — Ordonnance approbative des arrêtés du préfet du département du Bas-Rhin en date des 6 octobre, 8 et 9 novembre, 11 et 15 décembre 1827, qui autorisent, par mesure d'urgence, divers essartemens dans les bois des communes de Pambsheim, Lichtenau, Eschau et Plobsheim. (8, Bull. 223, n° 8206.)

6 MARS 1828. — Ordonnances qui autorisent l'acceptation de dons et legs faits aux communes d'Abbeville, de Bertes-Monchel et de Samois ; aux pauvres de Sainte-Marie-aux-Mines, de Narbonne, de Carcassonne, de la Gardelle, de La Châtre, de Vernon, de Burcin, d'Oyen, de Morez, d'Arbois, d'Orléans, de Brenons, de Nancy, de Pénestin, de Rozrieulle, de Saillant, de Simiane, du Fossat, de Peyriac-de-Mer, de Saint-Geniez, de Mauriac, de Pré-en-Pail et de Boisdinghem ; aux hospices de Carcassonne, de Roquevaire, de Riberie, de Lodeve, de Montpellier, de Saint-Chamond, de Monastier, d'Orléans, de Mâcon, de Cogolin, de Manosque, d'Aix, du Puy, de Lorient et de Noyon, et au petit séminaire de Noyon. (8, Bull. 227, n° 8339 à 8383.)

6 MARS 1828. — Ordonnances qui autorisent l'acceptation de legs faits aux pauvres de Clermont-Ferrand, de Cinsery, de Sainte-Colombe, de Bailleul et de Mézieres ; aux hospices de Clermont-Ferrand, de Mulsheim, de Mâcon et de Beaumont, et à l'académie des inscriptions et belles-lettres. (8, Bull. 228, n° 8398 à 8408.)

6 MARS 1828. — Ordonnances qui autorisent les sieurs Durand jeune et Bulliod à établir une verrerie à verre blanc près de la vitrerie en avant du pont de la Guillotiere, au territoire de cette commune, département du Rhône. (8, Bull. 229, n° 8448.)

6 MARS 1828. — Ordonnance qui autorise la dame Beaupoil de Saint-Aulaire à conserver en activité l'usine à fer de Laveneau, commune de Savignac de Nontron, département de la Dordogne. (8, Bull. 229, n° 8449.)

6 MARS 1828. — Ordonnance qui autorise la dame veuve du sieur Pingal à convertir en une forge à un seul feu la batterie à tôle qu'elle possede au hameau de Cuerciere, commune de Saint-Marc, département de la Côte-d'Or. (8, Bull. 229, n° 8450.)

9 MARS 1828. — Ordonnance du Roi portant autorisation définitive de la communauté des sœurs de Saint-Charles, établie à Saint-Genis-Laval, département du Rhône. (8, Bull. 220, n° 8111.)

9 MARS 1828. — Ordonnance du Roi portant autorisation définitive de la communauté des religieuses ursulines établie à Valréas, département de Vaucluse. (8, Bull. 220, n° 8112.)

9 MARS 1828. — Ordonnance du Roi portant autorisation définitive de la communauté des sœurs hospitalières de la Sainte-Trinité établie à Saint-André-la-Palud et Legas, département de l'Isère. (8, Bull. 220, n° 8113.)

9 MARS 1828. — Ordonnances qui autorisent l'acceptation de dons et legs faits aux fabriques des églises de la Luzerne, de Plourhan, de Blary, de Daumeray, de Guilberville, de la Bernardière, de Ceresy-la-Salle, de Roubaix, de Bazelieures, d'Echenoz-le-Sec, de Saint-Laurent-sous-Rochefort, de Craux, de Châtillon-en-Vendelois, de Fays-Billot, et aux desservans successifs de la succursale d'Erching et Guiderkirch. (8, Bull. 257, n°¹ 9638 à 9652.)

13 MARS = Pr. 1ᵉʳ AVRIL 1828. — Ordonnance du Roi portant convocation du collège électoral du département de la Corse. (8, Bull. 222, n° 8164.)

Charles, etc.

Sur le rapport de notre ministre secrétaire d'État de l'intérieur;

Vu les lois des 5 février 1817 et 29 juin 1820;

Vu l'extrait du procès-verbal des séances de la Chambre des députés contenant la décision, en date du 21 février dernier, qui annule l'élection du sieur de Vatimesnil, élu député par le collège électoral de la Corse (1),

Nous avons ordonné et ordonnons ce qui suit :

Art. 1ᵉʳ. Le collège électoral du département de la Corse est convoqué pour le 28 avril prochain dans la ville d'Ajaccio, à l'effet d'élire un député.

2. La liste électorale sera affichée le 20 mars courant : les réclamations seront admises jusqu'au 24 avril inclusivement, et la clôture aura lieu le 25 du même mois.

3. Il sera procédé pour la vérification et la clôture de la liste conformément à l'ordonnance du 4 septembre 1820, et pour les opérations du collège conformément à l'ordonnance du 11 octobre 1820.

4. Notre ministre secrétaire d'État de l'intérieur (vicomte de Martignac) est chargé de l'exécution de la présente ordonnance.

13 MARS = Pr. 1ᵉʳ AVRIL 1828. — Ordonnance du Roi portant convocation de collèges électoraux dans six départemens y dénommés. (8, Bull. 222, n° 8165.)

Charles, etc.

Sur le rapport de notre ministre secrétaire d'État au département de l'intérieur;

Vu les lois des 5 février 1817, 29 juin 1820 et 2 mai 1827, et les ordonnances des 4 septembre et 11 octobre 1820 et 27 juin 1827;

Vu la lettre du préfet de la Loire communiquée à la Chambre des députés le 10 de ce mois, et annonçant le décès du sieur Fournas, député du département de la Loire;

Vu la lettre du président de la Chambre des députés en date du 10 de ce mois, adressée à notre ministre de l'intérieur, annonçant la démission du sieur Vernhette, élu député par le département de l'Aveyron, et l'option des sieurs Ravez, de Saint-Aulaire, Lainé de Villévêque et Harlé, élus députés par plusieurs collèges électoraux,

Nous avons ordonné et ordonnons ce qui suit :

Art. 1ᵉʳ. Les collèges électoraux ci-après désignés sont convoqués pour le 28 avril prochain dans les villes indiquées au tableau qui suit, à l'effet d'élire chacun un député :

DÉPARTEMENS.	DÉSIGNATION des collèges électoraux.	VILLES où ils se réuniront.
Loire............	Collège départemental	Montbrison.
Nord............	Idem	Lille.
Aveyron...........	Collège du 3ᵉ arrondissemᵗ.	Milhau.
Gironde...........	Collège du 4ᵉ idem	Libourne.
Loiret............	Collège du 1ᵉʳ idem.....	Orléans.
Pas-de-Calais......	Collège du 2ᵉ idem	Boulogne.

(1) L'élection a été annulée, par le motif que M. de Vatimesnil n'avait pas quarante ans.

2. Les listes électorales arrêtées précédemment et les tableaux de rectification prescrits par l'article 6 de la loi du 2 mai 1827 seront affichés le 24 mars.

Les réclamations seront admises jusqu'au 22 avril inclusivement, et la clôture des listes aura lieu le 25.

3. Il sera procédé aux opérations qui concernent les tableaux de rectification et leur clôture conformément aux ordonnances des 4 septembre 1820 et 27 juin 1827, et aux opérations des colléges électoraux conformément à l'ordonnance du 11 octobre 1820.

4. Notre ministre secrétaire d'Etat de l'intérieur (vicomte de Martignac) est chargé de l'exécution de la présente ordonnance.

---

13 MARS = Pr. 1er AVRIL 1828. — Ordonnance du Roi portant convocation de colléges électoraux dans les départemens de la Seine-Inférieure et de l'Eure. (8, Bull. 222, n° 8166.)

Charles, etc.

Sur le rapport de notre ministre secrétaire d'Etat au département de l'intérieur;

Vu notre ordonnance du 6 de ce mois, qui convoque pour le 21 avril les premier et quatrième colléges électoraux d'arrondissement de la Seine-Inférieure et le deuxième collége électoral d'arrondissement de l'Eure;

Sur les représentations qui nous ont été soumises, et desquelles il résulte que des affaires de commerce appellent une grande partie des électeurs hors de ces départemens les 20, 21 et 22 avril,

Nous avons ordonné et ordonnons ce qui suit:

Art. 1er. Les premier et quatrième colléges électoraux d'arrondissement de la Seine-Inférieure et le deuxième collége électoral du département de l'Eure sont convoqués pour le 26 avril prochain.

Le terme des réclamations contre la teneur des listes est fixé au 19 avril, et la clôture desdites listes, au 22 du même mois.

2. Notre ministre secrétaire d'Etat de l'intérieur (vicomte de Martignac) est chargé de l'exécution de la présente ordonnance.

---

13 MARS = Pr. 1er AVRIL 1828. — Ordonnance du Roi relative à la construction d'un pont suspendu sur l'Ile, à Laubardemont (Gironde). (8, Bull. 222, n° 8168.)

Charles, etc.

Sur le rapport de notre ministre secrétaire d'Etat au département de l'intérieur;

Vu le cahier de charges dressé pour la construction d'un pont suspendu sur l'Ile, à Laubardemont, moyennant la concession d'un péage;

Vu le procès-verbal du 2 août 1827, constatant les opérations faites à la préfecture du département de la Gironde pour parvenir, avec publicité et concurrence, à l'adjudication de cette entreprise;

Notre Conseil-d'Etat entendu;

Nous avons ordonné et ordonnons ce qui suit:

Art. 1er. L'adjudication de la construction d'un pont suspendu sur l'Ile, à Laubardemont, faite et passée le 2 août 1827, par le préfet de la Gironde, au sieur Quénot, moyennant la concession des droits à percevoir sur ce pont pendant quatre-vingt-dix-neuf ans, est approuvée: en conséquence, toutes les clauses et conditions de cette adjudication recevront leur pleine et entière exécution.

2. Le cahier de charges, le tarif et le procès-verbal d'adjudication demeureront annexés à la présente ordonnance.

3. Dans le cas où l'exécution desdits travaux nécessiterait de recourir à la voie de l'expropriation, il nous en sera référé pour y être pourvu par une nouvelle ordonnance, après l'accomplissement des formalités prescrites par la loi du 8 mars 1810.

4. Notre ministre secrétaire d'Etat de l'intérieur (vicomte de Martignac) est chargé de l'exécution de la présente ordonnance.

Tarif des droits à percevoir au passage du pont suspendu sur l'Ile, à Laubardemont.

Une personne à pied	0 05
Un enfant en âge de marcher seul paiera la taxe d'une personne.	
Un cheval ou mulet monté, avec le cavalier.	0 15
Un cheval ou mulet en lesse, chargé ou non.	0 10
Un ane ou ânesse chargé	0 05
Un bœuf ou une vache	0 10
Un veau ou porc	0 02 1/2
Mouton, brebis, bouc, chèvre ou chevreau, cochon de lait, par tête	0 02 1/2
Par chaque paire d'oies ou de dindons (ou par tête un centime)	0 02
Un cabriolet à un cheval, conducteur compris	0 35
Idem à deux chevaux, conducteur compris.	0 50
Idem à trois chevaux, conducteur compris	0 60
Une voiture de ville à quatre roues, traînée par un cheval ou par des hommes, conducteur compris . . .	0 40
Idem à deux chevaux, conducteur compris	0 60
Idem à trois chevaux, conducteur compris	0 75
Idem à quatre chevaux, conducteur compris	1 00
Une chaise de poste ou diligence à deux roues et à deux chevaux, postillon compris, et le retour des chevaux, pied levé	1 00

28.

Idem à trois chevaux, *idem* 1 50
Une voiture à quatre roues ou diligence à deux chevaux de poste, et comme ci-dessus 1 25
Idem à trois chevaux, *idem*. 1 50
Idem à quatre chevaux, *idem*. 2 00
Idem à six chevaux, *idem*. 2 50

Les voyageurs ne paieront qu'autant qu'ils passeront à pied, toute personne passant en voiture ne devant d'autre taxe que celle payée par l'équipage.

Char-à-bancs attelé de deux chevaux, conducteur compris. 1 00
Idem de trois chevaux, *idem* 1 25
Idem de quatre chevaux, *idem*. . . . 1 50
Charrette ordinaire ou de campagne, attelée d'un seul cheval ou mulet, le conducteur compris 0 25
Charrette ordinaire ou de campagne, attelée d'une paire de bœufs, le conducteur compris. 0 25
Idem attelée de deux chevaux ou mulets 0 30
Idem attelée de deux paires de bœufs. 0 45
Idem attelée de trois chevaux ou mulets. 0 45
Idem attelée d'un âne ou d'une ânesse. 0 10
Voiture de roulage à deux roues à un cheval, le conducteur compris. . . 0 60
Idem à deux chevaux. 1 00
Idem à trois chevaux 1 25
Idem à quatre chevaux 1 50
Chariot de roulage à quatre roues à un cheval, compris le conducteur . 0 75
Idem à deux chevaux, *idem* 1 25
Idem à trois chevaux, *idem* 1 50
Idem à quatre chevaux, *idem* . . . 2 00

Les voitures de roulage, quelle que soit leur espèce, paieront à vide, savoir :
D'un à deux chevaux inclusivement . 0 60
De trois à quatre chevaux inclusivement 0 90

Il sera payé par chaque cheval ou mulet et paire de bœufs, âne ou ânesse, attelé et excédant le nombre porté dans les articles précédens, savoir :
Pour chaque cheval ou mulet et paire de bœufs. 0 10
Pour chaque âne ou ânesse 0 02 1/2
Traîneau attelé d'un cheval ou mulet et d'une paire de bœufs, et chargé, conducteur compris. 0 20
Petite charrette ou brouette à bras traînée par un homme 0 10
Idem traînée par deux hommes . . . 0 15

Il ne sera payé que la moitié du droit pour les bestiaux allant au pâturage ou employés au labour, ainsi que pour les voitures servant au transport des récoltes et des engrais.

Exemptions.

Sont exempts des droits de péage le préfet, le sous-préfet en tournée, les ingénieurs et conducteurs des ponts-et-chaussées, la gendarmerie, les militaires voyageant à pied ou à cheval,

en corps ou séparément, à charge par eux de présenter une feuille de route ou un ordre de service ; les courriers du Gouvernement et les malles faisant le service des postes de l'État.

13 MARS = Pr. 4 AVRIL 1828. — Ordonnance du Roi relative à la construction d'un pont suspendu sur l'Ile, à Guîtres (Gironde). (8, Bull. 223, n° 8186.)

Charles, etc.

Sur le rapport de notre ministre secrétaire d'État au département de l'intérieur ;

Vu le cahier de charges dressé pour la construction d'un pont suspendu sur l'Ile, à Guîtres, moyennant la concession d'un péage ;

Vu le procès-verbal du 2 août dernier, constatant les opérations faites à la préfecture du département de la Gironde pour parvenir avec publicité et concurrence à l'adjudication de cette entreprise ;

Notre Conseil-d'État entendu,

Nous avons ordonné et ordonnons ce qui suit :

Art. 1er. L'adjudication d'un pont suspendu sur l'Ile, à Guîtres, faite et passée, le 2 août 1827, par le préfet de la Gironde, au sieur Lechevalier (Anaclet), moyennant la concession des droits à percevoir sur ce pont pendant quarante-huit années, est approuvée. En conséquence, toutes les clauses et conditions de cette adjudication recevront leur pleine et entière exécution.

2. Le cahier de charges, le tarif et le procès-verbal d'adjudication demeureront annexés à la présente ordonnance.

3. Dans le cas où l'exécution des travaux donnerait lieu de recourir à la voie de l'expropriation, il nous en sera référé pour y être pourvu par une nouvelle ordonnance, après l'accomplissement des formalités prescrites par la loi du 8 mars 1810.

4. Notre ministre secrétaire d'État de l'intérieur (vicomte de Martignac) est chargé de l'exécution de la présente ordonnance.

Tarif des droits à percevoir au passage du pont suspendu sur l'Ile, à Guîtres.

Une personne à pied 0 5
Un enfant en âge de marcher seul paiera la taxe d'une personne.
Un cheval ou mulet monté, avec le cavalier. 0 15
Un cheval ou mulet en lesse, chargé ou non 0 10
Un âne ou une ânesse chargé 0 5
Un bœuf ou une vache. 0 10
Un veau ou porc. 0 2 1/2
Mouton, brebis, chèvre ou chevreau, cochon de lait, par tête 0 2 1/2
Par chaque paire d'oies ou de dindons (ou par tête un centime). 0 2

Un cabriolet à un cheval, conducteur
  compris . . . . o 35
Idem à deux chevaux , conducteur
  compris . . . . o 50
Idem à trois chevaux , conducteur
  compris . . . . o 60
Une voiture de ville à quatre roues,
  traînée par un cheval ou par des
  hommes, conducteur compris . . . o 40
Une voiture à deux chevaux, conducteur compris. . . . . o 60
Idem à trois chevaux , conducteur
  compris. . . . . o 75
Idem à quatre chevaux, conducteur
  compris. 1 00
Une chaise de poste ou diligence à
  deux roues et à deux chevaux, postillon compris, et le retour des
  chevaux, pied levé 1 00
Une chaise de poste ou diligence à
  deux roues et à trois chevaux, postillon compris, et le retour des
  chevaux, pied levé 1 50
Une voiture à quatre roues, ou diligence à deux chevaux de poste, et
  comme ci-dessus 1 25
Idem à trois chevaux, *idem*. 1 50
Idem à quatre chevaux, *idem* 2 00
Idem à six chevaux, *idem* 2 50

Les voyageurs ne paieront qu'autant
qu'ils passeront à pied, toute personne passant en voiture ne devant
d'autre taxe que celle payée par
l'équipage.

Char-à-bancs attelé de deux chevaux,
  conducteur compris 1 00
Idem attelé de trois chevaux, *idem*. . 1 25
Idem attelé de quatre chevaux, *idem*. 1 50
Charrette ordinaire ou de campagne,
  attelée d'un seul cheval ou mulet,
  le conducteur compris . . . . . . o 25
Charrette ordinaire ou de campagne,
  attelée d'une paire de bœufs, le
  conducteur compris. . . . . o 25
idem attelée de deux chevaux ou
  mulets . . . . o 30
idem attelée de deux paires de bœufs. o 45
idem attelée de trois chevaux ou mulets . . . . o 45
idem attelée d'un âne ou d'une ânesse. o 10
Voiture de roulage à deux roues, à un
  cheval, le conducteur compris . . o 60
idem à deux chevaux 1 00
idem attelée de trois chevaux 1 25
idem attelée de quatre chevaux . . . 1 50
Chariot de roulage à quatre roues, à
  un cheval, compris le conducteur. o 75
idem à deux chevaux, *idem* 1 25
idem à trois chevaux, *idem* 1 50
idem à quatre chevaux, *idem*. . . . 2 00

Les voitures de roulage, quelle que
soit leur espèce, paieront à vide,
savoir :
un à deux chevaux inclusivement.. o 60
: trois à quatre chevaux inclusivement . . . . o 90

sera payé pour chaque cheval ou
mulet et paire de bœufs, âne ou

ânesse, attelé et excédant le nombre
porté dans les articles précédens,
savoir :
Pour chaque cheval ou mulet et paire
  de bœufs. . . . . o 10
Pour chaque âne ou ânesse. . . . . . o 2 1/2
Traîneau attelé d'un cheval ou mulet,
  ou d'une paire de bœufs, et chargé,
  conducteur compris . . . . o 20
Petite charrette ou brouette à bras
  traînée par un homme . . . . o 10
Idem traînée par deux hommes. . . . o 15

Il ne sera payé que la moitié du droit pour
les bestiaux allant au pâturage ou employés au
labour, ainsi que pour les voitures servant au
transport des récoltes et des engrais.

Exemptions.

Sont exempts des droits de péage le préfet,
le sous-préfet en tournée, les ingénieurs et
conducteurs des ponts-et-chaussées, la gendarmerie, les militaires voyageant à pied ou à cheval, en corps ou séparément, à charge par eux
de présenter une feuille de route ou un ordre
de service; les courriers du Gouvernement et
les malles faisant le service des postes de l'État.

---

13 MARS = Pr. 4 AVRIL 1828 — Ordonnance du
  Roi relative aux travaux de construction d'une
  écluse sur le canal de Dunkerque, à Furnes.
  (8, Bull. 223, n° 8187.)

Charles, etc.

Sur le rapport de notre ministre secrétaire d'État au département de l'intérieur;

Vu le projet, montant à 122,000 francs,
des travaux à faire pour l'établissement d'une
écluse à sas avec pont-levis sur le canal de
Dunkerque à Furnes, département du Nord,
et pour le dévasement général du canal;

Vu le projet de cahier de charges pour la
concession des travaux, et celui du tarif
des droits de péage à percevoir par les concessionnaires pendant la durée de la concession;

Vu l'avis de la chambre de commerce de
Dunkerque, du 19 septembre 1827, sur le
projet de tarif;

Vu les avis du conseil général des ponts-
et-chaussées des 15 juillet et 27 novembre
1827, le premier sur le projet des travaux,
et le second sur les projets de cahier de charges et de tarif;

Vu la délibération de la commission mixte
des travaux publics, du 9 août 1826;

Vu la loi de finances du 24 juin 1827 pour
l'année 1828, article 3, titre II;

Notre Conseil-d'État entendu;

Nous avons ordonné et ordonnons ce qui
suit :

Art. 1er. Le projet des travaux de construction d'une écluse à sas avec pont-levis sur le
canal de Dunkerque à Furnes, et de dévasement général du canal, est approuvé, con-

4.

formément à l'avis du conseil général des ponts-et-chaussées du 15 juillet 1826.

Ces travaux, ainsi que les péages à percevoir, seront adjugés avec publicité et concurrence, et par voie de soumissions cachetées, conformément au mode suivi par l'administration des ponts-et-chaussées pour les travaux qu'elle fait exécuter.

L'adjudicataire ou concessionnaire se conformera au cahier de charges annexé à la présente ordonnance.

2. Ledit concessionnaire est autorisé à percevoir sur la partie française du canal, et pendant toute la durée de la concession qui sera déterminée par l'adjudication, les droits de péage fixés par le tarif qui suit.

Cette perception ne commencera que du jour où les travaux prescrits par le projet et le cahier de charges seront terminés et reçus.

Tarif.

Pour toute la distance et les lieux intermédiaires, dix centimes par tonneau.

Les droits seront perçus sans avoir égard au point de départ et d'arrivée, ni aux fractions de distance. La perception se fera sur la remonte comme sur la descente.

Ne paieront que la moitié des droits ci-dessus fixés :

1° Les bateaux à vide ;

2° Ceux uniquement chargés de pavés, sable et cailloux pour les routes, d'engrais, fumier, gadoue, cendres fossiles, cendres de mer, cendres de bois, de charbon ou de tourbe.

Les trains d'arbres flottés paieront pour chaque arbre, sans avoir égard à la dimension, le droit fixé pour deux tonneaux (vingt centimes).

Les trains de bois flottés paieront également pour chaque mètre de longueur le droit fixé pour deux tonneaux.

Les coches d'eau, voitures d'eau et autres bâtimens destinés au transport des voyageurs seront toujours considérés comme au complet.

3. Le droit de navigation actuellement perçu au profit du Trésor sur le canal sera suspendu pendant toute la durée de la concession.

4. Notre ministre secrétaire d'Etat de l'intérieur (vicomte de Martignac) est chargé de l'exécution de la présente ordonnance.

13 MARS = Pr. 4 AVRIL 1828. — Ordonnance du Roi qui autorise M. le lieutenant général Desfourneaux à établir une gare sur la rive gauche de l'Yonne, au lieu dit Cézy. (8, Bull. 223, n° 8188.)

Charles, etc.

Sur le rapport de notre ministre secrétaire d'Etat au département de l'intérieur ;

Vu la réclamation du sieur Desfourneaux, lieutenant général de nos armées, propriétaire du sol de l'anse servant de gare sur la rive gauche de l'Yonne, à l'effet d'obtenir l'autorisation de faire les travaux d'amélioration et de perfectionnement dont cette gare est susceptible, de manière à ce qu'elle offre en toute saison un abri sûr et commode aux bateaux qui pourront la fréquenter ;

Vu les rapports des ingénieurs des ponts-et-chaussées ;

Vu l'avis du conseil général des ponts-et-chaussées en date du 22 décembre 1827 ;

Notre Conseil-d'Etat entendu,

Nous avons ordonné et ordonnons ce qui suit :

Art. 1er. Le sieur Desfourneaux est autorisé à établir et à entretenir à ses frais une gare sur la rive gauche de l'Yonne, au lieu dit Cézy. Cette gare sera établie sur la propriété du sieur Desfourneaux, dans l'emplacement indiqué au plan annexé à la présente ordonnance. La ligne destinée à limiter l'étendue de la gare, du côté de la rivière, sera déterminée par les soins des ingénieurs des ponts-et-chaussées, au moyen de deux pieux, dont l'un sera placé à la pointe que forme la berge dans la partie supérieure de la gare, et l'autre à l'intersection du prolongement du mur G H avec la laisse des basses eaux.

2. Le sieur Desfourneaux est autorisé à percevoir sur les bateaux stationnés dans la gare un droit de garage fixé au *maximum* d'un franc par bateau pour chaque jour de stationnement.

3. Notre ministre secrétaire d'Etat de l'intérieur (vicomte de Martignac) est chargé de l'exécution de la présente ordonnance.

13 MARS = Pr. 4 AVRIL 1828. — Ordonnance du Roi relative à la construction d'un pont suspendu sur le Rhône, à Bourg-Saint-Andéollo (Ardèche). (8, Bull. 223, n° 8189.)

Charles, etc.

Sur le rapport de notre ministre secrétaire d'Etat de l'intérieur ;

Vu le cahier de charges dressé pour la construction d'un pont suspendu sur le Rhône, à Bourg-Saint-Andéol, département de l'Ardèche, moyennant la concession d'un péage ;

Vu le procès-verbal du 15 novembre 1827 constatant les opérations faites à la préfecture du département de l'Ardèche pour parvenir, avec publicité et concurrence, à l'adjudication de cette entreprise ;

Notre Conseil-d'Etat entendu,

Nous avons ordonné et ordonnons ce qui suit :

Art. 1er. L'adjudication de la construction d'un pont suspendu sur le Rhône, à Bourg-Saint-Andéol, faite et passée, le 15 novembre 1827, par le préfet de l'Ardèche, aux sieurs Pellier de Lespinasse, Laurent Fabry et Carsignol, moyennant la concession des droits à percevoir sur ce pont pendant quatre-vingt-dix-neuf années, est approuvée. En conséquence, toutes les clauses et conditions de cette adjudication recevront leur pleine et entière exécution.

2. Le cahier de charges, le tarif et le procès-verbal d'adjudication demeureront annexés à la présente.

3. Dans le cas où il y aurait lieu de recourir à la voie de l'expropriation, pour donner suite auxdits travaux, il nous en sera référé pour y être pourvu par une nouvelle ordonnance, après l'accomplissement des formalités prescrites par la loi du 8 mars 1810.

4. Notre ministre secrétaire d'État de l'intérieur (vicomte de Martignac) est chargé de l'exécution de la présente ordonnance.

Tarif des droits à percevoir au passage du pont de Bourg-Saint-Andéol.

Pour le passage d'une personne	0 f 10 c
D'un cheval ou mulet et son cavalier, valise comprise	0 15
D'un cheval ou mulet chargé.	0 12
D'un cheval ou mulet non chargé. . .	0 08
D'un âne chargé, ou d'une ânesse chargée	0 08
D'un âne non chargé, ou d'une ânesse non chargée.	0 06
Par cheval, mulet, bœuf, vache ou âne, employé au labour ou allant au pâturage	0 06
Par bœuf ou vache appartenant à des marchands et destiné à la vente . . .	0 05
Par veau ou porc	0 08
Pour un mouton, brebis, bouc, chèvre, cochon de lait, et par chaque paire d'oies ou dindons.	0 04

Lorsque les moutons, brebis, boucs, chèvres, cochons de lait, paires d'oies ou de dindons, seront au-dessus de cinquante, le droit sera diminué d'un quart.

Lorsque les moutons, brebis, boucs et chèvres iront au pâturage, on ne paiera que la moitié du droit.

Les conducteurs des chevaux, mulets, ânes, bœufs, etc., paieront	0 06
Pour le passage d'une voiture suspendue à deux roues, celui du cheval ou mulet, ou pour une litière à deux chevaux, et le conducteur	0 45
D'une voiture suspendue à quatre roues, du cheval ou mulet et du conducteur	0 60
D'une voiture suspendue à quatre roues, attelée de deux chevaux ou mulets, y compris le conducteur.	1 00

Les voyageurs paieront séparément par tête le droit dû pour une personne à pied.	
Pour le passage d'une charrette chargée, attelée d'un seul cheval ou mulet, ou deux bœufs ou vaches, y compris le conducteur	0 60
De deux chevaux ou mulets, ou quatre bœufs ou quatre vaches, y compris le conducteur.	1 00
De trois chevaux ou mulets et le conducteur	1 60
D'une charrette à vide, le cheval et le conducteur..	0 50
D'une charrette chargée, employée au transport des engrais ou à la rentrée des récoltes, le cheval ou deux bœufs, et le conducteur	0 50
La même à vide, attelée d'un cheval ou deux bœufs, et le conducteur. .	0 30
Chargée ou non chargée, attelée seulement d'un âne ou d'une ânesse . . .	0 30
Pour le passage d'un chariot de roulage à quatre roues :	
Chargé, un cheval et le conducteur . .	1 00
Chargé, deux chevaux et le conducteur	1 60
Chargé, trois chevaux et le conducteur	2 50
À vide, attelé d'un seul cheval, et le conducteur	0 60

Il sera payé par chaque cheval, mulet ou bœuf excédant les nombres indiqués pour les attelages ci-dessus, comme pour un cheval ou mulet non chargé; et par âne ou ânesse, le droit fixé pour les ânes et ânesses non chargés.

Il ne sera payé que la moitié du droit lorsque les charrettes, chevaux, mulets ou ânes seront chargés de fumiers ou engrais pour les terres.

Les journaliers employés à l'agriculture qui passeront plusieurs fois sur le pont dans la même journée ne paieront le droit qu'une seule fois.

Sont exempts du droit de péage le préfet, le sous-préfet en tournée, les ingénieurs et conducteurs des ponts-et-chaussées, la gendarmerie, les militaires voyageant à pied ou à cheval, en corps ou séparément, à charge, dans ce dernier cas, de présenter une feuille de route ou ordre de service; enfin les malles faisant le service des postes de l'État, et les courriers du Gouvernement.

---

13 MARS = Pr. 3 MAI 1828. — Ordonnance du Roi portant autorisation, conformément aux statuts y annexés, de la société anonyme formée à Paris, sous le titre de société du Bulletin universel, pour la propagation des connaissances scientifiques et industrielles. (8, Bull. 226 *bis*, n° 5.)

Charles, etc.

Sur le rapport de notre ministre secrétaire d'État du commerce et des manufactures;

Vu les art. 29 à 37, 40 et 45 du Code de commerce;

Notre Conseil-d'État entendu,

Nous avons ordonné et ordonnons ce qui suit :

Art. 1er. La société anonyme formée à Paris sous le titre de *Société du Bulletin universel pour la propagation des connaissances scientifiques et industrielles*, par acte passé, les 28 février dernier et 10 mars courant, par-devant M* Vingtain et son collègue, notaires en ladite ville, est autorisée ; sont approuvés les statuts contenus audit acte, qui restera annexé à la présente ordonnance.

2. Nous nous réservons de révoquer notre autorisation en cas de violation ou de non-exécution des statuts approuvés, sans préjudice des dommages-intérêts des tiers.

3. La société sera tenue de remettre, tous les ans, un extrait de son état de situation au préfet du département de la Seine, au greffe du tribunal de commerce et à la chambre de commerce de Paris ; pareil extrait sera transmis au ministère du commerce et des manufactures.

4. Notre ministre secrétaire d'État du commerce et des manufactures (M. de Saint-Cricq) est chargé de la présente ordonnance, qui sera publiée au Bulletin des Lois, et insérée au Moniteur et dans un journal d'annonces judiciaires du département de la Seine.

Société du Bulletin universel des sciences et de l'industrie.

Par-devant M* Vingtain et son collègue, notaires à Paris, soussignés, ont comparu :

M. André-Etienne-Juste-Pascal-Joseph-François d'Audebard de Ferussac, officier supérieur au corps royal d'état-major, chevalier de Saint-Louis et de la Légion-d'Honneur, chef de division au ministère du commerce et des manufactures, demeurant à Paris, rue de l'Abbaye, n° 3 ;

M. Gabriel Dufour, demeurant à Paris, quai Voltaire, n° 13, agissant pour la maison de librairie connue sous la raison Dufour et d'Oocagne, et dont il déclare avoir la signature ; ladite maison patentée n° 264 et 265 pour l'an dernier, la patente de cette année n'étant pas délivrée ;

M. Jean-Godefroy Wurtz, chevalier de la Légion-d'Honneur, demeurant à Paris, rue de Bourbon, n° 17, agissant pour la maison de librairie connue sous la raison Treuttel et Wurtz, et dont il déclare avoir la signature ; ladite maison patentée n° 266 pour 1827, la patente de l'année n'étant pas délivrée ;

Lesquels ont déclaré qu'étant pénétrés des grands avantages qui résulteraient, pour l'avancement des sciences et des arts industriels dans tous les pays, d'un mutuel et rapide échange de communications et de découvertes, et voulant donner à l'entreprise particulière connue sous le titre de *Bulletin universel des sciences et de l'industrie*, le développement qui seul peut atteindre ce but, en lui assurant en même temps les caractères d'une institution forte et durable, ils ont résolu de former une société anonyme dont ils ont arrêté les bases ainsi qu'il suit :

§ Ier. Fondation de la société.

Art. 1er. Il est formé entre les comparans et tous ceux qui, par la suite, adhéreront aux présens statuts, une société anonyme, sous le titre de *Société anonyme du Bulletin universel pour la propagation des connaissances scientifiques et industrielles*.

2. La durée de la société est fixée à vingt-cinq années. Le siège de la société sera établi à Paris, au domicile de l'administration, présentement rue de l'Abbaye, n° 3.

3. La société continuera la publication du recueil connu sous le titre de *Bulletin universel des sciences et de l'industrie*, titre commun sous lequel sont désignées les huit sections dont il se compose, et qui seront publiées comme huit journaux séparés et distincts, sous les titres particuliers suivans, savoir :

1° *Bulletin des sciences mathématiques, astronomiques, physiques et chimiques* ;

2° *Bulletin de géologie et des sciences naturelles* ;

3° *Bulletin des sciences médicales, d'anatomie et de physiologie* ;

4° *Bulletin des sciences agricoles et économiques* ;

5° *Bulletin des sciences technologiques et des constructions* ;

6° *Bulletin des sciences géographiques, statistiques, d'économie publique et des voyages* ;

7° *Bulletin des sciences historiques, d'antiquité et de philologie* ;

8° *Bulletin des sciences militaires et de tactique navale.*

Ces divers recueils, étant spécialement consacrés aux sciences et aux arts industriels, ne pourront, dans aucun cas, traiter de matières et de nouvelles politiques ou religieuses.

Fonds social.

4. Le fonds social est fixé à la somme de quatre cent cinquante mille francs, divisé en quatre cent cinquante actions de mille francs chacune.

5. Ces actions sont nominatives ; elles seront extraites d'un registre à souche ; et sur le talon, ainsi que sur l'action, il sera fait mention du nom du titulaire et de son domicile élu à Paris.

Ces actions seront numérotées d'un à quatre cent cinquante, et seront signées par le directeur et par l'un des administrateurs dont il sera parlé ci-après.

Elles seront délivrées aux personnes, de telle nation que ce soit, qui adhéreront aux statuts de la société.

6. Le montant de chaque action sera versé en totalité dans le cours du mois qui suivra la date de l'ordonnance d'autorisation.

A l'égard des actions qui ne seraient pas placées à cette époque, le prix devra en être payé comptant, par chaque actionnaire, à l'instant de sa souscription.

7. Les actions donneront droit au dividende à résulter des bénéfices que les opérations sociales présenteront chaque année, ainsi qu'il sera ci-après expliqué.

8. Les actionnaires ne pourront, sous aucun prétexte, être soumis à aucun appel de fonds au-delà du montant de leurs actions.

9. Les actions pourront être transférées par une déclaration du cédant au profit du cessionnaire, signée par tous deux, et visée par le directeur et par l'un des administrateurs.

Cette déclaration sera inscrite sur un registre à souche à ce destiné, qui sera déposé entre les mains du directeur.

Aucune action ne pourra être transférée avant le paiement intégral de sa valeur dans la caisse de la société.

10. Chaque actionnaire sera tenu d'élire à Paris un domicile auquel tous actes et significations pourront être valablement faits.

11. M. de Ferussac, la maison Dufour et d'Occagne, la maison Treuttel et Wurtz, seuls propriétaires actuels du *Bulletin universel des sciences et de l'industrie*, apportent à la société, à laquelle ils en font abandon, sous la garantie de leurs faits personnels :

1° Le mobilier de l'établissement, estimé. . . . . 4,000 f.

2° La bibliothèque, composée de presque tous les ouvrages périodiques qui paraissent sur les sciences, et des mémoires de toutes les sociétés savantes, au nombre de plus de six cents recueils, portée à 31,000

3° Les collections complètes, soit par année, soit par sections séparées, du Bulletin universel, restant de l'édition de chacune de ses sections, depuis le commencement de leur publication, fixées à. 165,000

4° Et le droit à la location des lieux occupés par l'établissement.

Total. . . . . 200,000 f.

Le tout réduit à ladite somme par le consentement volontaire des parties, à la suite de l'expertise administrative qui en a été faite.

Il a été fait desdits objets l'état sommaire estimatif, qui est demeuré annexé à la minute des présentes, après avoir été des parties comparantes certifié véritable, signé et paraphé des notaires soussignés.

Et à l'appui dudit état sommaire, les parties ont à l'instant déposé audit Me Vingtain un état détaillé du mobilier de l'établissement, un inventaire de la bibliothèque, et enfin un état des collections complètes ou séparées du Bulletin universel; lesquelles pièces timbrées seront, ainsi que l'acte de dépôt, enregistrées en même temps que les présentes.

La société sera propriétaire et aura la libre disposition et jouissance de tous les objets ci-dessus détaillés; en conséquence, elle profitera des bénéfices et supportera toutes les charges de l'institution.

12. M. de Ferussac, les maisons Dufour et d'Occagne, Treuttel et Wurtz, recevront pour la cession des valeurs qu'ils transportent dans la présente société, deux cents actions qu'ils se répartiront entre eux, dans la proportion de leurs droits respectifs, mais qu'ils ne pourront aliéner qu'après le placement d'au moins cent des autres actions, formant le complément du capital de quatre cent cinquante mille francs; ces deux cents actions porteront les numéros un à deux cents.

13. En outre, les propriétaires du Bulletin universel apportent dans la société leur droit à la propriété et à la continuation de l'entreprise, et de plus l'achalandage qu'ils lui ont procuré, et qui est constaté par le registre des abonnemens; mais ce genre de propriété et d'apport n'ayant pas paru susceptible de faire partie du fonds capital de la société, dans le sens de l'art. 34 du Code de commerce, il a été unanimement convenu qu'en compensation desdits apports, MM. de Ferussac, Dufour et d'Occagne, Treuttel et Wurtz, ensemble, et sauf partage entre eux, suivant les quotités de leur intérêt, auront droit au dixième des bénéfices, mais sans participation au retrait du capital social en cas de liquidation.

Pour représenter cette participation aux bénéfices, il sera créé et délivré auxdits sieurs de Ferussac et consorts une série de cinquante actions, différentes, par la forme et la couleur, des actions du capital. Elles exprimeront le droit pur et simple du porteur de chacune à la cinq centième partie des bénéfices qui se distribueront dans la société, en concurrence avec les porteurs des quatre cent cinquante actions de capital.

Dans les cas prévus de dissolution et de liquidation de la société, le produit de la cession ou de la vente de la propriété de l'entreprise et de l'achalandage, dont la valeur forme le capital des cinquante actions ci - dessus, sera' attribué exclusivement aux porteurs de ces actions.

Ces actions porteront la série de numéros de 450 à 500; elles seront nominatives et seront d'ailleurs assimilées aux autres, pour leur aliénation et les droits dans l'administration de la société.

14. Les propriétaires actuels du *Bulletin universel* déclarent vouloir conserver dans la nouvelle société, au moins pendant cinq ans, savoir :

M. de Ferussac, trente actions. 30
La maison Dufour et d'Occagne, vingt. 20
La maison Treuttel et Wurtz, vingt. . 20

En tout. 70

§ II. Organisation de la société.

15. La société sera représentée, dans tous ses intérêts actifs et passifs, par l'assemblée générale des actionnaires et par un conseil d'administration.

16. Un directeur, faisant partie du conseil d'administration, aura la gestion immédiate des affaires de la société, sous le contrôle de ce conseil, et la direction scientifique et morale de toutes les parties de l'institution.

17. Il y aura, indépendamment du directeur, un rédacteur en chef, chargé spécialement de diriger et de surveiller la publication mensuelle des huit recueils.

Le rédacteur en chef sera nommé par l'assemblée générale, sur la présentation du directeur, après avoir entendu le rapport du conseil d'administration.

En cas de maladie, mort, démission ou toute autre cause, le conseil pourvoira provisoirement à la nomination du rédacteur en chef.

Les fonctions de rédacteur en chef pourront être réunies à celles de directeur.

18. Il y aura un conseil supérieur de perfectionnement, composé de neuf membres et d'un président, choisis parmi les savans, les amis, les protecteurs de la science et de l'industrie dont la France s'honore, soit qu'ils fassent ou non partie de la société, et qui seront priés d'accepter cette mission dans l'intérêt de l'institution.

Ce conseil aidera l'institution de son influence, l'éclairera par ses avis pour le perfectionnement de toutes les parties du Bulletin, et contribuera, autant qu'il sera en lui, à ce qu'elle remplisse convenablement la tâche pour laquelle elle a été créée.

Le président et les membres de ce conseil seront nommés dans la première assemblée générale des actionnaires.

Ce conseil sera renouvelé par tiers tous les deux ans, en commençant par les premiers membres dans l'ordre de leur nomination.

Le président conservera ses fonctions pendant cinq ans. Les membres seront rééligibles. Les remplacemens auront lieu lors des assemblées générales.

Les membres du conseil seront convoqués par le président.

De l'assemblée générale.

19. L'assemblée générale se composera de la réunion des actionnaires; elle représente la société.

Les convocations seront faites par le conseil ou le directeur, au moyen de circulaires adressées au domicile élu par chacun des actionnaires, dix jours au moins avant celui qui aura été fixé pour la réunion.

Il suffira de la représentation de plus du tiers des actions pour constituer l'assemblée, et de la majorité des membres présens pour prendre une délibération.

Cependant, si les actionnaires ne se trouvaient pas réunir les conditions exigées pour constituer une assemblée générale, la réunion sera remise, et le procès-verbal qui en sera dressé énoncera les objets à mettre en délibération. Il sera fait à quinzaine une autre convocation, dans la forme ci-dessus prescrite, et, quel que soit le nombre des actionnaires qui seront présens à cette nouvelle réunion, ils pourront délibérer, mais seulement sur les objets qui auront été indiqués par le procès-verbal de remise, pourvu toutefois que le cinquième au moins des actions se trouve représenté.

Les actionnaires pourront se faire représenter par des mandataires spéciaux, actionnaires eux-mêmes, et sans préjudice des droits personnels de ceux-ci.

20. Chaque actionnaire compte autant de voix qu'il possède d'actions, sans cependant qu'un même actionnaire puisse avoir plus de cinq votes, tant pour lui que pour les sociétaires qu'il peut représenter.

21. L'assemblée générale se réunit le 1er mai de chaque année, au local de la société.

Indépendamment de cette assemblée générale, le conseil d'administration pourra, si les intérêts de la société l'exigent, et sur la demande de l'un de ses membres, convoquer d'autres réunions extraordinaires, dont il déterminera le jour.

22. Les assemblées générales seront présidées par celui des actionnaires désigné par la majorité des membres présens, et provisoirement par le propriétaire du plus grand nombre d'actions, parmi les membres présens à chaque assemblée, autres que le directeur ou les administrateurs. Elles nomment leur secrétaire.

23. Lors de l'assemblée générale annuelle, le conseil d'administration, par l'organe du directeur, rendra compte des opérations mo-

rales et matérielles de la société pendant le cours de l'année précédente; il remettra à l'assemblée l'inventaire constatant ces opérations, ainsi que la situation générale, active et passive de la société.

L'assemblée nommera trois commissaires pris dans son sein, pour examiner le compte rendu et l'état de situation de la société. Elle entendra leur rapport, qui aura lieu dans une seconde réunion, sans convocation nouvelle, quinze jours après la première.

Par suite de ce rapport, l'assemblée générale fixera le dividende de l'année et en ordonnera la répartition : ce dividende sera payé dans la huitaine qui suivra l'assemblée où les comptes auront été arrêtés.

L'assemblée générale pourvoit aux remplacemens des membres sortans, démissionnaires ou morts, soit du conseil d'administration, soit du conseil supérieur, qui n'auraient pas nécessité une convocation extraordinaire, et, s'il y a lieu, à la nomination définitive du rédacteur en chef. •

24. Les administrateurs auront droit à des jetons de présence, dont la valeur sera déterminée dans la première assemblée générale.

§ III. Administration de la société.

Du conseil d'administration et du directeur.

25. La société est administrée par un conseil composé du directeur et de quatre administrateurs, tous nommés par l'assemblée générale. Ces fonctions ne pourront être exercées que par des sociétaires français.

Les fonctions des administrateurs durent quatre ans; ils sont renouvelés chaque année par quart, le sort indiquant le membre sortant les trois premières années. L'administrateur sortant peut être réélu.

Nul ne peut être administrateur s'il n'est titulaire d'au moins cinq actions, qu'il ne pourra aliéner tant qu'il exercera ses fonctions.

Cependant, si la dissémination des actions de la société rendait impossible l'exécution de cette clause, le nombre d'actions nécessaire pour être administrateur sera réduit à deux.

26. Le directeur peut être nommé pour toute la durée de la société; il va être indiqué ci-après de quelle manière il peut être changé. Il pourra donner sa démission.

Le directeur doit être titulaire d'au moins quinze actions, qui seront affectées, à titre de gage, à la garantie de sa gestion, et dont les titres seront déposés entre les mains du notaire de la société. Ces actions ne pourront être transférées tant qu'il exercera ses fonctions; il en sera fait mention sur chacune de ses actions par l'un des quatre administrateurs, qui y apposera sa signature.

Si le directeur n'est pas sociétaire ou s'il possède moins de quinze actions, il fournira ou complétera, avec les actions dont il serait propriétaire, un cautionnement de quinze mille francs, soit en rentes sur l'État, soit en valeurs immobilières. Dans le premier cas, l'inscription desdites rentes sera déposée chez le notaire de la société : dans le second cas, il sera pris hypothèque à ses frais, à la diligence du conseil d'administration.

Les actions dont le directeur ou les administrateurs devront rester titulaires pendant le cours de leurs fonctions seront fournies spécialement dans les quatre cent cinquante actions qui ont un fonds capital.

27. Le conseil d'administration délibère sur toutes les affaires de la société. Ses délibérations sont consignées sur un registre tenu à cet effet. Pour être valables, elles doivent être approuvées par trois des cinq membres du conseil. Dans aucun cas, elles ne peuvent changer ni aggraver la situation des actionnaires.

Le conseil s'assemble aussi souvent qu'il est nécessaire, et au moins une fois par mois.

28. Le conseil d'administration présente, chaque année, à l'assemblée générale annuelle, et par l'organe du directeur, comme il a été dit ci-dessus, un rapport précis sur les opérations de l'exercice. Le directeur fera dresser à cet effet un inventaire de ces opérations et de la situation active et passive de la société; le tout devra être fait quinze jours avant l'époque indiquée pour l'assemblée générale annuelle.

29. Chaque année, au mois de janvier, il sera formé par le conseil d'administration un budget approximatif des dépenses prévues et habituelles qui devront être faites dans le cours de l'année.

30. Les administrateurs pourront se faire remplacer, sous leur responsabilité personnelle, par des fondés de pouvoirs spéciaux, qui devront être préalablement agréés par les autres membres du conseil d'administration.

31. En cas de décès ou de démission du directeur ou de l'un des administrateurs, il sera pourvu à son remplacement par une délibération de l'assemblée générale des actionnaires, prise à la majorité des voix. Cette assemblée devra être convoquée extraordinairement par les directeur et administrateurs restans, dans le mois au plus tard qui suivra le décès ou la démission, à peine de dommages et intérêts, s'il y avait préjudice pour la société.

32. En cas de maladie grave ou de quelque autre cause de force majeure, le directeur est tenu de se faire remplacer à ses frais, et sous sa responsabilité personnelle, par une personne qu'il devra préalablement faire

agréer par les autres membres du conseil d'administration.

33. Le directeur et les administrateurs pourront être révoqués par délibération de l'assemblée générale, prise à la majorité des actionnaires qui la constituent.

S'il y avait urgence, une assemblée extraordinaire pourrait être convoquée, soit à la requête de deux des membres du conseil d'administration, soit à celle de dix au moins des actionnaires, à l'effet de prononcer sur cette révocation et de procéder au remplacement.

34. Le directeur a le choix et la nomination de tout le personnel jugé nécessaire aux travaux matériels de l'entreprise, excepté pour le rédacteur en chef, dont le mode de nomination est déterminé par l'article 17 ci-dessus.

Les rédacteurs particuliers des divers recueils devront être présentés par le rédacteur en chef, et ne pourront lui être imposés. La nomination du caissier devra être approuvée par le conseil d'administration, dans la forme ordinaire de ses délibérations.

Le directeur fera tous achats, ventes et dépenses autorisés par le budget ou le conseil d'administration, ou même toutes dépenses non autorisées par le budget ou le conseil, pourvu qu'elles ne soient pas supérieures à deux cents francs : toute dépense qui excéderait cette somme devra être autorisée par le conseil d'administration.

Il fournira les factures, acquittera, réglera les comptes, et recevra toutes sommes dues à la société.

Il souscrira les engagemens à terme qui seront nécessités par les achats, les dépenses et fournitures de l'établissement, et autorisés par le conseil d'administration.

Il recevra les effets ou valeurs donnés en paiement, et donnera faire les acquits.

Il pourra négocier les valeurs de la société sans l'autorisation du conseil d'administration, mais seulement pour des causes d'urgence et jusqu'à concurrence de trois mille francs ; encore il devra faire approuver cette négociation dans le premier conseil d'administration qui se tiendra après l'opération.

Toutes négociations pourront avoir lieu avec l'autorisation du conseil d'administration.

Le directeur fera tenir les registres prescrits par le Code de commerce, plus les livres et écritures d'usage. Ces livres et écritures seront tenus régulièrement et constamment à jour.

En un mot, le directeur fera tout ce qui constitue une bonne gestion, sans autre restriction que de ne point porter atteinte aux présens statuts, et sous la responsabilité personnelle qu'il doit à l'exécution du mandat qui lui est confié.

35. Le traitement annuel du directeur et celui du rédacteur en chef seront fixés ultérieurement par une délibération spéciale, à la première assemblée générale.

Si les deux fonctions sont réunies, l'assemblée fixera, pour ce cas particulier, le traitement du directeur.

36. Il sera demandé à la banque de France l'ouverture d'un compte courant, et les fonds de la société y seront déposés lorsqu'il y aura en caisse une somme supérieure à trois mille francs.

Les fonds déposés à la banque n'en pourront être retirés que sur un mandat donné par le directeur et visé par l'un des administrateurs.

§ IV. Dissolution, liquidation de la société.

37. Si, par le résultat d'un inventaire, la société se trouvait en perte de cinquante pour cent sur le fonds capital, la dissolution pourra être demandée et arrêtée par l'assemblée générale, sur la réquisition d'un actionnaire.

Si la société était en perte des trois quarts du fonds capital, la dissolution aurait lieu de droit. Dans tous les cas, cette dissolution ne pourra avoir lieu qu'à la fin de l'année commencée.

38. Lors de la dissolution de la société pour la cause exprimée dans l'article précédent, ou à l'expiration de sa durée, il sera procédé à la liquidation de la société par le directeur, sous la surveillance des administrateurs.

39. La dissolution de la société ne pourra avoir lieu que dans les cas prévus par les articles 2 et 37 ; le décès, la déconfiture ou l'interdiction d'un actionnaire, directeur, administrateur ou autre, ne sera jamais un motif de dissolution.

Les créanciers, héritiers ou ayant-droit des actionnaires ne pourront s'immiscer en aucune manière dans les affaires de la société, ni faire apposer aucuns scellés sur ses valeurs ou sur ses livres ; les premiers n'auront que la faculté de saisir la portion de leur débiteur entre les mains du directeur, et tous seront tenus d'admettre le résultat des comptes arrêtés par l'assemblée générale.

40. Un an au moins avant l'expiration des vingt-cinq années pour lesquelles la présente société est fondée, le directeur devra convoquer une assemblée générale et spéciale, pour délibérer si la société doit être continuée ou s'il faut la laisser se dissoudre par l'expiration du temps pour lequel elle est constituée. La décision sera prise à la majorité des voix : les formes à employer pour cette convocation sont celles indiquées ci-dessus.

Si l'assemblée générale adopte la continuation, avec ou sans changement au présent acte, on sollicitera du Gouvernement une prolongation de durée de la société.

Dans le cas contraire, M. de Ferussac, comme créateur du *Bulletin universel*, et s'il est encore l'un des principaux actionnaires, aura la faculté de continuer seul le Bulletin, en tenant compte à la société des valeurs formant son actif. Le tout sera réglé à l'amiable ou par experts.

Si M. de Ferussac ne veut pas continuer le Bulletin, le matériel et le droit de propriété et de continuation seront vendus aux enchères, et le prix à en provenir sera partagé entre toutes les actions, sauf la distinction établie par l'article 13 ci-dessus.

§ V. Dispositions particulières.

41. La nécessité de conserver à la tête de l'institution des personnes déjà expérimentées, et de pourvoir sur-le-champ à la direction et à l'administration de la société, engagent le directeur actuel et ses associés à continuer leurs fonctions.

En conséquence, la société aura pour directeur, et de plus comme rédacteur en chef, M. de Ferussac; et pour administrateurs, d'une part, la maison Treuttel et Wurtz, en la personne de M. Wurtz, l'un de ses membres; d'autre part, la maison Dufour et d'Occagne, en la personne de M. Dufour.

Ces fonctions sont acceptées par chacun des susnommés.

D'après cette disposition, il n'y aura à nommer dans la première assemblée générale des actionnaires que deux autres administrateurs, pour compléter le personnel qu'exige l'organisation de la société.

Dans tous les cas, le directeur actuel et les deux administrateurs n'entendent point se soustraire aux dispositions prévues par l'article 33.

42. M. de Ferussac aura la faculté de renoncer aux fonctions de rédacteur en chef, sauf à perdre les avantages attachés aux fonctions qu'il cessera de remplir. Le conseil devra, au besoin, pourvoir à son remplacement de la manière déterminée par l'article 17.

Les maisons Treuttel et Wurtz et Dufour et d'Occagne auront la faculté de remplacer les membres de leurs maisons de commerce désignés comme administrateurs de la présente société, sans être assujéties à les faire agréer par les membres du conseil d'administration, pourvu que la personne présentée en remplacement soit intéressée en nom collectif dans la maison de commerce dont elle tiendra la place en la présente société.

43. Chaque actionnaire qui souscrira à l'un ou plusieurs des recueils qui composent le Bulletin universel, à partir de l'année 1828, aura la faculté d'affecter annuellement au paiement de sa souscription, et ce jusqu'à concurrence de la somme de cinquante francs par action, le dividende qui pourra lui revenir à la fin de chaque année, sans qu'on puisse rien répéter contre lui, dans le cas où ce dividende serait nul ou inférieur à cinquante francs par action.

Mais dans tous les cas, et quel que soit le nombre d'actions appartenant à un actionnaire, il ne pourra jamais prendre, à ce titre, au-delà d'un abonnement complet aux huit recueils dont se compose le Bulletin universel.

44. Si la prospérité de l'institution et son développement exigeaient dans la suite l'augmentation du fonds capital, cette augmentation et sa quotité pourront être proposées par le conseil d'administration à l'assemblée générale des actionnaires.

Si cette assemblée admet la proposition, on fixera l'augmentation à donner au fonds social, et il y sera pourvu par une nouvelle émission d'actions, après en avoir toutefois obtenu l'autorisation du Gouvernement.

Ces actions seront délivrées dans les mêmes formes que celles qui sont créées par le présent acte; chaque nouvelle action sera de valeur égale aux actions déjà existantes, et ne pourra être émise à un prix inférieur à mille francs.

45. S'il arrivait qu'on reconnût la nécessité de modifier les présens statuts ou d'y ajouter quelques nouveaux articles, le conseil d'administration est autorisé à en faire la proposition à l'assemblée générale annuelle des actionnaires, qui décidera s'il y a lieu à adopter cette proposition et à solliciter l'autorisation du Gouvernement; la décision de l'assemblée générale engagera la totalité des actionnaires.

46. En cas de difficulté et contestation entre les associés sur l'exécution du présent acte, elles seront soumises à deux arbitres nommés par les parties; en cas de partage, les arbitres nomment un sur-arbitre; si les arbitres sont discordans sur le choix, le sur-arbitre est nommé par le tribunal de commerce de la Seine.

Ces trois arbitres prononceront souverainement et sans appel, à la majorité d'entre eux.

47. Le directeur et les administrateurs sont chargés de solliciter du Gouvernement l'ordonnance nécessaire pour la formation de la société anonyme, et de remplir, aussitôt après l'obtention de cette ordonnance, toutes les formalités légales; d'organiser la présente société, et de faire, en un mot, tout ce qui sera nécessaire pour la mettre en activité.

Tels sont les statuts de la société sus-énoncée, dont acte passé à Paris, en la demeure de M. de Ferussac, l'an 1828, le 28 février; et ont les comparans et les notaires signé, lecture faite par Me Vingtain, la minute des présentes demeurée en la possession de Me Vingtain.

(Suit l'état sommaire des valeurs matérielles apportées par les propriétaires actuels du Bulletin universel à la société du Bulletin universel pour la propagation des connaissances scientifiques et industrielles, et dont il est fait inventaire suivant l'article 11 des statuts de cette société).

13 MARS 1828. — Ordonnance qui autorisent l'acceptation de dons et legs faits au consistoire de l'église réformée de Paris; aux pauvres du Fossat, de Saint-Hilaire, de Pujart, de Bordeaux, de Pompidou, de Saint-Micaud et de Dourdan; aux hospices de Montbrison et de Sainte-Gemme d'Andigné, et à la commune de Fourdrain. (8, Bull. 228, nos 8409 à 8419.)

13 MARS 1828. — Ordonnance qui autorise le sieur Deltheil à conserver et tenir en activité sa forge de Bourzolles, commune de Souillac (Lot). (8, Bull. 230, n° 8459.)

13 MARS 1828. — Ordonnance qui autorise les sieurs Cordier et Fizeaux à établir une verrerie dans la commune de Bruay (Nord). (8, Bull. 230, n° 8460.)

13 MARS 1828. — Ordonnance portant concession des mines de houille du Plessis, département de la Manche, au sieur Pelletier de Montmarie. (8, Bull. 232, n° 8492.)

13 MARS 1828. — Ordonnance qui autorise les sieurs Garrigou et Massenet à augmenter la fabrique d'acier et de faux qu'ils ont établie à Toulouse, département de la Haute-Garonne. (8, Bull. 232, n° 8493.)

13 MARS 1828. — Ordonnance qui autorisent l'acceptation de dons et legs faits aux fabriques des églises de Ramonchamp, de Solre-le-Château, de Bernecourt, de Junhac, de Marange-Zondrange, de Montmorillon, de Niort et de Lagny. (8, Bull. 257, nos 9655 à 9660.)

14 MARS 1828. — Ordonnance qui nomme M. le marquis d'Orvilliers président de la commission de surveillance de la caisse d'amortissement et de celle des dépôts et consignations, et MM. le baron Delessert et Casimier-Périer membres de la même commission. (8, Bull. 219, n° 8093.)

20 MARS 1828. — Ordonnance du Roi portant autorisation définitive de la communauté des sœurs hospitalières de Saint-Jean établie à Laventie, département du Pas-de-Calais. (8, Bull. 222, n° 8190.)

20 MARS 1828. — Ordonnance du Roi portant autorisation définitive de la communauté des religieuses de Notre-Dame de Sainte-Marie établie à Grenoble, département de l'Isère. (8, Bull. 223, n° 8191.)

20 MARS 1828. — Ordonnance du Roi portant autorisation définitive de la communauté des dames religieuses du Sacré-Cœur de Jésus établie à Niort, département des Deux-Sèvres. (8, Bull. 223, n° 8192.)

20 MARS 1828. — Ordonnance du Roi qui autorise des exploitations dans les bois ou les réserves de plusieurs communes et d'une fabrique d'église. (8, Bull. 224, n° 8213.) Voy. Code forestier, art. 16 et 90.

20 MARS 1828. — Ordonnance du Roi qui autorise des exploitations dans deux forêts royales. (8, Bull. 224, n° 8214.)

20 MARS 1828. — Ordonnance du Roi qui accorde des lettres de naturalité au sieur Mortier. (8, Bull. 296, n° 11309.)

20 MARS 1828. — Ordonnance du Roi qui accorde des lettres de naturalité aux sieurs Bioul et Scholer. (8, Bull. 290, n° 11075 et 11076.)

20 MARS 1828. — Ordonnance du Roi qui accorde des lettres de naturalité au sieur Haven. (8, Bull. 309, n° 11801.)

20 MARS 1828. — Ordonnance du Roi qui accorde des lettres de naturalité aux sieurs Didot et Noël. (8, Bull. 286, nos 11967 et 11968.)

20 MARS 1828. — Ordonnance du Roi qui accorde des lettres de naturalité aux sieurs Barbarini et Lambot. (8, Bull. 284, nos 10936 et 10937.)

20 MARS 1828. — Ordonnance qui permet aux sieurs Brozet, Félix, Hammel, Pajni, Reichenbac et à la dame Butter, d'établir leur domicile en France. (8, Bull. 223, n° 8193.)

20 MARS 1828. — Ordonnance qui classe la route de Brignolle à Grasse au rang des routes départementales du Var. (8, Bull. 225, n° 8226.)

20 MARS 1828. — Ordonnance qui accorde des pensions de retraite à trois militaires y dénommés, imputables sur le crédit d'inscription de l'année 1827. (8, Bull. 227 bis, n° 1.)

20 MARS 1828. — Ordonnance portant nomination de trois conseillers d'État en service extraordinaire. (8, Bull. 228, n° 8386.)

00 MARS 1828. — Ordonnance qui accorde des pensions de retraite à quatre-vingt huit militaires y dénommés, imputables sur le crédit d'inscription de l'année 1828 (8, Bull 227 bis, n° 2.)

020 MARS 1828. — Ordonnance qui accorde des pensions à dix-huit veuves de militaires y dénommées, imputables sur le crédit d inscription de l'année 1827. (8, Bull. 227 bis, n° 3.)

020 MARS 1828. — Ordonnance qui accorde une pension de retraite au militaire y dénommé, imputable sur le crédit d'inscription de 1825 et années antérieures. (8, Bull. 227 bis, n° 4.)

020 MARS 1828. — Ordonnance qui accorde des pensions de retraite à quatorze militaires y dénommés, imputables sur le crédit spécial d'inscription de dix-huit cent mille francs. (8, Bull. 227 bis, n° 5.)

OL 20 MARS 1828. — Ordonnance qui autorisent l'acceptation de donations faites aux communes d'Arpajon, de la Bazouges du Désert, de Maringues, d'Apchon, de Pauilhac, de Boissy-sous-Saint-Yon, de Chambroutel, de Vaucresson, de Flacé-lès-Mâcon, de Dabo, de Vaux-sur-Blaise, d'Herny et de Sempy. (8, Bull. 228, n°s 8420 à 8432.)

OL 20 MARS 1828. — Ordonnance qui accorde des lettres de déclaration de naturalité au sieur Virmond. (8, Bull. 229, n° 8447.)

20 MARS 1828. — Ordonnance qui autorise le sieur Lecour à remettre en activité la verrerie à bouteille de verre noir située à Cahors (Lot). (8, Bull. 232, n° 8494.)

20 MARS 1828. — Ordonnance qui autorisent l'acceptation de dons et legs aux fabriques des églises de Saint-Jean de la Haize, de Hilsprich, de Mazières, d'Abbeville, de Mesnildrey, de Montgeron, de Rorthais, de Saint-Didier-sous-Aubenas, de Chabois, de Verdun, de Château-Salins, de Fleurs, de Plousy, de Douvres et de Grand-Fayt, et au séminaire diocésain de Verdun. (8, Bull. 257, n°s 9661 à 9676.)

20 MARS 1828. — Ordonnance qui accorde des lettres de déclaration de naturalité au sieur Ferrari. (8, Bull. 263, n° 9917.)

21 MARS = Pr. 1er AVRIL 1828. — Ordonnance du Roi portant que les officiers qui, à l'époque de l'ordonnance du 5 mai 1824, étaient en jouissance d'une solde de non-activité, à titre d'officiers disponibles, seront admis à faire valoir leurs droits au traitement de réforme déterminé par l'ordonnance du 5 février 1823(1). (8, Bull. 222, n° 8161.)

Voy. décret du 15 JUIN 1812; ordonnance des 27 AOUT 1814, 1er AOUT 1815 et 20 JUIN 1817.

Charles, etc.

Vu les lois des 25 mars 1817 et 15 mai 1818;

(1) Le décret du 15 juin 1812 n'accordait aux officiers mis en non-activité, quelle que fût la durée de leurs services, qu'un traitement de réforme égal au *minimum* de la pension de retraite, et pour cinq ans seulement : ces cinq ans ne complaient que pour deux ans et demi de service dans l'appréciation des droits à la retraite.

Depuis 1814, la rigueur du décret de 1812 n'a pas été suivie, et tous les officiers ont joui de leur demi-solde jusqu'en 1818 (ord. des 27 août 1814, 1er août 1815 et 20 juin 1817).

L'ordonnance du 20 mai 1818 disposa que tous ceux qui avaient au moins quinze ans de service auraient leur demi-solde pendant quinze autres années, jusqu'à ce qu'ils eussent complété les trente ans exigés pour obtenir la retraite; ceux qui auraient moins de quinze ans et plus de dix recevraient le même traitement pendant dix années, expirant au 1er juillet 1828; qu'enfin ceux qui avaient moins de dix ans et plus de six recevraient le même traitement pendant un nombre d'années égal à celui de leurs services. On comptait comme années de service les quatre ans écoulés de 1814 à 1818.

L'ordonnance du 5 mai 1824 a changé la position des officiers en non-activité; elle les a rendus à la vie civile, les a libérés de l'obligation de rejoindre les drapeaux, les a enfin assimilés aux officiers en réforme; mais elle a laissé subsister les dispositions de l'ordonnance du 20 mai 1818.

Or, il résultait des dispositions de cette ordonnance, comme on l'a déjà vu, que le traitement des officiers qui ne comptaient pas un nombre d'années suffisant pour atteindre la retraite expirait pour certains en 1824, et pour tous en 1828. C'est en faveur de ces officiers qu'a été rendue la présente ordonnance du 21 mars 1828; elle leur applique les dispositions de l'ordonnance du 5 février 1823.

Cette ordonnance de 1823 est relative aux officiers faisant, à sa date, partie de l'armée active, et qui pourraient être ultérieurement placés en réforme; elle accorde un traitement de réforme pendant un nombre d'années égal à la moitié des années de service, et les années de réforme comptent comme années de service pour la retraite.

Ainsi, et comme depuis l'ordonnance du 5 mai 1824, les officiers réformés en 1814 et 1815 ont cessé d'être disponibles, ils auront droit à un traitement de réforme pendant un nombre d'années égal au nombre d'années de service acquis en 1824; c'est-à-dire, ceux qui avaient vingt ans en 1824 jouiront du traitement de réforme pendant dix ans; ce qui complétera les trente ans nécessaires pour la retraite; les autres auront neuf, huit, sept ou six ans de traitement; et la règle est applicable soit à ceux dont le traitement ne devait cesser qu'en juillet 1828, soit à ceux dont le traitement avait cessé depuis 1824, d'après la

Vu les ordonnances royales des 20 mai, 2 août 1818, 30 avril 1823 et 5 mai 1824;

Nous étant fait rendre compte du changement apporté par l'ordonnance du 5 mai 1824 à la position des officiers qui, à cette époque, étaient en jouissance d'une solde de non-activité, à titre d'officiers disponibles;

Voulant donner à ces officiers une nouvelle preuve de notre bienveillance;

Sur le rapport de notre ministre secrétaire d'Etat de la guerre,

Nous avons ordonné et ordonnons ce qui suit :

Art. 1ᵉʳ. Les officiers qui, à l'époque de l'ordonnance du 5 mai 1824, étaient en jouissance, à titre d'officiers disponibles, d'une solde de non-activité payée sur le fonds des demi-soldes, et non susceptible d'être ultérieurement convertie en pension de retraite, seront admis à faire valoir leurs droits au traitement de réforme déterminé par l'ordonnance du 5 février 1823, en comptant comme service effectif le temps pendant lequel ils ont joui de la solde de non-activité jusqu'au 1ᵉʳ juillet 1824.

2. La jouissance du traitement de réforme accordé par l'article précédent partira du 1ᵉʳ juillet 1828; mais le temps pendant lequel les officiers auront joui de la solde de non-activité, postérieurement au 1ᵉʳ juillet 1824, sera déduit de sa durée.

3. Les modifications qui résulteront de l'application des dispositions de la présente ordonnance seront indiquées dans les tableaux à publier annuellement, en exécution des lois des 25 mars 1817 et 15 mai 1818.

4. Conformément à l'article 152 de la loi du 25 mars 1817 et à l'article 3 de notre ordonnance du 1ᵉʳ septembre 1827, la régularisation des crédits nécessaires en 1828 et 1829, pour couvrir le surcroît extraordinaire de dépense auquel donneront lieu les dispositions qui précèdent, sera proposée à la session actuelle des Chambres.

5. Notre ministre secrétaire d'Etat de la guerre (vicomte de Caux) est chargé de l'exécution de la présente ordonnance.

23 MARS = Pr. 1ᵉʳ AVRIL 1828. — Ordonnance du Roi qui modifie la répartition du crédit affecté au service de l'administration des mon-

naies pendant l'exercice 1828. (8, Bull. 222, n° 8163.)

Charles, etc.

Vu notre ordonnance du 26 décembre 1827, portant répartition du crédit accordé, par la loi du 24 juin précédent, pour les dépenses du service de l'administration des monnaies pendant l'exercice 1828;

Sur le rapport de notre ministre secrétaire d'Etat des finances,

Nous avons ordonné et ordonnons ce qui suit :

Art. 1ᵉʳ. La répartition du crédit de neuf cent trente-neuf mille trois cents francs affecté au service de l'administration des monnaies, pendant l'exercice 1828, est modifiée ainsi qu'il suit :

1° Les dépenses administratives formant la quinzième section du budget du ministère des finances sont portées de cent dix-neuf mille neuf cent cinquante francs à cent vingt-trois mille sept cents francs, ci. 123,700ᶠ

2° Les dépenses formant la seizième section du même budget demeurent fixées à la somme de trois cent quinze mille six cents francs, ci. 315,600

3° Le crédit affecté aux dépenses formant la dix-septième section du même budget est réduit de cinq cent trois mille sept cent cinquante francs à cinq cent mille francs, ci. 500,000

Somme égale . . . 939,300

2. Notre ministre secrétaire d'Etat des finances (comte Roy) est chargé de l'exécution de la présente ordonnance, qui sera insérée au Bulletin des Lois.

23 MARS 1828. — Ordonnance du Roi portant autorisation définitive de trois congrégations religieuses de femme. (8, Bull. 224, n° 8215.)

23 MARS 1828. — Ordonnance du Roi portant autorisation définitive de quatre communautés religieuses de femmes. (8, Bull. 224, n° 8216.)

23 MARS 1828. — Ordonnance du Roi portant autorisation définitive de la communauté des

règle établie dans l'ordonnance du 20 mai 1818. — Au surplus, le ministre de la guerre a dit, dans la séance de la Chambre des députés du 12 avril (Mon. du 13), qu'à l'époque où cesserait, pour certains officiers, le traitement assuré par l'ordonnance du 21 mars 1828, il pensait qu'une

mesure *exceptionnelle* viendrait à leur secours. *Voyez*, au surplus, la loi du 11 avril 1831, sur les pensions.

Le rapport au Roi qui a précédé cette ordonnance est inséré au Moniteur du 23 mars 1828.

religieuses annonciades établie à Langres, département de la Haute-Marne. (8, Bull. 224, n° 8217.)

———

23 MARS 1828. — Ordonnance du Roi portant autorisation définitive de la congrégation des sœurs de Saint-Joseph établie à Lyon, département du Rhône. (8, Bull. 224, n° 8218.)

23 MARS 1828. — Ordonnance du Roi portant autorisation définitive de la communauté des dames religieuses du Saint-Sépulcre établie à Charleville, département des Ardennes. (8, Bull. 224, n° 8219.)

23 MARS 1828. — Ordonnance du Roi portant autorisation définitive de la communauté des sœurs du Cœur de Marie, dites de la Providence, établie à la Flèche, département de la Sarthe. (8, Bull. 224, n° 8220.)

23 MARS 1828. — Ordonnance portant nomination des présidens des collèges électoraux y désignés. (8, Bull. 222, n° 8167.)

23 MARS 1828. — Ordonnance portant que les foires établies dans la commune de Domme, département de la Dordogne, auront lieu, comme autrefois, le premier lundi de chaque mois. (8, Bull. 232, n° 8505.)

23 MARS 1828. — Ordonnance portant que les foires qui se tiennent dans la commune de Granvillars, département du Haut-Rhin, le second mardi des mois de février, mars, avril, mai, septembre et novembre de chaque année, auront lieu à l'avenir le troisième mardi des mêmes mois. (8, Bull. 233, n° 8528.)

23 MARS 1828. — Ordonnance portant que la foire qui se tient le 25 mars dans la commune d'Ille (Pyrénées-Orientales) aura lieu à l'avenir le mardi de la semaine de la Passion. (8, Bull. 234, n° 8532.)

———

23 MARS 1828. — Ordonnance portant que la foire qui se tient le quatrième lundi de décembre dans la commune d'Erstein (Bas-Rhin) aura lieu à l'avenir le deuxième lundi du même mois, et durera deux jours. (8, Bull. 234, n° 8533.)

———

23 MARS 1828. — Ordonnance portant que les foires qui se tiennent annuellement dans la ville de Nay (Basses-Pyrénées) auront lieu à l'avenir le troisième mardi après les Cendres et le dernier mardi d'août. (8, Bull. 234, n° 8534.)

23 MARS 1828. — Ordonnance portant que les foires qui se tiennent annuellement dans la commune de Brazey-en-Plaine, département

de la Côte-d'Or, les 12 mars et 3 octobre, auront lieu à l'avenir le 12 avril et 7 septembre. (8, Bull. 235, n° 8543.)

23 MARS 1828. — Ordonnance portant qu'il sera établi dans la commune de Puligny, département de la Côte-d'Or, une foire spéciale-ment destinée à la vente des tonneaux; elle s'y tiendra le 24 août de chaque année, et durera un jour. (8, Bull. 235, n° 8544.)

23 MARS 1828. — Ordonnance portant qu'il sera établi dans la commune de Murat-le-Quaire, département du Puy-de-Dôme, deux nouvelles foires, qui se tiendront les 24 juin et 22 octobre de chaque année, et dureront un jour. (8, Bull. 235, n° 8545.)

23 MARS 1828. — Ordonnance portant qu'il sera établi dans la commune de Cagnes, département du Var, une foire qui se tiendra le 20 août de chaque année, et durera un jour. (8, Bull. 235, n° 8546.)

23 MARS 1828. — Ordonnance portant qu'il sera établi dans la commune de Pérignac, département de la Charente-Inférieure, trois nouvelles foires, qui se tiendront le deuxième mardi des mois d'avril, juin et août de chaque année, et dureront un jour. (8, Bull. 235, n° 8547.)

23 MARS 1828. — Ordonnance portant qu'il sera établi dans la commune de Montrichard, département de Loir-et-Cher, une nouvelle foire, qui se tiendra le 18 août de chaque année, et durera un jour. (8, Bull. 235, n° 8548.)

———

23 MARS 1828. — Ordonnances qui autorisent l'acceptation de dons et legs faits aux fabriques des églises de Tressignaux, des Etangs, de Guenkirchen, de Marçon, de Roche-d'Agoux, d'Espinass le, de Pontpierre; au séminaire diocésain de Reims; aux curés successifs de la paroisse de Saint-Salvy; à diverses communautés et congrégations établies à Poitiers, au Mans, à Pont-Audemer, à Reims, à Rouen, à Saint-Laurent-sur-Sèvre, à Valence, à Valognes, à Auch. (8, Bull. 257, n°ˢ 9667 à 9695.)

27 MARS = Pr. 8 AVRIL 1828. — Ordonnance du Roi qui prescrit la formation d'un dépôt particulier pour y recevoir l'exemplaire des livres du dépôt légal destiné, en vertu de l'ordonnance du 9 janvier 1828, à la bibliothèque du ministère de l'intérieur, et contient des dispositions relatives à la répartition des ouvrages entre les bibliothèques publiques du royaume. (8, Bull. 224, n° 8207.)

Charles, etc.

Sur le rapport de notre ministre secrétaire d'État au département de l'intérieur,

Nous avons ordonné et ordonnons ce qui suit :

Art. 1er. Il sera formé à la bibliothèque de Sainte-Geneviève un dépôt particulier pour y recevoir l'exemplaire des livres du dépôt légal qui, en vertu de notre ordonnance du 9 janvier dernier, est destiné à la bibliothèque du ministère de l'intérieur.

2. Chaque année, notre ministre de l'intérieur fera dans ce dépôt un choix des ouvrages qu'il jugera convenable de répandre, et il les répartira entre les bibliothèques publiques du royaume, suivant leurs besoins et leur importance.

3. Notre ministre secrétaire d'Etat de l'intérieur (vicomte de Martignac) est chargé de l'exécution de la présente ordonnance.

27 MARS = Pr. 8 AVRIL 1828. — Ordonnance du Roi portant convocation de trois colléges électoraux dans les départemens d'Ille-et-Vilaine, de l'Isère et du Rhône. (8, Bull. 224, n° 8209.)

Charles, etc.

Sur le rapport de notre ministre secrétaire d'Etat de l'intérieur ;

Vu les lois des 5 février 1817, 29 juin 1820 et 2 mai 1827, et les ordonnances royales des 3 septembre et 11 octobre 1820 et 27 juin 1827 ;

Vu l'extrait du procès-verbal des séances de la Chambre des députés en date du 15 de ce mois, contenant la décision qui annule l'élection du sieur Garnier-Dufougeray, élu député par le collége électoral du premier arrondissement d'Ille-et-Vilaine (1);

(1) Dans la séance du 15 février, le rapport sur l'élection de M. Garnier-Dufougeray fut présenté à la Chambre, et l'ajournement fut prononcé. Dans la séance du 15 mars, M. Charles Dupin, rapporteur du 4e bureau. proposa de déclarer l'élection nulle, par le motif que onze électeurs avaient voté sans avoir le cens électoral ; que trois fonctionnaires publics avaient également voté, bien qu'ils n'eussent pas leur domicile politique à Saint-Malo, lieu de l'élection ; qu'ainsi quatorze individus avaient pris part à l'élection, sans en avoir le droit ; et qu'enfin M. Garnier-Dufougeray n'avait obtenu que six voix de majorité. — Mais M. le rapporteur fit remarquer que plusieurs membres du bureau avaient pensé qu'il y avait lieu d'ajourner, pour faire juger par des tribunaux compétens ou par le Conseil-d'Etat l'infirmation définitive des électeurs qui avaient été jugés incapables ; mais que la majorité avait pensé que la Chambre avait le pouvoir de décider dès à présent sur la validité de l'élection.

Ainsi a été soulevée la question de savoir si la Chambre peut, sans sortir des limites de ses attributions, examiner la capacité des électeurs pour statuer sur la validité des élections auxquelles ils ont concouru.

Elle a été discutée non-seulement à l'occasion de l'élection de M. Garnier-Dufougeray, mais aussi à l'occasion des élections de MM. Lorimier et Callemard-Lafayette.

Trois opinions différentes ont été émises.

On a soutenu d'abord qu'aux termes de la loi du 5 février 1817, art. 5 et 6, confirmée par la loi du 2 mai 1827, art. 4, les difficultés relatives à la capacité des électeurs devaient être jugées par le préfet en conseil de préfecture, par le Conseil-d'Etat ou par les tribunaux ; que, la loi ayant ainsi placé ces questions de capacité électorale dans les attributions de la justice administrative ou judiciaire, la Chambre n'avait pas le droit, dans la vérification des pouvoirs, de statuer sur les mêmes questions ; que son examen devait porter seulement sur les opérations du collége, suivant l'art. 11 de la loi du 5 février 1817 ; que la Chambre, en appréciant la capacité et les droits des électeurs, bouleverserait l'ordre des

juridictions réglé par la loi ; qu'elle s'exposerait à méconnaître l'autorité de la chose jugée, résultant des décisions rendues par les tribunaux et par le Conseil-d'Etat, ou à voir l'autorité de ses propres décisions méconnue par le Conseil-d'E-tat ou les tribunaux ; qu'enfin on ne pouvait argumenter d'une prétendue omnipotence de la Chambre, car, comme tous les autres corps politiques ou judiciaires, ses attributions sont renfermées dans des limites légales qui doivent être respectées par elle, quoique aucune autorité supérieure ne puisse réformer ses décisions.

Dans l'opinion opposée, on a dit qu'aux termes de l'art. 5 de son réglement, et par la nature même des choses, la Chambre prononce sur la validité des élections ; que cette attribution générale comporte nécessairement le droit d'examiner la capacité des électeurs, car il n'y a d'élections valables qu'autant qu'elles sont faites par des électeurs capables ; qu'on ne pouvait admettre que la Chambre fût obligée de déclarer une élection valide lorsqu'elle aurait la conviction que de faux électeurs y auraient concouru ; que si les lois du 5 février 1817 et du 2 mai 1827 attribuent à la justice administrative et judiciaire le droit de statuer sur les difficultés relatives aux inscriptions, c'est uniquement dans l'intérêt des individus inscrits ou non inscrits ; que les décisions de la Chambre et celles du Conseil-d'Etat ou des tribunaux ne pourront jamais présenter les unes à l'égard des autres, violation de l'autorité de la chose jugée, puisque le point de la difficulté n'est pas identiquement le même devant les deux autorités ; que les tribunaux ou le Conseil-d'Etat ont à décider si tel individu a la capacité électorale ; que la Chambre, au contraire, doit déclarer l'élection valable ou nulle ; qu'une analogie, plus ou moins grande, entre les objets de deux contestations différentes, ne suffisait pas pour que la décision sur l'une eût l'autorité de la chose jugée relativement à l'autre ; qu'il fallait identité parfaite ; qu'ainsi les tribunaux civils peuvent déclarer fausse une pièce dont l'auteur a été acquitté sur la poursuite en faux devant les tribunaux criminels ; qu'il était d'autant moins possible d'apercevoir dans les décisions de la Chambre des députés la violation de

Vu les lettres du préfet de l'Isère et du Rhône, communiquées à la Chambre des députés dans sa séance du 17 de ce mois, et annonçant le décès du sieur Michoud et du sieur Mottet de Gérando, députés de ces départemens,

Nous avons ordonné et ordonnons ce qui suit :

Art. 1er. Les colléges électoraux ci-après désignés sont convoqués pour le 8 mai prochain dans les villes indiquées au tableau qui suit, à l'effet d'élire chacun un député :

DÉPARTEMENS.	DÉSIGNATION DES COLLÉGES ÉLECTORAUX.	VILLES OU ILS SE RÉUNIRONT.
Ille-et-Vilaine	Collége du 1er arrondissem¹.	Saint-Malo.
Isère.	Collége du 3e idem.	
Rhône	Collége départemental. . . .	Lyon.

2. Les listes électorales arrêtées précédemment et les tableaux de rectification prescrits par l'article 6 de la loi du 2 mai 1827, seront affichés le 12 avril (1.)

Les réclamations seront admises jusqu'au 2 mai inclusivement, et la clôture des listes aura lieu le 5 du même mois.

3. Il sera procédé aux opérations qui concernent les tableaux de rectification et leur clôture conformément aux ordonnances des 4 septembre 1820 et 27 juin 1827, et aux opérations des colléges électoraux conformément à l'ordonnance du 11 octobre 1820.

4. Notre ministre secrétaire d'Etat de l'intérieur (vicomte de Martignac) est chargé de l'exécution de la présente ordonnance.

---

la chose jugée par un tribunal quelconque, que ces décisions ne sont pas motivées, et qu'elle prononce sans être assujétie à puiser ses élémens de conviction dans telle ou telle espèce de preuve, mais comme un jury, d'après les seules inspirations de sa conscience.

Entre ces deux opinions contradictoires, on a présenté un système mixte : les ministres de l'intérieur et de l'instruction publique ont soutenu que la ligne de démarcation tracée par la loi du 5 février 1817, entre les attributions de la justice parlementaire et celles de la justice administrative ou judiciaire, devait être religieusement respectée, et que la Chambre, appelée à statuer sur la validité d'une élection, devait renvoyer soit aux tribunaux, soit au Conseil-d'Etat, la solution des questions préjudicielles qui pourraient s'élever touchant la capacité des électeurs ; ou, si déjà ces questions avaient été résolues, admettre les décisions comme *chose jugée.* Mais M. de Martignac, tout en disant qu'on doit s'en tenir, *dans les cas ordinaires,* aux dispositions positives de la loi, a reconnu qu'il est permis d'en sortir, *lorsqu'une nécessité absolue, impérative, ne permet pas d'y rester.* M. Vatimesnil, développant cette pensée, a dit : « S'il y a fraude évidente, si les « électeurs présentaient une espèce de complot « de l'administration contre les droits des citoyens, « contre les droits de la Chambre, contre les li- « bertés publiques, alors la justice ordinaire, qui « a été confiée aux tribunaux, aux préfets en « conseil de préfecture, et au Conseil-d'Etat, « ne suffirait peut-être plus. Je conçois que « la Chambre pourrait ressaisir le droit d'annu- « ler une semblable élection. »

La Chambre, en déclarant l'élection nulle, a décidé qu'elle a le droit d'examiner la question

préjudicielle de capacité des électeurs. Cette solution nous paraît conforme aux principes généraux en matière de compétence ; en effet, lorsqu'une autorité quelconque est appelée à statuer sur une question principale, elle a par cela même attribution pour statuer sur toutes les questions accessoires ; à moins qu'il ne s'agisse de tribunaux d'exception, dont la compétence est rigoureusement restreinte à certaines matières, ou à moins qu'un texte formel ne déclare que telle matière, placée dans les attributions d'une autorité déterminée, ne peut jamais rentrer dans les attributions d'une autre. Ainsi un tribunal de commerce devant lequel est soulevée une question d'état doit renvoyer aux tribunaux ordinaires, parce que la juridiction commerciale est une juridiction exceptionnelle ; ainsi, lorsqu'il y a lieu à interpréter un acte administratif, les tribunaux civils doivent renvoyer à l'autorité administrative, parce que des textes formels l'ordonnent ainsi ; mais, hors de ces cas, et lorsqu'il y a compétence absolue et générale, telle que la compétence de la Chambre sur la validité des élections, cette compétence s'étend à toutes les questions accessoires ou préjudicielles (séances des 11, 12, 13, 14, 15 février et du 15 mars 1828; Mon. des 13, 14, 15, 16 février, 16 et 17 mars 1828).

La violation du secret des votes suffirait pour faire prononcer la nullité d'une élection (M. Charles Dupin, rapporteur; Mon. du 16 février 1828). — Même opinion (M. Duvergier de Hauranne, rapporteur; Mon. du 10 février 1828).

(1) Il n'y a pas un mois d'intervalle entre l'affiche et la réunion. *Voy.* notes sur les ordonnances des 23 décembre 1827 et 6 mars 1828.

28.

5

27 MARS = 23 AVRIL 1828. — Ordonnance du Roi qui fait un changement dans la direction d'une route départementale de la Haute-Garonne. (8, Bull. 226, n° 8311.)

Charles, etc.

Sur le rapport de notre ministre secrétaire d'Etat au département de l'intérieur;

Vu les délibérations du conseil général du département de la Haute-Garonne, tendant à ce que la route départementale n° 24 soit, à partir de Rieumes, dirigée vers Boulogne par Ciadoux, au lieu de l'être vers l'Isle-en-Dodon;

Vu l'avis du préfet et celui du conseil général des ponts-et-chaussées;

Notre Conseil-d'Etat entendu,

Nous avons ordonné et ordonnons ce qui suit :

Art. 1er. La portion de la route départementale de la Haute-Garonne n° 24, de Muret à l'Isle-en-Dodon, comprise entre Rieumes et cette dernière ville, cesse de faire partie des routes départementales, et la route départementale n° 24 sera dirigée sur Boulogne, en passant par Ciadoux.

Cette route prendra à l'avenir la dénomination de *route de Muret à Boulogne, par Rieumes et Ciadoux.*

2. L'administration est autorisée à acquérir les terrains nécessaires pour l'achèvement ou le perfectionnement de cette route : elle se conformera, à ce sujet, aux dispositions de la loi du 8 mars 1810, sur l'expropriation pour cause d'utilité publique.

3. Notre ministre secrétaire d'Etat de l'intérieur (vicomte de Martignac) est chargé de l'exécution de la présente ordonnance.

———

27 MARS 1828.—Ordonnance du Roi qui convoque en un seul collège électoral les électeurs du département des Vosges (1). (8, Bull. 224, n° 8208.)

———

27 MARS 1828. — Ordonnance qui nomme MM. d'Allonville, Sers et de Panat, aux préfectures de la Meurthe, du Puy-de-Dôme et du Cantal. (8, Bull. 224, n° 8210.)

———

27 MARS 1828. — Ordonnance qui accorde une pension au sieur Amblard, ex-vérificateur des poids et mesures. (8, Bull. 224 *bis*, n° 3.)

———

27 MARS 1828. — Ordonnance qui accorde des pensions à deux anciens employés à l'administration des monnaies. (8, Bull. 225 *bis*, n° 1.)

27 MARS 1828. — Ordonnance qui accorde une pension au sieur Labé de Morambert, ex-trésorier de la dotation des Invalides de la marine. (8, Bull. 225 *bis*, n° 2.)

———

27 MARS 1828. — Ordonnance qui autorise l'inscription au Trésor royal de quarante-une pensions civiles et militaires. (8, Bull. 227 *bis*, n° 6.)

———

27 MARS 1828. — Ordonnance qui autorise l'acceptation d'une donation faite à la commune de Castellane. (8, Bull. 228, n° 8433.)

———

27 MARS 1828.—Ordonnance qui autorise le sieur Béhague à construire un haut-fourneau dans l'emplacement de sa forge de Bourgneuf, commune de Beaumont-la-Ferrière, département de la Nièvre. (8, Bull. 232, n° 8495.)

———

27 MARS 1828. — Ordonnance qui autorise le sieur Vassinhac d'Imécourt à établir à Imécourt (Ardennes) un patouillet à roue pour le lavage du minerai de fer. (8, Bull. 232, n° 8496.)

———

27 MARS 1828. — Ordonnance qui autorise l'acceptation d'une donation faite à la commune de Bencurel. (8, Bull. 232, n° 8502.)

———

30 MARS = Pr. 16 AVRIL 1828.—Ordonnance du Roi qui détermine le mode de comptabilité du sceau, et applique au trésorier les regles suivies pour les comptables de deniers publics (2). (8, Bull. 225, n° 8225.)

Voy. ordonnances des 15 JUILLET, 8 OCTOBRE et 26 DÉCEMBRE 1814; loi du 28 AVRIL 1816, art. 55, et les notes; ordonnances des 3 MARS 1815 et 28 FÉVRIER 1823.

Charles, etc.

Vu les lois et réglemens sur la comptabilité des deniers publics, notamment l'ordonnance du 14 septembre 1822, qui règle la comptabilité et la justification des dépenses;

Sur le rapport de notre garde-des-sceaux, ministre et secrétaire d'Etat au département de la justice,

Nous avons ordonné et ordonnons ce qui suit :

Art. 1er. Les recettes et les dépenses du sceau ne peuvent être faites que conformément au budget de chaque exercice fixé par nous, sur la proposition de notre garde-des-

———

(1) *Voyez* notes sur l'ordonnance du 6 = 15 mars 1828.

(2) Les droits du sceau sont aujourd'hui portés

au budget. *Voyez* loi du 29 janvier 1831, art. 14.

sceaux, ou d'après des autorisations extraordinaires données dans les mêmes formes.

2. L'exercice est limité à la durée de chaque année, et les résultats en seront réglés par nous définitivement sur le compte annuel du trésorier. Les crédits ou portions de crédits, qui n'auront pas reçu d'emploi au 31 décembre, seront annulés et augmenteront les ressources de l'exercice suivant.

3. Aucune dépense ne peut être acquittée par le trésorier de la commission du sceau, si elle n'a été préalablement ordonnancée par notre garde-des-sceaux sur un crédit régulièrement ouvert. Tout mandat ou ordonnance doit énoncer l'exercice et le crédit auxquels la dépense s'applique, et être accompagné de toutes les pièces justificatives nécessaires pour valider le paiement.

4. Aucun droit autre que ceux fixés par les statuts ou ordonnances royales pour l'enregistrement ne peut être perçu sous quelque dénomination que ce soit.

5. A compter du 5 janvier 1828, le trésorier de la commission du sceau sera justiciable de la cour des comptes, et lui présentera, sous sa propre responsabilité, le compte de sa gestion annuelle.

Cette présentation sera faite dans les trois premiers mois de chaque année pour l'année précédente.

6. La forme des écritures du trésorier, celle de son compte annuel et le tableau des pièces justificatives de ses recettes et de ses dépenses, seront arrêtées par notre garde-des-sceaux, selon les règles suivies pour toutes les comptabilités de deniers publics.

7. Le compte du trésorier devra présenter :

1° Le tableau des valeurs existant en caisse et en portefeuille à l'époque où commence la gestion ;

2° Les recettes et les dépenses de toute nature faites pendant le cours de cette gestion ;

3° Enfin la situation des valeurs qui se trouveront dans sa caisse ou dans son portefeuille à l'époque où le compte est arrêté.

8. Le trésorier ne sera comptable que des actes de sa gestion personnelle. En cas de mutation, le compte de l'année sera divisé suivant la durée de la gestion des différens titulaires,

et chacun d'eux rendra compte séparément des opérations qui le concerneront.

9. Notre garde-des-sceaux (comte Portalis) est chargé de l'exécution de la présente ordonnance, qui sera insérée au Bulletin des Lois.

_____

30 MARS = Pr. 23 AVRIL 1828. — Ordonnance du Roi portant prolongation de la durée d'un brevet d'importation (1). (8, Bull. 226, n° 8302.)

Charles, etc.

Sur le rapport de notre ministre secrétaire d'État du commerce et des manufactures ;

Vu la demande des sieurs Pihet frères, ingénieurs et mécaniciens, demeurant à Paris, avenue Parmentier, cessionnaires d'un brevet d'importation et de perfectionnement délivré pour cinq ans, le 15 novembre 1823, au nom des sieurs Eaton et Farey, pour une machine dite *bobinoire*, propre à la filature des cotons ;

Duquel brevet, à eux cédé par acte public du 22 août 1827, ils sollicitent la prorogation jusqu'au 26 février 1824 (2) ;

Exposant, avec le concours de la compagnie d'Ourscamp, représentée par les sieurs Thuret et compagnie de Paris, que l'invention de la machine brevetée a été importée aux frais de ladite compagnie, qui, le 26 février 1824, prit un brevet d'importation de dix ans pour s'en assurer, jusqu'au 26 février 1834, la jouissance par elle transmise aux frères Pihet ; mais que leur droit, ainsi acquis, s'était trouvé primé par le brevet du 15 novembre 1823, que les sieurs Eaton et Farey, lesquels étaient employés à cette importation par la compagnie, s'étaient fait délivrer à leur propre profit ;

Que les sieurs Pihet, ayant acquis le brevet du 15 novembre, ont ainsi réuni et confondu les droits et titres d'Eaton et Favey et d'Ourscamp ; mais que, de ces deux brevets, celui de la compagnie devait durer jusqu'au 26 février 1834, tandis que celui du 15, par l'événement et à raison de sa priorité, peut seul servir aux cessionnaires, expirerait le 15 novembre prochain ;

_____

(1) On induit de l'art. 8 de la loi du 31 décembre 1790 = 7 janvier 1791 la faculté pour l'administration de prolonger les brevets d'invention pris pour cinq ou dix ans. — *Voy.* aussi le tarif placé à la suite de la loi du 14 = 25 mai 1791, qui fixe à 600 fr le droit de prolongation.

La prolongation est considérée comme une faveur ; il n'y a pas pour le breveté *droit* à la réclamer. En conséquence, la décision du ministre qui refuse la prolongation ne peut être attaquée devant le Conseil-d'État par la voie contentieuse. Ord. 30 décembre 1822 (Mac. 4, 542).

Il résulte de la présente ordonnance que, si deux personnes ont pris successivement un brevet d'invention ou d'importation pour un même objet, la première pour un temps moins long que la seconde, le second brevet reste absolument inutile, suivant la règle générale ; il ne commence point à produire son effet à compter du jour où la durée du premier est expirée (*voy.* loi du 31 décembre 1790 = 7 janvier 1791, art. 1er, 7, 8 et 15).

(2) *Lisez* 1834.

5.

Sur quoi, ayant égard à la bonne foi avec laquelle le brevet de dix ans a été pris, et à la réunion des deux titres de cette importation coûteuse,

Nous avons ordonné et ordonnons ce qui suit :

Art. 1er. La durée du brevet d'importation délivré pour cinq ans, le 15 novembre 1823, aux sieurs Eaton et Farey, pour une machine à filer le coton dite *bobinoire*, est prorogée jusqu'au 26 février 1844, en faveur des sieurs Pihet frères, cessionnaires dudit brevet.

2. Il est néanmoins déclaré que la prolongation du brevet s'entend comme la concession primitive, sans examen ni garantie de la priorité, du mérite, ni du succès des inventions.

3. Notre ministre secrétaire d'Etat du commerce et des manufactures (M. Saint-Cricq) est chargé de l'exécution de la présente ordonnance, qui sera insérée au Bulletin des Lois.

---

30 MARS 1828. — Ordonnance du R i portant autorisation définitive de la communauté des religieuses de Notre Dame établie à Reims, département de la Marne (1). (8, Bull. 225, n° 8227.)

---

30 MARS 1828. — Ordonnance qui nomme M. le maréchal-de-camp Durrieu présid nt du collége électoral du département de la Corse. (8, Bull. 224, n° 8211.)

---

30 MARS 1828. — Ordonnance qui nomme M Esmangart à la préfecture du Bas-Rhin, et nomme M. de Murat à celle de la Seine-Inférieure. (8, Bull. 224, n° 8212.)

---

30 MARS 1830. — Ordonnances qui autorisent l'acceptation de dons et legs faits aux fabriques des églises de Bellonne, de Ca tours, de Laissac. de Loigné. de Meyrac, de Poitiers, de Trois-Veaux, de Vezins, de Racrange, de Déchy, de Verrier-Fontaine, de Boistrudan, de Paris. de Helstroff. de Loquenolé, de Bajou, de Haguenau, de Départ, de Plouégat-Guerrand, de Carlan et de Plonigneau, de Villard-Bonnot, de Bayecourt ; aux séminaires diocésains d'Orléans et de Clermont ; et aux desservans successifs de la succursale de Rogy. (8, Bull. 257, n°s 9696 à 9721.)

---

31 MARS 1828. — Tableau des prix des grains pour servir de régulateur de l'exportation et de l'importation, conformément aux lois des 16 juillet 1819 et 4 juillet 1821, arrêté le 31 mars 1828. (8, Bull. 222, n° 8160.)

---

2 AVRIL 1828. — Ordonnance du Roi qui autorise des exploitations dans les bois des communes et hospices y désignés. (8, Bull. 225, n° 8228.) *Voy.* Code forestier, art. 16 et 90.

---

2 AVRIL 1828. — Ordonnance qui accorde une pension au sieur Mallet, ancien conseiller référendaire de deuxième classe à la cour des comptes. (8, Bull. 225 *bis*, n° 8.)

---

2 AVRIL 1828. — Ordonnance qui accorde une pension au sieur Mansard, ancien sous-chef à la caisse de la Monnaie de Paris. (8, Bull. 22 *bis*, n° 9.)

---

2 AVRIL 1828. — Ordonnance qui accorde un secours annuel à l'orphelin du militaire y dénommé, imputable sur le crédit d'inscription de l'année 1827. (8, Bull 228 *bis*, n° 7.)

---

2 AVRIL 1828. — Ordonnance qui accorde des pensions de retraite à quinze militaires y dénommés, imputables sur le crédit de dix-huit cent mille francs. (8, Bull. 227 *bis*, n° 8.)

---

2 AVRIL 1828. — Ordonnance qui accorde des pensions à trente veuves de militaires y dénommées, imputables sur le crédit d'inscription de l'année 1827. (8, Bull. 227 *bis*, n° 9.)

---

2 AVRIL 1828. — Ordonnance qui accorde des pensions de retraite à deux militaires y dénommés, imputables sur le crédit d'inscription de l'année 1825 et années antérieures. (8, Bull. 227 *bis*, n° 10.)

---

2 AVRIL 1828. — Ordonnance qui accorde une pension de retraite au militaire y dénommé, imputable sur le crédit d'inscription de l'année 1828. (8, Bull. 227 *bis*, n° 11.)

---

2 AVRIL 1828. — Ordonnance qui autorise les sieur et dame Pitié-Divernois à augmenter d'un haut-fourneau l'usine à fer de Balleraud, commune de Marval (Haute-Vienne). (8, Bull. 231, n° 8470.)

---

2 AVRIL 1828. — Ordonnance qui autorise les sieurs Jappy à établir une usine à Dampierre-outre-les-Bois, département du Doubs. (8, Bull. 231, n° 8471.)

---

2 AVRIL 1828. — Ordonnance qui concède aux sieurs Delasazède, Denis, etc., les mines de plomb argentifère existant sur le territoire de Saint-Amand-Roche-Savine (Puy-de-Dôme). (8, Bull. 231, n° 8472.)

---

2 AVRIL 1828. — Ordonnance qui autorise le sieur Floirac à conserver en activité l'usine à fer de Vimont-Piazac, commune de Plazac (Dordogne). (8, Bull. 231, n° 8473.)

---

2 AVRIL 1828. — Ordonnance qui autorise le sieur Couturier à établir à Forbach (Moselle) une verrerie à vitres et à bouteilles. (8, Bull. 232, n° 8497.)

---

(1) *Voy.* la note sur l'ordonnance du 13 — 28 janvier 1828.

2 AVRIL 1828. — Ordonnance qui autorise les sieurs de Buyer, propriétaires des forges et manufacture de fer-blanc de la Chaudeau, commune d'Aillevillers (Haute-Saône), à y établir, en remplacement des deux martinets, sept paires de cylindres cannelés pour l'étirage du fer, et deux paires de laminoirs à tôle. (8, Bull. 232, n° 8498.)

2 AVRIL 1828. — Ordonnance qui autorise le prince duc de Bauffremont à conserver et tenir en activité les usines à fer qu'il possède dans la commune de Scey-sur-Saône (Haute-Saône). (8, Bull. 232, n° 8499.)

2 AVRIL 1828. — Ordonnance qui autorise le sieur Martial Combescot-Devaux, ou ses ayant-droit, à conserver et tenir en activité l'usine à fer de Violette, commune de Jumilhac-le-Grand, département de la Dordogne. (8, Bull. 232, n° 8500.)

2 AVRIL 1828. — Ordonnance qui autorise les sieurs Michel frères à remplacer par un haut-fourneau à fondre le minerai de fer la batterie à tôle et le feu de forge de Noncourt (Haute-Marne), et prescrit la destruction du martinet de l'usine d'Ecot et du feu d'affinerie de l'usine de la Crête, même département. (8, Bull. 232, n° 8501.)

2 AVRIL 1828. — Ordonnance qui autorise l'acceptation d'une donation faite à la commune de Rivehaute. (8, Bull. 232, n° 8504.)

2 AVRIL 1828. — Ordonnance qui autorise l'acceptation d'un legs fait à la commune de Châteauneuf. (8, Bull. 232, n° 8503.)

6 AVRIL 1828. — Ordonnance portant nomination des présidens et vice-présidens des collèges électoraux y désignés. (8, Bull. 226, n° 8303.)

6 AVRIL 1828. — Ordonnance qui admet les sieurs Berre, Harvey Combe, Chiaranda, baron de Friddain, Peyrano, Totxotxo et Willemain, à établir leur domicile en France. (8, Bull. 227, n° 8323.)

6 AVRIL 1828. — Ordonnance qui autorise le sieur vicomte du Puy de la Riverole à substituer à son nom de la Riverole celui de Melgueil. (8, Bull. 227, n° 8321.)

6 AVRIL 1828. — Ordonnance qui réintègre le sieur Gunin dans la qualité et les droits de Français. (8, Bull. 227, n° 8322.)

6 AVRIL 1828 — Ordonnance qui accorde des lettres de déclaration de naturalité au sieur Aguado. (8, Bull. 232, n° 8490.)

6 AVRIL 1828. — Ordonnance qui accorde des lettres de déclaration de naturalité au sieur Mang. (8, Bull. 252, n° 9263.)

6 AVRIL 1828. — Ordonnance qui accorde des lettres de déclaration de naturalité au sieur Nellessen. (8, Bull. 252, n° 9264.)

6 AVRIL 1828. — Ordonnance qui accorde des lettres de déclaration de naturalité au sieur Coibion. (8, Bull. 263, n° 9918.)

8 AVRIL = Pr. 9 JUILLET 1828. — Ordonnance du Roi portant autorisation de la société d'assurances contre l'incendie, formée à Lille pour les départemens du Nord, du Pas-de-Calais et des Ardennes, et approbation de ses statuts. (8, Bull. 238 bis, n° 1.)

Charles, etc.

Sur le rapport de notre ministre secrétaire d'Etat du commerce et des manufactures;

Notre Conseil-d'Etat entendu,

Nous avons ordonné et ordonnons ce qui suit:

Art. 1er. La société d'assurances mutuelles contre l'incendie, formée à Lille pour les départemens du Nord, du Pas-de-Calais et des Ardennes, par acte passé le 18 mars 1828, par-devant Coustenoble et son collègue, notaires en ladite ville, est autorisée; sont autorisés les statuts contenus audit acte, qui restera annexé à la présente ordonnance.

2. Nous nous réservons de révoquer notre autorisation en cas de violation ou de non-exécution des statuts approuvés.

3. La société sera tenue de remettre tous les six mois copie de son état de situation à chacun des préfets des trois départemens ci-dessus désignés, et aux greffes des tribunaux de première instance de Lille, Arras et Méziere; pareille copie sera adressée au ministère du commerce et des manufactures.

4. Nonobstant les énonciations de l'article 69 de l'acte social, notre ministre du commerce et des manufactures nommera près de la compagnie un commissaire qui sera chargé de veiller à l'exécution des présens statuts. Il prendra connaissance des opérations de la société, et pourra suspendre, jusqu'à décision de l'autorité supérieure, l'exécution des délibérations qui lui paraîtraient s'en écarter.

5. Notre ministre et secrétaire d'Etat du commerce et des manufactures (M. Saint-Cricq) est chargé de l'exécution de la présente ordonnance, qui sera publiée au Bulletin des Lois, et insérée dans le Moniteur et dans un journal d'annonces judiciaires des départemens du Nord, du Pas-de-Calais et des Ardennes,

Par-devant Me Henri-Rodolphe-Joseph Coustenoble et son collègue, notaires royaux résidant en la ville de Lille, département du Nord, soussignés, sont comparus MM. Paul-François-Joseph Danel, juge au tribunal civil séant à Lille, y demeurant; Jean-Baptiste-Joseph Salembier, notaire royal à la résidence de Lille, et Joseph-François Lancel, propriétaire, demeurant en ladite ville;

Lesquels ont déclaré établir à Lille, département du Nord, une compagnie d'assurances mutuelles contre l'incendie, ainsi qu'il suit :

Statuts de la compagnie d'assurances mutuelles contre l'incendie, pour les départemens du Nord, du Pas-de-Calais et des Ardennes.

CHAPITRE Ier. Dispositions organiques.

Art. 1er. L'association portera le nom de *Compagnie d'assurances mutuelles contre l'incendie, pour les départemens du Nord, du Pas-de-Calais et des Ardennes.*

Sa durée sera de trente ans, sous les conditions reprises aux statuts.

Le chef-lieu sera à Lille (Nord).

2. L'association ne peut avoir d'effet que du moment où les adhésions aux statuts présenteront des propriétés engagées pour une somme de dix millions.

Ne seront pas comprises dans la somme de dix millions les propriétés qui, déjà assurées par d'autres compagnies, seront présentées pour entrer dans la présente société et y seraient admises pour participer aux effets de l'assurance mutuelle à l'époque seulement où les engagemens avec les autres compagnies expireront.

3. La mise en activité de l'association sera annoncée dans les journaux et par des affiches, après avoir obtenu la permission de l'autorité locale.

4. Avant l'expiration de l'année de la mise en activité, le conseil général sera convoqué pour remplir les fonctions qui lui sont attribuées; il sera convoqué et composé conformément aux dispositions des statuts.

5. Jusqu'à l'époque de la première réunion du conseil général, le conseil d'administration et la commission à la caisse de réserve seront provisoirement composés ainsi qu'il suit :

Administrateurs.

M. Danel (Paul-François-Joseph), juge au tribunal civil de Lille;

M. Salambier (Jean-Baptiste), notaire royal.

Suppléans.

M. Lancel (Joseph-François), propriétaire;

M. Bigo (Louis-Dominique), négociant;

M. Dathis (Charles-Joseph), négociant;

Commissaires à la caisse de réserve.

M. Ghesquière (Eubert-Stanislas), négociant;

M. Delier (Alexandre), entrepreneur;

M. Boniface (Louis-Jean-Baptiste), négociant.

A l'avenir, le conseil général nommera conformément aux statuts.

6. Les sociétaires fondateurs autorisent le conseil d'administration à adhérer, au nom des sociétaires, aux amendemens que le Conseil-d'Etat jugerait indispensable de faire aux dispositions des statuts soumis à son examen.

Ils autorisent également les administrateurs ci-dessus nommés à se pourvoir, soit devant MM. les préfets des départemens qui participent à l'association, soit devant le Conseil-d'Etat et le ministre de l'intérieur, pour obtenir l'homologation des présens statuts.

CHAPITRE II. Dispositions réglementaires.

7. Il y a société entre les propriétaires de maisons et bâtimens situés dans les départemens du Nord, du Pas-de-Calais et des Ardennes, qui adhéreront aux présens statuts.

Cette société a pour objet de garantir mutuellement ses membres des dommages que pourrait causer l'incendie, même tout feu du ciel ou de cheminée, aux maisons et bâtimens, ainsi qu'aux meubles placés par le propriétaire à perpétuelle demeure et devenus immeubles par destination.

Les bâtimens seuls des usines peuvent être assurés, et non les ustensiles, machines et mécanismes qui en dépendent, lesquels sont expressément exceptés.

La propriété assurée qui sera détruite en tout ou en partie, sur l'ordre de l'autorité, pour arrêter les progrès d'un incendie, a droit à l'indemnité comme si le dommage était causé par les flammes.

8. Ne sont pas compris dans l'assurance les dégâts causés par l'impétuosité du vent ou par l'explosion des moulins ou magasins à poudre et des machines à vapeur, les écroulemens par vétusté ou vice de construction, ni les incendies provenant d'invasion, de commotion ou émeute civile, ou de force militaire.

9. Cette société exclut toute solidarité entre les sociétaires; chacun d'eux, en tout état de cause, ne peut supporter que la part dont il est tenu dans la contribution à laquelle le sinistre peut donner lieu.

10. Nulle propriété engagée dans la présente société ne pourra être assurée dans une autre compagnie, à peine d'être privée de tous les avantages de l'assurance.

Celles qui, déjà assurées par d'autres compagnies, seront présentées pour entrer dans la présente société, pourront y être admises pour participer aux effets de l'assurance mutuelle à l'époque seulement où les engagemens avec les autres compagnies expireront.

Le sociétaire contrevenant au premier paragraphe du présent article continuera d'être passible de ses obligations envers la compagnie.

11. La durée de la société est de trente ans, pourvu toutefois qu'à chaque période de cinq ans il se trouve toujours pour douze millions de propriétés engagées à l'assurance.

CHAPITRE III. Conditions de l'assurance.

12. Chaque sociétaire est assureur et assuré pendant tout le temps que ses propriétés sont engagées dans l'association.

Les immeubles seront engagés dans l'association pour la période de cinq ans.

L'année sociale commence au 1er janvier et finit au 31 décembre.

La période de tout engagement commencera le premier jour de l'année sociale; on ajoute à la première période les mois restant à courir de l'année dans laquelle l'adhésion a été admise par le conseil d'administration.

Les effets de l'assurance commencent à partir du premier jour du mois qui suit celui dans lequel la propriété a été admise à l'assurance.

13. Le sociétaire qui voudrait cesser de faire partie de la société à la fin de la période pour laquelle il est engagé devra, au moins trois mois avant l'expiration de ladite période, faire connaître son intention, en faisant, à cet effet, soit une déclaration qui sera consignée dans un registre reposant au secrétariat de la direction, et signée par lui ou par un fondé de pouvoir, soit une notification authentique signifiée au directeur.

A défaut de déclaration ou notification dans le temps fixé, le sociétaire continue à faire partie de la société, et la période de son engagement est renouvelée de plein droit: dans ce cas, une nouvelle vérification de la propriété, faite conformément à l'art. 26 des présens statuts, peut être ordonnée par le conseil d'administration.

14. La compagnie se réserve le droit d'exclure, par une délibération spéciale du conseil d'administration, à la fin d'une période de cinq ans, tout sociétaire dont les bâtimens assurés présenteraient un risque trop considérable, soit par vice de construction, soit par leur destination ou autrement.

Cette délibération devra être notifiée au secrétaire un mois au plus tard avant la fin d'une période de cinq années.

15. En sa qualité d'assureur, tout sociétaire se soumet au paiement des portions contributives dans les incendies.

Ce paiement ne pourra excéder, par chaque année sociale,

Pour la 1re classe,	1f 00c	}	Par
Pour la 2e idem,	1 25		1,000 francs
Pour la 3e idem,	5 00		de
Pour la 4e idem,	10 00		la valeur
Pour la 5e idem,	15 00	}	assurée.

Quels que soient les évènemens, c'est là qu'est limité l'engagement de chaque assuré envers ses co-sociétaires.

Néanmoins le conseil général, sur la proposition du conseil d'administration, par une délibération spéciale, pourra diminuer ou augmenter le taux de l'engagement fixé ci-dessus pour chacune des classes de propriétés, ensemble ou séparément.

Cette délibération sera soumise à l'approbation de son excellence le ministre de l'intérieur; et, lorsqu'elle aura été approuvée, elle sera exécutoire, mais sans effet rétroactif, de sorte que les propriétaires engagés antérieurement ne seront assujétis à la nouvelle taxe, si elle est en plus, ou dégrevés, si elle est en moins, qu'après l'expiration de la période des cinq années de l'engagement.

CHAPITRE IV. Classes des immeubles.

16. A raison de l'engagement de chaque sociétaire en sa qualité d'assureur, les propriétés engagées sont rangées en diverses classes, suivant le plus ou moins de risques qu'elles présentent.

17. Les immeubles sont provisoirement divisés en cinq classes, ainsi qu'il suit:

Première classe.

Les maisons *d'habitation* construites en pierres ou briques, couvertes en tuiles, ardoises ou métaux.

Seconde classe.

No 1. Les maisons *d'habitation* construites en bois, terre, torchis et paillotis, couvertes en tuiles, ardoises ou métaux. Il suffit que plus d'un quart du bâtiment soit construit en bois, terre, torchis ou paillotis, pour que l'immeuble soit rangé dans la seconde classe.

No 2. Les fermes et bâtimens en dépendans, tels que granges, greniers, hangars, bergeries, étables, écuries, et toutes habitations employées, même partiellement, à renfermer les récoltes; les maisons habitées par des charpentiers, charrons, menuisiers, serruriers et maréchaux ferrans; lesdites fermes et les bâtimens ci-dessus énoncés construits en pierres ou briques, et couverts en tuiles, ardoises ou métaux.

No 3. Les moulins à blé ou à huile, les boulangeries, brasseries, distilleries, teintureries, tanneries, construits en pierres ou briques, et couverts en tuiles, ardoises ou métaux; il en est de même des autres usines qui ne sont pas nominativement reprises dans les trois classes inférieures.

Troisième classe.

N° 1. Les raffineries de sucre et d'huile;
les forges et fonderies, les fabriques de toiles imprimées, avec séchoirs à chaud; les blanchisseries aussi avec séchoirs à chaud; les filatures de laine ou de lin; les fabriques de porcelaines, faïences et poteries.

N° 2. Les bâtimens et usines désignés aux n°° 2 et 3 de la seconde classe, lorsqu'ils sont construits entièrement ou de plus d'un quart en bois, terre, torchis et paillotis.

Quatrième classe.

Les moulins à blé ou à huile construits en bois; les maisons et les bâtimens construits en pierres ou briques, couverts entièrement ou de plus d'un quart en chaume ou bois.

Cinquième classe.

Les filatures de coton, les maisons et bâtimens construits entièrement ou de plus d'un quart en bois, terre, torchis et paillotis, et couverts entièrement ou de plus d'un quart en chaume ou bois.

18. Chacune de ces classes contribuera au paiement des indemnités dans la proportion établie par l'art. 15 des présens statuts.

19. Toute propriété comprise dans l'une des classes ci-dessus, qui présente, par quelques circonstances spéciales, des risques moindres ou des risques plus forts que n'en détermine la classe qui lui est propre, peut éprouver un déplacement de classe; le conseil d'administration statuera à cet égard.

20. Lorsqu'un immeuble se compose de plusieurs corps-de-logis ou de plusieurs bâtimens qui, par la différence de leur nature respective, ne peuvent appartenir à la même classe, il en doit être fait mention dans l'adhésion, ou tout au moins dans le procès-verbal d'estimation; et chacun des bâtimens qui composent cet immeuble est rangé dans la classe qui lui est propre.

21. Les changemens survenus dans la nature, la position ou la destination d'une propriété après l'engagement à l'assurance, pourront occasioner un changement de classe. Les changemens éprouvés par les propriétés assurées devront être déclarés au moment où ils auront lieu, à peine, pour les sociétaires, de perdre les avantages de l'assurance, relativement à l'amélioration que les changemens auraient opérée.

Si les changemens opérés diminuaient la valeur de l'immeuble, le propriétaire qui ne les aura pas déclarés sera privé des avantages de l'assurance par l'annullation de la police, dans le cas où la détérioration s'élèverait au dixième de la valeur de l'objet assuré, à partir de la dernière évaluation.

22. Pour assurer l'exécution de ces dispositions, et aussi pour vérifier la valeur donnée primitivement aux immeubles, le conseil d'administration peut provoquer une nouvelle estimation des immeubles; cette estimation s'opère par trois experts nommés d'office par le tribunal civil de l'arrondissement dans lequel l'immeuble est situé, à moins que le sociétaire ne déclare s'en rapporter à l'expert nommé par le conseil.

S'il résulte de cette estimation qu'il y a lieu à la réduction d'un dixième de la valeur donnée primitivement aux immeubles, les frais de l'expertise sont à la charge de l'assuré; dans le cas contraire, ils sont supportés par la société.

En cas de réduction, le sociétaire ne peut rien réclamer des sommes qu'il a payées d'après la première estimation.

23. Tout sociétaire qui aura fait à sa propriété, soit dans la construction, soit dans le mode d'occupation, des changemens de nature à aggraver les risques de la compagnie, et qui n'en aura pas fait la déclaration au directeur avant l'évènement d'incendie, subira une diminution de l'indemnité à laquelle il aurait droit.

Cette diminution sera d'un quart, lorsque, par suite des changemens survenus et non déclarés, une propriété aurait dû être portée dans la classe immédiatement inférieure, c'est-à-dire:

1° Lorsqu'une propriété de 1re classe aurait dû être rangée dans la 2e classe;

2° Lorsqu'une propriété de 2e classe aurait dû être rangée dans la 3e classe;

3° Lorsqu'une propriété de 3e classe aurait dû être rangée dans la 4e classe;

4° Lorsqu'une propriété de 4e classe aurait dû être rangée dans la 5e classe.

La diminution sera de moitié, lorsqu'une propriété aurait dû être portée dans une autre classe que celle immédiatement inférieure à celle dans laquelle elle a été primitivement rangée.

24. Le conseil d'administration, s'il le juge avantageux aux intérêts des sociétaires, pourra former de nouvelles classes de propriétés.

Il pourra aussi changer le classement fixé par l'art. 17 des présens statuts, et déterminer de nouvelles bases d'augmentation progressive, d'après lesquelles les sociétaires devront concourir au paiement des dommages; sa décision devra être soumise à la sanction du conseil général.

25. Sont exclus de la présente assurance les salles de spectacles, les moulins et magasins à poudre, les ateliers et magasins servant à l'artillerie et au génie.

Le conseil d'administration pourra refuser d'admettre à l'assurance les bâtimens dont la valeur lui paraîtra trop importante, eu égard à la masse des fonds constituant la garantie, ainsi que ceux qui, par leur mauvaise construction, par un voisinage dangereux ou par leur destination, présenteraient un risque trop considérable.

CHAPITRE V. Estimation des immeubles.

26. Les propriétés engagées à l'assurance doivent être désignées et évaluées dans les adhésions.

Les désignations et évaluations sont vérifiées par les architectes ou préposés de la compagnie, aux frais de la personne qui fait assurer. Ces frais sont dus et exigibles au moment de l'entrée dans l'association; ils sont fixés ainsi qu'il suit :

Pour une propriété de 1,000 fr. jusques et y compris 4,000 fr. . . . . 1 f.
Au-dessus de 4,000 fr. jusques et y compris 15,000 fr. 2
Au-dessus de 15,000 fr. jusques et y compris 40,000 fr. 3
Au-dessus de 40,000 fr. jusques et y compris 100,000 fr. 5
Au-dessus de 100,000 fr. jusques et y compris 10

S'il y a dissidence entre le propriétaire et l'expert, ce dernier communique son travail au propriétaire, qui signe le procès-verbal, dans le cas où il l'adopte.

L'estimation portera séparément sur chacun des bâtimens composant l'ensemble de la propriété engagée, déduction faite de la valeur du sol : les désignations et évaluations apportées dans les polices servent de bases aux conditions de l'assurance.

Aucune police d'assurance n'est délivrée que sur l'ordre qu'en donne le conseil d'administration, en agréant les propriétés proposées dans les adhésions.

CHAPITRE VI. Dénonciation de l'incendie.

27. Tout fait d'incendie, au moment où il se manifeste, est dénoncé par le propriétaire assuré, ou par une personne déléguée par lui, au directeur, ou à l'un de ses agens, et à un membre de l'autorité administrative du lieu.

Des primes seront accordées aux pompiers ou autres personnes qui auront apporté les secours les plus prompts et les plus efficaces contre l'incendie.

La quotité des primes est réglée par le conseil d'administration, sur le rapport du directeur.

Le montant de ces primes est prélevé sur le fonds de réserve.

A défaut par le propriétaire incendié d'avoir fait la déclaration prescrite par le présent article dans le délai de trente jours, à partir du jour où l'incendie a pu parvenir à sa connaissance, il est déchu de tout droit à l'indemnité.

CHAPITRE VII. Paiement des indemnités.

28. Aussitôt que possible après l'incendie constaté, le directeur fait procéder à l'estimation des dommages par un expert, auquel l'incendié pourra en adjoindre un autre à ses frais. En cas de partage d'opinion, trois experts seront nommés d'office par le président du tribunal civil de l'arrondissement dans lequel l'incendie aura eu lieu : ces trois experts seront payés à frais communs.

Autant que possible, l'expertise se fera en présence de deux propriétaires adhérens demeurant dans la commune où l'incendie a eu lieu. Le procès-verbal sera signé par les personnes présentes à l'expertise, et les signatures légalisées par les autorités locales.

Les experts désigneront et estimeront les dommages causés dans chaque partie de l'édifice par l'évènement de l'incendie.

La base de l'estimation, en cas de dommages partiels, est la valeur de la portion incendiée, et non la valeur de la reconstruction; en cas de perte entière, le prix à payer est le montant même de l'évaluation portée dans la police d'assurance, sauf réduction, dans le cas d'exagération démontrée de la valeur donnée à la propriété.

Si le propriétaire a donné à l'immeuble assuré une valeur inférieure à celle qu'il a réellement, l'indemnité, en cas de dommage partiel, sera réduite proportionnellement à la valeur déclarée.

29. Dans tous les cas, les matériaux qui ont résisté à l'incendie et le sauvetage opéré sur les objets assurés restent à l'incendié, en déduction de la somme à laquelle il a droit.

30. Après le paiement des dommages, la compagnie est libre de résilier la police d'assurance : cette résiliation est prononcée par le conseil d'administration, et notifiée au sociétaire déchu.

Si la résiliation n'est pas prononcée, les effets actifs et passifs de l'assurance sur les propriétés incendiées seront réduits en proportion du dommage souffert ; ils seront même entièrement suspendus en cas de perte totale : le tout jusqu'au rétablissement des maisons et bâtimens, ou de la portion incendiée.

31. Après la clôture du procès-verbal des experts, le montant des dommages est payé à l'incendié, sur l'ordre exprès du conseil d'administration. Ce paiement a lieu immédiatement, au moyen de fonds pris dans la caisse de réserve, ou au moyen de mandats sur les dépositaires desdits fonds.

Jusqu'à ce que la totalité de l'engagement annuel auquel chaque sociétaire est tenu soit épuisé, tout propriétaire incendié doit recevoir le paiement entier du dommage dans les trois mois de la clôture du procès-verbal des experts.

32. Lorsque les dommages causés par les incendies d'une année auront épuisé la garantie annuelle, les propriétaires incendiés qui, par l'absence de fonds, n'auront pu toucher la totalité de leur indemnité, en recevront le complément l'année suivante.

Dans ce cas, et lorsque plusieurs propriétaires incendiés seront en instance en même temps pour le réglement de leur indemnité, les fonds disponibles seront provisoirement répartis entre eux au marc le franc par le conseil d'administration, et le complément de leur indemnité leur sera payé l'année suivante, à mesure des rentrées, et à chacun d'eux dans l'ordre et selon la date de leur déclaration d'incendie.

33. Les paiemens seront faits à charge par l'incendié de subroger la société aux droits et actions qui compétent aux propriétaires contre les personnes légalement responsables, ou du fait desquelles l'incendie sera provenu.

CHAPITRE VIII. Fonds de secours et de réserve.

34. Il sera formé une caisse de réserve destinée au paiement immédiat des indemnités dues pour dommages d'incendie et à subvenir aux dépenses qui sont à la charge de la compagnie, et qui sont spécialement prévues par les présens statuts.

35. Cette caisse se composera de l'importance des contributions auxquelles chaque sociétaire est assujéti; la contribution sera différente selon les différentes classes des propriétés engagées.

Le montant de la réserve ne pourra jamais excéder:

Pour la 1re classe,	1 00c	Par
Pour la 2e id m,	1 25	1,000 francs
Pour la 3e idem,	5 00	de
Pour la 4e idem,	10 00	la valeur
Pour la 5e idem,	15 00	assurée.

36. Le conseil d'administration déterminera les époques et le montant des appels de fonds destinés à créer et à entretenir cette caisse; ces appels seront toujours faits dans la proportion établie par l'article 15 des statuts dans chacune des classes.

37. Tout sociétaire est tenu d'acquitter sa contribution à la caisse de réserve entre les mains du directeur de la compagnie ou du receveur de l'arrondissement dans lequel il a sa résidence, dans la première quinzaine du mois correspondant à celui où il est entré dans l'assurance.

38. Lorsque plusieurs appels de fonds auront lieu dans une même année, le sociétaire devra payer dans la quinzaine qui suivra le jour où la demande de fonds aura été rendue publique, soit par l'insertion dans les journaux et feuilles d'annonces, soit, après avoir obtenu la permission de la police locale, par l'apposition d'affiches dans les communes rurales et dans les villes et bourgs où il n'y a point de feuilles périodiques.

39. A défaut de paiement dans la quinzaine, le receveur se présentera chez le sociétaire en retard ou lui enverra un agent; et, en ce cas, ledit receveur est autorisé à percevoir une indemnité de déplacement, laquelle est fixée à cinq centimes par franc de la somme due, mais ne pourra jamais être moindre de vingt-cinq centimes, ni excéder un franc cinquante centimes.

40. Le débiteur qui n'aura pas satisfait trente jours après les délais fixés par les articles précédens sera poursuivi par toutes voies de droit, et passible d'une indemnité qui est fixée au quart de la somme due, sans préjudice du remboursement des frais auxquels le retard aura donné lieu.

Cette indemnité est versée dans la caisse de réserve.

41. Trois mois après le délai fixé pour le paiement par les articles 37 et 38 des présens statuts, le conseil d'administration, sans qu'il soit besoin d'aucune demande, d'aucune mise en demeure, peut exclure de la compagnie le débiteur qui n'aura pas acquitté sa contribution.

Les frais de la notification au sociétaire exclu sont à sa charge.

42. Le conseil d'administration, réuni à une commission composée de trois membres choisis par le conseil général, aura la gestion de cette caisse.

La commission se renouvellera tous les ans par tiers; les deux premiers sortans seront déterminés par le sort.

Tout membre de la commission doit avoir au moins pour trente mille francs de propriétés engagées à l'assurance mutuelle.

43. La commission est spécialement chargée de faire valoir les fonds au profit de la caisse de réserve, en les employant en achat de fonds publics, ou en les versant dans les caisses publiques; elle opérera de concert avec le conseil d'administration, à qui elle rendra compte au moins tous les deux mois; elle rendra aussi compte de ses opérations au conseil général, à l'époque de ses réunions annuelles.

44. Lorsqu'un sociétaire sortira de la compagnie, soit par sa renonciation volontaire à l'expiration de son engagement, soit par une exclusion régulierement prononcée, soit parce que la propriété assurée cessera d'exister par une autre cause que par le fait d'in cendie, le compte de ce sociétaire sera arrêté au dernier jour de son engagement, et, d'après un rapport fait par le directeur, le conseil d'administration, dans les trois premiers mois de l'année sociale, délivrera un mandat pour le reliquat de ce compte, s'il en reste en faveur du sociétaire sortant, qu'un

dans aucun cas, n'aura droit à l'intérêt provenant des fonds de réserve.

Le délai de trois mois ci-dessus fixé pourra être prorogé dans le cas où il s'élèverait une contestation à l'occasion d'un incendie arrivé dans les quatre derniers mois de l'année précédente.

Le sociétaire donnera un récépissé du mandat qui lui sera remis; et si, dans les six mois à compter de la date de ce récépissé, le porteur du mandat ne se présente point à la caisse pour en toucher le montant ou en donner quittance, le reliquat du compte appartiendra à la caisse de réserve.

Il en sera de même si le sociétaire ne réclame pas le mandat dans les six mois qui suivront le jour où il a eu droit de le faire.

CHAPITRE IX. Des personnes qui peuvent être sociétaires.

45. Les propriétaires et administrateurs légaux des maisons et bâtimens situés dans les départemens du Nord, du Pas-de-Calais et des Ardennes, peuvent être sociétaires.

En cas de décès du propriétaire assuré, les présens statuts sont exécutoires contre les héritiers ou ayant-cause, aux termes du droit commun.

En cas de vente de l'immeuble assuré, et à dater du premier jour du mois qui suit celui où le vendeur en fait au directeur la déclaration appuyée de pièces authentiques, le contrat entre le sociétaire et la société cesse d'avoir son effet, à moins que l'acquéreur ne déclare qu'il s'engage à l'exécuter pendant le temps qu'il reste à courir; cette déclaration sera reçue par le directeur et signée par le déclarant ou son fondé de pouvoirs.

46. Les locataires principaux et particuliers, soit ensemble, soit divisément, sont admis, à cause de la responsabilité dont ils sont tenus pour tout incendie de leur fait dans la propriété qu'ils habitent et dont ils ont la jouissance, à devenir membre de la présente société, en satisfaisant, comme s'ils étaient propriétaires, aux dispositions des présens statuts.

Tout locataire d'une maison assurée, s'il justifie avant le sinistre qu'il concourt avec son propriétaire aux frais d'assurance de la maison qu'il habite ou dont il a la jouissance, est affranchi envers la compagnie de la responsabilité résultant de l'incendie causé par son fait.

L'effet de l'assurance, à l'égard du locataire, cesse le premier jour du mois où finit le bail.

47. Les créanciers hypothécaires sont admis à faire assurer les maisons et bâtimens qui leur servent de garantie, en satisfaisant, comme s'ils étaient propriétaires, aux conditions de l'assurance. Si, pendant la période de cinq années, leur créance est éteinte, leur engagement envers la société cesse le premier jour du mois postérieur à l'extinction de la créance. En cas d'incendie, le paiement de l'indemnité sera fait à qui de droit, conformément aux lois sur le régime hypothécaire.

48. Toute personne est admise à assurer officieusement la propriété d'autrui, en se soumettant personnellement aux conditions de l'assurance : on est aussi admis à assurer officieusement pour les locataires et les créanciers hypothécaires.

49. Dans le cas où plusieurs assurances seraient faites à divers titres, sur un même immeuble, la société n'est tenue qu'à une seule indemnité, sauf aux divers intéressés qui ne pourront supporter ensemble qu'une seule part contributive aux charges sociales, à conserver leurs droits sur cette indemnité.

CHAPITRE X. De l'administration de la société.

50. La société est administrée par un conseil général des sociétaires, par un conseil d'administration et par un directeur.

§ Ier. Du conseil général.

51. La réunion de vingt-cinq propriétaires assurés dans le département du Nord, de vingt propriétaires assurés dans le département du Pas-de-Calais, et de quinze propriétaires assurés dans le département des Ardennes, forme le conseil général des sociétaires, qui ne peut délibérer qu'autant que le tiers au moins de ses membres est présent.

Pour former ce tiers délibérant, il n'est pas nécessaire que le nombre d'un département soit proportionnellement égal à celui des membres des autres.

52. Les vingt-cinq membres du département du Nord, les vingt du département du Pas-de-Calais et les quinze du département des Ardennes sont désignés par le sort, sur une liste des cinquante plus forts assurés dans le Nord, des quarante plus forts assurés dans le Pas-de-Calais et des trente plus forts assurés dans les Ardennes.

Le tirage au sort est fait par le conseil d'administration, en présence du commissaire du Roi, un mois avant le jour fixé pour la réunion.

53. Les membres désignés par le sort ont la faculté de se faire représenter, s'ils le jugent convenable, par d'autres sociétaires, pourvu que ceux-ci aient au moins pour vingt mille francs de propriétés assurées, et ne soient pas eux-mêmes membres du conseil.

Chaque porteur de procuration ne peut représenter qu'un seul membre du conseil général.

Une procuration sous signature privée suffit pour que le représentant soit admis. Elle ne vaut que pour un an.

54. Si, au jour fixé pour la réunion, le tiers des membres du conseil général n'était pas

présent, il y serait suppléé par le conseil d'administration, lequel tirerait au sort, parmi les cinquante plus forts assurés de la ville de Lille, un nombre de membres égal à celui qui manquerait pour former ce tiers.

55. Les fonctions de membre du conseil général durent une année.

56. Le conseil général s'assemble une fois l'année, à Lille, chef-lieu de l'association.

Il se réunit extraordinairement chaque fois que le besoin l'exige, et en vertu d'un arrêté pris par le conseil d'administration; dans ce cas, il se compose des mêmes sociétaires qui ont fait partie de l'assemblée annuelle.

57. Le conseil est présidé par un des membres, élu au scrutin secret et à la majorité relative des suffrages.

Le président élu désigne deux membres pour remplir les fonctions de scrutateurs, et un autre membre pour les fonctions de secrétaire.

58. Les membres du conseil d'administration, les commissaires à la caisse de réserve et le directeur peuvent assister à la séance du conseil général pour donner les renseignemens qui leur seront demandés; mais ils n'ont pas voix délibérative, s'ils ne sont pas membres du conseil général.

59. Le conseil général délibère sur les propositions du conseil d'administration, qui doit soumettre à son examen les arrêtés administratifs ou réglementaires qui ont pour objet de développer des dispositions contenues dans les statuts, ou d'en faciliter l'exécution.

Il nomme les membres du conseil d'administration et leurs suppléans; il peut aussi les révoquer.

Les résolutions sont prises à la majorité des suffrages, et les nominations se font au scrutin.

Les délibérations du conseil général sont inscrites sur un registre à ce destiné; elles sont signées par le président, les scrutateurs et le secrétaire.

La révocation d'un membre du conseil d'administration ou d'un suppléant pourra être proposée au conseil général par un de ses membres; le conseil discutera d'abord la question de savoir s'il prendra la proposition en considération.

Après avoir délibéré sur cette question, le conseil général votera au scrutin secret.

S'il est décidé par la majorité des voix que la proposition de révocation n'est pas prise en considération, tout est terminé, et il ne sera pas permis de renouveler, par l'allégation des mêmes faits ou des mêmes motifs, la proposition de révocation.

Si, au contraire, la proposition est prise en considération, le membre dont la révocation est proposée en sera averti par une lettre signée par le président du conseil général, et

dont il devra donner récépissé; la même lettre l'informera du jour de la prochaine réunion du conseil général, afin qu'il puisse y être entendu, s'il le desire.

Soit que le membre dont la révocation est proposée se présente au jour indiqué et fasse les observations qu'il jugera convenir, soit qu'il ne se présente pas, le conseil général votera, au scrutin secret, sur la question de savoir si la révocation aura lieu ou point. Le président transmettra un extrait de la délibération à celui que cette décision concerne, afin qu'il ait à s'y conformer.

60. Un membre du conseil général peut, par motion d'ordre, proposer des mesures qu'il désirerait faire adopter; mais la proposition, dans ce cas, n'est pas discutée dans la même séance où elle a été faite; elle est envoyée à l'examen du conseil d'administration, qui la soumettra à un conseil subséquent, s'il la trouve utile et fondée.

61. Tous les cas non prévus par les présens statuts, de même que tous les changemens et modifications que l'expérience fera reconnaître comme utiles ou nécessaires, pourront être introduits dans les présens statuts, par un réglement délibéré en conseil général, dans les formes prescrites par les articles 51 et 59 ci-dessus.

A cet effet, les fondateurs donnent dès ce moment au conseil général tous les pouvoirs à ce nécessaires; néanmoins, ces changemens ne pourront avoir d'effet qu'autant qu'ils auront été approuvés et autorisés par ordonnance royale.

§ II. Du conseil d'administration.

62. Le conseil d'administration est composé de cinq membres et de cinq suppléans; il choisit dans son sein son président.

En cas d'absence, le président est remplacé par un des membres du conseil.

En cas de décès ou de démission d'un des membres du conseil d'administration, il est remplacé de droit par le premier suppléant, suivant l'ordre du tableau.

63. Les membres du conseil d'administration sont renouvelés par moitié, tous les cinq ans; au premier renouvellement, deux membres sortiront, et seront déterminés par le sort.

Les membres sortant peuvent être réélus.

64. Tout membre du conseil d'administration doit être sociétaire, et avoir au moins pour trente mille francs de propriétés engagées à l'assurance mutuelle.

On compte aux membres du conseil d'administration leurs propriétés personnelles et celles de leurs épouses; au père, celles de ses enfans et de ses gendres et belles-filles; au fils et au gendre, celles de ses père et mère, beau-père et belle-mère.

Néanmoins, cette addition aux propriétés personnelles des membres du conseil d'administration ne pourra se faire qu'avec le consentement des sociétaires ci-dessus désignés.

65. Le conseil d'administration se réunit au moins une fois par mois ; il ne peut délibérer qu'autant que trois de ses membres sont présens ou représentés par des suppléans.

Le directeur fait les fonctions de secrétaire ; les arrêtés sont signés par les membres qui y ont concouru.

66. Le conseil d'administration nomme le directeur ; il nomme aussi les avocats, l'avoué, le notaire et les architectes ou experts de la compagnie.

Il peut suspendre le directeur, provoquer et poursuivre sa révocation près du conseil général, convoqué extraordinairement à cet effet.

Dans tous les cas, le conseil général ne peut rien statuer contre le directeur qu'après l'avoir entendu dans ses moyens de défense, qu'avec l'assistance des deux tiers au moins de ses membres, et qu'à la majorité des deux tiers des voix.

La décision du conseil général est prise au scrutin secret ; elle est sans appel.

Quant aux autres agens et employés, ils peuvent être révoqués par le conseil d'administration, et n'ont aucun recours au conseil général.

67. Le conseil d'administration délibère sur toutes les affaires de la société ; ses arrêtés sont consignés sur des registres tenus à cet effet : le directeur est tenu de s'y conformer.

Toute opposition à une décision qui n'intéresse qu'un sociétaire individuellement devra être formée dans les trente jours à compter de la notification de ladite décision, à peine de déchéance.

68. Les membres du conseil d'administration ne sont responsables que de l'exécution du mandat qu'ils ont reçu ; ils ne contractent, à raison de leur gestion, aucune obligation personnelle ni solidaire, relativement aux engagemens de la société.

69. Un commissaire du Gouvernement près de la société est désigné par son excellence le ministre de l'intérieur. Son traitement, fixé par son excellence, reste à la charge de la société ; le conseil d'administration en ordonne le prélèvement sur les fonds de réserve.

§ III. Du directeur.

70. Le directeur exécute toutes les opérations de la société, sous les ordres du conseil d'administration ; il assiste, avec voix consultative, aux séances du conseil d'administration.

Il convoque, d'après l'ordre qu'il en reçoit du conseil d'administration, les assemblées ordinaires et extraordinaires du conseil général.

71. Le directeur met sous les yeux du conseil général, lors de la réunion annuelle, l'état de situation de l'établissement et le compte détaillé de tout ce que la société a été dans le cas de payer par suite des dommages causés par le feu.

Il donne à chaque sociétaire tous les renseignemens dont il peut avoir besoin.

72. Le directeur fait procéder à l'estimation des maisons et bâtimens présentés à l'assurance.

Il est chargé de la délivrance des polices d'assurance, de la tenue et de l'ordre des bureaux, des rapports de la société avec les autorités, de la correspondance, de la confection et de l'exécution de tous les actes qui peuvent concerner l'établissement.

Il est tenu d'ouvrir les registres nécessaires au conseil général et au conseil d'administration, d'avoir un journal qui offre les noms des sociétaires, la valeur de leurs assurances et le compte ouvert à chacun d'eux ; d'avoir aussi des registres relatifs aux déclarations d'incendie, aux évaluations des dommages et à la correspondance.

Il nomme et révoque tous les employés dont il a besoin pour le service.

C'est sur sa présentation que les estimateurs et les experts sont nommés par le conseil d'administration.

73. Sont à la charge de la société, toutes les fois qu'ils ne sont pas susceptibles de recouvrement, les frais de poursuite contre les rétardataires, ceux des notifications faites aux sociétaires, ceux de toute action intentée ou soutenue d'après l'avis du conseil d'administration, ceux d'expertise des dommages d'incendie : ces frais s'acquittent sur le fonds de réserve, d'après l'autorisation du conseil d'administration.

74. Tous frais de premier établissement et de gestion, tels que frais de loyers des bureaux, de correspondance, de voyages et d'impressions, tous traitemens des agens ou employés, sont à la charge du directeur.

75. Pour faire face aux frais laissés à la charge du directeur par l'article précédent, tout sociétaire paie chaque année une cotisation qui est fixée à quarante centimes par mille francs du montant de l'estimation définitive de la propriété assurée.

Néanmoins, quelque minime que soit la valeur d'une ou plusieurs propriétés réunies dans la même police, la cotisation annuelle ne sera pas moindre d'un franc ; et, quelque considérable que soit cette même valeur, la cotisation n'excédera jamais vingt francs.

Le paiement de ce droit est exigible d'avance, pour tous les sociétaires, au commencement de chaque année de leur assurance.

Les dispositions des articles 37, 38, 39, 40 et 41, relatifs à la rentrée des contributions à la caisse de réserve, sont applicables au recouvrement de la cotisation annuelle.

76. Ces recettes et ces dépenses forment, entre la compagnie et le directeur, un traité à forfait dont la durée est fixée à cinq ans, à moins qu'avant l'expiration de cette période la valeur totale des propriétés assurées s'élève à cent millions.

A l'une ou à l'autre de ces deux époques, le traité à forfait sera renouvelé avec le directeur aux conditions qui seront trouvées convenables par le conseil général, sur l'avis du conseil d'administration.

Néanmoins, la cotisation ne pourra jamais excéder quarante centimes par mille francs, taux fixé par l'article 75 ci-dessus, et elle ne pourra être moindre de quinze centimes par mille francs de la valeur assurée, que dans le cas où cette valeur s'élèverait à plus de trois cents millions.

77. Il est encore alloué au directeur :

Un franc pour chaque plaque simple,

Deux francs pour chaque plaque avec légende,

Qu'il fera apposer sur les propriétés assurées ;

De plus, cinquante centimes par chaque contrat ou police d'assurance.

Ces rétributions sont exigibles en même temps que la première année de cotisation ; le paiement en peut être poursuivi de la même manière.

78. Le directeur ne peut être tenu des avances des frais à la charge de la société énumérées aux articles 14, 30, 40, 41 et 73 des présens statuts ; ces avances sont prélevées sur le fonds de réserve, d'après l'autorisation du conseil d'administration, et y sont réintégrées ensuite, s'il y a lieu, pour celles qui sont susceptibles de rentrer.

79. Le chef-lieu de la direction est à Lille ; c'est dans cette ville que réside le directeur et que se réunissent le conseil général et celui d'administration ; c'est dans cette ville aussi, et dans l'hôtel de la direction, que la société fait élection de domicile : c'est au directeur que sont adressées toutes demandes, toutes lettres et déclarations ; c'est à lui enfin que sont notifiés tous les actes qui peuvent intéresser la société.

M. Charles-Marie Bonnier est nommé directeur.

CHAPITRE XI. De la comptabilité.

80. Le directeur est en même temps caissier de la société et chargé de la comptabilité ; il fournit un cautionnement de vingt mille francs en immeubles libres de toute hypothèque ou en inscriptions de rentes sur l'État, à son choix.

Il fait tous les recouvremens et donne toutes les quittances.

Les mandats donnés en paiement seront signés par le directeur et revêtus du *visa* du président du conseil d'administration et d'un des commissaires à la caisse de réserve.

81. Le directeur constate l'entrée et la sortie des fonds par un livre de caisse : ce livre est coté et paraphé à toutes les pages par le président du conseil d'administration ; il est exhibé à toutes réquisitions, tant aux administrateurs qu'aux commissaires chargés du placement des fonds.

Les registres de toute espèce, d'administration et de comptabilité, sont également cotés et paraphés par le président du conseil d'administration.

82. Il est établi une caisse à trois clefs, dans laquelle le directeur verse chaque semaine les fonds recouvrés et dont la destination n'est pas déterminée : l'une des trois clefs reste en dépôt entre les mains du directeur ; une autre est remise au président du conseil d'administration ou à un membre par lui désigné ; et la troisième, à un des commissaires à la caisse de réserve.

CHAPITRE XII. Du contentieux.

83. Toute instance autre que celle nécessaire pour la rentrée des portions contributives des fonds de prévoyance et des frais d'administration, à laquelle les présens statuts donnent ouverture, ne peut être engagée et soutenue par le directeur, que d'après l'autorisation du conseil, l'avocat et l'avoué de la compagnie entendus.

84. S'il survient quelque contestation au civil entre la compagnie, comme chambre d'assurance, et un ou plusieurs assurés, elle sera jugée, à la diligence du directeur, par trois arbitres domiciliés à Lille, nommés l'un par l'assuré, un autre par le conseil d'administration, lesquels nommeront le troisième ; et, s'ils ne sont pas d'accord sur le choix, le troisième arbitre sera nommé par le président du tribunal civil de Lille.

Le jugement des arbitres est sans appel ni recours en cassation.

85. Les actions intentées par le directeur contre les sociétaires qui refusent ou diffèrent le paiement des portions contributives ou des frais d'administration, seront portées devant les tribunaux ordinaires.

86. Les frais de timbre, d'enregistrement ou d'amende, sont à la charge de l'assuré qui y donnera lieu.

CHAPITRE XIII. Du service extérieur de l'administration.

87. Il y aura dans chaque arrondissement communal un agent du directeur pour recueillir les adhésions et fournir les renseignemens qui lui seront demandés ; le directeur pourra aussi choisir les architectes et les experts, et même établir un receveur particulier dont il sera responsable envers l'administration.

Le traitement de ces divers employés est à la charge du directeur, sauf les exceptions énoncées aux présents statuts.

Dont acte fait et passé à Lille, en la demeure des comparans, l'an 1828, ce 18 mars ; et après lecture à eux faite, ils ont signé avec les notaires.

10 AVRIL 1828. — Résolution de la Chambre des députés qui adopte la proposition de M. Bacot de Roman, tendant à abréger la disposition ajoutée au règlement de la Chambre par une délibération en date du 24 avril 1827, touchant le compte rendu des séances de la Chambre par les journaux. (Mon. du 11 avril 1828.) Voy. 24 AVRIL 1827.

12 AVRIL 1828. — Lettres-patentes portant érection de majorats en faveur de MM. Delalande et Duval Dumanoir. (8, Bull. 227, n° 8318.)

12 AVRIL 1828. — Ordonnance qui autorise le sieur Chandon à établir un haut-fourneau pour fondre le minerai de fer, commune de Changy, département de Saône-et-Loire. (8, Bull. 235, n° 8599.)

12 AVRIL 1828. — Ordonnance qui autorise le sieur Jeanniot à établir quatre lavoirs à bras pour le lavage du minerai de fer sur la rivière de Vingeanne, commune de Percey-le-Grand (Haute-Saône). (8, Bull. 235, n° 8600.)

13 ═ Pr. 23 AVRIL 1828. — Ordonnance du Roi portant fixation définitive des chefs-lieux des cantons de justice de paix du département de la Corse. (8, Bull. 226, n° 8307.)

Charles, etc.

Sur le rapport de notre garde-des-sceaux, ministre secrétaire d'Etat au département de la justice ;

Vu la loi du 28 janvier 1801 (8 pluviose an 9) ;

Notre Conseil-d'Etat entendu,

Nous avons ordonné et ordonnons ce qui suit :

Art. 1er. Les chefs-lieux des cantons de justice de paix du département de la Corse, sont définitivement fixés tels qu'ils sont indiqués au tableau joint à la présente ordonnance.

2. Chaque canton prendra le nom de la commune qui en est déclarée chef-lieu.

3. Nos ministres secrétaires d'Etat aux départemens de la justice et de l'intérieur (comte Portalis et vicomte de Martignac) sont chargés, chacun en ce qui le concerne, de l'exécution de la présente ordonnance, qui sera insérée au Bulletin des Lois avec le tableau qui y est joint.

NOMS des CANTONS.	NOMS des COMMUNES CHEFS-LIEUX.	NOMS des CANTONS.	NOMS des COMMUNES CHEFS-LIEUX.
Arrondissement d'Ajaccio.		3. Bivinco	3. Murato.
1. Ajaccio	1. Ajaccio.	4. Campoloro. . .	4. Cervione.
2. Cevalo	2. Bocognano.	5. Canale.	5. Lama.
3. Cruzini	3. Salice.	6. Capobianco . .	6. Rogliano.
4. Mezzana. . . .	4. Sarrola.	7. Casacconi . . .	7. Campile.
5. Orcino. . , . .	5. Sari.	8. Casinca. . . .	8. Vescovato.
6. Ornano. . . .	6. Sainte-Marie.	9. Costera.	9. Campitello. .
7. Sampiero . . .	7. Bastelica.	10. Mariana	10. Borgo.
8. Sevidentro. . .	8. Evisa.	11. Moriani	11. San-Nicolao.
9. Sevinfuori. . .	9. Piana.	12. Pietrabugno . .	12. San-Martino.
10. Sorroinsu . . .	10. Soccia.	13. Sagra.	13. Brando
11. Talavo.	11. Zicavo.	14. Saint-Florent.	14. Saint-Florent.
12. Vico	12. Vico.	15. Santa-Giulia. .	15. Nonza.
Arrondissement de Bastia.		16. Seneca	16. Luri.
		17. Tavagna . . .	17. Pero et Casevecchie.
1. Ampugnani . .	1. Porta.	18. Tenda	18. Santo-Pietro.
2. Bastia	2. Bastia.	19. Tuda.	19. Oletta.

NOMS des CANTONS.	NOMS des COMMUNES CHEFS-LIEUX.	NOMS des CANTONS.	NOMS des COMMUNES CHEFS-LIEUX.
Arrondissement de Calvi.		9. Rostino.	9. Morosaglia.
		10. Serra.	10. Moita.
1. Calvi.	1. Calvi.	11. Sorba	11. Vezzani.
2. Montegrosso . .	2. Calenzana.	12. Tavignano . . .	12. Piedicorte.
3. Paraso.	3. Belgodère.	13. Vallerustie. . .	13. Saint-Laurent.
4. Patro	4. Olmi et Capella.	14. Vecchio	14. Serraggio.
5 Ragino	5. Algajola.	15. Verde	15. Pietra.
6. Santo-Angelo. .	6. Ile-Rousse.		
		Arrondissement de Sartene.	
Arrondissement de Corte.		1. Bonifacio	1. Bonifacio.
		2. Carbini	2. Levie.
1. Alesani	1. Valle.	3. Portovecchio . .	3 Portovecchio.
2. Caccia	2. Castifao.	4. Sartene	4. Sartene.
3. Corte	3 Corte.	5. Scopamene. . .	5 Serra.
4. Fiumorbo. . . .	4. Prunelli.	6. Tallano	6. Sainte-Lucie.
5. Golo	5. Onessa.	7. Taravo	7. Petreto et Bic-
6. Mercurio	6. Sermano.		chisano.
7. Niolo	7. Calacuccia.	8. Vallinco.	8. Olmeto.
8. Orezza	8. Piedicroce.		

13 AVRIL 1828. — Ordonnance du Roi portant convocation du collége du deuxième arrondissement électoral de l'Aveyron. (8, Bull. 226, n° 8306.)

13 AVRIL 1828. — Ordonnance du Roi qui accorde des lettres de déclaration de naturalité aux sieurs Lenoir et Pair. (8, Bulletin 286, n°⁵ 10938 et 10939.)

13 AVRIL 1828. — Ordonnance du Roi qui accorde des lettres de déclaration de naturalité au sieur Lebrun. (8, Bull. 286, n° 10269.)

13 AVRIL 1828. — Ordonnance du Roi portant autorisation définitive de la communauté des filles de l'Enfant Jésus établie à Cassel, département du Nord. (8, Bull. 226, n° 8308.)

13 AVRIL 1828. — Ordonnance du Roi portant autorisation définitive de la communauté des sœurs de la charité de la Providence établie à Launay, commune de Pleubian département des Côtes-du-Nord. (8, Bull. 226, n° 8309.)

13 AVRIL 1828. — Ordonnance du Roi qui autorise des exploitations dans les bois de plusieurs communes et dans une forêt royale. (8, Bull. 226, n° 8310.) Voy. Code forestier, art. 16 et 90.)

13 AVRIL 1828. — Ordonnance du Roi qui autorise des exploitations dans les bois de plusieurs communes et d'un hospice, et dans une forêt royale. (8, Bull. 227, n° 8315.) Voy. Code forestier, art. 16 et 90.

13 AVRIL 1828. — Ordonnance du Roi portant proclamation des brevets d'invention, de perfectionnement et d'importation, pris pendant le premier trimestre de 1828, et des cessions qui ont été faites, durant le cours de ce trimestre, de tout ou partie des droits résultant de titres de la même nature. (8, Bull. 234, n° 8530.)

13 AVRIL 1828. — Ordonnances qui autorisent l'acceptation de dons et legs faits à diverses communautés et congrégations et à bies à Ampuis, à Clermont, à Dore-l'Eglise, à la Chaulm, à Saint-André-de-Chalençon, à Danières, à Lille, à Tournemire, à Chavagnes; aux fabriques des églises de la ville de Ploudiry, de Paris, d'Amance, de Fleurey lès-Faverney, de Guerquessales, de Machecoul, de Cascastel, de Merault, de Marquette, des Servon, de Préint, de Cerqueux, de Manlevrier, de la Condamine, de Villejuif, des Moulins-la-Marche, de Saint-Jean-de-la-Haize, d'Albestroff, de Cescau, de Dieuze, de Domvallier, de Cagney, de Guiler, de la Chapelle-Launday de Montdidier; aux séminaires de Saint-Diez, de Troyes, de Reims et de Perpignan. (8, Bull. 254, n°⁵ 10026 à 10066.)

13 AVRIL 1828. — Ordonnances qui autorisent l'acceptation de dons et legs faits aux fabriques des églises de Moulins-la-Marche, de Cheppes, de Becqueville, de Saint Ixiner, de Rochefort, de Mets et de Villeneuve-le-Comte, et au séminaire diocésain de Besançon. (8, Bull. 255, nᵒˢ 10078 à 10085.)

13 AVRIL 1828. — Ordonnance portant nomination des présidens et vice-présidens de colléges électoraux. (8, Bull. 226, nᵒˢ 8304 et 8305.)

13 AVRIL 1828. — Ordonnance qui accorde des lettres de déclaration de naturalité au sieur Saltery. (8ᵉ, Bull. 232, nᵒ 8491.)

13 AVRIL 1828. — Ordonnances qui autorisent l'acceptation de dons et legs faits aux detenus des prisons de Montpellier; aux communes d'Affoux, de Châteauvieux, de Gramazie, de la Moth, de Brie-sur-Marne et de Beuzeville; aux pauvres d'Estival, de Sainte-Foy, de Longas, de Rougemontier, de Saint-Hippolyte, de la Gardelle, de Carbonne, de Baziège, de Fougères, de Fontans, de Saint-Jean-d'-Luz, de la Tours, de Lyon, de Ray et de Pontliene; aux hospices de Lectoure, de Montpellier, de Saint-Florent, de Clermont-sur-Oise, de Mâcon, de Saint-Valery, de Toulon et de la Cadière. (8, Bull. 235, nᵒˢ 8549 à 8579.)

13 AVRIL 1828. — Ordonnance qui approuve les changemens et agrandissemens que la société des mines de Bouxwiller (Bas-Rhin) a faits à l'usine destinée à la fabrication du sulfate de fer et de l'alun qu'elle a établie au pied du mont Bastberg. (8, Bull. 235, nᵒ 8598.)

13 AVRIL 1828. — Ordonnance portant que le sieur Godar (Pierre), né le 18 juillet 1797, à Besch, grand-duché de Luxembourg, est autorisé à établir son domicile en France. (8, Bull. 227, nᵒ 8324.)

16 AVRIL 1828. — Ordonnances qui autorisent l'acceptation de dons et legs faits aux communes de Noidant-le-Châtenoy, du Fort-du-Plasne, du lac des Rouges-Truites, de Saint-Laurent-de-Cuves, de Curis, de Chanmuzy, de Saint-Paul-la-Coste et d'Ainville; au consistoire de l'église protestante de Paris et de Rouen; et aux pauvres de cette dernière ville. (8, Bull. 235, nᵒˢ 8580 à 8588.)

16 AVRIL 1828. — Ordonnance qui autorise le sieur Boigues à ajouter un second haut-fourneau propre à fondre le minerai de fer à la forge de Torneron, commune de Patinges, département du Cher. (8, Bull. 235, nᵒ 8601.)

16 AVRIL 1828. — Ordonnance qui autorise le sieur Dolin du Fresnel à construire dans l'emplacement de l'ancienne forge de Maucourt, commune de Nouart (Ardennes), un haut-fourneau à fondre le minerai de fer. (8, Bull. 235, nᵒ 8602.)

20 AVRIL = Pr. 1ᵉʳ MAI 1828. — Ordonnance du Roi qui modifie l'art. 10 de celle du 7 novembre 1821, relative au corps des sapeurs-pompiers de la ville de Paris. (8, Bull. 227, nᵒ 8316.)

Charles, etc.

Vu l'ordonnance royale du 7 novembre 1821, qui a organisé militairement le corps des sapeurs-pompiers de notre bonne ville de Paris;

Sur le rapport de notre ministre secrétaire d'État de la guerre,

Nous avons ordonné et ordonnons ce qui suit:

Art. 1ᵉʳ. L'article 10 de l'ordonnance précitée est modifiée ainsi qu'il suit:

« En cas d'insuffisance des enrôlemens volontaires, le corps sera entretenu au complet au moyen de l'admission des hommes des divers corps de l'armée qui demanderaient à y achever leur temps de service: ces hommes devront avoir la taille d'un mètre six cent vingt-cinq millimètres à un mètre six cent cinquante-deux millimètres. Les demandes d'admission seront appuyées du consentement réciproque des chefs de corps. »

2. Notre ministre secrétaire d'État au département de la guerre (vicomte de Caux) est chargé de l'exécution de la présente ordonnance.

20 AVRIL 1828. — Ordonnance du Roi portant autorisation définitive de la communauté des sœurs hospitalières de la Miséricorde établie à Augerolles, département du Puy-de-Dôme. (8, Bull. 227, nᵒ 8317.)

20 AVRIL 1828. — Ordonnance qui autorise l'acceptation de legs faits: 1ᵒ à l'établissement des religieuses de Saint-Joseph à Satilieu; 2ᵒ à la fabrique de l'église de cette commune; 3ᵒ au curé de cette paroisse; 4ᵒ à la fabrique de l'église de Saint-Symphorien; et 5ᵒ au desservant de cette succursale. (8, Bull. 255, nᵒ 10086.)

21 AVRIL = Pr. 19 MAI 1828. — Ordonnance du Roi concernant l'instruction primaire (1). (8, Bull. 229, nᵒ 8434.)

Voy. ordonnances des 29 février 1816,

___

(1) Le rapport au Roi qui a précédé cette ordonnance est inséré au Moniteur du 22 avril. Quoique la loi du 28 juin 1833 ait remplacé toutes les dispositions antérieures, j'ai cru convenable de conserver celles-ci et les notes qui les accompagnent. C'est par le rapprochement des actes successifs, par leur comparaison, que l'esprit de la législation se manifeste, que son progrès se constate. Voy. la loi du 28 juin 1833.

2 AOUT 1820 et 8 AVRIL 1824. *Voy.* la circulaire du 7 MAI 1828.

Charles, etc.

Vu la loi du 10 mai 1806, qui établit, sous le nom d'*Université*, un corps chargé exclusivement de l'enseignement et de l'éducation publique dans tout le royaume;

Vu les décrets du 17 mars 1808 et du 15 novembre 1811, les ordonnances du 29 février 1816, du 2 août 1820 et du 8 avril 1824;

Vu le mémoire de notre conseil royal de l'instruction publique;

Sur le rapport de notre ministre secrétaire d'État au département de l'instruction publique;

Considérant que la direction et la surveillance de l'enseignement primaire doivent être soumises à des règles qui concilient les droits de l'autorité civile avec les intérêts de la religion, et qui favorisent le perfectionnement de l'instruction,

Nous avons ordonné et ordonnons ce qui suit :

Art. 1er. Les ordonnances du 29 février 1816 et du 2 août 1820, concernant l'instruction primaire, seront exécutées dans tout le royaume, sauf les modifications qui suivent, en ce qui concerne les écoles catholiques.

2. Il sera formé dans chaque arrondissement de sous-préfecture un comité gratuit pour surveiller et encourager l'instruction primaire.

Néanmoins notre ministre de l'instruction publique pourra, suivant la population et les besoins des localités, établir dans le même arrondissement plusieurs comités dont il déterminera la circonscription (1).

3. Chaque comité sera composé de neuf membres (2), savoir :

Un délégué de l'évêque diocésain, ou, à son défaut, le curé de la ville dans laquelle le comité tiendra ses séances, et, si dans cette ville il y avait plusieurs curés, le plus ancien d'entre eux;

Le maire de ladite ville;

Le juge-de-paix de la ville, ou, si dans cette ville il y avait plusieurs juges-de-paix, le plus ancien d'entre eux;

Et six notables, dont deux à la nomination de l'évêque, deux à la nomination du préfet, et deux à la nomination du recteur.

Le comité pourra délibérer au nombre de cinq membres.

Le comité sera présidé par le délégué de l'évêque ou par le curé. A défaut de l'un et de l'autre, il sera présidé par celui des membres qui sera le premier inscrit sur le tableau.

4. A Paris, il y aura un comité par arrondissement municipal.

Chacun de ces comités sera composé ainsi qu'il est prescrit par l'article précédent.

5. Les six notables faisant partie des comités seront renouvelés par moitié tous les ans. Ils pourront être renommés.

6. Les comités se réuniront au moins une fois par mois, à un jour déterminé, et plus souvent s'il est nécessaire.

Ils pourront tenir leurs séances dans une salle de la maison commune.

7. Le comité désignera un ou plusieurs inspecteurs gratuits, qu'il chargera de surveiller l'instruction primaire, et de lui faire connaître les résultats de cette surveillance.

8. Le comité nommera dans son sein un secrétaire qui tiendra registre des délibérations.

Le président correspondra, au nom du comité, avec le recteur de l'académie. Il lui rendra compte de toutes les décisions du comité et des résultats de sa surveillance.

Chaque année, au mois de mai, le président fera connaître au recteur, par un compte ou tableau particulier, la situation de l'instruction primaire dans chacune des communes comprises dans la circonscription du comité.

9. Les brevets de capacité continueront d'être délivrés par les recteurs (3).

Pour être admis à subir l'examen qui, aux termes de l'article 10 de l'ordonnance du 29 février 1816, doit précéder la délivrance desdits brevets, l'aspirant devra présenter au recteur de l'académie ou à l'examinateur délégué par le recteur, outre le certificat de bonnes vie et mœurs exigé par ledit article, un certificat d'instruction religieuse, délivré par un délégué de l'évêque, ou, à son défaut, par le curé de la paroisse de l'aspirant (4).

10. A l'égard des frères des écoles chrétiennes et des membres de toute association charitable légalement autorisée pour former ou pour fournir des instituteurs primaires, le recteur remettra à chacun d'eux un brevet

---

(1) Il peut en établir un par chaque canton (Circulaire du ministre du 7 mai 1828).

(2) *Voy.* sur la composition des comités, les articles 2 et suivans de l'ordonnance du 29 février 1816, les art. 1er et suivans de l'ordonnance du 2 août 1820, et les art. 8 et suivans de l'ordonnance du 8 avril 1814.

(3) *Voy.* art. 10 et 11 de l'ordonnance du 29 février 1816.

(4) Aucune des ordonnances précédentes n'exigeait le certificat d'instruction religieuse. Le certificat de bonnes vie et mœurs, délivré par le curé (art. 10 de l'ordonnance du 29 février 1816) ne dispense pas du certificat d'instruction religieuse.

de capacité sur le vu de l'obédience délivrée par le supérieur ou le directeur général de ladite association, conformément à ce qui est prescrit par les ordonnances du 1er mai 1822, du 14 juin, du 17 septembre et du 3 décembre 1823 (1).

Le recteur délivrera pareillement à chaque frère l'autorisation d'exercer dans le cas prévu par l'article 12 de l'ordonnance du 8 avril 1824 (1).

11. Toute demande à fin d'obtenir l'autorisation spéciale d'exercer les fonctions d'instituteur primaire dans une commune sera soumise au comité dans la circonscription duquel se trouve cette commune.

Le comité recueillera les renseignemens nécessaires sur sa conduite religieuse et morale, depuis l'époque où il aura obtenu le brevet de capacité.

Il donnera son avis motivé, et le transmettra au recteur, qui accordera ou refusera l'autorisation (3).

Les mêmes formalités seront suivies dans le cas des articles 18 et suivans de l'ordonnance du 29 février 1816, qui accordent le droit de présentation aux fondateurs, associations ou communes fondatrices d'écoles.

12. Nul instituteur primaire ne peut recevoir d'élèves pensionnaires sans en avoir obtenu la permission de notre conseil royal de l'instruction publique.

Cette permission sera donnée après avoir consulté le recteur de l'académie, et à la charge par l'instituteur de se renfermer strictement dans les limites que lui assigne son brevet de capacité.

13. Les instituteurs primaires ne pourront recevoir des élèves de différentes religions sans en avoir obtenu la permission de notre conseil royal de l'instruction publique, qui statuera après avoir consulté le recteur de l'académie, et prescrira en même temps les mesures convenables (4).

14. Dans les cas prévus par les deux articles précédens, le recteur prendra l'avis du comité et le transmettra à notre ministre de l'instruction publique avec son opinion personnelle.

15. Lorsqu'un instituteur primaire voudra quitter la commune où il exerce ses fonctions, et demandera l'autorisation d'exercer dans une autre, il ne pourra l'obtenir qu'en représentant un certificat de bonne vie et mœurs délivré par les autorités de la commune d'où il sort visé et confirmé par le recteur de l'académie ou par son délégué, et il sera fait mention de ce certificat dans la nouvelle autorisation spéciale qui lui sera délivrée.

Cette nouvelle autorisation ne sera d'ailleurs délivrée qu'après l'accomplissement des autres formalités ci-dessus prescrites.

Dans les villes au-dessus de dix mille ames, lorsqu'un instituteur voudra changer de demeure, il devra de même obtenir la permission du recteur, qui prendra à cet égard l'avis du comité.

16. En cas soit d'infraction aux articles 12, 13 et 15, soit de toute autre faute grave, l'autorisation spéciale et même le brevet de capacité pourront être retirés.

Le comité mandera l'instituteur inculpé, dressera procès-verbal de ses réponses ou de

---

(1) Ces ordonnances ne sont pas au Bulletin des Lois.

(2) Dans une consultation de M. Pardessus, délivrée en 1819, et à laquelle ont adhéré les jur sconsultes les plus recommandables du barreau de Paris, on a paru adopter l'opinion que les frères des écoles chrétiennes ne sont point astreints, par l'ordonnance du 29 février 1816, à se munir de brevets de capacité et d'autorisations spéciales d'enseigner; mais la présente ordonnance ne peut laisser aucun doute sur la nécessité du brevet et de l'autorisation : seulement elle impose l'obligation au recteur de les délivrer sans examen.

Dans la consultation précitée, on établit que, si un instituteur ouvrait une école sans autorisation, le procureur du Roi ou le préfet n'aurait pas le droit de faire fermer l'école; qu'il faudrait poursuivre le délinquant devant le tribunal de police correctionnelle, pour lui faire appliquer les peines prononcées par les art. 54 et 56 du décret du 15 novembre 1811, et que les préfets qui interviendraient en faisant fermer l'école avant le jugement s'exposeraient aux peines prononcées par l'art. 131 du Code pénal (Sirey, 19, 2, 97.)

(3) D'après l'ordonnance du 8 avril 1824, art. 11, l'autorisation spéciale d'exercer était accordée et pouvait être révoquée par l'évêque diocésain; cette disposition est abrogée.

(4) Cet article a été crit qué comme portant atteinte aux art. 1er et 5 de la Charte.

M. le ministre de l'instruction publique a répondu, à la tribune de la Chambre des députés, que l'ordonnance est partie du principe de la liberté des cultes. Chaque Français doit, a-t-il dit, librement exercer son culte, et par conséquent les enfans de tous les Français, qui doivent suivre le culte de leur père jusqu'à ce qu'ils aient atteint l'âge de raison, ne doivent en être détournés par aucune influence : c'est du moins l'idée qui a présidé à la rédaction de cet article. Voilà pourquoi l'ordonnance exige que l'autorisation du conseil royal de l'instruction publique soit obtenue : ce n'est donc pas pour s'opposer à l'établissement de ces sortes d'écoles. L'ordonnance a dû prendre des précautions pour empêcher que des influences illégitimes ne détournent les enfans du culte de leurs parens (Mon. du 28 avril, p. 514, in fine).

Voy. aussi circulaire du 7 mai 1828.

6.

sa non-comparution, et donnera un avis motivé qui sera adressé au recteur.

En cas d'urgence, le comité pourra provisoirement ordonner la suspension, conformément à l'art. 27 de l'ordonnance de 1816, et pourvoir provisoirement au remplacement de l'instituteur inculpé (1).

17. Le recteur pourra, selon les circonstances, retirer l'autorisation spéciale d'exercer, ou prononcer une simple suspension.

Dans l'un et l'autre cas, sa décision sera exécutoire par provision (2).

18. Si le recteur pense qu'il y a lieu de retirer le brevet de capacité, il soumettra l'affaire au conseil académique, qui statuera après avoir entendu l'inspecteur chargé du ministère public (3).

19. Les décisions prises par les conseils académiques, dans les cas prévus par l'article précédent, seront sujettes au recours devant notre conseil royal de l'instruction publique. Ce recours devra être exercé dans le délai d'un mois à partir du jour où le recteur aura notifié la décision au conseil académique.

Toute autre décision ou mesure relative à l'instruction primaire sera sujette au recours devant notre ministre de l'instruction publique (4).

20. L'évêque pourra, toutes les fois qu'il le jugera convenable, visiter ou faire visiter les écoles primaires de son diocèse.

21. Les dispositions de la présente ordonnance s'appliquent tant aux écoles primaires de garçons qu'aux écoles primaires de filles (5).

22. Les articles 8, 9, 10 et 11 de l'ordonnance du 8 avril 1824, sont abrogés.

Les articles 12, 13, 14, 15, 16, 17, 18, 19 et 21 de la présente ordonnance sont applicables aux écoles primaires protestantes.

Il n'est pas dérogé aux réglemens actuellement en vigueur relativement à l'organisation des comités de surveillance de ces écoles. Ces comités rempliront à l'égard desdites écoles les fonctions déterminées par les articles susénoncés.

23. Notre ministre secrétaire d'État au département de l'instruction publique (M. de Vatimesnil) est chargé de l'exécution de la présente ordonnance.

21 AVRIL 1828. — Décision du ministre de la guerre, portant que tous les cautionnemens en numéraire des entrepreneurs et comptables de la guerre devront, à l'avenir, être versés à la caisse des dépôts et consignations. (Journal militaire, 1er semestre de 1828, p. 116.)

Messieurs, aux termes de l'article 18 du réglement du 15 novembre 1822, relatif aux cautionnemens des entrepreneurs et comptables des différens services du matériel de la guerre, les cautionnemens dont la réalisation a lieu en numéraire sont versés au Trésor royal.

J'ai l'honneur de vous informer que, sur la demande de M. le ministre des finances, j'ai décidé, le 29 mars dernier, qu'à l'avenir les cautionnemens dont il s'agit seraient exclusivement versés à la caisse des dépôts et consignations. Il n'est d'ailleurs rien changé à l'égard des cautionnemens réalisés jusqu'à ce jour, lesquels demeureront déposés au Trésor royal.

En conséquence, et lorsque vous aurez désormais à stipuler, pour les services dont l'administration vous est confiée, des cautionnemens en numéraire, vous devrez ajouter que le versement n'en pourra être effectué qu'à la caisse des consignations.

Si les contractans résident dans les départemens, ils pourront verser leurs cautionnemens dans les caisses des receveurs des finances, où ils continueront à être reçus, mais pour le compte de la caisse des dépôts et consignations. Dans tous les cas, le déposant devra m'adresser, pour justifier de l'accomplissement de ses obligations, une copie certifiée de la déclaration de consignation, laquelle me servira en outre à provoquer la rectification de ladite déclaration, si elle n'avait pas été libellée de manière à garantir les divers intérêts pour lesquels les cautionnemens sont exigés.

Lorsqu'un cautionnement aura été fourni par un tiers, le bailleur de fonds devra, pour acquérir le privilège de second ordre, faire inscrire sa déclaration à la caisse où le cautionnement aura été versé, en se conformant aux dispositions des décrets des 28 août 1808 et 22 décembre 1812.

D'après l'article 15 de l'ordonnance royale du 3 juillet 1816, les sommes consignées à titre de cautionnement ne pourront être remboursées qu'aux caisses où elles auront été reçues. L'article 14 de la même ordonnance fixe à trois pour cent, à partir du soixante unième jour du versement, les intérêts des sommes consignées, lesquels ne sont payables qu'à la caisse où la consignation a été faite

---

(1, 2, 3, et 4) Des dispositions de ces divers articles il résulte que le comité, en cas d'urgence, et le recteur, dans tous les cas, peuvent révoquer l'autorisation spéciale d'exercer; mais le brevet ne peut plus être retiré que par décision du conseil académique, avec recours au conseil royal de l'instruction publique. Ces formes protectrices et ces garanties n'existaient pas sous l'empire des ordonnances antérieures; l'art. 28 de l'ordonnance du 29 février 1816 autorisait le recteur seul à retirer le brevet de capacité; l'art. 17 de l'ordonnance du 2 août 1820 confirmait cette disposition.

(5) Les écoles des filles n'étaient pas soumises au même régime. Voy. ordonnances des 3 avril et 31 octobre 1831.

J'ai obtenu d'ailleurs de M. le directeur général de la caisse des dépôts et consignations que les intérêts des cautionnemens des entrepreneurs et comptables de la guerre seraient acquittés à l'expiration de chaque année, au lieu de n'être remboursés qu'avec le capital, comme pour les consignations judiciaires.

21 AVRIL 1828. — Note ministérielle portant que les ventes d'effets mobiliers provenant du matériel de la guerre doivent être effectuées sans l'intervention des commissaires-priseurs. (Journal militaire, 1er semestre, p. 117.)

Les commissaires-priseurs ayant réclamé le droit d'intervenir dans les ventes d'objets mobiliers appartenant à l'Etat, Son Exc. le ministre des finances a décidé, le 9 novembre 1827, que, d'après la législation existante, ce droit était exclusivement attribué aux préposés de l'administration de l'enregistrement et des domaines.

En conséquence de cette décision, qui ne reconnaît aucune exception, toutes les ventes d'effets mobiliers provenant du matériel de la guerre ne pourront être effectuées que par les agens du domaine, concurremment avec les membres du corps de l'intendance militaire, et sans l'intervention des commissaires-priseurs.

21 AVRIL 1828. — Rapport au Roi sur l'instruction primaire. (Mon. du 22 avril 1828.) Voy. ordonnance du 21 AVRIL 1828 et circulaire du 8 MAI 1828.

22 AVRIL = 7 JUIN 1828. — Ordonnance du Roi portant que la statue équestre de Louis XV sera érigée au rond-point des Champs-Elysées. (8, Bull. 235, n° 8521.)

25 AVRIL = Pr. 8 MAI 1828. — Ordonnance du Roi portant répartion du centime du fonds de non-valeurs mis à la disposition du ministre des finances par la loi du 24 juin 1827. (8, Bull. 228, n° 8585.)

Charles, etc.

Vu l'état annexé à la loi de finances du 24 juin 1827, duquel il résulte qu'il est imposé additionnellement au principal des contributions foncière, personnelle et mobilière de 1828, deux centimes, dont l'un à la disposition de notre ministre des finances, pour couvrir les remises, modérations et non-valeurs, et l'autre à celle de notre ministre de l'intérieur, pour secours effectifs en raison de grêle, orages, incendies, etc.;

Voulant déterminer la portion du centime mis à la disposition de notre ministre des finances dont les préfets pourront faire jouir les administrés;

Sur le rapport de notre ministre secrétaire d'Etat des finances,

Nous avons ordonné et ordonnons ce qui suit :

Art. 1er. Le produit du centime du fonds de non-valeurs à la disposition de notre ministre des finances sera réparti de la manière suivante :

Un tiers de ce centime est mis à la disposition des préfets;

Les deux autres tiers resteront à la disposition du Gouvernement, pour être distribués ultérieurement entre les divers départemens en raison de leurs pertes et de leurs besoins.

2. Ce centime sera exclusivement employé à couvrir les remises et modérations à accorder sur les contributions foncière, personnelle et mobilière, et les non-valeurs qui existaient sur ces deux contributions en fin d'exercice.

3. Seront imputés sur ce fonds, conformément aux dispositions de l'ordonnance du 14 septembre 1822, les mandats délivrés par les préfets sur le fonds de non-valeurs de 1827, et qui n'auraient pas été acquittés aux caisses du Trésor, faute de présentation avant la clôture du délai fixé pour le paiement des dépenses de ce dernier exercice.

4. Notre ministre secrétaire d'Etat des finances (comte Roy) est chargé de l'exécution de la présente ordonnance.

25 AVRIL = Pr. 8 MAI 1828. — Ordonnance du Roi portant convocation de trois colléges électoraux. (8, Bull. 228, n° 8390.)

Charles, etc.

Sur le rapport de notre ministre secrétaire d'Etat de l'intérieur;

Vu les lois des 5 février 1817, 29 juin 1820 et 2 mai 1827, et les ordonnances royales des 4 septembre et 11 octobre 1820 et 27 juin 1827;

Vu les lettres du président de la Chambre des députés annonçant que la Chambre a été informée, le 14 avril courant, de la mort du sieur de Farcy, député du département de la Mayenne, et a reçu, dans ses séances des 14 et 18 du même mois, les démissions des sieurs de Pradt et Mousnier-Buisson (1) dé-

(1) La démission de M. Mousnier-Buisson a été donnée par le motif que la nomination a eu lieu à une voix de majorité, et que d'ux, ou du moins un faux électeur y a concouru. — On a soutenu que cette démission, donnée après l'admission prononcée par la Chambre, et par suite d'une délicatesse exagérée, ne devait pas être accueillie. Sur la proposition de ne pas accepter la démission, on a adopté la question préalable (séance du 18 avril 1828, Mon. du 19.)

putés des départemens du Puy-de-Dôme et de la Haute-Vienne,

Nous avons ordonné et ordonnons ce qui suit:

Art. 1er. Les colléges électoraux ci-après désignés sont convoqués pour le 10 juin prochain, dans les villes indiquées au tableau qui suit, à l'effet d'élire chacun un député:

Mayenne, collége du 2e arrondissement, Château-Gontier;

Puy-de-Dôme, collége du 1er arrondissement, Clermont-Ferrand;

Haute-Vienne, collége départemental, Limoges.

2. Les listes électorales arrêtées précédemment et les tableaux de rectification prescrits par l'article 6 de la loi du 2 mai 1827, seront affichés le 10 mai prochain.

Les réclamations seront admises jusqu'au 31 mai, et la clôture des listes aura lieu le 5 juin.

3. Il sera procédé aux opérations qui concernent les tableaux de rectification et leur clôture conformément aux ordonnances des 4 septembre 1820 et 27 juin 1827, et aux opérations des colléges électoraux conformément à l'ordonnance du 11 octobre 1820.

4. Notre ministre secrétaire d'Etat de l'intérieur (vicomte de Martignac) est chargé de l'exécution de la présente ordonnance.

25 AVRIL = Pr. 8 MAI 1828. — Ordonnance du Roi qui classe un chemin au rang des routes départementales de Tarn-et-Garonne. (8, Bull. 228, n° 8391.)

Charles, etc.

Sur le rapport de notre ministre secrétaire d'Etat de l'intérieur;

Vu les délibérations du conseil général du département de Tarn-et-Garonne, tendant à ce que le chemin de Moissac à Cahors par la Capelette et Castelnau-Montratier soit classé au rang des routes départementales;

Vu l'avis du préfet et celui du conseil général des ponts-et-chaussées;

Notre Conseil-d'Etat entendu,

Nous avons ordonné et ordonnons ce qui suit:

Art. 1er. Le chemin de Moissac à Cahors par la Capelette et Castelnau-Montratier est et demeure classé au rang des routes départementales de Tarn-et-Garonne, sous le n° 16.

2. L'administration est autorisée à acquérir les terrains et bâtimens nécessaires pour construire cette nouvelle route; elle se conformera, à ce sujet, aux dispositions de la loi du 8 mars 1810, sur l'expropriation pour cause d'utilité publique.

3. Notre ministre secrétaire d'Etat de l'intérieur (vicomte de Martignac) est chargé de l'exécution de la présente ordonnance.

25 AVRIL 1828. — Ordonnance qui désigne la ville de la Tour-du-Pin pour lieu de réunion du collége du troisième arrondissement électoral du département de l'Isère. (8, Bull. 228, n° 8328.)

25 MAI 1828. — Ordonnance portant nomination des présidens de trois colléges électoraux. (8, Bull. 228, n° 8389.)

25 AVRIL 1828. — Ordonnance qui admet les sieurs Daubenmeyer, Daniel, Foulon, Libois, King et Robatsch à établir leur domicile en France. (8, Bull. 228, n° 8394.)

25 AVRIL 1828. — Ordonnance qui autorise l'inscription au Trésor royal de cent quarante-six pensions civiles et militaires. (8, Bull. 231 bis, n° 1.)

25 AVRIL 1828. — Ordonnances qui autorisent l'acceptation de legs faits à la commune et à la fabrique d'Agnels; à la fabrique de Saint-Quentin-des-Prés; aux pauvres de Soissons, de Rodez, de Bonnehosq et d'Erôme; aux hospices de Mézières, de Dijon et de Lectoure. (8, Bull. 235, nos 8589 à 8597.)

25 AVRIL 1828. — Ordonnances qui autorisent l'acceptation de dons et legs faits aux hospices de Langon, de Prades, de Lyon, de Valauris, de Mouzon, de Salins, d'Angers, de Rosières, de Thionville, de Rabastens, de la Seyne et d'Epinal; aux pauvres de Loigné, de Boulogne-sur-Seine, de Cordes, de Saint-Martin des Besares, d'Aussevielle, de Saint-Genis-Laval et de Rabastens; aux communes de Beynost et de Saint-George-du-Rosay. (8, Bull. 236, nos 8608 à 8629.)

25 AVRIL 1828. — Ordonnance qui autorisent les sieurs Philipon, la Tour-du-Pin Gouvernet, Boudot et la demoiselle Arthaud, à établir ou conserver en activité diverses usines dans les communes de Bouhans, de Roche, de Manois et de Broye-les-Loups. (8, Bull. 227, nos 8672 à 8675.)

25 AVRIL 1828. — Ordonnance portant concession des gîtes de minerai de fer connexes ou non connexes avec la houille compris dans l'étendue de la concession houillère dite de Terre-Noire, arrondissement de Saint-Etienne (Loire), à la compagnie anonyme des mines de fer, sous le nom de concession des mines de fer de Terre-Noire. (8, Bull. 237, n° 8676.)

25 AVRIL 1828. — Ordonnance qui autorisent l'acceptation de dons et legs faits aux fabriques des églises du Désert, de Prélot, de Saint-Pois, de Toul, de Saint-Geoire, de Marcigny, de Pernes, de Bussay, de Brie, de la Motte-Tilly et de Hegenheim. (8, Bull. 265, nos 10087 à 10097.)

25 AVRIL 1828. — Ordonnance du R i qui accorde des lettres de naturalisation au sieur Hubert-Henri Willibrod, né le 17 février 1796. (9, Bull. O., 2ᵉ sect , n° 3450.)

___

27 AVRIL 1828. — Ordonnance du Roi portant autorisation définitive de la communauté des religieuses ursulines établie à Carhaix, département du Finistere. (8, Bull. 228, n° 8393.)

___

27 AVRIL 1828. — Ordonnance qui autorisent l'acceptation de dons et legs faits au seminaire de Bayeux, aux fabriques des églises de Brouzils, de Chanzy, de Saint-Philbert-de-Bouaine, de Rennes, de Portieux, d'Orgères, d'Anglefort, de Chimières, et Brouqueyran, de Fontenay, d'Avignon, de Bettelainville, de l'Aulne et de Saint-Hilaire de Talmont, et aux desservans successifs de l'église succursale de Ternuay. (8, Bull. 265, n°ˢ 10098 à 10112.)

___

30 AVRIL = Pr. 8 MAI 1828. — Ordonnance du Roi qui modifie celle du 17 octobre 1821, relative à l'admission des sous-officiers et soldats dans les compagnies sédentaires. (8, Bull. 228, n° 8387.)

Charles, etc.

Voulant faciliter le recrutement des compagnies sédentaires;

Sur le rapport de notre ministre secrétaire d'Etat au département de la guerre,

Nous avons ordonné et ordonnons ce qui suit :

Art. 1ᵉʳ. Pourront être admis dans les compagnies de sous-officiers et fusiliers sédentaires les sous-officiers et soldats rentrés dans leurs foyers qui seraient encore jugés susceptibles d'y être employés utilement au moins pendant huit années, et qui pourraient d'ailleurs accomplir avant l'âge de soixante-trois ans le temps de service exigé pour la pension de retraite.

2. Cette disposition n'est point applicable aux militaires pensionnés, qui, dans aucun cas, ne peuvent être relevés de l'état de retraite, ni aux hommes sortis volontairement des compagnies sédentaires, qui sont considérés comme démissionnaires, à moins toutefois qu'ils n'aient repris postérieurement du service dans les corps actifs.

3. Les autres dispositions de l'ordonnance du 17 octobre 1821, relatives au droit d'admission dans les compagnies sédentaires, sont maintenues.

4. Notre ministre secrétaire d'Etat de la guerre (vicomte de Caux) est chargé de l'exécution de la présente ordonnance.

30 AVRIL = Pr. 8 MAI 1828. — Ordonnance du Roi qui porte à neuf le nombre des juges du tribunal de première instance de Grenoble (1). (8, Bull. 228, n° 8392.)

Charles, etc.

Sur le rapport de notre garde-des-sceaux, ministre secrétaire d'Etat au département de la justice;

Vu l'article 37 de la loi du 20 avril 1810, sur l'organisation judiciaire;

Vu le décret du 18 août de la même année, concernant la composition des tribunaux de première instance;

Notre Conseil-d'Etat entendu,

Nous avons ordonné et ordonnons ce qui suit :

Art. 1ᵉʳ. Le nombre des juges du tribunal de première instance de Grenoble, fixé à sept par l'article 1ᵉʳ du décret du 18 août 1810, est porté à neuf.

Deux nouveaux juges seront en conséquence nommés pour faire le service de ce tribunal conjointement avec ceux déjà existant.

2. Ces nouveaux juges seront inscrits sur les listes de rang et de service dudit tribunal, conformément aux dispositions de l'article 7 du réglement du 30 mars 1808 et de l'article 28 du décret du 18 août 1810.

3. Notre garde-des-sceaux ministre secrétaire d'Etat au département de la justice (comte Portalis), est chargé de l'exécution de la présente ordonnance, qui sera insérée au Bulletin des Lois.

___

30 AVRIL = Pr. 29 MAI 1828. — Ordonnance du Roi qui approuve l'adjudication de la construction d'un pont suspendu sur la Saône au Plan de Vaize, d'une gare latérale à cette rivière et d'un port. (8, Bull. 231, n° 8466.)

Charles, etc.

Sur le rapport de notre ministre secrétaire d'Etat de l'intérieur;

Vu le cahier de charges dressé pour la construction d'un pont suspendu sur la Saône, au lieu dit le plan de Vaize, aux abords de Lyon, et d'une gare latérale à cette rivière, moyennant la concession d'un péage sur l'un et l'autre de ces établissemens;

Vu le procès-verbal du 8 février dernier, constatant les opérations faites à la préfecture du département du Rhône, pour parvenir, avec publicité et concurrence, à l'adjudication de cette entreprise,

Notre Conseil-d'Etat entendu,

___

(1) Il a fallu une loi (celle du 31 juillet 1821) pour augmenter le nombre des juges du tribunal de première instance de Paris, parce que la loi du 20 avril 1810, art. 35, détermine le nombre des juges de ce tribunal ; mais, pour les autres tribunaux, l'art. 37 de la même loi dispose que le nombre des juges pourra être augmenté. — *Voy.* le décret du 18 août 1810, art. 1ᵉʳ.

Nous avons ordonné et ordonnons ce qui suit :

Art. 1er. L'adjudication de la construction d'un pont suspendu sur la Saône, au Plan de Vaize, d'une gare latérale a cette rivière et d'un port, faite et passée le 8 février 1828, par le préfet du département du Rhône, aux sieurs Costes, Nivière, Turin aîné, Laubreaux, Saint-Olive et Journet, moyennant la concession des droits à percevoir pendant quatre-vingt-dix-huit ans et six mois sur le pont, et à perpétuité sur la gare et le port, est approuvée. En conséquence, toutes les charges, clauses et conditions de cette adjudication recevront leur pleine et entière exécution (1).

2. Le cahier des charges, le tarif et le procès-verbal d'adjudication demeureront annexés à la présente ordonnance.

3. Notre ministre secrétaire d'Etat de l'intérieur (vicomte de Martignac) est chargé de l'exécution de la présente ordonnance.

Tarif des droits de péage à percevoir sur le pont, la gare et le port de Vaize.

GARE.

Pour chaque mètre carré de superficie des bateaux, par jour :

A partir du 15 octobre au 15 mars, ci. $0^f 04^c$
A partir du 15 mars au 15 octobre, ci. 0 03

PORT.

Pour stationnement excédant vingt-quatre heures et en sus du prix de stationnement dans la gare, pour chaque mètre carré de superficie de bateau, par jour, ci. 0 04

Nota. Pour les bateaux à gouvernail attenant à la carène, la partie extérieure du gouvernail sera considérée comme occupant dans toute sa longueur une largeur d'un mètre.

PONT.

Pour chaque personne, ci. 0 05
Pour chaque âne, bœuf, vache, mouton, chèvre, porc, non compris le conducteur, ci. 0 02 1/2
Pour chaque âne, bœuf, vache, attelé, non compris le conducteur, ci. 0 05
Pour chaque cheval ou mulet non attelé, non compris le conducteur, ci. 0 05
Pour chaque cheval ou mulet attelé, depuis un jusques et y compris le troisième, non compris le conducteur, ci. 0 10

Pour chacun des autres chevaux, à compter et y compris le quatrième cheval, non compris le conducteur, ci. 0 05
Pour une cariole à bras, une brouette, non compris le conducteur, ci. . . 0 02 1/2

Sont exempts du péage sur le pont le préfet et le sous-préfet, les ingénieurs et conducteurs des ponts-et-chaussées, la gendarmerie dans l'exercice de ses fonctions, les militaires voyageant à pied ou à cheval, en corps ou séparément, à charge, dans ce dernier cas, de présenter une feuille de route ou un ordre de service; les malles faisant le service des postes de l'Etat, et les courriers du Gouvernement.

Paris, le 22 décembre 1827.

Le conseiller d'Etat, directeur général des ponts-et-chaussées et des mines, signé BECQUEY.

Approuvé. Paris, le 22 décembre 1827.

Le président du conseil des ministres, ministre secrétaire d'Etat des finances, chargé provisoirement du portefeuille de l'intérieur, J. DE VILLÈLE.

Vu pour être annexé à l'ordonnance royale du 30 avril 1828, enregistrée sous le n° 2223.

Le ministre de l'intérieur,

Signé DE MARTIGNAC.

---

30 AVRIL = Pr. 29 MAI 1828. — Ordonnance du Roi qui autorise la ville de Tournus (Saône-et-Loire) à établir un abattoir public. (8, Bull. 231, n° 8467.)

Charles, etc.

Sur le rapport de notre ministre secrétaire d'Etat au département de l'intérieur;

Vu les délibérations du conseil municipal de Tournus des 6 mars et 27 juillet 1826, 10 mai 1827 et 31 janvier 1828, toutes relatives à l'établissement d'un abattoir public et commun en cette ville;

L'avis du préfet du département, du 4 février 1828;

Notre Conseil-d'Etat entendu,

Nous avons ordonné et ordonnons ce qui suit :

Art. 1er. La ville de Tournus (Saône-et-Loire) est autorisée à établir un abattoir public et commun. L'autorité municipale remplira, pour le choix du local, les formalités exigées par le décret du 15 octobre 1810 et par l'ordonnance royale du 14 janvier 1815 pour

---

(1) *Voy.* notes sur l'article 17 de la loi du 17 août 1822.

Ainsi le Gouvernement persiste à croire qu'il peut concéder des droits de péage pour plus de dix années. Nous pensons qu'en effet il a ce droit; car la loi du 14 floréal an 10 (art. 11, non pas que le Gouvernement peut concé-

der des droits de péage d'une durée de dix ans, mais bien que le Gouvernement peut, pendant dix années, autoriser l'établissement de ponts par des particuliers, et déterminer *la durée de leur jouissance. Voy.* notes sur l'art. 17 de la loi du 17 août 1822.

les ateliers insalubres ou incommodes de troisième classe.

2. Aussitôt que les échaudoirs dudit établissement auront été mis en état de servir, et dans le délai d'un mois, au plus tard, après que le public en aura été averti par affiches, l'abattage des bœufs, vaches, veaux, moutons et porcs destinés à la consommation des habitans aura lieu exclusivement dans l'abattoir public, et toutes les tueries particulières seront interdites et fermées.

Toutefois, les propriétaires ou particuliers qui élèvent des porcs pour la consommation de leur maison conserveront la faculté de les abattre chez eux, pourvu que ce soit dans un lieu clos et séparé de la voie publique.

3. Les bouchers et charcutiers forains pourront également faire usage de l'abattoir public, mais sans y être obligés, soit qu'ils concourent à l'approvisionnement de la ville, soit qu'ils approvisionnent seulement la banlieue : ils seront libres de tenir des échaudoirs et des étaux hors de la ville, dans les communes voisines, sous l'approbation de l'autorité locale.

4. En aucun cas, et pour quelque motif que ce soit, le nombre des bouchers et charcutiers ne pourra être limité; tous ceux qui voudront s'établir à Tournus seront seulement tenus de se faire inscrire à la mairie, où ils feront connaître le lieu de leur domicile et justifieront de leur patente.

5. Les bouchers et charcutiers de la ville auront la faculté d'exposer en vente et de débiter de la viande à leur domicile, pourvu que ce soit dans des étaux convenablement appropriés à cet usage, en suivant les règles de la police.

6. Les bouchers et charcutiers forains pourront exposer en vente et débiter de la viande dans la ville, mais seulement sur les lieux et marchés publics désignés par le maire et aux jours fixés par lui, et ce en concurrence avec les bouchers et charcutiers de la ville qui voudront profiter de la même faculté.

7. Les droits à payer par les bouchers et charcutiers pour l'occupation des places dans l'abattoir public seront réglés par un tarif arrêté dans la forme ordinaire.

8. Le maire de la ville de Tournus pourra faire les réglemens locaux nécessaires pour le service de l'abattoir public et commun, ainsi que pour le commerce de la boucherie et charcuterie; mais ces actes ne seront exécutoires qu'après avoir reçu l'approbation de notre ministre de l'intérieur, sur l'avis du préfet.

9. Notre ministre secrétaire d'État de l'intérieur (vicomte de Martignac) est chargé de l'exécution de la présente ordonnance, qui sera insérée au Bulletin des Lois.

3o AVRIL 1828 — **Tableau des prix des grains,** pour servir de régulateur de l'exportation et de l'importation, conformément aux lois des 16 juillet 1819 et 4 juillet 1821, arrêté le 3o avril 1828. (8, Bull. 227, n° 8314.)

3o AVRIL 1828. — Ordonnance qui accorde des pensions de retraite à cinq militaires y dénommés, imputables sur le crédit d'inscription de l'année 1827. (8, Bull. 235 bis, n° 2.)

3o AVRIL 1828. — Ordonnance qui accorde un secours annuel aux deux orphelins du militaire y dénommé, imputable sur le crédit de 1827. (8, Bull. 231 bis, n° 3.)

3o AVRIL 1828. — Ordonnance qui accorde des pensions de retraite à dix militaires y dénommés, imputables sur le crédit ouvert par l'article 3 de la loi du 20 juin 1827. (8, Bull. 231 bis, n° 4.)

3o AVRIL 1828. — Ordonnance qui accorde des pensions de retraite à cent cinq militaires y dénommés, imputables sur le crédit d'inscription de l'année 1828. (8, Bull. 231 bis, n° 5.)

3o AVRIL 1828. — Ordonnance qui accorde des pensions à vingt-quatre veuves de militaires y dénommés, imputables sur le crédit d'inscription de l'année 1827. (8, Bull. 231 bis, n° 6.)

3o AVRIL 1828. — Ordonnance qui accorde une pension au sieur Piery, ex-conseiller de préfecture du département des Vosges. (8, Bull. 231 bis, n° 7.)

3o AVRIL 1828. — Ordonnance qui accorde une pension à la veuve d'un employé des administrations de l'armée. (8, Bull. 231 bis, n° 8.)

3o AVRIL 1828. — Ordonnance qui autorisent l'acceptation de dons et legs faits aux communes de Pure, de Saint-Privat-Champelos, de Saint-Julien-Dance, de Rembercourt-aux-Pots, de Chanay, de l'Hôpital, de Gumery, de Villefranche, de Méharicourt et du Mesnil-Toxe. (8, Bull. 236, n°ˢ 8630 à 8639.)

3o AVRIL 1828. — Ordonnance portant concession des mines de houille de Lalle, situées sur une partie des territoires d'Anjac, Castillon et Portes, département du Gard, aux sieurs de Sarazin et Dalverny. (8, Bull. 237, n° 8677.)

3o AVRIL 1828. — Ordonnance portant concession aux héritiers du sieur Lignières des mines de houille de Mailhac, département de l'Aude. (8, Bull. 239, n° 8678.)

3o AVRIL 1828. — Ordonnance qui autorise les sieurs Ronflette frères à établir une usine à fer dans la commune de Nouzon, département des Ardennes. (8, Bull. 237, n° 8680.)

30 AVRIL 1828. — Ordonnance qui autorise le sieur Dubost à transformer en une usine à fer les deux martinets qu'il possède dans la commune de Chenecy, département du Doubs. (8, Bull. 237, n° 8679.)

30 AVRIL 1828. — Ordonnance qui autorise le sieur Rival à construire une usine à fer et à acier dans la commune de Belviane, département de l'Aude. (8, Bull. 237, n° 8681.)

4 MAI 1828. — Décision du garde-des-sceaux sur la question de savoir par qui doivent être reçus les actes de l'état civil d'une commune, en cas d'empêchement du maire et de son adjoint. (Gaz. des Trib. 24 mai 1828.)

« La loi du 28 pluviose an 8, qui a établi l'organisation municipale actuellement en vigueur, ne contenant aucune disposition à cet égard, il convient de consulter les lois qui régissaient antérieurement les municipalités ; or, ces lois appelaient les conseillers municipaux à remplacer les administrateurs ou maires (14 décembre 1789, art. 47; 8 avril 1793). Il doit donc en être de même aujourd'hui, et c'est un membre du conseil municipal qui doit être chargé de remplir les fonctions des maires et adjoints empêchés.

« Quant à la question de savoir par qui ce membre peut être délégué, cette faculté ne saurait appartenir au maire ni à l'adjoint, qui n'ont qu'un simple droit d'administration : c'est au préfet à prendre un arrêté spécial à ce sujet, et à commettre un conseiller municipal choisi par la loi. »

4 ═ Pr. 8 MAI 1828. — Ordonnance du Roi relative à la mise en activité des jeunes soldats appelés sur les classes de 1825 et 1826, et qui ont été laissés dans leurs foyers en exécution des ordonnances des 19 novembre 1826 et 18 novembre 1827. (8, Bull. 228, n° 8384.)

Charles, etc.

Vu l'art. 2 de la loi du 9 juin 1824 ;

Sur le rapport de notre ministre secrétaire d'Etat de la guerre,

Nous avons ordonné et ordonnons ce qui suit :

Art. 1er. Les jeunes soldats appelés sur la classe de 1826 en vertu de notre ordonnance du 28 avril 1827, et qui ont été laissés dans leurs foyers en exécution de notre ordonnance du 18 novembre 1827 et de notre décision du 20 février 1828, sont mis en activité : leur départ aura lieu le 15 juin prochain.

2. Les jeunes soldats appelés sur la classe de 1825 en vertu de notre ordonnance du 2 janvier 1826, et qui ont été laissés dans leurs foyers en exécution de notre ordonnance du 19 novembre de la même année, sont mis en activité : leur départ aura lieu le 15 juin prochain.

3. Notre ministre secrétaire d'Etat de la guerre (vicomte de Caux) est chargé de l'exécution de la présente ordonnance.

4 ═ Pr. 19 MAI 1828. — Ordonnance du Roi qui prescrit l'enregistrement et la transcription au Conseil-d'Etat des statuts de la congrégation des sœurs de la Charité établie à Strasbourg, département du Bas-Rhin (1). (8, Bull. 229, n° 8457.)

Charles, etc.

Vu la loi du 24 mai 1825 ;

Vu le consentement donné par l'évêque de Strasbourg aux statuts de la congrégation des sœurs de la charité établie dans cette ville ;

Vu lesdits statuts ;

Considérant que ladite congrégation est soumise, pour le spirituel, à la juridiction de l'ordinaire ;

Considérant que lesdits statuts ne dérogent pas aux lois du royaume et ne contiennent rien de contraire à la Charte constitutionnelle, aux droits de notre couronne, aux franchises, libertés et maximes de l'église gallicane ;

Sur le rapport de notre ministre secrétaire d'Etat au département des affaires ecclésiastiques ;

Notre Conseil-d'Etat entendu,

Nous avons ordonné et ordonnons ce qui suit :

Art. 1er. Les statuts de la congrégation des sœurs de la charité établie à Strasbourg, département du Bas-Rhin, gouvernée par une supérieure générale, et ayant pour fin le service des pauvres malades admis dans leurs maisons et dans les hôpitaux confiés à leurs soins, lesdits statuts dûment vérifiés et tels qu'ils sont annexés à la présente ordonnance, seront enregistrés et transcrits au Conseil-d'Etat : mention de ladite transcription sera faite par le secrétaire général du conseil sur la pièce enregistrée.

2. Nonobstant toutes expressions desdits statuts qui pourraient n'y point paraître conformes, les personnes faisant partie de ladite congrégation ne pourront disposer de leurs biens meubles et immeubles que dans les limites prescrites par l'article 5 de la loi du 24 mai 1825.

3. Nous nous réservons d'autoriser ultérieurement, s'il y a lieu, ladite congrégation, après l'accomplissement des formalités prescrites par la loi.

_____

(1) Voy. les notes sur l'ordonnance du 2 ═ 4 mars 1828.

4. Notre ministre secrétaire d'État des affaires ecclésiastiques, et notre garde-des-sceaux, ministre secrétaire d'État de la justice (Feutrier et comte Portalis), sont chargés, chacun en ce qui le concerne, de l'exécution de la présente ordonnance, qui sera insérée au Bulletin des Lois.

4 MAI = Pr. 1er JUIN 1828. — Ordonnance du Roi portant création de deux places d'agent de change courtier de marchandises à Poitiers. (8, Bull. 232, n° 8475.)

Charles, etc.

Sur le rapport de notre ministre secrétaire d'État du commerce et des manufactures;

Vu la demande du tribunal de commerce de la ville de Poitiers;

Vu l'avis du préfet du département de la Vienne,

Nous avons ordonné et ordonnons ce qui suit :

Art. 1er. Il y aura deux places d'agent de change courtier de marchandises à Poitiers, département de la Vienne.

2. Le cautionnement affecté à ces emplois est fixé à six mille francs.

3. Nos ministres secrétaires d'État du commerce et des manufactures et des finances (M. Saint-Cricq et comte Roy) sont chargés de l'exécution de la présente ordonnance, qui sera insérée au Bulletin des Lois.

4 = 19 MAI 1828. — Ordonnance du Roi qui autorise des exploitations dans les bois de plusieurs communes. (8, Bull. 229, n° 8438.) *Voy.* Code forestier, art. 16 et 90.

4 MAI 1828. — Ordonnance qui nomme membre de la commission de surveillance de la caisse d'amortissement et de celle des dépôts et consignations M. de Surgy, président d'une des chambres de la cour des comptes. (8, Bull. 229, n° 8436.)

7 = Pr. 24 MAI 1828. — Ordonnance du Roi portant établissement d'un nouveau tarif pour la perception des droits de navigation sur la rivière d'Isle, entre Libourne et Laubardemont. (8, Bull. 230, n° 8457.)

Charles, etc.

Vu la loi du 5 août 1821, qui autorise l'emprunt d'une somme de deux millions cinq cent mille francs, destinée à la confection des travaux nécessaires pour rendre la rivière d'Isle navigable jusqu'à Périgueux;

Vu la loi du 20 mai 1802 (30 floréal an 10), qui autorise l'établissement d'un droit de navigation sur les rivières et canaux de la France;

Vu l'arrêté réglementaire du 28 mai 1803 (8 prairial an 11);

Vu le décret du 4 mars 1808, qui fixe le tarif des droits à percevoir sur la partie alors navigable de la rivière d'Isle;

Sur le rapport de notre ministre secrétaire d'État des finances,

Nous avons ordonné et ordonnons ce qui suit :

Art. 1er. A dater de la publication de la présente ordonnance, le tarif établi par le décret des 4 mars 1808 pour la navigation de la rivière d'Isle entre Libourne et Laubardement sera remplacé par le tarif ci-après :

1° Vingt-cinq centimes par tonneau de mille kilogrammes et par distance de cinq mille mètres par les bateaux dont le chargement, en tout ou en partie, se composera d'objets autres que ceux dont les deux paragraphes ci-après contiennent l'indication;

2° Quinze centimes par tonneau et par distance pour les bateaux exclusivement chargés de charbon de bois, fer, fonte et autres métaux; bois d'équarrissage, de sciage, de menuiserie et de construction; de marbre, tuiles, briques, ardoises; résine et matières résineuses; osier, feuillard, bois merrain, lattes, futailles vides; foin, pailles et autres fourrages; céréales tant en grains qu'en farines, graines légumineuses de toute espèce, baies de genièvre, marrons, châtaignes, pommes de terre; fruits; viandes fraîches et salées, poissons frais et salés, sel marin; eau-de-vie, vin, vinaigres, lies, bières, et généralement toutes boissons spiritueuses ou fermentées;

3° Dix centimes par tonneau et par distance pour les bateaux exclusivement chargés de charbon de terre, charbon de mine, minerai, pierres de taille brutes, dégrossies ou façonnées, moellons, tourmes, fumiers et engrais quelconques, gravier; bois à brûler gros et menus; marne, argile, sable, pavés et cailloux de toute espèce, chaux, cendres fossiles, terres à faïence et bêtes vivantes;

4° Cinquante centimes par distance pour tout bateau vide et pour tout radeau non chargé.

Lorsqu'un bateau ou radeau transportera des marchandises appartenant à différentes classes du tarif, la taxe relative à celles qui seront le plus imposées sera appliquée à la totalité du chargement.

2. Les trains d'arbres flottés seront considérés comme bois à brûler, et paieront pour chaque arbre, sans qu'on ait égard à la dimension, le droit fixé pour deux tonneaux.

Les radeaux et les trains de bois flottés chargés de marchandises seront imposés à raison d'un tonneau pour un mètre carré de superficie; les trains de bois flottés non chargés seront imposés à raison d'un tonneau pour deux mètres carrés de superficie.

3. Les droits fixés par les articles précédens seront perçus tant à la remonte qu'à la descente, et seront appliqués à la partie navigable de la rivière d'Isle jusqu'à Périgueux, à mesure que la navigation y sera établie.

Notre ministre secrétaire d'Etat des finances est autorisé à fixer les époques de cette application successive.

4. Il sera placé des bornes pour indiquer la distance de cinq mille mètres.

5. Le préfet du département de la Gironde déterminera provi-oirement par un arrêté la distance de chaque port situé sur la rivière d'Isle dans ce département aux deux bureaux de perception les plus voisins; et les droits seront perçus en raison de cette distance, jusqu'à ce que le bornage prescrit par l'article précédent soit terminé.

6. Le tarif n'admettant pas de fractions de distance, l'espace compris entre le point de départ et la première borne, ou depuis la dernière borne jusqu'au point d'arrivée, sera compté pour une distance entière.

7. La régie des contributions indirectes fixera le nombre et la situation des bureaux de perception : un poteau placé sur le bord de la rivière indiquera chacun de ces bureaux.

8. Dans les trois mois qui suivront la publication de la présente ordonnance, il sera procédé par les employés de la régie des contributions indirectes au jaugeage des bateaux qui naviguent sur la rivière d'Isle entre Libourne et Périgueux.

A cet effet, les propriétaires desdits bateaux devront, dans le délai ci-dessus fixé, les conduire ou faire conduire au bureau de Libourne. La régie pourra désigner ultérieurement d'autres bureaux de jaugeage, et les bateaux nouvellement construits seront alors conduits, pour être soumis à cette opération, au bureau le plus voisin du lieu où ils auront été mis à flot.

9. Les employés qui auront jaugé un bateau dresseront de cette opération un procès-verbal, dont ils remettront copie au propriétaire: ce procès-verbal énoncera :

1° Le nom et le domicile du propriétaire,

2° Le nom du bateau,

3° Ses dimensions,

4° Son tirant d'eau à vide,

5° Son tonnage, calculé en tonneaux de mer de mille kilogrammes pour la plus grande charge possible, d'après le tirant d'eau déterminé par les réglemens.

10. Une nouvelle expédition du procès-verbal pourra être délivrée aux frais du propriétaire, toutes les fois qu'il le demandera.

11. Le nom et le domicile du propriétaire, ainsi que le nom du bateau, seront inscrits à la droite et à la gauche de la proue en lettres de quinze centimètres de hauteur sur deux centimètres de largeur, peintes à l'huile en noir sur un fond blanc : immédiatement au-dessous

et sur le même fond, les employés de la régie marqueront avec leur rouanne le numéro du procès-verbal de jaugeage et le tonnage du bateau.

Ils apposeront également la marque de la rouanne au milieu de chaque flanc, sur la ligne de flottaison du bateau à charge complète.

12. Lorsqu'un bateau non jaugé naviguera pour la première fois sur la rivière d'Isle après l'expiration du délai fixé par l'art. 8, le laissez-passer délivré en conformité de l'art. 15 ci-après devra énoncer cette circonstance, et de plus contenir l'engagement, pris par le propriétaire ou conducteur, de faire jauger ce bateau au premier bureau de jaugeage placé sur la route à parcourir.

13. Les ingénieurs des ponts-et-chaussées auront la faculté de vérifier le jaugeage des bateaux lorsqu'ils se trouveront à portée de le faire, et, s'ils reconnaissent des erreurs, de les consigner dans un procès-verbal, qui sera remis au préfet du département où la vérification aura été faite, et transmis ensuite au directeur général des contributions indirectes, qui fera rectifier le jaugeage fautif.

14. Quand les propriétaires soupçonneront qu'une erreur aura été commise à leur préjudice, ou quand ils auront fait à leurs bateaux des changemens ou des répara-ions qui en modifieront le tonnage ou le tirant d'eau, ils pourront demander qu'il soit procédé à un nouveau jaugeage. Les changemens non déclarés qui auraient pour résultat d'augmenter frauduleusement le tonnage seront considérés comme des infractions à l'article 23 de l'arrêté du 8 prairial an 11 (28 mai 1803), et punis en conséquence.

15. Aucun bateau chargé ou à vide, aucun train, radeau, etc., ne pourra naviguer dans la partie de la rivière d'Isle où la perception sera établie, sans une déclaration préalable de la part du conducteur ou du propriétaire, et sans un laissez-passer énonçant la destination, l'espèce et la quantité des objets transportés.

16. Les bateaux, trains, radeaux, etc., qui partiront d'un point situé au-dedans de la distance de cinq mille mètres d'un bureau de perception, devront être déclarés à ce bureau. Le droit y sera acquitté avant le départ pour le nombre des distances à parcourir jusqu'à la destination déclarée, ou jusqu'au premier bureau de perception si la destination est au-delà.

17. Les conducteurs acquitteront également, au passage des bateaux, trains, radeaux, etc., devant les bureaux de perception, les droits dus en raison des distances à parcourir jusqu'à la destination déclarée, ou jusqu'au premier bureau de perception, indépendamment des droits qui pourront être exigibles dans les cas prévus par l'article 19 ci-après.

18. Les bateaux, trains, radeaux, etc., qui partiront d'un point situé en dehors de la distance de cinq mille mètres du bureau de perception, seront déclarés soit à ce bureau, soit à des bureaux particuliers de déclaration qui seront désignés par la régie des contributions indirectes.

19. Il ne sera délivré de laissez-passer dans les bureaux particuliers de déclaration qu'autant que les propriétaires ou conducteurs prendront l'engagement par écrit, dans la forme qui sera déterminée par la régie des contributions indirectes, d'acquitter les droits au bureau de perception le plus voisin de la destination, ou au premier bureau devant lequel ils devront passer pour s'y rendre.

20. Le conducteur d'un bateau parti à vide et qui prendra un chargement en route ne pourra en effectuer le transport qu'après avoir fait une nouvelle déclaration et avoir obtenu un nouveau laissez-passer. La somme payée pour le bateau vide sera admise à compte des droits dus pour les marchandises chargées. Il sera de même fait une nouvelle déclaration et pris un nouveau laissez-passer pour les bateaux qui auront reçu en route un supplément de charge.

21. Les conducteurs de bateaux, trains, radeaux, etc., sont tenus de représenter, à toute réquisition, aux employés des contributions indirectes, des octrois, des douanes et de la navigation, ainsi qu'aux éclusiers, maîtres de ponts ou de pertuis, les procès-verbaux de jaugeage, laissez-passer, connaissemens, lettres de voiture, relatifs aux bateaux, trains, radeaux, etc., qu'ils conduisent, et de faciliter les visites et vérifications desdits préposés : ils sont tenus en outre de remettre à chaque bureau de perception les laissez-passer qui leur auront été délivrés tant au bureau de perception précédent qu'aux bureaux intermédiaires de déclaration.

22. Il est défendu aux éclusiers, maîtres des ponts ou de pertuis, de laisser passer aucun bateau, train, radeau, etc., pour lequel il ne leur serait pas représenté de procès-verbaux de jaugeage et d'expéditions applicables à la nature du transport, comme aussi de percevoir aucun droit particulier pour la manœuvre des écluses; le tout à peine de destitution, d'être contraints personnellement au remboursement des sommes indûment perçues ou des droits fraudés, et d'être poursuivis comme concussionnaires.

23. Les autorités civiles et militaires seront tenues, sur la demande écrite des préposés à la perception du droit de navigation, de requérir ou de prêter main-forte pour l'exécution des lois et réglemens relatifs à leurs fonctions.

24. Les contraventions aux dispositions de la présente ordonnance seront constatées par des procès-verbaux, pour les contrevenans être poursuivis et jugés conformément à la législation existante (*arrêté du 8 prairial an 11, art. 23 et 24*).

25. Les contestations sur l'application de la taxe seront, en conformité de l'article 15 de l'arrêté du 8 prairial an 11, portées devant le sous-préfet dans l'arrondissement duquel le bureau de perception sera situé, sauf le recours au préfet, qui prononcera en conseil de préfecture (1).

26. Les droits contestés seront provisoirement acquittés par forme de consignation entre les mains du receveur du bureau où la contestation se sera élevée, et il ne pourra être statué sur cette contestation qu'autant que le réclamant représentera quittance valable desdits droits.

Les droits consignés seront ou portés définitivement en recette, ou restitués en tout ou en partie, suivant la décision qui interviendra, et dont le réclamant devra produire un extrait en forme.

27. La régie des contributions indirectes demeure chargée de la perception des droits.

28. Notre ministre secrétaire d'État des finances (comte Roy) est chargé de l'exécution de la présente ordonnance, qui sera insérée au Bulletin des Lois.

---

(1) Par cette expression, *le préfet en conseil de préfecture*, veut-on dire que le préfet statue *seul, après avoir entendu le conseil de préfecture*, ou bien, suivant l'usage ordinaire, veut-on donner *au conseil de préfecture présidé par le préfet*, le droit de prononcer? La difficulté peut paraître sérieuse, puisque la même locution, employée dans l'article 5 de la loi du 5 février 1817, sur les élections, a été interprétée en ce sens, que le préfet doit statuer seul. *Voy.* la loi du 5 février 1817, l'ordonnance du 4 septembre 1820, et les notes sur l'art. 4 de cette ordonnance, M. de Cormenin. 3ᵉ édition, v° *Élections*. — Malgré ce précédent, c'est au *conseil de préfecture*, et non au préfet seul, qu'il appartient de statuer sur l'application de la taxe. A la vérité, l'art. 15 de l'arrêté du 8 prairial an 11, auquel se réfère la présente ordonnance, dit, comme elle, *le préfet en conseil de préfecture*; mais cet arrêté est basé lui-même sur la loi du 30 floréal an 10, et celle-ci, dans son article 4, porte expressément que les contestations qui pourront s'élever sur la perception des droits de navigation seront décidées administrativement *par les conseils de préfecture*. Cette observation aura pu être faite pour établir que l'art. 5 de la loi du 5 février 1817 ne devait pas être pris à la lettre, et que *le préfet en conseil de préfecture*, ou le *conseil de préfecture présidé par le préfet*, sont des locutions employées indifféremment l'une pour l'autre dans nos lois.

7 = Pr. 29 MAI 1828.—Ordonnance du Roi concernant les machines à vapeur à haute pression. (8, Bull. 231, n° 8462.)

Voy. ordonnances du 25 MAI 1828.

Charles, etc.

Sur le rapport de notre ministre secrétaire d'État au département de l'intérieur;

Vu l'ordonnance du 29 octobre 1823, relative aux machines à vapeur à haute pression;

Notre Conseil-d'État entendu,

Nous avons ordonné et ordonnons ce qui suit :

Art. 1er. La pression d'épreuve qui a été prescrite par l'ordonnance du 29 octobre 1823, est réduite, pour les chaudières en cuivre ou en fer battu, au triple de la pression qui doit faire agir habituellement les machines auxquelles elles sont destinées. Toutefois, les fabricans donneront auxdites chaudières des épaisseurs suffisantes pour qu'elles puissent toujours subir la pression d'épreuve, sans que la force de résistance du métal en soit altérée.

2. Les tubes bouilleurs qui doivent être adaptés aux chaudières des machines à haute pression sont assujétis au même régime d'épreuve et de surveillance que les chaudières.

Lorsque ces tubes seront de nature à être soumis à une pression d'épreuve différente de celle qui est exigée pour la chaudière à laquelle ils doivent être adaptés, ils seront éprouvés séparément.

Dans le cas contraire, ils seront éprouvés faisant corps avec la chaudière ou séparément, au choix du fabricant ou du propriétaire de la machine.

De quelque manière que l'épreuve ait été faite, chaque tube bouilleur sera marqué d'un timbre indiquant le degré de pression qui doit faire agir habituellement la machine à laquelle il est destiné.

3. Les cylindres en fonte des machines à vapeur à haute pression et les enveloppes en fonte de ces cylindres seront éprouvés à l'aide d'une pression quintuple de celle que la vapeur doit avoir dans l'exercice habituel de la machine. Après l'épreuve, les cylindres et les enveloppes seront marqués d'un timbre indiquant le degré de pression habituel de la vapeur.

4. La force de pression à prendre comme terme de départ pour les épreuves doit être égale à celle qui, dans l'exercice habituel de la machine, tend à faire rompre les parois des chaudières, tubes bouilleurs, cylindres et enveloppes, c'est-à-dire à la force de tension que la vapeur doit avoir habituellement, diminuée de la pression extérieure de l'atmosphere.

5. Notre ministre secrétaire d'État de l'intérieur (vicomte de Martignac) est chargé de l'exécution de la présente ordonnance, qui sera insérée au Bulletin des Lois.

7 = Pr. 29 MAI 1828. — Ordonnance du Roi qui classe plusieurs chemins parmi les routes départementales du Loiret. (8, Bull. 231, n° 8463.)

Charles, etc.

Sur le rapport de notre ministre secrétaire d'État au département de l'intérieur;

Vu la délibération prise par le conseil général du département du Loiret dans la session de 1827, et tendant à classer au rang des routes départementales les chemins de Pithiviers à Etampes, d'Orléans au Mans, et d'Orléans à Joigny;

L'avis du préfet de ce département;

Notre Conseil d'État entendu,

Nous avons ordonné et ordonnons ce qui suit :

Art. 1er. Les chemins ci-dessus désignés sont classés parmi les routes départementales du département du Loiret, sous les numéros et les dénominations suivantes : n° 5, de Pithiviers à Etampes; n° 6, d'Orléans au Mans, par Ouzouer-le-Marché; n° 7, d'Orléans à Joigny, par Lorris, Montargis et Château-Renard.

2. L'administration est autorisée à acquérir les propriétés et terrains nécessaires pour l'établissement de ces routes départementales. Elle se conformera, à ce sujet, à la loi du 8 mars 1810, sur les expropriations pour cause d'utilité publique.

3. Notre ministre secrétaire d'État de l'intérieur (vicomte de Martignac) est chargé de l'exécution de la présente ordonnance.

7 = Pr. 29 MAI 1828. — Ordonnance du Roi qui classe au rang des routes départementales du Nord le chemin de Condé à Saint-Amand. (8, Bull. 231, n° 8464.)

Charles, etc.

Sur le rapport de notre ministre secrétaire d'État de l'intérieur;

Vu la délibération prise par le conseil général du département du Nord dans sa session de 1826, et tendant à classer le chemin de Condé à Saint-Amand parmi les routes départementales;

Vu l'avis du préfet du département;

Notre Conseil d'État entendu,

Nous avons ordonné et ordonnons ce qui suit :

Art. 1er. Le chemin de Condé à Saint-Amand est classé au rang des routes départementales du département du Nord, sous le n° 8.

2. L'administration est autorisée à acquérir les propriétés et terrains nécessaires pour

la confection de cette route. Elle se conformera, à ce sujet, à la loi du 8 mars 1810, sur les expropriations pour cause d'utilité publique.

3. Notre ministre secrétaire d'Etat de l'intérieur (vicomte de Martignac) est chargé de l'exécution de la présente ordonnance.

---

7 MAI 1828. — Résolution de la Chambre des pairs, adoptée sur la proposition de M le marquis de Mortemart, et modifiant l'art. 5 du réglement de la Chambre. (M n. du 30 mars; 16, 20 et 26 avril; 6 et 14 mai 1828.)

Voy. le réglement de la Chambre des pairs du 2 juillet 1814.

Quand, après l'examen préparatoire des bureaux, la Chambre, conformément à l'article 17 du réglement, aura manifesté l'intention de renvoyer un projet de loi ou une proposition à une commission spéciale, M. le chancelier la consultera, pour savoir si elle entend en confier le choix à son président ou se le réserver à elle-même. La Chambre en délibérera dans la forme accoutumée.

Dans le premier cas, M. le chancelier désignera et proclamera, séance tenante, les membres de la commission.

Dans le second, la Chambre indiquera le jour où elle fera, dans ses bureaux, la nomination de la commission. Ce choix y sera fait par les membres du bureau, en suivant les formes indiquées par l'article 58 du réglement. Le résultat sera consigné au procès-verbal.

---

7 MAI 1828. — Circulaire de son excellence le ministre de l'instruction publique, touchant l'exécution de l'ordonnance du 21 avril 1828, sur l'instruction primaire. (Mon. du 8 mai 1828.)

Voy. l'ordonnance du 21 AVRIL 1828.

Monsieur le recteur, une nouvelle ordonnance, relative à l'instruction primaire, rend à l'Université d'importantes attributions. Cette ordonnance, qui concerne principalement les écoles catholiques, abroge les art. 8, 9, 10 et 11 de l'ordonnance du 8 avril 1824; elle charge les recteurs de délivrer ou de refuser les autorisations nécessaires pour l'établissement des écoles primaires; elle accorde en même temps aux ministres de la religion une participation salutaire à la surveillance des écoles. Les dispositions n'en sont pas limitées aux écoles de garçons; elles s'étendent aussi aux écoles de filles, qui jusqu'à présent avaient été soumises à un autre régime.

Ainsi sont conciliés les droits de la puissance civile et les intérêts de la religion. D'un côté, l'autorité universitaire emploiera tous ses soins et tous ses efforts à propager l'enseignement primaire, et encouragera, par une égale protection, les divers modes de cet enseignement; d'un autre côté, les supérieurs ecclésiastiques veilleront à ce que, dans toutes les écoles, on donne à l'instruction religieuse le temps et l'attention que réclame cette partie nécessaire de l'éducation. Le concours du pouvoir civil et de l'autorité spirituelle, leur bonne intelligence entretenue par la conformité de leurs intentions, favoriseront les progrès de l'instruction élémentaire que l'Etat et l'Eglise ont un intérêt égal à seconder, puisque les sages principes, les louables habitudes, et les connaissances utiles que la jeunesse acquiert dans des écoles bien dirigées et bien tenues, sont de sûrs moyens d'améliorer les mœurs.

L'ordonnance du 21 avril remet en vigueur, avec diverses modifications, les ordonnances du 29 février 1816 et du 2 août 1820. Par là se trouvent aussi confirmés (sauf les modifications corrélatives à celles qui ont été introduites dans la dernière ordonnance) les arrêtés et circulaires qui, depuis 1816 jusqu'à 1824, avaient dirigé votre zele pour le perfectionnement des méthodes, le maintien de la discipline et l'amélioration du sort des maîtres. La législation actuelle vous fournira des moyens efficaces de faire le bien qui depuis long-temps est l'objet de vos vœux. Je vais parcourir avec vous les divers points sur lesquels votre attention doit plus particulièrement se fixer.

1° Comités gratuits.

L'ordonnance rétablit ces comités, sorte de magistrature paternelle, dont l'intervention bienfaisante doit contribuer puissamment à l'amélioration de l'enseignement primaire; il importe avant tout de procéder à leur organisation.

Au lieu d'un comité par canton, l'ordonnance n'exige plus d'une manière impérative qu'un comité par arrondissement de sous-préfecture; mais, comme elle permet, suivant la population et les besoins des localités, d'établir dans le même arrondissement plusieurs comités, dont le ministre doit déterminer la circonscription, vous aurez soin de m'indiquer, le plus promptement possible, les arrondissemens où il conviendrait de partager et de multiplier ainsi la surveillance sur les écoles. Tout, à cet égard, dépend de la possibilité de composer convenablement un comité gratuit. S'il existait un arrondissement où les ressources fussent telles que l'on pût établir un comité par canton, il ne faudrait pas hésiter à pousser la subdivision jusqu'à ce terme: peut-être ce cas se présentera-t-il rarement; mais du moins il me paraît convenable d'établir des comités dans toutes les villes, et même dans les bourgs dont la population approche de celle des villes.

Outre le délégué de l'évêque et les membres de droit, il doit y avoir dans chaque comité six notables, dont deux sont à la nomination de l'évêque diocésain, deux à celle du préfet du département, et deux à la vôtre. Vous devez, de concert avec les deux autres autorités, vous efforcer de parvenir à composer incessamment une réunion de personnes éclairées et dévouées qui comprennent bien l'importance et l'étendue de leurs fonctions. Je vous invite à choisir des hommes connus par leur zèle pour la propagation de l'enseignement, et doués d'assez de sagesse et d'impartialité pour favoriser toutes les méthodes utiles. Les comités, lorsqu'ils donnent des avis, et les recteurs, lorsqu'ils statuent, ne doivent jamais oublier que, dans tout ce qui tient au choix de la méthode, il serait injuste de contrarier, soit directement, soit indirectement, les vœux des communes, les intentions des fondateurs et la liberté des maîtres.

Vous ne manquerez pas de faire remarquer aux membres que vous nommerez que les comités sont appelés à représenter les intérêts de tous les pères de famille; et j'espère que cette considération déterminera les personnes les plus distinguées soit par leurs places, soit par leur situation sociale, à accepter ces utiles fonctions.

Vous aurez remarqué une disposition nouvelle qui sera propre à favoriser la tenue des assemblées. Aux termes de l'art. 6, ces assemblées pourront avoir lieu dans une salle de la maison commune : dès lors on doit espérer qu'avec le concours des maires, les menus frais qu'elles entraînent, se trouvant notablement diminués, seront supportés sans peine par les communes, conformément à la circulaire adressée, le 27 septembre 1820, par le ministre de l'intérieur aux préfets.

Dans le cas où un arrondissement vous paraîtra susceptible de division, vous n'en devez pas moins vous occuper immédiatement de l'organisation du comité qui siégera au chef-lieu de l'arrondissement. Ce comité exercera ses fonctions pour tout l'arrondissement, en attendant qu'il ait été statué sur la division. Il importe de hâter le plus possible l'organisation des comités.

2° Attributions des comités et moyens de surveillance.

Outre leurs anciennes attributions, résultant des art. 7, 8 et 9 de l'ordonnance de 1816, les comités en auront une dont l'utilité a été sentie, même sous le régime qui voulait un comité par canton, et sera plus sensible encore avec des comités moins multipliés: c'est celle qui les autorise à désigner un ou plusieurs inspecteurs gratuits. L'importance, ou plutôt la nécessité, et les heureux effets de l'instruction primaire, sont aujourd'hui si universellement reconnus, qu'on ne peut douter qu'il ne se rencontre, dans chaque arrondissement, un certain nombre d'hommes zélés qui consacreront volontiers, de temps en temps, quelques heures à l'inspection des écoles.

Il est bien entendu que ces inspecteurs, désignés par les comités, existeront indépendamment des surveillans spéciaux dont parlent les art. 8 et 9 de l'ordonnance de 1816. Rien ne pourrait suppléer à l'action constante de ces autorités locales et aux services qu'elles sont à portée de rendre chaque jour.

Outre ces moyens ordinaires de surveillance, la bonne tenue des écoles et la bonne direction de l'enseignement seront encore garanties par les visites des inspecteurs généraux de l'Université et des inspecteurs des académies, et enfin par celles que pourront toujours faire, et que sans doute voudront quelquefois accorder, dans le cours de leurs tournées, les évêques ou leurs délégués, les préfets et les sous-préfets.

On veillera donc de toutes parts à ce que l'instruction primaire soit fondée sur la religion, l'amour dû au Roi et le respect pour les lois, comme le veulent les principes sur lesquels repose l'Université tout entière.

3° Brevets de capacité et autorisations spéciales.

Un degré suffisant d'instruction religieuse, tel que l'on peut l'exiger d'un maître laïque, sera la première condition à remplir par tout homme qui désirera se vouer aux fonctions d'instituteur : l'aspirant devra en obtenir le certificat de l'autorité religieuse avant de se présenter devant l'examinateur que vous aurez délégué pour constater sa capacité sur les autres points.

Le brevet de capacité obtenu, l'aspirant devra, conformément à l'art. 13 de l'ordonnance de 1816, obtenir une autorisation spéciale pour un lieu déterminé. A cet effet, il se présentera au comité, qui, après avoir recueilli tous les renseignemens nécessaires sur sa conduite, et après avoir examiné si la commune n'est pas déjà suffisamment pourvue d'instituteurs, donnera un avis motivé, et l'adressera au recteur. Le recteur accordera ou refusera l'autorisation. Toutes les fois que votre décision sera contraire à l'avis du comité, vous voudrez bien m'en informer, et me transmettre cet avis avec vos observations. L'ordonnance ne soumettant les arrêtés par lesquels les recteurs accordent des autorisations, qu'au recours devant le ministre de l'instruction publique, ces autorisations n'ont plus besoin d'être revêtues de l'agrément des préfets, qui d'ailleurs sont aujourd'hui représentés dans les comités par deux membres de leur choix.

Quant aux frères des écoles chrétiennes et

aux membres de toute autre association charitable légalement autorisée à tenir des écoles, l'ordonnance maintient les règles qu'avait trouvées en vigueur et qu'avait confirmées l'art. 12 de l'ordonnance du 8 avril 1824. Les mêmes règles s'appliquent aux congrégations enseignantes de femmes, lorsqu'elles sont légalement reconnues.

Quant aux instituteurs que présenteraient des personnes, des associations ou des communes fondatrices d'écoles, les formes à suivre seront les mêmes que celles qui sont prescrites pour les instituteurs ordinaires : ils devront également être munis d'un brevet de capacité, et recevoir une autorisation spéciale; il faudra en outre, comme le prescrit l'art. 16 de l'ordonnance du 2 août 1820, que les personnes ou les associations fondatrices qui voudront jouir du droit de présentation contractent l'engagement légal d'entretenir l'école au moins pendant cinq ans.

4° Des classes normales primaires.

Il serait inutile, M. le recteur, de rappeler les principales dispositions par lesquelles le Roi a voulu encourager l'instruction élémentaire dans toute l'étendue de la France. Ces dispositions, confirmées par l'ordonnance du 21 avril, vont être de nouveau l'objet de vos soins; mais je dois pourtant vous remettre sous les yeux celle qui a pour but d'établir sur plusieurs points des classes *normales*, c'est-à-dire destinées *à former, même pour la première instruction, un certain nombre de jeunes gens dans l'art d'enseigner.*

Tel est le vœu formel de l'art. 39 de l'ordonnance de 1816; et déjà, à l'imitation de ce qui avait si heureusement réussi dans l'académie de Strasbourg, plusieurs autres académies ont vu s'élever des établissemens de cette nature. Je ne puis trop vous recommander, M. le recteur, de travailler à former aussi, dans une des principales communes de votre académie, une classe normale de ce genre. Je ne doute pas que vous ne soyez secondé en cela et par les maires et par les préfets, qui verront dans une pareille mesure le moyen le plus assuré de donner à l'enseignement primaire tout le développement et toute la perfection dont il est susceptible.

5° Tableau annuel présentant la situation de l'instruction primaire.

Dorénavant, M. le recteur, la rédaction de votre tableau général sera rendue plus facile par les tableaux particuliers que devront vous envoyer, dès le mois de mai, les présidens des différens comités; et, pour que ces divers tableaux soient aussi complets et aussi utiles qu'on peut le désirer, j'aurai soin qu'il vous soit envoyé un nombre suffisant de modèles uniformes où seront indiqués par colonnes tous les renseignemens à recueillir.

28.

Les tableaux de cette année seront particulièrement destinés à constater le point de départ, au moment où va commencer l'exécution de la nouvelle ordonnance. J'espère que, grace à vos soins et à ceux de toutes les personnes qui doivent concourir avec vous à l'exécution de l'ordonnance du 21 avril dernier, les tableaux des années suivantes présenteront une amélioration graduelle dans cette branche de l'éducation publique.

6° Mesures d'ordre et de discipline.

L'art. 12 sanctionne une mesure déjà ordonnée depuis long temps par l'autorité universitaire, et dont l'expérience a démontré partout la convenance et la nécessité.

Il en est de même de celles que prescrivent les art. 15 et 17.

Je ferai seulement remarquer les dispositions nouvelles que contiennent les art. 13, 16, 18 et 19.

Lorsque les enfans de diverses religions sont reçus dans la même école, il est nécessaire que cette école soit soumise à des règles et à des précautions propres à garantir la liberté des cultes. Il faut que sur ce point la volonté des pères de famille soit exactement suivie. C'est sur les motifs que je viens d'indiquer qu'est fondée la disposition de l'art. 13. L'autorisation du conseil royal est exigée, parce qu'il est indispensable que ce conseil vérifie si l'organisation de l'école est telle que la liberté religieuse soit pleinement assurée. Ainsi l'art. 13 doit être exécuté de manière qu'il soit toujours une garantie et jamais un obstacle. Vous aurez soin de rappeler ces principes aux comités qui sont chargés de donner des avis, dans le cas prévu par l'art. 13.

Il faudra, dans l'application, distinguer les écoles véritablement mixtes, c'est-à-dire destinées à recevoir habituellement des enfans de diverses religions, de celles qui ne sont ordinairement composées que d'élèves d'une seule religion, mais dans lesquelles il se trouverait pourtant, d'une manière accidentelle et momentanée, quelques enfans d'une autre religion.

L'art. 13 doit être exactement suivi pour les premières; mais, à l'égard des secondes, les comités pourront provisoirement autoriser les instituteurs à recevoir les enfans qui se trouvent dans la situation que je viens d'indiquer; seulement ils devront vous en référer, et vous m'en rendrez compte.

Les art. 16 et suivans règlent le mode de procéder et les peines à appliquer, en cas soit d'infraction aux art. 12, 13 et 15, soit de toute autre faute grave. Lorsque l'information et l'avis du comité vous auront été adressés, vous examinerez attentivement l'affaire : si vous pensez qu'il n'y ait lieu qu'à retirer l'autorisation, ou à suspendre l'instituteur inculpé, vous prononcerez seul ; si, au contraire, il vous paraît que le brevet de capacité doive aussi être retiré, vous porterez l'affaire devant le conseil académique, qui statuera sur l'inculpation.

7° Des écoles protestantes.

Toutes les dispositions qui concernent cette portion des écoles primaires dans les trois ordonnances de 1816, de 1820 et de 1824, et qui, dans l'usage, ont été appliquées avec succès aux écoles israélites, sont et demeurent maintenues dans leur intégrité. Il n'y aura de plus, à l'égard de toutes ces écoles, que l'exécution des utiles mesures contenues dans les articles que rappelle l'art. 22 de la nouvelle ordonnance ; et j'ai tout lieu de penser que les instituteurs de ces écoles, comme ceux des écoles catholiques, sauront apprécier les intentions bienveillantes qui ont inspiré ces différentes mesures.

Vous trouverez ci-joints exemplaires de l'ordonnance du 29 février 1816, de celle du 2 août 1820 et de celle du 21 avril dernier ; des notes indiquent celles des dispositions des ordonnances de 1816 et de 1820 qui sont abrogées ou modifiées.

Recevez, etc.

7 MAI 1828. — Ordonnance du Roi qui accorde des lettres de déclaration de naturalité au sieur Rodeck. (8, Bull. 298, n° 11407.)

7 MAI 1828. — Ordonnance du Roi qui accorde des lettres de déclaration de naturalité au sieur Adam. (8, Bull. 286, n° 11970.)

7 MAI 1828. — Ordonnance du Roi qui accorde des lettres de déclaration de naturalité au sieur Jeanjot. (8, Bull. 296, n° 11510.)

7 MAI 1828 — Ordonnance du Roi qui accorde des lettres de déclaration de naturalité au sieur Pissenier. (8, Bull. 319, n° 12298.)

7 MAI 1828. — Ordonnance du Roi qui accorde des lettres de déclaration de naturalité au sieur Lambert. (8, Bull. 332, n° 13162.)

7 MAI 1828. — Ordonnances du Roi qui accordent des lettres de déclaration de naturalité aux sieurs Niangnot (Jean Nicolas) et Poncelet (Maqua). (9, Bull. O. 187, n°s 2450 et 2451.)

7 MAI 1828. — Ordonnances du Roi qui accordent des lettres de déclaration de naturalité aux sieurs Bosendorf et Huard. (8, Bull 367, n° 15144.)

7 MAI 1828. — Ordonnance qui nomme M. de Cardonnel président d'un collège électoral. (8, Bull. 229, n° 8439.)

7 MAI 1828. — Ordonnance qui admet les sieurs Claude, Malherbe, Schwœrer, Lanotte, Suasdell-Syddell, Aplustill, Knapp, Kusian, Mlac-

kar, Lichteinsteiger, Weckbrod, Winter Schmid, Riethmüller, Bertha, Hartmann Riesterer, Hydt, Gatterdam et Pester, à établir leur domicile en France. (8, Bull. 231 n° 8469.)

7 MAI 1828. — Ordonnances qui autorisent l'acceptation de legs faits aux pauvres de Marcols, de Montreuil, d'Argeliers, de Sainte-Geneviève, d'Espinassole, d'Aix, d'Eynet, de Fourgs, de Châtuzange, d'Agde, de Corps nods, de Villarbonnot, de Vezins, de Ribé court, de Basseux, de Saint-Elo, de Chaurial, de Saint-Laurent de Chamousset, d Joué en Charnie, du Mans et Villeneuve-l'Archevêque ; aux hospices de Fanjaux, de Lamballe, de Sant-Etienne, de Bayonne, d Orthez et de Cluny. (8, Bull. 236, n°s 8640 8667.)

7 MAI 1828. — Ordonnances qui autorisent l'acceptation de dons et legs faits aux pauvres de Vendrest, de Brie-Comte-Robert, de Rabastens, de Narbonne et de Bram ; aux hospice de Grasse et d'Annonay.(8, Bull. 237, n°s 868 à 8689.)

7 MAI 1828. — Ordonnances qui autorisent l'acceptation de donations faites aux pauvres de Narbonne, de Dijon, de la Daurade, d Cherbourg, de Gremevillers, d la Bernadière de Taintrux et de Pont sur-Yonne ; aux ho pices de Fanjaux, de Vernon et de Roye. (Bull. 238, n°s 8700 à 8712.)

7 MAI 1828. — Ordonnances qui autorisent l'acceptation de donations faites aux commun de Montaron et de Massevaux, et au consi toire israelite de Metz. (8, Bull. 220, n°s 872 8727 et 8728.)

7 MAI 1828. — Ordonnance qui autorise sieur Montagut à conserver et tenir en act vité l'usine à fer de Beausoleil, commun d'Angosse, département de la Dordogne. (Bull. 240, n° 8746.)

7 MAI 1828. — Ordonnance qui autorise le sie Simon à établir une verrerie à verre blanc st sa propriété dite la Canutière, territoire de ville de Sainte-Ménehould, département la Marne. (8, Bull. 240, n° 8747.)

7 MAI 1828. — Ordonnance qui accorde des le tres de déclaration de naturalité au sieur D verini. (8, Bull. 252, n° 9265.)

7 MAI 1828. — Ordonnance qui accorde des le tres de déclaration de naturalité au sieur J nen. (8, Bull. 252, n° 9266.)

7 MAI 1828. — Ordonnances qui autorisent l'a ceptation de dons et legs faits au séminá diocésain d'Agen, aux fabriques des églises Lyoffans, de Noive-devant-Bar, de Mesn Ooac ; à diverses communautés établies à Y sen eaux, à Saint-Paulen, à Saint-Julie Malhesabate, à Riotar, à Grazac, a Brioud à Montfaucon, à Raucoules, à Montregar

au Coteau et à Metz. (8, Bull. 265, n°ˢ 10113 à 10127.)

10 MAI 1828. — Avis des comités du contentieux, de l'intérieur et des finances, réunis sur le mode de transmission des offices et des brevets, approuvé par le garde-des-sceaux.

Les comités, etc.

Vu la lettre de Son Exc. le ministre des finances du 18 janvier 1828, relative à cette proposition; deux délibérations du conseil d'administration de l'enregistrement et des domaines, en date des 5 novembre 1823 et 18 mai 1827, et un rapport de M. le directeur général de la même administration, du 6 juillet 1827; vu un rapport de la direction des affaires civiles du ministère de la justice, en date du 14 mars 1828, et concluant à l'adoption de la proposition du ministre des finances; vu les décrets de l'assemblée constituante, qui ont supprimé la vénalité des charges et offices; vu les lois et réglemens relatifs : 1° aux officiers ministériels dénommés dans l'article 91 de la loi du 28 avril 1816; 2° aux professions d'imprimeurs et libraires; vu la loi du 12 décembre 1798 (22 frimaire an 7), sur l'enregistrement; vu l'article 91 de la loi du 28 avril 1816; vu la circulaire du ministre de la justice aux procureurs du Roi, en date du 21 février 1817, écrite pour l'exécution de l'article 91 de la loi du 28 avril 1816, et peu de temps après sa promulgation; ladite instruction portant, en substance, que cette loi n'a pas rétabli la vénalité des offices; qu'elle n'accorde à l'officier ministériel qu'une probabilité de préférence en faveur du candidat qu'il présente pour lui succéder; qu'il est bon de surveiller les traités patens et secrets auxquels peut donner lieu l'exercice du droit de présentation, afin d'empêcher que des engagemens disproportionnés avec les produits des offices ne portent les nouveaux titulaires à des exactions ou à des opérations étrangères à leurs fonctions; que les procureurs du Roi doivent surtout porter leur attention sur les traités des greffiers, soit parce qu'ils tiennent de plus près à la magistrature, soit parce que leur recours à leur ministère est obligatoire pour les justiciables, et qu'il y a lieu de refuser l'admission lorsque le prix du traité excède le montant du cautionnement ou le produit de l'office pendant un ou deux ans;

En ce qui touche les officiers ministériels désignés dans l'article 91 de la loi du 28 avril 1816 : Considérant que cette loi ne contient aucune disposition sur les traités auxquels eut donner lieu l'exercice de la faculté qu'elle accorde à ces officiers de présenter leurs successeurs; que la loi annoncée dans celle du 28 avril 1816 n'a pas été portée; que la circulaire du 21 février 1817 n'est qu'une instruction ministérielle, qui ne peut

servir de base à la perception d'un droit d'enregistrement; que cette instruction ne considère d'ailleurs les traités dont il s'agit que relativement à l'exercice du droit d'admission, et n'envisage les prix stipulés que dans l'effet moral que l'exagération de ces prix peut avoir sur la conduite du nouveau titulaire; d'où il suit que, dans l'état actuel de la législation, ces traités ne peuvent être considérés que comme des conventions privées, étrangères dans leurs stipulations à l'administration, qu'elles ne lient point, et dont la validité et les effets ne peuvent être appréciés que par les tribunaux, d'après les règles du droit commun; considérant que, si la loi du 12 décembre 1798 (22 frimaire an 7) soumet au droit d'enregistrement les traités sous seing privé produits en justice ou devant toute autorité constituée, les traités de cette espèce produits devant l'autorité administrative n'ont jamais été soumis à l'enregistrement que lorsqu'il appartenait à cette autorité, dans l'exercice de la juridiction qui lui est propre, d'apprécier la validité et les effets de cette convention; mais que l'on n'exige point, et que l'on ne pourrait sans inconvénient exiger l'enregistrement des conventions sous seing privé, lorsqu'elles ne sont produites devant l'autorité administrative que comme de simples renseignemens et pour l'éclairer sur des actes purement administratifs, tels que l'exercice du droit d'admission;

En ce qui concerne les imprimeurs et libraires : Considérant que l'article 91 ne s'applique pas à ces professions, et que les lois qui les régissent ne contiennent aucune disposition qui donne à ceux qui les exercent la faculté de présenter leurs successeurs, et qui règle les stipulations particulières dont la cession de leurs fonds peut être l'objet : d'où il suit que les considérations qui précèdent sont, à plus forte raison, applicables à ces professions,

Sont d'avis : 1° que la proposition de l'administration des domaines est inadmissible dans l'état actuel de la législation;

2° Qu'elle ne pourrait être l'objet que d'une loi telle que celle qui est annoncée dans l'article 91 de celle du 28 avril 1816;

Mais qu'un projet de loi sur cette matière donnerait à résoudre des questions sur lesquelles les comités ne sont pas admis à délibérer.

————

11 = Pr. 19 MAI 1828. — Ordonnance du Roi qui appelle soixante-mille hommes sur la classe de 1827, et fixe leur répartition entre les départemens conformément au tableau y annexé. (8, Bull. 229, n° 8455.)

Charles, etc.

Vu la loi du 9 juin 1824 et les articles 5 et 6 de la loi du 10 mars 1818;

7.

Sur le rapport de notre ministre secrétaire d'Etat de la guerre;

Nous avons ordonné et ordonnons ce qui suit :

Art. 1er. Soixante mille hommes sont appelés sur la classe de 1827.

2. La répartition des soixante mille hommes entre les départemens du royaume demeure fixée ainsi qu'elle est établie au tableau annexé à la présente ordonnance.

3. Les deux publications des tableaux de recensement, voulues par l'article 11 de la loi du 10 mars 1818, seront faites les dimanches 22 et 29 juin prochain; l'examen de ces tableaux de recensement et le tirage voulus par l'article 12 de la même loi s'effectueront à partir du 8 juillet; l'ouverture des opérations des conseils de révision aura lieu le 1er août, et la clôture de la liste du contingent le 10 octobre.

4. Il sera incessamment statué sur les époques de la mise en activité des jeunes soldats de la classe de 1827.

5. Notre ministre secrétaire d'Etat de la guerre (vicomte de Caux) est chargé de l'exécution de la présente ordonnance.

———

Répartition de soixante mille hommes à appeler sur la classe de 1827, d'après le dénombrement de la population générale rendu officiel et authentique par les ordonnances du Roi du 15 mars 1827 et des 23 mai et 3 octobre de la même année (1).

———

11 MAI = Pr. 16 SEPTEMBRE 1828. — Ordonnance du Roi portant autorisation de la société anonyme formée à Châlons-sur-Saône, sous le titre de la verrerie de Lamotte et dépendances, et approbation de ses statuts. (8, Bull. 251 bis, n° 1.)

Charles, etc.

Sur le rapport de notre ministre secrétaire d'Etat du commerce et des manufactures;

Vu les articles 29 à 37, 40 et 45 du Code de commerce;

Notre Conseil-d'Etat entendu,

Nous avons ordonné et ordonnons ce qui suit :

Art. 1er. La société anonyme formée à Châlons-sur-Saône, département de Saône-et-Loire, sous le titre de la *Verrerie de Lamotte et dépendances*, par acte passé, le 8 avril 1828, par-devant Charles Mathey et son collègue, notaires en ladite ville, est autorisée; sont approuvés les statuts contenus audit acte, qui restera annexé à la présente ordonnance.

2. Nous nous réservons de révoquer la présente autorisation en cas de violation ou de non-exécution des statuts approuvés, sans préjudice des dommages et intérêts des tiers.

3. La société sera tenue de remettre, tous les six mois, une copie de son état de situation au préfet du département de Saône-et-Loire, au greffe du tribunal de commerce de Châlons-sur-Saône; pareille copie sera adressée au ministre du commerce et des manufactures.

4. Notre ministre secrétaire d'Etat au département du commerce et des manufactures (de Saint-Criq) est chargé de l'exécution de la présente ordonnance, qui sera publiée au Bulletin des Lois, et insérée dans le Moniteur et dans un journal d'annonces judiciaires du département de Saône-et-Loire.

———

Par-devant Me Charles Mathey et son collègue, notaires à Châlons-sur-Saône, soussignés, furent présens.....

Lesquels ont exposé les faits suivans :

M. de Poilly, ayant été appelé, par les besoins du commerce et les sollicitations des propriétaires et négocians en vins de la Bourgogne, à fonder en ce pays une verrerie à l'instar de celle de Folembray, et particulièrement destinée au tirage des vins mousseux, et ayant considéré comme d'utilité publique l'établissement d'une usine dans un pays où une nouvelle branche d'industrie sur le tirage des vins mousseux reçoit du commerce intérieur et extérieur des encouragemens qui déjà la rendent de la plus haute importance a fait, dans cette vue, acquisition du domaine de Lamotte, situé sur le canal du Centre, à quelques lieues des vignobles et à proximité des charbons et sables nécessaires à son exploitation.

Il a sollicité et obtenu l'autorisation royale d'après laquelle il a fondé son établissement.

Cette autorisation est particulièrement motivée sur deux pétitions adressées à M. le préfet de Saône-et-Loire, par les propriétaires et négocians de ce département et de la Côte d'Or.

Depuis le mois de juillet 1826, la verrerie de Lamotte est en pleine activité, et ne peut suffire aux commandes qui lui sont adressées, quoique déjà une très grande quantité de bouteilles ait été livrée au commerce.

Dans cet état de choses, les sus dénommés, sentant les avantages qui peuvent résulter pour le pays et les capitalistes qui voudront concourir à l'accroissement de ces établissemens, se sont réunis pour solliciter de Sa Majesté l'autorisation de former une société anonyme, afin de donner à cette branche d'industrie toute l'extension que sa position réclame.

Ils espèrent que les motifs qui ont déterminé la première autorisation militeront égale-

———

(1) Nous supprimons cet état, qui n'a rien d'utile.

ment en faveur de celle demandée aujourd'hui.

Cette association aura l'avantage de faire concourir au bien de l'usine l'intervention de MM. Chagot et Perret Morin, co associés des mines de houille de Blanzy et du Creusot, et d'y apporter, de la part de M. Jules Chagot, de grandes connaissances dans l'art de la verrerie.

Ces motifs pris en considération, ils ont rédigé les statuts ci-après :

TITRE Ier. Fondation de la société.

Art. 1er. La société s'exercera sous la raison de *Compagnie de la Verrerie de Lamotte et dépendances.*

Son siége est fixé au château de Lamotte, où est celui de l'exploitation; cependant le domicile légal de la société pourra être changé ultérieurement au moyen d'une délibération de l'assemblée générale, et d'une déclaration aux greffes des tribunaux de commerce des arrondissemens de l'ancien et du nouveau domicile.

La durée de la société, sauf renouvellement, sera de cinquante années à dater du 1er août 1828, sans préjudice des engagemens de MM. de Poilly, Chagot et Perret Morin, entre eux, depuis le 1er avril 1827, époque du versement effectif de leurs apports dans la présente société, et sauf réglement de leurs droits respectifs à faire entre eux d'après le résultat de l'inventaire qui sera arrêté le 31 juillet 1828.

2. Le fonds capital de la société est fixé à huit cent mille francs, et sera composé :

1° De deux cent quarante-trois mille neuf cent trois francs quatre-vingt douze centimes, pour la valeur du domaine de Lamotte, commune de Saint-Berrain-sur-d'Heune, arrondissement dudit Châlons, département de Saône-et-Loire, circonstances et dépendances, et généralement de tout ce qui est compris dans l'acquisition faite par M. de Poilly, de M. Simon-Auguste Thomas, et Catherine Léchopie, son épouse, suivant contrat passé devant ledit Me Dauloux-Dumesnil, qui en a gardé minute, et son collègue, notaires à Paris, le 29 juillet 1825, enregistré, sans nulle exception ni réserve des bâtimens, fours, usines et constructions de toutes espèces qu'a fait établir M. de Poilly sur ladite propriété; des approvisionnemens, objets fabriqués en magasins, objets mobiliers industriels et autres, ainsi que le tout est détaillé dans un état estimatif arrêté au 31 mars 1827, enregistré audit Châlons, le 12 avril suivant, *folio* 74, *recto*, *case* 1 et suivantes, par Ducordaux, qui a reçu un franc dix centimes. dixième compris, dont l'original est demeuré annexé à la minute d'un acte passé devant ledit Me Mathey, l'un des notaires soussignés, et son collègue, le 11 avril 1827, enregistré audit

Châlons le lendemain. . . . . . 243,903^f 92^c

Et des espèces en caisse et valeurs en portefeuille, quatre-vingt-onze mille quatre-vingt-seize francs huit centimes . . 91,096 08

Total, trois cent trente-cinq mille francs. 335,000 00

2° Et d'un fonds numéraire de quatre cent soixante-cinq mille francs. 465,000 00

Ensemble, huit cent mille francs. 800,000 00

Ce fonds est représenté par cent soixante actions de cinq mille francs chacune, qui donnera droit à la cent soixantième partie de tout l'avoir de la société.

M. de Poilly, devant, par le versement qu'il a fait de son fonds social, apporter une valeur libre et dégagée de tout passif, se charge personnellement de faire la liquidation, jusqu'au 31 mars 1827 inclusivement, de l'exploitation de la verrerie. Il s'oblige de garantir la société de tous troubles, dettes, hypothèques, surenchères, évictions et autres empêchemens quelconques, relativement à la propriété immobilière qu'il met en société. Il justifiera dans six mois, date de ce jour, au plus tard, de l'affranchissement complet, soit par quittance, soit par consignation, de ladite propriété. Les administrateurs, pour en assurer d'autant mieux l'affranchissement, seront libres de faire opérer toute transcription et toute purge légale en vertu du présent acte, mais aux frais de la société.

3. Les actions seront nominales et indivisibles : la société n'admet point de division fractionnaire, même par suite de successions ; elle ne reconnait que des actions entières.

Elles seront numérotées de *une* à *cent soixante*, et extraites d'un registre à souche déposé au local de la société, seront signées par au moins deux des administrateurs en exercice, frappées d'un timbre sec ayant pour exergue: *Compagnie de la Verrerie de Lamotte et dépendances*, et seront au surplus conformes au modèle suivant:

(*Modèle d'action.*)

VERRERIE DE LAMOTTE.

Société anonyme et par actions.

N°   Action de cinq mille francs.

Action de cinq mille francs au profit et à l'ordre de M.   faisant partie de celles émises par acte passé devant Me Charles Matey, qui en a gardé minute, et son collègue, notaires à Châlons-sur-Saône, le 8 avril 1828, enregistré, contenant société anonyme autorisée par ordonnance

royale du   pour
l'entreprise de la verrerie de Lamotte, commune de Saint Berain-sur-d'Heune, arrondissement de Châlons-sur-Saône, département
de Saône-et-Loire.

Cette action donne un droit égal à la propriété du fonds social et au partage des bénéfices nets de la société, dans la proportion
des actions émises, lesquels bénéfices seront
payés dans le courant de septembre de chaque
année, le tout conformément au susdit acte,
dont il a été donné connaissance à l'actionnaire, et dont les articles principaux sont
transcrits au bas de la présente action.

4. Des actions seront transférables à volonté, sauf les exceptions établies aux articles ci-après.

Ce transfert sera inscrit sur un registre à
ce destiné, et devra être signé par le cédant
et le cessionnaire, ou leurs fondés de pouvoirs.

L'acte de transfert, pour être valable, devra être visé par deux administrateurs; il
transmet à l'acquéreur ou à l'ayant-droit la
propriété de l'action ou des actions.

Les actions transférées seront annulées et
échangées contre de nouvelles, qui porteront les mêmes numéros, et qui seront également extraites d'un registre à souche.

5. La qualité d'actionnaire, de quelque
manière qu'elle soit acquise, emporte, pour
ceux à qui elle appartient et pour leurs ayant-
droit, élection de domicile attributif de juridiction pour tout ce qui concerne la société
en la maison d'administration de la société,
si son domicile légal est changé.

6. En cas de mort de l'un des actionnaires,
sa personne se continuera en celle de ses
héritiers, lesquels seront tenus de désigner
celui d'entre eux qui, durant l'indivision de
l'héritage, devra représenter l'actionnaire
décédé.

Il en sera de même en cas de faillite de
l'un des actionnaires, à l'égard de ses créanciers.

Les héritiers ou ayant-droit d'un actionnaire ne pourront, sous quelque prétexte
que ce soit, faire apposer aucun scellé, former aucune opposition, exiger aucun inventaire extraordinaire, provoquer aucune licitation, en un mot, par aucun acte quelconque, apporter aucune entrave à la marche de
la société. Ils devront s'en rapporter uniquement aux inventaires et bilans annuels faits
et arrêtés dans la forme prescrite par les
présentes, et se contenter des dividendes
qui seront répartis d'après les décisions de
l'assemblée générale, sauf à aliéner leurs
droits, d'après le mode établi par les présens
statuts.

7. Chaque action donnera un droit égal
aux dividendes à résulter des bénéfices nets
de la société, dont la répartition se fera d'après

le mode qui sera ultérieurement déterminé ;
ces dividendes seront payés aux actionnaires
par le caissier, dans le courant du mois de
septembre qui suivra chaque arrêté de compte.

Les dividendes seront portés sur un tableau
à colonnes indiquant le nom de l'actionnaire,
le nombre de ses actions, le dividende lui
revenant. La dernière colonne en blanc sera
destinée à recevoir par émargement la signature de ceux qui recevront, laquelle vaudra
quittance.

Les mandats des fondés de pouvoir seront
joints à ce tableau.

8. Des cent soixante actions représentant
ensemble la totalité du fonds social, il est attribué par les présentes, savoir :

A M. de Poilly, pour la valeur des objets
compris dans la première partie de l'art. 2,
qu'il verse dans la société, et qui forment en
conséquence la propriété sociale, pour trois
cent trente-cinq mille francs, soixante-sept
actions 67

A M. Jules Chagot, pour trente mille
francs, six actions. 6

A M. Joseph-Marie-Perret Morin,
pour trente-cinq mille francs, sept actions. 7

En sorte que, pour compléter les cent
soixante actions, il en reste à placer
pour quatre cent mille francs, quatre-
vingts actions. 80

Ensemble huit cent mille francs, cent
soixante actions. 160

9. Les actions non attribuées par l'article
précédent ne seront émises en totalité ou en
partie que lorsque les actionnaires réunis en
assemblée générale auront autorisé cette
émission pour augmenter les opérations de la
société, soit dans l'établissement même de
Lamotte, soit dans tous autres lieux où ils
jugeront plus avantageux de créer d'autres
établissemens de même nature, ainsi qu'il
sera expliqué à l'article 43 des présens statuts.

En cas d'émission d'actions, les seuls actionnaires fondateurs signataires du présent
acte, et autant qu'ils seront les uns et les
autres encore propriétaires d'actions attribuées par ces présentes, seront convoqués
en assemblée. Les actions dont l'émission
aura été arrêtée leur seront offertes, par préférence, au prix du capital nominal de l'action, et, à leur refus, aux autres actionnaires;
elles seront partagées également entre tous
les prétendans. Les actions en nombre insuffisant pour être partageables seront tirées au
sort une à une; l'actionnaire qui en aura déjà
obtenu une par le sort ne pourra plus concourir avec les autres actionnaires, et ainsi
de suite jusqu'à ce que la totalité des actions
dont l'émission aura été arrêtée soit écoulée.

En cas de refus par les actionnaires ci-dessus indiqués de prendre les actions à émettre,
les administrateurs en feront le placement,

sans pouvoir toutefois les négocier au-dessous de leur capital nominal.

10. Le prix des nouvelles actions émises devra être versé par les titulaires dans la caisse sociale par quart, savoir : un quart comptant ; les autres quarts de trois en trois mois à dater du premier versement. Ils pourront néanmoins se libérer par anticipation du montant de leurs actions. Il sera délivré par le régisseur-caissier, contre chaque versement, une reconnaissance qui servira provisoirement de titre jusqu'au complément du prix intégral de l'action ; alors les reconnaissances partielles seront échangées contre l'action elle-même.

Les reconnaissances seront signées par le régisseur caissier et par au moins l'un des administrateurs.

Les porteurs d'actions nouvellement émises, quelle que soit l'époque du versement de leurs fonds, auront droit à une égale portion dans les dividendes que pourraient offrir les bénéfices de l'exercice courant, restant après les prélèvemens indiqués à l'art 13.

Quant aux intérêts à prélever sur les bénéfices qui pourraient être dévolus aux porteurs d'actions, suivant le même article 13, ils ne courront que pour le temps écoulé depuis le versement total ou partiel de leurs mises, et au prorata de ce versement, jusqu'à l'époque de l'inventaire.

11. Tout actionnaire souscripteur qui ne verserait pas exactement le montant de ses actions aux échéances déterminées par l'article précédent sera mis en demeure par un simple commandement ; et si cet acte reste infructueux, le retardataire sera privé de tous ses droits dans la société. Dans ce cas, les actions seront vendues par le notaire de la compagnie, à la diligence des administrateurs. Si cette négociation produit un excédant, la société en fera raison à l'actionnaire ; au cas contraire, c'est-à-dire s'il y a un déficit, l'association conservera et exercera ses droits contre l'actionnaire défaillant.

Du reste, sa déchéance et la vente de ses actions auront lieu sans qu'il soit besoin de le faire ordonner en justice.

12. Il sera fait chaque année un inventaire, arrêté au 31 juillet, de toutes les valeurs appartenantes à la société, ainsi qu'un état du compte des profits et pertes, lequel sera débité des dépenses de grosses réparations et d'entretien des usines et de leurs dépendances, et généralement de toutes réparations, frais de conservation, d'administration et de gestion.

Les bâtimens, meubles meublans, les machines, outils et ustensiles destinés à l'exploitation, seront estimés, dans l'inventaire de chaque année, à un pour cent au-dessous de l'inventaire précédent, pour leur moins-value annuelle.

Les créances estimées en souffrance ne seront portées que pour la valeur réelle appréciée par les administrateurs, et non pour leur valeur primitive.

13. Les bénéfices sociaux se composent des produits des opérations, prélèvement fait de toutes dépenses ou charges relatives à la société, dans lesquelles entreront les frais de voyage qui pourraient être faits en vertu de délibération du comité d'administration.

Pour établir le décompte des bénéfices nets susceptibles d'être répartis entre les actionnaires, on prélèvera d'abord sur les bénéfices existans quinze pour cent, destinés à former un fonds de réserve dont il sera parlé à l'article suivant.

Après ce prélèvement, il sera pris sur l'excédant des bénéfices les sommes nécessaires pour payer un intérêt à six pour cent l'an, à proportion des déboursés respectifs sur les mises entières fournies, ou sur les à comptes versés par les actionnaires sur le montant de leurs actions, afin qu'ils soient indemnisés et mis en condition égale avec ceux qui ne verseraient leurs fonds qu'à une époque postérieure. Tout prélèvement pour intérêts cessera quand toutes les actions émises auront été soldées, ou que sur chacune il aura été versé des à comptes égaux.

Enfin, après les divers prélèvemens ci-dessus, le surplus net des bénéfices sera réparti par égale part sur toutes les actions émises.

Aucune répartition ne sera faite s'il résulte de l'inventaire annuel que le capital de la société n'est pas entier.

14. Le fonds de réserve résultant de quinze pour cent sur les bénéfices, comme il est dit à l'article 13, sera porté à la somme de cent mille francs. Cette retenue cessera d'avoir lieu aussitôt que ce fonds sera arrivé au *maximum*, et alors la répartition entière des bénéfices se fera entre tous les actionnaires.

Sur ce fonds de réserve destiné à l'accroissement des opérations sociales, il pourra cependant être pris pour subvenir à des frais de construction et d'augmentation ; mais alors on exercera de nouveau la retenue de quinze pour cent sur les bénéfices, pour le rétablir dans son entier.

Les administrateurs seront autorisés à utiliser le fonds de cette caisse d'épargnes dans le mieux des intérêts de la société.

TITRE II. De l'administration de la société.

15. Les affaires de la société seront gérées par le comité d'administration, qui en chargera plus spécialement l'un de ses membres, lequel alors devra demeurer au siège de l'administration et être agréé par l'assemblée générale.

Il y aura un régisseur-caissier, qui devra aussi résider au siège de l'administration.

Il sera nommé par l'assemblée générale, qui fixera ses appointemens.

16. Le comité d'administration sera composé de trois membres nommés en assemblée générale des actionnaires à la majorité absolue des voix.

Les administrateurs sont révocables, conformément à l'article 31 du Code de commerce. Ils ne seront responsables que de l'exécution de leur mandat, et ne contracteront, à raison de leur gestion, aucune obligation personnelle ni solidaire, relativement aux engagemens de la société.

Deux suppléans leur seront adjoints, qui seront nommés de la même manière que les administrateurs.

Nul ne pourra être administrateur ni suppléant s'il n'est propriétaire de cinq actions au moins. Ces actions seront incessibles pendant tout le cours de leurs fonctions.

17. Un administrateur et un suppléant seront renouvelés tous les ans; les uns et les autres pourront être réélus.

Les premiers administrateurs nommés, ainsi que les suppléans, exerceront pendant cinq ans, de telle sorte que le premier renouvellement se fera au mois d'août 1833.

Les deux premières années, le sort désignera les sortans; plus tard, l'ancienneté des fonctions.

18. Les suppléans ont le droit d'assister aux réunions du comité, mais ils n'y ont voix délibérative que lorsqu'ils sont appelés à remplacer un administrateur absent.

A défaut de choix de la part d'un administrateur absent, lequel aura le droit d'indiquer le suppléant qui doit le remplacer provisoirement, celui des suppléans le plus ancien en fonctions remplacera ledit administrateur, et, pendant les cinq premières années, celui d'entre eux qui possédera le plus d'actions, et, en cas d'égalité, le plus âgé.

19. Si un des administrateurs vient à décéder ou à donner sa démission dans le courant de l'année, ou s'il cesse d'être propriétaire de cinq actions, il est remplacé jusqu'à la première assemblée générale par un des suppléans, ainsi qu'il est expliqué au précédent article.

Cet administrateur suppléant ne restera en fonctions que jusqu'à l'assemblée générale la plus prochaine.

20. Les administrateurs tiendront registre de leurs délibérations. La majorité devra former la délibération; ils pourront délibérer au nombre de deux; mais, dans ce cas, ils devront être unanimes dans leurs résolutions.

Chaque administrateur n'a qu'une voix, quel que soit le nombre d'actions qu'il possède.

Les délibérations seront signées par les administrateurs ou suppléans qui y auront concouru.

21. Le comité d'administration organise, par des réglemens intérieurs, l'ensemble et chacune des parties du service; il surveille toutes les opérations sociales. Le régisseur-caissier est tenu de se conformer à ses arrêtés.

Le comité, sur la proposition de celui de ses membres qui demeure au siège de la société, dresse les plans et projets d'accroissement de l'entreprise, des constructions, d'améliorations, de tous changemens notables à introduire dans les fabrications et exploitations, et le soumet, avec son avis, à l'assemblée générale.

Le comité détermine le nombre, les fonctions et les traitemens des employés ou agens, pourvoit à leurs nominations et les révoque.

Il vérifie les diverses dépenses faites et à faire, ainsi que les états de situation.

Le comité est chargé de faire dresser, le 31 juillet de chaque année, l'inventaire ainsi que le compte des profits et pertes, et de le présenter à l'assemblée générale.

Il règle le montant des sommes qui devront rester en caisse pour faire face aux dépenses présumées, et détermine l'emploi qu'il conviendra de faire de celles qui ne seront pas nécessaires pour les besoins de la société.

MM. les membres du comité se réuniront aussi souvent que l'intérêt de la société l'exigera, mais au moins tous les mois une fois; les réunions se tiendront dans le local du siège de la société.

22. Le comité d'administration convoque, s'il y a lieu, des assemblées générales extraordinaires des actionnaires.

TITRE III. De l'administrateur délégué et du régisseur-caissier.

23. L'administrateur délégué exercera les actions de la société auprès des tribunaux et auprès des autorités, et fera tous les actes administratifs prévus et imprévus.

24. Il aura la surveillance de tous les travaux, de l'achat des matières premières et de tous approvisionnemens, de celui des outils et ustensiles nécessaires à la fabrication, et des constructions et réparations à faire d'après la décision du comité; de la vente des objets fabriqués et généralement sur toutes les affaires de la compagnie.

Il réglera le salaire des ouvriers, ainsi que toutes les dépenses, et veillera à ce que les écritures soient régulièrement à jour.

Il peut suspendre les employés et agens, à l'exception du régisseur-caissier, et pourvoir provisoirement à leur remplacement, sauf à en rendre compte sur-le-champ à ses co-administrateurs.

Il fera dresser et remettre au comité, tous les mois, l'état sommaire du roulement des usines et de la situation financière de la société, et lui donnera tous les renseignemens qui pourront lui être demandés.

25. A raison de ses fonctions, de ses soins plus particuliers, il sera alloué à l'administrateur délégué des honoraires fixes et indemnité pour frais de réception, dont la quotité sera fixée par l'assemblée générale.

26. En cas de démission, d'absence, de maladie prolongée ou de décès de l'administrateur, qui doit demeurer au siége de la société, le comité pourvoira à son remplacement provisoire jusqu'à la plus prochaine réunion de l'assemblée générale.

Au refus de chacun des membres du comité ou des suppléans, à demeurer au siége de la société, et de s'occuper exclusivement de son administration comme son prédécesseur, le comité proposera à l'assemblée générale le mode de gestion qui lui paraitra le plus convenable et le mieux approprié aux besoins de l'établissement, pour remplacer la surveillance précédemment exercée par l'administrateur délégué.

27. Le régisseur-caissier soigne, sous la surveillance du comité d'administration, le travail du bureau établi à Lamotte, siége de la société. Il est chargé de la correspondance, du portefeuille, des recouvremens, de la caisse, des écritures, qui devront être tenues en parties doubles, et enfin de toutes les opérations qui appartiennent à la comptabilité.

Il est responsable de la caisse, et devra être propriétaire de deux actions au moins, dont il sera tenu de faire le dépôt entre les mains du comité, à titre de cautionnement.

A défaut par le régisseur-caissier de pouvoir se procurer les actions dont il est tenu d'être propriétaire, il pourra les remplacer par un cautionnement du montant desdites actions, au moyen de son versement dans la caisse sociale, dont il lui en sera payé l'intérêt à cinq pour cent par an, sans retenue.

28. Le régisseur-caissier ne peut s'occuper d'un commerce quel qu'il soit, ni prendre un intérêt dans une entreprise de la nature de celle que la compagnie exploite.

29. Il ne peut contracter aucun engagement, faire aucun emprunt, recevoir aucun fonds en dépôt, à moins d'y être autorisé spécialement et préalablement par l'assemblée générale.

30. Le régisseur-caissier aura la signature de la compagnie, et devra toujours inscrire sa qualité au-dessus de sa signature, laquelle, pour engager la société, devra toujours être visée par l'administrateur délégué. Cette disposition est particulièrement applicable aux traites à fournir en recouvrement de ce qui est dû à la société, à l'endossement et à l'acquit des effets remis à la société par ses débiteurs, aux marchés pour tous objets d'approvisionnemens et de vente de marchandises, aux réglemens qui seraient à fournir en paiement des matières premières; mais ces derniers seront extraits d'un registre à talon,

portant un numéro d'ordre, la date de l'effet, le montant, l'échéance, l'ordre et la cause.

31. Toutes les sommes à recevoir seront versées dans la caisse, ainsi que les effets à recouvrer, lesquels néanmoins devront tous être souscrits à l'ordre de la compagnie de la verrerie de Lamotte et dépendances.

32. En cas d'absence, de maladie prolongée et de décès du régisseur-caissier, le comité pourvoira à son remplacement provisoire jusqu'à la réunion de l'assemblée générale, qui, dans ce dernier cas, sera convoquée immédiatement.

33. S'il paraissait démontré au comité que le régisseur-caissier se rendît coupable de malversation ou de négligence capable de compromettre les intérêts de la société, il pourra prononcer sa suspension et pourvoir à son remplacement; dans ce cas, le comité convoquera, sans délai, une assemblée générale et extraordinaire, pour lui soumettre les faits : le régisseur-caissier y sera entendu.

Il ne pourra résulter de cette mesure aucune espèce d'action de la part du régisseur-caissier contre les membres du comité, lors même que l'arrêté du comité ne serait pas approuvé par l'assemblée générale.

Si la destitution du régisseur-caissier est prononcée, l'assemblée procédera à son remplacement.

Dans tous les cas, l'assemblée générale peut, de sa propre autorité et à la majorité des trois quarts des voix, révoquer soit le régisseur-caissier, soit les administrateurs purement et simplement, sans être tenue à exprimer ses motifs.

TITRE IV. Des assemblées générales.

34. Les actionnaires se réuniront de droit en assemblée générale le 16 août de chaque année, et le lendemain si ce jour est férié, et en assemblée extraordinaire toutes les fois que le comité d'administration jugera nécessaire de les convoquer; ces assemblées se tiendront en la maison de direction de la société.

35. Chaque action donne droit à une voix dans l'assemblée générale, sans cependant qu'en aucun cas, un actionnaire puisse avoir plus de cinq voix, quel que soit le nombre d'actions qu'il possède, ou qu'il représente comme chargé de procuration.

36. Les actionnaires se rendront en personne à l'assemblée.

Ils pourront se faire représenter par un fondé de pouvoir ; mais, dans ce cas, le mandataire devra être actionnaire lui-même; son mandat sera spécial et annexé au procès-verbal de l'assemblée.

37. Les délibérations seront prises à la majorité absolue des votes; en cas de partage, la prépondérance sera déterminée par le nombre des actions. L'assemblée ne pourra délibé-

rer qu'autant qu'elle sera composée d'actionnaires représentant la moitié plus une des actions émises.

Toutefois, dans le cas où le nombre des actionnaires présens serait insuffisant pour délibérer valablement, une nouvelle convocation sera faite à quinzaine, d'après le mode indiqué pour les assemblées générales extraordinaires; et cette seconde assemblée pourra délibérer valablement à la simple majorité, pourvu qu'elle soit composée d'actionnaires représentant le cinquième des actions émises, et toujours en votant suivant le mode prescrit par l'article 36.

38. Pour les assemblées extraordinaires, les actionnaires seront convoqués au moins quinze jours avant celui fixé pour la réunion.

Les convocations, pour ces assemblées, seront faites par lettres chargées au bureau de la poste, adressées au domicile de chaque actionnaire, tel qu'il sera indiqué sur un registre destiné à le recevoir.

Les assemblées extraordinaires seront assujéties, quant aux réglemens, à toutes les dispositions de l'art. 37.

39. Les assemblées générales seront présidées par celui des actionnaires présens qui sera propriétaire du plus grand nombre d'actions, et sera âgé de vingt-cinq ans et plus; celui qui possédera le plus d'actions immédiatement après lui remplira les fonctions de secrétaire.

40. Le comité d'administration présente à l'assemblée générale ordinaire l'inventaire annuel et le compte des profits et pertes.

L'assemblée, par elle-même ou par trois commissaires qu'elle prend dans son sein, vérifie et arrête ces comptes, et règle la distribution des bénéfices, conformément à ce qui a été dit aux articles 7 et 13.

Le comité soumet également à l'assemblée générale les projets de constructions, d'accroissemens à donner à l'entreprise, et de changemens notables à introduire dans les fabrications et exploitations Il y joindra les devis et estimations des dépenses à faire pour réaliser ses projets.

41. Les délibérations des assemblées générales, ordinaires ou extraordinaires, prises dans les formes réglées par les articles 35 et 37, et conformes aux présens statuts, seront obligatoires pour tous les intéressés dans ladite société.

42. Les actionnaires, réunis en assemblée générale, procéderont, s'il y a lieu, au remplacement des administrateurs sortans, décédés, démissionnaires, ou qui ne posséderaient plus le nombre d'actions nécessaire.

TITRE V. Dispositions générales.

43. Les actionnaires qui seront nommés aux fonctions d'administrateurs ne pourront,

pendant tout le temps de leur gestion, et encore cinq ans après ladite gestion, former ni administrer aucun autre établissement fabriquant les mêmes produits que celui de la verrerie de Lamotte, à un rayon de vingt-quatre myriamètres au moins de ce dernier établissement, à peine de tous dommages-intérêts à régler par arbitres.

La société se réserve la faculté d'augmenter le nombre de ses ateliers, soit à Lamotte même, soit dans tous autres lieux qu'elle jugerait plus favorables à ses opérations.

Et comme dans ce moment la société sollicite auprès du Gouvernement une ordonnance royale pour avoir la permission d'élever à Chagny, arrondissement dudit Châlons, un établissement de même nature que celui formé à Lamotte, si cette permission est accordée, l'assemblée générale pourra autoriser le comité d'administration à émettre tout ou partie des quatre-vingts actions disponibles désignées à l'article 8, et à faire, pour le compte de la compagnie, les acquisitions convenables, les frais de construction et autres que pourra occasioner le nouvel établissement.

44. Dans le cas où, contre toutes probabilités, à l'expiration des trois années à partir du jour de l'existence sociale, et à toutes époques postérieures auxdites trois années, la société se trouverait en perte du quart de son capital, le comité d'administration convoquera l'assemblée générale des actionnaires pour délibérer et prendre une détermination sur la continuation ou dissolution de la société.

Si l'assemblée, qui devra nécessairement pour ce cas être composée des titulaires d'au moins les trois quarts des actions émises, et qui délibéreront suivant le mode précédemment indiqué, n'admet point en majorité la dissolution demandée, la société continuera.

Si, à une première convocation, l'assemblée ne se trouvait pas en nombre suffisant, il en sera fait une seconde à un mois de distance; et si à cette dernière convocation l'assemblée n'était pas complète, la dissolution sera de droit.

La convocation sera faite comme il est dit à l'article 38.

La dissolution aura aussi lieu de droit si la société se trouvait en perte de la moitié du capital des actions émises.

45. En cas de dissolution ou à l'expiration de la société, si elle n'est pas renouvelée de consentement unanime, elle sera mise en liquidation.

Cette liquidation sera faite par les administrateurs alors en exercice, et ils devront l'effectuer dans les dix-huit mois au plus tard de leur entrée en liquidation.

Il sera rendu compte aux intéressés, tous les six mois, des progrès de la liquidation:

toutes les sommes recouvrées pendant le semestre, déduction faite de celles employées à l'acquittement du passif, seront réparties au marc le franc entre les actionnaires.

Quand à l'actif immobilier, soit par nature, soit par destination, il sera vendu aux enchères et à la diligence des liquidateurs, et le prix à en provenir sera partagé dans la susdite proportion.

Les marchandises et objets fabriqués, ou autres objets mobiliers de toute nature, seront aussi vendus à la diligence des liquidateurs, soit amiablement, soit aux enchères, suivant le mode qui sera présumé le plus avantageux, et le produit en sera partagé comme il est ci-dessus stipulé.

46. Toutes les difficultés qui pourraient s'élever entre la société et les actionnaires ou ayant-droit de ceux-ci, relativement à la société, seront soumises à deux arbitres nommés par les parties respectives; à défaut par l'une des parties de nommer son arbitre dans les quinze jours de la notification qui lui en aura été faite, il sera nommé d'office par le tribunal de commerce dudit Châlons.

En cas de partage d'avis, les arbitres sont autorisés à choisir eux-mêmes un tiers-arbitre, et, en cas de discorde entre eux à cet égard, il sera nommé par le même tribunal.

Lesdits arbitres sont dispensés de l'observation des formalités judiciaires. Tous mémoires et pièces devront leur être remis dans le mois, et, passé ce délai, ils devront juger sur pièces produites.

Les parties seront tenues de s'en rapporter à la décision arbitrale comme à un jugement en dernier ressort, sans pouvoir en appeler ni se pourvoir en cassation.

47. Les présentes formeront les statuts fondamentaux de la société, et le seul fait de l'inscription, au registre, des actions et des mutations, emportera de droit l'adhésion de celui qui sera devenu actionnaire.

48. Ces statuts seront soumis à l'approbation de Sa Majesté. Ils pourront, sauf la même approbation, être modifiés ou changés par un arrêté de l'assemblée générale pris sur la proposition du comité d'administration, et le consentement des propriétaires d'au moins des deux tiers des actions émises.

Néanmoins, la société s'interdit dans tous les cas la faculté d'augmenter le capital de chaque action; et, s'il s'agissait de changer la destination des établissemens formés, ce changement ne pourrait être demandé qu'avec l'assentiment de tous les actionnaires.

49. La société réglée par le présent acte ne pouvant être constituée qu'après l'obtention d'une ordonnance royale approuvant les présens statuts, elle sera régie provisoirement et jusqu'à ce moment par MM. Charles-François-Ferdinand de Poilly, Jules Chagot et Joseph-Marie Perret-Morin, administrateurs

provisoires, qui se conformeront en tous points, pour leur gestion, aux dispositions du présent acte. Lesdits administrateurs provisoires feront auprès du Gouvernement toutes les démarches nécessaires pour obtenir l'ordonnance royale.

Dont acte, fait et passé à Châlons-sur-Saône, en l'étude, l'an 1828, le 8 avril;

Et ont MM. Chagot, Perret-Morin et Maurice, signé avec les notaires, après lecture faite.

La minute des présentes, demeurée audit M. Mathey, est signée Perret-Morin, J. Chagot, Maurice, Meray et Mathey. Ces deux derniers, notaires.

Au bas est écrit : « Enregistré à Châlons, « le 11 avril 1828, *folio* 86, *verso, case* 1 et « suivantes. Reçu cinq francs cinquante cen- « times, dixième compris.» Signé Ducordaix.

(Suit la teneur de l'état des valeurs apportées par M. de Poilly).

État relevé sur l'inventaire clos, au 31 mars 1827, des valeurs composant la masse sociale apportée par M. de Poilly; lequel état, doit être annexé aux statuts de la société anonyme projetée entre les soussignés. (Suit l'état.)

___

14 = Pr. 29 MAI 1828. — Ordonnance du Roi portant rectification des tableaux de population annexés à l'ordonnance royale du 15 mars 1827. (8, Bull. 231, n° 8461).

Charles, etc.

Sur le rapport de notre ministre secrétaire d'État au département de l'intérieur;

Vu nos ordonnances des 15 mars, 23 mai et 3 octobre 1827,

Nous avons ordonné et ordonnons ce qui suit :

Art. 1ᵉʳ. Les tableaux de population annexés à notre ordonnance du 15 mars 1827 sont rectifiés ainsi qu'il suit :

TABLEAU A.

(Population par départemens.)

Département d'Eure-et-Loir. . . 278,215
Total de la population du
royaume 31,858,394

TABLEAU B.

(Population par arrondissemens et par cantons.)

Canton de Maintenon. 14,108
Arrondissement de Chartres. . . . 103,591
Département d'Eure-et-Loir. 278,215
Canton de Tours (Centre). 14,912
Idem (Nord). 11,200
Idem (Sud). 16,824

2. Notre ministre secrétaire d'État de l'intérieur (vicomte de Martignac) est chargé de l'exécution de la présente ordonnance.

14 MAI = Pr. 7 JUIN 1828. — Ordonnance du Roi portant établissement d'un abattoir public à Marcigny, département de Saône-et-Loire. (8, Bul. 233, n° 8526.)

Charles, etc.

Sur le rapport de notre ministre secrétaire d'Etat au département de l'intérieur;

Vu l'ordonnance royale du 29 juin 1823, relative à la construction d'un abattoir à Marcigny, département de Saône-et-Loire;

Vu la délibération de la commission administrative de l'hospice de ladite commune, du 31 octobre 1826;

Celle du conseil de charité, du 21 décembre suivant;

Celle du conseil municipal de Marcigny, du 3 février 1827;

L'avis du préfet de Saône-et-Loire, du 19 mars de la même année;

Notre Conseil-d'Etat entendu,

Nous avons ordonné et ordonnons ce qui suit :

Art. 1er. L'abattoir appartenant à l'hospice de la ville de Marcigny, département de Saône-et-Loire, et dont la création a été autorisée par l'ordonnance royale du 29 janvier 1823, est converti en abattoir public et commun.

2. Dans le délai d'un mois après la publication de la présente ordonnance, l'abattage des bœufs et vaches destinés à la consommation des habitants, aura lieu exclusivement dans l'établissement ci-dessus désigné.

L'abattage des veaux, moutons et porcs devra aussi avoir lieu exclusivement dans le même local, un mois après que les constructions nécessaires pour cette partie du service seront terminées.

3. Les particuliers qui élèvent des porcs pour leur consommation ou celle de leur maison conserveront la faculté de les abattre chez eux, pourvu que ce soit dans un lieu clos et séparé de la voie publique.

4. Les bouchers et charcutiers forains pourront également faire usage de l'abattoir public, mais sans y être obligés, soit qu'ils concourent à l'approvisionnement de la ville, soit qu'ils approvisionnent seulement la banlieue : ils seront libres de tenir des abattoirs et des étaux hors de la ville, dans les communes voisines, sous l'approbation de l'autorité locale.

5. En aucun cas, et pour quelque motif que ce soit, le nombre des bouchers et charcutiers ne pourra être limité : tous ceux qui voudront s'établir à Marcigny seront seulement tenus de se faire inscrire à la mairie, où ils feront connaître le lieu de leur domicile et justifieront de leur patente.

6. Les bouchers et charcutiers de la ville auront la faculté d'exposer en vente et de débiter de la viande à leur domicile, pourvu que ce soit dans des étaux convenablement appropriés à cet usage, et suivant les règles de la police.

7. Les bouchers et charcutiers forains pourront exposer en vente et débiter de la viande dans la ville, mais seulement sur les lieux ou places, et aux jours désignés par le maire, et ce en concurrence avec les bouchers et charcutiers de la ville qui voudront profiter de la même faculté.

8. Les droits à payer par les bouchers et charcutiers pour l'occupation des places dans l'abattoir public seront réglés par un tarif arrêté dans la forme ordinaire.

9. Le maire de la ville de Marcigny pourra faire les réglemens locaux nécessaires pour le service de l'abattoir public et commun, ainsi que pour le commerce de la boucherie et charcuterie; mais ces actes ne seront exécutoires qu'après avoir reçu l'approbation de notre ministre de l'intérieur, sur l'avis du préfet.

10. Notre ministre secrétaire d'Etat de l'intérieur (vicomte de Martignac) est chargé de l'exécution de la présente ordonnance, qui sera insérée au Bulletin des Lois.

14 MAI = Pr. 7 JUIN 1828 — Ordonnance du Roi qui confirme et maintient les deux abattoirs publics établis à Epinal, département des Vosges. (8, Bull. 233, n° 8527.)

Charles, etc.

Sur le rapport de notre ministre secrétaire d'Etat au département de l'intérieur;

Vu la délibération du conseil municipal d'Epinal, du 13 février 1828, relative aux deux abattoirs publics de cette ville;

Le procès-verbal de commodo et incommodo du 9 février 1828;

L'avis du préfet des Vosges, du 22 du même mois;

Notre Conseil-d'Etat entendu,

Nous avons ordonné et ordonnons ce qui suit :

Art. 1er. Les deux abattoirs publics et communs établis dans la ville d'Epinal, département des Vosges, l'un à la grande ville, et l'autre à la petite ville, sont confirmés et maintenus.

2. A dater de la publication de la présente ordonnance, et dans le délai d'un mois au plus tard, l'abattage des bœufs, vaches, génisses, veaux et moutons destinés à la consommation des habitants, aura lieu exclusivement dans lesdits établissemens; toutes les tueries particulières seront interdites et fermées.

3. Les charcutiers et les consommateurs conserveront la faculté d'abattre les porcs chez eux, pourvu que ce soit dans un lieu clos et séparé de la voie publique, et en se conformant d'ailleurs aux règles de la police.

4. Les bouchers forains pourront également faire usage des abattoirs publics, mais sans y être obligés, soit qu'ils concourent à l'approvisionnement de la ville, soit qu'ils approvisionnent seulement la banlieue : ils seront libres de tenir des abattoirs et des étaux hors la ville, sous l'approbation de l'autorité locale.

5. Le nombre des bouchers et charcutiers ne pourra être limité : tous ceux qui voudront s'établir à Épinal seront seulement tenus de se faire inscrire à la mairie, où ils feront connaître le lieu de leur domicile et justifieront de leur patente.

6. Les bouchers et charcutiers de la ville auront la faculté d'exposer en vente et de débiter de la viande à leur domicile, pourvu que ce soit dans des étaux convenablement appropriés à cet usage, en suivant les règles de la police.

7. Les bouchers et charcutiers forains pourront exposer en vente et débiter de la viande dans la ville, mais seulement sur les lieux et marchés publics désignés par le maire et aux jours fixés par lui, et ce en concurrence avec les bouchers et charcutiers de la ville qui voudront profiter de la même faculté.

8. Des droits pour l'occupation des places pourront être perçus, sur la demande du conseil municipal, et après que le tarif en aura été par nous approuvé.

9. Le maire de la ville d'Épinal pourra faire les réglemens locaux nécessaires pour le service des deux abattoirs publics et communs, ainsi que pour le commerce de la boucherie et de la charcuterie; mais ces actes ne seront exécutoires qu'après avoir reçu l'approbation de notre ministre de l'intérieur, sur l'avis du préfet.

10. Notre ministre secrétaire d'État de l'intérieur (vicomte de Martignac) est chargé de l'exécution de la présente ordonnance, qui sera insérée au Bulletin des Lois.

---

14 MAI = Pr. 15 JUIN 1828. — Ordonnance du Roi qui autorise la ville de Bordeaux à établir un abattoir public. (8, Bull. 235, n° 8537.)

Charles, etc.

Sur le rapport de notre ministre secrétaire d'État au département de l'intérieur;

Vu l'ordonnance royale du 29 octobre 1827;

Vu les délibérations du conseil municipal de Bordeaux, des 20 janvier et 23 novembre 1826, relatives à l'établissement d'un abattoir public dans cette ville;

Le décret du 15 octobre 1810 et l'ordonnance royale du 14 janvier 1815;

Notre Conseil-d'État entendu,

Nous avons ordonné et ordonnons ce qui suit :

Art. 1er. Notre bonne ville de Bordeaux,

département de la Gironde, est autorisée à établir, sur les terrains du Fort-Louis, un abattoir public et commun, avec fonderie et triperie.

2. Aussitôt que les échaudoirs dudit établissement auront été mis en état de servir, et dans le délai d'un mois, au plus tard, après que le public en aura été averti par affiches, l'abattage des bœufs, vaches, veaux, moutons et porcs destinés au commerce, aura lieu exclusivement dans l'abattoir public, et toutes les tueries particulières seront interdites et fermées.

Toutefois, les propriétaires et particuliers qui élèvent des porcs pour la consommation de leur maison conserveront la faculté de les abattre chez eux. pourvu que ce soit dans un lieu clos et séparé de la voie publique.

3. Les bouchers et charcutiers forains pourront également faire usage de l'abattoir public, mais sans y être obligés, soit qu'ils concourent à l'approvisionnement de la ville, soit qu'ils approvisionnent seulement la banlieue : ils seront libres de tenir des échaudoirs et des étaux hors de la ville, dans les communes voisines, sous l'approbation de l'autorité locale.

4. Lorsque la fonderie et la triperie publiques qui doivent être annexées à l'abattoir auront été mises en état de servir à l'usage auquel elles sont destinées, il ne sera plus délivré de permission pour ouvrir, dans la ville, de nouvelles fonderies ni de triperies particulières : néanmoins, toutes celles qui existaient antérieurement au décret du 15 octobre 1810, ou qui ont été régulièrement autorisées depuis cette époque, pourront continuer à exercer concurremment avec la fonderie et la triperie publiques.

5. En aucun cas, et pour quelque motif que ce soit, le nombre des bouchers et charcutiers ne pourra être limité : tous ceux qui voudront s'établir à Bordeaux seront seulement tenus de se faire inscrire à la mairie, où ils feront connaître le lieu de leur domicile et justifieront de leur patente.

6. Les bouchers et charcutiers de la ville auront la faculté d'exposer en vente et de débiter de la viande à leur domicile, pourvu que ce soit dans des étaux convenablement appropriés à cet usage et conformes aux réglemens de police.

7. Les bouchers et charcutiers forains pourront exposer en vente et débiter de la viande dans la ville, mais seulement sur les lieux et marchés publics désignés par le maire, et aux jours fixés par lui, et ce en concurrence avec les bouchers et charcutiers de la ville qui voudront profiter de la même faculté.

8. Les droits à payer par les bouchers, charcutiers, fondeurs et tripiers, pour l'occupation des places dans l'abattoir, la fon-

derie et la triperie de Bordeaux, seront réglés par un tarif proposé et arrêté dans la forme ordinaire.

9. Le maire de notre bonne ville de Bordeaux pourra faire les réglemens locaux nécessaires pour la police de ces établissemens, ainsi que du commerce de la boucherie et charcuterie; mais lesdits réglemens ne deviendront exécutoires qu'après avoir reçu l'approbation de notre ministre de l'intérieur, sur l'avis du préfet du département.

10. Notre ministre secrétaire d'Etat de l'intérieur (vicomte de Martignac) est chargé de l'exécution de la présente ordonnance, qui sera insérée au Bulletin des Lois.

14 = 29 MAI 1828. — Ordonnance du Roi qui autorise des exploitati ns dans les bois de plusi urs communes et dans huit forê s royales. (8, Bull. 231, n° 8465.) *Voy.* art. 16 et 90 du Code forestier.

14 MAI 1828. — Ordonnance qui autorise l'inscription au Trésor royal d'une pension en faveur d'un donataire dépossédé. (8, Bull. 231 *bis*, n° 9.)

14 MAI 1828. — Ordonnance qui accorde une pension au sieur Bel oguel, ex-caissier de la monnaie de Bordeaux. (8. Bull. 231 *bis*, n° 10.)

14 MAI 1828. — Ordonnance qui autorise l'inscription au Trésor royal de cent quatre-vingt-six pensions civiles et militaires. (8, Bull. 231 *bis*, n° 11.)

14 MAI 1828. — Ordonnances qui autorisent l'acceptation de dons et legs faits à diverses communautés religieuses établies à Langres, à Reims, à Poitiers, à Caen et à Dieuze; aux fabriques de Cirey-le-Château, de Saint-Denis de Cabanne, de Chaulnes, d'Escles, de Merris, de Montant, de Nancray, de la Salle de Vihiers, de Thun-l Eveque, de Vadans, de Bidaray; aux desservans successifs de la succursa e de Concourson; aux séminaires de Fréjus, de Larressore, de Bordeaux et de Strasbourg. (8, Bull. 265, n°s 10128 à 10148.)

17 = Pr: 24 MAI 1828. — Loi qui accorde une pension de quinze cents francs à la demoiselle Bisson, sœur de l'enseigne de vaisseau de ce nom (1). (8, Bull. 230, n° 8451.)

Art. 1er. Il est accordé à la demoiselle Marie-Antoinette-Bénigne-Thanaïs Bisson, sœur de l'enseigne de vaisseau de ce nom, mort glorieusement, le 4 novembre 1827, à bord de la prise le *Panayoti*, qu'il commandait, une pension de quinze cents francs sur la caisse des invalides de la marine.

2. Cette pension sera acquittée à dater du 4 novembre 1827, jour de la mort de l'enseigne de vaisseau Bisson.

17 MAI = Pr. 7 JUIN 1828. — Ordonnance du Roi relative à la franchise et au contre s ing accordés au ministre secrétaire-d'Etat du commerce et des manufactures. (8, Bull. 233, n° 8 22.)

Voy. arrêtés des 27 FRAIRIAL an 8 et 15 BRUMAIRE an 9, et notes.

Charles, etc.

Vu l'ordonnance du 14 décembre 1825, relative aux franchises et contre-seings;

Vu les ordonnances des 4 et 20 janvier dernier, portant création d'un ministere du commerce et des manufactures;

Sur le rapport de notre ministre secrétaire d'Etat des finances,

Nous avons ordonné et ordonnons ce qui suit :

Art. 1er. Le ministre secrétaire d'Etat du commerce et des manufactures jouira de la franchise de toutes les lettres et de tous les paquets qui lui seront adressés par la poste.

2. Son contre-seing opérera la franchise à l'égard des fonctionnaires ci-après :

1° Les ministres d'Etat, les conseillers d'Etat, les maîtres des requêtes;

2° Les préfets, les sous-préfets;

3° Le conseil général du commerce;

4° Le conseil général des manufactures;

5° Les chambres de commerce et les chambres consultatives des arts et manufactures;

6° Les tribunaux de commerce en nom collectif et leurs présidens;

7° Les sociétés des sciences, agriculture et arts;

8° Le comité consultatif des arts et manufactures;

9° Les conseils des prud'hommes;

10° Les commissaires et jurys de commerce et des manufactures;

11° Les commissaires généraux et particuliers du ministère du commerce, pour la statistique industrielle et commerciale;

12° Les commissaires du Roi près les sociétés anonymes et compagnies d'assurances;

13° Les directeurs du Conservatoire et des écoles royales des arts et métiers;

14° Les syndics des agens de change et courtiers de commerce.

Dispositions particulières.

Les chambres de commerce, les chambres consultatives des arts et manufactures, les sociétés des sciences, agriculture et arts, les conseils de prud'hommes, les commissions et

---

(1) Proposition à la Chambre des députés le 5 avril (Mon. du 6). Rapport de M. Halgan le 21 avril (Mon. du 22). Discussion et adoption le 25 avril (Mon. du 26 avril 1828).

Proposition à la Chambre des pairs le 3 mai (Mon. du 6). Adoption, sans discussion, le 7 mai (Mon. du 14).

jurys de commerce et des manufactures, les commissaires du Roi près les sociétés anonymes et compagnies d'assurances, les directeurs du Conservatoire et des écoles royales des arts et métiers, et les syndics des agens de change et courtiers de commerce, sont autorisés à correspondre en franchise, *sous bandes*, avec le préfet du département dont ils font partie.

La correspondance expédiée au préfet par les chambres, sociétés, conseils et commissions désignés ci-dessus, sera contre-signée du président.

3. Notre ministre secrétaire d'État des finances (comte Roy) est chargé de l'exécution de la présente ordonnance, qui sera insérée au Bulletin des Lois.

17 MAI 1828. — Lettres-patentes portant érection de majorats en faveur de MM. comte d'Hauterive, André et comte de Nugent. (8, Bull. 231, n° 8468.)

18 = Pr. 24 MAI 1828. — Loi qui autorise le département des Ardennes à s'imposer extraordinairement pour les travaux du cadastre (1). (8, Bull. 230, n° 8452.)

Article unique. Le département des Ardennes est autorisé à s'imposer extraordinairement, conformément à la délibération prise par son conseil général dans sa session de 1827, deux centimes additionnels à la contribution foncière de 1829, pour le produit en être employé à hâter les travaux du cadastre (2).

18 = Pr. 24 MAI 1828. — Loi qui autorise le département de la Charente à s'imposer extraordinairement pour les travaux du cadastre (3). (8, Bull. 230, n° 8453.)

Article unique. Le département de la Charente est autorisé à s'imposer extraordinairement, conformément à la délibération prise, à cet effet, par son conseil général dans sa

session de 1827, deux centimes additionnels à la contribution foncière de 1829, pour le produit en être employé à hâter les travaux du cadastre (4).

18 = Pr. 24 MAI 1828 — Loi qui autorise le département de la Drôme à s'imposer extraordinairement pour les travaux du cadastre (5). (8, Bull. 230, n° 8454.)

Article unique. Le département de la Drôme est autorisé à s'imposer extraordinairement, conformément à la délibération prise par son conseil général dans sa session de 1827, deux centimes additionnels à la contribution foncière de 1829, pour le produit en être employé à hâter les travaux du cadastre (6).

18 = Pr. 24 MAI 1828. — Loi qui autorise le département du Puy-de-Dôme à s'imposer extraordinairement pour les travaux du cadastre (7). (8, Bull. 230, n° 8455.)

Article unique. Le département du Puy-de-Dôme est autorisé, conformément à la délibération prise par son conseil général dans sa session de 1827, à s'imposer extraordinairement deux centimes additionnels à la contribution foncière de 1829, pour le produit en être employé à hâter les travaux du cadastre (8).

18 = Pr. 24 MAI 1824. — Loi qui autorise le département des Deux-Sèvres à s'imposer extraordinairement pour les travaux du cadastre (9) (8, Bull. 230, n° 8456.)

Article unique. Le département des Deux-Sèvres est autorisé à s'imposer extraordinairement, conformément à la délibération prise par son conseil général dans sa session de 1827, deux centimes et quatre vingt-quatre centièmes additionnels à la contribution foncière de 1829, pour le produit en être employé à hâter les travaux du cadastre (10).

(1) Proposition à la Chambre des députés le 15 mars 1828 (Mon. du 19) Rapport de M. Pelet (de la Lozère) le 25 mars (Mon. du 27). Discussion et adoption le 10 avril (Mon. du 11).
Proposition à la Chambre des pairs le 19 avril (Mon. du 23). Rapport de M. le baron de Barante le 30 avril (Mon. du 2 mai). Adoption, sans discussion, le 6 mai (Mon. du 8).
(2) Plusieurs conseils généraux avaient manifesté le désir que les centimes additionnels fussent votés pour plusieurs années; mais le ministre de l'intérieur a fait remarquer qu'on doit, *autant que possible*, ne voter les centimes additionnels que pour une année, puisque le principal de l'impôt ne peut être voté que pour ce temps (art. 49 de la Charte); qu'il n'y a lieu de s'écarter de cette règle que lorsqu'il s'agit de pourvoir à des travaux publics, parce qu'en les mettant en adjudication, il est nécessaire d'offrir aux entrepreneurs toute garantie sur les époques et les moyens de paiement (Mon. du 19 mars 1828).—

La commission de la Chambre des députés avait cependant proposé un amendement autorisant la perception des centimes additionnels pour plusieurs années; cet amendement a été rejeté. — Cette note s'applique aux quatre lois suivantes.
(3) *Voy.*, pour la date des propositions, rapport et adoption, la note 2 sur la loi précédente.
(4) *Voy.* note 2 sur la loi précédente.
(5, 6 et 7) Proposition à la Chambre des députés le 15 mars 1828 (Mon. du 19) Rapport de M. Pelet (de la Lozère) le 25 mars (Mon. du 27). Discussion et adoption le 11 avril (Mon. du 12).
Proposition à la Chambre des pairs le 19 avril (Mon. du 23). Rapport de M. le baron de Barante le 30 avril (Mon. du 2 mai). Adoption, sans discussion, le 6 mai (Mon. du 8).
(8, 9, 10). *Voy.* la note 2 sur la loi relative au département des Ardennes.

28 MAI ⹀ Pr. 1ᵉʳ JUIN 1828. — Ordonnance du Roi portant création de quatre places d'agent de change courtier à Mulhausen. (8, Bull. 232, n° 8476.)

Charles, etc.

Sur le rapport de notre ministre secrétaire d'Etat du commerce et des manufactures,

Nous avons ordonné et ordonnons ce qui suit :

Art. 1ᵉʳ. Il y aura pour la ville de Mulhausen (Haut-Rhin) quatre agens de change courtiers.

Leur cautionnement est fixé à la somme de six mille francs.

2. Notre ministre secrétaire d'Etat du commerce et des manufactures (M. de Saint-Cricq) est chargé de l'exécution de la présente ordonnance, qui sera insérée au Bulletin des Lois (1).

28 MAI ⹀ Pr. 17 JUIN 1828. — Ordonnance du Roi portant autorisation de la société anonyme formée à Paris sous la dénomination de compagnie des mines, forges et fonderie du Creuzot et de Charenton. (8, Bull. 235 bis.)

Charles, etc.

Sur le rapport de notre ministre secrétaire d'Etat du commerce et des manufactures ;

Vu les art. 29 à 37, 40 et 45 du Code de commerce ;

Notre Conseil-d'Etat entendu,

Nous avons ordonné et ordonnons ce qui suit :

Art. 1ᵉʳ. La société anonyme formée à Paris, sous la dénomination de *Compagnie des mines, forges et fonderies du Creuzot et de Charenton*, par acte passé, les 13 et 14 de ce mois, par-devant Beaudenom de Lamaze et son collègue, notaires en ladite ville, est autorisée; sont approuvés les statuts contenus audit acte, qui demeurera annexé à la présente ordonnance.

2. Nous nous réservons de révoquer la présente autorisation en cas de violation ou de non-exécution des statuts par nous approuvés, sans préjudice des dommages et intérêts des tiers.

3. La société sera tenue de remettre, tous les six mois, extrait de son état de situation aux préfets des départemens de la Seine et de Saône-et-Loire, aux greffes des tribunaux de commerce de Paris et de Mâcon, et à la chambre de commerce de Paris; pareil extrait sera transmis au ministre du commerce et des manufactures.

4. Notre ministre secrétaire d'Etat du commerce et des manufactures (M. Saint-Cricq) est chargé de l'exécution de la présente ordonnance, qui sera publiée au Bulletin des Lois, insérée au Moniteur et dans un jour-nal d'annonces judiciaires des départemens de la Seine et de Saône-et-Loire.

Par-devant Mᵉ Jacques Beaudenom de Lamaze et son collègue, notaires à Paris, soussignés, furent présens, etc.

(*Suivent les noms.*)

Lesquels, voulant former une société anonyme entre eux, leurs mandans ci-dessus nommés et les personnes qui prendront des actions par la suite, pour l'exploitation des établissemens du Creuzot et de Charenton, ci-après désignés, ont arrêté et réglé les statuts de cette société comme il suit :

STATUTS DE LA SOCIÉTÉ.

TITRE Iᵉʳ. Fondation de la société, sa durée, son objet.

Art. 1ᵉʳ. Il est formé une société anonyme, sauf l'autorisation du Roi, entre :

1° Tous les comparans et leurs mandans aux noms desquels ils agissent;

2° Et les autres capitalistes qui prendront les actions qui seront émises en conséquence du présent acte.

La durée de la société sera de cinquante ans; elle a pour objet:

L'exploitation des mines du Creuzot et la métallurgie;

La fabrication des fontes, fers forgés, tôles, machines et mécaniques de toutes espèces, de tous objets en fonte, moulerics, et généralement tous les travaux de mécanique et de manutention des métaux.

Dénomination et siége de la société.

2. La société prend le titre ou dénomination de *Compagnie des mines, forges et fonderies du Creuzot et de Charenton.* Son siége légal est fixé à Charenton; mais, sans déroger à la fixation de ce siége, l'administration fera choix d'un local à Paris, tant pour la tenue des écritures que pour ses réunions et celles des actionnaires.

L'assemblée générale des actionnaires pourra, dans la suite, si elle le juge plus convenable, transporter à Paris le domicile social ; dans ce cas, les administrateurs feront faire les publications prescrites par l'art. 46 du Code de commerce.

TITRE II. Fonds social.

3. Le fonds social est fixé à dix millions quatre cent mille francs, représentés par deux mille six cents actions de quatre mille francs chacune.

Il sera émis, aussitôt après l'ordonnance royale d'approbation des présens statuts deux mille cent actions au capital de huit millions quatre cent mille francs.

_____

(1) On ne voit pas pourquoi le ministre des finances n'est pas chargé de l'exécution, comme dans l'ordonnance du 4 mai ⹀ 1ᵉʳ juin 1828 : c'est sans doute une erreur.

Les cinq cents actions dont le prix formera le complément du fonds social seront émises au fur et à mesure des besoins de la société; la nécessité de leur émission devra être constatée par délibération du conseil extraordinaire établi au titre IX, article 38.

Les actionnaires ne seront tenus à aucun versement au-delà du montant de leurs actions; tout appel de fonds est interdit.

4. Les époques de versement du capital des actions seront déterminées, suivant les circonstances, par le conseil d'administration.

Les actes des administrateurs à cet égard seront considérés comme mesures d'administration.

En cas de non paiement à l'échéance du terme accordé par les administrateurs pour le paiement de solde du prix, l'action du rétardataire sera vendue pour son compte. Si le produit de la vente et l'à-compte reçu surpassent la mise, l'excédant lui sera remis; s'il y a déficit, il sera poursuivi pour la différence au nom de la compagnie. Aucun transfert de ces actions ne pourra être fait jusqu'à paiement intégral, que sous la garantie des cédans pour tout ce qui resterait dû.

Il ne sera donné que des promesses d'actions aux titulaires d'actions qui auront pris terme pour le paiement; ils participeront aux bénéfices nets et contribueront aux pertes comme les autres actionnaires, mais ils ne recevront l'intérêt du prix de leurs actions que dans la proportion des sommes qu'ils auront payées.

Tout actionnaire en retard de faire son versement ne pourra prétendre à aucun intérêt ni aux bénéfices sur les actions non soldées. Le tout appartiendra à la réserve de la société.

Titre III. Nature des actions.

Actions de capital.

5. Chaque action de capital donnera droit, jusqu'à due concurrence : 1° à la propriété de la concession de la mine de houille du Creuzot, dont la valeur n'est pas comprise dans les estimations faites par ordre du Gouvernement; 2° au fonds social; 3° et aux bénéfices nets déterminés par l'article 41, en proportion du nombre des actions émises.

Les comparans soumissionnent, tant pour eux que pour leurs mandans, neuf cent quarante cinq actions, et ce pour chacun la quantité ci-après déterminée, savoir :

(*Suit la désignation du nombre d'actions pris par chaque actionnaire.*)

Le capital de ces neuf cent quarante-cinq actions, s'élevant à la somme de trois millions sept cent quatre-vingt mille francs, et fourni par les comparans, pour eux et leurs mandans, par l'apport et la mise qu'ils font

8.

dans la présente société des objets ci-après désignés, savoir, etc. . . . .
. . . .

Les onze cent cinquante-cinq actions de surplus sont à émettre, et leur prix s'élevera à la somme de quatre millions six cent vingt mille francs.

Cette somme complétera le fonds social actuel de huit millions quatre cent vingt mille francs.

Actions d'industrie.

6. Outre les actions du capital; il y aura une série de deux cent cinquante actions dites *d'industrie*, à laquelle sera dévolu le quart des bénéfices de la société, calculés après le prélèvement établi à l'article 41, en sorte que chacune d'elles donnera droit à un deux cent cinquantième dans le quart de ces bénéfices.

Sur ces deux cent cinquante actions, les cinquante premières, numérotées de un à cinquante, seront tenues en réserve pour la société, mais n'en participeront pas moins aux bénéfices attribués à leur série par le présent article, et le dividende qui en résultera appartiendra, savoir : la moitié à M. Manby, s'il est nommé administrateur pendant tout le temps de sa gestion, et l'autre moitié à M. Wilson, sous la même condition et pendant le même temps, et ce comme partie de l'indemnité attachée à la surveillance qu'ils donneront aux travaux du Creuzot et de Charenton.

De leur côté, M. Manby et M. Wilson renoncent pour sept années à la faculté de refuser la place d'administrateurs s'ils sont nommés à cette place à la première assemblée générale de la société, et si, pendant ce laps de temps de sept années, leurs réélections consécutives ont eu lieu.

Dans le cas de la non-élection de l'un ou de l'autre à une époque quelconque, cette obligation cessera pour celui qui n'aurait pas été élu, et pour tous les deux, si le cas y échet.

L'administration pourra donner à leurs successeurs, dans la surveillance des établissemens, la jouissance de tout ou partie de ces cinquante actions.

Les deux cents autres actions seront dévolues à MM. Manby et Wilson, en représentation des procédés industriels qu'il apportent dans la société.

Titre IV. Forme, émission et transfert des actions.

7. Les actions seront nominatives ou au porteur, à la volonté de leurs propriétaires, et pourront, en tout temps, être converties de l'une de ces formes dans l'autre. Cette disposition est applicable aux actions de capital et d'industrie.

8

Le mode de leur confection, de leurs délivrance et conversion, sera réglé par le conseil d'administration.

Elles seront, ainsi que les promesses d'actions dont il est parlé à l'article 4, frappées d'un timbre sec, signées par l'agent principal et par deux administrateurs.

Les propriétaires d'actions nominatives devront faire élection de domicile à Paris.

Les convocations, les circulaires et les actes relatifs à la société seront remis ou adressés au domicile élu.

8. Le transfert d'une action de capital comprend toujours, à l'égard de la société, la cession des réserves effectuées et celle des intérêts et dividendes acquis.

Celui des actions d'industrie comprend la part de bénéfices qui peut être acquise et due au moment où il s'effectue.

9. Les deux cents actions d'industrie dévolues à MM. Manby et Wilson leur seront remises comme formant leur propriété irrévocable, aussitôt après l'ordonnance royale contenant approbation des présens statuts; mais ils ne pourront disposer de suite que des cent actions numérotées de cinquante-un à cent cinquante, et les personnes à qui ils les transmettront ne pourront elles-mêmes en disposer qu'un an après la date de ladite ordonnance. En conséquence, il ne sera donné jusqu'à ce terme, pour cette série d'actions, que des promesses d'actions sur lesquelles cette condition sera mentionnée.

10. La société ne reconnaît aucune fraction d'action; s'il y avait, pour quelque cause que ce fût, plusieurs intéressés à la propriété d'une action, ils seraient tenus de se faire représenter par l'un d'entre eux pendant la durée de l'indivision.

Dans aucun cas, il ne pourra être requis aucune apposition de scellés ni aucun inventaire.

TITRE V. Composition de la société.

11. La société sera représentée par l'assemblée générale des actionnaires; les affaires sociales seront dirigées par un conseil d'administration et surveillées par un comité de censeurs; dans les cas qui vont être prévus, le conseil extraordinaire sera convoqué, le tout ainsi qu'il sera ci-après expliqué.

Assemblée générale.

12. Pour avoir droit d'assister et de voter aux assemblées générales, il faudra être porteur de trois actions de capital, ou de vingt actions d'industrie.

13. Il y aura deux assemblées générales par an, l'une en janvier, l'autre en juillet; elles seront convoquées par l'administration, un mois à l'avance, par circulaire à domicile pour les actions nominatives, et par avis dans deux journaux pour tous les actionnaires indistinctement.

Pour être admis aux assemblées générales, les propriétaires des actions nominatives devront justifier de leur propriété depuis deux mois au moins, et ceux d'actions au porteur devront en effectuer le dépôt au bureau de Paris, un mois avant le 1er janvier et 1er juillet, contre un récépissé motivé, signé par l'agent principal; ce récépissé sera visé par un des administrateurs délégué à cet effet.

Dans le cas d'assemblée extraordinaire, il suffira de justifier de la propriété trois jours avant la tenue de cette assemblée.

14. Chaque actionnaire aura une voix, soit par trois actions de capital, soit par vingt actions d'industrie.

Toutefois, un actionnaire ne pourra cumuler plus de cinq votes.

Les assemblées seront présidées par l'un des censeurs.

Le plus jeune des actionnaires présens remplira les fonctions de secrétaire.

Les deux plus forts actionnaires présens seront scrutateurs.

15. Les délibérations seront prises à la majorité absolue des votes et seront obligatoires pour tous les sociétaires ou porteurs d'actions; en cas de partage, la prépondérance sera déterminée par le nombre des actions.

16. L'assemblée ne pourra délibérer qu'autant qu'elle sera composée d'actionnaires représentant la moitié plus une des actions émises.

Toutefois, dans le cas où le nombre des actionnaires présens serait insuffisant pour délibérer valablement, une nouvelle convocation sera faite à quinzaine, par avis dans deux journaux, et cette seconde assemblée pourra délibérer valablement à la simple majorité, toujours en votant selon le mode prescrit par l'article 14, pourvu que le cinquième des actions émises soit représenté.

17. Indépendamment des assemblées générales qui auront lieu aux époques ci-dessus déterminées, il pourra être convoqué des assemblées extraordinaires toutes les fois que cela sera jugé nécessaire soit par le conseil d'administration, soit par le comité des censeurs, soit sur la demande des actionnaires, pourvu qu'ils représentent au moins un cinquième des actions de capital émises.

La convocation sera faite dans la forme prescrite à l'article 13. Dans le cas où une assemblée extraordinaire serait requise, l'administration sera tenue de la convoquer immédiatement.

18. L'assemblée générale aura pour objet

1° D'entendre le compte du conseil d'administration et de délibérer sur son approbation;

4° D'entendre les rapports du conseil d'administration et ceux du comité des censeurs sur la situation des affaires sociales et sur la proposition du conseil extraordinaire, de fixer la réserve et le dividende à répartir ;

3° De nommer aux places vacantes du conseil d'administration, du comité des censeurs et du conseil extraordinaire ;

4° De prononcer sur les cas de toute nature qui lui seront soumis par l'administration ou par le comité des censeurs, et qui ne seraient pas réglés par les statuts.

19. L'assemblée générale, sur la proposition du conseil extraordinaire, aura le droit de modifier les statuts, d'y ajouter et les changer, sauf l'approbation du Gouvernement ; dans ce cas, les lettres et avis de convocation indiqueront l'objet de la réunion.

La délibération ne sera valable qu'autant qu'elle aura été consentie par les propriétaires des deux tiers des actions de capital émises.

Les avantages attribués aux actions d'industrie ne pourront être atténués.

20. Il sera tenu un registre particulier des délibérations des assemblées générales ; il sera conservé au lieu des réunions. Toutes les délibérations devront constater les noms des actionnaires présens et le nombre des actions dont ils seront propriétaires ; mais il suffira que les procès-verbaux qui contiendront toutes les délibérations prises soient signés par les membres du bureau et par cinq actionnaires présens à la séance.

21. Une première assemblée générale aura lieu immédiatement après l'ordonnance royale d'institution de la société, pour nommer les administrateurs, les censeurs et les membres du conseil extraordinaire.

TITRE VI. Du conseil d'administration.

22. Le conseil d'administration aura la gestion et la manutention de toutes les affaires de la société.

Il sera composé de cinq administrateurs nommés par l'assemblée générale.

Pour être administrateur, il faudra posséder neuf actions de capital nominatives.

Le conseil s'assemblera au moins une fois par semaine, et aucune délibération ne pourra être prise qu'à la majorité de trois voix, quel que soit le nombre des membres présens. Les décisions seront consignées sur un registre particulier et signées par les membres présens.

Les fonctions de secrétaire seront remplies par l'agent principal.

23. Sauf le cas prévu à l'article 24, les actions des cinq administrateurs sont gratuites ; ils recevront néanmoins des jetons de présence.

Tant que M. Manby et M. Wilson seront membres du conseil d'administration, chacun d'eux devra être propriétaire d'au moins douze actions de capital et nominatives, et de cinquante actions d'industrie : ils recevront chacun un traitement annuel de quinze mille francs, et ils ne pourront prendre part dans aucune affaire autre que celles dans lesquelles ils ont déjà un intérêt.

M. Manby et M. Wilson seront tenus de faire jouir la société de leur industrie pendant tout le temps qu'ils seront administrateurs. Ils seront aussi tenus pendant le même temps de surveiller la partie d'art des établissemens de la société ; mais cette surveillance ne devra jamais nécessiter la résidence de M. Wilson au Creusot ; les affaires dans lesquelles il est déjà intéressé exigeant, ainsi qu'il le déclare, sa présence habituelle dans Paris ou ses environs.

M. Manby et M. Wilson mettent dans la société le brevet d'importation qu'ils ont obtenu pour la confection des lambourdes en fer pour les chemins de fer, et le droit aux perfectionnemens et additions qui pourraient y être ajoutés par la suite : il en sera de même des brevets d'invention, de perfectionnement et d'importation que M. Manby et M. Wilson pourraient obtenir pendant la durée de leur administration, et qui seraient applicables aux opérations de la présente société ; dans ce cas, la taxe des brevets sera remboursée par la compagnie.

M. Manby et M. Wilson affectent chacun à la sûreté de ces engagemens les quantités d'actions ci-dessus déterminées ; en conséquence, chacun d'eux renonce à pouvoir les aliéner tant qu'il sera membre du conseil d'administration ; mention en sera faite sur les titres.

Dans le cas de décès de l'un d'eux ou de tous les deux pendant qu'ils feraient partie du conseil d'administration, toutes les actions, tant de capital que d'industrie, affectées à la garantie des obligations ci-dessus imposées à M. Manby et à M. Wilson, deviendront aliénables à l'égard des représentans de l'un ou l'autre et de tous les deux ; et, dans ces cas, de nouveaux titres, sans restrictions aucunes, seront remis à leurs héritiers ou ayant-cause.

24. Le conseil d'administration déléguera ceux de ses membres qui devront surveiller l'exécution de ses délibérations, le travail de la correspondance et de la comptabilité ; viser et vérifier les titres des actions, enfin donner aux actionnaires tous les renseignemens dont ils pourraient avoir besoin.

Le conseil extraordinaire pourra allouer à ces administrateurs une indemnité que, dans ce cas, ils recevront indépendamment des droits de présence.

25. Les administrateurs nommés par l'assemblée générale seront renouvelés chaque

8.

année par cinquième; ils seront rééligibles : la sortie aura lieu d'abord par la voie du sort, ensuite par rang d'ancienneté.

En cas de retraite ou décès d'un ou plusieurs administrateurs, les membres restans choisiront parmi les actionnaires propriétaires d'un nombre suffisant d'actions de capital et nominatives celui ou ceux qui devront les remplacer jusqu'à la prochaine assemblée générale, qui procédera à la nomination définitive pour le temps qui restera à courir de l'exercice des remplacés.

26. Toutes les valeurs, argent, billets ou autres engagemens qui appartiendront à la société, seront déposés au bureau de Paris, dans une caisse à deux serrures différentes, dont une clef restera entre les mains de l'administrateur de service et l'autre entre les mains de l'agent principal.

Sur décision de l'administration, les fonds pourront être déposés à la Banque de France, d'où ils seront retirés dans la forme qui sera déterminée par l'administration.

27. Le conseil d'administration représentera activement et passivement la société dans toutes les circonstances, sauf ce qui est dit en article 31 ci-après.

Dans ces pouvoirs sont expressément compris ceux de transiger et de compromettre dans toutes les contestations que la société pourrait avoir.

Il organisera, par des réglemens particuliers, l'ensemble de chacune des parties du service.

Tous les engagemens devront être signés par l'agent principal et deux administrateurs, ou, en cas d'empêchement de l'agent principal, par trois administrateurs.

28. Il est interdit au conseil d'administration de faire aucune acquisition d'immeubles ou aucun emprunt sur hypothèque, à moins d'une autorisation spéciale et préalable de l'assemblée générale.

29. Les administrateurs ne contractent, à raison de leur administration, aucune obligation personnelle ni solidaire relativement aux engagemens de la société, pour laquelle ils n'agissent que comme mandataires.

30. Le conseil d'administration dressera chaque année, au 1er octobre, l'inventaire des établissemens, et immédiatement après le compte général de la société, pour être soumis, avec les pièces à l'appui, au comité des censeurs et ensuite à l'assemblée générale de janvier.

Après la décision de l'assemblée générale, il fera répartir aux actionnaires les intérêts et dividendes qui seront attribués à chaque action.

TITRE VII. Des agens et employés de l'administration.

31. La compagnie aura un agent principal à Paris, nommé par le conseil extraordinaire, sur la présentation du conseil d'administration. L'agent principal sera chargé de la gestion des affaires de la société, sous la direction et l'autorité du conseil d'administration; il dirige et signe la correspondance; il ordonnance les paiemens à faire d'après les bases arrêtées par le conseil d'administration. L'agent principal dirige le bureau central à Paris, contrôle les opérations du caissier et de la comptabilité en général; il intente toutes actions, fait tous actes conservatoires, et représente la compagnie devant tous tribunaux et corps administratifs; il transmet les ordres et instructions du conseil d'administration aux directeurs des établissemens et aux divers employés de la compagnie; il reçoit les bordereaux et états périodiques, et se fait rendre compte du roulement général des divers établissemens, exploitation et dépôts de la compagnie.

Le conseil extraordinaire pourra nommer sur la présentation du conseil d'administration, un inspecteur chargé de la surveillance des établissemens et de l'exécution des arrêtés de l'administration qui y seraient relatifs.

Il nomme aussi un directeur pour chacun des établissemens de la société, chargé de la gestion desdits établissemens, d'après les instructions du conseil d'administration. Ces directeurs correspondent avec l'agent principal, auquel ils transmettent régulièrement des états de situation et de roulement, dans les formes qui leur sont tracées par l'administration.

32. Les employés supérieurs désignés aux articles précédens fourniront des cautionnemens en actions de capital, dont la quotité sera déterminée par le conseil extraordinaire, qui fixera également leurs attributions autres que celles qui leur sont confiées par ces présentes, et leurs émolumens. Ces employés supérieurs ne pourront être révoqués que par arrêté pris en conseil extraordinaire.

33. Le conseil d'administration nomme tous les autres employés, dont il fixera le nombre, les fonctions, le traitement, et, s'il y a lieu, le cautionnement, qui devra également être donné en actions de capital.

TITRE VIII. Du comité des censeurs.

34. Le comité des censeurs sera composé de trois membres, qui seront nommés par l'assemblée générale parmi les actionnaires propriétaires d'au moins six actions de capital et nominatives.

Il surveillera l'exécution des présens statuts, il prendra connaissance de tous les actes de l'administration et de ses opérations; il fera partie du conseil extraordinaire. Les censeurs auront le droit d'assister aux réunions du conseil d'administration.

ils y auront voix consultative et pourront demander que leurs observations soient consignées sur le registre des délibérations.

35. Le comité des censeurs examinera et vérifiera les inventaires et les comptes que le conseil d'administration devra présenter aux assemblées générales de janvier, et les états de situation qui devront être remis à celle de juillet; et, à chacune de ces époques, il fera un rapport sur les travaux de l'administration.

36. Les censeurs seront renouvelés chaque année par tiers; ils seront rééligibles. La sortie aura lieu d'abord par la voie du sort, ensuite par le rang d'ancienneté.

En cas de retraite ou décès de l'un d'eux, il sera pourvu au remplacement selon le mode indiqué à l'article 25, à l'égard des administrateurs.

37. Toutes les fois que les censeurs se réuniront au conseil d'administration, qu'ils assisteront au conseil extraordinaire, ou qu'ils se formeront en comité d'examen des comptes, ils recevront des jetons de présence.

TITRE IX. Du conseil extraordinaire.

38. Le conseil extraordinaire sera composé du conseil d'administration, du comité des censeurs, et de six actionnaires qui seront nommés chaque année en assemblée générale. Le comité des censeurs pourvoira aux vacances accidentelles, en désignant, pour remplacer ceux des actionnaires qui ne pourraient plus faire partie du conseil extraordinaire, d'autres actionnaires pris parmi les plus forts titulaires d'actions de capital et nominatives.

39. Il sera convoqué dans les cas prévus par les présents statuts; il pourra l'être aussi, soit sur la demande de trois membres du conseil d'administration, soit sur celle du comité des censeurs.

40. Les délibérations seront prises à la majorité des membres présens, signées par eux et consignées sur un registre particulier.

Les actionnaires qui assisteront au conseil extraordinaire recevront des jetons de présence.

Le conseil extraordinaire ne pourra délibérer qu'autant qu'il sera composé de onze membres au moins, et que les actionnaires ou administrateurs et les censeurs réunis seront en majorité.

TITRE X. Fixation des bénéfices nets, fonds de réserve et dividende.

41. Les bénéfices ne seront établis qu'après le prélèvement des frais d'administration, et généralement de tous ceux des établissemens, de quelque nature qu'ils soient. Sur les bénéfices existans on prélèvera les intérêts, à six pour cent l'an, du montant des actions du capital dont la valeur aura été réalisée, les actions dites d'industrie n'étant susceptibles de produire aucun intérêt.

Ce prélèvement d'intérêt se fera année par année, à concurrence des profits de l'exercice, sans que l'on puisse jamais prendre dans les bénéfices de l'année suivante ce qui manquerait aux profits d'une année pour solder les six pour cent d'intérêt.

Après ces prélèvemens, on déduira de la somme restante vingt-cinq pour cent, attribués aux deux cent cinquante actions d'industrie créées par l'article 6; vingt-cinq pour cent seront ensuite mis en réserve pour subvenir aux dépenses imprévues, suppléer à la moins-value des établissemens, être appliqués à leur amélioration, et enfin servir à l'augmentation du fonds social. Le surplus des bénéfices nets sera réparti, à titre de dividende, aux actions de capital par égales portions entre elles.

Aucune disposition des fonds mis en réserve ne pourra être faite sans une décision spéciale du conseil extraordinaire, qui réglera le mode de placement le plus avantageux.

42. Aucune répartition d'intérêts ou dividendes ne pourra être faite que sur les bénéfices obtenus, et ainsi qu'il est dit à l'article 41.

TITRE XI. Liquidation et dissolution de la société.

43. Dans le cas de perte de la moitié du fonds social, la société sera dissoute de droit. La dissolution pourra même être prononcée s'il y avait perte du tiers, mais avec l'assentiment des propriétaires des neuf dixièmes des actions de capital.

Tous les propriétaires d'actions de capital seront admis aux assemblées générales ayant pour objet de délibérer sur la dissolution de la société, et chaque action comptera pour une voix; de sorte que les actionnaires auront autant de voix que d'actions.

44. Lors de la liquidation de la société, il y sera procédé amiablement, sans aucuns frais judiciaires; les immeubles seront vendus sur publications volontaires, à l'enchère et par le ministère du notaire de la société, à la requête du conseil d'administration, qui est par ces présentes autorisé à faire à cet égard, comme pour la liquidation définitive, tout ce qui conviendra; il recevra le prix des ventes et toutes les sommes qui seront dues à la société pour quelque cause que ce soit.

Les propriétaires des actions dites d'industrie n'auront aucun droit dans le partage du capital ni de la réserve.

Il sera rendu compte aux intéressés, tous les six mois, des progrès de la liquidation, et toutes les sommes recouvrées pendant le semestre, déduction faite de celles nécessaires à l'acquittement du passif, seront réparties au marc le franc entre tous les propriétaires d'actions de capital.

TITRE XII. Dispositions générales.

45. Tout propriétaire d'une ou plusieurs actions soit de capital, soit d'industrie, sera, par ce seul fait, censé avoir adhéré purement et simplement aux présens statuts et à toutes les stipulations qu'ils renferment, comme s'il avait fait un acte formel d'adhésion; et il sera en conséquence obligé d'en exécuter toutes les conditions.

46. Les comparans feront aux présens statuts les changemens ou modifications qui seraient nécessaires pour obtenir l'approbation royale.

TITRE XIII. De l'arbitrage.

47 *et dernier.* Les contestations qui pourraient s'élever entre la société et les actionnaires et les administrateurs ou autres agens, quels qu'ils soient, de la société, sur l'exécution des présens statuts, et sur tout ce qui sera relatif à la société, seront jugées souverainement, sans appel ni recours en cassation, et sans aucune formalité judiciaire, par des arbitres qui seront nommés par chacune des parties; ces arbitres seront tenus de choisir immédiatement un troisième arbitre, qui formera avec eux un tribunal arbitral prononçant à la majorité des voix.

Faute par l'une ou plusieurs des parties de nommer des arbitres, il sera pourvu à cette nomination, sur la demande de la partie la plus diligente, par le tribunal de commerce de Paris.

Les arbitres sont autorisés à prononcer comme amiables compositeurs, sans s'astreindre aux formes ni délais de la procédure, et ce sur les pièces produites par les parties, et même sur celles produites par l'une d'elles, si l'autre était en retard de produire les siennes.

Election de domicile.

Pour l'exécution des présentes, les comparans élisent domicile en l'étude de Me Lamaze, notaire à Paris, rue de la Paix, n° 2, lequel dit Me Lamaze est nommé notaire de la société.

Fait et passé à Paris, en l'étude, pour M. de Barante, pour leurs seigneuries le duc de Plaisance, le général comte Claparède et le comte de Sussy, en leurs demeures respectives, et à l'égard de toutes les autres parties, en la demeure de M. Munier, ci-devant déclarée.

18 = 24 MAI 1828. — Ordonnance du Roi portant autorisation définitive de la communauté des religieuses du Sacré-Cœur de Jésus établie à Beauvais, département de l'Oise. (8, Bull. 230, n° 8458.)

● 18 MAI 1828. — Ordonnance portant nomination des présidens de trois colléges électoraux. (8, Bull. 233, n° 8523.)

25 MAI = Pr. 7 JUIN 1828. — Ordonnance du Roi contenant des dispositions relatives aux chaudières des machines à vapeur à basse pression. (8, Bull. 233, n° 8524.)

Charles, etc.

Sur le rapport de notre ministre secrétaire d'Etat au département de l'intérieur;

Vu les ordonnances des 2 avril, 29 octobre 1823 et 7 mai 1828;

Voulant pourvoir de plus en plus à la sûreté de la navigation qui se fait au moyen des bateaux à vapeur, et ajouter aux réglemens généraux et spéciaux déjà publiés des dispositions que l'expérience a rendues nécessaires;

Notre Conseil-d'Etat entendu,

Nous avons ordonné et ordonnons ce qui suit:

Art. 1er. Les chaudières des machines à vapeur à basse pression, c'est-à-dire qui fonctionnent à une pression de deux atmosphères et au-dessous, employées sur les bateaux à vapeur, sont, ainsi que leurs tubes bouilleurs, assujetties aux conditions de sûreté qui sont prescrites pour les chaudières et les tubes bouilleurs des machines à haute pression par les art. 2, 3, 4 et 5 et le paragraphe premier de l'art. 7 de l'ordonnance du 29 octobre 1823 et par l'ordonnance du 9 avril 1828 (1).

2. L'usage des chaudières et des tubes bouilleurs en fonte de fer sur les bateaux à vapeur est prohibé, quelle que soit la pression de la vapeur dans les machines employées.

3. Les cylindres en fonte des machines à vapeur à basse pression employés sur les bateaux, et les enveloppes en fonte de ces cylindres, seront éprouvés et timbrés ainsi que l'ordonnance du 9 avril 1828 (2) le prescrit pour les cylindres et les enveloppes de cylindres faisant partie des machines à haute pression.

4. Les dispositions qui précèdent sont, ainsi que celles de l'ordonnance du 2 avril 1823 applicables à tout bateau stationnaire dans lequel on fait usage d'une machine à vapeur.

5. Les commissaires créés par l'ordonnance du 2 avril 1823 surveilleront l'exécution des dispositions indiquées ci-dessus, et la constateront dans leurs procès-verbaux.

6. En cas de contravention à la présente ordonnance, les propriétaires de bateaux pourront encourir l'annulation du permis de navi

---

(1 et 2) Il n'y en a pas au Bulletin d'ordonnance du 9 avril; c'est sans doute celle du 7 mai visée dans le préambule de la présente ordonnance.

gation ou de stationnement qui leur aurait été concédé, sans préjudice des peines, dommages et intérêts qui seraient prononcés par les tribunaux.

7. Notre ministre secrétaire d'Etat de l'intérieur (vicomte de Martignac) est chargé de l'exécution de la présente ordonnance, qui sera insérée au Bulletin des Lois.

25 MAI = Pr. 16 SEPTEMBRE 1828. — Ordonnance du Roi portant autorisation de la société d'assurances mutuelles contre l'incendie, formée au Mans, pour les départemens de la Sarthe, de Maine-et-Loire et de la Mayenne, et approbation de ses statuts. (8, Bull. 251 bis, n° 2.)

Charles, etc.

Sur le rapport de notre ministre secrétaire d'Etat du commerce et des manufactures;

Notre conseil-d'Etat entendu,

Nous avons ordonné et ordonnons ce qui suit :

Art. 1er. La société d'assurances mutuelles contre l'incendie, formée au Mans, pour les départemens de la Sarthe, de Maine-et-Loire et de la Mayenne, par actes passés, les 4 et 6 août 1827, par-devant Maricot et son collègue, notaires au Mans, et le 13 mai 1828, par-devant Froger Deschènes et son collègue, notaires à Paris, est autorisée; sont approuvés les statuts contenus auxdits actes, qui resteront annexés à la présente ordonnance.

2. Nous nous réservons de révoquer notre autorisation en cas de violation ou de non-exécution des statuts approuvés, sans préjudice des dommages-intérêts des tiers.

3. Un commissaire nommé par notre ministre du commerce et des manufactures auprès de la société est chargé de veiller à l'observation des statuts. Il prendra connaissance des opérations de la compagnie, et pourra provisoirement suspendre l'exécution des mesures qu'il jugerait contraires aux lois, sauf à en référer à l'autorité supérieure.

Son traitement demeure à la charge de la compagnie.

4. La société est tenue de remettre, tous les six mois, extrait de son état de situation aux préfets des départemens de la Sarthe, de Maine-et-Loire et de la Mayenne : pareil extrait sera déposé au greffe du tribunal de première instance du Mans, et transmis au ministère du commerce et des manufactures.

5. Notre ministre secrétaire d'Etat du commerce et des manufactures (Saint-Cricq) est chargé de l'exécution de la présente ordonnance, qui sera publiée au Bulletin des Lois, et insérée dans le Moniteur et dans un journal d'annonces judiciaires des départemens de la Sarthe, de Maine-et-Loire et de la Mayenne.

Par-devant Me Hector Maricot et son confrère, notaires au Mans, chef-lieu du département de la Sarthe, soussignés, furent présens :

Lesquels ont exposé que le grand nombre d'incendies qui depuis quelques années ont renversé tant de fortunes faisaient désirer partout l'établissement de compagnies d'assurance contre ce fléau dévastateur;

Que dès l'année 1815 la capitale a donné l'exemple, et que les succès les plus rapides ont proclamé la bonté du système qui a été adopté, l'association mutuelle.

Assurer, presque sans frais, la conservation des fortunes, est le but de la mutualité; offrir des garanties sagement calculées ont été des moyens de succès; ils ont été tels pour la société d'assurance mutuelle formée dans l'enceinte de Paris, que les dommages qu'elle a éprouvés n'ont pas excédé soixante centimes pour vingt mille francs pendant les quatre premières années de sa création : aussi a-t-on vu la majorité des départemens de la France s'empresser d'approprier ce régime à leurs localités, notamment ceux du Calvados, de l'Orne et de la Manche, pour lesquels se forma à Caen, en 1819, une association mutuelle qui a successivement offert des résultats si satisfaisans que jusqu'à présent tous les dommages qu'elle a éprouvés n'ont coûté que trente centimes un quart pour mille francs par chaque année, malgré le désastre épouvantable qui réduisit en cendres, en 1826, le 12 avril, toutes les maisons du bourg de Saint-Pierre-Eglise, arrondissement de Cherbourg : aussi le sort des compagnies d'assurances mutuelles est-il désormais fixé.

Les comparans susnommés, désirant voir les départemens de la Sarthe, de Maine-et-Loire et de la Mayenne jouir des mêmes avantages, proposent à leurs concitoyens de se réunir à eux pour concourir à la création d'un pareil établissement, dont les formes et les conditions seront réglées par les dispositions suivantes.

Statuts de la société d'assurances mutuelles contre l'incendie, projetée au Mans, pour les départemens de la Sarthe, de Maine-et-Loire et de la Mayenne.

CHAPITRE 1er. Fondation, but et conditions de l'assurance.

Art. 1er. Il est formé, par le présent acte, une société anonyme d'assurances mutuelles entre les propriétaires soussignés de maisons et bâtimens sis dans les départemens de la Sarthe, de Maine-et-Loire et de la Mayenne, et ceux des propriétaires dans les mêmes départemens qui adhèrent aux présens statuts.

2. La présente association ne pourra avoir d'effet que du moment où, par suite des adhésions aux présens statuts, il se trouvera pour une somme de quinze millions de francs

de propriétés engagées à l'assurance mutuelle.

L'accomplissement de cette condition sera constaté par le conseil d'administration de la société ; le directeur la notifiera par une circulaire à chaque sociétaire : jusque là, l'effet des adhésions restera suspendu.

Ladite somme de quinze millions de francs n'est pas limitative ; le nombre des sociétaires est indéfini, la compagnie admettant à l'assurance mutuelle tous les propriétaires de maisons et bâtimens situés dans ces départemens.

3. La durée de la société est de trente ans, pourvu toutefois qu'à l'expiration de chaque période de cinq années, il se trouve toujours pour quinze millions de propriétés engagées à l'assurance, sauf l'effet de l'article 13, relatif à chacun des associés.

4. Cette société a pour objet de garantir mutuellement ses membres des dommages et risques que pourraient causer l'incendie, et même tout feu du ciel et de cheminée, aux maisons et bâtimens qui participent aux bienfaits de la société, ainsi qu'aux meubles placés par les propriétaires à perpétuelle demeure, et devenus immeubles par destination, dans les bâtimens d'habitation seulement.

Ne font point partie de la présente association les magasins à poudre, les ateliers d'artifices et les salles de spectacle.

Les établissemens qui offriraient des chances trop graves d'incendie pourront être exclus par le conseil d'administration.

N'y sont point également compris les effets mobiliers et les objets étrangers à l'immeuble, même les ustensiles, machines et mécaniques des usines, à l'exception des objets considérés comme immeubles que l'on ne pourrait détacher du fonds sans le détériorer.

Enfin ne sont pas compris dans la présente assurance, et ne pourront donner lieu à aucuns jugemens de dommages, tous incendies provenant soit de l'état de guerre, soit d'invasion, soit d'émeutes populaires ou dissentions civiles, soit enfin de force militaire quelconque, ou d'explosions de moulins et magasins à poudre.

La police d'assurance devient nulle dans ses effets actifs et passifs, si la propriété cesse d'exister par d'autres causes que celle d'incendie.

5. La propriété assurée qui serait détruite en tout ou partie, sur l'ordre de l'autorité, pour arrêter les progrès d'un incendie, donne lieu à l'indemnité comme si le dommage était causé par les flammes.

6. Nulle propriété déjà engagée à une assurance quelconque ne peut être admise dans la présente société pendant la durée de son engagement : comme aussi le propriétaire s'interdit le droit de la faire assurer par une autre compagnie quelconque, une fois engagée à la présente assurance.

7. Tout sociétaire dont les bâtimens se trouveront, au moment de leur incendie, engagés soit à une compagnie à prime, soit à une autre société mutuelle, perdra, par le seul fait de ce double engagement, ses droits à toute indemnité, sans cesser d'être passible de ses obligations envers la société jusqu'à l'expiration de son assurance. S'il a été indemnisé avant que ce double engagement fût connu, la société recevra l'indemnité à lui due par la compagnie à prime ou la société mutuelle dont il ferait partie.

8. Les bâtimens réunis sous le même toit, appartenant au même propriétaire, ne peuvent être assurés qu'en totalité.

9. Nul ne peut s'assurer pour moins de cinq ans, ni se retirer de l'association avant l'expiration de son engagement.

10. L'engagement ne peut cesser qu'à l'expiration d'une année sociale ; à cet effet, ce qui reste à courir de l'année dans laquelle on s'assure ne compte point en déduction du temps déterminé par l'article 9, comme étant le *minimum* de la durée de l'engagement.

11. L'année sociale date du jour de l'entrée de la société en activité ; le premier jour commence à midi, le dernier finit à midi.

12. Avant les trois derniers mois de son engagement chaque sociétaire fait connaître à l'agent de l'arrondissement, par une déclaration écrite dont il lui est donné récépissé, s'il entend se retirer de l'association ; à défaut de cette déclaration dans le délai fixé, il continue, lui et ses héritiers ou ses successeurs à titre universel, d'en faire partie pour un nombre d'années égal à celui de l'engagement précédent.

13. Le sociétaire qui a fait sa renonciation en temps utile est affranchi des charges sociales et de celle de recueillir les bénéfices de l'assurance, à partir de l'heure de midi du jour où son engagement expire.

14. En cas de mutation entre-vifs ou à cause de mort, à titre singulier, l'ayant-droit de l'assuré devra être subrogé à l'engagement de son auteur, à défaut de quoi l'assuré ou ses héritiers seront réputés continuer officieusement l'assurance en faveur de cet ayant-droit.

15. La société est subrogée, par le fait même de l'incendie, à tous les droits et actions du propriétaire incendié envers et contre qui il appartiendra, jusqu'à concurrence des indemnités payées.

16. Une seule propriété ne peut être reçue à l'assurance pour une valeur excédant le centième de la masse des immeubles assurés, sauf à admettre des augmentations successives dans la proportion des accroissemens de cette masse.

Par seule propriété l'on entend un seul édifice ou des bâtimens contigus appartenant au même propriétaire.

17. Chaque sociétaire fait élection de domicile dans l'un des chefs-lieux des départemens compris dans l'assurance, et se soumet, pour tous les effets du présent acte, à la juridiction des tribunaux du domicile qu'il aura fixé; mais, pour les paiemens qu'il aura à faire, son domicile est établi au lieu de sa résidence.

18. L'association exclut toute solidarité entre les sociétaires. Chacun paie, en proportion des valeurs qu'il a assurées, sa quote-part dans les indemnités, dans les dépenses d'administration et dans les frais d'expertise et de poursuite, lorsqu'il y aura lieu.

19. Les propriétés bâties offrant des chances différentes d'incendie, à raison non-seulement de leur construction et de leurs couvertures, mais encore des produits naturels ou manufacturés que l'on y serre et des professions et industries que l'on y excerce; elles seront partagées en six classes, suivant la nature de leur construction, savoir :

La première comprendra les bâtimens construits en totalité en pierres, briques ou moellons, et couverts en tuiles, ardoises, métaux ou autres matières incombustibles.

La seconde comprendra les bâtimens construits partie en pierre, briques ou moellons, partie en pans de bois, crépis et enduits; ceux tout en pans de bois, crépis et enduits en plâtre ou mortier; enfin les bâtimens en pisé, lorsque tous ces bâtimens seront couverts en tuiles, ardoises ou métaux.

La troisième comprendra les bâtimens construits tout en pierres, briques ou moellons, mais couverts en bois ou bardeaux.

La quatrième comprendra : 1° les bâtimens construits tout en pierres, briques ou moellons, couverts en chaume; 2° les bâtimens partie en pierre, briques ou moellons, partie en pans de bois, crépis et enduits en plâtre ou mortier, couverts en bois ou bardeaux; 3° enfin les bâtimens tout en bois ou en torchis non enduits ni crépis, couverts en tuiles, ardoises ou métaux.

La cinquième comprendra les bâtimens construits partie en pierres, briques ou moellons, partie en pans de bois, crépis et enduits en plâtre ou mortier, couverts en chaume, et les bâtimens tout en bois ou en torchis non enduits ni crépis, couverts en bois ou bardeaux.

La sixième enfin comprendra les bâtimens tout en bois ou en torchis non enduits ni crépis, couverts en paille ou en chaume.

Les bâtimens couverts partie en tuiles ou ardoises, et partie en bois ou bardeaux, seront considérés comme étant tout couverts en bois.

Ces classes concourent ensemble à s'indemniser des dommages causés par le feu, dans les proportions indiquées par les articles ci-après.

20. La proportion contributive, ou la cotisation pour laquelle chaque sociétaire est tenu de contribuer au paiement des indemnités, ne peut jamais dépasser, dans le cours d'une année, sauf les augmentations prévues par les deux articles ci-après, le *maximum* ci-dessus déterminé pour chaque classe, savoir :

Pour la première, un franc par mille francs de la valeur assurée;

Pour la seconde, un franc et demi;

Pour la troisième, deux francs;

Pour la quatrième, trois francs;

Pour la cinquième, quatre francs et demi;

Pour la sixième, six francs.

21. Lorsqu'un bâtiment rangé dans une classe quelconque se trouvera contigu à un autre bâtiment appartenant à une autre classe, les cotisations du bâtiment le moins risquable seront augmentées d'autant de fois un dixième qu'il y a de classes de différence de ce bâtiment à l'autre. Cette disposition sera applicable dans tous les cas, soit que les bâtimens appartiennent ou n'appartiennent pas au même propriétaire, soit que tous les deux soient ou ne soient pas engagés à la présente assurance.

22. Cette cotisation sera augmentée dans la proportion du tableau ci-annexé, toutes les fois que l'édifice, la maison ou le bâtiment engagé à l'assurance, aurait une destination, ou servira à l'exercice d'une profession, à l'établissement d'un atelier, d'une fabrique ou d'une usine qui augmentent les risques, ou bien lorsque ce bâtiment servira de dépôt ou de magasin à des denrées ou marchandises dangereuses qui présentent plus de chances d'incendie.

23. Pour former un fonds de prévoyance destiné à donner un premier secours aux incendies et pourvoir par la suite au paiement des indemnités, chaque sociétaire versera, au commencement de chacune des deux premières années de son entrée dans la société, la moitié de la cotisation dont il sera passible en vertu des articles précédens.

24. Le sociétaire sortant ne peut rien réclamer du fonds de prévoyance; ce qu'il y laisse profite à la société.

25. Un douzième du fonds de prévoyance demeure affecté à chaque mois de l'année, et se répartit au marc le franc entre tous les incendiés du mois, de manière cependant qu'aucun d'eux ne puisse obtenir, par cette première répartition, plus du quart de l'indemnité à laquelle il a droit.

Si, par l'effet de cette répartition, les incendiés d'un mois n'obtiennent pas le quart de leur indemnité, ce quart leur est complété sur le restant libre des douzièmes des mois antérieurs, et, à défaut, des mois suivans.

26. Les sommes versées au fonds de prévoyance dans le cours de l'année, par suite des assurances nouvelles, accroissent, par portion égale, les ressources des mois qui restent à courir jusqu'à la fin de l'année sociale.

27. A l'expiration de l'année sociale, l'état général de tous les sinistres arrivés au cours de cette année sera dressé, et les dommages seront acquittés au moyen d'un appel de fonds fait dans les bornes du *maximum* fixé par les art. 20, 21 et 22. Cette cotisation servira à solder ce qui pourra être encore dû à chaque incendié, et à rétablir, au fonds de prévoyance, les sommes qui en auront été prélevées, conformément à l'art. 25, afin de maintenir constamment ce fonds de prévoyance au taux *minimum* de six pour mille francs de la valeur totale des propriétés assurées.

28. En cas d'insuffisance du *maximum* de la portion contributive, le surplus nécessaire au paiement des indemnités sera prélevé sur le fonds de prévoyance; s'ils étaient insuffisans, le partage en serait fait au marc le franc entre tous les incendiés.

29. Lorsque le fonds de prévoyance aura atteint la proportion fixée par l'art. 27, l'excédant sera d'abord employé au paiement des indemnités, et il ne sera fait appel aux sociétaires qu'en cas d'insuffisance.

30. Dans le cas où, pour raison d'insuffisance de fonds, le propriétaire incendié ne serait pas indemnisé en entier, les sommes que la société recevra, comme subrogée à ses droits, lui seront remises jusqu'à concurrence du complément de son indemnité.

31. A la fin de chaque période de cinq années sociales, s'il se trouvait quelques sociétaires incendiés au cours de cette période qui n'eussent pu recevoir la totalité de l'indemnité à laquelle ils avaient droit, le tableau en sera dressé par le directeur, et mis sous les yeux du conseil général, qui, après avoir entendu le comité et le conseil d'administration sur la situation de l'établissement et les ressources qu'il présente, pourra autoriser le paiement de tout ou partie des sommes restant à acquitter, de manière cependant à ne point compromettre la garantie acquise aux autres sociétaires.

32. A mesure que la société se développera, la quotité de la première indemnité, fixée au quart par l'art. 25, pourra être augmentée par le conseil d'administration.

33. Les frais de timbre, d'enregistrement et de poursuites de toute nature, seront à la charge de l'assuré qui y donnera lieu.

34. Aucune police ne peut être signée qu'après l'élection de domicile prescrit par l'art. 17, et après l'acquittement tant des frais d'administration, du prix de la police

et de la plaque, que de la portion contributive fixée par l'art. 23.

35. La déclaration de l'assuré portant adhésion aux statuts est envoyée, par les soins des agens, à la direction générale.

36. Le prix de la police est fixé à un franc pour toutes les constructions situées dans le même arrondissement.

La police ne sera point renouvelée tant que durera l'engagement, à moins d'augmentation ou diminution dans la valeur de la propriété assurée; dans ce cas, la nouvelle police ne coûtera que cinquante centimes.

Le sociétaire qui perdra sa police en recevra un *duplicata* pour le même prix de cinquante centimes.

37. Dans la quinzaine qui suivra la délivrance de la police, chaque sociétaire est tenu de faire apposer sur la propriété assurée une plaque portant les lettres A. M.

Cette plaque, dont le prix est fixé à un franc, sera délivrée lors de la signature de la police.

38. Le directeur seul a qualité pour signer les polices d'assurances au nom de la société.

39. Le directeur inscrira, dans le plus bref délai, les adhésions qui lui auront été transmises, sur des registres destinés à cet effet, qui seront cotés et paraphés par le président du conseil d'administration.

40. Les agens seront tenus d'envoyer à la direction, le dernier jour de chaque mois au plus tard, les adhésions reçues par eux dans le courant de ce mois.

41. La police d'assurance ne peut avoir d'effet qu'à compter du premier jour du mois qui suit l'acte d'adhésion.

42. Les frais d'administration sont fixés pour chaque année à trente centimes par chaque mille francs de la valeur des propriétés assurées.

Ils seront prélevés d'abord sur la cotisation payée par chaque sociétaire en vertu de l'art. 23, et ensuite ils seront acquittés par lui au commencement de chaque année sociale.

43. Il pourra être fait un fonds spécial destiné à donner des pompes, des paniers et d'autres ustensiles propres aux incendies, aux cantons qui présenteront le plus d'assurances. Le conseil d'administration désignera les cantons auxquels il en sera accordé et les communes où ces objets seront placés.

Il pourra les retirer pour défaut d'entretien et de secours portés aux communes voisines, ou toute autre cause grave.

44. Ce fonds servira encore à distribuer des gratifications ou des médailles aux pompiers et autres personnes qui auront sauvé quelqu'un des flammes ou rendu des services signalés lors de l'incendie.

45. Trois centimes par mille francs de la valeur totale des propriétés assurées pour-

ront être prélevés, chaque année, sur la cotisation affectée aux frais d'administration, à l'effet de créer et d'entretenir le fonds des pompes établies par l'art. 43.

46. En cas de négligence d'un sociétaire de se soumettre aux ordonnances de police sur le ramonage, la compagnie pourra le faire exécuter aux frais du propriétaire.

CHAPITRE II. Déclaration des propriétés et leur engagement à l'assurance.

47. Toute personne, à quelque titre que ce soit, qui voudra faire partie de la présente association, fera, dans une déclaration signée d'elle, la description séparée et détaillée de chacun des bâtimens qu'elle entend engager à l'assurance, avec indication de leur situation, de leurs tenans et aboutissans, des matériaux dont ils sont construits et couverts, de leur destination et de la profession ou industrie qui y sont exercés; elle donnera une estimation particulière à chacun desdits bâtimens, en déduisant la valeur du sol.

Ces estimations seront toujours en sommes rondes de cent francs.

48. Les bâtimens sont estimés de gré à gré entre le propriétaire et l'agent de la société; la valeur qui leur est donnée sert de base au paiement de la portion contributive, d'après la classe à laquelle ils appartiennent; elle sert également de base au paiement des frais d'administration et à l'indemnité à laquelle l'assuré a droit en cas d'incendie.

49. Lorsque le conseil d'administration ou le directeur le jugent convenable, ils font vérifier les estimations : cette vérification s'opère par des experts nommés contradictoirement. S'il en résulte qu'il y a lieu à réduction d'un cinquième de la valeur donnée aux immeubles, les frais de l'expertise sont à la charge de l'assuré; dans le cas contraire, ils sont supportés par la société.

Si les experts ne peuvent s'accorder, ils nomment un tiers-expert pour les départager; s'ils ne s'accordent pas sur la nomination de ce troisième expert, il sera nommé par le juge-de-paix du canton où est situé le bâtiment.

En cas de réduction de la valeur de l'immeuble, le sociétaire ne peut rien réclamer des sommes qu'il a payées d'après la première estimation.

50. Si la valeur de la propriété vient à éprouver, dans le cours de l'engagement, une augmentation notable, par suite de constructions ou réparations, le sociétaire a la faculté d'augmenter son assurance, en fournissant une déclaration nouvelle et prenant une nouvelle police.

51. Dans le cas où la propriété aurait, au contraire, essuyé une diminution notable, par le fait de l'assuré ou par un évènement quelconque, il est tenu de faire à l'agent de l'arrondissement, dans le mois de l'évènement qui aura diminué la valeur de l'immeuble, une déclaration supplémentaire à l'effet de diminuer la valeur assurée.

52. Lorsque le directeur apprend qu'un immeuble a éprouvé une diminution notable dans sa valeur, sans que l'assuré en ait fait la déclaration, il fait vérifier la valeur actuelle de la propriété assurée par des experts nommés contradictoirement; si les experts ne peuvent s'accorder, ils nomment un tiers-expert, qui les départage; s'il résulte de cette vérification que la diminution opérée est d'un cinquième, les frais de la vérification sont à la charge du sociétaire, et l'assurance est réduite, sans que l'assuré puisse rien réclamer des sommes versées par lui depuis la diminution de la valeur de la propriété.

53. Toutes les fois que, par suite de changemens survenus au cours d'un engagement, soit dans la destination d'un bâtiment engagé à la société, soit dans la profession ou l'industrie qui s'exercent dans ce bâtiment, telles qu'elles auront été indiquées dans la déclaration prescrite par l'art. 47, il en résultera, pour la compagnie, une augmentation de risques, le sociétaire est tenu de les faire connaître, par écrit, à l'agent de l'arrondissement dans le délai d'un mois. Il en sera fait mention sur la police, et le nouveau classement de la propriété auquel ce changement pourra donner lieu servira de base pour la répartition des cotisations auxquelles chaque sociétaire est astreint.

54. A défaut des déclarations prescrites par les art. 51 et 53, ou en cas de fausse déclaration, l'indemnité à laquelle l'assuré a droit, en cas d'incendie, subit une diminution proportionnelle à la différence existant entre la cotisation payée par le sociétaire et celle qu'il aurait dû payer.

Ainsi, si un objet déclaré de la première classe, et comme tel taxé à un franc par mille francs, se trouvait, au moment de l'incendie, appartenir à la seconde classe, qui est taxée à un franc cinquante centimes, il ne serait payé à l'assuré que les deux tiers de ce qu'il aurait à prétendre.

55. Les locataires principaux ou particuliers, ainsi que les fermiers pour les propriétés rurales, sont admis, sous le consentement du propriétaire, à cause de la responsabilité dont ils sont tenus par les lois, en cas d'incendie dans la propriété qu'ils habitent ou dont ils ont la jouissance, à devenir membres de la société, en satisfaisant, comme s'ils étaient propriétaires, aux dispositions des présens statuts.

L'effet de l'assurance, quant à eux, est, si le propriétaire a fait assurer de son côté, d'être affranchis, vis-à-vis de la compagnie, de la responsabilité résultant de l'incendie arrivé dans les lieux qu'ils habitent, et dont ils ont la jouissance.

Et dans le cas où le propriétaire ne serait pas assuré, la compagnie devra les garantir de tout recours de la part du propriétaire jusqu'à concurrence du montant du dommage, ou de celui de l'assurance, si la propriété est entièrement brûlée.

Tout créancier hypothécaire est également admis à faire assurer l'immeuble qui lui sert de garantie, en satisfaisant, comme s'il était propriétaire, aux conditions de l'assurance. C'est à ce créancier assuré que la compagnie paie le montant de son assurance, à la charge des débiteurs, en cas d'incendie total de l'immeuble qui lui sert de gage; et, en cas de simple dommage, l'indemnité due par la compagnie est remise au créancier en déduction de sa créance.

Tous les créanciers inscrits pourront profiter du bénéfice de cet article, mais avant tout accident, en remboursant, proportionnellement aux créances, les frais déboursés pour l'assurance, et en y contribuant à l'avenir.

L'usufruitier peut, comme créancier hypothécaire, assurer l'immeuble dont il a l'usufruit, en satisfaisant aussi, comme s'il était propriétaire, aux conditions de l'assurance.

56. Si, postérieurement à l'assurance d'une propriété par des créanciers hypothécaires, en vertu du droit que leur en confère l'article précédent, le propriétaire voulait également le faire assurer pour son compte, cette nouvelle assurance dégagera les créanciers de l'effet de celle antérieure qu'ils auraient faite.

57. L'assurance du fermier ou du locataire prendra fin dès qu'il y aura cession de jouissance de sa part, quand même les cinq années de l'engagement ne seraient point expirées.

L'extinction de l'usufruit emporte cessation des effets actifs et passifs de l'assurance.

Les fermiers, locataires, créanciers hypothécaires ou usufruitiers, ne paieront, au commencement de chaque période de leur engagement, qu'une année de la cotisation fixée par l'art. 23.

58. Tout locataire ou fermier d'une propriété assurée qui aura justifié, par déclaration du propriétaire, ayant date certaine et enregistrée à la direction de la société, qu'il concourt avec son propriétaire aux obligations de l'assurance, est affranchi envers la compagnie du recours qu'elle pourrait avoir à exercer contre lui, en cas d'incendie, à raison de la responsabilité du locataire.

59. Il est expressément observé que les assurances permises aux locataires, aux créanciers hypothécaires et autres intéressés, ne pourront être comptées dans le *minimum* des assurances exigées pour l'existence et la mise en activité de la société.

60. Dans le cas où plusieurs assurances seraient faites par divers intéressés, sur un même immeuble, la compagnie ne serait néanmoins tenue qu'au paiement d'une seule indemnité en faveur des propriétaires, sauf aux divers intéressés à conserver leurs droits sur cette indemnité.

CHAPITRE III. Expertise et paiement des dommages.

61. Tout incendie devra, dans les vingt-quatre heures, être déclaré par le propriétaire assuré, ou par toute autre personne agissant dans son intérêt, à la mairie de la commune où l'immeuble est situé, ou à tout autre officier public qui en donne déclaration; une seconde déclaration doit être envoyée, à la diligence de l'incendié, dans les cinq jours qui suivront l'incendie; à l'agent de l'arrondissement ou à la direction, si le bâtiment est situé dans le même arrondissement qu'elle. Ces déclarations doivent contenir la date de l'incendie, la cause présumée qui l'a produit, l'espèce de construction atteinte par le feu; indiquer approximativement la gravité du dommage, et être signées du déclarant. Cette déclaration du propriétaire ou de son représentant sera consignée sur un registre à ce destiné, et il en sera donné copie au déclarant.

62. Faute par l'assuré de faire dans le délai fixé les deux déclarations ordonnées ci-dessus, l'indemnité à laquelle il aurait droit sera réduite de moitié.

Et si, dans les trente jours à dater de celui de l'incendie, l'assuré n'a fait aucune déclaration, il est déchu de toute indemnité, à moins d'impossibilité dûment constatée.

63. Dans le plus court délai possible, et au plus tard dans le mois de la réception de cet avis, deux experts procèdent à l'estimation du dommage; l'un de ces experts est nommé par le conseil d'administration, sur la proposition de l'agent de l'arrondissement et du directeur, et l'autre par le sociétaire incendié. En cas de dissentiment, les deux experts en choisissent un troisième qui les départage; s'ils ne peuvent s'accorder sur le choix, le juge-de-paix du canton le désigne; il sera toujours hors de la commune où sont situés les bâtimens incendiés : procès-verbal de l'expertise se dresse en double minute, dont l'une est laissée à l'incendié et l'autre renvoyée à l'agent dans les deux jours de la signature, par les experts, à la diligence de celui de la société.

La décision des experts est inattaquable; les frais de l'expertise sont à la charge de l'association.

64. Si la propriété est entièrement détruite, l'indemnité se règle d'après la valeur totale pour laquelle elle a été assurée; néanmoins, l'incendié est tenu de prendre en déduction les matériaux qui auraient résisté à l'incendie, sur l'estimation des experts.

Son assurance cesse dès ce moment.

65. Si la propriété n'est consumée qu'en partie, l'estimation des dommages est faite sur la base du capital assuré, et les experts déterminent la proportion de la partie consumée relative à la totalité de la propriété.

Dans ce cas, les avantages comme les charges de l'assurance subsistent pour la valeur que la propriété conserve jusqu'à parfaite réparation de dommages.

66. A la fin de l'année sociale, le directeur dresse un tableau où figurent le montant des pertes et des indemnités payées à valoir, en vertu de l'article 25, la somme restant à solder, les ressources offertes par les excédans du fonds de prévoyance et la quotité des fonds dont il faut faire appel; il en présente en même temps la répartition entre les sociétaires, et appuie le tout des procès-verbaux d'expertise des sinistres. Après vérification, le conseil d'administration arrête l'état de répartition et en prescrit le recouvrement. Tout assuré peut en prendre connaissance dans les bureaux de la direction.

67. Les sociétaires sont tenus d'acquitter leur quote-part entre les mains des agens d'arrondissement dans les quinze jours de la date de l'avis qu'ils en ont reçu: cet avis est mis au bas d'un extrait de l'état de répartition, certifié par le directeur.

68. Les quinze jours écoulés, cet avis est renouvelé, et, quinze jours après ce dernier avertissement, le directeur poursuit par toutes les voies de droit le sociétaire en retard de payer la somme dont il est débiteur, d'après l'état de répartition; l'effet de la saisie est suspendu à son égard jusqu'à ce qu'il se soit acquitté, sans que, pour cela, il puisse cesser de remplir ses engagemens envers la société.

La suspension du bénéfice de l'assurance date de la première signification judiciaire qui lui est faite à la diligence du directeur.

Les dispositions du présent article sont applicables au recouvrement des cotisations dont chaque sociétaire est passible en vertu des présens statuts.

CHAPITRE IV. Administration de la société.

69. La société est administrée par un conseil général des sociétaires, un comité des sociétaires, un conseil d'administration et un directeur.

Il est attaché auprès d'eux un conseil du contentieux, composé d'un avocat, d'un notaire, d'un avoué et de deux architectes.

CHAPITRE V. Conseil général et comité des sociétaires.

70. Les vingt plus forts assurés dans chacun des trois départemens qui composent la circonscription de la société forment le conseil général, lequel ne peut se réunir qu'au chef-lieu de la direction; les membres ont la faculté de se faire remplacer par d'autres sociétaires, pourvu que ceux-ci aient au moins pour vingt mille francs de propriétés assurées, sans néanmoins qu'une seule personne puisse réunir plus de trois voix. Le conseil délibère, à la majorité des suffrages présens, et trente-une voix sont nécessaires pour le constituer. A égalité de droits, les plus anciens engagés à l'assurance auront la préférence.

71. Le conseil général est présidé par un des membres élu à la majorité des suffrages. Le président n'est nommé que pour une année; il peut être réélu.

Un des membres remplit les fonctions de secrétaire; il est nommé pour une année par le même scrutin que le président, et peut également être réélu.

72. S'il arrive une vacance dans le sein du conseil général, par décès, démission, vente de propriété, etc., etc., la vacance sera remplie par le plus fort assuré du même département, non encore membre du conseil.

73. Le conseil général se réunit une fois par an, afin d'arrêter définitivement le compte des recettes et dépenses sociales de l'année précédente, et de statuer sur toutes les affaires qui peuvent lui être soumises par son comité, le conseil d'administration ou le directeur.

Néanmoins, la première réunion aura lieu de droit six mois après la mise en activité de la société.

74. Il nomme les membres du conseil d'administration et leurs suppléans.

Il nomme aussi le directeur et les inspecteurs, et prononce leur révocation sur la demande du conseil d'administration, après avoir entendu le rapport de son comité et le directeur et les inspecteurs dans leurs moyens de défense. Sa décision est sans appel. En cas de décès du directeur et des inspecteurs, il décide, d'après les services rendus, la quotité de la pension à laquelle pourraient avoir droit leurs veuves ou leurs enfans. Cette pension sera nécessairement à la charge de leur successeur. Pour le même cas de décès, le conseil d'administration leur choisit un successeur dans les sujets que leurs veuves ou héritiers lui présenteront pour les remplacer.

Le conseil général nomme encore les membres du conseil du contentieux attachés à la direction.

75. Les vingt sociétaires d'un même département qui font partie du conseil général se forment en section qui se réunit au chef-lieu du département. Cette assemblée nomme chaque année dans son sein un président et un secrétaire, et choisit un délégué pour composer le comité des sociétaires. Elle nomme les membres des bureaux de surveillance et de correspondance qui pourront être établis,

dans chaque chef-lieu d'arrondissement du département, auprès des agens de la société.

Elle nomme également les avocats, notaires, avoués, architectes de la société dans chaque département.

Le directeur ou l'agent du chef-lieu du département peuvent convoquer sa réunion.

76. Le comité des sociétaires se renouvelle tous les ans. Les membres peuvent être réélus, et doivent être pris hors du conseil d'administration et parmi les sociétaires ayant au moins pour trente mille francs de propriétés assurées.

Il assiste aux séances d'administration dans tous les cas prévus par les présens statuts. Il prend part à la discussion, mais jamais à la délibération.

Il fait convoquer extraordinairement, par le directeur, soit le conseil d'administration, soit le conseil général, pour les cas urgens ou les convoque lui-même à son choix.

Il émet son avis sur le compte annuel des recettes et dépenses sociales, lorsqu'il est réuni par le directeur au conseil d'administration.

Il rend compte au conseil général des observations qu'il a pu faire et des abus qu'il a pu reconnaître dans la gestion du directeur. Le conseil général, après avoir entendu le conseil d'administration, délibère sur le rapport du comité et statue sur ses observations.

77. En cas de démission ou décès d'un des membres du comité, il est procédé de suite à son remplacement par la section du conseil général du département qui avait fait la nomination.

CHAPITRE VI. Conseil d'administration.

78. Le conseil d'administration est composé de dix sociétaires nommés par le conseil général.

Les dix sociétaires dont les noms suivent sont choisis par les fondateurs pour composer le conseil d'administration jusqu'au moment où il pourra être définitivement nommé, savoir :

MM. Lefebvre-Dubois, conseiller de préfecture ; Chappe, ancien administrateur des lignes télégraphiques ; Delaunay, maire de Sainte-Croix ; Dubreil, propriétaire ; Gasselin-Duverger, négociant ; Varenne, propriétaire ; Marigné, pharmacien ; Hermange, propriétaire ; Rouillon des Fraudières, propriétaire ; Frappart, colonel retraité ;

Tous dénommés, qualifiés et domiciliés, au commencement des présentes.

Les membres du contentieux sont : MM. Maricot, notaire ; Macé de Gastines fils, avocat ; Sevin, avoué.

Architectes, M. Jolivet aîné, demeurant au Mans, rue du Rempart ; et M. Lechesne, demeurant au Mans, rue du Bourg-d'Anguy.

79. Deux des membres du conseil d'admi-

nistration seront renouvelés chaque année : pendant les quatre premières années, les membres sortans sont désignés par le sort ; à la cinquième, les plus anciens sortent de droit, ainsi d'année en année.

Les membres nommés aux lieu et place de ceux qui sortent du conseil par décès, démission, etc., etc., sont remplacés lorsque le tour de ceux auxquels ils ont succédé arrive.

Les membres du conseil d'administration peuvent être réélus.

80. Chacun des membres du conseil d'administration a un suppléant également nommé par le conseil général. Les suppléans devront, ainsi que les membres du conseil d'administration, avoir en propriétés engagées à l'assurance mutuelle pour une valeur d'au moins trente mille francs.

Les suppléans des membres absens sont appelés aux séances du conseil ; aucune délibération n'est valide si elle n'est prise à la majorité absolue et par au moins six membres ou huit suppléans présens.

Le conseil nomme dans son sein, à la majorité des suffrages, un président, un vice-président et un secrétaire ; la durée de leurs fonctions est d'une année ; ils peuvent être réélus, si le conseil le juge nécessaire : il sera nommé un secrétaire-adjoint pris hors de son sein.

81. Les membres du conseil d'administration ne contractent, à raison de leurs fonctions, aucune obligation personnelle ou solidaire, relativement aux engagemens de la société.

82. Le conseil se réunit, d'obligation, une fois par mois, sauf les convocations extraordinaires jugées nécessaires par le directeur ou par le comité des sociétaires.

Le directeur appelé assiste à ses séances, mais n'a que voix consultative. Les suppléans peuvent aussi assister à ses séances, mais ils n'ont voix délibérative que quand ils représentent les membres du conseil.

83. Le conseil délibère sur toutes les affaires de la société, et les décide par des arrêtés consignés sur les registres tenus à cet effet ; il ne peut prendre aucun arrêté qui, en contrevenant aux présens statuts, tende à aggraver ou changer le sort des sociétaires.

Ses décisions sont prises à la majorité absolue des suffrages ; en cas de partage, le président a voix prépondérante. Elles sont exécutoires pour toute la compagnie ; le directeur est tenu de s'y conformer.

84. Il arrête les états de répartition et en ordonne le recouvrement, après en avoir vérifié l'exactitude et s'être assuré que les limites posées à la mutualité par les articles 20, 21 et 22 ne sont dépassées par aucun sociétaire.

85. Il se fait rendre compte des poursuites exercées par le directeur pour faire rentrer

les portions contributives des sociétaires en retard. Il déclare tombées en non-valeurs celles qu'il reconnaît irrécouvrables; et, après avoir entendu l'un des avocats et l'avoué de la société, il prescrit les mesures à prendre pour la rentrée de celles qu'il croit pouvoir être encore recouvrées.

86. La délibération qui déclare une cote tombée en non-valeur prononce la radiation du sociétaire contre lequel elle a été poursuivie; extrait en est inscrit à son article, et son nom est rayé tant par le directeur, sur le journal général des sociétaires, que par l'agent d'arrondissement, sur son journal particulier.

87. Sont à la charge de la société, toutes les fois qu'ils ne sont pas susceptibles de recouvrement, les frais de poursuite contre les rétardataires, ceux de toute action intentée et suivie, d'après l'avis du conseil d'administration, ceux des vérifications et de la valeur des propriétés assurées, et ceux d'expertise des dommages. Ces frais s'acquittent sur le fonds de prévoyance, et sont compris, s'il y a lieu, après l'autorisation du conseil d'administration, dans la première répartition, sans que le *maximum* de la portion contributive de chaque sociétaire puisse jamais être dépassé.

88. Le conseil vérifie, reçoit, et débat le compte annuel des recettes et dépenses sociales, lequel reste entre les mains de son président, pour être par lui remis, avec expédition de la délibération contenant les observations du conseil, au président du conseil général.

89. Les avocats, notaires, avoués et architectes formant le conseil contentieux, convoqués par le conseil d'administration, y ont voix consultative.

90. Le conseil d'administration, sur des motifs graves, peut suspendre le directeur de ses fonctions, provoquer et poursuivre sa révocation près du conseil général, convoqué extraordinairement à cet effet.

91. Le conseil d'administration, sur la représentation du directeur, nomme tous les agens et les experts de la société; il les révoque au besoin.

CHAPITRE VII. Direction.

92. Il y a un directeur chargé de diriger et d'exécuter, sous les ordres du conseil d'administration, toutes les opérations de la société. Il assiste, avec voix consultative, aux assemblées du conseil d'administration, lorsqu'il y est appelé. Il le convoque lorsque cela est nécessaire. Il convoque également le conseil général, soit pour ses réunions annuelles, soit pour celles extraordinaires, sur la demande du comité des sociétaires ou celle du conseil d'administration.

Lorsqu'il assiste aux uns et aux autres, il n'y a que voix consultative.

93. En cas d'empêchement, le chef des bureaux de la direction remplace le directeur, sous la responsabilité de ce dernier.

94. Le directeur est responsable du mandat qu'il reçoit.

95. Le directeur met sous les yeux du conseil général, lors de la réunion annuelle, l'état de situation de l'établissement et le compte détaillé de tout ce que la société a été dans le cas de payer par suite des dommages causés par le feu.

96. Il donne aux membres du comité des sociétaires les renseignemens qu'ils peuvent désirer. Il leur communique les registres des délibérations et arrêtés du conseil d'administration, et les états de situation de l'établissement.

Il donne également à chaque sociétaire les renseignemens dont il peut avoir besoin.

97. Après l'expiration de chaque année sociale, le directeur soumet au conseil d'administration le compte général des recettes et dépenses de l'année précédente.

98. Il est chargé de la délivrance des polices d'assurance, de la correspondance et de l'exécution de tous les actes qui peuvent concerner l'établissement.

99. Il tient un journal où sont inscrits tous les sociétaires, avec désignation de leur domicile, de la situation et de la valeur des bâtimens assurés. Le livre de caisse, les registres de correspondance, de déclaration de dégâts, et tous livres auxiliaires nécessaires sont également tenus par lui. Il fournit au conseil général, au comité des sociétaires et au conseil d'administration, les registres et le papier dont ils ont besoin.

100. Toute instance autre que celle nécessaire pour la rentrée des portions contributives et du fonds de prévoyance, à laquelle les présens statuts donneront ouverture, ne peut être engagée ou soutenue par lui que d'après l'autorisation du conseil d'administration, l'un des avocats et l'avoué entendus.

101. Le directeur présente à la nomination du conseil d'administration les agens particuliers qui seront établis dans chaque chef-lieu d'arrondissement compris dans la circonscription de la société. Il détermine, suivant les localités, la quotité du cautionnement en immeubles à fournir par chacun d'eux, et prend en son nom toute inscription nécessaire.

102. Le directeur nomme et révoque tous les employés dont il a besoin. Il peut suspendre les agens de la société et provoquer leur révocation auprès du conseil d'administration.

103. Les frais de premier établissement, de loyers de bureaux de la direction, de fournitures de bureaux, de ports de lettres

et paquets, d'impressions, les remises des agens, leurs traitemens, ceux du secrétaire adjoint, des employés, et généralement tous frais d'établissement et de gestion, sont et demeurent à sa charge; sont encore à sa charge les droits d'enregistrement, les honoraires des notaires et frais de distribution de jetons de présence aux membres du conseil d'administration, si le conseil général juge à propos d'établir cette distribution.

Il ne peut être tenu des avances des frais à la charge de la société : elles sont prises sur le fonds de prévoyance, d'après l'autorisation du conseil d'administration, et y sont réintégrées ensuite pour celles qui sont susceptibles de rentrer.

104. Un traité à forfait est consenti entre l'association et le directeur pour les frais d'administration à la charge de ce dernier, aux conditions énoncées au présent chapitre, et en outre, dans les articles 36, 37, 42 et 45, pour cinq années, à l'expiration desquelles il sera renouvelé avec lui, aux conditions qui seront trouvées convenables par le conseil général, sur l'avis du comité et du conseil d'administration.

105. Le domicile de la société est élu dans le local de la direction, au Mans.

106. M. Basse, avocat au Mans, est nommé directeur général; MM. Guérin et Goulay, inspecteurs généraux.

107. Les portions contributives non-recouvrées, ainsi que les frais auxquels elles auront donné lieu, resteront à la charge de la direction générale, sans recours contre la société, hors le cas de carence dûment justifié.

108. Le directeur, ne devant point être dépositaire des fonds sociaux, d'après l'article 115 ci-après, n'est tenu que d'un cautionnement en immeubles de la valeur de dix mille francs; le président du conseil d'administration prendra toute inscription nécessaire au nom de la société; main-levée n'en sera donnée que sur une délibération du conseil d'administration.

109. Le directeur est chargé de l'exécution des présens statuts, et ne peut s'en écarter en aucune circonstance.

110. Pour la commodité des propriétaires, le directeur, après avoir pris l'avis du conseil d'administration, peut établir dans les communes des départemens qu'elle embrasse, soit des agens secondaires qui tiennent des bureaux de renseignemens, d'expédition, etc., soit des inspecteurs. Les fonctions de ces agens et de tous ceux que le directeur jugera à propos d'employer, ainsi que leurs honoraires, sont réglés par le directeur, qui demeure seul responsable envers la compagnie.

111. Au fur et à mesure du développement de la société, il sera établi dans chaque chef-lieu d'arrondissement de la circonscription, auprès de l'agent de la société, un bureau de surveillance et de correspondance composé de trois sociétaires ayant au moins pour dix mille francs de propriétés engagées à l'assurance, et nommés dans chaque département par la section du conseil général. Ils seront renouvelés tous les ans et pourront être réélus.

112. Ces bureaux surveilleront les opérations des agens de leur arrondissement, viseront les évaluations des propriétés ainsi que celles des dommages à payer en cas d'incendie, correspondront avec le conseil d'administration et lui donneront tous les renseignemens dont il pourra avoir besoin.

Chapitre VIII. Comptabilité.

113. Il pourra y avoir un caissier auprès de la direction; il est nommé par le directeur et agréé par le conseil d'administration. Le caissier de la direction fournira un cautionnement de dix mille francs en immeubles ou effets publics, à sa volonté. Les inscriptions nécessaires sont prises par le directeur, en son nom, pour la compagnie. Il n'en peut être donné main-levée et consenti de radiation qu'après l'apurement de ses comptes et la représentation du quitus délivré ensuite d'une délibération du conseil d'administration. Les entrées et les sorties des fonds sont réglées par les moyens que le conseil d'administration juge à propos d'adopter. Le caissier tient la comptabilité journalière, sous le contrôle immédiat du directeur.

114. Cependant la caisse ne sera établie que dans le cas où le directeur ne voudrait pas lui-même tenir la caisse sous sa responsabilité. Cette responsabilité sera assurée par un cautionnement de vingt mille francs, par lui donné, au lieu de celui fixé par l'art. 108: alors il tiendra la comptabilité journalière, sous le contrôle du comité des sociétaires.

115. Les fonds sociaux seront placés, au fur et à mesure de leur rentrée, soit à la banque de France, soit au mont-de-piété de Paris, ou dans toute autre caisse publique qui paraîtrait au conseil d'administration présenter une garantie suffisante; le conseil d'administration déterminera le *maximum* de la somme qui pourra rester dans la caisse, afin de faire face aux besoins journaliers du service.

116. Les intérêts en provenant serviront annuellement à accroître d'autant le fonds de prévoyance, lorsque ce fonds aura atteint la quotité fixée par l'article 27. Les intérêts alors serviront à acquitter les frais d'administration et diminueront d'autant la cotisation annuelle à laquelle chaque sociétaire est tenu.

117. Les mandats du directeur, pour paiement des indemnités, seront tirés sur les dépositaires des fonds sociaux et revêtus du visa du président du conseil d'administration.

CHAPITRE IX. Dispositions générales.

118. Toutes les difficultés que les présens statuts pourraient faire naître seront décidées par le conseil d'administration, le comité des sociétaires et le directeur entendus.

119. S'il survient quelque contestation entre l'association et un ou plusieurs associés, elle sera jugée, à la diligence du directeur, par trois arbitres, dont deux seront nommés par les parties respectives et le troisième par le juge-de-paix de la situation des biens.

Leur jugement sera sans appel ni recours en cassation.

La sentence sera rendue exécutoire conformément aux lois sur la procédure.

Le sociétaire qui se refusera à nommer un arbitre y sera contraint par toutes voies de droit.

120. Après la vingt-cinquième année révolue, il sera procédé par le conseil d'administration à l'examen de la situation de l'établissement, que lui présentera le directeur; et le conseil général, sur le rapport qui lui en sera fait, décidera si l'on devra demander ou non une autorisation de prolongation au Gouvernement.

121. Si le conseil décide que la prolongation ne sera pas demandée, il sera procédé, à l'expiration des trente années, à la liquidation générale sur le compte dressé par le directeur. Les fonds existant et appartenant à la société serviront d'abord à payer aux sociétaires incendiés, au cours desdites trente années, ou à leurs ayant-cause, le complément des indemnités qu'ils auraient dû recevoir, et sur lesquelles il n'aurait pu leur être payé qu'un à-compte; le surplus sera réparti entre toutes les communes des trois départemens compris dans la circonscription de la société, au marc le franc de la valeur des propriétés situées dans chaque commune, engagées à l'assurance; ces fonds serviront à doter les établissemens de charité de ces communes.

122. Pour hâter la mise en activité de la société, les signataires du présent acte, ainsi que leurs adhérens, ne seront tenus à faire la déclaration prescrite par l'article 47, afin de parvenir à l'estimation régulière de leurs bâtimens, conformément aux articles 48 et 49, que dans les six mois qui suivront l'obtention de l'autorisation. Si pendant ce délai la société, ayant atteint le minimum d'adhésions, avait commencé les opérations, l'estimation totale donnée par le propriétaire servirait, en cas d'incendie partielle, de base, à dire d'experts, pour la fixation de la valeur des bâtimens ou portion des bâtimens incendiés.

123. Si l'expérience démontrait que des changemens ou modifications pussent être introduits dans les statuts pour l'avantage de la société, les fondateurs autorisent les conseils d'administration à les faire, sans l'approbation du conseil général, après avoir entendu le comité des sociétaires et le directeur.

A cet effet, les fondateurs donnent, dès ce moment, au conseil d'administration, tous les pouvoirs à ce nécessaires.

124. Ils autorisent le directeur ci-dessus nommé à se pourvoir par-devant M. le préfet de la Sarthe et MM. les préfets des autres départemens de la circonscription, ainsi que près du Gouvernement, pour parvenir à l'approbation des présens statuts, comme aussi à adhérer, au nom des sociétaires, aux amendemens que le Gouvernement jugerait convenables.

Dont acte, rédigé sur modèle à l'instant rendu, fait et passé au Mans, en l'étude dudit Me Maricot, à l'égard de MM. Poullain de Saint-Pater, de Courtillolles, Chape, Frappart, Couraudin, Rousseau, de Launay, de Mauny, l'an 1827, le 4 août; et à l'égard des autres comparans, en leurs demeures respectives, le 6 des mêmes mois et an.

Et ont lesdits sieurs comparans signé avec les notaires, après lecture faite.

Modifications aux statuts.

Le soussigné, directeur général de la société d'assurance mutuelle contre l'incendie, projetée au Mans, pour les départemens de la Sarthe, de Maine-et-Loire et de la Mayenne, dont les statuts ont été rédigés par acte attesté de Me Maricot, qui en a gardé la minute, et son confrère, notaires au Mans, les 4 et 6 août 1827, enregistré le 8 du même mois;

En vertu de l'autorisation qui lui en a été donnée par l'article 124 des statuts, y a fait les changemens et modifications ci-après proposés par le Gouvernement:

1° Le mot *anonyme*, employé dans l'article 1er, est retranché.

2° L'article 7 est supprimé et remplacé par celui-ci:

« Cependant l'engagement du sociétaire
« qui se serait déjà fait assurer par une autre
« compagnie ne serait pas nul, mais il ne
« vaudrait que pour l'excédant, dans le cas
« où le premier contrat n'aurait pas assuré
« la valeur entière de la propriété. »

3° Il est ajouté à la fin de l'article 12:

« Mais, en cas de mutation de la propriété
« assurée, l'assurance finit avec l'engagement
« courant, et ne se proroge pas de droit
« faute de déclaration dans les trois mois qui
« précèdent l'expiration du contrat. »

4° L'article 25 est supprimé.

5° Ces mots, qui terminent l'article 27:

« Afin de maintenir constamment ce fonds
« de prévoyance au taux du *maximum* de six
« pour mille de la valeur totale en propriétés
« assurées, » demeurent supprimés.

28.

9

6° L'article 29 est aussi supprimé et remplacé par celui-ci :

« Si le fonds de prévoyance venait à s'élever
« au-delà de six pour mille francs de la va-
« leur totale des propriétés assurées, l'excé-
« dant sera employé au paiement des indem-
« nités, et il ne sera fait d'appel aux sociétai-
« res que dans le cas où cet excédant serait
« insuffisant. »

7° L'article 31 est supprimé.

8° Le deuxième paragraphe de l'article 49
est supprimé et remplacé par celui-ci :

« Si les parties ne peuvent s'accorder sur
« le choix des experts, il en sera référé au
« tribunal. »

9° A la disposition de l'article 52, qui porte
« que, si les experts ne peuvent s'accorder,
« ils nomment un tiers qui les départage, »
il sera ajouté : « et s'ils ne pouvaient s'enten-
« dre sur le choix de ce tiers, il en sera ré-
« référé au tribunal. »

10° L'article 54 est supprimé et remplacé
par celui-ci :

« A défaut de déclaration prescrite par
« l'article 53, l'indemnité à laquelle le so-
« ciétaire aurait droit en cas d'incendie su-
« bira une réduction proportionnelle à la
« différence existant entre la cotisation par
« lui payée et celle qu'il aurait dû payer. »

11° Les dispositions des second et troisième
paragraphes de l'article 55 sont supprimées
et remplacées par celles-ci :

« L'effet de l'assurance, quant à eux, est
« de les affranchir de la responsabilité dont
« ils seraient tenus envers lui, sans cepen-
« dant que la garantie de la société puisse
« s'étendre au-delà du montant de la valeur
« assurée. Si le propriétaire s'était déjà fait
« assurer, le concours du fermier ou loca-
« taire résultera suffisamment d'une déclara-
« tion du propriétaire, enregistrée à la direc-
« tion de la société avant le sinistre. »

La disposition du quatrième paragraphe du
même article 55, portant « que c'est au créan-
« cier hypothécaire qui aura fait assurer l'im-
« meuble qui lui sert de garantie, que la
« société paiera son assurance en cas d'in-
« cendie, » est supprimée.

Ledit paragraphe entier est remplacé et
rédigé ainsi :

« Tout créancier hypothécaire est égale-
« ment admis à faire assurer l'immeuble qui
« lui sert de garantie, en satisfaisant, comme
« s'il en était propriétaire, aux conditions de
« l'assurance; mais, en cas d'incendie, l'in-
« demnité sera distribuée à qui il appartien-
« dra, d'après les règles du droit commun,
« le créancier qui aura fait l'assurance ne
« pouvant avoir de privilége que pour le rem-
« boursement des frais par lui faits pour la
« conservation de la chose. »

12° Le délai de cinq jours, fixé par l'article 61 pour l'envoi de la déclaration d'incen-

die à l'agent de l'arrondissement, sera de huit
jours, au lieu de cinq ;

Et ces mots : « est tenu d'en donner décla-
« ration, » sont supprimés.

13° L'article 58 est supprimé, comme n'é-
tant qu'une répétition de l'article 55.

14° Ces mots : « et le juge-de-paix du can-
« ton le désigne, » que l'on trouve dans l'article 63, en parlant du troisième expert que
les deux premiers doivent choisir, s'ils n'é-
taient pas d'accord à cet égard, sont supprimés et remplacés par ceux-ci : « et l'on aura
« recours au tribunal. »

15° La disposition de l'article 119, qui, en
cas de contestation entre la société et un ou
plusieurs associés, attribue au juge-de-paix
la nomination du tiers-arbitre, est supprimée :
il est dit que l'on aura recours pour cette
nomination au tribunal, conformément à l'article 1017 du Code de procédure civile.

16° L'article 120 est supprimé et remplacé
par celui-ci :

« Le conseil d'administration procédera,
« dans le cours de la huitième année, à l'exa-
« men de la situation de l'établissement que
« lui présentera le directeur; et le conseil
« général, sur le rapport qui lui en sera fait,
« décidera si l'on devra provoquer une nou-
« velle autorisation du Gouvernement. »

17° L'article 122 est supprimé.

Fait et arrêté à Paris, le 13 mai 1828.

Signé BASSE.

25 MAI 1828. — Ordonnance du Roi qui autorise des exploitations dans les bois de plusieurs
communes. (8, Bull. 233, n° 8525.) *Voy.*
Code forestier, art. 16 et 90.

25 MAI 1828. — Ordonnance du Roi qui accorde des lettres de déclaration de naturalité
au sieur Boehm. (8, Bull. 290, n° 11077.)

25 MAI 1828. — Ordonnance du Roi qui accorde des lettres de déclaration de naturalité
au sieur Degembre. (8, Bull. 291, n° 11108.)

25 MAI 1828. — Ordonnance du Roi qui accorde des lettres de déclaration de naturalité
au sieur Laguerre (Louis-Joseph). (9, Bull.
O. 87, n° 2452.)

25 MAI 1828. — Ordonnance qui admet les
sieurs Jacquiot, dit Constant, Mangènes et
Meyas, à établir leur domicile en France. (8,
Bull. 234, n° 8531.)

25 MAI 1828. — Ordonnance qui autorise l'acceptation d'un legs fait aux pauvres de Chan-
dernagor. (8, Bull. 234, n° 8535.)

25 MAI 1828. — Ordonnance qui accorde des
secours annuels aux orphelins des trois militaires y dénommés, imputables sur le crédit
d'inscription de l'année 1827. (8, Bull. 237 *bis*,
n° 1.)

MAI 1828. — Ordonnance qui accorde des pensions à deux veuves de militaires y dénommées imputables sur le crédit d'inscription de l'année 1827. (8, Bull. 237 bis, n° 2.)

MAI 1828. — Ordonnance qui accorde des pensions de retraite à soixante-seize militaires dénommés, imputables sur le crédit d'inscription de 1828. (8, Bull. 237 bis, n° 3.)

MAI 1828. — Ordonnance qui accorde des pensions de retraite à treize militaires y dénommés, imputables sur le crédit spécial d'inscription de dix-huit cent mille francs. (8. Bull. 237 bis, n° 4.)

MAI 1828. — Ordonnance qui accorde des pensions à trente-une veuves de militaires y dénommées, imputables sur le crédit d'inscription de l'année 1827. (8, Bull. 237 bis, n° 5.)

MAI 1828. — Ordonnance qui autorise le sieur Faivre à établir dans la commune de Cirey (Haute-Saône) deux lavoirs à bras pour le lavage du minerai de fer. (8, Bulletin 240, n° 8748.)

MAI 1828. — Ordonnances qui autorisent l'acceptation de dons et legs faits aux communes de Malvillers, de Fussy, de Saint-Denis d'Anu; aux pauvres d'Ahun, de Ruminghem, aux hospices d'Aix, de Pouilly, de Beaune, de Dijon, de Landerneau, d'Epernay, de Breuil, d'Argenton, de Lyon, de Mâcon et de Isse, et au bureau de bienfaisance de Lésian. (8, Bull. 240, n° 8726 à 8745.)

MAI 1828. — Ordonnance qui autorise le sieur Faivre à conserver et tenir en activité le lavage à cheval à deux huches qu'il a établi dans la commune de Citey (Haute-Saône), sur le lavage du minerai. (8, Bull. 260, n° 8749.)

MAI 1828. — Ordonnance portant concession des mines de fer dites des Deux-Jumeaux, commune de Sumène (Gard), au sieur Mén. (8, Bull. 240, n° 8750.)

MAI 1828. — Ordonnance qui autorise la dame veuve Lacoste et les sieur et dame Bley- à conserver et tenir en activité et à augmenter l'usine à fer de Fayolle, située dans commune de Sarrazac, département de la Dordogne. (8, Bull. 240, n° 8751.)

MAI 1828. — Ordonnance qui autorise le sieur Denjean à transformer en une forge catalane composée d'un seul feu et de deux marteaux, le moulin qu'il possède dans la commune de Vic-Dessos, département de l'Ariège. Bull. 240, n° 8752.)

MAI 1828. — Ordonnance qui autorise les sieurs Garrigou, Massenet et compagnie, à bâtir au lieu-dit Saint du Sabot, commune Saint-Juéry (Tarn), une fabrique d'acier une usine à fer et à cuivre. (8, Bull. 240, n° 8753.)

25 MAI 1828. — Ordonnance qui autorise l'acceptation d'un legs fait aux pauvres de la paroisse de Saint-Paul de Paris. (8, Bull. 241, n° 8760.)

25 MAI 1828. — Ordonnance qui autorise le sieur Benin à accepter le titre de chambellan, qui lui a été conféré par S. M. le roi de Bavière. (8, Bull. 247, n° 8874.)

25 MAI 1828. — Ordonnance qui accorde des lettres de déclaration de naturalité au sieur Drevet. (8, Bull. 252, n° 9267.)

25 MAI 1828. — Ordonnance qui accorde des lettres de déclaration de naturalité au sieur Fège. (8, Bull. 252, n° 9268.)

25 MAI 1828. — Ordonnance qui accorde des lettres de déclaration de naturalité au sieur Forster. (8, Bull. 253, n° 9274.)

25 MAI 1828. — Ordonnance qui accorde des lettres de déclaration de naturalité au sieur Raggi. (8, Bull. 253, n° 9275.)

25 MAI 1828. — Ordonnance qui accorde des lettres de déclaration de naturalité au sieur Vander-Rycken. (8, Bull. 263, n° 9920.)

25 MAI 1828. — Ordonnance qui accorde des lettres de déclaration de naturalité au sieur Muffat-Jeandet. (8, Bull. 263, n° 9919.)

25 MAI 1828. — Ordonnance qui accorde des lettres de déclaration de naturalité au sieur Goffette. (8, Bull. 271, n° 10471.)

25 MAI 1828. — Ordonnance qui accorde des lettres de déclaration de naturalité au sieur Macchiavelli. (8, Bull. 271, n° 10472.)

25 MAI 1828. — Ordonnance qui accorde des lettres de déclaration de naturalité au sieur Montarsolo. (8, Bull. 271, n° 10473.)

25 MAI 1828. — Ordonnance qui accorde des lettres de déclaration de naturalité au sieur Stafe. (8, Bull. 271, n° 10474.)

27 MAI 1828. — Ordonnance qui accorde des pensions de retraite à cinquante-deux militaires y dénommés, imputables sur les crédits de 1828 et années antérieures, et sur ceux de 1826, 1827 et 1828. (8, Bull. 237 bis, n° 6.)

28 MAI 1828. — Rapport de la commission nommée pour constater l'état des écoles secondaires ecclésiastiques. (Mon. du 21 juin 1828.)

Voy. ordonnances des 16 JUIN 1828; loi du 20 août 1828; rapport au Roi du 16 JUIN 1828.

Sire, la commission que Votre Majesté a formée par ordonnance du 20 janvier de cette année, relativement aux écoles secondaires ecclésiastiques, a l'honneur de vous présenter le résultat de son travail.

Constater l'état des écoles ecclésiastiques

9.

secondaires établies en France ; *le comparer aux différentes dispositions de la législation en vigueur ; rechercher les moyens d'assurer, relativement à ces écoles, l'exécution des lois du royaume* (1) ; indiquer, pour arriver à ce dernier but, *des mesures complètes, efficaces, et qui se coordonnent avec notre législation politique et les maximes du droit public français* (2) : tel doit être l'objet de nos investigations. *Les droits sacrés de la religion, ceux du trône ; l'autorité paternelle et domestique, la liberté religieuse garantie par la Charte* (3) : tel devait être notre guide. Notre dévouement à *tous ces principaux intérêts du pays* (4) nous a soutenus dans l'accomplissement d'un devoir quelquefois difficile.

L'ordre du travail semblait exiger que nous eussions d'abord connaissance de la situation actuelle des écoles secondaires ecclésiastiques. Votre commission, Sire, n'a rien négligé pour l'établir ; elle s'est adressée aux ministres de Votre Majesté, seuls en position de lui procurer jusqu'aux moindres documens. La seule correspondance ouverte à cette occasion sur tous les points du royaume expliquera facilement à Votre Majesté combien il a fallu de temps à la commission pour se former un plan régulier sur lequel elle pût discuter et prendre des résolutions.

Toutefois, ce temps n'a pas été perdu pour l'ensemble du travail. En attendant que les faits fussent *constatés*, nous nous sommes occupés de méditer et d'approfondir les lois, décrets, ordonnances et réglemens de l'instruction publique ; nous avons étudié leur rapport avec l'éducation que l'on reçoit dans les écoles secondaires ecclésiastiques ; nous avons essayé de saisir l'application qu'on en pouvait faire à ces écoles, et, par suite, de découvrir les motifs qui avaient pu donner lieu à des rivalités, des conflits, et même à des accusations. Enfin nous avons recherché quels seraient les moyens de rétablir l'harmonie si désirable dans ces deux branches de l'instruction, et de prévenir le retour de ces contestations, qui troublent à la fois la paix des lettres, des familles et des consciences, et qui ne sont pas moins nuisibles à la religion qu'à la société.

Cet examen et les renseignemens qui ont été fournis à la commission l'ont confirmée dans cette pensée, que, dans les choses humaines, l'abus vient toujours se placer à côté de l'usage, et qu'insensiblement il parvient à usurper des droits dont il est très-difficile de le dépouiller lorsqu'il en a joui un certain temps. Nous avons donc cru que tout notre devoir était de chercher à bien connaître les abus ; que nous aurions rempli toute la tâche

qui nous était imposée si nous parvenions à indiquer, avec toute la précision nécessaire, les moyens de les corriger, et nous avons pensé que l'application de ces moyens assurerait en même temps à l'institution des écoles ecclésiastiques secondaires une existence plus durable et plus paisible. Dans ce dessein, nous avons réduit à sept points principaux toute la matière de nos délibérations, et c'est le résultat de ces mêmes délibérations que nous avons l'honneur de mettre sous les yeux de Votre Majesté dans ce rapport.

1° Des écoles ecclésiastiques secondaires en général ; leur objet, leur existence légale et leurs ressources.

Les écoles ecclésiastiques secondaires, autrement appelées petits séminaires, instituées sous le gouvernement impérial pour préparer les jeunes élèves qui se destinent à l'état ecclésiastique à entrer dans les grands séminaires après leurs humanités, et même quelquefois après leur cours de philosophie, existent, telles qu'elles sont aujourd'hui, en vertu de l'ordonnance du 5 octobre 1814.

La loi du 10 mai 1806, qui a fondé l'Université, établit aussi que tout ce qui est d'exécution sera déterminé par les décrets, lesquels seront postérieurement convertis en lois.

Les décrets d'organisation ont été rendus ; la loi n'est jamais venue les corroborer. Plusieurs de ces décrets avaient autorisé les écoles ecclésiastiques secondaires, en les plaçant alors sous le régime et la juridiction de l'Université.

C'est dans cet état de choses que la restauration a trouvé l'Université. Les ordonnances du Roi qui sont venues mettre nos institutions d'accord avec la nouvelle forme du Gouvernement ont modifié les décrets relatifs aux écoles ecclésiastiques secondaires. Ces ordonnances ont force de loi, ainsi que les précédens décrets.

La légitimité de l'existence actuelle des écoles ecclésiastiques secondaires ne peut donc leur être contestée. Elle est régulière, elle est légale, pour toutes celles qui sont formées en vertu d'ordonnances du Roi.

Cent vingt-six écoles ecclésiastiques secondaires ont obtenu l'autorisation, soit en vertu de l'ordonnance du 5 octobre 1814 elle-même, soit en vertu d'ordonnances particulières, conformes aux dispositions de la première ordonnance.

Après avoir reçu, pour le premier établissement, quelques secours du Gouvernement, des conseils-généraux des départemens et des conseils municipaux, ces écoles ont

(1) Lettre de M. le garde-des-sceaux aux membres de la commission (22 janvier 1828).
(2) Rapport au Roi pour la formation de la commission (20 janvier 1828).
(3) Rapport au Roi.
(4) Rapport au Roi.

été et sont encore généralement abandonnées, pour leur entretien et pour leur existence, à la sollicitude des évêques et à la
charité des fidèles. Elles sont utiles et même
nécessaires à la religion, qui ne peut espérer
sans leur secours, d'assurer en France la
perpétuité du sacerdoce, ou du moins qui ne
peut se promettre de combler par d'autres
moyens le vide immense du sanctuaire.

La commission a pensé unanimement que,
tant que les écoles ecclésiastiques conserveront
le caractère qui leur appartient, ces écoles
doivent être autorisées et même encouragées
par des dotations ou secours convenables,
qui les arrachent à cet état précaire où les
retient la pénible condition de n'être alimentées que par des aumônes.

Cinquante-trois établissemens se qualifient
du titre d'écoles ecclésiastiques, d'écoles cléricales, de petits séminaires. Ils ne possèdent
aucun titre valable; ils sont cependant soustraits à la juridiction de l'Université. Leur
existence est contraire à la législation actuellement en vigueur. Cette législation détermine qu'aucun établissement, école ou pensionnat, ne doit exister qu'avec l'autorisation de l'Université, et en se conformant à
ses réglemens. Elle n'en excepte que les écoles
ecclésiastiques secondaires, en vertu de l'ordonnance du 5 octobre 1814.

En conséquence, la commission a pensé
qu'il devenait urgent de faire rentrer ces établissemens dans l'ordre légal, et que, pour y
parvenir sans froisser tout d'un coup des intérêts quelquefois respectables, il serait à
propos de fixer un délai pendant lequel chacun des établissemens serait tenu ou de se
pourvoir de l'autorisation royale, suivant la
forme prescrite par l'ordonnance du 5 octobre 1814, ou de se soumettre aux réglemens de
l'Université, en entrant sous sa dépendance.

2° Des écoles primaires ecclésiastiques.

D'après l'ordonnance du 27 février 1821,
article 28, les curés sont autorisés à former
deux ou trois jeunes gens pour les petits séminaires, et les recteurs des académies sont
tenus à veiller à ce que le nombre fixé ne soit
point dépassé.

La rigueur de cette disposition, qui a
donné lieu à de nombreuses infractions,
nous a paru devoir être un peu adoucie, soit
en faveur des habitans des communes éloignées de tout moyen d'instruction, au milieu
lesquelles les pères de famille se trouveraient
ainsi privés de la facilité et du droit de faire
instruire leurs enfans; soit en faveur de quelques écoles cléricales qui, dans les grandes
villes, et notamment à Paris, se sont formées
auprès de plusieurs églises qui sont surveillées immédiatement par les curés, et qui ont
pour objet d'élever gratuitement des enfans
qu'on destine aux petits séminaires, et qui,

en attendant, servent aux cérémonies et à la
pompe du culte divin.

Pour concilier autant qu'il était possible
ce double besoin avec les intérêts de l'Université, la commission a pensé :

1° Que, s'il y avait des inconvéniens à
étendre l'article 28 de l'ordonnance du 27 février 1821, il y aurait cependant quelque
avantage à expliquer dans un sens plus étendu
la disposition restrictive de cet article, en déclarant qu'elle ne s'oppose point à ce que les
curés instruisent dans les sciences les enfans
de leurs paroissiens seulement, qui se rendraient auprès d'eux aux heures fixées, et
sans cesser d'habiter dans leurs familles;
mais, en même temps, il serait nécessaire que
cette explication portât que, si un curé voulait tenir un pensionnat en conformité de
l'article 28, le diplôme de l'Université ne
pourrait lui être accordé que sur le vu de la
permission de l'évêque diocésain.

2° Qu'il y a lieu de présenter une disposition spéciale, dont la commission a adopté la
rédaction dans les termes suivans :

« Des écoles ecclésiastiques primaires pourront être établies avec l'autorisation du Roi
donnée sur l'avis du conseil royal de l'instruction publique, dans les villes métropolitaines ou auprès des églises métropolitaines
et paroissiales, et dans les villes diocésaines
auprès des églises cathédrales.

« Ces écoles primaires n'admettront point
d'externes et ne pourront recevoir que des
pensionnaires gratuits, jusqu'à la concurrence du nombre déterminé par l'acte d'autorisation.

« Les élèves porteront l'habit clérical; ils
étudieront les rudimens du latin, jusqu'à la
quatrième inclusivement, le plain-chant, et
serviront aux cérémonies du culte divin.

« Dans le cas où une école primaire ainsi
autorisée ne se conformerait pas aux conditions ci-dessus prescrites, l'autorisation sera
annulée. »

La discussion de cette dernière proposition
a donné lieu à des réflexions, tant sur la désignation précise des villes où ces nouvelles
écoles primaires ecclésiastiques pourraient
être formées, que sur l'admission des externes
et la rétribution à recevoir pour faire ou
la pension. La crainte de trop rétablissée
de procurer trop d'extension, ce dont Votre
mens a commandé une fois.
Majesté appréciera les
                    dépendances ou dédouble-
3° Des succursales ecclésiastiques secondaires.
ment des éc...

Dans différens diocèses, l'école ou les écoles
ecclésiastiques secondaires ne suffisant pas
pour contenir tous les élèves qui se présentaient, soit à raison de la dimension du local,
soit à raison de la nécessité de séparer les
élèves pour le bon ordre et le maintien de la

discipline, soit à raison de la santé des jeunes gens, dont un assez grand nombre a besoin d'un air plus vif et plus salubre, il a été établi de nouveaux pensionnats sous le titre de succursales, dépendances, dédoublement de l'école autorisée; et les évêques se sont crus dispensés de solliciter pour ces établissemens une autorisation spéciale.

Cette application de la loi peut donner lieu à quelques abus, et l'Université s'en est plainte en la considérant comme un moyen dont on pourrait se servir pour éluder les dispositions légales. Après avoir examiné les dispositions de l'ordonnance du 5 octobre 1814, sur cet article, la commission n'a pas cru mettre des entraves à l'existence des petits séminaires, en indiquant comme une mesure d'ordre : « que toute nouvelle maison qui s'établirait, soit comme dédoublement, soit comme succursale ou dépendance d'une école ecclésiastique secondaire, ne pourrait s'ouvrir qu'avec l'autorisation du Roi, et que cette autorisation devrait être demandée pour celles qui existeraient déjà dans la forme prescrite par l'article 6 de l'ordonnance du 5 octobre 1814. » Cet article veut que, toutes les fois qu'une école ecclésiastique n'est pas suffisante pour les besoins du diocèse, une seconde école ne puisse être créée que sur une ordonnance du Roi, rendue après avoir entendu le conseil d'instruction publique. La volonté de Votre Majesté ne peut être illusoire, et personne ne peut douter qu'elle ne soit toujours bienveillante pour les demandes qu'elle aura reconnues justes et raisonnables.

4° *Du régime et de quelques règles propres aux écoles ecclésiastiques secondaires.*

L'objet de l'institution des écoles ecclésiastiques secondaires est de préparer pour les grands séminaires les enfans et les jeunes gens qui annonceraient de la vocation à l'état ecclésiastique; le régime de ces écoles doit donc être réglé de manière à favoriser le développement de cette vocation; l'instruction et la discipline ne sauraient être dans ces écoles les mêmes que dans les colléges royaux et autres institutions soumises à l'Université. Les évêques assurent que l'éducation qui est donnée conformément petits séminaires est parfaitement soins de [...] but de leur institution. Les besoins qu'ils [...] diocèse et les sacrifices continuer leurs écoles obligés de faire pour soutenir [...] suffisans de croissance écclésiastiques, sont des motifs suffisans vers ce [...] qu'ils dirigent aussi tous leurs efforts vers ce [...] unique, et pour eux si essentiel.

Cependant il s'est élevé de [...] plaintes sur ce que, dans plusieurs écoles ecclésiastiques, ce but essentiel et cette spécialité d'éducation avaient été perdus de vue au détriment des colléges et des institutions de l'Université; on a remarqué que certaines conditions

imposées à ces écoles ecclésiastiques, et qui étaient de nature à leur conserver le caractère qu'elles doivent toujours avoir, n'avaient pas été généralement assez rigoureusement observées : telles que l'obligation de porter l'habit ecclésiastique au bout de deux années d'étude, l'exclusion des arts, exercices et études incompatibles avec la profession du sacerdoce, et l'interdiction des externes dans lesdites écoles.

Pour ôter jusqu'au moindre prétexte à de accusations qui troublent l'harmonie qu'il serait si désirable de voir exister entre de écoles qui ne devraient être qu'émules de autres établissemens, sans jamais en être rivales, la commission propose de maintenir l'exécution des dispositions suivantes :

« On ne doit faire dans les petits séminaires que les études compatibles avec l'état ecclésiastique.

« Les élèves de ces écoles placées dans les villes où il se trouve un collège doivent prendre l'habit ecclésiastique au bout de deux années d'étude, comme le prescrit l'ordonnance du 5 octobre 1814.

« Les écoles ecclésiastiques secondaires doivent, en exécution de l'article 45 de l'ordonnance du 7 février 1815, cesser de recevoir des externes.

« Conformément à la définition donnée par l'arrêté de la commission d'instruction publique du 28 septembre 1815, seront réputés externes tous les élèves qui ne couchent pas et ne sont pas nourris dans l'établissement.

« Toutefois, il conviendrait de faire une exception à la règle générale pour les écoles qui seraient établies dans des communes où il n'y aurait pas de collège de l'Université. Celles-ci pourraient recevoir comme externes les enfans des personnes domiciliées dans la commune. »

Il y a des villes qui n'ont concédé que sous cette condition exceptionnelle des bâtimens qui leur appartenaient, pour être employés à fonder des écoles secondaires ecclésiastiques : leur attente ne saurait être trompée.

La commission pense, en outre, que, pour assurer de plus en plus l'ordre dans ces établissemens, il serait nécessaire de les assujétir à des règles fixes, imposées par les évêques.

5° *Du diplôme de bachelier ès-lettres accordé aux élèves des écoles ecclésiastiques secondaires.*

L'attention de la commission a été reportée sur les moyens de prévenir l'inconvénient qui résulte, pour l'instruction publique et pour les droits de l'Université, de l'admission des élèves qui, n'ayant nulle vocation pour l'état ecclésiastique, entrent cependant dans quelques petits séminaires, sous prétexte de cette vocation, et qui, après avoir profité des bienfaits et des priviléges d'une éducation spéciale, rentrent dans des professions laïques, s'étant ainsi, d'un côté, soustraits à la direction universitaire, et, de l'autre, ayant consumé une partie des ressources que les diocèses ne destinaient qu'à ceux qui pouvaient leur rendre des services par la suite, dans l'exercice du saint ministère.

Il nous a paru presque impossible de remédier entièrement à ces sortes d'abus; mais nous avons pensé que, si l'on ne pouvait les atteindre par une disposition positive, il fallait du moins retrancher tout ce qui serait de nature à les favoriser. La commission pense qu'il serait à propos de décider que « les élèves des écoles ecclésiastiques secondaires qui se présenteraient à l'examen du grade de bachelier ès-lettres n'obtiendront à l'avenir qu'un diplôme spécial, lequel ne leur servira que pour parvenir au grade en théologie; toutefois ce diplôme aura le même effet que les diplômes ordinaires, pour les ecclésiastiques, du moment où ces clercs seront entrés dans les ordres sacrés. » Tous les élèves qui auront abandonné l'état ecclésiastique après leurs cours d'études seront tenus, pour obtenir le diplôme de bachelier ès-lettres, de se soumettre de nouveau aux études et aux examens, selon les réglemens de l'Université.

6° De l'exemption de la rétribution universitaire pour les élèves des écoles ecclésiastiques secondaires.

Les ordonnances du Roi et les arrêtés de la commission d'instruction publique exemptent de la rétribution universitaire tous les élèves des écoles ecclésiastiques secondaires, ainsi que les élèves des écoles mixtes, des colléges royaux et des colléges communaux, qui se destinent à l'état ecclésiastique.

Le but de cette mesure a été de favoriser les études ecclésiastiques; mais, dictée dans l'intérêt de la religion, cette disposition ne doit pas servir à soustraire des établissemens à la juridiction de l'Université, et à éviter, par une fiction, de solder les droits établis par les réglemens.

Afin d'arrêter les abus, la commission avait d'abord examiné s'il serait possible de déterminer par un chiffre le nombre des élèves qui seraient admis, dans chaque diocèse, à jouir de l'exemption de la rétribution universitaire. Pour arriver à ce but, elle avait demandé des renseignemens assez étendus sur les besoins de chacun des diocèses, mais elle a fini par reconnaître que les difficultés, pour déterminer une juste proportion, étaient insurmontables.

La commission est d'avis que les exemptions accordées pour les élèves des colléges royaux et communaux, ainsi que pour les colléges mixtes, offrent peu d'inconvéniens,

puisque le conseil royal devant prononcer sur chacune de ces exemptions en particulier, il est libre de la refuser toutes les fois qu'il supposerait que, sous prétexte de favoriser des études ecclésiastiques, on voudrait seulement échapper aux droits établis. La commission pense d'ailleurs que des formes préservatives et des garanties pourraient être adoptées. Par exemple, il semblerait convenable d'exiger, avant de prononcer sur chaque exemption, l'attestation de l'évêque diocésain.

Quant aux écoles ecclésiastiques secondaires, la commission remarque qu'en ce moment tous les élèves qui y sont admis jouissent de l'exemption; que les plaintes élevées à cet égard proviennent de ce que, dans plusieurs de ces écoles, on reçoit des élèves qui notoirement ne se destinent point à l'état ecclésiastique. Elle pense que, lorsque tous les petits séminaires, sans exception, seront redevenus ce qu'ils devaient et doivent être, c'est-à-dire qu'ils ne renfermeront que des élèves annonçant réellement l'intention de se destiner au service des autels, qu'il n'y aurait plus de motifs de faire une différence entre les étudians et de les priver de la faveur que leur accordent les ordonnances actuellement en vigueur; d'autre part, l'autorisation royale étant nécessaire pour l'ouverture d'une nouvelle maison, elle ne sera point accordée si la première est suffisante pour les besoins du diocèse.

Toutefois, la commission estime qu'il est important de donner d'une manière évidente aux écoles dont il s'agit le caractère de leur destination; qu'à cet effet, la disposition de l'article 3 de l'ordonnance du 5 octobre 1814, qui exige que les élèves porteront l'habit ecclésiastique au bout de deux années d'études, doit être étendue à toutes les écoles ecclésiastiques secondaires, sans exception.

La commission, ayant examiné à cette occasion les dispositions de l'arrêté du 17 octobre 1815, qui prescrivent que l'habit ecclésiastique sera pris non-seulement par les élèves des colléges mixtes, mais aussi par les élèves des autres colléges exemptés de la rétribution, comme aspirans à l'état ecclésiastique, est d'avis que cet arrêté doit être maintenu à l'égard des colléges mixtes; mais qu'il conviendrait de rendre cette disposition facultative pour les colléges royaux et communaux où déjà elle n'est point généralement observée.

7° De la direction des écoles ecclésiastiques secondaires.

L'examen approfondi auquel elle s'est livrée a conduit la commission à connaître quels étaient les ecclésiastiques chargés par les évêques de l'enseignement et de la direction de ces écoles ecclésiastiques secondaires. Les renseignemens fournis par MM. les préfets des départemens et les recteurs des académies n'ont donné lieu à aucune observation sur le plus grand nombre des écoles ecclésiastiques secondaires. Dans les diocèses de Bordeaux, Aix, Amiens, Vannes, Clermont, Saint-Claude, Digne et Poitiers seulement, les préfets ont écrit, les uns que la direction des petits séminaires de leur département était confiée à des jésuites; les autres que cette direction était confiée à des prêtres vivant dans leur intérieur sous la règle de saint Ignace. Les évêques ont affirmé que les ecclésiastiques auxquels la direction de ces huit petits séminaires était confiée suivaient pour leur régime intérieur la règle de saint Ignace; mais que ces prêtres, choisis par les évêques, révocables à leur volonté, soumis en tout à leur autorité et à leur juridiction spirituelle, ne se distinguant des autres prêtres de leurs diocèses par aucune dénomination particulière ni par aucun costume différent, ne pouvaient être considérés aux yeux de la loi que comme des individus, et non comme formant une corporation religieuse chargée de la direction des écoles ecclésiastiques.

La nature et la forme de ces divers renseignemens rapprochés les uns des autres ont dû amener la commission à poser et à examiner mûrement deux questions, l'une de fait et l'autre de droit: la première consistait à savoir jusqu'à quel degré de certitude elle pouvait affirmer que les huit petits séminaires fussent réellement dirigés par des prêtres appartenant à une congrégation non autorisée; la seconde devait établir quelle était la liberté que les lois, ordonnances et réglemens laissaient aux évêques dans le choix des instituteurs et directeurs de leurs séminaires; et aussi en quoi consistait, par rapport à ces instituteurs et directeurs, la liberté civile et religieuse consacrée par la Charte; enfin, si les évêques étaient ou non en contravention aux lois du royaume, par le choix qu'ils avaient fait de ces prêtres, pour la direction de leurs écoles ecclésiastiques. Ces questions étant ainsi renfermées dans le cercle étroit qui lui était tracé, la commission a pu tirer des conclusions, et prendre une résolution qui, après avoir été l'objet de longues et fréquentes délibérations, a cependant réuni la majorité des suffrages.

Il est vrai que sur ce point il nous a été pénible de voir la commission se diviser. Jusque là, elle avait été d'un avis unanime. Le partage entre les deux opinions a été tel, que nous avons désiré qu'elles fussent textuellement insérées dans le rapport, ainsi que les motifs qui les ont dictées l'une et l'autre, afin que Votre Majesté connût la vérité dans sa plus exacte précision, et pour satisfaire en même temps à la demande de la minorité de la commission.

L'opinion qui a réuni quatre suffrages a présenté le résultat suivant:

La loi du 19 mai 1790 a expressément supprimé les ordres religieux. Cette suppression a été confirmée ou maintenue par l'article 11 de la loi du 18 avril 1802, qui a réglé l'exécution du concordat, et a été formellement renouvelée par un décret de 1804. C'était d'ailleurs un principe incontestable dans le droit public de la monarchie, qu'aucune institution d'ordres religieux ne pouvait avoir lieu sans l'autorisation royale donnée en forme d'édit.

Il est vrai qu'on allègue que, sous le régime de la Charte, il est libre à chacun de suivre les règles et pratiques religieuses qu'il s'impose.

S'il s'agit de règles et de pratiques religieuses dont un individu se prescrit l'observance dans son intérieur, sans doute la chose ne peut tomber que sous la juridiction des directeurs spirituels; mais, du moment qu'il résulte de l'adoption de cette règle une association d'hommes réunis par des vœux et des liens monastiques, cette association est passible de l'application des lois qui viennent d'être citées.

Ces lois n'ont pas été éteintes par l'effet des dispositions généreuses de la Charte. Non-seulement elle a déclaré que les lois alors existantes resteraient en vigueur tant qu'il n'y aurait pas été légalement dérogé; mais une loi rendue sous son empire, à la suite de longues et solennelles discussions (en 1825), a consacré d'une manière irréfragable le principe qu'une association religieuse ne peut exister sans la sanction législative.

L'institut ou l'ordre de saint Ignace n'a point obtenu cette sanction.

Si l'on soutenait que les ecclésiastiques suivant la règle de saint Ignace, dont la présence dans plusieurs petits séminaires a fixé l'attention, ne forment pas une congrégation, et qu'individus isolés, ils sont hors de l'action des lois qui prohibent les ordres religieux, nous répondrions qu'à nos yeux les ecclésiastiques qui sont chargés des petits séminaires de Saint-Acheul, Dôle, Bordeaux, Sainte-Anne d'Auray, Aix, Forcalquier, Montmorillon et Billom, sont constitués en congrégation; en un mot, ils font partie de l'institut des *jésuites*.

Nous pourrions invoquer à cet égard la notoriété, et faire observer que, dans les publications répandues depuis quelque temps pour la défense de ces petits séminaires, si évidemment sortis du cercle que les ordonnances royales leur avaient tracé, les ecclésiastiques qui les dirigent sont ouvertement et hautement qualifiés de *jésuites*; mais d'autres motifs ont déterminé notre persuasion.

Dès 1826, M. l'évêque d'Hermopolis,

alors ministre des affaires ecclésiastiques et de l'instruction publique, a déclaré à la tribune des deux Chambres, et notamment le 26 mai à celle des députés, que sept petits séminaires étaient sous la main des jésuites.

Depuis, un huitième établissement, formé dans *leur ancienne maison de Billom*, leur a été également confié.

On lit dans les rapports des recteurs des Académies,

Sur le petit séminaire de Saint-Acheul :
« Les ecclésiastiques qui le dirigent suivent *la règle de saint Ignace*. »

Sur celui de Dôle :
« Les ecclésiastiques qui le dirigent font « partie d'une congrégation. Ils sont censés « appartenir à *la Compagnie de Jésus*. Leur « costume est le même que celui des prêtres « séculiers, *à l'exception du petit collet*. Leur « règle est conforme aux constitutions de « saint Ignace. »

Sur celui de Bordeaux :
« Le petit séminaire est entre les mains « des *jésuites*, appelés vulgairement les *Pères de la Foi*. Ils ont le *costume* et suivent « les règles de cet institut. »

Sur celui de Sainte-Anne d'Auray :
« Il est dirigé par des religieux qui sont « de la congrégation des *jésuites*; ils en suivent la règle, et en portent le *costume* au-« dedans et au-dehors de la communauté. »

Sur ceux d'Aix et de Forcalquier :
« Ces deux petits séminaires sont dirigés « par des ecclésiastiques généralement désignés comme faisant partie d'une congrégation, laquelle est indifféremment désignée guée par l'évêque diocésain, par le clergé « et par le public, sous le nom de *Pères de la Foi* ou de *jésuites*. Ces ecclésiastiques se « distinguent des autres prêtres par le *costume*. Ils se distinguent aussi par de certains actes extérieurs. Ils prennent le titre « de *Père*, etc. »

Sur celui de Montmorillon :
« Il est tenu par des ecclésiastiques à qui « tout le monde, ainsi que le clergé, donne « hautement la qualité de *jésuites*, qu'eux-« mêmes reçoivent et prennent, etc. »

Sur celui de Billom :
« Il est dirigé par des ecclésiastiques qu'on « dit appartenir à la congrégation des jésuites. Leur costume est, au *collet près*, celui « des prêtres séculiers. »

Les rapports des préfets établissent :
Qu'à Saint-Acheul, la direction de l'établissement est confiée à des ecclésiastiques appartenant à la congrégation connue sous le nom de *jésuites*;
Qu'à Dôle, elle l'est à des ecclésiastiques suivant la *règle de saint Ignace*;
Qu'à Sainte-Anne d'Auray, elle l'est à des ecclésiastiques faisant partie d'une congrégation sous la dénomination de *Pères de la Foi*;

Qu'à Aix, la direction est confiée à des religieux qui prenaient la dénomination de *Pères de la Foi*, et à qui depuis on a donné celle de *jésuites*;
Qu'à Forcalquier, l'enseignement est confié à des ecclésiastiques faisant partie d'une congrégation;
Qu'à Montmorillon, le petit séminaire est dirigé par les *jésuites*;
Qu'à Billom, le petit séminaire est confié à des *jésuites* qui sont au nombre de trente, y compris les frères servans.

Quant aux évêques, leurs déclarations, rédigées avec une entière conformité d'idées et même d'expressions, portent unanimement que la direction et l'enseignement dans les petits séminaires ci-dessus désignés, sont confiés à des ecclésiastiques qui suivent la *règle de saint Ignace*.

C'est d'après ces renseignemens authentiques et ces déclarations formelles que la minorité de la commission considère comme un fait positif l'existence de la congrégation des jésuites dans huit petits séminaires.

On prétend vainement qu'il ne s'agit que de prêtres isolés, observant pour leur régime intérieur la règle particulière de l'institut de saint Ignace. La base des statuts de cet ordre est l'obéissance absolue et hiérarchique de tous ceux qui reconnaissent s'y soumettre, en aboutissant jusqu'au général, qui réside hors du royaume.

Se ranger sous ces statuts, en observer les prescriptions, porter un costume particulier, accepter la qualification de membre de l'ordre, c'est s'associer même extérieurement à une congrégation religieuse. Il est vrai que cette congrégation ne se présente pas comme une corporation; qu'elle ne possède ni n'acquiert à ce titre; mais elle ne pourrait le faire que si l'autorité compétente lui avait déjà donné l'existence civile; or, personne ne prétend que la congrégation dont il s'agit en ce moment ait une capacité qui ne peut résulter que d'une création légale. Dans l'opinion de la minorité, c'est une erreur de croire que les lois, ainsi que les anciennes maximes de la monarchie, qui veulent qu'aucun ordre religieux ne puisse s'introduire en France sans la permission expresse de la puissance souveraine, ont eu seulement en vue la capacité relative à la propriété et à sa disposition. Elles ont eu d'abord en vue les règles par lesquelles il s'agissait de lier d'une manière continue et permanente, pour tous les instans de leur vie, des habitans du royaume. Aussi la permission ne pouvait-elle et ne pourrait-elle, dans aucun cas, être accordée que d'après l'examen des statuts. Ceux qui se réunissent pour vivre sous des statuts qui n'ont point été communiqués au Gouvernement, qui n'ont point été approuvés dans la forme prescrite, sont donc en contravention aux lois.

Toutefois, l'autorisation que les évêques leur accordent ne suffit-elle pas pour les relever de cette irrégularité ? Nous n'hésitons pas à répondre négativement. S'il en était autrement, l'autorité épiscopale ferait plus que l'autorité du monarque, puisque le Roi lui-même ne pourrait prononcer qu'avec le concours des deux Chambres. Et ne sentira-t-on pas les conséquences d'un pareil système, d'où il résulterait que chaque évêque pourrait, au gré de son opinion particulière, introduire dans l'État des congrégations rivales. Les exemples du passé en ont prouvé les inconvéniens.

Si maintenant on passe aux considérations particulières à l'institut de saint Ignace, on voit que des édits solennels avaient aboli cet institut, et que, lorsque le Roi Louis XVI voulut en tempérer l'exécution relativement aux individus qui en avaient fait partie, il ordonna (en 1777) expressément qu'à aucun titre ils ne pussent s'immiscer dans l'instruction publique.

Ainsi, l'ordre des jésuites a été prohibé, et, bien loin que des actes postérieurs aient révoqué cette prohibition, la législation subséquente l'a confirmée.

En résumé, l'association des prêtres, suivant la règle de saint Ignace, paraît, aux yeux de la minorité, constituer une congrégation qui est formée sans autorisation régulière.

La direction et l'enseignement des écoles ecclésiastiques, confiés à des membres de cette congrégation, paraissent, à la minorité, contraires aux dispositions légales.

Les cinq autres suffrages ont, au contraire, admis la résolution ainsi qu'il suit :

Si, d'un côté, il paraît résulter de quelques discours prononcés l'année dernière dans les deux Chambres par M. le ministre des affaires ecclésiastiques, de la correspondance des préfets et des rapports faits par les recteurs des différentes académies, qu'il existe huit petits séminaires dont la direction est confiée à des ecclésiastiques appartenant à une congrégation religieuse non autorisée ; de l'autre, il est constant, par la déclaration des évêques, que la direction de ces établissemens n'est confiée qu'à des individus choisis par eux, placés sous leur autorité, surveillance et juridiction spirituelle, et même sous leur administration temporelle ; que ces individus, révocables à la volonté des évêques, ne se distinguent des autres ecclésiastiques de leur diocèse par aucun signe extérieur ni par aucune dénomination particulière, bien qu'ils suivent, pour leur régime intérieur, la règle de saint Ignace.

Attendu qu'en vertu de l'ordonnance réglementaire du 5 octobre 1814, faisant juris-

prudence sur la matière, la direction des écoles ecclésiastiques et la nomination des directeurs appartiennent aux évêques ;

Que les évêques dont il s agit déclarent que les prêtres auxquels ils ont confié la direction et l'enseignement de leurs petits séminaires sont choisis par eux, qu'ils sont soumis, comme tous les autres prêtres de leur diocèse, à leur autorité et juridiction spirituelle et à leur administration temporelle ;

Qu'il résulte de cette déclaration que ce n'est pas à une corporation, mais à des individus révocables à la volonté des évêques, que la direction de leurs écoles ecclésiastiques est confiée ;

Considérant qu'il n'est pas possible de saisir légalement à ces caractères l'existence d'une corporation religieuse chargée de la direction et de l'enseignement dans les écoles ecclésiastiques, et que les individus eux-mêmes qui sont employés dans ces écoles ne seraient pas, à ces seuls caractères, saisissables par la loi, comme faisant partie d'une congrégation non autorisée par elle ;

Que, sous le régime de la Charte, de la liberté civile et religieuse qu'elle a consacrée et qu'elle proclame, il n'est permis à personne de scruter le for intérieur de chacun pour rechercher les motifs de sa conduite religieuse, des règles et des pratiques auxquelles il se soumet, du moment que ces pratiques et cette conduite ne se manifestent par aucun signe extérieur et contraire à l'ordre et aux lois ; qu'autrement ce serait se permettre une inquisition et une persécution que nos institutions réprouvent ;

Considérant enfin que, n'ayant d'autre moyen de connaître les faits sur lesquels elle est appelée à prononcer que par les renseignemens officiels qui lui ont été transmis,

La majorité de la commission, s'en référant aux déclarations faites par les évêques, estime que la direction des écoles secondaires ecclésiastiques donnée par les archevêques de Bordeaux et d'Aix, par les évêques d'Amiens, de Vannes, de Clermont, de Saint-Claude, de Digne et de Poitiers, à des prêtres révocables à leur volonté, soumis en tout à leur autorité et juridiction spirituelle, et même à leur administration temporelle, bien que ces prêtres suivent, pour leur régime intérieur, la règle de saint Ignace, n'est pas contraire aux lois du royaume.

Durant le cours de ces délibérations, la commission a souvent été frappée des réclamations de l'Université contre l'admission, dans quelques écoles ecclésiastiques, d'un certain nombre d'élèves qui ne se destinent pas au sacerdoce, et qui notoirement n'ont pas même une apparence de vocation à cet état ; si nous n'avons pas cru devoir faire de ces réclamations l'objet d'un article séparé, c'est parce que la plupart des dispositions que nous avons eu l'honneur d'indiquer à Votre Majesté, dans les précédens articles de ce rapport, tendent à rappeler et à rétablir l'éducation spéciale des petits séminaires dans les bornes qui lui ont été assignées par la lettre de notre législation. Nous ne doutons pas d'ailleurs que les évêques eux-mêmes ne s'empressent ou de ramener sans secousse ou avec les tempéramens convenables leurs petits séminaires à la spécialité qu'ils doivent avoir, ou à s'entendre avec l'Université pour qu'on se conforment à ses lois et réglemens, ces écoles, devenant de tout point régulières, soient mises à l'abri de tout reproche et de toute recherche.

Sire, la majorité de la commission a pensé qu'ici se terminait la mission que Votre Majesté a daigné nous confier, n'ayant pas été appelés à prononcer d'une manière formelle, et dans sa généralité, sur la question majeure en religion comme en politique qui divise les esprits; nous avons dû la resserrer strictement dans les limites qui nous avaient été marquées. *Rechercher l'état des faits en ce qui concerne les écoles ecclésiastiques secondaires, les comparer aux lois, faire subir l'épreuve d'un examen préalable et approfondi aux dispositions reconnues indispensables au maintien du régime légal avant qu'elles soient proposées à la discution de votre conseil et à l'approbation de votre Majesté*: tels étaient nos devoirs.

Toutefois, il ne suffisait pas que les mesures proposées par la commission fussent en harmonie *avec les droits sacrés de la religion, ceux du trône, de l'autorité paternelle et domestique*: il fallait encore, aux termes du rapport approuvé par votre Majesté, *qu'elles se coordonnassent avec notre législation politique et les maximes du droit public français*, c'est-à-dire avec les principes de la liberté individuelle et de tolérance religieuse reconnue et consacrée par la Charte.

D'où il résultait l'indispensable nécessité d'écarter avec le plus grand soin de la recherche des faits toute présomption morale, toute induction, toute assertion, non susceptibles d'être constatées et prouvées légalement; la commission se trouvait encore placée dans l'impossibilité de proposer aucune mesure qui ne pût être exécutée que par des moyens et dans les formes arbitraires et vexatoires, parce

qu'il ne s'agissait pas pour elle de recueillir des bruits publics, de prévoir des abus possibles, et d'établir une théorie de répression, mais de constater des faits faciles à reconnaître légalement, des abus impossibles à dissimuler, et d'en indiquer les remèdes; mais des remèdes usuels, pratiques, constitutionnels, également éloignés d'un système de faiblesse coupable, et de l'apparence d'une persécution et d'une intolérance incompatible avec le principe de notre pacte fondamental.

Le Roi jugera dans sa sagesse si la commission a atteint le but que Votre Majesté lui avait indiqué. Sa conscience lui dit qu'elle a du moins fidèlement rempli ses devoirs, en mettant au pied du trône le tribut de ses faibles lumières et le résultat de sa profonde conviction.

Nous sommes avec respect, Sire, de Votre Majesté, les très-humbles, et très-obéissans serviteurs et fidèles sujets.

Signé HYACINTHE, *Archevêque de Paris, président de la commission.*

Signé MOUNIER, *Secrétaire de la commission.*

31 MAI 1828. — Tableau des prix des grains, pour servir de régulateur de l'exportation et de l'importation, conformément aux lois des 16 juillet 1821, arrêté le 31 mai 1828. (Bull. 232, n° 8474.)

1er=Pr. 7 JUIN 1828.—Loi qui autorise le département de l'Ardèche à continuer de s'imposer extraordinairement pour les travaux des routes départementales situées dans ce département (1). (8, Bull. 233, n° 8506.)

Article unique. L'imposition extraordinaire de quatre centimes additionnels au principal des quatre contributions directes, qui a été établie sur le département de l'Ardèche pendant les années 1827, 1828 et 1829, par la loi du 5 juillet 1826, continuera d'être perçue jusqu'en 1835 inclusivement, conformément à la demande faite par le conseil général de ce département dans sa dernière session.

Le produit de cette imposition extraordinaire sera employé aux travaux des routes départementales situées dans le département de l'Ardèche (2).

---

(1) Proposition à la Chambre des députés le 15 mars (Mon. du 19). Rapport de M. d'Haussez (Mon. du 18 avril). Discussion et adoption le 17 avril (Mon. du 18).

Proposition à la Chambre des pairs le 26 avril (Mon. du 30 avril). Rapport de M. le marquis de Lanrosme, le 13 mai (Mon. du 18). Discussion et adoption le 17 mai (Mon. du 22).

(2) On a soutenu dans la discussion qu'il était contraire à l'article 49 de la Charte de voter

des centimes additionnels aux contributions directes, pour plusieurs années; la même observation avait été faite dans la discussion de plusieurs lois portant la date du 18 mai 1828. Mais on a reconnu qu'il est nécessaire de s'écarter de la rigueur de la règle, lorsqu'il s'agit de pourvoir à des travaux publics, parce qu'il faut offrir aux entrepreneurs toutes garanties sur les époques et les moyens de paiement.

1ᵉʳ = Pr. 7 JUIN 1828. — Loi qui autorise le département du Calvados à s'imposer extraordinairement pour l'achèvement et l'entretien des routes départementales de ce département (1). (8, Bull. 223, n° 8507.)

Article unique. Le département du Calvados, conformément à la demande qu'en a faite son conseil général dans sa session de 1827, est autorisé à s'imposer extraordinairement pendant six années consécutives, à partir de 1828, trois centimes additionnels au principal des contributions foncière et mobilière.

Le produit de cette imposition extraordinaire sera employé à l'achèvement et à l'entretien des routes départementales de ce département.

───────

1ᵉʳ = Pr. 7 JUIN 1828. — Loi qui autorise le département du Cantal à s'imposer extraordinairement pour l'achèvement des routes départementales situées dans ce département (2). (8, Bull. 233, n° 8508.)

Article unique. Le département du Cantal, conformément à la demande qu'en a faite son conseil général dans sa session de 1827, est autorisé à s'imposer pendant dix ans, à partir de 1829, trois centimes additionnels au principal des quatre contributions directes.

Le produit de cette imposition extraordinaire sera employé à l'achèvement des routes départementales situées dans ce département.

───────

1ᵉʳ = Pr. 7 JUIN 1828. — Loi qui autorise le département de la Charente à s'imposer extraordinairement pour l'achèvement des routes départementales situées dans ce département (3). (8, Bull. 233, n° 8509.)

Article unique. Le département de la Charente, conformément à la demande qu'en a faite son conseil général dans sa dernière session, est autorisé à s'imposer extraordinairement pendant cinq ans, à partir de 1829, quatre centimes additionnels au principal des quatre contributions directes.

Le produit de cette imposition extraordinaire sera employé à l'achèvement des routes départementales situées dans ce département.

───────

1ᵉʳ = Pr. 7 JUIN 1828. — Loi qui autorise le département de la Charente-Inférieure à s'imposer extraordinairement pour la confection et l'achèvement des routes départementales situées dans ce département (4). (8, Bull. 223, n° 8510.)

Article unique. Le département de la Charente-Inférieure, conformément à la demande

qu'en a faite son conseil général dans sa session de 1827, est autorisé à s'imposer extraordinairement pendant quatre ans, à partir de 1829, trois centimes additionnels au principal des quatre contributions directes.

Le produit de cette imposition extraordinaire sera employé à la confection et à l'achèvement des routes départementales situées dans ce département.

───────

1ᵉʳ = Pr. 7 JUIN 1828. — Loi qui autorise le département de l'Indre à s'imposer extraordinairement pour la confection et l'achèvement des routes départementales situées dans ce département (5). (8, Bull. 233, n° 8511.)

Article unique. Le département de l'Indre, conformément à la demande qu'en a faite son conseil général dans sa session de 1827, est autorisé à s'imposer extraordinairement pendant cinq ans, à partir de 1828, cinq centimes additionnels au principal des contributions foncière, personnelle et mobilière.

Le produit de cette imposition extraordinaire sera employé à la confection et à l'achèvement des routes départementales situées dans ce département.

───────

1ᵉʳ = Pr. 7 JUIN 1828. — Loi qui autorise le département de l'Isère à faire un emprunt pour les travaux des routes départementales situées dans ce département, et à pourvoir au service des intérêts et au remboursement du capital au moyen d'une imposition extraordinaire (6). (8, Bull. 233, n° 8512.)

Article unique. Le département de l'Isère, conformément à la demande qu'en a faite son conseil général, dans sa session de 1827, est autorisé à emprunter trois cent mille francs, et à pourvoir au service des intérêts et au remboursement du capital au moyen d'une imposition extraordinaire d'un centime additionnel aux quatre contributions directes.

Cette imposition extraordinaire sera continuée d'année en année, jusqu'à l'entier amortissement de la somme empruntée. L'emprunt aura lieu avec publicité et concurrence, et le produit en sera spécialement appliqué aux travaux des routes départementales situées dans le département de l'Isère.

───────

1ᵉʳ = Pr. 7 JUIN 1828. — Loi qui autorise le département des Landes à s'imposer extraordinairement pour l'achèvement des routes départementales situées dans ce département (7). (8, Bull. 233, n° 8513.)

Article unique. Le département des Landes,

───────

(1) *Voy.* notes de la page précédente.
(2 et 3) *Voy.* notes 1 et 2 de la page précédente.
(4, 5, 6 et 7) Discussion et adoption à la

Chambre des députés le 18 avril (Mon. du 19). Pour le surplus, *voyez* les notes sur la loi relative au département de l'Ardèche, *suprà.*

conformément à la demande qu'en a faite son conseil général dans sa session de 1827, est autorisé à s'imposer extraordinairement pendant cinq ans, à partir de 1829, cinq centimes additionnels au principal des quatre contributions directes.

Le produit de cette imposition extraordinaire sera employé à l'achèvement des routes départementales situées dans ce département.

———

1er = Pr. 7 JUIN 1828. — Loi qui autorise le département de la Loire à s'imposer extraordinairement pour les travaux des routes départementales situées dans ce département (1). (8, Bull. 233, n° 8514.)

Article unique. Le département de la Loire, conformément à la demande qu'en a faite son conseil général dans sa session de 1827, est autorisé à s'imposer extraordinairement, à partir de 1828, et pendant quatre années consécutives, trois centimes additionnels au principal des quatre contributions directes.

Le produit de cette imposition sera employé aux travaux des routes départementales situées dans ce département.

———

1er = Pr. 7 JUIN 1828. — Loi qui autorise le département du Loiret à s'imposer extraordinairement pour la confection de trois routes départementales (2). (8, Bull. 233, n° 8515.)

Article unique. Le département du Loiret, conformément à la demande qu'en a faite son conseil général dans sa session de 1827, est autorisé à s'imposer extraordinairement pendant trois ans, à partir de 1828, trois centimes additionnels au principal des contributions foncière, personnelle et mobilière.

Le produit de cette imposition extraordinaire sera employé à la confection des trois routes dont le conseil général du département, dans ladite session de 1827, a demandé le classement au nombre des routes départementales.

———

1er = Pr. 7 JUIN 1828. — Loi qui autorise le département de la Marne à s'imposer extraordinairement pour la confection et l'achèvement des routes départementales situées dans ce département (3). (8, Bull. 233, n° 8516.)

Article unique. Le département de la Marne, conformément à la demande qu'en a faite son conseil général dans sa session de 1827, est autorisé à s'imposer extraordinairement pendant cinq années consécutives, à partir de

1828, trois centimes additionnels au principal des quatre contributions directes.

Le produit de cette imposition extraordinaire sera employé à la confection et à l'achèvement des routes départementales situées dans ce département.

———

1er = Pr. 7 JUIN 1828. — Loi qui autorise le département de la Haute-Marne à s'imposer extraordinairement pour les travaux des routes départementales situées dans ce département (4). (8, Bull. 233, n° 8517.)

Article unique. Le département de la Haute-Marne, conformément à la demande qu'en a faite son conseil général dans sa session de 1827, est autorisé à s'imposer extraordinairement pendant trois années, à partir de 1829, trois centimes additionnels au principal des quatre contributions directes.

Le produit de cette imposition extraordinaire sera employé aux travaux des routes départementales situées dans ce département.

———

1er = 7 Pr. JUIN 1828. — Loi qui autorise le département de l'Oise à s'imposer extraordinairement pour la confection et l'achèvement des routes départementales situées dans ce département (5). (8, Bull. 233, n° 8518.)

Article unique. Le département de l'Oise, conformément à la demande qu'en a fait son conseil général dans sa session de 1827, est autorisé à s'imposer extraordinairement, pendant trois années, deux centimes additionnels au principal des quatre contributions directes.

Le produit de cette imposition extraordinaire sera employé à la confection et à l'achèvement des routes départementales situées dans ce département.

———

1er = Pr. 7 JUIN 1828. — Loi qui autorise le département du Tarn à s'imposer extraordinairement pour les travaux des routes départementales situés dans ce département (6). (8, Bull. 233, n° 8519.)

Article unique. Le département du Tarn, conformément à la demande qu'en a faite son conseil général dans sa session de 1827, est autorisé à s'imposer extraordinairement pendant cinq ans, à partir de 1829, cinq centimes additionnels au principal des quatre contributions directes.

Le produit de cette imposition extraordinaire sera employé aux travaux des routes départementales situées dans ce département.

———

(1, 2, 3, 4, 5, 6) Discussion et adoption à la Chambre des députés le 21 avril (M-n. du 22).

Pour le surplus, *voyez* les notes sur la loi relative au département de l'Ardèche, *suprà.*

3ᵉʳ = Pr. 7 JUIN 1828. — Loi qui autorise le département des Vosges à s'imposer extraordinairement pour la confection de cinq routes départementales (1). (8 , Bull. 233, n° 8520.)

Article unique. Le département des Vosges, conformément à la demande qu'en a faite son conseil général dans sa session de 1827, est autorisé à s'imposer extraordinairement pendant cinq années, à partir de 1829, cinq centimes additionnels au principal des quatre contributions directes.

Le produit de cette imposition extraordinaire sera employé à la confection de cinq routes dont le département a sollicité, dans ladite session de 1827, le classement au nombre des routes départementales.

1ᵉʳ = Pr. 11 JUIN 1828. — Ordonnance du Roi (2) relative aux conflits d'attribution entre les tribunaux et l'autorité administrative (3). (8, Bull. 234, n° 8529.)

Charles, etc.

Vu la loi du 14 octobre 1790 et l'art. 27 de la loi du 21 fructidor an 3 (7 septembre 1795);

---

(1) *Voy.* la note de la page précédente.

(2) La matière des conflits devait-elle être réglée par ordonnance? Une loi n'était-elle pas nécessaire? Cette grave question s'est présentée incidemment dans la séance de la Chambre des pairs du 31 mai 1828 (Mon. du 4 juin). M. de Barante, rapporteur du comité des pétitions, a dit qu'il se permettrait d'élever quelques doutes sur la convenance ou la légalité d'une ordonnance, dans une matière qui touche d'aussi près à l'ordre des juridictions. « Si l'administration, « a-t-il ajouté, était seule juge des règles qu'elle « peut se prescrire, qui l'empêcherait de les « changer, ces règles, suivant les temps et les cir-« constances? La loi seule pourrait leur donner « ce degré de fixité nécessaire pour rassurer les « justiciables. On se plaint de l'esprit d'empié-« tement que manifestent quelquefois les tribu-« naux; mais cette disposition n'est-elle pas celle « de tous les corps, de toutes les autorités? Le « Conseil-d'État n'en a-t-il pas donné l'exemple? « On se rappelle encore qu'en 1815 les consi-« dérans d'une ordonnance royale avaient con-« sacré ce principe, que le conflit ne pouvait « être élevé après l'arrêt d'une cour royale; de-« puis on a reculé les limites de l'évocation jus-« qu'au dernier terme de l'action judiciaire, et « il est passé en jurisprudence qu'on peut éle-« ver le conflit jusqu'à l'arrêt de la cour de « cassation. Encore pourrait-on citer plusieurs « exemples d'affaires évoquées même après cette « décision suprême. L'autorité de la chose ju-« gée serait donc anéantie, si un tel abus devait « subsister toujours; mais, pour y remédier d'une « manière efficace et complète, il faudra tôt ou « tard en venir à des dispositions législatives, « car ce sont les seules qui échappent aux vicis-« situdes des hommes et des systèmes. »

Il paraît que la même opinion a été émise par M. de Cormenin dans le sein de la commission qui avait été formée pour préparer les modifications à la législation sur les conflits (voy. *Gazette des Tribunaux* du 30 mars 1828).

(3) L'ordonnance ne dispose que relativement aux *conflits positifs*. Il ne s'agit nullement des *conflits négatifs* qui résultent de la déclaration d'incompétence émanée des deux autorités, judiciaire et administrative, dans la même affaire. — Les conflits négatifs ne présentent pas les mêmes difficultés que les conflits positifs; dans ceux-ci, il faut faire cesser la lutte qui s'est établie entre l'administration et les tribunaux, sans sacrifier leurs droits respectifs : cela est souvent embarrassant; tandis que dans les conflits négatifs il y a abstention tout à la fois de la part de l'administration et de la part des tribunaux; le Conseil-d'État, loin d'avoir alors à réprimer un empiétement quelconque, n'intervient, au contraire, que pour attribuer à l'une des autorités une compétence qu'elle repousse. *Voy.* ordonnance du 6 février 1822.

Depuis 1790, notre législation a constamment cherché à établir la ligne de démarcation qui sépare l'autorité administrative et le pouvoir judiciaire. Le principe que l'un doit être indépendant de l'autre, que chacune de ces autorités doit se renfermer dans des limites qui lui sont imposées, a été plusieurs fois proclamé; mais l'on conçoit que cette règle abstraite est absolument inutile si d'autres dispositions n'en déterminent pas les effets, et s'il n'y a pas de moyens efficaces d'exécution.

Dans l'état actuel de la législation, le droit d'élever *des conflits* offre à l'autorité administrative une voie assurée pour défendre sa compétence et repousser les empiétemens de l'autorité judiciaire : les tribunaux, au contraire, n'ont aucun moyen pour se défendre contre les envahissemens de l'administration.

Ce défaut de réciprocité est, sans contredit, le premier et le plus grave des vices qu'on peut reprocher à nos lois sur cette matière (l'ordonnance actuelle ne le fait pas disparaître); mais, en outre, l'étendue des droits conférés aux agens de l'administration, la faculté d'élever les conflits avant ou après les décisions judiciaires, le mode de procéder, et une foule d'autres règles de détail et d'application, peuvent donner naissance à des abus plus ou moins graves. L'ordonnance actuelle a pour but de réformer ceux qui ont excité, surtout dans ces derniers temps, des plaintes très-vives. Elle nous paraît devoir procurer ce résultat, du moins en grande partie.

Rappelons d'abord les lois et actes qui ont posé le principe d'indépendance réciproque des deux autorités.

Voy. lois du 16 — 24 août 1790, titre 2, article 13; du 7 — 14 octobre 1790; constitution du 3 septembre 1791, chap. 4, sect. 2, art. 3, et chapitre 5, art. 3; constitution du 5 fructidor an 3, art. 189; lois du 16 fructidor an 3, du 21 fructidor an 3, art. 27; constitution du 22 frimaire an 8, art. 52.

Vu le travail à nous présenté par la commission formée par arrêté de notre garde-des-sceaux, en date du 16 janvier dernier;

Sur le rapport de notre garde-des-sceaux,

ministre secrétaire d'Etat au département de la justice,

Nous avons ordonné et ordonnons ce qui suit :

Beaucoup d'autres actes ont fait l'application du principe que ceux qui viennent d'être cités ont établi.

Il faut maintenant parcourir, et dans l'ordre des dates, les diverses dispositions qui ont réglé la forme, les effets et le jugement des conflits. — Voici ce qu'elles portent en substance.

Les réclamations d'incompétence à l'égard des corps administratifs ne sont pas du ressort des tribunaux; elles seront portées au Roi. Les plaintes contre les décisions qu'auraient fait rendre les ministres seront adressées au Corps-Législatif (loi du 7 = 14 octobre 1790, n° 3).

En cas de conflit d'attribution, il sera sursis jusqu'à décision du ministre, confirmée par le Directoire exécutif, qui en référera, s'il est besoin, au Corps-Législatif. — Le Directoire est tenu, dans ce cas, de prononcer dans le mois (loi du 21 fructidor an 3, art. 27).

Il y a lieu à cassation des jugemens qui statuent sur des réclamations dirigées contre des agens de l'administration; et il est ordonné aux commissaires du Directoire près les tribunaux de poursuivre la cassation de tous jugemens semblables (arrêté du 2 germinal an 5).

M. de Cormenin fait remarquer que, sous le Directoire, le conflit s'établissait soit par la revendication formelle des administrations centrales, soit par leurs défenses d'obtempérer aux jugemens des tribunaux, soit par la contrariété des décisions administratives et judiciaires, soit par la dénonciation des procédures et jugemens au ministre de la justice. Voy. arrêtés du 24 messidor an 5.

« Que tous arrêtés, soit des administrations locales, soit des commissaires-ordonnateurs, ou autres chefs de services, constituaient le conflit.

« Qu'il n'a pu, malgré ses recherches, trouver d'exemples que le Directoire ait référé pour la décision du conflit au Corps-Législatif. . . . . .

. . . .

« tant il est vrai de dire que, même sous le Gouvernement républicain, le droit de décider les conflits doit reposer uniquement entre les mains du pouvoir exécutif. »

Un message du Directoire exécutif du 18 floréal an 5 (ouvrage de Merlin) présente le système des conflits tel qu'il était entendu sous le Directoire — Ce message est rapporté par Sirey, Conseil-d'Etat selon la Charte, p. 194.

M. de Cormenin ajoute que, dans les premiers temps du consulat, le conflit s'établissait soit par le Conseil-d'Etat lui-même, sur le refus d'obtempérer à la réquisition du ministère public, soit par la seule contrariété de décision entre un arrêté et un jugement. — Le Conseil-d'Etat annulait les jugemens et arrêts sur le rapport des ministres.

Enfin M. de Cormenin cite quelques arrêtés et décrets qui prouvent que, même après l'arrêté du 13 brumaire an 10, le Conseil-d'Etat

continua d'agir ainsi, soit d'office, soit sur la réquisition des parties intéressées.

Le Conseil-d'Etat prononce d'après le renvoi des Consuls sur les conflits qui peuvent s'élever entre l'administration et les tribunaux (règlement du 5 nivose an 8, art. 11).

L'arrêté du 13 brumaire an 10 a établi des règles plus explicites. Voy. cet arrêté et les notes, et voy. en outre avis du Conseil-d'Etat du 12 novembre 1811, du 19 = 22 janvier 1813; décrets des 6 novembre 1813, 6 janvier 1814; ordonnance du 29 juin 1814, art. 9; arrêt du conseil du 6 février 1815; avis des comités du Conseil-d'Etat du 18 janvier = 6 février 1821; ordonnances des 12 décembre 1821, 6 février 1822, et 18 décembre 1822 (l'ordonnance du 18 décembre 1822 donne au préfet de police, à Paris, le droit d'élever le conflit, qu'il n'avait pas précédemment).

Suivant le relevé fait par M. de Cormenin, il y a eu sous le Directoire, c'est-à-dire de l'an 3 à l'an 8, cent quatre-vingt-seize conflits élevés. — Dans ce nombre, trente-trois ont été annulés en entier, cinq en partie, et cent cinquante-huit ont été confirmés.

D'après les calculs de M. Bavoux, de l'an 8 (1796) au 1er janvier 1828, il y a eu quatorze cent dix-huit conflits. — Dans ce nombre, quatre cent cinquante-trois ont été annulés en entier, vingt-sept en partie, neuf cent trente-sept ont été confirmés. — Il y a eu sursis sur un.

Six ont été élevés sur arrêts de la Cour de cassation, et, dans le nombre, cinq ont été confirmés.

Vingt-six ont été élevés en matière électorale, tous confirmés.

Les points sur lesquels portaient surtout les réclamations, au moment où a paru l'ordonnance, sont nettement indiqués par M. Bavoux, dans son ouvrage intitulé des Conflits (t. 1er, p. 5) :

1° Droit donné au préfet d'arrêter l'action la plus juste (l'ordonnance y met des limites, articles 1, 2 et 3, et prescrit des règles qui offrent certaines garanties. D'ailleurs, désormais il n'y aura plus de conflit en matière électorale; voy. infrà, notes sur l'art. 18 de la loi du 2 juillet 1828);

2° Défaut de motifs dans les arrêtés de conflits, droit de les élever dans tous les temps (l'ordonnance veut que le préfet insère dans son arrêté le texte de la loi qui attribue à l'administration la connaissance du point litigieux, articles 6 et 9. — D'ailleurs, après un certain délai, le conflit ne peut plus être élevé, articles 8 et 11);

3° Suspension indéfinie de l'action (l'ordonnance veut qu'il soit statué dans les quarante jours, et, s'il y a quelques circonstances extraordinaires, dans les deux mois au plus tard, article 15);

4° Obstacle à l'exécution d'un jugement ou d'un arrêt (cela est maintenant restreint dans de justes limites).

Art. 1er. A l'avenir le conflit d'attribution entre les tribunaux et l'autorité administrative ne sera jamais élevé en matière criminelle (1).

2. Il ne pourra être élevé de conflit en matière de police correctionnelle que dans les deux cas suivans :

1° Lorsque la répression du délit est at-

---

(1) M. de Cormenin rappelle que le Directoire annulait les jugemens des commissions militaires, qui fréquemment renvoyaient absous les prévenus d'émigration traduits devant elles.

Il ajoute : « Le prétexte de cette annulation était que les commissions militaires devaient se borner à statuer sur le fait d'identité des personnes, et qu'il n'appartenait qu'à l'administration de statuer sur le fait d'émigration. *Voy.* lois des 21 brumaire an 5, titre 5, art. 1er à 5 ; 19 fructidor an 5 ; arrêtés des 6 pluviose, 16 ventose an 5, 8 ventose, 6 fructidor an 6 , 16 brumaire, 8 , 12 nivose, 24 pluviose, 22 ventose, 2 , 24 , 28 floréal, 2 , 14 prairial, 7 , 27 messidor, 21 , 28 thermidor, 1er, 8 fructidor an 7 ; 21 vendémiaire an 8.

« C'est dans le même sens que le Directoire annulait les ordonnances des directeurs de jury qui prescrivaient la mise en liberté des déserteurs (arrêtés des 26 germinal et 18 floréal an 5) ou des prêtres déportés. » Attendu que les prêtres déportés, rentrés ou déportables, ne sont pas justiciables des tribunaux, et que la déportation qu'ils ont encourue doit être ordonnée et exécutée par l'administration centrale, etc. (arrêté du 28 fructidor an 6).

« La question de savoir si l'on était *émigré*, *prêtre déporté, chouan, déserteur, embaucheur, espion,* dans le cas d'arrestation, ou condamnable à mort, *était jugée* par l'administration (Sirey, *du Conseil-d'État selon la Charte*, n° 139).

Dans les cas qui viennent d'être cités, les conflits étaient élevés par le motif, ou, si l'on veut, sous le prétexte qu'il y avait des questions préjudicielles que l'administration seule pouvait décider.

En outre, le Directoire élevait également des conflits en matière criminelle, lorsque des agens du Gouvernement étaient poursuivis pour faits commis dans l'exercice de leurs fonctions, ou y relatifs. Nous reviendrons sur ce point dans les notes sur l'article 3.

Depuis le consulat, les conflits en matière criminelle sont devenus plus rares. M. Bavoux fixe à dix-huit le nombre de ceux qui ont été élevés , soit au grand criminel, soit en police correctionnelle ; et il soutient (tome 1er, p. 20) que, les procès criminels ne pouvant , sous aucun rapport, rentrer dans la compétence administrative, jamais il ne devrait y avoir de conflit en pareil cas. L'art. 1er de l'ordonnance semble consacrer ce système ; mais il ne faut pas entendre sa disposition en ce sens, que , comme paraît le croire M. Bavoux , jamais dans un procès criminel il ne peut s'élever une question de la compétence administrative. Ainsi un comptable public, poursuivi pour dilapidation de sa caisse, qui prétend qu'avant de prononcer sur l'accusation il y a lieu d'examiner la question préjudicielle de savoir s'il est réellement en débet, qui demande à faire régler sa comptabilité, peut exiger qu'il soit sursis aux poursuites judiciaires,

pour faire statuer sur ses comptes par l'administration, et être ensuite, sur le vu de la décision administrative, prononcé sur sa culpabilité. La célèbre affaire *Fabry* a offert un exemple remarquable de l'influence que la décision administrative, touchant *la comptabilité*, doit exercer sur la décision judiciaire, touchant *la culpabilité*.

« Attendu, est-il dit dans les considérans de « l'arrêt de cassation du 15 juillet 1819 (Sirey, « 19, 1, 371), que Fabry était poursuivi pour « fait de dilapidation de deniers publics ; mais « qu'il n'en pouvait être déclaré coupable qu'au- « tant qu'il aurait été *préalablement décidé par* « *l'autorité compétente qu'il était reliquataire dans* « *les comptes de sa gestion*; qu'il avait requis cet « *examen préjudiciel de sa comptabilité*, et que « néanmoins, sans qu'il ait été définitivement « prononcé , le conseil de révision a déclaré la « compétence de la juridiction militaire ; qu'en « conséquence le premier conseil de guerre per- « manent a statué sur la plainte, et a condamné « Fabry par son jugement du 2 juin , qui a été « confirmé le 5 du même mois par le conseil de « révision ; *ce qui a été, de la part de ces deux* « *tribunaux une violation des règles de compé-* « *tence.*

....

« Attendu que les décisions administratives qui « ont prononcé sur les comptes de Fabry, et l'ont « déclaré créancier de l'État, ne sont point et « n'ont pas pu être un jugement sur la plainte « en dilapidation formée contre lui ; qu'elles ne « sont qu'un *élément*, *une base nécessaire pour le* « *jugement de cette plainte, etc.* »

Voy. aussi les ordonnances du Roi rendues dans la même affaire, le 31 janvier 1817 et le 12 mai 1819 (Jurisprudence du Conseil-d'État, t. 3, p. 493, et t. 5, p. 114).

L'ordonnance n'a donc pas entendu déclarer qu'en matière criminelle il ne pouvait pas s'élever de questions préjudicielles administratives ; mais elle a voulu prévenir l'abus que l'on pourrait faire des conflits. Elle s'en rapporte à la prudence et à l'impartialité des tribunaux ; elle suppose avec raison que les magistrats reconnaîtront eux-mêmes leur incompétence sur telle ou telle question qui rentrerait dans les attributions administratives, et qui se présenterait dans le cours d'une instruction criminelle ou lors des débats. En conséquence, nonobstant l'art. 1er de l'ordonnance, sur la demande de l'accusé ou du ministère public, ou même d'office, les cours royales ou les cours d'assises devront renvoyer à l'autorité administrative les questions de sa compétence qui pourraient se présenter dans un procès criminel : l'ordre des juridictions sera ainsi maintenu, sans qu'il y ait de conflit élevé. D'ailleurs, la Cour de cassation annulerait les arrêts par lesquels les cours auraient refusé de se dé-

tribuée, par une disposition législative, à l'autorité administrative (1);

2° Lorsque le jugement à rendre par le tribunal dépendra d'une question préjudicielle dont la connaissance appartiendrait à l'autorité administrative en vertu d'une disposition législative.

Dans ce dernier cas, le conflit ne pourra être élevé que sur la question préjudicielle (2).

3. Ne donneront pas lieu au conflit :

---

clarer incompétentes sur des questions dévolues à l'administration. En résumé, alors même que dans un procès criminel il y aurait à statuer sur des difficultés de la compétence administrative, le préfet ne pourra pas élever de conflit ; mais les tribunaux devront eux-mêmes déclarer leur incompétence. *Voy.* notes sur l'article 2.

(1) Les cas où la répression des délits correctionnels est attribuée à l'autorité administrative ne sont pas très-nombreux. La loi du 29 floréal an 10 déclare, par exemple, les conseils de préfecture seuls compétens pour réprimer les contraventions en matière de grande voirie ; toutefois la jurisprudence a admis une distinction; quant à l'application des peines : les conseils de préfecture peuvent appliquer les peines pécuniaires ; mais ils doivent envoyer aux tribunaux pour l'application des peines corporelles (décrets des 23 avril 1807 et 2 février 1808, ordonnance du 16 juillet 1817 ; J. C. 1, 82 et 145, et 4, 93).

Une autre loi, du 29 floréal an 10, et le décret du 23 juin 1806, donnent aux maires et aux conseils de préfecture le droit de statuer sur les contraventions en matière de police de roulage, etc.

Lorsqu'un texte formel détermine ainsi la compétence, la faculté d'élever le conflit pourra être exercée.

Mais il peut se présenter des cas où la loi ne s'exprime pas en termes précis : par exemple, *l'anticipation*, ou même *la détérioration* d'un *chemin vicinal*, doit-elle être réprimée par les tribunaux ou par les conseils de préfecture ? M. de Cormenin, dans ses *Questions de droit administratif*, 2e édition, v° *Chemin vicinal*, après avoir reconnu que le Conseil-d'Etat attribuait la connaissance des usurpations de chemins vicinaux aux tribunaux de police correctionnelle, ajoute que cette jurisprudence a changé, et que la répression de ces contraventions appartient aux conseils de préfecture (ordonnance du 8 janvier 1817; J. C. 3, 476).

Voy. aussi ordonnance du 28 novembre 1821 (Mac. 2, 539).

M. Garnier, *Traité des chemins*, soutient au contraire que, dans tous les cas, *les usurpations ou dégradations* des chemins vicinaux doivent être réprimées par les tribunaux de police correctionnelle. Il invoque l'article 40 de la loi du 28 septembre = 6 octobre 1791 (*voy.* notes sur cet article) ; et il cite un arrêt de la Cour de cassation, rendu sur sa plaidoirie, le 7 mars 1822 (S. 22, 1, 277).

M. de Cormenin, dans sa troisième édition, v° *Chemin vicinal*, indique clairement quelles sont les limites de la compétence des conseils de préfecture et de celle des tribunaux.

« C'est, dit-il, aux conseils de préfecture à « ordonner que l'anticipateur rentrera dans les « limites qu'il a excédées, et remettra, à ses frais, « le chemin dans sa largeur et dans son état primitifs. »

« C'est aux tribunaux de police simple ou « correctionnelle à appliquer la peine, dans les « limites légales, au délit de détérioration ou de « suppression. . . . .

. . . .

« Enfin, il résulte d'une ordonnance du mois « de décembre 1825 que les conseils de préfecture ne sont compétens pour prononcer des « amendes qu'en matière de grande voirie, mais « que, relativement à la petite voirie, les amendes pour contravention ne peuvent être prononcées que par les tribunaux de simple police ou « correctionnelle. »

Quelle que soit l'opinion qu'on doive embrasser, toujours est-il constant que la compétence de l'autorité administrative, en matière d'*usurpation, de dégradation ou détérioration* de chemins vicinaux, n'est pas établie par un texte précis (*voy.* loi du 28 septembre = 6 octobre 1791, titre 2, art. 40, et loi du 9 ventose an 13, art. 6, 7 et 8); que d'ailleurs la répression attribuée aux conseils de préfecture ne consiste qu'à ordonner le rétablissement des lieux ; que l'application de la peine, qui est véritablement la répression du délit, appartient aux tribunaux.

Ainsi, le préfet ne devra pas élever le conflit, dans le cas où un tribunal correctionnel sera saisi de la connaissance d'un délit d'usurpation, de dégradation ou de détérioration d'un chemin vicinal ; mais le tribunal correctionnel devra se renfermer dans les limites de sa compétence.

(2) Cette règle, que le conflit ne peut être élevé que sur la question préjudicielle, n'est pas introductive d'un droit nouveau, et, quoiqu'elle ne soit pas répétée dans les articles suivans, qui sont relatifs aux conflits en matière civile, elle leur est également applicable. M. de Cormenin dit expressément, v° *Conflits*, p. 469, que les préfets *ne peuvent revendiquer ce qui est de nature judiciaire dans l'assignation ou le jugement, s'il y a divisibilité de ce qui est administratif.* — Ordonnances des 4 juin 1816, 6 novembre 1817, 23 avril 1818 (J. C., 3, 300, et 4, 185 et 310); 26 octobre 1825, ord. (Mac. 7, 617).

Il peut arriver fréquemment que la culpabilité d'un prévenu soit subordonnée à une question dont la solution appartient à l'administration. Ainsi, lorsque le prévenu d'avoir coupé et déraciné un arbre se défend en opposant qu'il est propriétaire du terrain et de l'arbre, et que la propriété est fondée sur un titre administratif, l'interprétation de ce titre appartient à l'autorité administrative, le préfet pourra élever le conflit (décret du 11 janvier 1813; J. C. 2, 190).

1° Le défaut d'autorisation, soit de la part du Gouvernement lorsqu'il s'agit de pour-

suites dirigées contre ses agens (1), soit de la part du conseil de préfecture lorsqu'il s'agira

---

Si, pour apprécier un délit d'usurpation sur un chemin vicinal, il y a lieu de déterminer les limites et la largeur du chemin, cette question préjudicielle étant de la compétence de l'autorité administrative, le conflit pourra être élevé (décrets des 18 août 1807 et 3 septembre 1808; J. C. 1, 122 et 197).

D'ailleurs, on conçoit qu'une foule de délits de pêche ou de délits forestiers peuvent dépendre de la question de *navigabilité* des rivières ou de la *défensabilité* des bois, et qu'il appartient à l'administration seule de statuer sur la navigabilité ou la défensabilité; en conséquence il pourra y avoir lieu d'élever le conflit. *Voy.* notes sur les art. 1ᵉʳ et 17.

L'ordonnance ne parle pas de conflit en matière de *simple police*; cependant il peut se présenter des cas où il est nécessaire de l'élever: par exemple, un tribunal de simple police statue sur une contravention en matière de police de roulage; or, ces contraventions doivent être réprimées par l'autorité administrative, aux termes de la loi du 29 floréal an 10 et du décret du 23 juin 1806; le conflit doit être élevé (*voy.* ordonnance du 4 mars 1819; J. C. 5, 81).

On ne saurait donc induire du silence de l'ordonnance que le conflit ne peut être élevé en matière de simple police.

Mais dans quelle forme devra-t-on procéder? L'article 17 porte que, si le conflit est élevé dans les matières correctionnelles, il sera procédé conformément aux articles 6, 7 et 8; devra-t-on suivre également les formes tracées par ces articles, pour un conflit élevé en matière de simple police? Il nous semble que l'affirmative n'est pas douteuse, puisqu'il y a analogie parfaite, même raison de décider, et surtout nécessité d'offrir des garanties semblables dans les deux cas.

(1) Dans l'état actuel de la législation, les agens du Gouvernement ne peuvent être cités ou poursuivis devant les tribunaux, soit à fins civiles, soit à fins criminelles, sans une autorisation préalable du Conseil-d'État. *Voy.* lois des 14 décembre 1789, art. 61; 16 = 24 août 1790, titre 2, art. 13; constitution du 3 septembre 1791, titre 3, chap. 4, sect. 3, art. 8; constitution du 5 fructidor an 3, art. 199 et 203; arrêté du 19 thermidor an 9.

Toutefois cette autorisation préalable n'est nécessaire, en matière civile, qu'autant que les agens du Gouvernement sont cités *à raison de leurs fonctions*; et en matière criminelle, qu'autant que les délits sont *relatifs à leurs fonctions*, ou *commis dans l'exercice de leurs fonctions*.

L'ancienne jurisprudence autorisait à élever le conflit, à défaut d'autorisation préalable, non-seulement lorsqu'un agent du Gouvernement était cité à fins civiles, mais même lorsqu'un agent du Gouvernement était poursuivi criminellement pour délits relatifs à ses fonctions, ou pour délits commis dans l'exercice de ses fonctions.

« On pensait, dit M. de Cormenin, que, dès que l'acte incriminé était celui d'un agent du Gouvernement, c'était au Gouvernement à juger d'abord la nature de l'acte, quel qu'il fût. »

Toutefois le conflit n'avait pas pour but de soustraire le coupable au châtiment, et le Conseil-d'État, tout en confirmant le conflit, donnait ordre, s'il y avait lieu, de mettre en jugement l'agent inculpé.

Cette jurisprudence, adoptée sous la république et sous l'empire, était encore suivie à une époque assez rapprochée. M. de Cormenin cite des ordonnances des 6 et 27 décembre 1820, qui ont prononcé dans ce sens (J. C. 5, 101 et suiv., et 519).

Mais ce système a été modifié, il devait l'être; en effet, il faut bien distinguer *le conflit*, qui a pour but d'empêcher que les actes administratifs ne soient soumis à l'appréciation des tribunaux, et la *garantie* donnée aux fonctionnaires publics, qui est établie dans leur intérêt personnel. Le Conseil-d'État a donc reconnu que, lorsqu'il s'agit d'un délit qui n'a pas été commis par un agent du Gouvernement, dans l'exercice de ses fonctions, l'autorisation n'est pas nécessaire, et que même, si le délit a été commis dans l'exercice de ses fonctions, mais qu'il ne puisse être poursuivi que devant l'autorité judiciaire, il ne peut y avoir lieu d'élever le conflit, et que le défaut d'autorisation ne constitue qu'une exception personnelle.

« La raison de décider, dit M. de Cormenin, lorsque le délit a été commis par l'agent dans l'exercice de ses fonctions, mais qu'il ne peut être poursuivi que devant l'autorité judiciaire, c'est qu'il faudrait que la contestation fût en soi de la compétence de l'autorité administrative, pour qu'elle fût ressaisie par la voie du conflit. »

Voy. ordonnances des 3 décembre 1823, 24 mars 1824 et 12 janvier 1825 (Mac. 5, 819; 6, 139, et 7, 2). M. Macarel, en rapportant la première de ces ordonnances, ajoute en note: « Le défaut d'autorisation vicierait la procédure; elle ne change pas l'ordre des juridictions. Un préfet ne peut jamais élever le conflit que pour revendiquer à la juridiction administrative. »

Telle était la jurisprudence au moment où a paru l'ordonnance. Désormais le défaut seul d'autorisation, soit en matière civile, soit en matière criminelle, ne sera plus un motif d'élever le conflit; mais si d'ailleurs la nature de la contestation était telle que l'administration fût seule compétente pour en connaître, alors, sans contredit, le conflit serait possible, et le préfet devrait l'élever, en se fondant non pas sur le défaut d'autorisation, mais bien sur la nature du litige.

Il est bien entendu que, si le défaut d'autorisation ne peut plus motiver un conflit, il constitue toujours une exception personnelle que les tribunaux doivent accueillir.

tde contestations judiciaires dans lesquelles les communes où les établissemens publics seront parties (1);

2° Le défaut d'accomplissement des formalités à remplir devant l'administration préalablement aux poursuites judiciaires (2).

4. Hors le cas prévu ci-après par le dernier paragraphe de l'art. 8 de la présente ordonnance, il ne pourra jamais être élevé de conflit après des jugemens rendus en dernier ressort ou acquiescés, ni après des arrêts définitifs (3).

---

(1) L'autorisation de plaider, donnée aux communes, n'est point une décision sur le fond de la question, mais un simple avis sur la convenance du procès à soutenir; et comme d'ailleurs le fond est de la compétence judiciaire, il n'y a aucune raison d'élever le conflit : seulement les communes assignées pourront exciper du défaut d'autorisation, et les adversaires des communes pourront eux-mêmes l'opposer aux communes (voy. notes sur les art. 54 et 56 de la loi du 14 décembre 1789, loi du 29 vendémiaire an 5, sur l'art. 4 de la loi du 28 pluviose an 8, sur l'arrêté du 17 vendémiaire an 10. Voy. aussi arrêtés des 12 brumaire an 11 et 24 germinal an 11, avis du Conseil-d'Etat du 28 juin = 3 juillet 1808; décrets des 30 novembre 1811, 17 avril 1812. Quant aux établissemens publics, voy. loi du 16 messidor an 7, arrêté du messidor an 9, art. 11; décret du 30 décembre 1809, art. 77. Voy. ordonnances des 29 décembre 1819 et 31 mars 1824; J. C. 5, 277; Jac. 6, 192).

(2) La loi du 28 octobre = 5 novembre 1790, tre 3, art. 15, exige que les particuliers qui se proposent de former une demande contre l'État fassent connaître la nature par un mémoire, unis à l'administration (voy. cette loi et l'avis du Conseil-d'Etat du 28 août 1823).

Dans l'ancienne jurisprudence, le défaut d'accomplissement de ce préalable autorisait à élever le conflit; mais des décisions récentes avaient été ce système.

Il a été également décidé qu'il n'y avait pas lieu d'élever le conflit, dans le cas où celui qui revendique des meubles saisis pour le paiement contributions directes aurait porté sa demande en revendication devant les tribunaux, sans avoir préalablement présenté sa réclamation à l'administration, suivant le vœu de la loi 12 novembre 1808, art. 4. Voy. ordonnance 1er novembre 1820; J. C. 5, 482; voy. Répertoire de M. Favard de Langlande, v° Conflits, 4, et les notes sur l'art. 4 de la loi du 12 novembre 1808.

Ainsi, le défaut d'accomplissement de ces divers préalables ne sera plus un prétexte pour élever les conflits, mais il fournira toujours une exception que les tribunaux ne pourront se dispenser d'admettre.

3) La jurisprudence a varié sur la question de savoir à quel moment il n'était plus possible d'élever le conflit. M. de Cormenin, dans ses tions de droit administratif, 2e édition, explique les modifications successives qu'elle a subies.

D'abord on décida que le conflit pouvait être élevé après les jugemens et arrêts rendus par les tribunaux de première instance, les cours d'appel, et même par la Cour de cassation voy. décrets des 9 messidor an 11, 23 avril 1807 et 24 juin 1808; J. C. 1, 68 et 169; Bavoux, des Conflits, t. 1er, p. 16).

Ensuite on reconnut que, lorsque les délais de l'appel ou de la cassation sont expirés, ou lorsqu'avant l'expiration de ces délais un jugement a été exécuté ou acquiescé, le conflit ne peut plus être élevé (décrets des 15 janvier 1813 et 6 janvier 1814; J. C. 2, 212 et 474; ordonnance du 23 juin 1819; J. C. 5, 155).

On changea encore de jurisprudence, et l'on admit que les jugemens de première instance rendus en dernier ressort, et les arrêts contradictoires des cours royales, étaient revêtus de l'autorité de la chose jugée, nonobstant la faculté de se pourvoir en appel pour cause d'incompétence ou en cassation; qu'ainsi le conflit ne pouvait être élevé contre ces jugemens (ordonnances des 6 février 1815 et 28 septembre 1816; J. C. 3, 71 et 393). L'ordonnance du 6 février 1815 est dans cette collection, à sa date.

Enfin un quatrième système fut établi, et l'on décida que les préfets ne pourraient élever les conflits contre les jugemens en dernier ressort ou les arrêts de cour royale, que lorsque les parties feraient revivre la contestation en interjetant appel ou en formant leur pourvoi en cassation dans les délais (ordonnance du 4 août 1819; J. C. 5, 184).

M. de Cormenin, dans sa troisième édition, dit d'une manière absolue,

Que le conflit peut être élevé par le préfet, durant les délais de l'appel ou de la cassation; il ne fait point de distinction entre le cas où il y a appel ou pourvoi en cassation par les parties, et le cas où les parties n'ont ni appelé, ni formé de pourvoi. Il cite un grand nombre de décrets et d'ordonnances, notamment les ordonnances des 4 août 1819, 1er septembre 1819 et 2 février 1821 (J. C. 5, 184 et 203); et les ordonnances des 20 juin 1821, 20 avril et 4 septembre 1822, 2 août 1823, 22 janvier et 28 juillet 1824 (Mac. 3, 352; 5, 550; 6, 30).

Remarquons d'ailleurs qu'il y a eu assez récemment des exemples de conflits élevés après des arrêts de la Cour de cassation; mais que le Conseil-d'Etat a annulé ces conflits par le motif qu'il n'en peut être élevé que sur des instances actuellement pendantes, ou contre des jugemens et arrêts susceptibles de recours. Voy. ordonnance du 14 janvier 1824 (Mac. 6, 11).

Dans cet état de la jurisprudence, il convenait de déterminer avec précision l'époque à laquelle, les jugemens et arrêts étant investis du caractère de la chose jugée, il n'y a plus possibilité d'élever le conflit : telle a été l'intention qui a évidemment présidé à la rédaction de l'article 4; mais ce n'est qu'avec le secours des lumières de la jurisprudence antérieure qu'on peut espérer de bien saisir le sens de ses dispositions.

D'abord, si un jugement est acquiescé soit expressément, soit virtuellement, et au moyen d'une exécution volontaire, le conflit ne peut plus être élevé.

Egalement, si un jugement est rendu en dernier ressort, le conflit est dès lors impossible : cependant il ne faut pas perdre de vue qu'un jugement peut être attaqué par la voie de l'appel pour incompétence, bien que la matière du litige soit dans les termes du dernier ressort (Code de procédure, art. 454); d'où il suit que si un jugement en dernier ressort, quant au fond, est susceptible d'appel pour cause d'incompétence, et s'il est, en effet, attaqué par la voie de l'appel en temps utile, le conflit pourra être élevé en cause d'appel : ainsi décidé par ordonnance du 7 décembre 1828 (Mac. 7, 728).

Le second alinéa de l'art. 4 confirme, au surplus, cette opinion. *Voy.* la note suivante.

M. de Cormenin fait remarquer avec raison que, lorsque le conflit est élevé contre des jugemens qui n'ont fait qu'ordonner *l'exécution pure et simple*, ou le maintien de jugemens précédens, passés, faute d'appel en temps utile, ou par acquiescement, en force de chose jugée, le conflit est tardif et d'ailleurs sans objet. Vainement dirait-on, en effet, que les derniers jugemens ne sont ni en dernier ressort ni acquiescés; car, comme on suppose qu'ils n'ont fait qu'ordonner l'exécution pure et simple des jugemens précédens, le conflit qui serait admis porterait évidemment atteinte aux premiers jugemens, passés en force de chose jugée.

Il faut dire la même chose du conflit qui serait élevé sur l'appel des ordonnances de référé qui n'auraient fait que régler l'étendue, les effets et le mode d'exécution de jugemens irrévocables (décrets du 20 juin 1807 et ordonnances des 16 janvier 1822, 12 et 26 mai 1824; Mac. 3, 19, et 6. 263 et 275).

Mais lors même, dit M. de Cormenin, que des jugemens rendus par les tribunaux seraient au fond passés en force de chose jugée, le conflit serait encore élevé avec raison, si, par un jugement postérieur, le tribunal ordonnait l'exécution desdits jugemens et *en traçait le mode*, attendu que le paiement des condamnations portées contre des établissemens publics ne peut être poursuivi que par voie administrative (ordonnance du 23 avril 1823; Mac. 5, 295). Dans ce cas, le conflit n'est pas et ne peut être élevé sur le fond du jugement, mais, soit parce que le fond est de nature judiciaire, soit parce qu'il y a chose irrévocablement jugée; mais son exécution, parce que cette exécution est du ressort de l'administration.

Un arrêt est définitif, bien qu'on puisse l'attaquer par la voie de la cassation, car c'est un principe élémentaire que la Cour de cassation ne forme pas un troisième degré de juridiction, et que le fond du procès ne s'agite pas devant elle.

Qu'arriverait-il cependant si un arrêt définitif contenait dans son dispositif quelque chose qui présentât un excès de pouvoir, et qui fût un empiétement évident sur les attributions de l'administration? On a vu, par exemple, des conflits élevés sur des arrêts de cours royales qui après avoir statué sur des questions de leur compétence en matière de *recrutement* et d'*élection* contenaient des *ordres* aux agens de l'administration de ne pas comprendre un jeune soldat dans le contingent, ou d'inscrire un électeur sur les listes électorales. Le Conseil-d'Etat tout en reconnaissant que les cours avaient jugé compétemment sur le fond, a maintenu les conflits relativement aux chefs par lesquels des ordres étaient donnés à l'administration. *Voy.* ordonnance du 27 décembre 1820; J. C. 5, 517; arrêt de la cour de Nîmes du 15 janvier 182. (S. 20, 2, 161; ordonnance du 22 février 182. (S. 26, 2, 350, Mac. 8, 114); ordonnances des 6 octobre et 14 novembre 1827 (Mac. 9, 557 et 572).

Des cas semblables peuvent se présenter; peut même arriver que des empiétemens plus graves aient lieu; alors l'ordre des juridictions serait troublé. Sans doute les termes de l'ordonnance sont trop formels pour qu'il soit possible d'élever le conflit; mais l'administration ne se croira-t-elle pas autorisée à résister à l'ordre du pouvoir judiciaire?

M. le comte de Peyronnet, dans la séance de la Chambre des pairs du 31 mai 1828 (*voye* Mon. du 4 juin), disait, pour justifier un conflit élevé après un arrêt de cour royale : « Il y a une « distinction importante à faire en matière de « conflit, et qui consiste à rechercher à quelle « époque a pris naissance la cause sur laquelle « est fondée l'évocation administrative. Si cette « cause eût existé dès l'origine dans l'affaire « dont s'occupe la Chambre, c'est en première « instance que le conflit eût dû régulièrement « être élevé; mais la Chambre a remarqué sans « doute dans les faits exposés par le rapporteur « que le tribunal de S... s'était déclaré incom- « pétent pour statuer sur l'indemnité réclamée « par les riverains; que ce chef de demande « fut admis que par la cour de Rouen; c'est « donc seulement après cet arrêt que le conflit « a été fondé à revendiquer la connaissance d'une « question qui, aux termes de la loi du 16 sep- « tembre 1807, devait être décidée par une « commission administrative. »

M. de Barante, rapporteur, a répondu « qu'il « contestait point que le conflit eût été légalement « élevé, d'après la jurisprudence du Conseil « d'Etat, mais qu'il avait seulement soutenu « *qu'il y aurait avantage à modifier cette juris-* « *prudence.* »

Cette modification est faite par l'ordonnance actuelle.

L'article, dans le premier alinéa, ne prohibe le conflit qu'après les jugemens en dernier ressort : d'où la conséquence que le conflit est permis après des jugemens en premier ressort; mais il nous semble qu'il ne pourra être élevé qu'autant qu'il y aura *appel.* En effet, le second al

Néanmoins, le conflit pourra être élevé en cause d'appel s'il ne l'a pas été en première instance, ou s'il l'a été irrégulièrement après les délais prescrits par l'art. 8 de la présente ordonnance (1).

5. A l'avenir le conflit d'attribution ne pourra être élevé que dans les formes et de la manière déterminées par les articles suivans (2).

6. Lorsqu'un préfet estimera que la connaissance d'une question portée devant un tribunal de première instance (3) est attri-

---

née dit : « *Néanmoins, le conflit pourra être élevé en cause d'appel*, etc. ; » si donc aucune des parties ne juge à propos d'interjeter appel, le préfet aura les mains liées, quelque évident que soit l'excès de pouvoir commis par les juges de première instance, et alors même que rien dans la nature du procès n'aura pu faire soupçonner que le tribunal empiéterait par sa décision sur les attributions de l'autorité administrative. Heureusement ces cas seront très-rares, et les rédacteurs de l'ordonnance ont pensé sans doute qu'il ne fallait pas s'arrêter devant un tel inconvénient.

Voy. notes sur les art. 7 et 8.

Le conflit est tardivement élevé, après un jugement définitif de première instance.

Il ne peut être élevé, s'il y a lieu, que sur l'appel dudit jugement (8 avril 1829 ; ord. Mac. 11, 105).

Le conflit ne peut être élevé après un arrêt définitif de Cour royale (3 juin 1831 ; ord., Mac. 13, 216).

(1) Du dernier alinéa de l'article 4, combiné avec l'article 8, il paraît résulter d'abord que les délais fixés par ce dernier article emportent déchéance, mais que le préfet peut en être relevé par l'appel de l'une des parties. En effet, dire *qu'en cause d'appel* le conflit pourra être élevé s'il l'a été irrégulièrement après les délais fixés, c'est bien dire que l'appel rend possible le conflit qui avait cessé de l'être. Mais il faut remarquer que l'art. 8 fixe des délais pour deux cas très-différens : dans le premier, le déclinatoire du préfet a été rejeté ; le procureur du Roi lui a transmis le jugement ; le préfet doit, dans le délai de quinzaine, élever le conflit, à peine de déchéance : toutefois, s'il y a appel, il rentre dans le droit qu'il aurait laissé prescrire. Dans le second cas, au contraire, le déclinatoire du préfet a été admis ; il est inutile d'élever le conflit, puisque l'autorité judiciaire s'est déclarée incompétente ; seulement, s'il y a appel, comme la compétence se trouve de nouveau remise en question, le droit d'élever le conflit est rendu au préfet : ce droit, il faut qu'il l'exerce dans le délai de quinzaine à compter de la signification de l'acte d'appel, et à peine de déchéance ; mais ici la déchéance est absolue ; le préfet ne peut plus en être relevé par l'appel qui est antérieur même à l'époque où le délai a commencé de courir.

Tout cela nous semble évident ; mais il nous a paru nécessaire de faire ainsi ressortir l'économie et la combinaison des articles 4 et 8.

Le conflit élevé hors des cas prévus par cet article serait infailliblement annulé par le Conseil-d'Etat; mais provisoirement les tribunaux devraient-ils s'abstenir? *Voy.* notes sur l'article 12.

(2) Dans les notes sur les articles suivans, nous indiquerons quelles sont les conséquences qui devraient résulter, selon nous, du défaut d'observation des diverses formalités prescrites.

Lorsqu'un conseil de préfecture s'est déclaré incompétent pour connaître d'une contestation, et que, par suite de cette déclaration d'incompétence, les tribunaux ont été saisis, le préfet ne peut élever le conflit tant que l'arrêté du conseil de préfecture n'a pas été annulé (22 avril 1831 ; ord. S. 32, 22).

(3) L'ordonnance n'a pas prévu le cas où le conflit serait élevé dans une instance portée devant un juge-de-paix ou devant un tribunal de commerce ; on sait cependant que ce cas peut se présenter. L'organisation spéciale des tribunaux de paix et des tribunaux de commerce, près desquels il n'y a point de magistrat remplissant les fonctions du ministère public, rend impossible l'exécution stricte des dispositions de l'ordonnance ; mais il nous semble que le préfet doit observer toutes celles qui sont praticables; qu'en conséquence, si l'administration est en cause, elle devra proposer le déclinatoire avant d'élever le conflit ; que même, lorsqu'elle ne sera point partie au procès, elle devra adresser son mémoire au tribunal, et attendre sa décision sur la compétence, avant de recourir à la voie extrême du conflit.

Le vœu de l'ordonnance est que désormais l'autorité judiciaire ne soit plus brutalement dessaisie par un arrêté de conflit aussi impérieux qu'inattendu, et que préalablement les tribunaux soient mis à même de juger la question de compétence : de ce que le procureur du Roi sera ordinairement l'intermédiaire entre le préfet et les tribunaux, on ne peut conclure que la formalité préalable doive être négligée, par cela seul que le tribunal saisi n'aura pas près de lui un magistrat remplissant les fonctions du ministère public.

Ces questions se sont élevées depuis devant le Conseil-d'Etat, et il a décidé :

Que le conflit ne peut être élevé devant les tribunaux de commerce : l'absence du ministère public près de ces juridictions ne permettant pas de remplir les diverses formalités prescrites par les art. 6, 7, 12, 13 et 14, ce n'est que sur l'appel qu'il est permis d'élever le conflit (29 mars 1832 ; ord. S. 32, 2, 319 ; D. 32, 3, 115) ;

Que le conflit ne peut être élevé dans les instances portées devant la justice de paix, et que ce n'est que lorsque le tribunal de première instance est saisi de l'appel d'une sentence de juge-de-paix, qu'il peut y avoir lieu au conflit (11 janvier 1829 ; ord, S. 29, 2, 239. — *Id.* 3 décembre 1828 ; ord. Mac. 10, 799. — 28 mai 1829; ord. Mac. 11, 177. — 11 janvier 1829; ord. Mac. 11, 4).

Alors le conflit est absolument impossible, si

buée, par une disposition législative, à l'autorité administrative, il pourra, alors même que l'administration ne serait pas en cause, demander le renvoi de l'affaire devant l'autorité compétente. A cet effet, le préfet adressera au procureur du Roi un mémoire dans lequel sera rapportée la disposition législative qui attribue à l'administration la connaissance du litige (1).

Le procureur du Roi fera connaître, dans tous les cas, au tribunal la demande formée par le préfet, et requerra le renvoi, si la revendication lui paraît fondée (2).

7. Après que le tribunal aura statué sur le déclinatoire (3), le procureur du Roi adres-

sera au préfet, dans les cinq jours qui suivront le jugement, copie de ses conclusions ou réquisitions et du jugement rendu sur la compétence.

La date de l'envoi sera consignée sur un registre à ce destiné.

8. Si le déclinatoire est rejeté dans la quinzaine de cet envoi pour tout délai (4), le préfet du département, s'il estime qu'il y ait lieu, pourra élever le conflit. Si le déclinatoire est admis, le préfet pourra également élever le conflit dans la quinzaine qui suivra la signification de l'acte d'appel, si la partie interjette appel du jugement (5).

Le conflit pourra être élevé dans ledit dé-

la contestation est de nature à être jugée en dernier ressort par le tribunal de commerce ou par le juge-de-paix.

Le conflit peut être élevé sur une question préjudicielle. *Voy.* notes sur le n° 2 de l'article 2.

(1) Lorsque l'administration sera en cause, sans doute il suffira qu'elle prenne des conclusions dans lesquelles elle proposera le déclinatoire, en ayant toujours le soin de rapporter la disposition législative qui attribue à l'administration la connaissance du litige.

Au surplus, il est bien incontestable que, même dans le silence de l'administration, le procureur du Roi peut et doit conclure au renvoi, si la contestation lui paraît être de la compétence administrative, et que le tribunal lui-même doit prononcer d'office. (Code de proc. art. 170).

Lorsque, dans une affaire portée devant les tribunaux, le préfet a pris un arrêté de conflit avant qu'il ait été statué sur le déclinatoire par lui proposé, il doit s'abstenir d'élever un second conflit, alors même que le tribunal n'aurait pas eu égard au premier. Dans ce cas, et s'il a été pris successivement deux arrêtés de conflits, ces deux arrêtés doivent être annulés, sauf au préfet à suivre ou reproduire son déclinatoire devant l'autorité judiciaire (29 mars 1831 ; ord. S. 32, 2, 22).

(2) Le procureur du Roi ne pourra refuser de transmettre au tribunal la demande formée par le préfet, par le motif que le mémoire n'indiquerait pas, suivant le vœu du premier alinéa de l'article, la disposition législative sur laquelle serait fondée la demande ; il doit la faire connaître au tribunal *dans tous les cas.*

Le conflit sur l'appel comme en première instance ne peut être élevé qu'après que le préfet a proposé le déclinatoire, et dans le cas seulement où, sur ce déclinatoire, l'autorité judiciaire a retenu la cause (2 septembre 1829 ; ord. Mac. 11, 358. — 29 mars 1831 ; ord. S. 32, 2, 23).

Et lorsqu'il ne résulte d'aucun des documens de l'affaire que le préfet, avant d'élever le conflit, ait proposé le déclinatoire au tribunal saisi, il y a lieu d'annuler son arrêté (12 août 1831 ; ord. Mac. 13, 307).

Le conflit est prématurément élevé lorsque le tribunal s'est borné à statuer sur une question de

qualité, et qu'il a ajourné son jugement sur la compétence (8 novembre 1829 ; ord., Mac. 11, 408).

Les tribunaux saisis d'une affaire revendiquée par un arrêté de conflit élevé par le préfet ne peuvent, sans égard à ce conflit, passer outre au jugement de l'affaire, encore que le conflit ait été élevé prématurément (29 mars 1831 ; ord. S. 32, 2, 22).

(3) Le défaut d'énonciation de la disposition législative ne serait pas un motif suffisant pour que le tribunal pût rejeter la demande en renvoi, s'il reconnaissait d'ailleurs et au fond que la demande est bien fondée ; puisqu'il est tenu d'office de déclarer son incompétence, s'il la reconnaît.

(4) Le délai de quinzaine est de rigueur, mais l'appel interjeté par l'une des parties relève le préfet de la déchéance qu'il aurait encourue. *Voy.* le second alinéa de l'art. 4 et les notes.

(5) Ce délai de quinzaine emporte également déchéance : cela résulte de l'ensemble et de la combinaison des divers articles. *Voy.* art. 4, second alinéa, 11 et 12, et les notes sur ces articles.

L'article 8 suppose que le préfet a, conformément à l'article 6, proposé le déclinatoire en première instance.

On conçoit que dans ce cas, et lorsqu'il y a jugement qui a rejeté le déclinatoire, ou que le jugement qui l'aurait admis est attaqué par appel, le préfet puisse rendre un arrêté qui élève le conflit en cause d'appel. Si, au contraire, le déclinatoire n'a été proposé en première instance ni par le préfet, ni même par les parties, sans doute le préfet n'en aura pas moins le droit d'élever le conflit en cause d'appel (le second alinéa de l'article 4 le dit expressément) ; mais, dans ce cas-là, le préfet pourra-t-il, *de plano*, rendre un arrêté de conflit ? ne devra-t-il pas d'abord présenter au tribunal d'appel le mémoire dont il est question en l'article 6 ? Il nous semble qu'il est tout-à-fait dans l'esprit de l'ordonnance de remplir cette formalité préalable. On ne saurait objecter que le second alinéa de l'article 4 dit d'une manière absolue que, si le conflit n'a pas été élevé en première instance, il pourra l'être en cause d'appel ; il n'y a rien dans ces termes qui soit en contradiction avec nolai, alors même que le tribunal aurait, avant l'expiration de ce délai, passé outre au jugement du fond (1).

9. Dans tous les cas, l'arrêté par lequel le préfet élevera le conflit et revendiquera la cause devra viser le jugement intervenu et l'acte d'appel, s'il y a lieu; la disposition législative qui attribue à l'administration la connaissance du point litigieux y sera textuellement insérée (2).

10. Lorsque le préfet aura élevé le conflit, il sera tenu de faire déposer son arrêté et les pièces y visées au greffe du tribunal.

Il lui sera donné récépissé de ce dépôt, sans délai et sans frais.

11. Si, dans le délai de quinzaine, cet arrêté n'avait pas été déposé au greffe, le conflit ne pourrait plus être élevé devant le tribunal saisi de l'affaire (3).

12. Si l'arrêté a été déposé au greffe en temps utile (4), le greffier le remettra immédiatement au procureur du Roi, qui le communiquera au tribunal réuni dans la chambre du conseil, et requerra que, conformément à l'art. 27 de la loi du 21 fructidor an 3, il soit sursis à toute procédure judiciaire (5).

---

tre sentiment; ils expriment que le conflit peut être élevé en cause d'appel. Mais doit-il l'être sans qu'on ait préalablement proposé devant le tribunal d'appel le déclinatoire qui ne l'a pas été devant les juges de première instance? L'art. 4 ne contient pas de disposition expresse à cet égard.

(1) Si, dans le cas où l'administration n'est pas en cause, l'une des parties avait proposé le déclinatoire, et que le tribunal l'eût rejeté, le préfet ne pourrait venir le proposer de nouveau durant l'instance sur le fond; il devrait respecter la chose jugée, sauf à élever le conflit en cause d'appel, s'il y avait appel interjeté par l'une des parties.

Au surplus, dans le cas où le conflit sera élevé après le jugement du fond, l'exécution de ce jugement restera suspendue jusqu'à la décision sur le conflit. *Voy.* ordonnances des 2 août 1823 et 22 janvier 1824 (Mac. 5, 550, et 6, 30).

M. Bavoux s'élève à tort contre cette doctrine, t. 2, p. 5.

Nous avons déjà dit que les délais fixés par cet article emportent déchéance; en conséquence nul doute que le Conseil-d'Etat n'annulât l'arrêté de conflit pris hors des délais; mais provisoirement les tribunaux seraient-ils obligés de s'abstenir, ou bien auraient-ils le droit de déclarer le conflit *tardivement élevé*, et de passer outre? Cette question doit être décidée par les mêmes motifs que celle qui a été soulevée sur l'art. 4, et dont nous avons placé la solution dans les notes sur l'art. 12. *Voy.* ces notes.

(2) Les formalités indiquées par cet article, surtout l'insertion textuelle de la disposition législative, nous semblent tellement essentielles que le défaut d'observation entraînerait la nullité du conflit; peu importe qu'elle ne soit pas formellement prononcée. Il est de jurisprudence constante que l'absence des conditions constitutives, des élémens substantiels d'un acte, emporte nullité de droit. Encore ici se présente la question de savoir si la validité pourra être appréciée par les tribunaux. *Voy.* notes sur l'art. 12.

(3) Mais le conflit pourra-t-il être élevé en cause d'appel? La raison de douter est prise de ce que le second alinéa de l'art. 4 n'autorise le conflit en cause d'appel que pour le cas où il n'a pas été élevé en première instance, et pour le cas où il l'a été tardivement après le délai fixé dans l'art. 8; il ne parle point du cas où le conflit élevé dans le délai de l'art. 8 se trouve

non avenu faute de dépôt dans le délai prescrit par l'art. 11; mais il nous semble que ce serait appliquer bien rigoureusement la règle d'interprétation : *inclusio unius est exclusio alterius;* d'ailleurs l'art. 11, en disant que le conflit ne pourra plus être élevé devant *le tribunal saisi de l'affaire*, exprime clairement qu'il pourra l'être devant le tribunal supérieur.

(4) Peut-on conclure de là que, si l'arrêté n'a pas été déposé en temps utile, le greffier ne sera pas tenu de le remettre au procureur du Roi? Nous ne pensons pas qu'on puisse ainsi rendre le greffier juge de l'efficacité du dépôt : en tout cas, le greffier agira prudemment, en remettant l'arrêté de conflit au procureur du Roi.

(5) Le tribunal à qui le procureur du Roi communique l'arrêté de conflit est-il obligé de surseoir sans examen? n'a-t-il pas, au contraire, le droit de vérifier s'il est élevé dans les cas, dans les délais et avec les formes prescrites par la présente ordonnance? Cette question peut paraître grave : il est vrai que la législation et la jurisprudence antérieures imposaient aux tribunaux l'obligation absolue de surseoir purement et simplement, dès que l'arrêté de conflit leur était représenté, quelque mal fondé, quelque absurde même qu'il leur parût être; il est vrai que l'ordonnance ne dit pas expressément que les tribunaux auront le droit de passer outre, s'il leur est démontré que le conflit est élevé hors des cas et des délais déterminés, ou sans les formes essentielles prescrites par l'ordonnance. En effet, les articles portant que le conflit *ne sera jamais élevé* en telle matière, *qu'il ne pourra jamais l'être* que dans tels cas ou durant tels délais, ne tranchent pas la question, et peuvent être entendus en ce sens, qu'ils laissent au Conseil-d'Etat seul le droit qu'il a toujours eu de prononcer sur le mérite de l'arrêté de conflit.

On peut ajouter que donner aux tribunaux le droit de décider si le conflit est légalement et régulièrement élevé, c'est leur attribuer le pouvoir de statuer sur le mérite d'un acte administratif, et permettre un empiétement évident de l'autorité judiciaire sur les attributions de l'autorité administrative.

Malgré ces raisons, nous n'hésitons pas à dire que le tribunal à qui sera communiqué un arrêté de conflit pourra passer outre : 1° si le conflit est élevé en matière criminelle (art. 1ᵉʳ); 2° s'il est élevé en matière correctionnelle hors des cas prévus par l'art. 2; 3° s'il est élevé pour

13. Après la communication ci-dessus, l'arrêté du préfet et les pièces seront rétablis au greffe, où ils resteront déposés pendant quinze jours. Le procureur du Roi en préviendra de suite les parties ou leurs avoués (1), lesquels pourront en prendre communication sans déplacement, et remettre, dans le même délai de quinzaine, au parquet du procureur du Roi, leurs observations sur la question de compétence, avec tous les documens à l'appui (2).

14. Le procureur du Roi informera immédiatement notre garde-des-sceaux, ministre secrétaire d'Etat au département de la justice, de l'accomplissement desdites formalités, et lui transmettra en même temps l'arrêté du préfet, ses propres observations et celles des parties, s'il y a lieu, avec toutes les pièces jointes.

La date de l'envoi sera consignée sur un registre à ce destiné.

Dans les vingt-quatre heures de la réception de ces pièces, le ministre de la justice les transmettra au secrétariat général du Conseil-d'Etat, et il en donnera avis au magistrat qui les lui aura transmises.

15. Il sera statué sur le conflit au vu des pièces ci-dessus mentionnées, ensemble des observations et mémoires qui auraient pu être produits par les parties ou leurs avocats, dans

---

défaut d'autorisation, ou faute d'accomplissement de formalités préalables devant l'administration (art. 3); 4° s'il est élevé hors des cas prévus par l'art. 4; 5° s'il est élevé après l'expiration des délais fixés par les art. 8 et 11; 6° enfin s'il est élevé sans l'observation des formes prescrites par l'art. 9.

Il serait dérisoire en effet que les dispositions écrites dans l'ordonnance, et qui ont pour but de protéger l'autorité judiciaire contre les envahissemens de l'autorité administrative, ne pussent être appréciées par les tribunaux : ceux-ci resteraient alors, comme par le passé, à la merci des préfets.

Sans doute le Conseil-d'Etat annulerait les arrêtés de conflit, illégaux, irréguliers ou tardifs; mais provisoirement l'action des tribunaux aurait été suspendue, et tous les inconvéniens de l'ancien système resteraient attachés au nouveau.

D'ailleurs l'art. 12 s'exprime en termes qui nous semblent décisifs : ils subordonnent la remise de l'arrêté au procureur du roi, et par conséquent la communication par le procureur du Roi au tribunal, à la condition du dépôt en temps utile. Que, comme nous l'avons dit, on ne rende pas le greffier juge de la question de savoir s'il doit ou non remettre l'arrêté, soit; mais il est impossible que le tribunal n'ait pas le droit de considérer le conflit comme non avenu lorsque le dépôt a été fait tardivement : or, s'il est vrai que l'autorité judiciaire peut ne pas tenir compte d'un arrêté de conflit *déposé après l'expiration des délais à fortiori*, elle ne doit pas avoir égard au conflit élevé soit *après l'expiration des délais*, soit *hors des cas déterminés*.

Toutefois il ne faut pas trop étendre le pouvoir de l'autorité judiciaire : à notre avis, son droit consistera à examiner si le conflit est élevé dans les cas, dans les délais et dans les formes prescrites par l'ordonnance. Quant à la question de compétence en elle-même, les tribunaux ne pourront pas se permettre de la décider : ainsi, un préfet aura élevé le conflit dans une matière qui n'est pas véritablement administrative, par exemple *en matière électorale* (*voy.* art. 18, loi du 2 juillet 1828), il aura cité une disposition législative, dont il aura fait une fausse application; mais d'ailleurs son arrêté ne contiendra aucune infraction aux dispositions de la présente ordonnance, il sera pris dans les délais, les formes y seront fidèlement observées : quelque évidente que soit l'erreur du préfet touchant la compétence qu'il revendique, les tribunaux devront surseoir et attendre la décision du Conseil-d'Etat. Cette distinction, qui nous semble rendre à chacune des autorités ce qui lui appartient véritablement, répond à l'objection qui consisterait à dire que les tribunaux prononceront sur le mérite d'un acte administratif, en refusant de surseoir, en présence d'un conflit irrégulier ou tardif. En effet, décider que le préfet a élevé le conflit dans une matière qui est de la compétence des tribunaux, décider que l'arrêté fait une fausse application de la disposition législative qu'il invoque, ce serait là juger l'acte administratif : c'est ce que les tribunaux ne peuvent pas faire; mais reconnaître que le conflit (quel qu'il soit au fond) a été élevé dans un cas prohibé, après un jugement en dernier ressort, ou acquiescé, qu'il est tardif, qu'il n'est pas régulier en la forme, c'est ce qui est dans le droit de l'autorité judiciaire, sans que l'on puisse lui reprocher de statuer sur le mérite des actes de l'administration.

M. Bavoux, *des Conflits*, t. 2, p. 37 et 38, émet l'opinion que les peines prononcées par les articles 128 et suivans, Code pénal, ne seraient applicables que lorsque les tribunaux auraient à *tort* retenu une affaire revendiquée avec raison par l'autorité administrative. — C'est une erreur grave, et il est certain que les magistrats ne peuvent passer outre après la notification régulière du conflit, sans se rendre coupables de forfaiture, quelque mal fondé d'ailleurs que soit le conflit. Mais aujourd'hui, et sous l'empire de la nouvelle ordonnance, il ne faut pas perdre de vue la distinction que nous venons d'établir entre les cas où les juges peuvent passer outre, et les cas où, au contraire, ils doivent surseoir. La peine de la forfaiture ne serait pas applicable aux membres des tribunaux qui auraient considéré comme non avenu un conflit irrégulier ou tardif, ou, en un mot, élevé hors des termes de l'ordonnance.

(1) Par lettres (art. 2 de l'ordonnance du 12 décembre 1821).

(2) Outre les observations des parties déposées au parquet, elles peuvent en adresser d'autres directement au secrétariat du Conseil-d'Etat (article 4, ordonnance du 12 décembre 1821).

le délai de quarante jours à dater de l'envoi des pièces au ministère de la justice.

Néanmoins ce délai pourra être prorogé, sur l'avis du Conseil-d'Etat et la demande des parties, par notre garde-des-sceaux : il ne pourra en aucun cas excéder deux mois (1).

16. Si les délais ci-dessus fixés expirent sans qu'il ait été statué sur le conflit, l'arrêté qui l'a élevé sera considéré comme non avenu, et l'instance pourra être reprise devant les tribunaux (2).

17. Au cas où le conflit serait élevé dans les matières correctionnelles comprises dans l'exception prévue par l'art. 2 de la présente ordonnance, il sera procédé conformément aux art. 6, 7 et 8.

18. Notre garde-des-sceaux, ministre secrétaire d'Etat au département de la justice (comte Portalis), est chargé de l'exécution de la présente ordonnance, qui sera insérée au Bulletin des Lois.

1er = Pr. 21 JUIN 1828. — Ordonnance du Roi qui approuve l'adjudication de la construction d'un pont suspendu sur le Rhône, à Vienne, département de l'Isère. (8, Bull. 236, n° 8606.)

Charles, etc.

Sur le rapport de notre ministre secrétaire d'Etat au département de l'intérieur ;

Vu le cahier des charges pour la construction d'un pont suspendu sur le Rhône, à Vienne ;

Vu le procès-verbal du 8 avril dernier, constatant les opérations faites à la préfecture du département de l'Isère pour parvenir, avec publicité et concurrence, à l'adjudication de cette entreprise ;

Notre Conseil-d'Etat entendu,

Nous avons ordonné et ordonnons ce qui suit :

Art. 1er. L'adjudication de la construction d'un pont suspendu sur le Rhône, à Vienne (Isère), faite et passée le 8 avril 1828, par le préfet de ce département, aux sieurs Mignot frères et compagnie, moyennant la concession des droits à percevoir sur ce pont pendant quarante-huit années, est approuvée.

En conséquence, les clauses et conditions de cette adjudication recevront leur pleine e entière exécution;

2. L'administration est autorisée à acquéri les terrains et bâtimens nécessaires pour ra corder le pont avec les communications exi tantes; elle se conformera, s'il y a lieu, à (sujet, aux dispositions de la loi du 8 ma 1810, sur l'expropriation pour cause d'utili publique, et notamment à celle du titre II (ladite loi.

3. Le cahier des charges, le tarif et le pr cès-verbal d'adjudication resteront annex à la présente ordonnance.

4. Notre ministre secrétaire d'Etat de l'i térieur (vicomte de Martignac) est chargé l'exécution de la présente ordonnance.

1er = Pr. 9 JUILLET 1828. — Ordonnance Roi portant autorisation de la société anony formée à Charleville, sous la dénomination marbrières de Montcy-Notre-Dame, et app bation de ses statuts. (8, Bull. 238 bis, n° 2

Charles, etc.

Sur le rapport de notre ministre secréta d'Etat au département du commerce et (manufactures ;

Vu les articles 29 à 37, 40 et 45 du C de commerce,

Notre Conseil-d'Etat entendu,

Nous avons ordonné et ordonnons ce suit :

Art. 1er. La société anonyme formé Charleville sous la dénomination de marb res de Montcy-Notre-Dame, par actes pa les 1er février 1827 et 3 mai 1828, par-de Varroquier et son collègue, notaires e dite ville, et autorisée; sont approuvés statuts contenus auxdits actes, qui reste annexés à la présente ordonnance.

2. Nous nous réservons de révoquer n'e autorisation en cas de violation ou de non-é cution des statuts approuvés, sans préjue des dommages-intérêts des tiers.

3. La société sera tenue de remettre, ns les six mois, extrait de son état de situau au préfet du département des Ardennes au greffe du tribunal de commerce de Chle ville; pareil extrait sera transmis au minitre du commerce et des manufactures.

4. Notre ministre secrétaire d'Etat du commerce et des manufactures (M. St.-Crq)

---

(1) Faute par les parties d'avoir remis leurs observations en temps utile, il sera passé outre au jugement du conflit, sans qu'il y ait lieu à opposition ni à révision des ordonnances intervenues (article 6, ordonnance du 12 décembre 1821).

(2) Cet article est la sanction nécessaire de l'article 15. Les tribunaux, une fois dessaisis par l'ar-

rêté de conflit, n'auraient pas eu mission pour d-cider que le conflit devait être considéré comme non avenu, faute par le Conseil-d'Etat d'avor jugé dans le délai fixé ; il était donc indispensable que l'ordonnance s'expliquât formellement à cet égard. Cette disposition confirme d'ailleurs ce que nous avons dit dans les notes sur l'article 12.

est chargé de l'exécution de la présente ordonnance, qui sera publiée au Bulletin des Lois, et insérée dans le Moniteur et dans un journal d'annonces judiciaires du département des Ardennes.

———————

Par-devant Varroquier et son collègue, notaires royaux à la résidence de Charleville, y demeurant, soussignés, furent présent:

(Suivent les noms.)

Lesquels ont exposé :

1° Que, précédemment, ils étaient réunis en société en participation pour l'extraction et le sciage des marbres d'une carrière située sur le territoire de la commune de Montey-Notre-Dame, mentionnée au rapport fait le 3o mai 1821 à la société d'encouragement pour l'industrie nationale au nom du comité des arts mécaniques, par M. le vicomte Héricart de Thury, qui proposa de décerner une médaille d'or pour les découvertes et la mise en exploitation de ladite carrière;

2° Que, depuis, le marbre extrait ayant été reconnu par le commerce d'un grain et d'une qualité supérieure à celui provenant de la Belgique, il commence à être recherché, et que, pour soutenir la concurrence avec l'étranger, il est urgent d'accroitre et d'organiser les moyens actuels d'exploitation;

3° Que la société a aussi l'intention d'établir, sur les terrains dont elle est propriétaire, des fours pour fabriquer des chaux hydrauliques et communes.

En conséquence, les comparans, voulant constituer une société anonyme pour exploiter les carrières de Montey-Notre-Dame et fabriquer les chaux, ont requis les notaires soussignés d'en constater les statuts ainsi qu'il suit, et tels qu'ils ont été arrêtés dans les conférences préliminaires, sauf à remplir ensuite les formalités nécessaires pour obtenir l'approbation et l'autorisation du Gouvernement.

Statuts de la société anonyme des marbrières de Montey-Notre-Dame (Ardennes). •

TITRE Ier. Création de la société.

Art. 1er. Il sera établi, sous l'autorisation du Gouvernement, une société anonyme, sous la raison de société des marbrières de Montey-Notre-Dame (Ardennes).

2. Le siége de la société et son domicile social seront fixés à Charleville.

3. La durée de la société sera de quatre-vingt-dix-neuf ans, à dater de l'ordonnance royale d'approbation, sauf le cas de dissolution prévu par le titre XIII.

TITRE II. Objet de l'association.

4. Le but de l'association est :

1° D'extraire le marbre de la carrière de Montey-Notre-Dame, désignée au rapport fait par M. le vicomte Héricart de Thury à la société d'encouragement pour l'industrie nationale, sous la date du 3o mai 1821;

2° De le scier et polir, pour le livrer au commerce par blocs, par tranches, ou confectionné;

3° De rechercher les carrières de marbre dans l'étendue du département et de les faire exploiter, s'il y a lieu, en se conformant toutefois aux lois et réglemens;

4° De fabriquer les chaux hydrauliques et communes.

TITRE III. Fonds social.

5. Il sera créé au profit de la société, pour composer son fonds social, cent vingt actions de deux mille francs chacune, formant un capital de deux cent quarante mille francs.

6. Les comparans fondateurs de la présente société prennent part aux actions ci-dessus dans les proportions suivantes....

7. Le montant des soixante-douze actions mentionnées en l'article précédent sont représentées par un apport à titre de mise de fonds dans la nouvelle société, savoir :

1° Par la carrière de Montey-Notre-Dame, dont les comparans sont propriétaires ;

2° Par la propriété d'un cours d'eau à Fagnon;

3° Par différentes portions de terrain situées près de la carrière ;

4° Par les outils et ustensiles existant actuellement et servant à l'extraction des marbres et à leur sciage dans l'usine du Petit-Waridou et les divers ateliers;

5° Par mille quatre cent six pieds cubes ou trois cent soixante-trois mètres cubes de marbre en blocs;

6° Par six mille trois cent cinquante-trois pieds ou deux mille deux cent dix-huit mètres de marbre en tranches;

7° Par sept cent quatre-vingt-dix pieds ou deux cent soixante-quatre mètres de marbres débités et non polis;

8° Par deux cent soixante dix pieds ou quatre-vingt-dix mètres de marbres polis et confectionnés;

9° Par deux cents pieds ou soixante-six mètres de marbre étranger en tranches;

10° Par la somme de neuf mille cinquante-deux francs vingt-quatre centimes, restant en caisse et en valeurs à recouvrer.

8. Lors de l'établissement d'une machine d'après un nouveau système pour scier, polir et travailler le marbre, les propriétaires des soixante-douze actions indiquées ci-dessus seront tenus de verser à la caisse de la société, aussitôt après l'avertissement qui leur

en sera remis, une somme de trois cents francs par chaque action, ce versement devant compléter le prix de l'action déterminé par l'article 5.

8 bis. Les quarante-huit actions qui restent seront mises en réserve; elles ne seront cédées par la société qu'au fur et à mesure de ses besoins. Il pourra être délivré une ou deux actions, sans aucun versement de fonds, pour récompenser celui qui procurera à la société un procédé économique de scier, polir et travailler le marbre d'après un nouveau système. Les propriétaires des soixante-douze actions désignées en l'article 6 pourront devenir cessionnaires du surplus desdites quarante-huit actions, de préférence à toute autre personne étrangère à la société.

TITRE IV. Actions.

9. La propriété d'une action sera constatée par un certificat extrait d'un registre à talon et signé par le comité d'administration.

10. Les actions sont indivisibles et transmissibles, en remplissant les conditions indiquées ci-dessous. Elles seront numérotées et frappées du timbre de la société. Le modèle en sera déposé par acte en suite du présent.

11. La transmission des actions s'opérera par un simple acte de transfert signé par le propriétaire ou son fondé de pouvoir. La mention en sera faite au dos de l'action par les membres du comité d'administration.

12. Aucune cession ne pourra avoir lieu envers des tiers étrangers à la société, qu'avec l'agrément du comité d'administration. En cas de refus, le transfert de l'action ne pourra se faire qu'au profit de la société; dans ce cas, chaque action sera payée le prix déterminé par l'acte de cession, sans néanmoins qu'il puisse excéder dix pour cent en sus de la valeur nominale déterminée par l'inventaire précédent.

13. La qualité d'actionnaire emportera pour ceux auxquels elle appartiendra, et pour tout ce qui est relatif, élection de domicile attributif de juridiction dans l'étude du notaire de la société.

14. En cas de décès d'un actionnaire, ses héritiers, quel qu'en soit le nombre, seront tenus de se faire représenter par un seul d'entre eux, de manière qu'une action ne puisse jamais donner à plusieurs le droit d'intervenir dans les affaires de la société.

Les créanciers des actionnaires ne pourront s'immiscer en aucune manière dans les affaires de la société, ni faire apposer aucuns scellés sur ses valeurs ou sur ses livres; ils n'auront que la faculté de saisir la portion de leur débiteur entre les mains du comité d'administration, au domicile élu par le présent; et ils seront tenus d'admettre le résultat des comptes arrêtés par l'assemblée générale.

TITRE V. Profits et pertes.

15. Chaque action participera aux bénéfices de la société dans la proportion d'un cent vingtième; et, en cas de perte, elle sera passible dans la même proportion, mais seulement jusqu'à concurrence de son montant, et sans que le porteur d'action puisse être tenu à rien au-delà.

16. Le bénéfice déterminé par le résultat de l'inventaire ou bilan, dressé au 31 décembre de chaque année, sera réparti après l'acquit des dépenses ordinaires, et sous la déduction d'un cinquième destiné à former un fonds de réserve pour parer aux évènemens imprévus et améliorer les établissemens.

17. Les bénéfices ne seront répartis qu'à la fin de l'année 1829; ceux provenus des exercices 1827 et 1828 feront partie des fonds de réserve.

18. Lorsque des fonds seront sans emploi, le comité d'administration avisera à leur placement en rentes sur l'Etat, ou de toute autre manière, pour le mieux des intérêts de la société.

TITRE VI. Entrepôts des marbres et tarif des prix.

19. La société établira des dépôts de marbres dans les villes où elle le jugera convenable. Provisoirement elle en formera un dans chacune des villes de Paris, Sedan, Verdun, Reims, Troyes, Nancy, Châlons-sur-Marne, et dans la commune de Pontavert.

20. Chaque année on dressera le tarif des prix de vente des marbres et chaux. Les marbres seront divisés en trois classes, eu égard à leur qualité.

21. Une circulaire et des avis insérés dans les journaux indiqueront au commerce les variations que les prix pourront éprouver.

TITRE VII. Organisation de la société.

22. Un comité d'administration ordonnera et surveillera toutes les opérations relatives aux intérêts de la société.

23. Il y aura un caissier garde-magasin qui remplira les fonctions de secrétaire.

24. Un facteur aura la conduite des établissemens de la société, sous les ordres et la surveillance du comité d'administration.

25. Un avocat sera attaché au conseil d'administration en qualité de conseil judiciaire.

26. L'assemblée générale des actionnaires exercera en dernier ressort tous les pouvoirs d'administration.

27. La signature sociale de la compagnie sera donnée, en matière de comptabilité, par

le caissier, et elle sera visée par un membre du comité délégué à cet effet. Toute autre correspondance devra être signée par les membres du comité.

TITRE VIII. Comité d'administration.

28. Le comité d'administration sera composé de cinq commissaires nommés pour cinq ans; il sera renouvelé par cinquième, d'année en année : les mêmes administrateurs pourront être réélus. Les fonctions de commissaires seront gratuites, sauf leurs frais de voyage et autres qu'ils seraient autorisés à faire dans l'intérêt de la société.

29. Les membres du comité ne contractent, à raison de leur gestion, aucune obligation personnelle ni solidaire relativement aux engagemens de la société, pour laquelle ils n'agissent que comme mandataires.

30. Le comité se réunira au moins deux fois par mois, et les délibérations, prises à la majorité des voix, seront consignées sur un registre. Il suffira de la présence de trois administrateurs pour délibérer; mais, si les administrateurs ne sont qu'au nombre de trois, leur délibération devra être unanime. Les membres du comité se répartiront le travail et la surveillance.

31. Le comité d'administration nommera le facteur, choisira et renverra les ouvriers, ainsi que les autres agens de la société; il fixera leur nombre, leur salaire et les frais de bureaux; il déterminera le prix de vente des marchandises, les conditions auxquelles le facteur pourra passer des marchés; il fera effectuer les réparations urgentes des bâtimens, outils et ustensiles; il réglera les conditions pour l'établissement des dépôts de marbres et chaux; il transigera et dirigera les actions judiciaires, après avoir pris l'avis du conseil mentionné en l'article 25; il soumettra à l'assemblée générale les profits d'acquisition d'immeubles et de constructions d'usine; il établira le budget annuel des recettes et des dépenses, et il convoquera les assemblées générales.

32. Le comité fera faire, tous les six mois, l'inventaire des valeurs de la compagnie, et par suite un bilan pour établir sa situation. Il fera à l'assemblée générale un rapport sur toutes les opérations qui auront eu lieu pendant l'année expirée.

TITRE IX. Caissier garde-magasin.

33. Le caissier garde-magasin fera la recette de tous les produits, et il acquittera les dépenses en vertu de mandats délivrés par le comité d'administration. Il tiendra toutes les écritures; il expédiera la correspondance et il sera chargé du compte matières; il vérifiera les opérations du facteur et il surveillera l'exécution des ordres du comité d'administration.

34. Le caissier fournira un cautionnement en immeubles libres d'hypothèque de la valeur de six mille francs. Ce cautionnement pourra être augmenté quand l'assemblée générale le jugera convenable.

35. Les registres seront tenus en parties doubles; ils seront cotés, paraphés et visés conformément à ce qui est prescrit par l'article 11 du Code de commerce.

36. Le comité d'administration déterminera le mode de comptabilité de l'association, ainsi que la forme et le modèle des registres, bordereaux, comptes et autres écritures. Le réglement, arrêté par le comité, sera soumis à l'approbation de l'assemblée générale.

TITRE X. Facteur.

37. Un facteur aura la conduite des ateliers et surveillera l'extraction des marbres et la fabrication des chaux; il fera débiter les blocs, surveillera leurs transports aux scieries et dans les magasins; il dirigera les ouvriers pour scier le marbre et le polir; il le fera emballer et l'expédiera conformément aux instructions qui lui seront données; il tiendra un carnet qui présentera le compte sommaire des qualités des marbres qu'il recevra et de celles qu'il emploiera.

TITRE XI. Assemblée générale.

38. L'assemblée générale se composera de tous les actionnaires; elle se réunira de droit et sans convocation le 30 mars de chaque année au domicile de la société à Charleville; il y aura, en outre, des assemblées extraordinaires toutes les fois que le comité d'administration le jugera nécessaire.

39. Tout actionnaire pourra se faire représenter aux assemblées générales par un autre actionnaire, muni à cet effet d'un pouvoir spécial, qui ne vaudra que pour une assemblée.

40. L'assemblée générale procédera par la voie de scrutin et à la majorité absolue des voix. Les délibérations prises engageront tous les membres; elles seront transcrites sur un registre spécial.

41. Chaque actionnaire aura, en assemblée générale, autant de voix qu'il représentera d'actions, soit comme propriétaire, soit comme fondé de pouvoir, sans néanmoins qu'il puisse réunir plus de quatre voix. Le vote de chaque actionnaire sera réglé comme il suit :

1° Pour une action, une voix ;
2° Pour deux actions, deux voix ;
3° Pour six actions, trois voix ;
4° Pour dix et au-dessus, quatre voix.

42. Après le placement des quarante-huit actions mises en réserve, nul actionnaire ne pourra faire partie de l'assemblée générale

s'il ne possède deux actions, soit personnellement, soit comme fondé de pouvoirs.

43. Un actionnaire employé et rétribué par la société ne pourra avoir voix délibérative lorsqu'il s'agira de voter les dépenses du budget.

44. L'assemblée générale choisira son président et son secrétaire parmi les sociétaires faisant partie de l'assemblée.

45. L'assemblée générale nommera les membres du conseil d'administration et les révoquera; elle nommera et révoquera également le caissier garde-magasin; elle consentira le budget des dépenses de l'année courante et elle arrêtera le compte des opérations de l'année précédente; elle déterminera les achats et ventes d'immeubles, les constructions à opérer. Elle se fera rendre compte de tous les objets qui intéressent l'association et prononcera sur tous les cas qui lui seront soumis.

Titre XII. Dissolution et liquidation.

46. La dissolution de la société aura lieu de droit à une époque quelconque, si la société avait éprouvé des pertes absorbant les trois quarts du fonds social; elle ne pourra se faire qu'en vertu d'une délibération de l'assemblée générale.

47. La liquidation sera faite par le comité d'administration dans le délai d'une année; elle sera approuvée par une dernière délibération de l'assemblée générale. La liquidation terminée, toutes les actions seront réunies au comité; elles seront immédiatement détruites.

Titre XIII. Contentieux.

48. Toutes difficultés qui pourraient s'élever entre la société et les actionnaires ou bien entre les actionnaires, pour fait de leurs actions, seront jugées souverainement et en dernier ressort, sans faculté d'appel quelconque ou recours en cassation, par des arbitres nommés par les parties, conformément à l'article 51 du Code de commerce : à défaut par l'une des parties de nommer un arbitre dans les trois jours de la sommation qui lui en aura été faite, il sera nommé d'office par le tribunal de commerce de Charleville.

49. Le conseil judiciaire de la société assistera aux réunions du comité d'administration toutes les fois que sa présence sera jugée nécessaire par le conseil d'administration, qui aura le droit de le révoquer.

Titre XIV. Dispositions générales.

50. Les présens statuts ne pourront être modifiés en assemblée générale que sur la proposition du comité, et sous la condition que ces modifications devront être adoptées par les trois quarts au moins des actionnaires ayant voix délibérative.

51. Les comparans nomment dès à présent pour administrateurs de la société :

1º M. Nyel, 2º M. Leroy, 3º M. de Wacquant, 4º M. Stevenin, et 5º M. Desrousseaux;

Pour conseil judiciaire, M. Jean-Baptiste-Noël Hennequin, avocat, demeurant à Charleville; et pour caissier garde-magasin, M. Jean-Théodore Charton, demeurant à Charleville.

52. Les comparans donnent pouvoir à M. Lemoine-Desmarcs, membre de la Chambre des députés, de solliciter du Gouvernement l'ordonnance nécessaire pour la formation de la société anonyme.

Les administrateurs susnommés sont chargés de remplir toutes les formalités légales, d'organiser la présente société, et de prendre toutes les mesures nécessaires pour la mettre en activité.

53. Les comparans donnent pouvoir aux administrateurs d'acquérir ou de louer les terrains reconnus nécessaires pour exploiter la carrière d'une manière plus avantageuse; de louer les bâtimens et magasins convenables pour placer les ateliers et remiser les marbres en tranches, ustensiles et autres objets; comme aussi de faire effectuer, d'après les devis et plans qui seront dressés, les constructions de fours à chaux, hangars et remises qui seront reconnus indispensables à l'exploitation.

Telles sont les conventions arrêtées entre les parties.

Pour leur exécution, les parties font élection de domicile en la demeure de Mᵉ Varroquier, l'un des notaires soussignés, auquel lieu, etc.

Dont acte fait et passé à Charleville, en la demeure de M. Nyel, directeur des contributions indirectes, l'an 1827, le 1ᵉʳ février; et ont les comparans signé avec les notaires, après lecture faite.

Par-devant Mᵉ Varroquier et son collègue, notaires royaux à la résidence de Charleville, y demeurant, soussignés, furent présens......

1º L'article 5 sera modifié ainsi qu'il suit :

Il sera créé au profit de la société, pour composer son fonds social, cent soixante actions de quinze cents francs chacune, formant un capital de deux cent quarante mille francs.

2º L'article 6 sera modifié ainsi qu'il suit :

Les comparans, fondateurs de la présente société, prennent part aux actions ci-dessus dans les proportions suivantes :

M. etc......

3º L'article 7 sera modifié ainsi qu'il suit :

Le montant des soixante-douze actions mentionnées en l'article précédent est représenté par un rapport, à titre de mise de fonds dans la nouvelle société, d'une somme de quatre-vingt-dix mille trois cent quatre-vingt-dix-neuf francs cinquante-cinq centimes, représentée par les valeurs indiquées ci-après, savoir:

La carrière;

Le cours d'eau de Fagnon et les terrains qui l'avoisinent;

Les usines, outils et ustensiles qui se trouvent au Waridon;

Les marbres en blocs et en tranches qui sont à la carrière et aux scieries,

Ainsi que les matières fabriquées existantes en magasin:

Le tout ainsi qu'il est porté au procès-verbal d'expertise dressé le 20 mars 1828, par M. Buisson, géomètre des mines du département des Ardennes, nommé par M. le préfet du même département.

4° L'article 8 sera modifié ainsi qu'il suit:

Aussitôt après l'autorisation de Sa Majesté pour former la société anonyme, les propriétaires des soixante-douze actions indiquées ci-dessus seront tenus de verser à la caisse de la société, aussitôt après l'avertissement qui leur en sera remis, une somme de deux cent quarante-quatre francs quarante-sept centimes par chaque action, ce versement devant compléter le prix de l'action déterminé par l'article 5.

5° L'article 8 bis sera modifié ainsi qu'il suit:

Les quatre-vingt-huit actions qui restent seront mises en réserve; elles ne seront cédées par la société qu'au fur et à mesure de ses besoins. Les propriétaires des soixante-douze actions désignées en l'article 6 pourront devenir cessionnaires desdites quatre-vingt-huit actions, de préférence à toute autre personne étrangère à la société.

6° L'article 11 sera ainsi conçu:

La transmission des actions s'opérera par une simple déclaration de transfert inscrite sur les registres de la société, et signée de celui qui fait le transfert ou d'un fondé de pouvoir. La mention en sera faite au dos de l'action par les membres du comité d'administration.

7° Le paragraphe suivant sera ajouté à l'article 28:

Chaque membre du comité d'administration devra être propriétaire de deux actions; mais ce nombre sera porté à trois quand on aura réalisé plus de cent actions.

8° Le paragraphe suivant sera ajouté à l'article 28:

Aucune délibération ne sera valable si elle est prise par un nombre de membres inférieur à la moitié plus un.

9° L'article 46 sera modifié ainsi qu'il suit:

La dissolution de la société aura lieu de droit si la société avait éprouvé des pertes absorbant les trois quarts du fonds social. Dans ce cas, le comité d'administration en préviendrait chaque actionnaire, en lui faisant connaître la situation de l'actif et du passif. La dissolution de la société pourra également avoir lieu lorsque la perte de la moitié du capital sera constatée: alors elle ne pourra se faire qu'en vertu d'une délibération de l'assemblée générale.

10° Dans l'article 48, il sera substitué les mots: *aux articles 51 et suivants du Code de commerce*, à ceux-ci: *à l'article 51 du Code de commerce*.

11° A la fin de l'article 50, on ajoutera ces mots: *sauf l'autorisation de Sa Majesté*.

Dont acte fait et passé à Charleville, en la demeure de M. Nyel, l'an 1828, le 3 mai; et ont les comparans signé avec les notaires, après lecture faite.

———

1er = Pr. 26 JUIN 1828. — Ordonnance du Roi qui établit une chambre de commerce à Calais, et en détermine la circonscription. (8, Bull. 237, n° 8669.)

Charles, etc.

Sur le rapport de notre ministre secrétaire d'Etat du commerce et des manufactures;

Vu l'article 13 de la loi du 23 juillet 1820,

Nous avons ordonné et ordonnons ce qui suit:

Art. 1er. Il est établi une chambre de commerce à Calais (département du Pas-de-Calais).

2. La circonscription de la chambre de commerce de Calais est composée des cantons de Calais et de Guines dans l'arrondissement de Calais, et de l'arrondissement de Saint-Omer.

Distraction faite desdits cantons et arrondissement, tout le surplus composera la nouvelle circonscription de la chambre de commerce de Boulogne.

3. Notre ministre secrétaire d'Etat du commerce et des manufactures (M. Saint-Cricq) est chargé de l'exécution de la présente ordonnance, qui sera insérée au Bulletin des Lois.

———

1er JUIN 1828. — Ordonnance du Roi portant autorisation définitive des communautés des filles de l'Education chrétienne établies à Argentan et à Gacé, département de l'Orne. (8, Bull. 235, n° 8538.)

1er JUIN 1828. — Ordonnance du Roi qui autorise des exploitations dans les bois de plusieurs communes et d'un hospice, et dans quatre forêts royales. (8, Bull. 235, n° 8539). *Voy.* Code forestier, art. 16 et 90.

1er JUIN 1828. — Ordonnance qui accorde une pension à M. Huché de Ceintré, ancien préfet

du département de la Dordogne. (8, Bull.
237 *bis*, n° 7.)

1er JUIN 1828. — Ordonnance qui accorde une
pension à M. de Godaille, ex-conseiller de
préfecture du département de Lot-et-Garonne.
(8, Bull. 237 *bis*, n° 8.)

1er JUIN 1828. — Ordonnances qui autorisent
l'acceptation de dons et legs faits aux communes de Fleury-lès-Faverney, Saint-Laurent
de Terre-Gatte, d'Ecoches de Creziers ; à la
ville de Mayenne, à l'hospice et aux pauvres
de Niort. (8, Bull. 241, n°s 8761 à 8768.)

1er JUIN 1828. — Ordonnance portant concession
des mines de plomb et de cuivre existant dans
plusieurs communes du département du Puy-
de-Dôme, aux sieurs de la Salzède, Denig et
compagnie. (8, Bull. 243, n° 8791.)

1er JUIN 1828. — Ordonnances qui autorisent
l'acceptation de dons et legs faits aux pauvres
du Val, de Saint-Pol de Léon, d'Avranches ;
aux hospices de Limoux, de Pontarlier, de
Saint-Vallier, d'Ernée, de Clermont, et au
bureau de bienfaisance de Vieux-Condé. (8,
Bull. 243, n°s 8780 à 8788.)

1er JUIN 1828. — Ordonnance qui autorise le
sieur Jacquier de Rosée à établir une usine
à battre le cuivre dans la commune de Lan-
drichamps (Ardennes). (8, Bull. 243, n° 8792.)

1er JUIN 1828. — Ordonnance qui autorise le
sieur Pouech à établir un martinet à ouvrer le
fer dans la commune de Saint-Girons (Ariége).
(8, Bull. 243, n° 8793.)

1er JUIN 1828. — Ordonnance qui autorise le
sieur Lebascle d'Argenteuil à conserver et
maintenir en activité le patouillet pour le
lavage du minerai de fer qui existe dans
la commune de Thoires (Côte-d'Or). (8,
Bull. 243, n° 8794.)

1er JUIN 1828. — Ordonnances qui autorisent
l'acceptation de dons et legs faits aux fabriques des églises de Lay-Saint-Remi, de Nel-
lines, d'Algans, de Pierrefaite, de Pierrepont, de Prétieux, de Lyon, de Virming, de
Caen, de Paris, d'Orléans, de Valentine, d'Ampuis, de Baziége, de Blieuschwveiller, de
Fontenottes, de Laissac, de Quistinic, de
Carquefou, de Moulins, de Saint-Clément,
du Val-des-Prés, de la Réorthe, d'Aboudant,
de Buzé, de la Seyne ; aux desservans successifs de la succursale de Vinzelles ; à diverses
communautés religieuses établies à Douai et
à Saint-Bonnet-le-Château, et au séminaire
de Poitiers. (8, Bull. 245, n°s 10149 à 10180.)

1er JUIN 1828. — Ordonnances qui autorisent
l'acceptation de dons et legs faits aux fabriques des églises de Corpsnuds, de Dampierre,
de Saint-Hippolyte, de Saint-Sylvain, de Valentine, de Saint-Bonnet-des-Quarts, de Besançon, de Longchamp et de Guignes ; aux
séminaires d'Orléans, du Mans, d'Aix ; à
l'archevêché d'Alby et aux desservans successifs de la succursale de Brehand-Moncon-
tour. (8, Bull. 266, n°s 10186 à 10199.)

5 = Pr. 15 JUIN 1828. — Ordonnance du Roi
relative à la composition des conseils de révision pour le recrutement de l'armée. (8,
Bull. 235, n° 8536.)

Charles, etc.

Vu les articles 13, 14, 15, 17 et 18 de la
loi du 10 mars 1818, relatifs à la composition et aux opérations du conseil de révision ;

Vu l'ordonnance du 31 mars 1820 (1)
et celle rendue par nous le 14 novembre
1827 (2) ;

Sur le rapport de notre ministre secrétaire d'Etat au département de la guerre,

Nous avons ordonné et ordonnons ce qui
suit :

Art. 1er. Dans les départemens où ne réside pas le maréchal-de-camp commandant la
subdivision, les fonctions de membre militaire des conseils de révision pourront être
remplies par des colonels et officiers supérieurs titulaires du cadre du corps royal
d'état-major, ou des colonels et officiers supérieurs détachés des régimens de toutes
armes de notre armée de terre.

2. Des colonels en non-activité ou en réforme pourront aussi subsidiairement remplir
les fonctions de membres des conseils de révision dans ces mêmes départemens.

3. Les officiers nommés membres des conseils de révision en vertu de la présente ordonnance recevront, selon leur position, une
indemnité pendant la durée des opérations
auxquelles ils seront appelés à prendre part,
et l'indemnité de route et les frais de dé-
cement auxquels ils ont droit d'après les réglemens et instructions actuellement en vigueur.

4. Notre ordonnance du 14 novembre
1827 est abrogée.

5. Notre ministre secrétaire d'Etat au département de la guerre (vicomte de Caux)
est chargé de l'exécution de la présente ordonnance.

5 JUIN = Pr. 16 SEPTEMBRE 1828. — Ordonnance
du Roi portant approbation de dispositions additionnelles aux statuts de la société anonyme
pour la reconstitution du capital des actions

(1) Article 6.
(2) Cette ordonnance n'est pas au Bulletin des Lois.

de l'emprunt du canal de Bourgogne. (8, Bull. 251 *bis*, n° 3.)

Charles, etc.

Sur le rapport de notre ministre secrétaire d'Etat du commerce et des manufactures;

Vu l'ordonnance royale du 31 octobre 1827, portant autorisation de la société anonyme pour la reconstitution du capital des actions de l'emprunt du canal de Bourgogne, et approbation de ses statuts;

Vu la délibération du conseil d'administration de ladite société, en date du 7 mars dernier, passée en acte public, et ayant pour objet:

1° D'autoriser la conversion facultative des actions au porteur en actions nominatives, et réciproquement;

2° D'opérer la libération entière d'un certain nombre d'actions, par l'imputation exclusive à leur acquittement des versemens successifs qui se répartissent aujourd'hui par égale portion sur toutes;

Vu l'avis de notre ministre secrétaire d'Etat des finances;

Notre Conseil d'Etat entendu,

Nous avons ordonné et ordonnons ce qui suit:

Art. 1er. Les dispositions additionnelles aux statuts de la société anonyme pour la reconstitution du capital des actions de l'emprunt du canal de Bourgogne, telles qu'elles sont contenues en l'acte reçu pour minute par Casimir Noël et son collègue, notaires à Paris, le 22 mai 1828, sont approuvées.

2. Le commissaire nommé près ladite société est particulièrement chargé de veiller à ce que la délivrance des actions libérées ait lieu invariablement dans les proportions déterminées par le tableau n° 1.

3. Notre ministre secrétaire d'Etat du commerce et des manufactures (Saint-Cricq) est chargé de l'exécution de la présente ordonnance, qui sera publiée au Bulletin des Lois, et insérée dans le Moniteur et dans un journal d'annonces judiciaires du département de la Seine.

Statuts supplémentaires de la société anonyme pour la reconstitution du capital du canal de Bourgogne.

Nous soussignés,

Jonas Hagerman, demeurant à Paris, rue d'Artois, n° 13;

Jacques-Antoine Blanc, demeurant à Paris, même rue, n° 33;

Barthélemy Colin, demeurant même maison;

Gabriel Odier, demeurant à Paris, rue de Provence, n° 19;

Jacques-Antoine Odier, demeurant même maison;

Tous administrateurs de la société anonyme pour la reconstitution du capital des actions du canal de Bourgogne, nommés par les statuts de cette société, en date du 26 septembre dernier, approuvés par ordonnance du Roi du 31 octobre suivant;

Voulant obtempérer au vœu émis par plusieurs actionnaires de voir prendre des mesures semblables à celles qui ont été prises par la compagnie des quatre canaux, d'une part, pour augmenter successivement le nombre d'actions libérées en complétant les non libérées les unes par les autres, et d'autre part, pour assurer la conservation des titres au porteur par la création d'inscriptions nominatives;

Considérant, sur le premier point:

Que, d'après l'article 6 des statuts du 26 septembre, les actions libérées que la société est autorisée à émettre sont, à l'égard des non libérées, dans la proportion de cent contre cent soixante-douze;

Que les actions non libérées ne sont admises à verser à chaque trimestre qu'une faible portion de leur capital, en sorte qu'aucune ne se trouvera complétement libérée avant le 1er octobre 1832;

Qu'en cet état lesdites actions ne présentent le placement que d'une portion du capital, et qu'elles imposent l'obligation de verser ultérieurement le surplus, obligation qui nuit à leur circulation;

Qu'en réunissant plusieurs desdites actions, il serait facile d'imputer sur quelques-unes les versemens successifs auxquels toutes sont assujéties, en sorte qu'à chaque trimestre il serait délivré un nombre déterminé d'actions entièrement libérées, avec coupons d'intérêt à raison de cinq pour cent par an, pour les semestres à courir à dater de cette délivrance; lesquelles actions libérées, étant évidemment plus négociables, tant en France qu'à l'étranger, que des actions qui, pendant plusieurs années, ne présentent qu'une fraction d'elles-mêmes, offriraient par là plus de facilité aux actionnaires pour acquitter les versemens auxquels ils sont successivement tenus;

Nous étant d'ailleurs convaincus que cette mesure peut se concilier avec la nécessité de maintenir la garantie d'un sixième exigé par le Gouvernement, d'après l'article 15 du cahier des charges, en réservant sur les actions non libérées une somme au moins équivalente à ce sixième;

Sur le second point, considérant:

Que la nécessité pour les actionnaires de conserver, d'ici à l'année 1868 (époque légale de l'extinction des actions de l'emprunt), et jusqu'en 1908 (époque légale de l'extinction des actions de jouissance), des titres au porteur, dont toutes sortes d'accidens peuvént occasioner la perte ou la destruction, est, malgré la solidité de l'effet, une cause d'éloignement pour les personnes prudentes ;

Que le mode des inscriptions nominatives adopté par la compagnie des quatre canaux remédie évidemment à cet inconvénient ;

Mais considérant aussi :

Que, si la faculté dont il s'agit était purement gratuite, il serait facile d'en abuser pour des opérations éphémères, et d'occasioner à la société beaucoup d'écritures et des frais que son organisation actuelle ne comporte pas ;

Que, d'après les arrangemens faits, les allocations des statuts pour les frais d'administration, postérieurs au 1er octobre prochain, présentent, sauf les cas extraordinaires et imprévus, une économie déterminée qui, aux termes de l'article 13, doit être répartie aux actions de jouissance, et qu'il serait injuste de priver ces actions de cette expectative au profit des actions d'emprunt ;

Qu'en conséquence il est nécessaire de soumettre la faculté de se faire délivrer des inscriptions nominatives à une rétribution proportionnée aux frais qu'elle doit occasioner ;

Avons résolu d'adopter les articles suivans, comme supplément aux statuts de la société, sauf à les présenter à l'approbation de Sa Majesté, conformément à la loi.

Certificats de dépôt.

Art. 1er. Les actionnaires de la société anonyme pour la reconstitution du capital des actions du canal de Bourgogne auront la faculté de déposer leurs titres à la société, par parties de *quarante-trois actions non libérées,* en échange desquelles il leur sera délivré un certificat de dépôt, négociable et transmissible par endossement, conforme au modèle ci-joint n° 1.

2. Les porteurs de certificats de dépôt seront tenus de verser à la société, à mesure l'échéance, les sommes portées au tableau de libération contenu au même titre, et il leur sera délivré à chaque versement les actions entièrement libérées qui y correspondent, avec coupons d'intérêt de vingt-cinq francs par semestre.

3. Pour donner aux actions non libérées, créées par la société suivant le modèle annexé aux statuts du 26 septembre dernier, la marque de leur libération, la feuille des coupons d'intérêt des échéances antérieures au 1er avril 1833, qui y sera jointe, portera en tête la mention suivante :

« Action entièrement libérée par certificat de dépôt n°
conformément aux statuts supplémentaires approuvés par ordonnance royale de
            ; au moyen de quoi

« les quittances des versemens ont été signées « par anticipation. »

Le caissier de la Société anonyme,
Les membres du Conseil d'administration.

Inscriptions nominatives.

4. Les porteurs d'actions libérées auront la faculté de se faire inscrire nominativement en déposant leurs titres, en échange desquels il leur sera délivré des certificats d'inscriptions énonçant le nombre, la série et le numéro des actions d'emprunt ou de jouissance déposées.

Ces certificats seront conformes aux modèles ci-joints, sous les n°s 2 et 3.

5. Les certificats d'inscriptions seront transcrits, par ordre de numéros, sur des registres à ce destinés. Il y aura de plus un registre de comptes ouverts à chaque titulaire.

6. Les titulaires d'inscriptions nominatives pourront à volonté transférer ou retirer, en tout ou en partie, les titres au porteur qu'ils avaient déposés.

7. Ces transferts ou retraits seront constatés, tant au dos des inscriptions que sur le registre des comptes ouverts, par la signature des titulaires ou de leurs fondés de pouvoirs, certifiée par un agent de change.

8. Les intérêts et dividendes d'actions seront payés sur bordereaux quittancés par le titulaire ou son fondé de pouvoir.

9. Tout titulaire d'inscription, soit par dépôt de titres au porteur, soit par transfert d'une inscription antérieure, paiera à la société une rétribution de dix centimes par action, sans que cette rétribution puisse excéder dix francs pour un seul dépôt ou transfert, de quelque importance qu'il soit.

10. Il sera rendu compte à l'assemblée générale du produit de cette rétribution et de son affectation spéciale aux frais qui seront faits pour l'exécution des six articles qui précédent. L'excédant, s'il y en a, sera joint à la réserve destinée à être répartie aux actions de jouissance, d'après l'article 13 des statuts du 26 septembre dernier.

Dispositions générales.

11. Les actions déposées à la société pour être converties soit en certificats de dépôt, soit en certificats d'inscriptions nominatives, seront mises dans une caisse à trois clefs, dont deux seront dans les mains de deux des administrateurs, et la troisième dans celles du caissier.

12. Les administrateurs porteurs des clefs de la caisse seront tenus de se réunir au caissier, un jour déterminé de chaque semaine, pour opérer les mutations qui auront été demandées.

13. Les cinq administrateurs de la société

se chargeront des clefs à tour de rôle, chacun pendant trois mois, sauf les remplacemens dont ils conviendront de gré à gré.

14. L'exécution des présens statuts supplémentaires sera comprise dans l'état de situation semestriel que la société est tenue de fournir, aux termes de l'article 4 de l'ordonnance royale du 31 octobre dernier.

Les soussignés, en leur qualité d'administrateurs de la société anonyme pour la reconstitution du capital des actions du canal de Bourgogne, s'obligent d'exécuter les stipulations contenues au présent acte, qui sera soumis à l'approbation de Sa Majesté.

A Paris, ce 7 mars 1828.

Pour extrait conforme : *Les membres du conseil d'administration*, J. Ant. ODIER, Jonas HAGERMAN, B. COLIN, J. A. BLANC, G. Odier.

___

5 JUIN 1828. — Ordonnance qui accorde des lettres de déclaration de naturalité au sieur Lefebure. (8, Bull. 343, n° 13318.)

5 JUIN 1826. — Ordonnance qui admet les sieurs Minelli et Trappier à établir leur domicile en France. (8, Bull 235, n° 8542.)

5 JUIN 1828. — Ordonnance qui autorise le sieur Meynard à ajouter à son nom celui de *de Franc*. (8, Bull. 235, n° 8541.)

5 JUIN 1828. — Ordonnance qui autorise l'acceptation d'une donation faite à la commune de Soulgé-le-Bruant. (8, Bull. 243, n° 8789.)

5 JUIN 1828. — Ordonnance portant concession au sieur Fargeix des mines d'antimoine existant au territoire de Chaumadoux (Puy-de-Dôme). (8, Bull. 243, n° 8795.)

5 JUIN 1828. — Ordonnance qui autorise le sieur Onfroy à établir, en remplacement du moulin à blé de l'étang de Moulinet (Ille-et-Vilaine), un haut-fourneau pour la fonte du minerai de fer, et un atelier de moulerie. (8, Bull. 243, n° 8796.)

___

5 JUIN 1828. — Ordonnances qui autorisent l'acceptation de dons et legs faits aux fabriques des églises d'Altenstadt, de Bayonvillers, de Coutras, de Guilleville, de Massy, de Plouaret, de Saralbe, de Sainte-Croix-sur-Orne, de Viarmes, de Semilly, de Saint-Girons, de Violes, de Schirmeck, de Sainte-Geneviève-des-Bois; aux curés successifs de Bourbonne, et aux séminaires d'Orléans et de Poitiers. (8, Bull. 266, n°s 10200 à 10216.)

5 JUIN 1828. — Ordonnance qui accorde des lettres de déclaration de naturalité au sieur Ghirardi. (8, Bull. 253, n° 9276.)

5 JUIN 1828. — Ordonnances qui autorisent l'acceptation de dons et legs faits aux fabriques des églises de Verlaizon, de la Rochepot, de Chacrise, de Bourdon et d'Aubusson. (8, Bull. 267, n°s 10218 à 10222.)

8. = Pr. 21 JUIN 1828. — Ordonnance du Roi qui nomme M. Alexandre de Laborde membre de la commission supérieure de l'établissement des invalides de la marine. (8, Bull. 236, n° 8605.)

Charles, etc.

Vu notre ordonnance du 2 octobre 1825, portant création d'une commission de cinq membres et d'un secrétaire, sous le titre de *commission supérieure de l'établissement des invalides de la marine* ;

Sur le rapport de notre ministre secrétaire d'Etat de la marine et des colonies,

Nous avons ordonné et ordonnons ce qui suit :

Art. 1er. Le sieur Alexandre de Laborde, député du département de la Seine, est nommé membre de la commission supérieure de l'établissement des invalides de la marine, en remplacement du sieur vicomte de Martignac, appelé au ministère de l'intérieur.

2. Notre ministre secrétaire d'Etat de la marine et des colonies (baron Hyde de Neuville) est chargé de l'exécution de la présente ordonnance, qui sera insérée au Bulletin des Lois.

8 JUIN = Pr. 9 JUILLET 1828. — Ordonnance du Roi qui approuve quelques changemens faits aux statuts de la société d'assurances mutuelles contre la grêle, formée à Toulouse (8, Bull. 238 bis, n° 3.)

Charles, etc.

Sur le rapport de notre ministre secrétaire d'Etat du commerce et des manufactures ;

Vu l'ordonnance royale du 15 novembre 1826, portant autorisation de la société d'assurances mutuelles contre la grêle à Toulouse, et approbation de ses statuts ;

Vu la délibération du conseil d'administration, approuvée par le conseil général, du 11 avril 1828, tendant à introduire divers changemens dans les statuts de la société, et de laquelle il résulte que ces changemens ont obtenu l'assentiment de tous les sociétaires individuellement ;

Notre Conseil d'Etat entendu ;

Nous avons ordonné et ordonnons ce qui suit :

Art. 1er. Conformément à la délibération prise le 11 avril 1828 par le conseil d'administration et le conseil général de la société d'assurances mutuelles contre la grêle à Toulouse, sont approuvés, sans préjudice du droit des tiers, les changemens et les dispositions qui suivent :

1° Le conseil général, sur la proposition du conseil d'administration, est autorisé à modifier les statuts, sous la réserve de notre approbation.

2° Les départemens de la Gironde, des Landes et des Pyréuées-Orientales, seront compris à l'avenir dans la circouscription de la société. Cinq des plus forts assurés de chacun de ces départemens feront partie du conseil général, qui ne pourra délibérer qu'autant que le nombre des membres présens sera de vingt-quatre au moins.

3° Le terme fixé pour recevoir les déclarations d'assurance est prorogé au 15 juin pour toutes les récoltes, et au 1er août pour les vignes.

4° La prime à payer pour les tabacs sera élevée à cinq pour cent.

5° Tout propriétaire entrant dans l'association sera tenu de verser immédiatement le montant total de la part contributive dont il peut être passible, suivant la nature des récoltes qu'il déclare engager à l'assurance.

2. Nous nous réservons de révoquer la présente approbation en cas de violation ou de non-exécution des dispositions y mentionnées.

3. Notre ministre secrétaire d'Etat du commerce et des manufactures (M. St. Cricq) est chargé de l'exécution de la présente ordonnance, qui sera publiée au Bulletin des Lois et insérée dans le Moniteur et dans un journal d'annonces judiciaires de chacun des départemens qui forment la circonscription de la société.

8 JUIN 1828. — Ordonnance du Roi portant autorisation définitive de la congrégation des sœurs de la Charité établie à Strasbourg, département du Bas-Rhin. (8, Bull. 236, n° 8607) (1).

8 JUIN 1828. — Ordonnances qui autorisent l'acceptation de dons et legs faits aux fabriques des églises d'Eteignières, de Noidant, de Prats-de-Mollo, de Ribérac, d'Ile-Bouin, de Laas, de Gien, de Camon, d'Etallans, de Châtiau-Gontier et Saint-Fort, de Fressin, de Loctudy, de Mée, de Paris, de Poullaouen, de Cassagnes; au diocèse de Rodez; aux desservans successifs de la paroisse de Juvigné, et aux séminaires de Rodez et de La Rochelle. (8, Bull. 267, n°s 10223 à 10241.)

10 JUIN 1828. — Lettres-patentes portant érection de majorat en faveur de M. de Bouexic. (8, Bull. 235, n° 8540.)

11 JUIN = Pr. 1er JUILLET 1828. — Ordonnance du Roi qui classe la route de Grenoble à Marseille au rang des routes royales de troisième classe. (8, Bull. 238, n° 8691.)

Charles, etc.

Sur le rapport de notre ministre secrétaire d'Etat au département de l'intérieur;

Vu la délibération par laquelle le conseil général du département de l'Isère a demandé que la route départementale n° 1, de Grenoble à Marseille par la Croix-Haute, soit classée au rang des routes royales, et a pris en même temps l'engagement de contribuer pour trois cent mille francs à la dépense des travaux à exécuter sur son territoire;

Vu les avis des préfets des départemens de l'Isère, de la Drôme et des Hautes-Alpes;

Vu l'avis du conseil général des ponts-et-chaussées;

Notre Conseil-d'Etat entendu,

Nous avons ordonné et ordonnons ce qui suit :

Art. 1er. La route de Grenoble à Marseille par la Croix-Haute et Aspres est et demeure placée au rang des routes royales de troisième classe. Elle formera une seule et même communication avec la route n° 75, de Châlons-sur-Saône à Grenoble, dont elle est la continuation, et qui prendra à l'avenir le nom de *route royale* n° 75, de Châlons-sur-Saône à Sisteron, par Tournus, Cuisery, Romenay, Saint-Trivier, Montrevel, Bourg-en-Bresse, Pont-d'Ain, Lagnieu, Pont du Sault du Rhône, Arandon, les Abrets, Chizein, Voiron, Voreppe, Grenoble, la Croix-Haute et Aspres.

2. Le département de l'Isère, conformément à la délibération de son conseil général dans sa session de 1827, contribuera pour trois cent mille francs à la dépense des travaux d'achèvement de cette route sur son territoire.

3. L'administration est autorisée à acquérir les terrains nécessaires pour construire la nouvelle route dans les trois départemens de l'Isère, de la Drôme et des Hautes-Alpes, sur les dimensions assignées aux routes de troisième classe. Elle se conformera, à ce sujet, aux dispositions de la loi du 8 mars 1810 sur l'expropriation pour cause d'utilité publique.

4. Notre ministre secrétaire d'Etat de l'intérieur (vicomte de Martignac) est chargé de l'exécution de la présente ordonnance.

11 JUIN 1828. — Ordonnance qui autorise l'inscription au Trésor royal de cent quarante-huit pensions civiles et militaires. (8, Bull. 260 *bis*, n° 1.)

11 JUIN 1828. — Ordonnance qui accorde des pensions de retraite à douze militaires y dénommés, imputables sur le crédit de dix-huit cent mille francs, ouvert par l'art. 3 de la loi du 20 juin 1827. (8, Bull. 237 *bis*, n° 9.)

11 JUIN 1828 — Ordonnance qui autorise l'acceptation d'un legs fait aux pauvres de Brienne-le-Château. (8, Bull. 243, n° 8790.)

(1) *Voy*. ord. du 4 = 19 mai 1828.

11 JUIN 1828. — Ordonnance qui autorise le sieur Brierre-Montadin à conserver et tenir en activité l'usine à fer dite *de la Meilleraye* (Deux-Sèvres). (8, Bull. 243, n° 8797.)

11 JUIN 1828. — Ordonnance qui autorise les sieurs Fouquet frères à maintenir en activité et à augmenter l'usine à laiton qu'ils possèdent dans la commune de Neaufles (Eure). (8, Bull. 243, n° 8798.)

11 JUIN 1828. — Ordonnances qui autorisent l'acceptation de dons et legs faits aux pauvres de Sainte-Eulalie, de Saint-Jean de Valeriscle, de Saint-Privat de Champelot, de Toulouse, de Cadours, de Pibrac et de Crepy; aux hospices de Limoux, de Seurre, de Pierrelatte, de Toulouse, de Cahors et de Luzy; aux bureaux de bienfaisance de Saissac et de Chassagne. (8, Bull. 244, n° 8802 à 8815.)

11 JUIN 1828. — Ordonnances qui autorisent l'acceptation de dons et legs faits aux hospices de Colmar, de Rouffach, de Castres, d'Avignon et de Jonquieres; aux pauvres de Château-du-Loir; aux communes de Longchamp, Darney-aux-Chênes, Renoi, d'Auvilliers, d'Isming et de Dommartin-le-Saint-Père, et à l'église réformée de Mens. (8, Bull. 246, n°s 8832 à 8842.)

11 JUIN 1828. — Ordonnance qui érige en hospice civil l'établissement de bienfaisance de Bessé, et l'autorise à accepter une donation. (8, Bull. 246, n° 8843.)

11 JUIN 1828. — Ordonnances qui autorisent l'acceptation de dons et legs faits à diverses communautés et congrégations religieuses établies

à Cambrai, à Amiens, à Rouen, à Paris, à Saint James, à Bourbourg, à Saint-Janet; au séminaire diocésain de Toulouse; à la commune et à la fabrique de l'église de Craon. (8, Bull. 267, n°s 10242 à 10251.)

15 JUIN 1828. — Ordonnance du Roi portant autorisation définitive de la communauté des filles de Marie établie à Arbois, département du Jura. (8, Bull. 237, n° 8671.)

15 JUIN 1828. — Ordonnance du Roi portant autorisation définitive de la communauté des religieuses ursulines de Jésus dites de Chavagnes, établie à Angoulême, département de la Charente. (8, Bull. 237, n° 8670.)

15 JUIN 1828. — Ordonnance du Roi portant convocation du collège départemental du Pas-de-Calais. (8, Bull. 238, n° 8692.)

15 JUIN 1828. — Ordonnances qui autorisent l'acceptation de dons et legs faits aux fabriques des églises d'Ottonville, de Grand-Fayt, de Locmalo, de Saint-Genis-Laval, de Saint-Jean-des-Marais, de Pont-l'Évêque, de Lucy, de Briel; aux séminaires diocésains d'Alby, de Perpignan et d'Amiens. (8, Bull. 267, n°s 10252 à 10262.

16 = Pr 21 JUIN 1828. — Ordonnance du Roi contenant diverses mesures relatives aux écoles secondaires ecclésiastiques et autres établissemens d'instruction publique (1). (8, Bull. 236, n° 8603.)

Charles, etc.

Sur le compte qui nous a été rendu:

1° Que, parmi les établissemens connus

_____

(1) Les art. 23 et 24 de la loi du 18 germinal an 10 portent que les évêques sont chargés de l'organisation de leurs séminaires, mais que les réglemens de cette organisation doivent être soumis à l'approbation du Gouvernement; que ceux qui seront choisis pour l'enseignement souscriront la déclaration de 1682.

L'art. 3 du décret du 17 mars 1808 dispose que l'instruction dans les séminaires dépend des archevêques et évêques.

L'art. 5 du même décret désigne au nombre des établissemens dépendans de l'Université les écoles secondaires communales, où a lieu l'enseignement des élémens des langues anciennes et les premiers principes de l'histoire et des sciences.

Le décret du 9 avril 1809 déclare formellement, art. 3, qu'aucune autre école que les séminaires ne peut exister en France, si elle n'est régie par les membres de l'Université et soumise à ses règles. Cependant il ajoute, dans les art. 3, 4 et 5, que l'Université accordera un intérêt spécial aux écoles secondaires que les départemens, les villes, les évêques ou les particuliers voudront établir pour être consacrées plus spécialement aux élèves qui se destinent à l'état ecclésiastique; que la permission de porter l'habit ecclésiastique pourra être accordée aux élèves desdites écoles; que les prospectus et les réglemens de ces écoles seront toujours soumis

au grand-maître et au conseil de l'Université.

Le tit. 4, chap. 1er, du décret du 15 novembre 1811 détermine l'enseignement des écoles ecclésiastiques secondaires, déclare de nouveau qu'elles sont soumises à l'Université; que l'enseignement n'y peut être donné que par *des membres de l'Université étant à la disposition du grand-maître*. Il en fixe le nombre à une par département, ordonne aux préfets et aux procureurs généraux de tenir la main à l'exécution de ces dispositions; il oblige les élèves des écoles ecclésiastiques à suivre leurs classes dans les lycées ou collèges; enfin il veut que les élèves portent l'habit ecclésiastique, et que les exercices se fassent au son de la cloche.

L'ordonnance du 5 octobre 1814, insérée au Moniteur, mais non publiée au Bulletin des Lois (*voy.* dans cette Collection, à sa date), modifie les dispositions du titre 4 du décret du 15 novembre 1811. Elle autorise les archevêques et évêques à nommer les chefs et instituteurs des écoles ecclésiastiques (ils ne doivent donc plus être membres de l'Université) Elle dispense les élèves de suivre leurs classes dans les lycées ou collèges; elle les exempte de la rétribution universitaire; elle veut que le grade de bachelier ès-lettres leur soit conféré gratuitement par l'Université (*voy.* art. 1er de l'ordonnance du 17 octobre 1821).

Toutefois l'art. 6 déclare qu'il ne pourra être érigé dans un département une seconde école ecclésiastique qu'en vertu d'une ordonnance du Roi.

Enfin l'art. 28 de l'ordonnance du 27 février 1821 est ainsi conçu :

« Lorsque, dans les campagnes, un curé ou « desservant voudront se charger de former deux « ou trois jeunes gens pour les petits séminaires, « ils devront en faire la déclaration au recteur « de l'académie, qui veillera à ce que ce nom- « bre ne soit jamais dépassé; ils ne paieront « point de droit annuel, et leurs élèves seront « exempts de la rétribution universitaire. »

Une commission a été créée au commencement de 1828, « pour constater l'état des écoles « ecclésiastiques secondaires en France, le com- « parer aux différentes dispositions de la légis- « lation en vigueur, rechercher les moyens d'as- « surer, relativement à ces écoles, l'exécution « des lois du royaume. »

Il résulte du rapport de la commission que cent vingt-six écoles ecclésiastiques secondaires ont été autorisées par ordonnances du Roi, depuis le 5 octobre 1814; que cinquante-trois établissemens, se qualifiant d'écoles ecclésiastiques, d'écoles cléricales, de petits séminaires, existent sans être autorisés, et sans être assujétis au régime de l'Université; qu'il y a un grand nombre d'écoles primaires ecclésiastiques formées en vertu de l'art. 28 de l'ordonnance du 27 février 1821, mais qui sont en contravention avec ses dispositions, relativement au nombre d'élèves qui peuvent être admis dans ces écoles; qu'enfin, dans différens diocèses, l'école ou les écoles secondaires ont été dédoublées, c'est-à-dire qu'une seconde école a été établie, sans autorisation, comme succursale, dépendance ou dédoublement de la première.

Ces diverses assertions ont été émises par la commission à l'unanimité.

Sur un autre point, il y a eu division. Il a été reconnu en fait que la direction de huit écoles ecclésiastiques a été confiée, par les évêques, à des prêtres vivant sous la règle de saint Ignace. La minorité de la commission a pensé que cet état de choses constituait une contravention : 1° aux lois générales qui prohibent la formation de toute congrégation religieuse, sans autorisation légale; 2° aux lois spéciales qui ont supprimé l'ordre des jésuites; que la Charte et le principe de liberté de conscience qu'elle consacre laissent sans doute à chaque individu toute faculté de suivre dans son intérieur telles ou telles règles ou pratiques religieuses; mais que, dès qu'il résulte de l'adoption de ces règles une association d'hommes réunis par des vœux et des liens monastiques, cette association est passible de l'application des lois prohibitives (voy. la discussion sur la loi du 24 mai 1825).

La majorité de la commission a déclaré, au contraire, que le seul fait de vivre dans l'intérieur sous une règle religieuse, sans le manifester par des signes extérieurs contraires à l'ordre et aux lois, ne constituait pas une infraction aux lois prohibitives de la formation des congrégations religieuses; qu'en fait les prêtres choisis par les évêques pour la direction des écoles ecclé-

siastiques, et révocables à volonté, ne se distinguant des autres ecclésiastiques par aucun signe extérieur ni par aucune dénomination particulière, ne formaient pas une congrégation religieuse, bien qu'ils suivissent, pour leur régime intérieur, la règle de saint Ignace.

Voy. le rapport de la commission, à la date du 28 mai 1828.

Contre l'opinion émise par la majorité de la commission, et en faveur de celle qui a été adoptée par la minorité, on peut citer : 1° l'arrêt de la cour royale de Paris du 18 août 1826, qui a reconnu que l'existence des jésuites est en opposition avec la législation actuelle, et surtout avec les principes de droit public consacrés par la Charte (Dalloz, 1828, 2e partie, p. 46); 2° le rapport de M. le comte Portalis, sur la pétition de M. le comte de Montlozier, dans la séance de la Chambre des pairs du 18 janvier 1827 (Mon. du 21 janvier 1827). Dans ce rapport, après avoir rappelé les lois spéciales abolitives de l'institut des jésuites et les lois générales prohibitives des corporations religieuses, M. le comte Portalis dit qu'une association religieuse se manifeste au dehors, si elle dirige publiquement des maisons d'éducation et d'enseignement; que cette manière de se manifester doit attirer plus qu'aucune autre l'attention du Gouvernement du Roi; car l'État a plus d'intérêt à connaître et à autoriser ceux qui se présentent pour former des sujets fidèles et de bons citoyens que ceux qui ne réclament que le droit de posséder, d'acheter et de vendre.

Voici en quels termes il termine : « En ré- « sumé, les lois spéciales de Louis XV et de « Louis XVI ont aboli en France la société de « Jésus; des lois générales de 1789, 1792 et « 1802, ont éteint et supprimé en France toutes « les associations religieuses d'hommes. Un dé- « cret de 1804, et deux lois de 1817 et 1825, « établissent en principe que de semblables éta- « blissemens ne peuvent se former de nouveau « dans le royaume qu'avec une autorisation de « la puissance publique; et, aux termes de la « loi de 1825, cette autorisation doit être don- « née par une loi.

« Il est avéré qu'il existe, malgré ces lois et « sans autorisation légale, une congrégation re- « ligieuse d'hommes.

« Si elle est reconnue utile, elle doit être au- « torisée. Ce qui ne doit pas être possible, c'est « qu'un établissement, même utile, existe de fait « lorsqu'il ne peut avoir aucune existence de « droit, et que, loin d'être protégé par la puis- « sance des lois, il le soit par leur impuissance.

« Ce n'est pas la sévérité des lois que votre « commission invoque, c'est le maintien de l'or- « dre légal.

« Les tribunaux se sont déclarés incompé- « tens : l'administration seule peut procurer en « cette partie l'exécution des lois. »

(La Chambre prononça le renvoi au président du Conseil, pour faire exécuter les lois.)

3° Les rapports de M. de Sade à la Chambre des députés, sur plusieurs pétitions contre les jésuites, et la discussion (Mon. du 23 et du 30 juin).

Dans l'arrêt de la cour de Paris et dans les débats parlementaires, on a invoqué l'édit de

sous le nom d'*écoles secondaires ecclésiastiques*, il en existe huit qui se sont écartés du but de leur institution, en recevant des élèves dont le plus grand nombre ne se destine pas à l'état ecclésiastique (1);

2° Que ces huit établissemens sont dirigés par des personnes appartenant à une congrégation religieuse non légalement établie en France (2);

Voulant pourvoir à l'exécution des lois du royaume;

De l'avis de notre Conseil,

Nous avons ordonné et ordonnons ce qui suit :

Art. 1er. A dater du 1er octobre prochain, les établissemens connus sous le nom d'*écoles secondaires ecclésiastiques*, dirigés par des personnes appartenant à une congrégation religieuse non autorisée, et actuellement existant à Aix, Billom, Bordeaux, Dôle, Forcalquier, Montmorillon, Saint-Acheul et Sainte-Anne d'Auray, seront soumis au régime de l'Université.

2. A dater de la même époque, nul ne pourra être ou demeurer chargé soit de la direction, soit de l'enseignement dans une des maisons d'éducation dépendantes de l'Université, ou dans une des écoles secondaires ecclésiastiques, s'il n'a affirmé par écrit qu'il n'appartient à aucune congrégation religieuse non légalement établie en France (3).

3. Nos ministres secrétaires d'État sont chargés de l'exécution de la présente ordonnance, qui sera insérée au Bulletin des Lois (4).

16 JUIN 1828. — Rapport par le ministre des affaires ecclésiastiques au Roi, sur les écoles secondaires ecclésiastiques. (Mon. du 17 juin 1828.)

Voy. ordonnance du 16 juin 1828, et loi du 20 août 1828, le rapport du 28 mai 1828.

Sire, après les orages de la révolution, la société cherchant à se replacer sur des bases solides qui pussent assurer son repos, le premier besoin qui se fit sentir fut celui de la religion.

Le chef du Gouvernement d'alors entreprit de relever les autels abattus, et la France se montra ce qu'elle avait toujours été, religieuse et catholique.

Les peuples se portèrent avec empressement dans nos temples dépouillés : les pontifes et les prêtres reparurent, et commandèrent partout la confiance et le respect.

Bientôt on reconnut l'indispensable nécessité de préparer à l'église de France une milice nouvelle, qui pût renforcer d'abord et remplacer plus tard ces vétérans du sacerdoce que la persécution avait épargnés. Des séminaires furent ouverts dans presque tous les diocèses, mais il ne s'y présentait qu'un très-petit nombre d'élèves.

Les souvenirs de nos malheurs étaient récens. Les familles avaient vu moissonner si largement les rangs de la tribu sacerdotale, qu'elles ne voulaient pas exposer ce qu'elles avaient de plus cher aux dangers de ces temps de fureur et d'anarchie. Aussi, au lieu de seconder dans leurs enfans la vocation qui les eût portés au service des autels, elles employaient, au contraire, toute leur influence à

Louis XV du mois de novembre 1764, l'arrêt du parlement de Paris de 1767, l'édit de Louis XVI du 13 mai 1777, et la déclaration du 3 juin suivant, les lois du 28 octobre = 1er novembre 1789, du 13 = 19 février 1790, du 18 germinal an 10, le décret du 3 messidor an 12, les art 291 et suiv. Code pén., les lois des 2 janvier 1817 et 24 mai 1825 (*voy.* discussion a la Chambre des députés de la loi des finances; Mon des 9, 10 juillet 1828. *Voy.* aussi les notes sur la loi du 20 août 1828, relative aux bourses des écoles secondaires ecclésiastiques.)

(1) Le but de l'institution des écoles ecclésiastiques secondaires est de préparer pour les grands séminaires les enfans et les jeunes gens qui annonceraient de la vocation à l'état ecclésiastique (*Rapport de la commission*). Les écoles se sont écartées de ce but, en recevant des jeunes gens qui notoirement ne se destinaient pas au sacerdoce, et qui n'avaient pas même une apparence de vocation, et en comprenant dans l'enseignement des arts et des sciences incompatibles avec l'état ecclésiastique (la danse, l'escrime, etc.). *Voy.* l'ordonnance ci-après, en date du même jour 16 juin 1828).

(2) *Voy.* les notes précédentes.

(3) Cette disposition a été critiquée, comme attentatoire à la liberté de conscience et à la libre faculté d'association : à cette occasion, on s'est élevé contre le monopole de l'Université.

Toutefois on doit remarquer que, tant que les lois qui règlent l'instruction publique seront en vigueur, elles devront être observées; que, si le reproche de porter atteinte à la liberté individuelle et à la liberté de conscience est bien fondé, ce n'est pas contre l'ordonnance qu'il doit être dirigé, mais contre les lois qu'elle prohibent toutes les associations, et notamment les congrégations religieuses, et qui les prohibent non pas seulement en ce sens, qu'une congrégation ou association religieuse ou politique non autorisée n'a pas d'existence aux yeux de la loi, n'est pas une personne morale, mais encore en ce sens, que tout individu qui en fait partie contrevient aux lois du pays. Il est vraiment impossible de prononcer des peines, et surtout des peines assez graves pour qu'elles soient efficaces, contre les membres des associations ou congrégations, par cela seul qu'ils en font partie; mais il nous semble que le Gouvernement peut établir en règle générale que tout individu qui reconnaît lui-même faire partie d'une association prohibée sera exclu de l'enseignement public.

(4) L'ordonnance est contre-signée par le garde-des-sceaux (comte Portalis).

les en détourner. De plus, l'esprit qui dominait alors dans la nation, et de là dans tous les établissemens de l'instruction publique, éloignait du sanctuaire la presque totalité de la jeunesse française, poussée en foule dans les carrières qui menaient ou à la gloire des armes ou à la fortune. Un état d'ailleurs qui, en échange des privations continuelles et des pénibles devoirs qu'il impose, n'offre qu'une rétribution modique, à peine suffisante pour fournir aux premiers besoins de la vie, et ne promet d'autre ressource dans la vieillesse que les secours incertains de la charité, ne devait pas appeler de nombreux aspirans.

Dans de telles conjonctures on ne pouvait, sans compromettre le sort de l'église de France, s'en tenir à l'usage qui avait été généralement suivi autrefois, de ne commencer l'éducation ecclésiastique des élèves du sanctuaire qu'au moment où ils se présentaient dans les séminaires après avoir terminé leurs études classiques dans les colléges. Il était facile de prévoir que, dans l'état actuel des choses, s'il n'y avait que les écoles ordinaires pour cultiver les dispositions naissantes des jeunes lévites, la plupart des vocations devant se trouver comme étouffées dans leur germe, c'en était fait de la tribu sainte, et par conséquent de la religion catholique, dans le royaume très-chrétien.

C'est alors que les archevêques et évêques de France portèrent au pied du trône leurs respectueuses prières, pour obtenir une nouvelle organisation des écoles secondaires destinées à former des élèves ecclésiastiques. Leur but était : 1° de vaincre la répugnance naturelle des familles par les avantages d'une éducation presque toujours gratuite, ou qui ne leur imposât que de légers sacrifices ; 2° de séparer entièrement les jeunes lévites des compagnons d'études voués à d'autres carrières, animés d'un tout autre esprit, dont les entretiens, comme les habitudes et les exemples, faisaient si souvent échouer leurs premières résolutions ; 3° de profiter de cet âge heureux qui reçoit toutes les impressions, pour jeter plus profondément dans ces jeunes ames la science de cette piété solide et véritable, de ces nobles sentimens de générosité, de désintéressement et de courage qui devaient en faire un jour de dignes ministres des saints autels.

Ainsi le grand motif de l'épiscopat, Sire, en demandant à votre auguste frère la faculté de créer de nouvelles écoles spéciales pour les élèves ecclésiastiques, était manifestement puisé dans la plus impérieuse de toutes les nécessités, celle de sauver le sacerdoce prêt à périr.

Les faits viennent ici à l'appui des raisonnemens, pour prouver que, si ces écoles n'avaient pas été fondées, le sacerdoce, et avec lui la foi de nos pères, allait s'éteindre dans notre patrie.

Votre Majesté verra, par les états que j'ai l'honneur de mettre sous ses yeux, que, depuis 1805 jusqu'en 1820, les ordinations ne suffisaient pas à remplir les vides laissés par les ecclésiastiques décédés, et que, pendant ces quinze ans, le nombre des prêtres avait diminué de 1,523. Ce n'est qu'à dater de 1821 jusqu'en 1828, que les ordinations ont donné un excédant de 2,289 sur les décès, parce que c'est alors seulement que les écoles secondaires ecclésiastiques, ayant reçu en 1814 un nouveau développement, commencèrent à fournir de plus nombreux élèves aux grands séminaires. Votre Majesté observera que cet excédant des ordinations sur les décès n'a cependant dépassé que de 766 le nombre des prêtres qui existaient en 1805, et que dès lors il s'écoulera bien des années avant que le personnel du clergé soit en proportion avec les besoins de la France, et que les évêques puissent répondre aux instantes prières de toutes les populations qui demandent des pasteurs.

Toutefois ces écoles, si incontestablement nécessaires à la perpétuité du sacerdoce et à la conservation de la religion catholique dans le royaume, comment jusqu'à ce jour ont-elles subsisté ? Sans dotation, sans secours du Gouvernement, entièrement à la charge des évêques, les produits des quêtes annuelles en ont été la principale, je dirai presque l'unique ressource. Mais une existence fondée sur de tels moyens demeurait bien précaire. Les aumônes, qui ont pu être plus ou moins abondantes dans l'origine par l'intérêt universel qu'inspiraient ces écoles, la dernière et seule espérance du sanctuaire, ont dû éprouver chaque année une diminution sensible. Qui ne sait que l'intérêt le plus vif se refroidit avec le temps ; que la charité elle-même, sans se lasser précisément, mais pressée par une multitude d'autres œuvres également précieuses à la religion, se croit obligée de mettre plus de réserve dans la distribution de ses bienfaits ? Les évêques, dès lors, se sont trouvés souvent dans de cruels embarras pour soutenir des écoles auxquelles tenaient néanmoins les destinées de l'église de France ; et c'est ce qui a dû les rendre plus faciles à recevoir parmi leurs élèves des enfans étrangers à la vocation ecclésiastique, et dont les pensions servaient à alimenter leurs établissemens.

Mais de là sont nées des plaintes contre les petits séminaires. On leur a reproché de s'écarter de leur destination primitive, de sortir des limites qui leur avaient été tracées par la volonté du souverain, de se transformer insensiblement en vrais colléges, et de porter ainsi un préjudice notable aux établissemens de l'Université. Ces plaintes ont retenti dans le public, excité des murmures.

propagé des défiances, et Votre Majesté a jugé à propos de créer une commission chargée de constater l'état des écoles secondaires ecclésiastiques, et de lui indiquer les moyens de procurer à leur égard l'entière exécution des lois du royaume, en mettant en harmonie les droits inviolables de la religion et du trône, comme ceux de l'autorité paternelle et domestique.

La commission, tout en relevant les irrégularités qui ont pu se glisser dans la situation de ces écoles, et dont la cause principale, ainsi que l'excuse, se trouvent évidemment dans le manque absolu de ressources, a reconnu à l'unanimité « que les écoles secon- « daires ecclésiastiques sont utiles et même « nécessaires à la religion, qui ne peut « espérer, sans leur secours, d'assurer en « France la perpétuité du sacerdoce, et de « compléter par d'autres moyens le vide im- « mense du sanctuaire. »

Elle a pareillement émis à l'unanimité le vœu bien prononcé qu'à l'avenir « les écoles « secondaires ecclésiastiques soient encoura- « gées par des dotations ou secours convena- « bles qui les arrachent à cet état précaire où « les retient la pénible condition de n'être « alimentées que par des aumônes. »

C'est après avoir médité le rapport présenté à Votre Majesté par la commission, et en avoir conféré avec mes collègues, que j'ai l'honneur de lui soumettre le projet d'ordonnance ci-joint :

Il a pour objet :

1° De s'opposer à ce que les écoles secondaires ecclésiastiques puissent s'écarter de leur véritable destination, et cela en limitant le nombre total des élèves qu'elles pourront recevoir, en déclarant que le grade de bachelier ès-lettres serait complètement inutile aux élèves de ces écoles qui ne suivraient pas la carrière ecclésiastique ; enfin en obligeant les élèves à porter un habit ecclésiastique après un âge fixé et un séjour déterminé dans les-dites écoles ;

2° D'assurer et de rendre plus efficace la surveillance de Votre Majesté sur les écoles secondaires ecclésiastiques, en enjoignant aux supérieurs ou directeurs nommés par les archevêques et évêques de ne commencer leurs fonctions qu'après avoir obtenu son agrément ;

3° De satisfaire au vœu unanime de la commission en fondant 8,000 demi-bourses de 150 fr., lesquelles seront réparties entre les divers diocèses du royaume.

L'ordonnance que je soumets à l'approbation de Votre Majesté fixe à 20,000 le nombre total des élèves qui pourront être admis dans les écoles secondaires ecclésiastiques. Ce nombre n'excède pas les besoins réels.

Il est démontré que 8,000 prêtres suffiraient à peine pour remplir tous les titres vacans. Pour arriver à ce nombre de 8,000 en douze ou treize ans, il faut supposer que, chaque année, le nombre des prêtres ordonnés surpassera d'environ 600 celui des prêtres décédés : or, les décès ayant été jusqu'ici de 1,200 par an, et ne pouvant guère diminuer de longtemps à cause des vieillards, il est nécessaire que les ordinations fournissent 1,800 prêtres pour procurer un excédant de 600. Chaque diocèse donc, l'un dans l'autre, devra présenter chaque année de 20 à 25 diacres à l'ordination de la prêtrise.

Pour atteindre ce résultat, le cours d'études théologiques dans les grands séminaires étant de trois ans, ces établissemens ne pourront contenir moins de 80 ou 90 élèves, et dès lors les écoles secondaires ecclésiastiques auront à leur procurer chaque année de 25 à 30 sujets, ce qui suppose 250 élèves par chaque école, lesquels, multipliés par 80, donnent les 20,000 élèves proposés.

En effet on ne doit pas évaluer à moins du quart du nombre total celui des élèves qui ne persévéreront pas dans l'intention de se consacrer au service des autels. Comment espérer qu'à l'âge de 10 ou 12 ans tous soient fixés irrévocablement dans le choix d'un état et réunissent les qualités qui leur en ouvrent l'entrée ? On peut donc calculer que sur 250 élèves 185 seulement passeront dans les grands séminaires ; et, en divisant ce nombre par les sept années dont se compose le cours des études classiques, on trouve 27 élèves, terme moyen qu'exige l'entretien des grands séminaires.

Ce secours de 1,200,000 francs dont Votre Majesté daigne doter les écoles secondaires ecclésiastiques, est sans doute bien au-dessous des besoins, et, si la charité des fidèles retirait son appui à ces établissemens, cette somme serait insuffisante pour les entretenir, puisque, même en supposant, ce qui est fort à désirer, qu'on n'y reçût aucun élève qui ne payât la demi-pension, le nombre total de ceux qu'on peut y admettre étant fixé à 20,000, deux cinquièmes seulement participeront à ce bienfait royal.

Mais, Sire, ce témoignage de votre auguste munificence, loin d'éteindre le zèle, le ranimera ; il sera accueilli avec une vive reconnaissance par les évêques de votre royaume : vos sujets s'empresseront de partager la sollicitude éclairée de Votre Majesté pour la perpétuité du sacerdoce ; et ces écoles si nécessaires et si précieuses, ainsi consolidées, prospéreront à l'ombre de votre autorité tutélaire : les élèves y apprendront à bénir votre nom et les sages institutions qui, tant qu'elles ne seront ni méconnues ni dénaturées, assureront la gloire et le repos de la France.

Je suis avec respect, Sire, de Votre Majesté, le très-dévoué et très-fidèle sujet,

† F. J. H. *Évêque de Beauvais.*

16 = Pr. 21 juin 1828. — Ordonnance du Roi relative aux écoles secondaires ecclésiastiques (1). (8, Bull. 236, n° 8604).

Charles, etc.

Sur le rapport de notre ministre secrétaire d'État des affaires ecclésiastiques;

Notre conseil des ministres entendu,

Nous avons ordonné et ordonnons ce qui suit :

Art. 1er. Le nombre des élèves des écoles secondaires ecclésiastiques, instituées par l'ordonnance du 5 octobre 1814, sera limité dans chaque diocèse, conformément au tableau que, dans le délai de trois mois à dater de ce jour, notre ministre secrétaire d'État des affaires ecclésiastiques soumettra à notre approbation.

Ce tableau sera inséré au Bulletin des Lois, ainsi que les changemens qui pourraient être ultérieurement réclamés, et que nous nous réservons d'approuver s'il devenait nécessaire de modifier la première répartition.

Toutefois, le nombre des élèves placés dans les écoles secondaires ecclésiastiques ne pourra excéder vingt mille.

2. Le nombre de ces écoles et la désignation des communes où elles seront établies seront déterminés par nous, d'après la demande des archevêques et évêques, et sur la proposition de notre ministre des affaires ecclésiastiques.

3. Aucun externe ne pourra être reçu dans lesdites écoles.

Sont considérés comme externes les élèves n'étant pas logés et nourris dans l'établissement même.

4. Après l'âge de quatorze ans, tous les élèves admis depuis deux ans dans lesdites écoles seront tenus de porter un habit ecclésiastique.

5. Les élèves qui se présenteront pour obtenir le grade de bachelier ès-lettres ne pourront, avant leur entrée dans les ordres sacrés, recevoir qu'un diplôme spécial, lequel n'aura d'effet que pour parvenir aux grades en théologie; mais il sera susceptible d'être échangé contre un diplôme ordinaire de ba-

chelier ès-lettres, après que les élèves seront engagés dans les ordres sacrés.

6. Les supérieurs ou directeurs des écoles secondaires ecclésiastiques seront nommés par les archevêques et évêques, et agréés par nous.

Les archevêques et évêques adresseront, avant le 1er octobre prochain, les noms des supérieurs ou directeurs actuellement en exercice à notre ministre des affaires ecclésiastiques, à l'effet d'obtenir notre agrément.

7. Il est créé dans les écoles secondaires ecclésiastiques huit mille demi-bourses à cent cinquante francs chacune.

La répartition de ces huit mille demi-bourses, entre les diocèses, sera réglée par nous, sur la proposition de notre ministre des affaires ecclésiastiques. Nous déterminerons ultérieurement le mode de présentation et de nomination à ces bourses.

8. Les écoles secondaires ecclésiastiques, dans lesquelles les dispositions de la présente ordonnance et de notre ordonnance en date de ce jour ne seraient pas exécutées, cesseront d'être considérées comme telles, et rentreront sous le régime de l'Université.

9. Nos ministres secrétaires d'État sont chargés, chacun en ce qui le concerne, de l'exécution de la présente ordonnance, qui sera insérée au Bulletin des Lois (2).

19 = Pr. 26 juin 1828. — Loi relative à l'emprunt de quatre millions de rentes (3). (8, Bull. 237, n° 8668.)

Art. 1er. Le ministre des finances est autorisé à faire inscrire au grand-livre de la dette publique, avec jouissance d'intérêts à compter du 22 mars 1828, et jusqu'à concurrence de quatre millions, la somme de rentes nécessaire pour produire un capital de quatre-vingts millions, au taux et aux conditions qui concilieront le mieux les intérêts du Trésor avec la facilité de la négociation. Le produit de ces rentes sera appliqué aux dépenses extraordinaires qui seraient autorisées en 1828, dans les formes prescrites par l'art. 152 de la loi du 25 mars 1817.

(1) Voy. notes sur l'ordonnance précédente, le rapport au Roi qui précède ; voyez aussi la loi du 20 août 1828, sur les bourses des écoles secondaires ecclésiastiques.

(2) L'ordonnance est contre-signée par le ministre des affaires ecclésiastiques (M. Feutrier).

(3) Proposition à la Chambre des députés le 14 avril 1828 (Mon. du 15); rapport de M. Sébastiani le 29 avril (Mon. du 30).

Discussion le 13 mai et jours suiv. (Mon. du 14); adoption le 21 mai (Mon. du 23).

Proposition à la Chambre des pairs le 27 mai (Mon. du 29); rapport de M. le comte Mollien le 7 juin (Mon. du 12); discussion le 11 juin et jours suiv. (Mon. du 13 au 17); adoption le 13 juin (Mon. du 17).

Dans la discussion sur cette loi, les questions les plus importantes et les plus délicates ont été soulevées, notamment celles de savoir : 1° S'il ne convient pas d'attribuer à tout emprunt nouveau un amortissement tellement spécial qu'il soit affecté à l'extinction de la dette déterminée, à l'exclusion de toutes autres ; 2° s'il vaut mieux emprunter, en payant un intérêt moindre et en reconnaissant un capital plus fort, qu'en payant un intérêt plus élevé et en ne reconnaissant que le capital qu'on a reçu. Voy. les discours de M. Laffitte et de M. le comte Roy, ministre des finances, dans la séance de la Chambre des députés du 14 mai 1828 (Mon. des 15 et 16 mai 1828).

2. Il sera rendu compte à la session de 1829 de la réalisation et de l'emploi de tout ou partie de ce crédit en rentes, dont il ne pourra être disposé que par des négociations publiques avec concurrence, dans les formes suivies pour l'aliénation des rentes effectuées par le traité du 9 août 1821.

L'emploi de tout ou partie du crédit dont s'agit fera l'objet d'un article distinct et spécial dans la loi qui réglera définitivement le budget de 1828.

3. La somme annuelle de quarante millions, fixée par la loi du 25 mars 1817 pour l'amortissement de la dette fondée, sera augmentée, à compter de la même époque du 22 mars 1828 :

1° De huit cent mille francs;

2° De toute la portion que le résultat de la négociation rendrait disponible sur la création de quatre millions de rentes autorisée par la présente loi, sans toutefois que la somme à payer annuellement par le Trésor pour le service des intérêts et de l'amortissement puisse s'élever au-delà de quatre millions huit cent mille francs.

19 JUIN = 1ᵉʳ JUILLET 1828. — Ordonnance du Roi qui classe au rang des routes départementales de l'Ain le chemin de Lagnieu au Rhône. (8, Bull. 238, n° 8693.)

Charles, etc.

Sur le rapport de notre ministre secrétaire d'État au département de l'intérieur;

Vu la délibération du conseil général du département de l'Ain, tendant à ce que le chemin de Lagnieu au Rhône soit classé au rang des routes départementales;

Vu l'avis du préfet et celui du conseil général des ponts-et-chaussées;

Notre Conseil-d'État entendu,

Nous avons ordonné et ordonnons ce qui suit :

Art. 1ᵉʳ. Le chemin de Lagnieu au Rhône est et demeure classé au rang des routes départementales du département de l'Ain, sous le n° 13.

2. L'administration est autorisée à acquérir les terrains nécessaires pour rectifier et améliorer cette route; elle se conformera, à ce sujet, aux dispositions de la loi du 8 mars 1810, sur l'expropriation pour cause d'utilité publique.

3. Notre ministre secrétaire d'État de l'intérieur (vicomte de Martignac) est chargé de l'exécution de la présente ordonnance.

19 JUIN = Pr. 1ᵉʳ JUILLET 1828. — Ordonnance du Roi portant qu'il sera formé une chambre temporaire dans le tribunal de première instance de Nantes. (8, Bull. 238, n° 8694.)

Charles, etc.

Vu l'article 39 de la loi du 20 avril 1810;

Considérant qu'il existe un grand nombre d'affaires civiles arriérées devant notre tribunal de première instance de Nantes, département de la Loire-Inférieure, et qu'il importe de remédier aux inconvéniens qui résultent d'un tel état de choses;

Sous le rapport de notre garde-des-sceaux, ministre secrétaire d'État au département de la justice;

Notre Conseil-d'État entendu,

Nous avons ordonné et ordonnons ce qui suit :

Art. 1ᵉʳ. Il sera formé dans notre tribunal de première instance, pour l'expédition des affaires civiles, une chambre temporaire, dont la durée n'excédera pas un an à compter de son installation.

À l'expiration de ce temps, cette chambre cessera de droit, si elle n'a pas été prorogée ou renouvelée.

2. Notre garde-des-sceaux, ministre secrétaire d'État au département de la justice (comte Portalis), est chargé de l'exécution de la présente ordonnance, qui sera insérée au Bulletin des Lois.

19 JUIN = Pr. 10 JUILLET 1828. — Ordonnance du Roi qui rétablit la chaire de droit administratif créée, par l'ordonnance royale du 24 mars 1819, près la faculté de droit de Paris. (8, Bull. 239, n° 8719.)

Charles, etc.

Vu l'article 2 de la loi du 13 mars 1804 (22 ventôse an 12), le décret du 21 septembre de la même année (4ᵉ complémentaire an 12), l'article 3 de l'ordonnance royale du 24 mars 1819, l'ordonnance royale du 4 octobre 1820 et celle du 6 septembre 1822;

Vu l'avis de notre conseil royal de l'instruction publique;

Sur le rapport de notre ministre secrétaire d'État au département de l'instruction publique, exerçant les fonctions de grand-maître de l'Université,

Nous avons ordonné et ordonnons ce qui suit :

Art. 1ᵉʳ. La chaire de droit administratif créée par l'ordonnance royale du 24 mars 1819, près la faculté de droit de Paris, sera rétablie.

2. Le professeur y fera connaître les attributions des diverses autorités administratives, les règles à suivre pour procéder devant elles, et les lois et réglemens d'administration publique concernant les matières soumises à l'administration.

3. Les étudians suivront le cours de droit administratif pendant la troisième année de leur temps d'études.

4. Outre ce cours et le troisième cours de Code civil, ils suivront à leur choix le cours

de Code de commerce ou le cours de Pandectes.

5. Notre ministre secrétaire d'Etat au département de l'instruction publique (M. de Vatimesnil) est chargé de l'exécution de la présente ordonnance.

___

19 JUIN = Pr. 28 JUILLET 1828. — Ordonnance du Roi portant que la route départementale de Maine-et-Loire n° 20, de Châtillon-sur-Sèvre à Chollet, sera prolongée jusqu'au Coubourau. (8, Bull. 241, n° 8759.)

Charles, etc.

Sur le rapport de notre ministre secrétaire d'Etat au département de l'intérieur;

Vu les délibérations du conseil général du département de Maine-et-Loire, sessions de 1825 et 1827, tendant à classer la route de Chollet au Coubourau comme continuation de la route départementale n° 20, de Châtillon-sur-Sèvre à Chollet;

Vu l'avis du préfet de ce département;

Notre Conseil-d'Etat entendu,

Nous avons ordonné et ordonnons ce qui suit :

Art. 1er. La route départementale de Maine-et-Loire n° 20, de Châtillon-sur-Sèvre à Chollet, sera prolongée jusqu'au Coubourau : elle conservera son numéro, et prendra la dénomination de *route de Châtillon-sur-Sèvre au Coubourcau, par Maulevrier et Chollet.*

2. L'administration est autorisée à acquérir les propriétés et terrains nécessaires pour la construction de cette route, en se conformant au mode prescrit par la loi du 8 mars 1810, sur les expropriations pour cause d'utilité publique.

3. Notre ministre secrétaire d'Etat de l'intérieur (vicomte de Martignac) est chargé de l'exécution de la présente ordonnance.

___

19 JUIN 1828. — Ordonnance du Roi qui accorde des lettres de déclaration de naturalité au sieur Longe. (8, Bull. 284, n° 10940.)

19 JUIN 1828. — Ordonnance du Roi qui autorise des exploitations dans onze forêts royales et dans un bois appartenant à un hospice. (8, Bull. 238, n° 8695.) *Voy.* Code forestier, art. 16 et 90.

19 JUIN 1828. — Ordonnance du Roi qui accorde des lettres de déclaration de naturalité aux sieurs Bellando et Naurat. (8, Bull. 296, n°s 11311 et 11312.)

19 JUIN 1828. — Ordonnance du Roi qui accorde des lettres de déclaration de naturalité au sieur Callaert. (8, Bull. 316, n° 12154.)

19 JUIN 1828. — Ordonnance qui autorise le sieur Merat à ajouter à son nom celui de Saint-Léon. (8, Bull. 238, n° 8698.)

19 JUIN 1828. — Ordonnance qui admet les sieurs Aldred, Balbeur, Blith, Bruère, Clarke, Deandreis, Jackson, Knecht, Neveu et Wilson, à établir leur domicile en France. (8, Bull. 238, n° 8699.)

19 JUIN 1828. — Ordonnance qui accorde une pension au sieur Gengembre, ancien artiste mécanicien près l'administration des monnaies. (8, Bull. 240 *bis*, n° 2.)

19 JUIN 1828. — Ordonnance portant que la commune de Gertwiller, canton d'Obernay, arrondissement de Schelestadt (Bas-Rhin), est distraite de ce canton et réunie à celui de Barr, même arrondissement. (8, Bull. 241, n° 8768.)

19 JUIN 1828. — Ordonnances qui autorisent l'acceptation de dons et legs faits aux communes de Marly et de Saint-Pardoux-la-Croisille, et à la ville de Saint-Pol. (8, Bull. 246, n°s 8844, 8845 et 8846.)

19 JUIN 1828. — Ordonnance qui autorise les sieurs Galaire et Patret à conserver et tenir en activité les deux lavoirs à bras qu'ils ont établis, pour le lavage du minerai de fer, dans la commune de Neuvelle-lès-la-Charité, département de la Haute-Saône. (8, Bull. 246, n° 8864.)

19 JUIN 1828. — Ordonnance qui autorise les sieurs de Foucault à conserver et à tenir en activité l'usine à fer dite *de Champvert*, commune de Porcherie, département de la Haute-Vienne. (8, Bull. 246, n° 8865.)

19 JUIN 1828. — Ordonnance portant à deux, au lieu de trois, le nombre des fours à puddler qui feront partie de l'usine à fer du sieur Leclercq-Sezille, commune de Trith-Saint-Léger (Nord), autorisée par ordonnance du 20 février 1828. (8, Bull. 246, n° 8866.)

19 JUIN 1828. — Ordonnance qui accorde des lettres de déclaration de naturalité au sieur Hairs. (8, Bull. 253, n° 9277.)

19 JUIN 1828. — Ordonnance qui accorde des lettres de déclaration de naturalité au sieur Malaise. (8, Bull. 271, n° 10475.)

19 JUIN 1828. — Ordonnance qui accorde des lettres de déclaration de naturalité au sieur Schwab. (8, Bull. 271, n° 10476.)

22 JUIN 1828. — Ordonnance du Roi portant que, pendant le troisième trimestre de 1828, la cour d'assises du département de la Seine sera divisée en deux sections. (8, Bull. 238, n° 8696.)

22 JUIN 1828. — Ordonnance du Roi qui autorise des exploitations dans les bois de plusieurs communes et dans une forêt royale. (8, Bull. 238, n° 8697.) *Voy.* Code forestier, art. 16 et 90.

22 JUIN 1828. — Ordonnances qui autorisent l'acceptation de dons et legs faits aux fabriques des églises de Boulay, de Coinche, d'Harteunes, de Jaulsy, de Sarrians, de Sizolsh im, de Vernou, de Pitgam, de Paris, de Pont-Hébert, de Buxeuil, de Croissy-Beaubourg et de Cérisy-la-Salle. (8, Bull. 267, n°s 10263 à 10275.)

22 JUIN 1828. — Ordonnances qui autorisent l'acceptation de dons et legs faits aux curés successifs d'Agonac, d'Haucourt et d'Isturitz. (8, Bull. 268, n°s 10278 à 10280.)

24 JUIN = Pr 13 AOUT 1828. — Ordonnance du Roi portant approbation de statuts supplémentaires de la société anonyme pour la reconstitution du capital des actions du canal d'Arles à Bouc. (8. Bull. 245 bis, n° 1.)

Charles, etc.

Sur le rapport de notre ministre secrétaire d'Etat du commerce et des manufactures;

Vu l'ordonnance royale du 31 octobre 1827, portant autorisation de la société anonyme pour la reconstitution du capital des actions du canal d'Arles à Bouc, et approbation de ses statuts;

Vu la délibération du conseil d'administration de ladite société en date du 9 mai dernier, et l'adoption du projet de statuts additionnels ayant pour objet d'accorder aux actionnaires qui le désireront la faculté de se faire inscrire nominativement, en déposant leurs titres au porteur, en échange desquels il leur serait délivré des certificats d'inscription énonçant la série et le nombre des actions déposées;

Notre Conseil-d'Etat entendu,

Nous avons ordonné et ordonnons ce qui suit :

Art. 1er. Les statuts additionnels présentés par le conseil d'administration de la société anonyme pour la reconstitution du capital des actions du canal d'Arles à Bouc, et déposés en l'étude de Casimir Noël, notaire à Paris, suivant acte reçu le 22 mai 1828 par lui et son collègue, sont approuvés et demeurent annexés à la présente ordonnance.

2. Notre ministre secrétaire d'Etat au département du commerce et des manufactures (Saint-Cricq) est chargé de l'exécution de la présente ordonnance, qui sera insérée au Bulletin des Lois, et insérée dans la Moniteur et dans un journal d'annonces judiciaires du département de la Seine.

Statuts supplémentaires.

Nous soussignés, Jonas Hagerman, demeurant à Paris, rue d'Artois, n° 13; Jacques-Antoine Blanc, demeurant à Paris, même rue, n° 33; Barthélemy Colin, demeurant même maison; Gabriel Odier, demeurant à Paris, rue de Provence, n° 19; Jacques-Antoine Odier, demeurant même maison,

Tous administrateurs de la société anonyme pour la reconstitution du capital des actions du canal d'Arles à Bouc, nommés par les statuts de cette société en date du 26 septembre dernier, approuvés par ordonnance du Roi du 31 octobre suivant ;

Voulant obtempérer au vœu émis par plusieurs actionnaires de voir prendre des mesures semblables à celles qui ont été prises par la compagnie des quatre canaux pour assurer la conservation des titres au porteur par la création d'inscriptions nominatives;

Considérant que la nécessité pour les actionnaires de conserver d'ici à l'année 1864 (époque légale de l'extinction des actions de l'emprunt), et jusqu'en 1904 (époque légale de l'extinction des actions de jouissance), des titres au porteur dont toutes sortes d'accidens peuvent occasioner la perte et la destruction, est, malgré la solidité de l'effet, une cause d'éloignement pour les personnes prudentes ;

Que le mode des inscriptions nominatives adopté par la compagnie des quatre canaux remédie évidemment à cet inconvénient;

Mais considérant aussi :

Que, si la faculté dont il s'agit était purement gratuite, il serait facile d'en abuser pour des opérations éphémères, et d'occasioner à la société beaucoup d'écritures et des frais que son organisation actuelle ne comporte pas;

Que, d'après les arrangemens faits, les allocations des statuts pour les frais d'administration postérieurs au 1er octobre prochain présentent, sauf les cas extraordinaires et imprévus, une économie déterminée, qui, aux termes de l'article 13, doit être répartie aux actions de jouissance, et qu'il serait injuste de priver ces actions de cette expectative au profit des actions d'emprunt;

Qu'en conséquence il est nécessaire de soumettre la faculté de faire délivrer des inscriptions nominatives à une rétribution proportionnée aux frais qu'elle doit occasioner,

Avons résolu d'adopter les articles suivans comme supplément aux statuts de la société, sauf à les présenter à l'approbation de Sa Majesté, conformément à la loi.

Art. 1er. Les porteurs d'actions auront la faculté de se faire inscrire nominativement en déposant leurs titres, en échange desquels il leur sera délivré des certificats d'inscription énonçant le nombre, la série et le numéro des actions d'emprunt ou de jouissance déposées.

Ces certificats seront conformes aux modèles ci-joints sous les n°s 1 et 2.

2. Les certificats d'inscriptions seront transcrits par ordre de numéros sur des registres à ce destinés; il y aura de plus un registre de comptes ouverts à chaque titulaire.

3. Les titulaires d'inscriptions nominatives pourront à volonté transférer ou retirer, en

tout ou partie, les titres au porteur qu'ils avaient déposés.

4. Ces transferts ou retraits seront constatés, tant au dos des inscriptions que sur le registre des comptes ouverts, par la signature des titulaires ou de leurs fondés de pouvoirs, certifié par un agent de change.

5. Les intérêts et dividendes d'actions inscrites seront payés sur bordereaux quittancés par le titulaire ou son fondé de pouvoir.

6. Tout titulaire d'inscription, soit par dépôt de titres au porteur, soit par transfert d'une inscription antérieure, paiera à la société une rétribution de dix centimes par action, sans que cette rétribution puisse excéder dix francs pour un seul dépôt ou transfert, de quelque importance qu'il soit.

7. Il sera rendu compte à l'assemblée générale du produit de cette rétribution et de son affectation spéciale aux frais qui seront faits pour l'exécution des présens statuts supplémentaires; l'excédant, s'il y en a, sera joint à la réserve destinée à être répartie aux actions de jouissance d'après l'article 13 des statuts du 26 septembre dernier.

8. Les actions déposées à la société pour être couvertes en certificats d'inscriptions nominatives seront mises dans une caisse à trois clefs, dont deux seront entre les mains des administrateurs, et la troisième dans celles du caissier.

9. Les administrateurs porteurs des clefs de la caisse seront tenus de se réunir au caissier à un jour déterminé de chaque semaine, pour opérer les mutations qui auront été demandées.

10. Les cinq administrateurs de la société se chargeront des clefs à tour de rôle, chacun pendant trois mois, sauf les remplacemens dont ils conviendront de gré à gré.

11. L'exécution des présens statuts supplémentaires sera comprise dans l'état de situation semestriel que la société est tenue de fournir, aux termes de l'art. 4 de l'ordonnance royale du 31 septembre dernier.

Les soussignés, en leur qualité d'administrateurs de la société anonyme pour la reconstitution du capital des actions du canal d'Arles à Bouc, s'obligent d'exécuter les stipulations contenues au présent acte, qui sera soumis à l'approbation de Sa Majesté.

A Paris, ce 9 mai 1828.

24 JUIN = Pr. 13 AOÛT 1828. — Ordonnance du Roi portant autorisation de la société anonyme formée à Paris, sous la dénomination de *Société anonyme de la manufacture de glaces et verreries de Commentry*, et approbation de ses statuts. (8, Bull. 245 *bis*, n° 2.)

Charles, etc.

Sur le rapport de notre ministre secrétaire d'État du commerce et des manufactures;

Vu les articles 29 à 37, 40 et 45 du Code de commerce;

Notre Conseil-d'État entendu,

Nous avons ordonné et ordonnons ce qui suit:

Art. 1er. La société anonyme formée à Paris sous la dénomination de *Société anonyme de la manufacture de glaces et verreries de Commentry*, par acte passé les 18, 19 et 20 juin présent mois, par-devant Maine Glatigny et son collègue, notaires en ladite ville, est autorisée. Sont approuvés les statuts contenus audit acte, qui restera annexé à la présente ordonnance.

2. Nous nous réservons de révoquer notre autorisation en cas de violation ou de non-exécution des statuts approuvés, sans préjudice des dommages-intérêts des tiers.

3. La société sera tenue de remettre, tous les six mois, un extrait de son état de situation aux préfets des départemens de la Seine et de l'Allier, aux greffes du tribunal de commerce de Paris et du tribunal de première instance de Montluçon, et à la chambre de commerce de Paris. Pareil extrait sera transmis au ministre du commerce et des manufactures.

4. Notre ministre secrétaire d'État du commerce et des manufactures (M. Saint-Cricq) est chargé de l'exécution de la présente ordonnance, qui sera publiée au Bulletin des Lois, et insérée dans le Moniteur et dans un journal d'annonces judiciaires des départemens de la Seine et de l'Allier.

Par-devant Mes Maine Glatigny et Chodron, notaires à Paris, sont comparus: (*Suivent les noms.*)

Lesquels ont dit que, du consentement unanime de tous les intéressés, il a été résolu de dissoudre la société commanditaire, et de la convertir immédiatement en société anonyme; et ont en conséquence arrêté comme il suit les statuts de la nouvelle société, pour être soumis à l'approbation de Sa Majesté.

Fondation et mise en société.

Art. 1er. Il a été formé une société anonyme entre les comparans, d'une part, et les capitalistes qu'ils s'adjoindront ultérieurement, d'autre part.

Cette société prend le titre et sera connue sous la dénomination de *société anonyme de la manufacture de glaces et verreries de Commentry*.

2. La société a pour objet l'exploitation de la manufacture de glaces et verreries de Commentry, et la vente de ses produits.

Il sera loisible à l'administration de racheter, pour les revendre, des glaces provenant de la fabrique de Commentry, lorsque cette mesure paraîtra convenir aux intérêts de la société.

3. La durée de la société sera de quatre-vingt-dix-neuf années, à dater du jour où une ordonnance royale aura approuvé les présens statuts.

4. La société établit son siége principal à Paris, centre de ses opérations financières et de sa comptabilité.

5. Les comparans apportent à la société et lui cèdent, à titre de mise, l'établissement de Commentry avec toutes ses dépendances, tel qu'il existe et appartient aujourd'hui à la société en commandite.

Cet établissement se compose :

1° Des terrains et emplacemens sur lesquels reposent la manufacture et tous ses accessoires; de tous les terrains qu'elle a acquis;

2° De toutes les constructions, usines, maisons d'ouvriers et autres bâtimens;

3° De tous les ustensiles, outils et machines formant aujourd'hui l'ensemble de l'établissement de Commentry :

Le tout conformément aux plans, états descriptifs, inventaires et bilans annexés au présent contrat de société, après avoir été des parties certifiés véritables, desquelles pièces il résulte que la mise en société est franche et quitte de toutes dettes passives.

6. Les comparans mettent encore en société les bénéfices et les avantages résultant des engagemens pris par M. Rambourg, tant en son nom personnel qu'au nom de ses ayant-cause, envers la société commanditaire, relatés dans l'acte constitutif ci-dessus mentionné de cette société, et qui passent de droit à la société anonyme, suivant le détail ci-après.

Comme condition essentielle de la formation de la société. M. Rambourg s'est obligé, tant pour lui que pour ses ayant-cause, à fournir à perpétuité (c'est-à-dire, bien entendu, tant que sa houillère ne sera point épuisée) tout le charbon nécessaire :

1° A la manufacture de glaces et verreries d'autres espèces que la société pourrait établir à Commentry;

2° Aux besoins domestiques des individus attachés à ces établissemens, et en général à tous les services des ateliers.

Néanmoins M. Rambourg ou ses représentans, propriétaires de la houillère, ne pourront pas être contraints et auront droit de se refuser à alimenter plus de quatre fours de verreries, indépendamment de tous ceux relatifs à la fabrication des glaces, dont le service sera toujours de condition expresse, privilégié, de telle sorte que les livraisons aux autres consommateurs ne pourront être faites qu'après que ce service aura été réservé et assuré.

Le charbon sera de la première qualité produite par la concession appartenant à M. Rambourg dans la commune de Commentry. Il

sera livré au pied de la butte tel qu'il sera extrait des terrains houilliers, c'est-à-dire gros, moyen, menu, sans triage fait en dedans ou en dehors de la mine.

Le mesurage aura lieu aux frais du vendeur, et les frais de chargement et de conduite seront supportés par l'acheteur.

Si l'extraction se trouve bornée à un seul point, la manufacture choisira le côté de la butte qui lui conviendra le mieux, et l'autre côté sera abandonné au commerce.

Au contraire, si l'extraction s'opère sur plusieurs points, le directeur de la manufacture prendra livraison au lieu qui lui paraîtra fournir la qualité de charbon la plus convenable à ses opérations.

Le prix de l'hectolitre de houille première qualité, pris à la butte, gros, moyen, menu, sans triage, sera de cinquante centimes à partir du jour où l'ordonnance royale approbative des présens statuts aura été obtenue.

Les livraisons de charbon seront payées à trois mois de date de la fin de celui pendant lequel ces livraisons auront été faites.

Pour éviter les inconvéniens qui pourraient résulter pour la manufacture de glaces et de verreries de l'interruption momentanée de l'exploitation de la houillère en cas d'évènemens de force majeure, les établissemens devront être constamment approvisionnés en charbon pour six mois au moins de leur consommation.

Si, à une époque quelconque, après quinze ans de ce jour, le propriétaire de la houillère venant à prouver par ses livres régulièrement tenus que les frais d'exploitation, d'élévation au jour, etc., ne lui laissent pas un bénéfice net de vingt-cinq centimes par hectolitre, la société devra lui bonifier une augmentation de prix suffisante pour parfaire ce bénéfice de vingt-cinq centimes.

Cette vérification se renouvellera tous les dix ans. Toutefois, le prix du charbon de la mine de Commentry ne pourra jamais dépasser le taux du cours commercial à Commentry.

Enfin M. Rambourg, pour lui et ses ayant-cause, s'est obligé à cesser toute autre exploitation de sa houillère que celle nécessaire aux besoins de l'établissement de glaces et verreries, dans l'hypothèse où des causes qu'on ne peut prévoir feraient craindre, à quelque époque que ce fût, que la houillère ne pût fournir encore pendant un siècle aux besoins de l'établissement, c'est-à-dire ne pût continuer à alimenter quatre fours de verreries, consommant chacun trente mille hectolitres de charbon par an, soit cent vingt mille hectolitres.

La vérification et la reconnaissance de ce fait auraient lieu aux frais de la société, par trois ingénieurs des mines nommés par les parties intéressées.

M. Rambourg s'est obligé encore, pour lui et ses représentans :

1° A ne jamais concéder le droit de former d'autres établissemens de glaces ou de verreries sur ses propriétés, et à ne vendre de houille à d'autres usines de même nature qu'au-delà d'un rayon de vingt-cinq kilomètres (cinq lieues) des limites de sa concession ;

2° A supporter de moitié avec la société les frais d'entretien du chemin qui conduit de la manufacture à Chamblet, et qui a été exécuté à frais communs.

Les engagemens et toutes les autres conditions stipulés au présent article sont réciproques et auront la même durée que la société.

7. La mise faite selon l'article 5, c'est-à-dire tous les objets qui la composent, plus les avantages résultant des traités faits avec M. Rambourg, sont évalués à la somme de deux millions trois cent dix mille francs, quoique par l'inventaire elles paraissent être de deux millions trois cent seize mille deux cent vingt-neuf francs, l'excédant se trouvant volontairement abandonné. Les comparans recevront, chacun dans la proportion de son droit comme propriétaire de l'ancienne société de Commentry, un nombre relatif d'actions au pair de la nouvelle société.

Fonds social, régime des actions.

8. Le fonds capital de la société est de la somme de cinq millions de francs, représentée par mille actions de cinq mille francs chacune. Il pourra être porté à cinq millions cinquante mille francs, dans le cas prévu par l'article 13 ci-après.

9. Quatre cent soixante-deux actions sont réparties entre les comparans, en exécution de l'article 7.

10. Les comparans souscrivent de plus pour deux cent trente-une actions, réparties de manière que chaque actionnaire qui aura reçu, aux termes de l'article 9, deux actions de la nouvelle société, en prenne une troisième dont il fera les fonds.

Le paiement de ces deux cent trente-une actions sera effectué en six versemens.

Le premier, de cinq cents francs, en signant le présent acte ; le deuxieme, de quinze cents francs, aussitôt que l'ordonnance royale approbative des présens statuts aura été obtenue ; le troisième, de mille francs, le 1er juillet 1828 ; le quatrième, de mille francs, le 1er janvier 1829 ; le cinquième, de cinq cents francs, le 1er juillet 1829 ; le sixième, de cinq cents francs, le 1er janvier 1830.

11. Tout souscripteur d'actions qui serait en retard de faire les versemens prescrits par l'article 10 sera mis en demeure, après avoir été averti quinzaine à l'avance ; après quoi, sur un simple commandement resté infructueux, et sans aucune autre formalité judi-

ciaire, toutes ses actions seront mises en vente par le ministère d'un agent de change. La société exercera ensuite tous ses droits contre ce retardataire, pour obtenir, s'il y a lieu, la différence entre la somme dont il sera débiteur et le prix auquel ses actions auront été vendues, tout comme elle lui tiendra compte de l'excédant, si la vente en présente un.

12. Les trois cent sept actions restantes pourront être émises ultérieurement par le conseil d'administration, en exécution d'une décision de l'assemblée générale ; mais sans que, dans aucun cas, elles puissent être émises au-dessous du pair.

13. Il est de plus créé dix actions qui, sans faire de mise de fonds, participeront aux mêmes avantages que les autres actions. Elles pourront être accordées à MM. Legay père et fils, aujourd'hui directeur et directeur-adjoint de la manufacture de Commentry, en récompense des soins qu'ils auront donnés à la fondation et à l'amélioration de l'établissement ; mais ce sera seulement lorsque la part attribuée aux actionnaires sur les bénéfices aura atteint, dans une année, dix pour cent du prix originaire de l'action : alors M. Legay père, ou, en son lieu, M. Legay fils, recevra chaque année une de ces actions, tant qu'il restera attaché à la manufacture et jusqu'à l'épuisement des dix. Il jouira des avantages qui y sont attachés, et pourra en disposer comme de sa propriété.

En cas que les dix actions, ou quelques-unes seulement, ne fussent point absorbées par l'emploi indiqué, parce que MM. Legay auraient quitté la manufacture avant de les avoir acquises, ces actions seraient anéanties.

14. Les actions sont numérotées depuis 1 jusqu'à 1000, et tirées d'un registre à souche ; elles sont signées par deux des membres du conseil d'administration et par l'agent général de la société.

Les dix actions qui pourraient être attribuées à MM. Legay en vertu de l'article 13 sont numérotées de 1001 à 1010.

15. Les actions sont nominatives. Le transfert s'en opère par une simple déclaration inscrite sur un registre timbré, indiquant le nom du cessionnaire, et revêtue de la signature du cédant, de celle de deux administrateurs et de celle de l'agent général. Le fait seul de cette transmission emporte l'adhésion du cessionnaire aux statuts de la société anonyme. Il est fait en même temps mention de la mutation sur le talon de l'action dans le registre à souche.

16. Les actions ne portent point d'intérêt annuel fixe ; mais chaque actionnaire perçoit sa quote-part dans les bénéfices ou dividendes, ainsi qu'il est réglé dans l'article 23 ci-après.

17. Tout appel de fonds sur les actions est

formellement interdit; ainsi chaque actionnaire n'a d'autre obligation à remplir que celle d'acquitter le montant des actions qu'il a souscrites aux termes de l'article 10.

18. La qualité d'actionnaire, de quelque manière qu'elle soit acquise, emporte, pour la personne à qui elle appartient et pour ses ayant-droit, élection de domicile à Paris. Cette élection est attributive de juridiction au tribunal de commerce du département de la Seine.

En cas de mort d'un actionnaire, ses héritiers succèdent à ses droits; mais ils sont tenus de désigner celui d'entre eux qui, durant l'indivision de l'héritage, devra représenter l'actionnaire décédé. Les héritiers ou ayant-cause d'un actionnaire ne pourront, sous quelque prétexte que ce soit, faire apposer aucun scellé, former aucune opposition, exiger aucun inventaire extraordinaire, provoquer aucune licitation. Ils devront s'en rapporter aux inventaires et bilans faits et arrêtés dans la forme ci-après prescrite, et se contenter des dividendes qui seront répartis d'après les décisions du conseil d'administration, approuvées par l'assemblée générale des actionnaires.

Inventaires, réserve, bénéfices.

19. Il sera fait et arrêté chaque année, au 31 août, et la première fois au 31 août 1829, un inventaire de toutes les valeurs appartenant à la société, ainsi qu'un état de compte de profits et pertes.

20. Toutes les dépenses d'entretien et de réparations de bâtimens, ateliers, ustensiles, seront portées sur un compte séparé, intitulé *Entretien de fabrique*. Ce compte sera soldé chaque année par le débit du compte de profits et pertes.

21. Sur le montant des produits de la manufacture, on déduira les frais-généraux, les dépenses d'entretien et de réparation des maisons, bâtimens, ateliers, machines, ustensiles, outils, et généralement les dépenses de toute nature relatives à l'exploitation de l'entreprise. L'excédant composera les bénéfices annuels.

22. Sur les bénéfices annuels il sera, avant toute distribution, prélevé une réserve. Pour en déterminer la quotité, on additionnera la dépense qu'auront coûtée les constructions nouvelles, et les sommes auxquelles auront été évalués, au dernier inventaire, les bâtimens, machines, terrains et ustensiles existans. La réserve sera de deux pour cent du capital formé du total de ces sommes. Ce prélèvement annuel sera porté au débit du compte de profits et pertes pour le crédit du compte de réserve. Il continuera jusqu'à ce que l'avoir de ce dernier compte égale le montant de la valeur en capital des constructions, terrains, machines et ustensiles.

Le conseil d'administration rendra compte, chaque année, aux actionnaires réunis en assemblée générale, de l'exécution du présent article.

23. Ce qui restera des bénéfices annuels, déduction faite de la réserve, sera délivré aux actionnaires à titre de dividende, jusqu'à concurrence de cinq pour cent du capital de chacune des actions dont ils seront porteurs.

Sur le surplus, il sera fait un prélèvement de vingt pour cent, dont l'emploi sera déterminé par l'article 39.

Le restant des bénéfices sera réparti entre les actionnaires à titre de supplément de dividende.

Administration de la société à Paris.

24. Les affaires générales de la société sont gérées par un conseil d'administration résidant à Paris. Il est composé de cinq membres, élus au scrutin par l'assemblée générale des actionnaires, à la simple majorité des voix, et choisis parmi les actionnaires possédant au moins quatre actions. Leurs fonctions dureront cinq ans. Ils sont renouvelés chaque année par cinquième. Le sort décidera pendant les quatre premières années quel sera l'administrateur sortant; on suivra ensuite le rang d'ancienneté. Les administrateurs sont indéfiniment rééligibles.

25. L'assemblée générale élit au scrutin et à la pluralité des suffrages trois administrateurs suppléans, dont les fonctions durent trois ans, et qui sont renouvelés tous les ans, par tiers, avec la faculté d'être réélus. En cas d'absence d'un administrateur, le conseil est autorisé à appeler dans son sein un des administrateurs suppléans, qui remplit dès lors les fonctions d'administrateur, et le conserve aussi long-temps que dure l'éloignement de celui qu'il remplace. Les administrateurs suppléans ont, en tout temps, le droit d'assister aux séances du conseil d'administration; ils y ont voix consultative.

26. Les administrateurs élisent entre eux, au scrutin, un président, dont les fonctions durent trois mois. Le conseil d'administration se réunit au moins une fois par semaine. Il ne peut délibérer qu'autant qu'il y a trois membres présens. Les délibérations sont prises à la majorité des voix. En cas de partage, la voix du président est prépondérante. Les délibérations du conseil sont inscrites sur un registre et signées par les membres présens.

27. Le conseil d'administration organise, par des réglemens intérieurs, l'ensemble et chacune des parties du service. Il nomme et révoque tous les agens et employés de la société; il fixe leur qualité, leur nombre, les attributions générales ou spéciales de leur emploi, leur traitement, et définitivement leur responsabilité.

28. Les fonctions des administrateurs sont gratuites; elles n'entraînent à leur égard aucune autre responsabilité que celle de leurs faits envers la société, dont ils ne sont que les mandataires; elles ne leur imposent aucune obligation solidaire ou personnelle relativement aux engagemens pris par la société.

Les administrateurs reçoivent des jetons de présence quand ils assistent aux séances du conseil. Les frais des voyages qu'ils feront à Commentry, pour surveiller les intérêts de la société, et sur l'invitation du conseil, leur seront remboursés sur la présentation d'un état sommaire visé par le même conseil.

29. Sont nommés membres du conseil d'administration, pour entrer en fonctions aussitôt que l'approbation royale aura confirmé les présens statuts, MM. T. W. Lutteroth, Bodin (Louis), Salverte (Eusèbe), Morin (Etienne), de Mercey (Frédéric). Sont nommés administrateurs suppléans MM. Rambourg (Paul), Thurneyssen, Baillot (Claude).

30. L'assemblée générale élit au scrutin trois censeurs, choisis parmi les actionnaires possédant au moins trois actions, et élus à la simple majorité des voix. Les censeurs sont élus pour trois ans, et renouvelés ensuite d'année en année. Le sort décidera, pendant les deux premières années, quel sera le censeur sortant; on suivra ensuite le rang d'ancienneté. Les censeurs sont indéfiniment rééligibles.

Leurs fonctions sont de vérifier et arrêter les comptes annuels, et de veiller à la stricte observation des statuts. Ils assistent aux séances du conseil d'administration; ils reçoivent des jetons de présence. Ils ont droit de proposer au conseil les mesures qu'ils croient utiles, et, si leurs propositions ne sont point adoptées, d'en requérir la mention sur le registre des délibérations.

Les censeurs doivent rendre compte à l'assemblée générale du résultat de leurs observations et de l'exercice de leur surveillance.

31. Sont nommés censeurs, pour entrer en fonctions aussitôt que l'ordonnance royale aura confirmé les présens statuts, MM. Chauvet (Jean-Baptiste), comte Guéhéneuc (François) et Ferrère Lafitte.

32. Il y aura un agent général près du conseil d'administration. L'administration le nomme.

L'agent général assiste aux séances ordinaires du conseil; il y a voix consultative, prépare les ordres du jour, rédige les procès-verbaux; il y tient la plume. Il prend part, sous les ordres du conseil, à la direction du mouvement général des affaires. Il est chargé de la correspondance et de la comptabilité centrale de la société. Il tient à Paris, et y maintient toujours au courant, non-seulement les livres de l'administration de Paris, mais aussi des livres doubles de ceux tenus à Commentry, et il tient également et le registre à souche et celui des transferts. Les actions sont revêtues de sa signature.

L'agent général est chargé des missions que le conseil d'administration doit faire remplir, soit à Commentry, soit ailleurs; et alors il lui est délégué les pouvoirs nécessaires pour remplir la tâche qui lui est imposée.

En son absence, il est remplacé par un chef de bureau, nommé par l'administration.

Le conseil d'administration décidera si l'agent général doit fournir un cautionnement en rentes sur l'Etat ou en actions de la société, et quelle en sera la quotité.

33. Le conseil d'administration fixe les rétributions du chef de bureau chargé de remplacer l'agent général.

Gestion des affaires de la société à Commentry.

34. L'exploitation de la manufacture de Commentry est confiée à un directeur, un directeur-adjoint et à un agent comptable.

Ils doivent tous résider à Commentry. Aucun d'eux ne pourra s'occuper d'aucun commerce ni prendre intérêt dans une entreprise de même nature que celle de la société.

Le directeur et le directeur-adjoint réunis fourniront un cautionnement de quatre actions de la société ou d'une valeur correspondante, soit en rentes sur l'Etat, soit par une affectation spéciale sur une propriété.

Le cautionnement à fournir par l'agent comptable sera déterminé par le conseil d'administration.

35. Le directeur est le chef de l'établissement. Il représente l'administration; il exécute et fait exécuter les ordres et instructions qu'elle lui transmet; il a voix consultative au conseil d'administration.

Il est spécialement chargé de toutes les parties actives et administratives, la comptabilité exceptée, qu'il a cependant le droit et le devoir de surveiller.

Il exerce les actions judiciaires que l'administration est dans le cas d'intenter.

Il peut suspendre tous les employés, l'agent comptable excepté; mais il rend de suite compte à l'administration, et l'administration statue ce qu'elle juge convenable.

Un acte réglementaire fixe plus particulièrement le détail de ses attributions.

L'agent comptable est spécialement chargé des travaux de la comptabilité, des écritures, de la vérification des pièces de recettes et de dépenses, de la tenue des livres. Tout ce qui tient particulièrement à la comptabilité est dans ses attributions.

Il correspond avec le conseil pour la comptabilité; en reçoit des ordres, des instructions.

Il donne tous les renseignemens que le directeur lui demande.

28.

12

36. Le directeur est chargé de faire les envois de glaces au dépôt de Paris et aux dépôts qui seraient établis dans d'autres villes. Il dirige à Commentry la vente des glaces, et en donne avis au conseil d'administration. L'agent comptable perçoit le prix des ventes et en rend compte au conseil d'administration.

37. Le conseil d'administration devant connaître, dès le commencement de chaque mois, quels fonds seront nécessaires, le mois suivant, pour les marchés à passer et pour les dépenses de toute nature, il déterminera, par acte réglementaire, comment et dans quelle forme et le directeur et l'agent comptable devront lui en envoyer, au commencement de chaque mois, l'aperçu exact. Le conseil approuvera les marchés qu'il jugera convenables, et son approbation les rendra obligatoires pour la société. Il pourvoira aux fonds nécessaires et les fera toucher au directeur, qui les versera immédiatement à la caisse de l'établissement. L'agent comptable ne fera aucun paiement que sur des états revêtus de l'approbation du directeur.

38. Le directeur, de concert avec l'agent comptable, dressera, tous les mois, suivant les modèles qui lui seront prescrits, et enverra au conseil d'administration, les états sommaires du roulement des ateliers et de la production effective.

Il est aussi chargé, conjointement avec l'agent comptable, de dresser l'inventaire annuel des marchandises et approvisionnemens.

39. Le prélèvement de vingt pour cent sur les bénéfices annuels, ordonné par l'article 33, sera réparti ainsi qu'il suit : dix pour cent seront attribués au directeur; dix pour cent seront mis à la disposition du conseil d'administration, qui consacrera cette somme, en tout ou en partie, à donner, s'il y a lieu, des gratifications aux divers employés de la société, en raison de l'importance de leurs fonctions et de la prospérité de l'entreprise. Si le prélèvement n'est point absorbé en entier par sa destination, le surplus sera porté au crédit du compte de réserve.

Assemblées générales.

40. Les actionnaires se réunissent de droit à Paris en assemblée générale le 15 novembre de chaque année. Lorsqu'il y aura des assemblées extraordinaires, que le conseil peut provoquer, les convocations seront faites par lettres adressées à domicile.

41. Trois actions donnent droit à une voix dans l'assemblée générale, sans néanmoins que le même actionnaire puisse réunir plus de quatre voix, quel que soit d'ailleurs le nombre d'actions qu'il possède ou qu'il représente comme fondé de pouvoirs. ●

Nul fondé de pouvoirs ne peut représenter un actionnaire s'il n'est actionnaire lui-même.

42. Les délibérations des assemblées générales seront prises à la majorité des voix. En cas de partage, le suffrage du président prévaudra. Elles ne seront valables qu'autant que les membres présens ou représentés réuniront la moitié plus une des actions ayant droit de voter. Si le nombre des actionnaires présens ou représentés était insuffisant, une nouvelle convocation, à laquelle tous les actionnaires indistinctement seront appelés, sera faite à quinzaine par circulaires à domicile et par une simple insertion dans un journal. La nouvelle assemblée générale ainsi convoquée pourra délibérer valablement, à la simple majorité des votes des actionnaires présens, pourvu toutefois qu'ils représentent le tiers des actions émises.

43. Le président du conseil d'administration préside les assemblées générales. L'agent général de la société y remplit les fonctions de secrétaire. Les arrêtés et les procès-verbaux des assemblées sont transcrits par lui sur un registre, et signés par le président, les censeurs et l'agent général.

44. Dans l'assemblée générale du 15 novembre de chaque année, le conseil d'administration, par l'organe de son président, soumet aux actionnaires un compte sommaire de l'ensemble des affaires de la société, l'inventaire annuel et le compte de profits et pertes. Il propose la distribution des bénéfices.

Les censeurs font un rapport sur l'exercice de leur surveillance.

L'assemblée procède à l'élection des administrateurs et censeurs sortans ou démissionnaires.

Dispositions générales.

45. Dans le cas où, par des pertes, le capital de la société serait réduit de moitié, la dissolution de la société aurait lieu de plein droit. Elle pourrait aussi être effectuée si des circonstances graves l'exigeaient; mais alors il faudrait qu'elle fût consentie par les porteurs des neuf dixièmes des actions de la société.

46. A l'expiration comme en cas de dissolution de la société, l'assemblée générale déterminera le mode à suivre pour l'entière liquidation de l'actif et du passif. Huit commissaires choisis par elle dans son sein, et le directeur, l'agent général et l'agent comptable, sont chargés d'opérer la liquidation. La commission ainsi composée rendra compte tous les six mois au moins des progrès de la liquidation. Après l'entier acquittement des dettes passives, l'excédant que pourra produire la réalisation de l'actif sera réparti au marc le franc entre tous les actionnaires.

47. Toutes les difficultés qui pourraient

s'élever entre la société et les actionnaires, relativement aux affaires de la société, seront soumises à la décision d'arbitres. Chaque partie en nommera un. Les deux arbitres ainsi nommés en choisiront un troisième, et formeront avec lui un tribunal arbitral qui prononcera à la majorité des voix.

Ces trois arbitres devront être choisis parmi les négocians de Paris.

A défaut par l'une des parties de nommer son arbitre dans les trois jours de la sommation qui lui aura été faite, il sera nommé d'office par le tribunal de commerce du département de la Seine. Le même tribunal désignera le troisième arbitre, si les deux premiers ne peuvent s'accorder sur le choix.

Ces arbitres seront dispensés de l'observation des formes judiciaires, et les parties seront tenues de s'en rapporter à leur décision comme à un jugement en dernier ressort, sans pouvoir en appeler ni se pourvoir en cassation ou par voie de requête civile.

48. Les articles ainsi convenus unanimement seront soumis à l'approbation royale, et, quand ils l'auront reçue, ils formeront les statuts fondamentaux de la société anonyme. La société se réserve néanmoins d'y introduire, avec l'approbation royale, les changemens et additions dont l'expérience aura fait reconnaître l'utilité; une assemblée générale sera convoquée dans ce cas, et les changemens ou additions n'y pourront être apportés qu'à la majorité des trois quarts des actions représentées.

Pour faire publier ces présentes, les pouvoirs nécessaires sont donnés au porteur d'une expédition ou d'un extrait de cet acte.

Et pour l'exécution de ces mêmes présentes, chacun des comparans fait élection de domicile en sa demeure à Paris.

Fait et passé à Paris, en la demeure de M. Morin, rue Saint-Georges, n° 26, pour MM. Chauvet, Morin, Rambourg, Mercey et Protais; pour M. Jullien, en l'étude, et pour les autres parties, en leurs demeures respectives, ci-devant indiquées. L'an 1828, les 18, 19 et 20 juin.

Et, après lecture, les comparans ont signé avec les notaires la minute des présentes, demeurée en la possession de Me Maine-Glatigny.

24 JUIN 1828 = Pr. 27 FÉVRIER 1829. — Ordonnance du Roi qui approuve quelques modifications apportées aux statuts de la compagnie d'assurances mutuelles contre l'incendie, à Dijon. (8, Bull. 278 bis, n° 1.)

Charles, etc.

Sur le rapport de notre ministre secrétaire d'Etat du commerce et des manufactures;

Vu l'ordonnance royale du 1er septembre 1824, portant autorisation de la société d'assurances mutuelles contre l'incendie, formée à Dijon, et approbation de ses statuts;

Vu l'article 107 desdits statuts, réservant au conseil d'administration, sous l'approbation du conseil général, la faculté d'introduire dans l'acte constitutif les changemens ou modifications dont l'expérience ferait connaître l'avantage;

Vu la délibération du conseil d'administration du 9 janvier 1826, approuvée par le conseil général le 18 janvier 1827;

Vu la délibération du conseil d'administration du 9 février 1828, approuvée par le conseil général le 11 du même mois;

Notre Conseil-d'Etat entendu,

Nous avons ordonné et ordonnons ce qui suit :

Art. 1er. Les délibérations prises par le conseil d'administration de la société d'assurances mutuelles contre l'incendie à Dijon, les 9 janvier 1826 et 9 février 1828, et qui ont obtenu l'assentiment du conseil général de ladite société les 18 janvier 1827 et 11 février 1828, sont approuvées sans préjudice des droits des tiers, et moyennant les réserves et les modifications suivantes :

1° Les fonds versés à la caisse de réserve ne pourront, dans aucun cas, s'élever audelà de un et demi pour mille de la valeur des immeubles assurés; l'excédant, s'il y en a, devra être employé à l'acquittement des sinistres.

Nonobstant ce qui est dit à l'article 4 de ladite délibération, il sera tenu compte, aux sociétaires sortans, de ce qui pourrait leur revenir sur les sommes par eux versées à la réserve.

A l'expiration de la société, les fonds existans dans la caisse de réserve seront employés, avant aucun appel des parts contributives, au paiement des sinistres de l'année.

2° La solidarité des exercices, établie par la délibération du 9 janvier 1826, ne pourra, dans aucun cas, s'étendre pour chaque année présentant un déficit sur plus de trois années offrant des excédans de ressources.

La répartition de ces ressources entre les exercices qui pourraient y avoir droit aura lieu dans la proportion et au marc le franc des déficits qu'ils auront laissés.

2. Les délibérations des 9 janvier 1826 et 9 février 1828 resteront annexées en extrait à la présente ordonnance.

3. Notre ministre secrétaire d'Etat du commerce et des manufactures (Saint-Cricq) est chargé de l'exécution de la présente ordonnance, qui sera publiée au Bulletin des Lois, et insérée dans le Moniteur et dans un journal d'annonces judiciaires de chacun des départemens qui forment la circonscription de la société d'assurances mutuelles contre l'incendie à Dijon.

12.

Extrait du registre des délibérations du conseil
général.

Séance du 18 janvier 1827.

Le directeur dépose sur le bureau une autre délibération prise, le 9 janvier 1826, par le conseil d'administration, pour donner aux sociétaires toute la sécurité qu'ils peuvent désirer relativement au paiement intégral des sinistres, et prie M. le président d'en provoquer la discussion.

Lecture en est donnée par l'un des sociétaires ; suit sa teneur :

Extrait du registre des délibérations du conseil
d'administration.

« M. Dugied rend compte des efforts faits
« par les agens des compagnies à prime pour
« entraver le développement de la société,
« et dit qu'un de leurs moyens est de pré-
« senter l'indemnité comme pouvant être
« incomplète ; il pense que l'on pourrait en-
« lever cet argument aux adversaires de la
« mutualité, en décidant, ainsi qu'un grand
« nombre de propriétaires en ont témoigné
« le désir, que les exercices seront à l'avenir
« solidaires ; il entre à ce sujet dans les expli-
« cations nécessaires pour démontrer qu'une
« pareille décision serait tout à l'avantage
« des sociétaires qui veulent beaucoup plus
« une indemnité complète, en cas d'incendie,
« que des économies sur les maximums aux-
« quels ils sont engagés.

« Le conseil, après en avoir délibéré,

« Considérant que les sinistres d'incendie
« sont rares, que les maximums fixés par
« l'article 19 des statuts ne sont pas élevés,
« mais qu'ils suffiront d'autant plus que la
« société sera plus nombreuse, puisque, d'a-
« près un travail fait par le directeur sur la
« valeur des propriétés bâties des quatre dé-
« partemens et le relevé des dommages qu'ils
« ont essuyés dans les six dernières années,
« les ressources excéderaient trois à quatre
« fois les pertes moyennes annuelles, si
« toutes les propriétés étaient assurées ;

« Considérant que le meilleur moyen d'en-
« gager les propriétaires à entrer dans l'as-
« sociation est de leur donner pleine sécu-
« rité sur le paiement des dommages ;

« Vu l'article 107 des statuts, qui autorise
« le conseil d'administration à faire les mo-
« difications et changemens qu'il jugera être
« à l'avantage de la société, sous l'approba-
« tion du conseil général, le comité des so-
« ciétaires et le directeur entendus ;

« Arrête :

« Art. 1er. Dans le cas où les sinistres
« d'une année viendraient à dépasser les
« ressources, les bonis des années suivantes
« seront appliqués à les couvrir, chaque
« exercice devant acquitter les charges qui
« lui sont propres, préalablement à toute

« affectation d'une partie de ses ressources à
« un exercice antérieur.

« Art. 2. Le présent arrêté sera soumis à
« l'approbation du conseil général lors de sa
« première réunion. »

Signé : Baron *de Bretenières,* président ; *T. L. C. Courtivron, Belost, C. L. Savrot, Barbier de Ruelle, G. F. Bouault, Drevon, Dunoyer* et *Joliet.*

Le président ouvre la discussion ; des éclaircissemens sont donnés par le directeur : il explique que ce ne sera qu'après une année où les dommages auraient dépassé les ressources, que les bonis des années suivantes seront appelés à compléter les indemnités, mais seulement après paiement intégral des charges de ces années ; et le conseil général, après en avoir délibéré, approuve la délibération du conseil d'administration du 9 janvier 1826.

Extrait du registre des délibérations du conseil
général.

Séance du 11 février 1829.

Une autre délibération, prise par le conseil d'administration le 9 février courant, sur la proposition faite l'année dernière au conseil général par l'un de ses membres, relativement à la création d'une réserve, est déposée en cet instant sur le bureau par le directeur, qui en développe les motifs, et prie le conseil général de l'approuver : le président la remet à M. Lataud, l'un des secrétaires, qui en donne lecture ; elle est conçue en ces termes :

Extrait du registre des délibérations du conseil
d'administration.

Séance du 9 février 1828.

« Le directeur rappelle alors au conseil
« que, dans la séance du 12 janvier, il
« ajourné à une séance ultérieure sa déci-
« sion sur la formation d'une réserve, et il
« le prie de vouloir bien reprendre cet ob-
« jet en délibération.

« Le conseil, après avoir mûrement exa-
« miné la question et discuté la proposition
« faite en conseil général, le 18 janvier 1827
« de faire une réserve et d'y mettre chaque
« année le tiers des bonis, proposition que
« le conseil général a chargé le directeur d
« soumettre à sa discussion ;

« Considérant que la création d'une ré-
« serve ne peut qu'ajouter à la sécurité des
« sociétaires, mais qu'en même temps il n
« paraît pas nécessaire d'y mettre chaqu
« année une quantité déterminée des écono-
« mies qu'ils peuvent obtenir sur les *maxi-
« mums* affectés à chaque classe par l'arti
« cle 16 des statuts, d'autant que, depu
« trois ans que la société est en activité, loi

« d'avoir été dans le cas de lever ces *maxi-*
« *mums* en entier, moins de trois quarts a
« suffi en 1825 pour couvrir ces charges, et
« moins de moitié en 1826 et 1827 ;

« Vu l'article 20 des statuts, relatif au
« fonds de prévoyance, et l'article 107, qui
« donne au conseil d'administration le pou-
« voir de faire les changemens et modifica-
« tions que l'expérience démontrerait de-
« voir être introduits dans les statuts pour
« l'avantage de la société ;

« Après avoir entendu le directeur et le
« comité des sociétaires,

« Arrête :

« Art. 1er. Il sera formé une réserve, et
« cette réserve sera placée de manière à
« rapporter intérêt au profit de la société;
« le directeur fera ce placement sous l'ap-
« probation du conseil.

« Art. 2. Les bonis qui seront obtenus sur
« le fonds de prévoyance seront mis dans la
« réserve.

« Art. 3. Il ne sera touché à la réserve
« que dans le cas où le *maximum* des por-
« tions contributives d'une année serait in-
« suffisant pour en couvrir les charges, et
« elle devra être épuisée avant qu'il soit fait
« application de la décision du 9 janvier
« 1826, qui a prononcé la solidarité des
« exercices.

« Art. 4. Tout sociétaire sortant, à quelque
« titre que ce soit, n'a rien à réclamer dans
« la réserve ; ce qu'il a laissé, profite à la
« société.

« Art. 5. Il sera rendu compte chaque an-
« née, par le directeur, de la situation de la
« réserve, en même temps qu'il rendra ses
« comptes d'exercice.

« Art. 6. Le présent arrêté sera soumis,
« par le directeur, à l'approbation du con-
« seil général de la société.

« Fait à Dijon, le 9 février 1828. »

25 JUIN 1828. — Arrêté du garde-des-sceaux sur
les changemens de noms. (Mon. du 8 juillet
1828.)

Nous, pair de France, garde-des-sceaux,
ministre secrétaire d'Etat au département de
la justice,

Vu, 1° la loi du 1er avril 1803 (11 germinal de l'an 11);

2° Les décisions rendues par nos prédécesseurs, publiées en forme d'avis officiel au

Moniteur des 26 octobre 1815 et 10 avril
1818;

Considérant que les demandes en changement, substitution ou addition de nom sont
extrêmement multipliées ; que la plupart ne
sont appuyées d'autre motif que le vœu exprimé par le réclamant, et n'ont pas été
d'ailleurs précédées de l'accomplissement des
formalités prescrites pour qu'elles reçoivent
la publicité désirable; que les motifs allé-
gués à l'appui d'autres demandes n'ont aucune gravité, et dès lors ne sont pas de nature à provoquer l'exercice de la prérogative
royale en cette matière ;

Voulant pourvoir légalement à la prompte
expédition des demandes de ce genre qui
paraîtraient devoir être accueillies,

Nous avons arrêté et arrêtons :

Art. 1er. Les demandes à fins de changement, substitution ou addition de nom, seront, après examen, sur la proposition du
directeur des affaires civiles, et de l'avis du
secrétaire général de notre département,
classées sans autre suite : 1° si elles n'ont
pas été précédées des publications requises ;
2° si elles n'énoncent aucun motif grave et
légitime; 3° ou enfin si elles ne sont point
accompagnées des pièces nécessaires pour
justifier l'intérêt du réclamant, et il en sera
donné purement et simplement avis aux parties (1).

2. Celles de ces demandes qui auront été
précédées des publications prescrites, qui
seront accompagnées des pièces nécessaires,
et qui énonceront des motifs graves, plau-
sibles et de nature à être pris en considération, nous seront présentées par le directeur des affaires civiles, avec un rapport à
l'appui, accompagné de l'avis du secrétaire
général ; elles seront par nous renvoyées,
avec les pièces jointes, à l'examen du Conseil-d'Etat, comité du contentieux, sections
réunies, pour avoir son avis.

3. L'avis du Conseil-d'Etat nous sera présenté, et il sera préparé un projet d'ordonnance tendant à proposer au Roi, suivant les
circonstances, d'accueillir ou de rejeter la
demande.

4. Il sera donné avis aux réclamans des
oppositions qui seraient parvenues dans les
bureaux de notre département à leurs demandes, durant les trois mois postérieurs à
la publication qu'ils en auront faite par la

(1) Il résulte de cette disposition que M. le
directeur des affaires civiles, M. le secrétaire général et M. le garde-des-sceaux apprécieront les
demandes en changement de nom qui seront présentées, et qu'ils pourront les écarter, du moins
provisoirement. Il nous semble que le pouvoir
discrétionnaire que s'arroge M. le garde-des-
sceaux, et qu'il attribue à deux employés supérieurs, ne leur appartient pas ; les art. 4 et 5 de

la loi du 11 germinal an 11 donnent au *Gouvernement*, et au Gouvernement seul, le droit de statuer, en *la forme des règlemens d'administration
publique*, sur les demandes en changemens de
nom. Ajoutons que le Gouvernement lui-même
ne peut écarter une demande sans y donner
suite; l'art. 5, déjà cité, dit en termes exprès : *le
Gouvernement prononcera.*

voie des journaux; dans cet état de choses, il sera sursis à toute instruction et à toute décision jusqu'à ce que les parties intéressées se soient entendues pour faire cesser l'opposition, ou qu'il ait été statué sur cette opposition en justice réglée : le tout sans préjudice du droit d'opposition réservé par l'article 62 de la loi du 1er avril 1803 (11 germinal an 11).

Signé comte PORTALIS.

Plus bas : vicomte CROUSEILLES.

---

25 JUIN 1828. — Ordonnance qui accorde des pensions à cinquante-trois veuves de militaires y dénommées, imputables sur le crédit d'inscription ouvert par les lois des 14 juillet 1819 et 20 juin 1827. (8, Bull. 240 *bis*, n° 3.)

25 JUIN 1828. — Ordonnance qui accorde des secours annuels aux orphelins y dénommés, imputables sur les crédits d'inscription ouverts par les lois des 14 juillet 1819 et 20 juillet 1827. (8, Bull. 240 *bis*, n° 4.)

25 JUIN 1828. — Ordonnance qui accorde des pensions à neuf veuves de militaires y dénommées, imputables sur les crédits d'inscription ouverts par les lois des 14 juillet 1819 et 20 juin 1827. (8, Bull. 240 *bis*, n° 5.)

25 JUIN 1828. — Ordonnance qui accorde une pension à M. de Marinière de Guer, ancien préfet du département de la Charente. (8, Bull. 240 *bis*, n° 6.)

25 JUIN 1828. — Ordonnances qui autorisent l'acceptation de dons et legs faits aux pauvres de Bossoy, de Gavières, d'Arcis-sur-Aube, de Reviers, du Meix, de Mauvzin, de Bazas, de Saint-Geoire et de Dax; aux hospices et bureaux de bienfaisance de Barcelonette, d'Aubagne, de Vire, de Moulaignac, de Chartres, de Bourzin, de Saint-Didier, de la Tour et de Saint-Clair. (8, Bull. 246, n°s 8847 à 8863.)

25 JUIN 1828. — Ordonnances qui autorisent l'acceptation de dons et legs faits aux hospices et bureaux de bienfaisance de Dax, du Puy, de Pradelles, de Sainte-Livrade, de Pujols, de Chagny, et aux pauvres de Salles, de Crémeaux, de Cossanges, de Saint-Julien-Dame, de Castel-Jaloux, de Javigné, de Banarat, de Moyenvic, de Bellonne, de Tortequeune et de Roche-Dagoux. (8, Bull. 247, n°s 8876 à 8891.)

25 JUIN 1828. — Ordonnance qui autorise le sieur Sugier à établir deux lavoirs à bras pour le lavage du minerai de fer au lieu dit *le Morbier*, commune de la Chapelle-Saint-Quillain, département de la Haute-Saône. (8, Bull. 247, n° 8901.)

25 JUIN 1828. — Ordonnance qui autorise le sieur Mollerat à établir un haut-fourneau, un patouillet et un bocard au lieu dit *le Moulin-de-Nontot*, commune de Curtil-Vergy, département de la Côte-d'Or. (8, Bull. 247, n° 8902.)

25 JUIN 1828. — Ordonnance qui autorise l'acceptation d'un legs fait à la commune de Naussannes. (8, Bull. 257, n° 9722.)

29 JUIN = Pr. 20 JUILLET 1828. — Ordonnance du Roi portant : 1° que le supplément de six ou neuf francs par mois, qui n'était acquis qu'à soixante-dix ans aux marins jouissant de la pension dite *demi-solde*, pourra leur être accordé à soixante-cinq ans; 2° que le temps passé à la pêche du poisson frais comptera pour les trois quarts de sa durée dans la liquidation des demi-soldes. (8, Bull. 302, n° 11557.)

Voy. lois des 13 MAI 1791, 28 FRUCTIDOR an 7; arrêtés des 7 BRUMAIRE an 9, 11 FRUCTIDOR an 11; ordonnance du 21 FÉVRIER 1816.

Charles, etc.

Sur le rapport de notre ministre secrétaire d'État de la marine et des colonies;

La commission supérieure de l'établissement des invalides de la marine entendue,

Nous avons ordonné et ordonnons ce qui suit :

Art. 1er. Le supplément de six ou neuf francs par mois, qui, d'après les dispositions de notre ordonnance du 12 mars 1826 (art. 6), n'était acquis qu'à l'âge de soixante-dix ans aux gens de mer jouissant de la pension dite *demi-solde*, pourra désormais leur être accordé à soixante-cinq ans.

2. Le temps passé à la pêche du poisson frais sur des bâtimens ou bateaux ayant mâts, voiles et gouvernail, et munis d'un rôle d'équipage, admis pour moitié, en exécution de l'ordonnance du 17 septembre 1823, dans les services qui servent de base au réglement des demi-soldes, sera dorénavant compté pour les trois quarts de sa durée.

Il entrera pour la même proportion dans le réglement des soldes de retraite, sauf les restrictions établies par les art. 8 et 9 de l'arrêté réglementaire du 29 août 1803.

Les dispositions du présent article s'appliqueront exclusivement aux récompenses qui n'ont pas encore été définitivement réglées.

3. Notre ministre secrétaire d'État de la marine (baron Hyde de Neuville) est chargé de l'exécution de la présente ordonnance.

---

29 JUIN 1828. — Rapport au Roi touchant la solde des gens de mer. (Mon. du 1er juillet 1828.)

Voy. ci-dessus ordonnance du 29 JUIN 1828.

Sire,

Votre Majesté, convaincue de l'utilité, touchée des besoins de la population maritime, a voulu qu'on recherchât soigneusement les moyens d'améliorer son sort.

Il serait sans doute désirable que, dans l'exercice d'une profession dure, l'homme de mer, tant qu'il a de la force et de la santé, pût recueillir assez de ressources pour vivre, pour élever une famille ordinairement nombreuse, pour remplir les lacunes du travail, pour parer à des accidens multipliés, et même pour avoir au déclin de l'âge quelques économies. C'est dans une telle situation qu'il y aurait vraiment bien-être pour les marins et encouragement pour ceux qui sont appelés à le devenir; mais ce qui serait utile et juste n'est pas toujours possible : diverses causes indépendantes de la volonté, et dont les principales se lient à l'état général de la navigation française, tiennent les salaires dans une infériorité comparative qui les empêche d'assurer aux gens de mer autre chose que les premières, que les plus étroites nécessités de la vie.

Mais si, dans des combinaisons d'intérêt privé, le Gouvernement ne peut rien pour procurer aux gens de mer un meilleur produit de leurs travaux, plus heureux à d'autres égards, il peut du moins leur en assurer avec quelque libéralité la récompense, puisque c'est un établissement public, celui des invalides de la marine, qui, formé pour les marins et en majeure partie par eux, pensionne à la fois tous les services rendus à l'Etat et au commerce : alliance aussi prudente que juste, consacrée dès l'origine d'une institution séculaire, et dont les plus hautes lumières pouvaient seules faire apercevoir alors l'utilité.

C'est dans ce moyen qu'il faut chercher, en attendant mieux, le soutien, l'encouragement des professions maritimes. Et qu'on ne craigne pas de le trouver sans influence sur l'esprit de la population des côtes : les marins savent qu'étendu à la navigation marchande comme à la navigation militaire, le système des récompenses présente dès aujourd'hui chez nous plus de bienveillance que chez aucune autre nation.

Il faut donc s'attacher à développer dans de sages limites un avantage que les marins apprécient d'autant plus qu'il est peut-être le seul dont ils ne jouiraient pas ailleurs au même degré.

Déjà plusieurs ordonnances, et notamment celle du 12 mars 1826, inspirées à Votre Majesté par des vues paternelles et prévoyantes, ont adouci les anciennes conditions de la pension, et ces bienfaits successifs, mesurés sur les ressources de l'établissement des Invalides, ont été aussi vivement sentis par les officiers de la marine et par les armateurs de nos ports que par les marins eux-mêmes.

Quelques nouvelles concessions moins importantes que les premières suffiront à Votre Majesté pour achever son ouvrage.

Je vais les indiquer brièvement :

Les pensions dites demi-soldes, accordées par la loi du 13 mai 1791, après trois cents mois d'activité sur les bâtimens ou dans les arsenaux, sont en général d'une faible quotité; mais la loi qui les a fixées a permis de les augmenter, en accordant aux titulaires parvenus à l'âge des infirmités un supplément de 6 à 9 fr. par mois. Avant l'ordonnance du 12 mars 1826, ce supplément ne se donnait qu'à soixante-quinze ans, et il était souvent illusoire. On le donne aujourd'hui à soixante-dix ans, et il arrive encore trop tard. Je suis d'avis de l'allouer désormais à soixante-cinq ans.

La pêche du poisson frais sur les côtes de France, qui, sauf quelques localités, n'était pas comptée dans les services donnant droit à la demi-solde, peut y entrer aujourd'hui pour moitié de sa durée, d'après l'ordonnance du 17 septembre 1823. C'est beaucoup, sans doute, pour les gens de mer dont la carrière se partage à peu près également entre la grande navigation et la pêche; mais ce n'est pas assez pour ceux qui comptent plus de pêche que de navigation. Ils ne peuvent, avant l'âge de la caducité, remplir la condition des vingt-cinq ans de service, et la réduction de la pêche à moitié équivaut presque, pour un certain nombre d'entre eux, à un déni de pension. Aussi, dans cette question, qui intéresse surtout les départemens de la Manche, du Calvados, de la Seine-Inférieure, de la Somme et du Pas-de-Calais, l'administration de la marine élève-t-elle de nouveau la voix en faveur des gens de mer employés à la pêche. Quoique cette industrie, exercée à peu de distance des côtes, n'impose pas à l'homme les mêmes obligations et n'ait pas pour l'Etat le même intérêt que la navigation hauturière, je crois pourtant qu'en bornant la différence au quart, au lieu de la moitié, on marquerait encore assez la valeur relative des deux genres de navigation.

Je propose donc à Votre Majesté, d'accord avec la commission supérieure de l'établissement des Invalides :

1° D'abaisser à soixante-cinq ans l'âge auquel les demi-soldiers obtiendront le supplément;

2° Et de compter, pour les trois quarts de sa durée dans la fixation des demi-soldes, le temps passé à la pêche du poisson frais.

En soumettant ces dispositions à l'approbation de Votre Majesté, je me rends garant non-seulement de la reconnaissance d'une population laborieuse et dévouée, mais encore de celle de la marine royale, de celle du commerce français, dont les avantages accordés aux gens de mer servent en même temps l'affection et les intérêts.

Signé le baron HYDE DE NEUVILLE.

29 JUIN 1828.— Ordonnance du Roi portant autorisation définitive de la communauté des religieuses ursulines établie à Sémur, département de la Côte-d'Or. (8, Bull. 240, n° 8723.)

29 JUIN 1828. — Ordonnance qui autorise l'acceptation de dons et legs faits au séminaire
diocésain d'Orléans, aux desservans successifs de la succursale de Monbozillac, aux fabriques des églises de Courpierre, de Cros-
pierres, de Lescun, de Peaule, de Périgny,
de Theix, de Marseille, de Prétieux, de
Marange-Zoudrange, de Vittersbourg, de
Ternes, de Canvigny, de Gaudelu, de Luc,
de Thury, de Voisey, d'Arles et de Bouche-
villiers. (8, Bull. 268, n°⁵ 10281 à 10300.)

30 JUIN 1828. — Lettres-patentes portant érection d'un majorat en faveur de M. Hémart,
baron de la Charmoye. (8, Bull. 310, n° 11853.)

30 JUIN 1828. — Tableau des prix des grains,
pour servir de régulateur de l'exportation et
de l'importation, conformément aux lois des
16 juillet 1819 et 4 juillet 1821, arrêté le 30
juin 1828. (8, Bull. 238, n° 8690.)

2 = Pr. 23 JUILLET 1828. — Ordonnance du Roi
qui autorise la ville de Saint-Girons (Ariége)
à établir un abattoir public. (8, Bull. 241,
n° 8757.)

Charles, etc.

Sur le rapport de notre ministre secrétaire
d'Etat au département de l'intérieur;

Vu la délibération du conseil municipal de
Saint-Girons, département de l'Ariége, du
1ᵉʳ avril 1828, relative à l'établissement d'un
abattoir public en cette commune;

L'avis du préfet du département, du 14 du
même mois;

Notre Conseil-d'Etat entendu,

Nous avons ordonné et ordonnons ce qui
suit :

Art. 1ᵉʳ. La ville de Saint-Girons, département de l'Ariége, est autorisée à établir
un abattoir public et commun.

L'autorité municipale remplira, pour le
choix du local, les formalités exigées par le
décret du 15 octobre 1810 et par l'ordonnance
royale du 14 janvier 1815, concernant les établissemens insalubres ou incommodes de troisième classe.

2. Aussitôt que les échaudoirs auront été
mis en état de servir, et dans le délai d'un
mois au plus tard après que le public aura été
averti par affiches, l'abattage des bœufs, vaches, veaux, moutons et porcs introduits dans
la ville et destinés à la consommation des
habitans, aura lieu exclusivement à l'abattoir
public, et toutes les tueries particulières seront interdites et fermées.

Néanmoins, les propriétaires ou particuliers qui élèvent des porcs pour la consommation de leurs maisons conserveront la faculté
de les abattre chez eux, pourvu que ce soit
dans un lieu clos et séparé de la voie publique.

3. Les bouchers et charcutiers forains pourront également faire usage de l'abattoir public,
mais sans y être obligés, soit qu'ils concourent
à l'approvisionnement de la ville, soit qu'ils
approvisionnent seulement la banlieue : ils seront libres de tenir des abattoirs et des étaux
hors de la ville dans les communes voisines,
sous l'approbation de l'autorité locale.

4. En aucun cas et sous quelque motif que
ce soit, le nombre des bouchers et charcutiers
ne pourra être limité : tous ceux qui voudront
s'établir à Saint-Girons seront seulement tenus
de se faire inscrire à la mairie, où ils feront
connaître le lieu de leur domicile et justifieront de leur demande.

5. Les bouchers et charcutiers de la ville
auront la faculté d'exposer en vente et de
débiter de la viande à leur domicile, pourvu
que ce soit dans des étaux convenablement
appropriés à cet usage, en suivant les règles
de la police.

6. Les bouchers et charcutiers forains pourront exposer en vente et débiter de la viande
dans la ville, mais seulement sur les lieux et
marchés publics désignés par le maire et aux
jours fixés par lui, et ce en concurrence avec
les bouchers de la ville qui voudront profiter
de la même faculté.

7. Les droits à payer par les bouchers et
charcutiers pour l'occupation des places dans
l'abattoir public seront réglés par un tarif
arrêté dans la forme ordinaire.

8. Le maire de la ville de Saint-Girons
pourra faire les réglemens locaux nécessaires
pour le service de l'abattoir public et commun, ainsi que pour le commerce de la boucherie et de la charcuterie; mais ces actes ne
seront exécutoires qu'après avoir reçu l'approbation de notre ministre de l'intérieur,
sur l'avis du préfet.

9. Notre ministre secrétaire d'Etat de l'intérieur (vicomte de Martignac) est chargé de
l'exécution de la présente ordonnance, qui
sera insérée au Bulletin des Lois.

2 = Pr. 10 JUILLET 1828. — Loi sur la révision
annuelle des listes électorales et du jury (1).
(8, Bull. 239, n° 8713.)

Voy. loi du 19 AVRIL 1831.

---

(1) Proposition à la Chambre des députés le
25 mars (Mon. du 26); rapport de M. Favard
de Langlade le 22 avril (Mon. des 23 et 24 avril);
discussion le 28 avril et jours suivans (Mon. du
29 avril et jours suivans); adoption le 12 mai
(Mon. du 13).
Proposition à la Chambre des pairs le 17 mai
(Mon. du 22); rapport de M. le vicomte Lainé

le 3 juin (Mon. du 8); discussion le 16 juin et
jours suivans (Mon. du 18 juin et jours suivans);
adoption le 24 juin (Mon. du 26).
Le but général de cette loi est de faire « que
« nul autre que ceux qui remplissent les condi-
« tions prescrites ne participe à l'exercice du
« droit d'élire, ou à l'accomplissement de la
« charge de juré, et qu'aucun de ceux que la

TITRE Ier. Révision annuelle des listes électorales et du jury (1).

Art. 1er. Les listes faites en vertu de la loi du 2 mai 1827 sont permanentes, sauf les radiations et inscriptions qui peuvent avoir lieu lors de la révision prescrite par la présente loi (2).

Cette révision sera faite conformément aux dispositions suivantes.

2. Du 1er au 10 juin de chaque année, et aux jours qui seront indiqués par les sous-préfets, les maires des communes composant chaque canton se réuniront à la mairie du chef-lieu, sous la présidence du maire, et procéderont à la révision de la portion de la liste formée en vertu de la loi du 2 mai 1827, qui comprendra les citoyens de leur canton appelés à faire partie de cette liste.

Ils se feront assister des percepteurs de l'arrondissement cantonal.

3. Dans les villes qui forment à elles seules

« Charte ou les lois désignent ne puisse en être « privé ou dispensé. » (Exposé des motifs.)

D'ailleurs les diverses dispositions ont été introduites parce qu'on a remarqué « que les « précautions et les garanties établies par les lois « antérieures étaient incomplètes; que les délais « indiqués étaient insuffisans; que les mesures « prises pour assurer la répression des fraudes « ou la réparation des erreurs manquaient d'ef- « ficacité; que les droits divers n'étaient pas « assez clairement définis; que l'importante di- « vision des juridictions offrait de graves em- « barras, de fâcheuses incertitudes, et que les « questions de domicile des fonctionnaires pou- « vaient donner lieu à de fréquentes difficultés. »

« Jusqu'à présent, a dit M. le rapporteur de « la commission de la Chambre des députés, il « faut en convenir, la législation n'a point op- « posé assez d'obstacles à ces fraudes funestes « dont nos récens débats ont révélé l'existence « dans quelques parties du royaume. Le projet « de loi soumis à vos délibérations a pour but « d'en prévenir le retour. »

« L'objet de la loi, a dit M. le vicomte Lainé, au nom de la commission de la Chambre des pairs, est de rendre la liste des électeurs *permanente, complète, véridique.* »

La loi du 19 avril 1831 a abrogé celle-ci.

(1) Dans le projet du Gouvernement on lisait: *Révision annuelle des listes du jury;* on a demandé que le titre fût plus conforme à la vérité, et qu'il énonçât aussi les *listes électorales;* M. le ministre de l'intérieur n'a pas nié que les listes électorales ne fussent l'objet et l'objet principal de la loi; mais il a soutenu que la loi du 2 mai 1827, dont celle-ci est le complément, étant intitulée : *Loi sur l'organisation du jury,* le projet devait s'exprimer comme il le faisait; que d'ailleurs, s'il est vrai qu'il soit question des listes électorales dans la loi actuelle, elles n'y sont considérées que comme élément de la liste du jury. Malgré ces raisons, le mot *électorales* a été ajouté.

(2) Cet article a été introduit dans la loi par la commission de la Chambre des députés. La qualification de *permanentes*, donnée aux listes électorales, a été l'objet de discussions animées; plusieurs orateurs ont soutenu que, d'après la loi du 2 mai 1827, les listes n'étaient point permanentes, et qu'elles devaient être refaites chaque année ; que sans doute il y avait un inconvénient pour les électeurs à venir, chaque année, représenter les pièces justificatives de leurs droits ; mais qu'il y aurait un inconvénient bien plus grave et un véritable danger à constituer ainsi en permanence un corps de quatre-vingt

mille électeurs, élément démocratique à l'égard du trône et de l'aristocratie, et élément aristocratique à l'égard du reste de la nation. M. le ministre de l'intérieur a reconnu que l'esprit de la loi du 2 mai 1827 (*voy.* notes sur l'art. 5 de cette loi) était de rendre les listes permanentes, afin que chaque année il n'y eût pas nécessité pour l'administration de procéder à une confection nouvelle, et que les droits des électeurs ne fussent pas remis en question; il a pensé que la permanence, réduite à cet objet, ne pouvait avoir d'effet nuisible; mais qu'il était inutile d'insérer dans la loi une disposition expresse donnant aux listes la qualification de permanentes. La commission et la Chambre ont jugé qu'il pourrait toujours s'élever des doutes, tant que la loi ne s'exprimerait pas nettement, et qu'une fois le droit reconnu, il était bon de l'énoncer.

La permanence des listes, combinée avec l'effet suspensif attribué par les art. 19 et 23 au recours exercé contre les arrêtés de radiation, produit ce résultat, que désormais il est impossible qu'un électeur se trouve privé de ses droits à l'improviste, et l'on ne verra plus, comme précédemment, ces mêmes droits reconnus seulement après la réunion des colléges électoraux (*voy.* notes sur le n° 4 de l'art. 6).

Au surplus, l'effet de la permanence des listes a été clairement indiqué par M. le vicomte Lainé, rapporteur de la commission à la Chambre des pairs : « Aucun droit nouveau, a-t-il dit, n'est « donné aux électeurs; on ne constate que leur « qualité ; il ne s'agit que de la permanence du « papier qui en chaque département contiendra « les noms des contribuables, comme le con- « trôle des régimens, comme le registre des or- « dres....... De ce droit d'électeur, s'il est rendu « plus fixe par les listes, ne dérive pas la faculté « de tenir des assemblées électorales ou des réu- « nions illégales. Après la liste, les électeurs « n'ont pas plus de droits qu'auparavant ; et, si « l'on veut leur interdire les moyens de se con- « certer *que la loi ne prohibe pas*, ce ne serait « pas la liste qu'il faudrait empêcher, c'est une « proposition qu'il faudrait faire pour rendre nos « lois plus rigoureuses. En y réfléchissant, on se « gardera de mettre en question des lois dont « le Gouvernement reste armé, et dont l'examen « modifierait peut-être la sévérité. »

M. le rapporteur faisait allusion, par ces paroles, à la discussion qui avait eu lieu à la Chambre des députés.

On y avait proposé un article additionnel ainsi conçu :

« Toutes réunions ou associations formées « avant le jour fixé pour l'ouverture des colun canton, ou qui sont partagées en plusieurs cantons, la révision des listes sera effectuée par le maire, les adjoints et les trois plus anciens membres du conseil municipal, selon l'ordre du tableau. Les maires des communes qui dépendraient de l'un de ces cantons seront aussi appelés à la révision; ils se réuniront tous sous la présidence du maire de la ville.

A Paris, les maires des douze arrondissemens, assistés des percepteurs, procéderont à la révision sous la présidence du doyen de réception (1).

4. Le résultat de cette opération sera transmis au sous-préfet, qui, avant le 1er juillet, l'adressera, accompagné de ses observations, au préfet du département.

5. A partir du 1er juillet, le préfet procédera à la révision générale de la liste.

6. Il y ajoutera les citoyens qu'il reconnaîtra avoir acquis les qualités requises par la loi, et ceux qui auraient été précédemment omis.

Il en retranchera:

1° Les individus décédés;

2° Ceux qui auront perdu les qualités requises;

3° Ceux dont l'inscription aura été déclarée nulle par les autorités compétentes;

4° Enfin ceux qu'il reconnaîtrait avoir été indûment inscrits, quoique leur inscription n'eût pas été attaquée (2).

Il tiendra un registre de toutes ces déci-

" léges électoraux, toute création de comités
" constitués pour agir, soit collectivement, soit
" par représentation des droits des tiers en ma-
" tière d'élections, sont et demeurent interdites,
" et les délinquans seront punis conformément
" aux trois premiers paragraphes de l'art. 42 du
" Code pénal. "

Les auteurs de cette proposition avaient soutenu que la permanence des listes pouvait laisser croire que les électeurs formaient un corps constitué, un quatrième pouvoir; que les réunions formées avant la convocation, que l'établissement des comités directeurs, présentaient de graves dangers; qu'ainsi avait commencé la révolution; qu'une loi des 29 et 30 septembre = 9 octobre 1791 avait cherché à prévenir l'action illégale de pareilles assemblées (voy. cette loi à sa date, et le rapport fait au nom du comité de constitution, qui est à la suite).

On avait répondu qu'il y avait nécessité pour les électeurs de se réunir et de se concerter sur les choix à faire; que des assemblées composées de l'élite des citoyens, réunies dans un objet spécial, et à sept années d'intervalle, ne pouvaient avoir aucunes conséquences dangereuses, et qu'il était impossible de les assimiler aux anciennes sociétés populaires, ou aux sociétés se réunissant fréquemment et à des époques périodiques; que l'art. 291 du Code pénal ne pouvait être appliqué qu'à ces dernières; qu'enfin l'autorité elle-même avait reconnu que de pareilles réunions n'avaient rien d'illégal, puisque, dans une note publiée par M. le préfet de police de Paris, cet honorable magistrat n'avait cru devoir blâmer que le fait de la réunion *dans un lieu public* sans autorisation de la police, et le compte rendu par les journaux (voy. art. 14, tit. 1er, de la loi du 19 = 22 juillet 1791).

Quant à l'effet de la permanence des listes, M. le ministre de la marine avait dit que la permanence de la liste des députés et de la liste des pairs ne donne ni aux députés ni aux pairs aucun droit hors le temps où ils sont appelés par le Roi à siéger; que la permanence de la liste des électeurs ne leur donne de droits que ceux qui leur sont attribués par la loi; que par conséquent les listes électorales ne leur donnent pas plus de droits que la liste des vingt-cinq mille adresses qui court dans Paris.

Non-seulement l'article additionnel a été rejeté, mais la Chambre a même adopté la question préalable.

(1) Il n'y a point de doute, a dit M. le ministre de l'intérieur, que chaque maire dans son arrondissement fera d'abord son travail particulier, et qu'ensuite les douze maires présenteront dans la réunion générale leurs travaux partiels.

(2) Cette disposition était utile, afin que le préfet pût retrancher de la liste un individu qui y aurait été indûment porté l'année précédente; mais elle paraissait en contradiction avec le principe de la *permanence des listes*, et d'ailleurs on craignait qu'elle n'autorisât des abus, en ce que le titre d'électeur n'aurait plus la stabilité que semblait lui promettre l'art. 1er, et que la radiation prononcée à tort pourrait enlever à un électeur la faculté de voter. On a répondu que ce danger était prévenu par la disposition de l'art. 19, qui déclare suspensif le recours contre toute décision prononçant une radiation. On a insisté: l'art. 19, a-t-on dit, n'est relatif qu'au cas où il s'agit de la révision annuelle des listes et des pourvois formés contre les décisions rendues lors de cette révision; mais, si l'on suppose le cas de convocation, ce sont les dispositions du titre 4 qui deviennent applicables. Si le préfet ordonne la radiation, on peut, il est vrai, réclamer devant le conseil de préfecture, et même se pourvoir contre les décisions de ce conseil; mais le pourvoi n'est plus suspensif: la loi dispose, au contraire, que les décisions du conseil de préfecture seront exécutées provisoirement (telle était, en effet, la disposition du projet). Il est donc vrai que les électeurs pourront être privés de leurs droits par une décision rendue en conseil de préfecture, contre laquelle le recours non suspensif sera peut-être inutile.

M. le ministre de l'intérieur a fait remarquer que le préfet, en procédant au tableau de rectification, n'avait plus le même droit qu'en procédant à la révision annuelle des listes; que, dans cette dernière opération, il pouvait retrancher de la liste les individus qui y auraient été indûment portés; mais que, dans le cas où il s'agissait du tableau de rectification, il ne pouvait, suivant l'art. 6 de la loi du 2 mai 1827, qu'ajouter ceux qui auraient acquis des droits depuis la clôture de la liste annuelle, ou éliminer ceux

sions, et il fera mention de leurs motifs et des pièces à l'appui (1).

7. La liste ainsi rectifiée par le préfet (2) sera affichée, le 15 août, au chef-lieu de chaque commune, et déposée au secrétariat des mairies, des sous-préfectures et de la préfecture, pour être donnée en communication à toutes les personnes qui le requerront (3).

Elle contiendra, en regard du nom de chaque individu inscrit sur la première partie de la liste, l'indication des arrondissemens de perception où il paie des contributions, propres ou déléguées, ainsi que la

---

qui depuis la même époque auraient perdu leurs droits ; qu'on ne pouvait donc craindre que les préfets fissent un usage abusif du droit de retrancher des individus indûment inscrits sur la liste annuelle.

Ces observations ont paru d'abord suffisantes à la Chambre, et le n° 4 de l'art. 6 a été maintenu ; mais il est certain que le droit donné au préfet d'écarter tel ou tel individu, par le motif ou sous le prétexte qu'il avait perdu les qualités requises depuis la clôture de la liste annuelle, pouvait avoir sur les élections une influence dangereuse et décisive, puisque le conseil de préfecture, ou le préfet en conseil de préfecture, chargé de statuer sur les réclamations contre les radiations, rendait, dans le système du projet de loi, des décisions *provisoirement* exécutoires. Cet inconvénient a frappé la commission, et elle l'a fait disparaître, en insérant dans l'art. 23 une disposition analogue à celle de l'art. 19, et donnant un effet suspensif aux recours contre les radiations prononcées par le préfet en conseil de préfecture.

Nous avons cru devoir rappeler cette partie de la discussion, pour bien manifester l'esprit de la loi et faire ressortir comment doivent être combinés ses divers articles.

Ainsi, en résumé, le préfet, procédant à la révision *annuelle*, peut éliminer les électeurs inscrits sur la liste de l'année précédente, s'il lui paraît qu'ils ont été inscrits à tort et n'ayant pas les qualités requises.

Le préfet ne peut pas, en procédant au tableau de rectification dont parle le titre 4, faire porter son examen sur la question de savoir si les électeurs inscrits l'ont été à juste titre, si, au moment de l'inscription, ils réunissaient toutes les conditions exigées par la loi : son attention doit exclusivement porter sur les évènemens survenus depuis le 30 septembre, soit qu'ils aient conféré des droits à des individus non inscrits, soit qu'ils aient enlevé la qualité d'électeur à des individus portés sur la liste.

Enfin, dans le cas de la révision de la liste annuelle, comme dans le cas de la confection du tableau de rectification, l'individu rayé peut se pourvoir contre la décision qui le lèse, et son pourvoi est suspensif, en sorte que, si les collèges se réunissent avant la décision sur son pourvoi, il a droit de voter.

Si, contre le vœu formel de la loi, un préfet, dressant le tableau de rectification, rayait un individu inscrit, en se fondant non sur un évènement survenu depuis le 30 septembre, mais sur ce qu'au moment de l'inscription l'individu n'était pas réellement électeur, celui-ci, en s'adressant à la cour royale, devrait demander la réformation de la décision, par ce seul et unique motif, que le préfet, en conseil de préfecture, aurait jugé la question de capacité au temps de

l'inscription, ce qu'il n'avait pas le droit de faire. Le réclamant n'aurait aucunement besoin d'aborder la question du fond et d'établir sa qualité ; il dirait seulement : « Je suis inscrit sur la liste annuelle ; j'ai en ma faveur une présomption légale, que ni M. le préfet seul, ni le préfet en conseil de préfecture, ni la cour royale, ne peuvent apprécier aujourd'hui, et qui subsistera à mon profit jusqu'à la révision de l'année prochaine. » Si cependant, au fond, l'inscrit n'était pas électeur et qu'il votât, la Chambre des députés aurait à examiner la validité de l'élection, sans qu'on pût lui opposer ni l'autorité de la chose jugée, ni la présomption légale. Ce point de jurisprudence parlementaire nous paraît fixé par la discussion qui a eu lieu dans les séances de la Chambre des députés des 11, 12, 13, 14, 15 février et 15 mars 1828 (Mon. des 13, 14, 15, 16 février, 16 et 17 mars 1828).

Voy. notes sur l'ordonnance du 27 mars 1828.

(1) Le laps de temps qui s'écoule depuis le 1er juin jusqu'au 15 août est consacré au travail spontané de l'administration ; ensuite, et à partir du 15 août, chacun peut faire valoir ses droits ; mais il est certain que chaque particulier a toute faculté d'envoyer, même durant la première période, ses pièces au préfet, au sous-préfet ou aux maires, pour faciliter leur travail et prévenir les erreurs, sans toutefois pouvoir exiger des récépissés, comme dans la seconde période (explications de M. Cuvier à la Chambre des députés).

(2) M. Girod de l'Ain demandait qu'on ajoutât : *ainsi que la liste des électeurs de département ;* mais on a reconnu que, cette liste éprouvant de fréquentes variations, l'affiche était inutile. M. le ministre de l'intérieur a déclaré que la liste de département ne serait affichée que lorsqu'il y aurait convocation des collèges. *Voy.* l'art. 16.

(3) La loi du 2 mai 1827 n'ordonnait que le dépôt de la liste close le 30 septembre. La loi actuelle établit la même règle pour la liste préparatoire, dressée par les soins de l'administration, et offre ainsi de nouvelles facilités et de nouvelles garanties.

Dans les amendemens de la commission, la fin de ce paragraphe était ainsi conçue : « Il en sera « donné communication à toute personne inté- « ressée, sur sa demande, dans les cas prévus par « les art. 11 et 12 de la présente loi. » Le changement de rédaction a eu lieu sur la proposition de M. Dumeilet, et il est évident que ces mots : *toutes personnes qui le requerront,* embrassent dans leur généralité non-seulement les individus mentionnés aux art. 11 et 12 de la loi, mais encore toutes autres personnes (*voy.* art. 3 de la loi du 2 mai 1827). Il faut bien, en effet, qu'un électeur non inscrit, soit par erreur, soit par tout autre motif, puisse demander communication de la liste.

quotité et l'espèce des contributions pour chacun de ces arrondissemens (1).

8. La publication prescrite par l'article précédent tiendra lieu de notification des décisions intervenues aux individus dont l'inscription aura été ordonnée.

Toute décision ordonnant radiation sera notifiée dans les dix jours à celui qu'elle concerne, ou au domicile qu'il sera tenu d'é-

lire pour l'exercice de ses droits politiques, s'il n'habite pas le département (2).

Cette notification et toutes celles qui doivent avoir lieu, aux termes de la présente loi, seront faites suivant le mode employé jusqu'à présent pour les jurés, en exécution de l'article 389 du Code d'instruction criminelle (3).

9. Après la publication de la liste rectifiée,

(1) Ainsi il faut indiquer non-seulement les arrondissemens de perception, mais encore l'espèce et la quotité des contributions payées dans chacun de ces arrondissemens. L'article ne dit pas s'il faudra indiquer aussi et séparément la quotité des contributions *propres* et la quotité des contributions *déléguées*; on avait demandé cette distinction; elle n'a pas été adoptée.

(2) Il ne faut pas confondre cette élection de domicile avec la déclaration dont il est question dans l'art. 3 de la loi du 5 février 1817. Dans la déclaration dont parle la loi de 1817, il suffit d'indiquer le département où l'on veut exercer ses droits politiques, et ici on doit désigner un lieu déterminé dans ce département pour y recevoir les notifications. M. le rapporteur de la commission de la Chambre des députés a dit que « l'élection de domicile devra être annexée à « l'acte même qui contient la déclaration du « domicile politique. » La loi ne prescrit pas la forme de cette élection; vraisemblablement l'ordonnance d'exécution la déterminera; au surplus, on pourrait ou se présenter devant M. le préfet, faire sa déclaration et lui demander récépissé, ou bien la lui notifier par huissier.

(3) Les motifs de la décision doivent être contenus dans la notification. *Nous ne connaissons de décisions que celles qui sont motivées*, a dit M. le ministre de l'intérieur. M. Pardessus a ajouté « qu'on ne peut notifier la décision que « comme elle est, avec tous ses motifs. Le Code « de procédure ne dit pas que l'arrêt sera no- « tifié avec ses motifs; il se borne à dire que « l'arrêt sera notifié parce qu'il ne peut être no- « tifié qu'avec ses motifs. »

Cette observation peut mettre à même d'apprécier la régularité et la validité des notifications. C'est un point très-important, en ce qu'il se rattache à la question de savoir quel serait l'effet légal du défaut ou de l'irrégularité de la notification.

M. Kératry a soulevé cette question, en demandant qu'on ajoutât : « Si l'autorité ne peut « justifier de la notification dans le délai prescrit, « la décision ne pourra préjudicier à l'électeur « rayé. »

M. le ministre de l'intérieur a répondu : « Il « n'y aurait à cela qu'une difficulté, ce serait « de faire déclarer en même temps par la loi « que, *faute de notification* dans le délai dé- « terminé, la Charte et les lois pourront être « violées, c'est-à-dire qu'un individu qui ne « paierait pas le cens électoral serait maintenu « sur la liste, parce que le préfet aurait oublié « de lui notifier la décision. »

L'amendement a été rejeté. Ainsi il paraîtrait que l'électeur qui n'aura reçu qu'une notification irrégulière, celui même qui n'en aura reçu

aucune, qui aura par conséquent compté et dû compter sur son inscription de l'année précédente, se verra fermer la porte du collége.

Il nous semble que l'amendement de M. Kératry était en harmonie parfaite avec le système de permanence des listes que M. le ministre de l'intérieur a perdu de vue.

Tout inscrit sur la liste électorale est, par le seul fait de cette inscription, légalement présumé électeur : il a droit de voter. S'il est rayé à l'époque d'une révision annuelle, cette radiation ne peut lui être opposée; elle ne peut être exécutée qu'autant qu'elle est connue de lui, c'est-à-dire qu'autant qu'elle lui a été régulièrement notifiée. Ce sont là les règles du droit commun, Code de procéd., art. 147; et sans doute on ne dira pas que le Code de procédure est ici inapplicable : d'abord un savant magistrat (M. Pardessus) a cru pouvoir rappeler ses dispositions pour résoudre une difficulté relative à la forme des notifications, *voy. suprà*, même note; ensuite il est constant que fréquemment la justice administrative applique les dispositions du Code de procédure. *Voy.* ordonnance du 9 juillet 1823 et notes, et les questions de droit administratif de M. de Cormenin, v° *Conseil de préfecture.*

M. le ministre de l'intérieur a été frappé de l'inconvénient, fort grave sans doute, qu'un individu qui n'est pas électeur fût investi du droit électoral par le défaut de notification de sa radiation; mais n'y a-t-il pas un inconvénient aussi grave à priver de ses droits, à son insu, celui qui serait véritablement électeur?

Il faudrait donc peut-être soutenir, contre l'opinion de M. le ministre de l'intérieur, que l'individu rayé, à qui la radiation n'a pas été notifiée, est apte à voter; mais dans l'exécution qu'arriverait-il? Le président et le bureau du collége n'ont pas attribution pour résoudre cette question délicate (*voy*. les art. 8 et 11 de la loi du 5 février 1817, 5 et 9 de l'ordonnance du 11 octobre 1820.—*Voy*. aussi notes sur l'art. 20 de la présente loi).

D'ailleurs la personne rayée qui se présenterait, en soutenant que la notification ne lui a pas été faite, devrait prouver ce fait négatif, et elle n'aurait d'autre ressource que de faire sommation au préfet d'avoir à justifier de la notification; mais le refus ou le silence du préfet paraîtrait-il suffisant au bureau du collége?

Il y a donc une lacune importante dans la loi, un défaut de sanction très-grave. Nous pensons que l'électeur rayé, à qui la notification de la radiation n'aurait pas été faite, aurait au moins le droit de faire sa réclamation en tout temps et sans qu'on pût lui opposer le terme fatal du 30 septembre, fixé par la loi du 2 mai 1827 et par l'art. 11 de la présente loi. En effet, le

il ne pourra plus y être fait de changement qu'en vertu de décisions rendues par le préfet en conseil de préfecture, dans les formes ci-après (1).

TITRE II. Des réclamations sur la révision des listes (2).

10. A compter du 15 août, jour de la publication, il sera ouvert au secrétariat général de la préfecture un registre coté et paraphé par le préfet, sur lequel seront inscrites, à la date de leur présentation, et suivant un ordre de numéros, toutes les réclamations concernant la teneur des listes. Ces réclamations seront signées par le réclamant ou par son fondé de pouvoirs (3).

Le secrétaire général donnera récépissé de chaque réclamation et des pièces à l'appui. Ce récépissé énoncera la date et le numéro de l'enregistrement (4).

11. Tout individu qui croirait devoir se plaindre soit d'avoir été indûment inscrit, omis ou rayé, soit de toute autre erreur (5) commise à son égard dans la rédaction des

---

délai accordé par la loi n'est réputé suffisant que parce qu'elle suppose que chaque personne intéressée à réclamer a eu connaissance de la mesure qui la lèse; il est contraire à toutes les règles du droit et de la raison de prononcer une déchéance contre celui qui a été dans l'impossibilité d'agir. Qu'on ne dise pas que la publicité des listes donne à chacun le moyen de connaître s'il est maintenu ou rayé: ce moyen n'est pas aussi sûr que la notification; et, puisque ce dernier mode a été établi par le législateur, il faut l'observer, et l'électeur, qui a dû compter sur l'exécution fidèle de la loi, ne doit pas être puni de la faute de l'administration. Ainsi l'électeur à qui n'aurait pas été faite la notification prescrite, et qui s'apercevrait après le 30 septembre de sa radiation, devrait s'adresser au préfet en conseil de préfecture, pour se faire rétablir sur la liste; si le préfet le déclarait non-recevable, en ce que sa réclamation serait postérieure au 30 septembre, il y aurait lieu d'exercer le recours devant la cour royale, qui vraisemblablement écarterait la fin de non-recevoir.

On a demandé que *toutes les notifications fussent faites par huissier sur papier libre et enregistrées gratis.* Cette proposition a été rejetée. M. le rapporteur de la commission de la Chambre des députés a dit que les notifications prescrites par l'art. 389, Code d'instr. crim., se font par huissier ou par des gendarmes, qui sont tenus de rapporter un reçu, et que ce double mode peut être adopté sans inconvénient. *Voy.* MM. Carnot et Bourguignon, sur l'art. 389, Code d'instr. crim.

(1) M. Bérenger proposait de substituer *le tribunal de première instance au préfet en conseil de préfecture;* mais il a retiré son amendement après avoir entendu les observations de M. le ministre de l'intérieur, qui a démontré de la manière la plus lumineuse que, lorsque la révision annuelle de la liste est faite, que les personnes rayées ont été averties, par des notifications, qu'elles se présentent pour fournir des éclaircissemens et des pièces établissant leur qualité, ce n'est point là encore du *contentieux;* qu'ainsi il n'y a pas de motifs pour renvoyer la réclamation aux tribunaux. Partant de cette idée, M. le ministre de l'intérieur a pensé : 1° qu'il convenait de changer les énonciations du titre 2 de la loi, qui étaient véritablement inexactes (on lisait dans le projet, titre 2 : du *jugement* des réclamations par le conseil de préfecture); 2° qu'il serait même raisonnable de conserver la disposition textuelle de l'art. 5 de la loi du 5 février 1817, et de donner non *au conseil de préfecture,*

mais *au préfet en conseil de préfecture*, le droit de statuer sur les réclamations (d'après le projet de loi, c'était *le conseil de préfecture* qui était appelé à décider); 3° enfin qu'après la décision du préfet, le recours contre cette décision constitue un véritable litige, et que dès lors la compétence de la cour royale est justifiée.

Ces raisons ont paru déterminantes à la Chambre, et elle a pensé que *le préfet en conseil de préfecture* devait être chargé du soin d'apprécier les réclamations; le projet de loi, comme on l'a dit, conférait cette mission au conseil de préfecture. On sait d'ailleurs que *le préfet en conseil de préfecture* prend l'avis des conseillers, mais décide *seul*; tandis que le conseil de préfecture, présidé par le préfet, rend ses décisions à la majorité des voix. *Voy.* notes sur l'art. 2 de l'ordonnance du 4 septembre 1820.

(2) Dans le projet de loi, ce titre était ainsi conçu : *Jugement des réclamations par le conseil de préfecture;* mais les observations de M. le ministre de l'intérieur, rapportées dans les notes sur l'art. 9, ont déterminé la Chambre à adopter le titre tel qu'il est actuellement.

(3) En quelle forme doit être la procuration?

M. le ministre de l'intérieur a adressé aux préfets une circulaire par laquelle il les autorise à recevoir toutes les demandes d'inscription qui leur seraient présentées avec des procurations, sous seing privé, et même avec de simples lettres. *Voy.* discussion à la Chambre des pairs, sur une pétition relative aux élections (Mon. du 4 mars 1828). On ne voit pas pourquoi les demandes en rectification ne seraient pas également accueillies avec de semblables pouvoirs. Dirait-on qu'une demande en radiation pourrait être formée par un faussaire au détriment de l'électeur inscrit? Si l'on y réfléchit, on s'aperçoit que ce danger est véritablement illusoire.

Il faut d'ailleurs que la procuration soit *spéciale* (explications du ministre de l'intérieur à la Chambre des pairs).

(4) Le refus de recevoir les réclamations et d'en donner un récépissé conforme au vœu de la loi n'est guère présumable; mais enfin, s'il avait lieu, on devrait faire signifier la réclamation, soit au préfet, soit au secrétaire général, par un huissier porteur des pièces.

(5) Par exemple, un électeur peut réclamer, s'il ne trouve pas sur la liste l'indication véritable des contributions qu'il paie; on sent qu'il importe que la quotité des contributions payées par chaque électeur soit exactement énoncée, à cause de l'influence qu'exerce sur la composition du collège départemental la quotité des

listes, pourra, jusqu'au 30 septembre inclusivement (1) présenter sa réclamation, qui devra être accompagnée de pièces justificatives.

12. Dans le même délai, tout individu inscrit sur la liste d'un département pourra réclamer l'inscription de tout citoyen qui n'y serait pas porté, quoique réunissant toutes les conditions nécessaires, la radiation de tout individu qu'il prétendrait y être indû-

ment inscrit, ou la rectification de toute autre erreur commise dans la rédaction des listes.

Il devra motiver sa demande et l'appuyer des pièces justificatives (2).

13. Aucune des demandes énoncées en l'article précédent ne sera reçue, lorsqu'elle sera formée par des tiers, qu'autant que le réclamant y joindra la preuve qu'elle a été par lui notifiée à la partie intéressée, laquelle

---

contributions de chaque électeur. En effet, si un individu qui paie mille francs n'est inscrit que pour cinq cents francs, il peut se trouver exclu du collège départemental dont il aurait dû faire partie.

(1) Cet article, comme la loi du 2 mai 1827, prononce une déchéance absolue; mais le défaut de notification d'une décision prononçant la radiation ne relèverait-il pas de la déchéance? *Voy.* sur cette question, les notes sur l'art. 8, § 5.

(2) M. le rapporteur de la commission de la Chambre des députés a vu dans la disposition de cet article *une grande et heureuse innovation*; d'autres orateurs l'ont, au contraire, vivement combattue, comme autorisant des recherches inquisitoriales, et favorisant la délation; comme antipathique au caractère national, et offrant les plus graves dangers dans l'exécution.

M. le ministre de l'intérieur a établi devant la Chambre des pairs que le droit de réclamation était attribué aux tiers par la législation antérieure; il a rappelé les circulaires de M. Lainé et de M. de Corbière, ministres de l'intérieur, en 1817 et 1820, dans lesquelles ce droit est reconnu; il a cité deux ordonnances rendues en Conseil-d'État le 15 juillet 1821, et une troisième en date du 4 juillet 1822, qui ont statué sur des questions électorales soulevées par des tiers, sans qu'aucune fin de non-recevoir leur ait été opposée; il a enfin invoqué l'autorité du *Répertoire* de M. Favard de Langlade, v° *Elections*; il a fait remarquer que la loi du 2 mai 1827 avait virtuellement consacré ce principe, et qu'ainsi la loi nouvelle ne créait pas un droit nouveau; qu'elle régularisait seulement l'exercice et limitait l'application d'un droit déjà reconnu (*voy.* Mon. du 19 juin, p. 884).

On a demandé que le droit de réclamer ne fût pas restreint aux individus inscrits sur la liste, et que toute personne fût admise à l'exercer; mais cette proposition a été écartée.

On a remarqué qu'il y a des électeurs qui ne sont pas jurés (par exemple, les pairs de France, les juges, etc.); que, d'un autre côté, il y a des jurés qui peuvent n'être pas électeurs (par exemple, des avocats, des avoués, des officiers retraités, etc.); et on a demandé si le juré non électeur aurait le droit de demander la radiation d'un électeur, et réciproquement? M. le vicomte Lainé, au nom de la commission de la Chambre des pairs, a dit que l'action appartient à tout individu porté sur la liste, soit juré, soit électeur, et qu'elle pouvait être exercée contre tout individu inscrit, soit comme électeur, soit comme juré. « Hâtons-nous, a-t-il ajouté, de rassurer sur « cette action, que quelques esprits croyaient col- « lective... Il est manifeste que l'action *indivi-*

« *duelle* est la seule licite; il n'est permis de « réclamer qu'à l'individu, ce mot est exclusif, « de l'action de toute corporation, de toute as- « sociation, de toute réunion. Les individus « nommés dans la réclamation, ou désignés, se- « lon les règles de la procédure, dans l'exploit « introductif en appel, sont seuls recevables. « Toute qualification collective telle que celle « de président, de secrétaire, ou toute autre, « est évidemment prohibée dans l'exercice de « l'action des tiers. »

M. le comte d'Argout a fait observer que, sous les divers gouvernemens qui ont précédé la restauration, le droit d'intervention des tiers a toujours été reconnu. Il a cité les art. 71 et 76 du décret du 19 fructidor an 10, et le décret du 17 janvier 1806; la constitution du 5 fructidor an 3, art. 22; la loi du 18 ventose an 6, sect. 4, chap. 2; la constitution du 3 septembre 1791, tit. 3, chap. 1er, sect. 4, art. 4; la loi du 15 = 27 mars 1791, tit 2, art. 4 et 9; et l'ordonnance réglementaire du 24 janvier 1789.

M. de Montbel a proposé un article addition- nel ainsi conçu : « Tout électeur qui réclamera « la radiation d'un individu qu'il prétendrait in- « dûment inscrit sur la liste électorale sera pas- « sible des frais qu'entraînerait pour cet indi- « vidu la justification de ces droits contestés, « si la validité de ces droits est reconnue, sans « préjudice des amendes, dommages et intérêts « que prononceront les tribunaux, si la récla- « mation de la radiation est basée sur l'alléga- « tion de faits reconnus calomnieux. »

Cette proposition a été repoussée, et la Cham- bre a pensé que les règles du droit commun suffisaient. Il résulte donc de la discussion que, s'il y a diffamation ou calomnie, les tribunaux prononceront les peines et condamneront aux dommages-intérêts; que, s'il y a lésion, les dé- pens et les dommages-intérêts seront prononcés contre qui de droit, en prenant en considéra- tion la bonne ou la mauvaise foi du réclamant, mais il a été bien entendu cependant que l'élec- teur dont l'inscription a été critiquée ne pourra point répéter les frais qu'il aura faits pour la justification de sa qualité, et, par exemple, les droits d'enregistrement qu'il aura été obligé de payer pour des actes qui, sans la réclamation, n'eussent pas été présentés à l'enregistrement. M. Dupin a dit avec raison que, si celui qui est attaqué a été porté sur la liste parce que, dans une conversation intime avec le préfet, il aura communiqué des actes sous seing privé, ces actes ne suffisent pas; il faut, pour établir la propriété, des actes authentiques enregistrés, et il est obligé de faire à ses frais cette justification.

M. Mestadier a émis la même opinion.

aura dix jours pour y répondre à partir de celui de la notification (1).

14. Le préfet statuera en conseil de préfecture sur les demandes dont il est fait mention aux articles 11 et 12 ci-dessus, dans les cinq jours qui suivront leur réception, quand elles seront formées par les parties elles-mêmes ou par leurs fondés de pouvoirs ; et dans les cinq jours qui suivront l'expiration du délai fixé par l'article 13, si elles sont formées par des tiers (2).

Ses décisions seront motivées.

La communication, sans déplacement, des pièces respectivement produites sur la question en contestation, devra être donnée à toute partie intéressée qui le requerra (3).

15. Il sera publié tous les quinze jours un tableau de rectification conformément aux décisions rendues dans cet intervalle, et présentant les indications mentionnées à l'article 7 ci-dessus.

Aux termes de l'article 8, la publication de ces tableaux de rectification tiendra lieu de notification aux individus dont l'inscription aura été ordonnée ou rectifiée.

Les décisions portant refus d'inscription ou prononçant des radiations seront notifiées, dans les cinq jours de leur date, aux individus dont l'inscription ou la radiation aura été réclamée, soit par eux-mêmes, soit par des tiers (4).

Les décisions rejetant les demandes en radiation ou rectification seront notifiées dans le même délai, tant aux réclamans qu'à l'individu dont l'inscription aura été contestée (5).

16. Le 16 octobre, le préfet procédera à la clôture de la liste. Le dernier tableau de rectification, l'arrêté de clôture et la liste du collège départemental dans les départemens où il y a plusieurs collèges, seront affichés le 20 du même mois (6).

17. Il ne pourra plus être fait de changemens à la liste qu'en vertu d'arrêts rendus dans la forme déterminée au titre suivant (7),

---

M. Girod (de l'Ain) avait pensé que, dans aucun cas, l'électeur réclamant ne pouvait être condamné aux dépens, parce qu'il agissait en quelque sorte comme *ministère public*. Mais cette opinion a été combattue par M. Dupin ; et il est bien évident que la Chambre n'a point entendu l'adopter.

M. de Formont a proposé et ensuite retiré un article portant que tout électeur qui ne se ferait pas inscrire serait condamné à l'amende prononcée par le Code d'instruction criminelle contre le juré qui ne se rend pas à la cour d'assises.

(1) On a prévu le cas où plusieurs électeurs réclameraient contre l'inscription d'un même individu, et lui feraient chacun une notification ; on a demandé si les frais de ces diverses notifications seront supportés par l'individu dont l'inscription est critiquée. M. Hely d'Oyssel, commissaire du Roi, a répondu que les frais de ces notifications seront à la charge de ceux qui les feront, et que la cour royale n'aura, dans aucun cas, à les faire supporter par l'électeur attaqué.

(2) Dans cet article, comme dans l'article 9, on a substitué *le préfet en conseil de préfecture* au *conseil de préfecture*.

(3) Le projet de loi et l'article amendé par la commission laissaient au préfet un pouvoir discrétionnaire pour ordonner ou refuser la communication des pièces, et pour déterminer quelles pièces devaient être communiquées ; mais la Chambre a, sur la proposition de M. Girod (de l'Ain), soutenue par M. Dupin aîné, converti la faculté en obligation.

MM. Girod (de l'Ain) et Dupin ont été interrogés sur le sens qu'ils attribuaient à l'expression *parties intéressées.* M. Dupin a répondu : *Ce sont les parties qui contestent.* Ainsi un électeur autre que celui qui a contesté l'inscription ne pourrait pas obtenir communication des pièces.

(4 et 5) Il résulte des deux derniers alinéa de cet article que les décisions qui rejettent les demandes en radiation ou en rectification doivent être notifiées au tiers qui a réclamé ; mais que les décisions portant refus d'inscription ne doivent pas également être notifiées au tiers. Cette distinction suppose nécessairement que le tiers qui a demandé la radiation pourra appeler de la décision qui refuse de rayer, tandis que le tiers qui aura demandé l'inscription d'un électeur omis sera non-recevable à interjeter appel de la décision refusant l'inscription. M. Duvergier de Hauranne avait demandé que la notification fût faite au tiers réclamant dans les deux cas, parce qu'il voulait lui attribuer, dans les deux cas, la faculté de l'appel ; il soutenait avec raison, ce nous semble, que tout électeur est intéressé à l'inscription d'un autre électeur, soit en ce que la qualité d'électeur emporte celle de juré, soit en ce que l'inscription d'un électeur peut avoir une influence très-grave sur la composition du collège de département ; qu'en conséquence l'électeur qui avait réclamé l'inscription avait qualité pour interjeter appel de la décision du préfet refusant l'inscription. *Voy.* notes sur l'art. 18, § 3.

La notification seule fait courir les délais du recours (*voy.* art. 18). Or, comme, aux termes de l'art. 19, le recours est suspensif, le défaut de notification ne pourrait que difficilement nuire à l'électeur ; néanmoins il est prudent de prendre des renseignemens sur les décisions qui ne seraient pas notifiées.

(6) Alors le préfet, connaissant les électeurs qui doivent, dans son opinion, être portés sur la liste, peut former la liste du collège départemental.

(7) Sans préjudice de l'effet suspensif du recours (*voy.* notes sur l'art. 19), et sauf les rectifications autorisées par le titre 4 (*voy.* aussi l'exception qui résulterait du défaut de notification, notes sur l'art. 8, § 3, sur l'art. 15).

Titre III. Réclamations contre les décisions du préfet en conseil de préfecture (1).

18. Toute partie qui se croira fondée à contester une décision rendue par le préfet en conseil de préfecture (2) pourra porter son action devant la cour royale du ressort (3).

L'exploit introductif d'instance devra, sous peine de nullité (4), être notifié dans les dix

---

(1) Les art. 17, 18, 19 et 20 du projet étaient ainsi conçus :

Art. 17. « Tout recours contre les décisions « du conseil de préfecture devra, sous peine de « nullité, être notifié dans les dix jours, tant « au préfet qu'aux parties intéressées. — Le re- « cours contre la décision qui aura rejeté une « demande d'inscription formée par un tiers ne « pourra être exercé que par l'individu dont « l'inscription était réclamée.

Art. 18. « Le recours contre toute décision « qui aura rayé un individu de la liste affichée « le 15 août aura un effet suspensif.

Art. 19. « Les difficultés relatives à la régu- « larité des rôles, à la nature et à l'assiette des « contributions, seront portées devant le Conseil- « d'État. Il y sera statué dans les quinze jours « qui suivront l'enregistrement de la requête, « sans frais, et sans qu'il soit besoin de l'inter- « vention d'un avocat aux conseils.

Art. 20. « Les difficultés relatives aux ques- « tions d'état civil et politique, de domicile soit « réel, soit politique, de propriété, de posses- « sion annale ou de titre qui en dispense, de « délégation faite par des veuves, d'attribution « de contributions, à raison de la possession ou « de l'usufruit, et toutes les autres questions non « spécifiées en l'article précédent, seront portées « directement devant la cour royale du ressort.— « Elles y seront jugées sommairement, toutes « affaires cessantes, et sans qu'il soit besoin du « ministère d'avoué. Les actes judiciaires aux- « quels elles donneront lieu seront enregistrés « *gratis*. L'affaire sera rapportée en audience « publique par un des membres de la cour, et « l'arrêt sera prononcé après que le ministère « public aura été entendu. »

Ces dispositions renfermaient une amélioration notable à la législation antérieure (*voy.* art. 5 et 6 de la loi du 5 février 1817), en ce que, d'une part, elles déterminaient avec précision la compétence respective des cours royales et du Conseil-d'État, et que, de l'autre, elles don- naient attribution aux cours royales, pour statuer sur plusieurs questions dont précédemment le Conseil-d'État croyait pouvoir connaître; mais, dans la discussion générale, on avait manifesté le vœu que *tous les recours* contre les décisions du préfet fussent portés devant les cours royales, et qu'en matière d'élections le Conseil-d'État n'eût aucune juridiction.

On soutenait que les questions qui pourraient s'élever touchant *la régularité des rôles*, *la na- ture et l'assiette des contributions*, seraient fort rares; que d'ailleurs elles n'avaient point, à pro- prement parler, le caractère de contentieux ad- ministratif; que les cours royales offraient des garanties au moins égales à celles que présentait le Conseil-d'État sous le rapport des lumières; qu'enfin les membres amovibles du Conseil-d'É- tat et leurs jugemens rendus en secret n'inspi- reraient jamais la même confiance que des ma- gistrats à vie, et des arrêts rendus publiquement

après des discussions libres et publiques. On ajoutait que, de l'existence des deux juridictions, il était résulté de nombreuses collisions entre les deux autorités et un abus scandaleux des conflits.

Ces considérations ont déterminé le Gouverne- ment à modifier le projet de loi, et, dans la séance du 7 mai (Mon. du 9), M. le ministre de l'inté- rieur a proposé, avec l'autorisation du Roi, de substituer aux art. 17, 18, 19 et 20 du projet, l'art. 18, à peu près tel qu'il est rédigé actuelle- ment, et qui donne aux cours royales seules at- tribution pour statuer sur les réclamations contre les décisions du préfet en conseil de préfecture.

Quoique les diverses dispositions de l'art. 18 soient parfaitement claires, il peut être utile de les reproduire plus substantiellement.

Le recours contre les décisions du préfet est porté à la cour royale.

L'exploit doit être notifié dans les dix jours.

La faculté de recourir est accordée au tiers qui a réclamé devant le préfet en conseil de préfecture, s'il a demandé une radiation ou une rectification (*voy.* notes sur le dernier alinéa de l'art. 15); elle ne lui est pas accordée, s'il a demandé une inscription.

Formes devant la cour royale et devant la Cour de cassation.

(2) Toutefois le tiers qui a réclamé l'inscription d'un électeur ne peut exercer le recours contre la décision du préfet qui a refusé d'ordonner l'inscription. *Voy.* le troisième alinéa de l'article.

(3) C'est-à-dire, dans le ressort de laquelle est placé le département.

La loi du 2 mai 1827 ne disait pas expressé- ment si le recours devait être porté directement devant la cour royale; plusieurs cours avaient pensé néanmoins qu'elles étaient valablement sai- sies, sans que la demande eût été portée devant le tribunal de première instance; mais l'opinion contraire avait été adoptée par l'arrêt de la cour royale de Paris du 12 novembre 1827, dans l'affaire Noël, confirmé par l'arrêt de la Cour de cassation du 21 février 1828. (S. 27, 2, 237, et 28, 1, 134. — D. 28, 1, 140, et ses observations). — La présente loi tranche la difficulté : c'est à la cour royale *directement* que doit être porté le recours.

(4) S'il y a deux parties en cause, le défendeur pourra proposer la nullité; mais il devra le faire *in limine litis*, car, sans cela, la nullité serait couverte, aux termes de l'art. 173, Code proc.

S'il n'y a qu'une partie en cause, par exemple dans le cas où un électeur réclame contre la déci- sion du préfet qui a refusé de l'inscrire, la nul- lité pourra-t-elle être proposée par le procureur général et prononcée d'office par la cour? Nous ne le pensons pas; car le procureur général n'est point partie principale : il ne donne ses conclu- sions que comme organe du ministère public. Dans l'affaire Fradelizzi, audience de la cour royale de Paris du 27 septembre 1827, le placet de la cause était ainsi libellé : *Pour le sieur Frade- lizzi, contre M. le procureur général.* M. le substitut

jours, tant au préfet qu'aux parties intéressées (1).

Dans le cas où la décision du préfet en conseil de préfecture aurait rejeté une demande d'inscription formée par un tiers, l'action ne pourra être intentée que par l'individu dont l'inscription était réclamée (2).

La cause sera jugée sommairement, toutes affaires cessantes, et sans qu'il soit besoin du ministère d'avoué. Les actes judiciaires auxquels elle donnera lieu seront enregistrés *gratis*. L'affaire sera rapportée en audience publique par un des membres de la cour, et l'arrêt sera prononcé après que le ministère public aura été entendu (3).

S'il y a pourvoi en cassation, il sera pro-

---

(1) Les dix jours courent du jour de la notification. M. le ministre de l'intérieur l'a déclaré formellement, sur l'interpellation de M. Béranger; cela est d'ailleurs conforme aux règles du droit commun, qui ne fait courir les délais des recours en général qu'à compter de la signification.

La signification de l'exploit faite le onzième jour serait tardive; ici le jour *ad quem* ne doit pas être compris dans le délai, puisqu'il est dit: *dans cs dix jours;* du moins, on ne doit pas s'exposer à la déchéance.

(2) *Voy.* notes sur le dernier alinéa de l'art. 15.

(3) M. Dupin avait proposé d'ajouter : *et sans qu'aucun conflit puisse être élevé.*

M. le ministre de la marine a répondu : « Ce « serait reconnaître qu'on peut élever des conflits, « et on ne le peut pas. »

M. Dupin a repris : « J'admets la déclaration « solennelle faite par un ministre du Roi en pré« sence de tous ses collègues, qu'aucun conflit « ne pourra être élevé. Je confie cette déclara« tion à tous les souvenirs; elle aura son uti« lité. Mais n'oublions pas que nous faisons des « lois ; et les paroles des ministres, quand elles « ne sont point écrites dans la loi, ne sont pas « obligatoires pour ceux qui l'appliquent. On « vous dit qu'il n'y a plus de conflit possible, « puisque désormais la compétence en matière « électorale est exclusivement réservée aux cours « royales. Sans doute, il n'y a plus de conflit « *raisonnable* possible; mais interrogez l'histoire « des conflits : vous verrez, sur dix conflits élevés, « neuf rejetés comme un embarras dans les af« faires, et non comme l'exercice d'un droit « légal. Les conflits dans la législation sont un « droit général, dont l'emploi n'est confié qu'à « la discrétion des préfets. . . . . . .

« Remarquez que la loi ne dit pas: « tout conflit « valablement élevé ; » elle dit: « tout conflit quel« conque. » S'il y a quelque chose dans notre « législation qui ressemble à un firman, c'est un « conflit ; dès qu'il apparaît dans l'ordre judi« ciaire, il faut que le juge obéisse, sous peine « de devenir criminel. » (Code pénal, art. 127 et suivans.)

« Il ne faut qu'ajouter six mots dans votre « loi, pour affermir la juridiction des cours roya« les: qui pourrait donc vous empêcher d'écrire « dans la loi ce qui est dans nos intentions? »

M. de Montbel a répondu : « On ne conçoit

---

du procureur général, Tarbé, demanda à la cour que cette énonciation fût réformée dans la rédaction de l'arrêt. « La demande, dit-il, n'a pu être « formée contre M. le procureur général, qui « n'est point partie intervenante dans la cause, « et qui ne donne ses conclusions que comme « organe du ministère public. »

« pas comment un conflit pourrait être élevé; on « ne peut supposer dans la loi ce qui est absurde. »

M. le ministre de la marine a dit : « Si, lorsque « la loi est si positive, vous croyez avoir besoin « d'ajouter cette clause formelle, il en résulterait « que dans d'autres lois où la clause aurait été « omise, on soutiendrait que le conflit est possi« ble : c'est une vérité irrésistible. Il ne peut y « avoir de conflit là où il n'y a aucun doute « sur la juridiction. »

M. Mauguin a insisté pour l'admission de l'amendement de M. Dupin. Il a fait remarquer que la faculté d'élever le conflit est la règle générale ; que, si l'on veut établir une exception, il faut le dire expressément; que, dans le silence de la loi, l'administration pourra, à tort ou à raison, élever le conflit; que, devant ce conflit, l'autorité judiciaire devra surseoir, et que les droits des électeurs ne seront reconnus que lorsqu'ils ne pourront plus être exercés.

M. le garde-des-sceaux a soutenu que le danger des conflits n'était plus à craindre, lorsque les cours royales étaient seules investies de la juridiction en matière électorale; *la mauvaise foi,* a-t-il dit, *une mauvaise foi évidente seule, pourrait y avoir recours;* mais il a pensé qu'on ne pouvait pas laisser l'administration sans défense, et déclarer le conflit absolument impossible, même dans le cas où une question de la compétence administrative se trouverait liée à une question électorale, ou bien encore dans le cas où la cour royale saisie d'un tel litige empiéterait sur le contentieux administratif.

L'amendement a été rejeté.

Nous avons cru devoir rapporter cette discussion avec quelque étendue, pour qu'il fût facile de saisir les véritables intentions de la Chambre. *Voy.* Mon. du 9 mai.

Il en résulte que, si les préfets se tiennent dans la ligne de leur devoir, et reconnaissent la compétence des cours royales, telle qu'elle est fixée par la loi, ils n'élèveront pas de conflit; que cependant, dans quelques cas rares, le conflit pourra encore être élevé avec raison; qu'enfin, bien ou mal fondé, le conflit suspendra la décision de la cour royale. Il nous semble du moins que rien dans la loi nouvelle ne donne aux tribunaux le droit de passer outre, nonobstant un conflit régulier en la forme, fût-il mal fondé. Cependant, par arrêts des 10, 15 et 16 novembre 1827, les cours de Rouen, Toulouse et Montpellier ont jugé qu'en matière électorale, le conflit ne dessaisissait l'autorité judiciaire que lorsqu'il était bien fondé. Mais les cours de Grenoble, Besançon, Caen, Angers ont jugé en sens contraire. *Voy. Gazette des Tribunaux* du 7 avril 1828, et Sirey, 28, 2, 35, 181 et 192, et Dalloz, 28, 2, 91 et 143.

---

cédé comme devant la cour royale, avec la même exemption de droits d'enregistrement, sans consignation d'amende (1).

19. Le recours et l'action intentés par suite d'une décision qui aura rayé un individu de la liste, ou qui lui aura attribué une quotité de contribution moindre que celle pour laquelle il était précédemment inscrit, auront un effet suspensif (2).

20. Le préfet, sur la notification de l'arrêt intervenu, fera sur la liste la rectification qui aura été prescrite (3).

Voy. l'arrêté du 13 brumaire an 10, les articles 127 et suivans du Code pénal, les notes sur l'ordonnance du 1er juin 1828, et enfin les notes sur l'article 20 de la présente loi.

Nous disons que, dans quelques cas rares, le conflit pourra être élevé. M. le ministre de l'intérieur, dans la discussion à la Chambre des pairs, a dit que la cour royale doit seulement vérifier si celui qui réclame *paie* trois cents francs de contributions, d'après les rôles, et non s'il *doit payer* plus ou moins, et qu'elle ne peut, sous aucun prétexte, s'immiscer dans l'examen des rôles et s'occuper de leur régularité. Si donc une cour voulait examiner (ce qui vraisemblablement n'aura pas lieu) si un individu porté sur les rôles des contributions pour deux cents francs doit en payer trois cents, et *vice versâ*, il y aurait lieu d'élever le conflit.

La cour doit - elle se borner à proclamer le droit, sans enjoindre au préfet de rectifier?

L'article 20 semble supposer que la cour royale prescrit la rectification; mais nous pensons que la cour doit se borner à proclamer le droit; car il a été décidé, sous l'empire de la loi du 2 mai 1827, que les cours ne statuent pas précisément par voie d'appel, qu'il ne leur appartient pas de réformer un acte administratif et d'ordonner l'inscription sur la liste, qu'il y a dans la partie d'un arrêt qui ordonne cette vérification un véritable excès de pouvoir autorisant le conflit (ord. du 6 octobre 1827, affaire Fradelisy; du 14 octobre 1827, affaire Péan; affaire Noël, Mac. 9; T. 572, 557 et 516).

Remarquons qu'aux termes de l'article 4 de l'ordonnance du 1er juin 1828, le conflit ne peut plus être élevé après un arrêt définitif.

On a demandé qu'il fût ajouté une disposition portant que *la partie ou son défenseur serait entendu.* On a répondu que c'était de droit, et qu'il était inutile de l'exprimer.

Voy. l'art. 33, loi du 19 avril 1831.

(1) M. Dupin a demandé qu'on déclarât que le pourvoi en cassation ne serait pas suspensif; on a répondu que cela était de droit commun en matière civile. M. Dupin l'a reconnu; mais il a pensé qu'il était utile de le dire, afin qu'on ne crût pas pouvoir étendre au pourvoi en cassation ce qui est dit dans l'article 19 du recours contre la décision du préfet. Mais la Chambre a considéré cette précaution comme surabondante; ainsi, il est bien entendu que le pourvoi en cassation n'est pas suspensif.

M. de Montbel a reproduit ici un article additionnel, qu'il avait déjà présenté dans la discussion sur l'article 12 (*voy.* notes sur cet article), et portant que la partie qui succombera devant la cour royale sera condamnée aux dépens, sans préjudice des dommages-intérêts, s'il y a lieu.

Il a été repoussé comme exprimant inutilement une règle consacrée par le droit commun.

(2) Il ne faut pas regarder les mots *recours et action* comme exprimant une seule et même chose; ils se réfèrent, au contraire, à deux cas entièrement différens. On sait que les préfets peuvent prononcer des radiations à deux époques distinctes, d'abord du 1er juin au 15 août, lorsqu'ils font la révision annuelle de la liste, et ensuite du 16 août au 16 octobre, lorsqu'ils statuent sur les réclamations qui leur sont présentées. On a voulu exprimer dans l'article que le recours est suspensif, aussi bien lorsqu'il est dirigé contre une radiation prononcée du 1er juin au 15 août, que lorsqu'il est dirigé contre une décision rendue du 15 août au 16 octobre. Le mot *recours* se rapporte à la réclamation dirigée contre la radiation primitive (réclamation qui est portée devant le préfet en conseil de préfecture, aux termes des articles 9 et 14). Le mot *action* indique la réclamation portée devant la cour royale, aux termes de l'article 18, contre les décisions du préfet en conseil de préfecture. Telle a été l'intention formellement exprimée par M. Duvergier de Hauranne, auteur de l'amendement.

On a cru apercevoir une contradiction entre l'art. 19 et l'art. 17, en ce que l'un déclare le recours suspensif, et que l'autre porte que les changemens ne seront faits sur la liste qu'en vertu des arrêts rendus par les cours royales: ainsi, a-t-on dit, un électeur rayé par le préfet attaque la décision, il notifie son recours au préfet; si le préfet veut attendre l'arrêt de la cour royale avant de rétablir l'électeur sur la liste, et si le collège se réunit avant que la cour ait statué, l'électeur sera privé de ses droits. M. le ministre de l'intérieur a expliqué ainsi ces articles : « Je vois, d'une part, que la décision du « préfet ne pourra être annulée que par un ar- « rêt ; de l'autre, que le droit de voter se con- « serve au moyen du recours : rien ne paraît plus « clair et plus simple. L'électeur rayé de la liste « formera un recours, le notifiera au préfet, « invoquera l'article 19 de la loi : son droit de « voter, jusqu'à ce qu'un arrêt intervienne, ne « pourra lui être contesté, et la carte d'électeur « devra lui être remise. »

(3) On a remarqué que l'obligation imposée au préfet de faire sur la liste les rectifications prescrites manquait de sanction; en conséquence, on a proposé un article additionnel portant que, si le préfet n'avait pas, sur la notification des arrêts, opéré les rectifications ordonnées, le bureau du collège électoral devrait, sur le vu des grosses des arrêts et de l'original des notifications, faire ces rectifications, c'est-à-dire inscrire sur la liste ou en rayer les individus dont l'inscription ou la radiation aurait été ordonnée, et en conséquence recevoir ou refuser leur vote.

Mais on a répondu qu'il était impossible de supposer que les préfets se missent en opposition directe et formelle avec la loi et les décisions de l'autorité judiciaire, en refusant de faire les

Titre IV. Formation d'un tableau de rectification en cas d'élection après la clôture annuelle des listes (1).

21. Lorsque la réunion d'un collége aura lieu dans le mois qui suivra la publication du dernier tableau de rectification prescrit par l'article 16, il ne sera fait à ce tableau aucune modification (2). Dans ce cas, l'intervalle entre la réception de l'ordonnance et la réunion du collége sera de vingt jours au moins (3).

22. Si la réunion a lieu à une époque plus

---

rectifications prescrites; qu'il était d'ailleurs contraire soit à la loi du 5 février 1817 (art. 8 et 11), soit à l'ordonnance du 11 octobre 1820 (art. 5 et 9), de donner au bureau du collége le droit de statuer sur les droits des électeurs, et d'admettre à voter des individus non inscrits, ou d'écarter ceux qui seront portés sur la liste (voy. dans la séance de la Chambre des députés du 8 mai 1828, Mon. du 9, la discussion sur l'élection de M. Viennet; consulter le Mon. du 26 mars 1828); qu'enfin il serait même impossible au bureau du collége de statuer en connaissance de cause, de vérifier la régularité des arrêts, etc.

L'amendement a été rejeté.

Dans la discussion, M. Pardessus a dit : « Qu'il « y ait une action contre le préfet, qu'il puisse « être poursuivi pour avoir privé un citoyen de « l'exercice de ses droits, je le conçois. » Ainsi, on pourrait appliquer l'art. 114 du Code pénal; mais, dans tous les cas, la Chambre des députés aurait à décider si le défaut de rectification des listes par le préfet a eu, sur la composition du collége, une influence telle qu'on doive déclarer nulle les élections. Voy. notes sur l'art. 6, n° 4, in fine.

La commission avait proposé d'ajouter : « Il « ne pourra jamais élever de conflit après l'ar- « rêt. » Voy. notes sur l'article 18, et voyez aussi l'article 4 de l'ordonnance du 1er juin 1828, sur les conflits.

(1) Pour bien saisir l'esprit des dispositions contenues dans ce titre, il est nécessaire de jeter un coup-d'œil sur les dispositions des titres précédens. Les articles 1 à 20 déterminent le mode de révision annuelle des listes électorales. Comme on l'a vu, c'est du 1er juin au 15 octobre que les opérations ont lieu; les maires, les sous-préfets, les préfets seuls, puis les cours royales, procèdent à la révision, inscrivent tous ceux qui ont les qualités requises, raient tous ceux qui n'ont pas les capacités électorales, et statuent sur les réclamations.

Une fois la révision annuelle terminée, il peut s'écouler plus ou moins de temps entre l'époque de la clôture de la liste et l'époque de la convocation des colléges électoraux. Dans cet intervalle, certains individus peuvent perdre la capacité électorale, d'autres peuvent l'acquérir : que devait-on faire à leur égard? fallait-il ne tenir aucun compte de ces pertes ou de ces acquisitions des droits électoraux, et déclarer que la liste close le 16 octobre servirait pour toute l'année sans changement? Ce parti, qui avait l'avantage de rendre la loi plus simple, présentait l'inconvénient très-grave de violer la Charte sous un double rapport, en laissant voter des individus qui n'avaient plus les capacités électorales, et en refusant l'exercice du droit électoral à ceux qui l'avaient acquis. Le ministère et la commission de la Chambre des députés ont pensé qu'il n'était pas possible de sacrifier le texte de la Charte au désir d'éviter des opérations un peu compliquées; en conséquence, malgré le vœu manifesté de supprimer le titre 4, et de faire servir pour toute l'année, la liste close le 16 octobre, sans rectifications, il a été décidé en principe qu'au moment des élections il serait procédé à des rectifications, pour écarter ceux qui auraient cessé d'être électeurs, et pour admettre ceux qui le seraient devenus depuis le 30 septembre; car on ne doit pas perdre de vue que ce sont seulement les évènemens postérieurs au 30 septembre qui peuvent déterminer les rectifications dont il est question dans ce titre : on n'a nullement à examiner si tel ou tel individu, inscrit sur la liste, avait véritablement droit de l'être au moment de l'inscription.

On a prétendu que ces rectifications, à l'époque des élections, étaient en contradiction avec la permanence des listes proclamée par l'article 1er. On a répondu que les listes sont permanentes en ce sens, qu'une fois inscrit chaque électeur ne peut être rayé qu'à raison d'évènemens survenus depuis la clôture de la liste. « Les listes closes « le 16 octobre, a dit M. le rapporteur, doivent « être considérées comme la matrice de celle qui « paraît à chaque élection. »

Mais, tout en admettant que les évènemens survenus depuis le 30 septembre peuvent donner lieu à des rectifications, on a pensé avec raison que, si l'époque de la convocation des colléges électoraux est très-rapprochée de l'époque de la clôture de la liste, il est alors inutile de procéder à des rectifications, qui seraient nécessairement très-peu nombreuses.

Ces diverses observations ayant été présentées à la Chambre, le titre 4 a été renvoyé de nouveau à la commission, qui a présenté les articles à peu près tels qu'ils sont dans la loi.

(2) Ainsi, il n'y aura lieu à modification que dans le cas où le collége serait convoqué pour le 22 novembre.

(3) Cette dernière disposition a pour but d'empêcher que la réception de l'ordonnance et la réunion des colléges ne soient tellement rapprochées, qu'il devienne impossible ou très-difficile aux électeurs de se rendre aux colléges. L'ordonnance du 5 novembre 1827, en montrant le danger, a inspiré la disposition propre à le prévenir.

Au surplus, le mot *réception* ne doit pas être confondu avec le mot *publication* : ainsi les vingt jours courront de celui où l'ordonnance aura été *reçue* à la préfecture, et non à compter de celui où elle serait devenue exécutoire dans le département, d'après les dispositions de l'article 1er du Code civil et de l'ordonnance du 27 novembre 1816. Voy. aussi l'ordonnance du 18 janvier 1817.

13.

éloignée, l'intervalle sera de trente jours au moins (1).

Dans ce dernier cas, le préfet fera afficher immédiatement l'ordonnance de convocation. Le registre prescrit par l'article 10 ci-dessus sera ouvert : les réclamations prévues par les articles 11 et 12 seront admises, mais elles devront être faites dans le délai de huit jours, sous peine de déchéance (2).

Le préfet en conseil de préfecture dressera le tableau de rectification prescrit par l'article 6 de la loi du 2 mai 1827. Il le fera publier et afficher le onzième jour au plus tard après la publication de l'ordonnance, et les notifications prescrites par l'article 15 seront faites aux parties intéressées dans le délai de cinq jours (3).

23. L'action exercée conformément à l'article 18 sera portée directement devant la cour royale du ressort : elle n'aura d'effet suspensif que dans le cas de radiation (4).

L'assignation sera donnée à huitaine pour tout délai (5), et la cour prononcera après l'expiration du délai. L'arrêt ne sera pas susceptible d'opposition (6).

24. Il ne pourra être fait de changement au tableau de rectification ci-dessus prescrit qu'en exécution d'arrêts rendus par les cours royales (7).

TITRE V. Dispositions générales.

25. Nul individu, appelé à des fonctions publiques temporaires ou révocables, ne pourra être inscrit sur la première partie de la liste du département où il exerce ses fonctions, que six mois après la double déclaration prescrite par l'article 3 de la loi du 5 février 1817 (8).

26. Les percepteurs de contributions di-

(1) C'est-à-dire, si la réunion des colléges a lieu le 22 novembre ou plus tard, il y aura un intervalle de trente jours au moins entre la réception de l'ordonnance de convocation et la réunion des colléges. L'intervalle devait être plus long que dans le cas prévu par l'article précédent, parce qu'il y a lieu à rectification, et qu'il faut le temps nécessaire pour notifier, pour réclamer et pour statuer sur les réclamations.

(2) L'article dit que les réclamations prévues par les articles 11 et 12 seront admises, c'est-à-dire que les parties intéressées et les tiers pourront demander des inscriptions, des radiations et des rectifications ; mais ces demandes ne devront être accueillies qu'autant qu'elles seront fondées sur des évènemens survenus depuis le 30 septembre. Il faut bien d'ailleurs que les demandes formées par des tiers soient, suivant le vœu de l'article 13, notifiées aux parties intéressées ; mais celles-ci auront difficilement le délai de dix jours, que le même article 13 accorde pour répondre. Elles devront se hâter de faire parvenir leurs explications au préfet, qui, au surplus, prendra vraisemblablement en considération l'impossibilité où se trouverait la partie de fournir sa défense.

C'est évidemment l'affiche de l'ordonnance qui fait courir le délai de huit jours ; si l'on devait le compter du jour de la réception, l'affiche serait inutile. — Sur la manière de compter le délai, voy. notes sur le § 2 de l'article 18.

(3) Lors de la révision annuelle, c'est le préfet seul qui inscrit, raie, modifie ; s'il y a réclamation, le préfet en conseil de préfecture statue, et enfin le recours contre sa décision est porté à la cour royale. Mais ici il a fallu adopter une marche plus rapide : les rectifications sont faites par le préfet en conseil de préfecture, et la réclamation est portée directement à la cour royale.

Comme on l'a déjà dit (voyez notes sur le titre 4), comme cela résulte de l'article 11 de la loi actuelle et de l'article 6 de la loi du 2 mai 1827, les seules causes de rectifications sont les évènemens survenus depuis le 30 septembre.

Le mot publication ne doit pas sans doute être pris dans le sens rigoureux et légal de l'ordonnance du 27 novembre 1816 (voy. notes sur l'ar-

ticle 21), car alors le délai d'un mois ne serait plus suffisant ; il est vraisemblable que le législateur a voulu désigner l'affiche ordonnée dans le second alinéa de l'article. Voy. notes de l'article 15.

(4) L'effet suspensif n'est attribué par cet article qu'au recours dirigé contre les radiations, tandis que l'article 19 donne également un effet suspensif au recours dirigé contre les décisions qui attribuent une quotité de contributions moindre que celle qui était portée sur la liste ; mais, suivant l'article 6 de la loi du 2 mai 1827, les rectifications ne consistent qu'à inscrire ceux qui ont acquis la capacité électorale, et à écarter ceux qui l'ont perdue : faut-il en conclure que le préfet ne doit point rectifier la liste, en diminuant, s'il y a lieu, la quotité des contributions ? Il nous semble que cette rectification doit être faite comme les autres, mais il est certain que la réclamation contre cette rectification n'aura pas d'effet suspensif.

En résumé, si le préfet prononce une radiation, le pourvoi contre sa décision est suspensif ; mais, s'il refuse de rayer, s'il inscrit, ou s'il refuse d'inscrire, le pourvoi n'est point suspensif. On a fait observer que le préfet pourrait ainsi inscrire, au moment des élections, de faux électeurs ; mais ce danger n'est pas aussi grand qu'on a paru le croire : d'abord, parce que les délais sont calculés d'une telle manière que la cour royale aura le temps de prononcer avant l'élection ; et qu'en second lieu, la Chambre des députés annulerait les élections, s'il y avait lieu. Voy. notes sur l'article 6, n° 4.

(5) Sans augmentation à raison des distances (explications données à la Chambre).

(6) Cette dérogation au droit commun ne s'applique qu'au cas prévu par cet article ; dans le cas de l'article 18, si un arrêt est rendu par défaut, il sera susceptible d'opposition.

(7) Voy. notes sur l'article 17.

(8) Le domicile politique est là où l'on a son domicile réel, dit l'article 3 de la loi du 5 février 1817 ; ainsi, le fonctionnaire révocable, qui se transportait au lieu de l'exercice de ses fonctions, et qui prétendait qu'il y avait transféré

rectes (1) sont tenus de délivrer sur papier libre, et moyennant une rétribution de vingt-cinq centimes par extrait de rôle concernant le même contribuable (2), à toute personne portée au rôle, l'extrait relatif à ses contributions ; et à tout individu qualifié comme il est dit à l'article 12 ci-dessus, tout certificat négatif ou tout extrait des rôles de contributions (3).

27. Il sera donné communication des listes annuelles et des tableaux de rectification à tous les imprimeurs qui voudront en prendre copie. Il leur sera permis de les faire imprimer sous tel format qu'il leur plaira de choisir, et de les mettre en vente.

28. Pour l'année 1828, les opérations ordonnées par la présente loi commenceront le premier jour du mois qui suivra la promul-

---

son domicile, et qui même, si l'on veut, faisait la double déclaration exigée par l'article 104 du Code civil, pour opérer la translation du domicile réel, échappait à l'obligation imposée par l'article 3 de la loi du 5 février, qui exige, pour la translation du domicile politique, une double déclaration faite *six mois à l'avance*. Cette facilité d'éluder la loi, et par suite de porter dans tel ou tel collège tel ou tel nombre d'électeurs fonctionnaires révocables, avait de graves inconvéniens : cet article a pour but de les prévenir. Ainsi, vainement le fonctionnaire révocable prétendrait-il avoir voulu transférer son domicile réel dans le lieu où l'appelle l'exercice de ses fonctions ; vainement ferait-il les déclarations dont parle l'article 104 du Code civil : cette translation serait considérée comme non avenue ; c'est là le véritable sens de l'article ; M le ministre de l'intérieur l'a expressément reconnu, et cela résulte de l'exposé des motifs : « Nous « avons pensé, y est-il dit, qu'il n'était ni ré- « gulier ni convenable que des fonctionnaires « amovibles, arrivés depuis peu de jours dans un « lieu où ils n'avaient aucune propriété, au- « cune communauté d'intérêt avec les habitans, « et d'où ils pouvaient être prochainement « transférés dans un autre lieu, fussent admis « sans déclaration, ou immédiatement après leur « déclaration, à y exercer leurs droits politiques. »

Mais, relativement aux citoyens non fonctionnaires amovibles, on doit toujours admettre que la translation du domicile réel s'opère par l'habitation effective dans un lieu déterminé, avec l'intention d'y fixer son principal établissement ; que cette intention résulte soit des circonstances, soit de déclarations expresses à la municipalité du lieu que l'on quitte, et à la municipalité du lieu où l'on va (Code civil, articles 103, 104, 105) ; qu'enfin la translation du domicile réel emporte translation du domicile politique (loi du 5 février 1817, article 3) ; qu'en conséquence, lorsqu'il y a véritablement translation du domicile réel, il n'est plus nécessaire pour transférer le domicile politique de faire, six mois à l'avance, une double déclaration, l'une devant le préfet du département que l'on quitte, l'autre devant le préfet du département où l'on veut transférer son domicile politique. *Voy.* les notes sur l'ordonnance du 13 mars 1828.

On a demandé ce qui arriverait si des élections générales avaient lieu avant l'expiration des six mois à compter de la double déclaration faite pour opérer la translation du domicile politique dans un département autre que celui du domicile réel ? On a pensé d'un commun accord que l'électeur devait être admis à voter dans le département de son domicile réel. Il est évident en effet que, puisque le domicile politique n'est transféré qu'après l'expiration du délai de six mois, tant que ce délai n'est pas écoulé l'ancien domicile subsiste, et le droit d'y voter est incontestable.

On a proposé un article additionnel qui avait pour but de donner à un électeur domicilié dans un arrondissement la faculté de transférer son domicile politique dans un autre arrondissement du même département, s'il payait dans ce dernier arrondissement une contribution directe, à la charge de faire, six mois d'avance, la déclaration expresse devant le préfet du département. On faisait remarquer que l'article 3 de la loi du 5 février 1817 n'avait parlé que de la translation de domicile d'un département dans un autre, parce que, d'après cette loi, il n'y avait qu'un collège par département ; mais que, la loi du 29 juin 1820 ayant établi un collège électoral par arrondissement, il était naturel d'autoriser la translation de domicile d'un arrondissement dans un autre. — Cet amendement a été rejeté sans discussion.

(1) On avait proposé d'imposer la même obligation aux *directeurs* ; cet amendement n'a pas été accueilli.

(2) M. le ministre des finances a déclaré que la rétribution de 25 centimes doit être payée pour chaque certificat négatif ou pour chaque extrait de contribution ; mais il doit être bien entendu que ce n'est pas par chaque extrait de chaque article de contribution foncière, personnelle et mobilière et des portes et fenêtres. Le même extrait doit contenir la mention des trois contributions, si la demande en est faite ; et c'est pour cet extrait, et non pour chaque article, que la rétribution de 25 centimes doit être acquittée. *Voy.* aussi Mon. des 12 février et 16 mars 1828.

(3) Lorsque, dans le cas de l'article 12, un individu inscrit sur la liste forme une réclamation relative à un tiers, le préfet, qui a la liste entre les mains, peut vérifier la qualité du réclamant ; mais les percepteurs, qui n'ont pas une connaissance officielle de la liste, ne pourraient-ils pas demander que le réclamant justifiât de sa qualité ? Sans doute ce serait rigoureusement dans le droit du percepteur, mais il est vraisemblable qu'une pareille difficulté ne s'élèvera point.

La commission de la Chambre des députés avait proposé d'établir une amende de cent francs, conformément à l'article 50 du Code civil, pour chaque contravention des percepteurs à l'obligation qui leur est imposée. L'amendement a été rejeté, sur l'observation du ministre de la marine que les percepteurs, intéressés à délivrer des extraits, ne s'y refusev

gation, et seront poursuivies en observant les délais qu'elle prescrit (1).

raient vraisemblablement point, et sur l'assurance du ministre des finances que tout percepteur qui refuserait des extraits à qui de droit serait destitué.

(1) La commission de la Chambre des députés avait proposé un article additionnel ainsi conçu:

« Chaque électeur devra, avant de déposer » son vote, affirmer par serment qu'il réunit » toutes les qualités requises par les lois pour » être électeur. »

Dans la discussion générale, on avait fait remarquer que ce serment était implicitement compris dans celui d'*obéissance à la Charte*, exigé par l'article 11 de l'ordonnance du 11 octobre 1820, et qu'après toutes les précautions prises pour assurer l'exactitude des listes, il était inutile d'exiger encore le serment. La commission avait cité l'exemple des lois anglaises; mais elle a consenti à retirer son amendement.

On sait qu'en Angleterre le serment est exigé des électeurs. *Voy. Collection des constitutions*, par Dufau, Duvergier et Guadet, t. 1, p. 420 et suiv.

Quelques autres dispositions additionnelles ont été proposées; la Chambre ne les a pas accueillies, par le motif qu'elles étaient étrangères à la loi, dont le but est la confection des listes, et non la tenue des colléges électoraux, et qu'une loi spéciale sur ce dernier objet avait été promise par le ministère.

Dans ces articles, on demandait : 1° que les cartes fussent envoyées au domicile de chaque électeur *trois jours avant* l'ouverture des colléges; 2° que le bureau provisoire ne fût plus composé, comme il l'est actuellement, par le choix du président; qu'on y appelât les plus imposés et les plus âgés pour remplir les fonctions de scrutateurs, et le plus ancien notaire parmi les électeurs pour être secrétaire; 3° que le secret des votes fût assuré; 4° qu'enfin toute réclamation adressée au bureau fût exactement consignée au procès-verbal.

Touchant le secret des votes, M. de Martignac a dit, dans la discussion, qu'il est prescrit en *termes impératifs* par l'article 6 de la loi du 29 juin 1820 et par l'article 12 de l'ordonnance du 11 octobre 1820 (Mon. du 30 avril 1828, p. 531). M. de Beaumont a dit : « Désormais il n'y aura » pas de président assez peu soigneux de *son* » *honneur* pour encourir un pareil *blame* (celui » qui s'élèverait contre la non-observation du » secret des votes). Au surplus, les électeurs » devraient protester, et demander l'insertion de » leur réclamation au procès-verbal. » *Voy.* sur le secret des votes, l'opinion émise par les rapporteurs de la Chambre des députés, qui ont pensé que la violation du secret des votes suffirait pour faire prononcer la nullité d'une élection *Voy.* notes sur l'ordonnance du 27 mars 1828.

M. Mauguin a proposé un article additionnel, prononçant une amende de cinquante à cinq cents francs contre le préfet qui refuserait d'exécuter les dispositions diverses de la loi, et portant que le préfet pourrait être poursuivi devant la cour royale (deux chambres réunies), sans l'autorisation préalable du Conseil-d'État (art. 75 de la constitution de l'an 8); qu'enfin l'électeur poursuivant serait lui-même, s'il succombait, passible d'une amende de cinquante à cinq cents francs.

M. le rapporteur de la commission de la Chambre des députés et M. le ministre de l'intérieur se sont élevés contre cette proposition, comme inutile, après toutes les précautions prises par la loi ; comme propre à déconsidérer l'administration; comme confondant l'autorité administrative et l'autorité judiciaire, et plaçant l'une sous l'empire de l'autre, en obligeant chaque jour l'administrateur à venir rendre compte de ses actes devant le juge.

L'article a été rejeté à la presque unanimité. Il ne faut pas croire toutefois que la loi reste absolument dépourvue de sanction: d'abord l'article 114 du Code pénal sera applicable suivant les circonstances; il est vrai que l'action des réclamans pourrait être paralysée par la nécessité de l'autorisation du Gouvernement; en second lieu, comme nous l'avons établi, dans certain cas, le défaut d'exécution de la loi relèverait les électeurs de la déchéance (*voy.* notes sur l'article 8); troisièmement enfin, la Chambre des députés pourra toujours annuler les élections, si les infractions de la loi lui paraissent avoir été assez graves et assez influentes sur le résultat.

On avait également émis, dans la discussion générale, le vœu qu'une peine fût prononcée contre les faux électeurs; mais on a soutenu que la fraude serait désormais tellement difficile, qu'il était superflu de la prévoir; que d'ailleurs la malveillance et l'esprit de parti pourraient s'emparer de la disposition pénale, pour effrayer et écarter les électeurs peu éclairés.— Deux députés, MM. de Beaumont et Agier, ont dit que l'exercice illégal des droits électoraux rentrait dans la disposition de l'article 258 du Code pénal. Nous sommes entièrement de cet avis; mais la jurisprudence est contraire.

Il a été jugé, en effet, qu'un individu inscrit sur la liste électorale et pourvu d'une carte, a pu voter sans devenir passible d'aucune peine, quoiqu'il ne réunit pas toutes les conditions exigées pour être électeur. Il suffit que l'autorité administrative lui ait reconnu les qualités et capacités nécessaires pour remplir les fonctions d'électeur (jugement du tribunal correctionnel de Colmar, du 5 mars 1828; *Gazette des Tribunaux* du 11 mars 1828).

Le procureur général de la cour royale de Rouen a refusé de poursuivre un faux électeur, par le motif que l'exercice illégal des droits électoraux ne se trouve ni défini, ni déclaré punissable par aucune des dispositions de nos lois pénales; que le Code pénal a prévu l'usurpation des fonctions publiques; mais qu'il est impossible, sans faire violence à la signification littérale de ce texte, de ranger le droit d'élire au nombre de ces fonctions, puisque l'électeur ne l'exerce pas par suite d'une délégation de l'autorité publique, mais en vertu de ses droits de citoyen, et suivant les conditions exigées par la loi politique (*Gazette des Tribunaux* des 31 mars et 1er avril 1828).

Un arrêt de la cour royale d'Amiens du 26

2 = Pr. 10 JUILLET 1828. — Loi qui accorde un crédit extraordinaire de trois cent mille francs pour les traitemens de réforme à payer aux officiers en non-activité dans les six derniers mois de 1828 (1). (8, Bull. 239, n° 8714.)

Voy. ordonnance du 21 MARS 1828 et notes.

Article unique. Il est accordé au ministre de la guerre sur les fonds de l'exercice 1828, au-delà du crédit ordinaire attribué à ce département par la loi du 24 juin 1827, un crédit extraordinaire de trois cent mille francs, pour les traitemens de réforme à payer aux officiers en non-activité dans les six derniers mois de 1828, en exécution de l'ordonnance royale du 21 mars de la présente année.

2 = Pr. 10 JUILLET 1828. — Loi qui autorise le département de la Corrèze à s'imposer extraordinairement, à l'effet de couvrir le déficit de la dépense du cadastre (2). (8, Bull. 239, n° 8715.)

Article unique. Le département de la Corrèze est autorisé à s'imposer extraordinairement, conformément à la délibération prise par son conseil général dans sa session de 1827, un demi-centime additionnel à la contribution foncière de 1829, pour le produit en être employé à couvrir le déficit de la dépense du cadastre.

2 = Pr. 10 JUILLET 1828. — Loi qui autorise le département de la Loire-Inférieure à s'imposer extraordinairement pour la construction d'un palais de justice à Nantes (3). (8, Bull. 239, n° 8716.)

Article unique. Le département de la Loire-Inférieure est autorisé à s'imposer extraordinairement, conformément à la délibération prise par son conseil général dans sa session de 1827, trois centimes additionnels aux quatre contributions directes, pendant chacune des années 1829 et 1830, pour le produit en être employé à la construction d'un palais de justice à Nantes.

2 = Pr. 10 JUILLET 1828. — Loi qui autorise le département de la Marne à s'imposer extraordinairement pour l'établissement des tribunaux et prisons de Reims dans les bâtimens et dépendances de l'ancien Hôtel-Dieu (4). (8, Bull. 239, n° 8717.)

Article unique. Le département de la Marne est autorisé à s'imposer extraordinairement, conformément à la délibération prise par son conseil général dans sa session de 1827, deux centimes additionnels aux quatre contributions directes de 1829, pour le produit en être employé aux frais d'établissement des tribunaux et prisons de Reims, dans les bâtimens et dépendances de l'ancien Hôtel-Dieu.

2 = Pr. 10 JUILLET 1828. — Loi qui autorise la ville de Saint-Étienne à faire un emprunt pour l'établissement de vingt-deux fontaines publiques (5). (8, Bull. 239, n° 8718.)

Article unique. La ville de Saint-Étienne (Loire) est autorisée à emprunter, à un intérêt qui ne pourra excéder cinq pour cent, la somme de trois cent mille francs, destinée à l'établissement de vingt-deux fontaines publiques.

Le remboursement de cet emprunt et des intérêts s'effectuera en dix années, à partir du 1er janvier 1831, au moyen des ressources ordinaires de la ville.

---

juin 1822 avait été rendu en ce sens (S. 1822, 24, 2, 209).

Deux consultations rédigées par M⁰ Odilon-Barrot, insérées dans la *Gazette des Tribunaux* des 17 décembre 1827 et 3 mars 1828, combattent cette jurisprudence.

Il est, au surplus, incontestable que si, pour se procurer la qualité d'électeur, un individu commet un crime ou un délit, une *faux*, par exemple, il sera punissable à raison de ce fait spécial.

M. Dupin a demandé que la loi fût exécutée en Corse comme dans les autres parties du territoire français; M. le ministre de l'intérieur a répondu qu'il croyait qu'il n'y aurait pas de difficulté à l'appliquer à la première occasion (*voy.* notes sur l'ordonnance du 23 mars 1828; *voy.* loi du 19 avril 1831).

(1) Proposition à la Chambre des députés le 29 mars (Mon. du 30); rapport de M. Bigonnet le 3 mai (Mon. du 4); discussion et adoption le 22 mai (Mon. du 23).

Proposition à la Chambre des pairs le 27 mai (Mon. du 29); rapport de M. le duc de Dalmatie le 16 juin (Mon. du 18); discussion et adoption le 25 juin (Mon. du 29).

Dans la séance du 12 avril de la Chambre des députés, M. le ministre de la guerre a déclaré que *les grades militaires ne se perdent que par un jugement.* Ces paroles ont été rappelées dans la discussion (*voy.* Mon. du 23 mai 1828, p. 690).

(2) Proposition à la Chambre des députés le 22 avril (Mon. du 24); rapport de M. Girod (de l'Ain) le 17 mai (Mon. du 29); adoption le 28 mai (Mon. du 29).

Proposition à la Chambre des pairs le 7 juin (Mon. du 12); rapport de M. le comte de Bastard le 25 juin (Mon. du 29); adoption le 28 juin (Mon. du 2 juillet).

(3) Proposition, etc. *Voy.* la note sur la loi précédente.

(4) Proposition, etc. *Voy. suprà,* note sur la loi relative au département de la Corrèze.

(5) Proposition, etc. *Voy. suprà,* note sur la loi relative au département de la Corrèze.

3 = Pr. 23 JUILLET 1828. — Ordonnance du Roi qui classe parmi les routes départementales des Vosges le chemin de Saint-Dié à Schirmeck. (8, Bull. 241, n° 8755.)

Charles, etc.

Sur le rapport de notre ministre secrétaire d'Etat de l'intérieur;

Vu les délibérations prises par le conseil général du département des Vosges dans ses sessions de 1825, 1826 et 1827, tendant à classer au rang des routes départementales le chemin de Saint-Dié à Schirmeck, par Saales, en remplacement de la route départementale n° 15, de Senones à Strasbourg;

Vu l'avis du préfet du département;

Notre Conseil-d'Etat entendu,

Nous avons ordonné et ordonnons ce qui suit:

Art. 1er. Le chemin de Saint-Dié à Schirmeck est classé parmi les routes départementales du département des Vosges, sous le n° 15, et la dénomination de *route de Saint-Dié à Strasbourg, par Remomeix, Saales, le Pont des Bas et Schirmeck.*

2. L'administration est autorisée à acquérir les terrains et propriétés nécessaires pour la confection de cette route, en se conformant à la loi du 8 mars 1810, sur les expropriations pour cause d'utilité publique.

3. La partie de l'ancienne route départementale n° 15, comprise entre Senones et le Pont des Bas, est rangée dans la classe des chemins communaux.

4. Notre ministre secrétaire d'Etat de l'intérieur (vicomte de Martignac) est chargé de l'exécution de la présente ordonnance.

2 = Pr. 23 JUILLET 1828. — Ordonnance du Roi qui classe un chemin au rang des routes départementales des Hautes-Pyrénées. (8, Bull. 241, n° 8756.)

Charles, etc.

Sur le rapport de notre ministre secrétaire d'Etat de l'intérieur;

Vu la délibération du conseil général du département des Hautes-Pyrénées, tendant à ce que le chemin de Tarbes à Nay, par Ossun et Pontacq, soit classé au rang des routes départementales;

Vu l'avis du préfet et celui du conseil général des ponts-et-chaussées;

Notre Conseil-d'Etat entendu,

Nous avons ordonné et ordonnons ce qui suit:

Art. 1er. Le chemin indiqué dans la délibération du conseil général du département des Hautes-Pyrénées est et demeure classé au rang des routes départementales de ce département, avec la dénomination suivante: *Route n° 5, de Tarbes au Port de Tames, par Ossun et Pontacq.*

2. L'administration est autorisée à acquérir les terrains nécessaires pour établir cette route; elle se conformera, à ce sujet, aux dispositions de la loi du 8 mars 1810.

3. Notre ministre secrétaire d'Etat de l'intérieur (vicomte de Martignac) est chargé de l'exécution de la présente ordonnance.

2 JUILLET 1828. — Ordonnance du Roi qui accorde des lettres de déclaration de naturalité au sieur Molitor. (8, Bull. 353, n° 14298.)

2 JUILLET 1828. — Ordonnance du Roi qui autorise le sieur Cantegril à substituer à son nom celui de Pascal-Rodeloze. (8, Bull. 240, n° 8724.)

2 JUILLET 1828. — Ordonnance qui admet les sieurs Robert Croff et Preve à établir leur domicile en France. (8, Bull. 240, n° 8725.)

2 JUILLET 1828. — Ordonnances qui autorisent l'acceptation de dons et legs faits aux hospices et bureaux de bienfaisance de Moulins, de Laissac, de la Ciotat, de Mens, de Montbrison et de Marvejols; aux pauvres de Mezel, de Saint-Girons et de Saint-Cyprien. (8, Bull. 247, n°s 8892 à 8900.)

2 JUILLET 1828. — Ordonnances qui autorisent l'acceptation de dons et legs faits aux hospices et bureaux de bienfaisance de Reims, de Sainte-Ménehould, de Saint-Amand, d'Haguenau, de Schelestadt, de Strasbourg, d'Urbey, d'Amance, de Sablé, de Crillon, de l'Isle, de Montagu, de Beaune, de Riberac, de Broc, de Châlonnes, d'Angers, de Saint-Martin, de Pezelits, de Saint-Martin d'Ecubley, de Bapaume, de Lempdes, de Mâcon et de Lindeboeuf; aux pauvres de l'Huisserie, de Mayenne, de Lardy, de Lautrec, de Schirmeck, de Caen, de la Souterraine, de Saint-Paultrois-Châteaux, de Chapois, de Châlons-sur-Saône, de Paris et d'Amiens, et au mont-de-piété d'Avignon. (8, Bull. 248, n°s 8922 à 8947.)

2 JUILLET 1828. — Ordonnance qui autorise la dame Chaulet ou ses ayant-droit à conserver et tenir en activité l'usine à fer de Monclar (Dordogne). (8, Bull. 257, n° 9725.)

2 JUILLET 1828. — Ordonnance qui autorise le sieur de Jouffroy à établir une usine à fer dans la commune d'Abbaretz (Loire-Inférieure). (8, Bull. 257, n° 9726.)

2 JUILLET 1828. — Ordonnance qui autorise les héritiers du sieur Siraire-Desbordes à conserver et tenir en activité l'usine à fer du Mas-de-Bost, commune de Dournazac (Haute-Vienne). (8, Bull. 257, n° 9727.)

2 JUILLET 1828. — Ordonnance qui accorde des lettres de déclaration de naturalité au sieur Eula. (8, Bull. 271, n° 10477.)

2 JUILLET 1828 — Ordonnance qui accorde des lettres de déclaration de naturalité au sieur Prester. (8, Bull. 271, n° 10478.)

5 JUILLET 1828. — Circulaire adressée par monseigneur le garde-des-sceaux à MM. les procureurs généraux et procureurs du Roi, relativement à l'exécution de l'ordonnance du 1ᵉʳ juin 1828, concernant les conflits.

Voy. l'ordonnance du 1ᵉʳ JUIN 1828, et la circulaire du ministre de l'intérieur en date du 30 AOUT 1828.

Monsieur, l'ordonnance du 1ᵉʳ juin dernier (Bull. CCXXXIV, n° 8,529), relative aux conflits, a été conçue dans le double but, 1° d'assurer le libre exercice de la juridiction des tribunaux et des cours dans toutes les matières dont ils doivent connaître, d'après les lois et réglemens du royaume; 2° de conserver et garantir les attributions de l'autorité administrative, quant aux matières qui sont déférées à sa connaissance et à sa décision par des dispositions législatives *spéciales* et *formelles.*

Le principe qui domine cette ordonnance est que la juridiction des tribunaux et des cours est pleine et entière pour toutes choses contentieuses qui sont régies par le droit commun; qu'au contraire la juridiction administrative n'est et ne peut être qu'une exception nécessaire; que, s'il importe à l'ordre public de respecter cette exception, il n'importe pas moins de la restreindre dans ses justes limites. Guidé par les règles claires et précises de la nouvelle ordonnance, je suis d'avance assuré que les magistrats et les administrateurs redoubleront et rivaliseront de soins et de précautions pour se renfermer dans les bornes de leur compétence respective, et faire cesser ainsi ces chocs multipliés dont les temps qui ont précédé cette époque ont offert de fâcheux et trop nombreux exemples : mais, pour obtenir cet heureux résultat, je dois surtout, et j'aime à le dire, me reposer sur les lumières et sur l'expérience des magistrats, qui, nourris spécialement de l'étude des lois, formés par leur application journalière et fixes dans leur position, sont nécessairement très-exercés à scruter et à résoudre les questions de compétence et d'attribution.

J'appellerai toutefois l'attention particulière des officiers du parquet sur ces sortes de causes. Beaucoup d'entre eux, très-jeunes encore, peuvent n'avoir pas eu l'occasion d'apprécier les nuances délicates, les difficultés qu'elles présentent. Ainsi, dans tous les cas où une instance donnerait lieu à quelques

doutes sur le point de la compétence, je ne puis qu'inviter les officiers du ministère public à prendre communication des pièces de l'affaire, et à donner des conclusions écrites; ils répondront avec empressement, je n'en puis douter, à ce vœu, que j'exprime dans l'intérêt de l'ordre des juridictions.

Les articles 1 et 2 de l'ordonnance semblent ne pouvoir faire naître de véritables difficultés : les magistrats, pénétrés de leurs devoirs, sentiront que, par respect pour les lois comme pour leur propre dignité, ils doivent, dans les cas de l'article 2, prévenir, par un renvoi spontané devant l'autorité administrative, une déclaration de conflit.

Dans les deux cas prévus par l'article 3, il ne s'agit que d'exceptions dilatoires qui ne peuvent modifier la compétence des tribunaux et des cours, quant au fond. Ainsi, les magistrats demeureront saisis; leurs soins dans cette circonstance s'appliqueront seulement à prescrire ou à provoquer les mesures convenables pour faire cesser les retards non justifiés, et accomplir les formalités préalables qui auraient été négligées.

Les articles 4 et 8 précisent les différentes hypothèses dans lesquelles le conflit devra être élevé et l'époque à laquelle la revendication du litige devra être faite par l'autorité administrative. Les dispositions de ces articles concilieront le respect dû à l'autorité de la chose jugée avec le droit de l'administration et la célérité requise dans l'expédition des affaires.

Les articles 5, 6, 7, 9, 10 et jusques et y compris l'article 17, ont pour objet de régler le mode suivant lequel le conflit sera élevé, notifié, communiqué, instruit et jugé.

Plusieurs dispositions capitales ressortent des règles nouvelles.

L'on peut placer en premier ordre l'obligation pour l'autorité administrative de faire connaître et même de transcrire textuellement la disposition législative sur laquelle la revendication de sa part est fondée : il est du reste évident que celle-ci n'est point exclusive du renvoi que les officiers du parquet devraient requérir d'office, et les magistrats ordonner, s'ils se reconnaissent incompétens;

En second lieu, le soin scrupuleux avec lequel il importe que les officiers du ministère public approfondissent le mémoire présenté par le préfet.

Cet examen préalable de la difficulté, confié à des magistrats, a pour objet, vous le voyez, de jeter un grand jour sur la question de compétence soumise au tribunal, et, par suite, de rendre les conflits proprement dits beaucoup moins fréquens.

Il serait peut-être utile que vos substituts fussent assujétis par vous à vous rendre un compte circonstancié de toutes les affaires de cette nature, afin que vous puissiez apprécier les principes d'après lesquels ils procèdent sur des incidens aussi graves ; il ne serait pas moins désirable que, pour le cas où le déclinatoire proposé par le préfet n'aurait point paru fondé à vos substituts, il s'établit entre eux et les préfets des communications officieuses propres à prévenir les conflits qui pourraient être inconsidérément élevés.

Vous remarquerez également l'établissement d'un registre de mouvement destiné à recueillir et faire connaître, par sa seule inspection, les dates :

1° De l'envoi au procureur du Roi du mémoire ou demande en revendication du préfet ;

2° De la communication, donnée par le procureur du Roi au tribunal, de ce mémoire et des réquisitions qui y auraient été prises ;

3° De l'envoi au préfet du jugement intervenu sur le déclinatoire ou renvoi proposé ou requis, et des pièces qui doivent y être jointes ;

4° De la signification de l'acte d'appel du jugement sur le déclinatoire ;

5° Du dépôt de l'arrêté de conflit et du récépissé qui sera délivré ;

6° De la remise faite par le greffier au procureur du Roi de l'arrêté de conflit et des pièces jointes ;

7° De la communication donnée par ce magistrat au tribunal du conflit élevé, de ses réquisitions à fin de sursis et du jugement qui interviendra ;

8° Du rétablissement des pièces au greffe ;

9° De l'avis donné par le procureur du Roi aux parties ou à leurs avoués de ce rétablissement des pièces, avec invitation d'en prendre communication, et, en tous cas, de lui accuser réception de cet avis ;

10° De la remise au parquet, par les parties ou leurs avoués, de leurs observations, s'ils en ont à fournir sur la question de compétence, avec les documens à l'appui ;

11° Enfin celle de l'envoi fait par le procureur du Roi au département de la justice, de toutes les pièces produites et relatives à l'affaire.

Les articles 11, 15 et 16 fixeront aussi votre attention ; l'article 11 détermine le délai passé lequel le conflit ne pourra plus être élevé devant le tribunal saisi de l'affaire ; l'article 15, celui dans lequel le conflit devra être jugé définitivement ; enfin l'article 16 règle la période de temps après laquelle l'arrêté du préfet sera censé non avenu ; et les parties seront libres de reprendre l'instance devant les tribunaux, si le conflit n'a pas été jugé.

Le registre prescrit par l'ordonnance sera tenu au parquet, et, comme il ne constate que des mesures d'ordre, il sera de papier libre ; la forme de ce registre est indifférente, pourvu qu'il offre avec clarté, méthode et certitude, la série des dates et la preuve de l'accomplissement des formalités reconnues indispensables pour procéder à la revendication de la cause, instruire et juger le conflit élevé.

Il serait utile que les greffiers tinssent, de leur côté, un registre pour assurer l'accomplissement des obligations personnelles qui leur seront imposées. Je vous rappellerai à ce sujet la circulaire du 9 mai 1821, n° 733 *bis*, relative à la tenue d'un registre de mouvement des instances qui intéressent la régie des domaines et de l'enregistrement. Les mentions exactes, consignées sur un registre, rendront sans objet la rédaction d'un acte de dépôt proprement dit, pour constater le dépôt et le rétablissement au greffe (exigés par les articles 20 et 23) de l'arrêté de conflit et des pièces.

Le récépissé à donner au préfet (art. 10) sera délivré sur papier libre, et devra être visé par le procureur du Roi.

Ce magistrat devra joindre au dossier qu'il me transmettra un inventaire de toutes les pièces qui le composeront.

Enfin, et comme le vœu de l'ordonnance est qu'il intervienne sur le point de la compétence une décision aussi prompte qu'il est possible de l'obtenir, les revendications formées et les déclinatoires proposés par les préfets devront être, tant en première instance que sur l'appel, examinés et jugés comme *affaires urgentes et requérant célérité* ; et, pour me donner une idée exacte des revendications et des conflits qui se seront présentés dans chaque siège, je vous prie d'inviter vos substituts à me faire connaître, par une mention spéciale qui serait portée sur les états semestriels, le nombre des uns et des autres.

Du reste, il n'est pas douteux que les délais pour interjeter appel du jugement sur le déclinatoire ou le renvoi requis ou proposé, soit en matière civile, soit en matière correctionnelle, sont régis par le droit commun.

Ces explications suffiront, je pense, pour procurer une exécution facile des dispositions de l'ordonnance qui va régir la matière des conflits. Je vous prie d'y tenir la main et d'y donner tous vos soins.

Vous voudrez bien m'accuser la réception de cette instruction, et en adresser un exemplaire à chacun de vos substituts.

Signé PORTALIS.

6 JUILLET 1828 = Pr. 14 OCTOBRE 1830. — Ordonnance du Roi (1) qui détermine la division territoriale de l'île de Bourbon, pour l'administration de la justice. (8, Bull. 375, n° 15809.)

Charles, etc.

Voulant déterminer la division territoriale de l'île de Bourbon, en ce qui est relatif à l'administration de la justice;

Vu les articles 9 et 57 de notre ordonnance du 20 septembre dernier;

Sur le rapport de notre ministre secrétaire d'État de la marine et des colonies,

Nous avons ordonné et ordonnons ce qui suit :

Art. 1er. L'île de Bourbon sera divisée en deux arrondissemens de cours d'assises.

Le premier arrondissement, dont le chef-lieu sera Saint-Denis, prendra la dénomination d'*arrondissement du Vent*;

Le second arrondissement, dont le chef-lieu sera Saint-Paul, prendra la dénomination d'*arrondissement Sous-le-Vent*.

2. L'arrondissement du Vent comprendra trois cantons de justice de paix, savoir :

Le premier canton, formé de la commune de Saint-Denis : chef-lieu, Saint-Denis;

Le second canton, formé des communes de Sainte-Marie, Sainte-Suzanne et Saint-André : chef lieu, Sainte-Suzanne;

Le troisième canton, formé des communes de Saint-Benoît et Sainte-Rose : chef-lieu, Saint-Benoît.

3. L'arrondissement Sous-le-Vent comprendra trois cantons de justice de paix, savoir :

Le premier canton, formé de la commune de Saint-Paul : chef-lieu, Saint-Paul;

Le second canton, formé des communes de Saint-Leu et Saint-Louis : chef-lieu, Saint-Louis;

Le troisième canton, formé des communes de Saint-Pierre et Saint-Joseph : chef-lieu, Saint-Pierre.

4. Notre ministre secrétaire d'Etat de la marine et des colonies (baron Hyde de Neuville) est chargé de l'exécution de la présente ordonnance.

———

6 = Pr. 16 JUILLET 1828. — Ordonnance du Roi relative à la franchise et au contre-seing accordés au ministre secrétaire d'Etat de l'instruction publique. (8, Bull. 240, n° 8720.)

Voy. arrêtés des 27 PRAIRIAL an 8 et 15 BRUMAIRE an 9, et notes; ordonnance du 6 AOUT 1817.

Charles, etc.

Vu l'article 14 de notre ordonnance du 14 décembre 1825, sur les franchises et contre-seings;

Vu notre ordonnance du 10 février dernier, portant que l'instruction publique sera dirigée désormais par un ministre secrétaire d'Etat;

Sur le rapport de notre ministre secrétaire d'Etat des finances,

Nous avons ordonné et ordonnons ce qui suit :

Art. 1er. Le ministre secrétaire d'Etat de l'instruction publique jouira de la franchise illimitée de toutes les lettres et de tous les paquets qui lui seront adressés.

2. Son contre-seing opérera la franchise à l'égard des fonctionnaires ci-après :

1° Les ministres d'Etat, les conseillers d'Etat, les maîtres des requêtes;

2° Les archevêques, les évêques et les vicaires généraux pendant la vacance du siége;

3° Les préfets et les sous-préfets;

4° Les procureurs généraux et les procureurs du Roi;

5° Les membres du conseil royal et les inspecteurs généraux de l'Université;

6° Les recteurs et les inspecteurs des académies;

7° Les doyens des facultés;

8° Les présidens des comités de surveillance de l'instruction primaire;

9° Les proviseurs et régens des colléges royaux, les directeurs des colléges particuliers, les principaux et les régens des colléges communaux, les chefs d'institution, les maîtres de pension, les maîtres des écoles primaires et les frères des écoles chrétiennes.

Disposiions particulières.

Les fonctionnaires ci-après dénommés, dépendant de l'Université de France, continueront à jouir de la franchise et du contre-seing, mais *sous bande* seulement :

1° Les recteurs d'académie, pour leur correspondance avec les archevêques, les évêques et les vicaires généraux pendant la vacance du siége; les préfets, les sous-préfets, les procureurs du Roi près les tribunaux, les maires des communes, les inspecteurs d'académie, et les présidens des comités de surveillance de l'instruction primaire dans l'arrondissement académique;

2° Les recteurs et inspecteurs d'académie, pour leur correspondance avec les proviseurs et principaux des colléges royaux et directeurs des colléges communaux, les chefs d'institution, les maîtres de pension, les présidens

———

(1) Les lois relatives aux colonies y sont exécutoires, en vertu d'une promulgation séparée, et non en vertu de la promulgation par la voie du Bulletin des Lois, qui n'a lieu que pour la métropole (*note du Bulletin officiel*).

des comités de surveillance de l'instruction primaire et les maîtres d'école primaire aussi dans l'arrondissement académique.

3. Notre ministre secrétaire d'État des finances (comte Roy) est chargé de l'exécution de la présente ordonnance.

---

6 = Pr. 16 JUILLET 1828.— Ordonnance du Roi relative au contre-seing accordé aux ministres secrétaires d'Etat des affaires ecclésiastiques et de l'intérieur. (8, Bull. 240, n° 8721.)

Charles, etc.

Vu notre ordonnance du 14 décembre 1825, relative aux franchises et contre-seings;

Vu notre ordonnance du 4 janvier dernier;

Considérant que, par l'article 1er de notre ordonnance du 4 janvier dernier, les attributions relatives au commerce et aux manufactures ont été distraites de celles du ministre de l'intérieur; que, par l'article 2 de la même ordonnance, l'instruction publique a cessé de faire partie du ministère des affaires ecclésiastiques;

Considérant qu'il convient d'abroger les dispositions de l'ordonnance du 14 décembre 1825, en ce qui concerne le droit de contre-seing accordé aux ministres de l'intérieur et des affaires ecclésiastiques, pour leur correspondance avec les agens qui ne ressortissent plus à leurs départemens;

Sur le rapport de notre ministre secrétaire d'Etat des finances,

Nous avons ordonné et ordonnons ce qui suit :

Art. 1er. L'état annexé à la présente ordonnance sous le n° 1er sera substitué à l'état annexé à notre ordonnance du 14 décembre 1825 sous le n° 5, lequel est et demeure annulé.

2. L'état annexé à la présente ordonnance sous le n° 2 sera substitué à l'état annexé à notre ordonnance du 14 décembre 1825 sous le n° 6. lequel est et demeure annulé.

3. Notre ministre secrétaire d'Etat des finances (comte Roy) est chargé de l'exécution de la présente ordonnance, qui sera insérée au Bulletin des Lois.

ÉTAT N° Ier.

MINISTÈRE DES AFFAIRES ECCLÉSIASTIQUES.

Etat des fonctionnaires envers lesquels le contre-seing du ministre des affaires ecclésiastiques opère la franchise.

SAVOIR :

1° Les ministres d'Etat, les conseillers d'Etat, les maîtres des requêtes;

2° Les préfets et les sous-préfets;

3° Les archevêques, évêques et vicaires généraux, curés, desservans et succursalistes.

Dispositions particulières.

Les ecclésiastiques et fonctionnaires dépendans de ce ministère, ci-après dénommés, jouiront de la franchise et du contre-seing, mais *sous bandes* seulement, savoir :

1° Les archevêques et évêques, pour leur correspondance avec les préfets, les sous-préfets, les grands-vicaires, curés, desservans et succursalistes, et les présidens des comités de surveillance de l'instruction primaire, dans les départemens qui composent leur diocèse.

(Dans le cas où les pièces de leurs correspondance avec ces ecclésiastiques et fonctionnaires ne seraient pas de nature à passer *sous bandes*, les archevêques et évêques pourront les expédier pas lettres fermées, sous la condition de déclarer, par une note signée sur chaque dépêche, qu'il y avait nécessité de la fermer).

2° Les mêmes archevêques et évêques, pour l'envoi, *sous bandes*, de leurs mandemens imprimés, aux préfets, sous-préfets et maires des communes de leur diocèse.

(Si quelques-uns des paquets venaient à être taxés pour suspicion d'incluses, les destinataires pourront en obtenir immédiatement la remise gratuite en prouvant, par l'ouverture de ces paquets, faite en présence des directeurs des postes, qu'ils ne contiennent que des papiers relatifs au service public.)

Vu pour être annexé à l'ordonnance du 6 juillet 1828.

Le ministre secrétaire d'Etat des finances,

Signé **Roy**.

ÉTAT N° II.

MINISTÈRE DE L'INTÉRIEUR.

Etat des fonctionnaires envers lesquels le contre-seing du ministre secrétaire d'Etat de l'intérieur opère la franchise.

SAVOIR :

1° Les ministres d'Etat, conseillers d'Etat et maîtres des requêtes;

2° Les archevêques et évêques;

3° Les présidens des collèges électoraux et les commissaires extraordinaires du Roi;

4° Les préfets, sous-préfets et maires;

5° Les présidens des consistoires et les pasteurs;

6° Les vérificateurs des poids et mesures, et le commissaire estampilleur à Septème;

7° Les inspecteurs divisionnaires et les ingénieurs en chef ordinaires des ponts-et-chaussées, et ceux des mines et usines;

8° Les directeurs des maisons centrales de détention, et ceux des maisons royales de Charenton et des Jeunes Aveugles;

9° Les membres du conseil des haras, les

agens généraux des remontes, les inspecteurs généraux des haras, les directeurs et chefs d'établissemens du même service, les inspecteurs généraux de l'école vétérinaire et des bergeries royales, et les directeurs de ces mêmes écoles;

10° Les officiers et commandans des brigades de gendarmerie;

11° Le greffier en chef de la cour des comptes;

12° Les intendans sanitaires;

13° Les administrateurs des bibliothèques royales;

14° Les secrétaires des académies royales des sciences et arts;

15° Les directeurs de l'administration de l'école polytechnique, du comité de vaccine et de l'école d'accouchement;

16° Les officiers généraux commandant les divisions et subdivisions militaires;

17° Les présidens des cours et tribunaux;

18° Les procureurs généraux et les procureurs du Roi;

19° Les juges d'instruction et les juges-de-paix;

20° Les commissaires de police.

Dispositions particulières.

Les fonctionnaires ou préposés dépendant de ce ministère, ci-après dénommés, jouiront de la franchise et du contre-seing, mais *sous bandes* seulement:

1° Les préfets et sous-préfets, pour leur correspondance avec les autorités et fonctionnaires de leur arrondissement dénommés ci-dessus, depuis et compris l'article 4 jusques et compris l'article 10;

2° Les préfets, pour leur correspondance, aussi *sous bandes*, avec les procureurs du Roi près les tribunaux et avec les juges-de-paix de leur département;

3° Les préfets et sous-préfets, pour leur correspondance, *sous bandes*, avec les curés, desservans et succursalistes, et avec les receveurs municipaux de leur département ou arrondissement.

4° Les préfets pourront écrire en franchise, pour *objet de police* seulement, par lettres et paquets *fermés*, aux fonctionnaires à l'égard desquels le contre-seing, *sous bandes*, leur a été accordé, ainsi qu'aux officiers de gendarmerie et aux sous-officiers commandant les brigades de leur département, en déclarant, par une note signée sur la suscription des dépêches, qu'il y a nécessité de les fermer.

5° Les sous-préfets jouiront de la même faculté et à la même condition, à l'égard des sous-préfets du même département, des officiers de gendarmerie, des commandans des brigades, et des autres fonctionnaires de leur arrondissement envers lesquels leur contre-seing opère la franchise sous bandes.

6° Les préfets et les sous-préfets correspondront en franchise, soit *sous bandes*, soit par *lettres fermées*, avec les commissaires de police de leur département ou arrondissement. Dans le cas où la correspondance sera expédiée par lettres fermées, ils attesteront, par une note signée sur la suscription des dépêches, qu'il y avait nécessité de les fermer.

7° Les préfets correspondront en franchise entre eux pour l'envoi des actes de décès dressés en exécution des articles 80, 81 et 82 du Code civil, pour le service du recrutement et pour le service de la police.

Les envois relatifs aux actes de décès ou au recrutement seront expédiés *sous bandes*, et les paquets contre-signés de leur griffe. Les envois relatifs au service de la police pourront être faits ou *sous bandes*, ou par *lettres fermées*: quand l'expédition aura lieu *sous bandes*, les paquets seront frappés de la griffe; quand l'expédition aura lieu par lettres fermées, les paquets devront être contre-signés de la main des préfets.

8° Ils correspondront aussi en franchise, *sous bandes*, pour le service du recrutement, avec les conseils d'administration des corps militaires.

9° Le préfet du Var correspondra, *sous bandes*, avec le receveur général, le directeur des domaines, le directeur des contributions indirectes du département et avec les receveurs particuliers de Brignolle et de Grasse.

10° Le préfet du Var est autorisé à correspondre par *lettres fermées* avec le directeur des douanes à Digne.

11° Le préfet du Finistère, à Quimper, est autorisé à correspondre en franchise, *sous bandes*, avec le directeur des contributions indirectes à Morlaix;

12° Les préfets des Hautes et Basses-Pyrénées, de la Haute-Garonne, de l'Ariége et des Pyrénées-Orientales, sont autorisés à correspondre en franchise avec les autorités espagnoles des provinces limitrophes de leur département.

Cette correspondance pourra être expédiée *sous enveloppes fermées*, de la même manière que la correspondance des procureurs généraux et des procureurs du Roi des départemens frontières avec les magistrats des pays voisins; elle devra être contre-signée de la main des préfets.

13° Les préfets du Finistère, du Morbihan, des Basses-Pyrénées, de la Seine-Inférieure et du Var, sont autorisés à correspondre en franchise, *sous bandes*, avec l'intendance sanitaire de leur département.

14° Les intendances sanitaires désignées au tableau joint à l'ordonnance du 7 juillet 1824, correspondront en franchise avec les commissions comprises dans leur arrondissement.

Les mêmes intendances correspondront aussi en franchise entre elles dans tout le royaume.

La correspondance devra être expédiée *sous bandes* et contre-signée par les présidens semainiers des intendances ou commissions.

15° Les agens généraux des remontes jouiront de la franchise pour leur correspondance, *sous bandes,* avec les préfets et sous-préfets des départemens et arrondissemens compris dans leurs divisions respectives, avec les inspecteurs généraux des haras et avec les directeurs et chefs d'établissemens du même service;

Les inspecteurs généraux des haras, pour leur correspondance, *sous bandes*, avec les préfets, les sous-préfets et les directeurs et chefs des haras et dépôts d'étalons de leur arrondissement.

Les directeurs des haras et chefs des dépôts d'étalons, pour leur correspondance, *sous bandes,* avec les préfets et sous-préfets de leur circonscription.

16° Les inspecteurs divisionnaires des ponts-et-chaussées, pour leur correspondance, *sous bandes,* avec les préfets, les sous-préfets, avec les ingénieurs en chef et ordinaires, et avec les élèves et aspirans des départemens faisant partie de leur inspection;

Les ingénieurs en chef et ordinaires des ponts-et-chaussées, pour leur correspondance, *sous bandes,* soit entre eux, soit avec les préfets et sous-préfets, soit avec les élèves et aspirans, et avec les conducteurs des ponts-et-chaussées, dans l'étendue des départemens de leur résidence;

Les aspirans et élèves des ponts-et-chaussées, pour leur correspondance, *sous bandes,* avec les aspirans et élèves du même département, et avec les conducteurs qui leur sont subordonnés;

17° Les inspecteurs divisionnaires des mines et usines, pour leur correspondance, *sous bandes,* avec les préfets et sous-préfets, avec les ingénieurs en chef et ordinaires, et avec les élèves, dans l'étendue de leur inspection;

Les ingénieurs en chef et ordinaires des mines et usines, pour leur correspondance, *sous bandes*, soit entre eux, soit avec les préfets et sous-préfets, avec les élèves, aspirans, garde-mines et conducteurs des mines et usines, dans les départemens qui composent leur arrondissement.

18° La franchise et le contre-seing accordés aux inspecteurs divisionnaires et aux ingénieurs des ponts-et-chaussées s'étendront, savoir :

Pour l'ingénieur en chef directeur du canal du Duc-de-Berry, résidant à Bourges, dans les départemens de l'Allier, du Cher, de Loir-et-Cher et d'Indre-et-Loire;

Pour l'inspecteur divisionnaire de la sixième inspection, dans les quatre départemens ci-dessus désignés;

Pour l'inspecteur général directeur du canal Monsieur, dans les départemens du Doubs, du Jura, du Haut-Rhin et du Bas-Rhin;

Pour l'inspecteur divisionnaire du canal de l'Ourcq et des eaux de Paris, dans le département de Seine-et-Marne;

Pour l'ingénieur en chef de Seine-et-Oise, dans le département de la Seine;

Pour l'ingénieur chargé de la direction du canal de Blavet, à sa correspondance, *sous bandes,* avec les préfets du Morbihan et des Côtes-du-Nord;

Pour l'ingénieur en chef d'Indre-et-Loire, chargé d'améliorer la navigation de la Loire, à sa correspondance, *sous bandes,* avec les préfets et sous-préfets, et avec les ingénieurs en chef et ordinaires du Loiret, de Loir-et-Cher, de Maine-et-Loire, de la Loire, de la Loire-Inférieure, de la Haute-Loire, de Saône-et-Loire, de l'Allier, de la Nièvre, du Cher et d'Indre-et-Loire;

Pour l'ingénieur en chef du canal de l'Yonne, chargé de la direction des travaux du canal de Nivernais, à sa correspondance, *sous bandes,* avec le préfet de la Nièvre et avec les ingénieurs et employés attachés au canal;

Pour l'ingénieur en chef directeur de la navigation de la Garonne, à sa correspondance, *sous bandes,* avec les préfets et ingénieurs de la Haute-Garonne, de Tarn-et-Garonne, Lot-et-Garonne et la Gironde.

19° Le contre-seing du directeur général des ponts-et-chaussées et des mines opère la franchise par lettres et paquets *fermés* à l'égard des préfets, des inspecteurs généraux, des inspecteurs divisionnaires, des ingénieurs en chef et ordinaires, des élèves et aspirans des ponts-et-chaussées et des mines, et à l'égard des inspecteurs de la navigation;

20° Le contre-seing du préfet de police opère la franchise des lettres et paquets qu'il adresse aux fonctionnaires et préposés ci-après désignés, savoir :

Aux membres du conseil de préfecture de la Seine, en nom collectif;

Aux sous-préfets des arrondissemens de Sceaux et de Saint-Denis;

Aux maires et adjoints de communes rurales du département de la Seine, et de celles de Saint-Cloud, Sèvres et Meudon, du département de Seine-et-Oise, comprises dans le ressort de la préfecture de police;

Aux commissaires de police de Paris et de Saint-Denis;

A l'inspecteur général de police et aux officiers de paix;

Au capitaine commandant la gendarmerie du département de la Seine;

Au colonel d'armes et au conseil d'administration du corps de la gendarmerie royale de Paris;

Au commandant et au conseil d'administration du corps des sapeurs-pompiers;

Aux membres du conseil de salubrité à Paris, en nom collectif;

Aux membres de l'école de pharmacie;

Aux syndics des agens de change;

Aux syndics des courtiers de commerce;

Au commissaire de police de la Bourse;

Aux syndics du commerce de la boulangerie;

Au contrôleur général de la halle aux grains et aux farines;

Au directeur et au caissier de la caisse syndicale;

Aux syndics du commerce de la boucherie;

Au directeur et au caissier de la caisse de Poissy;

Au caissier du commerce de la marée;

Au caissier du commerce de la volaille et du gibier;

A l'inspecteur général et aux inspecteurs particuliers des halles et marchés;

A l'architecte-commissaire et aux inspecteurs particuliers de la petite voirie;

A l'inspecteur général et à l'inspecteur adjoint de la salubrité et de l'illumination;

A l'ingénieur en chef des ponts-et-chaussées chargé de la direction de l'entretien du pavé de Paris;

A l'inspecteur général et aux inspecteurs particuliers et préposés de la navigation et des ports,

A l'ingénieur en chef chargé des travaux hydrauliques de Paris;

Au commissaire général de l'approvisionnement de Paris en combustibles;

Aux inspecteurs des poids et mesures;

Aux dégustateurs de boissons;

Au contrôleur général et au contrôleur général adjoint du recensement et mesurage des bois et charbons;

Au contrôleur de la halle aux cuirs;

Au contrôleur de la halle aux draps et aux toiles;

Aux concierges des maisons d'arrêts, de force et de détention, placées sous la surveillance du préfet de police;

Au directeur du dépôt de mendicité de Villers-Cotterêts.

21° Le président du directoire du consistoire général de Strasbourg est autorisé à expédier en franchise aux inspecteurs ecclésiastiques, présidens des consistoires locaux et pasteurs de sa communion, et à recevoir d'eux aussi en franchise:

1° Les circulaires et instructions imprimées qui sont relatives au culte;

2° Les comptes et budgets des fabriques;

3° Les délibérations des consistoires locaux, sous la condition que ces objets seront mis *sous bandes* et contre-signés par les expéditeurs.

Vu pour être annexé à l'ordonnance du 6 juillet 1828.

Le ministre secrétaire d'État des finances,

Signé ROY.

---

6 = JUILLET 1828. — Ordonnance du Roi qui approuve les essartemens prescrits par le préfet du Bas-Rhin dans les forêts de deux communes. (8, Bull. 240, n° 8722.)

6 = JUILLET 1828. — Ordonnance du Roi qui autorise la formation à Machecoult (Loire-Inférieure) d'un établissement dépendant de la congrégation des religieuses bénédictines de Notre-Dame du Calvaire, établie à Orléans (Loiret). (8, Bull. 241, n° 8758.)

6 JUILLET 1828. — Ordonnances du Roi qui autorisent l'acceptation de dons et legs faits aux fabriques des églises de Bricqueville-sur-Mer, de Denting, de Wemaers-Cappel, de Benoiville, d'Ardres, de Begnum, de Seutzaiche, de Contenom, de Bourges, de Villers-le-Sec, de Vivoin, de Beaufou, de Vu et de Bourbriac; à l'évêché de Clermont, aux curés successifs de Mérignac; à la congrégation des prêtres de Saint-Sulpice à Paris, et au séminaire de Nancy. (8, Bull. 307, n°s 11726 à 11742.)

6 JUILLET 1828. — Ordonnance qui fixe définitivement à six le nombre des avoués du tribunal de première instance séant à Briançon, département des Hautes-Alpes. (8, Bull. 241, n° 8769.)

6 JUILLET 1828. — Ordonnance qui accorde des pensions de retraite à cent militaires y dénommés, imputables sur les crédits d'inscription ouverts par les lois des 14 juillet 1819 et 20 juin 1827. (8, Bull. 244 *bis*, n° 1.)

9 JUILLET 1828. — Ordonnance du Roi qui accorde des lettres de naturalisation en faveur du sieur Lambert (Thomas), né le 6 août 1779, dans le grand-duché de Luxembourg. (Bull. O., 2e section, n° 3954.)

9 JUILLET 1828. — Ordonnance qui autorise l'inscription au Trésor royal d'une pension attribuée à M. le maréchal-de-camp baron Brun, en indemnité de la perte d'une dotation. (8, Bull. 240 *bis*, n° 7.)

9 JUILLET 1828. — Ordonnance qui autorise le sieur de Clermont-Mont-Saint-Jean de Coucy à servir près de S. M. le roi de Sardaigne. (8, Bull. 252, n° 9240.)

9 JUILLET 1828. — Ordonnance qui accorde des lettres de déclaration de naturalité au sieur Marcobal. (8, Bull 253, n° 9278.)

9 JUILLET 1828. — Ordonnance qui réintègre le sieur Bernard dans la qualité et les droits de Français. (8, Bull. 243, n° 8779.)

9 JUILLET 1828. — Ordonnance qui autorise l'inscription au Trésor royal de cent quatre-vingt-douze pensions civiles et militaires. (8, Bull. 244 bis, n° 2.)

9 JUILLET 1828. — Ordonnance qui accorde des lettres de déclaration de naturalité au sieur de Mérode. (8, Bull. 253, n° 9279.)

9 JUILLET 1828. — Ordonnances qui autorisent l'acceptation des donations faites aux villes de Saint-Flour et de Mayenne. (8, Bull. 257, n°s 9723 et 9724.)

9 JUILLET 1828. — Ordonnances qui autorisent l'acceptation de dons et legs faits aux communes d'Auxy, de Chauffailles, de Kappelkinger, de Varanges et de Marliens, et aux villes de Saint-Omer et de Pont-de-l'Arche. (8, Bull. 258, n°s 9739 à 9744.)

9 JUILLET 1828. — Ordonnance qui concède des mines de lignites situées dans les communes de Bédouin, Crillon et Mourmoiron (Vaucluse), au sieur Quinquin. (8, Bull. 258, n° 9791.)

9 JUILLET 1828. — Ordonnance qui autorise les sieurs Langlois-Ruillot et Gaudemet Buisson à établir dans la commune de Verfontaine (Haute-Saône) six lavoirs à bras pour le lavage du minerai de fer. (8, Bull. 258, n° 9792.)

9 JUILLET 1828. — Ordonnance qui autorise le sieur Barreau, dit Taurel, à accepter et à exercer les fonctions de professeur de gravure à Amsterdam. (8, Bull. 269, n° 10360.)

13 JUILLET 1828. — Rapport par le garde-des-sceaux au Roi sur l'administration de la justice criminelle en France, pendant l'année 1827. (Mon. du 14 juillet 1828.)

Sire,

J'ai l'honneur de mettre sous les yeux de Votre Majesté le compte général de l'administration de la justice criminelle en France, pendant l'année 1827.

En conservant le plan et les divisions de celui de 1826, j'y ai ajouté plusieurs tableaux, sur lesquels j'appellerai successivement l'attention de Votre Majesté.

Les cours d'assises du royaume ont jugé, en 1827, 6,017 accusations, savoir, 5,287 contradictoirement, et 730 par contumace.

Le nombre des accusés présens a été de de 6,929, et celui des accusés contumax, de 845.

Le nombre des accusations contradictoires, en 1826, s'étant élevé à 5,301, et celui des accusés à 6,988, il y a eu cette année 14 accusations et 59 accusés de moins ; mais les arrêts par contumace présentent au contraire 219 accusations et 242 accusés de plus qu'en 1826.

Le rapport des accusés présens avec la population, qui était, en 1826, de 1 accusé sur 4,557, est cette année sur 4,593.

Le département de la Creuse ne représente que 1 accusé sur 28,104 habitans ; celui de la Loire, 1 sur 11,741.

On trouve 1 accusé sur 1,457 habitans dans le département de la Corse ; 1 sur 1,501 dans le département de la Seine.

La proportion varie entre ces extrêmes dans les autres départemens.

Sur 100 accusés, 28 ont été poursuivis pour des crimes contre les personnes, et 72 pour des crimes contre les propriétés : c'est exactement le même rapport qu'en 1826.

Parmi les 6,929 accusés jugés contradictoirement, 2,693 ont été acquittés, et 4,236 condamnés, savoir :

A la peine de mort	109
Aux travaux forcés à perpétuité	317
Aux travaux forcés à temps	1,062
A la réclusion	1,223
Au carcan	5
A la dégradation civique	6
A l'emprisonnement	1,446
Enfin 68 accusés âgés de moins de 16 ans ont été condamnés à rester détenus, pendant un certain nombre d'années, dans une maison de correction	68
Total	4,236 (*)

(*) *Condamnations prononcées dans les trois dernières années.*

(Pour faire cette comparaison, il a été nécessaire de retrancher, dans le compte 1825, les condamnations par contumace, qui étaient confondues avec les condamnations contradictoires. Voir l'appendice du présent compte.)

	1825	1826	1827
Condamnés à mort	134	150	109
— aux travaux forcés à perpétuité	283	281	317
— à temps	1,052	1,139	1,062
— à la réclusion	1,160	1,228	1,225
— au carcan	6	5	3
— au bannissement	1	1	"
— à la dégradation civique	2	1	6
— à l'emprisonnement avec ou sans amende	1,342	1,487	1,446
Accusés âgés de moins de 16 ans, condamnés à rester détenus dans une maison de correction	57	56	68
Totaux	4,037	4,348	4,236

Sur les 109 condamnations capitales, 76 seulement ont été exécutées; les autres condamnés ont dû à la clémence de Votre Majesté diverses commutations de peines.

Des 1,062 individus qui ont encouru la peine des travaux forcés à temps, 48 ont été condamnés au maximum, 486 au minimum de cette peine.

Le maximum de la peine de la réclusion a été prononcé contre 73 condamnés; le minimum contre 781.

La proportion des acquittemens a dépassé d'un centième celle de 1826. Sur 100 accusés dans tout le royaume, 39 ont été acquittés, et 61 condamnés, savoir: 39 à des peines infamantes, et 22 à des peines correctionnelles.

Cette proportion varie, comme à l'ordinaire, d'un département à un autre; mais il est à remarquer qu'elle est restée à peu près la même, depuis trois ans, dans chaque département et dans chaque ressort de cour royale.

Ainsi dans le département de la Côte-d'Or, il y a eu, en 1825, 19 acquittés sur 100; en 1826, 24; en 1827, 23.

Dans le département de la Haute-Loire, il y eu a eu, les mêmes années, 58, 78 et 62; et dans le département des Hautes-Pyrénées, 52, 51, 80;

Dans le ressort de la cour royale de Rouen, 31, 30, 36;

Dans celui de Paris, 31, 37, 35;

A Caen, 34, 35, 36;
A Douai, 30, 32, 35;
A Lyon, 35, 38, 38,
A Rennes, 36, 31, 34;
A Agen, 40, 44, 52;
A Montpellier, 44, 50, 49;
A Poitiers, 42, 44, 51;
A Riom, 45, 41, 45;
A Toulouse, 43, 49, 49.

Dans les crimes contre les personnes, la proportion des acquittemens est de 50 sur 100; elle n'est que de 35 dans les crimes contre les propriétés.

Dans la première classe, les accusations de rébellion sont celles qui entraînent le plus d'acquittemens. Sur 100 accusés, 2 ont été condamnés à des peines infamantes, et 16 à des peines correctionnelles; 82 ont été acquittés.

Sur 100 accusés de coups et blessures, 7 ont été condamnés à des peines infamantes, et 41 à des peines correctionnelles; 52 ont été acquittés.

Dans les crimes contre les propriétés, les accusations d'incendies ont donné lieu à 82 acquittemens sur 100 accusés; celles de fausse monnaie, à 44.

Parmi les accusés qui, après avoir été condamnés par contumace, ont été repris et jugés

28.

contradictoirement, on trouve 55 acquittés sur 100.

Le nombre proportionnel des femmes traduites devant les cours d'assises est, comme en 1826, de 18 sur 100; il n'a pas plus varié dans les tribunaux de police correctionnelle, où il est encore de 21 sur 100. Plusieurs tableaux indiquent, comme l'année dernière, combien de femmes ont été condamnées, pour quels crimes ou délits, et à quelles peines.

Le nombre des accusés âgés de moins de 16 ans, qui était de 124 en 1826, s'élève, cette année, à 136; mais le nombre des accusés de 16 à 21 ans a diminué au contraire de 79.

Les accusés âgés de moins de 30 ans forment les 51 centièmes du nombre total; en 1826, ils formaient les 53 centièmes.

Un nouveau tableau marque la nature et le nombre des crimes commis dans chaque mois de l'année. Il ne peut donner lieu, quant à présent, à aucune observation.

J'ai tâché de compléter, par huit nouveaux tableaux, les recherches qui ont été commencées l'année dernière sur le sujet des récidives.

Le nombre des accusés en récidive, qui était de 756 en 1826, s'est élevé cette année à 893: 744 ont été condamnés à diverses peines; 149 ont été acquittés. Ainsi le terme moyen des acquittemens pour les accusés qui ont déjà été repris de justice est de 17 sur 100.

Sur les 893 accusés en récidive, 739 n'avaient subi qu'une seule peine quand ils ont été traduits de nouveau aux assises; 103 avaient déjà été condamnés deux fois; 36, trois fois; 12, quatre fois; 2, cinq fois; 1 seul avait encouru six condamnations qui, à la vérité, étaient toutes correctionnelles. Il a été condamné, la septième fois, à la peine des travaux forcés à temps.

Plusieurs tableaux marquent la nature des peines qui avaient été infligées à ces individus.

173 avaient été précédemment condamnés aux travaux forcés;

112, à la réclusion,

397, à l'emprisonnement d'un an et plus;

211, à l'emprisonnement de moins d'un an.

Ainsi le nombre des forçats libérés en récidive, qui était de 179 en 1826, n'est cette année que de 173; encore faudrait-il en retrancher 7 femmes qui, d'après la loi, ont subi leur peine dans des maisons de réclusion.

Le nombre des récidives, parmi les individus libérés de la réclusion, s'est au contraire élevé de 90 à 112.

Les renseignemens administratifs qui me sont parvenus portent à 11,464 le nombre des *forçats libérés* qui existent en ce moment dans

14

tout le royaume, et à 7,896 celui des condamnés libérés de la réclusion.

En comparant ces nombres avec ceux des récidives, on trouve, pour les forçats libérés, une récidive sur 66 individus; et pour ceux qui ont subi la réclusion, une récidive sur 70.

Cette proportion peut paraître encore bien forte; cependant il est consolant de penser que les 98 centièmes des condamnés les plus dangereux profitent du premier châtiment qui leur est infligé, et rentrent dans la société avec de meilleurs sentimens et des habitudes mieux réglées. Tel est le premier résultat des sages réformes qui ont commencé à s'introduire dans le régime des lieux de détention. De tous les systèmes qui ont été proposés depuis quelque temps pour diminuer le nombre des récidives, celui-ci est le seul dont l'efficacité ne puisse pas être contestée; et la France reconnaissante bénit la main auguste qui en dirige l'application.

C'est parmi les individus qui ont déjà subi des condamnations pour vol qu'on rencontre le plus de récidives : il y en a 68 sur 893, ce qui est dans la proportion de 77 sur 1000.

On ne trouve, parmi les accusés en récidive, que 35 individus qui aient été précédemment condamnés pour vagabondage, et 122 (ou 13 sur 100) qui aient été précédemment condamnés pour des crimes ou délits contre les personnes, savoir :

Pour coups et blessures.	70
— crimes et délits militaires.	12
— outrages à des fonctionnaires publics.	8
— crimes et délits politiques.	6
— rébellion.	4
— divers autres crimes et délits. . . .	22
	122

J'ai déjà fait remarquer à Votre Majesté que la proportion générale des crimes contre les personnes, dans le nombre total des accusés de 1827, est de 28 sur 100; elle n'est que de 11 sur 100 parmi les accusés en récidive de la même année.

268 individus ont été accusés d'assassinat en 1827 : 10 d'entre eux avaient précédemment subi la peine des travaux forcés, 3 celle de la réclusion, 9 celle de l'emprisonnement : en tout 22 ou 0,08.

Des 109 condamnés à mort, 5 avaient déjà subi la peine des travaux forcés, 4 celle de la réclusion, 3 celle de l'emprisonnement.

Le crime de vol est celui que commettent le plus fréquemment les condamnés libérés. Parmi les accusés en récidive en 1827, 83 sur 100 ont été traduits aux assises pour ce crime, tandis que, dans le nombre total des accusés, la proportion des vols n'est que de 61 sur 100.

639 accusés en récidive ont été poursuivis de nouveau pour des faits de la même nature que ceux qui avaient motivé leur première condamnation, savoir :

Pour viol ou attentat à la pudeur. . .	1
— Infanticide, changé, comme il arrive souvent, en simple délit d'homicide par imprudence.	1
— coups et blessures.	16
— association de malfaiteurs. . .	1
— banqueroute frauduleuse. . . .	1
— faux.	5
— fausse monnaie.	1
— vol.	613
	639

Ainsi, tous les faits conduisent à cette conséquence, que le penchant au vol est celui qui se corrige le moins.

J'ai marqué, pour chaque classe d'accusés en récidive, l'intervalle de temps qui s'est écoulé entre leur première libération et leurs nouveaux crimes.

Sur 173 forçats libérés jugés en 1827, 10 ont récidivé pendant qu'ils subissaient leur peine; 42 dans la première année de leur libération, 29 dans la deuxième, 27 dans la troisième, 14 dans la quatrième, 9 dans la cinquième, et 42 après cet intervalle de cinq ans, lorsque nos lois leur permettaient d'aspirer à l'honneur d'une réhabilitation solennelle, en récompense d'une bonne conduite soutenue.

La plupart des condamnés qui subissent leurs peines dans les maisons centrales de détention n'en sortent qu'avec des ressources suffisantes pour pourvoir à leurs premiers besoins. Cependant ils ne paraissent pas moins prompts que les forçats libérés à reprendre leurs criminelles habitudes. La proportion des condamnés qui ont commis de nouveaux crimes, dès la première année de leur libération, est de 24 sur 100 pour les travaux forcés, de 23 pour la réclusion, de 30 pour l'emprisonnement d'un an et plus, et de 31 pour l'emprisonnement de moins d'un an.

J'ai terminé ces recherches sur les récidives en marquant l'âge des condamnés libérés à l'époque de leur premier crime et à l'époque du dernier. Votre Majesté verra avec peine que trois cent vingt-huit de ces malheureux (37 sur 100) avaient encouru leur première condamnation avant l'âge de 21 ans. Il serait vivement à désirer que des prisons particulières pussent être établies pour les condamnés de cet âge, conformément aux intentions qu'avait manifestées le prédécesseur de Votre Majesté, de glorieuse mémoire, dans son ordonnance du 9 septembre 1814.

Vingt-neuf tableaux embrassent tout ce

qui concerne les jugemens rendus par les tribunaux correctionnels du royaume.

Ces tribunaux ont rendu, en 1827, 115,488 jugemens, où figuraient 171,146 prévenus.

Ainsi il y a eu 7,098 affaires et 11,406 prévenus de plus qu'en 1826: mais cette augmentation porte principalement sur les délits forestiers. Le nombre des jugemens rendus en cette matière dépasse de 6,413 le total de 1826, et celui des prévenus de 11,540.

Sur les 171,146 prévenus qui ont été traduits en police correctionnelle, 25,980 ont été acquittés, et 145,166 condamnés, savoir :

A l'emprisonnement d'un
an et plus....... 6,180 ⎫
A l'emprisonnem. de moins ⎬ 27,156
d'un an. .... 20,976 ⎭
A l'amende seulement...... 117,999
Capitaines de navire interdits de
tout commandement...... 11

Total.... 145,166

J'ai dû conserver la grande division des condamnés à un an et plus d'emprisonnement, et des condamnés à moins d'un an, parce qu'elle est fondée sur les dispositions de l'ordonnance du 2 avril 1817, relative à l'organisation des maisons centrales de détention. Mais j'ai marqué avec plus de détails, dans un nouveau tableau, la durée de l'emprisonnement pour les condamnés de chaque âge et de chaque sexe.

Cette durée a été fixée comme il suit :

Condamnés à moins de six jours d'emprisonnement........... 4,650
— de 6 jours à un mois. . . 5,563
— de 1 à six mois exclusivement. 8,753
— de 6 mois à un an. . . . 2,010
— à 1 an......... 2,388
— de plus de 1 an et moins de 5. 3,033
— à 5 ans........ 633
— à plus de 5 ans et moins de 10. 81
— à 10 ans........ 45

Total. . . . 27,156

307 prévenus des deux sexes, âgés de moins de 16 ans, et 798 âgés de 16 à 21 ans, ont été condamnés à l'emprisonnement d'un an et plus;

789 de la première classe et 2,876 de la deuxième, à l'emprisonnement de moins d'un an.

Des tableaux marquent la nature et le nombre des délits de la presse et de la librairie qui ont été jugés à Paris et dans les départemens. Sur 191 prévenus impliqués dans 138 procès, 96 ont été acquittés et 95 condamnés, savoir : 50 à l'amende seulement, 45 à l'emprisonnement et à l'amende.

Après ces détails sur les jugemens correctionnels, j'ai marqué le nombre et les résultats des appels. Sur les 115,488 jugemens correctionnels, 5,548 ont été attaqués par la voie de l'appel : c'est la même proportion que l'année dernière, un peu moins d'un vingtième; 2,952 ont été confirmés, et 2,596 infirmés ou modifiés.

7,743 prévenus étaient intéressés dans ces appels. Les cours et les tribunaux d'appel ont confirmé la condamnation de 1,542 et l'acquittement de 2,654; 1,025 prévenus, condamnés en première instance, ont été acquittés en appel; 857 acquittés ont été condamnés. La peine prononcée par les premiers juges a été aggravée à l'égard de 547, et diminuée en faveur de 1,047.

Parmi les 3,679 prévenus acquittés définitivement en appel, 223 étaient détenus lorsqu'ils ont été jugés.

La plupart des affaires ont été jugées en appel sur les notes retenues à l'audience des premiers juges. Dans 614 procès seulement, la cour ou le tribunal d'appel ont ordonné une nouvelle comparution des témoins.

La troisième partie, relative aux jugemens de simple police, présente 11,718 affaires et 18,006 inculpés de moins qu'en 1826. Elle n'avait été composée jusqu'ici que d'un seul tableau; j'en ai ajouté quatre, indiquant, pour chaque département, le nombre de quelques contraventions qui intéressent plus directement l'ordre public, savoir : les contraventions aux lois sur l'observation des dimanches et fêtes, sur les poids et mesures, les injures verbales, les bruits et tapages injurieux et nocturnes.

La quatrième partie comprend, cette année, 19 tableaux. Afin d'y réunir tout ce qui concerne l'instruction criminelle, j'y ai transporté des tableaux qui se trouvaient classés dans la première partie, et j'en ai ajouté plusieurs autres. Elle embrasse maintenant, en cinq paragraphes distincts, les affaires terminées par les chambres du conseil et les chambres d'accusation, les morts accidentelles, les suicides et les duels qui ont excité l'attention du ministère public; la durée des procédures dans les divers tribunaux de répression; le nombre des fonctionnaires inculpés à raison de leurs fonctions, et qui n'ont pu être poursuivis qu'en vertu d'une autorisation spéciale; le nombre des jurés qui n'ont pas comparu devant les cours d'assises; la durée des sessions de ces cours; le nombre des témoins qu'elles ont entendus; les résultats comparés de l'instruction écrite et de l'instruction orale dans les affaires criminelles, et les autres incidens de la procédure ou du jugement devant les cours d'assises; enfin les arrêts de la cour de cassation en matière criminelle, correctionnelle et de police.

Je signalerai rapidement à Votre Majesté

14.

les principaux faits qui sont classés dans ces tableaux.

Les chambres du conseil des tribunaux de première instance ont déchargé des poursuites 16,888 inculpés, parmi lesquels 7,540 avaient été arrêtés pendant l'instruction.

Les chambres d'accusation en ont déchargé 1,385, dont 903 étaient détenus.

Les chambres de conseil ont rendu en tout 39,014 ordonnances. Ce nombre excède de 2,315 celui de 1826; et cependant l'instruction a été encore plus rapide que précédemment : car, en 1826, 22 ordonnances sur 100 avaient été rendues dans les trois premiers mois du crime ou du délit; et, en 1827, la proportion a été de 84 sur 100.

Le nombre moyen des accusations jugées par les cours d'assises, dans les six premiers mois du crime, est, comme l'année dernière, de 64 sur 100. Dans le ressort de la cour royale d'Orléans, 80 sur 100 ont été jugées dans le même délai; à Nancy et à Rennes, 78; à Amiens, 77; à Colmar, Aix, Metz et Angers, 76, 75, 71. Dans d'autres ressorts il n'en a été jugé que 46, 45, 42, 39 et même 22.

Le zèle et l'activité des tribunaux correctionnels ont suivi l'accroissement du nombre des affaires. En 1826, 90 affaires sur 100 avaient été jugées dans les trois premiers mois du délit; il en a été jugé cette année 91 dans le même délai.

Les cours et les tribunaux d'appel ont aussi expédié leurs affaires avec un peu plus de célérité que l'année dernière.

Dans le ressort de la cour royale de Rennes, sur 100 appels, 93 ont été jugés dans les deux premiers mois; à Douai, 89; à Bordeaux, 88; à Poitiers, 83; à Caen, 82. Dans d'autres ressorts on n'en trouve que 49, 48, 43, 32, 27.

Un nouveau tableau compare le résultat des poursuites correctionnelles intentées par le ministère public, les administrations publiques et les parties civiles.

Dans les poursuites intentées par le ministère public, la proportion des acquittemens a été de 27 sur 100 : et elle a été de 48 sur 100 dans les procès qui ont été suivis par les parties civiles.

Ainsi le ministère public, fidèle aux principes de son institution, s'est montré ce qu'il sera toujours, beaucoup plus prudent et plus réservé que les parties intéressées ne pourraient l'être.

Quant aux administrations publiques, qui poursuivent le plus souvent sur des procès-verbaux faisant pleine foi en justice, elles doivent naturellement obtenir un plus grand nombre de condamnations.

97 fonctionnaires publics ont été impliqués, en 1827, dans 77 procès criminels ou correctionnels relatifs à leurs fonctions. L'autorisation de poursuivre a été accordée à l'é-

gard de 45, par les chefs des administrations auxquelles ils appartenaient; et à l'égard de 24, par Votre Majesté, sur l'avis de son Conseil-d'Etat; elle a été refusée à l'égard de 28.

Sur les 69 dont la mise en jugement a été autorisée, 20 ont été renvoyés des poursuites par la chambre du conseil ou la chambre d'accusation; 18 ont été acquittés, 1 par un tribunal correctionnel, 17 par des cours d'assises; 24 ont été condamnés, savoir : 6 à des peines infamantes, et 18 à des peines correctionnelles; 7 ne sont pas encore jugés.

Le nombre des jurés défaillans a été à peu près le même qu'en 1826. Parmi ceux que les préfets avaient portés sur les listes trimestrielles ou de session, 162 étaient morts avant la confection des listes, savoir : 53 depuis moins d'un an, 43 depuis un an et moins de deux, 60 depuis au moins deux ans, 6 depuis cinq ans et plus; 29 sont morts depuis la clôture des listes.

L'expédition des affaires criminelles a nécessité, dans tout le royaume, 377 sessions de cours d'assises, qui ont duré ensemble 3,958 jours.

47,993 témoins y ont été entendus.

Sur les 5,287 accusations portées devant la cour d'assises, 1,959 ont été accueillies entièrement par le jury, et 1,694 rejetées entièrement.

Les autres n'ont été accueillies qu'en partie; 1,148 ont été modifiées de manière à ne laisser aux faits reconnus constans que le caractère de simples délits.

La cour d'assises où il y a eu le moins d'accusations rejetées ou modifiées est celle de la Côte-d'Or.

La cour d'assises des Hautes-Pyrénées est celle où il y en a eu le plus. Sur 23 accusations, une seule a été accueillie entièrement; 5 l'ont été en partie; 17 ont été rejetées.

Dans 373 affaires, les cours d'assises ont été appelées à délibérer sur des déclarations du jury, rendues à la simple majorité de 7 contre 5. Elles se sont réunies à la majorité dans 311 affaires; à la minorité dans 62.

D'après les mêmes tableaux, les cours d'assises ont appliqué en faveur de 237 individus déclarés coupables la loi du 25 juin 1824, qui permet de modifier les peines. Les peines encourues ont été réduites en peines infamantes d'un degré inférieur, à l'égard de 67 individus; en peines correctionnelles, à l'égard de 170.

Les tableaux font connaître dans quels départemens et pour quels crimes ces décisions ont été rendues.

Les cinq derniers tableaux marquent le nombre des arrêts et jugemens cassés en matière criminelle, correctionnelle et de simple police.

Sur 6,017 arrêts contradictoires ou par

contumace rendus par les cours d'assises, 1226 ont été déférés à la cour de cassation, qui a statué sur tous les pourvois; 79 seulement ont été cassés dans leurs dispositions principales ou accessoires, avec ou sans renvoi devant une autre cour d'assises et devant un autre jury.

Les jugemens correctionnels sont plus rarement attaqués par cette voie. La cour n'a statué, en 1827, que sur 370 pourvois. Elle a cassé 110 arrêts ou jugemens.

En matière de simple police, 59 jugemens ont été cassés, sur 88 qui avaient été attaqués.

Le compte dont je viens de présenter l'analyse à Votre Majesté embrasse un grand nombre d'objets. Cependant je me propose d'y ajouter encore quelques tableaux. Cette revue solennelle des atteintes plus ou moins graves qui sont portées à l'ordre public dans le cours de chaque année est destinée surtout à éclairer l'administration sur les causes qui les produisent. Sous ce rapport, il m'a semblé utile de constater l'origine des accusés, leur manière de vivre ou leur profession; leur état intellectuel ou le degré de l'instruction qu'ils ont reçue; et j'ai l'espérance que ces nouveaux renseignemens pourront être classés dans le compte général de 1828.

13 = Pr. 26 JUILLET 1828. — Ordonnance du Roi qui prescrit l'enregistrement et la transcription sur les registres du Conseil-d'État des statuts des sœurs de Saint - Joseph établies dans le diocèse de Belley, département de l'Ain. (8, Bull. 242, n° 8773.)

Charles, etc.

Vu la loi du 24 mai 1825;

Vu l'approbation donnée par l'évêque de Belley aux statuts des sœurs de Saint-Joseph établies dans son diocèse;

Vu lesdits statuts;

Considérant que la congrégation est soumise, pour le spirituel, à la juridiction de l'ordinaire;

Considérant que lesdits statuts ne contiennent rien de contraire à la Charte constitutionnelle, aux droits de notre couronne, aux franchises, libertés et maximes de l'église gallicane (1), ni aux lois du royaume touchant la nature et la durée des vœux (2);

Sur le rapport de notre ministre secrétaire d'État au département des affaires ecclésiastiques;

Notre Conseil-d'État entendu,

Nous avons ordonné et ordonnons ce qui suit:

Art. 1er. Les statuts des sœurs de Saint-Joseph établies dans le diocèse de Belley, département de l'Ain, gouvernées par une supérieure générale, et ayant pour fin le service des malades et des infirmes soit dans les hôpitaux, soit à domicile, l'instruction gratuite des pauvres, et généralement toutes les œuvres de charité et de miséricorde; lesdits statuts, dûment vérifiés et tels qu'ils sont annexés à la présente ordonnance, seront enregistrés et transcrits sur les registres de notre Conseil-d'État : mention de la transcription sera faite par le secrétaire général du Conseil sur la pièce enregistrée.

2. Nonobstant toutes expressions desdits statuts qui pourraient n'y point paraître conformes, les personnes faisant partie de ladite congrégation ne pourront disposer de leurs biens meubles et immeubles que dans les limites prescrites par l'art. 5 de la loi du 24 mai 1825.

3. Nous nous réservons d'autoriser ultérieurement, s'il y a lieu, ladite congrégation après l'accomplissement des formalités prescrites par la loi.

4. Notre ministre secrétaire d'État au département des affaires ecclésiastiques (M. Feutrier), et notre garde-des-sceaux, ministre secrétaire d'État au département de la justice (comte Portalis), sont chargés, chacun en ce qui le concerne, de l'exécution de la présente ordonnance.

13 JUILLET 1828. — Ordonnance qui autorisent l'acceptation de dons et legs faits aux fabriques des églises de Saint-Amand-Talende, de Panrelas, de Heidwiller, de la Ferrière-au-Doyen et de Joué; aux séminaires d'Autun et de Linde - Bœuf. (8, Bull. 307, n°s 11743 et suivans.)

13 JUILLET 1828. — Ordonnance du Roi portant autorisation définitive de la communauté des sœurs de l'instruction charitable dites de Saint-Maur, établie à Vassy, département de la Haute - Marne. (8, Bull. 242, n° 8772.)

13 JUILLET 1828. — Ordonnance du Roi qui autorise les religieuses carmélites de Torigny, département de la Manche, à transférer leur établissement à Valognes, même département. (8, Bull 242, n° 8771.)

13 JUILLET 1828. — Ordonnance qui accorde une pension à madame la comtesse de Sainte-Aldegonde, veuve en premières noces de M. le maréchal duc de Castiglione. (8, Bull. 244 bis, n° 3.)

(1) Voy. loi du 18 germinal an 10; décret du 25 février 1810; déclaration des évêques du 3 avril 1826.

(2) Voy. lois des 28 octobre = 1er novembre 1789; 13 = 19 février 1790; 18 août 1792; constitution du 5 fructidor an 3, art. 352.

13 JUILLET 1828. — Ordonnance qui accorde une pension à madame la vicomtesse Digeon. (8, Bull. 244 *bis*, n° 4.)

13 JUILLET 1828. — Ordonnance qui supprime deux foires qui se tenaient à Saumur, et change l'époque d'ouverture d'une autre foire qui a lieu dans la même ville. (8, Bull. 258, n° 9784.)

13 JUILLET 1828. — Ordonnance qui établit trois foires à Firminy (Loire). (8, Bull. 258, n° 9785.)

13 JUILLET 1828. — Ordonnance qui établit une nouvelle foire à Decize (Nièvre). (8, Bull. 258, n° 9786.)

13 JUILLET 1828. — Ordonnance portant que la foire qui se tient à Saint-Pierre-le-Moutier (Nièvre) aura lieu dorénavant le 20 avril de chaque année. (8, Bull. 258, n° 9787.)

13 JUILLET 1828. — Ordonnance portant que la durée de la foire dite de Saint-Remi, qui se tient à Montargis (Loiret), sera à l'avenir de deux jours, au lieu d'un. (8, Bull. 258, n° 9788.)

13 JUILLET 1828. — Ordonnance portant que la foire qui se tient à Arras (Pas-de-Calais) le 10 octobre est transférée au 15 août. (8, Bull. 258, n° 9789.)

13 JUILLET 1828. — Ordonnance portant que la foire qui se tient à Béthune (Pas-de-Calais) le 26 août est reportée au 15 octobre. (8, Bull. 258, n° 9790.)

16 = Pr. 26 JUILLET 1828. — Ordonnance du Roi portant réglement sur les voitures publiques. (8, Bull. 242, n° 8770.)

Voy. loi du 9 VENDÉMIAIRE an 6, tit. VII; décrets des 23 JUIN 1806 et 28 AOUT 1808; ordonnances des 24 DÉCEMBRE 1814, 23 DÉCEMBRE 1816, 4 FÉVRIER 1820, 20 JUIN 1821, 21 MAI 1823 et 27 SEPTEMBRE 1827, et notes; ordonnance du 23 AVRIL 1834.

Charles, etc.

Sur le rapport de notre ministre secrétaire d'Etat au département de l'intérieur;

Notre Conseil-d'Etat entendu,

Nous avons ordonné et ordonnons ce qui suit :

TITRE Ier.

Art. 1er. Les propriétaires ou entrepreneurs de voitures publiques allant à destination fixe se présenteront, dans la quinzaine de la publication de la présente ordonnance,

dans le département de la Seine, devant le préfet de police, et dans les autres départemens, devant les préfets ou sous-préfets, pour faire la déclaration du nombre de places qu'elles contiennent, du lieu de leur destination, du jour et de l'heure de leur départ, de leur arrivée et de leur retour, à peine d'être poursuivis conformément à l'art. 3, titre III de la loi du 29 août 1790 (1).

Toute nouvelle entreprise est soumise à la même déclaration.

Lorsqu'un propriétaire ou entrepreneur de voitures publiques augmentera ou diminuera le nombre de ses voitures ou le nombre de places de chacune d'elles, lorsqu'il changera le lieu de sa résidence ou qu'il transférera son entreprise dans une autre commune, il en fera la déclaration préalable, ainsi qu'il a été dit ci-dessus.

2. Aussitôt après la déclaration, les préfets ou sous-préfets ordonneront la visite desdites voitures par des experts nommés par eux, afin de constater si elles sont entièrement conformes à ce qui est prescrit par la présente ordonnance, et si elles n'ont aucun vice de construction qui puisse occasioner des accidens.

Néanmoins, les voitures actuellement en construction et qui seront présentées à l'examen des experts dans les trois mois de la publication de la présente ordonnance ne seront point assujéties aux dispositions prescrites par les art. 10 et 13 qui suivent, pourvu cependant qu'elles soient construites suivant toutes les règles de l'art.

Aucune voiture ne pourra être mise pour la première fois en circulation avant la délivrance de l'autorisation du préfet rendue sur le rapport des experts.

Dans le cas où les voitures actuellement en circulation seraient reconnues avoir dans leur construction des défectuosités assez graves pour amener des accidens, le préfet, après avoir entendu les experts, pourra en défendre la circulation jusqu'à ce que ces défectuosités aient été corrigées.

Les entrepreneurs auront, dans tous les cas, la faculté de nommer, de leur côté, un expert qui opérera contradictoirement avec ceux de l'administration.

Le préfet prononcera au vu du rapport de ces experts.

Les visites des voitures ne pourront être faites qu'au principal établissement de chaque entreprise.

3. Le préfet transmettra au directeur des contributions indirectes copie par extrait des autorisations par lui accordées en vertu de l'article précédent.

_____

(1) Loi du 26 = 29 août 1790.

Les directeurs ne délivreront l'estampille prescrite par l'article 117 de la loi du 25 mars 1817, que sur le vu de cette autorisation, qu'ils inscriront sur un registre.

4. Chaque voiture portera à l'extérieur le nom du propriétaire ou de l'entrepreneur et l'estampille délivrée par l'administration des contributions indirectes.

5. Elle portera dans l'intérieur l'indication du nombre de places qu'elle contient, ainsi que le numéro et le prix de chaque place, du lieu du départ à celui de la destination.

Les propriétaires ou entrepreneurs de voitures publiques ne pourront y admettre un plus grand nombre de voyageurs que celui que porte l'indication ci-dessus.

6. Les propriétaires ou entrepreneurs de voitures publiques tiendront registre du nom des voyageurs qu'ils transporteront. Ils enregistreront également les ballots, malles et paquets dont le transport leur sera confié.

Copie de cet enregistrement sera remise au conducteur, et un extrait, en ce qui le concerne, sera pareillement remis à chaque voyageur avec le numéro de sa place.

Les registres dont il s'agit au présent article seront sur papier timbré, cotés et paraphés par le maire.

7. Les conducteurs des voitures publiques ne pourront prendre en route aucun voyageur ni recevoir aucun paquet, sans en faire mention sur les feuilles qui leur auront été remises au lieu du départ.

TITRE II. De la construction, du chargement et du poids des voitures.

8. Les voitures publiques seront d'une construction solide, et pourvues de tout ce qui est nécessaire à la sûreté des voyageurs.

Les propriétaires ou entrepreneurs seront poursuivis à raison des accidens arrivés par leur négligence, sans préjudice de leur responsabilité civile, lorsque les accidens auront lieu par la faute ou la négligence de leurs préposés.

9. Les voitures publiques auront au moins un mètre soixante-deux centimètres de voie entre les jantes de la partie des roues pesant sur le sol.

La voie de roues de devant ne pourra être moindre, lorsque les voies seront inégales, d'un mètre cinquante-neuf centimètres.

Néanmoins, notre ministre de l'intérieur pourra, sur la proposition motivée des préfets, autoriser les entrepreneurs qui exploitent les routes à travers les montagnes non desservies par la poste, à donner une largeur de voie égale à la plus large voie en usage dans le pays.

10. La distance entre les axes des deux essieux dans les voitures publiques à quatre roues ne pourra être moindre de deux mè-tres lorsqu'elles ont deux ou trois caisses, ou deux caisses et un panier, ni d'un mètre soixante centimètres lorsqu'elles n'ont qu'une caisse : néanmoins, le préfet de police pourra autoriser une moindre distance entre les essieux, pour les voitures dites *des environs de Paris* qui n'auront pas de chargement sur leur impériale.

11. Les essieux seront en fer corroyé, et fermés à chaque extrémité d'un écrou assujéti d'une clavette. Les voitures publiques seront constamment éclairées pendant la nuit, soit par une forte lanterne placée au milieu de la caisse de devant, soit par deux lanternes placées aux côtés.

12. Toute voiture publique sera munie d'une machine à enrayer, au moyen d'une vis de pression agissant sur les roues de derrière; cette machine devra être construite de manière à pouvoir être manœuvrée de la place assignée au conducteur.

En outre de la machine à enrayer, les voitures publiques devront être pourvues d'un sabot, qui sera placé par le conducteur à chaque descente rapide.

Les préfets pourront néanmoins autoriser la suppression de la machine à enrayer et du sabot aux voitures qui parcourent *uniquement* un pays de plaine.

13. La partie des voitures publiques appelée *la berline* sera ouverte par deux portières latérales; la caisse dite *le coupé* ou *le cabriolet* sera également ouverte par deux portières latérales, à moins qu'elle ne s'ouvre par le devant; la caisse de derrière, dite *la galerie* ou *la rotonde*, pourra n'avoir qu'une portière ouverte à l'arrière. Chaque portière sera garnie d'un marchepied.

14. Il pourra être placé sur l'impériale des voitures publiques une banquette destinée au conducteur et à deux voyageurs; le siége de cette banquette sera posé immédiatement sur cette impériale.

Elle ne pourra être recouverte que d'une capote flexible.

Aucun paquet ne pourra être placé sur cette banquette.

15. Une vache en une ou plusieurs parties pourra être placée sur l'impériale, en arrière de la banquette de l'impériale; le fonds de cette vache aura dans sa longueur et dans sa largeur un centimètre de moins que l'impériale; elle sera recouverte par un couvercle incompressible bombé dans son milieu.

Lorsqu'il y aura sur le train de derrière d'une voiture publique un coffre au lieu de galerie ou rotonde, il devra aussi être fermé par un couvercle incompressible.

Les entrepreneurs qui le préféreront pourront continuer à se servir d'une bâche flexible; mais le *maximum* de hauteur du chargement sera déterminé par une traverse en fer, divisant le panier en deux parties égales.

La bâche devra être placée au-dessous de cette traverse, dont les montans, au moment de la visite prescrite par l'article 2, seront marqués d'une estampille constatant qu'ils ne dépassent pas la hauteur prescrite, et ils devront, ainsi que la traverse, être constamment apparens.

Une pareille traverse devra être placée à la même hauteur sur le coffre qui remplace la galerie ou rotonde, dans le cas où le couvercle incompressible ne serait pas mis en usage.

Aucune partie du chargement ne pourra dépasser la hauteur de la traverse, ni l'aplomb de ses montans en largeur.

16. Il ne pourra être attaché aucun objet ni autour de l'impériale, ni en dehors du couvercle incompressible ou de la bâche.

17. Nulle voiture publique à quatre roues ne pourra avoir, du sol au point le plus élevé du couvercle de la vache ou du coffre de derrière, plus de trois mètres, quelle que soit la hauteur des roues.

Nulle voiture publique à deux roues ne pourra avoir entre les mêmes points plus de deux mètres soixante centimètres.

18. Deux ans après la promulgation de la présente ordonnance, le poids des voitures publiques, diligences et messageries, et des fourgons allant en poste ou avec des relais, sera fixé, savoir :

Avec bandes de huit centimètres, à deux mille cinq cent soixante kilogrammes ;

Avec bandes de onze centimètres, à trois mille cinq cent vingt kilogrammes ;

Avec bandes de quatorze centimètres, à quatre mille kilogrammes.

Jusqu'alors ces poids pourront être, ainsi qu'ils sont en ce moment, savoir :

Avec bandes de huit centimètres, de deux mille cinq cent soixante kilogrammes ;

Avec bandes de onze centimètres, de trois mille cinq cent vingt kilogrammes ;

Avec bandes de quatorze centimètres, de quatre mille quatre cent quatre-vingts kilogrammes.

19. Il est accordé une tolérance de cent kilogrammes sur les chargemens fixés par l'article précédent, au-delà de laquelle les contraventions seront rigoureusement constatées et poursuivies, conformément à la loi du 29 floréal an 10 et au décret du 23 juin 1806.

20. En conséquence, les employés aux ponts à bascule seront tenus, sous peine de destitution, de peser, au moins une fois par trimestre, une des voitures publiques, par chaque route desservie.

En cas de contravention, ils en dresseront procès-verbal, et il y sera statué par le maire du lieu, et à Paris par le préfet de police, conformément aux articles (1) 7, 8 et 9 du même décret du 23 juin 1806.

Ils tiendront registre de ces opérations, et il en sera rendu compte tous les mois à notre ministre de l'intérieur.

21. Les autorités civiles et militaires seront tenues de protéger les préposés, de leur prêter main-forte, de poursuivre et faire poursuivre, suivant la rigueur des lois, les auteurs et complices des violences commises envers eux, et ce tant sur la clameur publique que sur les procès-verbaux dressés par lesdits préposés, par eux affirmés, et remis par eux à la gendarmerie.

22. Il est, en conséquence, ordonné à tout gendarme en fonctions de s'arrêter dans sa tournée à chaque pont à bascule qui se trouvera sur sa route, de recevoir les déclarations que les préposés auraient à lui faire, et de se charger des procès-verbaux des délits qui auraient été commis contre eux, pour les déposer au greffe.

23. Tout voiturier ou conducteur qui, pour éviter de passer un pont à bascule, se détournerait de la route qu'il parcourait, sera tenu, sur la réquisition des préposés, de la gendarmerie ou autres agens qui surveilleront le service des ponts à bascule, de conduire sa voiture pour être pesée sur ce pont à bascule.

24. Tout voiturier ou conducteur pris en contravention pour excédant du poids fixé par la présente ordonnance ne pourra continuer sa route qu'après avoir réalisé le paiement des dommages, et déchargé sa voiture de l'excédant du poids qui aura été constaté ; jusque là ses chevaux seront tenus en fourrière à ses frais, ou il fournira caution.

TITRE III. Du mode de conduite des voitures publiques.

25. A dater du 1er janvier prochain, toute voiture publique, attelée de quatre chevaux et plus, devra être conduite par deux postillons, ou par un cocher et un postillon.

Pourront néanmoins être conduites par un seul cocher ou postillon les voitures publiques attelées de cinq chevaux au plus, lorsqu'aucune partie de leur chargement ne sera placée dans la partie supérieure de la voiture, et qu'il sera en totalité placé soit dans un coffre à l'arrière, soit en contre-bas des caisses, et lorsqu'en outre le conducteur seul aura place sur l'impériale.

Les voitures dites des *environs de Paris*, qui se rendront dans les lieux déterminés par le préfet de police, pourront être conduites par un seul homme, quoique attelées de quatre chevaux : au-delà de ce nombre

(1) Lisez : *titres*.

de chevaux, elles devront être conduites par deux hommes.

26. Les postillons ne pourront, sous aucun prétexte, descendre de leurs chevaux. Il leur est expressément défendu de conduire les voitures au galop sur les routes, et autrement qu'au petit trot dans les villes ou communes rurales, et au pas dans les rues étroites.

TITRE IV. De la police des relais et des postillons.

27. Tout entrepreneur ou propriétaire de voitures publiques qui ne sont pas conduites par les maîtres de poste devra, un mois après la publication de la présente ordonnance, faire à Paris, à la préfecture de police, et à la préfecture de chaque département où ses relais sont établis, la déclaration des lieux où ils sont placés, et du nom de l'entrepreneur, ou, si les chevaux lui appartiennent, du préposé à chaque relais.

Toutes les fois que cet entrepreneur ou ce préposé changera, la déclaration devra en être également faite aux mêmes autorités.

28. A Paris, le préfet de police, et dans les départemens, le maire de la commune où le relais est placé, prévenu par le préfet du département, surveillera la tenue du relais sous le rapport de la sûreté des voyageurs.

29. Tout chef d'un bureau de départ et d'arrivée d'une voiture publique, tout entrepreneur ou préposé à un relais, tiendra un registre coté et paraphé par le maire, dans lequel les voyageurs pourront inscrire les plaintes qu'ils auraient à former contre les postillons pour tout ce qui concerne la conduite de la voiture. Ce registre leur sera présenté à toute réquisition.

Les maîtres de poste qui conduiraient des voitures publiques présenteront aux voyageurs qui le requerront le registre qu'ils sont obligés de tenir d'après le règlement des postes.

30. La conduite des voitures publiques ne pourra être confiée qu'à des hommes pourvus de livrets délivrés par le maire de la commune de leur domicile, sur une attestation de bonnes vie et mœurs et de capacité à conduire. Ces hommes devront être âgés au moins de seize ans accomplis.

Aussitôt qu'un entrepreneur de relais, ou un préposé aux relais qui appartiendront à un entrepreneur de voitures publiques, recevra un cocher ou un postillon, il devra déposer son livret chez le maire de la commune, lequel vérifiera si aucune note défavorable et de nature à le faire douter de la capacité du postillon n'y est inscrite.

Dans ce cas, il en référera au préfet, et, en attendant sa décision, le postillon ne pourra être admis.

31. Lorsqu'un cocher ou postillon quittera un relais, l'entrepreneur du relais ou le pré-

posé viendra reprendre le livret, et y inscrira, en présence du maire et du postillon, les notes propres à faire connaître la conduite et la capacité de ce dernier. Le maire pourra, s'il le juge convenable, y inscrire ses propres observations sur la conduite du postillon, relativement à son état.

32. Au moment du relais, l'entrepreneur ou le préposé est tenu, sous sa responsabilité, de s'assurer par lui-même si les postillons en rang de départ ne sont point en état d'ivresse.

TITRE V. Dispositions transitoires.

33. Il est accordé trois mois, à dater de la publication de la présente ordonnance, pour faire placer sur les voitures actuellement en service le couvercle incompressible ou les montans et la traverse prescrits par l'article 15.

Dans le même délai, les mêmes voitures devront être munies, indépendamment d'un sabot, d'une machine à enrayer, susceptible d'être manœuvrée de la place assignée au conducteur.

Les voitures actuellement en service pourront, sauf les exceptions portées à l'article 12, continuer à circuler, quelle que soit la hauteur de l'impériale au-dessus du sol; mais le chargement placé sur cette impériale ne pourra excéder une hauteur de soixante-six centimètres, mesurée de sa base au point le plus élevé.

Deux ans après la publication de la présente ordonnance, aucune voiture publique, à destination fixe, qui ne serait pas construite conformément à toutes les règles ci-dessus prescrites, ne pourra circuler dans toute l'étendue de notre royaume.

TITRE VI. Dispositions générales.

34. Conformément aux dispositions de l'article 16 du décret du 28 août 1808 et de l'ordonnance de 1820, les rouliers, voituriers, charretiers, continueront à être tenus de céder la moitié du pavé aux voitures des voyageurs, sous les peines portées par l'article 475, n° 3, du Code pénal.

35. Les conducteurs des voitures publiques ou les postillons feront, en cas de contravention, leurs déclarations à l'officier de police du lieu le plus voisin, en faisant connaître le nom du roulier ou voiturier d'après la plaque, et nos procureurs, sur l'envoi des procès-verbaux, seront tenus de poursuivre les délinquans.

36. La présente ordonnance sera constamment affichée, à la diligence des entrepreneurs, dans le lieu le plus apparent de tous bureaux de voitures publiques, soit du lieu du départ, soit du lieu d'arrivée ou de relais.

Les articles 4, 5, 6, 7, 8, 24, 25, 28 et 31,

seront réimprimés à part, et constamment affichés dans l'intérieur de chacune des caisses de voitures publiques.

37. Les dispositions de la présente ordonnance ne sont pas applicables aux voitures malles-postes destinées au transport de la correspondance du Gouvernement et du public, la forme, les dimensions et le chargement de ces voitures étant déterminés par des réglemens particuliers soumis à notre approbation.

Les voitures de particuliers qui transportent les dépêches par entreprise ne sont pas considérées comme malles-postes.

38. Les voitures publiques qui desservent les routes des pays voisins, et qui partent de l'une de nos villes frontières ou qui y arrivent, ne sont pas soumises aux règles ci-dessus prescrites. Elles devront toutefois être solidement construites.

39. Nos préfets et sous-préfets, nos procureurs généraux et ordinaires, les maires et adjoints, la gendarmerie et tous nos officiers de police, sont chargés spécialement de veiller à l'exécution de la présente ordonnance, de constater les contraventions et d'exercer les poursuites nécessaires à leur répression.

40. Le décret du 28 août 1808 et nos ordonnances des 4 février 1820 et 27 septembre 1827 sont rapportés.

41. Nos ministres de l'intérieur, de la guerre, de la justice et des finances (vicomtes Martignac et de Caux, et comtes Portalis et Roy), sont chargés, chacun en ce qui le concerne, de l'exécution de la présente ordonnance, qui sera insérée au Bulletin des Lois.

16 JUILLET = Pr. 12 AOUT 1828.—Ordonnance du Roi qui autorise la construction d'un pont sur l'Acheneau au Port Saint-Père (Loire-Inférieure). (8, Bull. 245, n° 8819.)

Charles, etc.

Sur le rapport de notre ministre secrétaire d'État de l'intérieur;

Vu les projets de construction d'un pont sur la rivière de l'Acheneau au Port Saint-Père, département de la Loire-Inférieure, route départementale n° 5, de Nantes à Saint-Gilles;

La délibération du conseil général de ce département, session de 1826;

L'avis du préfet;

La réclamation du sieur Taffu;

L'avis de la commission formée en exécution de la loi du 8 mars 1810;

Le procès-verbal de l'adjudication passée par le préfet en conseil de préfecture, le 17 novembre 1827, au sieur Aristide de Grandville, pour la construction de ce pont, à ses frais, risques et périls, moyennant la concession d'un péage à y établir après son achèvement;

La soumission du 23 mars 1828, dans laquelle ledit adjudicataire s'engage à construire un pont de pierre, au lieu d'un pont mixte en bois et en pierre;

Notre Conseil-d'État entendu,

Nous avons ordonné et ordonnons ce qui suit :

Art. 1er. Il sera construit un pont en pierre sur l'Acheneau au Port Saint-Père, département de la Loire-Inférieure, et deux levées à ses bords, suivant le projet approuvé par le directeur général des ponts-et-chaussées.

2. L'emplacement du pont et des deux levées aux abords est fixe conformément aux lignes rouges tracées sur le plan ci-annexé; les propriétés nécessaires pour l'exécution des travaux seront acquises suivant les dispositions de la loi du 8 mars 1810.

3. Le péage à établir sur ce pont après son achèvement est concédé pour soixante années au sieur Aristide de Grandville, aux clauses et conditions de l'adjudication qui lui a été passée le 17 novembre 1827, et de sa soumission du 23 mars 1828. Le cahier de charges, le tarif du péage et la soumission du 23 mars 1828, demeureront, avec le plan de l'emplacement du pont et des deux levées aux abords, annexés à la présente ordonnance.

4. Notre ministre secrétaire d'État de l'intérieur (vicomte de Martignac) est chargé de l'exécution de la présente ordonnance.

Tarif des droits à percevoir au passage du pont sur l'Acheneau au port Saint-Père, route départementale n° 5, de Nantes à Saint-Gilles, département de la Loire-Inférieure.

Chaque personne à pied, chargée ou non chargée	02 c
Chaque cheval ou mulet et son cavalier. .	05
Un cheval ou mulet chargé.	04
Un cheval ou mulet non chargé.	03
Un âne ou ânesse chargée.	03
Un âne ou ânesse non chargée.	02
Par cheval, mulet, bœuf, vache ou âne employé au labour ou allant au pâturage. .	02
Par bœuf ou vache appartenant à des marchands et destiné à la vente.	05
Par veau ou porc	02
Pour un mouton, brebis, bouc, chèvre, cochon de lait, paire d'oies ou de dindons.	01
Lorsque les moutons, brebis, boucs, chèvres, cochons de lait, paires d'oies ou de dindons, seront au-dessus de cinquante, le droit sera diminué d'un quart.	
Lorsque les moutons, brebis, boucs et chèvres iront au pâturage, on ne paiera que la moitié du droit.	
Les conducteurs de chevaux, mulets, ânes, bœufs, etc., paieront.	01
Une voiture suspendue à deux roues, attelée d'un cheval ou mulet.	30
Une voiture suspendue à quatre roues,	

attelée d'un cheval ou mulet, y compris le
conducteur 40
Une voiture suspendue à quatre roues,
attelée de deux chevaux ou mulets, y compris le conducteur . . . , ... 50
Les voyageurs paieront séparément par
tête le droit dû pour une personne à pied.
Une charrette chargée, attelée d'un seul
cheval, mulet ou deux bœufs, y compris le
conducteur 25
Idem de deux chevaux, mulets ou quatre
bœufs, y compris le conducteur. 35
Idem de trois chevaux ou mulets, et le
conducteur 50
Une charrette à vide, le cheval et le
conducteur 15
Une charrette chargée, employée au transport des engrais ou à la rentrée des récoltes, le cheval ou deux bœufs et le conducteur 15
La même à vide, le cheval ou deux bœufs
et le conducteur. 10
Une charrette chargée ou non chargée,
attelée seulement d'un âne ou d'une ânesse,
et le conducteur 12

Il sera payé par chaque cheval, mulet ou
bœuf excédant les nombres indiqués pour les
attelages ci-dessus, comme pour un cheval ou
mulet non chargé, et par âne et ânesse, le droit
fixé pour les ânes et ânesses non chargés.

Seront exempts du droit de péage le préfet du
département de la Loire-Inférieure, le sous-préfet de l'arrondissement, les ingénieurs, conducteurs et piqueurs des ponts-et-chaussées, les
employés de l'administration des contributions
indirectes, lorsqu'ils se transporteront pour raison
de leurs fonctions respectives. Seront exempts du
même droit les militaires de tout grade, voyageant en corps ou isolément, porteurs d'ordres de
service ou de feuilles de route. Seront enfin
exempts les malles faisant le service des postes
de l'État et les courriers du Gouvernement.

Paris, le 19 mai 1827.

*Le conseiller d'État, directeur des ponts-et-
chaussées et des mines.*

Signé BECQUET.

Approuvé le 19 mai 1827.

*Le ministre secrétaire d'État au département
de l'intérieur,*

Signé CORBIÈRE.

Vu pour être annexé à l'ordonnance royale du
16 juillet 1808, enregistrée sous le n° 3710.

Le ministre de l'intérieur,
Signé DE MARTIGNAC.

———

16 = Pr. 30 JUILLET 1828. — Ordonnance du Roi
relative au prolongement de la route royale
n° 140, d'Uzerches à Montargis. (8, Bull. 243,
n° 8776.)

Charles, etc.

Sur le rapport de notre ministre secrétaire
d'État au département de l'intérieur;
Vu les délibérations par lesquelles les con-

seils généraux des départemens de la Corrèze
et du Lot demandent que la route royale
n° 140, d'Uzerches à Montargis, soit, à partir
d'Eymoutiers, dirigée vers Tulle, par Treignac, et prolongée ensuite jusqu'à Figeac, en
passant par Beaulieu et Bretenoux, et consentent à contribuer aux dépenses à faire pour
exécuter ce prolongement;
Vu les avis des préfets et celui du conseil
général des ponts-et-chaussées;
Vu la loi du 16 septembre 1807 et le décret du 16 décembre 1811;
Notre Conseil d'État entendu,
Nous avons ordonné et ordonnons ce qui
suit:

Art. 1er. La route royale n° 140, d'Uzerches à Montargis, sera, à partir d'Eymoutiers,
département de la Haute-Vienne, dirigée vers
Tulle, par Treignac et Bretennoux.

Cette route prendra à l'avenir le nom de
route royale de troisième classe n° 140, de
Figeac à Montargis, par Bretennoux, Beau-
lieu, Tulle, Treignac, Eymoutiers, Peyrat,
Bourganeuf, Guéret, Genouillat, La Châtre,
Lignières, Châteauneuf, Levet, Bourges, La
Chapelle d'Angillon, Aubigny, Argent et
Gien.

2. Le département de la Corrèze, conformément à l'engagement qu'en a pris son conseil général dans sa dernière session, contribuera aux dépenses à faire sur son territoire pour une somme de deux cent mille
francs, payable par huitième, d'année en
année, à dater de 1829.

3. Le département du Lot, conformément
à l'engagement qu'en a pris son conseil général dans sa dernière session, contribuera
pour moitié à toutes les dépenses à faire pour
terminer la route, depuis la limite de la Corrèze jusqu'à Figeac.

4. Dans le cas où le pont à construire sur
la Dordogne à Beaulieu ne pourrait pas être
établi à l'aide de la seule concession d'un
péage, et qu'il fût nécessaire d'accorder une
subvention quelconque en argent à la compagnie qui l'entreprendrait, le département
de la Corrèze paiera le quart de cette subvention.

5. Le département du Lot contribuera pour
la même cause et dans la même proportion
à la construction du pont à établir sur le Cer,
près de Bretenoux. ●

6. L'administration est autorisée à acquérir
les terrains et bâtimens nécessaires pour établir ou terminer la route, suivant la direction
exprimée dans l'article 1er; elle se conformera,
à ce sujet, aux dispositions de la loi du 8 mars
1810, sur l'expropriation pour cause d'utilité
publique.

7. Notre ministre secrétaire d'État de l'intérieur (vicomte de Martignac) est chargé de
l'exécution de la présente ordonnance.

16 = Pr. 30 JUILLET 1828. — Ordonnance du Roi qui classe deux chemins au rang des routes départementales d'Indre-et-Loire. (8, Bull. 243, n° 8777.)

Charles, etc.

Sur le rapport de notre ministre secrétaire d'Etat au département de l'intérieur,

Vu la délibération prise par le conseil général du département d'Indre-et-Loire dans sa session de 1827, tendant à classer au rang des routes départementales les chemins du Pont de Vende à l'Ile-Bouchard et de la Selle-Saint-Avant à La Haye;

Vu l'avis du préfet du département;

Notre Conseil-d'Etat entendu,

Nous avons ordonné et ordonnons ce qui suit:

Art. 1er. Les chemins du Pont de Vende à l'Ile-Bouchard et de la Selle-Saint-Avant à La Haye sont et demeurent classés parmi les routes départementales du département d'Indre-et-Loire, et feront désormais partie de la route départementale n° 9, qui prendra la dénomination de *route de Chinon à la route départementale n° 4, par l'Ile-Bouchard, Saint-Maure, la Selle-Saint-Avant et La Haye.*

2. L'administration est autorisée à acquérir les terrains et propriétés nécessaires pour la confection de cette route, en se conformant à la loi du 8 mars 1810, sur les expropriations pour cause d'utilité publique.

3. Notre ministre secrétaire d'Etat de l'intérieur (vicomte de Martignac) est chargé de l'exécution de la présente ordonnance.

16 JUILLET 1828. — Ordonnance du Roi qui autorise les exploitations dans les bois appartenant aux communes y désignées et aux hospices de Paris, et dans cinq forêts royales. (8, Bull. 244, n° 8801.) *Voy.* Code forestier, art. 16 et 90.

16 JUILLET 1828. — Ordonnance du Roi portant proclamation des brevets d'invention, de perfectionnement et d'importation, pris pendant le second trimestre de 1828, et des cessions qui ont été faites, durant le cours de ce trimestre, de tout ou partie des droits résultant de titres de la même nature. (8, Bull. 255, n° 9423.)

16 JUILLET 1828. — Ordonnances qui autorisent l'acceptation de dons et legs faits aux communes de Voix, de Fourqueux, de Pont-de-Vie, de Croixfil, de Melleray, de Corcelles, de Fère-Campenoise, de Saint-Firmin, d'Amance, de Villefranche; aux hospices et bureaux de bienfaisance de Bourg, de Soissons, de Montluçon, de Joyeuse, de Bussy-le-Grand, de Dijon, de Landernau, de Paris, de Courthéson et de Caumont; aux pauvres de Devesset, de Bram, d'Etables et de Plouha, de Saint-Martin, de Fressengeas, de Villars, de Valentine, de Baziège, d'Auch, de Saint-Jean-sur-Vilaine, de Vauban, de Paris, de Villecresne, de Viarmes, de Mons-en-Chaussée, de l'Isle et de Cucuron. (3, Bull. 258, n° 9745 à 9782.)

16 JUILLET 1828. — Ordonnance qui approuve le règlement pour l'exploitation des carrières de gypse du département de Saône-et-Loire. (8, Bull. 259, n° 9804.)

16 JUILLET 1828. — Ordonnance portant concession des différentes mines de fer situées dans les départemens du Gard et de la Haute-Saône. (8, Bull. 259, n° 9805, 9806 et 9807.)

16 JUILLET 1828. — Ordonnance qui autorise les sieurs Godart-Vallé et Malesset à établir une usine à fer mue par la vapeur, dans la commune de Saint-Laurent-Blangy (Pas-de-Calais). (8, Bull. 259, n° 9808.)

16 JUILLET 1828. — Ordonnance qui autorise les sieurs Ardaillon et Bassy à tenir et conserver en activité les deux lavoirs à bras qu'ils ont établis pour le lavage du minerai de fer dans la commune d'Igny (Haute-Saône). (8, Bull. 259, n° 9809.)

28 = Pr. 23 JUILLET 1828. — Loi sur les journaux et écrits périodiques (1). (8, Bull. 241, n° 8754.)

Charles, etc.

Art. 1er. Tout Français majeur, jouissant

---

(1) Proposition à la Chambre des députés le 14 avril 1828 (Mon. du 15); rapport de M. Séguy le 19 mai (Mon. du 20); discussion les 29 et 30 mai; 2, 3, 4, 5, 6, 9, 10, 11, 12, 13, 16, 17 et 19 juin (Mon. des 30 et 31 mai; des 1er, 3, 4, 5, 6, 7, 8, 10, 11, 12, 14, 15, 17, 18, 19 et 20 juin); adoption le 19 juin (Mon. du 20).

Proposition à la Chambre des pairs le 25 juin (Mon. du 29); rapport de M. le comte Siméon le 5 juillet (Mon. du 9); discussion les 9, 10, 11, 12 et 14 juillet (Mon. des 11, 12, 13, 15 et 20 juillet); adoption le 14 juillet (Mon. du 20).

Voy. lois des 21 octobre 1814, 9 novembre 1815, 28 février et 8 octobre 1817; 17 mai, 26 mai et 9 juin 1819; 31 mars 1820, 25 juillet 1821, 17 et 25 mars 1822; ordonnances des 15 août et 29 septembre 1824, 24 juin et 5 novembre 1827; voir enfin l'ordonnance du 29 juillet 1828; lois du 14 décembre 1830 et du 8 avril 1831.

La discussion générale dans les Chambres a porté sur les points suivans:

des droits civils (1), pourra, sans autorisation préalable, publier un journal ou écrit périodique, en se conformant aux dispositions de la présente loi.

L'article 8 de la Charte permet-il d'établir une législation spéciale pour la presse périodique?

L'obligation de fournir un cautionnement, de présenter des gérans responsables, de faire les déclarations exigées par la loi, ne constitue-t-elle pas des mesures véritablement *préventives*, proscrites par l'opinion et par le texte du même article 8?

Les mesures prises par la loi ne sont-elles pas combinées de manière qu'il sera impossible, ou du moins très-difficile, de s'y conformer?

La gravité des peines n'est-elle pas hors de toute proportion avec les délits; et la confiscation, proscrite par la Charte, n'est-elle pas établie sous le nom de suspension et d'amende?

Enfin la loi n'a-t-elle pas un effet rétroactif, quant aux journaux existans?

On sait que sur les diverses questions les argumens ne manquent pas, et que, d'après l'opinion politique de chacun, on peut d'avance dire quel système il adoptera. Ainsi, dans la discussion, les uns ont affirmé que les dangers qu'offre la liberté de la presse sont tellement graves, tellement pressans, que le législateur ne saurait prendre de trop grandes précautions contre ces abus; les autres ont prétendu que la presse périodique doit être absolument libre, sauf au législateur à établir des peines, et des peines graves, contre les délits commis.

Les orateurs ministériels ont défendu le système du cautionnement et des gérans responsables, comme offrant seul des garanties sérieuses; ils ont soutenu qu'on ne pouvait confondre le droit consacré par l'art. 8 de la Charte de publier son opinion, avec la faculté de fonder un journal; ils ont fait remarquer que, si toutes les entreprises industrielles, toutes les associations qui peuvent présenter quelques inconveniens pour la tranquillité publique, sont assujéties à des mesures de précaution; si l'exercice de la plupart des fonctions publiques est subordonnée à l'obligation de fournir un cautionnement, à plus forte raison les mêmes précautions doivent être prises, les mêmes garanties doivent être exigées pour l'établissement d'un journal, entreprise qui peut avoir une si grande influence sur l'ordre et le bonheur publics.

Tout en reconnaissant que les conditions imposées aux gérans responsables pouvaient offrir quelques difficultés, on a pensé qu'elles n'étaient point impraticables; que, si l'on refusait de les adopter, on retombait dans tous les inconveniens qu'offraient précédemment *les éditeurs responsables*, et qu'on verrait se renouveler le scandale de condamnations prononcées contre des hommes évidemment non coupables, entièrement étrangers aux articles incriminés, incapables même de les comprendre.

Quant à la gravité des peines, on a cherché à la justifier par la nature des délits: on a dit que la voie par laquelle ils étaient commis constituait seule une circonstance aggravante.

Enfin le reproche de rétroactivité a été repoussé par cette considération, que, si l'état actuel de la législation sur la presse périodique n'offrait pas à la société des garanties suffisantes, le respect pour les droits acquis ne pouvait être tel qu'on lui sacrifiât l'intérêt général.

Toutes ces controverses, comme nous l'avons déjà fait remarquer, ne sont que le développement de ces deux doctrines opposées: la liberté de la presse est un bien, et la liberté de la presse est un mal. Au surplus, le principe qu'il est libre à chacun de faire un journal, l'abolition de la censure facultative et des procès de tendance, sont de grandes et généreuses améliorations. La question de rétroactivité est digne de l'intérêt des jurisconsultes; nous renvoyons aux notes sur l'article 9 l'analyse des discussions qu'elle a fait naître.

Il nous semble presque inutile de rappeler ici que quelques orateurs ont réveillé la vieille discussion sur le sens grammatical du mot *réprimer*, qu'emploie l'art. 8 de la Charte, et qu'ils ont essayé de le traduire par le mot *prévenir*; qu'enfin quelques regrets ont été manifestés pour le système d'autorisation de journaux par le Gouvernement, pour la censure et pour la tendance.

(1) M. *de Laborde* proposait d'ajouter: *et tout étranger naturalisé*; mais cet amendement n'a pas été accueilli, parce qu'il exprimait ce qui est de droit. En effet, comme l'a dit M. Dupin, les étrangers naturalisés sont compris dans la dénomination de *Français*.

L'article 13 du Code civil porte que l'étranger qui aura été admis, par l'autorisation du Roi, à établir son domicile en France, y jouira de tous les droits civils: peut-on conclure qu'il aura le droit de publier un journal sans autorisation? Non; car l'article exige deux conditions, la qualité de Français et la jouissance des droits civils; l'étranger n'en remplit qu'une.

M. *Charles Dupin* a présenté un article additionnel ainsi conçu: « Tout étranger, même non » naturalisé, pourra, sans autorisation préalable, » publier un journal ou écrit périodique sur les » sciences, les arts et la littérature étrangère, en » se conformant aux dispositions de la présente » loi. » Cette proposition, ayant paru à son auteur ne pas obtenir l'assentiment de la Chambre, a été retirée par lui.

Les femmes sont comprises dans ces mots *tout Français*.

L'individu qui serait privé, par une condamnation judiciaire, des droits civils énumérés dans l'article 42 du Code pénal, n'aurait plus la capacité nécessaire pour la publication d'un journal.

Le journal une fois établi, si, par succession, la part d'un des propriétaires est transmise à un individu qui n'a pas les conditions d'idonéité prescrites par la loi, sans doute cet individu pourra rester propriétaire: la qualité de mineur, d'interdit, d'étranger, ne pourrait lui être opposée (*voy*. les notes sur l'article 6, § IV, sur l'article 9 et sur l'article 12); mais une transmission *volontaire* d'une part dans un journal ne pourrait être faite qu'à un individu ayant la capacité exigée par cet article. Sans cela, **la loi serait facilement éludée.**

2. Le propriétaire ou les propriétaires de tout journal ou écrit périodique seront tenus, avant sa publication, de fournir un cautionnement (1).

Si le journal ou écrit périodique paraît plus de deux fois par semaine, soit à jour fixe, soit par livraisons et irrégulièrement, le cautionnement sera de six mille francs de rentes (2).

Le cautionnement sera égal aux trois quarts du taux fixé, si le journal ou écrit périodique ne paraît que deux fois par semaine.

Il sera égal à la moitié de ce cautionnement, si le journal ou écrit périodique ne paraît qu'une fois par semaine.

Il sera égal au quart, si le journal ou écrit périodique paraît seulement plus d'une fois par mois.

Le cautionnement des journaux quotidiens publiés dans les départemens autres que ceux de la Seine, de Seine-et-Oise et de Seine-et-Marne, sera de deux mille francs de rentes dans les villes de cinquante mille ames et au-dessus, de douze cents francs de rentes dans les autres villes, et de la moitié de ces rentes pour les journaux ou écrits pé-

---

Qu'arriverait-il, si un des propriétaires transmettait ses droits à un incapable?

Si un gérant ne fait pas la déclaration de la mutation, il y aurait d'abord une amende de 500 fr. à prononcer contre lui (art. 6, § II); en outre, la circonstance d'incapacité d'un des propriétaires ne devrait-elle pas donner lieu à l'application de l'article 10 de la présente loi? Les tribunaux ne devraient-ils pas décider, comme si la déclaration avait eu lieu, que le journal, n'offrant plus la réunion des circonstances exigées par la loi, doit cesser de paraître?

(1) La législation antérieure n'assujétissait au cautionnement que les journaux ou écrits périodiques consacrés, en tout ou en partie, aux nouvelles ou matières politiques, et paraissant plus d'une fois par mois (loi du 9 juin 1819, art. 1er).

Le projet de loi faisait disparaître la distinction entre les journaux politiques et les journaux non politiques; il ne dispensait du cautionnement que les journaux paraissant seulement une fois par mois, ou plus rarement, et les feuilles périodiques exclusivement consacrées aux avis, annonces, affiches judiciaires, arrivages maritimes, mercuriales et prix courans.

M. le garde-des-sceaux, dans le discours de présentation, a soutenu que les journaux littéraires envahissaient le domaine de la politique avec des allusions plus ou moins fines; il en a conclu qu'ils devaient être soumis au cautionnement : « Et qu'on ne dise pas, a-t-il ajouté, que les « tribunaux sont institués pour réprimer de tels « abus. Lorsqu'il s'agit de répression, il ne faut « point laisser aux juges des questions vagues à « décider; ils ne doivent être appelés à statuer « que sur des faits précis. C'est dénaturer leur « institution que d'un forcer à rechercher si une « épigramme est politique ou littéraire; c'est « transformer une cour en académie, et nos dispositions pénales en textes de dissertation. »

M. le garde-des-sceaux a prétendu enfin que ce n'était pas à raison des matières traitées dans un journal que le cautionnement devait être exigé, mais que la périodicité seule suffisait pour rendre cette garantie nécessaire.

On a fait remarquer que la difficulté de reconnaître les invasions faites dans la politique par les journaux littéraires n'était pas aussi grande qu'on le prétendait, puisque l'article 3

du projet, en autorisant l'administration à permettre la publication des journaux littéraires, et à retirer la permission si ces journaux devenaient politiques, supposait évidemment la possibilité de distinguer entre un journal politique et un journal littéraire.

Ensuite, et en fait, on a cité de nombreux exemples de journaux littéraires condamnés pour avoir inséré des articles politiques.

M. Devaux surtout a combattu cette doctrine, que c'est à raison de la périodicité que le cautionnement doit être exigé; il a d'abord cité la loi du 9 juin 1819, introductive des cautionnemens, et qui incontestablement les réclamait, non à raison du caractère d'écrits *périodiques*, mais bien à raison du caractère d'écrits *politiques*.

« C'est la nature de l'action, c'est la moralité « du fait, a-t-il dit, qui appelle la garantie d'un « mal possible. La périodicité n'est que la répéti- « tion régulière de la même action et du même « fait : qu'importe le retour périodique d'un fait « ou indifférent ou innocent. »

Enfin, il a fait ressortir cette vérité, que, selon la législation antérieure, la liberté était le principe, et le cautionnement l'exception, tandis que la loi nouvelle, au contraire, exigeait en principe le cautionnement, c'est-à-dire la servitude, et faisait de la liberté l'exception (voy. loi du 14 décembre 1830, art. 1er, et loi du 9 avril 1831).

(2) Le projet de loi exigeait le même cautionnement que celui que fixait la loi du 9 juin 1819, pour les journaux quotidiens, c'est-à-dire de 10,000 fr. de rentes; la loi actuelle n'exige que 6,000 fr.; mais, si l'on fait attention à la différence du prix des rentes, on s'aperçoit que la faveur n'est pas bien grande: en 1819, 10,000 fr. de rente coûtaient à peu près 140,000 fr.; aujourd'hui, 6,000 fr. de rente coûteraient plus de 120,000 fr.

M. le ministre de l'instruction publique a dit, à la Chambre des pairs, que c'est en rentes cinq pour cent qu'il a toujours été entendu que le cautionnement pourrait être exigé: qu'au surplus on ne pouvait craindre qu'il s'élevât, à cet égard, aucune difficulté; que, la loi n'indiquant pas l'espèce de rentes, le choix en est par cela même laissé à celui qui doit fournir le cautionnement, et l'on peut croire qu'il choisira toujours le cinq pour cent, comme lui étant moins onéreux.

riodiques qui paraissent à des termes moins rapprochés (1).

3. Seront exempts de tout cautionnement (2).

1° Les journaux ou écrits périodiques qui ne paraissent qu'une fois par mois ou plus rarement (3);

2° Les journaux ou écrits périodiques exclusivement consacrés soit aux sciences mathématiques, physiques et naturelles, soit aux travaux et recherches d'érudition, soit aux arts mécaniques et libéraux, c'est-à-dire aux sciences et aux arts dont s'occupent les trois académies des sciences, des inscriptions et des beaux-arts de l'Institut royal (4);

---

(1) Les quotités de cautionnement fixées par cet alinéa ont paru insuffisantes à plusieurs pairs et députés. Ils ont fait remarquer qu'en combinant les lois répressives de la presse avec l'article 10 de la loi du 9 juin 1819, qui permet d'élever les amendes au quadruple, en cas de récidive, ces amendes peuvent être portées à 40.000 fr.: d'où ils ont conclu que tout cautionnement moindre que cette somme ne remplissait pas sa destination, qui est d'assurer le paiement des dommages - intérêts et des amendes possibles. M. Hély d'Oyssel a répondu que la loi de 1819, ne s'était pas arrêtée à cette objection, fondée sur l'insuffisance d'un cautionnement au-dessous de 40.000 francs, puisqu'elle autorisait certains journaux à déposer seulement 1,500 francs de rentes; mais que, pour prévenir tout inconvénient, elle ajoutait, art. 3 : *en cas d'insuffisance, il y aura lieu à recours solidaire sur les biens des propriétaires ou éditeurs déclarés responsables du journal ou écrit périodique, et des auteurs et rédacteurs des articles condamnés;* que cette disposition de la loi du 9 juin 1819 n'était point abrogée.

Il était important de recueillir cette explication, car on n'a pas dit seulement que la loi du 9 juin 1819 était encore en vigueur, dans une de ses dispositions; on a déclaré d'une manière générale que la loi de 1819 n'était pas abrogée par celle-ci: d'où il suit que toutes les dispositions de la loi du 9 juin 1819 qui ne sont pas incompatibles avec celles de la présente loi subsistent dans toute leur force. Ainsi se trouve nettement décidée une question d'abrogation, qui, au surplus, aurait dû l'être de la même manière, d'après les principes généraux. Ici nous devons rappeler le dernier alinéa de l'article 1er, portant *que les cautionnemens pourront être également effectués à la caisse des consignations, en y versant le capital de la rente au cours du jour du dépôt.* Évidemment cette disposition n'est point abrogée.

Plusieurs propositions ont été faites pour assujétir à un cautionnement moindre les journaux quotidiens *exclusivement* littéraires; mais elles ont été rejetées. S'il est vrai, comme l'ont soutenu les orateurs du Gouvernement, qu'il soit très-difficile et même à peu près impossible pour les tribunaux de saisir la nuance distinctive entre des articles purement littéraires et des articles politiques, on sent que toute disposition établissant une distinction entre des journaux littéraires et des journaux politiques ne pouvait être accueillie, soit qu'elle eût pour but de soumettre les journaux littéraires à un cautionnement plus faible, soit qu'elle eût pour but de les en dispenser entièrement. Cependant le n° 3 de l'art. 3 de la loi admet la distinction

entre les journaux politiques et les journaux étrangers à la politique. Au surplus, la discussion qui a eu lieu à la Chambre des députés et le texte même de la loi démontrent que tout journal qui a fourni un cautionnement peut parler politique, alors même qu'il serait habituellement consacré à la littérature.

(2) L'art. 3 du projet était ainsi conçu : « Le « Roi pourra, sur la demande motivée de l'une « des quatre académies qui composent l'Insti- « tut royal, dispenser d'un cautionnement un « journal ou écrit périodique exclusivement con- « sacré aux sciences, aux lettres et aux arts, « qui ne paraîtrait qu'une fois par semaine ou « plus rarement. Si ce journal ou écrit pério- « dique vient à paraître plus souvent, ou si « l'une de ses feuilles ou livraisons contient des « nouvelles ou d'autres matières politiques, la « dispense lui sera retirée, et, si les propriétai- « res ne déposent pas à la caisse des consigna- « tions, dans le délai d'un mois, le caution- « nement auquel ils sont tenus à raison des « conditions de périodicité de leur journal, il « cessera de paraître, à peine de 1,000 francs « d'amende pour chaque feuille ou livraison « qui serait publiée après l'expiration de ce « délai. »

Il a été rejeté, comme n'offrant aucune garantie véritable, comme attribuant aux académies un droit dont elles ne voudraient pas user.

(3) On a manifesté à la Chambre des pairs la crainte que l'on n'abusât de la disposition de ce paragraphe et de la faculté accordée par l'article premier, en établissant trente journaux, avec des titres différens, qui, formés par une entreprise occulte, seraient adressés, chacun, un jour du mois, aux mêmes abonnés, et qu'on ne parvînt ainsi à publier un journal quotidien sans cautionnement.

On a répondu que les frais qu'exigeraient les trente établissemens seraient plus considérables que le cautionnement; que dès lors on ne concevait pas l'intérêt d'une pareille spéculation; que d'ailleurs la fraude serait facilement découverte et réprimée par les tribunaux; que l'identité des listes d'abonnés serait notamment un signe infaillible de l'identité des journaux.

On a répliqué qu'on pourrait avoir de fausses listes ou adresser les journaux à des abonnés simulés chargés de les transmettre à des abonnés réels; mais la Chambre a reconnu qu'il était impossible de trouver des abonnés qui voulussent bien devenir complices de la fraude; que cette fraude serait très-aisément découverte, et qu'ainsi les craintes étaient chimériques.

(4) Tout le paragraphe, à peu près tel qu'il est rédigé, a été proposé par M. Thénard. Il a fait

3° Les journaux ou écrits périodiques étrangers aux matières politiques, et exclusivement consacrés aux lettres ou à d'autres branches de connaissances non spécifiées précédemment, pourvu qu'ils ne paraissent au plus deux fois par semaine;

4° Tous les écrits périodiques étrangers aux matières politiques et qui seront publiés dans une autre langue que la langue française (1);

5° Les feuilles périodiques exclusivement consacrées aux avis, annonces, affiches judiciaires, arrivages maritimes, mercuriales et prix courans (2).

Toute contravention aux dispositions du présent article et du précédent sera punie conformément à l'art. 6 de la loi du 9 juin 1819 (3).

4. En cas d'association, la société devra être l'une de celles qui sont définies et régies par le Code de commerce (4).

Hors le cas où le journal serait publié par

---

remarquer que ces expressions présentent un sens bien précis : « Toutes les sciences, tous les arts « dont il est question, a-t-il dit, sont parfaite- « ment définis : est-il nécessaire d'en faire l'é- « numération? Pour les sciences, ce sont les « mathématiques, la mécanique, l'astronomie, « la physique, la chimie, la minéralogie, la bo- « tanique, la zoologie, la médecine et la chirur- « gie, l'économie rurale; pour les arts, la pein- « ture, la sculpture, la gravure, l'architecture, « la musique, en un mot les beaux-arts. »

M. le garde-des-sceaux, dans le discours de présentation à la Chambre des pairs, a dit : « La précision avec laquelle le paragraphe est ré- digé exclut positivement les sciences morales, dont l'académie des inscriptions s'occupait ori- ginairement, et qui ont cessé de faire partie de ses travaux spéciaux depuis l'époque de sa ré- organisation. »

Il suffit qu'un écrit, même en vers, quels que soient sa forme et son caractère éminemment littéraire, ne soit pas entièrement *étranger aux mati res politiques*, pour qu'il doive nécessaire- ment être rangé dans la classe des *écrits politi- ques* : — Un tel écrit, par cela seul qu'il con- tient des satires sur des personnages politiques, ou des allusions aux événemens du temps, et bien qu'il ne renferme d'ailleurs aucunes nou- velles ni discussions politiques, peut, s'il paraît par livraisons périodiques, plus d'une fois par mois, être assimilé à un *journal* ou *écrit politi- que*, et comme tel être assujéti au cautionne- ment (29 décembre 1831; Cass. S. 32, 1, 97; D. 32, 48, 4; P. 53, 326).

Un journal périodique ne doit pas être con- sidéré comme traitant de *matières politiques*, et soumis comme tel aux conditions imposées aux journaux politiques par les lois relatives à la police de la presse, par cela seul qu'il a publié un arrêt rendu dans une affaire politique, et qu'il donne habituellement les lois, ordonnan- ces et arrêtés concernant l'administration.

Lorsqu'il y a doute sur le point de savoir si un journal traite ou non de *matières politiques*, ce doute doit être interprété en faveur du prévenu (13 mai 1831; Dijon; S. 32, 2, 168; D. 31, 2, 255).

(1) Ce paragraphe a été adopté malgré l'ob- servation de M. le garde-des-sceaux et de M. le ministre de la marine, que dans certains départe- mens de la France, notamment dans les pays limitrophes de l'Allemagne, on publie des jour- naux en langue étrangère; que, si l'on dispense du cautionnement un journal publié, par exem-

ple, en langue allemande, on accorde à l'étran- ger une faveur qu'on refuse au Français, on crée un privilége pour les Français qui parlent alle- mand. — Il est donc constant qu'un journal écrit en langue étrangère, même dans un pays où cette langue est aussi familière que la langue française, est dispensé du cautionnement.

(2) M *Charles Dupin* avait proposé d'ajouter à la fin de ce paragraphe ces mots : « *et aux an- nonces raisonnées sur le commerce, l'agriculture, les fabrications et la santé publique.* » M. Royer- Collard, président, a fait remarquer que, le mot *annonces* se trouvant dans le paragraphe, l'amen- dement consistait uniquement à ajouter *raison- nées.* Cet amendement a été rejeté; on a craint que, sous prétexte de faire des annonces rai- sonnées sur le commerce, on ne parlât politi- que, et qu'en traitant des questions d'industrie et d'agriculture, on ne fût conduit à des ques- tions d'administration.

(3) La peine prononcée par l'art. 6 de la loi du 9 juin est un emprisonnement d'un mois à six mois, et une amende de 200 fr. à 1,200 francs.

Les contraventions à l'art. 2 et à l'art. 3 de la présente loi consistent à publier, sans cau- tionnement, un journal qui s'y trouve assujéti, ou à publier un journal sans avoir fourni le cautionnement suffisant, à raison de la classe dans laquelle ce journal est placé.

(4) Divers amendemens ont été proposés sur cet article. M Lefebvre demandait qu'on con- servât seulement le premier paragraphe, laissant aux règles du droit commun toute leur autorité. Cette proposition n'a pas été accueillie, et il a été ainsi reconnu que les principes du Code civil et du Code de commerce ne sont applicables aux sociétés formées pour l'exploitation des jour- naux qu'autant qu'il n'y est pas dérogé par la présente loi.

On sait, au surplus, que le Code de com- merce reconnaît quatre espèces de sociétés : les sociétés en nom collectif, les sociétés en com- mandite, les sociétés anonymes et les *sociétés en participation.*

Dans les sociétés en nom collectif, tous les associés sont solidaires, ils peuvent tous obliger la société : la loi déroge à ce principe, en res- treignant aux gérans seuls la faculté d'obliger la société.

Dans les sociétés en commandite, les com- manditaires ne sont tenus que jusqu'à concur- rence de leur mise sociale; ce principe a été rappelé dans la discussion, notamment par M le ministre de l'intérieur (Mon. du 12 juin, page

une société anonyme, les associés seront tenus de choisir entre eux un, deux ou trois
gérans, qui, aux termes des art. 22 et 24 du
Code de commerce, auront chacun individuellement la signature.

Si l'un des gérans responsables vient à
décéder ou à cesser ses fonctions par une
cause quelconque, les propriétaires seront
tenus, dans le délai de deux mois, de le
remplacer; ou de réduire, par un acte revêtu des mêmes formalités que celui de so-

ciété, le nombre de leurs gérans. Ils auront
aussi, dans les limites ci-dessus déterminées,
le droit d'augmenter ce nombre, en remplissant les mêmes formalités. S'ils n'en avaient
constitué qu'un seul, ils seront tenus de le
remplacer dans les quinze jours qui suivront
son décès (1); faute par eux de le faire, le
journal ou écrit périodique cessera de paraître, à peine de mille francs d'amende
pour chaque feuille ou livraison qui serait
publiée après l'expiration de ce délai (2).

---

833); à la vérité, comme nous l'avons fait remarquer dans les notes sur l'art. 2, la loi du 9
juin 1819, art. 3, porte qu'en cas d'insuffisance
du cautionnement, le recours pourra être exercé
sur les biens des propriétaires ou éditeurs déclarés responsables du journal, mais cette disposition ne modifie en rien le principe qui affran-
chit les commanditaires de toute responsabilité
au-delà de leur mise : la loi de 1819 ne parle
que des propriétaires ou éditeurs *déclarés responsables*; et d'ailleurs, s'appliquant-elle à tous
les propriétaires, évidemment elle ne pourrait
s'étendre, à moins d'une disposition formelle, à
ceux qui, par la nature même de leurs obligations, ne sont tenus que jusqu'à une certaine
concurrence.

La commission proposait d'excepter les sociétés anonymes, parce qu'aux termes de l'art. 37,
Code de commerce. elles ne peuvent exister
qu'avec une autorisation du Roi; mais on a
reconnu que, chacun étant parfaitement libre de
choisir cette société ou toute autre il n'y avait
aucun inconvénient à laisser subsister la rédaction du projet.

Quant aux sociétés en participation, voici ce
qu'a dit M. *Pardessus* : « Celui qui a fait une
« entreprise à laquelle il intéresse quelques per-
« sonnes en participation ou compte à demi, est
« dans la réalité seul et unique entrepreneur.
« Ses rapports secrets avec ses participans n'ont
« rien de public. Il n'y a donc, sous le rapport
« de la loi proposée, peu d'intérêt à s'occuper
« des participations. »

(1) Le projet de loi n'accordait que trois jours.
On a fait remarquer que ce délai était trop court,
surtout lorsqu'un héritier voudrait profiter du
délai pour faire inventaire et délibérer (trois
mois et quarante jours) ou bien, lorsqu'il y aurait nécessité de pourvoir à un mineur d'un tuteur,
et par conséquent de convoquer un conseil de
famille, etc. Le délai actuel suffit rigoureusement
pour la nomination d'un tuteur. Quant au délai
pour faire inventaire et délibérer, M. le ministre
de l'intérieur a répondu que l'héritier qui con-
courrait à la nomination d'un nouveau gérant
ne ferait pas un acte d'acceptation; que, pour
s'en convaincre, il suffit de lire l'art. 779 du
Code civil, ainsi conçu : « Les actes purement
« conservatoires, de surveillance et d'administra-
« tion provisoire ne sont pas des actes d'addition
« d'hérédité, si l'on n'y a pas pris le titre ou la
« qualité d'héritier. »

M. Mauguin a répondu : « Je soutiens que
« nommer un individu qui a le droit de signa-

« ture et qui peut obliger toute la société, ce
« n'est pas faire un acte d'administration. »

Il nous paraît incontestable que, suivant l'o-
pinion de M. le ministre de l'intérieur, la nomination d'un gérant n'est qu'un acte conservatoire, quels que soient les droits conférés au
gérant; en effet, celui qui nomme un gérant ne
dispose pas du journal, ne l'aliène point; il fait
ce qui est indispensable pour que le journal
continue à exister.

(2) Ce paragraphe prévoit deux cas distincts :
1° celui où plusieurs gérans auraient été constitués; 2° celui où un seul gérant aura été établi; il détermine la marche à suivre et les délais
à observer dans les deux hypothèses, pour le
remplacement d'un gérant qui cesse ses fonctions.
Enfin il contient une disposition pénale, qui
commence à ces mots : *faute par eux de le
faire*, etc. L'amende de mille francs est-elle applicable aussi bien au cas où, plusieurs gérans ayant
été constitués, l'un d'eux vient à cesser ses fonctions et n'est pas remplacé dans le délai de deux
mois; qu'au cas où, un seul gérant ayant été
établi, il ne serait pas remplacé dans les quinze
jours qui suivront son décès? On pourrait le dire,
pour l'affirmative, qu'il y a analogie entre les
deux cas d'infraction; que d'ailleurs, si la disposition pénale n'est pas étendue à tout le paragraphe, la première partie se trouverait dépourvue de sanction. Mais les circonstances qui ont
accompagné la confection de la loi démontrent
que l'on doit considérer l'amende de mille francs
comme applicable seulement au cas où le gérant
unique ne serait pas remplacé dans les quinze
jours.

Le projet de loi prononçait une amende seulement de cinq cents francs, une fois payée,
pour le cas où l'un des gérans ne serait pas
remplacé dans le délai de deux mois; mais il paraît
que la commission, en modifiant l'article, ou-
blia de conserver dans sa rédaction les mots :
sous peine de cinq cents francs d'amende, ou
du moins qu'ils furent supprimés par une faute
d'impression. M. le rapporteur, s'étant aperçu
de cette lacune après le vote de l'article, demanda qu'on rétablît les mots omis par erreur :
on répondit que l'art. cle était voté, et que toute
modification était désormais impossible; mais,
en outre, M. *Ricard* fit observer que la disposition pénale était inutile pour l'infraction à la
première partie du paragraphe : « Pourquoi
« condamneriez-vous, a-t-il dit, à cinq cents
« francs d'amende un journal qui aurait encore
« un ou deux gérans, lorsque la loi trouve

5. Les gérans responsables, ou l'un ou deux d'entre eux, surveilleront et dirigeront par eux-mêmes la rédaction du journal ou écrit périodique.

Chacun des gérans responsables devra avoir les qualités requises par l'art. 980 du Code civil, être propriétaire au moins d'une part ou action dans l'entreprise, et posséder en son propre et privé nom un quart au moins du cautionnement (1).

6. Aucun journal ou écrit périodique soumis au cautionnement par les dispositions de la présente loi ne pourra être publié, s'il n'a été fait préalablement une déclaration contenant (2) :

1° Le titre du journal ou écrit périodique et les époques auxquelles il doit paraître;

2° Le nom de tous les propriétaires autres que les commanditaires (3), leur demeure, leur part dans l'entreprise;

3° Le nom et la demeure des gérans responsables;

4° L'affirmation que ces propriétaires et gérans réunissent les conditions de capacité prescrites par la loi (4);

5° L'indication de l'imprimerie dans laquelle le journal ou écrit périodique devra être imprimé.

Toutes les fois qu'il surviendra quelque mutation, soit dans le titre du journal ou dans les conditions de sa périodicité, soit parmi les propriétaires ou les gérans responsables, il en sera fait déclaration devant l'autorité compétente dans les quinze jours qui suivront

---

« qu'avec un seul gérant, il présente une garantie suffisante. Ce n'était donc pas par une « faute d'impression, mais par un calcul fondé « sur la raison et sur la justice, que la pénalité « n'a pas été reproduite. »

Ainsi, il est bien incontestable que la peine prononcée par la loi ne peut être infligée par les juges que dans le cas où le seul gérant du journal ne serait pas remplacé dans les quinze jours de son décès.

(1) M. Marchal a proposé une disposition additionnelle ainsi conçue : « Néanmoins, la to-« talité du cautionnement pourra être affectée, « par second privilége, au profit du tiers qui « en aura prêté le montant au titulaire. » — Cette disposition a été repoussée; cependant il a été reconnu par le ministre de l'instruction publique qu'on ne pourra empêcher le gérant d'emprunter aux conditions ordinaires, de contracter des engagemens; on lui refuse, a-t-il dit, le moyen de faire fournir le cautionnement par un tiers.

Ainsi, il faudra que la rente ou la somme déposée soit la *propriété* du gérant, mais peu importe qu'il en doive le montant à celui qui la lui aura fournie.

La loi du 9 juin 1819 n'avait point défendu que le cautionnement fût fourni par un tiers; et l'ordonnance d'exécution, en date du même jour, 9 juin, autorisait expressément le propriétaire d'une rente à l'affecter au cautionnement d'un journal : la présente loi ne modifie la législation antérieure que pour le quart que le gérant doit posséder en son propre et privé nom : ainsi, et pour le surplus, le cautionnement peut être fourni par des tiers.

Les membres de l'Université, les magistrats, les avocats, les notaires et une foule de fonctionnaires à qui les lois ne permettent pas de remplir des fonctions d'agens comptables et de signer des engagemens commerciaux, ne peuvent être gérans responsables (opinion de M. *Dupin aîné*).

M. *Terrier de Santans* a proposé un amendement ainsi conçu : « Les députés et les pairs de « France ne pourront, sous aucun prétexte, « *être propriétaires, gérans responsables,* ou col-« *laborateurs* d'un journal ou écrit périodique. »

— M. *de Puymaurin* demandait seulement que les pairs et les députés ne pussent être *associés-gérans-responsables.*

Ces propositions ont été rejetées à une faible majorité. — Il existe un décret de la Convention du 9 mars 1793, qui porte : « Les membres de « la Convention, qui dirigent les journaux, se-« ront tenus d'opter entre les fonctions de dé-« putés et celles de rédacteurs de journal. »

(2) On a proposé un amendement portant que le journal ne pourrait paraître *qu'un mois* après la déclaration, afin que, si le journal venait à être supprimé, d'après l'art. 15, il ne fût pas possible d'éluder la loi, en fournissant sur-le-champ un nouveau cautionnement et en faisant une nouvelle déclaration. L'amendement a été rejeté.

(3) Ces mots : *autres que les commanditaires,* ont été ajoutés par la commission.

Dans le cas d'une société anonyme, on pourra bien indiquer tous les actionnaires primitifs; mais, si les actions étaient sous la forme de titres au porteur, et qu'elles fussent transmissibles par la seule tradition du titre, comme le permet l'art. 35 du Code de commerce, il serait impossible de faire connaître les mutations, comme l'exige le second alinéa du présent article, de là il faut sans doute conclure que, dans toute société anonyme formée pour l'exploitation d'un journal, il faudra que les actions soient formées par des inscriptions sur les livres de la société, et transmissibles par des transferts, selon l'art. 36 du Code de commerce.

Dans les sociétés en participation, il n'y a point nécessité de faire connaître les noms des participans; leurs rapports avec le propriétaire sont entièrement secrets et privés. *Voy.* l'opinion de M. *Pardessus* dans les notes sur le § 1er de l'article 4. *Voy.* aussi notes sur le § 2 du présent article.

(4) Le sens du mot *affirmation* a été expliqué dans la discussion : M. Dupin aîné pensait qu'il était synonyme de *serment* M. le garde-des-sceaux a dit qu'elle n'était pas un *serment* dans le sens de l'art. 1363, Code civil, et qu'elle avait quelque parité avec l'affirmation exigée par l'article 507 du Code de commerce.

la mutation, à la diligence des gérans responsables. En cas de négligence, ils seront punis d'une amende de cinq cents francs (1).

Il en sera de même si le journal ou écrit périodique venait à être imprimé dans une autre imprimerie que celle qui a été originairement déclarée.

Dans le cas où l'entreprise aurait été formée par une seule personne, le propriétaire, s'il réunit les qualités requises par le paragraphe 2 de l'article 5, sera en même temps le gérant responsable du journal (2).

Dans le cas contraire, il sera tenu de présenter un gérant responsable, conformément à l'article 5.

Les journaux exceptés du cautionnement seront tenus de faire la déclaration préalable prescrite par les nos 1, 2 et 5 du premier paragraphe du présent article (3).

7. Ces déclarations seront accompagnées du dépôt des pièces justificatives: elles seront signées par chacun des propriétaires du journal ou écrit périodique, ou par le fondé de pouvoir de chacun d'eux. Elles seront reçues à Paris à la direction de la librairie, et dans les départemens au secrétariat général de la préfecture.

8. Chaque numéro de l'écrit périodique sera signé en minute par le propriétaire, s'il est unique; par l'un des gérans responsables, si l'écrit périodique est publié par une société en nom collectif ou en commandite, et par l'un des administrateurs, s'il est publié par une société anonyme (4).

L'exemplaire signé pour minute sera, au moment de la publication, déposé au parquet du procureur du Roi du lieu de l'impression, ou à la mairie dans les villes où il n'y a pas de tribunal de première instance, à peine de cinq cents francs d'amende contre les gérans. Il sera donné récépissé du dépôt (5).

---

(1) On fait remarquer sur ce paragraphe que les propriétaires d'un journal pourraient traiter *clandestinement* de leur part dans l'entreprise, et qu'il serait injuste de punir d'une amende de cinq cents francs le gérant qui n'aurait pas déclaré une mutation non connue de lui. On a répondu que la loi prononçant la peine seulement *en cas de négligence*, ne peut être appliquée au cas où la mutation ne serait pas parvenue à la connaissance du gérant.

(2) En développant le sens de cette disposition, il a été plusieurs fois répété et il a été unanimement reconnu qu'une femme, un mineur, un interdit, peuvent devenir, par succession, *propriétaires* de journal; tandis qu'ils ne peuvent être gérans responsables. *Voyez* notes sur l'article 1er, l'art. 9 et l'art. 12.

(3) Les journaux dispensés du cautionnement ne sont point obligés à présenter des gérans responsables : « Cela résulte de deux dispositions de la loi, a dit M. le comte Siméon, dans son rapport au nom de la commission de la Chambre des pairs. L'art. 5 veut que les gérans responsables possèdent un quart de cautionnement : l'exemption du cautionnement emporte donc celle du gérant responsable. Le dernier alinéa de l'article 6 n'oblige les journaux exemptés du cautionnement qu'à la déclaration qu'il a prescrite par les nos 1, 2 et 5; le no 4. dont ils sont exempts, veut que l'on déclare le nom et la demeure des gérans responsables : les journaux dont il s'agit n'ont point cette déclaration à faire. »
Par une conséquence de ce raisonnement, l'article 8, portant que chaque numéro de l'écrit périodique sera signé, n'est pas applicable ux journaux dispensés du cautionnement, puisque c'est la signature d'un gérant responsable qui doit être apposée. A la vérité, cet article it que l'écrit sera signé par le *propriétaire*, s'il st unique; mais ici le propriétaire, étant placé ar la même ligne que les gérans, doit s'entenre du propriétaire d'un écrit périodique soumis au cautionnement. En effet, si la disposition était générale, il arriverait qu'un écrit périodique non sujet au cautionnement et ayant plusieurs propriétaires ne serait signé par aucun, tandis que l'obligation serait imposée au propriétaire unique : ce qui serait ridicule et contradictoire. Au surplus, telle a été l'opinion adoptée au parquet de M. le procureur du Roi à Paris.

Le défaut de la déclaration imposée par la disposition finale de cet article aux journaux non soumis au cautionnement n'entraîne aucune peine (Dijon 13 mai 1831; S. 32, 2, 168; D. 31, 2, 255).

(4) Faut-il que l'écrit périodique non sujet au cautionnement soit signé? Non. *Voy.* notes sur la disposition finale de l'article 6.

(5) Le projet de loi portait, *avant la publication*, mais sur l'observation de M. Benjamin Constant, on a substitué *au moment de la publication*, afin qu'un préfet ne pût pas exiger que le dépôt du journal fût fait *la veille à midi*, comme il y en a eu des exemples

M. Firmin Didot avait demandé, en outre, qu'une disposition expresse portât que le parquet de M. le procureur du Roi serait ouvert tous les jours et *toutes les nuits*, afin que l'obligation du dépôt ne fût pas un obstacle à la publication et à la distribution; M. Jacquinot-Pampelune, ancien procureur du Roi à Paris, a attesté que tel était l'usage suivi dans la capitale, et qu'un commissaire de police, délégué par le procureur du Roi, veillait en effet toutes les nuits pour recevoir le dépôt des journaux. Il est donc certain que les procureurs du Roi et les maires doivent donner toutes les facilités désirables aux journaux pour ne pas entraver ou retarder leur distribution, qui a lieu avant le jour pendant plusieurs mois de l'année.

L'obligation d'imprimer la signature du gérant et le dépôt ne s'appliquent qu'aux journaux politiques (Dijon, 13 mai 1831; S. 32, 2, 168; D. 31, 2, 255).

15.

La signature sera imprimée au bas (1) de tous les exemplaires (2), à peine de cinq cents francs d'amende contre l'imprimeur, sans que la révocation du brevet puisse s'ensuivre (3).

Les signataires de chaque feuille ou livraison seront responsables de son contenu, et passibles de toutes les peines portées par la loi à raison de la publication des articles ou passages incriminés, sans préjudice de la poursuite contre l'auteur ou les auteurs desdits articles ou passages, comme complices. En conséquence, les poursuites judiciaires pourront être dirigées tant contre les signataires des feuilles ou livraisons, que contre l'auteur ou les auteurs des passages incriminés, si ces auteurs peuvent être connus ou mis en cause (4).

(1) On avait demandé qu'au lieu d'imprimer *la signature au bas du journal*, on imprimât le *nom en tête*; on soutenait que par là on indiquerait toujours que le gérant est responsable des articles, tandis que la signature pourrait donner à penser qu'il en est l'auteur : ce qui est contraire à la vérité ; la chambre, en rejetant l'amendement, a paru déterminée par la crainte qu'il ne diminuât, sinon la responsabilité *légale*, du moins la responsabilité *morale* du gérant.

Le gérant responsable d'un journal, qui s'est fait momentanément remplacer par un tiers, ne peut être l'objet de poursuites criminelles à raison des articles du journal publiés pendant la cessation momentanée de ses fonctions, encore qu'il déclare assumer sur lui la responsabilité des articles incriminés. Il n'est passible à cet égard que d'une action civile de la part des parties lésées; c'est contre le tiers seul qui a remplacé le gérant que doivent être dirigées les poursuites criminelles (Douay, 24 mai 1831, S. 32, 2, 171; D. 31, 2, 242.)

(2) On lisait, dans le projet, *de tous les autres exemplaires*; mais, pour éviter les malentendus et les erreurs des ouvriers, qui auraient pour conséquence une condamnation à cinq cents francs d'amende contre l'imprimeur, le mot *autres* a été retranché sur la proposition de M. Firmin Didot. Toutefois, le défaut de signature imprimée sur l'exemplaire revêtu de la signature autographe ne pourrait certainement donner lieu à l'application de la peine.

(3) Dérogation à la loi du 21 octobre 1814, art. 12.

(4) Le projet de loi était ainsi conçu : « Les « signataires seront responsables des faits de pu- « blication comme auteurs, si l'auteur ou les « auteurs ne sont pas connus ; et comme com- « plices, si les auteurs ou l'auteur sont en cause. « A cet effet, les poursuites judiciaires seront « dirigées tant contre l'auteur ou les auteurs de « l'article ou du passage incriminé que contre « le signataire de la feuille ou livraison dans « laquelle il aura été inséré. »

La commission de la Chambre des députés a cru voir dans cette rédaction une erreur capitale, en ce qu'elle suppose que, lorsque l'auteur de l'article est connu, le publicateur n'est que complice: elle a pensé, au contraire, que le délit consiste essentiellement dans la publication; que, par conséquent, c'est contre l'auteur de cette publication que les poursuites doivent d'abord être dirigées, sauf à poursuivre comme complice l'auteur de l'article incriminé. La commission a cru aussi que la rédaction du projet imposait aux tribunaux l'obligation d'appliquer les peines toutes les fois que le fait matériel serait établi; mais elle a pensé que la question d'intention devait être aussi examinée, et que, s'il était démontré aux juges que le gérant responsable n'avait pas eu de mauvaise intention en publiant un article qui cependant est criminel, ils ne devraient pas prononcer de peine contre lui. Elle a jugé enfin qu'en disant que le gérant responsable et l'auteur seront *passibles* des peines, elle exprimerait suffisamment la faculté laissée à la conscience du juge d'apprécier la moralité du fait et de prononcer l'acquittement. Elle a donc proposé de rédiger ainsi le paragraphe : « Les « signataires de chaque feuille ou livraison se- « ront responsables de son contenu, et passibles, « ainsi que les auteurs, de toutes les peines por- « tées par la loi, à raison de la publication « des articles ou passages incriminés. En consé- « quence, les poursuites judiciaires seront diri- « gées tant contre les signataires des feuilles « ou livraisons que contre l'auteur ou les au- « teurs des passages incriminés, si ces auteurs « peuvent être connus et mis en cause. »

Dans la discussion, on a manifesté quelques incertitudes sur l'étendue du sens attribué, par la commission, au mot *passibles*; on demandait qu'on dît, pour plus de clarté, *pourront être passibles*; mais M. Hély d'Oissel, auteur de la proposition, l'a retirée sur la déclaration expresse des ministres qu'ils entendaient par le mot *passibles* laisser aux tribunaux la faculté d'acquitter. Je déclare, a dit M. Jacquinot Pampelune, que, dans mon opinion, *passible des peines*, signifie *susceptible d'être puni*.

La rédaction de la commission a été adoptée après ces explications. Cependant des modifications importantes ont été faites, car on lit, dans la seconde phrase, *en conséquence, les poursuites judiciaires pourront être dirigées*, tandis que l'article présenté par la commission disait *seront dirigées*. Enfin, on a ajouté à la fin de la première phrase, ces mots : *sans préjudice de la poursuite contre l'auteur ou les auteurs desdits articles ou passages, comme complices.* Ces changemens ont paru nécessaires pour bien rendre l'idée de la commission que l'auteur de la publication est toujours considéré comme auteur principal du délit, tandis que l'auteur de l'article ne doit jamais être regardé que comme complice.

« Le sens de l'article, a dit M. le comte Si- « méon, dans son rapport à la Chambre des « pairs, est que le gérant, toujours responsa- « ble principal de la publication, devant en « porter toutes les peines, si l'auteur de l'arti- « cle criminel n'est pas connu, peut, si cet au- « teur est mis en cause, n'être pas autant puni « que lui, s'il apparaît aux juges que la publi- « cation, quoique formant le corps du délit, n'a

9. Il est accordé aux propriétaires actuels des journaux existans, sans qu'on puisse leur opposer les dispositions de l'article 1er (1), un délai de six mois à dater de la promulgation de la présente loi, pour présenter un, deux ou trois gérans responsables, réunissant les conditions requises par les articles précédens, et faire la déclaration prescrite par l'article 6 (2).

Si les gérans responsables ne possèdent pas en propre le quart du cautionnement, ils seront admis à justifier que, outre leur part dans l'entreprise, ils sont vrais et légitimes propriétaires d'immeubles payant au moins cinq cents francs de contributions directes, si le journal est publié dans les départemens de la Seine, de Seine-et-Oise et de Seine-et-Marne, et cent cinquante francs dans les autres départemens. Ces immeubles devront être libres de toute hypothèque.

« pas été faite avec une intention aussi coupable que celle de l'auteur. Le gérant subira toujours les peines pécuniaires; quant aux peines corporelles, il en sera tout-à-fait ou plus ou moins exempt, ou il les subira avec son complice, suivant que les juges en décideront d'après les circonstances. »

Au surplus, on a vu dans certains procès le ministère public poursuivre seulement l'éditeur responsable, bien que l'auteur de l'article fût parfaitement connu; il paraît qu'à l'avenir il n'en sera plus ainsi. « La loi conserve au ministère public, a dit M. le garde-des-sceaux qui « l'exposé des motifs, et lui impose même le devoir de rechercher l'auteur de l'article incriminé. »

L'insertion dans un journal d'un article renfermant un délit, ne peut être excusée sur le motif que l'article a été extrait d'un autre journal, et n'a donné lieu à aucune poursuite contre ce journal (21 octobre 1831; Cass. S. 31, 1, 385; P. 53 224. Id. 17 août 1831, Cour d'assises de Maine-et-Loire; S 32, 2, 172)

(1) Ainsi on ne peut exiger des propriétaires actuels des journaux existans les conditions d'idonéité dont parle l'article 1er. L'amendement de M. Lefebvre, qui a été adopté, était rédigé, suivant le Moniteur, en ces termes, sans qu'on puisse leur opposer le défaut de capacité exigée par l'art 1er. M Siméon a dit, dans son rapport, en termes explicites, qu'on ne pouvait opposer aux propriétaires qu'ils ne sont pas Français, qu'ils ne sont pas majeurs, qu'ils ne jouissent pas des droits civils.

(2) On avait demandé que la nomination du gérant responsable pût être faite par la majorité des associés, afin qu'un ou quelques-uns des associés, ou récalcitrans, ou mal intentionnés, ou séduits, ne pussent pas ruiner le journal, en refusant de concourir à la nomination.

On avait également proposé de donner aux tribunaux le droit de proroger, selon les circonstances, le délai de six mois. L'une et l'autre proposition ont été rejetées.

L'opposition a adressé à cet article un reproche très-grave, celui de rétroactivité. Sur ce point, les orateurs les plus habiles et les jurisconsultes les plus distingués ont été d'opinions différentes, et le seul résultat certain de leurs controverses, c'est que le principe que la loi ne doit pas avoir d'effet rétroactif n'a pas encore acquis un degré de netteté qui permette d'en faire toujours une application judicieuse. On sait combien de graves et difficiles questions ont été soulevées devant les tribunaux en cette matière, on sait combien de théories ont été imaginées,

et, toutes les fois qu'une espèce nouvelle se présente, on sent que la règle est trop étendue et trop vague; que le sens des mots droits acquis qu'on emploie ordinairement pour l'expliquer, n'est pas suffisamment déterminé; qu'il y a des distinctions à faire entre les lois pénales et les lois civiles, entre les lois d'ordre public et celles qui ne sont relatives qu'aux droits privés; qu'enfin il est impossible d'exiger que les lois nouvelles ne modifient en rien le statu quo; que toutes ou presque toutes apportent des modifications à l'état des personnes, à leur position, à leurs droits.

Pour démontrer la rétroactivité de l'article, on a fait ressortir cette conséquence que nécessairement la position des copropriétaires d'un journal était changée, qu'il y avait nécessité de modifier leurs conventions, peut-être même d'introduire parmi eux de nouveaux associés. « Je vois dans l'article, a dit avec autant de justesse que de précision M Dupin aîné, cette disposition : les sociétés actuelles sont dissoutes. »

Les orateurs chargés de défendre le projet de loi n'ont compris de soutenir que les associations existantes n'étaient pas modifiées; mais ils ont allégué que les lois d'ordre public, celles qui sont relatives à la police de l'État, qui intéressent sa sûreté peuvent rétroagir indirectement, en exigeant des individus ou des associations des garanties que n'imposait pas la législation antérieure; ils ont fait observer qu'on ne pourrait accuser l'article de rétroactivité, si chaque journal avait un seul et un que propriétaire; qu'aux yeux de la loi, la société exploitant un journal n'était qu'une personne morale, et que le législateur ne pouvait s'abstenir des mesures reconnues nécessaires, par la seule appréhension de porter atteinte aux rapports existans entre les membres de l'association.

« L'imputation de rétroactivité est chimérique, » a dit M. le comte Siméon à la Chambre des « pairs. On rétroagit lorsqu'on retire ou annule « un droit acquis; on ne rétroagit point lorsqu'on défend ce qui n'était pas interdit, ou « lorsqu'on impose une obligation nouvelle. »

De nombreux exemples ont été cités de part et d'autre.

S'il nous est permis d'émettre ici notre opinion, nous dirons que le reproche de rétroactivité nous semble mal fondé; l'article n'enlève pas précisément des droits acquis; chaque propriétaire de journal, sachant fort bien que son entreprise était et serait toujours soumise à des lois spéciales, à certaines garanties, ne pouvait considérer comme un état définitif celui où le plaçait la législation sous l'empire de laquelle

En ce cas, il sera fait mention expresse de cette circonstance dans la déclaration.

10. En cas de contestation sur la régularité ou la sincérité de la déclaration prescrite par l'art. 6 et des pièces à l'appui, il sera statué par les tribunaux, à la diligence du préfet, sur mémoire, sommairement et sans frais, la partie ou son défenseur et le ministère public entendus.

Si le journal n'a point encore paru, il sera sursis à la publication jusqu'au jugement à intervenir, lequel sera exécutoire nonobstant appel (1).

11. Si la déclaration prescrite par l'article 6 est reconnue fausse et frauduleuse (2) en quelqu'une de ses parties, le journal cessera de paraître. Les auteurs de la déclaration seront punis d'une amende dont le *minimum* sera d'une somme égale au dixième, et le *maximum*, d'une somme égale à la moitié du cautionnement (3).

12. Dans le cas où un journal ou écrit périodique est établi et publié par un seul propriétaire, si ce propriétaire vient à mourir, sa veuve ou ses héritiers auront un délai de trois mois pour présenter un gérant responsable, ce gérant devra être propriétaire d'immeubles libres de toute hypothèque (4) et payant au moins cinq cents francs de contributions directes, si le journal est publié dans les départemens de la Seine, de Seine-et-Oise et de Seine-et-Marne ; et cent cinquante francs dans les autres départemens.

Le gérant que la veuve ou les héritiers seront admis à présenter devra réunir les conditions requises par l'art. 980 du Code civil (5).

---

il avait contracté ; une loi nouvelle ne pouvait pas venir directement rompre le lien existant entre lui et ses coassociés ; mais, sans aucun doute, de nouvelles règles d'ordre public étant établies, il ne peut se plaindre que la nécessité de se mettre en harmonie avec elles change quelque chose à ses rapports sociaux.

On avait demandé que le gérant pût offrir en garantie une hypothèque sur un immeuble payant 300 francs de contributions directes. Cet amendement a été rejeté.

(1) Les articles 10 et 11 sont relatifs à deux cas entièrement différens : dans le premier, il s'agit du jugement à rendre sur le mérite de la première déclaration à faire par les journaux, dans le second, au contraire, la déclaration a été faite ; le journal paraît ; le ministère public attaque la déclaration comme fausse et frauduleuse, et demande contre les auteurs de la déclaration l'application de la peine.

La disposition de l'article 10, et surtout le second paragraphe, qui prononce le sursis à la publication jusqu'au jugement, a été l'objet de vives critiques : on en demandait la suppression ; mais on a fait remarquer que lorsqu'une déclaration est faite, si l'administration en conteste la régularité, il faut qu'un juge prononce entre le déclarant et l'administration.

Bien qu'il soit dit qu'il sera statué *à la diligence du préfet*, il est sans doute permis à l'auteur de la déclaration de saisir les tribunaux ; sans cela, le défaut de diligence de la part du préfet paralyserait la publication du journal : telle est l'opinion émise par M. Pardessus dans la discussion.

D'ailleurs, comme il ne s'agit pas ici de peines à prononcer, les tribunaux civils sont seuls compétens ; M. le garde-des-sceaux, dans l'exposé des motifs, et M. le rapporteur de la commission de la Chambre des députés, l'ont formellement déclaré.

Observons que le ministère public n'est pas ici *partie principale*; il n'est que *partie jointe*.

C'est sur la proposition de M. de Schonen que la faculté pour la partie de se faire entendre par elle-même ou par un défenseur a été accordée.

Enfin, le second paragraphe n'est pas applicable aux journaux existans ; ils pourront continuer à paraître durant la contestation élevée par le préfet sur leur déclaration, et jusqu'au jugement qui prononcerait que leur déclaration est irrégulière, ou incomplète, ou fausse.

(2) Le mot *frauduleuse* a été ajouté par la commission, afin de bien faire entendre que les peines ne devaient être prononcées que lorsqu'à la fausseté matérielle se joindrait l'intention d'induire l'autorité en erreur.

(3) M. Gallot avait demandé que les peines prononcées par l'article ne fussent applicables qu'autant que la fausseté de la déclaration *rendrait nulle la responsabilité des gérans*; sa proposition n'a pas été accueillie.

M. Bourdeau, commissaire du Roi, a fait remarquer que ce n'est pas seulement sur les gérans que la peine doit porter, mais *encore sur les propriétaires qui auront fait une déclaration fausse et frauduleuse*.

Plusieurs propositions ont été faites pour diminuer la quotité de la peine, surtout la quotité du *minimum*. On a vu dans une amende qui, selon le projet, s'élevait à la totalité du cautionnement, et, selon l'amendement de la commission, à la moitié, une confiscation déguisée. Enfin, on a demandé que la suppression du journal n'eût lieu que lorsque le *maximum de l'amende* aurait été prononcé : aucune de ces propositions n'a été accueillie.

Il s'agit ici de peines à prononcer ; par conséquent les tribunaux correctionnels sont seuls compétens.

(4) Légale, judiciaire ou conventionnelle.

(5) Le projet exigeait du gérant les conditions d'idonéité énumérées dans l'art. 5 ; mais on a fait observer que l'une de ces conditions est d'être propriétaire d'une part dans l'entreprise et du quart du cautionnement ; or, a-t-on dit, il y aurait contradiction à vouloir que le gérant dont parle l'article 12 soit propriétaire d'une

Dans les dix jours du décès, la veuve ou les héritiers seront tenus de présenter un rédacteur qui sera responsable du journal jusqu'à ce que le gérant soit accepté.

Le cautionnement du propriétaire décédé demeurera affecté à la gestion.

13. Les condamnations pécuniaires prononcées soit contre les signataires responsables, soit contre l'auteur ou les auteurs des passages incriminés, seront prélevées: 1° sur la portion du cautionnement appartenant en propre aux signataires responsables; 2° sur le reste du cautionnement, dans le cas où celle-ci serait insuffisante, sans préjudice, pour le surplus, des règles établies par les articles 3 et 4 de la loi du 9 juin 1819 (1).

14. Les amendes, autres que celles portées par la présente loi, qui auront été encourues pour délit de publication par la voie d'un journal ou écrit périodique, ne seront jamais moindres du double du *minimum* fixé par les lois relatives à la répression des délits de la presse (2).

15. En cas de récidive par le même gérant, et dans les cas prévus par l'article 58 du Code pénal (3), indépendamment des dis-

---

part de l'entreprise et d'une part du cautionnement, puisque cet article prévoit précisément le cas où le journal n'avait qu'un seul propriétaire, et que, pour suppléer à la propriété du gérant dans l'entreprise, on exige qu'il soit propriétaire d'un immeuble. Sur cette observation, on a rédigé le paragraphe tel qu'il est.

(1) La rédaction de l'article indique clairement que les amendes doivent d'abord être prises sur la part du cautionnement appartenant au gérant, et que les autres propriétaires ne seront exposés à payer l'amende sur la portion du cautionnement qui leur appartient qu'en cas d'insuffisance de celle du gérant.

On s'est élevé contre cette disposition, qui a pour but d'aggraver la position du gérant, déjà assez fâcheuse, et l'on a demandé que, conformément à la loi du 9 juin 1819, le cautionnement entier fût affecté au paiement des amendes, sans distinction entre la portion appartenant au gérant et celle appartenant aux autres associés. M. le garde-des-sceaux a combattu cette proposition; il a soutenu que le gérant est le seul publicateur, et par conséquent le seul coupable; qu'il serait injuste que les autres propriétaires se trouvassent obligés de payer une amende pour un délit auquel ils sont étrangers. On a répliqué que si, en effet, il y a injustice à faire supporter également par tous les propriétaires les amendes encourues, chacun d'eux ne manquera pas de stipuler ce qui lui paraîtra convenable pour ne pas être victime des fautes du gérant. On aurait pu ajouter que la loi, en cas d'insuffisance de la portion du gérant, autorise la poursuite sur la portion du cautionnement appartenant à la société, et qu'ainsi elle consacre ce qu'on regarde comme une injustice criante. Au surplus, il n'y a aucun doute que les conventions faites entre le gérant et ses associés pour déroger à la disposition de la loi, et faire supporter également par tous les amendes, ne soient licites et obligatoires entre les parties. « Qu'il intervienne, a dit M. Bourdeau, commissaire du Roi, des conventions « pour répartir les amendes; qu'il existe des « contre-lettres: on fera tout ce qu'on voudra; « cela ne nous regarde pas; mais il ne faut pas « que ces arrangemens soient supposés dans la « loi. »

(2) M. Agier a proposé un amendement qui autorisait les juges à réduire *l'emprisonnement* au-dessous du *minimum*, aux termes de l'art. 463 du Code pénal, lorsqu'il existerait des circonstances atténuantes.

Il a été combattu par M. le ministre de l'instruction publique, qui a rappelé l'art. 14 de la loi du 25 mars 1822, lequel autorise les tribunaux à faire, dans certains cas, l'application de l'art. 463 du Code pénal, et il a dit que cet article remplit précisément le vœu exprimé dans l'amendement: ainsi, dans l'opinion du ministre, le présent article, en élevant le *minimum* des peines, n'a point abrogé l'article 14 de la loi du 25 mars 1822.

(3) Le projet de loi se bornait à dire, d'une manière générale, *en cas de récidive*; en sorte que les tribunaux auraient pu penser que le cas de récidive devenait applicable dès qu'une seconde condamnation était prononcée contre un journal, alors même que le journal aurait eu un autre gérant lors de la première condamnation. Pour prévenir toute fausse interprétation, on a ajouté les mots *par le même gérant, et dans les cas prévus par l'article 58 du Code pénal.* « Il « faut donc, pour que le cas de récidive se présente, ce sont les expressions de M. *Bourdeau*, « qu'il y ait eu contre le même gérant, *pour délit dans le même journal,* une condamnation « corporelle de plus d'un an. »

Il nous a paru très-utile de recueillir cette explication; car elle manifeste le sens de l'article; elle ajoute même quelque chose qui est dans son esprit, mais que sa lettre n'exprime pas: c'est que la récidive ne résulterait pas de deux délits commis successivement, par le même gérant, dans deux journaux différens; à plus forte raison, sans doute, un gérant condamné pour un délit autre qu'un délit de la presse ne serait pas réputé en état de récidive lorsqu'il se rendrait coupable d'un délit par la voie de la presse. En lisant la discussion, on reste convaincu que tel est l'esprit de l'article. Les orateurs ministériels ont répété souvent que toute la sévérité de la loi devait se déployer, soit contre le gérant qui, après une première condamnation pour délit de la presse, commet un nouveau délit de la même nature, soit même contre les propriétaires qui n'ont pas changé leur gérant après une première condamnation. C'est par cette dernière considération qu'on s'est efforcé de justifier la peine de suspension qui frappe non-seulement le gérant, mais les propriétaires eux-mêmes.

M. Séguy, rapporteur de la commission de la

positions de l'article 10 de la loi du 9 juin 1819, les tribunaux pourront, suivant la gravité du délit, prononcer la suspension du journal ou écrit périodique pour un temps qui ne pourra excéder deux mois ni être moindre de dix jours. Pendant ce temps, le cautionnement continuera à demeurer en dépôt à la caisse des consignations, et il ne pourra recevoir une autre destination (1).

16. Dans les procès qui ont pour objet la diffamation, si les tribunaux ordonnent, aux termes de l'article 64 de la Charte, que les débats auront lieu à huis clos, les journaux ne pourront, à peine de deux mille francs d'amende, publier les faits de diffamation, ni donner l'extrait des mémoires ou écrits quelconques qui les contiendraient.

Dans toutes les affaires civiles ou criminelles où un huis clos aura été ordonné, ils ne pourront, sous la même peine, publier que le prononcé du jugement (2).

17. Lorsqu'aux termes du dernier paragraphe de l'article 23 de la loi du 17 mai 1819, les tribunaux (3), auront, pour les faits diffamatoires étrangers à la cause, réservé, soit l'action publique, soit l'action civile des parties, les journaux ne pourront, sous la même peine, publier ces faits, ni donner l'extrait des mémoires qui les contiendraient (4).

18. La loi du 17 mars 1822, relative à la police des journaux et écrits périodiques, est abrogée.

20 JUILLET = Pr. 21 AOUT 1828. — Ordonnance du Roi relative à l'instruction et au jugement des affaires criminelles à la Guiane française. (8, Bull. 247, n° 8871.)

Charles, etc.

Considérant que le travail qui a été prescrit pour l'application aux colonies françaises d'Amérique du Code d'instruction criminelle, n'est pas encore terminé; que, si quelques articles de ce Code ont été promulgués à la Guiane française, ou y ont été introduits par l'usage, il est utile de les réunir et d'y ajouter les dispositions propres à faire jouir dès à présent nos sujets de la Guiane des principaux avantages qui résultent de ce Code pour l'ordre public et les accusés;

Vu notre ordonnance du 4 juillet 1827;

Sur le rapport de notre ministre secrétaire d'État de la marine et des colonies,

Nous avons ordonné et ordonnons ce qui suit:

Art. 1er. Les individus de condition libre poursuivis en matière de grand ou de petit criminel dans notre colonie de la Guiane auront la faculté de se choisir un défenseur parmi les membres du barreau.

Dans les matières de grand criminel, le juge chargé de l'instruction devra, immédiatement après le dernier acte de l'instruction, interpeller l'accusé de déclarer le choix qu'il aura fait d'un conseil pour l'aider dans sa défense; sinon il lui en désignera un d'office.

Il sera toujours nommé un défenseur d'office aux esclaves.

Les défenseurs nommés d'office seront pris

Chambre des députés, a clairement manifesté l'intention de la loi relativement à la récidive: « Le gérant qu'une première condamnation n'aurait pas corrigé, et qui se prêterait encore aux fureurs de la haine, de la malveillance et de la révolte, pour semer de toute part l'injure et la diffamation, déshonorer les familles, et rompre le pacte sacré qui unit la France à son Roi légitime, pourrait-il mériter quelques ménagemens? »

(1) Le projet de loi donnait aussi aux tribunaux le droit *de déclarer le gérant responsable incapable de s'immiscer à l'avenir dans la gestion d'aucun journal;* cette disposition a été rejetée par la commission; mais la commission proposait d'ajouter à l'article un paragraphe ainsi conçu: *Pendant le même temps, les propriétaires du journal suspendu ne pourront être admis à faire la déclaration prescrite par l'article 6, ni à déposer un autre cautionnement à l'effet d'établir un nouveau journal.*

Cette proposition a été rejetée: ainsi, dès le lendemain de la suspension, les propriétaires peuvent faire la déclaration prescrite par l'article 6, présenter le même gérant, et fonder un nouveau journal; mais leur ancien cautionnement ne peut leur servir, puisqu'il reste en dépôt durant la suspension; il leur en faut un nouveau.

(2) On a demandé que les journaux pussent publier aussi le *résumé du président;* cette proposition a été rejetée; cependant l'article 64 de la Charte n'autorise les juges à prononcer le huis clos que pour les débats; et le résumé du président n'en fait point partie; car le dernier paragraphe de l'article 335 du Code d'instruction criminelle porte: Le président déclarera ensuite que les débats *sont terminés,* et le premier paragraphe de l'article 336 ajoute: *Le président résumera l'affaire.* Enfin, plusieurs arrêts de cassation ont cassé des arrêts, par le motif que le résumé du président n'avait pas été fait publiquement. *Voy.* notamment arrêt du 22 avril 1820 (Sirey, 20, 296).

(3) Le mot *civils,* qu'on lisait dans le projet après le mot *tribunaux,* a été supprimé sur la demande de M. Jacquinot Pampelune, afin que l'article fût applicable aux tribunaux correctionnels comme aux tribunaux civils.

(4) M. de la Boulaye a proposé un article additionnel portant que les journaux seraient obligés d'insérer en entier les discours des députés qui le requerraient, à la charge par les députés de payer les frais d'insertion: l'article a été rejeté.

M. de Corcelles a demandé que les délits de la presse fussent soumis au jury: sa proposition n'a pas été accueillie.

parmi ceux qui exercent près les tribunaux de Caïenne.

Ces désignations seront faites à tour de rôle, autant que faire se pourra.

Le ministère des défenseurs d'office sera gratuit.

2. Les défenseurs auront droit de communiquer avec les inculpés, et de prendre au greffe communication, sans déplacement, des pièces de la procédure, mais seulement, en matière de grand criminel, après l'acte d'interpellation mentionné en l'article précédent, et, en matière de petit criminel, deux jours avant l'audience.

3. En première instance et en matière de grand criminel, tout jugement du fond sera rendu par trois juges, quelle que soit la classe ou la condition de l'inculpé.

A cet effet, le président du tribunal s'adjoindra, à défaut de juges, des défenseurs, dans l'ordre de leur nomination (1).

4. Il ne sera exigé aucun serment, pendant le cours de l'instruction ni à l'audience, des individus poursuivis au grand ou au petit criminel.

5. Au jour indiqué pour le jugement du fond, l'audience sera publique.

L'accusé et son défenseur seront présens.

Le juge fera son rapport.

Après le rapport, les accusés seront interrogés.

Le ministère public résumera les charges résultant de la procédure, et prendra ses conclusions, qui devront être motivées et signées.

La partie civile sera entendue dans ses moyens, et l'accusé dans sa défense.

La réplique sera permise à la partie civile, et au ministère public, qui pourra prendre de nouvelles conclusions.

L'accusé aura toujours la parole le dernier.

6. Lorsque l'accusé ou son conseil aura déclaré, sur l'interpellation qui lui en sera faite par le président, qu'il n'a plus rien à ajouter à sa défense, les juges se retireront en la chambre du conseil pour délibérer, et le jugement sera rendu sans désemparer.

7. Si la publicité était jugée dangereuse pour l'ordre et les mœurs, l'audience pourrait avoir lieu à huis clos.

Dans ce cas, le tribunal, composé de la manière prescrite par l'article 3, ou la cour, le déclarera par un jugement.

Il en sera rendu compte au gouverneur par le ministère public.

8. Le pourvoi en cassation, tel qu'il est établi par la législation actuelle dans la co-

lonie dans la Guiane française, ne pourra s'exercer que par acte au greffe, et dans le délai de trois jours francs à partir de celui où l'arrêt aura été prononcé.

9. Il n'y a lieu, pour les esclaves, qu'au recours à la clémence du Roi, d'après le mode déterminé par l'article 47 de notre ordonnance du 21 août 1825, appliquée provisoirement à la Guiane française; à moins qu'ayant été condamnés pour complicité avec des individus de condition libre, le pourvoi n'ait été formé par ces derniers.

10. L'inobservation des formes prescrites par les articles 1, 3, 5 et 7 entraînera la nullité du jugement.

Le greffier devra faire mention de leur exécution dans le procès-verbal de la séance, sous peine de mille francs d'amende.

11. En matière de grand ou de petit criminel, l'accusé ou la partie civile qui succombera sera condamné aux frais envers l'Etat et envers l'autre partie.

Les frais faits contre les esclaves seront à la charge de la caisse coloniale.

12. Les dispositions de l'ordonnance criminelle de 1670 continueront d'être exécutées en tout ce qui n'est pas contraire à la présente ordonnance.

Sont néanmoins maintenues les dispositions de l'ordonnance locale du 10 mai 1821 concernant les matières correctionnelles et de police (2).

13. Notre ministre secrétaire d'Etat de la marine et des colonies (M. Hyde de Neuville) est chargé de l'exécution de la présente ordonnance.

─────────

20 JUILLET 1828. — Ordonnance du Roi qui fixe le lieu de réunion du collège départemental du Pas-de-Calais, et nomme le président de ce collège. (8, Bull. 242, n° 8774.)

─────────

20 JUILLET 1828. — Ordonnances qui autorisent l'acceptation de donations aux communautés religieuses, sœurs hospitalières, etc. établies à Saint-Jean-d'Angely, à Satillieu, à Amiens, à Chandenier, à Gonarce, à Messeuve, à Angers, à Charly, à Poitiers, à Rouen, à Plerin, à Montauban et à Quimper ; à la fabrique de l'église de Marillet. (8, Bull. 307, n°s 1746 et suiv.)

─────────

20 JUILLET 1828. — Ordonnance qui accorde des pensions de retraite à seize militaires y dénommés imputables sur le crédit d'inscription de dix-huit cent mille francs ouvert par la loi du 20 juin 1827. (8, Bull. 244 bis, n° 5.

─────────

(1) Le Gouverneur peut, en cas d'urgence, et pour prévenir l'interruption du cours de la justice, nommer aux fonctions de juges (4 janvier 1825 ; Cass. S. 26, 1, 39; 4 juillet 1826 ; Cass. S. 27, 1, 54).

(2) Les Codes pénal et d'instruction criminelle ont été publiés à la Guiane, par ordonnances des 15 février et 10 mai 1829. Ces ordonnances n'ont pas été encore insérées dans le Bulletin des Lois; je les ai placées dans la 2e partie du tome 35.

Charles, etc.

Sur le rapport de notre ministre secrétaire d'Etat au département des affaires ecclésiastiques;

Vu le tableau de la circonscription des métropoles et diocèses du royaume, annexé à l'ordonnance royale du 31 octobre 1822;

Notre Conseil-d'Etat entendu,

Nous avons ordonné et ordonnons ce qui suit :

Art. 1er. La bulle donnée à Rome, à Saint-Pierre, le 8 des calendes de juillet de l'an 1828 de l'incarnation de N. S. J. C., portant institution canonique, pour l'évêché de Cahors, de M. Paul-Louis-Joseph d'Hautpoul, aumônier de notre bien-aimée fille, la Dauphine, est reçue et sera publiée dans le royaume en la forme accoutumée.

2. Ladite bulle d'institution canonique est reçue sans approbation des clauses, formules ou expressions qu'elle renferme et qui sont ou pourraient être contraires à la Charte constitutionnelle, aux lois du royaume, aux franchises, libertés et maximes de l'église gallicane.

3. Ladite bulle sera transcrite en latin et en français sur les registres de notre Conseil-d'Etat; mention de ladite transcription sera faite sur l'original par le secrétaire général du Conseil.

4. Notre ministre secrétaire d'Etat au département des affaires ecclésiastiques, et notre garde-des-sceaux, ministre secrétaire d'Etat au département de la justice (M. Feutrier et Comte Portalis) sont chargés, chacun en ce qui le concerne, de l'exécution de la présente ordonnance, qui sera insérée au Bulletin des Lois.

Charles, etc.

Sur le rapport de notre ministre secrétaire d'Etat au département de l'intérieur;

Vu la délibération du conseil municipal de Vendôme du 7 décembre 1826, relative à l'établissement d'un abattoir public en cette ville;

L'avis du préfet, du 9 avril 1828;

Notre Conseil-d'Etat entendu,

Nous avons ordonné et ordonnons ce qui suit :

Art. 1er. La ville de Vendôme, département de Loir-et-Cher est autorisée à établir un abattoir public et commun. L'autorité municipale remplira, pour le choix du local, les formalités exigées par le décret du 15 octobre 1810, et par l'ordonnance royale du 14 janvier 1815, en ce qui concerne la troisième classe des établissemens insalubres ou incommodes.

2. Aussitôt que les échaudoirs dudit établissement auront été mis en état de service, et dans le délai d'un mois, au plus tard, après que le public en aura été averti par affiches, l'abattage des bœufs, vaches, veaux, porcs et moutons destinés à la consommation des habitans, aura lieu exclusivement dans l'abattoir public, et toutes les tueries particulières seront interdites et fermées.

Toutefois, les propriétaires et particuliers qui élèvent des porcs pour la consommation de leur maison conserveront la faculté de les abattre chez eux, pourvu que ce soit dans un lieu clos et séparé de la voie publique.

3. Les bouchers et charcutiers forains pourront également faire usage de l'abattoir public, mais sans y être obligés, soit qu'ils concourent à l'approvisionnement de la ville, soit qu'ils approvisionnent seulement la banlieue : ils seront libres de tenir des échaudoirs et des étaux hors de la ville, dans les communes voisines, sous l'approbation de l'autorité locale.

4. En aucun cas et pour quelque motif que ce soit, le nombre des bouchers et charcutiers ne pourra être limité; tous ceux qui voudront s'établir à Vendôme seulement seront tenus de se faire inscrire à la mairie, où ils feront connaître le lieu de leur domicile et justifieront de leur patente.

5. Les bouchers et charcutiers de la ville auront la faculté d'exposer en vente et de débiter de la viande à leur domicile, dans des étaux convenablement appropriés à cet usage, en suivant les règles de la police.

6. Les bouchers et charcutiers forains pourront exposer en vente et débiter de la viande dans la ville, mais seulement sur les lieux et marchés publics désignés par le maire et aux jours fixés par lui, et ce en concurrence avec les bouchers et charcutiers de la ville qui voudront profiter de la même faculté.

7. Les droits à payer par les bouchers et charcutiers pour l'occupation des places dans l'abattoir public seront réglés par un tarif arrêté dans la forme ordinaire.

8. Le maire de la ville de Vendôme pourra faire les réglemens locaux nécessaires pour le service de l'abattoir public, ainsi que pour le commerce de boucherie et charcuterie; mais ces actes ne seront exécutoires qu'après avoir reçu l'approbation de notre ministre de l'intérieur, sur l'avis du préfet.

9. Notre ministre secrétaire d'Etat de l'in-

térieur (vicomte de Martignac) est chargé de l'exécution de la présente ordonnance, qui sera insérée au Bulletin des Lois.

———

23 JUILLET = Pr. 12 AOUT 1828. — Ordonnance du Roi qui autorise la ville de Roquemaure (Gard) à établir un abattoir public. (8, Bull. 245, n° 8822.)

Charles, etc.

Sur le rapport de notre ministre secrétaire d'Etat au département de l'intérieur;

Vu la délibération du conseil municipal de Roquemaure, département du Gard, du 25 septembre 1827, relative à l'abattoir public de cette ville;

La lettre du préfet, du 3 mai 1828;

Notre Conseil-d'Etat entendu,

Nous avons ordonné et ordonnons ce qui suit :

Art. 1er. La ville de Roquemaure, département du Gard, est autorisée à établir un abattoir public et commun. L'autorité municipale remplira, pour le choix du local, les formalités exigées par le décret du 15 octobre 1810 et par l'ordonnance royale du 14 janvier 1815, relativement à la troisième classe des établissemens insalubres ou incommodes.

2. Aussitôt que les échaudoirs dudit établissement auront été mis en état de servir, et dans le délai d'un mois, au plus tard, après que le public en aura été averti par affiches, l'abattage des bœufs, vaches, veaux, moutons, agneaux et porcs introduits en ville et destinés à la consommation des habitans, aura lieu exclusivement dans l'abattoir public; toutes les tueries particulières seront interdites et fermées.

Toutefois, les propriétaires ou particuliers qui élèvent des porcs pour la consommation de leur maison conserveront la faculté de les abattre chez eux, pourvu que ce soit dans un lieu clos et séparé de la voie publique.

3. Les bouchers et charcutiers forains pourront également faire usage de l'abattoir public, mais sans y être obligés, soit qu'ils concourent à l'approvisionnement de la ville, soit qu'ils approvisionnent seulement la banlieue : ils seront libres de tenir des échaudoirs et des étaux hors de la ville, dans les communes voisines, sous l'approbation de l'autorité locale.

4. En aucun cas et pour quelque motif que ce soit, le nombre des bouchers et charcutiers ne pourra être limité : tous ceux qui voudront s'établir à Roquemaure seront seulement tenus de se faire inscrire à la mairie, où ils feront connaître le lieu de leur domicile et justifieront de leur patente.

5. Les bouchers et charcutiers de la ville auront la faculté d'exposer en vente et de débiter de la viande à leur domicile, dans des étaux convenablement appropriés à cet usage, en suivant les règles de police.

6. Les bouchers et charcutiers forains pourront exposer en vente et débiter de la viande dans la ville, mais seulement sur les lieux et aux jours désignés par le maire, et ce en concurrence avec les bouchers et charcutiers de la ville qui voudront profiter de la même faculté.

7. Les droits à payer par les bouchers et charcutiers pour l'occupation des places dans l'abattoir public seront réglés par un tarif arrêté dans la forme ordinaire.

8. Le maire de la ville de Roquemaure pourra faire les réglemens locaux nécessaires pour le service de l'abattoir public et commun, ainsi que pour le commerce de la boucherie et charcuterie; mais ces actes ne seront exécutoires qu'après avoir reçu l'approbation de notre ministre de l'intérieur, sur l'avis du préfet.

9. Notre ministre secrétaire d'Etat au département de l'intérieur (vicomte de Martignac) est chargé de l'exécution de la présente ordonnance, qui sera insérée au Bulletin des Lois.

———

23 JUILLET = Pr. 12 AOUT 1828. — Ordonnance du Roi qui classe au rang des routes départementales de la Nièvre le chemin de Château-Chinon à Clamecy. (8, Bull. 245, n° 8823.)

Charles, etc.

Sur le rapport de notre ministre secrétaire d'Etat au département de l'intérieur;

Vu la délibération du conseil général du département de la Nièvre tendant à ce que le chemin de Château-Chinon à Clamecy, par Enfert, Vauclaix, Lormes, la Pouque, Nuards, la Maison-Dieu et Dornecy, soit classé au rang des routes départementales;

Vu l'avis du conseil général des ponts-et-chaussées;

Notre Conseil-d'Etat entendu,

Nous avons ordonné et ordonnons ce qui suit :

Art. 1er. Le chemin de Château-Chinon à Clamecy est et demeure classé au rang des routes départementales de la Nièvre, sous le n° 12.

Cette route sera dirigée, selon le vœu du conseil général du département, par Enfert, Vauclaix, Lormes, la Maison-Dieu et Dornecy.

2. L'administration est autorisée à acquérir les terrains nécessaires pour établir cette route : elle se conformera, à ce sujet, aux dispositions de la loi du 8 mars 1810 sur l'expropriation pour cause d'utilité publique.

3. Notre ministre secrétaire d'Etat de l'intérieur est chargé de l'exécution de la présente ordonnance.

———

23 JUILLET 1828. — Ordonnances qui autorisent l'acceptation des dons et legs faits aux fabriques des églises de H. struff, d'Odival, de Ferolles, de Ploenc, de Pordie, de Melun, de Vic, de Quingey, de Soller, de Moussel, d'Erdeven, de Baslieux et Houlle, de Connal et de Bersheim ; aux séminaires d'Avignon, de Grenoble et de Périgueux. (8, Bull. 307, nᵒˢ 11764 et suiv.)

23 JUILLET 1828. — Ordonnances qui autorisent l'acceptation de dons et legs faits aux fabriques des églises de Condat, de Nazin, de la Cougere, de Vohl et de Fouer ; et au séminaire d'Amiens. (8, Bull. 308, nᵒˢ 11790 à 11795.)

23 JUILLET 1828. — Ordonnance qui concède aux sieurs de Marnas et Philippon les mines de plomb existant dans l'arrondissement de Villefranche (Rhône), sous le nom de concession de Propriere. (8, Bull. 259, nᵒ 9810.)

23 JUILLET 1828. — Ordonnance qui autorise le sieur Montazeau à tenir et conserver en activité l'usine à fer dite forge basse qu'il possède en la commune de la Chapelle-Montbrandeix (Haute-Vienne). (8, Bull. 259, nᵒ 9811.)

23 JUILLET 1828. — Ordonnances qui autorisent l'acceptation de dons et legs faits aux communes de Créon, de Soisy-sous-Enghien, de Vimarié ; au consistoire de l'église protestante de Tonneins, et aux pauvres de la colonie de Cayenne. (8, Bull. 259, nᵒˢ 9812 à 9816.)

29 = Pr. 30 JUILLET 1828. — Ordonnance du Roi concernant l'exécution de la loi du 18 juillet 1828, sur les journaux et écrits périodiques. (8, Bull. 243, nᵒ 8775.)

Charles, etc.

Vu la loi du 18 juillet 1828, sur les journaux et écrits périodiques ;

Sur le rapport de notre garde-des-sceaux, ministre secrétaire d'État au département de la justice ;

Notre Conseil entendu,

Nous avons ordonné et ordonnons ce qui suit :

Art. 1ᵉʳ. Avant toute publication d'un journal ou écrit périodique soumis au cautionnement par les dispositions de la loi du 18 juillet 1828, il sera justifié au procureur du Roi du lieu de l'impression du versement du cautionnement auquel ce journal ou écrit périodique est soumis, et de la déclaration prescrite par l'art. 6 de ladite loi. Le procureur du Roi donnera acte sur-le-champ de cette justification et en tiendra registre.

2. Les propriétaires des journaux et écrits périodiques existans qui étaient exempts de fournir un cautionnement en vertu des dispositions de la loi du 9 juin 1819, et qui ne se trouvent point compris dans les exceptions spécifiées en l'art. 3 de la loi du 18 juillet 1828, seront tenus, dans le délai de quinze jours à compter de la promulgation de la présente ordonnance, de déposer, à Paris, à la direction de la librairie, et dans les départemens au secrétariat général de la préfecture, un certificat constatant qu'ils ont fourni le cautionnement exigé par l'article 2 de la même loi.

Ce certificat sera délivré, à Paris, par l'agent judiciaire du trésor, et, dans les départemens, par le directeur de l'enregistrement, conformément aux dispositions de l'ordonnance du 9 juin 1819.

Il en sera justifié au procureur du Roi du lieu de l'impression, ainsi qu'il est dit en l'article 1ᵉʳ.

3. Les propriétaires des journaux et écrits périodiques existans qui sont exceptés du cautionnement par l'article 3 de ladite loi, feront dans le même délai les déclarations prescrites par les nᵒˢ 1, 2 et 5 de l'article 6.

4. A l'expiration du délai ci-dessus fixé, ceux des journaux ou écrits périodiques actuellement existans sans cautionnement, qui n'auraient pas fait les justifications et déclarations prescrites, cesseront de paraître.

5. Notre garde-des-sceaux, ministre secrétaire d'État au département de la justice (comte Portalis), et nos ministres secrétaires d'État aux départemens de l'intérieur et des finances (vicomte Martignac et comte Roy), sont chargés, chacun en ce qui le concerne, de l'exécution de la présente ordonnance.

29 JUILLET 1828. — Ordonnance du Roi qui fixe les époques de réunion des conseils généraux de département et des conseils d'arrondissement. (8, Bull. 245, nᵒ 8816.)

29 JUILLET 1828. — Ordonnance qui autorise l'acceptation d'une donation faite à l'Institut royal de France. (8, Bull. 260, nᵒ 9837.)

30 JUILLET = Pr. 1ᵉʳ AOUT 1828. — Loi relative à l'interprétation des lois (1). (8, Bull. 244, nᵒ 8800.)

Charles, etc.

Art. 1ᵉʳ. Lorsqu'après la cassation d'un

(1) Proposition à la Chambre des députés le 25 mars (Mon. du 26) Rapport de M. Galemard de Lafayette le 10 mai (Mon. du 11). Discussion les 22, 23, 26, 27 mai (Mon. des 23, 24, 25, 27 et 28). Adoption le 27 mai (Mon. du 29).

premier arrêt ou jugement en dernier ressort le deuxième arrêt ou jugement rendu dans la même affaire, entre les mêmes parties, est attaqué par les mêmes moyens que le pre-

Proposition à la Chambre des pairs le 5 juillet (M n. du 10). Rapport de M. le comte Molé le 19 juillet (Mon. du 25). Discussion les 22 et 23 juillet (Mon. des 23 et 24.) Adoption le 23 juillet (Mon. du 27).

Dans les commentaires que nous publions sur les lois, nous nous attachons moins à les juger qu'à les expliquer ; nous essayons de manifester la pensée du légi-lateur, et c'est avec beaucoup de réserve que nous exprimons notre opinion sur la sagesse et l'opportunité des dispositions legales ; mais la loi dont nous avons à nous occuper ici a un caractère tout particulier : la seule question politique qu'elle ait soulevée est celle de savoir à qui, du Roi seul ou du pouvoir législatif, appartient l'interprétation de la loi : cette première difficulté écartée, il se présente une foule d'autres problêmes dignes de tout l'intérêt des jurisconsultes, dont la solution est entièrement dans le domaine de la jurisprudence, et dépend des principes qui régissent notre organisation judiciaire. Il ne fallait donc pas se borner à offrir un commentaire explicatif ; il convenait aussi de reproduire et d'apprécier toute la partie de la discussion parlementaire qui a eu pour but de combattre ou de soutenir le système de la loi nouvelle.

D'abord, présentons les textes de lois antérieures sur la même matière, avec quelques observations.

L'art. 7, titre 1er de l'ordonnance de 1667, porte : « Si dans les jugemens des procès qui seront pendans en nos cours de parlemens et « nos autres cours, il survient aucune difficulté « sur l'exécution de quelques articles de nos or- « donnances, édits, déclarations, et lettres-paten- « tes, nous leur défendons de les interpréter, « mais nous voulons qu'en ce cas elles aient à « se retirer par devers nous, pour apprendre ce « qui sera de notre intention. »

Alors le Roi, seul législateur, interprétait seul la loi, et l'interprétation devait précéder le jugement.

La loi des 16 = 24 août 1790, titre 2, art. 12, s'exprime en ces termes : « Ils (les juges) ne « pourront faire de réglemens, mais ils s'adres- « seront au Corps-Législatif, toutes les fois qu'ils « croiront nécessaire soit d'interpréter une loi, « soit d'en faire une nouvelle.

Le second alinéa de l'art. 21 de la loi du 27 novembre = 1er décembre 1790, est ainsi conçu : « Mais lorsque le jugement aura été cassé deux « fois, et qu'un troisième tribunal aura jugé en « dernier ressort de la même manière que les « deux premiers, la question ne pourra plus « être agitée au tribunal de cassation qu'elle « n'ait été soumise au Corps-Législatif, qui, « en ce cas, portera un décret déclaratoire de la « loi : et lorsque ce décret aura été sanctionné « par le Roi, le tribunal de cassation s'y confor- « mera dans son jugement. »

Ce n'est plus le Roi, c'est le Corps-Législatif qui donne l'interprétation, et l'interprétation, comme sous l'empire de l'ordonnance, précède le jugement qui doit terminer le litige.

Les mêmes dispositions sont reproduites dans l'art. 21, chap. 5, titre 3 de la Constitution du 3 septembre 1791 ; l'art. 256 de la Constitution du 5 fructidor an 3 veut que le réfère au Corps-Législatif ait lieu après une première cassation : il maintient les autres règles. — La loi du 18 vendémiaire an 6 applique ces principes aux décisions des conseils de révision : elle porte, art. 23 : « Lorsqu'après une annulation le second juge- « ment sur le fond est attaqué par les mêmes « moyens que le premier, la question ne peut « plus être agitée au conseil de révision ; elle est « soumise au Corps-Législatif, qui porte une loi « à laquelle le conseil de révision est tenu de se « conformer. »

L'art. 78 de la loi du 27 ventose an 8 est ainsi conçu : « Lorsqu'après une cassation le second « jugement sur le fond sera attaqué par les mê- « mes moyens que le premier, la question sera « portée devant toutes les sections réunies du « tribunal de cassation. »

On a demandé si cet article devait s'entendre en ce sens, que l'arrêt des sections réunies terminait le litige sans renvoi au Corps-Législatif, ou bien si l'innovation consistait seulement à réunir les sections de la cour pour statuer sur le second pourvoi, les dispositions antérieures ordonnant le référé au Corps-Législatif conservant leur effet? M. le garde-des-sceaux et M. le rapporteur de la commission de la Chambre des députés ont paru adopter la première opinion (Mon. du 26 mars 1828, p. 362, et 11 mai 1828, p. 614) ; mais M. Voysin de Gartempe a soutenu qu'il y avait toujours obligation de recourir à l'interprétation du Corps-Législatif avant de statuer sur le troisième pourvoi en cassation, attendu que les lois nouvelles n'abrogent tacitement les lois antérieures qu'autant qu'elles sont incompatibles avec elles (Mon. du 24 mai 1828, p 695).

La loi du 16 septembre 1807 vint établir un nouveau système.

La disposition la plus remarquable de cette loi est sans contredit celle qui enlève au pouvoir législatif le droit d'interprétation ; d'ailleurs, suivant la règle établie par la législation antérieure, l'interprétation précède le jugement définitif du procès. L'art. 440 du Code d'instruction rappelle et applique la loi de 1807.

En 1814 et sous l'empire de la Charte, on crut que le pouvoir législatif, rétabli dans l'exercice de ses prérogatives, ne pouvait rester plus long-temps dépouillé du droit d'interprétation ; et les deux Chambres adoptèrent la résolution suivante, qui ne fut pas sanctionnée par le Roi :

« Art. 1er. Lorsqu'après la cassation d'un pre- « mier arrêt ou jugement en dernier ressort, le « deuxième arrêt ou jugement rendu dans la « même affaire, entre les mêmes parties, est at- « taqué par les mêmes moyens que le premier, « la Cour de cassation prononce, sections réu- « nies, sous la présidence du chancelier de « France

« Art. 2. Lorsque l'arrêt ou jugement des cours « et tribunaux aura été cassé deux fois, si un

« troisième tribunal juge de la même manière
« que les deux précédens, et qu'il y ait, par les
« mêmes moyens, un pourvoi en cassation, il y
« a lieu à interprétation de la loi ; en consé-
« quence, la Cour de cassation surseoit provisoi-
« rement au jugement du pourvoi, et il en est
« référé au Roi, dans la personne du chancel-
« lier de France, par le procureur général de
« ladite Cour.

« Art. 3. La déclaration interprétative est pro-
« posée, discutée, adoptée et promulguée dans
« la forme ordinaire des lois.

« Art. 4. Lorsque la déclaration interprétative
« est rendue, la Cour de cassation statue sur le
« pourvoi.

« Art. 5. La loi interprétative ne change rien
« aux jugemens qui auraient acquis l'autorité
« de la chose jugée et aux transactions arrêtées
« avant sa publication. »

La pensée que la loi de 1807 était virtuellement abrogée par le seul fait de survenance de
la Charte était tellement empreinte dans tous les
esprits, que, lorsqu'il fut question d'interpréter les
articles 115 et 160 du Code de commerce, on
présenta une loi qui fut votée par les deux Chambres comme loi interprétative (*voy.* loi du 19
mars 1817 et notes). »

Cependant, en 1823, un avis du Conseil-d'E-
tat professa la doctrine que la loi de 1807 n'é-
tait point abrogée ; que le Roi pouvait, d'après
ses dispositions, interpréter les lois après deux
cassations ; mais il fit une distinction entre l'interprétation générale législative et l'interprétation spéciale, applicable à un cas particulier, et
il n'attribua au Roi que cette dernière espèce
d'interprétation, sans force obligatoire pour les
tribunaux, sans autorité sur les cas analogues :
nous avons dit dans les notes sur cet avis du Conseil-d'Etat, du 27 novembre = 17 décembre 1823.
que la distinction entre les deux espèces d'interprétations était nécessaire ; mais nous avons soutenu que jamais la loi de 1807 n'avait voulu la
consacrer, et que l'interprétation dont s'occupait
cette loi était bien réellement l'interprétation
législative et générale. Nous avons dit que cela
résulte de l'exposé des motifs de cette loi (*voy.*
Sirey, tome 8, 2ᵉ partie, p. 37); cela a été formellement reconnu par M. le garde-des-sceaux
dans le discours de présentation à la Chambre
des députés, et dans le rapport de la commission.
Deux ordonnances ont été rendues en exécution
de l'avis du Conseil-d'Etat (*voy.* ordonnance
du 1ᵉʳ septembre 1827, et ordonnance du 23 janvier 1828).

Enfin, voici les termes du projet de loi présenté à la Chambre des députés.

Art. 1ᵉʳ. Lorsqu'après la cassation d'un premier arrêt ou jugement en dernier ressort, le
deuxième arrêt ou jugement rendu dans la même
affaire, entre les mêmes parties, est attaqué par
les mêmes moyens que le premier, la Cour de
cassation prononce, toutes les Chambres réunies.

2. Lorsque la cour de cassation a annulé deux
arrêts ou jugemens en dernier ressort rendus
dans la même affaire, entre les mêmes parties,
et attaqués par les mêmes moyens, le jugement
de l'affaire est, dans tous les cas, renvoyé à une

cour royale. La cour royale saisie par l'arrêt de
cassation prononce, toutes les chambres assemblées. L'arrêt qu'elle rend ne peut être attaqué
par la voie du recours en cassation. Toutefois, il
en est référé au Roi, pour être ultérieurement
procédé, par ses ordres, à l'interprétation de la
loi.

3. Dans la session législative qui suit le référé,
une déclaration interprétative est proposée aux
Chambres : elle est discutée, délibérée et promulguée, s'il y a lieu, dans la forme ordinaire
des lois.

4. La loi du 16 septembre 1807, relative à
l'interprétation des lois, est abrogée.

On remarque dans ce projet plusieurs dispositions entièrement contraires à la législation antérieure.

D'abord l'interprétation enlevée au pouvoir
législatif, par la loi de 1807, lui est restituée.

En second lieu, après la cassation prononcée
par les sections réunies, le renvoi n'est plus fait,
comme précédemment, à un tribunal du même
degré que celui dont la décision est cassée : c'est
toujours à une cour royale que l'affaire est renvoyée.

Troisièmement, la décision de la cour de renvoi reste inattaquable et souveraine ; elle peut
l'emporter sur les deux arrêts de la Cour de cassation.

Enfin, et quatrièmement, l'interprétation ne
précède plus la décision définitive ; elle n'est
donnée qu'après que le procès a été terminé par
un jugement qui peut être contraire à l'interprétation législative, et qui n'en est pas moins
la loi des parties.

Ce système, combattu sur tous les points, a
été adopté par les Chambres, et se retrouve tout
entier dans la loi.

Il a été reconnu presque unanimement que le
pouvoir de qui émanent les lois a seul le droit
de les interpréter.

Le renvoi à une cour royale, quel que soit
le tribunal dont la décision est cassée, a paru
bouleverser l'ordre des juridictions : on a fait remarquer que les parties seraient par là enlevées
à leurs juges naturels, exposées à des frais considérables.

A ces objections on a opposé l'inconvénient
de renvoyer à un juge-de-paix, à un maire jugeant en matière de simple police, la solution
d'une question sur laquelle la Cour suprême a
déjà prononcé deux fois. On a dit que les cours
royales présentaient toutes les garanties désirables, et que l'attribution extraordinaire qui leur
était conférée ne pouvait être considérée comme
portant atteinte aux principes du droit commun
d'une manière nuisible, puisque ces cours sont
en général compétentes pour statuer sur toutes
les matières civiles, commerciales, criminelles,
correctionnelles, etc.

Passant à la disposition qui attribue à l'arrêt
de la troisième cour royale une autorité souveraine, on a fait remarquer qu'elle dépouillait
la Cour de cassation de ses prérogatives, en con-
férant à la cour de renvoi le pouvoir de faire
cesser les incertitudes sur un point de doctrine ;
que désormais l'unité dans la jurisprudence,

but de l'institution de la Cour de cassation, ne serait plus possible ; que l'on verrait les cours royales s'unir, résister à la Cour de cassation, et l'emporter sur elle ; on a signalé comme un des résultats de cette combinaison nouvelle la conséquence singulière qu'au moment où le doute est légalement établi, où l'obscurité de la loi est régulièrement constatée, où, par conséquent, il y a le plus de raison de se défier de la sagesse d'une décision, on lui attribue précisément un caractère de certitude parfaite et une autorité absolue.

Comme d'ailleurs cette disposition se lie à celle qui renvoie l'interprétation législative après la décision du procès, on s'est élevé contre ce référé tardif ; on a pensé qu'il devrait, au contraire, précéder le jugement définitif, et que ce jugement devrait se conformer à l'interprétation législative : on a fait observer que l'application d'une loi interprétative à des faits antérieurs ne peut donner lieu au reproche de rétroactivité ; car il est de principe constant en législation que les lois interprétatives sont applicables, sans effet rétroactif, aux discussions déjà nées ; parce que ces lois n'établissent pas des règles nouvelles ; qu'elles proclament seulement le vrai sens des règles anciennes ; et qu'ainsi il n'y a ni injustice ni inconséquence à leur faire régir des cas antérieurs. On a invoqué enfin toutes les lois précédentes, en y comprenant l'ordonnance de 1667. A cette argumentation, fondée sur les principes, on a ajouté de puissantes considérations : par exemple, a-t-on dit, il pourra arriver que la loi interprétative soit en opposition avec l'arrêt de la troisième cour royale ; et, par conséquent, un citoyen sera irrévocablement privé de ses droits par un jugement que l'autorité législative déclarera bientôt après contraire au vœu de la loi ; il y a plus, en matière criminelle, un condamné à mort pourra être exécuté, et le lendemain le pouvoir législatif décidera qu'il n'aurait pas dû l'être.

Le système de la loi a eu ses défenseurs : il faut bien, ont-ils dit, mettre un terme à la contestation, et c'est à la décision de la troisième cour royale qu'il convient d'attribuer ce résultat ; voudrait-on donner à l'arrêt de la Cour de cassation rendu en sections réunies l'effet de la chose jugée définitive sur le procès, on dénaturerait l'institution de la cour régulatrice, destinée à juger les jugemens, et non les procès, à maintenir l'exacte observation de la loi, et qui jamais ne peut s'ingérer dans le fond du litige ; en un mot, on établirait un troisième degré de juridiction. Voudrait-on que la Cour de cassation fût considérée comme juge suprême du *point de droit*, et que la cour de renvoi n'eût qu'à l'appliquer au fait ? Mais d'abord il serait souvent difficile de distinguer nettement le point de droit du point de fait, et en outre ce serait là une manière détournée de rendre la cour de cassation juge du procès. D'ailleurs, si l'on refuse un caractère décisif à l'arrêt de la troisième cour, si l'on veut suspendre la décision définitive, et attendre l'interprétation législative, d'une part on prolonge indéfiniment la contestation, on se met en opposition avec ce

principe qui ne permet pas aux tribunaux de refuser de juger sous prétexte du silence, de l'obscurité ou de l'insuffisance de la loi (art. 4 du Code civil) ; on donne enfin à la loi un effet rétroactif, car c'est en vain qu'on vient distinguer, avec les docteurs, entre les lois interprétatives et les lois innovatives : il y a toujours effet rétroactif, dès qu'on puise la solution dans un élément qui n'existait pas le jour où a eu lieu le fait, le contrat ou l'événement sur lequel il faut statuer. « Lorsqu'il s'agit, a dit M. le garde-des- « sceaux, d'une loi obscure, dont une interpré- « tation tardive vient révéler le sens, jusqu'a- « lors inaperçu, d'une loi inintelligible, à la- « quelle une disposition nouvelle vient donner « un sens, d'une loi dont les dispositions vont re- « cevoir, pour la première fois, une application « nouvelle, cette loi ne saurait être réputée con- « nue ni promulguée avant son interprétation ; « c'est son obscurité ou son insuffisance qui sont « acquises aux parties, et non l'évidence récente « de ses dispositions. Le procès n'aurait proba- « blement pas été entrepris, si la disposition eût « été claire et complète ; il serait injuste de su- « bordonner le jugement de la cour à une ex- « plication ultérieure qui aurait prévenu le dé- « bat judiciaire (Mon. du 25 mai, p. 703). »

D'ailleurs, autre inconvénient : faire juger le procès après la loi interprétative, c'est, a-t-on dit, le faire décider par le pouvoir législatif ; c'est confondre les attributions des grands pouvoirs de l'État. Le Corps-Législatif, qui ne doit jamais statuer que sur les intérêts généraux, qui ne doit jamais établir que des règles universelles et stables, décidera en vue d'un intérêt privé, dont il subira à son insu l'influence ; il créera une règle transitoire et pour un cas spécial. Enfin, lorsqu'il s'agira de faire une loi interprétative, qui répondra que l'omnipotence parlementaire, se renfermant dans d'étroites limites, s'occupe uniquement de rechercher le sens d'une disposition obscure, n'est-il pas vraisemblable qu'alors même que le sens véritable de la loi serait manifeste au Roi et aux Chambres, si ce sens leur paraît offrir un résultat contraire aux intérêts du pays et au vœu général, ils ne s'y arrêteront pas, et qu'ils interpréteront la loi, non en déclarant ce qu'elle exprime, mais en établissant ce qu'elle aurait dû exprimer ? Dès lors tombe la distinction entre les lois interprétatives et les lois innovatives.

Qu'il nous soit permis de placer ici quelques courtes réflexions :

Autant que tout autre, nous reconnaissons combien il est ridicule de se déterminer d'après de prétendus principes, bien plutôt établis par la routine que consacrés par l'expérience ; nous savons que fréquemment les axiomes de droit ont besoin d'être appréciés avec indépendance et sagacité ; ainsi ce n'est point parce que des docteurs ont dit que les lois interprétatives diffèrent essentiellement des lois innovatives, et que les premières peuvent s'appliquer, sans effet rétroactif, aux cas antérieurs, que nous croyons que la loi interprétative aurait dû précéder et régir l'arrêt de la troisième cour royale : notre opinion repose sur des bases plus solides et mieux vérifiées.

S'il est vrai que le pouvoir législatif, appelé à interpréter une loi, ne veuille point l'interpréter, et s'il est constant qu'il fera une loi nouvelle pour remplacer l'ancienne, on a raison de ne pas soumettre à cette loi nouvelle une espèce antérieure : l'effet rétroactif serait évident ; mais nous ne pouvons croire que le Roi et les Chambres, bien avertis qu'il faut interpréter, aillent de dessein prémédité *innover*. Si d'ailleurs il doit en être ainsi, pourquoi employer cette locution *loi interprétative*? elle exprime et propage une erreur.

Mais il faudra donc, disent les défenseurs de la loi, que, si le sens d'une disposition obscure est absurde ou atroce, le législateur le proclame? Pourquoi pas? la vérité ou l'absurdité, dégagée du voile qui la couvrait, ne sera ni plus atroce ni plus absurde que si elle eut été clairement et réellement exprimée. Qu'une loi nouvelle vienne réparer le mal et abroge la loi dont l'interprétation est la critique : rien de plus facile.

Reprenons et tenons pour vrai ce qui l'est, non parce que les docteurs l'ont dit, mais parce que la raison le dit aussi : une loi interprétative doit se borner à expliquer la loi interprétée : appliquer la loi interprétative, c'est donc appliquer la loi interprétée elle-même, avec cette seule différence, qu'avant l'interprétation le juge courait le risque de se tromper, tandis qu'après l'interprétation il est sûr qu'il ne se trompera pas.

Mais alors, dit-on, le pouvoir législatif rend un véritable jugement : cela fut-il vrai, et l'on sent bien que cela est faux, on pourrait rétorquer, et dire que le tribunal qui décide sous l'empire d'une loi inintelligible, ou, ce qui est la même chose, en l'absence de toute loi, s'érige en législateur : or, lequel est préférable?

Cette considération que, *l'obscurité de la loi est acquise aux parties*, ne doit pas être jugée sévèrement ; ces paroles sont échappées dans l'entraînement de la controverse ; M. *de Cormenin* a répondu : " C'est l'évidence qui constitue le « *droit*, et non le *doute* : *ex veritate jus oritur*. "

Enfin la règle écrite dans le Code civil, article 4, que le juge ne peut refuser de juger, *sous prétexte de l'obscurité de la loi*, a été invoquée pour démontrer qu'il n'est pas possible de surseoir pour attendre l'interprétation.

De bonne foi, y a-t-il la moindre analogie entre le cas où le juge tout seul, et de sa propre autorité, viendrait dire qu'il ne peut pas juger parce que la loi est obscure, et le cas où deux arrêts de cour royale en opposition avec deux arrêts de cassation proclament l'obscurité de la loi? le *prétexte d'obscurité* n'autorise point le déni de justice : mais *l'obscurité constatée*, non-seulement le justifie, elle le commande, et comme l'a dit un noble pair, je voudrais autant juger les procès *à la courte paille* que d'en soumettre la décision à un tribunal quelconque, après que la contrariété des arrêts de la Cour de cassation et de deux cours royales constate l'obscurité impénétrable de la loi et laisse dans l'incertitude la plus absolue sur l'événement du procès.

Si une erreur s'est glissée dans la loi, ces remarques, qui ont pour but de l'indiquer, pourront avoir quelque jour leur utilité ; ajoutons une dernière observation. Les conséquences du système adopté eussent été, en matière criminelle, si fâcheuses et quelquefois si révoltantes, qu'il a fallu insérer une disposition exceptionnelle. *Voy.* le dernier alinéa de l'article 2.

M. Foucher, avocat général à la cour royale de Rennes, dans un écrit récemment publié et ayant pour titre : *De la Législation en matière d'interprétation des lois en France*, établit que l'organisation des pouvoirs législatifs telle qu'elle existe dans notre pays, que sa division tripartite présente un obstacle insurmontable à ce que le soin de faire des lois interprétatives lui soit confié. Il a cité à l'appui de cette assertion les observations que j'ai présentées moi-même (*voy.* ci-après, notes sur l'art. 5), en les qualifiant avec une extrême bienveillance. Il examine successivement les opinions qui attribuent le pouvoir d'interprétation à la Chambre des pairs, à la Cour de cassation ; il les repousse, et il s'arrête à la pensée que l'interprétation des lois doit être laissée au pouvoir exécutif. A l'appui de ce système il cite les paroles suivantes de M. Pastoret dans la discussion du projet de C. de militaire, en 1827 : " Personne ne peut mieux connaître le vrai sens « d'une loi que celui dont elle a le premier oc- « cupé les méditations, que celui qui après l'avoir « livrée deux fois à la discussion d'hommes « aussi recommandables qu'éclairés, a vu se « fortifier, par un double assentiment, la con- « fiance qu'il avait eue d'abord dans l'acte dont « il proposait l'admission, qui va maintenant en « surveiller l'exécution comme il en inspira la « pensée. "

Ainsi, dit M. Foucher, l'interprétation appartiendra au Roi, en son Conseil-d'État ; mais les conseillers-d'État doivent offrir, par l'organisation légale du conseil, des garanties d'indépendance, et surtout de grande expérience et de haut savoir.

De nouvelles réflexions sur la même matière ont modifié ma manière de penser. L'expérience a prouvé que le référé au pouvoir législatif présentait souvent de grandes difficultés ; que les Chambres, dans leur omnipotence, ne veulent pas s'assujétir à interpréter ; qu'elles prétendent presque toujours légiférer. Cette résistance de leur part indique un vice dans le raisonnement si généralement admis que c'est à celui qui se charge de la confection des lois qu'en appartient l'interprétation. On a toujours confondu deux choses qu'il aurait fallu distinguer dans la manifestation du doute légal sur le sens d'une loi : il y a d'abord le procès à l'occasion duquel l'incertitude est née ; puis la question générale et d'intérêt public de savoir quelle est la règle claire et positive à établir. On devrait donner à l'arrêt de la Cour de cassation rendu sections réunies l'autorité suffisante pour terminer le litige, c'est-à-dire, l'imposer comme une règle de droit au tribunal de renvoi ; et le Corps-Législatif conserverait sa haute et pleine puissance, pour éclairer, pour compléter, ou enfin même pour changer la législation. Une objection

mier, la Cour de cassation prononce, toutes les chambres réunies (1).

2. Lorsque la Cour de cassation a annulé deux arrêts ou jugemens en dernier ressort rendus dans la même affaire, entre les mêmes parties, et attaqués par les mêmes moyens, le jugement de l'affaire est, dans tous les cas, renvoyé à une cour royale. La cour royale saisie par l'arrêt de cassation prononce, toutes les chambres assemblées (2).

(3). S'il s'agit d'un arrêt rendu par une

---

a pu toucher de bons esprits. Ce système, dit-on, donne à la Cour de cassation le droit de juger le fond du procès, cela est contraire à nos institutions. Je réponds que, poser la règle de droit, en laissant le soin de l'application au fait au tribunal de renvoi, ce n'est pas même indirectement juger le fond du procès. Le tribunal de renvoi, par une appréciation nouvelle des circonstances, peut juger comme les tribunaux dont les jugemens ont été cassés, sans s'exposer à la cassation ; il est donc indépendant et libre, dans le réglement des intérêts privés qui sont en contact. La Cour de cassation, en posant une règle de droit, loin de s'écarter du but de son institution, le remplit véritablement ; plus cette règle est souveraine et puissante, mieux elle accomplit la mission donnée à la cour suprême. Je l'ai fait remarquer ailleurs (Préface du tome 1er de ma continuation de Toullier), on n'a pas donné à la Cour de cassation et à ses arrêts une puissance assez grande ; on a méconnu ou oublié la pensée qui a présidé à sa formation. Ceux qui discutaient la loi institutive de novembre 1790 déclaraient que le tribunal de cassation tenait plus *du pouvoir législatif que du pouvoir judiciaire;* ils voulaient le nommer *conseil national pour la conservation des lois.* Depuis cette époque, on y a trop vu un tribunal, et, tout en reconnaissant qu'elle ne juge pas les procès, on a cependant voulu lui donner une physionomie toute judiciaire. Cependant, si on lui refuse le pouvoir qui termine un litige, et qu'on lui conteste le droit de proclamer des règles obligatoires, je le demande, à quoi la réduit-on ?

La loi interprétative serait-elle applicable aux cas antérieurs à sa promulgation, autres que celui qui a donné lieu à l'interprétation ? *Voy.* notes sur l'art. 4.

Un pourvoi en cassation ne doit pas être porté devant les chambres réunies de la cour, quoiqu'il soit fondé sur les mêmes moyens qu'un précédent pourvoi formé dans la même cause, s'il est en outre fondé sur un moyen qui n'avait pas été invoqué lors de ce premier pourvoi (Cass. 29 janvier 1829; Cass. S. 29, 1, 154; D. 29, 1, 126).

(1) Le garde-des-sceaux ne présidera plus les sections réunies, comme sous l'empire de la loi du 16 août 1807 : on a pensé que la présence du ministre de la justice pouvait avoir une influence dangereuse sur un corps judiciaire ; que d'ailleurs il n'était pas convenable que le ministre qui, dans le conseil du Roi, et au sein des Chambres, doit concourir à la confection de la loi interprétative, émît son opinion comme juge.

M. *de Schonen* a proposé une disposition additionnelle ainsi conçue : « Cependant, en matières criminelle, correctionnelle ou de simple « police, lorsque le second arrêt ou jugement « en dernier ressort aura prononcé soit le ren-

« voi du prévenu, soit, dans le concours de deux « peines, la moins grave, cet arrêt sera exécuté, « sans préjudice du pourvoi dans l'intérêt de la « loi. »

Cette disposition, proposée dans l'intérêt du condamné, pouvait tourner contre lui ; car, par là, il se trouvait privé du droit de se pourvoir une seconde fois en cassation. Sur cette observation, faite par M. *Ricard*, M. de *Schonen* a proposé d'ajouter : *et par le condamné.* La proposition, ainsi modifiée, a été rejetée. *Voy.* le troisième alinéa de l'art. 2.

(2) La Chambre des députés a rejeté un amendement qui avait pour but de faire renvoyer, après la seconde cassation, à un tribunal de même degré que celui dont le jugement avait été cassé. Ainsi l'attribution extraordinaire à une cour royale pour statuer sur le renvoi a été adoptée ; mais de quoi se trouve saisie la cour de renvoi? *Voy.* notes sur l'alinéa suivant.

(3) Un grand nombre d'amendemens ont été proposés pour remplacer cet alinéa. On a discuté le premier, celui qui plaçait l'interprétation législative avant le jugement définitif, et qui laissait à un tribunal de renvoi ordinaire le soin de statuer après la seconde cassation ; il renversait entièrement le système de la loi. Voici l'ensemble des dispositions qu'il présentait, d'après la rédaction arrêtée entre MM. *Voysin de Gartempe, Cormenin, Amat et Ricard.*

Art. 2. « Lorsque la Cour de cassation a an- « nulé deux arrêts ou jugemens en dernier res- « sort rendus dans la même affaire, entre les « mêmes parties, et si le troisième arrêt ou jugement est « attaqué sur le même point, par les mêmes « moyens, la Cour de cassation surseoit à pro- « noncer sur le pourvoi ; il en est référé au Roi, « pour être ultérieurement procédé par ses or- « dres à l'interprétation de la loi.

Art. 3. « Une déclaration interprétative est « sans délai proposée aux Chambres. Elle est dis- « cutée, délibérée et promulguée dans la forme « ordinaire des lois.

« Lorsque la déclaration interprétative est ren- « due, la Cour de cassation statue sur le pour- « voi.

Art. 4. « En matières criminelle, correction- « nelle ou de police, la décision la plus favo- « rable à l'accusé, soit qu'elle ait été rendue « par les arrêts ou jugemens intervenus, soit « qu'elle ait été prononcée par la déclaration « interprétative, sera seule appliquée au procès « existant.

« Si le troisième arrêt ou jugement avait pro- « noncé l'absolution de l'accusé et ordonné sa « mise en liberté, cette décision serait sur-le- « champ exécutée. »

Pour et contre cette proposition, on a repro- duit les argumens que nous avons déjà indiqués

28.   16

dans la note première sur cette loi. Le discours de M. de Cormenin, prononcé dans la séance du 26 mai (Mon. du 28), est un modèle d'argumentation vigoureuse et serrée, en faveur du système d'interprétation antérieure au jugement.

Pour bien saisir le sens des diverses dispositions contenues dans ce deuxième alinéa, il faut d'abord le comparer avec la rédaction du projet ci-dessus transcrit. On voit que l'addition faite par amendement consiste dans les trois premières phrases; la dernière seule, commençant ainsi : « L'arrêt qu'elle rend, etc., » se trouvait dans le projet, sauf une légère modification.

Le rapporteur de la commission de la Chambre des députés avait bien senti qu'il ne suffirait pas que la loi donnât attribution à une cour royale, comme tribunal de renvoi, sans aucune explication sur les points dont la cour aurait à s'occuper, sans aucune distinction entre les matières criminelles et les matières civiles; rappelant d'abord l'objection prise de ce que l'accusé pourrait être condamné et exécuté avant la loi interprétative, qui déciderait peut-être contrairement à la sentence, il disait : « Si le nouveau « texte de la loi fait naître quelques regrets, ils « ne frapperont en général que sur des absolu- « tions ou des peines trop légères. »

Puis il ajoutait :

« Il était du devoir de votre commission « d'examiner si l'attribution aux cours royales « n'amènerait pas quelque perturbation ou quel- « ques embarras particuliers en matière crimi- « nelle : elle a reconnu que tout s'aplanit de- « vant le texte du projet de loi : il suffit de bien « l'entendre. Il n'y est question que de la cassa- « tion des arrêts ou jugemens. L'arrêt d'une cour « d'assises peut être annulé soit pour les vices « qui lui sont propres, soit à cause de ceux at- « tachés aux actes précédens. Si la nullité frappe « sur la déclaration du jury ou sur ce qui est « antérieur, tout doit être refait à partir de l'acte « nul, et il faut retourner à une cour d'assises ; « mais, si la cassation porte uniquement sur l'ar- « rêt (et c'est le seul cas prévu par le projet de « loi), rien ne s'oppose au renvoi devant la cour « royale, puisque, la déclaration du jury subsis- « tant, il ne peut être question que de réparer « un vice de forme ou de prononcer sur l'appli- « cation de la peine. Remarquons aussi que si « l'arrêt cassé a été dénoncé seulement pour « avoir statué sur un incident, comme, par « exemple, sur la question de savoir s'il faut « écarter ou entendre tel ou tel témoin, le point « de doctrine qui est le fond, dans le sens du « projet, peut aussi être déféré à la cour royale, « et, après sa décision, la procédure reprendra, « s'il y a lieu, son cours naturel. »

Dans la discussion générale, M. Amat a manifesté l'opinion que les explications de M. le rapporteur n'étaient pas entièrement satisfaisantes. Il a d'abord fait remarquer qu'en matière criminelle l'erreur des juges pourra bien n'être pas favorable au condamné, et qu'entre deux peines, la troisième cour aurait la faculté de choisir la plus sévère : il a soutenu que, si ces explications diminuaient les perturbations, elles ne les faisaient

pas disparaître entièrement. « C'est, a-t-il dit, une « opinion personnelle de M. le rapporteur, qui « montre sa bonne intention d'améliorer le sys- « tème projeté ; mais elle me paraît en opposi- « tion avec le texte, car je ne puis croire ni « même concevoir que, lorsque l'article porte ces « mots : Le jugement de l'affaire est, dans tous « les cas, renvoyé à une cour royale, les auteurs « du projet aient voulu dire qu'il n'y aurait que « certaines occasions où le renvoi doit avoir lieu « à une cour royale, et que, dans les autres, on « procéderait devant une troisième cour d'assi- « ses ; or, comme mon erreur, si c'en est une, « sera partagée par le plus grand nombre, à la « simple lecture, il serait toujours indispensable « de faire passer dans la loi les règles tracées par « l'honorable rapporteur, qui se rapprochent « notablement de l'ancien usage que je voudrais « conserver. Cette correction, écrite dans la loi « même, empêcherait que, dès la publication, « on ne fût obligé d'interpréter la loi d'interpré- « tation... Mais le rapport nous donne un autre « éclaircissement, qui complique singulièrement « les incohérences et les obstacles. Il nous apprend « que, si l'arrêt a été cassé pour avoir statué sur « un incident, comme serait la capacité d'un « témoin, le point de doctrine, c'est-à-dire la « capacité du témoin, serait seul déféré à la cour « royale. Ainsi l'accusé serait renvoyé à une cour « royale pour faire juger un incident, ce qui ne « serait qu'une vaine formalité, puisque, dans « le cas cité, il ne pourrait en résulter qu'une « simple injonction d'ouïr ou de repousser le té- « moin, tandis que le projet porte formellement « que la cour royale jugera l'affaire, ce qui, « dans le langage du droit, veut dire qu'elle ter- « minera tout, qu'elle prononcera sur l'accusa- « tion comme sur ce qu'on appelle incident, « qui, au fait, n'est que le moyen de nullité « admis en cassation. Mais, si telle est l'intention « de la loi, il faut encore l'exprimer, puisque « ce sera une seconde amélioration que le pro- « jet passe sous silence. Mais si, après avoir fait « juger l'incident à la cour royale, il faut ra- « mener l'accusé devant une troisième cour d'as- « sises, qui indiquera ce nouveau tribunal dont « le projet ne parle pas ? faudra-t-il s'adresser de « nouveau à la cour suprême ou à la cour royale ? « Le projet n'en dit mot. La cour royale ne « pourrait commettre une cour d'assises de son « ressort, puisque, tous les magistrats ayant opiné, « aucun ne pourra la présider ; elle ne pourra « commettre hors de son ressort, puisqu'elle n'y « a ni pouvoir ni juridiction : en sorte qu'après « avoir subi cinq arrêts, il faudra encore reve- « nir à un réglement de juges ; mais le projet ne « dit rien de cela. »

Ces réflexions indiquent de graves difficultés. Dans la discussion des articles, elles ont été reproduites, et elles ont déterminé l'insertion dans la loi des trois premières phrases de l'alinéa.

M. Jacquinot de Pampelune a proposé un amendement ainsi conçu :

« La cour royale saisie par l'arrêt de cassa- « tion prononce, toutes chambres assemblées, « à moins qu'il ne s'agisse d'un renvoi à la « chambre d'accusation, laquelle statue, dans ce

chambre d'accusation, la cour royale n'est saisie que de la question jugée par cet arrêt (1). En cas de mise en accusation ou de renvoi en police correctionnelle ou de simple police, le procès sera jugé par la cour d'assises ou par l'un des tribunaux du département où l'instruction aura été commencée (2). Lorsque le renvoi est ordonné sur une question de compétence ou de procédure en matière criminelle, il ne saisit la cour royale que du jugement de cette question (3). L'arrêt qu'elle rend ne peut être attaqué sur le

---

« cas, en s'adjoignant seulement la chambre des « appels correctionnels. »

Il faut bien, a dit l'auteur de l'amendement, réserver des juges qui n'aient pas statué sur l'accusation, afin qu'ils puissent plus tard, et s'il y a lieu, statuer sur le fond, ou qu'on trouve parmi eux un président pour la cour d'assises.

M. le rapporteur a répondu : « La difficulté ne se présentera que très-rarement ; et, si le conseiller délégué pour présider les assises se trouve empêché, il sera remplacé par le président du tribunal de première instance (Code d'instruction criminelle, art. 264). Si le renvoi est fait à la cour royale, et si elle s'aperçoit que tous ses membres sont empêchés, elle renverra devant une cour voisine. »

M. le garde-des-sceaux a paru résoudre autrement la difficulté, et penser que la cour royale, chambre d'accusation, à laquelle la Cour de cassation aura renvoyé l'affaire, n'aura pas à statuer sur le fond, mais seulement sur l'incident, et que, si tous les membres d'une cour étaient empêchés, il y aurait lieu à une demande en réglement de juges.

M. le garde-des-sceaux a fait aussi remarquer qu'il n'y avait pas lieu d'appliquer à la troisième cour royale la disposition de l'art. 432 du Code d'instruction criminelle, ainsi conçu : « Lorsque le « renvoi sera fait à une cour royale, celle-ci , » après avoir réparé l'instruction en ce qui la « concerne, désignera dans son ressort la cour « d'assises par laquelle le procès devra être « jugé. »

Il a soutenu qu'il y aurait un inconvénient grave à donner à l'accusé des juges très-éloignés du lieu de son domicile ou du lieu où le fait incriminé s'est passé : il a donc déclaré que la troisième cour de renvoi ne devrait pas désigner une cour d'assises de son ressort.

« En matière criminelle, a-t-il dit, il n'y a « que deux cas où il puisse y avoir lieu à un « renvoi devant une troisième cour. Ou il s'agit « de prononcer sur l'application de la peine, ou « il s'agit de statuer sur une question de procé- « dure : dans le premier cas, aucune difficulté , « la cour royale applique la peine qui est por- « tée par la loi ; dans le second cas...... lorsque, « par exemple, un arrêt a statué sur la question « de savoir si un témoin âgé de moins de seize « ans a dû être admis à prêter serment, le pro- « cès qui avait commencé contre l'accusé est « suspendu. Dans cet état, la troisième cour « royale ne peut être saisie du fond de l'affaire : « elle rend son arrêt sur la question de procé- « dure, et les juges naturels reprennent le cours « de leurs fonctions.

« Mais, s'il ne s'agit que d'un arrêt de cham- « bre de mise en accusation... de quoi est saisie « la troisième cour de renvoi ? D'une question

de compétence. Elle décidera d'une manière « définitive si l'affaire est correctionnelle ou du « grand criminel ; il n'y a pas nécessité de ren- « voyer, conformément à l'article 432 du Code « d'instruction criminelle, à une cour d'assises « du ressort : la juridiction reste au juge natu- « rel du lieu où le fait s'est passé. »

Malgré ces explications parfaitement claires , et sur l'observation de M. Ravez, que le projet était conçu de manière à faire croire que c'est la délégation *de l'affaire entière qui est faite à la troisième cour royale*, on a renvoyé à la commission pour qu'elle présentât une nouvelle rédaction.

La proposition faite par la commission, combinée avec des amendemens présentés par MM. Jacquinot-Pampelune et Dupin aîné, a été adoptée, et forme ce second alinéa.

(1) La première phrase de l'alinéa décide que la cour n'est saisie que de la question de savoir à qui doit être renvoyé l'affaire, devant la cour d'assises, devant le tribunal correctionnel, ou devant le tribunal de simple police ; la suite de l'alinéa reprend successivement ces hypothèses, et établit pour chacune les règles convenables.

(2) Ainsi, dans aucun cas, la troisième cour ne renverra devant une cour d'assises ou un tribunal de son ressort : la loi lui confère le pouvoir extraordinaire .de renvoyer à des juges placés hors de son ressort.

Dans une première rédaction, on avait dit que le renvoi serait fait devant la cour d'assises, ou devant le *tribunal* où l'instruction aurait commencé ; mais on a fait remarquer que, si ce tribunal n'est composé que de trois juges, ces trois juges, ayant connu de l'affaire en chambre du conseil, ne peuvent plus en connaître comme *tribunal* ; en conséquence , on a mis *par l'un des tribunaux de département* (voy. la note pénultième).

(3) La question de compétence décidée, le juge qui doit connaître de l'affaire se trouve nécessairement indiqué. — La décision sur la question de procédure étant rendue, l'affaire suit son cours naturel et ordinaire (voy. la note antépénultième).

En matière civile, la troisième cour royale, saisie par le renvoi de la Cour de cassation, sera subrogée aux pouvoirs de celles dont l'arrêt a été cassé ; tout ce qu'elles auraient pu faire, celle-ci le fera (opinion de M. Jacquinot-Pampelune, Mon. du 28 mai , p. 725).

En matière civile, la troisième cour doit juger l'affaire *en entier*, non pas seulement sous quelques rapports , mais dans tous ses accessoires : cela sera vrai encore si la cassation a porté sur un jugement correctionnel qui aurait jugé le fond même du délit (opinion de M. Dupin aîné, Mon. du 28 mai, p. 726).

16.

même point et par les mêmes moyens (1) par la voie du recours en cassation : toutefois il en est référé au Roi, pour être ultérieurement procédé, par ses ordres, à l'interprétation de la loi (2).

En matières criminelle, correctionnelle ou de police, la cour royale à laquelle l'affaire aura été renvoyée par le deuxième arrêt de la cour de cassation ne pourra appliquer une peine plus grave que celle qui résulterait de l'interprétation la plus favorable à l'accusé (3).

3. Dans la session législative qui suit le référé, une loi interprétative est proposée aux Chambres (4).

---

(1) Ainsi, en supposant que la Cour de cassation ait déjà cassé deux fois pour violation d'un article du Code civil, le troisième arrêt pourra être attaqué, par exemple, pour violation de l'art. 7 de la loi du 20 avril 1810, si cet arrêt n'a pas été rendu publiquement, ou ne contient pas de motifs.

(2) Le référé doit avoir lieu dans tous les cas, soit que l'arrêt de la troisième cour royale ait jugé comme la Cour de cassation, soit qu'il ait adopté l'opinion contraire (explication de M. le garde-des-sceaux à la Chambre des pairs).

(3) S'il n'y avait pas alternative entre deux peines, mais bien entre l'absolution et une peine quelconque, la cour de renvoi devrait absoudre; cela n'est pas écrit dans la loi, mais cela en résulte implicitement, et c'est d'ailleurs conforme au principe sur lequel repose la disposition : on n'a pas voulu s'exposer à ce qu'une condamnation devenue irrévocable fût ensuite déclarée trop rigoureuse par l'interprétation législative ; on a reconnu que, dans le doute, c'est toujours en faveur de l'accusé qu'on doit se déterminer.

« J'ai voulu, a dit M. Mestadier, qui a proposé la disposition, que, dans tous les cas, et sans aucune exception, l'interprétation la plus favorable à l'accusé fût suivie par la troisième cour. Je n'ai pas entendu interdire à cette cour la faculté d'être encore plus favorable à l'accusé. Mon amendement porte aussi sur la qualification du fait : si le fait a été qualifié crime d'un côté et délit de l'autre, la troisième cour ne pourra que le qualifier de délit. Cette troisième cour ne peut faire pis, mais elle peut faire mieux en faveur de l'accusé : voilà le vrai sens de mon amendement. »

Si la cour de renvoi prononçait la peine plus grave, on pourrait se pourvoir en cassation pour violation de l'art. 2 de la présente loi. Ce pourvoi présenterait toujours, il est vrai, la question de savoir laquelle des deux peines était applicable ; mais il ne serait pas fondé sur le même moyen.

Toutes les fois que le pourvoi en cassation présentera la question de savoir quelle est, de deux peines, celle qui est applicable, si la cour de cassation casse deux fois de suite, par le motif que les tribunaux inférieurs ont appliqué la peine la plus légère, tandis qu'il fallait appliquer la plus grave, son second arrêt, tout en disant que la peine la plus grave était applicable, aura pour résultat de faire appliquer la plus légère, tellement que le renvoi à la troisième cour ne sera qu'une simple formalité ; et si, ce qui n'est pas vraisemblable, cette troisième cour

prononçait la peine la plus grave, la Cour de cassation serait obligée de casser son arrêt.

(4) A la place du mot *loi*, on lisait dans le projet : *déclaration*. C'est sur la proposition de M. Pataille, que l'un a été substitué à l'autre. « Il ne faut pas, a-t-il dit, que la discussion animée qui s'est établie ici sur le point de savoir si la loi nouvelle devait ou non rétroagir, puisse se reproduire devant les tribunaux. Or, qu'arriverait-il si on laissait dans l'article le mot *déclaration*? Indépendamment du procès qui a donné lieu à l'interprétation, et que vous avez soustrait à l'influence de la loi interprétative, il y aura des procès analogues : entendez-vous que ces procès seront jugés d'après la loi interprétative? Direz-vous oui et non sur la même question? Si la loi ne rétroagit pas sur l'un, elle ne doit pas non plus rétroagir sur les autres ; je vous propose en conséquence de substituer le mot *loi* à celui de *déclaration*, parce qu'il faut appeler les choses par leur nom. »

La Chambre, en adoptant cette substitution, paraît donc avoir décidé que la loi interprétative ne sera pas applicable aux cas antérieurs, même autres que celui qui a donné lieu à l'interprétation. Puisqu'on a reconnu que la loi qu'on appelle interprétative sera, non pas *interprétative*, mais innovative, il faut bien avouer que l'appliquer à un cas antérieur quelconque, ce serait lui donner un effet rétroactif. Vainement on viendra citer les opinions des auteurs les plus recommandables et les monumens nombreux de la jurisprudence, qui autrefois admettaient l'application des lois interprétatives aux faits qui les avaient précédées; on répondrait avec avantage : « Tout cela était vrai et raisonnable du temps où l'expression *loi interprétative* signifiait *loi qui interprète*; mais tout cela est faux aujourd'hui qu'on doit entendre le mot *interpréter* comme synonyme d'*innover*. » Pour qu'il ne reste aucun doute sur ce point, que la loi interprétative doit être considérée comme une loi ordinaire disposant seulement pour l'avenir, nous croyons devoir transcrire ici un passage du discours de présentation de M. le garde-des-sceaux à la Chambre des pairs, et un autre de M. le comte Molé, rapporteur de la commission.

M. le garde-des-sceaux a dit : « La loi *nouvelle* qu'il (le législateur) portera à l'occasion d'une interprétation demandée peut donc être essentiellement *distincte* de la loi ancienne ; elle pourra même lui *être contraire*. »

Voici les expressions de M. le comte Molé : « Comment le législateur remédiera-t-il au mal général et à une sorte d'anarchie qui résultent de l'obscurité de la loi? Sera-ce par

4. La loi du 16 septembre 1807, relative à l'interprétation des lois, est abrogée (1).

---

30 JUILLET = Pr. 12 AOUT 1828. — Ordonnance du Roi portant qu'à partir du 1er octobre 1828 la cour d'assises du département de la Seine sera divisée, pour chaque trimestre, en deux sections qui siégeront alternativement. (8, Bull. 245, n° 8817.)

Charles, etc.

Sur ce qu'il nous a été représenté que la cour d'assises du département de la Seine ne peut pourvoir à l'expédition des affaires renvoyées devant elle qu'en tenant habituellement par trimestres cinq assises extraordinaires, indépendamment de l'assise ordinaire fixée, par l'article 459 du Code d'instruction criminelle, au commencement de chaque trimestre; que néanmoins, depuis plusieurs années, ladite cour n'a pu, malgré le zèle et les efforts des magistrats qui l'ont composée, mettre ses rôles à jour qu'avec le secours d'une seconde section que nous y avons établie, chaque année, pour un ou plusieurs trimestres;

Voulant assurer l'expédition des affaires criminelles d'une manière fixe et appropriée aux besoins de la justice;

Vu les dispositions du Code d'instruction criminelle concernant le service des cours d'assises;

Vu l'article 5 de la loi du 20 avril 1810;

Sur le rapport de notre garde-des-sceaux, ministre secrétaire d'État au département de la justice;

Notre Conseil-d'État entendu,

Nous avons ordonné et ordonnons ce qui suit :

Art. 1er. A partir du 1er octobre prochain, et jusqu'à ce qu'il en soit autrement ordonné, la cour d'assises du département de la Seine sera divisée pour chaque trimestre en deux sections, qui siégeront alternativement.

Chacune d'elle tiendra une session par mois.

2. Il sera nommé un président pour chaque section, de la manière établie par la loi du 20 avril 1810 et le décret du 6 juillet de la même année.

Les conseillers qui devront assister le président aux assises seront nommés de la même manière, et en nombre suffisant pour faire le service des deux sections.

3. Notre garde-des-sceaux, ministre secrétaire d'État au département de la justice (comte Portalis), est chargé de l'exécution de la présente ordonnance, qui sera insérée au Bulletin des Lois.

---

30 JUILLET 1828. — Ordonnance du Roi qui autorise des exploitations dans les bois communaux et forêts royales y désignés. (8, Bull. 247, n° 8872. Voy. Code forestier, art. 16 et 90.

30 JUILLET 1828. — Ordonnances qui autorisent l'acceptation de dons et legs faits aux fabriques des églises de Marzan, de Rivière, de Saint-Martin, de Limoux, de Palluel, de Kouvion, de la Brussière, d'Arinhac, de Burg et de Ham-les-Moines, et aux communautés religieuses, sœurs hospitalières établies à Crest, à Valence, à Reims, à Mâcon et à la Puye. (8, Bull. 308, n°s 11796 et suiv.)

30 JUILLET 1828. — Ordonnances qui autorisent l'acceptation des dons et legs faits aux com-

---

« une formule déclarative, par cette interpréta-
« tion que les publicistes appellent authentique
« ou de législation ? Messieurs, je le nie encore :
« il y remédiera par *une loi nouvelle*, car l'acte
« législatif qui modifie la loi ancienne est une
« *loi nouvelle*. Quand donc, me dira-t-on, y
« aura-t-il lieu à interprétation ? *Jamais*. »

Il est impossible de parler en termes plus énergiques et plus précis; aussi M. le comte Molé ajoutait-il que la commission avait pensé que le mot *interprétation* aurait pu être remplacé par un mot qui exprimât l'objet de la loi, mais qu'elle n'avait pas cru ce changement assez important pour le proposer.

Voici cependant à quel résultat pourront conduire, non les mots, mais les dispositions de la loi. Deux fois la cour de cassation a cassé; la troisième cour royale juge comme les deux précédentes, mais la loi interprétative vient confirmer les décisions de la Cour de cassation ; en cet état de choses, il s'élève un autre procès identique avec le premier, et résultant de faits antérieurs; deux cours royales jugent comme ont jugé les deux autres dans le premier pro-

cès : qui les en empêcherait ? La loi nouvelle : elle est innovative ; et, si les arrêts la visaient et déclaraient formellement qu'ils l'appliquent, on ne pourrait en demander la cassation pour contravention à l'art. 2 du Code civil. La Cour de cassation, suivant toujours l'opinion qu'elle avait conçue sous l'empire de l'ancienne loi, casse les deux arrêts et renvoie à une troisième cour. Quelle que soit la décision de celle-ci, il y a lieu à interprétation ; or, cette interprétation a déjà été donnée : le référé ne pourra donc pas avoir lieu.

(1) M. de Tracy a proposé un article additionnel ainsi conçu : « Les dispositions de la « présente loi seront applicables aux accusés « devant les tribunaux militaires et maritimes. »

M. le ministre de l'intérieur a répondu : « Cela « est impossible. La législation militaire est éta-« blie sur d'autres principes. Il n'y a pas de se-« cond renvoi à prononcer devant un conseil de « révision. C'est un tout autre système, qu'il « n'est pas possible de régler par analogie. » — M. de Tracy a retiré sa proposition.

munautés religieuses de Bourbour et de Bothéon. (8, Bull. 309, nᵒˢ 11840 et 11841.)

30 JUILLET 1828. — Ordonnances qui autorisent l'acceptation des legs faits à la communauté des religieuses dites de Louvencourt, à Amiens; aux diocèses de Versailles et d'Albi, aux desservans de Saint-Quentin et de Bonne-Famille, aux séminaires d'Angers, et aux fabriques des églises de Casset, de Castelneau-Magnoac, de Celles, de Gué, d'Alteré, de Lorris, de Saint-Poix et de Venansault. (8, Bull. 310, nᵒˢ 11855 et suiv.)

30 JUILLET 1828. — Ordonnances qui autorisent l'acceptation des dons et legs faits aux fabriques des églises de Verchères, de Rech, de Hilsprics, de Champion, de Drugeac, de Boussay, de Gérusaine, de Vientzheim, de la Bastide, de Clairence et de Toulouse; aux desservans successifs de la succursale de Fontaine-Couverte; à la communauté des religieuses de Saint-Julien d'Emparc, et au séminaire de Nantes. (8, Bull. 312, nᵒˢ 11885 et suiv.)

30 JUILLET 1828. — Ordonnance qui accorde une pension à M. Mathon, ancien commissaire royal près la Monnaie de Bordeaux. (8, Bull. 250 *bis*, nᵒ 1.)

30 JUILLET 1828. — Ordonnance qui autorise définitivement trente et une communautés de sœurs hospitalières de Saint-Joseph établies dans le département du Rhône, diocèse de Lyon, et mentionnées dans l'état annexé à cette ordonnance. (8, Bull. 245, nᵒ 8824.)

30 JUILLET 1828. — Ordonnance qui autorise définitivement trente-sept communautés de sœurs hospitalières de Saint-Joseph établies dans le département de la Loire, diocèce de Lyon, et mentionnées dans l'état annexé à cette ordonnance. (8, Bull. 245, nᵒ 8825.)

30 JUILLET 1828. — Ordonnance qui autorise le sieur de Metz d'ajouter à son nom celui de Noblat. (8, Bull. 245, nᵒ 8826.)

30 JUILLET 1828. — Ordonnances qui autorisent l'acceptation de dons et legs faits aux communes de Marzan, de la Broque et de Schirmeck, d'Ablaincourt, de Sumène, du Plessier-des-Vallées, de Roque-Serrière, de Saint-Mauvien, de Parigny. (8, Bull. 260, nᵒˢ 9838 à 9845.)

30 JUILLET 1828. — Ordonnance portant concession des mines de plomb sulfuré de Mesmon (Saône-et-Loire) aux sieurs Besseuil, Dupeyroux, Berland et Meilheurat. (8, Bull. 260, nᵒ 9859.)

30 JUILLET 1828. — Ordonnance qui autorise les sieurs Vinez frères à conserver en activité l'usine à fer de Blanc-Murger et de la Forgette (Vosges). (8, Bull. 260, nᵒ 9860.)

30 JUILLET 1828. — Ordonnance qui autorise le sieur Fleurat-Lessart à conserver et tenir en activité l'usine à fer dite *forge haute*, commune de la Chapelle-Montbrandeix (Haute-Vienne). (8, Bull. 260, nᵒ 9861.)

30 JUILLET 1828. — Ordonnance portant concession aux sieurs Parmentier, Grillet et compagnie, de mines de houille situées dans les communes de Gouhenans, d'Athesans, du Valde-Longevelle, de Villefans et des Aynans (Haute-Saône), sous le nom de *concession de Gouhenans*. (8, Bull. 260, nᵒ 9862.)

31 JUILLET 1828. — Ordonnance portant érection d'un majorat en faveur de M. le marquis Barthélemy. (8, Bull. 291, nᵒ 11,000.)

31 JUILLET 1828. — Tableau des prix des grains pour servir de régulateur de l'exportation et de l'importation, conformément aux lois des 16 juillet 1819 et 4 juillet 1821, arrêté le 31 juillet 1828. (8, Bull. 244, nᵒ 8799.)

3 = Pr. 12 AOUT 1828. — Ordonnance du Roi relative aux vacances de la cour des comptes pour l'année 1828. (8, Bull. 245, nᵒ 8818.)

Charles, etc.

Sur le rapport de notre ministre secrétaire d'État des finances,

Nous avons ordonné et ordonnons ce qui suit:

Art. 1ᵉʳ. Notre cour des comptes prendra vacances en la présente année depuis et compris le 1ᵉʳ septembre jusques et compris le 31 octobre suivant.

2. Il y aura pendant ce temps une chambre des vacations, composée d'un président de chambre et de six conseillers-maîtres, qui tiendra ses séances au moins trois jours de chaque semaine.

Le premier président présidera toutes les fois qu'il le jugera convenable.

3. La chambre des vacations connaîtra de toutes les affaires attribuées aux trois chambres, sauf de celles qui seront exceptées par un comité composé du premier président, des trois présidens et de notre procureur général, et desquelles le jugement restera suspendu jusqu'à la rentrée.

4. Nommons, pour former cette année la chambre des vacations de notre cour des comptes, savoir:

Pour y remplir les fonctions de président, le sieur baron de Guilhermy, président de la première chambre;

Et pour y remplir les fonctions de conseillers-maîtres, les sieurs Feval, Dupin, Josse de Beauvoir, de Gascq, Dusommerard et Gavot.

En cas d'absence de notre procureur général, le sieur Dusommerard, conseiller-maître, en remplira les fonctions près ladite chambre des vacations.

En cas d'absence du greffier en chef, autorisé par le premier président, le sieur Pajot pourra, de l'agrément du président de la chambre des vacations, suppléer ledit greffier en chef.

Le sieur Pajot tiendra la plume aux séances de la chambre des vacations.

5. Nous autorisons le premier président à donner aux conseillers référendaires, pour la durée du temps où la chambre des vacations sera en activité, les congés qui pourront être accordés sans préjudicier au service, et sans que, dans aucun cas, il puisse donner ces congés à plus de la moitié des référendaires.

6. L'absence qui aura lieu en vertu des dispositions qui précèdent sera comptée comme temps d'activité pour les magistrats de tous les ordres de notre cour des comptes.

7. Nos ministres secrétaires d'Etat de la justice et des finances (comtes Portalis et Roy) sont chargés de l'exécution de la présente ordonnance.

———

3 AOUT 1828. — Ordonnance du Roi qui accorde des lettres de déclaration de naturalité au sieur Titeux (Jean-Baptiste). (8, Bull. O., 87, n° 2453.)

———

3 AOUT 1828. — Ordonnance qui accorde des lettres de déclaration de naturalité au sieur Louis. (8, Bull. 286, n° 10971.)

———

3 AOUT 1828. — Ordonnance qui accorde des lettres de déclaration de naturalité au sieur Berluteau. (8, Bull. 301, n° 11552.)

———

3 AOUT 1828. — Ordonnance qui accorde des lettres de déclaration de naturalité au sieur Harting. (8, Bull. 332, n° 13163.)

———

3 AOUT 1828. — Ordonnance qui autorise le sieur baron Guiraud à ajouter à son nom celui de Delpas de Saint-Marsal. (8, Bull. 245, n° 8827.)

———

3 AOUT 1828. — Ordonnances qui autorisent l'acceptation de dons et legs faits aux fabriques des églises de Villers-aux-Erables, d'Uzelle, de Venoy, de Rennapont, de Vendôme et de Mainville. (8, Bull. 312, n°ˢ 11898 et suiv.)

———

3 AOUT 1828. — Ordonnances qui autorisent l'acceptation de dons et legs faits aux séminaires d'Orléans, de Périgueux, de Bayeux, de Charleville, et des Missions étrangères à Paris; aux fabriques des églises de Vicq-sur-Noyon, de Limeuil, de Fan, de Peyre, de Barion, de Meix, de Chasselay, de Couvron, de Magny-Fouchure, de Montaigu, de Soubes, de Rouen, de Beaugnay, de Longun, de Boitron, d'Elbes, de Sabastem, de Roquefort, de Saint-Césaire, de Bayeux et de Nadaillac; aux desservans successifs de Saint-Vit, et au curé de la commune de Pierre. (8, Bull. 312, n°ˢ 11917 et suiv.)

———

3 AOUT 1828. — Ordonnance qui nomme ministre d'Etat, membre du conseil privé, M. de Rayneval, ambassadeur près la confédération helvétique. (8, Bull. 247, n° 8869.)

———

3 AOUT 1828. — Ordonnance portant que M. de Rayneval, ministre d'Etat, sera chargé, pendant l'absence du ministre des affaires étrangères, du portefeuille de ce département. (8, Bull. 247, n° 8870.)

———

3 AOUT 1828. — Ordonnance qui admet les sieurs Barry, Hughes, Lehmann et Saudmon, à établir leur domicile en France. (8, Bull. 247, n° 8875.)

———

3 AOUT 1828. — Ordonnance qui accorde des lettres de déclaration de naturalité au sieur Littardi. (8, Bull. 253, n° 9280.)

———

6 = Pr. 14 AOUT 1828. — Loi portant réglement définitif du budget de l'exercice 1826 (1). (8, Bull. 246, n° 8828.)

§ Iᵉʳ. Des annulations de crédit.

Art. 1ᵉʳ. Les crédits ouverts par les lois des 13 juin 1825, 16 juillet 1826 et 6 juin 1827, aux ministères ci-après, pour les services de l'exercice 1826, sont réduits d'une somme totale de cinq millions sept cent quatre-vingt-dix-neuf mille cinq cent soixante-un francs (5,799,561 fr.), restée disponible et sans emploi sur ces crédits, savoir :

———

(1) Proposition à la Chambre des députés le 12 mars (Mon. du 13); rapport de M. Augustin Perrier le 28 mai (Mon. du 29 mai et du 2 juin); discussion le 20 et le 23 (Mon. des 21, 22, 24 et 25); adoption le 24 juin (Mon. du 26).

Proposition à la Chambre des pairs, rapport de M. le comte Daru le 23 juillet (Mon. du 25); discussion les 29 et 30 juillet (Mon. des 31 juillet et 1ᵉʳ août); adoption le 31 juillet (Mon. du 2 août).

Intérêts de la dette perpétuelle . . . . 1,988,737 f

Justice	Service ordinaire. . . . . 40,654 f	
	Frais de justice 16,932	57,586

Affaires étrangères 77
Affaires ecclésiastiques et instruction publique. 174,640

Intérieur	Administration centrale et dépenses secrètes de police générale 62,464	
	Dépenses départementales fixes. 93,350	155,814

Guerre. 415,294

Finances.

Dette viagère. 223,368				
Pensions 292,427				
Intérêts de cautionnemens. 47,790				
Frais de service et de négociations. 1,341,377				
Administrations des monnaies 25,643				
Service administratif du ministère. 1,611				

Administrations et régies financières.

	Forêts.	Frais administratifs . . . 94,200		
		Frais de poursuites et d'arpentage. 2,149	136,914	
		Remboursemens et restitutions 40,565		
	Douanes et sels. — Frais d'administration. . .	52,183		
	Contributions indirectes.	Exploitation des tabacs . 175	66,433	
		Remboursemens et restitutions 66,258		
	Loterie. — Frais d'administration.	61,001		

Contributions directes.

Non-valeurs des quatre contributions directes, et attributions aux communes sur patentes . .	730,002
Frais d'assiette et de recouvrem^t.	Direction des contributions directes dans les départemens. 187
	Centimes de perception. . 2,720

Taxations aux receveurs des finances sur les recettes diverses et les coupes de bois. 19,924
Fonds de dépenses communales et de réimpositions. . . . 5,833

3,007,413

Somme égale. 5,799,561

2. Les crédits affectés au service des départemens pour les dépenses variables, les secours distribués en cas de grêle, incendies, épizooties, etc., et les dépenses cadastrales, sont réduits d'une somme de quatre millions cinq cent sept mille deux cent dix-huit francs (4,507,218 fr.), restée disponible au 31 décembre 1827, savoir :

Dépenses départementales.	Dépenses variables spéciales. 1,946,725	
	Fonds de secours pour grêle, incendies, etc. 10,694	
	Dépenses sur centimes facultatifs votés par les conseils généraux. 1,941,754	4,065,845
	Dépenses sur ressources extraordinaires locales. 166,672	
Dépenses cadastrales	sur le fonds commun compris au budget 95,201	
	sur centimes facultatifs votés par les conseils généraux. . 346,172	441,373

Total général. 4,507,218

Cette somme est affectée et transportée au budget de 1828, pour y recevoir la destination qui lui a été donnée par la loi du 13 juin 1825.

§ II. Des supplémens de crédits.

3. Il est accordé, sur le budget de 1826, au-delà des crédits fixés par les lois des 13 juin 1825 et 6 juin 1827, les supplémens ci-après :

Au ministère des affaires ecclésiastiques et de l'instruction publique 16,474

2° Au ministère de l'intérieur.	Services divers d'utilité publique. 2,052,471	
	Travaux publics. 90,189	2,142,660

A reporter. . . . 2,159,134

Report 2,159,134

3° Au ministère de la marine   249,242

4° Au ministère des finances :

Dépenses générales.	Légion-d'Honneur 216,170				1,477,331
	Frais de liquidation de l'indemnité accordée aux anciens propriétaires dépossédés. 1,003,675				
	Frais de liquidation de l'indemnité de Saint-Domingue . . 257,486				

Frais de régie et d'exploitation des impôts; et remboursemens et restitutions de droits.	Enregistremens et domaines.	Frais d'administration et de perception. 14,626	1,045,638		9,493,922
	Douanes . .	Remboursemens et restitutions. 1,031,012			
		Escompte bonifié sur le droit des sels, et remboursemens et restitutions. 14,893	5,845,177		
		Primes à l'importation et à l'exportation 5,830,284			
	Contributions indirectes.	Frais d'administration et de perception 815,767	1,512,750		
		Exploitation et vente des poudres à feu 580,755			
		Avances à charge de remboursement 116,228			
	Postes.	Service ordinaire. 222,592	278,969		
		Remboursemens et restitutions. . 56,377			
	Loterie.	Remise de 6 p. 100 aux receveurs-buralist.	81,055		
	Finances.	Remboursemens et restitutions sur produits divers et contributions directes.	730,333		

Total des supplémens accordés.   13,379,629

---

§ III. Fixation du budget de l'exercice 1826.

4. Au moyen des dispositions précédentes, les crédits du budget de l'exercice 1826 sont définitivement fixés à la somme de neuf cent soixante - seize millions neuf cent quarante-huit mille neuf cent dix-neuf francs (976,948,919 fr.), et répartis entre les différens ministères et services, conformément à l'état A ci-annexé.

5. Les recettes de toute nature de ce même exercice sont arrêtées, au 31 décembre 1827, à la somme totale de neuf cent quatre-vingt-sept millions six cent vingt mille cinq cent quatre-vingts francs (987,620,580 fr.), conformément à l'état B aussi annexé à la présente loi.

6. La somme de dix millions six cent soixante-onze mille six cent soixante - un francs (10,671,661 francs), formant la différence entre les recettes de 1826 arrêtées

par l'article précédent à . . 987,620,580 f
et les crédits du même exercice définitivement réglés par l'article 4. 976,948,919

Différence. . . 10,671,661

est affectée et transportée savoir :

Au budget de l'exercice 1828, conformément à l'article 2 de la présente loi, pour une somme de. 4,507,218

A celui de 1827, pour la différence, montant à. . . 6,164,443

TOTAL ÉGAL. . . 10,671,661

§ IV. Disposition générale.

7. Les sommes qui pourraient provenir encore des ressources affectées à l'exercice 1826 seront portées en recette au compte de l'exercice courant, au moment où les recouvremens seront effectués.

ETAT A.   BUDGET DÉFINIT

DÉPENSES.

MINISTÈRES ET SERVICES.	CRÉDITS législatifs accordés par les lois de finances.	CRÉDITS non consommés au 31 décembre 1827,		CRÉDITS supplémentaires accordés sur l'exercice 1826.	CRÉDITS définitifs de l'exercice 1826.
		retranchés et annulés.	affectés au service des dépenses départementales et transportés au budget de 1828.		
1° Dette consolidée, amortissement et dépenses générales.					
Service des intérêts de la dette perpétuelle... Rente 3 p. 100..	201,585,785	1,988,737	»	"	26,090,3"1
— 4 1/2 p. 100.					1,035,2"1
— 5 p. 100..					172,471,5"1
Dotation de la caisse d'amortissement.	40,000,000	"	"	"	40,000,000
Liste civile et famille royale.	32,000,000	"	"	"	32,000,000
Justice. Service ordinaire.	15,956,600	40,654	"	"	15,915,9""
Frais de justice.	3,400,000	16,932	"	"	3,383,0""
Affaires étrangères	10,689,000	77	"	"	10,688,9""
Affaires ecclésiastiques et instruction publique. Affaires ecclésiastiques.	30,175,000	174,640	"	"	30,000,3""
Instruction publique . .	1,825,000	"	"	6474	1,841,47"
Intérieur. Administration centrale et dépenses secrètes de la police générale.	3,374,838	62,464	"	"	3,312,3""
Cultes non catholiques	584,162	"	"	"	584,16"
Services divers d'utilité publique.	9,763,000	"	"	2,052,471	11,815,4""
Travaux publics	38,394,906	"	"	90,189	38,485,0""
Dépenses départementales. fixes . . . . 11,826,534 variables. 22,743,335	11,826,534	93,350	"	"	11,733,1""
Restes desdites dépenses sur l'exerce 1824... 2,012,195 transportés à 1826 par l'article 2 de la loi du 21 juin 1826... 114,889 2,127,084	24,870,419	"	1,946,725	"	22,923,6""
Fonds de secours pour grêle, incendies, etc.	1,819,468	"	10,694	"	1,808,77"
Guerre.	209,274,000	415,294	"	"	208,858,7""
Marine	58,500,000	"	"	249,242	58,749,2""
Finances. Dette viagère.	8,000,000	223,368	"	"	8,376,63""
Pensions civiles	1,700,000				1,654,7""
militaires.	49,000,000				48,616,75"
ecclésiastiques.	7,000,000	292,427	"	"	7,115,77""
Donataires dépossédés	1,550,000				1,570 300"
Suppl. aux fonds de retenues.	1,175,100				1,175,100"
Intérêts de cautionnemens	9,000,000	47,790	"	"	8,952,21"
A reporter. . . :	772,063,812	3,355,733	1,957,419	2,408,376	769,159,0""

H L'EXERCICE 1826.   ETAT B.

RECETTES.

DÉSIGNATION DES PRODUITS.	ÉVALUATION des produits par les lois des 13 juin 1825, 21 juin 1826 et 6 juin 1827.	PRODUITS recouvrés en excédant des évaluations.	DIMINUTION et non-valeurs.	FIXATION définitive des produits de l'exercice 1826.
Enregistrement, timbre et domaines, et produits accessoires des forêts	181,200,000	4,725,016	"	185,925,016
Ventes de bois (principal des adjudications payables en traites)	20,800,000	5,145,584	"	25,945,584
Douanes et sels. Droits de douanes et de navigation, et recettes accidentelles	98,000,000	7,122,389	"	105,122,389
Droits de consommation sur les sels.	52,750,000	942,954	"	53,692,954
Amendes et confiscations attribuées.	1,960,724	"	"	1,960,724
Contributions indirectes. Droits généraux	133,300,000	8,478,544	"	141,778,544
Tabacs	66,000,000	1,035,430	"	67,035,430
Poudres à feu	3,500,000	544,062	"	4,044,062
Recouvrement d'avances	900,000	145,097	"	1,045,097
Amendes et confiscat⁵ (port. attrib.).	794,782	"	"	794,782
Postes	26,400,000	1,226,238	"	27,626,238
Loterie	12,700,000	"	798,194	11,901,806
Versement au Trésor sur le produit des jeux (loi du 9 juillet 1820)	5,500,000	"	"	5,500,000
Contributions directes. Principal et centimes additionnels	293,831,910	2,048,462	"	295,880,372
Centimes de perception	12,711,060	"	"	12,711,060
Centimes facultatifs { pour dépenses départementales . . . 9,656,089 ; pour dépenses cadastrales . . . . . . 3,612,950 ; pour dépenses ordinaires et extraordinaires des communes . . . . . . 18,419,650 ; Frais de premier avertissement . . . . 638,474 ; Fonds de réimpositions . . 727,714 ; Fonds de non-valeurs extraordinaires . . . . . 213,705 }	33,268,582	"	"	33,268,582
Ressources locales extraordinaires pour dépenses départementales . . 912,687	912,687	"	"	912,687
Total des recettes articulées pour *mémoire* au budget: 34,181,269				
Produits divers. { Salines et mines de sel de l'Est . . .	2,000,000	"	107,912	1,892
Recettes de diverses origines	6,295,367	"	2,189,329	4,106,038
Droits de vérification des poids et mesures	"	739,289	"	739,289
A reporter	952,825,112	32,153,065	3,095,455	981,882,722

*Suite de l'*Etat A.   *Suite du* BUDGET DÉFINIT

DÉPENSES.

MINISTÈRES ET SERVICES.	CRÉDITS législatifs accordés par les lois de finances.	CRÉDITS non consommés au 31 décembre 1827, retranchés et annulés.	affectés au service des dépenses départementales et transportés au budget de 1828.	CRÉDITS supplémentaires accordés sur l'exercice 1826.	CRÉDITS définitifs de l'exercice 1826.
Report. . . .	772,063,812	3,355,733	1,957,419	2,408,376	769,159,0
Frais de service et de trésorerie.	2,800,000				2,731,8
Frais de négociations et intérêts de la dette flottante.	5,000,000				3,847,5
Remises extraordin.ʳᵉˢ aux receveurs des finances sur le recouvrement des contributions directes . .	2,500,000	1,341,377	"	"	2,338,9
Taxations aux receveurs des finances sur les versemens sur produits indirects.	1,400,000				1,440,3
Intérêts, lots et primes des annuités.	1,025,000	"	"	"	1,025,00
Chambre des pairs.	2,000,000	"	"	"	2,000,00
Chambre des députés	800,000	"	"	"	800,00
Légion-d'Honneur.	3,400,000	"	"	216,170	3,616,1
Cour des comptes	1,256,300	"	"	"	1,256,3
Administration des monnaies . . .	956,910	25,643	"	"	930,6
Cadastre. Fonds commun . . 1,000,000 / Transport à 1826 de la portion de crédit non employée sur le fonds commun de 1824 (loi du 21 juin 1826). . . . 811,910	1,811,910	"	95,201	"	1,716,6
Bureau de commerce et des colonies.	125,000	"	"	"	125,00
Service administratif du ministère.	7,054,900	611	"	"	7,053,2
Frais de liquidation de l'indemnité accordée aux anciens propriétaires dépossédés	"	"	"	1,003,675	1,003,6
Commission de liquidation de l'indemnité de Saint-Domingue . .	"	"	"	257,486	257,4
		4,724,364	2,052,620		
Totaux de la première partie. . .	802,193,222	6,776,984		3,885,707	799,301,

2° *Frais d'administration, de perception et d'exploitation.*

Enregistrement et domaines	10,941,300	"	"	14,626	10,955,0
Forêts. Frais administratifs.	3,221,500	94,200	"	"	3,127,
Avances à charge de remboursement (frais de poursuites et d'arpentage).	337,500	2,149	"	"	335,
Douanes et sels	23,760,800	52,183	"	"	23,708,0
A reporter. . . .	38,261,100	148,532	"	14,626	38,127,

DE L'EXERCICE 1826. *Suite de* l'Etat B.

RECETTES.

DÉSIGNATION DES PRODUITS.	ÉVALUATION des produits par les lois des 13 juin 1825, 21 juin 1826 et 6 juin 1827,	PRODUITS recouvrés en excédant des évaluations.	DIMINUTIONS et non-valeurs.	FIXATION définitive des produits de l'exercice 1826.
Report. . . .	952,825,112	32,153,065	3,095,455	981,882,722
Transport A l'exercice 1826, des fonds non employés au 31 décembre 1825 sur les crédits affectés aux dépenses départementales de l'exercice 1824 (art. 2 de la loi du 21 juin 1826).	5,352,951	"	"	5,352,951
de l'excédant de recette sur l'exercice 1825 (art. 6 de la loi du 6 juin 1827).	384,907	"	"	384,907
		32,153,065	3,095,455	
	958,562,970	29,057,610		987,620,580

A reporter. 987,620,580

Suite du BUDGET DÉFINI

DÉPENSES.

MINISTÈRES ET SERVICES.	CRÉDITS législatifs accordés par les lois de finances.	CRÉDITS non consommés au 31 décembre 1827,		CRÉDITS supplémentaires accordés sur l'exercice 1826.	CRÉDI définiti de l'exer 1826,
		retranchés et annulés.	affectés au service des dépenses départementales et transportés au budget de 1828.		
Report. . . .	38,261,100	148,532	«	14,626	38,127,
Contributions indirectes. { Frais d'administration et de perception	20,175,700	«		815,767	20,991,
Exploitation des tabacs. . . .	23,665,000	175		«	23,664,
Exploitation et vente des poudres à feu	2,133,000	«	«	580,755	2,713,
Avances à charge de remboursement.	663,500	«	«	116,228	779,
Postes	12,315,713	«	«	222,592	12,548,
Loterie. { Frais d'administration (personnel et matériel). . . .	1,163,100	61,001	«	«	1,102,
Remise de 6 pour 100 aux receveurs-buralistes . . .	3,000,000	«	«	81,055	3,081,
Contributions directes. { Non-valeurs des quatre contributions directes et attributions aux communes sur patentes. .	5,738,575	730,002	«	«	5,008,
Frais d'assiette et de recouvrement. { Direction des contributions directes.	3,300,000	187	«	•	3,299,
Centimes de perception .	12,711,060	2,720	«	«	12,708,
Taxations aux receveurs des finances sur les coupes de bois et les recettes diverses	100,000	19,924	«	«	80,
Remboursemens, restitutions et primes.	123,236,748	962,541	«	1,831,023	124,105,
Produits divers et contributions directes.	600,000	«	«	730,333	1,330,
Enregistrement, timbre et domaines. .	1,500,000	«	«	1,031,012	2,531,
Forêts	100,000	40,565	«	«	59,
Douanes. { Escompte bonifié sur le droit des sels, et remboursemens et restitutions	2,000,000	«	«	14,893	2,014,
Primes à l'importation et à l'exportation.	4,000,000	«	«	5,830,284	9,830,
Prélèvement sur le produit des amendes et confiscats.	1,960,724	«	«	«	1,960,
Contributions indirectes. { Remboursemens et restitut[s].	200,000	66,258	«	«	133,
Prélèvemens sur le produit des amendes	794,782	«	«	•	794,
Postes	400,000	«	«	56,377	456,
		1,069,364	«		
Totaux de la deuxième partie. . . .	134,792,254	1,069,364		9,493,922	143,216,

I'L'EXERCICE 1826.

RECETTES.

	FIXATION définitive des produits de l'exercice 1826.
Report d'autre part.	987,620,580
A reporter.	987,620,580

*Suite de l'*ETAT A.   *Suite du* BUDGET DÉFINIT[

DÉPENSES.

MINISTÈRES ET SERVICES.	CRÉDITS législatifs accordés par les lois de finances,	CRÉDITS non consommés au 31 décembre 1827,		CRÉDITS supplémentaires accordés sur l'exercice 1826.	CRÉDIT définitif de l'exerc[1826.]
		retranchés et annulés.	affectés au service des dépenses départementales et transportés au budget de 1828.		
3° *Dépenses départementales et communales, articulées pour* mémoire *dans la loi de finances.*					
Centimes facultatifs votés par les conseils génér. — pour dépenses d'utilité départementale. . 9,656,089 / Restes desdites dépenses sur l'exercice 1824, transportés à 1826 par l'art. 2 de la loi du 21 juin 1826. 2,059,901	11,715,990	"	1,941,754	"	9,774,2[
Pour dépenses cadastrales . . . . 3,612,950 / Fonds avancés par les communes p' dépenses cadastrales de 1822 à 1826. . . . . . 295,367 / Restes desdites dépenses sur l'exercice 1824, transportés à 1826 par l'art. 2 de la loi du 21 juin 1826. 354,056	4,262,373	"	346,172	"	3,916,[
Dépenses ordinaires et extraordinaires des communes . .	18,419,650	2,727	"	"	18,416,[
Frais de premier avertissement pour les contributions direct.	638,474	183	"	"	638,[
Fonds de réimpositions pour décharges et réductions . . .	727,714	2,239	"	"	725,[
Non-valeurs extraordinaires sur patentes, pour cessation de commerce	213,705	684	"	"	213,[
Ressources spéciales et produits divers appartenant aux départemens	912,687	"	166,672	"	746,[
		5,833	2,454,598		
Totaux de la troisième partie. . . .	36,890,593	2,460,431	"		34,432,[

RÉCAPITULATION.

1° Dette consolidée, amortissement et dépenses générales.	802,193,222	4,724,364	2,052,620	3,885,707	799,301,[
2° Frais d'administration, de perception et d'exploitation.	134,792,254	1,069,364	"	9,493,922	143,216[
3° Dépenses départem^es et communales sur centim. addit. et ressources locales.	36,890,593	5,833	2,454,598	"	34,430,[
		5,799,561	4,507,218		
Totaux généraux. . . .	973,876,779	10,306,779		13,379,629	976,9488[

DÉPENSES POUR ORDRE.

Conseil royal de l'instruction publique. . . . . 2,454,303 } 6,683,[E]
Direction générale des poudres et salpêtres. . . . . 4,229,416 }

	FIXATION définitive des produits de l'exercice 1826.
Report d'autre part	987,620,580
prélèvement affecté et transporté { au budget de 1828, avec affectation aux dépenses départementales non acquittées au 31 décembre 1827 . 4,507,218 au budget de 1827, en accroissement de ressources . . . . 6,164,443 }	10,671,661
Reste, somme égale aux crédits fixés pour l'exercice 1826.	976,948,919

RECETTES POUR ORDRE.

Conseil royal de l'instruction publique. . . . . 3,493,947 } Direction générale des poudres et salpêtres . . . . 4,503,404 }	7,997,351

Certifié conforme : *le ministre secrétaire d'Etat des finances*, signé Roy.

6 = Pr. 14 AOUT 1828. — Loi portant allocation au ministère de la guerre d'un crédit extraordinaire de onze millions deux mille francs sur l'exercice 1827 (1). (8, Bull. 246, n° 8829.) (2).

Article unique. Il est accordé au ministère de la guerre, sur les fonds du budget de l'exercice 1827, au-delà du crédit ordinaire attribué à ce département par la loi du 6 juillet 1826, les supplémens extraordinaires ci-après, provisoirement autorisés par des ordonnances royales, et montant à onze millions deux mille francs (11,002,000 fr.).

SAVOIR :

1° Pour couvrir les frais extraordinaires de l'occupation en Espagne (*ordonnances des 14 novembre et 19 décembre 1827*). 7,030,000

2° Pour le service de l'arriéré antérieur au 1er janvier 1816 (*ordonnance du 14 novembre 1827*). 1,500,000

3° Pour régulariser l'imputation provisoirement faite sur les fonds de 1827, des dépenses occasionées par l'établissement à la Râpée des magasins de fourrages et du chauffage, en remplacement de ceux dont la loi du 13 mai 1825 a autorisé l'aliénation (*ordonnance du 20 janvier 1828*). 2,472,000

Total égal. : 11,002,000

6 = Pr. 14 AOUT 1828. — Loi portant allocation au ministère de la marine et des colonies d'un crédit extraordinaire de cinq millions quatre cent mille francs sur l'exercice 1827 (3). (8, Bull. 246, n° 8830.)

Article unique. Il est accordé au ministère de la marine et des colonies, sur les fonds de l'excreice 1827, au-delà du crédit fixé pour les dépenses ordinaires de ce département par la loi du 6 juillet 1826, un crédit extraordinaire de cinq millions quatre cent mille francs (5,400,000 fr.), provisoirement autorisé par les ordonnances royales des 26 août, 6 et 26 décembre 1827.

6 = Pr. 14 AOUT 1828. — Loi portant allocation au ministère des finances d'un crédit extraordi-naire d'un million huit cent quatre-vingt-quatorze mille quatre cent vingt-cinq francs sur l'exercice 1827 (4). (8, Bull. 246, n° 8831.)

Article unique. Il est accordé au ministère des finances, sur les fonds du budget de l'exercice 1827, au-delà des crédits fixés pour les dépenses de ce département par la loi du 6 juillet 1826, les supplémens extraordinaires ci-après, provisoirement autorisés par des ordonnances royales, et montant à un million huit cent quatre-vingt-quatorze mille quatre cent vingt-cinq francs (1,894,425 fr.);

SAVOIR :

Pour complément à la dotation de la Légion-d'Honneur (*ordonnance royale du 6 février 1828*). 212,051

Pour frais de liquidation des indemnités des émigrés et des anciens colons de Saint-Domingue (*ordonnances royales des 17 et 21 janvier 1827*). 1,457,200

Pour dépenses extraordinaires du service des postes (*ordonnances royales des 27 juin, 19 août et 9 décembre 1827*). 225,174

Total égal. . 1,894,425

6 AOUT = Pr. 25 NOVEMBRE 1828. — Loi portant allocation au ministère de la guerre d'un crédit extraordinaire de onze millions deux mille francs sur l'exercice 1827 (5). (8, Bull. 262, n° 9897.)

Article unique. Il est accordé au ministre de la guerre sur les fonds du budget de l'exercice 1827, au-delà du crédit ordinaire attribué à ce département par la loi du 6 juillet 1826, les supplémens extraordinaires ci-après, provisoirement autorisés par des ordonnances royales, et montant à onze millions deux mille francs (11,002,000 fr.), savoir :

1° Pour couvrir les frais extraordinaires de l'occupation en Espagne (*ordonnances des 14 novembre et 19 décembre 1827*). 7,030,000

2° Pour le service de l'arriéré antérieur au 1er janvier 1816 (*ordonnance du 14 novembre 1827*). 1,500,000

---

(1) Proposition à la Chambre des députés le 12 mars (Mon. du 13); rapport de M. Lepelletier d'Aulnay le 29 mai (Mon. du 30); discussion et adoption le 25 juin (Mon. des 26 et 27).

Proposition à la Chambre des pairs le 5 juillet (Mon. du 10); rapport de M. le baron Mounier le 26 juillet (Mon. du 30); adoption sans discussion le 31 juillet (Mon. du 2 août).

(2) *Voy.* ci-après le texte, dans lequel est réparée une erreur qui a eu lieu dans la promulgation de cette loi. On a oublié dans le Bulletin officiel de placer une phrase entière.

(3) *Voy.* note 1re sur la loi précédente.

(4) *Voy.* note 1re de cette page.

(5) *Voy.* la note 2 de cette page.

3° Pour régulariser l'imputation provisoirement faite sur les fonds de 1827, des dépenses occasionées par l'établissement, à la Râpée, des magasins de fourrages et du chauffage, en remplacement de ceux dont la loi du 13 mai 1825 a autorisé l'aliénation (*ordonnance du 20 janvier 1828*). 2,372,000

Total égal. 11,002,000

Au moyen de l'allocation ci-dessus des deux millions quatre cent soixante et douze mille francs, la loi du 13 mai 1825 ne recevra plus d'exécution qu'en ce qui concerne l'aliénation par elle autorisée des bâtimens et terrains situés entre les rues de Belle-Chasse, de Grenelle-Saint-Germain, de Bourgogne et Saint-Dominique, dont le prix sera porté au compte des recettes générales de l'Etat pour 1829.

6 AOUT 1828. — Ordonnance qui fixe définitivement à douze le nombre des avoués du tribunal de première instance séant à Beziers, département de l'Hérault. (8, Bull. 249, n° 8996.)

6 AOUT 1828. — Ordonnance qui accorde des secours annuels à trois orphelins de militaires y dénommés, imputables sur le crédit d'inscription de l'année 1828. (8, Bull. 250 *bis*, n° 5.)

6 AOUT 1828. — Ordonnance qui accorde une pension au sieur Berthot, ex-sous-préfet. (8, Bull. 250 *bis*, n° 2.)

6 AOUT 1828. — Ordonnance qui autorise l'inscription au Trésor royal de soixante-quatorze pensions civiles et militaires. (8, Bull. 250 *bis*, n° 3.)

6 AOUT 1828. — Ordonnance qui accorde des pensions à soixante-une veuves de militaires y dénommées, imputables sur le crédit d'inscription de l'année 1828. (8, Bull. 250 *bis*, n° 4.)

6 AOUT 1828. — Ordonnances qui autorisent l'acceptation de dons et legs faits aux villes de Lyon et d'Hazebrouck, aux communes d'Espinassole, du Bosquel, d'Entragues, de Pierrefite, d'Offoy ; aux hospices d'Annonay, de Seurre, de Toulouse et de Baugé ; au bureau de bienfaisance de Vérières, et aux pauvres de Roquemaure. (8, Bull. 260, n°ˢ 9846 à 9858.)

6 AOUT 1828. — Ordonnances qui autorisent l'acceptation de dons et legs faits aux hospices de Mortain, de Compiègne, de Montauban ; au bureau de bienfaisance de Bauthelu, et aux pauvres de Damery, d'Amné, de Brie-Comte-Robert, de Saint-Germain et de Saint-Clément. (8, Bull. 261, n°ˢ 9864 à 9873.)

6 AOUT 1828. — Ordonnance qui autorise le sieur de Choiseul à établir un haut-fourneau pour le traitement du minerai de fer, en remplacement de l'un des moulins à farine qu'il possède sur l'étang du Pas, commune de Lanfains, département des Côtes-du-Nord. (8, Bull. 263, n° 9999.)

6 AOUT 1828. — Ordonnance qui autorise les sieurs Blum père et fils à établir, commune de Lieffrans (Haute-Saône), *trois lavoirs à bras* pour le lavage du minerai de fer. (8, Bull. 263, n° 10000.)

6 AOUT 1828. — Ordonnance qui autorise la fabrique de la paroisse de la Capesterre (île Marie-Galante) à accepter le legs de 1,621 fr. 62 c. (3,000 liv. coloniales) que le sieur Vidon, habitant propriétaire en cette paroisse, lui a fait par son testament olographe en date du 22 avril 1817, et dont le montant doit être affecté aux réparations de l'église. (8, Bull. 269, n° 8997.)

10 AOUT 1828. — Ordonnances qui autorisent l'acceptation de dons et legs faits aux églises de Saint-Laurent-des-Vignes, d'Aizy, de Brusque, de Fressin, de Courthezon, de Leutigny, de Saint-Martin et de Conques ; aux desservans successifs de la Croixille et de Brusque, au séminaire de Saint-Dié, et à la maison de charité de la cathédrale d'Amiens. (8, Bull. 313, n°ˢ 11943 et suiv.)

10 AOUT 1828. — Ordonnance qui accorde des pensions de retraite à cent militaires y dénommés, imputables sur les crédits d'inscriptions ouverts par les lois des 14 juillet 1819 et 20 juin 1827. (8, Bull. 250 *bis*, n° 6.)

13 = Pr. 27 AOUT 1828. — Ordonnance du Roi qui reconnaît l'académie des sciences, lettres et arts de Bordeaux, approuve son réglement, et l'autorise à prendre le titre d'académie royale. (8, Bull. 248, n° 8908.)

Charles, etc.

Sur le rapport de notre ministre secrétaire d'Etat au département de l'intérieur,

Nous avons ordonné et ordonnons ce qui suit :

Art. 1ᵉʳ. L'académie des sciences, lettres et arts de Bordeaux (Gironde), fondée en 1712 et confirmée en 1781 par lettres-patentes de nos prédécesseurs de glorieuse mémoire Louis XIV et Louis XVI, est et demeure reconnue.

2. Le réglement de l'académie, annexé à la présente ordonnance, est et demeure ap-

prouvé, et il ne pourra y être fait aucun changement sans notre autorisation.

3. En considération des services rendus depuis plus d'un siècle par cette académie, long-temps présidée par Montesquieu, nous l'autorisons à prendre le titre d'*académie royale* des sciences, lettres et arts de Bordeaux.

4. Notre ministre secrétaire d'État de l'intérieur (vicomte de Martignac) est chargé de l'exécution de la présente ordonnance, qui sera insérée au Bulletin des Lois.

---

13 = Pr. 27 AOUT 1828.—Ordonnance du Roi qui classe au rang des routes départementales de la Charente le chemin de Barbezieux à Chalais. (8, Bull. 248, n° 8909.)

Charles, etc.

Sur le rapport de notre ministre secrétaire d'État au département de l'intérieur;

Vu la délibération du conseil général du département de la Charente, tendant à ce que le chemin de Barbezieux à Chalais soit classé au rang des routes départementales;

Vu l'avis du conseil général des ponts-et-chaussées;

Notre Conseil-d'État entendu,

Nous avons ordonné et ordonnons ce qui suit:

Art. 1er. Le chemin de Barbezieux à Chalais est et demeure classé au rang des routes départementales de la Charente, sous le n° 7.

2. L'administration est autorisée à acquérir les terrains nécessaires pour établir ou rectifier cette route: elle se conformera, à ce sujet, aux dispositions de la loi du 8 mars 1810, sur les expropriations pour cause d'utilité publique.

3. Notre ministre secrétaire d'État de l'intérieur (vicomte de Martignac) est chargé de l'exécution de la présente ordonnance.

---

13 = Pr. 27 AOUT 1828.—Ordonnance du Roi qui autorise la rectification de la rampe de Saint-Léonard, faisant partie de la route départementale n° 2, de Besançon en Suisse, par Morteau, et l'établissement d'un droit de péage au passage de cette rampe. (8, Bull. 248, n° 8910.)

Charles, etc.

Sur le rapport de notre ministre de l'intérieur;

Vu le projet de rectification de la rampe de Saint-Léonard, faisant partie de la route départementale n° 2, de Besançon en Suisse, par Morteau;

Vu les délibérations prises par le conseil général du département du Doubs dans les sessions de 1825, 1826 et 1827, tendant à obtenir cette rectification à l'aide de la concession d'un péage à établir sur cette rampe après l'achèvement des travaux;

Vu la délibération du conseil municipal de Besançon du 6 mai 1825, et celle de la chambre de commerce de cette ville du 19 janvier 1826, contenant le même vœu;

Vu l'avis du préfet du département;

Notre Conseil-d'État entendu,

Nous avons ordonné et ordonnons ce qui suit:

Art. 1er. La rampe de Saint-Léonard, faisant partie de la route départementale n° 2, de Besançon en Suisse, par Morteau, sera rectifiée conformément au tracé exprimé en bleu sur le plan général joint à la présente ordonnance.

2. L'administration est autorisée à établir au passage de cette rampe, après l'achèvement de sa rectification, un droit de péage, et à le concéder d'avance, à la charge par le concessionnaire d'exécuter les travaux et de payer les indemnités de terrains suivant le projet approuvé par notre directeur général des ponts-et-chaussées, ou de fournir la somme de cent soixante et dix mille francs, jugée nécessaire pour la rectification de la rampe.

3. L'adjudication de cette concession sera faite avec publicité et concurrence, selon les formes ordinaires, par le préfet du département du Doubs en conseil de préfecture, au rabais de la durée de la concession, dont le *maximum* est fixé à quinze années.

4. Dans le cas où les soumissionnaires ne voudraient s'engager qu'à fournir les fonds, les travaux seront mis en adjudication séparément dans les formes en usage pour le service des ponts-et-chaussées.

5. Le tarif des droits de péage à percevoir au passage de la rampe après sa rectification est fixé comme il suit:

Pour chaque cheval ou mulet, qu'il soit ou qu'il ne soit pas attelé, chargé, sellé ou monté, vingt-cinq centimes.

Pour chaque paire de bœufs ou de vaches attelée, vingt-cinq centimes.

Pour chaque bœuf ou vache attelé isolément, quinze centimes.

Pour chaque bœuf ou vache non attelé, dix centimes.

Pour chaque âne ou ânesse attelé ou non attelé, chargé ou non chargé, dix centimes.

Exemptions.

Sont exempts des droits de péage le préfet du département et le sous-préfet de l'arrondissement en tournée, les ingénieurs et les conducteurs des ponts-et-chaussées, la gendarmerie et tous les militaires voyageant en corps ou séparément, porteurs d'ordres ou de feuilles de route, les malles faisant le service des postes de l'État et les courriers du Gouvernement.

6. L'administration est autorisée à acquérir les terrains et propriétés nécessaires pour la rectification de la rampe de Saint-Léonard, en se conformant aux dispositions de la loi du 8 mars 1810, sur les expropriations pour cause d'utilité publique.

Ces acquisitions seront soldées par le concessionnaire du péage, s'il se charge de l'exécution des travaux, ou sur les fonds qu'il fournira, s'il n'est que prêteur.

7. Notre ministre secrétaire d'État de l'intérieur (vicomte de Martignac) est chargé de l'exécution de la présente ordonnance.

_____

13 AOUT = Pr. 12 SEPTEMBRE 1828.—Ordonnance du Roi qui classe neuf chemins communaux au rang des routes départementales des Basses-Alpes, et le chemin de Barcelonette à Gap au rang des routes départementales des Hautes-Alpes. (8, Bull. 251, n° 9129.)

Charles, etc.

Sur le rapport de notre ministre secrétaire d'État de l'intérieur ;

Vu la délibération du conseil général du département des Basses-Alpes, tendant à faire classer neuf chemins communaux au rang des routes départementales ;

Vu la délibération du conseil général du département des Hautes-Alpes, tendant à faire ranger dans la classe de ces routes le chemin de Barcelonette à Gap, par la Bréaule ;

Vu l'avis du conseil général des ponts-et-chaussées ;

Notre Conseil-d'État entendu,

Nous avons ordonné et ordonnons ce qui suit :

Art. 1er. Les chemins indiqués dans les délibérations du conseil général du département des Basses-Alpes sont et demeurent classés au rang des routes départementales de ce département, avec les dénominations et les numéros qui suivent :

N° 8, de Telle à Gréoux, par Valensole ;

N° 9, d'Oraison à Draguignan, par Quinson ;

N° 10, de Barcelonette à Moustiers, par Castellanne ;

N° 11, de Digne à Entreveaux, par Moriès ;

N° 12, de Digne à Entreveaux, par la Colle-Saint-Michel ;

N° 13, de Barcelonette à Gap, par la Bréaule et le bac de Rousset ;

N° 14, de Seyne à Gap, par Saint-Martin ;

N° 15, de Manosques à Céreste ;

N° 16, de Volx à Châteauneuf, par Saint-Étienne.

2. Le chemin de Barcelonette à Gap est également classé au rang des routes départementales du département des Hautes-Alpes, sous le n° 1er.

3. L'administration est autorisée à acquérir les terrains nécessaires pour terminer ou rectifier ces routes : elle se conformera, à ce sujet, aux dispositions de la loi du 8 mars 1810, sur l'expropriation pour cause d'utilité publique.

4. Notre ministre secrétaire d'État de l'intérieur (vicomte de Martignac) est chargé de l'exécution de la présente ordonnance.

_____

13 AOUT = Pr. 12 SEPTEMBRE 1828.—Ordonnance du Roi qui approuve l'adjudication de la construction d'un pont suspendu sur le Drot à la Barthe, département de la Gironde. (8, Bull. 251, n° 9130.)

Charles, etc.

Sur le rapport de notre ministre secrétaire d'État au département de l'intérieur ;

Vu le cahier des charges pour l'établissement d'un pont suspendu sur le Drot à la Barthe, département de la Gironde, moyennant la concession temporaire d'un péage ;

Vu le procès-verbal du 4 septembre 1827, constatant les opérations faites à la préfecture du département, pour parvenir, avec publicité et concurrence, à l'adjudication de cette entreprise ;

Vu la soumission du sieur Richard et la lettre du 22 mars 1828, par laquelle il modifie cette soumission ;

Notre Conseil-d'État entendu,

Nous avons ordonné et ordonnons ce qui suit :

Art. 1er. L'adjudication de la construction d'un pont suspendu sur le Drot à la Barthe, faite et passée le 4 septembre 1827, par le préfet de la Gironde, au sieur Richard, moyennant la concession des droits à percevoir sur ce pont pendant quatre-vingt-dix-neuf ans, est approuvée.

Toutefois, dans le cas où l'administration jugerait nécessaire d'établir d'autres ponts ou des bacs, soit à l'amont, soit à l'aval du pont de la Barthe, l'adjudicataire sera tenu de le souffrir, sans pouvoir réclamer aucune indemnité, ainsi qu'il en contracte l'obligation par sa lettre du 22 mars 1828, qui modifie en ce point sa soumission, sur laquelle a été prononcée l'adjudication.

2. L'administration est autorisée à acquérir les terrains nécessaires pour établir les abords de ce pont et les raccorder avec les communications existantes. Elle se conformera, à ce sujet, aux dispositions de la loi du 8 mars 1810, sur l'expropriation pour cause d'utilité publique.

3. Le cahier des charges, le tarif et le procès-verbal d'adjudication, demeureront annexés à la présente ordonnance.

4. Notre ministre secrétaire d'État de l'intérieur (vicomte de Martignac) est chargé de l'exécution de la présente ordonnance.

_____

13 AOUT 1828. — Ordonnances qui autorisent l'acceptation des legs faits aux fabriques des églises de Montreuil, de Courthezon, d'Issé, de Maubeuge, d'Orléans et de Hottos; aux séminaires de Blois et de la Rochelle. (8, Bull. 313, n°₁ 11949 et suiv.)

13 AOUT 1828. — Ordonnances qui autorisent l'acceptation de dons et legs faits aux communes de Stolzheim, de Villeneuve; aux pauvres de Nantua, de Saint-Gérand de Cors, de Saint-Germain, de Bais, de Fayt, d'Aboudant, de Murviel; à l'hospice d'Annonay, et aux bureaux de bienfaisance d'Annonay, d'Ambon et de Lons-le-Saulnier. (8; Bull. 261, n°ˢ 9874 à 9885.)

13 AOUT 1828. — Ordonnances qui autorisent l'acceptation de dons et legs faits aux pauvres de Clairvaux et de Saint-Lupicin, de Saint-Denis-de-Cabannes, de Mortain, de Sauvagnas, de Bollezècle, de Merris, de Bidarray, de Moureux, de Lescar, de Vauban, de Mussi-sous-Dun et de la Châtaigneraye; aux bureaux de bienfaisance de Seillières; aux hospices d'Orléans, de Saint-Martin de Counée, de Bagnères, de Marcigny et de Carpentras, et au mont-de-piété de cette dernière ville. (8, Bull. 263, n°ˢ 9922 à 9939.)

13 AOUT 1828. — Ordonnance qui autorise les sieurs Manby, Wilson et compagnie à établir, au lieu dit *le Moulin-des-Ponts*, commune de Chagny (Saône-et-Loire), un *patouillet à roue* pour le lavage du minerai de fer. (8, Bull. 263, n° 10001.)

13 AOUT 1828. — Ordonnance qui autorise le sieur Véron-Chabran à établir, en remplacement de l'un des deux tournans du moulin à farine qu'il possède sur le canal de Saint-Julien, commune du Cheval-Blanc (Vaucluse), un *laminoir à cuivre et à plomb*. (8, Bull. 263, n° 10002.)

17 = Pr. 21 AOUT 1828. — Loi relative à la fixation du budget des dépenses de l'exercice 1829 (1). (8, Bull. 247, n° 8867.)

§ I⁰ʳ. Budget de la dette consolidée et de l'amortissement.

Art. 1ᵉʳ. La rente de cent mille francs (100,000 fr.) cinq pour cent, immobilisée sur le grand-livre, dont jouit la caisse de la commission du sceau des titres, est annulée (2).

2. Les dépenses de la dette consolidée et de l'amortissement sont fixées, pour l'exercice 1829, à la somme de deux cent quarante-huit millions huit cent mille neuf cent quarante-sept francs (248,800,947 fr.), conformément à l'état A ci-annexé.

§ II. Fixation des dépenses générales du service.

3. Il est ouvert au ministre de la justice un crédit de soixante-quinze mille francs (75,000 fr.) de subvention à la caisse du sceau des titres, pour complément du service des pensions inscrites antérieurement au 1ᵉʳ janvier 1828 à ladite caisse.

Cette somme décroîtra à mesure des extinctions, et il en sera rendu compte chaque année aux Chambres, ainsi que des recettes et des dépenses du sceau (3).

4. Des crédits sont ouverts jusqu'à concurrence de sept cent vingt-cinq millions trois cent quatre-vingt-trois mille quatre cent quatorze francs (725,383,414 fr.), pour les dépenses générales du service de l'exercice 1829, conformément à l'état B ci-annexé, applicables,

SAVOIR :

Aux dépenses générales, ci. .	555,439,335 ᶠ
Aux frais d'administration et de perception des impôts directs et indirects et des revenus de l'Etat.	128,058,685
Aux remboursemens et restitutions à faire sur le produit desdits impôts et revenus, et au paiement de primes à l'exportation, ci. . .	41,885,394
Total égal. .	725,383,414

5. Il sera pourvu au paiement des dépenses mentionnées dans les articles 2 et 4 de la présente loi et dans les tableaux y annexés, par les voies et moyens de l'exercice 1829.

---

(1) Proposition à la Chambre des députés le 12 mars (Mon. du 13); rapport de M. Gautier le 18 juin (Mon. du 19 juin, feuilles supplémentaires); discussion le 27 et le 30 juin, et du 1ᵉʳ juillet au 28 (Mon. des 28, 29 juin, et du 1ᵉʳ au 30 juillet); adoption le 29 juillet (Mon. des 30 et 31).

Proposition à la Chambre des pairs le 1ᵉʳ août (Mon. du 6); rapport de M. le duc de Brissac le 12 août (Mon. du 14); discussion et adoption le 14 août (Mon. des 16, 17 et 18).

Depuis 1814 jusqu'à 1819 exclusivement, les dépenses et les recettes ont été réglées par une seule et même loi; en 1819 et 1820, les recettes et les dépenses ont été l'objet chacune d'une loi particulière. Enfin, depuis 1821, on était revenu au premier mode d'embrasser dans une seule loi les dépenses et les recettes; en 1828, on a cru devoir adopter de nouveau le système de deux lois consacrées, l'une aux dépenses, l'autre aux recettes. Il faut cependant remarquer que les deux lois ont été renvoyées à l'examen d'une seule commission composée de dix-huit membres. *Voy.* la 1ʳᵉ note sur la loi du 23 septembre 1814; loi du 2 août 1829.

(2 et 3) *Voy.* ordonnance du 30 mars 1828.

ETATS A et B.

BUDGET GÉNÉRAL

DES DÉPENSES ET SERVICES POUR L'EXERCICE 1829.

ETAT A.   *Budget de la Dette consolidée et de l'Amortissement.*

Rentes inscrites au 1ᵉʳ janvier 1828 . . .
$\begin{cases} \text{5 p. 100} & \text{165,345,914}^f \\ \text{4 1/2 p. 100} & \text{1,034,764} \\ \text{3 p. 100} & \text{33,970,269} \end{cases}$ 200,350,947ᶠ

Rentes à inscrire sur le crédit de trente millions de rentes 3 p. 100, accordé par la loi du 27 avril 1825,

SAVOIR :

En 1828, le quatrième cinquième, avec jouissance du 22 juin 1828 6,000,000

Ci, pour les arrérages des deux semestres échéant en 1829. 6,000,000

En 1829, le dernier cinquième, avec jouissance du 22 juin 1829.   6,000,000

Ci, pour les arrérages du semestre à l'échéance du 22 décembre 1829 3,000,000

Montant des rentes à inscrire en 1828 et 1829 12,000,000

Montant des arrérages à servir sur les rentes inscrites et à inscrire 209,350,947

Dont à déduire, pour les arrérages des rentes présumées devoir être rachetées par la caisse d'amortissement,
En 1828. 3,000,000
En 1829. . . . . 3,000,000 } 6,000,000

rayées du grand-livre de la dette publique, et annulées au profit de l'Etat,

SAVOIR :

Deux semestres sur les rentes rachetées en 1828 3,000,000

Deux semestres sur les rentes rachetées en 1829 jusqu'au 6 juin. 1,500,000

Un seul semestre, celui à l'échéance du 22 décembre 1829, sur les rentes rachetées à partir du 6 juin précédent. . . . . 750,000 } 2,250,000

Total des arrérages à déduire. . . . . 5,250,000, ci 5,250,000

Montant des arrérages de rentes à servir pour l'année 1829 204,100,947

Dotation de la caisse d'amortissement 40,000,000

Total 244,100,947

Nouvel emprunt 4,800,000

248,900,947

A retrancher la rente de la commission du sceau. 100,000

Reste net. 248,800,947

ÉTAT B.   *Budget des Dépenses générales et Services.*

Iʳᵉ PARTIE. — *Service général.*

Liste civile		25,000,000	} 32,000,000
Famille royale		7,000,000	
Justice.	Administration centrale	560,822	} 19,610,876
	Conseils du Roi	687,934	
	Cours et tribunaux	14,962,120	
	Frais de justice	3,400,000	
Affaires étrangères.	Administration centrale	820,000	} 8,700,000
	Traitemens du service extérieur	5,034,000	
	Dépenses variables	2,846,000	
Affaires ecclésiastiques.	Administration centrale	370,000	} 33,645,000
	Clergé	33,275,000	
Instruction publique.	Administration centrale	"	} 1,825,000
	Dépenses fixes des colléges royaux et des bourses royales	1,725,000	
	Instruction primaire	100,000	

Intérieur.	Administration centrale et police générale		2,860,000	105,854,650
	Ponts-et-chaussées		42,430,000	
	Travaux publics		3,757,936	
	Services divers		9,205,500	
	Dépenses départementales	fixes ou communes (6 centim. 1/2 centralisés au Trésor)	11,669,946	
		variables spéciales (12 centim. 1/2, dont 5 en fonds comm.)	22,741,915	
		sur centimes facultatifs et extraordinaires	10,600,000	45,781,861
		sur ressources spéciales et éventuelles des départemens	770,000	
	(Fonds de secours dans les cas d'incendie, de grêle, etc. 1 centime.)		1,819,353	

Commerce et manufactures.	Administration centrale	426,400	} 3,246,400
	Services divers	410,000	
	Primes	2,400,000	
Guerre.	Administration centrale	1,572,000	} 193,736,928
	Solde et entretien de l'armée	169,685,928	
	Matériel et établissemens militaires	17,474,000	
	Dépenses temporaires et imprévues	5,005,000	
Marine.	Administration centrale	790,000	} 56,719,856
	Personnel	27,795,500	
	Travaux relatifs à la flotte	23,621,300	
	Constructions hydrauliques et bâtimens civ.	3,750,656	
	Objets spéciaux	962,400	
	A reporter		453,338,710

ETAT B (*Suite*).   *Budget des Dépenses générales et Services.*

Suite de la Ire PARTIE. — *Service général.*

			Report.	453,338,710

	Chambre des pairs			2,000,000	
	Chambre des députés			600,000	
	Légion-d'Honneur			3,400,000	
	Cour des comptes			1,256,300	

Dette inscrite.

Pensions :
- Dette viagère 7,300,000
- civiles 1,505,000
- militaires. 47,000,000
- ecclésiastiques. . . 5,700,000
- de donataires . . . 1,510,000
- Subvent. aux fonds de retenues des ministères 881,325

{ 56,596,325 }

- Intérêts des capitaux de cautionnemens. . . 9,000,000

Finances.

Administration centrale des finances.	5,110,000	
Frais de liquidation de l'indemnité accordée aux anciens propriétaires dépossédés.	210,000	
Frais de liquidation de l'indemnité de Saint-Domingue.	235,000	

Commission des monnaies.
- Service central (personnel). . . 123,700
- Service dans les départemens. . 315,600
- Frais de refonte 500,000

{ 939,300 }

100,100,625

Service de trésorerie.
- Frais de service et de trésorerie. 2,600,000
- Intérêts de la dette flottante, escompte et frais de négociations. 6,000,000
- Bonification d'intérêts aux receveurs des finances sur les anticipations de recouvremens des contributions directes . . 2,000,000
- Taxations aux mêmes sur les versemens des revenus indirects. 1,400,000
- Traitemens et frais de service des payeurs dans les départemens et les ports 1,453,700

{ 13,453,700 }

Total de la 1re partie	555,439,335

ETAT B (*Suite*).   *Budget des Dépenses générales et Services.*

IIᵉ PARTIE. — *Administration des Revenus publics.*

Contributions directes.	Frais de perception.	Administration dans les départemens	3,300,000
		Traitemens et taxations des receveurs des finances et remises des percepteurs . .	12,092,000
		Frais de premier avertissem.	650,000
	Cadastre.	Fonds communaux (loi du 31 juillet 1821)	1,000,000
		Centimes facultatifs votés par les conseils généraux. . . .	3,900,000

Contributions directes. — Total : 20,942,000

Enregistrement et domaines.	
Administration centrale	773,200
Service administratif et de perception dans les départemens.	9,275,900
Timbre.	865,250

Total : 10,914,350

Forêts.	
Administration centrale	254,000
Service dans les départemens	3,107,500
Avances recouvrables (frais divers communs aux bois de l'Etat et des communes).	658,650

Total : 4,020,150

Douanes.	
Administration centrale.	592,800
Service administratif et de perception dans les départemens.	23,858,198

Total : 24,450,998

Contributions indirectes.	
Administration centrale	1,109,250
Service administratif et de perception dans les départemens	20,602,450
Exploitation des tabacs.	23,265,000
Exploitation des poudres à feu	2,483,000

Total : 47,459,700

Postes.	
Administration centrale	2,197,281
Service administratif et de perception dans les départemens	4,039,799
Transport des dépêches	10,280,512

Total : 16,517,592

Loterie.	
Administration centrale	493,995
Service administratif dans les départemens.	559,900
Frais de perception (remise de 5 pour 100 aux receveurs-buralistes).	2,600,000

Total : 3,653,895

Remises aux receveurs des finances sur le recouvrement des produits divers et des coupes de bois.   100,000

Total de la 2ᵉ partie   128,058,685

ETAT B (*Suite*).　　*Budget des Dépenses générales et Services.*

IIIᵉ PARTIE. — *Remboursemens et Restitutions.*

Restitutions sur les contributions directes	pour non-valeurs sur les quatre contributions, et pour attributions aux communes sur les patentes	5,171,394	24,361,394
	pour non-valeurs extraordinaires sur patentes.	220,000	
	sur les centimes ordinaires et extraordinaires des communes	18,200,000	
	sur les fonds des réimpositions.	770,000	
Restitutions de sommes indûment reçues	sur les produits de l'enregistrement et des domaines..	1,100,000	2,208,000
	sur les produits des forêts	100,000	
	Idem　　des douanes	230,000	
	Idem　　des boissons, tabacs et poud.	150,000	
	Idem　　des postes.	28,000	
	Idem　　divers	600,000	
Restitutions de produits d'amendes et confiscations.	de l'enregistrement	1,400,000	3,916,000
	des douanes.	1,600,000	
	des contributions indirectes	900,000	
	des postes	16,000	
Primes à l'exportation des marchandises			10,000,000
Escompte sur le droit de consommation des sels			1,400,000
	Total de la 3ᵉ partie.		**41,885,394**

RÉCAPITULATION DES DÉPENSES.

Etat A	Dette consolidée et amortissement		248,800,947
Etat B	1ʳᵉ PARTIE. — Service général.	555,439,335	725,383,414
	2ᵉ PARTIE. — Administration des revenus publics	128,058,685	
	3ᵉ PARTIE. — Remboursemens et restitutions	41,885,394	
	Total des dépenses de l'exercice 1829		974,184,361

DÉPENSES POUR ORDRE.

Instruction publique. — Conseil royal de l'instruction publique...	2,270,000	6,001,797
Commerce et manufactures. — Produit de la taxe spéciale des brevets d'invention (loi du 25 mai 1791)	150,000	
Guerre. — Direction générale des poudres et salpêtres. . . .	3,581,797	
	Total général.	980,186,158

Certifié conforme :
Le ministre secrétaire d'Etat des finances, signé ROY.

17 = Pr. 21 Aout 1828.—Loi relative à la fixation du budget des recettes de l'exercice 1829 (1). (8, Bull. 247, n° 8868.)

§ Ier. Impôts autorisés pour l'exercice 1829.

Art. 1er. Continuera d'être faite en 1829, conformément aux lois existantes, la perception :

Des droits d'enregistrement, de timbre, de greffe, d'hypothèques, de passeports et de permis de port d'arme, et des droits à percevoir pour le compte du Trésor, sur l'expédition des lettres de naturalité, dispenses de parenté pour mariage, autorisations de servir à l'étranger, d'après le tarif fixé par l'ordonnance du Roi du 8 octobre 1814 (2);

Des droits de douanes, y compris celui sur les sels;

Des contributions indirectes, des postes, des loteries, des monnaies et droits de garantie;

Des taxes des brevets d'invention;

Des droits établis sur les journaux;

Des droits de vérification des poids et mesures, conformément au tarif annexé à l'ordonnance royale du 18 décembre 1825;

Du dixième des billets d'entrée dans les spectacles;

Du prix des poudres, tel qu'il est fixé par la loi du 16 mars 1819;

D'un quart de la recette brute dans les lieux de réunion et de fêtes où l'on est admis en payant, et d'un décime pour franc sur ceux de ces droits qui n'en sont point affranchis, y compris les amendes et condamnations pécuniaires;

Des contributions spéciales destinées à subvenir aux dépenses des bourses et chambres de commerce, ainsi que des revenus spéciaux accordés auxdits établissemens et aux établissemens sanitaires;

Des droits établis pour frais de visite chez les pharmaciens, droguistes et épiciers;

Des rétributions imposées, en vertu des arrêtés du Gouvernement du 3 floréal an 8 (23 avril 1800) et du 6 nivose an 11 (27 dé-

cembre 1802), sur les établissemens d'eaux minérales; pour le traitement des médecins chargés, par le Gouvernement, de l'inspection de ces établissemens;

Des redevances sur les mines;

Des diverses rétributions imposées en faveur de l'Université sur les établissemens particuliers d'instruction et sur les élèves qui fréquentent les écoles publiques;

Des taxes imposées avec l'autorisation du Gouvernement pour la conservation et la réparation des digues et autres ouvrages d'art intéressant les communautés de propriétaires ou d'habitans, les taxes pour les travaux de desséchement autorisés par la loi du 16 septembre 1807, et des taxes d'affouages là où il est d'usage et utile d'en établir (3);

Des droits de péage qui seraient établis, conformément à la loi du 4 mai 1802, pour concourir à la construction ou à la réparation des ponts, écluses ou ouvrages d'art à la charge de l'État, des départemens et des communes;

Des sommes réparties sur les Israélites de chaque circonscription, pour le traitement des rabbins et autres frais de leur culte.

2. La contribution foncière, la contribution personnelle et mobilière, les contributions des portes et fenêtres et des patentes, seront perçues pour 1829, en principal et centimes additionnels, conformément à l'état A ci-annexé.

Le contingent de chaque département dans les contributions foncière, personnelle et mobilière, et des portes et fenêtres, est fixé aux sommes portées dans l'état B annexé à la présente loi.

3. En exécution de l'article 106 du Code forestier, une somme de quinze cent cinquante-huit mille deux cents francs (1,558,200 francs), montant des frais d'administration des bois des communes et établissemens publics, sera ajoutée, pour 1829, à la contribution foncière établie sur ces bois.

Cette somme sera répartie par une ordon-

---

(1) Proposition à la Chambre des députés le 12 mars (Mon. du 13); rapport de M. de la Bourdonnaie le 26 juin (Mon. du 27); discussion les 31 juillet, 1er et 2 août (Mon. des 2, 3 et 4 août); adoption le 2 août (Mon. du 5).

Proposition à la Chambre des pairs le 4 août (Mon. du 8); rapport de M. le comte Mollien le 9 août (Mon. du 12); discussion et adoption le 16 août 1828 (Mon. du 19).

Voy. note sur la loi du 17 août 1828.

(2) M. Pelet avait proposé d'ajouter : « Et des « droits à percevoir par la caisse du sceau, d'après « les tarifs fixés par les ordonnances du Roi des « 8 octobre et 25 décembre 1814. » Cet amende-

ment a été rejeté. *Voy.* art. 1er et 3 de la loi du 17 août 1828; loi du 2 août 1829.

(3) Cette dernière disposition, présentée par la commission de la Chambre des députés, déroge à l'art. 109 du Code forestier, en ce qu'elle autorise les communes dont les revenus ne suffisent pas pour payer les gardes et les frais d'exploitation à s'imposer des taxes destinées à couvrir ces frais; tandis que l'art. 109 du Code forestier veut qu'il y soit pourvu par la vente d'une partie des bois. Le motif qui a déterminé la Chambre, c'est que, lorsqu'on vend des bois, il n'en reste pas assez pour donner à chaque habitant ce qui lui est nécessaire, et qu'alors ils pillent et dégradent les forêts.

nance royale entre les différens départemens du royaume (1).

§ II. Evaluation des recettes de l'exercice 1829.

4. Le budget des recettes est évalué, pour l'exercice 1829, à la somme de neuf cent quatre-vingt-six millions cent cinquante-six mille huit cent vingt-un francs (986,156,821 francs), conformément à l'état C ci-annexé.

§ III. Moyens de service.

5. Le ministre des finances est autorisé à créer, pour le service de la Trésorerie et les négociations avec la Banque de France, des bons royaux portant intérêts et payables à échéance fixe.

Les bons royaux en circulation ne pourront excéder cent cinquante millions. .

Dans le cas où cette somme serait insuffisante pour les besoins du service, il y sera pourvu au moyen d'une émission supplémentaire qui devra être autorisée par ordonnance du Roi, et qui sera soumise à la sanction législative dans la plus prochaine session des Chambres.

§ IV. Dispositions générales.

6. Les budgets qui règlent l'emploi de tous les centimes additionnels affectés au paiement des dépenses départementales de toute nature seront, ainsi que les comptes de leurs recettes et dépenses tant ordinaires qu'extraordinaires, rendus publics annuellement par la voie de l'impression. (2).

7. Toutes contributions directes ou indirectes, autres que celles autorisées par la présente loi, à quelque titre et sous quelque dénomination qu'elles se perçoivent, sont formellement interdites, à peine, contre les autorités qui les ordonneraient, contre les employés qui confectionneraient les rôles et tarifs et ceux qui en feraient le recouvrement, d'être poursuivis comme concussionnaires, sans préjudice de l'action en répétition, pendant trois années, contre tous receveurs, percepteurs ou individus qui auraient fait la perception, et sans que, pour exercer cette action devant les tribunaux, il soit besoin d'une autorisation préalable. Il n'est pas néanmoins dérogé à l'exécution des articles 20 et 25 de la loi du 31 juillet 1821, et de l'article 22 de la loi du 17 août 1822, relatifs à la spécification des dépenses variables départementales et aux centimes facultatifs que les conseils généraux de département sont autorisés à voter pour les dépenses d'utilité départementale et pour les opérations cadastrales, et des articles 31, 39, 40, 41, 42 et 43 de la loi du 15 mai 1818, relatifs aux dépenses ordinaires et extraordinaires des communes.

---

(1) Lorsque les frais d'administration des bois communaux ont été répartis conformément à la loi et au marc le franc de l'impôt foncier desdits bois, la commune n'est pas fondée à se plaindre (25 janvier 1831, ord. Mac. 13, 65).

(2) Cet article a été proposé par M. Dumeilet.

ÉTAT A.   *Tableau des Contributions directes à imposer*

DÉSIGNATION des CONTRIBUTIONS EN PRINCIPAL ET CENTIMES ADDITIONNELS.	MONTANT DE CHAQUE			
	FONCIÈRE.		PERSONNELLE ET MOBILIÈRE.	
Produits généraux.	NOMBRE de centimes additionn.		NOMBRE de centimes additionn.	
Principal des quatre contributions	"	154,774,412 f	"	27,160,911 f
Centimes additionnels — sans affectation spéciale	10	15,477,441	10	2,716,091
pour dépenses départementales fixes, communes à plusieurs départemens 6 1/2				
pᵣ dépenses variables des départemens 7 1/2	19	29,407,138	19	5,160,373
pour fonds commun des mêmes départemens 5				
pour secours en cas de grêle, incendies, etc.	1	1,547,744	1	271,609
Centimes additionnels à voter par les conseils généraux (*maximum*, 5 centimes).	"	8,885,000	"	1,580,000
Idem autorisés par des lois spéciales pour dépenses extraordinaires				
Centimes additionnels à voter par les conseils généraux pour dépenses du cadastre (*maximum*, 3 centimes).	"	3,900,000	"	"
Produits affectés aux non-valeurs, dépenses des communes, réimpositions et frais de perception.				
Centimes additionnels — pour non-valeurs et dégrèvemens, etc.	1	1,545,744	1	271,609
pour non-valeurs et attributions aux communes sur les patentes.	"	"	"	"
pour non-valeurs extraordinaires sur patentes pour cessation de commerce.	"	"	"	"
pour dépenses ordinaires des communes	"	7,775,000	"	1,225,000
pᵣ dépenses extraordinaires des communes	"	8,080,000	"	675,000
pour réimposition.	"	470,000	"	300,000
Totaux. . . .	31	331,864,479	31	39,360,793
Centimes additionnels sur principal et centimes additionnels réunis. . — Traitemens et taxations des recevᵣˢ généraux et particuliers (par évaluation)	"	1,822,000	"	280,000
Remises des percepteurs.	"	7,548,000	"	1,083,000
Frais de premier avertissement.	"	"	"	"
Totaux généraux. . . .	"	41,234,479	"	40,723,793

q principal et centimes additionnels, pour l'exercice 1829.

CONTRIBUTION.				TOTAUX.	OBSERVATIONS.
PORTES ET FENÊTRES.		PATENTES.			
OU NOMBRE de centimes additionn.		NOMBRE de centimes additionn.			
"	12,812,534	"	(a)21,455,207	216,203,064	(a) Le produit des patentes pr l'année 1829 est présumé de 23,320,835 f dont à déduire, pour non-valeurs et attributions aux communes (8 pr 100 de ce principal)..... 1,865,678
10	1,281,254	"	"	19,474,486	
"	"	"	"	34,567,711	
"	"	"	"	1,819,353	Reste... 21,455,207
"	50,000	"	85,000	1,600,000	
"	"	"	"	3,900,000	
5	(b) 640,627	"	"	2,459,980	(b) Sur cette somme de 640,627 fr., il est attribué aux frais de confection des rôles celle de 320,313 fr., équivalente à 2 centimes et demi de ce fonds de non-valeurs.
"	"	5	1,166,049 (c)2,865,678	3,251,717	
"	"	"	220,000		
"	"	"	"	9,000,000	(c) Cette somme d'un million 865,678 fr. fait partie du principal des patentes, et représente les 8 pr 100 attribués aux communes sur ce principal.
"	15,000	"	430,000	9,200,000	
"	"	"	"	770,000	
15	14,799,415	5	25,221,934	311,246,621	
"	118,000	"	84,000	2,304,000	
"	459,000	"	698,000	9,788,000	
"	"	"	"	650,000	
"	15,376,415	"	26,003,934	323,988,621	

Etat B.   CONTRIBUTION FONCIÈRE.

Répartement de 1829 (1).

Etat B.   CONTRIBUTION PERSONNELLE ET MOBILIÈRE.
(1ʳᵉ *suite.*)

Répartement de 1829 (2).

Etat B.   CONTRIBUTION DES PORTES ET FENÊTRES.
(2ᶜ *suite.*)

Répartement de 1829 (3).

Etat C.   *Budget général des Recettes de l'Etat pour l'exercice* 1829.

DÉSIGNATION DES REVENUS ET IMPÔTS.	PRODUITS bruts présumés.
1° *Produits spécialement affectés à la dette consolidée.*	
Enregistrement, timbre et domaines. Droits d'enregistrement, de timbre, hypothèques, droits de greffe, etc. 177,700,000ᶠ	
Produits de domaines. 2,200,000	
Produits accessoires des forêts { sur les coupes vendues pendant l'année 1828. . . . . . 3,550,000ᶠ } { sur les coupes vendues pendant l'année 1829 . . . . . . 3,550,000 } 7,100,000	190,000,000ᶠ
Recouvrement sur les domaines engagés (exécution de la loi du 12 mars 1820). 3,000,000	
Coupes de bois. { Prix principal des adjudications payables en traites à échéances . . { Coupes de l'année 1828 . . . . . . 28,750,000 } { Coupes de l'année 1829 . . . . . . 23,750,000 }	47,500,000
Douanes et sels. { Droits de douanes et de navigation, et recettes accidentelles. . . . . 98,550,000 } { Droits sur les sels . . . . 54,370,000 }	152,920,000
Total.	390,420,000

(1) Cet état est semblable, quant aux bases, à l'état D, N° I, qui est annexé à la loi du 24 juin 1827. Il n'y a que de légères différences dans quelques chiffres.

(2) Cet état est semblable, quant aux bases, à l'état D, N° II, annexé à la loi du 24 juin 1827. Il n'y a que de légères différences dans quelques chiffres.

(3) Cet état est semblable, quant aux bases, à l'état D, N° 3, annexé à la loi du 24 juin 1827. Il n'y a que de légères différences dans quelques chiffres.

DÉSIGNATION DES REVENUS ET IMPÔTS.	PRODUITS bruts présumés.
2° Produits affectés aux dépenses générales de l'État.	
Excédant éventuels des produits ci-dessus sur le service de la dette consolidée.	Mémoire
Contributions indirectes. Droits généraux . . . . 138,900,000 f	
Vente des tabacs. 66,700,000	210,900,000
Vente des poudres à feu 4,250,000	
Recouvremens d'avances 1,050,000	
Postes.	31,050,000
Loterie	12,900,000
Contributions directes. Principal et centimes additionnels. 277,556,621	
Centimes de perception. 12,092,000	
Centimes facultatifs { pour dépenses d'utilité départementales . . . . . . 10,600,000 / pour dépenses du cadastre. 3,900,000 / pour dépenses ordinaires et extraordinaires des communes. . . . . . . 18,200,000 } 32,700,000	323,988,621
Frais de premier avertissement. 650,000	
Fonds de réimpositions 770,000	
Fonds de non-valeurs extraordinaires 220,000	
Contributions additionnelles à celle qui est assise sur les bois des communes et établissemens publics, égale au montant des frais d'administration de ces bois.	1,558,200
Versement au trésor par la ville de Paris, en vertu de la loi du 19 juillet 1820.	5,500,000
Salines et mines de sel de l'Est	1,800,000
Produits divers. Recettes de diverses origines. 4,000,000	
Rétribut⁵ pour vérification des poids et mesures. 770,000	
Ressources spéciales et éventuelles des départem⁵. 770,000	8,040,000
Produit des amendes et saisies attribuées en matière de douanes. 1,600,000	
Produit des amendes et saisies attribuées en matière de contributions indirectes. 900,000	
Total.	595,736,821

RÉCAPITULATION DES RECETTES.	
1° Produits affectés à la dette consolidée.	390,420,000
2° Produits affectés aux dépenses générales.	595,737,821
Montant présumé des produits propres au budget de l'exercice 1829 . . .	986,156,821

RECETTE POUR ORDRE.	
Instruction publique. — Conseil royal de l'instruction publique. 2,728,654	
Commerce et manufactures. — Produits de la taxe spéciale des brevets d'invention. 150,000	6,459,154
Guerre. — Direction générale des poudres et salpêtres. 3,580,500	
Total général.	992,615,975

RÉSULTAT.	
Les recettes présumées sont de . . . . 986,156,821 f	
Les dépenses de. 974,184,361	
Excédant présumé de recette 11,972,460	

Certifié conforme :
Le ministre secrétaire d'État des finances,
Signé Roy.

17 AOUT = 1ᵉʳ SEPTEMBRE 1828. — Ordonnance du Roi qui affecte spécialement trois régimens d'infanterie au service ordinaire des colonies, et porte organisation de ces trois régimens. (8, Bull. 249, n° 8949.)

Charles, etc.

Considérant que l'envoi successif de nos régimens d'infanterie dans les colonies pour y tenir garnison en temps de paix présente de nombreux inconvéniens, et qu'il importe de conserver les militaires acclimatés dans les corps qui sont chargés de ce service;

Voulant pourvoir d'une manière spéciale à la garde de nos colonies, et assurer aux corps qui recevront cette destination les avantages que l'article 73 de la Charte constitutionnelle permet de leur accorder;

Sur le rapport de notre ministre secrétaire d'État de la guerre,

Nous avons ordonné et ordonnons ce qui suit :

Art. 1ᵉʳ. Trois régimens d'infanterie seront spécialement affectés au service ordinaire de nos colonies.

En conséquence, ils recevront une organisation spéciale et seront soumis à des réglemens particuliers.

2. Chaque régiment sera formé d'un état-major et de trois bataillons.

Les bataillons seront composés de huit compagnies, dont sept d'expédition et une de dépôt.

3. Un de ces régimens formera les garnisons du Sénégal, de la Guiane et des établissemens français à l'est du cap de Bonne-Espérance : les deux autres occuperont la Martinique et la Guadeloupe.

4. L'état-major de chaque régiment sera composé ainsi qu'il suit :

Un colonel, un lieutenant-colonel, trois chefs de bataillon, un major, un aumônier, trois adjudans-majors, un trésorier, un officier d'habillement, un officier payeur, un porte-drapeau, un chirurgien-major, deux chirurgiens aides-majors.

Trois adjudans sous-officiers, un tambour-major, trois caporaux-tambours ou clairons, un caporal sapeur, deux armuriers, dont un maître, un maître tailleur, un maître cordonnier, vingt-sept musiciens, dont un chef.

L'état-major du régiment qui formera les garnisons de la Guiane et des établissemens à l'est du cap de Bonne-Espérance sera augmenté d'un chirurgien aide-major et d'un armurier.

5. Il y aura dans chaque bataillon une compagnie de grenadiers ou carabiniers, six de fusiliers et une de voltigeurs.

Les cadres de ces compagnies auront la composition déterminée pour nos troupes d'infanterie.

6. Le dépôt de chacun de ces régimens restera en France.

Des décisions spéciales détermineront sa composition, selon les besoins du service.

7. Les officiers et sous-officiers de ces régimens seront pris, autant que possible, parmi les officiers et sous-officiers de notre armée qui demanderont à servir aux colonies.

8. Ces régimens se recruteront, en temps de paix :

1° Par des hommes de bonne volonté des divers corps de l'armée;

2° Par des engagés volontaires;

3° En cas d'insuffisance, par un contingent pris dans nos régimens d'infanterie.

9. En temps de guerre, ces régimens se recruteront :

1° Par des engagés volontaires;

2° En cas d'insuffisance, par des contingens sur les appels.

10. Les militaires appartenant aux corps de l'armée qui demanderont à faire partie des régimens affectés au service des colonies ne pourront y être admis que sur l'avis des lieutenans généraux commandant les divisions ou des inspecteurs généraux d'armes.

Ils devront avoir au moins quatre ans de service à faire, ou contracter l'engagement de servir dans ces régimens pendant ce même nombre d'années.

11. Les engagés volontaires pour ces régimens ne seront envoyés aux colonies qu'après avoir passé au dépôt le temps nécessaire pour y être suffisamment instruits.

12. Lorsqu'en temps de paix il y aura lieu de recourir à un contingent pris dans nos régimens d'infanterie, ce contingent sera réparti entre tous les corps, et, à défaut d'hommes de bonne volonté, les inspecteurs généraux d'armes seront chargés de faire des désignations parmi les soldats qui se trouveront dans leur troisième année de service, et qui présenteront les garanties nécessaires sous le rapport de la conduite.

13. En temps de guerre, si l'on a recours à un contingent sur les appels, ce contingent sera réparti entre tous les départemens proportionnellement à leur population, et, à défaut de jeunes soldats de bonne volonté, il sera formé de ceux qui auront pris les premiers numéros dans l'ordre naturel des nombres.

La disposition de l'article 11 leur est applicable.

14. Il sera établi dans chacune de nos colonies une école d'enseignement mutuel, pour l'instruction de nos troupes.

15. La quotité des hautes-paies de toute

espèce sera, dans les régimens spéciaux des colonies, double de celle qui est allouée aux corps d'infanterie de notre armée.

16. En temps de paix, le service effectif dans les colonies comptera moitié en sus pour la fixation de la solde ne retraite, pour la décoration de la Légion-d'Honneur, pour l'admission aux compagnies sédentaires et à l'hôtel royal des Invalides. Il comptera double pour l'admission dans l'ordre de Saint-Louis, conformément à l'article 4 de l'ordonnance du 9 août 1820.

Sera considéré comme service aux colonies tout le temps d'embarquement pour s'y rendre et en revenir.

17. Après dix ans de service effectif aux colonies dans le même grade, les officiers de ces régimens qui seront admis à la solde de retraite obtiendront celle du grade immédiatement supérieur.

18. La moitié des sous-lieutenances qui vaqueront dans les régimens affectés au service des colonies sera donnée, sur la proposition des chefs de corps, aux sous-officiers qui auront trois ans de service, dont un an au moins comme sous-officier.

19. Tous les grades et emplois de lieutenant, de capitaine, de chef de bataillon et de lieutenant-colonel, qui viendront à vaquer dans ces régimens, seront donnés, deux tiers à l'ancienneté et un tiers au choix, aux officiers de ces corps.

20. Nul officier ne sera promu à un grade ou emploi supérieur, s'il n'a servi quatre ans dans le grade ou emploi immédiatement inférieur.

Toutefois, s'il ne se trouve aucun officier ayant quatre ans de grade, ceux qui auront servi pendant deux ans au moins dans le grade immédiatement inférieur seront susceptibles d'être promus au grade supérieur, soit à l'ancienneté, soit au choix.

21. Tout officier qui aura obtenu de l'avancement en vertu du dernier paragraphe de l'article précédent sera tenu de compléter aux colonies le temps dont il aura été dispensé dans l'exercice du grade inférieur.

22. L'avancement aux grades de sous-lieutenant, de lieutenant et de capitaine, aura lieu entre les sous-officiers et les officiers de la portion de régiment qui composera la garnison de chaque colonie, chacune de ces portions de régiment étant considérée comme formant à cet égard un corps séparé.

23. Les adjudans-majors seront choisis parmi tous les lieutenans des corps ou des portions de corps dans lesquels la vacance aura lieu.

Les officiers payeurs seront choisis parmi les lieutenans ou sous-lieutenans.

24. Les capitaines des bataillons stationnés aux Antilles concourront exclusivement pour les emplois de chef de bataillon, soit à l'ancienneté, soit au choix, qui vaqueront dans ces bataillons.

Dans les autres colonies, les emplois de chef de bataillon qui viendront à vaquer seront exclusivement donnés, tant à l'ancienneté qu'au choix, aux capitaines du bataillon dans lequel la vacance aura lieu.

25. Les chefs de bataillon concourront seuls aux emplois de lieutenant-colonel qui viendront à vaquer dans ces régimens.

26. Les lieutenans-colonels et les colonels de ces régimens concourront, pour l'avancement, avec les lieutenans-colonels et colonels de notre armée.

27. Les officiers et sous-officiers appartenant aux dépôts de ces régimens, spécialement affectés au service ordinaire de nos colonies, seront soumis aux dispositions des lois et ordonnances qui régissent les corps d'infanterie de notre armée.

28. Toutes les dispositions des ordonnances antérieures ou réglemens généraux auxquelles il n'est point dérogé par la présente ordonnance, demeurent applicables aux corps spéciaux des colonies.

Dispositions transitoires.

29. L'article 1er de l'instruction réglementaire approuvée par nous le 28 août 1825 ayant fixé à quatre années la limite du séjour de nos régimens d'infanterie aux colonies, les militaires des régimens qui y sont actuellement stationnés seront tenus de compléter, dans les corps spéciaux organisés en vertu de la présente ordonnance, le temps de service prescrit.

Néanmoins, les militaires qui se seraient enrôlés volontairement dans l'un des régimens destinés à conserver la garnison des colonies seront tenus d'y achever leur engagement, à moins qu'ils ne s'obligent, à l'expiration des quatre années de séjour aux colonies, à compléter leur temps de service en France dans un régiment de leur arme et de leur choix.

30. Nos ministres secrétaires d'Etat de la guerre et de la marine (vicomte de Caux et Hyde de Neuville) sont chargés, chacun en ce qui le concerne, de l'exécution de la présente ordonnance.

---

17 AOUT 1828.—Ordonnance du Roi qui nomme M. Meyronnet de Saint-Marc secrétaire général du ministère de la justice. (8, Bull. 252, n° 9236.)

---

17 AOUT 1828. — Ordonnance du Roi qui autorise des exploitations dans les bois communaux et forêts royales y désignés. (8, Bull. 250, n° 9000.)

17 Aout 1828. — Proclamations qui ordonnent la clôture de la session de 1828 de la Chambre des pairs et de la Chambre des députés des départemens. (8, Bull. 248, n° 8905.)

17 Aout 1828. — Ordonnance qui admet les sieurs Milne Edwards, Giraudel des Genevez, Jung, Herpel, Williams, Richardson, John Smith, Trovvard, Vacilly Ivanne dit Alexandre, à établir leur domicile en France. (8, Bull. 248, n° 8911.)

17 Aout 1828. — Ordonnance qui nomme conseiller d'Etat en service extraordinaire M. Meyronnet de Saint-Marc, secrétaire du ministère de la justice. (8, Bull. 252, n° 9237.)

17 Aout 1828. — Ordonnance qui accorde des lettres de déclaration de naturalité au sieur Droz. (8, Bull. 253, n° 9281.)

17 Aout 1828. — Ordonnance qui accorde des lettres de déclaration de naturalité au sieur Quetau. (8, Bull. 263, n° 9921.)

20 = 27 Aout 1828. — Loi qui accorde, sur les fonds de l'exercice 1829, un crédit extraordinaire de douze cent mille francs, spécialement affecté à l'instruction ecclésiastique secondaire (1). (8, Bull. 248, n° 8903.)

Article unique. Il est accordé au ministère des affaires ecclésiastiques, sur les fonds de l'exercice 1829, un crédit extraordinaire de douze cent mille francs, spécialement affecté à l'instruction ecclésiastique secondaire.

20 = Pr. 27 Aout 1828. — Loi portant concession à la ville de Paris de la place Louis XVI et de la promenade dite des Champs-Elysées (2). (8, Bull. 248, n° 8904.)

Article unique. Sont concédées à la ville de Paris, à titre de propriété, la place Louis XVI et la promenade dite *des Champs-Elysées*, telles qu'elles sont désignées au plan annexé à la présente loi, y compris les constructions dont la propriété appartient à l'Etat, et à l'exception des deux fossés de la place Louis XVI qui bordent le jardin des Tuileries.

Ladite concession est faite à la charge par la ville de Paris :

1° De pourvoir aux frais de surveillance et d'entretien des lieux ci-dessus désignés;

2° D'y faire, dans un délai de cinq ans, des travaux d'embellissement jusques à concurrence d'une somme de deux millions deux cent trente mille francs au moins;

3° De conserver leur destination actuelle aux terrains concédés, lesquels ne pourront être aliénés en tout ou en partie.

20 = Pr. 27 Aout 1828. — Ordonnance du Roi qui fixe la répartition des criminels condamnés aux travaux forcés, entre les ports militaires du royaume, en raison de la durée de la peine qu'ils auront à subir. (8, Bull. 248, n° 8906.)

Voy. plus bas, rapport au Roi (3).

Charles, etc.

Sur le rapport de notre ministre secrétaire d'Etat de la marine et des colonies,

Nous avons ordonné et ordonnons ce qui suit :

Art. 1er. Les criminels condamnés aux travaux forcés seront répartis désormais entre les ports militaires du royaume en raison de la durée de la peine qu'ils auront à subir, et conformément à ce qui suit.

2. Les forçats condamnés à dix ans et au-dessous seront envoyés à Toulon.

3. Les forçats condamnés à plus de dix ans seront dirigés sur Brest et Rochefort, et répar-

(1) Proposition à la Chambre des députés le 27 juin 1828 (Mon. du 28); rapport de M. Bérenger le 15 juillet 1828 (Mon. du 16); discussion et adoption le 30 juillet (Mon. des 31 juillet et 1er août).
Proposition à la Chambre des pairs le 1er août (Mon. du 6); rapport de M. le marquis de Malleville le 9 août (Mon. du 12; adoption le 12 août (Mon. du 15).
(2) Proposition à la Chambre des députés le 24 juillet (Mon. du 25); rapport de M. Lefebvre le 27 juillet (Mon. du 28); discussion et adoption le 30 juillet (Mon. du 1er août).
Proposition à la Chambre des pairs le 1er août (Mon. du 6); rapport de M. le comte Siméon le 9 août (Mon. du 12); adoption le 12 août (Mon. du 15).
(3) On doit consulter, sur cette ordonnance, les observations de M. Lucas, autrefois avocat à la cour royale de Paris, aujourd'hui inspecteur général des prisons; elles ont été insérées dans la *Gazette des Tribunaux* des 12, 25, 29 octobre, 8 et 11 novembre 1828. Elles tendent à établir que la réunion dans un seul bagne de tous les condamnés à vie peut présenter de graves inconvéniens, puisqu'à Brest on a eu le soin de séparer ceux qui s'y trouvent. M. Lucas s'élève avec force contre la perpétuité des peines, et il réclame l'introduction dans notre législation de la disposition consacrée par l'art. 8, tit. 1er, 1re partie du Code pénal du 25 septembre = 6 octobre 1791, ainsi conçu : « La peine des fers ne pourra, en aucun cas, être perpétuelle. »
Au surplus, la *Gazette des Tribunaux* du 19 novembre annonce que M. le ministre de la marine, ayant recueilli de nouveaux renseignemens, a renoncé à l'exécution de l'ordonnance, et qu'il a formé une commission pour s'occuper du projet d'un *bagne modèle*. Mais le Moniteur a répondu que l'ordonnance serait exécutée.

tis de telle manière que les condamnés à vie ou à plus de vingt ans soient entièrement séparés de ceux dont la peine ne devra pas durer au-delà de vingt années.

La répartition des condamnés entre les deux bagnes sera faite par notre ministre de la marine, en raison des besoins du service.

4. Le bagne de Lorient continuera d'être exclusivement destiné aux militaires condamnés pour insubordination.

5. La séparation des forçats actuellement détenus dans les bagnes de Brest, Rochefort et Toulon, conformément aux dispositions des articles 2 et 3 de la présente ordonnance, s'exécutera dans le plus bref délai possible. Le transport de ceux qui devront passer d'un bagne dans un autre sera effectué par des bâtimens de la marine royale.

6. Les criminels condamnés aux travaux forcés, qui se trouvent dans les prisons du royaume, et ceux qui seront à l'avenir condamnés à la même peine, soit par nos cours d'assises, soit par nos tribunaux militaires et maritimes, seront dirigés sur les bagnes où ils doivent être détenus à raison de la durée des peines prononcées contre eux.

7. Nos ministres secrétaires d'État aux départemens de l'intérieur et de la marine (vicomte de Martignac et Hyde de Neuville) sont chargés, chacun en ce qui le concerne, de l'exécution de la présente ordonnance, qui sera insérée au Bulletin des Lois.

20 AOUT 1828. — Rapport au Roi par son excellence le ministre de la marine, touchant la distribution des forçats dans les bagnes. (Mon. du 22 août 1828.)

Voy. ci-dessus, ordonnance du 20 AOUT 1828.

Sire, l'usage de destiner les forçats au service de la marine a donné lieu à de fréquentes discussions, qui n'ont eu jusqu'à présent aucun résultat.

Les galères sur lesquelles ramaient autrefois les criminels condamnés aux fers n'existent plus, et par conséquent la marine n'a plus d'emploi du même genre à donner aux forçats. Cependant nos lois et d'anciennes habitudes maintiennent un état de choses contre lequel se sont élevés beaucoup de bons esprits.

Pour suppléer aux galères, on a établi dans nos ports des bagnes, dans lesquels les condamnés sont enchaînés et gardés à vue; ils n'en sortent dans le jour que pour être conduits sur les lieux où ils doivent travailler.

Mais l'existence de ces établissemens et leur régime intérieur ont été l'objet de très-graves reproches; on a dit, et avec raison, que les condamnés se dépravent mutuellement par les communications qu'ils ont entre eux, et dont rien ne peut atténuer l'effet:

de sorte qu'un grand nombre d'hommes que des circonstances malheureuses ou des passions non réprimées ont portés au crime, sortent du bagne beaucoup plus corrompus qu'ils ne l'étaient en y entrant.

D'un autre côté, malgré la surveillance la plus active, des forçats s'évadent. Obligés ensuite à se tenir cachés pour échapper aux recherches de la police, ils ne peuvent se procurer des moyens d'existence qu'en commettant des crimes, et la plupart ne tardent pas à rentrer dans les bagnes en vertu de nouvelles condamnations.

Les forçats mis en liberté après qu'ils ont subi leurs peines sont aussi un objet de terreur; la société les repoussant comme infâmes, ils en deviennent tôt ou tard le fléau, et le vol seul peut leur offrir des ressources, lorsque la répugnance qu'on éprouve généralement à leur donner du travail les prive de tout salaire légitime.

Les conseils généraux d'un grand nombre de départemens ont élevé des plaintes relativement à l'existence des forçats libérés dans l'intérieur du royaume; ils ont demandé qu'on prît des mesures pour faire cesser les dangers que cause leur présence, et ils ont indiqué la substitution de la déportation à la peine des galères, comme le seul moyen efficace d'atteindre ce but.

Mais de graves questions s'offraient à résoudre, avant qu'on pût penser à modifier notre législation criminelle pour substituer la déportation à la peine des travaux forcés. Voici les principales:

« Dans quel lieu pourrait-on transporter « les condamnés?

« Conviendrait-il d'en former une colonie « à l'instar des établissemens créés par les « Anglais dans la Nouvelle-Galles du Sud?

« La déportation pourrait-elle n'être que « temporaire, ou bien devrait-elle être per- « pétuelle dans tous les cas?

« S'appliquerait-elle aux forçats actuelle- « ment détenus dans les bagnes des ports?

« Si la déportation ne pouvait n'être que tem- « poraire, que ferait-on, à leur retour, des « déportés libérés? Seraient-ils moins à re- « douter pour la sûreté de l'intérieur du « royaume que les forçats libérés dont on « se plaint aujourd'hui avec tant de raison? »

Les deux premières questions sont celles dont on s'est le plus occupé.

Au mois de janvier 1819, M. le baron de Gérando, conseiller d'État, remit à M. le baron Portal, alors ministre de la marine, le plan de quelques améliorations à introduire dans le régime des bagnes, et en même temps M. le contre-amiral Willaumez (aujourd'hui vice-amiral) proposait de former à la Guiane française une colonie de forçats.

Ces deux projets, joints à plusieurs autres qui depuis long-temps avaient été présentés pour le même objet, furent renvoyés à une commission composée de conseillers d'Etat, d'officiers généraux et supérieurs de la marine, et qui, après un mûr examen, devait rédiger un travail complet sur cette matière.

Mais cette commission ne s'est réunie que quatre fois; elle n'a point fait de rapport, et l'on sait seulement par la minute des procès-verbaux de ses séances, dont la dernière a eu lieu le 17 février 1819, qu'elle avait pris les conclusions suivantes:

« 1° Que le Gouvernement devrait avoir « la faculté de former un ou plusieurs éta- « blissemens de forçats hors du territoire « continental, pour les criminels condamnés « à dix ans et plus de travaux forcés, mais « sans effet rétroactif;

« 2° Qu'il fallait écarter les propositions « qui tendaient à coloniser les forçats, soit « à la Guiane, soit en Corse, et s'arrêter au « projet de former un établissement de ce « genre sur un point de la côte occidentale « de la Nouvelle-Hollande, ou sur l'une des « îles du Grand-Océan;

« 3° Qu'on ne devrait déporter que des « criminels condamnés à plus de dix ans, et « que, pour les autres, il faudrait conser- « ver les bagnes actuels des ports : d'où il « serait résulté que la peine des travaux « forcés aurait dû être maintenue dans le « Code avec celle de la déportation;

« 4° Qu'il serait à désirer qu'on introdui- « sît des améliorations dans le régime des « bagnes;

« 5° Enfin qu'il conviendrait que les con- « damnés valides, dont la peine devrait du- « rer moins de cinq ans, fussent laissés à la « disposition du ministère de l'intérieur pour « les travaux publics, au lieu d'être conduits « dans les ports. »

Ces conclusions n'ayant pas été communi-quées officiellement au ministre, il n'y a été donné aucune suite.

Depuis l'année 1819 jusqu'à ce jour, plu-sieurs écrits ont été publiés tant sur la ques-tion de la colonisation des forçats que sur les améliorations à introduire dans le régime des bagnes; d'autres, en plus grand nombre, sont restés inédits : la plupart contiennent des vues utiles, que l'administration s'empressera de mettre à profit.

Parmi ces écrits, l'un des plus remarqua-bles est le mémoire de M. Quentin, lieute-nant-colonel de cavalerie, en retraite, qui a remporté le prix proposé par la société aca-démique de Mâcon, sur cette question :

« *Indiquer, en remplacement des travaux* « *forcés, une peine qui, sans cesser de satis-* « *faire aux besoins de la justice, laisse moins* « *de dégradation dans l'âme du condamné;* « *proposer les mesures à prendre provisoire-* « *ment pour que les forçats libérés ne soient* « *plus livrés à la misère par l'opinion, qui*

« *les repousse, et que leur présence ne me-* « *nace plus la société, qui les reçoit.* »

Le plan de l'auteur consisterait à diviser les forçats, dans chaque port, en trois caté-gories principales, qui seraient elles-mêmes subdivisées. Les condamnés à vie formeraient la première classe et devraient rester dans les bagnes jusqu'à 70 ans, ainsi que le veut l'ar-ticle 72 du Code pénal; les moins criminels pourraient être déportés à vie.

Les forçats de la seconde classe, condam-nés à plus de cinq ans, seraient déportés à vie, lorsque les crimes seraient réputés bas et infamans; ils ne subiraient que la dépor-tation à temps s'ils n'étaient coupables que d'actions qui ne fussent point de nature à repousser tout sentiment d'indulgence.

La troisième classe se composerait de con-damnés à moins de cinq ans : ceux-ci pour-raient être répartis dans des petits bagnes qu'on établirait dans chaque chef-lieu de dé-partement. Ils seraient occupés au balayage des rues ou à d'autres travaux analogues : à défaut de ce moyen, on les déporterait pour sept ans au moins, ou bien on formerait dès à présent, pour eux, un bagne particulier dans l'un des ports du royaume.

M. Quentin a soin de distinguer, dans chacune de ces trois catégories, les forçats actuels de ceux qui seront condamnés à l'a-venir, et il établit quelque différence dans la manière de traiter les uns et les autres; il veut surtout qu'on évite de les laisser en-semble.

Il entre dans des détails intéressans sur la manière dont il entendrait qu'on occupât les forçats libérés; il voudrait qu'on en formât des escouades de pionniers, et qu'on les em-ployât à des travaux publics, tels que les routes, les canaux, etc.

Enfin il établit deux classes de déportés, dont les uns seraient conduits forcément au lieu désigné pour la déportation, tandis que les autres y seraient envoyés par suite de leur propre choix, comme déportés volontaires.

Ce mémoire était à l'impression lorsqu'a paru un écrit intitulé : *Observations sur les votes de 41 conseils-généraux de départe-ment, concernant la déportation des forçats libérés; présentées à M. le Dauphin par un membre de la société royale, pour l'amélio-ration des prisons.*

M. le marquis de Barbé-Marbois, auteur de cet écrit, s'appuyant sur des faits tirés de l'histoire même des établissemens anglais dans la Nouvelle-Galles du Sud, et des comptes rendus à ce sujet au parlement bri-tannique, en conclut que la déportation de nos condamnés serait une mesure toujours difficile, souvent impraticable; qu'elle occa-sionerait des dépenses énormes, et qu'elle n'aurait aucun des avantages qu'on s'en pro-mettait.

Cette conclusion, que combattent encore des opinions contraires, et qui deviendra l'objet de nouvelles discussions, tendrait à rendre impraticable une grande partie du plan proposé par M. Quentin.

Mais ce qui touche à l'amélioration du régime des bagnes n'en mérite pas moins une sérieuse attention.

Les préfets maritimes et les conseils d'administration des ports ont été consultés sur les moyens de mettre, le plus tôt possible, à exécution toutes les mesures qui seront jugées propres à conduire à ce but, sans qu'elles puissent devenir un obstacle à la garde des forçats, à leur emploi journalier aux travaux des arsenaux et à la régularité des comptes relatifs aux dépenses des chiourmes.

Mais, en attendant que des dispositions de détail puissent être prises dans l'intérieur de chacun des bagnes, pour y établir une classification quelconque des forçats, je crois qu'on obtiendrait, dès à présent, une très-grande amélioration, en séparant les condamnés à vie ou à très-long terme d'avec ceux dont la peine ne doit avoir qu'une durée plus ou moins courte.

Les forçats existant dans les bagnes de Brest, Toulon et Rochefort, peuvent être classés ainsi qu'il suit :

	CONDAMNÉS				TOTAUX.
	à 10 ans et au-dessous.	à plus de 10 ans.	à plus de 20 ans.	à vie.	
A Brest.	1,351	461	91	629	2,532
A Toulon	2,240	820	102	1,216	4,378
A Rochefort	812	335	59	448	1,654
Totaux	4,403	1,616	252	2,293	8,564

Le port de Toulon est celui dont le climat et les localités se prêtent le mieux à ce que les forçats soient employés à des travaux d'art; de telle sorte qu'ils peuvent y acquérir la pratique d'un métier, au moyen duquel ils ne sont pas sans ressources au moment de leur libération. Il importerait donc d'y placer les condamnés qui doivent être le plus tôt libérés, c'est-à-dire que ceux qui n'ont à subir la peine des fers que pendant dix ans au plus.

A Brest, les travaux de force sont trop importans et trop fréquens pour qu'on puisse en détourner les forçats pour les employer à des ouvrages d'art; il en est à peu près de même de Rochefort, à cause des mouvemens que nécessite la grande distance qui sépare le port de la rade.

Les forçats condamnés à plus de dix ans devraient donc être répartis entre ces deux ports.

On établirait cette répartition de manière à séparer entièrement des autres les forçats condamnés à vie, et ceux dont la peine, quoique limitée, devrait durer au-delà de ... ... en sorte aussi de ne pas opérer un chan... ... sque dans la situation numérique des chiou... les de chacun es trois ports.

Le bagne de Lorient continuerait d'être affecté uniquement aux militaires condamnés pour insubordination, et dont le nombre est maintenant de 640.

Quant au régime intérieur des bagnes, des mesures seront prises dès à présent pour le modifier de manière que, sans qu'il faille cesser d'employer les forçats aux travaux des ports, leurs mœurs puissent s'améliorer, et leur libération présenter moins de danger pour la sûreté publique.

J'ai l'honneur de soumettre à la signature de Votre Majesté l'ordonnance nécessaire pour établir la répartition des condamnés entre les ports du royaume telle qu'elle est indiquée dans ce qui précède.

Pour la mettre à exécution, il faudra faire passer beaucoup de forçats d'un port dans un autre, et le transport en sera fait par des bâtimens de la marine royale. J'aurai soin, d'ailleurs, de me concerter avec M. le ministre de l'intérieur pour que désormais les condamnés soient classés dans les prisons de dépôt, et dirigés ensuite vers le port dans lequel ils devront être détenus, en raison de la durée de la peine qu'ils auront à subir.

———

20 AOUT = Pr. 12 SEPTEMBRE 1828.—Ordonnance du Roi qui fixe un nouveau classement des routes départementales de Seine-et-Oise. (8, Bull. 251, n° 9131.)

Charles, etc.

Sur le rapport de notre ministre secrétaire d'État de l'intérieur;

Vu les délibérations prises par le conseil général du département de Seine-et-Oise dans ses sessions de 1826 et 1827, tendant à déclasser les routes départementales n° 2, de Versailles à Mantes, par Bailly; n° 49, de Pontoise à Poissy; n° 56, de la porte Bailly à la grille de Maintenon, et à arrêter un nouveau classement pour toutes les routes départementales;

Vu les délibérations des conseils municipaux des communes traversées par les trois routes à déclasser;

Vu l'avis du préfet du département;

Vu le décret du 7 janvier 1813;

Notre Conseil-d'État entendu,

Nous avons ordonné et ordonnons ce qui suit:

Art. 1er. Les dispositions du décret du 7 janvier 1813, par lesquelles les routes n° 2, de Versailles à Mantes, par Bailly; n° 56, de la porte Bailly à la grille de Maintenon, et n° 49, de Pontoise à Poissy, ont été classées au nombre des routes départementales du département de Seine-et-Oise, sont rapportées: ces trois communications cessent d'appartenir, dès cet instant, à la classe des routes départementales, et rentrent dans celle des chemins communaux.

2. Le nouveau classement des routes départementales de ce département est fixé ainsi qu'il suit:

N° 1er, d'Étampes à Malesherbes;

N° 2, de Méry à la route royale n° 1, par Mériel et Baillet, avec embranchement de la porte Baillet à la route départementale n° 21;

N° 3, de Versailles à Corbeil, par Jouy, Orsais, Marcoussis et Montlhéry;

N° 4, d'Étampes à Pithiviers;

N° 5, de Paris à Mantes, par Saint-Cloud, Saint-Nom et Maule;

N° 6, de Paris à Saint-Arnoult, par Basville et Dourdan;

N° 7, de Paris à l'Oise, par Saint-Leu et Méry;

N° 8, de Paris à Chevreuse, par Bièvre et Gif;

N° 9, de Corbeil à Lieursaint;

N° 10, de Paris dans Seine-et-Marne, par Bie et Noisy-le-Grand;

N° 11, de Paris dans Seine-et-Marne, par Villiers et Malhoue;

N° 12, de Paris à Provins, par Tournans;

N° 13, de Gambais à la route royale n° 12;

N° 14, de Limours à Angerville, par Dourdan et Authon;

N° 15, de Moisselles à Précy, par Viarmes;

N° 16, de Pontoise à Beauvais, par Vallengaujard et Méru;

N° 17, de Paris à la route départementale n° 28, dite des Petits-Ponts, par Aulnay;

N° 18, de communication entre les routes royales n°s 1 et 2, par Arnouville et Gonesse;

N° 19, de Rueil à la porte Jaune de Saint-Cloud, par Garches;

N° 20, de Pontoise à Beauvais, par Grisy et Hérouville;

N° 21, de la route royale n° 1 à Hérouville, par l'Ile-Adam;

N° 22, de Magny à Vernon, par Omerville et Gagny;

N° 23, de Versailles à la route royale, n° 10 par le Grand-Montreuil;

N° 24, de communication entre les routes royales n°s 12 et 13, par Néauphle-le-Vieux et Septeuil;

N° 25, de Versailles à la route royale n° 13, par la Selle-Saint-Cloud;

N° 26, de Magny à Flins, par Meulan;

N° 27, de Versailles à Corbeil, par Bièvre, Longjumeau et Sainte-Geneviève;

N° 28, de communication entre les routes royales n°s 2, 3, 34, par Villepinte, Livry et Montfermeil;

N° 29, de Villeneuve-Saint-George à Corbeil, par Etioles;

N° 30, du bac de Ris à Milly, par Lisses, Mennecy, Chevannes et Courances;

N° 31, de Corbeil à Melun, par la forêt de Rougeaux;

N° 32, de Villeneuve-Saint-George à Brunoy, par Crosnes et Yerres;

N° 33, d'Yerres aux routes royales n°s 5 et 19, par la Grange et Valenton;

N° 34, d'Arpajon à la Ferté-Aleps, par Bourray;

N° 35, de Longjumeau à la route royale n° 7, par Morangis;

N° 36, de communication entre les routes royales n°s 20 et 188, par Soucy et Fontenay;

N° 37, de Dourdan à Rochefort, par Plessis-Marly;

N° 38, de Saint-Germain à Neauphle, par Fourqueux, Saint-Nom et Villepreux;

N° 39, de Versailles à Dampierre, par Voisins;

N° 40, de Chaville aux Moulineaux sous Meudon;

N° 41, de Sèvres à Marnes, par Ville-d'Avray;

N° 42, de Versailles à Vaucresson;

N° 43, de Poissy à la Villeneuve, par Chapteloup, avec embranchement de Courdimanche à Puiseux;

N° 44, de Mantes à la Roche-Guyon, par Vétheuil;

N° 45, de Bouvigal à Louveciennes, dite *Chemin de la Princesse* ;

N° 46, de communication entre les routes royales n°s 12 et 191, par Montfort-l'Amaury ;

N° 47, de Bezons à Poissy, par Maisons ;

N° 48, de communication entre les routes royales n°s 13 et 14, par le Pecq et Argenteuil.

3. Notre ministre secrétaire d'Etat de l'intérieur (vicomte de Martignac) est chargé de l'exécution de la présente ordonnance.

———

20 AOUT = Pr. 12 SEPTEMBRE 1828. — Ordonnance du Roi qui classe un chemin au rang des routes départementales du Cantal. (8, Bull. 251, n° 9132.)

Charles, etc.

Sur le rapport de notre ministre secrétaire d'Etat de l'intérieur ;

Vu la délibération du conseil général du département du Cantal, tendant à ce que le chemin de Maurs à Aubin, par Saint-Constant, soit classé au rang des routes départementales ;

Vu l'avis du préfet et celui du conseil général des ponts-et-chaussées ;

Notre Conseil-d'Etat entendu,

Nous avons ordonné et ordonnons ce qui suit :

Art. 1er. Le chemin indiqué dans la délibération du conseil général du département du Cantal est et demeure classé au rang des routes départementales de ce département, avec la dénomination suivante :

N° 5, de Maurs à Aubin, par Saint-Constant.

2. L'administration est autorisée à acquérir les terrains nécessaires pour terminer cette route : elle se conformera, à ce sujet, aux dispositions de la loi du 8 mars 1810, sur l'expropriation pour cause d'utilité publique.

3. Notre ministre secrétaire d'Etat de l'intérieur est chargé de l'exécution de la présente ordonnance.

———

20 AOUT 1828. — Ordonnance qui autorise l'acceptation d'une donation faite à la congrégation des sœurs de l'instruction chrétienne de Portieux. (8, Bull. 313, n° 11962.)

———

20 AOUT 1828. — Ordonnance qui accorde des pensions à deux veuves de militaires y dénommées, imputables sur les crédits d'inscription de l'année 1827. (8, Bull. 255 *bis*, n° 1.)

———

20 AOUT 1828. — Ordonnance qui accorde des pensions à trente veuves de militaires y dénommées, imputables sur le crédit d'inscription de l'année 1828. (8, Bull. 255 *bis*, n° 2.)

———

20 AOUT 1828. — Ordonnances qui autorisent l'acceptation de dons et legs faits aux communautés religieuses de Châlons-sur-Marne, de Sauvessanges, de Nancy, de Saint-Laurent-sur-Sèvres, de Charleville et de Valognes ; aux écoles chrétiennes de Béziers, et aux fabriques des églises de la Baroche et de Péronne. (8, Bull. 314, n°s 12986 et suiv.)

———

20 AOUT 1828. — Ordonnances qui autorisent l'acceptation de dons et legs faits aux communes de Pontiguy et de Venouze, d'Etivey ; aux hospices et bureaux de bienfaisance de Dijon, de Rivedegier, de Haguenau, de Belleville, d'Ennemain, d'Avalon, de Sainte-Geneviève, de Saissac, de Beaune, de Veigné, d'Orléans, de Saint-Dizier, de Pontivy, de Wemaers-Cappel, de Paris, d'Engbein-Montmorency, d'Amiens, de Saint-Zacharie, de Pernes, d'Auxerres ; aux pauvres de Lorey, de Coulonche, de Cassagnes-Begonnès, de Connac, de Saint-Médard-d'Exideuil, de Louyaimes, de Chaumont, d'Arros, de Saint-Genis-Laval, de Mennecy, de la Bastide-des-Jourdans. (8, Bull. 263, n°s 9940 à 9973.)

———

21 = 27 AOUT 1828. — Ordonnance du Roi portant que la session de 1828 des conseils généraux de département s'ouvrira le 8 septembre, et que les conseils d'arrondissement s'assembleront le 2 octobre pour la seconde partie de leur session. (8, Bull. 248, n° 8907.)

———

21 AOUT 1828. — Lettres-patentes portant érection de majorats en faveur de MM. Jean-Joseph Arnou, James Daw, Etienne-Jacques Saulnier d'Auchald et Auguste-Gaspard-Louis Boucher Desnoyers. (8, Bull. 249, n° 8950.)

———

24 AOUT = Pr. 8 SEPTEMBRE 1828. — Ordonnance du Roi qui porte qu'à dater du 1er octobre 1828, l'affranchissement pour la correspondance entre la France et huit cantons suisses sera facultatif, et contient des dispositions y relatives. (8, Bull. 250, n° 8999.)

Charles, etc.

Vu la loi du 15 mars 1827 et l'article 4 du titre II de la loi du 4 mai 1802 ;

Vu aussi les conventions conclues et signées à Paris, les 1er mai, 9 et 23 juin 1828, entre l'office général des postes de France et l'administration générale des postes de Berne, la régie des postes du canton de Vaud et la commission des postes du canton de Neufchâtel ;

Sur le rapport de notre ministre secrétaire d'Etat des finances,

Nous avons ordonné et ordonnons ce qui suit :

Art. 1er. A dater du premier jour d'octobre 1828, et sans qu'il soit rien changé quant à l'affranchissement pour les cantons de Zurich,

Lucerne, Ury, Schwitz, Glarus, Ing, Bâle, Schaffouse, Appenzel, Saint-Gall, les Grisons, Argovie, Thurgovie, Tessin, lequel demeure obligatoire jusqu'à la frontière française, le public de France sera libre d'affranchir ou de ne point affranchir ses lettres et paquets pour les cantons de Berne, Fribourg, Soleure, Unterwalden et Genève ;

Pour ceux de Vaud et du Valais ;

Pour celui de Neufchâtel.

2. L'affranchissement sera cependant obligatoire jusqu'à destination pour les lettres et paquets chargés ou recommandés.

Il l'est pareillement pour les gazettes, journaux, catalogues, prospectus imprimés et livres en feuilles ou brochés originaires de France, mais jusqu'à la frontière française seulement.

3. L'affranchissement des lettres et paquets de tous les départemens du royaume de France, pour toute l'étendue des cantons suisses ci-dessus désignés, sera perçu d'après les prix réglés par la loi du 15 mars 1827, pour toute lettre d'un poids au-dessus de sept grammes et demi jusqu'à l'extrême frontière de France, et depuis cette frontière jusqu'à destination dans les cantons susdits, d'après les taxes du tarif de ces mêmes cantons, converties en décimes ;

Et proportionnellement au poids, pour celles qui pèseront sept grammes et demi et au-dessus, selon les progressions du tarif français.

4. Les échantillons de marchandises pourront, comme les lettres, être affranchis ou non affranchis. Dans les deux cas, ils devront être expédiés séparément des lettres, être présentés sous bandes, ou de manière à ne laisser aucun doute sur leur nature, et ne contenir d'autre écriture à la main que des numéros d'ordre.

A ces conditions, le prix de port des échantillons affranchis ne sera perçu qu'au tiers de la taxe des deux tarifs, sans qu'il puisse néanmoins être, en aucun cas, inférieur à la taxe de la lettre simple.

5. L'affranchissement obligatoire des lettres et paquets chargés ou recommandés sera perçu au double des taxes fixées par le tarif de France et par les tarifs suisses, pour les affranchissemens ordinaires, dont il est question à l'article 3 ci-dessus.

6. Les lettres et paquets et les échantillons de marchandises volontairement affranchis dans toute l'étendue des huit cantons ci-dessus désignés, pour toute l'étendue du royaume de France, jusqu'à destination, seront distribués à leurs adresses, sans qu'il puisse être exigé aucun prix de port.

Les gazettes, journaux, catalogues, prospectus imprimés et livres en feuilles ou brochés, expédiés des cantons suisses, lesquels ne devront être affranchis que jusqu'à la frontière de ces cantons, seront seuls taxés du port français déterminé pour ces feuilles et imprimés par la loi du 15 mars 1827.

Delle.

7. Les lettres non affranchies des cantons de Berne, Fribourg, Soleure, Unterwalden, pour le bureau frontière français de Delle, qui seront d'un poids au-dessous de sept grammes et demi, et timbrées :

F. D. kr. seront taxées à raison de trois décimes.

F. D. 4 kr. quatre *idem.*
F. D. 6 kr. cinq *idem.*
F. D. 8 kr. cinq *idem.*
F. D. 10 kr. six *idem.*
F. D. 12 kr. sept *idem.*
F. D. 14 kr. huit *idem.*
F. D. 16 kr. huit *idem.*
F. D. 18 kr. neuf *idem.*

Et les lettres et paquets d'un poids de sept grammes et demi et au-dessus seront taxés d'après ces prix, proportionnellement à leur poids, selon les progressions du tarif français.

8. Les lettres et paquets d'un poids au-dessous de sept grammes et demi qui seront réexpédiés du bureau de Delle pour toute autre destination en France et timbrés :

F. D. 2 kr. seront taxés un décime.
F. D. 4 kr. deux *idem.*
F. D. 6 kr. trois *idem.*
F. D. 8 kr. trois *idem.*
F. D. 10 kr. quatre *idem.*
F. D. 12 kr. cinq *idem.*
F. D. 14 kr. six *idem.*
F. D. 16 kr. six *idem.*
F. D. 18 kr. sept *idem.*

plus du port dû, selon le tarif français, depuis Delle jusqu'au point de distribution ;

Et les lettres et paquets d'un poids de sept grammes et demi et au-dessus seront taxés, d'après ces deux taxes cumulées, proportionnellement à leur poids, selon les progressions du tarif français.

Pontarlier.

9. Les lettres non affranchies des bureaux vaudois de Ballaigne, Jongne et Orbe, pour le bureau français de Pontarlier, et timbrés L. V., seront taxées deux décimes par lettre simple ; et les lettres du poids de sept grammes et demi et au-dessus, proportionnellement à leur poids.

Les lettres non affranchies des autres bureaux de l'office de Vaud et du Valais pour le même bureau français de Pontarlier, et timbrées :

L. V. 4 kr. seront taxées quatre décimes.
L. V. 6 kr. cinq *idem.*

L. V. 8 kr. cinq *idem*.
L. V. 10 kr. six *idem*.
L. V. 12 kr. sept *idem*.
L. V. 14 kr. huit *idem*.

par lettre simple ou au-dessous d'un poids de sept grammes et demi;

Et les lettres et paquets d'un poids de sept grammes et demi et au-dessus seront taxés proportionnellement à ces prix, selon leur poids et les progressions du tarif français.

10. Les lettres et paquets des cantons de Vaud et du Valais sans exception, qui seront d'un poids au-dessous de sept grammes et demi, réexpédiées du bureau de Pontarlier pour toute autre destination en France, et timbrés :

L. V. 2 kr. seront taxés un décime.
L. V. 4 kr. deux *idem*.
L. V. 6 kr. trois *idem*.
L. V. 8 kr. trois *idem*.
L. V. 10 kr. quatre *idem*.
L. V. 12 kr. cinq *idem*.
L. V. 14 kr. six *idem*.

plus du port dû, selon le tarif français, depuis Pontarlier jusqu'au point de distribution;

Et les lettres et paquets d'un poids de sept grammes et demi et au-dessus seront taxés, d'après ces deux taxes cumulées, proportionnellement à leur poids, selon les progressions du tarif français.

11. Les lettres du canton de Neufchâtel pour les bureaux français de Pontarlier, Ornans, Morteau, Champagnolle, Salins, et timbrées L. N., seront taxées deux décimes par lettre simple et au-dessous d'un poids de sept grammes et demi ;

Et les lettres et paquets d'un poids de sept grammes et demi et au-dessus seront taxés proportionnellement à ce prix, selon leur poids et les progressions du tarif français.

Les lettres et paquets d'un poids au-dessous de sept grammes et demi, portant le timbre L. N. cinq et demi kr., et qui seront réexpédiés du bureau de Pontarlier pour toute autre destination en France que les quatre bureaux ci-dessus., seront taxés de deux décimes, plus du port dû, selon le tarif français, depuis Pontarlier jusqu'au point de distribution;

Et les lettres et paquets d'un poids de sept grammes et demi et au-dessus seront taxés d'après ces deux taxes cumulées, proportionnellement à leur poids, selon la progression du tarif français.

Ferney.

12. Les lettres non affranchies du bureau vaudois de Coppey pour le bureau français de Ferney, et timbrées L. V., seront taxées deux décimes par lettre simple; et les lettres pesant sept grammes et demi et au-dessus, proportionnellement à leur poids.

Les lettres non affranchies des autres bureaux de l'office de Vaud et du Valais, pour le bureau de Ferney, comme toutes celles des cantons de Berne, Fribourg, Soleure, Unterwalden et Genève, et timbrées :

F. F. ou L. V. 2 kr. seront taxées trois décimes.
F. F. ou L. V. 4 kr. quatre *idem*.
F. F. ou L. V. 6 kr. cinq *idem*.
F. F. ou L. V. 8 kr. cinq *idem*.
F. F. ou L. V. 10 kr. six *idem*.
F. F. ou L. V. 12 kr. sept *idem*.
F. F. ou L. V. 14 kr. huit *idem*.
F. F. ou L. V. 16 kr. huit *idem*.
F. F. ou L. V. 18 kr. neuf *idem*.

par lettre simple ou au-dessous d'un poids de sept grammes et demi.

Et les lettres et paquets d'un poids de sept grammes et demi et au-dessus seront taxés proportionnellement à ces prix, selon leur poids et les progressions du tarif français.

13. Les lettres et paquets d'un poids au-dessous de sept grammes et demi qui seront expédiés du bureau de Ferney pour toute autre destination en France, et timbrés :

F. F. ou L. V. 2 kr. seront taxés un décime.
F. F. ou L. V. 4 kr. deux *idem*.
F. F. ou L. V. 6 kr. trois *idem*.
F. F. ou L. V. 8 kr. trois *idem*.
F. F. ou L. V. 10 kr. quatre *idem*.
F. F. ou L. V. 12 kr. cinq *idem*.
F. F. ou L. V. 14 kr. six *idem*.
F. F. ou L. V. 16 kr. six *idem*.
F. F. ou L. V. 18 kr. sept *idem*.

plus du port dû, selon le tarif français, depuis Ferney jusqu'au point de distribution;

Et les lettres et paquets d'un poids de sept grammes et demi et au-dessus seront taxés d'après ces deux taxes cumulées, proportionnellement à leur poids, selon les progressions du tarif français.

14. Les échantillons de marchandises non affranchis venant des cantons suisses, pourvu que les paquets en soient mis sous bandes, ou de manière à ne laisser aucun doute sur leur nature, ne seront taxés qu'au tiers des prix fixés pour les lettres et paquets suivant celui de ces prix dont ils porteront le timbre, et suivant leur point d'entrée en France. Cependant la taxe n'en pourra jamais être inférieure à celle d'une lettre simple.

15. Notre ministre secrétaire d'Etat des finances (comte Roy) est chargé de l'exécution de la présente ordonnance, qui sera insérée au Bulletin des Lois.

24 AOUT=Pr. 8 SEPTEMBRE 1828.—Ordonnance du Roi portant convocation de colléges électoraux dans les départemens de l'Ardèche,

d'Ille-et-Vilaine et des Landes. (8, Bull. 250, n° 9001.)

Charles, etc.

Sur le rapport de notre ministre secrétaire d'État au département de l'intérieur;

Vu les lettres du président de la Chambre des députés, annonçant que la Chambre a été informée, le 14 juillet, du décès du sieur de Granoux, député de l'Ardèche; le 22 du même mois, du décès du sieur Du Lyon, député des Landes; et a reçu, le 2 août, la démission du sieur Rallier, député d'Ille-et-Vilaine;

Vu les lois des 5 février 1817, 29 juin 1820, 2 mai 1827 et 2 juillet dernier;

Considérant que les opérations prescrites par la loi du 2 juillet 1828 ne seront consommées que le 16 décembre prochain, et qu'il convient, pour la régularité des listes, d'ajourner jusqu'à cette époque la réunion de ces colléges électoraux,

Nous avons ordonné et ordonnons ce qui suit :

Art. 1er. Le collège départemental de l'Ardèche et les colléges du troisième arrondissement électoral d'Ille-et-Vilaine et du premier arrondissement électoral des Landes, sont convoqués à Privas, Fougères et Mont-de-Marsan, pour le 22 décembre prochain, à l'effet d'élire chacun un député.

2. Conformément à l'article 21 de la loi du 2 juillet 1828, il sera fait usage pour ces élections des listes arrêtées et closes le 16 décembre.

Les opérations des colléges électoraux auront lieu ainsi qu'il est prescrit par l'ordonnance du 11 octobre 1820.

3. Notre ministre secrétaire d'Etat de l'intérieur (vicomte de Martignac) est chargé de l'exécution de la présente ordonnance.

---

25 AOUT 1828. — Circulaire de son excellence monseigneur le ministre de l'intérieur, sur l'exécution de la loi du 2 juillet 1828, relative aux listes électorales.

Voy. loi du 2 JUILLET 1828, et une autre circulaire, à la date du 21 OCTOBRE.

RÉVISION DES LISTES ÉLECTORALES ET DU JURY.

Instructions sur les opérations des préfets et sur le jugement des réclamations.

Monsieur le préfet, en vous adressant, le 12 juillet, des instructions sur les travaux des réunions de maires et de percepteurs, prescrites par les articles 2 et 3 de la loi du 2 juillet dernier, je vous annonçais des instructions ultérieures sur la partie purement administrative des opérations qui complètent la révision des listes électorales et du jury.

Tel est l'objet de la présente circulaire.

Suivant l'article 4 de la loi du 2 juillet, MM. les sous-préfets doivent vous adresser, chaque année, au plus tard le 1er juillet (1), les résultats des premières opérations, après les avoir revisées et complétées au moyen des renseignemens qu'ils auront eux-mêmes recueillis.

C'est alors que commencera la révision effective dont vous êtes chargé.

Elle embrasse deux périodes distinctes : 1° le travail du préfet pour dresser et publier la liste revisée; 2° le jugement par le préfet, en conseil de préfecture, des réclamations contre la teneur de cette liste.

Travail du préfet avant la publication de la liste.

Je vous ai déjà fait remarquer que l'exécution de la loi du 2 juillet exige que l'administration s'assure de la position actuelle des électeurs précédemment inscrits.

L'intervalle de six semaines que la loi a laissé entre la transmission des renseignemens donnés par les maires et les sous-préfets, et la publication de la liste, annonce assez que vous devez vérifier, avec un soin particulier, les élémens que vous aurez réunis, et vous occuper, dans tous ses détails, de la rédaction de cette liste.

Pour apprécier le cens électoral de chacun des anciens électeurs, vous devrez comparer les articles dont il se composait en 1827 avec les articles correspondans de la matrice du rôle en 1828, déposée chez le directeur des contributions directes. Il serait plus sûr et plus régulier de demander aux percepteurs et aux maires les extraits de rôles et les certificats de possession annale, pour établir, sur pièces probantes, le cens de chaque électeur; mais ce mode peut entraîner des frais. C'est à vous à examiner si, par des moyens plus simples, vous pouvez satisfaire aux devoirs qui vous sont imposés par la nouvelle loi, et qui consistent à concilier le principe de la permanence des listes et du maintien des électeurs, dont les droits ont été une fois reconnus, avec l'obligation de rayer ceux qui ont perdu leurs droits, et de publier d'une manière détaillée les élémens du cens électoral de chacun.

Mais, quel que soit le moyen que vous adopterez, vous ne devrez que dans des cas rares demander aux électeurs déjà inscrits de nouvelles pièces justificatives. En principe général, c'est à l'administration à se les procurer. Elle ne doit s'adresser aux électeurs

---

(1) Cette année le 1er septembre, selon l'article 28 de la loi du 2 juillet.

que pour obtenir les pièces qui ne peuvent être à sa disposition, et seulement quand elle a des raisons de penser que leurs droits dans la propriété ou l'industrie dont les contributions leur ont été précédemment attribuées, ont dû subir des modifications.

Si la vérification, faite par vous-même, du cens électoral et des autres qualités de chaque électeur, vous amène à reconnaître qu'un électeur inscrit sur la dernière liste se trouve dans l'une des quatre catégories indiquées au deuxième paragraphe de l'article 6, vous prononcerez sa radiation par une décision motivée, qui fera mention des pièces à l'appui.

Vous pouvez ne pas attendre l'époque de la publication de la liste revisée pour prendre de telles décisions.

Notification des décisions portant radiation.

Elles devront être notifiées *dans les dix jours* (loi du 2 juillet, article 8). Ces dix jours se comptent à partir de la date des décisions, et non de la publication de la liste; c'est ce qui résulte de la discussion et de l'ensemble même de l'article 8.

En prenant, à partir du 1er juillet (1), de telles décisions, à mesure que vous en aurez recueilli les élémens, vous donnez aux intéressés plus de temps pour rechercher les pièces propres à appuyer les réclamations qu'ils auraient à former. Vous pourrez, en notifiant vos décisions, avertir ceux qu'elles concernent que vous commencerez, à dater du 15 août (2) seulement, à vous occuper, en conseil de préfecture, de l'examen de leurs réclamations.

Les notifications auront lieu, aux termes de l'article 8, suivant le mode employé jusqu'à présent pour les jurés, en exécution de l'article 389 du Code d'instruction criminelle. Une circulaire du ministère de la justice, qui vous a été adressée le 30 juin 1827, contient sur cet objet les instructions nécessaires.

Indépendamment des radiations, vous aurez à effectuer des rectifications de cens ou de domicile. La loi n'a pas prescrit, à ce sujet, de décisions formelles. Vous mentionnerez seulement ces modifications sur le registre matricule dont il sera parlé ci-dessous, et sur un bordereau dont le dépouillement vous servira à former la minute de la liste livrée à l'impression.

Une exception doit cependant être faite pour les rectifications dont le résultat serait une exclusion probable du collége départemental.

Il y a lieu de notifier les décisions portant réduction du cens électoral, quand elles le font tomber au-dessous du *minimum* du cens départemental.

La loi du 2 juillet ne prescrit de publier, au 15 août (3), que les listes électorales d'arrondissement. Elle ne s'occupe nullement, dans le titre premier, de la liste du collège départemental, qui n'est formée que deux mois plus tard (article 16), et lorsque la voie des réclamations est complètement fermée; mais les réductions de cens, effectuées du 15 août au 16 octobre (4), peuvent avoir pour effet de faire sortir du collége départemental un individu qui n'en reste pas moins électeur d'arrondissement. Or, il est dans l'esprit de la loi du 2 juillet (article 8) et de celle du 2 mai 1827 (article 5), qu'une telle réduction, qui est de nature à faire perdre un droit acquis (celui d'électeur de département), s'effectue par une décision motivée, notifiée dans les dix jours de sa date. Comme il n'y a de droit acquis qu'à l'égard des électeurs qui figurent sur la liste départementale antérieure, cette obligation ne s'applique qu'aux réductions de cens qui affectent ces électeurs, et qui ont pour effet de faire tomber leurs contributions au-dessous du minimum précédemment déterminé. Si, par exemple, le cens départemental était de 870 francs, toute rectification qui ferait tomber le cens d'un électeur au-dessous donnerait lieu à une décision motivée, comme pour le cas de radiation.

Inscription de nouveaux électeurs.

En ce qui concerne les nouveaux électeurs, soit qu'ils aient acquis récemment leurs droits, soit que la déchéance encourue par leur négligence à se faire inscrire en 1827 cesse pour eux cette année, la plupart sans doute vous auront adressé des demandes accompagnées de pièces; d'autres vous seront indiqués par les travaux préparatoires des autorités locales. Vous-même devez d'office rechercher ceux qui ne vous auraient pas encore été désignés, et demander soit à ces électeurs, soit aux autorités locales, les renseignemens et pièces propres à établir leurs droits.

Vous les inscrirez après avoir pris à cet effet des décisions motivées, qui mentionneront les pièces à l'appui (article 6, premier paragraphe). Ces décisions pourront être fort succinctes.

Après avoir exposé ce que doit être le travail de la révision annuelle de la première partie de la liste, je crois devoir vous indiquer quelques mesures d'ordre utiles pour l'exécution de la loi.

(1) Du 1er septembre en 1828.
(2) Du 15 octobre en 1828.
(3) 15 octobre en 1828.

(4) Cette année, du 15 octobre au 16 décembre.

Registre-matricule des électeurs.

Il importe d'établir, si vous ne l'avez déjà fait, le registre matricule indiqué dans la circulaire du 18 février 1817. Ce registre, destiné à servir un certain nombre d'années, par exemple de cinq à dix ans, devra être disposé de manière à recevoir l'indication des mutations survenues d'une année à l'autre, dans la situation des électeurs déjà inscrits, et l'inscription des électeurs ayant acquis ou recouvré la capacité légale.

Les détails qui ne pourraient trouver place dans ce registre sans lui donner des proportions trop volumineuses seraient portés sur un bordereau renfermant les titres justificatifs des droits de chaque électeur. Ces titres, à l'exception de ceux qui concernent des intérêts privés, et que l'électeur réclamerait après les avoir communiqués, seraient conservés à la préfecture. Les extraits de rôles, qui en font partie, pourront être renouvelés tous les ans, ainsi que le bordereau indicatif. C'est d'après ces dossiers refaits annuellement que seront opérés les changemens sur le registre matricule et l'inscription sur la liste révisée.

Il sera utile d'ouvrir en outre des registres particuliers, savoir (1):

Registres des décisions rendues par le préfet pour la révision de la liste.

1° Un registre sur lequel vous inscrirez vos décisions à l'effet d'ordonner de nouvelles inscriptions ou radiations d'individus précédemment inscrits, ou des réductions de cens au-dessous du dernier *minimum* d'admission dans le collège départemental.

Ce registre sera indépendant de celui sur lequel seront inscrits les arrêtés que vous prendrez en conseil de préfecture, après la publication de la liste, suivant les formes indiquées au titre II de la loi du 2 juillet.

Registre du domicile politique.

2° Le registre du domicile politique.

Vous avez dû, depuis 1817, y inscrire les déclarations pour établir le domicile politique *dans votre département*, ou pour le transférer dans un département étranger (article 3 de la loi du 5 février 1817), et depuis 1820, celles qui ont pour objet de le transférer *d'un arrondissement électoral à un autre*, dans le ressort de votre département (article 11 de la loi du 29 juin 1820).

Déclarations de domicile exigées des fonctionnaires révocables.

Il y faudra porter les déclarations que l'article 25 de la loi du 2 juillet exige des fonctionnaires publics temporaires ou révocables, lorsqu'ils voudront être inscrits sur la liste électorale, ou renoncer à cette inscription, pour exercer dans un autre département leurs droits électoraux.

L'obligation de recourir aux déclarations expresses dont il s'agit ne pourrait être opposée aux fonctionnaires qui, avant la promulgation de la loi, étaient déjà portés sur les listes électorales. L'inscription régulièrement faite sur la liste antérieure constitue en leur faveur un droit acquis; la loi n'a voulu ni pu le leur faire perdre.

Election de domicile politique spécial pour les notifications.

Vous inscrirez en outre sur ce registre les *élections de domicile spécial* que sont tenus de faire, aux termes de l'article 8, les électeurs qui, n'habitant pas votre département, y possèdent un domicile politique séparé de leur domicile réel.

Vous devrez, par un avis publié immédiatement après la réception de la présente circulaire, inviter ces électeurs à vous adresser une déclaration indiquant la commune et le nom de l'habitant auquel devront être faites toutes les notifications relatives à l'exercice du droit électoral. L'électeur peut choisir ce domicile spécial dans toute autre commune du département que celle où il a son domicile politique; et ce ne serait que dans le cas où il n'aurait pas fait cette déclaration, que vous adresseriez les notifications au maire de la commune de son domicile politique.

Révision de la seconde partie de la liste du jury.

Je n'ai parlé jusqu'à présent que de votre travail concernant la révision de la première partie de la liste du jury. Vous avez à vous occuper également de la révision de la seconde, et, s'il y a lieu, de la troisième partie.

Jurés appartenant aux quatre dernières catégories de la seconde partie.

La seconde partie doit contenir les noms et les qualités des jurés compris dans les catégories désignées au troisième paragraphe de l'article 2 de la loi du 2 mai 1827; il est facile de reconnaître ceux des quatre der-

---

(1) La loi ne prescrit d'ouvrir un registre pour inscrire les demandes et réclamations concernant la liste électorale et du jury, qu'après la publication de la liste révisée (art. 10). Mais vous pouvez, comme mesure d'ordre, établir, si vous le jugez utile, un registre particulier sur lequel seront inscrites, à l'arrivée, toutes les demandes, tous les envois de pièces relatives à la révision et qui vous parviendraient avant le 15 août (15 octobre en 1828).

nières catégories qui ont perdu ou acquis la capacité légale. Les cahiers d'observations transmis par les maires et par les sous-préfets vous seront pour cela fort utiles, et les renseignemens que vous aurez par devers vous suffiront pour compléter ce travail.

Jurés inscrits comme étant électeurs dans d'autres départemens.

Quant aux jurés qui sont électeurs dans un autre département, et qui ont leur domicile réel dans le vôtre, vous ne devez retrancher d'abord que ceux dont le changement de position est indépendant de leur cens électoral, et provient de circonstances qui vous seraient notoirement connues, savoir : les décédés, les personnes inscrites qui auraient perdu les droits civils ou politiques par des jugemens, ou celles qui n'auraient plus de domicile réel dans votre département. Quant aux individus qui devraient être rayés de la liste des jurés de votre département, parce qu'ils auraient été, dans un autre, retranchés de la liste électorale comme ne payant plus le cens voulu, ce ne peut être que par une correspondance suivie avec vos collègues, pendant le travail de la révision, que vous pourrez être incessamment informé des changemens survenus dans la position de ces jurés-électeurs. Vous ne pourrez prononcer leur radiation de la seconde partie de la liste que lorsque les décisions ou arrêtés par lesquels ils auraient été retranchés de la première partie vous seraient transmis, soit par le préfet du département où ces individus auraient leur domicile politique, soit par les parties elles-mêmes.

Révision de la troisième partie de la liste du jury.

S'il est nécessaire de former dans votre département une troisième partie de la liste du jury, ou *liste supplémentaire*, vous vous servirez des documens que vous aurez demandés aux réunions de maires et de percepteurs. Les rectifications de cens affectent l'inscription sur la troisième partie ainsi que sur la première. Vous aurez donc à vérifier la situation des jurés de cette catégorie comme celle des électeurs. Seulement il suffira de publier, comme précédemment, le total de leurs contributions, et non pas les élémens détaillés du cens d'inscription. Cette dernière mesure n'est prescrite que pour les électeurs (article 7 de la loi du 2 juillet).

Remarquez que la loi prescrit (article 8) de notifier les retranchemens opérés sur la seconde et la troisième partie de la liste, comme ceux qui concernent la première.

Elle prescrit aussi (article 6) de tenir un registre des décisions portant *addition* ou *retranchement* sur les deuxième et troisième parties. Vous pourrez inscrire ces décisions sur un registre séparé, pour ne pas les confondre avec celles qui concernent la liste électorale.

Jugement quant au fond.

Vous aurez à statuer sur les droits des électeurs et des jurés d'après vos propres lumières, et je n'ai point à vous donner de solutions sur les questions contentieuses qui pourraient s'élever.

Quelques-unes de ces questions sont fort controversées et ont reçu des solutions diverses, soit devant le Conseil-d'Etat, soit devant les cours royales. Ces controverses, le doute qui en est résulté, enfin le changement de compétence introduit par la loi du 2 juillet, sont autant de considérations qui vous permettent d'envisager les questions dont il s'agit comme entièrement neuves, et de les décider ainsi que vos méditations vous y porteront.

Si cependant, depuis l'année dernière, des décisions de l'autorité compétente avaient prononcé la radiation d'un électeur ou d'un juré, je pense que, conformément au n° 3 du deuxième paragraphe de l'article 6, vous devez ne pas le comprendre sur la liste publiée le 15 août (1), sauf à statuer ensuite en conseil de préfecture, s'il y a réclamation.

On peut inscrire d'avance les électeurs et jurés qui doivent accomplir, jusques et compris le 16 octobre, les conditions de temps desquelles dépendent leurs droits.

Suivant le n° 3 du *Recueil des solutions*, publié le 29 août 1820, pour l'exécution de la loi du 29 juin précédent, le préfet inscrivait sur les listes d'électeurs les individus qui, n'ayant pas encore rempli les conditions de temps nécessaires pour acquérir la capacité électorale, devaient les accomplir jusques et compris la veille de l'ouverture du collège. Les articles 2 et 6 de la loi du 2 mai 1827 avaient fixé au 30 septembre le terme de toutes les opérations relatives à la révision annuelle des listes. D'après cette disposition, tous les individus accomplissant, jusques et compris le 30 septembre, l'âge de trente ans, l'année de possession ou d'exercice d'industrie, les six mois, cinq et dix ans de domicile, exigés par les lois de 1817, 1820 et 1827, ont été portés, en 1827, sur la liste publiée le 15 août, lorsque leurs droits avaient été reconnus et constatés. La même règle doit continuer d'être appliquée [sous l'empire de

(1) 15 octobre en 1828.

la loi du 2 juillet 1828; mais le terme d'accomplissement des conditions de temps me paraît devoir être maintenant le 16 octobre, au lieu du 30 septembre. En effet, la clôture de la liste qui, fixée précédemment au 30 septembre, coïncidait avec le terme d'admission des réclamations, en est aujourd'hui séparée, et se trouve portée au 16 octobre (article 16 de la loi du 2 juillet). Or, c'est l'époque de la clôture de la révision annuelle, et non pas le terme d'admission des réclamations, qui doit former la limite annuelle d'acquisition des droits. Si donc vous avez reconnu et vérifié les droits d'individus qui, par l'accomplissement des conditions de temps, acquerraient, jusques et compris le 16 octobre (1), la capacité d'électeur ou de juré, vous devez les inscrire sur la liste publiée le 15 août (2).

Époque de la publication de la liste révisée.

Vous arrêterez la liste générale du jury assez à temps pour qu'elle soit affichée et déposée le 15 août (3) avant midi dans toutes les communes.

Forme de cette liste.

Cette liste sera divisée en deux, et, s'il y a lieu, en trois parties, suivant que les deux premières comprendront ou non huit cents noms (dernier paragraphe de l'article 2 de la loi du 2 mai).

Il n'y a pas lieu de former la liste du collège départemental.

Il ne faut plus y ajouter, comme on l'a fait l'année précédente, la liste du collège départemental. Celle-ci ne doit être formée qu'à l'époque de la clôture (article 16 de la loi du 2 juillet). A cet égard, votre travail est donc beaucoup simplifié.

Les modèles nos 3 et 4, joints à la circulaire du 19 juillet 1827, peuvent servir pour les deux dernières parties de la liste; mais la première partie doit, selon l'article 7 de la loi du 2 juillet dernier, *contenir, en regard du nom de chaque électeur, l'indication des arrondissemens de perception où il paie des contributions propres ou déléguées, et l'espèce des contributions pour chacun de ces arrondissemens.*

Vous trouverez ci-joint, sous le n° 1, un nouveau modèle de la liste électorale formant la première partie de la liste générale du jury.

Il convient que les listes qui seront déposées dans les sous-préfectures et les mairies, pour être données en communication à toute personne qui le requerra (article 7 de la loi), soient en cahier, et non pas en placard; et, pour ne pas augmenter les frais d'impression, vous pourrez, comme l'ont déjà fait en 1827 plusieurs de vos collègues, faire servir la même *composition* pour l'une et l'autre espèce de listes (4).

Registre des réclamations.

Après la publication de la liste révisée, les réclamations contre sa teneur ne peuvent être présentées, reçues et jugées que dans les formes prescrites par le titre II. Le 15 août (5) est l'époque prescrite par la loi (articles 7 et 10) pour ouvrir le registre destiné à les recevoir. L'inscription sur ce registre consistera dans l'indication sommaire des conclusions de chaque réclamation. Le fondé de pouvoir joindra le mandat en vertu duquel il agit. Ce mandat peut être en forme de simple lettre, ainsi qu'une circulaire du 9 octobre 1827 l'avait déjà déterminé.

Toutes les réclamations ne sont pas de nature à être portées au conseil de préfecture.

Toutes les réclamations ne seront pas susceptibles d'être introduites au conseil de préfecture, par exemple celles qui ne seraient ni motivées ni accompagnées de pièces, celles qui seraient présentées par des tiers non inscrits sur la liste, ou qui, dans le cas prévu par l'article 13, ne justifieraient pas de la notification faite à l'intéressé. De telles demandes n'ont pas le caractère des réclamations autorisées par les articles 11 et 12, et ne sauraient être portées devant le conseil de préfecture, ni faire l'objet d'un des arrêtés mentionnés à l'article 14. La loi a posé elle-même des bornes à une action restée jusqu'ici incertaine, et qu'elle a voulu régulariser sans en étendre les effets. En spécifiant la qualité des personnes, la nature des actes qu'elles doivent produire, elle a nécessairement exclu ce qu'elle n'a pas positivement désigné; et prendre, dans ce dernier cas, des décisions en conseil de préfecture, même pour déclarer les parties *non-recevables*, serait reconnaître le droit de saisir le préfet en conseil de préfecture de demandes irrégulières.

Vous devez donc surveiller vous-même la réception des réclamations, et refuser d'ad-

---

(1) 16 décembre en 1828.

(2) 15 octobre en 1828.

(3) 15 octobre en 1828.

Je joins à la présente instruction un exem-

plaire d'une liste en cahier publiée par M. le préfet de Seine-et-Marne en 1827, pour laquelle on s'est servi de la même composition que pour la liste affichée.

(5) 15 octobre en 1828.

mettre et de porter sur le registre prescrit par l'article 10 celles dont il s'agit. Soit que vous exprimiez ce refus verbalement ou par écrit, vous aurez soin de donner aux individus qui forment de telles demandes les explications et les éclaircissemens propres à leur indiquer la marche qu'ils doivent suivre, les formalités qu'ils ont à remplir, et les pièces dont la production serait nécessaire pour compléter et régulariser leur action.

Notifications des tiers aux parties intéressées. — Elles doivent avoir lieu par huissier.

Les notifications que doivent faire les tiers aux parties intéressées, en vertu de l'art. 13, seront effectuées par huissier.

Communication de pièces aux parties intéressées.

La communication des pièces respectivement produites, autorisée par l'art. 14, et qui doit avoir lieu sans déplacement, sera faite par le secrétaire général. Le requérant devra justifier de son intérêt à obtenir la communication. Cet intérêt ne peut résulter uniquement de la faculté de former un pourvoi pour ou contre une inscription sur la liste du jury, mais d'une instance déjà commencée. C'est ce qui résulte des termes mêmes de l'art. 14.

Pour justifier de son intérêt, le tiers qui a formé la réclamation devra présenter le récépissé qui lui aura été délivré par le secrétaire général. L'individu dont l'inscription est demandée ou contestée produira la notification qui lui aura été signifiée par l'électeur ou juré réclamant.

Le préfet ne peut, après la publication de la liste, introduire, d'office, des réclamations devant le conseil de préfecture.

La loi du 2 juillet a distingué les opérations purement administratives, du jugement des difficultés qui se présentent sur la rédaction de la liste revisée et publiée le 15 août. Ces difficultés donnent lieu à des réclamations qui sont présentées par les intéressés eux-mêmes ou par des tiers inscrits sur la liste (art. 11 et 12). Si, jusqu'à la première publication de la liste, vous faites d'office des radiations, retranchemens ou rectifications, vous ne conservez plus cette faculté lorsqu'il s'agit de décider en conseil de préfecture, et vous ne pourriez pas introduire d'office des réclamations tendant à la modifier.

Notification des arrêtés du préfet en conseil de préfecture.

Aux termes des 1er et 2e paragraphes de l'art. 15 de la loi du 2 juillet, les arrêtés que vous prendrez en conseil de préfecture, sur les réclamations mentionnées au titre II, seront tous publiés dans le plus prochain tableau de rectification. Quelques-uns, indépendamment de cette publication, seront notifiés aux parties intéressées et aux tiers réclamans, ainsi que l'indique le tableau suivant.

QUALITÉ du RÉCLAMANT.	OBJET de LA DÉCISION.	RÉSULTAT de LA DEMANDE.	MODE DE NOTIFICATION.
Intéressé direct, par lui-même ou par fondé de pouvoir.	Inscription.	Admission.	Publication seulement.
		Rejet.	Publication et notification spéciale à l'intéressé.
	Radiation.	Admission.	Publication et notification spéciale à l'intéressé.
		Rejet.	Publication et notification spéciale à l'intéressé.
	Rectification.	Admission.	Publication seulement.
		Rejet.	Publication et notification spéciale à l'intéressé.
Tiers réclamant.	Inscription.	Admission.	Publication seulement.
		Rejet.	Publication et notification spéciale à celui don l'inscription était demandée.
	Radiation.	Admission.	Publication et notification spéciale à celui qui est rayé.
		Rejet.	Publication et notification spéciale au tiers réclamant et à l'individu dont l'inscription était contestée.
	Rectification.	Admission.	Publication seulement.
		Rejet.	Publication et notification spéciale au tiers réclamant et à l'individu dont l'inscription était contestée.

Publication des tableaux de rectification, de quinze jours en quinze jours.

Les tableaux supplémentaires, au lieu d'être publiés tous les dix jours, aux termes de l'ordonnance du 4 septembre 1820, le seront tous les quinze jours, selon l'art. 15 de la loi du 2 juillet. Ils paraîtront donc chaque année les 31 août, 15 et 30 septembre et 20 octobre (1). Afin de laisser le temps de les imprimer et de les envoyer dans les communes, ils devront être arrêtés quelques jours d'avance, Ceux qui concernent la seconde et la troisième parties de la liste du jury continueront d'être dans la forme indiquée par les modèles numéros 7 et 8 joints à la circulaire du 19 juillet 1827. Ceux qui concernent la liste électorale, ou première partie de la liste du jury, seront, quant au nombre et à la disposition des colonnes, dans la forme du modèle de liste n° 1er joint à la présente instruction, et, quant à la disposition générale, vous suivrez le modèle n° 5 annexé à la circulaire du 19 juillet 1827 (2).

Clôture du registre destiné à recevoir les réclamations.

Le 30 septembre (3), terme fatal pour les réclamations, les bureaux de la préfecture devront être ouverts jusqu'à minuit; c'est alors que vous clôrez le registre des réclamations par un arrêté signé de vous et contre-signé par le secrétaire général de la préfecture.

La loi a laissé seize jours d'intervalle entre le *terme d'admission des réclamations* et la *clôture de la liste*, afin que les délais déterminés par les art. 13 et 14 puissent être observés à l'égard des réclamations qui ne seraient formées que le 30 septembre (4). Dans ce cas, l'intéressé devra répondre le 10 octobre (5) au plus tard, et le préfet en conseil aura cinq jours pour y statuer.

On ne peut inscrire, sur le dernier tableau de rectification, les individus ayant acquis, du 1er au 16 octobre, la qualité d'électeur ou de juré, autrement que par l'accomplissement des conditions de temps, déclarées avant le 1er octobre.

S'il y a lieu d'inscrire sur le tableau de rectification dressé le 16 octobre (6) les individus dont les droits réclamés avant le 1er de ce mois se sont complétés du 1er au 16, par l'accomplissement des conditions de temps (*voyez ci-dessus, page 41*), il n'est pas possible d'y porter ceux qui, pendant ces seize jours, ont acquis la qualité d'électeur ou de juré, par des circonstances qui n'étaient pas connues ou ne pouvaient l'être le 30 septembre (7). En effet, aucune réclamation ne peut être reçue après cette époque, et le préfet, en conseil de préfecture, ne peut statuer que sur des réclamations présentées antérieurement.

On peut rayer les électeurs ou jurés décédés du 1er au 16 octobre.

Par le même motif, il n'y a pas lieu de retrancher les individus qui perdraient leurs droits du 1er au 16 octobre (8). Cependant il convient d'admettre une exception pour ceux dont le décès, survenu dans cette période de seize jours, serait légalement constaté. Leurs noms devront figurer à l'article *retranchement* du dernier tableau de rectification.

Arrêtés de clôture.

Les arrêtés de clôture de chaque liste électorale d'arrondissement et des trois parties de la liste du jury devront être dans la forme indiquée par les modèles nos 9, 11 et 12 annexés à le circulaire du 19 juillet 1827 (9).

Formation de la liste du collége départemental, le 16 octobre.

Au moment de la clôture, vous aurez à former la liste du collège départemental (article 16). Elle sera extraite de la première partie de la liste du jury, en prenant les plus imposés, jusqu'à concurrence du quart de la totalité des électeurs du département. Cette liste devra, le 20 octobre (10), être affichée dans toutes les communes et déposée aux mairies.

La composition du cens électoral de chacun des électeurs du département se trouvant mentionnée dans les listes d'arrondissement, avec les détails prescrits par l'art. 7, il suffira d'indiquer le total des contributions

---

(1) En 1828, les 31 octobre, 15 et 30 novembre et 20 décembre.

(2) Il y aura lieu, toutefois, de supprimer, dans le préambule, les mots *vu l'article 4 de l'ordonnance du 27 juin 1827.* Cette ordonnance se trouve abrogée de fait par la loi du 2 juillet 1828, qui a statué sur tous les points qu'elle avait réglés.

(3) Cette année, le 30 novembre.

(4) 30 novembre en 1828.

(5) 10 décembre en 1828.

(6) 16 décembre en 1828.

(7) 30 novembre en 1828.

(8) 1er au 16 décembre en 1828.

(9) Ainsi que l'observation en a déjà été faite, il conviendra de ne pas citer l'ordonnance du 27 juin 1827, dans le préambule des arrêtés de clôture.

(10) 20 décembre en 1828.

de chacun de ces électeurs et le numéro de leur inscription sur la liste d'arrondissement. Au moyen de cette indication, on pourra vérifier sur ces dernières listes la composition du cens électoral. Il serait sans objet de le répéter sur la liste départementale, qui n'est publiée que comme résultat d'une vérification déjà faite.

Effet suspensif du recours devant la cour royale.

L'article 19 de la loi du 2 juillet 1828 attribue l'effet suspensif au recours formé devant la cour royale contre toute décision du préfet en conseil de préfecture, prononçant une radiation ou une réduction du cens électoral.

Le bénéfice qu'en peut retirer l'intéressé est limité au temps qui s'écoule entre la notification du pourvoi et l'arrêt définitif de la cour royale. Si pendant cet intervalle il paraît un ou plusieurs des tableaux supplémentaires prescrits par l'article 15 de la loi du 2 juillet, il n'y a pas de nécessité d'y rétablir le réclamant, puisque sa qualité est encore en litige, et que ses droits n'éprouvent aucun préjudice de ce retard (1) ; mais, si le 16 octobre (2) arrivait avant que la cour royale eût statué, l'électeur ou juré devrait, en vertu de l'article 19, être rétabli sur le dernier tableau de rectification.

Si du 15 au 20 octobre il y avait convocation du collége d'arrondissement dont l'électeur rayé faisait partie, ou du collége départemental, il y aurait lieu à l'application du titre IV de la loi. Ce cas sort des circonstances de la révision annuelle, et il n'y a pas à s'en occuper en ce moment.

Il n'y a lieu à donner que des instructions sommaires sur la procédure devant la cour royale.

Je n'ai que très-peu d'observations à vous adresser sur les autres dispositions du titre III, concernant les formes du recours et de la procédure devant la cour royale. Cette matière est purement judiciaire, et je ne dois m'occuper ici que des relations entre l'autorité judiciaire et l'autorité administrative pendant l'instance.

Le préfet peut adresser des pièces et renseignemens au procureur général.

Lorsqu'en vertu des dispositions du titre III, un recours est formé devant la cour royale contre un arrêté du préfet en conseil de préfecture, l'exploit introductif d'instance doit, aux termes de l'article 18, être signifié, sous peine de nullité, tant au préfet qu'aux parties intéressées, dans les dix jours après la notification de l'arrêté attaqué. Le but de cette signification n'est pas d'assigner le préfet devant la cour royale, puisqu'il n'est point mis en cause, et que la procédure n'est pas dirigée contre lui. Vous n'aurez donc pas à *défendre* dans l'instance. Mais, si vous pensez qu'il y ait lieu de fournir des pièces et des renseignemens à l'appui de la décision attaquée, vous devrez les transmettre au procureur général, avec telles observations que vous jugeriez convenables.

Remarquez qu'il peut être utile d'adresser des documens et des explications, non-seulement dans les instances où l'intéressé direct attaque l'arrêt qui a prononcé sa radiation, réduit le cens électoral pour lequel il était porté précédemment, ou qui a refusé soit de l'inscrire, soit de lui attribuer un cens supérieur, mais encore lorsque la contestation a été engagée par un tiers, et a lieu entre deux électeurs ou jurés. Il sera même quelquefois nécessaire de recourir à ce moyen, dans l'intérêt de la confection de la liste électorale et du jury, pour suppléer à la négligence d'électeurs ou jurés dûment inscrits, et qui se laisseraient condamner par défaut.

Si la cour royale, par arrêt interlocutoire, ordonne l'apport de pièces ou la production de renseignemens pour lesquels il faudrait s'adresser à l'administration, la demande vous en serait faite par le procureur général, à qui vous auriez à les transmettre.

Observations sur l'exécution du titre IV de la loi du 2 juillet.

Les trois premiers titres de la loi du 2 juillet concernent la révision annuelle de la liste générale du jury, considérée indépendamment de la convocation d'un collége électoral. Le titre IV détermine l'application de la liste électorale ou première partie de la liste du jury, au cas où un collége électoral vient à être convoqué : ces règles varient suivant l'époque de l'élection. Si le collége est réuni dans le mois qui suit la publication du dernier tableau de rectification, c'est-à-dire du 21 octobre au 20 novembre inclusivement (3), la liste électorale n'éprouve aucune modification, et doit servir telle qu'elle a été arrêtée le 16 octobre (article 21). Toutefois les expressions, *il ne sera fait à la liste aucune modification,* ne peuvent s'entendre que de celles qui seraient faites par le préfet en conseil de préfecture, mais non pas des changemens résultant soit d'arrêts de la cour royale notifiés après le 16 octobre, soit de

---

(1) On pourrait toutefois indiquer, à la suite du plus prochain tableau de rectification, que l'individu dont il s'agit a formé un recours suspensif.

(2) 16 décembre en 1828.

(3) Cette année, du 21 décembre 1828 au 20 janvier 1829.

pourvois suspensifs formés, après cette époque, dans le délai déterminé par la loi. Dans ces deux cas et aux termes des articles 19 et 20, les inscriptions, radiations ou rectifications ordonnées par arrêt, ou les réinscriptions résultant de pourvois, modifieraient nécessairement la liste électorale.

Si un collège était convoqué après le 20 novembre, la liste arrêtée le 16 octobre devrait, conformément aux articles 22, 23 et 24 de la loi du 2 juillet, être rectifiée au moyen de décisions publiées dans le tableau que prescrivait déjà l'article 6 de la loi du 2 mai 1827. La formation de ce tableau, les circonstances auxquelles elle peut donner lieu, l'exécution de la déchéance prononcée par le dernier paragraphe de l'article 6 de la loi du 2 mai, seront l'objet d'une instruction spéciale que je vous adresserai ultérieurement.

Dispositions du titre V.

Je m'arrêterai peu sur le titre V de la loi du 2 juillet. Il a déjà été question ci-dessus (page 40) de l'exécution de l'article 25, sur la translation de domicile politique des fonctionnaires temporaires ou révocables. L'application de l'article 26, concernant la délivrance des extraits de rôles et certificats négatifs de contributions, est dans les attributions de M. le ministre des finances, qui a publié des instructions à ce sujet le 31 juillet dernier. Enfin l'article 27, sur la communication à donner aux imprimeurs, des listes annuelles et des tableaux de rectification, ne doit s'entendre que des listes et tableaux déjà imprimés, et non pas des minutes arrêtées par le préfet, et déposées dans les bureaux. Il y aurait en effet de l'inconvénient à les communiquer avant qu'elles n'eussent reçu, par la voie d'affiche, la publication légale.

Le préfet doit envoyer deux exemplaires en cahier des listes et tableaux de rectification.

Selon les précédentes instructions, vous devrez m'adresser deux exemplaires de chaque tableau de rectification. Je vous invite à m'envoyer des exemplaires en cahier, tels qu'ils doivent être déposés dans les mairies.

Agréez, monsieur le préfet, l'assurance de ma considération distinguée.

Le ministre secrétaire d'Etat au département de l'intérieur,

DE MARTIGNAC.

---

27 AOUT = Pr. 12 NOVEMBRE 1828.—Ordonnance du Roi concernant le gouvernement de la Guiane française (1). (8, Bull. 261, n° 9862.)

Charles, etc.

Sur le rapport de notre ministre secrétaire d'Etat de la marine et des colonies, et de l'avis de notre Conseil,

Nous avons ordonné et ordonnons ce qui suit :

TITRE 1ᵉʳ. Formes du Gouvernement.

Art. 1ᵉʳ. Le commandement général et la haute administration de la Guiane française sont confiés à un gouverneur.

2. Trois chefs d'administration, savoir : un ordonnateur, un directeur de l'intérieur, un procureur général du Roi, dirigent, sous les ordres du gouverneur, les différentes parties du service.

3. Un contrôleur colonial veille à la régularité du service administratif, et requiert, à cet effet, l'exécution des lois, ordonnances et réglemens.

4. Un conseil privé, placé près du gouverneur, éclaire ses décisions ou participe à ses actes dans les cas déterminés.

5. Un conseil général donne annuellement son avis sur les budgets et les comptes des recettes et des dépenses coloniales et municipales, et fait connaître les besoins et les vœux de la colonie.

---

(1) *Voy.* ordonnance portant établissement de comités consultatifs dans les colonies françaises, du 22 novembre 1819; ordonnances du 7 janvier 1822, sur l'organisation judiciaire du Sénégal; du 13 août 1823, sur les comités consultatifs; du 21 août 1825, sur l'organisation administrative de Bourbon; du 9 février 1827, sur l'organisation administrative de la Martinique et de la Guadeloupe; du 4 juillet 1827, sur le mode de procéder en matière criminelle à la Guadeloupe et à la Martinique; du 30 septembre 1827, sur l'organisation judiciaire de Bourbon; du 20 juillet 1828, sur l'instruction des affaires criminelles à la Guiane.
Outre ces ordonnances, il faut citer celles du 31 août 1828, sur le mode de procéder devant les conseils privés des colonies; du 24 septembre 1828, sur l'organisation judiciaire de la Martinique et de la Guadeloupe. Ces deux dernières ordonnances, long-temps avant d'être publiées au

Bulletin des Lois, ont été insérées dans le Moniteur des 17 septembre et 6 octobre 1828. Elles sont placées ci-après à leur rang.
Voy. ordonnances du 31 décembre 1828 et du 14 juin 1829; du 22 septembre 1832, sur l'établissement à la Guiane de l'enregistrement et de la conservation des hypothèques; l'ordonnance du 21 décembre 1828, sur l'organisation judiciaire; l'ordonnance du 1ᵉʳ décembre 1830, sur le traitement du gouverneur. *Voy.* loi du 24 avril 1833; ordonnances du 24 septembre 1831; du 13 octobre 1831; du 16 mai 1832 et 31 octobre 1832; du 13 mai 1833; du 25 juin 1833; du 22 août 1833.
Les Codes pénal et d'instruction criminelle ont été publiés à la Guiane par ordonnances du 15 février et du 10 mai 1829. Ces ordonnances, non insérées au Bulletin officiel, seront placées dans la 2ᵉ partie du tome 35.

TITRE II. Du gouverneur.

CHAPITRE Ier. *Dispositions préliminaires.*

6. § 1er. Le gouverneur est le dépositaire de notre autorité dans la colonie.

Ses pouvoirs sont réglés par nos ordonnances.

§ 2. Nos ordres, sur toutes les parties du service, lui sont transmis par notre ministre secrétaire d'Etat de la marine et des colonies.

§ 3. Le gouverneur exerce l'autorité militaire seul et sans partage.

Il exerce l'autorité civile avec ou sans la participation du conseil privé; les cas où cette participation est nécessaire sont réglés au titre V (1).

CHAPITRE II. Des pouvoirs militaires du gouverneur.

7. Le gouverneur est chargé de la défense intérieure et extérieure de la colonie.

8. § 1er. Il a le commandement supérieur et l'inspection générale des troupes de toutes armes dans l'étendue de son Gouvernement : il ordonne leurs mouvemens, et veille à la régularité du service et de la discipline.

§ 2. Il a l'inspection générale des armes, de l'artillerie, des fortifications et des ouvrages de défense.

9. Les milices de la colonie sont sous les ordres directs du gouverneur; il en a le commandement général, et ordonne tout ce qui est relatif à leur levée, leur organisation, leur service et leur discipline.

10. Il a sous ses ordres ceux de nos bâtimens qui sont attachés au service de la colonie, et en dirige les mouvemens.

11. § 1er. Les commandans de nos vaisseaux ou escadres en station ou en mission, mouillés dans les ports ou sur les rades de la Guiane française, sont tenus, toutes les fois qu'ils en sont requis par le gouverneur, de convoyer, à leur retour en Europe, les bâtimens marchands, et de concourir à toutes les mesures qui intéressent la sûreté de la colonie, à moins d'instructions spéciales qui ne leur permettent pas d'obtempérer à ces réquisitions.

§ 2. Les commandans desdits vaisseaux et escadres exercent sur les rades de la colonie la police qui leur est attribuée par les ordonnances de la marine, en se conformant aux réglemens locaux et aux instructions particulières du gouverneur; mais ils n'exercent à terre aucune autorité.

12. § 1er. Lorsqu'il y a danger imminent d'une attaque de la part de l'ennemi, ou lorsqu'une insurrection à main armée a éclaté dans la colonie, elle peut être déclarée en état de siége.

§ 2. Pendant la durée de l'état de siége, le gouverneur exerce, sous sa responsabilité personnelle, toute l'autorité civile, sans la participation obligée du conseil privé.

§ 3. L'état de siége est levé aussitôt que les circonstances qui l'ont motivé ont cessé.

§ 4. Le gouverneur déclare ou lève l'état de siége, après avoir pris l'avis d'un conseil de défense, et sans être tenu de s'y arrêter.

§ 5. Le conseil de défense est convoqué et présidé par le gouverneur.

Il est composé du gouverneur, de l'ordonnateur, du directeur de l'intérieur comme adjudant-commandant des milices, du commandant des forces navales, de l'officier commandant les troupes d'infanterie, du commandant des milices de la ville de Caïenne, des officiers chargés de la direction de l'artillerie et du génie, et du capitaine de port du chef-lieu.

13. § 1er. Le gouverneur, en conformité des ordonnances, forme et convoque les tribunaux militaires, et y fait traduire les militaires de toutes armes prévenus de crimes ou délits.

§ 2. Il ne peut rendre les habitans, et autres individus non militaires, justiciables de ces tribunaux, si ce n'est pour des faits relatifs à leur service dans la milice, et seulement quand la colonie est en état de siége; mais alors les tribunaux militaires sont composés, indépendamment du président, d'un nombre égal d'officiers de l'armée et d'officiers de milice.

CHAPITRE III. Des pouvoirs administratifs du gouverneur.

14. Le gouverneur a la direction supérieure de l'administration de la marine, de la guerre et des finances, et des différentes branches de l'administration intérieure.

15. § 1er. Il donne les ordres généraux concernant :

Les approvisionnemens à faire pour tous les besoins du service;

L'exécution des travaux maritimes, militaires et civils, conformément aux devis arrêtés;

Les constructions et réparations des bâtimens flottans;

L'armement et le désarmement des bâtimens attachés au service local;

La délivrance des matières et des munitions;

---

(1) Pour faciliter l'application de l'ordonnance, on a indiqué par un astérisque (*) les cas où le gouverneur prend l'avis du conseil, mais sans être tenu de s'y conformer.

Et par deux astérisques (**), les cas où le gouverneur agit conformément aux décisions du conseil. (*Note du Bulletin officiel.*)

La délivrance des vivres pour la nourriture des troupes de toutes armes et des autres rationnaires.

§ 2. Il fixe le nombre des ouvriers à employer aux divers travaux, et règle les tarifs de solde.

§ 3. Il inspecte les casernes, hôpitaux, magasins, chantiers, ateliers, et tous autres établissemens publics.

16. § 1er. Le gouverneur exerce une haute surveillance sur la police de la navigation.

§ 2. Il permet ou défend aux bâtimens venant du dehors la communication avec la terre.

§ 3 (*). Il donne, lorsqu'il y a lieu, les ordres d'embargo.

§ 4. Il accorde les permis de départ aux navires marchands, lorsqu'ils ont rempli les formalités prescrites par les réglemens.

§ 5. Il commissionne les capitaines au grand cabotage et les maîtres au petit cabotage, après qu'ils ont satisfait aux dispositions des ordonnances.

§ 6 (**). Il délivre les actes de francisation, en se conformant aux ordonnances et instructions du ministre de la marine.

17. § 1er. En temps de guerre, le gouverneur délivre des lettres de marque, ou proroge la durée de celles qui ont été délivrées en Europe et par les gouverneurs des autres colonies françaises, en se conformant aux dispositions des lois et réglemens sur la course.

§ 2 (*). Il détermine l'envoi des bâtimens parlementaires, et les commissionne.

18. Les prises conduites dans les ports ou sur les rades de la colonie et de ses dépendances sont jugées, sauf l'appel en France, par une commission composée du gouverneur, de l'ordonnateur, du procureur général, du contrôleur colonial, et de l'officier de l'administration de la marine le plus élevé en grade. Les jugemens de cette commission sont rendus dans les formes et de la manière déterminée par les lois et réglemens.

Le gouverneur convoque et préside cette commission.

19 (**). Le gouverneur arrête, chaque année, pour être soumis à l'approbation de notre ministre de la marine :

L'état des dépenses à faire dans la colonie pour le service à la charge de la métropole;

- Le projet de budget des recettes et des dépenses coloniales;

Les projets de travaux de toute nature;

L'état des approvisionnemens dont l'envoi doit être effectué par la métropole.

20. § 1er (**). Les mémoires, plans et devis relatifs aux travaux projetés, sont soumis à l'approbation de notre ministre de la marine, lorsque la dépense proposée excède cinq mille francs, et qu'elle doit être supportée par la métropole, ou lorsque cette dé-

pense, étant à la charge de la colonie, excède dix mille francs.

§ 2 (**). Le gouverneur arrête les plans et devis relatifs aux travaux dont la dépense est inférieure aux sommes fixées ci-dessus.

21. Le gouverneur pourvoit à l'exécution du budget arrêté par le ministre de la marine.

22. § 1er (**). Il émet les ordonnances annuelles de contributions, rend les rôles exécutoires, et statue sur les demandes en dégrèvement; mais il ne peut, en matière de contributions indirectes, accorder ni remise ni modération de droits.

§ 2 (**). Il arrête les mercuriales pour la perception des droits de douanes.

§ 3. Il se fait rendre compte du recouvrement des contributions, tient la main à ce que les rentrées s'opèrent régulièrement, comme aussi à ce qu'il ne soit fait aucune autre perception que celles qui sont autorisées par les ordonnances, et fait poursuivre les contrevenans.

§ 4. Il se fait également rendre compte des contraventions aux ordonnances et réglemens sur les contributions, sur les douanes et sur le commerce étranger; il tient la main à ce que les poursuites nécessaires soient exercées.

23. § 1er (*). Il émet les ordonnances mensuelles pour la répartition des fonds.

§ 2 (*). Il autorise, dans les limites de ses instructions, le tirage des traites en remboursement des avances faites par le trésor de la colonie pour le service à la charge de la métropole.

§ 3. Il se fait rendre compte de la situation des différentes caisses, et ordonne toutes vérifications extraordinaires qu'il juge nécessaires.

24 (*). Le gouverneur arrête, chaque année, et transmet à notre ministre de la marine :

Les comptes généraux des recettes et des dépenses effectuées pour tous les services;

Les comptes d'application en matières et en main-d'œuvre;

Les inventaires généraux.

25. § 1er (*). Il convoque le conseil général de la colonie et les conseils municipaux, et fixe la durée de leurs sessions.

Il détermine l'objet des délibérations des conseils municipaux, et celui des sessions extraordinaires du conseil général.

§ 2 (**). Il prononce, lorsqu'il y a lieu, la suspension des sessions de ces conseils, à la charge d'en rendre compte à notre ministre secrétaire d'État de la marine.

§ 3 (**). Il approuve et rend exécutoires les budgets des recettes et dépenses municipales, et les projets de travaux à la charge des communes.

Il arrête définitivement et transmet au ministre les comptes annuels des communes.

26. § 1er (*). Il statue, par des dispositions générales, sur la répartition, dans les différens ateliers, des noirs appartenant à la colonie, et veille à l'exécution des réglemens sur l'administration, l'emploi et la destination de ces noirs.

§ 2 (*). Il ordonne, lorsque des besoins extraordinaires l'exigent, des réquisitions de noirs et de charrois ou autres moyens de transport.

Les noirs requis ne peuvent être employés dans des quartiers autres que ceux auxquels ils appartiennent, ni être appelés aux époques des plantations ou des récoltes, hors le cas où la sûreté de la colonie serait menacée.

27. § 1er. Le gouverneur prend connaissance de l'état et des besoins de l'agriculture, et pourvoit à tout ce qui peut en accroître et en améliorer les produits.

§ 2 (*). Il distribue les primes et encouragemens accordés par le Gouvernement.

28. § 1er. Il veille à l'exécution des ordonnances et réglemens sur le régime des esclaves, et ordonne les poursuites contre les contrevenans.

§ 2 (*). Il signale au ministre de la marine, comme dignes de nos graces, les habitans qui s'occupent avec le plus de succès de répandre l'instruction religieuse parmi les esclaves, qui encouragent et facilitent entre eux les unions légitimes, et qui pourvoient avec le plus de soin à la nourriture, à l'habillement et au bien-être de leurs ateliers.

29. § 1er. Le gouverneur tient la main à l'exécution des ordonnances et réglemens concernant les gens de couleur, libres et affranchis.

§ 2 (**). Il donne, en se conformant aux règles établies, les permissions pour l'affranchissement des esclaves, et délivre des titres de liberté.

30. § 1er. Le gouverneur se fait rendre compte des mouvemens du commerce, et prend les mesures qui sont en son pouvoir pour en encourager les opérations et en favoriser les progrès.

§ 2 (**). Il tient la main à la stricte exécution des lois et ordonnances qui déterminent les droits et priviléges des bâtimens nationaux, et ne permet l'admission, dans la colonie, des bâtimens étrangers et de leurs cargaisons, que dans les limites qui lui sont tracées par ses instructions.

§ 3 (**). Il soumet au ministre de la marine les demandes ayant pour objet l'établissement des sociétés anonymes.

31 (**). Le gouverneur se fait rendre compte de l'état des approvisionnemens généraux de la colonie, défend ou permet, selon qu'il y a lieu, l'exportation des grains, légumes, bestiaux et autres objets de subsistance, et prend, en cas de disette, des mesures pour leur introduction.

32 (*). Il adresse annuellément au département de la marine les tableaux statistiques de la population, ceux qui sont relatifs à l'agriculture, ainsi que les états d'importation et d'exportation.

33. § 1er (**). Il propose au ministre les acquisitions d'immeubles pour le compte de l'État de la colonie, et les échanges de propriétés publiques; il statue définitivement à l'égard des acquisitions et des échanges d'une valeur au-dessous de trois mille francs, et en rend compte au ministre.

§ 2 (**). Il lui propose également les concessions de terrains, et les aliénations d'emplacemens vacans ou d'autres propriétés publiques qui ne sont pas nécessaires au service.

Lorsqu'il y a lieu de procéder à des ventes, elles se font avec concurrence et publicité.

Aucune portion des cinquante pas géométriques réservés sur le littoral ne peut être échangée ni aliénée.

§ 3. Il veille à ce que des poursuites soient exercées pour la révocation des concessions et pour leur retour au domaine, lorsque les concessionnaires n'ont pas rempli leurs obligations.

34 (*). Il se fait rendre compte de l'administration du curateur aux successions vacantes.

35. § 1er. Le gouverneur surveille tout ce qui a rapport à l'instruction publique.

§ 2 (**). Aucun collége, aucune école ou autre institution du même genre, ne peuvent être fondés sans son autorisation.

§ 3 (*). Il propose au ministre les candidats pour les bourses qui sont accordées aux jeunes colons de l'un et de l'autre sexe dans les colléges royaux de France et dans les maisons royales de la Légion-d'Honneur.

36. § 1er. Le gouverneur veille au libre exercice et à la police extérieure du culte, et pourvoit à ce qu'il soit entouré de la dignité convenable.

§ 2. Aucun bref ou acte de la cour de Rome, à l'exception de ceux de la pénitencerie, ne peut être reçu ni publié dans la colonie qu'avec l'autorisation du gouverneur, donnée d'après nos ordres.

37. Le gouverneur tient la main à ce qu'aucune congrégation ou communauté religieuse ne s'établisse dans la colonie, et n'y reçoive des novices, sans notre autorisation spéciale.

38. § 1er (**). Le gouverneur accorde les dispenses de mariage dans les cas prévus par les articles 145 et 164 du Code civil, et en se conformant aux règles prescrites à cet égard.

§ 2. Il se fait rendre compte de l'état des églises et des lieux de sépulture, de la situation des fonds des fabriques et de leur emploi.

§ 3 (*). Il propose au Gouvernement l'acceptation des dons et legs pieux ou de bienfaisance dont la valeur est au-dessus de mille francs.

§ 4 (**). Il autorise, s'il y a lieu, l'acceptation de ceux de mille francs et au-dessous, et en rend compte au ministre de la marine.

39. § 1er. Le gouverneur pourvoit à la sûreté et à la tranquillité de la colonie; il maintient ses habitans dans la fidélité et l'obéissance qu'ils nous doivent.

§ 2. Tous les faits et évènemens de nature à troubler l'ordre ou la tranquillité de la colonie sont portés immédiatement à sa connaissance.

40. Il accorde les passeports, congés, permis de débarquement et de séjour, en se conformant aux règles établies.

41. § 1er (*). Le gouverneur ordonne les mesures générales relatives à la police sanitaire, tant à l'intérieur qu'à l'extérieur de la colonie.

§ 2 (**). Il prescrit l'établissement, la levée et la durée des quarantaines, et des cordons sanitaires; il fixe les lieux de lazaret.

§ 3. Les officiers de santé et pharmaciens non attachés au service ne peuvent exercer dans la colonie qu'en vertu d'une autorisation délivrée par le gouverneur, et qu'après avoir rempli les formalités prescrites par les ordonnances et réglemens.

42. Le gouverneur veille à la répression de la traite des noirs, et ordonne l'arrestation des bâtimens en état de prévention.

43. § 1er. Il surveille l'usage de la presse.

§ 2 (*). Il commissionne les imprimeurs, donne les autorisations de publier les journaux et les révoque en cas d'abus.

§ 3. Aucun écrit autre que les jugemens, arrêts et actes publiés par autorité de justice, ne peut être imprimé dans la colonie sans sa permission.

44. § 1er. Le gouverneur a dans ses attributions les mesures de haute police.

§ 2. Il a le droit de mander devant lui, lorsque le bien du service ou le bon ordre l'exige, tout habitant, négociant ou autre individu qui se trouve dans l'étendue de son gouvernement.

§ 3. Il écoute et reçoit les plaintes et griefs qui lui sont adressés individuellement par les habitans de la colonie, et en rend compte exactement au ministre de la marine, comme aussi des mesures qu'il a prises pour y porter remède.

§ 4. Aucun individu blanc ne peut être arrêté par mesure de haute police que sur un ordre signé du gouverneur.

Il peut interroger le prévenu, et doit le faire remettre, dans les vingt-quatre heures, entre les mains de la justice, sauf le cas où il est procédé contre lui extra judiciairement, conformément à l'art. 74.

§ 5. Le gouverneur interdit ou dissout les réunions ou assemblées qui peuvent troubler l'ordre public, s'oppose aux adresses collectives et autres du même genre, quel qu'en soit l'objet, et réprime toute entreprise qui tend à affaiblir le respect dû aux dépositaires de l'autorité.

CHAPITRE IV. Des pouvoirs du gouverneur relativement à l'administration de la justice.

45. Le gouverneur veille à la libre et prompte distribution de la justice, et se fait rendre à cet égard, par le procureur général, des comptes périodiques, qu'il transmet au ministre de la marine.

46. Il a entrée à la cour royale, et y occupe le fauteuil du Roi, pour faire enregistrer les ordonnances royales, ou pour faire connaître nos ordres. Il a également entrée et séance à la cour lors de la rentrée des tribunaux.

L'exercice de ce droit est facultatif.

47. § 1er. Il lui est interdit de s'immiscer dans les affaires qui sont de la compétence des tribunaux, et de citer devant lui aucun des habitans de la colonie à l'occasion de leurs contestations, soit en matière civile, soit en matière criminelle.

§ 2. Il lui est également interdit de s'opposer à aucune procédure civile ou criminelle.

48. En matière civile, il ne peut empêcher ni retarder l'exécution des jugemens et arrêts, à laquelle il est tenu de prêter mainforte lorsqu'il en est requis.

49 (**). En matière criminelle, il ordonne en conseil privé l'exécution de l'arrêt de condamnation, ou prononce le sursis lorsque le conseil décide qu'il y a lieu de recourir à notre clémence.

50 (**). Il peut faire surseoir aux poursuites ayant pour objet le paiement des amendes, lorsque l'insolvabilité des contrevenans est reconnue, à la charge d'en rendre compte au ministre de la marine.

51. Il rend exécutoires les jugemens administratif prononcés par le conseil privé, conformément aux dispositions des sections IV et V du chapitre III, titre V.

52. § 1er. Il légalise les actes à transmettre hors de la colonie.

Il légalise également les actes venant de l'étranger.

§ 2. Il se fait remettre et adresse au ministre de la marine les doubles minutes des actes destinés au dépôt des chartes et archives coloniales.

CHAPITRE V. Des pouvoirs du gouverneur à l'é-
gard des fonctionnaires et des agens du Gouvernement.

53. Tous les fonctionnaires et les agens du
Gouvernement dans la colonie sont soumis à
l'autorité du gouverneur.

54. Son autorité sur les ministres de la religion s'exerce conformément aux ordonnances, édits et déclarations; mais la surveillance
spirituelle et la discipline ecclésiastique appartiennent au préfet apostolique ou autre
supérieur ecclésiastique.

55. Il exerce une haute surveillance sur
les membres de l'ordre judiciaire; il a le
droit de les reprendre, et il prononce sur les
faits de discipline, conformément aux ordonnances.

56. § 1er. Les chefs d'administration sont
sous son autorité immédiate. Il leur donne
les ordres généraux relatifs aux différentes
parties du service.

§ 2. Les chefs d'administration peuvent
individuellement lui faire les représentations
respectueuses ou les propositions qu'ils jugent utiles au bien du service : le gouverneur
les reçoit, y fait droit, s'il y a lieu, ou leur
fait connaître par écrit les motifs de son refus.

57. Le gouverneur maintient les chefs
d'administration et le contrôleur colonial
dans les attributions qui leur sont respectivement conférées, sans pouvoir lui-même
entreprendre sur ces attributions, ni les modifier.

58 (*). Il prononce sur les différends qui
peuvent s'élever entre les fonctionnaires de
la colonie à l'occasion de leur rang ou de
leurs prérogatives.

59. Aucun fonctionnaire public ou agent
salarié ne peut contracter mariage dans la
colonie sans l'autorisation du gouverneur, à
peine de révocation.

60. § 1er (**). Le gouverneur statue, en
conseil, sur l'autorisation à donner pour la
poursuite, dans la colonie, des agens du Gouvernement prévenus de crimes ou délits commis dans l'exercice de leurs fonctions.

§ 2 (**). Cette autorisation n'est pas nécessaire pour commencer l'instruction dans le
cas de flagrant délit; mais la mise en jugement ne peut avoir lieu que sur l'autorisation du gouverneur, donnée en conseil.

§ 3. Il rend compte immédiatement des
décisions qui ont été prises à notre ministre
de la marine, qui statue sur les réclamations
des parties, lorsque les poursuites ou la mise
en jugement n'ont point été autorisées.

61. § 1er. Aucun emploi nouveau ne peut
être créé dans la colonie que par notre ordre
ou par celui de notre ministre de la marine.

§ 2 (*). Le gouverneur pourvoit provisoirement, en cas d'urgence, et en se confor-

mant aux règles du service, aux vacances
qui surviennent dans les emplois qui sont à
notre nomination ou à celle de notre ministre de la marine; mais il ne peut conférer
aux intérimaires le grade ou le titre des fonctions qui leur sont confiées.

Il peut cependant, en temps de guerre,
donner provisoirement les grades ou titres
des emplois vacans, et en délivrer les commissions temporaires.

§ 3. Il pourvoit définitivement à tous les
emplois qui ne sont pas à notre nomination
ou à celle de notre ministre de la marine, à
la réserve de ceux des agens inférieurs qui
sont nommés par les chefs d'administration,
ainsi qu'il sera déterminé aux articles 98,
114, et 120, § 9.

§ 4. Il révoque ou destitue les agens nommés par lui.

Il révoque ou destitue également ceux
nommés par les chefs d'administration, après
avoir pris l'avis de celui de ces chefs de qui
émane la nomination.

62. § 1er (*). Il adresse au ministre les
propositions relatives aux retraites, demi-
soldes ou pensions.

§ 2 (**). Il peut en autoriser le paiement
provisoire, mais seulement dans les limites
déterminées.

63. Il se fait remettre tous les ans, par les
chefs d'administration, les chefs de corps et
le contrôleur, chacun en ce qui le concerne,
des notes sur la conduite et la capacité des
fonctionnaires, officiers et employés de tout
grade. Il fait parvenir ces notes au ministre
de la marine, avec ses observations.

Il lui transmet des renseignemens de
même nature sur les chefs d'administration,
sur les chefs de corps, et sur le contrôleur
colonial.

CHAPITRE VI. Des rapports du gouverneur avec
les Gouvernemens étrangers.

64. § 1er. Le gouverneur communique, en
ce qui concerne la Guiane française, avec les
Gouvernemens du continent et des îles de
l'Amérique.

§ 2 (*). Il négocie, lorsqu'il y est autorisé,
et dans les limites de ses instructions, toutes
conventions commerciales ou autres; mais il
ne peut, dans aucun cas, les conclure que
sauf notre ratification.

§ 3 (*). Il traite des cartels d'échange.

CHAPITRE VII. Des pouvoirs du gouverneur à
l'égard de la législation coloniale.

65. § 1er. Le gouverneur promulgue les
lois, ordonnances, arrêtés et réglemens, et
en ordonne l'enregistrement.

§ 2. Les lois, ordonnances et réglemens de
la métropole ne peuvent être rendus exécutoires dans la colonie que par notre ordre.

66 (**). Le gouverneur arrête en conseil les réglemens d'administration et de police, les décisions et instructions réglementaires, en exécution des ordonnances et des ordres ministériels, et les rend exécutoires.

Ces réglemens, décisions et instructions portent la formule :

« Nous, gouverneur de la Guiane française, de l'avis du conseil privé, avons arrêté et arrêtons ce qui suit. »

67 (**). Lorsque le gouverneur juge utile d'introduire dans la législation coloniale des modifications ou des dispositions nouvelles, il prépare, en conseil, les projets d'ordonnances royales, et les transmet au ministre de la marine, qui lui fait connaître nos ordres.

68 (*). Le gouverneur peut faire des proclamations conformes aux lois et ordonnances, et pour leur exécution.

CHAPITRE VIII. Des pouvoirs extraordinaires du gouverneur.

69. Le gouverneur exerce en conseil privé, dans la forme et dans les limites prescrites au titre V, chapitre III, section V, les pouvoirs extraordinaires qui lui sont conférés ci-après.

70. Le gouverneur peut modifier ou changer les dispositions du budget arrêté par notre ministre de la marine, lorsque les circonstances extraordinaires, survenues depuis l'envoi de ce budget, rendent ces modifications ou ces changemens indispensables. Toutefois, en aucun cas, la somme totale allouée par le budget ne peut être dépassée, si ce n'est dans le cas d'urgence absolue.

71. Les projets d'ordonnances qui, aux termes de l'article 67, doivent être soumis à notre approbation, peuvent provisoirement être rendus exécutoires par le gouverneur, lorsque le conseil reconnaît qu'il y a nécessité absolue, et qu'il y aurait de graves inconvéniens à attendre notre décision.

Les arrêtés pris dans ce cas ne sont exécutoires que pendant une année au plus, si notre décision n'est pas connue avant l'expiration de ce délai.

Ils portent la formule suivante :

AU NOM DU ROI,

« Nous, gouverneur de la Guiane française, de l'avis du conseil privé, avons arrêté et arrêtons ce qui suit, pour être exécuté pendant une année, à moins qu'il n'en soit autrement ordonné par Sa Majesté. »

72. Le gouverneur peut même, sans s'arrêter à l'avis émis par le conseil privé sur ces projets d'ordonnances, les rendre exécutoires, lorsque la sûreté de la colonie l'exige, et qu'il y aurait un danger imminent à attendre nos ordres.

Les arrêtés qu'il rend alors ne sont également exécutoires que pendant une année au plus.

Ils portent la formule suivante :

AU NOM DU ROI,

« Nous, gouverneur de la Guiane française, le conseil privé entendu, avons arrêté et arrêtons ce qui suit, pour être exécuté pendant une année, à moins qu'il n'en soit autrement ordonné par Sa Majesté. »

Le gouverneur révoque ces arrêtés, sans attendre nos ordres, lorsque les circonstances qui les ont nécessités ont cessé.

73. Le gouverneur ne peut annuler ou modifier par des arrêtés les ordonnances concernant :

L'état des personnes,
La législation civile et criminelle,
L'organisation judiciaire,
Le système monétaire.

74. § 1er. Dans les circonstances graves, et lorsque le bon ordre ou la sûreté de la colonie le commande, le gouverneur peut prendre, à l'égard des individus de condition libre qui compromettent ou troublent la tranquillité publique, les mesures ci-après, savoir :

1° L'exclusion pure et simple d'un des cantons de la colonie.

2° La mise en surveillance dans un canton déterminé.

Ces mesures ne peuvent être prononcées que pour deux années au plus ; pendant ce temps, les individus qui en sont l'objet ont la faculté de s'absenter de la colonie.

3° L'exclusion de la colonie, à temps ou illimitée.

Cette mesure ne peut être prononcée que pour des actes tendant à attaquer le régime constitutif de la colonie.

Les individus nés, mariés ou propriétaires dans la colonie, ne peuvent en être exclus pour plus de sept années.

À l'égard des autres, l'exclusion peut être illimitée.

§ 2. Les individus qui, pendant la durée de leur exclusion, rentreraient dans la colonie, et ceux qui se soustrairaient à la surveillance déterminée par le paragraphe qui précède, seront jugés, pour ce fait, par les tribunaux ordinaires.

75. Les esclaves reconnus dangereux pour la tranquillité de la colonie sont envoyés par le gouverneur au Sénégal, et remis à la disposition de l'autorité locale, sauf à indemniser le propriétaire ; sans que l'indemnité puisse excéder celle qui est fixée par les réglemens pour les noirs justiciés, et sans qu'elle puisse être acquise pour l'esclave infirme ou âgé de plus de soixante ans.

76. Le gouverneur peut refuser aux individus signalés par leur mauvaise conduite le

droit de tenir des boutiques, échoppes ou cantines.

77. Le gouverneur peut refuser l'admission dans la colonie des individus dont la présence y est jugée dangereuse.

78. § 1er. Dans le cas où un fonctionnaire civil ou militaire, nommé par nous ou par notre ministre de la marine, aurait tenu une conduite tellement répréhensible qu'il ne pût être maintenu dans l'exercice de ses fonctions, si d'ailleurs il n'y avait pas lieu à le traduire devant les tribunaux, ou si une procédure régulière offrait de graves inconvéniens, le gouverneur peut prononcer la suspension de ce fonctionnaire, jusqu'à ce que notre ministre de la marine lui ai fait connaître nos ordres.

§ 2. Toutefois, à l'égard des chefs d'administration, du contrôleur, des membres de l'ordre judiciaire et des corps qui seraient dans le cas prévu ci-dessus, le gouverneur, avant de proposer au conseil aucune mesure à leur égard, doit leur faire connaître les griefs existans contre eux, et leur offrir les moyens de passer en France pour rendre compte de leur conduite au ministre de la marine. Leur suspension ne peut être prononcée qu'après qu'ils se sont refusés à profiter de cette faculté.

Il leur est loisible, lors même qu'ils ont été suspendus, de demander au gouverneur un passage pour France aux frais du Gouvernement. Il ne peut leur être refusé.

§ 3. Le gouverneur fait connaître, par écrit, au fonctionnaire suspendu, les motifs de la décision prise à son égard.

§ 4. Il peut lui interdire la résidence du chef-lieu, ou lui assigner le canton de la colonie dans lequel il doit résider pendant le temps de sa suspension.

§ 5. La suspension ne peut entraîner la privation de plus de moitié du traitement.

79. § 1er. Le gouverneur rend compte immédiatement au ministre de la marine des mesures qu'il a prises en vertu de ses pouvoirs extraordinaires, et lui adresse toutes les pièces justificatives, afin qu'il y soit statué définitivement.

§ 2. Les individus de condition libre auxquels les mesures autorisées par le présent chapitre auront été appliquées, pourront, dans tous les cas, se pourvoir auprès de notre ministre de la marine, à l'effet d'obtenir de nous qu'elles soient rapportées ou modifiées.

80. Le gouverneur a seul l'initiative des mesures à prendre en vertu des pouvoirs extraordinaires qui lui sont conférés; il en est personnellement responsable, nonobstant la participation du conseil privé à ses actes.

CHAPITRE IX. De la responsabilité du gouverneur.

81. § 1er. Le gouverneur peut être poursuivi pour trahison, concussion, abus d'autorité, ou désobéissance à nos ordres.

§ 2. Toutefois, en ce qui concerne l'administration de la colonie, il ne peut, sauf l'exception portée en l'article 81, être recherché que pour les mesures qu'il a prises contre l'avis du conseil privé, dans le cas où ce conseil doit être consulté, pour celles qu'il a prises ou refusé de prendre en opposition aux représentations ou aux propositions des chefs d'administration.

82. § 1er. Soit que les poursuites aient lieu à la requête du Gouvernement, soit qu'elles s'exercent sur la plainte d'une partie intéressée, il y est procédé conformément aux règles prescrites en France à l'égard des agens du Gouvernement.

§ 2. Dans le cas où le gouverneur est recherché pour dépenses indûment ordonnées en deniers, matières ou main-d'œuvre, il y est procédé administrativement.

83. § 1er. Le gouverneur ne peut, pour quelque cause que ce soit, être ni actionné ni poursuivi dans la colonie pendant l'exercice de ses fonctions.

§ 2. Toute action dirigée contre lui sera portée devant les tribunaux de France, suivant les formes prescrites par les lois de la métropole.

§ 3. Aucun acte, aucun jugement, ne peuvent être mis à exécution contre le gouverneur dans la colonie.

CHAPITRE X. Dispositions diverses relatives au gouverneur.

84. Le gouverneur visite, chaque année, une partie des quartiers de la colonie. Il assemble et inspecte les milices, réunit les conseils municipaux et ceux des fabriques, pour connaître les besoins des communes et ceux du culte. Il examine l'état des travaux entrepris, celui des routes, ponts, embarcadères et ouvrages de défense. Il prend connaissance de tout ce qui intéresse l'agriculture et le commerce, et informe le ministre de la marine du résultat de ses tournées.

85. Le gouverneur adresse, chaque année, au ministre de la marine, un mémoire sur la situation intérieure de la colonie et sur ses relations à l'extérieur; il y rend un compte général de toutes les parties de l'administration qui lui est confiée, signale les abus à réformer, fait connaître les améliorations qui se sont opérées dans l'année, et propose ses vues sur tout ce qui peut intéresser le bien de notre service ou tendre à la prospérité de la colonie.

86. Le gouverneur ne peut, pendant la durée de ses fonctions, acquérir des propriétés foncières ni contracter mariage dans la colonie, sans notre autorisation.

87. § 1er. Lorsque nous jugeons convenable de rappeler le gouverneur, ses pouvoirs

cessent aussitôt après le débarquement de son successeur.

§ 2. Le gouverneur remplacé fait reconnaître immédiatement son successeur, en présence des autorités du chef-lieu de la colonie.

§ 3. Il lui remet un mémoire détaillé faisant connaître les opérations commencées ou projetées pendant son administration, et la situation des différentes parties du service.

§ 4. Il lui fournit, par écrit, des renseignemens sur tous les fonctionnaires et employés du Gouvernement dans la colonie.

§ 5. Il lui remet, en outre, sur inventaire, ses registres de correspondance et toutes les lettres et pièces officielles relatives à son administration, sans pouvoir en retirer aucune, à l'exception de ses registres de correspondance confidentielle et secrète.

88. § 1er. En cas de mort, d'absence ou autre empêchement, et lorsque nous n'y avons pas pourvu d'avance, le gouverneur est remplacé provisoirement par l'ordonnateur, et, au défaut de celui-ci, par le directeur de l'administration intérieure.

§ 2. Si, pendant l'intérim, la sûreté intérieure et extérieure de l'île est menacée, les mouvemens de troupes, ceux des bâtimens de guerre attachés au service de la colonie, et toutes les mesures militaires, sont décidées en conseil de défense.

TITRE III. Des chefs d'administration.

CHAPITRE Ier. De l'ordonnateur.

SECTION Ire. Des attributions de l'ordonnateur.

89. Un officier de l'administration de la marine, remplissant les fonctions d'ordonnateur, est chargé, sous les ordres du gouverneur, de l'administration de la marine, de la guerre et du trésor, de la direction supérieure des travaux de toute nature (à l'exception de ceux des ponts, des routes et des travaux à la charge des communes), et de la comptabilité générale pour tous les services.

90. Ces attributions comprennent :

§ 1er. Les approvisionnemens, la recette, la garde, la conservation et la dépense des vivres, matières et munitions de toute nature, destinés pour tous les services;

§ 2. Les ordres de délivrance de vivres, munitions ou approvisionnemens divers des magasins de la colonie;

§ 3. Les marchés et adjudications des ouvrages et approvisionnemens pour tous les services, les ventes des magasins, l'établissement des cahiers des charges, la réception des matières et celle de tous les ouvrages, la convocation des commissions de recettes;

§ 4. La construction et l'entretien des ouvrages fondés à la mer, des fortifications et autres travaux militaires, des bâtimens civils, à l'exception de ceux qui appartiennent aux communes;

§ 5. La construction, la refonte, le radoub, l'armement des bâtimens flottans affectés au service de la colonie, l'entretien et la réparation de ces bâtimens, et de ceux qui sont en station ou en mission;

§ 6. Les mouvemens des ports, la garde et la conservation des bâtimens désarmés;

§ 7. La proposition des instructions à donner aux bâtimens de mer, pataches de douanes et autres embarcations attachées au service de la colonie, et destinées aux transports, à la police des côtes et rades, à la répression de la traite des noirs et du commerce interlope;

§ 8. L'établissement, l'entretien et la surveillance des signaux, vigies et phares;

§ 9. La comptabilité, tant en matières qu'en deniers, des bâtimens armés; la revue, la subsistance et la solde de leurs équipages;

§ 10. L'administration et la police des hôpitaux militaires, chantiers et ateliers, magasins, prisons militaires, casernes, lazarets, et autres établissemens dépendans de la marine et de la guerre;

§ 11. La direction et l'administration de l'imprimerie du Gouvernement;

§ 12. La police administrative et la comptabilité intérieure des corps;

§ 13. La revue, la solde, la subsistance, les masses et indemnités, les fournitures de casernement et autres dépenses relatives aux troupes de toutes armes;

§ 14. La subsistance, l'entretien et le paiement des prisonniers de guerre;

§ 15. Le paiement des ministres du culte, des officiers judiciaires, civils et militaires, et généralement de tous les agens entretenus et non entretenus employés au service de la colonie;

§ 16. La tenue des matricules et la formation des états de services des fonctionnaires et employés de la colonie;

§ 17. L'inscription maritime, la levée, la répartition, le congédiement et le paiement des marins et des ouvriers classés, la police des gens de mer;

§ 18. Le paiement des salaires des ouvriers civils, libres ou esclaves, employés sur les travaux de la colonie; l'appel de ceux qui dépendent de son service;

§ 19. La subsistance des noirs de réquisition, la direction et la surveillance de ceux qui sont affectés aux travaux qu'il dirige;

§ 20. L'administration, la police, la subsistance, l'entretien et l'habillement des noirs de la colonie; les gratifications et encouragemens à leur donner; leur répartition entre les divers services; la direction et la surveillance spéciale de ceux attachés aux travaux et aux établissemens qui sont dans ses attributions;

§ 21. La police de la navigation et des pêches maritimes; celle des ports et rades; la surveillance des pilotes; l'exécution des tarifs et réglemens concernant les droits de pilotage et d'ancrage;

§ 22. Les examens à faire subir, conformément aux ordonnances, aux marins qui se présentent pour être reçus capitaines au grand cabotage ou maîtres au petit cabotage; l'expédition de leurs commissions;

§ 23. L'administration et la police sanitaire, en ce qui concerne les bâtimens qui arrivent du dehors et les embarcations de mer appartenant à la colonie; le visa des patentes de santé;

§ 24. La comptabilité générale des magasins, tant pour le service à la chargé de la métropole que pour celui à la charge de la colonie;

§ 25. La régularisation des pièces portant recette ou dépense de matières;

§ 26. La surveillance et la vérification de la comptabilité en matières et en main-d'œuvre, et des comptes d'application des directions d'artillerie et du génie des ponts-et-chaussées, du port, et des autres services consommateurs;

§ 27. L'établissement annuel des comptes généraux de fonds et matières, des inventaires de magasins, des bâtimens et établissemens publics appartenant au Roi et à la colonie, et des bâtimens de mer et embarcations attachés au service local;

§ 28. La comptabilité générale des fonds;

§ 29. La liquidation des dépenses relatives au service à la charge de la colonie ou de la métropole; la régularisation des pièces de comptabilité;

§ 30. Les projets de répartitions mensuelles de fonds;

§ 31. L'ordonnancement des dépenses partielles sur les crédits ouverts mensuellement par le gouverneur;

§ 32. Les demandes de crédits supplémentaires, à l'effet de pourvoir aux dépenses extraordinaires qui n'ont point été comprises dans les ordonnances mensuelles de répartition;

§ 33. La comptabilité des avances remboursables par la métropole;

§ 34. Les traites à fournir en remboursement de ces avances;

§ 35. La surveillance, l'inspection et la vérification de la comptabilité du trésorier et de ses préposés;

§ 36. La surveillance des versemens périodiques à faire au Trésor par les agens du service des finances;

§ 37. Les vérifications ordinaires et extraordinaires des caisses de tous les comptables de la colonie;

§ 38. L'administration de la caisse des invalides, des gens de mer et des prises, la surveillance spéciale de cette caisse;

§ 39. Le travail relatif aux propositions des retraites, demi-soldes ou pensions aux ayant-droit, conformément aux ordonnances;

§ 40. La vente, la liquidation et la répartition des prises;

§ 41. Les bris et naufrages, les épaves de mer;

§ 42. Le projet annuel des dépenses à faire dans la colonie pour le service à la charge de la métropole;

§ 43. La rédaction du projet de budget relatif à son administration:

§ 44. La réunion des projets de budgets partiels, pièces et documens à l'appui, fournis par les autres chefs d'administration, pour les recettes et les dépenses à la charge de la colonie, et la formation du projet de budget général de la colonie;

§ 45. L'exposé de la situation de son service, qui doit être présenté annuellement au conseil général.

SECTION II. Des rapports de l'ordonnateur avec le gouverneur.

91. § 1er. L'ordonnateur prend les ordres généraux du gouverneur sur toutes les parties du service qui lui est confié, dirige et surveille leur exécution, en se conformant aux lois, ordonnances, réglemens et décisions ministérielles, et rend compte au gouverneur périodiquement, et toutes les fois qu'il l'exige, des actes et des résultats de son administration.

§ 2. Il l'informe immédiatement de tous les cas extraordinaires et circonstances imprévues qui intéressent son service.

92. § 1er. L'ordonnateur travaille et correspond seul avec le gouverneur sur les matières de ses attributions.

§ 2. Seul il reçoit et transmet ses ordres sur tout ce qui est relatif au service qu'il dirige.

§ 3. Il représente au gouverneur, toutes les fois qu'il en est requis, les registres des ordres qu'il a donnés et de sa correspondance officielle.

§ 4. Il porte à la connaissance du gouverneur, sans attendre ses ordres, les rapports qui lui sont faits par ses subordonnés, sur les abus à réformer et les améliorations à introduire dans les parties du service qui leur sont confiées.

93. § 1er. Il a la présentation des candidats aux places vacantes dans son administration qui sont à la nomination provisoire ou définitive du gouverneur.

§ 2. Il propose, s'il y a lieu, la suspension, la révocation ou la destitution des employés sous ses ordres, et dont la nomination émane du gouverneur.

94. Il prépare et propose, en ce qui concerne l'administration qu'il dirige :

La correspondance générale du gouverneur avec le ministre de la marine et avec les Gouvernemens étrangers ;

Les ordres généraux de service,

Et tous autres travaux de même nature dont le gouverneur juge à propos de le charger.

Il tient enregistrement de la correspondance générale du gouverneur relative à son service.

SECTION III. Des rapports de l'ordonnateur avec les fonctionnaires et les agens du Gouvernement.

95. L'ordonnateur a sous ses ordres :

Les officiers et employés de l'administration de la marine ;

Les garde-magasins de tous les services ;

Les médecins, chirurgiens et pharmaciens de la marine ;

Les ingénieurs civils;

Les officiers du port ;

Le trésorier de la colonie et des invalides ,

Et les autres agens civils entretenus ou non entretenus, qui, par la nature de leurs fonctions, dépendent de son service.

96. Il donne des ordres ou adresse des réquisitions , en ce qui concerne son service :

Aux officiers commandant les bâtimens attachés à la colonie ;

Aux officiers chargés des directions de l'artillerie et du génie ;

Aux ingénieurs des constructions navales ;

A la gendarmerie, ou aux troupes qui en font le service;

A tous les comptables.

97. Il correspond avec tous les fonctionnaires et les agens du Gouvernement dans la colonie, et les requiert, au besoin, de concourir au bien du service qu'il dirige.

98. § 1er. Il nomme directement les agens qui relèvent de son administration, et dont la solde, jointe aux autres allocations, n'excède pas quinze cents francs par an.

§ 2. Il les révoque ou les destitue, après avoir pris l'ordre du gouverneur.

99. Il pourvoit à l'expédition des commissions provisoires ou définitives, des congés et des ordres de service qui émanent du gouverneur, et qui sont relatifs aux agens placés sous ses ordres, ou à tous officiers civils et militaires dépendant des départemens de la marine ou de la guerre. Il les contre-signe.

Il pourvoit à l'enregistrement des brevets, commissions, congés et ordres de service relatifs à tous les fonctionnaires et agens quelconques employés de la colonie.

SECTION IV. Dispositions diverses relatives à l'ordonnateur.

100. L'ordonnateur est membre du conseil privé.

101. Il prépare et soumet au conseil, d'après les ordres du gouverneur, en ce qui est relatif au service qu'il dirige :

1° Les projets d'ordonnances, d'arrêtés et de réglemens ;

2° Les rapports concernant :

Les plans, devis et comptes des travaux ;

Les questions douteuses que présente l'application des ordonnances, arrêtés et réglemens en matière administrative ;

Les affaires contentieuses ;

Les mesures à prendre à l'égard des fonctionnaires ou employés sous ses ordres, dans les cas prévus par les articles 60 et 78 ;

Les contestations entre les fonctionnaires publics à l'occasion de leurs attributions, rangs et prérogatives ;

Enfin les autres affaires qui sont dans ses attributions et qui doivent être portées au conseil.

102. Il contre-signe les arrêtés, réglemens, ordres généraux de service, décisions du gouverneur en conseil, et autres actes de l'autorité locale qui ont rapport à son administration, et veille à leur enregistrement partout où besoin est.

103. § 1er. L'ordonnateur est personnellement responsable de tous les actes de son administration, hors les cas où il justifie soit avoir agi en vertu d'ordres formels du gouverneur, et lui avoir fait, sur ces ordres, des représentations qui n'ont pas été accueillies, soit avoir proposé au gouverneur des mesures qui n'ont pas été adoptées.

§ 2. Les dispositions du § 1er de l'art. 81 et du § 2 de l'article 82, sur la responsabilité du gouverneur, sont communes à l'ordonnateur.

104. § 1er. Il adresse au ministre de la marine copie des représentations et des propositions qu'il a été dans le cas de faire au gouverneur, lorsqu'elles ont été écartées, ainsi que de la décision intervenue.

§ 2. Il lui adresse également, par l'intermédiaire du gouverneur, à la fin de chaque année, un compte moral et raisonné de la situation du service dont il est chargé.

§ 3. Il a la correspondance avec le directeur des colonies, pour les renseignemens à demander ou à transmettre en ce qui concerne son service.

105. Lorsque l'ordonnateur est remplacé dans ses fonctions, il est tenu de remettre à son successeur, pour ce qui regarde son administration, les pièces et documens de la nature de ceux qui sont mentionnés à l'art. 87.

106. § 1er. En cas de mort , d'absence, ou de tout autre empêchement qui oblige l'ordonnateur à cesser son service, il est remplacé par le contrôleur colonial.

§ 2 (*). S'il n'est empêché que momentanément , il est suppléé par l'officier d'administration de la marine le plus élevé en grade; à grade égal, le choix appartient au gouverneur.

CHAPITRE II. Du directeur de l'administration intérieure.

SECTION Iʳᵉ. Des attributions du directeur.

107. Le directeur est chargé, sous les ordres du gouverneur, de l'administration intérieure de la colonie, de la police générale, et de l'administration des contributions directes et indirectes.

108. Ces attributions comprennent :

§ 1ᵉʳ. La direction et la surveillance de l'administration des communes, la proposition des ordres de convocation des conseils municipaux et celle des matières sur lesquelles ils doivent délibérer;

§ 2. L'examen des projets de budgets présentés par les communes; la surveillance de l'emploi des fonds communaux; la vérification des comptes y relatifs; la surveillance des receveurs municipaux et la vérification de leurs caisses;

§ 3. Les propositions relatives aux acquisitions, ventes, locations, échanges et partages des biens communaux;

§ 4. La surveillance de l'administration des noirs appartenant aux communes;

§ 5. Celle relative à la construction, la réparation et l'entretien des bâtimens et chemins communaux, et à la voirie municipale;

§ 6. La construction, la réparation et l'entretien des grandes routes, canaux, digues, ponts, fontaines, et tous autres travaux d'utilité publique qui dépendent de la grande voirie;

§ 7. Les propositions relatives à l'ouverture, au redressement et à l'élargissement des canaux, des routes et des chemins;

§ 8. La police rurale; les conduites et prises d'eau; les mesures à prendre contre les débordemens et les inondations, contre les incendies des bois et savanes, et contre les défrichemens;

§ 9. Les ports d'armes; la chasse; la pêche dans les rivières et les étangs;

§ 10. Les salines;

§ 11. La direction de l'agriculture et de l'industrie; les améliorations à introduire, et la proposition des encouragemens à donner;

§ 12. Les troupeaux et haras du Gouvernement; les mesures pour l'amélioration des races;

§ 13. La publication des découvertes nouvelles, des procédés utiles, et spécialement de ceux qui ont pour objet d'augmenter et de perfectionner les produits coloniaux, d'économiser la main-d'œuvre et de suppléer au travail de l'homme;

§ 14. Les bibliothèques publiques; les jardins du Roi et de naturalisation, et la distribution aux habitans des plantes utiles; les pépinières nécessaires à la plantation des routes et promenades publiques;

§ 15. La statistique de la colonie; la formation des tableaux annuels relatifs à la population et à la situation agricole et industrielle;

§ 16. La surveillance des approvisionnemens généraux de la colonie, et la proposition des mesures à prendre à cet égard;

§ 17. Le système monétaire;

§ 18. Les propositions relatives aux sociétés anonymes; la surveillance des comptoirs d'escompte;

§ 19. La surveillance des agens de change courtiers, et des préposés aux ventes publiques autres que celles faites par autorité de justice;

§ 20. L'exécution des édits, déclarations, ordonnances et réglemens relatifs au culte, aux ecclésiastiques et aux communautés religieuses; la police et la conservation des églises et des lieux de sépulture; les tarifs et réglemens sur le casuel, les convois et les inhumations;

§ 21. L'examen des budgets des fabriques; la surveillance de l'emploi des fonds qui leur appartiennent; la vérification et l'apurement des comptes;

§ 22. L'administration des bureaux de bienfaisance; la vérification et l'apurement de leur comptabilité;

§ 23. Les propositions concernant les dons de bienfaisance et legs pieux;

§ 24. Les mesures sanitaires à l'intérieur de la colonie; les précautions contre les maladies épidémiques, les épizooties et d'hydrophobie; la propagation de la vaccine; les secours à donner aux noyés et aux asphyxiés;

§ 25. La surveillance des officiers de santé et des pharmaciens non attachés au service; les examens à leur faire subir; la surveillance du commerce de droguerie;

§ 26. Les lépreux; les insensés; les enfans abandonnés;

§ 27. Les propositions relatives à l'admission dans les hôpitaux militaires des malades civils indigens et incurables, libres ou esclaves;

§ 28. Les secours contre les incendies; l'établissement des pompes à incendie dans les divers quartiers de la colonie;

§ 29. Les propositions de secours à accorder dans les cas d'incendies, ouragans et autres calamités publiques;

§ 30. La surveillance administrative de la curatelle des successions vacantes;

§ 31. L'administration du domaine; la revendication des terrains envahis ou usurpés; les demandes en réunion au domaine des biens concédés, lorsqu'il y a lieu; la conservation des cinquante pas géométriques et de toute autre réserve faite dans l'intérêt des divers services publics;

§ 32. Les propositions d'acquisitions, ventes ou échanges des propriétés domaniales ;

§ 33. La désignation des propriétés particulières nécessaires au service public ;

§ 34. La réunion au domaine des biens abandonnés ou acquis par prescription ;

§ 35. Les propositions relatives aux concessions de terres ;

§ 36. La vente des épaves autres que celles de mer ;

§ 37. L'administration des contributions directes ; la confection des rôles ; l'établissement et la vérification des recensemens ; la délivrance des patentes ; le cadastre, pour servir à l'établissement de l'impôt sur les maisons ; les propositions de dégrèvement ;

§ 38. Les opérations d'arpentage ;

§ 39. La levée des cartes et plans de la colonie ;

§ 40. L'administration des douanes, de l'enregistrement, des hypothèques, et des autres contributions indirectes de toute nature ;

§ 41. L'expédition des actes de francisation ;

§ 42. La proposition des mercuriales pour la perception des droits de douane ;

§ 43. Les mouvemens de commerce ; l'établissement des états annuels d'importations et d'exportations ;

§ 44. Les mesures à prendre envers les contrevenans aux lois, ordonnances et réglemens sur l'abolition de la traite des noirs, sur le commerce national et étranger, et sur la perception de tous les impôts ;

§ 45. L'administration de la poste aux lettres, tant pour l'intérieur que pour l'extérieur ;

§ 46. La vérification des comptes des administrations financières, et la surveillance des receveurs ;

§ 47. La surveillance des établissemens d'instruction publique ; les examens à faire subir aux chefs d'institution, professeurs et maîtres d'école, qui se destinent à l'enseignement dans la colonie ;

§ 48. L'administration des écoles primaires gratuites ; l'établissement de ces écoles dans les quartiers qui en sont privés ; la surveillance administrative des frères de la Doctrine chrétienne et des sœurs qui se livrent à l'instruction ;

§ 49. La proposition au gouverneur des candidats pour les bourses accordées aux jeunes créoles dans les collèges royaux de France et dans les maisons royales de la Légion-d'Honneur ; la régularisation des pièces qu'ils ont à produire ;

§ 50. La surveillance de l'usage de la presse ; la censure des journaux et de tous les écrits destinés à l'impression, autres que ceux concernant les matières judiciaires ;

§ 51. La surveillance de la librairie en ce qui intéresse la religion, le bon ordre et les mœurs ;

§ 52. L'état civil des blancs et des gens de couleur libres ;

§ 53. L'exécution des ordonnances et réglemens concernant les gens de couleur libres et affranchis ;

§ 54. L'exécution des réglemens concernant le régime des esclaves, et les propositions relatives à l'amélioration de ce régime ;

§ 55. La direction et la surveillance des noirs de la colonie attachés aux travaux et établissemens qui sont dans ses attributions ;

§ 56. La levée des noirs de réquisition ; leur répartition entre les divers services ; la direction et la surveillance de ceux qui sont affectés aux travaux qu'il dirige ;

§ 57. L'appel et la revue des ouvriers libres ou esclaves employés aux mêmes travaux ;

§ 58. Les mesures d'ordre à l'occasion des fêtes et cérémonies publiques ;

§ 59. L'exécution des obligations imposées par les réglemens aux personnes qui arrivent dans la colonie ou qui en partent ; l'expédition et l'enregistrement des passeports ;

§ 60. La surveillance des auberges, cafés, spectacles et autres lieux publics ;

§ 61. La suppression des cantines et échoppes établies ailleurs que dans l'intérieur des villes et quartiers ;

§ 62. Les mesures répressives du marronnage, et l'allocation des primes dues aux capteurs, conformément aux ordonnances ;

§ 63. Le régime intérieur et l'administration des prisons civiles et des geoles ; la direction et l'emploi des noirs condamnés aux travaux forcés, ou détenus par mesure administrative ;

§ 64. La surveillance des individus qui n'ont aucun moyen d'existence connu ; des vagabonds, gens sans aveu, malfaiteurs et perturbateurs de l'ordre public, des noirs qui se mêlent de prétendus maléfices et sortiléges, ou qui sont suspectés d'empoisonnement ; des empiriques ;

§ 65. La surveillance spéciale des individus signalés comme receleurs ;

§ 66. L'exécution des réglemens concernant :

Les poids et mesures,

Le contrôle des matières d'or et d'argent,

La tenue des marchés publics,

L'approvisionnement des boulangers et bouchers,

Le colportage,

Les coalitions d'ouvriers,

Les réunions d'esclaves non autorisées ;

Enfin tout ce qui a rapport à la police administrative ;

§ 67. Les rapports administratifs avec les troupes chargées du service de la gendarmerie ;

§ 68. La proposition et l'exécution des

mesures relatives à la sûreté intérieure de la colonie;

§ 69. La rédaction du projet de budget partiel, des états de développement et autres documens relatifs à son administration, qui doivent servir à l'ordonnateur pour l'établissement du budget général;

§ 70. La vérification et la régularisation des pièces qui doivent être fournies à l'ordonnateur pour la justification et la liquidation des dépenses faites pour le service de l'intérieur;

§ 71. Les opérations relatives à l'élection des candidats pour le conseil général;

§ 72. La proposition des ordres pour les convocations ordinaires ou extraordinaires du conseil général, et, dans ce dernier cas, celle des matières sur lesquelles il est appelé à délibérer;

§ 73. L'exposé de la situation de son service, qui doit être présenté annuellement au conseil général.

109. Le directeur de l'intérieur est adjudant commandant des milices de la colonie.

En cette qualité, il transmet et fait exécuter les ordres du gouverneur, en ce qui concerne l'instruction, la discipline et le service des milices.

SECTION II. Des rapports du directeur avec le gouverneur et avec les fonctionnaires et les agens du Gouvernement.

110. Les dispositions de la section II du chapitre Ier du titre III, qui fixent les rapports de l'ordonnateur avec le gouverneur, sont communes au directeur de l'intérieur.

111. Le directeur concourt avec l'ordonnateur, en ce qui a rapport à l'administration intérieure,

A l'établissement des cahiers des charges pour les marchés et adjudications,

A la réception des matières et des ouvrages,

A la préparation des instructions à donner aux pataches et autres embarcations chargées du service de la douane sur les côtes.

112. Il a sous ses ordres :

Les fonctionnaires municipaux;

Les officiers et employés de l'administration de la marine attachés à son service;

Les agens du domaine, de l'enregistrement, des douanes, des contributions directes et indirectes;

Les agens de police;

Les agens salariés de l'instruction publique;

Les arpenteurs du Gouvernement;

Les jardiniers botanistes; les médecins vétérinaires;

Et tous autres employés civils qui, par la nature de leurs fonctions, dépendent de son service.

113. § Ier. Il donne des ordres, en ce qui concerne son administration :

Aux ingénieurs civils;

Aux agens du Trésor chargés des recettes des administrations financières.

§ 2. Il requiert, lorsque son service l'exige :

Les troupes affectées au service de la gendarmerie;

Les officiers de santé de la marine.

114. Les dispositions des articles 97 et 98 sont communes au directeur de l'intérieur.

115. Il pourvoit à l'expédition des commissions provisoires ou définitives, des congés et des ordres de service, qui émanent du gouverneur et qui sont relatifs à tous les agens rétribués sous ses ordres, ainsi que des brevets provisoires de nomination des officiers de milice, des commissions ou diplômes des agens de change courtiers, des officiers de santé et pharmaciens, des instituteurs, maîtres d'école, professeurs et autres agens civils non rétribués, qui dépendent de l'administration de l'intérieur.

Il contre-signe ces soumissions, diplômes, ordres ou congés, et pourvoit à leur enregistrement partout où besoin est.

SECTION III. Dispositions diverses relatives au directeur de l'intérieur.

116. Les articles 100, 101, 102, 103, 104 et 105, relatifs à l'ordonnateur, sont communs au directeur de l'intérieur.

117 (*). En cas de mort, d'absence, ou de tout autre empêchement qui oblige le directeur de l'administration intérieure à quitter son service ou à le cesser momentanément, il est remplacé provisoirement ou suppléé par un des conseillers coloniaux membres du conseil privé, désigné par nous, et, lorsque nous n'y avons pas pourvu d'avance, par un conseiller colonial ou par le secrétaire-archiviste, au choix du gouverneur.

CHAPITRE III. Du procureur général en sa qualité de chef d'administration.

SECTION Ire. Des attributions du procureur général.

118. Le procureur général est membre du conseil privé.

119. Il prépare et soumet au conseil, d'après les ordres du gouverneur :

§ Ier. Les projets d'ordonnances, d'arrêtés, de réglemens et d'instructions sur les matières judiciaires;

§ 2. Les rapports concernant :

Les conflits;

Les affranchissemens;

Les recours en grace;

Les mesures à prendre à l'égard des fonctionnaires attachés à l'ordre judiciaire, dans le cas prévu par les articles 60 et 78;

Les contestations entre les membres des tribunaux relativement à leurs fonctions, rangs et prérogatives; enfin toutes autres af-

28.

20

faires concernant son service, et qui doivent être portées au conseil privé.

120. Le procureur général a dans ses attributions :

§ 1er. La surveillance et la bonne tenue des lieux où se rend la justice ;

§ 2. La surveillance de la curatelle aux successions vacantes, telle qu'elle est déterminée par les ordonnances ;

§ 3. La censure des écrits en matière judiciaire destinés à l'impression ;

§ 4. La préparation du budget des dépenses relatives à la justice ;

§ 5. La vérification et le visa de toutes les pièces nécessaires à la justification et à la liquidation des frais de justice à la charge du service public ;

§ 6. Le contre-seing des arrêtés, réglemens, décisions du gouverneur en conseil, et autres actes de l'autorité locale qui ont rapport à l'administration de la justice ;

§ 7. L'expédition et le contre-seing des provisions, commissions et congés délivrés par le gouverneur aux membres de l'ordre judiciaire, ainsi que des commissions des notaires, avoués et autres officiers ministériels ;

§ 8. La nomination des agens attachés aux tribunaux, dont le traitement, joint aux autres allocations, n'excède pas quinze cents francs par an ;

§ 9. La révocation ou la destitution de ces agens, après avoir pris les ordres du gouverneur ;

§ 10. L'enregistrement, partout où le besoin est, des commissions et autres actes qu'il expédie et contre-signe.

121. § 1er. Il exerce directement la discipline sur les notaires, les avoués et les autres officiers ministériels ; prononce contre eux, après les avoir entendus, le rappel à l'ordre, la censure simple, la censure avec réprimande, et leur donne tout avertissement qu'il juge convenable.

§ 2. A l'égard des peines plus graves, telles que la suspension, le remplacement pour défaut de résidence, ou la destitution, il fait d'office, ou sur les réclamations des parties, les propositions qu'il juge nécessaires, et le gouverneur statue après avoir pris l'avis des tribunaux, qui entendent en chambre du conseil le fonctionnaire inculpé, sauf le recours à notre ministre de la marine.

122. Le procureur général présente au conseil général de la colonie l'exposé de la situation du service qu'il dirige.

SECTION II. Rapport du procureur général avec le gouverneur.

123. § 1er. Le procureur général rend compte au gouverneur de tout ce qui est relatif à l'administration de la justice et à la conduite des magistrats.

§ 2. Il lui rend compte également des peines de discipline qu'il a prononcées en vertu des pouvoirs qui lui sont conférés à l'article 121.

124. Il présente les rapports sur les demandes en dispenses de mariage.

125. Il se fait remettre et adresse au gouverneur, après en avoir fait la vérification, les doubles minutes des actes qui doivent être envoyés au dépôt des chartes coloniales en France.

126. Il est chargé de présenter au gouverneur les listes de candidats aux places de judicature vacantes dans les tribunaux.

Il lui présente également les candidats pour les places de notaires, avoués et autres officiers ministériels, après qu'ils ont subi les examens et satisfait aux conditions prescrites par les réglemens.

127. Sont communes au procureur général, en ce qui concerne son service, les dispositions des articles 91, 92 et 94.

SECTION III. Dispositions diverses relatives au procureur général.

128. § 1er. Les dispositions des articles 97 et 104, qui règlent les cas où l'ordonnateur correspond avec les divers fonctionnaires de la colonie et avec le département de la marine, sont communes au procureur général.

§ 2. Il correspond, en outre, avec le directeur des colonies, pour l'envoi des significations faites à son parquet, et pour la réception de celles qui ont été faites au parquet des cours et tribunaux de France, à l'effet d'être transmises aux colonies.

§ 3. Sont également communes au procureur général les dispositions des articles 81, § 1er ; 103, § 1er, et 105.

129. § 1er (*). En cas de mort, d'absence, ou de tout autre empêchement qui oblige le procureur général à cesser son service, il est remplacé provisoirement par un magistrat désigné par nous, et, à défaut, par celui que le gouverneur désigne.

§ 2 (*). S'il n'est empêché que momentanément, il est remplacé dans ses fonctions administratives par le procureur du Roi, et, en cas d'empêchement de celui-ci, par un conseiller de la cour royale, au choix du gouverneur.

TITRE IV. Du contrôleur colonial.

130. Le contrôleur colonial est chargé de l'inspection et du contrôle spécial de l'administration de la marine, de la guerre et des finances, et de la surveillance générale de toutes les parties du service administratif de la colonie.

131. Son inspection et son contrôle s'étendent :

Sur les recettes et les dépenses en deniers, matières et vivres;

Sur la conservation des marchandises et munitions de toute espèce dans les magasins;

Sur les revues des troupes, des équipages de nos bâtimens, des officiers sans troupe et autres agens salariés;

Sur l'emploi des matières et du temps des ouvriers;

Sur l'administration et l'emploi des noirs de la colonie;

Sur les habitations domaniales;

Sur les hôpitaux, bagnes, prisons militaires, chantiers et ateliers, et autres établissemens dépendans de la marine, de la guerre et de l'administration intérieure;

Sur les formes et l'exécution des adjudications, marchés et traités pour fournitures et ouvrages;

Sur les baux et fermages des biens domaniaux;

Sur l'administration de la caisse des invalides, des gens de mer et des prises;

Sur les différentes administrations, fermes et régies des contributions directes et indirectes de la colonie, dont il suit les mouvemens, vérifie et arrête mensuellement les registres et la comptabilité, aux bureaux des comptables et sans déplacement de pièces.

132. Il vérifie les opérations de la comptabilité générale; il enregistre et vise les ordres de recette, et toutes les pièces à la décharge du trésorier.

133. § 1er. Il vérifie, concurremment avec l'ordonnateur, chaque mois, et plus souvent si le cas l'exige, les caisses publiques, et celle des invalides, gens de mer et prises.

Il vérifie également, toutes les fois qu'il le juge nécessaire, la caisse du curateur aux successions vacantes, et toutes les autres caisses de la colonie.

§ 2. Il s'assure, lors de ces différentes vérifications, de la concordance des écritures du trésorier avec celles du bureau central des fonds et avec celles des diverses administrations.

§ 3. Il informe le gouverneur du résultat de ces opérations.

134. Il reçoit les cautionnemens pour l'exécution des marchés, adjudications, fermages et régies.

Il concourt et veille à la réception de ceux qui doivent être fournis par les divers fonctionnaires ou agens de la colonie.

135. § 1er. Le contrôleur colonial exerce les poursuites, par voie administrative et judiciaire, contre les débiteurs de deniers publics, les fournisseurs, entrepreneurs et tous autres qui ont passé des marchés avec le Gouvernement; fait établir tout séquestre, prend toutes hypothèques sur leurs biens, en donne main-levée lorsque les débiteurs se

sont libérés, et défend à toutes demandes formées par les comptables.

§ 2. Il procède, en outre, soit en demandant, soit en défendant, dans toutes les affaires portées devant le conseil privé où le Gouvernement est partie principale.

136. § 1er. Il a le dépôt et la garde des archives de la colonie; il les reçoit sur inventaire et en est personnellement responsable.

§ 2. Il est chargé de l'enregistrement, du dépôt et de la classification des lois, ordonnances, réglemens, décisions et ordres du ministre et du gouverneur; des brevets, commissions, devis, plans, cartes, mémoires et procès-verbaux relatifs à tous les services administratifs de la colonie. Il en délivre au besoin des copies collationnées, et ne peut se dessaisir des originaux que sur l'ordre du gouverneur.

§ 3. Il requiert la réintégration ou le dépôt aux archives des pièces qui en dépendent ou doivent en faire partie, quels qu'en soient les détenteurs.

Il assiste nécessairement à l'apposition et à la levée des scellés mis sur les papiers des fonctionnaires décédés dans l'exercice de leurs fonctions, ou dont les comptes n'ont pas été apurés, comme aussi aux inventaires qui doivent être dressés lorsque le gouverneur et les chefs de service sont remplacés et réclament les titres, pièces et documens qu'il juge devoir faire partie des archives.

137. § 1er. Le contrôleur exerce ses fonctions dans une entière indépendance de toute autorité locale; mais il ne peut diriger ni suspendre aucune opération.

§ 2. Il requiert, dans toutes les parties du service administratif de la colonie, tant sur le fond que sur la forme, l'exécution ponctuelle des ordonnances, des réglemens, des ordres ministériels, des ordres du gouverneur et de ses décisions en conseil. Il adresse à cet effet aux chefs de service toutes les représentations et observations qu'il juge utiles; s'il n'y est pas fait droit, il en informe le gouverneur.

§ 3. Le contrôleur ne s'adresse directement au gouverneur que lorsqu'il a à signaler des abus ou à faire des propositions sur lesquelles le gouverneur peut seul statuer.

§ 4. Le contrôleur tient enregistrement des représentations qu'il fait au gouverneur ou aux chefs de service : il en adresse copie au ministre de la marine, s'il n'y a pas été fait droit.

138. Les bureaux, ateliers et magasins, hôpitaux et autres établissemens soumis à l'inspection du contrôleur, lui sont ouverts, ainsi qu'à ses préposés, et il leur est donné communication de tous les états, registres ou pièces quelconques dont ils demandent à prendre connaissance.

139. § 1er. Le contrôleur a sous ses ordres

les officiers et employés de l'administration de la marine attachés à son service.

§ 2. Il donne des ordres aux inspecteurs et vérificateurs des administrations financières, en tout ce qui concerne la régularité du service, la surveillance et la poursuite des contraventions aux lois, ordonnances et réglemens : toutefois il prévient le directeur de l'intérieur des ordres qu'il donne à cet égard.

140. Il adresse directement à notre ministre de la marine, à la fin de chaque année, un compte raisonné des différentes parties de son service.

141. Les dispositions des articles 81, § 1er, et 105, sont communes au contrôleur.

142 (*). En cas de mort, d'absence, ou de tout autre empêchement qui oblige le contrôleur à cesser son service, il est remplacé par l'officier d'administration de la marine le plus élevé en grade : à grade égal, le choix appartient au gouverneur.

S'il n'est empêché que momentanément, il est suppléé par l'officier d'administration de la marine chargé du contrôle sous ses ordres.

TITRE V. Du conseil privé.

CHAPITRE 1er. De la composition du conseil privé.

143. § 1er. Le conseil privé est composé :
Du gouverneur,
De l'ordonnateur,
Du directeur de l'intérieur,
Du procureur général,
De deux conseillers coloniaux.

§ 2. Le contrôleur colonial assiste au conseil; il y a voix représentative dans toutes les discussions.

§ 3. Un secrétaire archiviste tient la plume.

144. Les membres du conseil sont remplacés ainsi qu'il est réglé aux articles 106, 117, 120, 142 et 173.

145. Lorsque le conseil est appelé à prononcer sur les matières spécifiées aux sections IV et V du chapitre III du présent titre, deux magistrats lui sont adjoints.

Ils sont choisis conformément aux dispositions des articles 168, § 1er, et 169, § 1er, et ont voix délibérative.

146. § 1er. Les officiers chargés de la direction de l'artillerie et de celle du génie, l'ingénieur en chef des ponts-et-chaussées, le capitaine de port du chef-lieu, les officiers d'administration chargés des approvisionnemens et des revues, les directeurs des administrations financières, le trésorier et les syndics de commerce, sont appelés de droit au conseil, lorsqu'il y est traité des matières de leurs attributions. Ils y ont voix consultative lorsqu'il s'agit de dispositions réglementaires concernant les services qu'ils dirigent.

§ 2. Deux membres du conseil général choisis conformément aux dispositions de l'article 190 ci-après sont appelés nécessairement au conseil privé, avec voix consultative, pour la discussion des projets d'ordonnances royales, d'arrêtés et de réglemens relatifs aux intérêts généraux de la colonie, et lorsqu'il s'agit de modifier ou de changer les dispositions du budget arrêté par notre ministre de la marine.

§ 3. Le conseil peut demander à entendre, en outre, tous fonctionnaires et autres personnes qu'il désigne, et qui, par leurs connaissances spéciales, sont propres à l'éclairer.

Le gouverneur décide s'il sera fait droit à la demande du conseil.

CHAPITRE II. Des séances du conseil privé, et de la forme de ses délibérations.

147. § 1er. Le gouverneur est président du conseil.

§ 2. Lorsqu'il n'y assiste pas, la présidence appartient à l'ordonnateur, et, à défaut de celui-ci, au directeur de l'intérieur.

148. Les membres du conseil prêtent entre les mains du gouverneur, lorsqu'ils siégent ou assistent pour la première fois au conseil, le serment dont la formule suit :

« Je jure, devant Dieu, de bien et fidèle-
« ment servir le Roi et l'État ; de garder et
« observer les lois, ordonnances et réglemens
« en vigueur dans la colonie ; de tenir se-
« crètes les délibérations du conseil privé,
« et de n'être guidé, dans l'exercice des
« fonctions que je suis appelé à y remplir,
« que par ma conscience et le bien du ser-
« vice du Roi. »

149. Les membres du conseil prennent rang et séance dans l'ordre établi à l'art. 143.

Les suppléans et les personnes appelées momentanément à faire partie du conseil siégent après les membres titulaires.

150. § 1er. Le conseil s'assemble à l'hôtel du Gouvernement et dans un local spécialement affecté à ses séances.

§ 2. Il se réunit le 1er de chaque mois, et continue ses séances sans interruption, jusqu'à ce qu'il ait expédié toutes les affaires sur lesquelles il a à statuer.

§ 3. Il s'assemble, en outre, toutes les fois que des affaires urgentes nécessitent sa réunion, et que le gouverneur juge convenable de le convoquer.

151. § 1er. Le conseil ne peut délibérer qu'autant que tous ses membres sont présens ou légalement remplacés.

§ 2. Toutefois, dans le cas où il n'est que consulté, la présence du gouverneur n'est point obligatoire.

§ 3. Les membres du conseil ne peuvent se faire remplacer qu'en cas d'empêchement absolu.

152. § 1er. Sauf le cas d'urgence, le président fait informer à l'avance les membres du conseil et les personnes appelées à y siéger momentanément, des affaires qui doivent y être traitées : les pièces et rapports y relatifs sont déposés au secrétariat du conseil, pour que les membres du conseil puissent en prendre connaissance.

§ 2. Le conseil nomme dans son sein des commissions pour l'examen des affaires qui demandent à être approfondies. Le contrôleur peut en faire partie.

153. § 1er. Le conseil a droit de demander communication de toutes les pièces et documens relatifs à la comptabilité.

§ 2. Il peut aussi demander que tous autres documens susceptibles de servir à former son opinion lui soient communiqués.

Dans ce dernier cas, le gouverneur décide si la communication aura lieu : en cas de refus, mention en est faite au procès-verbal.

154. § 1er. Le président, avant de fermer la discussion, consulte le conseil pour savoir s'il est suffisamment instruit.

§ 2. Le conseil délibère à la pluralité des voix : en cas de partage, celle du gouverneur est prépondérante.

§ 3. Les voix sont recueillies par le président, et dans l'ordre inverse des rangs qu'occupent les membres du conseil : le président vote le dernier.

§ 4. Tout membre qui s'écarte des égards et du respect dus au conseil est rappelé à l'ordre par le président, et mention en est faite au procès-verbal.

155. § 1er. Le secrétaire-archiviste rédige le procès-verbal des séances. Il y consigne les avis motivés et les votes nominatifs; il y insère même, lorsqu'il en est requis, les opinions rédigées, séance tenante, par les membres du conseil.

§ 2. Le procès-verbal ne fait mention que de l'opinion de la majorité, lorsque le conseil juge administrativement, ou lorsqu'il participe aux pouvoirs extraordinaires conférés au gouverneur par les articles 74, 76, 77 et 78.

§ 3. Le secrétaire-archiviste donne lecture, au commencement de chaque séance, du procès-verbal de la séance précédente.

§ 4. Le procès-verbal approuvé est transcrit sur un registre coté et paraphé par le gouverneur, et est signé par tous les membres du conseil.

§ 5. Deux expéditions du procès-verbal de chaque séance, visées par le président et certifiées par le secrétaire-archiviste, sont adressées au ministre par des occasions différentes.

L'une est expédiée par le gouverneur; l'autre, par le contrôleur.

156. § 1er. Le secrétaire-archiviste a dans ses attributions la garde du sceau du conseil, le dépôt de ses archives, la garde de sa bibliothèque et l'entretien du local destiné à ses séances.

§ 2. Il est chargé de la convocation des membres du conseil et des avis à leur donner, sur l'ordre du président ; de la réunion de tous les documens nécessaires pour éclairer les délibérations, et de tout ce qui est relatif à la rédaction, l'enregistrement et l'expédition des procès-verbaux.

157. § 1er. Avant d'entrer en fonctions, le secrétaire-archiviste prête entre les mains du gouverneur, en conseil, le serment de tenir secrètes les délibérations du conseil privé.

§ 2. Il lui est interdit de donner à d'autres personnes qu'aux membres du conseil communication des pièces et documens confiés à sa garde, à moins d'un ordre écrit du gouverneur.

§ 3. En cas d'absence ou d'empêchement qui oblige le secrétaire-archiviste de cesser son service, il est remplacé par un officier ou employé de l'administration, au choix du gouverneur.

CHAPITRE III. Des attributions du conseil privé.

SECTION Ire. Dispositions générales.

158. § 1er. Le conseil ne peut délibérer que sur les affaires qui lui sont présentées par le gouverneur ou par son ordre, sauf le cas où il juge administrativement.

§ 2. Les projets d'ordonnances, d'arrêtés, de réglemens, et toutes les affaires qu'il est facultatif au Gouvernement de proposer au conseil, peuvent être retirés par lui lorsqu'il le juge convenable.

159. § 1er. Aucune affaire de la compétence du conseil ne doit être soustraite à sa connaissance.

Les membres titulaires peuvent faire à ce sujet des réclamations : le gouverneur les admet ou les rejette.

§ 2. Tout membre titulaire peut également soumettre au gouverneur, en conseil, les propositions ou observations qu'il juge utiles au bien du service. Le gouverneur décide s'il en sera délibéré.

§ 3. Mention du tout est faite au procès-verbal.

160. Le conseil ne peut correspondre avec aucune autorité.

SECTION II. Des matières sur lesquelles le gouverneur prend l'avis du conseil.

161. § 1er. Les pouvoirs et les attributions qui sont conférés au gouverneur par les articles 16, § 3 ; 17, § 2 ; 23, §§ 1er et 2 ; 24, 25, § 1er ; 26, §§ 1er et 2 ; 27, § 2 ; 28, § 2 ; 32, 34, 35, § 3 ; 38, § 3 ; 41, § 1er ; 43, § 2 ; 58, 61, § 2 ; 62, § 1er ; 64, §§ 2 et 3 ; 68, 106, § 2 ; 117, 129 et 142, sont exercés

par lui après avoir pris l'avis du conseil privé, mais sans qu'il soit tenu de s'y conformer.

§ 2. Le conseil est également appelé à donner son avis :

Sur le compte de la situation des différentes parties de l'administration de la colonie, qui doit être produit au conseil général par les chefs d'administration, chacun en ce qui le concerne;

Sur les propositions et observations présentées par le conseil général;

Sur le meilleur emploi à faire des bâtimens flottans attachés au service de la colonie;

Sur le mode le plus avantageux de pourvoir aux approvisionnemens nécessaires aux différens services;

Enfin sur toutes les affaires sur lesquelles le gouverneur juge convenable de le consulter.

SECTION III. Des matières qui sont décidées ou arrêtées par le conseil.

162. Les pouvoirs et les attributions qui sont conférés au gouverneur par les art. 16, § 6; 19, 20, §§ 1er et 2; 12, §§ 1er et 2; 25, §§ 2 et 3; 29, § 2; 30, §§ 2 et 3; 31, 33, §§ 1er et 2; 35, § 2; 38, §§ 1er et 4; 41, § 2; 49, 50, 60, §§ 1er et 2; 62, § 2; 66 et 67, ne sont exercés par lui que collectivement avec le conseil privé, et conformément aux décisions de ce conseil.

163. Le conseil vérifie et arrête :

§ 1er. Les comptes des receveurs, des garde-magasins et de tous les comptables de la colonie, à l'exception de ceux du trésorier;

§ 2. Les comptes rendus par les commis aux revues ou autres comptables embarqués sur ceux de nos bâtimens qui sont attachés au service de la colonie.

164. Le conseil statue :

§ 1er. Sur les marchés et adjudications de tous les ouvrages et approvisionnemens, et les traités pour fournitures quelconques au-dessus de quatre cents francs (ceux de quatre cents francs et au-dessous de cette somme sont passés conformément aux règles établies, et soumis au conseil à la fin de chaque mois);

§ 2. Sur la vente des approvisionnemens et des objets inutiles ou impropres au service;

§ 3. Sur les augmentations de grade et de paie des marins, officiers mariniers et ouvriers classés, conformément aux ordonnances de la marine;

§ 4. Sur les augmentations de classe ou de paie des ouvriers civils, libres ou esclaves;

§ 5. Sur le contentieux en matière de contributions directes et de recensement, et sur les contestations relatives aux noirs épaves :

§ 6. Sur le contentieux des administrations du domaine, de l'enregistrement, des douanes et autres impôts indirects, sans préjudice du recours des parties devant les tribunaux ordinaires;

§ 7. Sur les poursuites à intenter contre les bâtimens arrêtés en contravention;

§ 8. Sur l'ouverture, le redressement et l'élargissement des routes, canaux et chemins;

§ 9. Sur les expropriations pour cause d'utilité publique, sauf l'indemnité préalable en faveur du propriétaire dépossédé;

§ 10. Sur les réclamations relatives à la liste des éligibles au conseil général et sur la clôture définitive de cette liste;

§ 11. Sur les autorisations de plaider demandées par l'autorité municipale;

§ 12. Sur les questions douteuses que présente l'application des ordonnances, arrêtés et réglemens.

SECTION IV. Des matières que le conseil juge administrativement.

165. Le conseil privé connaît, comme conseil du contentieux administratif :

§ 1er. Des conflits positifs ou négatifs élevés par les chefs d'administration, chacun en ce qui le concerne, et du renvoi devant l'autorité compétente, lorsque l'affaire n'est pas de nature à être portée devant le conseil privé;

§ 2. De toutes les contestations qui peuvent s'élever entre l'administration et les entrepreneurs de fournitures ou de travaux publics, ou tous autres qui auraient passé des marchés avec le Gouvernement, concernant le sens ou l'exécution des clauses de ces marchés;

§ 3. Des réclamations des particuliers qui se plaignent de torts et de dommages provenant du fait personnel des entrepreneurs, à l'occasion des marchés passés par ceux-ci avec le Gouvernement;

§ 4. Des demandes et contestations concernant les indemnités dues aux particuliers, à raison du dommage causé à leurs terrains pour l'extraction ou l'enlèvement des matériaux nécessaires à la confection des chemins, canaux et autres ouvrages publics;

§ 5. Des demandes en réunion de terrains au domaine, lorsque les concessionnaires ou leurs ayant-droit n'ont pas rempli les clauses des concessions;

§ 6. Des demandes concernant les concessions de prises d'eau et de saignées à faire aux rivières pour l'établissement des usines, l'irrigation des terres et tous autres usages; la collocation des terres dans la distribution des eaux; la quantité d'eau appartenant à chaque terre; la manière de jouir de ces eaux; les servitudes et placemens de travaux pour la conduite et le passage des eaux; les réparations et l'entretien desdits travaux;

L'interprétation des titres de concession, s'il y a lieu, laissant aux tribunaux à statuer sur toute autre contestation qui peut s'élever relativement à l'exercice des droits concédés et à la jouissance des eaux appartenant à des particuliers;

§ 7. Des contestations relatives à l'ouverture, la largeur, le redressement et l'entretien des routes royales, des canaux, des chemins vicinaux, de ceux qui conduisent à l'eau, des chemins particuliers ou de communication aux villes, routes, chemins, rivières et autres lieux publics; comme aussi des contestations relatives aux servitudes pour l'usage de ces routes et de ces chemins;

§ 8. Des contestations relatives à l'établissement des embarcadères, des ponts, bacs et passages sur les rivières, sur les canaux et sur les bras de mer, ainsi que de celles qui ont rapport à la pêche sur les rivières et sur les étangs appartenant au domaine;

§ 9. Des empiétemens sur la réserve des cinquante pas géométriques et sur toute autre propriété publique;

§ 10. Des demandes formées par les comptables en main-levée de séquestre ou d'hypothèques établis à la diligence du contrôleur;

§ 11. De l'état des individus dont la liberté est contestée, laissant aux tribunaux à connaître des cas où la possession de la liberté est appuyée sur un acte de l'état civil;

§ 12. Des contestations élevées sur les demandes formées par le contrôleur colonial, dans les cas prévus par l'art. 136, § 3;

§ 13. En général, du contentieux administratif.

166. Les parties peuvent se pourvoir devant le Conseil-d'Etat, par la voie du contentieux, contre les décisions rendues par le conseil privé sur les matières énoncées dans l'article précédent. Ce recours n'a d'effet suspensif que dans le cas de conflit.

167. Le conseil privé prononce, sauf recours en cassation, sur l'appel des jugemens rendus par le tribunal de première instance, relativement aux contraventions aux lois, ordonnances et réglemens sur le commerce étranger et les douanes.

168. § 1er. Lorsque le conseil privé se constitue en conseil de contentieux administratif ou en commission d'appel, il nomme et s'adjoint deux membres de l'ordre judiciaire.

§ 2. Les fonctions du ministère public y sont exercées par le contrôleur colonial.

§ 3. Le mode de procéder est déterminé par un réglement particulier.

SECTION V. De la participation du conseil aux pouvoirs extraordinaires du gouverneur.

169. § 1er. Les pouvoirs extraordinaires conférés au gouverneur par les art. 70, 71, 74, 75, 76, 77 et 78, ne peuvent être exercés que collectivement avec le conseil privé, qui alors nomme et s'adjoint deux membres de la cour royale.

§ 2. Les mesures extraordinaires autorisées par les susdits articles ne peuvent être adoptées qu'à la majorité de six voix sur huit.

SECTION VI. Dispositions transitoires.

170. Le conseil privé est spécialement chargé de réunir et coordonner toutes les dispositions des lois, édits, déclarations, ordonnances, arrêtés, réglemens, décisions et instructions en vigueur concernant les différentes branches de l'administration de la Guiane française.

Il proposera en même temps les modifications et améliorations qu'il jugera utile d'introduire dans toutes les parties de cette législation.

171. Le gouverneur nommera, sur la présentation du conseil, et pour y être adjoints, les fonctionnaires, habitans ou négocians qui peuvent concourir utilement à cette révision.

172. Les différens titres du nouveau Code seront adressés au ministre de la marine, au fur et à mesure qu'ils seront rédigés, et ne pourront être mis à exécution qu'après avoir été revêtus de notre approbation.

CHAPITRE IV. Des conseillers coloniaux, et de leurs attributions particulières.

173. § 1er. Les conseillers coloniaux sont nommés par nous; ils sont choisis parmi les habitans les plus notables âgés de trente ans révolus, et domiciliés dans la colonie depuis cinq ans au moins.

§ 2. Deux suppléans, nommés également par nous, et réunissant les mêmes conditions que les conseillers titulaires, les remplacent au besoin.

§ 3. La durée des fonctions des conseillers coloniaux et de leurs suppléans est de deux années. Ils peuvent être réélus.

174. Indépendamment de leurs fonctions au conseil, les conseillers coloniaux sont spécialement chargés de l'inspection :

Des travaux à la charge de la colonie;

Du régime et de l'emploi des noirs affectés à des services publics dans la colonie;

Des habitations domaniales;

Des jardins de naturalisation et des pépinières publiques;

Des troupeaux et haras appartenant à la colonie;

Des hôpitaux, des prisons et des geoles;

Des écoles gratuites;

Des comptoirs d'escompte.

175. § 1er. Ils peuvent également être chargés, par le gouverneur, d'inspections ou de missions temporaires dans les différens

cantons de la colonie, relativement à l'administration intérieure.

§ 2. Les officiers ou employés qui dirigent les travaux ou les établissemens dont les conseillers coloniaux ont l'inspection sont tenus de leur fournir tous les renseignemens qu'ils peuvent demander dans l'intérêt du service.

§ 3. Toutefois les conseillers coloniaux ne peuvent donner aucun ordre, ni arrêter ou suspendre aucune opération.

§ 4. Leurs attributions se bornent à signaler les abus ou les irrégularités qu'ils sont dans le cas de remarquer, et à présenter toutes les propositions qu'ils jugent utiles au bien du service et aux intérêts de la colonie.

§ 5. Les rapports relatifs aux inspections des conseillers coloniaux sont faits au gouverneur, en conseil, et insérés au procès-verbal.

176. Les conseillers coloniaux qui cessent leurs fonctions après huit années d'exercice peuvent obtenir le titre de conseillers honoraires.

TITRE VI. Du conseil général de la colonie.

CHAPITRE Ier. *De la composition du conseil général et de la forme de ses délibérations.*

177. § 1er. Le conseil général est composé de huit membres.

§ 2. Huit suppléans sont appelés, dans l'ordre de leur nomination, à remplacer au besoin les membres titulaires.

178. § 1er. Les membres du conseil général et leurs suppléans sont nommés par nous, sur une liste double de candidats.

§ 2. Pour la première formation du conseil général, la liste des candidats sera, sur la présentation du directeur de l'intérieur, arrêtée par le conseil privé, auquel deux membres du comité consultatif de la colonie seront appelés avec voix délibérative.

§ 3. Les divers quartiers de la colonie participent provisoirement à cette présentation dans la proportion suivante:

Ville de Caïenne............	
Quartier de l'île de Caïenne....	16
—— du Tour-de-l'Ile.......	
—— de Mont-Sinéry......	
—— de Tonnégrande......	8
—— de Roura..........	
—— d'Oyapock.........	
—— d'Approuague........	4
—— de Kaw..........	
—— de Macouria........	
—— de Kourou.........	
—— d'Iracoubo........	4
—— de Sinamary........	
Total....	32

179. Les conditions d'éligibilité sont:

1° D'être âgé de trente ans révolus;

2° D'être né dans la colonie, ou d'y être domicilié depuis cinq ans;

3° D'être propriétaire de terres et de recenser quarante esclaves, ou de payer trois cents francs de contributions directes, non compris l'impôt municipal, où de payer patente de négociant de première ou de seconde classe.

Dans les quartiers où il ne se trouverait pas un nombre suffisant d'habitans qui pussent remplir les conditions déterminées par le paragraphe précédent, la liste des candidats sera complétée par des habitans choisis parmi les huit propriétaires de chaque quartier recensant le plus grand nombre d'esclaves.

Le recensement des noirs d'une veuve profite à son fils unique, ou à son gendre, si elle n'a qu'une fille.

180. Les chefs d'administrations et le contrôleur colonial ne peuvent être membres du conseil général.

181. § 1er. Les membres du conseil général et leurs suppléans sont nommés pour cinq ans, sauf le cas où la dissolution du conseil est prononcée par nous. Ils peuvent être réélus.

§ 2. Leurs fonctions sont gratuites.

182. § 1er. Le conseil général s'assemble nécessairement deux fois l'an.

Il est convoqué par le gouverneur, qui peut le réunir extraordinairement.

§ 2. Chaque session est de quinze jours. Le gouverneur en prolonge la durée, s'il le juge nécessaire.

183. § 1er. Le conseil général élit dans son sein un président, un vice-président et un secrétaire.

§ 2. Il se divise en commission pour l'examen des diverses matières qui sont dans ses attributions.

§ 3. Il ne peut délibérer si six membres au moins ne sont présens.

§ 4. Les délibérations sont prises à la majorité des voix. En cas de partage, celle du président est prépondérante.

184. § 1er. La session est ouverte par le gouverneur et sous sa présidence.

§ 2. Le gouverneur peut charger les membres du conseil privé d'assister aux séances du conseil général, pour y donner des explications sur les différentes matières qui sont présentées à ses délibérations.

CHAPITRE II. Des attributions du conseil général.

185. Le conseil général entend le compte de la situation des différentes parties de l'administration de la colonie, qui lui est présenté par les chefs de service, chacun en ce qui est relatif à ses attributions.

186. Le conseil est appelé à délibérer et à donner son avis sur les matières ci-après, qui lui sont communiquées par l'ordre du gouverneur, savoir:

1° Le projet de budget des recettes et des dépenses à la charge de la colonie;

2° Les projets de budgets des communes;

3° L'état des dépenses à faire dans la colonie pour le compte de la métropole;

4° Les comptes généraux des recettes et des dépenses effectuées pendant l'année précédente;

5° Le projet d'arrêté relatif aux impositions annuelles;

6° Les projets de travaux à exécuter annuellement dans la colonie;

7° Les réquisitions de noirs, et le meilleur mode à employer pour leur levée;

8° L'emploi fait ou à faire des noirs du service colonial;

9° Les comptes annuels des recettes et des dépenses communales;

10° Les projets annuels des travaux communaux;

11° L'ouverture, l'élargissement ou le redressement des chemins vicinaux et de ceux qui conduisent à l'eau; l'établissement des embarcadères;

12° La portion contributive de chaque commune aux travaux qui intéressent plusieurs communes.

187. Le conseil général peut être consulté par le gouverneur:

1° Sur les améliorations à introduire dans le régime intérieur de la colonie, et spécialement dans le régime des esclaves;

2° Sur les mesures à prendre pour favoriser le commerce et l'agriculture.

188. Le conseil général est spécialement chargé de signaler les abus à réformer, les économies à faire, les améliorations à introduire, et d'exprimer ses vœux sur ce qui peut accroître la prospérité de la colonie et intéresser le bien de notre service.

189. Il a le droit de demander communication de toutes les pièces et documens relatifs à la comptabilité.

Il peut aussi réclamer les autres renseignemens qu'il juge propres à éclairer ses délibérations. Dans ce dernier cas, le gouverneur décide s'il sera fait droit aux demandes du conseil.

190. Le conseil général désigne, à la fin de chaque session, deux de ses membres, qui, dans l'intervalle d'une session à l'autre, sont appelés par le gouverneur pour siéger au conseil privé, dans les cas prévus à l'article 46, § 2.

191. § 1er. Le conseil général présente six candidats, parmi lesquels nous choisissons un député et un suppléant, qui doivent résider près de notre ministre de la marine et des colonies.

§ 2. Les fonctions du député sont de donner des explications sur les divers objets des délibérations du conseil, et d'en suivre l'effet; comme aussi de faire valoir auprès du Gouvernement de la métropole les réclamations

particulières que les habitans de la colonie peuvent avoir à former.

§ 3. Le conseil général vote la quotité du traitement attribué au député pour la durée de ses fonctions. Ce traitement est fixé définitivement par nous.

Les fonctions de suppléant sont gratuites, hors le cas de vacance de la place de député.

§ 4. La durée des fonctions du député et du suppléant est égale à la durée des fonctions du conseil général qui les a proposés.

Toutefois, lorsqu'il y a lieu à remplacement, ils continuent à exercer jusqu'à l'installation de leurs successeurs.

Ils peuvent être réélus.

192. § 1er. Le président du conseil général remet au gouverneur, à la fin de chaque session, les procès-verbaux des délibérations du conseil, et en adresse directement une expédition au ministre secrétaire d'Etat de la marine.

Une autre expédition est adressée au ministre par le gouverneur, avec l'avis du conseil privé. Le gouverneur y joint ses observations.

§ 2. Notre ministre de la marine nous présente annuellement un compte analytique des délibérations du conseil général.

193. § 1er. Le conseil général correspond, pendant la durée de ses sessions, avec le gouverneur et le député de la colonie, par l'intermédiaire de son président.

§ 2. Toute autre correspondance lui est interdite.

194. Un réglement particulier détermine le mode de délibération du conseil général, l'ordre à suivre dans ses travaux, et la police de ses séances.

Dispositions diverses.

195. Les dispositions des lois, édits, déclarations, ordonnances, réglemens, décisions et instructions ministérielles, concernant le gouvernement et l'administration de la Guiane française, sont et demeurent abrogées en ce qu'elles ont de contraire aux présentes.

196. Notre ministre secrétaire d'Etat de la marine et des colonies (baron Hyde de Neuville) est chargé de l'exécution de la présente ordonnance.

———

27 AOUT = 12 SEPTEMBRE 1828. — Ordonnance du Roi qui classe le chemin de l'Aigle à Rugles parmi les routes départementales de l'Orne. (8, Bull. 251, n° 9134.)

Charles, etc.

Sur le rapport de notre ministre secrétaire d'Etat de l'intérieur;

Vu la délibération prise par le conseil général du département de l'Orne, dans sa session de 1827, tendant à classer au rang des routes départementales le chemin de l'Aigle à Rugles pour compléter la communication d'Alençon à Evreux par l'Aigle;

Vu l'avis du préfet du département;

Notre Conseil-d'Etat entendu,

Nous avons ordonné et ordonnons ce qui suit:

Art. 1er. Le chemin de l'Aigle à Rugles est classé parmi les routes départementales du département de l'Orne, sous le n° 3 et la dénomination de *route d'Alençon à Evreux, par l'Aigle et Rugles.*

2. L'administration est autorisée à acquérir les terrains et propriétés nécessaires pour la construction de cette route, en se conformant à la loi du 8 mars 1810, sur les expropriations pour cause d'utilité publique.

3. Notre ministre secrétaire d'Etat de l'intérieur (vicomte de Martignac) est chargé de l'exécution de la présente ordonnance.

---

27 AOUT = Pr. 12 SEPTEMBRE 1828.—Ordonnance du Roi portant approbation de l'adjudication passée pour l'établissement d'un chemin de fer d'Andrézieux à Roanne. (8, Bull. 251, n° 9135.)

Charles, etc.

Sur le rapport de notre ministre secrétaire d'Etat de l'intérieur;

Vu l'article 3 de la loi de finances du 24 juin 1827, et l'article 1er de celle du 17 août 1828, qui renouvellent l'autorisation conférée au Gouvernement par la loi du 4 mai 1802, d'établir des droits de péage pour subvenir aux frais des ponts, écluses et autres ouvrages d'art à la charge de l'Etat, des départemens et des communes (1);

Vu le procès-verbal de l'adjudication passée le 21 juillet dernier, par notre ministre de l'intérieur, pour l'établissement d'un chemin de fer d'Andrézieux à Roanne;

Notre Conseil-d'Etat entendu,

Nous avons ordonné et ordonnons ce qui suit:

Art. 1er. L'adjudication passée le 21 juillet 1828, par notre ministre de l'intérieur, pour l'établissement d'un chemin de fer d'Andrézieux à Roanne, est approuvée. En conséquence, les sieurs Mellet et Henri, sont et demeurent définitivement concessionnaires dudit chemin de fer, moyennant le rabais exprimé dans leur soumission et sous les clauses et conditions énoncées au cahier des charges.

2. Le cahier des charges, le procès-verbal d'adjudication et la soumission resteront annexés à la présente ordonnance.

3. Notre ministre secrétaire d'Etat de l'intérieur (vicomte de Martignac) est chargé de l'exécution de la présente ordonnance.

---

27 AOUT = 23 SEPTEMBRE 1828. — Ordonnance du Roi qui autorise l'établissement, dans la ville de Toulouse, d'une société charitable sous le nom de société de prêt gratuit. (8, Bull. 253, n° 9270.)

Charles, etc.

Sur le rapport de notre ministre secrétaire d'Etat au département de l'intérieur;

Notre Conseil-d'Etat entendu,

Nous avons ordonné et ordonnons ce qui suit:

Art. 1er. L'établissement dans notre bonne ville de Toulouse (Haute-Garonne) d'une société charitable, sous le nom de *Société de prêt gratuit*, est autorisé, conformément aux statuts passés par actes publics des 6 mars 1827 et 4 juillet 1828.

2. Nous nous réservons de révoquer la présente autorisation, en cas de non exécution ou de violation desdits statuts.

3. Notre ministre secrétaire d'Etat de l'intérieur (vicomte de Martignac) est chargé de l'exécution de la présente ordonnance, qui sera insérée au Bulletin des Lois.

---

27 AOUT 1828. — Ordonnance du Roi qui appelle à l'activité tous les jeunes soldats disponibles de la classe de 1827, et prescrit leur répartition entre les corps de l'armée de terre et de mer, suivant l'état y joint. (8, Bull. 254, n° 9332.)

---

27 AOUT 1828.— Ordonnance du Roi sur les bâtimens à tenir en commission dans les ports (2). (Mon. du 3 octobre 1828.)

---

27 AOUT 1828. — Ordonnance du Roi qui autorise des exploitations dans les bois de plusieurs communes. (8, Bull. 251, n° 9133.) *Voy.* Code forestier, art. 16 et 90.

---

27 AOUT 1828. — Ordonnances qui autorisent l'acceptation de dons et legs faits aux fabriques des églises de Pithiviers, Saint-Germain-en-Laye, de Mont-Cocq, de Blemercy et de Pujo; aux desservans successifs de la succursale de Cléré, et au séminaire de Nîmes. (8, Bull. 314, n°s 11995 et suiv.)

---

27 AOUT 1828. — Ordonnance qui charge le garde-des-sceaux de l'expédition des affaires de l'intérieur pendant l'absence du ministre de ce département. (8, Bull. 250, n° 8998.)

---

(1) *Voy.* notes sur l'art. 17 de la loi du 17 août 1822.

(2) Nous ne croyons pas devoir rapporter ici cette ordonnance, qui est fort longue, et qui ne peut avoir un intérêt général. Cette indication suffira pour ceux qui auraient besoin de la consulter.

27 AOUT 1828. — Ordonnance qui autorise le sieur comte de Balathier-Lantage à substituer au nom de Lantage celui de Conigham ; les sieur Coquin, Pierre, Joseph et Nicolas, à substituer à leur nom celui de Lebrun ; et le sieur Savy à ajouter à son nom celui de du Mondiol. (8, Bull. 251, n° 9136.)

27 AOUT 1828. — Ordonnance qui autorise les sieurs Abraham-Aron Abraham, dit Aron ; Jacob-Aron Abraham, dit Aron ; Nestor-Nathan-Aron Abraham, dit Aron, à substituer au nom d'Abraham celui de Levvel ; le sieur Benoît à ajouter à son nom celui de Saint-Christol ; les sieurs Monier, Georges et Henry, à ajouter à leur nom celui de Sizeranne ; le sieur Mignot à ajouter à son nom celui de Veyrier ; le sieur Payan à ajouter à son nom celui d'Augery. (8, Bull. 251, n° 9137.)

27 AOUT 1828. — Ordonnance qui admet les sieurs Hervey, Look et Penton à établir leur domicile en France. (8, Bull. 251, n° 9138.)

27 AOUT 1828. — Ordonnance qui accorde une pension à M. de Meulan, ancien préfet du département des Vosges. (8, Bull. 256 bis, n° 3.)

27 AOUT 1828. — Ordonnance qui accorde des lettres de déclaration de naturalité au sieur Bourdillon. (8, Bull. 259, n° 9799.)

27 AOUT 1828. — Ordonnance qui autorisent l'acceptation de dons et legs faits à la commune de Darémont ; aux hospices et bureaux de bienfaisance d'Ax, de Verrières, de Paris, de Massy, de Lisle, de Montauban, du Bar ; aux pauvres de Saint-Girons, du Val-des-Brys, de Domfront et de Saint-Front, d'Arras, de Luc, de Fontenay, de Paris, d'Arpajon, de Saint-Louis-sous-Châtillon, de Burlats ; à la maison de la Providence de Saint-Etienne. (8, Bull. 263, n°s 9674 à 9998.)

27 AOUT 1828. — Ordonnance qui autorise le sieur Goupy à établir une usine pour le laminage du zinc sur la rivière d'Epte, rive droite, au lieu dit la côte de Thierceville, commune de Bazincourt, département de l'Eure. (8, Bull. 263, n° 10003.)

27 AOUT 1828. — Ordonnance qui autorise le sieur Lamotte-Flamand à substituer à la foulerie dite de Grésil, sur le ruisseau d'Yoncq (Ardennes, une usine à fer). (8, Bull. 263, n° 10004.)

27 AOUT 1828. — Ordonnance qui fait à la société désignée sous la raison Bérard et compagnie, sous le nom de concession de Trelys et Palmesalade, concession des mines de houille situées dans l'arrondissement d'Alais, département du Gard. (8, Bull. 263, n° 10005.)

30 AOUT = 23 SEPTEMBRE 1828. — Ordonnance du Roi qui règle les travaux et les obligations des élèves graveurs qui sont envoyés à l'école de France à Rome, après avoir remporté les premiers grands prix. (8, Bull. 253, n° 9269.)

Charles, etc.

Vu l'extrait des procès-verbaux des séances de notre académie des beaux-arts en date des 1er et 8 mars 1828, et attendu la nécessité bien reconnue de modifier les réglemens sur les travaux des élèves graveurs qui remportent les premiers grands prix aux concours généraux de l'Institut royal de France ;

Sur le rapport de notre ministre secrétaire d'Etat au département de l'intérieur,

Nous avons ordonné et ordonnons ce qui suit :

Art 1er. Les élèves graveurs qui auront remporté les premiers grands prix à l'Institut seront envoyés à l'école de France à Rome, pour y passer cinq années aux frais du Trésor royal.

2. Les travaux et les obligations des élèves seront réglés de la manière suivante, pendant la durée de leur séjour en Italie, savoir :

1° Chaque pensionnaire graveur, devant fréquenter habituellement l'école du modèle vivant et se livrer à l'étude de l'antique, sera tenu d'envoyer, à la fin de sa première année, deux figures académiques d'après nature, et deux dessins de figure d'après l'antique ; quatre études de fragmens ou parties détachées, d'après les tableaux ou fresques des grands maîtres ; le dessin d'un beau portrait anciennement peint par quelque maître célèbre : ce dessin aura au moins huit pouces de haut, et le masque devra avoir deux pouces.

2° Le pensionnaire graveur sera tenu, dans la deuxième année de son séjour à Rome, de faire, comme l'année précédente, deux études dessinées d'après nature, et deux d'après l'antique ; un dessin de quinze pouces au moins, d'après un tableau ou une fresque d'un grand maître.

Il devra en outre déposer entre les mains du directeur de l'établissement, à la fin de cette deuxième année, une épreuve de la planche du portrait ébauché par lui d'après le paragraphe 1er. Un certificat du directeur, envoyé à l'Institut, constatera l'exécution de cette ébauche.

3° Dans sa troisième année, le pensionnaire graveur fera deux études dessinées d'après nature, et deux figures d'après l'antique, et de plus un dessin de deux figures au moins d'après un tableau ou une fresque d'un grand maître. Le choix de la fresque ou du tableau devra être approuvé par le directeur de l'école de Rome, et le dessin devra avoir au moins quatorze pouces sur dix à douze, et servir pour faire la planche des deux dernières années de la pension de l'élève.

La planche du portrait dessiné dans la première année, ébauchée sur le cuivre dans la seconde, devra être terminée dans la troisième : cette planche appartiendra à notre école des beaux-arts de Paris.

4° Dans la quatrième année, le pensionnaire devra, outre les quatre études d'après nature et d'après l'antique, ébaucher entièrement la planche dont il aura exécuté le dessin dans la troisième année.

Un certificat du directeur sera adressé à notre académie royale des beaux-arts, pour attester que cette planche sera entièrement ébauchée.

5° La cinquième année sera employée par le graveur à terminer à Rome la planche dont il aura fait le dessin dans la troisième année, et qu'il aura ébauchée dans la quatrième : cette planche sera la propriété du pensionnaire.

3. Le directeur de l'école de France à Rome et notre académie royale des beaux-arts sont et demeurent également spécialement chargés de veiller à ce que les pensionnaires graveurs accomplissent les conditions qui leur sont imposées.

4. Notre ministre secrétaire d'Etat de l'intérieur (vicomte de Martignac) est chargé de l'exécution de la présente ordonnance.

————

30 AOUT = Pr. 23 SEPTEMBRE 1828.—Ordonnance du Roi relative à l'établissement d'un abattoir public à Guebwiller, département du Haut-Rhin. (8, Bull. 253, n° 9271.)

Charles, etc.

Sur le rapport de notre ministre secrétaire d'Etat au département de l'intérieur;

Vu la délibération du conseil municipal de Guebwiller, département du Haut-Rhin, du 13 mai 1827, relative à l'abattoir public de cette ville;

L'avis du préfet, du 11 juin 1828;

Notre Conseil-d'Etat entendu,

Nous avons ordonné et ordonnons ce qui suit :

Art. 1er. L'établissement existant dans la ville de Guebwiller, département du Haut-Rhin, et destiné à l'abattage des bestiaux et porcs, est confirmé et autorisé sous le titre d'abattoir public et commun.

2. Aussitôt que les échaudoirs dudit établissement auront été mis en état de faire tout le service de la boucherie et de la charcuterie, et dans le délai d'un mois, au plus tard, après que le public en aura été averti par affiches, l'abattage des bestiaux et porcs destinés à la consommation des habitans aura lieu dans l'intérieur de la ville à l'abattoir public exclusivement, et les tueries particulières seront interdites et fermées.

Toutefois les propriétaires ou particuliers qui élèvent des porcs pour la consommation de leur maison conserveront la faculté de les abattre chez eux, pourvu que ce soit dans un lieu clos et séparé de la voie publique.

3. Les bouchers et charcutiers forains pourront également faire usage de l'abattoir public, soit qu'ils concourent à l'approvisionnement de la ville, soit qu'ils approvisionnent seulement la banlieue.

Hors de la ville, c'est-à-dire dans les communes voisines, lesdits bouchers et charcutiers forains seront libres, ainsi que les bouchers et charcutiers domiciliés, de tenir des échaudoirs et des abattoirs particuliers, sous l'approbation de l'autorité locale.

4. En aucun cas et pour quelque motif que ce soit, le nombre des bouchers et charcutiers ne pourra être limité; tous ceux qui voudront s'établir à Guebwiller seront seulement tenus de se faire inscrire à la mairie, où ils feront connaître le lieu de leur domicile et justifieront de leur patente.

5. Les bouchers et charcutiers de la ville auront la faculté d'exposer en vente et de débiter de la viande à leur domicile, dans des étaux convenablement appropriés à cet usage, en suivant les règles de la police.

6. Les bouchers et charcutiers forains pourront exposer en vente et débiter de la viande dans la ville, mais seulement aux lieux et marchés publics désignés par le maire et aux jours que ce fonctionnaire aura fixés, et ce en concurrence avec les bouchers et charcutiers de la ville qui voudront profiter de la même faculté.

7. Les droits à payer par les bouchers et charcutiers pour l'occupation des places dans l'abattoir public seront réglés par un tarif arrêté dans la forme ordinaire.

8. Le maire de la ville de Guebwiller pourra faire les réglemens locaux nécessaires pour le service de l'abattoir public et commun, ainsi que pour le commerce de la boucherie et charcuterie; mais ces actes ne seront exécutoires qu'après avoir reçu l'approbation de notre ministre secrétaire d'Etat de l'intérieur, sur l'avis du préfet.

9. Notre ministre de l'intérieur (vicomte de Martignac) est chargé de l'exécution de la présente ordonnance.

————

30 AOUT = Pr. 23 SEPTEMBRE 1828.—Ordonnance du Roi qui classe deux chemins au rang des routes départementales de l'Ardèche. (8, Bull. 253, n° 9272.)

Charles, etc.

Sur le rapport de notre ministre secrétaire d'Etat de l'intérieur;

Vu la délibération du conseil général du département de l'Ardèche, tendant à ce que les chemins de Mezilhac à la Grange de Madame et de Saint-Just à Saint-Remèze, par

Saint-Marcel, soient classés au rang des routes départementales;

Vu l'avis du préfet et celui du conseil général des ponts-et-chaussées;

Notre Conseil-d'Etat entendu,

Nous avons ordonné et ordonnons ce qui suit :

Art. 1ᵉʳ. Les chemins indiqués dans la délibération du conseil général du département de l'Ardèche sont et demeurent classés au rang des routes départementales de ce département, avec les dénominations et les numéros qui suivent :

N° 22, de Mezilhac à la Grange de Madame;

N° 23, de Saint-Just à Saint-Remèze, par Saint-Marcel.

2. L'administration est autorisée à acquérir les terrains nécessaires pour terminer ou rectifier ces routes; elle se conformera, à ce sujet, aux dispositions de la loi du 8 mars 1810, sur l'expropriation pour cause d'utilité publique.

3. Notre ministre secrétaire d'Etat de l'intérieur (vicomte de Martignac) est chargé de l'exécution de la présente ordonnance.

3o AOUT 1828. — Circulaire adressée par Monseigneur le ministre de l'intérieur à MM. les préfets des départemens, relativement à l'exécution de l'ordonnance du 1ᵉʳ juin 1828, concernant les conflits.

Voy. l'ordonnance du 1ᵉʳ JUIN 1828 et circulaire du 5 JUILLET 1828.

M. le préfet, l'ordonnance royale rendue le 1ᵉʳ juin dernier, relativement aux conflits d'attribution entre les tribunaux et l'autorité administrative, a dû fixer toute votre attention. Vous êtes, sans doute, pénétré des principes qu'elle a consacrés et des formes nouvelles qu'elle a établies dans le but d'assurer le libre exercice de la juridiction des tribunaux, en conservant à l'administration les attributions qui lui appartiennent en vertu des dispositions législatives. Cependant je suis informé que récemment un préfet a élevé le conflit selon le mode précédemment en usage, et sans se conformer à ce que prescrit l'ordonnance du 1ᵉʳ juin. Cette circonstance m'oblige à vous la rappeler, afin de prévenir une irrégularité qui pourrait se renouveler.

La principale obligation que vous impose cette ordonnance consiste à n'élever le conflit qu'après un sérieux examen des matières qui doivent y donner lieu, et une étude approfondie des lois qui en attribuent la connaissance à l'administration, et dont vous êtes tenu de reproduire textuellement les dispositions, soit en revendiquant une affaire devant les tribunaux (article 7 de l'ordonnance), soit en élevant le conflit dans le cas où le déclinatoire

serait rejeté ou dans le cas où une partie aurait interjeté appel du jugement qui l'aurait admis, ou enfin dans le cas où le tribunal aurait passé outre au jugement du fond avant le délai fixé par l'ordonnance (article 8). Il est sans doute très-important que l'administration ne se dessaisisse d'aucune des attributions que les lois lui ont confiées dans les vues d'ordre public et dans l'intérêt des citoyens; mais il est aussi de sa dignité qu'elle ne les revendique qu'appuyée de l'autorité de ces lois, et qu'ayant pour but unique de redresser des erreurs, elle se mette avec soin à l'abri du reproche d'en commettre elle-même, et d'entraver sans motif la marche des tribunaux.

Je crois superflu d'appeler votre attention sur les quatre premiers articles de l'ordonnance du 1ᵉʳ juin. Ils fixent d'une manière claire et précise la limite dans laquelle est restreinte la faculté d'élever le conflit. Vous remarquerez que l'article 4 décide une question fort grave, au sujet de laquelle la jurisprudence a long-temps varié : il statue qu'il ne pourra jamais être élevé de conflit après des jugemens rendus en dernier ressort ou acquiescés, ni après des arrêts définitifs.

Les articles suivans tracent la marche que vous devez suivre; lorsque vous penserez qu'une affaire portée devant les tribunaux rentre dans la compétence de l'administration, je n'ai pas besoin de vous faire observer que le but de ces dispositions, ainsi que l'esprit dans lequel l'ordonnance a été conçue, est de terminer les contestations de cette nature le plus promptement qu'il est possible.

Du reste, dans l'accomplissement des devoirs qui vous sont imposés, j'ai lieu de croire que vous serez aidé efficacement par la coopération de MM. les procureurs généraux, auxquels M. le garde-des-sceaux a adressé des instructions spéciales pour l'exécution de l'ordonnance du 1ᵉʳ juin, et que les communications officieuses qui pourront s'établir entre eux et vous préviendront les luttes fâcheuses dont le retour fréquent est l'un des principaux motifs des dispositions arrêtées par Sa Majesté.

Signé DE MARTIGNAC.

3o AOUT 1828. — Ordonnance qui fait, à la compagnie des mines de plomb de Villefort et Vialas (Lozère), sous le nom de *concession de Comberdonde*, concession des *mines de houille* situées dans l'arrondissement d'Alais (Gard). (8, Bull. 268, n° 10347.)

3o AOUT 1828. — Ordonnance qui fait au sieur Pagèze de Lavernède, sous le nom de *concession de Sessons et Trebian*, concession des *mines de houille* situées dans l'arrondissement d'Alais (Gard). (8, Bull. 268, n° 10348.)

30 AOUT 1828. — Ordonnance qui autorise le sieur Laroque à établir une *forge à la catalane* dans la commune de Hèches (Hautes-Pyrénées). (8, Bull. 263, n° 10007.)

30 AOUT 1828. — Ordonnance qui autorise le sieurs Tuffier, Guibert et Fleury, à établir un haut-fourneau et un atelier de moulerie à Tredion (Morbihan). (8, Bull. 268, n° 10346.)

31 AOUT = 22 DÉCEMBRE 1828. — Ordonnance du Roi sur le mode de procéder devant les conseils privés des colonies (1). (8, Bull. 267, n° 10217).

RAPPORT AU ROI.

Sire, lorsqu'en 1825 Votre Majesté rendit une ordonnance constitutive du gouvernement de l'île de Bourbon, ordonnance dont les bienfaits ont été étendus depuis aux Antilles et à la Guiane, et qui est devenue pour ainsi dire la charte des colonies, un conseil privé fut établi près le gouverneur, pour l'éclairer par ses avis, le fortifier par ses décisions, tempérer au besoin sa puissance en participant à l'exercice des pouvoirs dont il a droit d'user dans des circonstances graves, et donner ainsi à la population des colonies des garanties contre l'arbitraire ou contre l'erreur.

Ce conseil fut aussi appelé à réunir les fonctions qui sont attribuées, en France, aux conseils de préfecture, et celles qui l'étaient dans quelques colonies, au tribunal terrier; de telle sorte qu'il a été investi de la connaissance de toutes les affaires contentieuses administratives.

Le conseil privé fut enfin chargé de remplacer la commission mi-partie administrative et judiciaire qui jugeait autrefois par appel les contraventions aux lois sur les douanes, le commerce étranger et la traite des noirs; toutefois ses attributions furent restreintes, en ce qui concerne les matières de traite, lorsqu'une loi du royaume, en qualifiant *crime* cet odieux trafic, nécessita le renvoi du jugement de ces affaires aux tribunaux criminels.

Après avoir ainsi fixé la compétence du conseil privé, et indiqué le principe de son action, il importait d'en régulariser la marche; aussi les ordonnances constitutives du gouvernement des colonies ont-elles prescrit qu'un règlement particulier déterminerait le mode de procéder devant ce conseil.

C'est ce règlement que j'ai l'honneur de soumettre à Votre Majesté.

D'après la constitution du conseil privé, sa compétence s'étend sur des matières qui appartiennent à deux juridictions tout-à-fait distinctes.

Les unes se rapportent à la juridiction administrative, et le conseil privé en connaît comme *conseil du contentieux administratif*.

Les autres, de nature purement judiciaire, appartiennent à la juridiction correctionnelle, et le conseil en connaît comme *commission d'appel*.

De cette distinction naissait la nécessité d'établir des règles de procédure différentes.

---

(1) Les conseils privés ont été institués par les ordonnances qui ont réglé l'organisation administrative des diverses colonies. *Voy.*, pour l'Ile-Bourbon, ordonnance du 21 août 1825; pour la Martinique et la Guadeloupe, ordonnance du 9 février 1827; pour la Guiane, ordonnance du 27 août 1828.

Ce rapport expose d'une manière claire et analytique l'esprit et l'enchaînement des dispositions contenues dans l'ordonnance; nous le recommandons à l'attention des jurisconsultes.

Il peut paraître utile de comparer à la présente ordonnance celles qui ont été rendues sur l'organisation judiciaire des colonies. *Voy.* ordonnance du 22 novembre 1819; du 7 janvier 1822, pour le Sénégal; du 4 juillet 1827, pour la Martinique et la Guadeloupe; du 30 septembre 1828, pour l'Ile-Bourbon; du 20 juillet 1828, pour la Guiane; enfin l'ordonnance du 24 septembre 1828, pour la Martinique et la Guadeloupe.

Nous avons remarqué que les art. 25, 27, 55, 82, 118 et 124 de l'ordonnance déclarent applicables les dispositions de différens articles du Code de procédure. Depuis long-temps la jurisprudence a établi en effet que le Code de procédure, dans quelques circonstances, peut être invoqué devant la juridiction administrative; cette jurisprudence se trouve en quelque sorte confirmée ici. On ne comprend pas comment un conseil de préfecture, en France, pourrait refuser de se conformer à une règle de procédure du droit commun, lorsqu'un texte formel déclare cette règle applicable dans les tribunaux administratifs des colonies. *Voy.* au surplus les notes sur l'ordonnance du 9 juillet 1823; les notes sur l'art. 9 de la loi du 2 juillet 1828. *Voy.* aussi M. de Cormenin, *Questions de droit administratif*, v° *Conseil de préfecture.* Nous n'entendons pas dire toutefois que la vérification d'écritures puisse avoir lieu devant un conseil de préfecture comme elle aura lieu devant le conseil privé, aux termes des articles 81 et suiv. de l'ordonnance. Si, devant un conseil de préfecture, une écriture ou une signature était déniée, on renverrait devant les tribunaux ordinaires, pour, après la vérification faite, être statué par le conseil de préfecture.

Le titre Iᵉʳ traite du *mode de procéder devant le conseil privé, constitué en conseil du contentieux administratif, et du recours au Conseil-d'Etat contre ses décisions.*

Le titre II règle *le mode de procéder devant le conseil privé, constitué en commission d'appel, et du pourvoi en cassation contre ces arrêts.*

Il était aussi nécessaire de fixer les attributions et les devoirs des officiers ministériels près le conseil : c'est l'objet du titre III.

Le titre IV traite *des dépens.*

Enfin un Vᵉ titre renferme des dispositions qui embrassent, dans leur généralité, les deux juridictions.

Les formes de la procédure devant le conseil constitué en comité du contentieux administratif devaient naturellement être empruntées aux règles du Code de procédure civile, aux anciennes ordonnances sur les tribunaux terriers et au réglement du Conseil-d'Etat du 22 juillet 1806 ; cependant aucun de ces modes en particulier n'a été adopté, mais on a cherché à composer, à l'aide de tous, un système qui réunit les garanties nécessaires à la célérité que réclame la marche des affaires administratives. Ce système, en donnant une marche sûre et régulière à la procédure devant le conseil du contentieux administratif, doit assurer aux colonies un avantage que l'on est encore à désirer en France, pour le premier degré de la juridiction administrative.

La procédure relative au conseil privé, constitué en commission d'appel, est presque entièrement la même que celle tracée par le Code d'instruction criminelle.

On a été déterminé, en adoptant ces dispositions, par ce motif, que, dégagées de quelques nullités dont l'application aux colonies eût entraîné des inconvéniens graves, ces règles sont les plus sages qu'on puisse admettre en pareille matière ; ce mode de procédure, devant d'ailleurs être incessamment étendu aux autres tribunaux des colonies, établira entre les diverses juridictions, dans des cas analogues, une uniformité toujours favorable à la justice, et aura de plus l'avantage de faire profiter ces établissemens, sous le rapport de la doctrine et de la jurisprudence, des travaux de nos jurisconsultes et des arrêts de nos cours souveraines.

Après avoir fait connaître à Votre Majesté l'esprit général dans lequel a été conçu le projet d'ordonnance qui lui est soumis, il me reste à en expliquer les principales dispositions et à en exposer les motifs.

Le titre Iᵉʳ se divise en deux chapitres : le Iᵉʳ comprend tout ce qui est relatif au mode de procéder devant le conseil du contentieux administratif.

La Iʳᵉ section de ce chapitre traite *de l'introduction des instances*, et détermine des règles sur la forme des requêtes à présenter par les parties et le mode du dépôt, et sur les autres formalités préliminaires qu'elles auront à remplir pour saisir le conseil.

En adoptant les règles suivies en France, on a également consacré l'exception admise pour le cas où l'administration est demanderesse ; la requête est alors remplacée par un rapport du contrôleur colonial chargé d'agir dans les intérêts du Gouvernement.

Lorsque la demande portée au conseil a pour objet de faire annuler une décision rendue par une autorité qui y ressortit, l'article 3 fixe le délai après lequel le recours n'est pas recevable. Ce délai est calculé en raison de la distance des lieux ; il court du jour de la signification à personne ou domicile de la décision attaquée, si le défendeur demeure dans la colonie ; et si le défendeur ne demeure pas dans la colonie, du jour de la notification au parquet du procureur général.

Ce magistrat est chargé de transmettre la copie de l'exploit notifié à son parquet, soit au ministère de la marine, soit au gouverneur, suivant la facilité des communications et la distance des lieux. Ce mode, déjà consacré par l'usage, a paru à la fois et plus facile et plus sûr pour les notifications à faire hors de la colonie.

La forme de la notification est différente, suivant qu'elle se fait à la requête d'une partie privée, d'un agent du gouvernement chargé de la poursuite, ou d'un chef d'administration : dans les deux premiers cas, elle a lieu par le ministère d'huissier ; dans le dernier cas, par lettre d'avis, conformément à l'usage suivi au Conseil-d'Etat.

Le lieu où doivent être faites ces notifications, et, dans le cas où elles sont faites par lettres, le mode de constater leur remise, sont réglés par les articles 5, 6 et 7, qui terminent la section Iʳᵉ.

La section II consacre, à l'égard des colonies, l'usage suivi de tous temps devant le Conseil-d'Etat, usage fondé sur le respect dû à la majesté du trône, qui ne permet pas qu'on cite personne devant le conseil du Roi sans en avoir obtenu une autorisation expresse. Cette forme a paru devoir être conservée aux colonies, où le gouverneur représente la personne du souverain.

C'est également par analogie avec les dispositions de l'article 29 du décret du 11 juin 1806, qui porte que le ministre de la justice ordonnera la communication aux parties, sur l'avis du maître des requêtes, que l'article 9 du projet prescrit que le gouverneur rendra l'arrêt de *soit communiqué*, après avoir entendu l'exposé préalable du rapporteur.

Toutefois, comme il y aurait anomalie entre une disposition qui permettrait au gouverneur de rejeter seul une requête, et le principe consacré par les ordonnances constitutives du gouvernement des colonies, suivant lequel le gouverneur ne peut juger le fond de l'affaire qu'avec le concours nécessaire du conseil privé, on a dû, en laissant au gouverneur le pouvoir d'agir seul dans le cas où il serait d'avis d'ordonner la communication de la requête, lui refuser cette faculté lorsqu'il penserait qu'il y a lieu de la rejeter, et établir que, dans ce cas, il serait tenu de soumettre l'affaire au conseil du contentieux administratif, lequel pourrait, par une décision motivée, rejeter définitivement la requête, sauf le recours au Conseil-d'Etat, ou en prescrire la communication, qui serait alors ordonnée par le gouverneur, dans la forme ordinaire des arrêtés de soit communiqué.

La section II comprend également les règles sur la signification des arrêts de soit communiqué; elle se termine par une exception au mode ordinaire de procéder, fondée sur la nature même des choses. Lorsque, dans les affaires où le Gouvernement a des intérêts opposés à ceux d'une partie privée, l'instance sera introduite à la requête de cette partie, il n'y aura ni arrêté de soit communiqué, ni notification à faire, mais le dépôt au secrétariat du conseil de la requête et des pièces vaudra notification à l'administration intéressée; en conséquence, le contrôleur sera tenu de défendre d'office.

L'arrêté de soit communiqué et sa notification sont, en effet, des moyens d'avertir le défendeur et de le mettre en demeure; mais lorsque l'administration est défenderesse, comme elle est toujours représentée dans le conseil, elle est suffisamment avertie par le dépôt de la requête au secrétariat, et sa mise en demeure est de droit.

La section III traite *des constitutions d'avocats, des défenses et des communications des pièces*. Il n'a point été dérogé, à cet égard, aux règles du droit commun, sauf l'exception contenue dans le dernier paragraphe de l'article 16, pour le cas où il s'agit de statuer sur des contestations relatives aux cours d'eau et aux chemins, et dont l'effet serait d'en entraver l'usage et la jouissance; dans ces sortes d'affaires, le projet d'ordonnance permet, lorsqu'il y a urgence, que la signification de l'arrêté de soit communiqué soit faite au défendeur absent, en la personne du gérant de ses biens dans la colonie; le gérant est tenu de défendre à la demande, et la décision qui intervient est censée rendue avec le défendeur lui-même. Cette disposition, qui, pour le cas où le gérant n'est pas investi par le propriétaire de tous les pouvoirs relatifs à la gestion de ses biens, lui confère le caractère de mandataire légal, trouve sa justification à la fois et dans les nécessités locales et dans les nombreuses analogies qu'offre la législation française.

La section IV est intitulée: *des décisions du conseil du contentieux administratif*, et se compose de quelques mesures d'ordre sur le rang des affaires entre elles, leur exposé par le rapporteur et la manière de recueillir les voix; les termes de la formule dont le gouverneur doit se servir pour rendre exécutoires les décisions qui interviennent, sont déterminés par le projet: ce sont ceux en usage en France, dans les cas analogues.

Le recours au Conseil-d'Etat n'est pas suspensif, aux termes des ordonnances sur le gouvernement des colonies; cependant, comme ce recours serait souvent illusoire si l'exécution avait lieu sans aucune garantie pour l'appelant, l'article 32 du projet d'ordonnance accorde au conseil privé la faculté d'ordonner, suivant les circonstances, que la décision ne sera exécutée qu'à la charge de donner caution.

Lorsque c'est un étranger, ou un Français non domicilié dans la colonie, qui a obtenu la décision, le danger d'une exécution provisoire étant plus grave, on a pensé que dans ce cas on ne devait plus laisser au conseil du contentieux administratif la faculté d'ordonner le cautionnement, mais qu'il devait toujours être fourni avant l'exécution de la décision attaquée.

Les dispositions de la section V sur les décisions par défaut et les oppositions qui peuvent y être formées s'écartent seulement du droit commun, en ce que l'opposition n'est pas suspensive de l'exécution. Dans des matières où le plus souvent il y a urgence, il était important de prévenir le défaut quelquefois calculé du défendeur, par la crainte d'une exécution provisoire; mais en même temps le projet d'ordonnance tend à modérer ce que cette disposition pourrait avoir de trop rigoureux dans certaines circonstances, en donnant au conseil privé la faculté d'ordonner la suspension de l'exécution, soit d'office, soit sur la requête de la partie défaillante.

La section VI traite *des actes d'instruction*, et se compose de huit paragraphes. Le premier, intitulé *dispositions générales*, décide en principe que les actes d'instruction seront faits par un commissaire, qui sera soit un des membres du conseil, soit le juge des lieux.

Chaque mode d'instruction est ensuite l'objet d'un paragraphe particulier qui détermine les règles qui le concernent.

Sous ce rapport, le projet d'ordonnance diffère essentiellement du réglement du Conseil-d'Etat, qui laisse entièrement au garde-des-sceaux le soin de déterminer le mode de procéder pour chaque instruction particulière; il a paru plus convenable à l'intérêt des justiciables de ne point accorder la même faculté aux gouverneurs des colonies, qui, le plus souvent étrangers à ces sortes de matières, se borneraient à renvoyer aux règles du Code de procédure, dont les formalités lentes, solennelles et hérissées de nullités, ne peuvent convenir à la marche rapide d'une instruction administrative. Dans cet état de choses, on a pensé qu'il était utile de prendre dans le droit commun tout ce qui pouvait convenir au droit exceptionnel, et d'en écarter tout ce qui était contraire à la nature et au caractère de ce dernier droit. Ainsi, d'une part, on a retranché des dispositions du Code de procédure toutes les nullités qui n'étaient pas substantielles; de l'autre, on a investi le commissaire chargé de procéder aux actes d'instruction du droit de prononcer sur toutes les difficultés qui pourront s'élever pendant le cours de l'instance.

Ces modifications auront pour résultat de donner aux actes d'instruction un cours plus rapide et plus certain.

La section VII comprend tout ce qui est relatif aux *incidens* qui peuvent survenir pendant l'instruction d'une affaire, et se divise en autant de paragraphes qu'il y a de diverses espèces d'incidens.

Il est de principe que toute demande incidente est sommaire; dès lors les formalités et les délais ont dû être abrégés autant qu'il était possible de le faire sans compromettre les intérêts de la justice.

La section VIII est intitulée : *du recours au conseil privé contre les décisions contradictoires;* cette section a pour objet de régler un mode d'action qui est plus généralement connu sous le nom de *requête civile;* la première dénomination a été préférée, parce qu'elle est en usage au Conseil-d'Etat, et qu'il a paru convenable d'assimiler, dans tous les points où cela était possible, la juridiction de premier ressort à la juridiction d'appel.

Des dix cas qui donnent ouverture à la requête civile dans la procédure devant les tribunaux ordinaires, trois seulement ont été admis à l'égard des instances administratives devant le conseil privé des colonies; le règlement du Conseil-d'Etat restreint même à deux les moyens de rétractation, au nombre desquels n'est pas placé le *dol personnel;* on a dû conserver à la partie lésée la faculté d'attaquer par cette voie les décisions du conseil privé, parce qu'il importe essentiellement à l'ordre public et à la morale que les juges qui ont été induits en erreur réforment eux-mêmes leur propre décision, sans qu'il soit nécessaire de recourir à un appel dont on évite ainsi les lenteurs et les frais. Mais, en se montrant sévère à l'égard de ceux qui n'auraient triomphé que par des moyens frauduleux, le projet ne l'est pas moins contre ceux qui, sans raison, feraient revivre un procès éteint par une demande

en rétractation; il a appliqué à cette action les dispositions du Code de procédure civile, en ce qui concerne la consignation d'une amende et d'une indemnité; enfin, pour éviter de nouveaux délais inutiles, il a prescrit que la notification de l'arrêté de soit communiqué pourra, dans certains cas, être faite à l'avocat qui a occupé pour le défendeur dans la première instance; sauf ces modifications, la forme dans laquelle la demande en rétractation doit être présentée et jugée ne diffère pas de celle suivie pour les autres instances administratives.

Les mêmes modifications sur l'amende, l'indemnité et le mode de notification, dans certains cas, ont été appliquées à *la tierce-opposition,* qui fait l'objet de la section IX.

La section X traite « du mode particulier à suivre à l'égard des demandes concernant les concessions de prises d'eau et les saignées à faire aux rivières pour l'établissement des usines, l'irrigation des terres et tous autres usages. »

Quoique ces demandes aient été placées dans la juridiction du conseil privé, constitué en conseil du contentieux administratif, on ne pouvait cependant leur appliquer, lorsqu'il n'y a pas d'opposition de la part des tiers-intéressés, le mode de procéder à l'égard des affaires contradictoires, et on a dû, au contraire, affranchir ces demandes des frais et des lenteurs des instances ordinaires; la section X établit en conséquence que la demande peut être signée par la partie elle-même, sans qu'il soit besoin d'employer le ministère d'un avocat au conseil privé. Le directeur de l'administration intérieure est chargé de faire afficher cette demande, et de prendre tous les renseignemens qui peuvent éclairer le conseil.

Les dispositions du chapitre II sur le mode *du recours au Conseil-d'Etat* devaient trouver leur place dans ce projet d'ordonnance, puisqu'elles sont le complément nécessaire de la procédure à suivre devant le conseil privé. D'une part, en effet, elles déterminent les formalités à remplir dans la colonie, préalablement au recours, et, de l'autre, elles renferment des règles nouvelles commandées par les nécessités locales, et qui, par cette raison, ne se trouvent dans aucune des lois qui régissent le Conseil-d'Etat.

La plus importante de ces règles est celle qui a pour objet d'abréger les délais pour le recours et la défense devant le Conseil-d'Etat : en épargnant aux parties les lenteurs des procès, elles ont encore l'avantage de se rapprocher du droit commun.

Dans les appels portés au Conseil-d'Etat, la nécessité de l'obtention d'une ordonnance de soit communiqué augmente, d'une manière fâcheuse pour la justice, dont la marche doit être rapide, les délais dans lesquels l'affaire peut être mise en état; mais c'est surtout à l'égard des colonies que cet inconvénient se ferait plus vivement sentir. C'est ainsi que, dans l'état actuel de la législation, un recours au Conseil-d'Etat contre une décision rendue à l'île de Bourbon pourrait n'être mis en état qu'après deux ans et quatre mois à compter du jour de la notification de la décision attaquée, tandis qu'en suivant les règles du Code de procédure civile sur l'appel, ce même délai ne serait que de neuf mois : on ne peut s'empêcher de reconnaître que de pareils retards équivaudraient presque à un déni de justice.

C'est pour obvier à cet inconvénient que le projet contient diverses dispositions, d'après lesquelles les délais ne seront que ceux ordinaires de la procédure.

Au surplus, toutes les autres règles établies par les lois et ordonnances en vigueur dans le royaume, pour l'instruction et le jugement des affaires portées au Conseil-d'Etat, sont conservées à l'égard du recours contre les décisions du conseil du contentieux administratif des colonies.

Le titre II se divise en deux chapitres : le premier traite *du mode de procéder devant e conseil privé constitué en commission d'appel.*

Les règles qu'il renferme sont, suivant la remarque qui en a déjà été faite plus haut, pour la plupart empruntées au Code d'instruction criminelle.

Toutefois la disposition de l'article 153 y déroge, en ce qu'elle ne permet pas aux parties de présenter leurs défenses autrement que par le ministère d'un avocat au conseil privé. Cette mesure se justifie par la nature des circonstances locales et la spécialité de la juridiction. On a craint qu'en laissant aux parties elles-mêmes le soin de rédiger leurs mémoires, elles ne s'y abandonnassent à des écarts aussi préjudiciables à leur propre cause que contraires au respect dû à un tribunal où siége le chef de la colonie, délégué direct du Roi. Ce double inconvénient sera prévenu par l'obligation de faire signer le mémoire par un avocat au conseil, qui respectera les devoirs de sa profession, certain qu'une sévère répression l'atteindrait promptement s'il y manquait.

Le chapitre II est intitulé : *du pourvoi en cassation contre les arrêts de la commission d'appel.*

Les cas dans lesquels ce pourvoi peut être formé sont les mêmes que ceux énoncés dans l'article 408 du Code d'instruction criminelle; les autres dispositions que contient ce chapitre, conformes aux règles suivies en France, n'ont reçu qu'une seule exception.

En principe, le pourvoi en cassation est suspensif en matière criminelle ou correctionnelle, sauf, en ce qui concerne la personne du condamné, l'obligation où il est de se mettre en état; mais, quant aux condamnations civiles, telles que la vente des objets saisis, le paiement des dommages-intérêts, leur exécution est de plein droit suspendue par le pourvoi. En France, cette suspension n'a aucun inconvénient; le pourvoi doit être déclaré dans les trois jours; il est dispensé d'arrêt d'admission; il est ordinairement jugé dans le mois; avec une marche aussi rapide, on sent qu'aucun intérêt ne peut souffrir. Il n'est pas de même aux colonies, où, quelque diligence que l'on fasse, il faut près d'un an, du moins à l'égard de celles qui sont le plus éloignées, pour connaître le résultat du pourvoi; on conçoit à quelles chances sont soumis, pendant ce laps de temps, les objets saisis, dans un climat où tous les germes de destruction abondent. L'exécution provisoire de l'arrêt était donc, dans beaucoup de cas, réclamée par l'intérêt de toutes les parties, et c'est pour prévenir le préjudice qui résulterait du retard que l'article 193 du projet d'ordonnance dispose que le sursis à l'exécution de l'arrêt attaqué n'aura lieu qu'à la charge par les condamnés de donner caution à l'effet d'assurer, au besoin, le recouvrement du montant des condamnations prononcées, et que la commission d'appel pourra néanmoins ordonner l'exécution provisoire de son arrêté.

Le chapitre *du recours en cassation* se termine par une disposition analogue à celle du dernier paragraphe de l'article 429 du Code d'instruction criminelle; lorsque l'arrêt est annulé, parce que le fait qui a donné lieu à une condamnation n'est pas un délit qualifié par la loi, il doit y avoir renvoi devant le tribunal de première instance. En France, ce renvoi se fait devant un tribunal de première instance autre que celui auquel appartient le juge d'instruction; il ne pouvait en être de même à l'égard des pourvois venant des colonies; d'une part, le renvoi ne saurait avoir lieu devant un tribunal de France, comme d'une autre colonie, également étranger aux personnes et aux circonstances locales; il ne pouvait avoir lieu non plus devant un tribunal de la même colonie autre que celui auquel appartient le juge d'instruction, parce que plusieurs colonies n'ont qu'un seul tribunal; dans cet état de choses, on a pensé qu'il fallait ordonner le renvoi devant le tribunal de première instance auquel appartient le juge qui a fait l'instruction, mais avec cette restriction, que ce juge ne pourrait y siéger pour la connaissance de cette affaire.

Le IIIe titre, *des officiers ministériels,* est divisé en deux paragraphes : le premier traite *des avocats aux conseils privés;* le deuxième *de l'huissier au conseil privé;* ce dernier paragraphe ne contient qu'une seule disposition dont l'objet est d'attribuer à l'huissier au conseil le droit exclusif de faire toutes les significations dans les affaires qui y sont portées. Le paragraphe des avocats est plus étendu; un titre spécial, un nouveau serment à prêter devant le conseil, dans une forme solennelle, entourent ces nouvelles fonctions d'une plus grande considération, en même temps que des peines sévères pour les cas de contravention menacent ceux qui s'en rendraient coupables.

Les deux derniers titres, sous les dénominations de *dépens* et *dispositions générales*, sont le complément nécessaire de l'ordonnance, et ne donnent lieu à aucune observation.

Enfin des formules destinées à rendre les procédures plus faciles et plus régulières accompagneront l'ordonnance; elles n'en forment pas partie intégrante, parce qu'on a voulu éviter que leurs termes devinssent par là sacramentels, mode dangereux que notre législation a toujours sagement repoussé. Ces formules annexées à l'ordonnance ne seront donc que de simples modèles, qu'il sera recommandé de suivre, mais auxquels on pourra en substituer d'autres, si la nécessité en était reconnue, sans qu'il soit besoin d'une nouvelle ordonnance.

Le travail dont je viens d'analyser les principales dispositions a été préparé par la commission qui s'occupe, près de mon département, de l'organisation judiciaire des colonies, et dont je ne puis trop louer le zèle et les lumières. Il a été ensuite l'objet d'un examen approfondi de la part du conseil d'amirauté.

Si Votre Majesté daigne approuver ce projet d'ordonnance, elle rendra plus efficaces encore les droits et les garanties que les colonies doivent déjà aux ordonnances qui ont si glorieusement signalé son règne.

ORDONNANCE.

Charles, etc.

Vu notre ordonnance du 21 août 1825, constitutive du gouvernement de l'île de Bourbon; notre ordonnance du 9 février 1827, concernant le gouvernement de l'île de la Martinique et celui de l'île de la Guadeloupe et de ses dépendances, et notre ordonnance du 27 août 1828, constitutive du gouvernement de la Guiane française;

Voulant déterminer le mode de procéder devant les conseils privés de ces colonies, constitués soit en conseils du contentieux administratif, soit en commissions d'appel, et fixer le mode de recours contre les décisions de ces conseils;

Sur le rapport de notre ministre secrétaire d'État de la marine et des colonies,

Nous avons ordonné et ordonnons ce qui suit :

TITRE Ier. Du mode de procéder devant le conseil privé constitué en conseil du contentieux administratif, et du recours au Conseil-d'État contre ses décisions.

CHAPITRE Ier. *Du mode de procéder devant le conseil du contentieux administratif.*

SECTION Ire. De l'introduction des instances.

Art. 1er. Les demandes des parties au conseil du contentieux administratif seront formées par requête adressée au gouverneur, et signées d'un avocat au conseil privé, sauf en ce qui concerne les demandes relatives à des concessions de prise d'eau et de saignée à faire aux rivières pour l'établissement des usines, l'irrigation des terres et tous autres usages, à l'égard desquelles on procédera ainsi qu'il est réglé par la section X du présent chapitre.

Cette requête contiendra l'exposé sommaire des faits et moyens, les conclusions, les noms et demeures des parties, l'énonciation des pièces dont on entend se servir et qui y seront jointes.

En cas de recours au conseil du contentieux administratif contre la décision d'une autorité qui y ressortit, une expédition ou la copie signifiée de cette décision sera toujours jointe à la requête, sinon ladite requête ne pourra être reçue.

En cas de conflit négatif, les deux décisions contradictoires seront jointes à la requête, sinon ladite requête ne pourra être reçue.

2. Lorsque l'administration sera demanderesse, le contrôleur colonial introduira l'instance par un rapport adressé au gouverneur, et déposé au secrétariat du conseil avec les pièces à l'appui.

3. Le recours au conseil du contentieux administratif contre une décision d'une autorité qui y ressortit ne sera pas recevable après les délais suivans :

Si la décision a été rendue à l'île de la Martinique, le délai pour se pourvoir au conseil privé sera :

1° Pour ceux demeurant à la Martinique, ou qui y ont élu domicile, d'un mois;

2° Pour ceux demeurant à la Guadeloupe ou dans ses dépendances, ou autres îles du Vent, de deux mois;

3° Pour ceux demeurant dans les pays situés à l'ouest du cap de Bonne-Espérance et à l'est du cap Horn, de six mois;

4° Pour ceux demeurant dans les pays situés à l'est du cap de Bonne-Espérance et à l'ouest du cap Horn, d'un an.

Si la décision a été rendue à la Guadeloupe, le délai du recours sera :

1° Pour ceux demeurant à la Guadeloupe ou dans ses dépendances, ou qui ont élu domicile à la Guadeloupe, d'un mois;

21.

2° Pour ceux demeurant à la Martinique ou aux autres îles du Vent, de deux mois;

3° Pour ceux demeurant hors de ces deux colonies et de leurs dépendances, les délais seront les mêmes que ceux fixés par les n°s 3 et 4 ci-dessus à l'égard de la Martinique.

Si la décision a été rendue à la Guiane française, le délai pour se pourvoir sera:

1° Pour ceux demeurant à la Guiane française ou qui y ont élu domicile, d'un mois;

2° Pour ceux demeurant aux iles françaises du Vent, de deux mois;

3° Pour ceux demeurant hors de ces iles et de leurs dépendances, les délais seront les mêmes que ceux fixés par les n°s 3 et 4 ci-dessus à l'égard de la Martinique.

Si la décision a été rendue à l'île de Bourbon, les délais seront:

1° Pour ceux demeurant à l'île de Bourbon ou qui y ont élu domicile, d'un mois;

2° Pour ceux demeurant à l'île Maurice et ses dépendances, ou à Madagascar, de deux mois;

3° Pour ceux demeurant dans les établissemens français de l'Inde, de six mois;

4° Pour ceux demeurant dans les autres lieux situés à l'est du cap de Bonne-Espérance, de six mois;

5° Pour ceux demeurant en France et dans les pays situés à l'ouest du cap de Bonne-Espérance, d'un an.

Ces délais courront du jour de la notification à personne ou à domicile élu, de la décision attaquée, pour ceux demeurant dans la colonie ou qui y auront élu domicile; et pour ceux demeurant hors de la colonie, du jour de la notification de ladite décision au parquet du procureur général, lequel visera l'original et enverra la copie au ministre de la marine, qui sera chargé de la transmettre aux parties assignées. Si la facilité des communications et la distance des lieux rendent la transmission par l'intermédiaire du gouverneur plus prompte, le procureur général lui adressera la copie.

Le délai d'un mois courra également contre le contrôleur colonial, à partir de la notification qui lui sera faite, par la partie, de la décision attaquée.

4. Les notifications à la requête soit des parties privées, soit des agens du Gouvernement chargés de la poursuite, seront faites par le ministère d'huissier.

Celle à la requête des chefs d'administration auront lieu par lettres signées d'eux.

5. Ces notifications seront faites, savoir:

1° Celles aux parties privées, à leur personne ou à leur domicile, ou au domicile qu'elles seront tenues d'élire par leur demande primitive devant l'autorité administrative, auquel domicile élu seront également faites toutes autres significations, jusqu'à constitution d'un avocat au conseil privé;

2° Celles aux agens ou chefs d'administration, ou au contrôleur colonial, en leurs bureaux.

6. Lorsque la notification sera faite par lettres d'avis, la remise en sera constatée, savoir:

1° Si la notification est faite à personne ou à domicile, par un récépissé daté et signé par ladite personne, ou, en cas de refus ou d'absence, par un récépissé daté et signé par le commissaire civil ou le commissaire commandant de la commune;

2° Si la notification est faite à un domicile élu, par un récépissé daté et signé par la personne chez laquelle aura été faite l'élection de domicile, et, en cas de refus ou d'absence, par un récépissé daté et signé par le commissaire civil ou le commissaire commandant de la commune;

3° Si la notification est faite au parquet du procureur général, par un récépissé signé par ce magistrat ou par son substitut.

7. Les requêtes, rapports et toutes les productions des parties seront déposées au secrétariat du conseil privé; elles y seront inscrites, suivant leur ordre de date, sur un registre coté et paraphé par le Gouvernement.

Ce registre, divisé en colonnes, sera destiné à constater : 1° l'époque du dépôt de la requête introductive d'instance au conseil du contentieux administratif et des pièces y annexées; 2° le numéro du dossier; 3° le nom du rapporteur qui sera désigné; 4° la remise qui lui sera faite des pièces; 5° la date de l'arrêté de soit communiqué, s'il en survient un; 6° les noms des avocats des parties et les communications de pièces qui leur seront données; 7° la remise des pièces au contrôleur colonial; 8° enfin les principaux incidens de l'affaire.

SECTION II. Nomination du rapporteur. — Arrêté de soit communiqué.

8. Chaque mois, avant le jour fixé pour l'ouverture de la session du conseil, le secrétaire-archiviste présentera au gouverneur l'état des affaires introduites dans le mois précédent; le gouverneur nommera pour chacune d'elles un rapporteur parmi les membres du conseil.

Ne pourra être nommé rapporteur le chef d'administration dont la décision sera attaquée.

9. Sur un exposé préalable et sommaire du rapporteur, le gouverneur ordonnera, s'il y a lieu, la communication de la requête aux parties intéressées, pour y répondre et fournir leurs défenses.

Dans le cas où le gouverneur ne jugerait pas à propos d'ordonner la communication, l'affaire sera, sur la simple production de la requête du demandeur, rapportée au conseil dans l'une de ses plus prochaines séances. Si le conseil juge qu'il y a lieu à communication, le gouverneur rendra l'arrêté de soit communiqué; dans le cas contraire, la requête sera définitivement rejetée, et la décision ne pourra être réformée que par la voie du recours au Conseil-d'Etat.

10. Lorsque la communication devra avoir lieu, l'arrêté de soit communiqué, rendu par le gouverneur, sera mis en marge de la requête, signé de lui et scellé du sceau du conseil.

11. Le secrétaire-archiviste sera tenu, sous peine de tous dommages-intérêts, s'il y a lieu, de donner, dans les cinq jours au plus tard, par lettre datée et signée de lui, avis de l'arrêté de soit communiqué à l'avocat du demandeur, qui donnera récépissé de ladite lettre.

12. L'expédition tant de la requête introductive d'instance que de l'arrêté de soit communiqué, certifiée conforme par le secrétaire-archiviste et scellée du sceau du conseil, sera remise au demandeur, qui devra la signifier, à peine de nullité de toute l'instance, par le ministère d'un huissier, dans le délai d'un mois, qui courra de la date dudit arrêté de soit communiqué, et dans la forme suivante, savoir :

A personne ou à domicile, si le défendeur réside dans la colonie, ou s'il y a un domicile.

Si le défendeur demeure hors de la colonie, la notification sera faite au parquet du procureur général, lequel visera l'original et transmettra la copie ainsi qu'il est dit à l'avant-dernier paragraphe de l'article 3 ci-dessus.

13. La signification de l'arrêté de soit communiqué contiendra assignation à comparaître devant le conseil du contentieux administratif par le ministère d'un avocat audit conseil, et mention du terme dans lequel ladite comparution devra avoir lieu.

14. Si la demande a été introduite sur le rapport du contrôleur colonial, elle sera soumise au conseil, qui, sur l'exposé sommaire du rapporteur, pourra la rejeter. La décision, dans ce cas, ne pourra être attaquée que par la voie du recours au Conseil-d'Etat.

Si le Conseil décide qu'il y a lieu à communication, l'arrêté de soit communiqué sera rendu par le gouverneur dans la forme ordinaire.

L'arrêté de soit communiqué, ensemble les conclusions du rapport du contrôleur colonial, seront notifiés à la partie adverse dans le délai d'un mois, qui courra de la date dudit arrêté, et dans la forme suivante :

Si la partie réside dans la colonie ou qu'elle y ait un domicile, par une lettre signée du contrôleur, dont la remise sera

constatée ainsi qu'il est dit en l'article 6 ci-dessus;

Si la partie réside hors de la colonie, par une signification faite, à la requête du contrôleur colonial, au parquet du procureur général, qui se conformera aux dispositions de l'avant-dernier paragraphe de l'article 3 ci-dessus.

15. Lorsque, dans les affaires où le Gouvernement a des intérêts opposés à ceux d'une partie privée, l'instance sera introduite à la requête de cette partie; il n'y aura ni arrêté de soit communiqué, ni notification à faire; mais le dépôt, qui aura lieu au secrétariat du conseil, de la requête et des pièces, vaudra notification à l'administration intéressée : en conséquence, le contrôleur colonial sera tenu de défendre d'office et de faire, au nom du Gouvernement, tous les actes nécessaires à l'instruction, dans les délais et dans les formes ordinaires.

SECTION III. *Constitution d'avocat.* — *Défenses et communications de pièces.*

16. Sur la communication de l'arrêté de soit communiqué, les défendeurs seront tenus de répondre par requête adressée au gouverneur et signée d'un avocat au conseil privé.

Dans aucun cas, il ne pourra être produit de mémoire en défense avant la notification de l'arrêté de soit communiqué; s'il en était produit, il n'en sera point donné lecture au conseil, et l'avocat qui les aurait signés pourrait être condamné à une amende de cinquante francs.

La requête en défense devra être signifiée à l'avocat du demandeur, dans les délais fixés par l'article 3 ci-dessus; ces délais courront du jour de la communication donnée au défendeur, à personne ou à domicile, ou au domicile élu, s'il demeure dans la colonie, et au parquet du procureur général, s'il demeure hors de ladite colonie.

Dans les cas prévus par les paragraphes 6, 7 et 8 de l'article 196 de notre ordonnance du 9 février 1827, concernant le gouvernement de l'île de la Martinique et celui de la Guadeloupe et de ses dépendances; de l'article 165 de notre ordonnance du 21 août 1825, concernant le gouvernement de l'île de Bourbon et de ses dépendances, et de l'article 163 de notre ordonnance du 27 août 1828, concernant le gouvernement de la Guiane française, le gouverneur, lorsqu'il y aura urgence, pourra ordonner, par l'arrêté de soit communiqué, que la signification dudit arrêté sera faite au défendeur, en la personne du gérant de ses biens dans la colonie, qui sera tenu de défendre dans les formes et les délais ordinaires : la décision qui interviendra sera réputée rendue avec le défendeur.

17. La signature de l'avocat au conseil privé au pied de la requête, soit en demande, soit en défense, vaudra constitution et élection de domicile chez lui ; le demandeur ni le défendeur ne pourront révoquer leur avocat sans en constituer un autre : les procédures faites et les jugemens obtenus contre l'avocat révoqué et non remplacé seront valables.

18. Le demandeur pourra, dans la quinzaine après la défense, signifier une seconde requête, et le défendeur signifier une réplique dans la quinzaine suivante.

Cependant, si le contrôleur colonial est une des parties en cause, les requêtes de la partie adverse seront simplement déposées au greffe, sans signification préalable, et il en sera donné communication au contrôleur par la voie administrative.

Il ne pourra y avoir plus de deux requêtes entrant en taxe de la part de chaque partie, y compris la requête introductive d'instance.

19. Il sera donné avis, par acte d'avocat à avocat, de la production de toutes autres pièces qui pourraient être fournies dans le cours de l'instance ; sinon elles seront rejetées du procès.

20. Les avocats des parties pourront prendre communication des productions de l'instance au secrétariat du conseil privé, sans frais.

Les pièces ne pourront être déplacées, à moins qu'il n'y en ait minute, ou que les parties intéressées n'y consentent.

21. Lorsqu'il y aura déplacement de pièces, le récépissé signé de l'avocat sur le registre dont il est parlé dans l'article 7 ci-dessus portera obligation de les rendre dans un délai qui ne pourra excéder huit jours ; et, ce délai expiré, le président du conseil pourra condamner personnellement l'avocat à dix francs de dommages-intérêts pour chaque jour de retard, et même ordonner qu'il sera contraint par corps.

22. Dans aucun cas, les délais pour fournir et signifier requête ne seront prolongés par l'effet des communications ; et, après l'expiration de ces délais, le conseil pourra statuer.

SECTION IV. Des décisions du conseil du contentieux administratif.

23. Les affaires portées devant le conseil seront inscrites sur un tableau divisé en deux parties ou rôles.

Les affaires sommaires et urgentes, telles que les mises en jugement, les conflits positifs et négatifs, les demandes de sursis, les avant faire droit, les oppositions aux décisions du conseil du contentieux administratif rendues par défaut, et généralement toutes les demandes qui requièrent célérité, ou celles dans lesquelles le gouverneur aura refusé un arrêté de soit communiqué, seront inscrites sur le premier rôle.

Toutes autres affaires contradictoirement instruites ou en état seront inscrites sur le deuxième rôle.

Les affaires seront présentées dans l'ordre de leur inscription au tableau.

24. Le rapporteur exposera les faits et les moyens respectifs des parties ; après le rapport, le contrôleur colonial donnera ses conclusions par écrit et les déposera sur le bureau. Le conseil délibérera ; le président recueillera les voix dans l'ordre inverse du rang qu'occupe chaque membre du conseil : le président votera le dernier.

25. Les décisions seront rendues à la pluralité des voix ; en cas de partage, celle du président sera prépondérante.

Seront, au surplus, observées les dispositions des articles 117, 119, 120, 121, 122, 123, 124, 125, 130, 131 et 132 du Code de procédure civile (1), pour les cas où il se formerait plus de deux opinions ; pour celui où la décision ordonnerait une comparution des parties, un serment, accorderait

---

(1) Art. 117. S'il se forme plus de deux opinions, les juges plus faibles en nombre seront tenus de se réunir à l'une des deux opinions qui auront été émises par le plus grand nombre ; toutefois ils ne seront tenus de s'y réunir qu'après que les voix auront été recueillies une seconde fois.

Art. 119. Si le jugement ordonne la comparution de parties, il indiquera le jour de la comparution.

Art. 120. Tout jugement qui ordonnera un serment énoncera les faits sur lesquels il sera reçu.

Art. 121. Le serment sera fait par la partie en personne, et à l'audience. Dans le cas d'un empêchement légitime et dûment constaté, le serment pourra être prêté devant le juge que le tribunal aura commis, et qui se transportera chez la partie, assisté du greffier.

Si la partie à laquelle le serment est déféré est trop éloignée, le tribunal pourra ordonner qu'elle prêtera le serment devant le tribunal du lieu de sa résidence.

Dans tous les cas, le serment sera fait en présence de l'autre partie, ou elle dûment appelée par acte d'avoué à avoué, et, s'il n'y a pas d'avoué constitué, par exploit contenant l'indication du jour de la prestation.

Art. 122. Dans les cas où les tribunaux peuvent accorder des délais pour l'exécution de leurs jugemens, ils le feront par le jugement même qui statuera sur la contestation, et qui énoncera les motifs du délai.

Art. 123. Le délai courra du jour du jugement, s'il est contradictoire, et de celui de la signification, s'il est par défaut.

Art. 124. Le débiteur ne pourra obtenir un délai, ni jouir du délai qui lui aura été accordé,

ilmn délai ou condamnerait aux dépens, sauf, nsen ce qui concerne l'article 132, la disposi-'oittion relative à l'interdiction contre les avoués isel huissiers, et la destitution contre les tu-usiteurs et autres.

26. Les décisions du conseil du conten-siitieux administratif seront écrites par le rap-oqporteur ou par tout autre membre que le nqprésident désignera; elles seront portées sur mv un registre tenu spécialement à cet effet, os coté et paraphé par le gouverneur; elles se-ot ront signées par le président, par le rappor-ist teur et le secrétaire-archiviste.

27. Le secrétaire-archiviste qui délivrera zo expédition d'une décision du conseil avant jp que les formalités prescrites par l'article nq précédent aient été remplies sera poursuivi oo conformément à l'article 139 du Code de iq procédure civile (1).

28. Les décisions du conseil du conten-il tieux administratif seront rendues exécutoi-vi res par un arrêté que prendra à cet effet le ng gouverneur, au bas ou en marge de la minute, o en ces termes :

» « Vu par nous, gouverneur de la colonie
» « de N..... la minute de la décision du con-
» « seil privé, constitué en conseil du conten-
» « tieux administratif, rendue le..... entre N.....
» « et N...... ordonnons que ladite décision sera
» « exécutée en tout son contenu, selon sa
» « forme et teneur. »

29. La rédaction des décisions du conseil
o du contentieux administratif contiendra les
t noms des membres du conseil qui y auront
t participé, et celui du contrôleur colonial,
s ainsi que des avocats; la désignation du rap-
t porteur; les noms, professions et demeures
o des parties; leurs conclusions, l'analyse des
t points de fait et de droit, le sommaire des
i conclusions du contrôleur colonial, le vu des
pièces; le motif et le dispositif. L'arrêté
d'exécution pris par le gouverneur y sera
transcrit en entier.

Elles seront précédées de la formule suivante :

« Charles, par la grace de Dieu, roi de
« France et de Navarre, à tous ceux qui ces
« présentes verront, salut.

« Le gouverneur de...... par son arrêté en
« date du...... a rendu exécutoire la décision
« du conseil du contentieux administratif en
« date du...... dont la teneur suit.... »

Elles seront ainsi terminées :

« Mandons et ordonnons à tous huissiers
« sur ce requis de mettre la présente déci-
« sion et l'arrêté étant en suite à exécution;
« à nos procureurs généraux et à nos procu-
« reurs près les tribunaux de première ins-
« tance d'y tenir la main; à tous comman-
« dans et officiers de la force publique de
« prêter main-forte lorsqu'ils en seront léga-
« lement requis : en foi de quoi, la minute
« du présent arrêté a été signée par le gou-
« verneur. »

30. S'il y a avocat en cause, la décision ne
pourra être exécutée qu'après qu'elle lui aura
été signifiée, à peine de nullité de toutes les
procédures et exécutions qui pourraient être
faites avant ladite signification.

Les décisions provisoires ou définitives qui
prononceront des condamnations seront en
outre signifiées à la partie, à personne ou
domicile, ou au domicile élu, et, si la partie
demeure hors de la colonie, au parquet du
procureur général; et il y sera fait mention
de la signification à avocat.

31. Si l'avocat est décédé ou a cessé d'exercer, la signification à partie suffira; mais il y
sera fait mention du décès ou de la cessation
des fonctions de l'avocat.

32. En cas de pourvoi au Conseil-d'Etat,
le conseil du contentieux administratif pourra,
sur la demande de la partie intéressée et en
présence de la partie adverse, ou elle dûment
appelée, ordonner, suivant les circonstances,
que sa décision ne sera exécutée qu'à la
charge de donner caution. Le montant du
cautionnement sera fixé et la caution reçue
contradictoirement par le conseil.

L'exécution provisoire d'une décision ob-

---

si ses biens sont vendus à la requête d'autres créanciers, s'il est en état de faillite, de contumace, ou s'il est constitué prisonnier, ni enfin lorsque, par son fait, il aura diminué les sûretés qu'il avait données par le contrat à son créancier.

Art. 125. Les actes conservatoires seront valables, nonobstant le délai accordé.

Art. 130. Toute partie qui succombera sera condamnée aux dépens.

Art. 131. Pourront néanmoins les dépens être compensés en tout ou en partie entre conjoints, ascendans, descendans, frères et sœurs, ou alliés au même degré. Les juges pourront aussi compenser les dépens en tout ou en partie, si les

parties succombent respectivement sur quelques chefs.

Art. 132. Les avoués et huissiers qui auront excédé les bornes de leur ministère; les tuteurs, curateurs, héritiers bénéficiaires ou autres administrateurs qui auront compromis les intérêts de leur administration, pourront être condamnés aux dépens en leur nom et sans répétition, même aux dommages et intérêts s'il y a lieu, sans préjudice de l'interdiction contre les avoués et huissiers, et de la destitution contre les tuteurs et autres, suivant la gravité des circonstances.

(1) Art. 139. Les greffiers qui délivreront expédition d'un jugement avant qu'il ait été signé seront poursuivis comme faussaires.

tenue par un étranger, ou par un Français non domicilié dans la colonie, ne pourra avoir lieu qu'à la charge de donner caution.

La partie qui consignera le montant du cautionnement, ou qui justifiera que ses immeubles situés dans la colonie sont suffisans pour en répondre, sera dispensée de fournir caution, et, dans ce dernier cas, lesdits immeubles seront affectés hypothécairement jusqu'à concurrence du cautionnement.

33. Dans aucun cas, les décisions du conseil privé ne pourront statuer sur les dommages-intérêts respectivement réclamés, sauf aux parties à se pourvoir devant qui de droit.

SECTION V. Des décisions par défaut et des oppositions.

34. Faute par la partie de constituer un avocat à l'échéance du délai pour comparaître, le demandeur pourra, huitaine après l'expiration dudit délai, remettre l'arrêté de soit communiqué, dûment signifié, avec les pièces qui y auront été visées, au secrétariat du conseil; lesdites pièces seront envoyées au rapporteur, pour être statué ensuite par défaut par le conseil, ainsi qu'il appartiendra.

35. Lorsqu'il y aura plusieurs parties assignées à pareils ou à différens délais, l'avocat du demandeur ne pourra prendre un défaut contre aucune desdites parties qu'après l'échéance des assignations et l'expiration du temps prescrit pour prendre le défaut.

La décision qui interviendra statuera à la fois à l'égard de toutes les parties, tant celles qui se seront présentées que celles qui seront défaillantes.

36. Le demandeur ne pourra prendre défaut s'il a laissé passer une année entière sans faire de poursuites, à compter du jour où les défendeurs devaient fournir leurs défenses, et son instance sera périmée, à moins qu'un des défendeurs ne se soit présenté.

37. Les parties défaillantes pourront former opposition à la décision par défaut. A cet effet, elles présenteront au gouverneur, par le ministère d'un avocat, une requête contenant leurs moyens d'opposition, à moins que les moyens de défense n'aient déjà été signifiés dans l'ignorance du défaut, auquel cas il suffira de déclarer qu'on les emploie comme moyens d'opposition.

Cette requête, dûment signifiée à l'avocat qui a obtenu le défaut, devra être déposée, à peine de déchéance, dans les délais fixés par l'article 3 ci-dessus, à compter du jour de la notification de la décision par défaut.

Le délai pour former opposition à une décision rendue par défaut dans le cas prévu par le dernier paragraphe de l'article 16 ci-dessus sera d'un mois à partir de la notification faite de ladite décision au gérant.

38. L'avocat qui a obtenu le défaut pourra signifier sa réponse à la requête d'opposition dans la huitaine après la signification de ladite requête, et la partie opposante signifier sa réplique dans la huitaine suivante.

Aucune autre requête n'entrera en taxe.

Après ces délais, les pièces seront transmises au rapporteur, pour être l'affaire rapportée, dans la forme ordinaire, au conseil, qui statuera sur l'opposition.

Dans tous les cas, les frais faits jusqu'à l'opposition resteront à la charge de la partie défaillante.

39. L'opposition ne suspendra pas l'exécution, à moins qu'il n'en soit autrement ordonné par la décision qui a prononcé le défaut.

La suspension pourra, en outre, être demandée par la requête en opposition; il y sera statué par le gouverneur, sur un avis motivé du rapporteur, et sans communication préalable à l'autre partie.

40. L'opposition d'une partie défaillante à une décision rendue contradictoirement avec une autre ayant le même intérêt ne sera pas recevable.

41. L'opposition ne pourra jamais être reçue contre une décision qui aurait débouté d'une première opposition.

SECTION VI. Des actes d'instruction.

§ Ier. Dispositions générales.

42. Si, dans le cours d'une instance et d'après l'examen d'une affaire, il y a lieu d'ordonner des mises en cause, le conseil rendra à cet effet une décision spéciale.

Il en sera de même lorsqu'il y aura lieu d'ordonner des enquêtes, des descentes sur les lieux, des rapports d'experts, des interrogatoires, des auditions de parties ou des vérifications d'écritures : la décision désignera, dans ce cas, pour y procéder en qualité de commissaire, soit un des membres du conseil, soit le juge des lieux.

Il sera procédé auxdits actes dans la forme réglée par les articles suivans.

§ II. Des mises en cause.

43. L'arrêté qui ordonnera la mise en cause sera signifié dans la forme et dans les délais fixés par les articles 12, 13, 14 et 15 ci-dessus, pour la signification des arrêtés de soit communiqué.

44. La partie mise en cause devra se présenter, par le ministère d'un avocat, dans les délais et suivant les règles fixés par les articles 16 à 22 de la présente ordonnance.

45. Après l'expiration desdits délais, il sera procédé au jugement de l'affaire, encore que la partie mise en cause ne se soit pas présentée : dans ce cas, les frais de la mise en cause seront payés par la partie qui succombera, sauf son recours contre la partie défaillante, s'il y a lieu.

§ III. Des enquêtes.

46. En cas d'enquête, la décision qui l'ordonnera contiendra les faits sur lesquels elle devra porter, fixera le délai dans lequel elle commencera, et nommera le commissaire qui sera chargé d'y procéder.

47. La partie la plus diligente levera une expédition de cette décision, et la remettra au commissaire, qui fixera, par une ordonnance au bas ou en marge de l'expédition, les lieu, jour et heure où les témoins seront entendus.

48. Les témoins seront assignés à personne ou à domicile : ceux domiciliés dans l'étendue de trois myriamètres du lieu où se fait l'enquête le seront au moins un jour avant l'audition ; il sera ajouté un jour par deux myriamètres pour ceux domiciliés à une plus grande distance. Il sera donné copie à chaque témoin de la décision du conseil en ce qui concerne les faits sur lesquels l'enquête doit porter, et de l'ordonnance du commissaire.

49. La partie sera assignée pour être présente à l'enquête, au domicile de son avocat, trois jours au moins avant l'audition, si elle est domiciliée dans l'étendue de deux myriamètres du lieu où se fait l'enquête ; il sera ajouté un jour par deux myriamètres pour les parties domiciliées à une plus grande distance. Dans le cas où la partie ne résiderait pas dans la colonie, elle sera représentée par son avocat. Il sera donné copie, avec l'assignation, des noms, professions et demeures des témoins à produire, ainsi que de l'arrêté qui aura ordonné l'enquête et de l'ordonnance du commissaire.

50. Au jour indiqué pour l'audition, si l'une des parties demande une prorogation, l'incident sera jugé sur-le-champ par le commissaire ; il en sera de même de tout autre incident qui se présentera dans le cours de l'enquête.

51. Les témoins seront entendus séparément, tant en présence qu'en l'absence des parties : chaque témoin, avant d'être entendu, déclarera ses noms, profession, âge et demeure ; il déclarera, en outre, s'il est parent d'une des parties et à quel degré, s'il est serviteur ou esclave de l'une d'elles : il fera serment de dire la vérité.

52. Les témoins défaillans seront condam-

nés à vingt francs de dommages-intérêts envers la partie, et seront réassignés à leurs frais. En cas de récidive, ils seront condamnés, par corps, à une amende de cent francs, et le commissaire pourra décerner contre eux un mandat d'amener ; les condamnations prononcées par le commissaire ne seront pas susceptibles d'appel.

Néanmoins, en cas d'excuses valables, le témoin pourra, après sa déposition, être déchargé, par le commissaire, des condamnations prononcées contre lui.

53. Si le témoin est éloigné, le commissaire commettra, savoir :

Si le témoin réside dans le chef-lieu de canton, le juge-de-paix dudit canton ;

Et si le témoin réside hors du chef-lieu de canton, soit le juge-de-paix de ce canton, soit le commissaire civil, ou le commissaire commandant de la commune.

54. Nul ne pourra être assigné comme témoin s'il est parent ou allié en ligne directe de l'une des parties ou son conjoint ; les esclaves ne pourront être entendus dans les enquêtes ordinaires ou sommaires que comme témoins nécessaires, et ils ne seront jamais entendus pour ou contre leurs maitres.

55. Les reproches seront proposés par les parties ou par leurs avocats avant la déposition du témoin, qui sera tenu d'y répondre. Les parties pourront faire valoir contre le témoin les mêmes causes de reproche que celles qui sont énoncées dans l'article 283 du Code de procédure civile (1).

Le témoin reproché sera néanmoins entendu dans sa déposition, sauf au conseil à y avoir ensuite tel égard que de droit.

56. Le témoin déposera oralement : le juge-commissaire pourra, soit d'office, soit sur la réquisition des parties ou de l'une d'elles, faire au témoin les interpellations qu'il croira convenables pour éclaircir sa déposition ; le résultat de la déposition du témoin et de ses réponses lui sera lu ; il pourra y faire tels changemens et additions que bon lui semblera.

Si les témoins ne peuvent être entendus le même jour, le commissaire remettra à jour et heure certains ; il ne sera donné aucune nouvelle assignation ni aux témoins, ni à la partie, encore qu'elle n'ait pas comparu.

57. Il sera dressé procès-verbal de l'en-

(1) Art. 283. Pourront être reprochés les parens ou alliés de l'une ou de l'autre des parties jusqu'au degré de cousin issu de germain inclusivement ; les parens et alliés des conjoints au degré ci-dessus, si le conjoint est vivant, ou si la partie ou le témoin en a des enfans vivans : en cas que le conjoint soit décédé, et qu'il n'ait pas laissé de descendans, pourront être reprochés les parens et alliés en ligne directe, les frères, beaux-frères, sœurs et belles-sœurs.

Pourront aussi être reprochés le témoin héritier présomptif ou donataire ; celui qui aura bu ou mangé avec la partie, et à ses frais, depuis la prononciation du jugement qui a ordonné l'enquête ; celui qui aura donné des certificats sur les faits relatifs aux procès ; les serviteurs et domestiques ; le témoin en état d'accusation ; celui qui aura été condamné à une peine afflictive ou infamante, ou même à une peine correctionnelle pour cause de vol.

quête. Le procès-verbal contiendra les sermens des témoins, leurs déclarations, les reproches formés contre eux, le résultat de leurs dépositions, les incidens qui se seront élevés dans le cours de l'enquête, et les décisions dont ils auront été l'objet. Ce procès-verbal sera transmis par le commissaire au secrétariat du conseil, et l'instance se poursuivra sans autre formalité.

58. Si le témoin requiert taxe, elle sera faite par le commissaire sur la copie de l'assignation, et elle vaudra exécutoire. Le commissaire fera mention de la taxe sur son procès-verbal.

59. La preuve contraire sera de droit, le commissaire déterminera les délais dans lesquels la contre-enquête sera commencée; les règles ci-dessus fixées s'appliqueront à cette contre-enquête.

§ IV. Des descentes sur les lieux.

60. La partie la plus diligente prendra une expédition de la décision qui aura ordonné la descente sur les lieux, et la remettra au commissaire, qui fixera, par une ordonnance mise au bas ou en marge de ladite expédition, les lieu, jour et heure de la descente. La signification desdites décision et ordonnance sera faite par acte d'avocat à avocat, et vaudra sommation.

61. Il sera dressé procès-verbal de la descente et des dires et observations des parties qui y auront assisté. Ce procès-verbal sera transmis par le commissaire au secrétariat du conseil, et l'instance se poursuivra sans autre formalité.

§ V. Des rapports d'experts.

62. La décision qui ordonnera le rapport d'experts énoncera clairement les objets de l'expertise.

63. L'expertise pourra être faite par un ou plusieurs experts.

64. La décision qui ordonnera l'expertise nommera les experts, et désignera le commissaire qui recevra leur serment.

65. La partie qui aura des récusations à proposer contre les experts sera tenue de le déclarer au secrétariat du conseil, dans les huit jours de la nomination, par un simple acte signé de son avocat, contenant les causes de récusation et les moyens de preuve. Les reproches seront jugés dans la plus prochaine séance du conseil.

Les experts pourront être récusés pour les mêmes motifs pour lesquels les témoins peuvent être reprochés.

66. Après l'expiration du délai fixé pour la récusation des experts, la partie la plus diligente levera une expédition de la décision qui aura nommé les experts, et fera somma-

tion à ceux-ci de comparaître devant le commissaire, à l'effet de prêter serment : il ne sera pas nécessaire que les parties y soient présentes.

67. Le procès-verbal de prestation de serment contiendra indication, par les experts, du lieu, du jour et de l'heure de leur opération; en cas de présence des parties ou de leurs avocats, cette indication vaudra sommation; en cas d'absence, il sera fait sommation aux parties, par acte d'avocat à avocat, de se trouver au jour, heure et lieu que les experts auront indiqués.

68. Si un expert n'accepte pas sa nomination, ou ne se présente pas, soit pour le serment, soit pour l'expertise, aux jour, heure et lieu indiqués, le conseil en indiquera un autre pour y procéder.

L'expert qui, après avoir prêté serment, ne remplira pas sa mission, pourra être poursuivi devant les tribunaux en dommages-intérêts.

69. Une expédition de la décision qui aura ordonné le rapport sera remise aux experts; les parties pourront faire tels dires et réquisitions qu'elles jugeront convenables; il en sera fait mention dans le rapport; il sera rédigé sur le lieu contentieux, ou dans le lieu et aux jour et heure qui seront indiqués par les experts.

70. Le rapport sera déposé par les experts au secrétariat du conseil, et l'instance sera poursuivie sans autre formalité.

§ VI. De l'interrogatoire sur faits et articles.

71. Le conseil ordonnera, s'il le juge convenable, soit d'office, soit sur une requête présentée à cet effet, l'interrogatoire d'une des parties sur faits et articles.

72. La décision qui ordonnera l'interrogatoire énoncera les faits sur lesquels la partie sera interrogée, et nommera le commissaire devant lequel aura lieu ledit interrogatoire : dans le cas où le commissaire ne serait pas pris parmi les membres du conseil, l'interrogatoire ne pourra être fait que par le juge des lieux ou le juge-de-paix du canton.

73. Une expédition de cette décision sera remise au commissaire, qui déterminera les jour et heure de l'interrogatoire par une ordonnance rendue à cet effet, au bas de ladite décision.

74. La décision du conseil et l'ordonnance du commissaire seront signifiées à la partie, avec sommation de s'y conformer, vingt-quatre heures au moins avant l'interrogatoire, si ladite partie est domiciliée dans l'étendue de deux myriamètres du lieu où se fait l'interrogatoire : il sera ajouté un jour par deux myriamètres, si ladite partie est domiciliée à une plus grande distance.

75. Si la partie assignée ne comparaît pas,

ou refuse de répondre après avoir comparu, il en sera dressé procès-verbal sommaire, et les faits pourront être tenus pour avérés.

76. Si, ayant fait défaut sur l'assignation, elle se présente avant la décision définitive, elle sera interrogée, en payant les frais dudit procès-verbal, sans répétition.

77. Si, au jour de l'interrogatoire, la partie assignée justifie d'un empêchement légitime, le juge indiquera un autre jour pour l'interrogatoire, sans nouvelle assignation.

78. La partie répondra en personne, sans pouvoir lire aucun projet de réponse écrit et sans assistance de conseil, aux faits contenus dans la décision qui aura ordonné l'interrogatoire, et même à ceux sur lesquels le commissaire croirait devoir l'interroger d'office; les réponses seront précises et pertinentes sur chaque fait, sans aucun terme calomnieux ni injurieux. Si l'interrogatoire a été ordonné sur la demande d'une des parties, cette partie ne pourra y assister.

79. Le procès-verbal de l'interrogatoire sera remis au greffe par le commissaire, et l'instance se poursuivra sans autre formalité.

§ VII. De l'audition des parties.

80. Lorsque le conseil jugera nécessaire que les parties soient entendues en personne, il désignera un commissaire qui les appellera devant lui, les entendra hors de la présence de leurs avocats, et dressera procès-verbal de leurs dires respectifs; ce procès-verbal sera lu aux parties et signé par elles et par le commissaire. Si elles ne savent ou ne peuvent signer, mention en sera faite au procès-verbal.

§ VIII. De la vérification des écritures.

81. La décision qui prescrira la vérification d'écritures ordonnera qu'elle sera faite par trois experts, et les nommera d'office; la même décision commettra le commissaire devant qui la vérification sera faite; elle ordonnera aussi que la pièce à vérifier sera déposée soit au secrétariat du conseil, soit au greffe du tribunal de première instance, après que son état aura été constaté et qu'elle aura été paraphée par les avocats en cause et par le greffier ou le secrétaire-archiviste du conseil, lequel dressera de tout procès-verbal.

82. Il sera procédé à ladite vérification d'écritures devant le commissaire dans la forme réglée par les articles 198 à 213 inclusivement du Code de procédure civile (1).

---

(1) Art. 198. Dans les trois jours du dépôt de la pièce, le défendeur pourra en prendre communication au greffe, sans déplacement. Lors de ladite communication, la pièce sera paraphée par lui ou par son avoué, ou par son fondé de pouvoir spécial, et le greffier en dressera procès-verbal.

Art. 199. Au jour indiqué par l'ordonnance du juge-commissaire, et sur la sommation de la partie la plus diligente, signifiée à avoué, s'il en a été constitué, sinon à domicile, par un huissier commis par ladite ordonnance, les parties seront tenues de comparaître devant ledit commissaire pour convenir de pièces de comparaison. Si le demandeur en vérification ne comparaît pas, la pièce sera rejetée; si c'est le défendeur, la pièce pourra être tenue pour reconnue. Dans les deux cas, le jugement sera rendu à la prochaine audience, sur le rapport du juge-commissaire, sans acte à venir plaider; il sera susceptible d'opposition.

Art. 200. Si les parties ne s'accordent pas sur les pièces de comparaison, le juge ne pourra recevoir comme telles:

1° Que les signatures apposées aux actes par-devant notaires, ou celles apposées aux actes judiciaires en présence du juge et du greffier, ou enfin les pièces écrites et signées par celui dont il s'agit de comparer l'écriture, en qualité de juge, greffier, notaire, avoué, huissier, ou comme faisant, à tout autre titre, fonction de personne publique;

2° Les écritures et signatures privées, reconnues par celui à qui est attribuée la pièce à vérifier, mais non celles déniées ou non reconnues par lui, encore qu'elles eussent été précédemment vérifiées et reconnues être de lui.

Si la dénégation ou méconnaissance ne porte que sur partie de la pièce à vérifier, le juge pourra ordonner que le surplus de ladite pièce servira de pièce de comparaison.

Art. 201. Si les pièces de comparaison sont entre les mains de dépositaires publics ou autres, le juge commissaire ordonnera qu'aux jour et heure par lui indiqués, les détenteurs desdites pièces les apporteront au lieu où se fera la vérification, à peine, contre les dépositaires publics, d'être contraints par corps, et les autres par les voies ordinaires, sauf même à prononcer contre ces derniers la contrainte par corps, s'il y échet.

Art. 202. Si les pièces de comparaison ne peuvent être déplacées, ou si les détenteurs sont trop éloignés, il est laissé à la prudence du tribunal d'ordonner, sur le rapport du juge commissaire, et après avoir entendu le procureur du Roi, que la vérification se fera dans le lieu de la demeure des dépositaires ou dans le lieu le plus proche, ou que, dans un délai déterminé, les pièces seront envoyées au greffe par les voies que le tribunal indiquera par son jugement.

Art. 203. Dans ce dernier cas, si le dépositaire est personne publique, il sera préalablement expédition ou copie collationnée des pièces, laquelle sera vérifiée sur la minute ou original par le président du tribunal de son arrondissement, qui en dressera procès-verbal: ladite expédition ou copie sera mise par le dépositaire au rang de ses minutes, pour en tenir lieu jusqu'au renvoi des pièces; et il pourra en délivrer des grosses

Section VII. Des incidens qui peuvent survenir pendant l'instruction d'une affaire.

§ 1er. Des demandes incidentes.

83. Toute demande incidente sera formée par une requête sommaire déposée au secrétariat du conseil. Le gouverneur, sur l'avis motivé du rapporteur, statuera conformément à l'article 9 ci-dessus. L'arrêté de soit communiqué sera signifié au domicile de l'avocat de la partie adverse dans les huit jours de sa date.

84. Le défendeur sera tenu de répondre à ladite requête dans les huit jours de la signification qui lui en aura été faite.

85. Les demandes incidentes seront jugées par préalable : cependant le conseil pourra, s'il y a lieu, ordonner qu'elles seront jointes au principal, pour y être statué par la même décision.

§ II. Des demandes en sursis.

86. Le recours au conseil du contentieux administratif contre une décision administrative n'en suspendra pas l'exécution.

Toutefois, dans le cas où l'exécution de ladite décision serait de nature à causer un tort irréparable, le conseil pourra, sur la demande de la partie, et avec ou sans communication préalable à la partie adverse, accorder un sursis, ou ordonner que l'exécution provisoire n'aura lieu qu'à la charge de donner caution.

La demande en sursis devra être formée en même temps que l'instance principale, et par la même requête. Le défendeur pourra s'opposer au sursis.

§ III. De l'intervention.

87. L'intervention sera formée par requête qui contiendra les moyens et conclusions; les pièces justificatives y seront jointes.

88. Les requêtes d'intervention seront envoyées au rapporteur, et, sur son exposé, le gouverneur admettra, s'il y a lieu, l'intervention par un arrêté qu'il rendra à la suite de la requête, et par lequel il ordonnera la communication de la requête aux avo-

---

ou expéditions, en faisant mention du procès-verbal qui aura été dressé.

Le dépositaire sera remboursé de ses frais par le demandeur en vérification, sur la taxe qui en sera faite par le juge qui aura dressé le procès-verbal d'après lequel sera délivré exécutoire.

Art. 204. La partie la plus diligente fera sommer par exploit les experts et les dépositaires de se trouver aux lieu, jour et heure indiqués par l'ordonnance du juge-commissaire ; les experts, à l'effet de prêter serment et de procéder à la vérification, et les dépositaires, à l'effet de représenter les pièces de comparaison : il sera fait sommation à la partie d'être présente, par acte d'avoué à avoué. Il sera dressé du tout procès-verbal : il en sera donné aux dépositaires copie par extrait, en ce qui les concerne, ainsi que du jugement.

Art. 205. Lorsque les pièces seront représentées par les dépositaires, il est laissé à la prudence du juge-commissaire d'ordonner qu'ils resteront présens à la vérification, pour la garde desdites pièces, et qu'ils les retireront et représenteront à chaque vacation ; ou d'ordonner qu'elles resteront déposées ès-mains du greffier, qui s'en chargera par procès-verbal : dans ce dernier cas, le dépositaire, s'il est personne publique, pourra en faire expédition, ainsi qu'il est dit par l'article 203 ; et ce, encore que le lieu où se fait la vérification soit hors de l'arrondissement dans lequel le dépositaire a le droit d'instrumenter.

Art. 206. A défaut ou en cas d'insuffisance des pièces de comparaison, le juge-commissaire pourra ordonner qu'il sera fait un corps d'écritures, lequel sera dicté par les experts, le demandeur présent ou appelé.

Art. 207. Les experts ayant prêté serment, les pièces leur étant communiquées, ou le corps d'écritures fait, les parties se retireront, après avoir fait sur le procès-verbal du juge-commissaire telles réquisitions et observations qu'elles aviseront.

Art. 208. Les experts procéderont conjointement à la vérification, au greffe, devant le greffier ou devant le juge, s'il l'a ainsi ordonné ; et, s'ils ne peuvent terminer le même jour, ils remettront à jour et heure certains indiqués par le juge ou par le greffier.

Art. 209. Leur rapport sera annexé à la minute du procès-verbal du juge-commissaire, sans qu'il soit besoin de l'affirmer ; les pièces seront remises aux dépositaires, qui en déchargeront le greffier sur le procès-verbal.

La taxe des journées et vacations des experts sera faite sur le procès-verbal, et il en sera délivré exécutoire contre le demandeur en vérification.

Art. 210. Les trois experts seront tenus de dresser un rapport commun et motivé, et de ne former qu'un seul avis à la pluralité des voix.

S'il y a des avis différens, le rapport en contiendra les motifs, sans qu'il soit permis de faire connaître l'avis particulier des experts.

Art. 211. Pourront être entendus comme témoins ceux qui auront vu écrire et signer l'écrit en question, ou qui auront connaissance de faits pouvant servir à découvrir la vérité.

Art. 212. En procédant à l'audition des témoins, les pièces déniées ou méconnues leur seront représentées, et seront par eux paraphées : il en sera fait mention, ainsi que de leur refus ; seront, au surplus, observées les règles ci-après prescrites pour les enquêtes.

Art. 213. S'il est prouvé que la pièce est écrite ou signée par celui qui l'a déniée, il sera condamné à cent cinquante francs d'amende envers le domaine, outre les dépens, dommages et intérêts de la partie, et pourra être condamné par corps même pour le principal.

cats des parties intéressées pour y répondre dans le délai qui sera fixé par l'arrêté de soit communiqué. Dans le cas où le gouverneur ne jugerait pas à propos d'accorder un arrêté de soit communiqué, la demande en intervention sera soumise au conseil, qui statuera, ainsi qu'il est dit par l'art. 9 ci-dessus.

89. Dans les huit jours de sa date, l'arrêté de soit communiqué sera signifié aux avocats de toutes les parties de l'instance, et remis au secrétariat, avec les pièces y jointes, trois jours après ladite signification ; sinon ledit arrêté sera regardé comme non-avenu, et il sera passé outre au jugement de ladite instance.

90. Si l'intervention est contestée par quelqu'une des parties en cause, l'incident sera jugé à l'une des plus prochaines séances du conseil.

91. S'il n'y a pas de contestation, l'instruction sera faite à l'égard de la partie intervenante, suivant ce qui a été réglé à la section première ci-dessus à l'égard des autres parties de l'instance.

92. L'intervention ne pourra retarder le jugement de la cause principale, lorsqu'elle sera en état.

§ IV. Des reprises d'instance et constitution de nouvel avocat.

93. La décision de l'instance qui sera en état ne sera retardée ni par le changement d'état des parties, ni par la cessation des fonctions dans lesquelles elles procédaient, ni par leur mort, ni par les décès, démissions, interdictions, ou destitutions de leurs avocats, ni sous prétexte de constitution d'un nouvel avocat.

94. L'affaire sera en état lorsque l'instruction sera complète, ou quand les délais pour les productions et les réponses seront expirés.

95. Si l'affaire n'est pas en état, la procédure sera suspendue par la notification du décès de l'une des parties, ou par le seul fait de la démission, de l'interdiction ou de la destitution de son avocat.

Cette suspension durera jusqu'à la mise en demeure pour reprendre l'instance ou constituer avocat.

La notification du décès d'une partie ne pourra retarder la décision de l'affaire, lorsqu'il ne s'agira que de prononcer sur la compétence, et que l'affaire sera en état d'être jugée sous ce rapport.

96. L'assignation en reprise d'instance sera donnée aux délais fixés par les articles 3 et 16 ci-dessus.

97. La partie assignée sera tenue de reprendre l'instance dans lesdits délais par un simple acte d'avocat à avocat ; et, faute par elle de l'avoir reprise dans ces délais, il sera passé outre au jugement de l'affaire, sur la simple représentation de l'assignation en reprise d'instance.

Si celui que la partie réassignée représente n'avait produit ni fait signifier sa première requête avant son décès, la décision qui interviendra sera rendue par défaut.

Elle sera réputée contradictoire, dans le cas où il y aurait eu production ou signification de la première requête, et elle ne pourra être attaquée que par la voie du recours au Conseil-d'Etat.

98. A défaut d'une déclaration expresse, l'instance sera tenue pour reprise avec la partie qui aura été assignée pour la reprendre, en vertu du premier acte qu'elle fera signifier dans ladite instance.

99. La partie qui voudra reprendre l'instance sans attendre qu'elle soit assignée à cet effet le déclarera aux autres parties par un simple acte d'avocat à avocat, qui vaudra reprise, après quoi elle procédera en ladite instance selon les derniers erremens.

100. Si le demandeur est décédé avant que le défendeur ait signifié sa défense, les héritiers, successeurs ou ayant-cause du demandeur reprendront l'instance par un simple acte signé de leur avocat et déposé au secrétariat du conseil, et pourront ensuite poursuivre une décision par défaut contre le défendeur.

101. Si toutes les parties en cause sont décédées, ceux qui voudront reprendre l'instance seront censés l'avoir reprise en assignant les héritiers des autres parties en reprise d'instance.

102. Il ne sera point besoin de signifier les décès, démissions, interdictions ni destitutions des avocats ; les procédures faites et les décisions obtenues depuis seront nulles, s'il n'y a constitution de nouvel avocat.

L'assignation en constitution de nouvel avocat et lesdites constitutions se feront suivant les règles prescrites par les articles 96 et 97 ci-dessus pour les reprises d'instance.

103. S'il survient quelque difficulté sur la constitution de nouvel avocat, la contestation sera instruite et jugée comme les autres incidens préliminaires, ainsi qu'il a été ci-dessus réglé par les articles 83, 84 et 85.

§ V. Du désaveu.

104. La partie qui voudra former un désaveu relativement à des procédures faites en son nom, et qui peuvent influer sur la décision de sa cause, présentera à cet effet requête au gouverneur.

105. Cette requête contiendra l'énonciation des actes désavoués et les motifs du désaveu, et sera signée de la partie ou de son fondé de pouvoir spécial et d'un avocat au conseil : elle sera communiquée au rapporteur pour y être statué dans une des plus prochaines séances du conseil.

106. Si le conseil estime qu'il n'y a pas lieu d'accorder la permission de former le désaveu, il rejettera la requête.

Pourra néanmoins le conseil ordonner, s'il le juge convenable, que la requête en désaveu demeurera jointe au fond, pour y être fait droit lors de la décision définitive.

107. Si le conseil estime que le désaveu mérite d'être instruit, il ordonnera la communication de la requête aux parties, et surseoira, s'il y a lieu, à toute poursuite jusqu'au jugement du désaveu.

108. Si le désaveu concerne des procédures ou des actes faits ailleurs qu'au conseil, la décision qui ordonnera la communication de la requête aux parties renverra, en outre, l'instruction et le jugement devant les juges compétens, pour y être statué dans les formes ordinaires et dans un délai qui sera réglé par la décision du conseil.

Sur le vu du jugement qui aura statué sur le désaveu, ou faute de le rapporter après l'expiration du délai réglé par la décision du conseil, il sera passé outre à la poursuite et à la décision définitive de l'instance pendante au conseil.

109. Si le désaveu est relatif à des procédures ou des actes faits au conseil, la requête et la décision seront signifiées dans la huitaine à compter du jour de ladite décision par acte d'avocat à avocat, tant à l'avocat contre lequel le désaveu est dirigé qu'aux autres avocats de la cause; cette signification vaudra sommation de défendre au désaveu.

110. L'avocat contre lequel le désaveu sera dirigé, et les autres avocats de la cause, devront fournir leurs défenses au désaveu dans le délai de huitaine à compter du jour de ladite signification; après ce délai, il sera passé outre à la décision du désaveu à la plus prochaine des séances du conseil, sauf aux parties à fournir, avant ladite décision, telles autres observations qu'elles jugeront convenables.

111. Si le désaveu est déclaré valable, l'acte ou les dispositions de l'acte relatives aux chefs qui ont donné lieu au désaveu demeureront annulés et comme non-avenus. Le désavoué sera condamné envers le demandeur et les autres parties en tous dommages-intérêts, même puni d'interdiction ou poursuivi extraordinairement, suivant la gravité des cas et la nature des circonstances.

112. Si le désaveu est rejeté, le demandeur pourra être condamné envers le désavoué et les autres parties en tels dommages et réparations qu'il appartiendra.

§ VI. De l'inscription de faux.

113. La partie qui voudra s'inscrire en faux contre une pièce produite devant le conseil le déclarera par une requête adressée au gouverneur.

114. Sur l'exposé du rapporteur, le gouverneur rendra, au bas ou en marge de ladite requête, un arrêté portant que la partie qui a produit ladite pièce sera tenue de déclarer, dans un délai qui sera déterminé par ledit arrêté, si elle entend s'en servir.

115. Si la partie ne satisfait pas à cet arrêté, ou si elle déclare, par requête signifiée à l'avocat de la partie qui veut s'inscrire en faux, qu'elle n'entend pas se servir de la pièce, la pièce sera rejetée.

116. Si la partie fait, au contraire, dans la forme ci-dessus, la déclaration qu'elle entend se servir de la pièce, le conseil statuera, sur l'exposé du rapporteur.

Si le conseil est d'avis que la pièce arguée de faux est sans influence sur le résultat de l'instance, et si d'ailleurs l'affaire est en état, il prononcera la décision définitive ou rejettera la requête, tous droits et actions demeurant réservés au demandeur en faux, pour les faire valoir devant qui de droit.

117. Si le conseil juge, au contraire, que la décision définitive peut dépendre de la pièce arguée de faux, il renverra les parties devant le tribunal compétent, pour être statué sur l'inscription de faux dans les formes ordinaires et dans le délai qui sera déterminé par la décision de renvoi; il ordonnera, en même temps, qu'il sera sursis à la poursuite et à la décision de l'instance principale jusqu'après le jugement du faux. A l'expiration du délai, et s'il n'a point été accordé prolongation, ou sur le vu du jugement qui aura statué sur le faux, il sera passé outre à la poursuite et à la décision définitive de l'instance pendante en conseil.

§ VII. Des récusations.

118. Les récusations pourront être faites dans les cas prévus par les articles 378, 379, 380 et 381 du Code de procédure civile (1).

---

(1) Art. 378. Tout juge peut être récusé pour les causes ci-après :

1° S'il est parent ou allié des parties ou de l'une d'elles jusqu'au degré de cousin issu de germain inclusivement;

2° Si la femme du juge est parente ou alliée de l'une des parties, ou si le juge est parent ou allié de la femme d'une des parties, au degré ci-dessus, lorsque la femme est vivante, ou qu'étant décédée, il en existe des enfans : si elle est décédée et qu'il n'y ait point d'enfans, le beau-père, le gendre ni les beaux-frères ne pourront être juges : la disposition relative à la femme décédée s'appliquera à la femme divorcée, s'il existe des enfans du mariage dissous;

3° Si le juge, sa femme, leurs ascendans et descendans ou alliés dans la même ligne ont un différend sur pareille question que celle dont il s'agit entre les parties;

4° S'ils ont un procès en leur nom dans un

119. Elles seront proposées par requête adressée au gouverneur et communiquée administrativement à celui qui aura récusé, pour être, par lui, fait sa déclaration sur les moyens de récusation ; à l'effet de quoi, il sera entendu au conseil avant la décision sur la récusation, sans autre formalité, et sans qu'il puisse être fait à ce sujet aucune procédure.

120. Celui dont la demande en récusation aura été déclarée inadmissible, ou qui en aura été débouté faute de preuves, sera condamné à trois cents francs d'amende envers le trésor de la colonie.

§ VIII. Du désistement.

121. Le désistement des instances formées devant le conseil sera fait et accepté dans les formes prescrites par les articles 402 et 403 du Code de procédure civile (1), sur les désistemens.

§ IX. De la péremption.

122. Toute instance devant le conseil sera éteinte par la discontinuation des poursuites pendant trois ans : ce délai sera augmenté de six mois dans tous les cas où il y aura lieu à demande en reprise d'instance ou constitution de nouvel avocat.

123. Dans les cas où il y a lieu à arrêté de soit communiqué, les poursuites ne seront censées commencées que du jour de la notification dudit arrêté.

124. Les dispositions des articles 398, 399, 400 et 401 du Code de procédure civile (2) sur la péremption, sont applicables aux péremptions d'instance devant le conseil privé.

Section VIII. Du recours au conseil privé contre les décisions contradictoires.

125. Les décisions contradictoires ne pourront être rétractées par le conseil privé que

---

tribunal où l'une des parties sera juge ; s'ils sont créanciers ou débiteurs d'une des parties ;

5° Si, dans les cinq ans qui ont précédé la récusation, il y a eu procès criminel entre eux et l'une des parties, ou son conjoint, on ses parens ou alliés en ligne directe ;

6° S'il y a procès civil entre le juge, sa femme, leurs ascendans et descendans ou alliés dans la même ligne, et l'une des parties, et que ce procès, s'il a été intenté par la partie, l'ait été avant l'instance dans laquelle la récusation est proposée ; si, ce procès étant terminé, il ne l'a été que dans les six mois précédant la récusation ;

7° Si le juge est tuteur, subrogé-tuteur ou curateur, héritier présomptif ou donataire, maître ou commensal de l'une des parties ; s'il est administrateur de quelque établissement, société ou direction partie dans la cause, si l'une des parties est sa présomptive héritière ;

8° Si le juge a donné conseil, plaidé ou écrit sur le différend ; s'il en a précédemment connu comme juge ou comme arbitre ; s'il a sollicité, recommandé ou fourni aux frais du procès ; s'il a déposé comme témoin ; si, depuis le commencement du procès, il a bu ou mangé avec l'une ou l'autre des parties dans leur maison, ou reçu d'elles des présens ;

9° S'il y a inimitié capitale entre lui et l'une des parties ; s'il y a eu de sa part agressions, injures ou menaces, verbalement ou par écrit, depuis l'instance ou dans les six mois précédant la récusation proposée.

Art. 379. Il n'y aura pas lieu à récusation dans les cas où le juge serait parent du tuteur ou du curateur de l'une des deux parties, ou des membres ou administrateurs d'un établissement, société, direction ou union, partie dans la cause, à moins que lesdits tuteurs, administrateurs ou intéressés n'aient un intérêt distinct ou personnel.

Art. 380. Tout juge qui saura cause de récusation en sa personne sera tenu de le déclarer à la chambre, qui décidera s'il doit s'abstenir.

Art. 381. Les causes de récusation relatives aux juges sont applicables au ministère public lorsqu'il est partie jointe ; mais il n'est pas récusable lorsqu'il est partie principale.

(1) Art. 402. Le désistement peut être fait et accepté par de simples actes signés des parties ou de leurs mandataires, et signifiés d'avoué à avoué.

Art. 403. Le désistement, lorsqu'il aura été accepté, emportera de plein droit consentement que les choses soient remises de part et d'autre au même état qu'elles étaient avant la demande.

Il emportera également soumission de payer les frais, au paiement desquels la partie qui se sera désistée sera contrainte, sur simple ordonnance du président mise au bas de la taxe, parties présentes ou appelées par acte d'avoué à avoué.

Cette ordonnance, si elle émane d'un tribunal de première instance, sera exécutée nonobstant opposition ou appel ; elle sera exécutée nonobstant opposition, si elle émane d'une cour royale.

(2) Art. 398. La péremption courra contre l'Etat, les établissemens publics, et toutes personnes, même mineures, sauf leur recours contre les administrateurs et tuteurs.

Art. 399. La péremption n'aura pas lieu de droit ; elle se couvrira par les actes valables faits par l'une ou l'autre des parties avant la demande en péremption.

Art. 400. Elle sera demandée par requête d'avoué à avoué, à moins que l'avoué ne soit décédé ou interdit, ou suspendu, depuis le moment où elle a été acquise.

Art. 401. La péremption n'éteint pas l'action ; elle emporte seulement extinction de la procédure, sans qu'on puisse, dans aucun cas, opposer aucun des actes de la procédure éteinte, ni s'en prévaloir.

En cas de péremption, le demandeur principal est condamné à tous les frais de la procédure périmée.

lorsqu'elles ne seront plus susceptibles d'être attaquées par la voie du recours au Conseil-d'Etat, et seulement pour les causes ci-après :

1° S'il y a eu dol personnel;

2° Si l'on a jugé sur pièces reconnues ou déclarées fausses depuis la décision;

3° Si la partie a été condamnée faute d'avoir représenté une pièce décisive qui était retenue par son adversaire.

Il ne pourra être reçu de requête en rétractation pour d'autres causes, et l'avocat qui en présenterait sera puni d'une amende de cent francs à cinq cents francs, et même, en cas de récidive, de suspension ou de destitution.

126. La demande en rétractation, dans les trois cas ci-dessus énoncés, sera formée par requête adressée au gouverneur et déposée au secrétariat du conseil privé dans les délais prescrits par l'article 3 de la présente ordonnance.

127. Ces délais courront du jour où, soit le faux, soit le dol, auront été reconnus ou les pièces découvertes, pourvu que, dans ces deux derniers cas, il y ait preuve par écrit du jour, et non autrement.

Ces délais seront suspendus pendant tout le temps que la voie du recours au Conseil-d'Etat restera ouverte.

128. La requête en rétractation d'aucune partie autre que celle qui stipule les intérêts de l'Etat ne sera reçue, si, avant que cette requête ait été présentée, il n'a été consigné une somme de trois cents francs pour amende et cent cinquante francs pour les indemnités de la partie, sans préjudice de plus amples dommages-intérêts, s'il y a lieu; la consignation sera de moitié, si la décision est par défaut ou par forclusion.

129. Le recours d'ailleurs sera admis ou rejeté dans la forme prescrite par les articles 8 et 9 de la présente ordonnance.

130. S'il intervient un arrêté de soit communiqué, la signification en sera faite au défendeur de la manière suivante, savoir :

Si le recours contre la décision contradictoire a été admis dans les six mois du jour où cette décision a été rendue, et si l'avocat qui a occupé pour le défendeur dans la première instance exerce encore ses fonctions, la signification sera faite au domicile de cet avocat, qui sera tenu d'occuper sur le recours, sans qu'il soit besoin d'un nouveau pouvoir. Dans ce cas, le délai pour la signification de l'arrêté de soit communiqué ne sera que de huitaine, à compter du jour dudit arrêté de soit communiqué.

Néanmoins, il pourra être ordonné par cet arrêté que la signification en sera faite à personne ou à domicile; et, dans ce cas, l'arrêté fixera les délais pour la signification et la défense.

Si l'avocat qui a occupé dans la première instance pour le défendeur à la demande en rétractation n'exerce plus ses fonctions, ou si le recours contre la décision contradictoire n'a été admis qu'après les six mois de la décision, la signification de l'arrêté de soit communiqué sera faite aux défendeurs, à personne ou à domicile, dans les formes et les délais et suivant les règles fixés par l'article 12 ci-dessus pour la signification de l'arrêté de soit communiqué.

Les autres formalités prescrites pour les instances ordinaires seront observées dans les instances en recours contre les décisions contradictoires.

131. La décision qui rejettera la requête en rétractation condamnera le demandeur à l'amende et à l'indemnité ci-dessus fixées, sans préjudice de plus amples dommages-intérêts, s'il y a lieu.

132. Lorsqu'il aura été statué sur un premier recours contradictoire, un second recours contre la même décision ne sera pas recevable; l'avocat qui aurait présenté la requête sera puni de l'une des peines prononcées en l'article 125 de la présente ordonnance.

SECTION IX. De la tierce-opposition.

133. Une partie peut former tierce-opposition à une décision qui préjudicie à ses droits, et lors de laquelle ni elle, ni celle qu'elle représente, n'ont été appelées.

La tierce-opposition formée par action principale sera instruite et décidée dans la forme des actions principales.

La tierce-opposition incidente sera formée, instruite et jugée dans la forme des demandes incidentes.

134. La tierce-opposition ne sera point suspensive, à moins qu'il n'en soit autrement ordonné.

135. L'arrêté de soit communiqué, s'il en survient un, sera signifié dans les formes et dans les délais prescrits par l'article 130 ci-dessus pour la signification des arrêtés de soit communiqué rendus sur un recours contre une décision contradictoire.

136. La partie qui succombera dans la tierce-opposition sera condamnée en cent cinquante francs d'amende, sans préjudice des dommages-intérêts de l'autre partie, s'il y a lieu.

SECTION X. Du mode particulier de procéder à l'égard des demandes concernant les concessions de prises d'eau et les saignées à faire aux rivières pour l'établissement des usines, l'irrigation des terres, et tous autres usages.

137. Les demandes concernant les concessions de prise d'eau et les saignées à faire aux rivières pour l'établissement des usines, l'irrigation des terres, et tous autres usages, se-

ront formées par une requête adressée au gouverneur en conseil privé, à laquelle seront jointes toutes les pièces à l'appui.

Cette requête pourra être signée par la partie elle-même ou par un fondé de pouvoir spécial, sans qu'il soit nécessaire d'employer le ministère d'un avocat au conseil privé.

Elle sera transmise au directeur général de l'intérieur, qui sera chargé de la faire afficher pendant six semaines dans la commune où doit être établie la prise d'eau et dans les communes environnantes.

Pendant ce délai, tout particulier sera admis à présenter ses moyens d'opposition.

Après ce délai expiré, s'il n'y a pas d'opposition, le directeur général de l'intérieur, après avoir pris l'avis de l'ingénieur en chef, et recueilli, tant auprès des autorités locales qu'auprès des parties intéressés, tous les renseignemens nécessaires, fera le rapport de l'affaire au conseil, et la concession sera accordée, s'il y a lieu, sans autres procédures ni formalités.

Si, avant que la décision intervienne, il y a des oppositions, elles ne pourront être formées que par une requête adressée au gouverneur et signée par un avocat au conseil, dans la forme et suivant les règles des instances ordinaires.

La décision qui interviendra ne pourra être attaquée que par l'appel devant le Conseil-d'Etat.

Toutefois la voie de tierce-opposition est réservée à ceux qui se croiraient lésés par la décision intervenue et dans laquelle ils n'auraient pas figuré.

CHAPITRE II. Du recours au Conseil-d'Etat.

138. Lorsqu'une partie sera dans l'intention de se pourvoir au Conseil-d'Etat contre une décision du conseil privé, rendue contradictoirement ou sur requête dans les cas prévus par les articles 9 et 14 de la présente ordonnance, elle sera tenue d'en faire la déclaration au secrétariat du conseil privé.

Cette déclaration énoncera sommairement les moyens du recours, et sera inscrite sur un registre particulier par ordre de dates et de numéros.

139. La déclaration de la partie devra être faite soit par l'avocat qui aura occupé pour elle dans l'instance, soit par cette partie elle-même, assistée d'un avocat au conseil privé, soit par un mandataire muni d'un pouvoir spécial, également assisté d'un avocat au conseil privé.

Les déclarations de recours, dans l'intérêt du Gouvernement, seront faites et signées par le contrôleur colonial.

140. Toutes déclarations de recours devra, à peine de déchéance, être faite dans les deux mois à compter du jour de la décision contre laquelle on peut se pourvoir.

141. Dans les huit jours de ladite déclaration, l'expédition en sera remise à l'avocat de la partie, qui en donnera récépissé en marge du registre sur lequel cette déclaration aura été inscrite.

Cette expédition sera signée du secrétaire-archiviste, et timbrée du sceau du conseil.

Dans les huit jours de cette remise, signification de ladite expédition sera faite tant à l'avocat du défendeur au recours qu'à ce défendeur lui-même, dans les délais et suivant les règles déterminés par l'article 12 ci-dessus pour la signification de l'arrêté de soit communiqué. Cette signification vaudra sommation au défendeur au recours de constituer avocat aux conseils du Roi, à l'effet de défendre, s'il y a lieu, devant le Conseil-d'Etat.

142. Le défendeur au recours devra constituer avocat aux conseils du Roi dans les délais suivans, qui courront du jour de la signification à lui faite, par le demandeur, de sa déclaration en recours, savoir :

Lorsque la déclaration aura été faite à la Martinique, à la Guadeloupe ou à la Guiane française, les délais pour constituer avocat devant le Conseil-d'Etat seront, savoir :

1° De quatre mois, si le défendeur demeure à la Martinique, à la Guadeloupe, dans les autres Antilles, à la Guiane française ou en Europe ;

2° De huit mois, si le défendeur demeure dans les autres pays situés à l'ouest du cap de Bonne-Espérance et à l'est du cap Horn ;

3° De cinq mois, si le défendeur demeure dans les pays à l'est du cap de Bonne-Espérance et à l'ouest du cap Horn.

Lorsque la signification aura été faite à l'île Bourbon, les délais pour constituer avocat en France seront :

1° De huit mois, si le défendeur demeure à l'île de Bourbon ou dans ses dépendances ;

2° D'un an, si le défendeur demeure dans tout autre lieu.

L'avocat ainsi constitué sera tenu d'en faire la déclaration au secrétariat du Conseil-d'Etat.

143. La requête en recours sera déposée, à peine de déchéance, au secrétariat du Conseil-d'Etat, dans les formes ordinaires et dans les délais suivans, qui courront du jour de la signification de la déclaration du recours dans la colonie, savoir :

Si la signification de la déclaration de recours a été faite dans une des colonies de la Martinique, de la Guadeloupe ou de la Guiane française, le délai pour déposer la requête en recours au Conseil-d'Etat sera de quatre mois à compter de ladite déclaration.

Si ladite signification a été faite dans la colonie de Bourbon, le délai pour déposer la requête en recours au Conseil d'Etat sera de huit mois à compter de ladite signification.

28.

22

Dans tous les cas, une expédition ou une copie signifiée de la décision attaquée, une expédition de la déclaration de recours, et l'original de la signification de cette déclaration, seront joints à la requête en recours, à peine de nullité.

144. L'ordonnance de soit communiqué obtenue par le demandeur sera signifiée dans les délais et au domicile ci-après indiqué, savoir :

1° Si le défendeur ne demeure pas en France, et qu'il ait constitué avocat, elle sera signifiée au domicile de cet avocat ;

2° Si le défendeur ne demeure pas en France, et qu'il n'ait pas constitué d'avocat, elle sera signifiée au domicile d'un avocat d'office, dont la désignation aura lieu ainsi qu'il sera prescrit par l'article suivant; mais il ne pourra être obtenu de défaut que quinze jours après l'expiration des délais accordés au défendeur par l'article 142 ci-dessus pour constituer avocat au Conseil du Roi.

Les décisions par défaut seront signifiées au domicile de l'avocat d'office, et les oppositions seront formées dans le délai de trois mois, dans quelque lieu que les parties soient domiciliées;

3° Si le défendeur demeure en France, soit qu'il ait ou qu'il n'ait pas constitué avocat, l'ordonnance de soit communiqué sera signifiée à personne ou à domicile, dans les trois mois à compter de sa date; et, dans ce cas, les délais pour produire les défenses seront ceux déterminés par l'article 4 du réglement du 22 juillet 1806.

145. Notre ministre de la marine désignera un des avocats en nos conseils pour recevoir toutes les significations qui seront faites dans les cas prévus par le n° 2 de l'article précédant, ainsi que toutes autres significations qui pourraient avoir lieu par suite de l'instance au Conseil-d'Etat; cet avocat ne pourra jamais occuper pour les demandeurs en recours.

Nonobstant cette désignation, les défendeurs auront toujours la faculté de constituer tel autre avocat qu'ils jugeront convenable; et, dans ce cas, les pièces lui seront remises sans frais.

146. Le recours au Conseil-d'Etat contre les décisions incidentes ne pourra être formé qu'après la décision définitive, conjointement avec le recours contre cette décision et par la même requête; néanmoins, en cas de désaveu, l'avocat contre lequel le désaveu aura été admis pourra se pourvoir avant la décision définitive sur l'instance principale.

147. Les règles établies par les lois et ordonnances en vigueur dans le royaume, pour l'instruction et le jugement des affaires portées à notre Conseil-d'Etat, seront suivies à l'égard des recours contre les décisions du conseil du contentieux administratif des colonies.

TITRE II. Du mode de procéder devant le conseil privé constitué en commission d'appel, et du pourvoi en cassation contre ses arrêts.

CHAPITRE Ier. Du mode de procéder devant la commission d'appel.

148. La commission d'appel sera saisie des délits de sa compétence par le dépôt au secrétariat du conseil privé, des requêtes et pièces du procès; ces pièces y seront envoyées par le procureur du Roi près le tribunal qui aura rendu le jugement, dans les vingt-quatre heures après la déclaration ou la remise de la notification d'appel.

Si celui contre qui le jugement a été rendu est en état d'arrestation, il sera dans le même délai, et par ordre du procureur du Roi, transféré dans la maison où siége le conseil privé.

149. Le gouverneur, sur la requête qui lui sera présentée, soit par le contrôleur colonial, soit par les parties intéressées, rendra une ordonnance indicative du jour où l'affaire sera portée devant la commission d'appel.

150. L'ordonnance indicative du jour d'audience sera remise de suite par le secrétaire du conseil au contrôleur colonial, qui la fera notifier sans retard aux parties intéressées, soit à personne, au lieu de leur domicile ou de leur résidence dans la colonie, soit au lieu de leur dernier domicile ou de leur dernière résidence connue dans ladite colonie, si elles n'y sont domiciliées ni présentes, soit au domicile élu par l'acte d'appel; et enfin, dans le cas où il n'y aurait ni domicile élu ni résidence connue, et où la notification ne pourrait être faite à personne, elle aura lieu au parquet du procureur général, qui transmettra la copie ainsi qu'il est dit en l'article 3 ci-dessus.

151. Il y aura toujours un délai de quinze jours au moins entre la date de l'ordonnance portant fixation d'audience et l'audience indiquée; ce délai sera augmenté d'un jour par trois myriamètres de distance entre le lieu des séances de la commission et celui du domicile ou de la résidence de la partie dans la colonie.

152. Dans les huit jours au plus tard de la notification de l'ordonnance indicative du jour d'audience, le contrôleur colonial remettra au secrétariat du conseil ses réquisitions, et la partie civile, ses conclusions motivées.

Les prévenus et les personnes civilement responsables pourront en prendre communication, mais sans déplacement, et produire tous mémoires et demandes qu'ils jugeront convenables, jusqu'au jour de l'audience.

153. Les conclusions, requêtes et mémoires de la partie civile, des prévenus et des personnes civilement responsables, devront être signés par un avocat au conseil, sous peine de rejet.

Dans le cas où les avocats au conseil auraient refusé d'occuper pour une partie, elle pourra se pourvoir auprès du gouverneur, qui lui en désignera un d'office; le gouverneur devra également désigner un avocat d'office aux personnes dans l'indigence ou notoirement insolvables.

154. L'appel sera jugé sur le rapport de l'un des membres de la commission, et l'audience sera publique, à peine de nullité: toutefois le nombre des assistans ne pourra excéder le triple de celui des membres de la commission d'appel.

155. Le rapporteur ou le secrétaire du conseil donnera lecture des requêtes et mémoires des parties et des autres pièces du procès.

Le contrôleur colonial lira ses réquisitions; il pourra toujours les modifier: lorsqu'il usera de cette faculté, la commission d'appel ordonnera, si elle le juge à propos, que les nouvelles réquisitions seront déposées, sans délai, au secrétariat du conseil, pour y être communiquées aux parties intéressées, à qui il sera donné avis de ce dépôt par le secrétaire du conseil.

Dans ce cas, l'affaire sera renvoyée à tel autre jour d'audience que la commission d'appel indiquera.

156. Immédiatement après la lecture de ses réquisitions, le contrôleur colonial les déposera sur le bureau; la commission d'appel se retirera pour délibérer à huis clos, hors de la présence du contrôleur et du secrétaire.

157. Sauf le cas de preuve légale résultant de procès-verbaux réguliers et faisant foi jusqu'à inscription de faux ou jusqu'à preuve contraire, les membres de la commission d'appel se décideront d'après leur intime conviction puisée dans les informations, les pièces de l'instruction, et les notes tenues à l'audience du tribunal de première instance.

158. La commission d'appel pourra ordonner, avant faire droit, tous actes d'instruction et de poursuites, et commettre pour y procéder, selon le mode et les formes déterminés par les ordonnances en vigueur, soit un de ses membres, soit un ou plusieurs officiers de police judiciaire qu'elle désignera.

159. Les parties civiles, les prévenus et les personnes civilement responsables qui n'auront pas produit leurs mémoires et conclusions avant le jour d'audience indiqué, seront jugés par défaut.

160. L'arrêt par défaut sera comme non avenu si, dans les cinq jours de la signification qui en aura été faite aux parties défaillantes, suivant les règles déterminées par l'article 150, elles y forment opposition, et notifient cette opposition tant au contrôleur colonial qu'aux autres parties intéressées, avec élection de domicile au lieu où siége la commission d'appel.

Les frais de l'expédition, de la signification de l'arrêt par défaut, de l'opposition et des notifications prescrites par l'article suivant, demeureront à la charge du défaillant.

161. Le gouverneur, sur la demande du contrôleur colonial, fixera le délai dans lequel l'affaire devra de nouveau être portée devant la commission d'appel: ce délai ne pourra être moindre de cinq jours.

L'ordonnance sera notifiée dans les quarante-huit heures, à la requête du contrôleur colonial, aux parties intéressées, aux domiciles par elles élus.

162. Le contrôleur colonial déposera ses conclusions au secrétariat du conseil privé, deux jours au moins avant l'audience indiquée.

163. L'opposant sera tenu de produire ses moyens avant le jour d'audience indiqué; sinon il sera déclaré non-recevable dans son opposition. Dans aucun cas, l'arrêt qui aura statué sur une première opposition ne sera susceptible d'opposition.

164. Si le jugement dévolu à la commission d'appel est réformé, parce que le fait n'est réputé ni délit ni contravention par aucune loi, la commission renverra le prévenu, et statuera, s'il y a lieu, sur ses dommages-intérêts.

165. Si le jugement est annulé pour cause d'incompétence, et si néanmoins le fait paraît caractériser soit un crime, soit un délit, ou une contravention, étrangers aux attributions de la commission d'appel, la commission renverra le prévenu devant le procureur du Roi.

166. Si le jugement est annulé pour violation non réparée des formes prescrites par la loi à peine de nullité, la commission d'appel statuera sur le fond.

167. Lorsque la commission d'appel annulera une instruction, elle pourra ordonner que les frais de la procédure à recommencer seront à la charge de l'officier ou juge instructeur qui aura commis la nullité.

Néanmoins, la présente disposition n'aura lieu que pour des fautes très-graves.

168. Les arrêts de la commission d'appel se formeront à la majorité; et, dans le cas où il y aurait égalité de voix, l'avis favorable au prévenu prévaudra.

Les voix seront recueillies dans l'ordre inverse du rang qu'occupe chaque membre du conseil. Le président votera le dernier.

169. Les arrêts seront, à peine de nullité, prononcés par le président publiquement, et

au jour déterminé par l'ordonnance portant fixation d'audience; sinon, au jour indiqué par un arrêt de renvoi.

170. Tout arrêt de condamnation rendu contre le prévenu et les personnes civilement responsables du délit, ou contre la partie civile, les condamnera aux frais, même envers la partie publique.

Les frais seront liquidés par le même arrêt.

171. Les arrêts seront motivés : ils énonceront les noms des membres de la commission d'appel, du contrôleur colonial et du secrétaire; les noms, demeures et professions du prévenu, des personnes civilement responsables et de la partie civile, le sommaire des conclusions du contrôleur colonial: le tout à peine de nullité.

172. Dans le dispositif de tout arrêt de condamnation seront énoncés, à peine de nullité, les faits dont les inculpés seront jugés coupables ou responsables, la peine et les condamnations civiles.

Le texte de la loi dont on fera l'application sera lu à l'audience par le président : il sera fait mention de cette lecture dans l'arrêt, également à peine de nullité.

Le texte de la loi sera inséré dans l'arrêt.

173. Les arrêts seront écrits par le rapporteur, ou par tout autre membre de la commission que le président désignera; la minute en sera signée, au plus tard dans les vingt-quatre heures, par les membres de la commission d'appel qui les auront rendus, à peine de cent francs d'amende contre le secrétaire.

174. Le gouverneur pourra toujours, quoique présent, soit déléguer à l'un des chefs d'administration, membre de la commission d'appel, la direction de l'audience.

175. Les arrêts de la commission d'appel seront exécutés à la requête du contrôleur colonial et de la partie civile, chacun en ce qui le concerne.

Néanmoins, les poursuites pour le recouvrement des amendes et confiscations seront faites au nom du contrôleur colonial par le directeur de l'enregistrement et des domaines.

Les arrêts de condamnation seront exécutés dans les délais prescrits par l'article 184 ci-après.

176. Il sera interdit au secrétaire du conseil privé de délivrer expédition d'un arrêt avant qu'il ait été signé, sous peine d'être poursuivi conformément à l'article 139 du Code de procédure civile (1).

177. Le secrétaire du conseil privé tiendra un registre des arrêts, lequel sera coté et paraphé par le gouverneur.

Le contrôleur colonial se fera représenter, tous les mois, ce registre, ainsi que les minutes des arrêts; et, en cas de contravention aux articles 173 et 176, il en dressera procès-verbal pour être procédé ainsi qu'il appartiendra.

CHAPITRE II. Du pourvoi en cassation contre les arrêts de la commission d'appel.

178. Les arrêts de la commission d'appel, ainsi que l'instruction et les poursuites qui les auront précédés, pourront être annulés par voie de cassation:

1° Pour violation ou omission de quelques-unes des formalités prescrites, à peine de nullité, par la législation criminelle en vigueur et par la présente ordonnance;

2° Pour cause d'incompétence;

3° Pour refus ou omission de prononcer, soit sur une ou plusieurs demandes du prévenu, soit sur une ou plusieurs réquisitions du ministère public, tendant à user d'une faculté ou d'un droit accordé par la loi, bien que la peine de nullité ne fût pas textuellement attachée à l'absence de la formalité dont l'exécution aura été demandée ou requise;

4° Pour violation ou fausse application des lois pénales en vigueur.

Les nullités de l'instruction et du jugement de première instance ne pourront être opposées devant la Cour de cassation qu'autant qu'il en aura été excipé devant la commission d'appel.

179. Lorsque la peine prononcée sera la même que celle portée par la loi qui s'applique au délit, nul ne pourra demander l'annulation de l'arrêt, sous le prétexte qu'il y aurait erreur dans la citation du texte de la loi.

180. Lorsque le renvoi de la partie poursuivie aura été prononcé, nul ne pourra se prévaloir contre elle de la violation ou omission des formes prescrites pour assurer sa défense.

181. Le recours en cassation contre les arrêts préparatoires et interlocutoires, même contre les arrêts rendus sur la compétence, ne sera ouvert qu'après l'arrêt définitif.

L'exécution volontaire des arrêts ne pourra, en aucun cas, être opposée comme fin de non-recevoir.

182. Les voies de cassation exprimées en l'article 178 sont respectivement ouvertes au condamné, au ministère public et à la partie civile, contre tous arrêts, sans distinction de ceux qui ont prononcé le renvoi de la partie ou sa condamnation, sans préjudice du pourvoi qui peut être exercé dans l'intérêt de la

---

(1) Art. 139. Les greffiers qui délivreront expédition d'un jugement avant qu'il ait été signé seront poursuivis comme faussaires.

loi par le procureur général près la Cour de cassation, soit d'office, soit sur la demande du ministre de la marine.

183. Le condamné aura trois jours francs après celui où l'arrêt aura été prononcé, pour déclarer au secrétariat du conseil privé qu'il se pourvoit en cassation.

Le contrôleur colonial pourra, dans le même délai, déclarer au même secrétariat qu'il demande la cassation de l'arrêt.

La partie civile aura aussi le même délai; mais elle ne pourra se pourvoir que quant aux dispositions relatives à ses intérêts civils.

184. La condamnation sera exécutée dans les vingt-quatre heures qui suivront les délais mentionnés en l'article précédent, s'il n'y a point de recours en cassation, ou, en cas de recours dans les vingt-quatre heures de la réception de l'arrêt de la cour de cassation qui aura rejeté la demande, sauf, en cas de pourvoi, l'exception portée en l'article 192 ci-après.

185. La déclaration de recours en cassation sera faite au secrétariat du conseil privé par la partie condamnée, et signée d'elle et du secrétaire; et si le déclarant ne peut ou ne veut signer, le secrétaire en fera mention.

Cette déclaration pourra être faite dans la même forme par l'avocat de la partie condamnée, ou par un fondé de pouvoir spécial: dans ce dernier cas, le pouvoir demeurera annexé à la déclaration.

Elle sera inscrite sur un registre à ce destiné; ce registre sera public, et toute personne aura le droit de s'en faire délivrer des extraits.

186. Lorsque le recours en cassation sera exercé, soit par la partie civile, s'il y en a une, soit par le ministère public, ce recours, outre l'inscription énoncée dans l'article précédent, sera notifié à la partie contre laquelle il sera dirigé, dans le délai de huit jours.

Lorsque cette partie sera actuellement détenue, l'acte contenant la déclaration du recours lui sera lu par l'huissier du conseil privé: elle le signera; et, si elle ne le peut ou ne le veut, l'huissier en fera mention.

Lorsqu'elle sera en liberté, le demandeur en cassation lui notifiera son recours par le ministère d'un huissier, soit à sa personne, soit au domicile par elle élu: le délai de la notification sera, dans ce cas, augmenté d'un jour par chaque distance de trois myriamètres.

187. La partie civile qui se sera pourvue en cassation sera tenue de joindre aux pièces une expédition authentique de l'arrêt.

Elle devra, à peine de déchéance, déposer dans la caisse des consignations de la colonie une amende de trois cents francs, ou de la moitié de cette somme, si l'arrêt a été rendu par défaut. Il en sera de même des condamnés de condition libre et des personnes civilement responsables du délit. Au moyen de cette consignation, et en en justifiant, la partie qui se pourvoira sera dispensée de toute consignation nouvelle en France.

188. Sont dispensés de l'amende les fonctionnaires publics et administrations intéressées à la poursuite.

A l'égard de toutes autres personnes, l'amende sera encourue par celles qui succomberont dans leurs recours; seront néanmoins dispensées de la consigner celles qui joindront à leur demande en cassation un certificat d'indigence à elles délivré par le commissaire civil de leur domicile ou par le commissaire commandant de leur commune, visé et approuvé par le directeur général de l'intérieur.

189. Le condamné ou la partie civile pourra, dans les dix jours de la déclaration de pourvoi, déposer au secrétariat du conseil privé une requête contenant ses moyens de cassation. Le secrétaire du conseil privé lui en donnera récépissé, et remettra sur-le-champ cette requête au contrôleur colonial.

Néanmoins le condamné ou la partie civile pourra toujours adresser directement au procureur général près la cour de cassation l'expédition de l'arrêt de condamnation, l'expédition de la déclaration et les autres pièces à l'appui: le tout dûment légalisé.

190. Toutes les fois qu'il y aura recours en cassation, le contrôleur colonial transmettra sans retard au ministre de la marine et des colonies l'expédition de l'arrêt, les pièces du procès et les mémoires de défenses produits devant le conseil privé, et la requête du condamné ou de la partie civile, s'il en a été déposé.

Le secrétaire-archiviste rédigera sans frais et joindra à cet envoi un inventaire des pièces, sous peine de cent francs d'amende, laquelle sera prononcée par la cour de cassation.

Aussitôt après que les pièces auront été reçues à bord d'un bâtiment, le contrôleur colonial sera tenu de mentionner en marge de la déclaration de pourvoi la date de cette remise, le nom du bâtiment et de son capitaine.

191. Immédiatement après la réception de ces pièces, le ministre de la marine les adressera au ministre de la justice, pour être transmises à la Cour de cassation.

192. Le recours en cassation sera suspensif de l'exécution de l'arrêt attaqué.

Toutefois le sursis n'aura lieu qu'à la charge par les condamnés de fournir caution, à l'effet d'assurer au besoin le recouvrement du montant des condamnations prononcées.

La caution devra être agréée par le contrôleur colonial.

La commission d'appel pourra cependant ordonner l'exécution provisoire de son arrêt, nonobstant le pourvoi.

Dans ce cas, s'il y a condamnation, il sera

procédé à la vente par adjudication publique des objets saisis, à la requête du procureur colonial, poursuites et diligences du directeur des domaines, pour le prix en être déposé ainsi qu'il sera ordonné; si l'arrêt est cassé, et que le prévenu soit ultérieurement acquitté, le prix des objets vendus sera restitué avec les intérêts, au cas où il en aurait été perçu, et sans qu'il puisse être exercé aucune autre répétition contre le trésor.

Si le prévenu est renvoyé des poursuites, l'exécution provisoire ne pourra être ordonnée qu'à la charge de donner caution, laquelle sera également agréé par le contrôleur colonial : le prévenu pourra néanmoins, dans ce cas, requérir qu'il soit procédé à la vente des objets saisis et au dépôt du prix, conformément à ce qui est prescrit en cas de condamnation.

193. Si le prévenu est détenu et qu'il y ait pourvoi, il sera, dans tous cas, admis à fournir caution, pour obtenir sa liberté provisoire; le montant et la nature du cautionnement seront fixés par la commission d'appel, et la caution sera discutée par le contrôleur colonial.

194. Il sera procédé devant la cour de cassation, sur le pourvoi contre les arrêts des commissions d'appel, conformément aux lois du royaume.

Si l'arrêt et la procédure sont annulés pour cause d'incompétence, la cour de cassation renverra le procès devant les juges qui doivent en connaitre, et les désignera.

Lorsque l'arrêt sera annulé parce que le fait qui aura donné lieu à une condamnation se trouvera n'être pas un délit qualifié par la loi, le renvoi, s'il y a partie civile, sera fait devant le tribunal de première instance, dans lequel toutefois ne pourront siéger ni le juge qui aura connu de l'affaire, ni celui qui aura fait l'instruction.

S'il n'y a pas de partie civile, aucun renvoi ne sera prononcé.

TITRE III. Des officiers ministériels près le conseil.

§ Ier. Des avocats au conseil privé.

195. Il y aura près de chaque conseil privé, à la Martinique, à la Guadeloupe et à Bourbon, quatre avocats au conseil, qui auront le droit exclusif de faire tous actes d'instruction et de procédure devant le conseil.

A la Guiane française le nombre de ces avocats ne sera que de deux.

Ces avocats seront choisis parmi les avocats-avoués ou les avoués exerçant dans le chef-lieu de la colonie : ils seront nommés par le gouverneur, sur la présentation du procureur général.

196. Les avocats au conseil auront toujours le droit d'assister aux audiences de com-mission d'appel, et y occuperont un banc qui leur sera spécialement affecté. Ils seront en costume; ils devront toujours être présens à la prononciation des arrêts rendus dans les affaires dans lesquelles ils auront occupé.

197. Ils ne pourront remplir leurs fonctions qu'après avoir prêté, devant le conseil privé, le serment suivant :

« Je jure d'être fidèle au Roi; de ne rien « dire ou publier de contraire aux lois, ordon-« nances, arrêts et réglemens, aux bonnes « mœurs, à la sûreté de l'Etat et à la paix « publique; de ne jamais m'écarter du res-« pect dû au conseil et aux autorités publi-« ques, et de ne défendre aucune cause que « je ne croirai pas juste en mon ame et cons-« cience. »

Les avocats au conseil privé qui présenteraient comme contentieuses des affaires qui ne le seraient pas, qui porteraient au conseil privé des affaires qui seraient de la compétence d'une autre autorité, ou qui, soit à l'audience, soit dans les mémoires produits devant le conseil, s'écarteraient des devoirs qui leur sont prescrits, seront, suivant l'exigence des cas, punis de l'une des peines suivantes, savoir : l'avertissement, la réprimande et l'interdiction.

Ces peines seront appliquées en dernier ressort par le conseil privé, d'office, ou sur la réquisition du ministère public, sans préjudice du droit de destitution attribué au gouverneur, qui, dans ce cas, prendra préalablement l'avis du conseil.

198. Les avocats au conseil resteront d'ailleurs soumis, quant à la discipline et à tous autres égards, aux réglemens actuellement en vigueur.

§ II. De l'huissier au conseil.

199. Les significations d'avocat à avocat, et celles aux parties ayant leur domicile dans le chef-lieu de la colonie, seront faites exclusivement par l'huissier attaché au conseil privé et désigné par le gouverneur.

TITRE IV. Des dépens.

200. Jusqu'à ce que le conseil privé ait proposé un projet de tarif à notre ministre de la marine, qui le soumettra à notre approbation, le tarif qui règle les dépens des avoués en matière ordinaire devant la cour royale sera provisoirement applicable aux avocats au conseil privé, pour tous les actes prévus par la présente ordonnance.

201. L'impression d'aucun mémoire ne passera en taxe. Les écritures seront réduites au nombre de rôles qui sera réputé suffisant pour l'instruction de l'instance.

202. Les requêtes et mémoires seront écrits correctement et lisiblement en demi-grosse seulement : chaque rôle contiendra au moins

cinquante lignes, et chaque ligne douze syllabes au moins; sinon chaque rôle où il se trouvera moins de syllabes sera rayé en entier, et l'avocat sera tenu de restituer ce qui lui aurait été payé à raison de ces rôles.

203. Les copies signifiées des requêtes et mémoires ou autres actes seront écrites lisiblement et correctement; elles seront conformes aux originaux, et l'avocat sera responsable de leur exactitude.

204. Les écritures des parties, signées par les avocats au conseil, seront sur papier timbré, dans les colonies où il est en usage; les pièces par elles produites ne seront pas sujettes au droit d'enregistrement, à l'exception des exploits d'huissier, pour chacun desquels il sera perçu un droit d'un franc.

Néanmoins cette disposition ne dispense pas les pièces produites devant le conseil des droits d'enregistrement auxquels l'usage qui en serait fait ailleurs pourrait donner ouverture.

Il en sera de même à l'égard des droits d'enregistrement des pièces produites devant le conseil qui, par leur nature, sont soumises à l'enregistrement dans un délai fixe.

205. Il ne sera employé dans la liquidation des dépens aucuns frais de voyage, séjour et retour des parties, ni aucuns frais de voyage d'huissier au-delà d'une journée.

206. La liquidation et la taxe des dépens seront faites par le procureur général ou par l'un des magistrats qui auraient été appelés à faire partie du conseil privé, sauf révision par le conseil privé, sur la demande des parties intéressées.

Titre V. Dispositions générales.

207. Les deux membres de l'ordre judiciaire que le conseil privé doit s'adjoindre lorsqu'il se constitue en conseil du contentieux administratif, ou en commission d'appel, conformément à nos ordonnances sur le gouvernement de nos colonies, seront nommés au commencement de chaque semestre, et appelés à ce service pendant sa durée.

208. Le contrôleur colonial sera tenu, dans les vingt premiers jours des mois de janvier et de juillet de chaque année, de remettre au gouverneur, pour être adressés à notre ministre de la marine, deux états numériques relatifs au service du semestre précédent, l'un pour le conseil du contentieux administratif, l'autre pour la commission d'appel.

209. L'état relatif au conseil du contentieux administratif comprendra :

1° Les demandes inscrites au secrétariat ;
2° Les arrêtés de soit communiqué rendus ;
3° Les décisions par défaut ;
4° Les décisions préparatoires ou interlocutoires ;
5° Les décisions définitives ;

6° Les affaires terminées par désistement ou par transaction ;
7° Les affaires restant à juger ;
8° Les affaires arriérées, en désignant par ordre de numéro chaque affaire en retard, ainsi que l'année et le semestre auxquels ils appartiennent.

Il sera fait mention, dans la colonne d'observations, des motifs du retard apporté au jugement de ces affaires.

Seront réputées causes arriérées celles qui ne seront pas vidées dans les trois mois du jour de leur inscription au rôle du conseil ;

Enfin les réclamations de recours au Conseil-d'Etat.

210. L'état relatif à la commission d'appel comprendra, savoir :

1° Les arrêts définitifs, en distinguant ceux qui auront prononcé l'emprisonnement, et avec mention pour chaque affaire du nom des prévenus, de la nature du délit, et de la peine prononcée en cas de condamnation :

Il sera également fait mention de la durée de chaque session ;

2° Les noms, âge, sexe et professions des détenus attendant jugement et des détenus par suite de condamnation, en distinguant les étrangers et regnicoles, les blancs, les gens de couleur libres et les esclaves ;

3° Les déclarations de pourvoi en cassation qui auront eu lieu, et les mesures provisoires qui auront été prises à la suite.

211. Les états dressés au secrétariat du conseil privé seront certifiés par le secrétaire-archiviste et visés par le contrôleur colonial.

212. Les membres du conseil devront siéger dans le costume qui est attribué aux fonctions qu'ils exercent dans les colonies.

Les avocats ne seront admis à l'audience qu'en robe.

213. Toutes dispositions contraires à la présente ordonnance sont et demeurent abrogées.

214. Notre ministre secrétaire d'Etat de la marine et des colonies (Baron Hyde de Neuville) est chargé de l'exécution de la présente ordonnance.

---

31 Aout 1828. — Ordonnance du Roi sur le cabotage. (Mon. du 18 septembre 1828.)

Charles, etc.

Voulant pourvoir à la fixation définitive des limites du grand et du petit cabotage pour chacune de nos colonies, et soumettre à des règles uniformes la réception, dans les mêmes établissemens, des capitaines, maîtres et patrons destinés à commander les bâtimens employés à ces deux espèces de navigation ;

Sur le rapport de notre ministre secrétaire d'Etat de la marine et des colonies ;

Nous avons ordonné et ordonnons ce qui suit :

TITRE Ier. Des limites assignées au grand et petit cabotage pour chaque colonie.

Art. 1er. Pour les navires expédiés de nos îles de la Martinique et de la Guadeloupe, le grand cabotage comprendra l'étendue des côtes et toutes les îles situées entre le cap Saint-Roch et la partie septentrionale de l'île de Terre-Neuve.

Le petit cabotage comprendra, pour les mêmes colonies, l'espace compris entre le 8e et le 19e degrés de latitude nord, et depuis le 61e degré de longitude occidentale du méridien de Paris jusqu'à une ligne partant de l'extrémité ouest de l'île de Porto-Rico, et dirigée sur le cap Chichibaco, dans l'Amérique méridionale.

2. Les limites du grand cabotage pour la Guiane française seront les mêmes que celles qui ont été fixées par l'article précédent pour les îles de la Martinique et de la Guadeloupe.

Le petit cabotage, pour la même colonie, sera borné entre le fleuve des Amazones et celui de l'Orénoque.

3. Le grand cabotage, pour les établissemens français du Sénégal, aura pour limites les îles Canaries au nord, Sierra-Leone au sud, et dans l'ouest les îles du Cap-Vert.

Le petit cabotage comprendra le banc d'Arguin, et s'étendra de ce point jusqu'à la Gambie.

4. Le grand cabotage, pour l'île de Bourbon, comprendra les côtes et les îles situées sur les mers qui s'étendent du cap de Bonne-Espérance jusques et y compris les îles de la Sonde.

Le petit cabotage, pour la même colonie, comprendra la navigation des côtes de l'île et celle qui a lieu entre Bourbon et l'île Maurice.

5. Pour les établissemens français de l'Inde, le grand cabotage aura les mêmes limites que pour l'île de Bourbon.

Le petit cabotage comprendra, pour Mahé, la côte de Malabar, depuis Surate jusqu'au cap Comorin, et pour les établissemens situés dans la partie orientale de la presqu'île, la côte de Coromandel, depuis le Gange jusqu'à la pointe de Galles.

TITRE II. De la réception des capitaines, maîtres et patrons pour le grand et le petit cabotage.

6. Nul ne sera admis, dans nos colonies, à commander au grand cabotage, s'il n'est âgé de vingt-quatre ans révolus, s'il n'a précédemment navigué pendant soixante mois sur les bâtimens de notre marine ou sur ceux du commerce français, et s'il n'a satisfait à un examen sur la théorie et la pratique de la navigation.

L'examen pratique portera sur le grément, sur la manœuvre des bâtimens et embarcations et sur le canonage.

L'examen théorique portera sur l'arithmétique, sur l'usage des instrumens de navigation, le calcul des observations, d'après les formules connues, l'usage de la connaissance des temps et les tables de logarithmes.

7. Pour être admis à subir les examens, les navigateurs devront se faire inscrire au bureau de l'ordonnateur et produire les pièces ci-après :

1° Leur acte de naissance ;

2° L'état de leurs services dûment certifié ;

3° Les certificats des capitaines des bâtimens à bord desquels ils auront navigué, attestant leur aptitude et leur bonne conduite : ces pièces seront visées par l'administrateur chargé de l'inscription maritime dans les ports où lesdits bâtimens auront opéré leur retour.

Il sera dressé des listes où seront consignés les renseignemens fournis par ces pièces, pour être mises sous les yeux des examinateurs.

8. Les examens auront lieu en public et en présence d'une commission composée :

D'un officier commandant un bâtiment de notre marine ;

Du capitaine du port ;

De deux capitaines au long cours et (à défaut d'un professeur d'hydrographie) d'un professeur de mathématiques, désignés par le gouverneur, sur la proposition de l'ordonnateur.

La commission sera présidée par l'officier commandant le bâtiment de notre marine ou par le capitaine de port (si ce dernier est en activité de service), selon leur grade, et, en cas d'égalité de grade, selon l'ancienneté.

9. Les examens pour la réception des navigateurs destinés à commander au grand cabotage auront lieu, pour les établissemens français de l'Inde, à Pondichéry, et, pour chacune des autres colonies, dans le port qui sera désigné par le gouverneur.

10. Il n'est rien changé au mode adopté dans chaque colonie, relativement à l'examen théorique des maîtres ou patrons destinés à commander au petit cabotage.

Les candidats seront interrogés sur la pratique par une commission composée du premier pilote et des pratiques du pays. Cet examen portera sur les sondes, sur la connaissance des fonds, sur le gisement des terres et écueils, sur la direction des courans, des marées et des vents dans les limites assignées par la navigation du petit cabotage.

11. Les personnes admises après les examens prescrits par les articles précédens, pour commander des navires au grand ou au petit cabotage, recevront du gouverneur, sur la proposition de l'ordonnateur, des lettres

elle commandement, qui seront enregistrées au greffe de première instance et au bureau de l'inscription maritime.

12. Sont et demeurent abrogées, en ce qui est contraire à la présente ordonnance, toutes dispositions antérieures, et notamment celles de l'ordonnance du 13 juin 1743.

13. Notre ministre secrétaire d'État de la marine et des colonies (baron Hyde de Neuville) est chargé de l'exécution de la présente ordonnance.

———

(81 Août = Pr. 4 octobre 1828. — Ordonnance du Roi qui reconstitue le conseil de perfectionnement du Conservatoire royal des arts et métiers. (8, Bull. 256, n° 9442.)

Charles, etc.

Nous étant fait représenter les ordonnances royales des 16 avril 1817, 25 novembre 1819 et 28 mars 1820, portant réglement pour le Conservatoire royal des arts et métiers, nous avons reconnu que parmi leurs dispositions certaines sont devenues inexécutables par la suppression de l'inspection générale, et que diverses circonstances ont empêché l'exécution de plusieurs autres, en même lesquelles il en est dont le renouvellement présenterait des difficultés;

Voulant pourvoir au maintien de ce précieux dépôt des inventions industrielles, accroître l'utilité que les arts en retirent, et tentant dans l'intention de le soutenir, autant qu'il est possible, au niveau de l'état progressif des découvertes de la science et de l'industrie;

Voulant aussi rapprocher et coordonner les diverses institutions publiques destinées à l'enseignement des arts industriels, et leur donner un centre commun qui facilite à l'administration la surveillance de leurs progrès et la direction de leurs perfectionnemens;

Sur le rapport de notre ministre secrétaire d'État du commerce et des manufactures,

Nous avons ordonné et ordonnons ce qui suit :

Art. 1er. Le conseil de perfectionnement du Conservatoire royal des arts et métiers sera reconstitué sous le nom de *Conseil de perfectionnement du Conservatoire et des écoles royales d'arts et métiers*.

2. Il sera composé de treize membres, y compris le président. Le directeur et les professeurs des trois cours publics en feront partie. Le président et les autres membres qui seront pris dans le sein de l'académie royale des sciences, ou parmi les manufacturiers notables, seront nommés par notre ministre du commerce et des manufactures, sous notre approbation. Le sous-directeur du Conservatoire remplira, comme par le passé, les fonctions de secrétaire du conseil.

3. Les membres des conseils de perfectionnement formés en exécution des ordonnances royales de 1817 et 1819 conserveront le titre d'honoraires.

4. Les fonctions du conseil de perfectionnement sont honorifiques, gratuites et purement consultatives. Notre ministre du commerce et des manufactures continuera à faire exercer sous ses ordres l'administration du Conservatoire et des écoles par les directeurs de ces établissemens, qui correspondent directement avec lui.

5. Le conseil de perfectionnement délibère et donne avis à notre ministre du commerce et des manufactures sur tout ce qui lui paraît intéresser le maintien ou l'amélioration du Conservatoire et des écoles d'arts et métiers.

6. Il délibère spécialement :

1° Sur l'accroissement des collections du Conservatoire, sur le moyen de les porter ou de les tenir au complet;

2° Sur l'usage et l'application à l'enseignement du cabinet de physique qui fait partie des collections du Conservatoire;

3° Sur la direction de l'enseignement des différens degrés pratiqués dans l'établissement;

4° Sur le mode de la publication des brevets d'invention tombés dans le domaine public, laquelle est confiée au Conservatoire.

7. Le conseil de perfectionnement délibérera encore sur le système d'instruction, de travail, de débouché des produits des écoles royales d'arts et métiers, sur leurs réglemens et programmes faits et à faire. Il prendra d'abord connaissance des réglemens actuellement suivis, et présentera un rapport spécial sur le maintien ou la modification dont leurs dispositions lui sembleraient susceptibles.

8. Chaque année, le conseil de perfectionnement arrêtera un rapport général sur l'état du Conservatoire et de son enseignement, et des observations sur les comptes moraux venus des écoles d'arts et métiers, que notre ministre aura communiqués au conseil.

Ce rapport et ces observations seront présentés à notre ministre du commerce et des manufactures; le résultat en sera mis sous nos yeux.

9. Le conseil s'assemblera sur la convocation de notre ministre, ou sur celle de son président. Les délibérations en seront adressées à notre ministre au nom du président. S'il y a contrariété d'avis, chaque membre pourra faire noter au procès-verbal les motifs de son dissentiment.

Le directeur est toujours autorisé à présenter au ministre, sur les avis du conseil, ses observations relatives à l'exécution des mesures qui seraient proposées à l'égard du Conservatoire.

10. Le budget annuel des dépenses du Con-

servatoire sera dressé et présenté à notre ministre du commerce et des manufactures par le directeur de l'établissement ; mais le conseil de perfectionnement en prendra connaissance, et donnera son avis sur les propositions relatives aux acquisitions des machines et modèles, ainsi que sur les dépenses accessoires de l'établissement.

Le budget sera arrêté par notre ministre; les comptes de l'établissement lui seront présentés. Avant de les approuver, il pourra en renvoyer la vérification à une commission qu'il nommera dans le sein du conseil de perfectionnement.

11. Sont maintenus au Conservatoire, outre le dépôt des machines et modèles et le cabinet de physique :

L'enseignement public et gratuit fondé par l'ordonnance du 25 novembre 1819, et composé des trois cours

De mécanique. .   ) appliquées aux arts
De chimie. . . .)   industriels,
D'économie industrielle,

Et l'enseignement spécial de géométrie descriptive et de dessin, dans les classes connues sous le nom de *petite école*.

12. Le directeur du Conservatoire et les professeurs des trois cours publics sont nommés par nous, comme par le passé, sur la présentation de notre ministre du commerce et des manufactures.

Notre ministre nomme à tous les autres emplois, en fixe le nombre et les attributions, et détermine le traitement de tous.

Il arrête les réglemens nécessaires pour toutes les parties de l'établissement, le conseil de perfectionnement entendu.

13. Au moyen des dispositions ci-dessus, les ordonnances des 16 avril 1817, 25 novembre 1819 et 28 mars 1820, sont rapportées.

14. Notre ministre secrétaire d'Etat du commerce et des manufactures (M. Saint-Cricq) est chargé de l'exécution de la présente ordonnance, qui sera insérée au Bulletin des Lois.

———

31 Août = Pr. 29 octobre 1828. — Ordonnance du Roi qui prescrit la publication du bref portant que le titre de l'évêché de Laon est rétabli et uni à perpétuité à celui de l'évêché de Soissons. (8, Bull. 259, n° 9794.)

Charles, etc.

Notre ministre secrétaire d'Etat au département des affaires ecclésiastiques nous ayant fait connaître que, pour conserver le souvenir du siége épiscopal de Laon, le conseil municipal de cette ville et l'évêque de Soissons avaient exprimé le vœu que le titre de l'ancien évêché de Laon fût uni à celui de l'évêché de Soissons;

Ledit ministre nous ayant exposé plus tard

que le Souverain Pontife, à notre recommandation, avait favorablement accueilli ces vœu ;

Notre Conseil-d'Etat entendu,

Nous avons ordonné et ordonnons ce qui suit :

Art. 1er. Le bref *Inter cœteras*, donné à Rome, sous la date du 17 juin 1828, qui prescrit que le titre de l'église de Laon soit rétabli et uni à perpétuité à celui de l'évêché de Soissons, de manière que les évêques successifs de Soissons puissent prendre à l'avenir le titre d'évêque de Soissons et de Laon, sans que ce titre puisse rien ajouter aux droits, prérogatives et juridiction de l'évêque de Soissons, est reçu et sera publié dans la forme accoutumée.

2. Ledit bref est reçu sans approbation des clauses, formules et expressions qu'il renferme, et qui sont ou pourraient être contraires à la Charte constitutionnelle, aux lois du royaume, aux franchises, libertés et maximes de l'église gallicane.

3. Ledit bref sera transcrit en latin et en français sur les registres de notre Conseil-d'Etat : mention de ladite transcription sera faite sur l'original par le secrétaire général du conseil.

4. Notre garde-des-sceaux, ministre de la justice, et notre ministre secrétaire d'Etat au département des affaires ecclésiastiques (comte Portalis et M. Feutrier), sont chargés de l'exécution de la présente ordonnance, qui sera insérée au Bulletin des Lois.

———

31 Août 1828. — Circulaire de son excellence le ministre de la guerre. (Journal militaire, 2e trimestre 1828, p. 81.)

Dispositions relatives aux officiers qui demanderaient à quitter le service ou à être admis à la réforme, et au remplacement de ceux qui seraient réformés avec ou sans traitement.

Messieurs, depuis la promulgation de l'ordonnance du 5 mai 1824, il a été reconnu, en principe, que les emplois vacans par suite de réforme ou d'admission à la non-activité sans solde ne devaient donner lieu qu'à des mutations avec des officiers placés dans l'une ou l'autre de ces positions. Cependant des décisions spéciales ont autorisé des exceptions à ce principe; et il en est résulté que le nombre toujours croissant des officiers en jouissance du traitement de réforme a successivement augmenté les dépenses et rendu insuffisant le fonds que les lois de finances accordent annuellement pour ce service. L'admission récente au traitement de réforme d'un grand nombre d'officiers, dont la demi-solde a cessé le 1er juillet dernier, fait sentir plus vivement encore la nécessité de poser des limites à une dépense qui tend à s'accroître indéfiniment. Il est donc important de donner à la décision royale du 27 mai 1827 l'interprétation que réclament les circonstances, en établissant une distinction nécessaire entre les vacances de diverses natures, et en désignant, d'une manière positive, celles qui, dans aucun cas, ne pourront être dévolues à l'avancement.

En conséquence, considérant que la non-activité sans solde est une position nouvelle et qu'aucun réglement n'autorise; que les dépenses affectées à la réforme se sont accrues progressivement depuis plusieurs années, et qu'il est important de les renfermer dans de justes limites; qu'il est utile et convenable de ménager aux officiers réformés, susceptibles d'être rappelés au service, les moyens de permuter avec d'autres officiers qu'il y aurait lieu de placer dans la même position, Sa Majesté m'a autorisé, par une décision du 16 juillet dernier, à prendre les dispositions suivantes :

1° Les officiers ne pourront plus quitter le service que par retraite, réforme et démission. Désormais ils ne seront plus admis en non-activité sans solde.

2° Des congés d'un an sans solde pourront être accordés aux officiers qui justifieront que des affaires d'un intérêt majeur les obligent à quitter, pour quelque temps, le service actif. A l'expiration de ces congés, les officiers qui en seraient porteurs, et qui n'auraient point obtenu de prolongation, seront tenus de rejoindre, ou seront considérés comme démissionnaires, à moins qu'ils n'aient des infirmités qui leur donnent des droits réels à la réforme : auquel cas ils le feront constater régulièrement par l'officier général commandant la division dans laquelle ils se trouvent, ainsi qu'il sera dit au § 3, ci-dessous, de la présente décision.

Les demandes de congé d'un an seront établies et transmises au ministre secrétaire d'Etat de la guerre, comme les propositions d'admission à la réforme, par les inspecteurs généraux pendant la durée des inspections, et, hors ce temps, par les généraux commandant les divisions militaires.

3° Les demandes d'admission à la réforme, soit que les officiers qu'elles concernent aient droit ou non à un traitement, seront ajournées aux époques des inspections générales. Ces demandes seront établies dans les formes ci-après indiquées, savoir :

Lorsqu'un officier d'un corps de troupe se trouvera, par suite de blessures ou infirmités, hors d'état de continuer le service actif, son chef de bataillon ou d'escadron, ou le major, si c'est un officier comptable, le lieutenant-colonel, si c'est un officier supérieur, adressera au commandant du régiment un rapport détaillé, qui fera mention du temps passé soit à l'hôpital, soit aux eaux, soit

dans une position donnant lieu à exemption de service par l'officier qu'il sera question d'admettre à la réforme. Le colonel certifiera les faits contenus dans ce rapport, qu'il remettra à l'inspecteur au moment de son arrivée. Cet officier général fera visiter et contre-visiter l'officier qui lui aura été signalé comme impropre au service actif. Il adressera ensuite son rapport particulier, ceux des chefs militaires, et les certificats des officiers de santé, au ministre, qui ordonnera telle mesure qu'il jugera convenable pour compléter les renseignemens propres à déterminer sa conviction. Les officiers généraux commandant les divisions territoriales exigeront et rempliront les mêmes formalités, autant qu'elles peuvent l'être, à l'égard des officiers sans troupe et des corps qu'ils ont la mission d'inspecter, lorsque ces officiers seraient reconnus hors d'état de continuer le service actif.

Ils rempliront également, dans l'intervalle des inspections, les fonctions attribuées, pour cette circonstance, aux inspecteurs généraux, vis-à-vis des officiers des régimens placés sous leur commandement, mais seulement pour les cas extraordinaires donnant lieu à un rapport d'urgence, et après y avoir été autorisés par le ministre de la guerre.

4° Les officiers qui seront réformés avec traitement seront remplacés, en totalité, par des officiers en jouissance du traitement de réforme.

Cette disposition, applicable à toutes les armes, sera exécutée comme il suit dans la maison militaire du Roi et dans la garde royale.

Dans les gardes-du-corps et dans la garde royale, les vacances provenant de la réforme seront remplies par des officiers de la ligne en activité; ceux-ci seront remplacés par des officiers en réforme avec traitement.

5° Les vacances résultant de réforme sans traitement pourront être alternativement dévolues à l'avancement, et remplies par des officiers actuellement en non-activité sans solde.

Cette disposition est également applicable à toutes les armes.

Les officiers de la garde qui, par leur position, sont assimilés aux officiers disponibles, pourront remplir dans les corps de la ligne, conformément à l'article 6 de l'ordonnance du 6 décembre 1826, les vacances provenant de réforme sans traitement, qui seraient dévolues à des officiers qui se trouvent dans cette position.

Je vous invite, Messieurs, à assurer, chacun en ce qui vous concerne, l'exécution des dispositions contenues dans la présente, dont l'insertion au Journal militaire tiendra lieu de publication.

———

31 AOUT 1828. — Ordonnances qui autorisent l'acceptation des dons et legs faits aux fabriques des églises de Coadreven, de Coulandon, de la Bénisson-Dieu, de Prunet et Belprig, de Troussay, de Villero, d'Avignon, de Méry-sur-Seine, de Châteauroux, d'Oiré, de Mont-Cocq, d'Ancerville, de Rosoy, d'Avrainville, d'Essegny et Langley; aux desservans successifs de Châtellerant, et aux communautés religieuses de Mâcon, de Saillans et d'Amiens. (8, Bull. 314, n⁰ˢ 12002 et suiv.)

31 AOUT 1828. — Ordonnances qui autorisent l'acceptation des dons et legs faits au séminaire de Verdun et à la fabrique de l'église de Villosne. (8, Bull. 315, n° 12029.)

31 AOUT 1828. — Ordonnance qui accorde des lettres de déclaration de naturalité au sieur Grimbel. (8, Bull. 309, n° 11832.)

31 AOUT 1828. — Ordonnance qui modifie l'article 4 des statuts de la congrégation des sœurs de la Charité de la Providence établie à Ruillé-sur-Loir (Sarthe). (8, Bulletin 251, n° 9141.)

31 AOUT 1828. — Tableau des prix des grains pour servir de régulateur de l'exportation et de l'importation, conformément aux lois des 16 juillet 1819 et 4 juillet 1821, arrêté le 31 août 1828. (8, Bull. 249, n° 8948.)

31 AOUT 1828. — Ordonnance qui admet le sieur de Bachstein à établir son domicile en France. (8, Bull. 251, n° 9139.)

31 AOUT 1828. — Ordonnance qui autorise définitivement la congrégation des sœurs de Saint-Joseph à Bourg (Ain). (8, Bull. 251, n° 9140.)

31 AOUT 1828. — Ordonnance qui accorde des pensions de retraite à vingt-quatre militaires y dénommés, imputables sur le crédit spécial d'inscription de dix-huit cent mille francs ouvert par la loi du 20 juin 1827. (8, Bull. 255 bis, n° 4.)

31 AOUT 1828. — Ordonnance qui accorde des lettres de déclaration de naturalité aux sieurs Liegler, Jean-Jacques et Jacques Ulricht. (8, Bull. 259, n⁰ˢ 9800 et 9801.)

5 = Pr. 23 SEPTEMBRE 1828. — Ordonnance du Roi portant que la société académique des lettres, sciences et arts et d'agriculture de la ville de Metz, prendra le titre d'académie royale (1). (8, Bull. 253, n° 9273.)

Charles, etc.

Sur le rapport de notre ministre secrétaire d'État de l'intérieur;

Voulant accorder à la société académique des lettres, sciences et arts et d'agriculture de notre bonne ville de Metz, un témoignage de notre satisfaction pour les soins éclairés qu'elle donne à l'industrie, à l'agriculture et aux progrès des connaissances utiles,

Nous avons ordonné et ordonnons ce qui suit :

Art. 1ᵉʳ. La société académique des lettres, sciences et arts et d'agriculture de notre bonne ville de Metz, prendra le titre d'académie royale.

2. Notre ministre secrétaire d'État de l'intérieur (vicomte de Martignac) est chargé de l'exécution de la présente ordonnance.

6 SEPTEMBRE 1828. — Lettres-patentes portant érection de majorats en faveur de MM. Armand-Charles d'Anthenaise et César de Soussay. (8, Bull. 252, n° 9238.)

20 SEPTEMBRE = Pr. 1ᵉʳ OCTOBRE 1828. — Ordonnance du Roi contenant de nouvelles dispositions pour l'exécution de la loi du 30 avril 1826, relative à la répartition de l'indemnité affectée aux anciens colons de Saint-Domingue. (8, Bull. 255, n° 9422.)

Charles, etc.

Vu la loi du 30 avril 1826 et notre ordonnance du 9 mai de la même année;

Considérant que les retards apportés par les ayant-droit à l'indemnité dans la production des titres et renseignemens que les anciens colons de Saint-Domingue doivent fournir, et dans leurs réponses aux communications qui leur sont faites, entravent l'expédition des affaires, et qu'il devient nécessaire de fixer un délai pour ces productions et réponses;

Que la réunion de toutes les réclamations et des renseignemens généraux obtenus par la commission permet aujourd'hui de faire les liquidations dans un ordre différent de celui qui a été déterminé par l'ordonnance du 9 mai 1826, ordre qui offrira à la fois et plus de célérité, et plus de garanties contre les erreurs ou les doubles emplois;

Enfin, que l'expérience a fait reconnaître la nécessité de quelques dispositions nouvelles dans l'intérêt d'une plus prompte répartition des sommes versées jusqu'à ce jour à la caisse d'amortissement;

Sur le rapport de notre ministre secrétaire d'État des finances;

Nous avons ordonné et ordonnons ce qui suit :

Art. 1ᵉʳ. Les prétendans-droit à l'indemnité attribuée aux anciens colons de Saint-Domingue qui se sont pourvus en liquidation devront, dans le délai de trois mois à partir de la publication de la présente ordonnance, déposer au secrétariat de la commission toutes les pièces qu'ils possèdent et qui peuvent

(1) Cette ordonnance est datée de Metz.

servir à prouver leurs droits de propriété ou la valeur des biens qu'ils réclament. Passé ce délai, il sera procédé à l'instruction des réclamations sur les pièces produites.

Dans le même délai, ceux qui ont formé des demandes indéterminées et purement conservatoires préciseront la nature et la situation des biens qu'ils réclament, et fourniront les pièces ou moyens de justification à l'appui : à défaut de quoi, il sera statué sur lesdites demandes, dans l'état dans lequel elles se trouveront, ainsi qu'il appartiendra.

2. Les dispositions fixées par l'article précédent sont communes aux créanciers des colons qui, conformément à l'article 46 de l'ordonnance du 9 mai 1826, ont formé des demandes aux lieu et place de leurs débiteurs.

3. A l'expiration du délai de trois mois indiqué ci-dessus, il sera procédé à l'instruction et au jugement des affaires par chacune des anciennes paroisses de la colonie. La commission, sur le rapport qui lui sera fait, par le commissaire du Roi, de l'état des renseignemens généraux obtenus pour chaque paroisse, déterminera successivement l'ordre dans lequel elles seront liquidées.

4. Les parties répondront, dans le délai d'un mois, à toutes les communications et significations faites par le commissaire du Roi, sans préjudice néanmoins du délai pour l'appel accordé par l'article 5 de la loi du 30 avril 1826.

Toute affaire qui, à défaut de réponse de la partie, ne serait pas en état, sera ajournée à la fin de la liquidation ; il en sera de même de celles dans lesquelles il sera produit, soit en réponse aux conclusions du commissaire du Roi, soit en appel, des pièces dont les parties prétendraient tirer de nouveaux moyens.

5. Dans le cas où il y aura contestation entre les prétendans-droit, il pourra, non-obstant ces contestations, être procédé à la liquidation de l'indemnité. Cette liquidation sera faite et ordonnancée sous le nom de l'ancien propriétaire, et l'indemnité restera déposée à la caisse des dépôts et consignations jusqu'au réglement des droits des parties.

6. Les fonctionnaires chargés de faire des enquêtes ordonnées par la commission seront tenus de les lui transmettre dans le délai d'un mois.

7. Les sections pourront délibérer au nombre de trois membres.

Les sections réunies en commission d'appel ne pourront délibérer qu'au nombre de sept membres au moins.

8. Notre ministre secrétaire d'État des finances (comte Roy) est chargé de l'exécution de la présente ordonnance, qui sera insérée au Bulletin des Lois.

20 SEPTEMBRE = Pr. 15 OCTOBRE 1828. — Ordonnance du Roi relative au classement de différentes fabriques, usines, etc., au nombre des établissemens dangereux, insalubres ou incommodes. (8, Bull. 258, n° 9730.)

Voy. l'état à la suite de l'ordonnance du 5 novembre 1826.

Charles, etc.

Sur le rapport de notre ministre secrétaire d'État au département de l'intérieur;

Vu le décret du 15 octobre 1810, l'ordonnance royale du 14 janvier 1815 ;

Vu les ordonnances des 29 juillet 1818, 25 juin et 29 octobre 1823, 20 août 1824, 9 février 1825 et 5 novembre 1826 ;

Notre Conseil-d'Etat entendu,

Nous avons ordonné et ordonnons ce qui suit :

Art. 1er. Les fabriques de sel ammoniac extrait des eaux de condensation du gaz hydrogène sont rangées dans la première classe des établissemens dangereux, insalubres ou incommodes.

2. Sont rangés dans la deuxième classe des mêmes établissemens et ateliers :

La carbonisation du bois à air libre, lorsqu'elle se pratique dans des établissemens permanens et ailleurs que dans les bois et forêts ou en rase campagne;

Les dépôts de chrysalides,

L'extraction de l'huile et des autres corps gras contenus dans les eaux savonneuses des fabriques,

Le dérochage du cuivre par l'acide nitrique,

Les battoirs à écorce dans les villes,

Les usines à laminer le zinc,

Le secrétage des peaux ou poils de lièvre et de lapin.

3. Feront partie de la troisième classe des mêmes établissemens et ateliers :

Les tréfileries,

Les fabriques d'ardoises artificielles et mastics de différens genres.

4. La durée des affiches et des publications pour les demandes en permission d'établir des verreries est définitivement fixée à un mois, comme pour toutes les autres demandes relatives à la formation d'établissemens dangereux, insalubres ou incommodes de la première classe, à laquelle continueront d'appartenir les fabriques de verre, cristaux et émaux, qui demeurent soumises au régime du décret du 15 octobre 1810 et l'ordonnance du 14 janvier 1815.

5. La rédaction de l'article 8 de l'ordonnance de classification supplémentaire du 9 février 1825 est rectifiée ainsi qu'il suit :

Les dispositions de l'ordonnance du 14 janvier 1815 qui ont rangé la fabrication du noir d'os ou d'ivoire dans la première classe lorsqu'on n'y brûle pas la fumée, et dans la seconde classe lorsque la fumée est brûlée, sont applicables à toute calcination d'os d'animaux, fabrication et revivification de charbon animal.

6. La création et l'exploitation des établissemens, fabriques, usines, dépôts et ateliers compris dans les articles qui précèdent, restent soumises aux formalités prescrites par les décret et ordonnance réglementaires des 15 octobre 1810 et 14 janvier 1815, suivant la classe à laquelle ils appartiennent.

7. Notre ministre secrétaire d'Etat de l'intérieur (vicomte de Martignac) est chargé de l'exécution de la présente ordonnance, qui sera insérée au Bulletin des Lois.

20 SEPTEMBRE = 1ᵉʳ OCTOBRE 1828. — Ordonnance du Roi portant autorisation d'importer, à dater du 1ᵉʳ janvier 1829, dans le port du Moule, situé à la Grande-Terre (Guadeloupe), et dans le port du Grand-Bourg (île Marie-Galante), les denrées et marchandises étrangères énumérées dans les tableaux annexés à l'ordonnance royale du 5 février 1826. (8, Bull. 255, n° 9421.)

Charles, etc.

Vu notre ordonnance du 5 février 1826, portant autorisation d'importer, par navires nationaux et étrangers, dans les îles de la Martinique et de la Guadeloupe, diverses denrées et marchandises étrangères;

Sur le rapport de notre ministre secrétaire d'Etat de la marine et des colonies,

Nous avons ordonné et ordonnons ce qui suit :

Art. 1ᵉʳ. A dater du 1ᵉʳ janvier 1829, il sera permis aux navires, soit nationaux soit étrangers, d'importer dans le port du Moule, situé à la Grande-Terre (Guadeloupe), et dans le port du Grand-Bourg, dans l'île de Marie-Galante, les denrées et marchandises étrangères énumérées dans les tableaux annexés, sous les nᵒˢ 1 et 2, à notre ordonnance du 5 février 1826.

2. Les diverses dispositions de ladite ordonnance seront exécutées dans les deux dits ports de la même manière qu'elles le sont dans ceux de la Basse-Terre et de la Pointe-à-Pitre, à la Guadeloupe, et dans ceux du Fort-Royal, de Saint-Pierre et de la Trinité, à la Martinique.

3. Notre ministre secrétaire d'Etat de la marine et des colonies (M. Hyde de Neuville) est chargé de l'exécution de la présente ordonnance, laquelle sera insérée au Bulletin es Lois.

20 SEPTEMBRE = Pr. 15 OCTOBRE 1828. — Ordonnance du Roi portant que la ville de Semur (Côte-d'Or) continuera d'avoir un abattoir public. (8, Bull. 258, n° 9731.)

Charles, etc.

Sur le rapport de notre ministre secrétaire d'Etat au département de l'intérieur;

Vu les délibérations du conseil municipal de Semur (Côte-d'Or) des 23 mai 1820 et 9 mai 1826, relatives à l'abattoir public de cette ville;

Les avis du préfet des 27 août 1821 et 25 juillet 1827;

Notre Conseil-d'Etat entendu,

Nous avons ordonné et ordonnons ce qui suit :

Art. 1ᵉʳ. La ville de Semur, département de la Côte-d'Or, continuera d'avoir un abattoir public et commun pour l'abattage des bœufs, vaches, veaux et moutons.

Le bâtiment situé rue des Tanneries, dans lequel est établi l'abattoir, reste affecté à cet usage.

2. A dater de la publication de la présente ordonnance, les bouchers établis à Semur et ceux qui voudront s'y établir ne pourront abattre, dans l'intérieur de la ville, en aucun autre lieu que dans ledit établissement, les bestiaux ci-dessus dénommés destinés à la consommation des habitans, et toutes les tueries particulières seront fermées.

3. Les bouchers forains pourront également faire usage dudit abattoir : mais cette disposition est simplement facultative pour eux, soit qu'ils concourent à l'approvisionnement de la ville, ou qu'ils approvisionnent seulement la banlieue; ils seront libres de tenir des abattoirs hors de la ville, sous l'approbation des autorités locales.

4. En aucun cas et pour quelque motif que ce soit, le nombre des bouchers ne pourra être limité : tous ceux qui voudront s'établir à Semur seront seulement tenus de se faire inscrire à la mairie, où ils feront connaître le lieu de leur domicile et justifieront de leur patente.

5. Les bouchers de la ville auront la faculté d'exposer en vente et de débiter de la viande à leur domicile, pourvu que ce soit dans des étaux convenablement appropriés à cet usage, en suivant les règles de la police.

6. Les bouchers forains pourront exposer en vente et débiter de la viande dans la ville, mais seulement sur les lieux et marchés publics désignés par le maire et aux jours fixés par lui, et ce en concurrence avec les bouchers de la ville qui voudront profiter de la même faculté.

7. Les droits à payer par les bouchers pour l'occupation des places dans l'abattoir public seront réglés par un tarif arrêté dans la forme ordinaire.

8. Le maire de la ville de Semur pourra faire les réglemens locaux nécessaires pour le service de l'abattoir public et commun, ainsi que pour le commerce de la boucherie; mais ces actes ne seront exécutoires qu'après avoir reçu l'approbation de notre ministre de l'intérieur, sur l'avis du préfet.

9. Notre ministre secrétaire d'Etat au département de l'intérieur (vicomte de Martignac) est chargé de l'exécution de la présente ordonnance, qui sera insérée au Bulletin des Lois.

22 • SEPTEMBRE = Pr. 15 OCTOBRE 1828. — Ordonnance du Roi qui autorise la ville de Brignolle (Var) à établir un abattoir public. (8, Bull. 258, n° 9732.)

Charles, etc.

Sur le rapport de notre ministre secrétaire d'État de l'intérieur;

Vu la délibération du conseil municipal de Brignolle, département du Var, du 6 mai 1828, relative à l'établissement d'un abattoir public en cette ville;

L'avis du préfet du 9 juillet 1828;

Notre Conseil-d'État entendu,

Nous avons ordonné et ordonnons ce qui suit :

Art. 1er. La ville de Brignolle (Var) est autorisée à établir un abattoir public et commun.

L'autorité municipale remplira, pour le choix du local, les formalités exigées par le décret du 15 octobre 1810 et par l'ordonnance royale du 14 janvier 1815, relativement à la troisième classe des établissemens insalubres ou incommodes.

2. Aussitôt que les échaudoirs auront été mis en état de servir, et dans le délai d'un mois au plus tard après que le public en aura été averti par affiches, l'abattage des bœufs, vaches, veaux, moutons et porcs destinés à la consommation des habitans ne pourra avoir lieu à l'intérieur de la ville que dans l'abattoir public, et toutes les tueries particulières seront interdites et fermées.

Toutefois les propriétaires ou particuliers qui élèvent des porcs pour la consommation de leur maison conserveront la faculté de les abattre chez eux, pourvu que ce soit dans un lieu clos et séparé de la voie publique.

3. Les bouchers et charcutiers forains pourront également faire usage de l'abattoir, mais sans y être obligés, soit qu'ils concourent à l'approvisionnement de la ville, soit qu'ils approvisionnent seulement la banlieue : ils pourront libres de tenir des abattoirs et des échaudoirs hors de la ville, dans les communes voisines, sous l'approbation de l'autorité locale.

4. En aucun cas et pour quelque motif que ce soit, le nombre des bouchers et charcutiers ne pourra être limité : tous ceux qui voudront s'établir à Brignolle seront seulement tenus de se faire inscrire à la mairie, où ils feront connaître le lieu de leur domicile, et justifieront de leurs patentes.

5. Les bouchers et charcutiers de la ville auront la faculté d'exposer en vente et de débiter de la viande à leur domicile, pourvu que ce soit dans des étaux convenablement appropriés à cet usage, en suivant les règles de la police.

6. Les bouchers et charcutiers forains pourront exposer en vente et débiter de la viande dans la ville, mais seulement sur les lieux et marchés publics désignés par le maire et aux jours fixés par ce magistrat, et ce en concurrence avec les bouchers et charcutiers de la ville qui voudront profiter de la même faculté.

7. Les droits à payer par les bouchers et charcutiers, pour l'occupation des places dans l'abattoir public, seront réglés par un tarif arrêté dans la forme ordinaire.

8. Le maire de la ville de Brignolle pourra faire les réglemens locaux nécessaires pour le service de l'abattoir public et commun, ainsi que pour le commerce de la boucherie et charcuterie; mais ces actes ne seront exécutoires qu'après avoir reçu l'approbation de notre ministre de l'intérieur, sur l'avis du préfet.

9. Notre ministre secrétaire d'État de l'intérieur (vicomte de Martignac) est chargé de l'exécution de la présente ordonnance, qui sera insérée au Bulletin des Lois.

20 SEPTEMBRE = Pr. 13 OCTOBRE 1828. — Ordonnance du Roi qui supprime les emplois de secrétaires-archivistes des divisions militaires. (8, Bull. 257, n° 9591.)

Charles, etc.

Sur le rapport de notre ministre secrétaire d'État de la guerre,

Nous avons ordonné et ordonnons ce qui suit :

Art. 1er. L'article 8 du titre Ier de l'ordonnance du 6 novembre 1817 est rapporté, et les emplois de secrétaires-archivistes des divisions militaires sont et demeurent supprimés.

Les archives de chaque division militaire seront placées sous la surveillance du chef d'état-major de la division.

2. Notre ministre secrétaire d'État de la guerre (vicomte de Caux) est chargé de l'exécution de la présente ordonnance.

20 SEPTEMBRE 1828. — Ordonnance du Roi qui accorde des lettres de déclaration de naturalité au sieur Vygnauts (Pierre-Henri). (9, Bull. 287, n° 2454.)

20 SEPTEMBRE 1828. — Ordonnance du Roi qui accorde des lettres de déclaration de naturalité au sieur Reynaldi. (8, Bulletin 284, n° 10941.)

20 SEPTEMBRE 1828. — Ordonnance du Roi qui autorise des exploitations dans les bois de plusieurs communes. (8, Bull. 256, n° 9444.)

20 SEPTEMBRE 1828. — Ordonnance du Roi qui autorise des exploitations dans les bois appartenant aux communes et hospices y désignés. (8, Bull. 256, n° 9445.) Voy. Code forestier, art. 16 et 90.

20 SEPTEMBRE 1828. — Ordonnance du Roi qui autorise des exploitations dans les bois de plusieurs communes. (8, Bull. 257, n° 9593.)

20 SEPTEMBRE 1828. — Ordonnance du Roi qui autorise des exploitations dans les bois appartenant à plusieurs communes et à la fabrique d'une église. (8, Bull. 257, n° 9594.) *Voy.* Code forestier, art. 16 et 90.

20 SEPTEMBRE 1828. — Ordonnance du Roi qui autorise des exploitations dans les bois de plusieurs communes. (8, Bull. 256, n° 9443.) *Voy.* Code forestier, art. 16 et 90.

20 SEPTEMBRE 1828. — Ordonnance qui admet les sieurs de Arrigunaga, Lopez de Velasco, de Piet, de Stubbs, à établir leur domicile en France. (8, Bull. 255, n° 9424.)

20 SEPTEMBRE 1828. — Ordonnance qui autorise l'acceptation d'un legs en faveur d'une école de Saint-Germain-en-Laye. (8, Bull. 257, n° 9728.)

20 SEPTEMBRE 1828. — Ordonnance qui autorise l'inscription au Trésor royal de cent dix-huit pensions civiles et militaires. (8, Bull. 260 *bis*, n° 1.)

20 SEPTEMBRE 1828. — Ordonnance qui accorde une pension à madame la maréchale marquise de Lauriston. (8, Bull. 260 *bis*, n° 2.)

20 SEPTEMBRE 1828. — Ordonnance qui accorde des pensions à cinquante-cinq veuves de militaires y dénommées, imputables sur le crédit d'inscription de 1828. (8, Bull. 260 *bis*, n° 3.)

20 SEPTEMBRE 1828. — Ordonnance qui accorde des pensions de retraite à quatre-vingt-quatre militaires y dénommés, imputables sur les crédits d'inscription de 1828. (8, Bull. 260 *bis*, n° 4.)

20 SEPTEMBRE 1828. — Ordonnances qui autorisent l'acceptation de dons et legs faits aux pauvres de Touget, de Sainte-Pazanne, de Laval, de la Framboisière, de Plouer, de Sagy; aux communes de Cuiseaux, de Fressin, de Villefranche, de Mèze, de Belvès, de Saint-George, d'Acheux, de Villemagne, de Saint-Médard, de Polincove, de Martigny et de La Mothe-Saint-Jean; aux hospices et bureaux de bienfaisance de Villefranche, de Puyloubier, de Bourganeuf, de Capestang, de Rivedegier, d'Izel-lès-Equerchin, de Saint-Pol, de Paris, de Rians, de Brignolle, de Tournon, de Pau, d'Eu, de Rouen, d'Amiens, de Roquebrune. (8, Bull. 268, n°s 10301 à 10334.)

20 SEPTEMBRE 1828. — Ordonnance qui autorise les sieurs Devillers-Bodson et fils à construire un haut-fourneau au charbon de bois pour fondre le minerai de fer sur la rivière de Chiers (Ardennes). (8, Bull. 268, n° 10349.)

20 SEPTEMBRE 1828. — Ordonnance qui autorise le sieur de Chassepot à servir près de sa majesté le roi de Bavière. (8, Bull. 269, n° 10361.)

20 SEPTEMBRE 1828. — Ordonnance qui accorde des lettres de déclaration de naturalité au sieur Adam. (8, Bull. 271, n° 10479.)

20 SEPTEMBRE 1828. — Ordonnance qui accorde des lettres de déclaration de naturalité au sieur Brasier. (8, Bull. 271, n° 10480.)

21 SEPTEMBRE = Pr. 13 OCTOBRE 1828. — Ordonnance du Roi qui prescrit la publication de la convention conclue entre la France et la Prusse pour la restitution réciproque des déserteurs. (8, Bull. 257, n° 9590.)

Charles, etc.

Nous avons ordonné et ordonnons que la convention suivante, pour la restitution réciproque des déserteurs, conclue et signée à Paris, le 25 juillet de la présente année, entre nous et sa majesté le roi de Prusse, ratifiée par nous le 27 août suivant, et dont les ratifications ont été échangées à Paris le 9 du présent mois de septembre, sera insérée au Bulletin des Lois, pour être exécutée suivant sa forme et teneur.

Sa majesté le roi de France et de Navarre et sa majesté le roi de Prusse, étant convenus de conclure une convention de cartel, ont à cet effet, muni de leurs pleins pouvoirs, savoir :

Sa majesté le roi de France et de Navarre, le sieur Pierre-Marie-Auguste Féron, comte de la Ferronnays, pair de France, chevalier des ordres du Roi, chevalier des ordres de Russie, grand'croix de l'ordre de Saint-Ferdinand des Deux-Siciles et de l'ordre de la Couronne de Wurtemberg, maréchal de camp, ministre secrétaire d'État au département des affaires étrangères ;

Et sa majesté le roi de Prusse,

Le sieur Henri-Auguste-Alexandre-Guillaume, baron de Werther, son chambellan et son envoyé extraordinaire et ministre plénipotentiaire près sa majesté Très-Chrétienne, chevalier de l'ordre de l'Aigle rouge de première classe et de celui de Saint-Jean de Jérusalem de Prusse, et grand'croix de l'ordre de Charles III d'Espagne ;

Lesquels, après s'être communiqué leurs pleins pouvoirs respectifs, sont convenus des articles suivans :

Art. 1er. A dater de l'échange des ratifications de la présente convention, tous les individus qui déserteront le service militaire des hautes parties contractantes seront restitués de part et d'autre.

2. Seront réputés déserteurs non-seulement les militaires de toute arme et de tout grade qui quitteront leurs drapeaux, mais encore les individus appartenant à la marine, et ceux

qui, appelés au service actif de la milice na-tionale, ou de toute autre branche militaire quelconque des deux pays, ne se rendraient pas à l'appel et chercheraient à se réfugier sur le territoire de l'une des hautes parties contractantes.

Les jeunes gens résidant, soit par le fait de leur naissance, soit par toute autre cir-constance, dans les Etats du souverain dont ils ne sont pas sujets, seront également sou-mis aux dispositions de la présente conven-tion, à moins qu'ils n'aient obtenu des lettres de naturalisation par suite de l'autorisation du Gouvernement dont ils sont sujets.

3. Sont exceptés de la restitution ou de l'extradition qui pourra être demandée en vertu de la présente convention :

1° Les individus nés sur le territoire de l'Etat dans lequel ils auraient cherché un asile, et qui, par leur désertion, ne feraient que rentrer dans leur pays natal;

2° Les individus qui, soit avant soit après leur désertion, se seraient rendus coupables d'un crime ou délit quelconque à raison duquel il y aurait lieu de les traduire en justice devant les tribunaux du pays où ils se seront retirés.

Néanmoins, en ce dernier cas, l'extradition aura lieu après que le déserteur aura été acquitté ou aura subi sa peine.

Si un déserteur était retenu dans quelque prison pour le paiement d'une dette civile, son extradition sera suspendue jusqu'au jour où cet emprisonnement aura dû cesser.

4. Lorsqu'un déserteur aura atteint le ter-ritoire de celle des deux puissances à laquelle il n'appartiendra pas, il ne pourra sous au-cun prétexte y être poursuivi par les officiers de son Gouvernement. Les officiers se bor-neront à prévenir de son passage les autorités locales, afin qu'elles aient à le faire arrêter. Toutefois, pour accélérer l'arrestation de ce déserteur, une ou deux personnes chargées de la poursuite pourront, au moyen d'un passeport ou d'une autorisation en règle qu'elles devront obtenir de leur chef immé-diat, se rendre au plus prochain village situé en dehors de la frontière, à l'effet de réclamer des autorités locales l'exécution de la présente convention.

5. Les autorités qui voudront réclamer un déserteur adresseront leurs réclamations à l'administration, soit civile, soit militaire, qui, dans les deux pays, se trouvera le mieux à portée d'y satisfaire.

Lesdites autorités réclamantes accompa-gneront leur réquisitoire du signalement du déserteur, et, dans le cas où l'on serait par-venu à l'arrêter, l'autorité requérante en sera prévenue par un avis accompagné d'un ex-trait du registre du geolier ou concierge de la prison où le déserteur aura été écroué.

6. Dans le cas où les déserteurs seraient encore porteurs de leurs armes, ou revêtus

de leur équipement, habillement ou marques distinctives, sans être munis d'un passeport, et de même dans tous les cas où il serait constant, soit par l'aveu du déserteur, soit d'une manière quelconque, qu'un déserteur de l'une des hautes parties contractantes se trouve sur le territoire de l'autre, il sera ar-rêté sur-le-champ, sans réquisition préalable, pour être immédiatement livré entre les mains des autorités compétentes établies sur les frontières de l'autre souverain.

7. Si, par suite de la dénégation de l'in-dividu arrêté ou autrement, il s'élevait quel-que doute sur l'identité d'un déserteur, la partie réclamante ou intéressée devra cons-tater, au préalable, les faits non suffisamment éclaircis, pour que l'individu arrêté puisse être mis en liberté ou restitué à l'autre partie.

8. Dans tous les cas, les déserteurs arrêtés seront remis aux autorités compétentes, qui feront effectuer l'extradition selon les règles déterminées par la présente convention. L'ex-tradition se fera avec les armes, chevaux, selles, habillemens et tous autres objets quel-conques dont les déserteurs étaient nantis, ou qui auraient été trouvés sur eux lors de l'ar-restation; elle sera accompagnée du procès-verbal de l'arrestation de l'individu, des in-terrogatoires qu'il aurait subis et de toutes autres pièces nécessaires pour constater la désertion : pareille restitution aura lieu des chevaux, effets d'armement, d'habillement et d'équipement emportés par les individus désignés dans l'article 3 de la présente con-vention comme exceptés de l'extradition.

Les hautes parties contractantes se concer-teront ultérieurement sur la désignation des places frontières où la remise des déserteurs devra être opérée.

9. Les frais auxquels aura donné lieu l'ar-restation des déserteurs seront remboursés de part et d'autre à compter du jour de l'ar-restation, qui sera constaté par l'extrait dont il est fait mention à l'article 5, jusqu'au jour de l'extradition inclusivement.

Ces frais comprendront la nourriture et l'entretien des déserteurs et de leurs chevaux, et sont fixés à soixante-quinze centimes, ar-gent de France, ou six gros trois fenins, argent de Prusse, par jour, pour chaque homme, et à un franc six centimes, argent de France, ou huit gros neuf fenins, argent de Prusse, par jour, pour chaque cheval : il sera payé en outre, par la partie requérante ou intéressée, une gratification de vingt-cinq francs, argent de France, ou six écus vingt-cinq gros, argent de Prusse, par cha-que homme; et de cent vingt francs ou trente-deux écus vingt-quatre gros, pour chaque cheval et son équipage, au profit de quicon-que sera parvenu à découvrir et faire arrêter un déserteur, ou qui aura contribué à la restitution d'un cheval et de son équipage.

28.

23

10. Les frais et gratifications dont il est fait mention dans l'article précédent seront acquittés immédiatement après l'extradition.

Les réclamations qui pourraient être faites à cet égard ne seront examinées qu'après que le paiement aura été provisoirement effectué.

11. Les hautes parties contractantes s'engagent mutuellement à prendre les mesures les plus convenables pour la répression de la désertion et pour la recherche des déserteurs: elles feront usage, à cet effet, de tous les moyens que leur offrent les lois du pays; et elles sont convenues particulièrement :

1° De faire porter une attention scrupuleuse sur les individus inconnus qui franchiraient les frontières des deux pays sans être munis de passeports en règle ;

2° De défendre sévèrement à toute autorité quelconque d'enrôler ou de recevoir dans le service militaire, soit pour les armes de terre, soit pour la marine, un sujet de l'autre des hautes parties contractantes, qui n'aura pas justifié, par des certificats ou des attestations en due forme, qu'il est dispensé du service militaire dans son pays.

La même mesure sera applicable dans le cas où l'une des hautes parties contractantes aura permis à une puissance étrangère de faire des enrôlemens dans ses états.

12. La présente convention est conclue pour deux ans, à l'expiration desquels elle continuera à être en vigueur pour deux autres années, et ainsi de suite, sauf déclaration contraire de la part de l'un des deux Gouvernemens.

13. La présente convention sera ratifiée et les ratifications en seront échangées dans le terme de six semaines, ou plus tôt si faire se peut.

En foi de quoi, les plénipotentiaires respectifs l'ont signée et y ont apposé le cachet de leurs armes.

Fait à Paris, le 25 juillet 1828.

Signé Comte DE LA FERRONNAYS.

(L. S.) .

Signé WERTHER.

(L. S.)

24 SEPTEMBRE = Pr. 14 DÉCEMBRE 1828. — Ordonnance du Roi concernant l'organisation de l'ordre judiciaire et l'administration de la justice à l'île de la Martinique et à l'île de la Guadeloupe et ses dépendances (1). (8, Bull. 268, n° 10276.)

Charles, etc.

Sur le rapport de notre ministre secrétaire d'Etat de la marine et des colonies, et de l'avis de notre Conseil,

Nous avons ordonné et ordonnons ce qui suit :

TITRE Iᵉʳ. Dispositions préliminaires.

Art. 1ᵉʳ. La justice sera administrée à l'île de la Martinique, et à l'île de la Guadeloupe et dans ses dépendances, par des tribunaux de paix, des tribunaux de première instance, des cours royales et des cours d'assises.

Les jugemens en dernier ressort et les arrêts pourront être attaqués par voie d'annulation ou de cassation, dans les cas spécifiés en la présente ordonnance.

2. Le conseil privé, la commission des prises et les conseils de guerre continueront de connaître des matières qui leur sont spécialement attribuées par notre ordonnance du 9 février 1827, et par les lois, ordonnances et réglemens en vigueur dans les deux colonies.

3. Nul ne pourra être distrait de ses juges naturels.

Il ne sera, en conséquence, créé aucune commission extraordinaire.

Toutefois il pourra être établi pour chaque colonie une cour prévôtale, dans les cas et suivant les formes déterminés par la présente ordonnance.

4. Les audiences seront publiques au civil et au criminel, excepté dans les affaires où la publicité sera jugée dangereuse pour l'ordre et les mœurs.

Dans tous les cas, les jugemens et arrêts seront prononcés publiquement.

Ils seront toujours motivés.

5. Les cours et tribunaux ne pourront, sous les peines portées par les lois, prendre directement ou indirectement aucune part à l'exercice du pouvoir législatif, ni s'immiscer dans les affaires administratives.

___

(1) *Voy.* ordonnances du 22 novembre 1819, sur l'organisation judiciaire des colonies en général ; du 7 janvier 1822, sur l'organisation judiciaire du Sénégal ; du 4 juillet 1827, sur la procédure criminelle à la Guadeloupe et à la Martinique ; du 30 septembre 1827, sur l'organisation judiciaire de l'Ile-Bourbon ; du 20 juillet 1828, sur la procédure criminelle à la Guiane ; l'ordonnance du 31 août 1828, sur la procédure devant les conseils privés.

Voy. ordonnances du 19 juillet 1829 ; des 31 décembre 1828, 14 juin 1829, 28 septembre 1830 et 22 septembre 1832, sur l'établissement de l'enregistrement et de la conservation des hy-

pothèques ; des 12 octobre 1828 et 29 novembre 1828, portant publication des Codes pénal et d'instruction criminelle ; du 19 octobre 1828, sur le mode de procéder en matière civile ; des 31 août, 7 septembre 1830 et 4 octobre 1830, sur les traitemens des membres de l'ordre judiciaire ; du 19 juillet 1829, sur la division judiciaire relativement à l'île de la Désirade ; du 24 février 1831, portant suppression des restrictions au Code civil pour les personnes de couleur ; du 16 mai, sur les successions vacantes ; du 18 septembre, sur les réductions de traitemens; loi du 24 avril 1833 ; ordonnances du 13 mai 1833, du 25 juin 1833.

Ils ne pourront, sous aucun prétexte et sous les mêmes peines, refuser ni retarder l'enregistrement des lois, ordonnances, arrêtés et réglemens, lorsqu'ils en seront requis par le ministère public.

6. Il leur est également interdit de poursuivre, hors les cas de flagrant délit, les agens du Gouvernement, pour délits commis dans l'exercice de leurs fonctions, à moins d'une autorisation spéciale donnée de la manière prescrite par l'article 61 de notre ordonnance du 9 février 1827.

7. Les deux colonies seront régies par le Code civil, le Code de procédure civile, le Code de commerce, le Code d'instruction criminelle et le Code pénal, modifiés et mis en rapport avec leurs besoins.

TITRE II. Des tribunaux et des cours.

CHAPITRE Ier. Des tribunaux de paix.

SECTION 1re. De la circonscription des cantons.

8. L'île de la Martinique sera divisée en quatre cantons de justices de paix, dont les chefs-lieux seront le Fort-Royal, le Marin, la Trinité et Saint-Pierre.

9. Ces cantons comprendront, savoir :

Le premier, les communes du Fort-Royal, du Lamentin, du Trou-au-Chat, du Saint-Esprit, de la Rivière-Salée, des Trois-Islets, et des Anses-d'Arlet;

Le deuxième, les communes du Marin, du Vauclin, de Sainte-Anne, de la Rivière-Pilote, de Sainte-Luce et du Diamant;

Le troisième, les communes de la Trinité, du Gros-Morne, du Robert, du François, de Sainte-Marie et du Marigot;

Le quatrième, les communes de Saint-Pierre, de la Basse-Pointe, de la Grande-Anse, du Macouba, du Prêcheur, du Carbet et de la Case-Pilote.

10. L'île de la Guadeloupe et ses dépendances seront divisées en six cantons de justices de paix, dont les chefs-lieux seront la Basse-Terre, la Capesterre, la Pointe-à-Pitre, le Moule, le Marigot de la partie française de Saint-Martin et le Grand-Bourg de l'île Marie-Galante.

11. Ces six cantons comprendront savoir :

Le premier, les communes de la Basse-Terre intra muros et extra muros, du Baillif, du Parc et du Matouba, des Vieux-Habitans, de Bouillante, de la Pointe-Noire, de Deshaies, des îles des Saintes;

Le deuxième, les communes de la Capesterre, du Vieux-Fort, des Trois-Rivières et de la Goyave;

Le troisième, les communes de la Pointe-à-Pitre, du Petit-Bourg, de la Baie-Mahault, du Lamentin, de Sainte-Rose, des Abymes, du Gozier, du Morne-à-l'Eau et de Bordeaux-Bourg;

Le quatrième, les communes du Moule, de Sainte-Anne, de Saint-François, de l'Anse-Bertrand, du Port-Louis et du Petit-Canal;

Le cinquième, la commune de Marigot, de l'île de Saint-Martin et tout le territoire de la partie française de cette île;

Le sixième, les trois communes de l'île de Marie-Galante, savoir : le Grand-Bourg, la Capesterre et Saint-Louis.

SECTION II. De la composition et de la compétence des tribunaux de paix (1).

12. Il sera établi, dans chacun des cantons de la Martinique, de la Guadeloupe et de ces dépendances, un tribunal de paix, dont le siège sera au chef-lieu de canton.

13. Chaque tribunal de paix sera composé d'un juge-de-paix, d'un suppléant et d'un greffier.

Lorsque le tribunal aura à statuer sur les matières énoncées en l'article 19, les fonctions du ministère public seront remplies par le commissaire de police du lieu où siégera le tribunal, et, à son défaut, par l'officier de l'état civil de la commune.

14. Les tribunaux de paix connaîtront, sauf les exceptions déterminées par les lois, des actions civiles, soit personnelles, soit mobilières, et des actions commerciales, savoir :

En premier et dernier ressort, lorsque la valeur principale de la demande n'excédera pas cent cinquante francs;

En premier ressort seulement, lorsque la valeur principale de la demande sera au-dessus de cent cinquante francs et n'excédera pas trois cents francs.

15. Ils connaîtront en premier et dernier ressort jusqu'à la valeur de cent cinquante francs en principal; et en premier ressort seulement, à quelque valeur que la demande puisse monter :

1° Des actions pour dommages faits, soit par les hommes, soit par les animaux, aux champs, fruits et récoltes;

2° Des déplacemens de bornes, des usurpations de terre, arbres, haies, fossés, et autres clôtures, commis dans l'année; des entreprises sur les cours d'eau pareillement commises dans l'année, et de toutes autres actions possessoires;

3° Des réparations locatives des maisons et habitations affermées;

4° Des indemnités prétendues par le fermier ou locataire pour non-jouissance, lorsque le droit à l'indemnité ne sera pas contesté, ainsi que des dégradations alléguées par le propriétaire;

5° De l'exécution des engagemens entre

---

(1) *Voy.* ci-après, ordonnance du 26 octobre, spéciale à la justice de paix de l'île Saint-Martin.

le propriétaire et ses gérans ou économes, ou tous gens à gages; entre les marchands et leurs commis; entre les fabricans, entrepreneurs et maîtres-ouvriers, et leurs compagnons ou apprentis; entre les maîtres et leurs domestiques ou gens de travail;

6° Des contestations relatives aux locations d'esclaves;

7° Des fournitures faites par les bouchers et les boulangers;

8° Des contestations entre les aubergistes et les voyageurs pour frais d'hôtellerie;

9° Des actions en dommages et intérêts pour injures verbales et autres contraventions de police pour lesquelles les parties ne se seront pas pourvues par la voie extraordinaire.

16. Toutes les fois que les parties y consentiront, les juges-de-paix connaîtront des actions énoncées aux deux articles précédens, soit en premier et dernier ressort, soit en premier ressort seulement, à quelque valeur que la demande puisse monter, lors même qu'ils ne seraient pas les juges naturels des parties.

17. En matières civile et commerciale, les jugemens des tribunaux de paix, jusqu'à concurrence de trois cents francs, seront exécutoires par provision et nonobstant appel, sous les modifications portées au Code de procédure civile.

18. Dans les matières civiles qui excéderont leur compétence, les juges-de-paix rempliront les fonctions de conciliateurs, ainsi qu'il sera réglé par le Code de procédure civile.

19. Les tribunaux de paix connaîtront des contraventions de police, telles qu'elles sont définies par le Code pénal et par le Code d'instruction criminelle.

Leurs jugemens seront rendus, savoir:

En premier et dernier ressort, lorsque l'amende, les restitutions et autres réparations civiles n'excéderont pas cinquante francs, outre les dépens;

Et en premier ressort seulement, lorsqu'ils prononceront l'emprisonnement, ou lorsque le montant de l'amende et des condamnations civiles excédera la somme de cinquante francs, sans les dépens.

20. Les jugemens rendus en dernier ressort par les tribunaux de paix, soit en matière civile, soit en matière de police, pourront être attaqués par voie d'annulation, dans les cas spécifiés aux articles 50 et 51 de la présente ordonnance.

21. Les tribunaux de paix se constitueront:

En justice de paix, pour prononcer sur les matières civiles et commerciales énoncées aux articles 14, 15 et 16;

En tribunal de police, pour prononcer sur les contraventions énoncées en l'art. 19,

Et en bureau de conciliation, dans les cas prévus par l'article 18.

22. Indépendamment des fonctions qui sont attribuées aux juges-de-paix par le Code civil et par les Codes de procédure, de commerce et d'instruction criminelle, ils recevront l'affirmation des procès-verbaux dressés en matière de police, de grande voirie, de chasse, de pêche, de délits ruraux et forestiers, de douanes et de contributions indirectes, et en toutes autres matières, lorsque les ordonnances, arrêtés et réglemens leur en auront spécialement attribué le droit.

Ils délivreront des saufs-conduits aux individus cités devant eux, qui se trouveraient exposés à l'exercice de la contrainte par corps.

23. Les suppléans remplaceront les juges-de-paix au besoin.

Ils pourront toujours assister aux audiences, et ils y auront voix consultative.

24. En cas d'empêchement du juge-de-paix et de son suppléant, les parties pourront être renvoyées devant l'un des juges-de-paix des cantons limitrophes, ainsi qu'il sera réglé par le Code de procédure civile.

25. Une ordonnance particulière réglera la compétence de la justice de paix de Saint-Martin.

CHAPITRE II. Des tribunaux de première instance.

26. Il y aura à la Martinique deux tribunaux de première instance.

Le ressort du premier comprendra les cantons du Fort-Royal et du Marin; le tribunal siégera au Fort-Royal.

Le ressort du second comprendra les cantons de Saint-Pierre et de la Trinité; le tribunal siégera à Saint-Pierre.

27. Il y aura à la Guadeloupe et dans ses dépendances trois tribunaux de première instance.

Le ressort du premier comprendra les cantons de la Basse-Terre, de la Capestère et du Marigot de l'île de Saint-Martin; le tribunal siégera à la Basse-Terre.

Le ressort du second comprendra les cantons de la Pointe-à-Pitre et du Moule; le tribunal siégera à la Pointe-à-Pitre.

Le ressort du troisième comprendra l'île de Marie-Galante; le tribunal siégera au grand bourg de Marie-Galante.

28. Chaque tribunal de première instance sera composé d'un juge royal, d'un lieutenant de juge et de deux juges auditeurs.

Il y aura près de chaque tribunal un procureur du Roi, un substitut du procureur du Roi, un greffier et un commis assermenté.

29. Les tribunaux de première instance connaîtront, sauf les exceptions déterminées par la loi, savoir:

En dernier ressort, des matières civiles et commerciales sur l'appel des jugemens rendus par les justices de paix;

En premier et dernier ressort:

1° Des actions civiles, soit personnelles,

soit mobilières, et des actions commerciales, lorsque la valeur de la demande en principal sera au-dessus de trois cents francs et n'excédera pas mille francs;

2° Des actions civiles, soit réelles, soit mixtes, lorsque la valeur de la demande en principal n'excédera pas mille francs, à l'exception de celles réservées aux justices de paix par l'article 15;

Et en premier ressort seulement, des affaires civiles ou commerciales, lorsque la valeur de la demande en principal excédera mille francs, à l'exception de celles réservées aux justices de paix par l'article 15.

30. Les tribunaux de première instance connaîtront de l'appel des jugemens des tribunaux de police.

31. Ils connaîtront des contraventions aux lois, ordonnances, arrêtés et réglemens sur le commerce étranger et sur les douanes, sauf l'appel au conseil privé, ainsi qu'il est réglé par l'article 178 de notre ordonnance du 9 février 1827.

32. Le recours en cassation sera ouvert contre les jugemens rendus en dernier ressort, dans les cas spécifiés en l'article 29.

33. Le recours en annulation sera ouvert contre les jugemens en dernier ressort rendus dans le cas prévu par l'article 30.

Ce recours sera exercé ainsi qu'il est réglé par l'article 50 ci-après.

34. Le tribunal de première instance se constituera :

En tribunal civil, pour prononcer sur les affaires civiles et commerciales indiquées en l'article 29;

En tribunal correctionnel, pour prononcer sur l'appel des jugemens de police mentionnés en l'article 30, ainsi que sur les contraventions énoncées en l'article 31.

35. Il pourra être formé dans chaque tribunal de première instance une section temporaire pour le jugement des affaires civiles arriérées.

Cette section sera tenue par le lieutenant de juge ou par un conseiller-auditeur.

Elle ne pourra être établie qu'en vertu d'un arrêté pris par le gouverneur en conseil.

36. Le juge royal rendra seul la justice dans les matières qui sont de la compétence du tribunal de première instance.

Il remplira les fonctions attribuées aux présidens des tribunaux de première instance par le Code civil et par les Codes de procédure civile, de commerce et d'instruction criminelle.

Il sera chargé, au lieu de sa résidence, de la visite des navires, ainsi qu'il est réglé par les lois, ordonnances et réglemens en vigueur dans la colonie.

Il visera, cotera et paraphera les répertoires des notaires, ceux des huissiers, ainsi que les registres du curateur aux successions vacantes.

37. Le lieutenant de juge remplira les fonctions attribuées au juge d'instruction par le Code d'instruction criminelle.

En cas d'empêchement du juge royal, il le remplacera dans ses fonctions.

38. Les juges auditeurs assisteront aux audiences.

Ils pourront être chargés, par le juge royal, des enquêtes, des interrogatoires, des ordres, des contributions et de tous les actes d'instruction civile, ainsi que des fonctions de juge-commissaire, de juge-rapporteur, et de celles indiquées aux deux derniers alinéa de l'article 36.

Dans tous les cas, ils n'auront que voix consultative.

Ils pourront en outre être chargés par le procureur du Roi des fonctions du ministère public.

39. En cas d'empêchement du lieutenant de juge, le juge royal pourra remplir lui-même les fonctions de juge d'instruction, ou les déléguer à l'un des juges auditeurs.

CHAPITRE III. Des cours royales.

40. Il sera établi pour nos colonies des Antilles deux cours royales :

L'une pour la Martinique, dont le siège sera au Fort-Royal;

L'autre pour la Guadeloupe et ses dépendances, dont le siège sera à la Basse-Terre.

41. Chaque cour sera composée de neuf conseillers et de trois conseillers auditeurs.

Il y aura près de chaque cour un procureur général, ou un avocat général chargé d'en remplir les fonctions, un substitut du procureur général, un greffier et un commis assermenté.

42. La cour sera présidée par celui des conseillers que nous aurons désigné.

La durée de la présidence sera de trois années.

Le président ne pourra être nommé de nouveau qu'après un intervalle de trois années.

43. La justice sera rendue souverainement par les cours royales.

44. Les cours royales connaîtront en dernier ressort des matières civiles et commerciales, sur l'appel des jugemens des tribunaux de première instance.

45. Elles statueront directement sur les instructions en matière criminelle, correctionnelle et de police, et prononceront le renvoi devant les juges compétens, ou déclareront qu'il n'y a lieu à suivre.

Dans l'un ou l'autre cas, elles ordonneront, s'il y a lieu, la mise en liberté des inculpés.

46. Elles connaîtront en premier et der-

nier ressort des matières correctionnelles autres que celles spécifiées dans l'article 31.

47. La voie de cassation est ouverte :

1° Contre les arrêts rendus en matières civiles et commerciales, sur l'appel des jugemens des tribunaux de première instance ;

2° Contre les arrêts rendus en matière correctionnelle.

48. Les arrêts de la chambre d'accusation pourront aussi être attaqués par voie de cassation, mais dans l'intérêt de la loi seulement.

49. Il n'est point dérogé aux dispositions de l'article 9 de notre ordonnance du 4 juillet 1827.

50. En matière civile ou commerciale, les cours royales connaîtront des demandes formées par les parties en annulation des jugemens en dernier ressort des justices de paix, pour incompétence ou excès de pouvoir.

En matière de police, elles connaîtront des demandes formées par le ministère public ou par les parties en annulation des jugemens en dernier ressort des tribunaux de police, pour incompétence, excès de pouvoir, ou contravention à la loi.

En cas d'annulation, elles prononceront le renvoi devant l'un des juges-de-paix des cantons limitrophes, lequel statuera définitivement.

Lorsque l'annulation sera prononcée pour cause d'incompétence, la cour royale, s'il y a lieu, renverra l'affaire devant les juges qui devront en connaître.

51. En matière civile ou commerciale, les cours royales connaîtront des demandes formées dans l'intérêt de la loi par le procureur général, en annulation, pour incompétence, excès de pouvoir ou contravention à la loi, des jugemens rendus en dernier ressort par les justices de paix, lorsqu'ils auront acquis force de chose jugée.

En matière de police, elles connaîtront des demandes formées, également dans l'intérêt de la loi et pour les mêmes causes, par le procureur général, en annulation, soit des jugemens en dernier ressort des tribunaux de police, lorsqu'ils seront passés en force de chose jugée, soit des jugemens rendus par les tribunaux correctionnels sur l'appel de ceux des tribunaux de police.

L'annulation ne donnera lieu à aucun renvoi.

52. Les cours royales connaîtront des faits de discipline, ainsi qu'il sera réglé au titre III, chapitre V, et au titre V, section III des chapitres I et II.

53. Elles pourront proposer au gouverneur des réglemens, soit pour la plus prompte expédition des affaires, soit pour la fixation du nombre et de la durée de leurs audiences, de celles des tribunaux de première instance et des tribunaux de paix.

Ces réglemens ne seront exécutés qu'après avoir été arrêtés par le gouverneur en conseil privé, et ne deviendront définitifs que lorsqu'ils seront revêtus de l'approbation de notre ministre secrétaire d'Etat de la marine et des colonies.

54. Chaque cour se constituera :

En chambre civile, pour prononcer sur les affaires mentionnées en l'article 44, et sur les demandes en annulation spécifiées au paragraphe 1er des articles 50 et 51.

En chambre d'accusation, pour prononcer sur les affaires mentionnées en l'article 45 ;

En chambre correctionnelle, pour prononcer sur les affaires mentionnées en l'article 46, et sur les demandes en annulation spécifiées au second paragraphe des articles 50 et 51.

La chambre d'accusation connaîtra, en outre, comme chambre civile, pendant l'intervalle des sessions de la cour royale, des matières qui lui sont attribuées par le Code de procédure civile.

55. La chambre civile et la chambre correctionnelle ne pourront rendre arrêt qu'au nombre de cinq juges au moins.

56. La chambre d'accusation sera composée de trois membres de la cour, dont deux pourront être pris parmi les conseillers-auditeurs.

Elle ne pourra rendre arrêt qu'au nombre de trois juges.

57. Le service de la chambre d'accusation ne dispensera point de celui des chambres civile et correctionnelle.

58. Au commencement de chaque semestre, deux des membres de la chambre d'accusation en sortiront, sur la désignation du président de la cour, qui nommera ceux qui devront les remplacer.

Chacun des membres de la cour sera successivement appelé à cette chambre, autant que les circonstances le permettront.

59. Le président de la cour remplira les fonctions qui lui sont attribuées par le Code civil et par les Codes de procédure civile et d'instruction criminelle.

Hors le cas d'empêchement, il présidera la chambre civile et correctionnelle ; il pourra présider, toutes les fois qu'il le jugera convenable, la chambre d'accusation, et, dans ce cas, le juge le moins ancien de cette chambre se retirera.

60. En cas d'empêchement, seront remplacés, savoir :

Le président, par le plus ancien des conseillers présens ;

Les conseillers, par les conseillers-auditeurs, suivant l'ordre d'ancienneté.

61. Indépendamment des fonctions attribuées aux conseillers-auditeurs par les articles 56 et 60, ils pourront :

Sur la désignation du président, être chargés des enquêtes et des interrogatoires ;

Sur la désignation du procureur général, remplir les fonctions du ministère public ;

Et sur un arrêté du gouverneur, remplacer, en cas d'empêchement, soit le juge royal, soit le lieutenant de juge, soit le procureur du Roi, dans leurs diverses attributions, ou former la section temporaire du tribunal de première instance qui pourrait être établie en vertu de l'article 35.

62. Les conseillers-auditeurs auront voix délibérative, lorsqu'ils auront vingt-sept ans accomplis.

Avant cet âge, ils auront voix consultative.

63. Si le nombre des magistrats nécessaire pour rendre arrêt est incomplet, le président y pourvoira en appelant des magistrats honoraires ayant droit de siéger et suivant l'ordre de leur ancienneté, ou des avocats-avoués, suivant l'ordre du tableau.

CHAPITRE IV. Des cours d'assises.

64. Il y aura à la Martinique deux arrondissemens de cours d'assises :

L'un dont le chef-lieu sera au Fort-Royal, et qui comprendra le ressort du tribunal de première instance du Fort-Royal ;

L'autre dont le chef-lieu sera à Saint-Pierre, et qui comprendra le ressort du tribunal de première instance de Saint-Pierre.

65. Il y aura à la Guadeloupe et dans ses dépendances deux arrondissemens de cours d'assises :

L'un dont le chef-lieu sera à la Basse-Terre, et qui comprendra le ressort du tribunal de première instance de la Basse-Terre ;

L'autre dont le chef-lieu sera à la Pointe-à-Pitre, et qui comprendra les ressorts des tribunaux de première instance de la Pointe-à-Pitre et de Marie-Galante.

66. Chaque cour d'assises siégera au chef-lieu de son arrondissement.

67. Les cours d'assises se composeront de trois conseillers de la cour royale et de quatre membres du collége des assesseurs, dont il sera parlé au titre IV.

Le procureur général, ou son substitut, y portera la parole.

Le greffier de la cour royale, ou son commis assermenté, y tiendra la plume.

68. Dans les affaires qui paraîtront devoir se prolonger pendant plusieurs audiences, un conseiller-auditeur et un assesseur seront, en outre, appelés par le président pour assister aux débats et remplacer le conseiller ou l'assesseur qui ne pourrait continuer de siéger.

69. Les cours d'assises connaîtront de toutes les affaires où le fait qui est l'objet de la poursuite est de nature à emporter peine afflictive ou infamante.

70. Les arrêts des cours d'assises pourront être attaqués par voie de cassation.

L'article 49 est applicable à ces arrêts.

71. Dans le cas où il y aurait lieu de renvoyer d'une cour d'assises à une autre pour cause de suspicion légitime, ainsi qu'il est prévu au Code d'instruction criminelle, le renvoi sera prononcé par le conseil privé, composé de la manière prescrite par l'article 179 de notre ordonnance du 9 février 1827.

72. Chaque cour d'assises tiendra une session par trimestre ; un réglement délibéré dans la forme prescrite par l'article 53 fixera l'époque de l'ouverture des sessions.

Néanmoins, si les besoins du service le commandent, le gouverneur en conseil pourra changer l'époque de l'ouverture des assises, sans pouvoir diminuer le nombre des sessions.

73. Le gouverneur, en conseil, pourra, lorsque les circonstances l'exigeront, convoquer des assises extraordinaires qui se tiendront dans telle commune de la colonie et à tel jour qu'il jugera convenable d'indiquer.

74. Le président de la cour royale désignera, à chaque renouvellement de semestre, les magistrats de la cour qui devront composer chacune des cours d'assises du semestre, et celui des conseillers qui les présidera, dans le cas où il ne jugerait pas à propos de les présider lui-même.

75. Pourront, en cas d'empêchement, être remplacés aux assises tenues dans les arrondissemens de Saint-Pierre ou de la Pointe-à-Pitre, savoir :

L'un des conseillers, ou conseillers-auditeurs, par le juge royal ou le lieutenant de juge, lorsqu'il n'aura pas connu de l'affaire ;

Le procureur général, ou son substitut, par le procureur du Roi ;

Le greffier de la cour, ou son commis assermenté, par le greffier du tribunal de première instance.

76. Le président de chaque cour d'assises remplira les fonctions qui lui sont attribuées par le Code d'instruction criminelle.

77. Les membres de la cour royale et les assesseurs prononceront en commun :

Sur la position des questions,

Sur toutes les questions posées,

Et sur l'application de la peine.

78. Les membres de la cour royale connaîtront exclusivement des incidens de droit ou de procédure qui s'élèveraient avant l'ouverture ou pendant le cours des débats.

CHAPITRE V. Du ministère public.

79. Les fonctions du ministère public seront spécialement et personnellement confiées à notre procureur général.

Il portera la parole aux audiences, quand il le jugera convenable.

80. Il sera tenu de veiller, dans la limite de ses attributions, à l'exécution des lois, ordonnances, arrêtés et réglemens en vigueur dans la colonie. Il fera en conséquence les actes et réquisitions nécessaires.

81. Dans les affaires civiles, il n'exercera son ministère, par voie d'action, que dans les cas déterminés par les lois et ordonnances, ou lorsqu'il s'agira de la rectification d'actes de l'état civil qui, par de fausses énonciations, attribueraient à un homme de couleur libre, ou à un esclave, une qualité autre que celle qui lui appartient.

82. Il poursuivra d'office l'exécution des jugemens et arrêts, dans les dispositions qui intéressent l'ordre public.

83. Il signalera au ministre de la marine et des colonies les arrêts et jugemens en dernier ressort passés en force de chose jugée, qui lui paraîtront susceptibles d'être attaqués par voie de cassation dans l'intérêt de la loi.

84. Il aura la surveillance des officiers ministériels, et pourra, sur la demande des parties, leur enjoindre de prêter leur ministère.

85. Il pourra requérir la force publique dans les cas et suivant les formes déterminés par les lois et ordonnances.

86. Le procureur général exercera l'action de la justice criminelle dans toute l'étendue du ressort de la cour. Tous les officiers de police judiciaire, même le juge d'instruction, sont soumis à sa surveillance.

87. Dans les affaires qui intéressent le Gouvernement, le procureur général sera tenu, lorsqu'il en sera requis par le gouverneur, de faire, conformément aux instructions qu'il en recevra, les actes nécessaires pour saisir les tribunaux.

Il sera également tenu de requérir l'enregistrement des lois, ordonnances, arrêtés et réglemens qui lui seront adressés à cet effet par le gouverneur.

88. Il aura la surveillance des prisons et des maisons d'arrêt, et veillera à ce que personne n'y soit détenu illégalement.

89. Il aura l'inspection des registres constatant l'état civil des blancs, celui des hommes de couleur libres et les affranchissemens.

Il aura également l'inspection des registres qui contiennent les déclarations de naissances, de mariages et de décès des esclaves.

90. Il sera chargé de l'inspection des greffes et de tous dépôts d'actes publics autres que les dépôts des actes de l'administration.

91. Le substitut ne participera à l'exercice des fonctions du procureur général que sous sa direction.

Toutes les fois qu'il en sera requis par le procureur général, il sera tenu de lui communiquer les conclusions qu'il se proposera de donner. En cas de dissentiment, le procureur général portera la parole.

92. Le procureur du Roi remplira les fonctions du ministère public près le tribunal de première instance, et participera, sous la direction du procureur général, à l'exercice des autres fonctions énoncées au présent chapitre. Il sera placé sous les ordres du procureur général.

CHAPITRE VI. Des greffiers des cours et des tribunaux.

93. Les greffiers tiendront la plume aux audiences.

94. Ils seront chargés de recueillir et de conserver les actes des délibérations des cours et des tribunaux.

95. Ils seront chargés de tenir en bon ordre les rôles et les différens registres prescrits par les Codes, les ordonnances et les réglemens, et de conserver avec soin les collections et la bibliothèque à l'usage de la cour ou du tribunal auquel ils seront attachés.

96. Ils auront la garde du sceau de la cour ou du tribunal près duquel ils exerceront leurs fonctions.

97. Il leur est interdit, sous peine de destitution, de recevoir sur leurs registres aucune protestation, soit de la cour ou du tribunal, soit d'aucun magistrat en particulier.

98. Les greffiers seront tenus d'établir de doubles minutes des actes destinés au dépôt des chartes coloniales, ainsi qu'il leur est prescrit par l'édit du mois de juin 1776, et de se conformer aux autres dispositions du même édit qui les concernent.

Ils seront tenus également d'établir de doubles minutes des jugemens et arrêts rendus en matières civile, criminelle et correctionnelle.

Dans les huit premiers jours de chaque trimestre, ils déposeront ces pièces au parquet de la cour ou du tribunal auquel ils seront attachés, ainsi que les états prescrits par les articles 258 et 259 de la présente ordonnance.

99. Le greffier de la cour assistera aux assemblées générales, et y tiendra la plume.

100. Les greffiers des tribunaux de première instance seront chargés, sous leur responsabilité, de la garde et de la conservation de toutes les pièces et actes dont les lois, ordonnances et réglemens prescrivent le dépôt au greffe.

TITRE III. Des membres de l'ordre judiciaire.

CHAPITRE Ier. Des conditions d'âge et de capacité.

101. Devront être âgés, savoir :

Les juges-auditeurs et le substitut du procureur du Roi, de vingt-deux ans;

Les conseillers-auditeurs, le substitut du procureur général et les suppléans des juges-de-paix, de vingt-cinq ans;

Le lieutenant de juge, le procureur du Roi et les juges-de-paix, de vingt-sept ans;

Les conseillers, le procureur général, ou l'avocat général chargé d'en remplir les fonctions, et le juge royal, de trente ans;

La condition d'âge ne sera réputée accomplie qu'après la dernière année révolue.

102. Nul ne pourra être juge-auditeur, ou substitut du procureur du Roi, s'il n'a été reçu avocat.

Les juges-auditeurs devront en outre justifier d'un revenu annuel de deux mille francs.

103. Nul ne pourra être conseiller auditeur, ou substitut du procureur général, s'il n'a rempli les fonctions de juge ou d'officier du ministère public pendant un an au moins, ou celles de juge-auditeur pendant deux années.

104. Nul ne pourra être lieutenant de juge ou procureur du Roi, s'il n'a été conseiller-auditeur pendant deux ans, ou s'il n'a rempli, durant le même temps, les fonctions de juge, ou celles d'officier du ministère public.

105. Nul ne pourra être juge royal, s'il n'a été procureur du Roi ou substitut du procureur général, soit en France, soit dans les colonies, ou s'il n'a rempli pendant deux ans les fonctions de lieutenant de juge dans les colonies, ou celles de conseiller-auditeur ou de juge, soit en France, soit dans les colonies.

106. Nul ne pourra être conseiller, s'il n'a été juge royal, ou s'il ne remplit l'une des conditions énoncées en l'article précédent.

107. Nul ne pourra être procureur général ou avocat général, s'il n'a été pendant deux ans conseiller, juge royal, président d'un tribunal de première instance, officier du ministère public près d'une cour royale ou procureur du Roi.

108. A défaut de l'accomplissement des conditions prescrites par les cinq articles précédens, les candidats seront tenus de justifier de l'exercice de la profession soit d'avocat près une cour de France, soit d'avocat-avoué dans la colonie.

La durée de cet exercice est fixée, savoir:

A quatre ans, pour être conseiller-auditeur ou substitut du procureur général;

A six ans, pour être lieutenant de juge ou procureur du Roi;

A huit ans, pour être juge royal ou conseiller,

Et à dix ans, pour être procureur général.

Dans le nombre de ces années d'exercice seront comptés les trois ans de stage exigés pour l'inscription au tableau des avocats près l'une des cours de France.

109. Les greffiers des cours royales et des tribunaux devront être âgés de vingt-cinq ans;

Les commis-greffiers, de vingt-un ans;

Les greffiers des cours et des tribunaux de première instance ne pourront être choisis que parmi les licenciés en droit, à moins qu'ils n'aient précédemment exercé les fonctions d'avoué ou de greffier pendant trois ans au moins, soit en première instance, soit en appel.

CHAPITRE II. Des incompatibilités.

110. Les parens et alliés jusqu'au degré de cousin-germain inclusivement ne pourront être simultanément membres de la cour, soit comme conseillers ou conseillers-auditeurs, soit comme officiers du ministère public, soit comme greffiers.

Les mêmes causes d'incompatibilité s'appliqueront aux membres d'un même tribunal. Il y aura incompatibilité au même degré de parenté ou d'alliance entre les membres de la cour royale, le juge royal et le lieutenant de juge.

111. En cas d'alliance survenue depuis la nomination, celui qui l'aura contractée ne pourra continuer ses fonctions, et il sera pourvu à son remplacement.

112. Nul ne pourra être procureur général ou avocat général, s'il est né dans la colonie, s'il y a contracté mariage avec une créole de l'île, ou s'il y possède des propriétés foncières, soit de son chef, soit de celui de sa femme.

Si le mariage a été contracté ou la propriété acquise postérieurement à la nomination, il sera pourvu à son remplacement.

113. Les fonctions de conseiller, de conseiller-auditeur, de juge royal, de lieutenant de juge, de juge-auditeur, de juge-de-paix, d'officier du ministère public ou de greffier, seront incompatibles avec celles de conseiller colonial, d'avocat-avoué, d'avoué, de notaire, et avec toutes fonctions salariées.

Pourront néanmoins les notaires être suppléans de juge-de-paix.

114. Il ne pourra, sous aucun prétexte, être accordé de dispenses pour l'accomplissement des conditions prescrites par le présent chapitre et par le précédent.

CHAPITRE III. De la nomination et de la prestation de serment.

115. Seront nommés par nous les magistrats et les greffiers des cours royales et des tribunaux de première instance, et les juges-de-paix.

Ils exerceront leurs fonctions dans la colonie, tant que nous le jugerons convenable au bien de notre service.

116. Les juges-suppléans et les greffiers des tribunaux de paix seront nommés par notre ministre de la marine et des colonies.

Les commis-greffiers seront, sur la présentation des greffiers, agréés par la cour ou le tribunal près lequel ils exerceront.

117. Les membres de l'ordre judiciaire nommés par nous ou par notre ministre de la marine et des colonies ne pourront être révoqués par le gouverneur, si ce n'est en cas de forfaiture.

Toutefois il n'est point dérogé aux dispositions de l'article 79 de notre ordonnance du 9 février 1827.

118. Six mois avant l'expiration du terme fixé pour la durée de la présidence de la cour royale, notre ministre de la marine et des colonies présentera des candidats à notre nomination.

119. Dans le cas où, à l'expiration de ce terme, notre choix ne serait pas connu, la présidence appartiendra provisoirement au plus ancien conseiller dans l'ordre de réception, le président sortant excepté.

120. Aussitôt que des places de l'ordre judiciaire viendront à vaquer, le procureur général présentera au gouverneur la liste des candidats réunissant les conditions mentionnées aux articles 101 à 114 inclusivement, et lui fera connaître son opinion sur chacun d'eux.

121. Dans le mois de la présentation, le gouverneur pourvoira au remplacement provisoire, suivant les formes prescrites par notre ordonnance du 9 février 1827.

Il en rendra compte immédiatement à notre ministre de la marine et des colonies, en lui adressant des listes de candidats avec ses observations, afin qu'il soit par nous pourvu au remplacement définitif.

122. En cas de vacance de la place de procureur général, il sera provisoirement remplacé, conformément aux dispositions de l'article 140 de notre ordonnance du 9 février 1827.

123. Les membres de l'ordre judiciaire prêteront, avant d'entrer en fonctions, le serment dont la formule suit :

« Je jure, devant Dieu, de bien et fidèlement servir le Roi et l'Etat, de garder et « observer les lois, ordonnances et réglemens en vigueur dans la colonie, et de « m'acquitter de mes fonctions en mon âme « et conscience. »

124. Le président de chaque cour royale et le procureur général prêteront serment devant le gouverneur en conseil ; le procès-verbal en sera rapporté à la cour, qui en fera mention sur ses registres.

125. Les autres membres de la cour, le substitut du procureur général, le greffier de la cour et le commis-greffier, les membres des tribunaux de première instance et ceux du parquet de ces tribunaux, prêteront serment à l'audience de la cour.

126. Chaque tribunal de première instance recevra le serment de son greffier et du commis-greffier, ainsi que celui des juges-de-paix de son ressort et de leurs suppléans.

Les juges-de-paix recevront le serment de leurs greffiers.

Ils pourront, en outre, être délégués par le tribunal de première instance pour recevoir le serment de leurs suppléans.

CHAPITRE IV. De la résidence, des sessions de la cour royale, et des congés.

127. Le procureur général et son substitut, les membres de la cour composant la chambre d'accusation, le greffier de la cour, et les membres des tribunaux de première instance, seront tenus de résider dans la ville où siége la cour ou le tribunal dont ils font partie.

Les juges-de-paix seront tenus de résider dans le chef-lieu du canton du tribunal de paix où ils exercent leurs fonctions.

128. Les membres de la cour autres que ceux désignés dans l'article précédent seront tenus de se rendre au lieu où siége la cour, aux époques fixées pour l'ouverture des sessions ordinaires, soit civiles, soit correctionnelles, soit criminelles, et d'y résider pendant la durée de ces sessions.

129. Hors le temps des vacances, il y aura, chaque mois, une session civile et correctionnelle qui s'ouvrira le premier lundi du mois.

Les sessions dureront jusqu'à ce que les affaires portées au rôle et en état de recevoir jugement aient été expédiées. Il y aura dix sessions par an.

130. Le gouverneur pourra convoquer des sessions extraordinaires pour le jugement des matières correctionnelles, l'enregistrement des lois, ordonnances et arrêtés, et lorsqu'il aura à faire connaître à la cour des ordres du Roi.

131. Les magistrats tenus à résidence ne pourront s'absenter sans congé, si ce n'est pour cause de service.

Il en sera de même des autres membres de la cour royale pendant la durée des sessions.

132. Si le congé ne doit pas excéder cinq jours, il sera délivré, savoir :

Aux membres de la cour royale, par le président ;

Aux membres du tribunal de première instance, par le juge royal ;

Aux officiers du ministère public, par le procureur général.

133. Si le congé doit excéder cinq jours, ou s'il est demandé par le président, le procureur général ou le juge royal, il sera délivré par le gouverneur, après qu'il se sera assuré que le service n'en souffrira pas.

134. Aucun magistrat ne pourra s'absenter de la colonie sans un congé délivré par notre ministre de la marine, sur l'avis du gouverneur en conseil.

En cas d'urgence ou de nécessité absolue, dûment constatée, le congé pourra être dé-

vi|livré par le gouverneur en conseil, qui en
zi|fixera provisoirement la durée.

135. Tout magistrat qui se sera absenté
ina|sans congé, mais sans sortir de la colonie,
ia|sera privé, pendant le double temps qu'aura
ub|duré son absence, de la totalité de son trai-
ai|tement et de l'indemnité à laquelle il pour-
si|rait avoir droit en vertu des dispositions du
da|chapitre VI du présent titre.

Si cette absence excède dix jours, il lui
ia|sera notifié par notre procureur général de
ia|se rendre à son poste. Faute par lui d'obtem-
ia|pérer à cette notification dans le même délai,
li|il en sera rendu compte par le procureur gé-
ia|néral au gouverneur, qui, suivant les cir-
io|constances et de l'avis du conseil privé, pourra
h|déclarer ce magistrat démissionnaire, après
ia|toutefois l'avoir entendu ou dûment appelé.

Cette décision donnera lieu au remplace-
ia|ment provisoire; mais elle n'aura d'effet dé-
ia|finitif qu'après qu'il y aura été statué par
ia|nous.

Les dispositions ci-dessus sont applicables
ia|à tout magistrat qui n'aurait pas repris ses
ia|fonctions à l'expiration de son congé, ou qui
ia|ne résiderait pas dans le lieu qui lui est as-
ia|signé par ses fonctions.

L'absence sans congé hors de la colonie
ia|emportera démission. Dans ce cas, le magis-
ia|trat sera déclaré démissionnaire par le gou-
ia|verneur en conseil, et il sera par nous statué
ia|définitivement.

136. Les congés accordés aux membres de
la cour seront visés par le procureur général
et inscrits au greffe de la cour sur un registre à ce destiné.

Ceux accordés aux membres du tribunal
de première instance seront visés par le procureur du Roi et inscrits de la même manière
au greffe de ce tribunal.

137. Lorsque les juges-de-paix voudront
s'absenter de leurs cantons respectifs, ils devront en obtenir l'autorisation du procureur
général.

Si leur absence devait excéder quinze
jours, cette autorisation ne pourra leur être
accordée que par le gouverneur.

Dans tous les cas, l'autorité qui délivrera
le congé s'assurera que le juge-de-paix sera
remplacé par son suppléant.

CHAPITRE V. Des peines de discipline et de la
manière de les infliger.

138. Le président de la cour avertira d'office, ou sur la réquisition du procureur général, tout magistrat qui manquerait aux convenances de son état.

139. Si l'avertissement reste sans effet, ou
si le fait reproché au magistrat est de nature
à compromettre la dignité de son caractère,
le président ou le procureur général provoquera contre ce magistrat, par forme de

discipline, l'application de l'une des peines
suivantes:

La censure simple,
La censure avec réprimande,
La suspension provisoire.

140. La censure avec réprimande emportera de droit la privation, pendant un mois,
de la totalité du traitement et de l'indemnité.

La suspension provisoire emportera aussi,
pendant le temps de sa durée, la privation
du traitement et de l'indemnité, sans que,
dans aucun cas, la durée de cette privation
puisse être moindre de deux mois.

141. L'application des peines déterminées
par l'article 139 sera faite par la cour, en la
chambre du conseil, sur les conclusions écrites du procureur général, après toutefois que
le magistrat inculpé aura été entendu ou dûment appelé.

142. Lorsque la censure avec réprimande ou
la suspension provisoire auront été prononcées, ces mesures ne seront exécutées qu'autant qu'elles auront été approuvées par le
gouverneur en conseil.

Néanmoins, en cas de suspension, le juge
sera tenu de s'abstenir de ses fonctions jusqu'à ce que le gouverneur ait prononcé.

Le gouverneur rendra compte à notre ministre de la marine et des colonies des décisions prises à cet égard.

143. Les décisions de la cour en matière
de discipline ne pourront être attaquées par
voie de cassation.

144. Le juge royal, d'office, ou sur la réquisition du procureur du Roi, exercera à
l'égard des magistrats qui composent le tribunal de première instance, et à l'égard des
juges-de-paix, le droit accordé au président
de la cour royale par l'article 138.

S'il avait négligé de le faire, le président
de la cour lui en intimerait l'ordre.

145. Dans les cas prévus par l'article précédent, le juge royal et le procureur du Roi
seront tenus de déférer le magistrat inculpé,
le premier au président de la cour, et le second au procureur général : la cour exercera à son égard le droit de discipline qui
lui est accordé sur ses propres membres.

146. Les officiers du ministère public qui
manqueraient aux convenances de leur état,
ou qui compromettraient la dignité de leur
caractère, seront rappelés à leur devoir par
le procureur général. Il en sera rendu compte
au gouverneur, qui, suivant la gravité des
circonstances, leur fera faire par le procureur général les injonctions qu'il jugera nécessaires, ou pourra leur appliquer, en conseil, l'une des peines de discipline indiquées
en l'article 139, après toutefois que le magistrat inculpé aura été entendu ou dûment appelé.

Le gouverneur rendra compte à notre

ministre de la marine et des colonies des décisions qui auront été prises à cet égard.

147. La cour royale et la cour d'assises seront tenues d'informer le gouverneur toutes les fois que les officiers du ministère public exerçant leurs fonctions près d'elles s'écarteront du devoir de leur état, ou qu'ils en compromettront l'honneur et la dignité.

148. Le juge royal informera le procureur général des reproches qu'il se croirait en droit de faire aux officiers du ministère public exerçant soit près du tribunal de première instance, soit près des tribunaux de police.

149. Tout magistrat qui se trouvera sous les liens d'un mandat d'arrêt, de dépôt, ou d'une ordonnance de prise de corps, sera suspendu de ses fonctions.

En cas de condamnation correctionnelle emportant emprisonnement, la suspension aura lieu à dater du jour de la condamnation jusqu'à celui où il aura subi sa peine, sans préjudice des mesures de discipline qui pourraient être prises contre lui, et même de la révocation, s'il y a lieu.

150. Tout jugement de condamnation rendu contre un magistrat à une peine même de simple police sera transmis au gouverneur, qui pourra, s'il y a lieu, prononcer en conseil contre ce magistrat l'une des peines portées en l'article 139.

Dans ce cas, le conseil sera composé conformément aux dispositions de l'article 179 de notre ordonnance du 9 février 1827.

151. Il est interdit aux magistrats de souscrire des billets négociables de se charger des procurations ou de se livrer à des opérations de commerce, à peine d'être poursuivis par voie de discipline.

152. Le gouverneur pourra toujours, quand il le jugera convenable, mander devant lui les membres de l'ordre judiciaire pour en obtenir des explications sur les faits qui leur seraient imputés, et les déférer ensuite, s'il y a lieu, à la cour, qui statuera ce qu'il appartiendra.

153. Les greffiers seront avertis ou réprimandés, savoir : celui de la cour royale par le président; celui du tribunal de première instance, par le juge royal, et ceux des tribunaux de paix, par le juge-de-paix du canton dans lequel ils exercent leurs fonctions.

Le procureur général et ses substituts auront, à l'égard des greffiers, les mêmes droits d'avertissement et de réprimande.

Le procureur général les dénoncera, s'il y a lieu, au gouverneur.

154. Les commis-greffiers pourront être révoqués par le greffier, avec l'agrément de la cour ou du tribunal auquel ils sont attachés.

Dans les cas de faute grave, la cour ou le tribunal pourra, d'office, ou sur la réquisition du ministère public, ordonner que le commis-greffier, entendu ou dûment appelé, cessera sur-le-champ ses fonctions. Le greffier sera tenu de pourvoir au remplacement dans le délai qui aura été fixé par la cour ou le tribunal.

155. En matière de discipline, les citations seront délivrées aux magistrats de la cour et des tribunaux par les greffiers.

CHAPITRE VI. Des traitemens.

156. Les membres de l'ordre judiciaire recevront des traitemens annuels.

La moitié du traitement de chacun des membres de la cour et du tribunal de première instance sera répartie en droits d'assistance, dont la quotité sera déterminée par le nombre d'audiences auxquelles il sera tenu de se trouver.

157. Le traitement des membres des cours royales est fixé ainsi qu'il suit :

Pour chaque conseiller	8,000 f
Pour chaque conseiller-auditeur	4,000
Pour le substitut du procureur général	6,000

Il n'est point dérogé à notre ordonnance du 12 février 1826, qui fixe à vingt-quatre mille francs la somme allouée annuellement à notre procureur général. Il la recevra, savoir : deux tiers à titre de traitement, et un tiers à titre d'indemnité. Lorsque les fonctions du procureur général seront remplies par un avocat général, le traitement de ce dernier sera de seize mille francs.

158. Le traitement des membres des tribunaux de première instance est fixé ainsi qu'il suit :

Tribunal du Fort-Royal, tribunal de Saint-Pierre, tribunal de la Basse-Terre, et tribunal de la Pointe-à-Pitre.

Pour le juge royal	8,000 f.
Pour le lieutenant de juge. . .	5,000
Pour chaque juge-auditeur. . .	1,500
Pour le procureur du Roi. . .	8,000
Pour le substitut du procureur du Roi.	3,000

Tribunal de Marie-Galante.

Pour le juge royal	6,000 f.
Pour le lieutenant de juge. . .	4,000
Pour chaque juge-auditeur. . .	1,500
Pour le procureur du Roi. . .	6,000
Pour le substitut du procureur du Roi.	2,000

Il sera statué ultérieurement par nous sur le traitement des greffiers des cours royales b.t des tribunaux de première instance ; provisoirement, lesdits greffiers continueront à recevoir les émolumens qui leur sont actuellement attribués.

159. Le traitement des juges-de-paix est fixé ainsi qu'il suit :

A. Pour les juges-de-paix du Fort-Royal, de Saint-Pierre, de la Basse-Terre et de la Pointe-à-Pitre. 4,000

B. Pour les juges-de-paix de la Trinité, du Marin, de la Capesterre, du Moule et de Marie-Galante. . . . 3,000

A. Au moyen de ce traitement, il ne leur sera alloué ni vacations ni honoraires. Ils ne pourront réclamer que les frais de transport réglés par le tarif.

Il sera alloué à chacun des greffiers des tribunaux de paix, indépendamment des droits de greffe, un traitement de quinze cents francs.

160. Les magistrats envoyés de la métropole auront droit à une indemnité égale à la moitié de leur traitement.

Cette indemnité cessera d'être payée au magistrat européen qui contracterait mariage avec une créole de l'île, ou qui viendrait à y posséder des propriétés foncières, soit de son chef, soit du chef de sa femme.

161. Le président de la cour royale recevra pendant la durée de sa présidence, pour frais de représentation, une indemnité annuelle égale à la moitié de son traitement.

Cette indemnité sera cumulée avec celle à laquelle il pourrait avoir droit en vertu de l'article précédent.

162. Les magistrats envoyés de la métropole recevront, à titre de frais de déplacement, outre les frais de passage, auxquels il sera pourvu par notre ministre de la marine, une somme égale à la moitié de leur traitement.

Ceux qui auront droit à l'indemnité annuelle fixée par l'article 160 recevront, en outre, la moitié de cette indemnité.

Au moyen de ces diverses allocations, il ne leur sera accordé aucune autre somme pour frais de route, ni pour frais de séjour dans le port d'embarquement ou dans les lieux de relâche, ni pour traitement, jusqu'au jour de l'entrée en fonctions.

La moitié de la somme allouée leur sera payée en France, et l'autre moitié à leur arrivée dans la colonie.

Lorsque ces magistrats reviendront en France, le passage leur sera accordé aux frais du Gouvernement. Ils n'auront droit à aucune autre allocation.

163. Les menues dépenses de la cour et des tribunaux seront réglées annuellement dans les budgets de la colonie.

CHAPITRE VII. Des pensions de retraite.

164. Le traitement des membres de l'ordre judiciaire, ainsi que leur indemnité annuelle, seront soumis à une retenue de trois pour cent qui sera versée dans la caisse des pensions et retraites.

165. Les magistrats auront droit, après un certain temps de service dans les tribunaux de la colonie, à une pension de retraite qui sera calculée sur le terme moyen du traitement pendant les trois dernières années de leur service, et acquittée par la caisse des pensions et des retraites.

166. A dater de la promulgation de la présente ordonnance, la pension de retraite des magistrats mentionnés dans l'article 112 sera réglée de la manière suivante :

Le *minimum* de cette pension sera d'un *sixième* du traitement, et le *maximum*, de la *moitié*.

Le *minimum* ne pourra être acquis qu'après dix ans de service dans l'une des fonctions mentionnées au susdit article, et le *maximum*, qu'après vingt ans.

Après dix années de service, la pension sera augmentée, par chaque année, d'un *trentième* du traitement, jusqu'à ce qu'elle ait atteint le *maximum*.

Les veuves des magistrats auxquels s'appliquent les dispositions de cet article recevront une pension égale au quart de la retraite qui aurait été accordée à leurs maris, ou à laquelle ils auraient eu droit à l'époque de leur décès.

167. Les magistrats qui ne sont point assujétis aux conditions prescrites par les articles 112 et 160 cumuleront leurs services dans la métropole avec ceux qu'ils auront rendus dans la colonie, et leur pension sera liquidée d'après les règles prescrites par les lois, ordonnances et réglemens de la métropole.

Les magistrats soumis aux conditions prescrites par l'article 112 pourront opter, pour la liquidation de leur pension, entre le mode fixé par l'article précédent et celui fixé par le présent article.

Cette disposition s'appliquera à leurs veuves.

168. Lorsque les magistrats se trouveront atteints d'infirmités graves et permanentes qui les mettront dans l'impossibilité de faire habituellement leur service, ils pourront être remplacés et mis à la retraite, s'il y a lieu, sur la réquisition du procureur général.

Dans ce cas, la cour nommera une commission qui constatera les faits, entendra les magistrats, recevra à cet égard les déclarations des témoins et des gens de l'art, et en fera son rapport dans le mois.

Si la cour juge que les infirmités ou les empêchemens sont de nature à motiver le remplacement, il sera statué à cet égard par le gouverneur en conseil, et sa décision sera exécutée provisoirement, sauf notre approbation.

CHAPITRE VIII. Des magistrats honoraires.

169. Les magistrats admis à la retraite pourront recevoir le titre de *conseiller honoraire* ou de *juge honoraire*, comme une marque de notre satisfaction.

170. Ils jouiront alors du droit d'assister aux audiences de rentrée et aux cérémonies publiques avec la cour ou le tribunal dont ils auront fait partie.

171. Les magistrats honoraires ne pourront être appelés à siéger, conformément à l'article 63, que lorsque leur brevet en contiendra l'autorisation spéciale.

TITRE IV. Des assesseurs.

172. Il sera établi, pour chacune des îles de la Martinique et de la Guadeloupe et de ses dépendances, un collège d'assesseurs, dont les membres seront appelés à faire partie des cours d'assises.

173. Chaque collège sera composé de soixante membres, et sera divisé en deux sections égales, qui feront le service des assises, savoir :

A la Martinique, l'une des sections, dans l'arrondissement du Fort - Royal; l'autre, dans l'arrondissement de Saint-Pierre ;

A la Guadeloupe, l'une des sections, dans l'arrondissement de la Basse-Terre; l'autre, dans l'arrondissement de la Pointe-à-Pitre.

174. Nul ne pourra être appelé à faire le service des assises dans un arrondissement autre que celui dans lequel il est domicilié.

Néanmoins, les fonctionnaires publics désignés dans l'article 177 ci-après, nos 3 et 4, seront attachés, sans égard à leur domicile, à l'une ou à l'autre section, et répartis, autant que possible, en nombre égal entre chacune d'elles.

175. Les assesseurs seront tirés au sort pour le service de chaque assise.

Les accusés et le procureur général pourront exercer des récusations péremptoires.

Le mode de tirage, le nombre des récusations péremptoires et les cas de récusations ordinaires, seront réglés par le Code d'instruction criminelle.

176. Les assesseurs devront être âgés au moins de trente ans révolus.

177. Seront aptes à faire partie du collège des assesseurs :

1° Les habitans et les négocians éligibles au conseil général ;

2° Les membres de nos ordres royaux ;

3° Les fonctionnaires publics et employés du Gouvernement jouissant d'un traitement de quatre mille francs au moins, en y comprenant les allocations de diverses natures ;

4° Les fonctionnaires publics et employés qui, ayant joui d'un traitement de pareille somme, ont été admis à la retraite;

5° Les juges-de-paix en retraite, les licenciés en droit non pourvus d'une commission d'avoué, les professeurs de sciences et belles-lettres, les médecins, les notaires et avoués retirés.

178. Les fonctions d'assesseurs sont incompatibles avec celles de membre du conseil privé, de membre de l'ordre judiciaire, de ministre du culte, et de militaire en activité de service dans les armées de terre ou de mer.

179. Les empêchemens résultant pour les juges de leur parenté ou de leur alliance entre eux seront applicables aux assesseurs, soit entre eux, soit entre eux et les juges, soit entre eux et les accusés ou la partie civile.

180. Le collège des assesseurs sera renouvelé tous les trois ans. Les membres qui le composent pourront être nommés de nouveau.

181. Six mois avant l'époque du renouvellement de ce collège, le gouverneur arrêtera en conseil la liste générale de ceux qui réuniront les conditions exigées par la présente ordonnance pour remplir les fonctions d'assesseur, avec indication de leurs noms, prénoms, âge, qualités, professions et demeures.

Il adressera cette liste à notre ministre de la marine et des colonies, avec ses observations et celles du conseil privé.

182. La nomination des assesseurs et leur répartition entre les deux sections du collège seront faites par nous, sur la présentation de notre ministre secrétaire d'État de la marine et des colonies.

Toutefois, lors de la première formation du collège, la nomination des membres qui devront le composer et leur répartition dans les deux sections seront faites par le gouverneur en conseil, sur la liste qui aura été dressée conformément à l'article précédent.

Ils exerceront leurs fonctions jusqu'à ce qu'il ait été pourvu par nous à la composition définitive du collège.

183. Le gouverneur statuera en conseil sur les demandes à fin d'exemption définitive du service d'assesseur, soit pour cause d'infirmité grave, soit pour toute autre cause.

Les sexagénaires seront exemptés de droit lorsqu'ils le requerront.

Afin que le collège soit toujours tenu au complet, le gouverneur pourvoira, également en conseil, au remplacement provisoire des assesseurs, quelle que soit la cause de la vacance.

184. Avant d'entrer en fonctions, chaque assesseur appelé au service de la session prêtera, en présence du président de la cour d'assises et de deux autres magistrats qui en

feront partie, le serment dont la formule suit :

» « Je jure et promets, devant Dieu, d'examiner avec l'attention la plus scrupuleuse les affaires qui me seront soumises pendant le cours de la présente session ; de ne trahir ni les intérêts des accusés, ni ceux de la société ; de n'écouter ni la haine ou la méchanceté, ni la crainte ou l'affection, et de ne me décider que d'après les charges, les moyens de défense et les dispositions des lois, suivant ma conscience et mon intime conviction. »

185. Les fonctions d'assesseur seront gratuites. Il sera remis à chacun d'eux, par chaque session où il siégera, une médaille d'argent à l'effigie du Roi, avec cette légende : *Colonies françaises, Cour d'assises.*

Titre V. Des officiers ministériels.

Chapitre Ier. *Des avoués.*

Section 1re. Des fonctions des avoués.

186. Les avoués seront exclusivement chargés de représenter les parties devant la cour royale et le tribunal de première instance, de faire les actes de forme nécessaires à l'instruction des causes, l'obtention et l'exécution des jugemens et arrêts.

Ils plaideront pour leurs parties, tant en demandant qu'en défendant, et ils rédigeront, s'il y a lieu, toutes consultations, mémoires et écritures.

187. Le nombre des avoués est fixé ainsi qu'il suit, savoir :

Huit pour chacun des tribunaux du Fort-royal et de la Basse-Terre ;

Dix pour chacun des tribunaux de Saint-Pierre et de la Pointe-à-Pitre ;

Quatre pour le tribunal de Marie-Galante.

188. Les avoués postuleront et plaideront exclusivement près le tribunal auquel ils seront attachés.

Ils plaideront concurremment près de la cour dans le ressort de laquelle ils exerceront leurs fonctions.

189. Les avoués des tribunaux de la Martinique plaideront concurremment devant les cours d'assises de cette colonie.

Les avoués des tribunaux de la Guadeloupe et de ses dépendances plaideront concurremment devant les cours d'assises de cette colonie.

190. Les avoués plaideront debout et découverts ; les avocats-avoués seront autorisés à se couvrir en plaidant, excepté lorsqu'ils ont les conclusions.

191. Il sera établi près de chaque tribunal de première instance et près de chaque cour royale un bureau de consultation pour les pauvres.

192. Le procureur général nommera annuellement et à tour de rôle un avoué pour tenir ce bureau.

Cet avoué sera chargé de défendre au civil les militaires et les marins absens, et de défendre, soit au civil, soit au criminel, les pauvres qui seraient porteurs de certificats d'indigence délivrés par le commandant de leur commune ou par le lieutenant-commissaire.

193. En matière criminelle, les avoués des pauvres ne seront tenus de plaider que devant la cour d'assises de l'arrondissement dans lequel ils résident.

Cette disposition est applicable à tout autre avoué qui serait nommé d'office.

194. L'exercice de la profession d'avoué est incompatible avec les places de l'ordre judiciaire, avec des fonctions administratives salariées, avec celles de notaire, de greffier ou d'huissier, et avec toute espèce de commerce.

Section II. De la nomination des avoués.

195. Nul ne pourra être reçu avoué s'il n'est âgé de vingt-cinq ans révolus, s'il n'est licencié en droit, et s'il ne justifie de deux années de cléricature.

196. Pourront néanmoins être dispensés de la représentation du diplôme de licencié ceux qui justifieront de cinq années de cléricature chez un avoué, soit en France, soit dans la colonie, dont trois en qualité de premier clerc ; mais alors ils seront soumis à un examen public devant l'un des membres de la cour désigné par le président et en présence d'un officier du ministère public : cet examen devra porter sur les cinq Codes.

197. L'avoué postulant présentera requête au gouverneur, à l'effet d'être autorisé à se pourvoir devant la cour. Sur cette autorisation, il fera viser ses pièces par le procureur général, et les déposera au greffe.

Le président désignera un rapporteur chargé de recueillir des renseignemens sur la conduite du requérant ; extrait de la requête sera affiché dans l'auditoire pendant un mois, avec le nom du rapporteur, et sera inséré, à trois reprises différentes et à huit jours d'intervalle, dans une des gazettes de la colonie.

198. Dans les huit jours qui suivront l'expiration de ces délais, le juge désigné fera son rapport en chambre du conseil, et la cour, le procureur général entendu, émettra son avis.

Cet avis sera transmis par le procureur général au gouverneur, qui statuera en conseil sur la demande, et délivrera, s'il y a lieu, une commission provisoire qui ne deviendra définitive que lorsqu'elle aura été approuvée par notre ministre de la marine et des colonies.

199. Toutefois, la nomination des avoués pourra être faite directement par notre ministre de la marine et des colonies, lorsque le postulant remplira les conditions prescrites par l'article 196.

200. Avant d'entrer en fonctions, les avoués prêteront devant la cour le serment suivant :

« Je jure d'être fidèle au Roi; de ne rien
« dire ou publier de contraire aux lois, or-
« donnances, arrêtés et réglemens, aux bon-
« nes mœurs, à la sûreté de l'Etat et à la
« paix publique; de ne jamais m'écarter du
« respect dû aux tribunaux et aux autorités
« publiques, et de ne plaider aucune cause
« que je ne croirai pas juste en mon ame et
« conscience. »

201. Les avoués seront assujétis à un cautionnement en immeubles, qui sera spécialement et par privilége affecté à la garantie des créances résultant d'abus et de prévarication qui pourraient être commis par eux dans l'exercice de leurs fonctions. Il sera reçu et discuté par le procureur du Roi, concurremment avec le contrôleur colonial, et l'inscription sera prise à la diligence de ce dernier.

Le cautionnement des avoués du Fort-Royal et de la Basse-Terre sera de douze mille francs;

Celui des avoués de Saint-Pierre et de la Pointe-à-Pitre, de quinze mille francs;

Celui des avoués de Marie-Galante, de huit mille francs.

202. Les avoués ne seront admis à prêter serment qu'après avoir rapporté le certificat de l'inscription prise en conformité de l'article précédent.

203. Lorsque les avoués seront licenciés en droit, ils prendront le titre d'avocat-avoué.

204. Dans chaque colonie, le gouverneur en conseil, et d'après l'avis de la cour, pourra autoriser trois licenciés en droit, postulant des places d'avoué, à plaider devant la cour et devant les tribunaux : cette autorisation devra être renouvelée et pourra toujours être révoquée.

Les licenciés en droit autorisés à plaider seront tenus de prêter préalablement, devant la cour, le serment prescrit par l'article 200.

Section III. De la discipline des avoués.

205. Les avoués exerceront librement leur ministère pour la défense de la justice et de la vérité; mais ils devront s'abstenir de toute supposition dans les faits, de toute surprise dans les citations et autres mauvaises voies, même de tous discours inutiles et superflus.

206. Il leur est défendu de se livrer à des injures et à des personnalités offensantes envers les parties ou leurs défenseurs, d'a-

vancer aucun fait contre l'honneur et la réputation des parties, à moins que la nécessité de la cause ne l'exige et qu'ils n'en aient charge expresse de leurs cliens.

207. Il leur est enjoint pareillement de ne jamais s'écarter, soit dans leurs discours, soit dans leurs écrits, du respect dû à la religion et à la justice; de ne point attaquer les principes de la monarchie, le système constitutif du gouvernement colonial, les lois, ordonnances, arrêtés ou réglemens de la colonie, comme aussi de ne point manquer au respect dû aux magistrats devant lesquels ils exercent.

208. Il est expressément défendu aux avoués de recevoir aucune somme des parties sans en donner des reçus détaillés, et de signer des effets négociables ou de se livrer à des opérations de commerce.

209. Il est interdit aux avoués, sous peine de destitution, de se rendre cessionnaires d'aucun droit successif, de faire des traités pour leurs honoraires ou de forcer les parties à reconnaître leurs soins avant les plaidoiries, de faire entre eux aucune association, d'acheter aucune affaire litigieuse, ainsi qu'il est prescrit par les Codes, et d'occuper, sous le nom d'un autre, pour les parties qui auraient des intérêts différens ou communs.

210. Les avoués seront placés sous la surveillance directe du ministère public, qui pourra procéder à leur égard conformément aux dispositions de l'article 132 de notre ordonnance du 9 février 1827.

211. Si les avoués s'écartaient, à l'audience ou dans les mémoires produits au procès, des devoirs qui leur sont prescrits, les tribunaux pourront, suivant l'exigence des cas, d'office ou à la réquisition du ministère public, leur appliquer sur-le-champ l'une des peines de discipline suivantes :

L'avertissement,
La réprimande,
L'interdiction.

Les tribunaux pourront, en outre, proposer au gouverneur la destitution des avoués contre lesquels ils auront prononcé l'interdiction.

L'interdiction temporaire ne pourra excéder le terme de deux années.

Ces peines seront prononcées sans préjudice de poursuites extraordinaires, s'il y a lieu.

212. Dans le cas où le jugement du tribunal de première instance prononcerait l'interdiction pour plus d'un mois, l'appel pourra en être porté à la cour.

213. Le droit accordé aux tribunaux sur les avoués, dans les cas prévus par l'art. 211, n'est point exclusif des pouvoirs que le gouverneur pourrait exercer dans les mêmes cas, en se conformant aux dispositions du pa-

ragraphe 2 de l'article 132 de notre ordonnance du 9 février 1827.

214. L'avoué qui se refuserait au service prescrit par l'article 192 sera passible de l'une des peines de discipline portées en l'article 211.

CHAPITRE II. Des huissiers.

SECTION Iʳᵉ. Des fonctions des huissiers.

215. Le nombre des huissiers, pour le service des cours et des tribunaux des deux colonies, est fixé, savoir :

A seize pour la Martinique, à dix-huit pour la Guadeloupe et ses dépendances.

Le gouverneur, en conseil, et après avoir pris l'avis de la cour, fera la répartition des huissiers entre la cour royale, les tribunaux de première instance et les justices de paix.

Il ne pourra y avoir qu'un huissier par justice de paix.

Les huissiers seront tenus de résider dans le lieu où siége la cour ou le tribunal auquel ils sont attachés.

216. Toutes citations autres que celles en conciliation, toutes notifications, assignations, significations, ainsi que tous actes et exploits nécessaires pour l'exécution des ordonnances de justice, jugemens et arrêts, seront faits par le ministère d'huissiers, sauf les exceptions portées par les lois, ordonnances, arrêtés et réglemens.

217. Ils auront tous le même caractère, les mêmes attributions, et le droit d'exploiter concurremment dans l'étendue du ressort des tribunaux de première instance de leur résidence.

Néanmoins, ils ne pourront faire le service de l'audience et les significations d'avoué à avoué que près de la cour ou du tribunal où ils seront immatriculés. En cas d'empêchement, ils pourront être remplacés par un autre huissier.

218. Le service des audiences de la cour d'assises sera fait par ceux des huissiers de l'arrondissement dans lequel elle siégera, et que le président aura désignés.

219. Les huissiers seront, en outre, chargés de faire, en matière criminelle, tous les actes dont ils seront requis par le procureur général, le procureur du Roi, le juge d'instruction ou les parties.

220. Les huissiers seront tenus d'exercer leur ministère toutes les fois qu'ils en seront requis : néanmoins il leur est défendu d'instrumenter à la requête des esclaves, à peine de destitution.

221. Les fonctions d'huissiers sont incompatibles avec toute autre fonction publique salariée et avec toute autre espèce de commerce.

28.

SECTION II. De la nomination des huissiers.

222. Les conditions requises pour être huissier seront :

1° D'être âgé de vingt-cinq ans accomplis ;

2° D'avoir travaillé au moins pendant deux ans, soit au greffe d'une cour royale ou d'un tribunal de première instance, soit dans l'étude d'un notaire ou d'un avoué, ou chez un huissier ;

3° D'avoir obtenu du juge royal et du procureur du Roi un certificat de bonnes vie et mœurs et de capacité.

223. Les commissions d'huissiers seront délivrées et les changemens de résidence ordonnés, s'il y a lieu, par le gouverneur en conseil, sur la proposition du procureur général.

224. Avant d'entrer en fonctions, les huissiers du tribunal de première instance et des tribunaux de paix prêteront devant le tribunal de première instance le serment suivant :

« Je jure d'être fidèle au Roi, de me conformer aux lois, ordonnances et réglemens concernant mon ministère, et de remplir mes fonctions avec exactitude et probité. »

Les huissiers de la cour prêteront le même serment devant elle.

225. Les huissiers seront assujétis à un cautionnement de quatre mille francs en immeubles, qui sera reçu de la même manière que celui des avoués, et affecté au même genre de garantie.

Ils ne seront admis à prêter serment qu'après avoir justifié de l'accomplissement des formalités prescrites par l'article 201.

SECTION III. De la discipline des huissiers.

226. Les huissiers seront placés, conformément à l'article 152 de notre ordonnance du 9 février 1827, sous la surveillance du procureur général, sans préjudice de celle des tribunaux, qui pourront leur appliquer, s'il y a lieu, les peines énoncées en l'article 211.

TITRE VI. De l'ordre du service.

CHAPITRE Iʳʳ. Du rang de service aux audiences.

227. Le rang de service à l'audience sera réglé ainsi qu'il suit :

Cour royale.

Le président, les conseillers, les conseillers auditeurs.

Cour d'assises.

Le président, les conseillers, les conseillers-auditeurs, les assesseurs.

24

Tribunal de première instance.

Le juge royal, le lieutenant de juge, les juges-auditeurs.

Tribunaux de paix.

Le juge-de-paix, le suppléant.

228. Les conseillers, les conseillers-auditeurs et les juges-auditeurs prendront rang entre eux d'après la date et l'ordre de leur réception.

Les assesseurs prendront rang dans l'ordre de leur nomination.

CHAPITRE II. De la police des audiences.

SECTION Iʳᵉ. *De la police des audiences de la cour royale.*

229. La police de l'audience de la cour royale appartiendra au président. Le temps destiné aux audiences ne pourra être employé ni aux assemblées générales ni à aucun autre service.

230. Le président ouvrira l'audience à l'heure indiquée par le règlement. Si l'audience vient à manquer par défaut de juge, le président, ou, en son absence, le conseiller le plus ancien, en dressera un procès-verbal qui sera envoyé au gouverneur par le procureur général.

231. Il sera tenu par le greffier et pour chaque chambre un registre de pointe sur lequel les conseillers et les conseillers-auditeurs seront tenus de s'inscrire.

Le président arrêtera ce registre avant l'ouverture de l'audience, et pointera les absens.

232. Seront également soumis à la pointe ceux de ces magistrats qui ne se rendraient pas à une assemblée générale.

233. Les droits d'assistance, ainsi qu'ils sont réglés par l'article 156, n'appartiendront qu'aux membres présens à l'ouverture de l'audience.

Néanmoins les absens n'en seront point privés lorsque leur absence aura pour cause une maladie dûment constatée.

234. Les absens, même par congé, seront soumis à la retenue des droits d'assistance, à moins qu'ils ne soient absens pour service public.

235. Avant d'entrer à l'audience, le président fera prévenir par un huissier le procureur général, en son parquet, que la chambre est complète, et qu'il est attendu.

236. Les membres du ministère public seront soumis à la pointe de la même manière et dans les mêmes cas que les autres magistrats, lorsque la cour aura été obligée de les remplacer par un de ses membres.

237. Il sera dressé par le greffier, au commencement de chaque mois, un procès-verbal constatant les retenues à exercer, conformément au registre de pointe, sur la portion du traitement de répartie en droits d'assistance.

Ce procès-verbal, signé et certifié par le président, sera visé par le procureur général.

238. En vertu de ce procès-verbal, les retenues seront faites, à la fin du mois, sur le traitement de chaque magistrat, et l'emploi du montant de ces retenues sera déterminé par un règlement de la cour.

SECTION II. De la police des audiences de la cour d'assises.

239. Les dispositions de la section précédente, relative à la police des audiences, seront communes aux cours d'assises, en ce qui concerne le président et les magistrats qui en feront partie.

240. A l'égard des assesseurs qui manqueraient à leur service, les trois magistrats appelés à siéger à la cour d'assises pourront prononcer contre eux les peines ci-après, savoir :

L'amende,

L'affiche de l'arrêt de condamnation,

L'exclusion du collège des assesseurs.

Les cas où ces diverses peines pourront être appliquées seront déterminés par le Code d'instruction criminelle.

SECTION III. De la police des audiences du tribunal de première instance et des tribunaux de paix.

241. La police de l'audience du tribunal de première instance appartiendra au juge-royal.

242. Dans le cas où l'audience viendrait à manquer par défaut de juge, le procès-verbal constatant le fait sera dressé par le procureur du Roi et envoyé au procureur général, qui en rendra compte au gouverneur.

243. Les dispositions des articles 231, 233, 234, 236, 237 et 238, seront applicables aux membres du tribunal de première instance.

244. Le juge-de-paix aura la police de son audience.

CHAPITRE III. Des assemblées générales.

245. Les assemblées générales auront pour objet de délibérer sur les matières qui concernent l'ordre et le service intérieur ainsi que la discipline, et qui sont dans les attributions de la cour.

Elles se tiendront en chambre du conseil et à huis clos, et n'auront lieu que sur la convocation du président, faite ou de son propre mouvement, ou sur la demande de deux conseillers, ou sur le réquisitoire du procureur général, ou sur l'ordre du gouverneur.

Le procureur général devra toujours être prévenu à l'avance, par le président, et de la convocation et de son objet. Il sera tenu d'en informer le gouverneur.

Lorsque l'assemblée sera formée, le procureur général y sera appelé et y assistera. Néanmoins il devra se retirer avant la délibération, lorsqu'il s'agira de l'application d'une peine de discipline.

246. L'assemblée générale se composera de tous les membres de la cour.

La cour ne pourra prendre de décision qu'au nombre de sept magistrats au moins. Ses décisions seront prises à la simple majorité. En cas de partage, le plus jeune des magistrats délibérans se retirera.

Le greffier de la cour assistera aux assemblées générales, et y tiendra la plume.

247. Le président ne permettra point qu'il soit mis en délibération d'autre objet que celui pour lequel la convocation aura été faite.

Le procureur général rendra compte au gouverneur du résultat de la délibération.

248. La cour se réunira en assemblée générale, le premier mercredi qui suivra la rentrée, pour entendre le rapport que fera le procureur général sur la manière dont la justice civile et la justice criminelle auront été rendues pendant l'année précédente dans l'étendue du ressort.

Le procureur général signalera dans ce rapport les abus qu'il aurait remarqués, et fera, d'après les dispositions des lois, ordonnances et réglemens, toutes réquisitions qu'il jugera convenables, et sur lesquelles la cour sera tenue de délibérer.

Il adressera au gouverneur copie de son rapport, ainsi que de ses réquisitions, et des arrêts qui seront intervenus.

CHAPITRE IV. Des vacations.

249. Chaque année, la cour et le tribunal de première instance prendront deux mois de vacances, dont l'époque sera fixée par un réglement pris dans la forme établie par l'article 53.

250. Pendant les vacances, la chambre civile de la cour tiendra au moins une audience par mois pour l'expédition des affaires sommaires.

Le tribunal de première instance tiendra au moins une audience par semaine.

251. Le service des cours d'assises, celui de la chambre d'accusation, ainsi que l'instruction criminelle, ne seront point interrompus.

Le service du parquet, soit près la cour, soit près le tribunal de première instance, sera réglé de manière qu'un de ses membres soit toujours présent.

252. Les juges-de-paix ne prendront point de vacances.

CHAPITRE V. De la rentrée des cours royales et des tribunaux.

253. Au jour fixé pour la rentrée de la cour, le gouverneur et les diverses autorités seront invités par le président à assister à l'audience.

254. Le procureur général, ou son substitut, fera tous les ans, le jour de la rentrée, un discours sur le maintien des lois et les devoirs des magistrats; il tracera aux avoués la conduite qu'ils ont à tenir dans l'exercice de leur profession, et il exprimera ses regrets sur les pertes que la magistrature et le barreau auraient faites, dans le courant de l'année, de membres distingués par leur savoir, leurs talens et leur probité.

Il lui est interdit de traiter de toutes autres matières.

Copie du discours de rentrée sera remise par le procureur général au gouverneur, pour être adressée à notre ministre de la marine et des colonies.

255. Le président, sur le réquisitoire du procureur général, recevra des avoués présens à l'audience le serment prescrit par l'article 200.

256. Les tribunaux de première instance reprendront leurs audiences ordinaires le jour de la rentrée de la cour.

CHAPITRE VI. De l'envoi des états indicatifs des travaux des cours et des tribunaux.

257. Le procureur général sera tenu, dans les vingt premiers jours des mois de janvier et juillet, de remettre au gouverneur, pour être adressés à notre ministre de la marine et des colonies, deux états numériques relatifs au service du semestre précédent, l'un pour la justice civile, et l'autre pour la justice criminelle.

258. L'état relatif à la justice civile comprendra, savoir :

Pour les *justices de paix* :

1° Les demandes civiles et commerciales dont elles auront été saisies dans les limites de leur compétence;

2° Les jugemens rendus en premier ressort;

3° Les jugemens définitifs.

Pour les *bureaux de conciliation* :

4° Les demandes portées en conciliation, en indiquant celles sur lesquelles les parties auraient transigé.

Pour le *tribunal civil* :

5° Les causes inscrites au rôle;

6° Les jugemens par défaut;

7° Les jugemens préparatoires ou interlocutoires;

8° Les jugemens définitifs, en distinguant ceux rendus en matière commerciale;

24.

9° Les commencemens de poursuites en saisies immobilières qui auraient été inscrites au greffe ;

10° Les jugemens d'adjudication sur lesdites saisies ;

11° Les instances d'ordre ou de contributions ouvertes ;

12° Les procès-verbaux définitifs faits sur lesdites instances ;

13° Les affaires terminées par désistement de la demande ou par transaction ;

14° Les affaires restant à juger ;

15° Les affaires arriérées, en désignant par ordre de numéros chaque affaire en retard, ainsi que l'année et le semestre auxquels elles appartiennent.

Il sera fait mention, dans la colonne d'observations, des motifs du retard apporté au jugement de ces affaires.

Seront réputées causes arriérées celles d'audience qui seraient depuis plus de trois mois sur le rôle général, ainsi que les procès par écrit qui ne seraient pas vidés dans les quatre mois du premier appel de la cause.

Il en sera de même des ordres et contributions qui ne seraient point terminés dans les six mois de la date du procès-verbal d'ouverture.

Pour la *cour royale* :

16° Les appels, en distinguant les arrêts infirmatifs des arrêts confirmatifs, les arrêts par défaut des arrêts définitifs ;

17° Les procès terminés par désistement ou transaction ;

18° Les affaires restant à juger ;

19° Les affaires arriérées et les causes du retard, dans la forme établie au n° 15 ;

20° Les arrêts qui auront été cassés ;

21° Les arrêts rendus en annulation de jugemens en dernier ressort des justices de paix ;

259. L'état relatif à la justice criminelle comprendra, savoir :

Pour les *tribunaux de police* :

1° Les jugemens définitifs, en distinguant ceux qui auront prononcé l'emprisonnement.

Pour le *tribunal correctionnel* :

2° Les jugemens de police rendus sur appel, en énonçant s'il y a eu confirmation ou infirmation.

Pour la *cour royale* :

3° Les arrêts de la chambre d'accusation portant qu'il n'y a lieu à suivre, ou portant renvoi aux assises, avec mention, pour chaque prévenu, de l'intervalle écoulé entre la délivrance du mandat d'arrêt et l'arrêt de la chambre d'accusation ;

4° Les arrêts rendus par la chambre correctionnelle, avec mentions semblables à celles du numéro précédent ;

5° Les arrêts d'annulation des jugemens en dernier ressort des tribunaux de police, et

du tribunal correctionnel statuant sur l'appel en matière de simple police.

Pour les *cours d'assises* :

6° Les arrêts d'acquittement ou de condamnation, avec mention, pour chaque affaire, du nom des accusés, de la nature du crime, et de la peine prononcée en cas de condamnation.

Il sera également fait mention de la durée de chaque session.

7° Les noms, âges et sexe des détenus attendant jugement, et des détenus par suite de condamnation, en distinguant les blancs, les gens de couleur libres et les esclaves ;

8° Les déclarations de pourvoi en cassation ;

9° Les recours en grace sur lesquels il aura été accordé un sursis à l'exécution de l'arrêt.

260. Ces états, dressés au greffe de la cour sur les états particuliers, seront certifiés par le greffier et visés par le procureur général.

261. Le contrôleur colonial transmettra à notre ministre de la marine et des colonies, dans les délais énoncés en l'article 257, un état contenant :

1° Les jugemens rendus correctionnellement par le tribunal de première instance sur chacune des matières énoncées en l'article 3 de la présente ordonnance ;

2° Les arrêts rendus par la commission d'appel prononçant la confirmation ou l'infirmation de ces jugemens.

Cet état indiquera la nature du délit, les noms, professions et demeures des inculpés, et, s'il y a eu condamnation, la peine prononcée.

Cet état sera dressé, pour les jugemens rendus en première instance, par le greffier du tribunal ; et pour ceux rendus en appel, par le secrétaire-archiviste.

262. Les juges-de-paix seront tenus, dans les cinq premiers jours des mois indiqués par l'article 257, d'adresser au procureur du Roi, qui le transmettra de suite au procureur général, un état en cinq colonnes contenant les énonciations prescrites par les n°s 1, 2, 3 et 4 de l'article 258, et par le n° 1 de l'article 259.

Cet état devra être certifié par le greffier et visé par le juge-de-paix.

263. Le procureur du Roi de chaque tribunal, dans les dix premiers jours des mêmes mois, adressera au procureur général un état en treize colonnes, contenant les énonciations prescrites par les n°s 5 à 15 inclusivement de l'article 258, et par le n° 2 de l'article 259.

Cet état sera certifié par le greffier, et visé par le procureur du Roi.

TITRE VII. Du costume.

264. Aux audiences ordinaires, les conseillers de la cour royale, les conseillers-audi-

teurs et les membres du parquet porteront la toge et la simarre en étoffe de soie noire, la chausse de licencié sur l'épaule gauche, la ceinture moirée en soie noire, large de quatre pouces, avec franges et une rosette sur le côté gauche, la cravate en batiste tombante et plissée, les cheveux courts, les bas noirs, la toque en velours noir.

Le président et le procureur général auront autour de leur toque deux galons d'or en haut, et deux galons d'or en bas. Les conseillers, l'avocat général et le substitut du procureur général en auront deux en bas. Les conseillers-auditeurs n'en auront qu'un en bas.

Ces galons seront chacun de six lignes de large, et placés, soit en haut, soit en bas, à deux lignes de distance l'un de l'autre.

265. Aux audiences solennelles, savoir : celles de rentrée; celles où le gouverneur a le droit d'assister, aux termes de l'article 47 de notre ordonnance du 9 février 1827; celles où il s'agit de questions d'état ou de prise à partie; celles où la cour exerce les attributions qui lui sont conférées par les articles 50 et 51 de la présente ordonnance, ainsi qu'aux assises et aux cérémonies publiques, les membres de la cour porteront la toge et la chausse en étoffe de soie rouge.

La toge du président et celle du procureur général seront bordées, sur le devant, d'une fourrure d'hermine large de quatre pouces.

266. Le greffier de la cour portera, soit aux audiences solennelles et aux assises, soit dans les cérémonies publiques, le même costume que celui des conseillers, à l'exception des galons d'or à la toque, qui seront remplacés par deux galons de soie noire.

267. Le commis-greffier portera la robe fermée, à grandes manches, en étamine noire, et la toque en étoffe de laine, avec un galon en laine de la même couleur.

268. Les assesseurs siégeant aux assises seront vêtus en noir.

269. Les membres du tribunal de première instance auront, aux audiences ordinaires, le costume fixé par l'article 264, à l'exception de la toge, qui sera en étamine noire, et des galons de la toque, qui seront en argent.

Le nombre de ces galons sera le même pour le juge royal et le procureur du Roi que pour le président et le procureur général, pour le lieutenant de juge et le substitut du procureur du Roi que pour les conseillers et l'avocat général, pour les juges-auditeurs que pour les conseillers-auditeurs.

Dans les cérémonies publiques, les membres du tribunal de première instance porteront la toge en soie noire.

270. Le greffier du tribunal de première instance aura, soit aux audiences ordinaires, soit dans les cérémonies publiques, le même costume que le lieutenant de juge, à l'exception des galons d'argent, qui seront remplacés par des galons de soie noire.

271. Le commis-greffier aura le même costume que celui réglé pour le commis-greffier de la cour.

272. Les juges-de-paix et leurs suppléans porteront aux audiences et dans les cérémonies publiques le costume fixé par le premier alinéa de l'article 269, à l'exception de la toque, où il n'y aura au bas qu'un galon d'argent.

Dans l'exercice de leurs autres fonctions, ils seront revêtus en noir, et porteront une écharpe en soie bleu de ciel, avec des franges en soie de la même couleur.

273. Les greffiers des justices de paix seront vêtus en noir dans l'exercice de leurs fonctions.

274. Les avoués porteront à l'audience la robe d'étamine noire fermée, et la toque en laine bordée d'un ruban de velours.

Lorsqu'ils seront licenciés, ils auront le droit de porter la chausse.

275. Les avoués ne pourront se présenter qu'en robe à l'audience, à la chambre du conseil, au parquet, et aux comparutions devant les juges-commissaires.

276. Les huissiers de la cour et des tribunaux seront vêtus en noir, et porteront, soit à l'audience, soit dans les cérémonies publiques, une baguette noire de quinze pouces, surmontée d'une boule d'ivoire.

TITRE VIII. Des honneurs.

CHAPITRE Ier. Des préséances.

277. Les corps judiciaires et les membres qui les composent prendront rang entre eux dans l'ordre ci-après :

COUR ROYALE.

Le président,
Les conseillers,
Les magistrats honoraires,
Les conseillers-auditeurs.

Parquet.

Le procureur général,
Le substitut du procureur général.

Greffe.

Le greffier,
Le commis assermenté.

COUR D'ASSISES.

Le président,
Les conseillers,
Les assesseurs.

Parquet.

Les officiers du ministère public.

Greffe.

Le greffier.

TRIBUNAL DE PREMIÈRE INSTANCE.

Le juge royal,
Le lieutenant de juge,
Les juges honoraires,
Les juges-auditeurs.

Parquet.

Le procureur du Roi,
Le substitut du procureur du Roi.

Greffe.

Le greffier,
Le commis assermenté.

TRIBUNAUX DE PAIX.

Les juges-de-paix,
Les suppléans,
Les greffiers.

278. Lorsque la cour et les tribunaux ne marcheront point en corps, le rang individuel des membres de l'ordre judiciaire sera réglé ainsi qu'il suit :

Le procureur général,
Le président,
Les conseillers,
Le juge royal,
Le procureur du Roi,
Le substitut du procureur général,
Les conseillers-auditeurs,
Le lieutenant de juge,
Le greffier de la cour,
Le substitut du procureur du Roi,
Les juges-auditeurs,
Les juges-de-paix,
Le greffier du tribunal de première instance,
Les greffiers des tribunaux de paix.

279. Les magistrats ayant parité de titre prendront rang entre eux d'après la date et l'ordre de leur prestation de serment.

CHAPITRE II. Du cérémonial à observer lorsque le gouverneur se rend à la cour royale.

280. Le fauteuil du Roi sera placé dans la salle d'audience, au centre de l'estrade où siége la cour.

Le gouverneur aura seul le droit de l'occuper, toutes les fois qu'il prendra séance à la cour.

281. Dans toutes les occasions où le gouverneur se rendra au palais de justice pour prendre séance à la cour, il en informera à l'avance le procureur général, qui en donnera aussitôt connaissance au président.

282. Le gouverneur sera attendu en avant de la porte extérieure du palais par une députation composée d'un conseiller, d'un conseiller-auditeur et du substitut du procureur général, et sera conduit à l'estrade où siége la cour, pour y prendre place.

283. A l'entrée du gouverneur, les membres de la cour se lèveront et se tiendront découverts. Ils s'assiéront et pourront se couvrir lorsque le gouverneur aura pris place.

284. La présidence d'honneur appartiendra au gouverneur.

Il parlera assis et couvert.

285. Le gouverneur aura à sa droite le président, à sa gauche le plus ancien des conseillers.

286. Lorsque le gouverneur se retirera, il sera reconduit jusqu'à la porte du palais par la députation qui l'aura reçu.

287. Les fonctionnaires publics qui accompagneront le gouverneur seront placés, dans l'ordre de préséance entre eux, sur des siéges, en dedans de la barre, et au bas de l'estrade où siége la cour.

288. Lorsque le gouverneur prendra séance à la cour royale, et dans toutes les occasions où il a le droit d'y siéger conformément aux dispositions de l'article 47 de notre ordonnance du 9 février 1827, il ne pourra être prononcé de discours qu'avec son autorisation, et qu'après qu'ils lui auront été communiqués. Lorsque le président sera autorisé à prendre la parole, il parlera assis et découvert.

CHAPITRE III. Des honneurs à rendre aux cours et tribunaux.

289. Dans les cérémonies qui auront lieu hors de l'enceinte du palais de justice, les corps judiciaires ne pourront être convoqués que par le gouverneur; la lettre de convocation sera transmise par le procureur général.

290. Lorsque le gouverneur se trouvera dans le lieu de la résidence de la cour, elle se rendra en corps à son hôtel à l'heure indiquée.

Dans tout autre cas, les autorités se réuniront au palais de justice, d'où partira le cortége.

291. Dans les églises, les cours et tribunaux occuperont les bancs de la nef le plus rapprochés du chœur, du côté de l'épître. Ils se placeront dans l'ordre des préséances déterminé par l'article 277.

Le pain béni leur sera présenté, après l'avoir été aux chefs de l'administration.

292. Le commandant des troupes, sur la réquisition du procureur général, fournira à la cour et au tribunal, lorsqu'ils marcheront en corps, une garde d'honneur composée ainsi qu'il suit :

Pour la cour royale, trente hommes commandés par un capitaine;

Pour la cour d'assises, vingt hommes commandés par un lieutenant;

Pour le tribunal de première instance, dix hommes commandés par un sergent.

A défaut de troupes de ligne, la garde d'honneur sera fournie par le commandant des milices.

293. Les gardes devant lesquelles passeront les corps ci-dessus dénommés prendront les armes et les porteront pour la cour royale et pour la cour d'assises; elles se reposeront dessus pour le tribunal de première instance.

294. Les tambours rappelleront pour la cour royale et pour la cour d'assises, et seront prêts à battre pour le tribunal de première instance.

CHAPITRE IV. Des honneurs funéraires à rendre aux membres de l'ordre judiciaire.

295. Le convoi des magistrats qui décéderont dans l'exercice de leurs fonctions, ainsi que celui des magistrats honoraires, sera accompagné, savoir :

Celui du procureur général et du président de la cour, par les membres de la cour et du parquet;

Celui d'un conseiller, par trois membres de la cour et par un membre du parquet;

Celui d'un conseiller-auditeur, par les conseillers-auditeurs et le substitut du procureur général;

Celui du substitut du procureur général, par un conseiller et deux conseillers-auditeurs;

Celui du juge royal et du procureur du Roi, par tous les membres du tribunal de première instance;

Celui du lieutenant de juge et du substitut du procureur du Roi, par les membres du tribunal autres que le juge royal;

Celui d'un juge-auditeur, par un juge-auditeur et par le substitut du procureur du Roi.

296. Les avoués assisteront au convoi des membres des tribunaux près lesquels ils exercent.

TITRE IV. De la cour prévôtale.

297. Lorsque la colonie aura été déclarée en état de siège, ou lorsque sa sûreté intérieure sera menacée, il pourra être établi une cour prévôtale.

298. La cour prévôtale ne pourra être créée qu'en vertu d'un arrêté pris par le gouverneur en conseil privé, et délibéré dans les formes prescrites par l'article 180 de notre ordonnance du 9 février 1827.

L'arrêté énoncera les circonstances qui rendent nécessaire l'établissement de cette cour, déterminera sa durée, qui ne pourra excéder six mois, et fixera le lieu où elle devra siéger habituellement.

299. La cour prévôtale sera composée ainsi qu'il suit :

Un président,
Un prévôt,
Un adjoint du prévôt,
Trois juges, dont un militaire;
Deux juges-suppléans, dont un militaire;
Un officier du parquet,
Un greffier.

300. Les membres de la cour prévôtale seront nommés par le gouverneur en conseil.

301. L'un des conseillers de la cour royale, ou le juge royal, remplira les fonctions de président.

302. Le prévôt sera choisi parmi les officiers de l'armée de terre ou de mer ayant le grade de capitaine au moins, et âgé de trente ans accomplis.

L'adjoint du prévôt sera pris parmi les juges-auditeurs ou les licenciés en droit.

303. Seront aptes à remplir les fonctions de juge ou de juge-suppléant :

Les conseillers-auditeurs,
Le lieutenant de juge,
Les juges-auditeurs, s'ils ont vingt-cinq ans,
Et les magistrats honoraires.

Le juge militaire et son suppléant devront être pris parmi les officiers de l'armée de terre ou de mer ayant le grade de capitaine au moins, et âgés de vingt-sept ans accomplis.

304. Les fonctions du ministère public seront exercées près la cour prévôtale par le procureur général, ou par celui de ses substituts qu'il aura délégué.

305. Les fonctions de greffier seront remplies par le greffier de la cour ou de l'un des tribunaux de première instance, et, à leur défaut, par leurs commis assermentés.

306. Pourront être déclarés justiciables de la cour prévôtale, sans distinction de classes ni de profession civile ou militaire, ceux qui seront prévenus d'avoir commis l'un des crimes qualifiés au Code pénal par les articles 75 à 85 inclusivement; 91 à 108 inclusivement; 210, 211, 213 à 217 inclusivement; 219, 265 à 268 inclusivement; 301, 434 à 436 inclusivement, et 452.

Toutefois la compétence de la cour prévôtale sera restreinte à ceux des crimes ci-dessus énoncés dont la connaissance lui aura été spécialement attribuée par l'arrêté qui l'aura établie.

307. Dans chaque affaire qui lui sera soumise, et avant de décider s'il y a lieu ou non d'ordonner la mise en accusation des prévenus, la cour prévôtale statuera sur sa compétence.

308. Les arrêts de compétence ou d'incompétence rendus par la cour prévôtale ne pourront être attaqués par voie de cassation. Ils seront transmis dans le plus bref délai au conseil privé, qui statuera définitivement sur la confirmation ou l'annulation de ces arrêts.

Dans ce cas, le conseil sera composé et procédera de la manière prescrite par l'article 179 de notre ordonnance du 9 février 1827.

309. La cour prévôtale ne pourra rendre arrêt qu'au nombre de six juges.

L'officier du ministère public se retirera lors de la délibération.

310. Avant d'entrer en fonctions, les membres de la cour prévôtale prêteront devant le gouverneur, ou, sur sa délégation, devant la cour royale, le serment dont la formule suit :

« Je jure et promets, devant Dieu, d'exa-
« miner avec l'attention la plus scrupuleuse
« les affaires qui me seront soumises, et de
« remplir avec impartialité et fermeté les
« fonctions qui me sont confiées. »

311. La cour prévôtale pourra d'office, ou sur la réquisition du ministère public, déclarer qu'il y a lieu par elle à se transporter dans telle commune qu'elle aura indiquée.

312. La faculté accordée par l'article 189 de la présente ordonnance, aux avoués, de plaider concurremment devant les cours d'assises, s'étend à la cour prévôtale.

313. Il sera tenu au greffe de la cour prévôtale un registre sur lequel seront inscrites les affaires qui seront portées devant elle.

Elles seront jugées dans l'ordre indiqué par le président.

314. Tout ce qui est relatif au mode d'instruction et au jugement des affaires soumises à la cour prévôtale sera réglé par le Code d'instruction criminelle.

Il en sera de même du mode de rédaction des arrêts.

315. Il sera tenu au secrétariat du conseil privé un registre où seront inscrites les décisions du conseil sur les arrêts de compétence ou d'incompétence rendus par la cour prévôtale.

Les décisions du conseil sur ces arrêts seront transmises au procureur général, à la diligence du contrôleur colonial.

316. Le greffier de la cour prévôtale transmettra mensuellement au procureur général l'état des arrêts rendus par cette cour dans le mois précédent, en distinguant les arrêts de compétence ou d'incompétence, les arrêts qui déclareront n'y avoir lieu à suivre, ceux qui ordonneront la mise en accusation, et les arrêts définitifs.

Cet état indiquera, en outre, la nature de l'accusation, les noms et prénoms des accusés, avec distinction de sexe, d'âge, de classe et de couleur, et la mention des condamnations et des acquittements.

317. Au commencement de chaque mois, le procureur général transmettra à notre ministre de la marine et des colonies l'état prescrit par l'article précédent, ainsi que celui des décisions du conseil privé sur les arrêts de compétence de la cour prévôtale.

Il y joindra ses observations.

318. A l'expiration des fonctions de la cour prévôtale, les minutes de ses arrêts, ses registres, ainsi que toutes les pièces et procédures, seront déposés au greffe de la cour royale.

319. Les dispositions relatives aux honneurs et préséances dont jouiront les cours d'assises seront applicables à la cour prévôtale.

Dans le cas où la cour prévôtale siégerait dans le même lieu qu'une cour d'assises, elle prendra rang après celle-ci.

TITRE X. Dispositions générales.

320. Toutes dispositions concernant l'organisation de l'ordre judiciaire et l'administration de la justice à l'île de la Martinique et à l'île de la Guadeloupe et dans ses dépendances, sont et demeurent abrogées en ce qu'elles ont de contraire à la présente ordonnance.

321. Notre ministre secrétaire d'Etat de la marine et des colonies (baron Hyde de Neuville) est chargé de l'exécution de la présente ordonnance.

───────

24 SEPTEMBRE = 1ᵉʳ OCTOBRE 1828. — Ordonnance du Roi qui détermine le nombre de juges dont seront composées, à partir du 1ᵉʳ novembre 1828, les chambres des appels de police correctionnelle des cours royales, et contient des dispositions pour la prompte expédition des affaires. (8, Bull. 255, n° 9240.)

Voy. lois du 27 VENTOSE an 8, art. 27 ; du 20 AVRIL 1810, art. 5 ; décret du 6 JUILLET 1810, art. 7 et suiv.

Charles, etc.

Sur le rapport de notre garde-des-sceaux, ministre secrétaire d'Etat au département de la justice ;

Vu l'article 27 de la loi du 18 mars 1810, (27 ventose an 8) ;

Vu l'article 5 de la loi du 20 avril 1810, ainsi conçu :

« La division des cours royales en cham-
« bres ou sections, et l'ordre du service, se-
« ront fixés par des réglemens d'administra-
« tion publique ;

« Si le Roi juge convenable de créer des
« sections nouvelles ou d'en supprimer dans
« les cours royales, il y sera pourvu par des
« réglemens d'administration publique ; »

Vu le réglement d'administration publique du 6 juillet 1810, et notamment l'article 10, ainsi conçu :

« Si le besoin du service exige que, pour
« l'expédition des affaires civiles, il soit formé
« une chambre temporaire, elle sera com-
« posée de conseillers pris dans les autres
« chambres ; »

Considérant que le service des chambres temporaires formées dans plusieurs de nos cours royales pour l'expédition des affaires civiles arriérées a présenté le grave inconvénient de nuire au service habituel ;

Que la faculté donnée aux premiers présidens de distribuer des causes civiles sommaires aux chambres des appels de police correctionnelle ne pourvoit pas suffisamment au besoin des justiciables ;

Que de fréquentes contestations s'élèvent à raison de la difficulté de distinguer les causes civiles sommaires des causes ordinaires ;

Qu'en outre, dans l'état actuel, les chambres des appels de police correctionnelle peuvent prononcer dans les causes sommaires au nombre de cinq juges, tandis, que dans les mêmes causes, les chambres civiles ne le peuvent qu'au nombre de sept ;

Que ces dispositions contradictoires des réglemens donnent lieu à un grand nombre de pourvois en cassation, et prolongent ainsi les procès, au grand détriment des parties (1) ;

Notre Conseil-d'Etat entendu,

Nous avons ordonné et ordonnons ce qui suit :

Art. 1er. A partir du 1er novembre prochain, les chambres des appels de police correctionnelle de nos cours royales seront composées au moins de sept juges, y compris le président.

Ces chambres pourront connaître des causes civiles tant ordinaires que sommaires, et ne pourront prononcer qu'au nombre de sept juges.

2. Dans la huitaine qui suivra l'avis de la distribution faite par le premier président, ces chambres tiendront deux audiences civiles par semaine, jusqu'à épuisement des rôles (2).

3. Dans les cours divisées en trois chambres seulement, la chambre des appels de police correctionnelle se réunira à la chambre civile pour le jugement des causes qui doivent être portées aux audiences solennelles, de manière que les arrêts soient rendus au nombre de quatorze juges au moins (3).

4. Pendant les sessions d'assises aux chefs-lieux des cours, les magistrats tirés des autres chambres pour former la cour d'assises seront remplacés par ceux des chambres des mises en accusation, à tour de rôle, et en commençant par le dernier sur la liste de rang (4).

Il en sera de même pour le service de chacune des autres chambres, lorsque le nombre de sept ou de quatorze juges devra être complété.

5. L'article 2 du décret du 6 juillet 1810, qui autorise le jugement des appels de police correctionnelle au nombre de cinq juges, continuera d'être exécuté.

6. Toutes dispositions du réglement d'administration publique du 6 juillet 1810 contraires à la présente, ainsi que l'avis du Conseil-d'Etat approuvé le 10 janvier 1813, sont et demeurent abrogés.

7. Notre garde-des-sceaux, ministre secrétaire d'Etat au département de la justice (comte Portalis) est chargé de l'exécution de la présente ordonnance, qui sera insérée au Bulletin des Lois.

24 SEPTEMBRE = 15 OCTOBRE 1828. — Ordonnance du Roi qui accorde le titre de *Société royale* à la société des sciences, lettres et arts de la ville d'Arras. (8, Bull. 258, n° 9733.)

Charles, etc.

Sur le rapport de notre ministre secrétaire d'Etat de l'intérieur ;

Notre Conseil-d'Etat entendu,

Nous avons ordonné et ordonnons ce qui suit :

---

(1) Il y avait non-seulement contradiction entre les réglemens, mais même l'art. 27 de la loi du 27 ventose an 8, qui exige le concours de *sept juges*, se trouvait modifié par l'art. 11 du décret du 6 juillet 1810 et par l'avis du Conseil-d'Etat du 10 janvier 1813, qui portent que les chambres d'appel de police correctionnelle peuvent statuer au nombre *de cinq conseillers*, sur les causes civiles sommaires (*voy.* arrêt du 18 janvier 1821; Cass. S. 22, 1, 57).

(2) Il faut donc qu'il y ait, suivant l'art. 11 du décret du 6 juillet 1810, renvoi par le premier président à la chambre des appels de police correctionnelle.

Dans quels cas le renvoi par le premier président est-il régulièrement constaté ? *Voy.* notes sur l'art. 11 du décret du 6 juillet 1810.

(3) Le dernier alinéa de l'article 7 du décret du 6 juillet 1810 porte que, dans les cours qui n'ont qu'une chambre civile, la chambre des appels de police correctionnelle *pourra être requise* par le premier président de faire le service aux audiences solennelles. De cette expression, *pourra*, la Cour de cassation a conclu que le premier président pouvait à son gré faire tenir l'audience solennelle par la chambre civile seule, ou lui adjoindre la chambre des appels de police correctionnelle (*voy.* arrêts des 26 février 1816, 27 décembre 1819 et 13 mai 1824; S. 16, 1, 373; 20, 1, 177; 25, 1, 59). Mais la présente ordonnance dit en termes impératifs que la chambre des appels de police correctionnelle *se réunira* à la chambre civile : le premier président ne peut donc plus se dispenser d'adjoindre la chambre correctionnelle.

(4) La liste de rang diffère de la liste de service. La liste de service est formée conformément à l'art. 7 du décret du 30 mars 1808, et la liste de rang, d'après l'art. 36 du décret du 6 juillet 1810.

Art. 1er. La société des sciences, lettres et arts de la ville d'Arras, département du Pas-de-Calais, est et demeure reconnue : le titre de *Société royale* lui est accordé, et ses statuts sont approuvés tels qu'ils sont et restent ci-annexés.

2. Le nombre des membres résidans ne pourra dépasser trente.

3. Notre ministre secrétaire d'Etat de l'intérieur (vicomte de Martignac) est chargé de l'exécution de la présente ordonnance.

---

24 SEPTEMBRE 1828. — Ordonnances qui autorisent l'acceptation de dons et legs faits aux fabriques des églises de Moitiers, d'Auzeville, d'Uveizieu, de Bonnes, de Dannemarie, d'Epaubourg, d'Heilly, de Carcassonne, de Servières, de Vieux-Bourg, d'Ouge, de Sainte-Mazaire, de Saint-Christaud, de Melun, d'Arrambecourt, de Breidenbach, de Ville-sur-Jarnioux, d'Arroux, de Molsheim, de Saint-Valérien, de Sorron, de Scheibenhard, de La Chapelle-sur-Erdre, de Longanna-Daoulas et de Niort, et au séminaire de Montpellier. (8, Bull. 315, nos 12030 et suiv.)

24 SEPTEMBRE 1828. — Ordonnances qui autorisent l'acceptation de donations faites aux communes de Saint-Just-sur-Loir et de la Chapelle-sur-Oudon. (8, Bull. 268, nos 10335 et 10336.)

28 SEPTEMBRE = 4 OCTOBRE 1828. — Ordonnance du *Roi* qui accorde, sous les conditions y exprimées, la faculté de convertir en farines les grains étrangers déposés à l'entrepôt réel de Marseille, et porte que cette faculté pourra être appliquée aux grains entreposés dans d'autres ports du royaume. (8, Bull. 256, n° 9441.)

Voy. la loi du 15 JUIN 1825.

Charles, etc.

Sur le compte qui nous a été rendu des avantages que pourrait retirer le commerce de notre royaume de la faculté de réexporter, après les avoir fait convertir en farines, les grains étrangers reçus en entrepôt réel, soit à raison des bénéfices provenant de la mouture, soit à cause du plus de facilité et de latitude qui en résulterait pour la vente au-dehors;

Voulant concilier la jouissance de tels avantages avec la nécessité de prévenir les abus auxquels elle pourrait donner lieu, si des précautions n'étaient prises pour assurer tout à la fois l'intégralité de la réexportation et l'identité des farines exportées avec les grains retirés de l'entrepôt;

Sur le rapport de notre ministre secrétaire d'Etat du commerce et des manufactures,

Nous avons ordonné et ordonnons ce qui suit :

Art. 1er. Faculté est accordée de faire moudre les grains déposés à l'entrepôt réel de Marseille, à la charge de réintégrer identiquement dans cet entrepôt toutes les farines produites, et ce, sans substitution équivalente ou compensation quelconque.

2. Les permis pour la sortie de l'entrepôt et pour la conduite à la mouture seront délivrés par la douane de Marseille, en vertu de soumissions dûment cautionnées, contenant indication des moulins où les diverses parties de grains devront être conduites, et promesse de rapporter les farines à l'entrepôt dans le délai qui sera exprimé auxdits permis.

3. Les permis ne seront pas délivrés pour moins de deux cents hectolitres à la fois.

4. Le préfet du département des Bouches-du-Rhône formera immédiatement une commission composée du directeur des douanes et de six personnes choisies parmi les plus expérimentées dans le commerce et la manutention des blés, afin qu'elle ait à déterminer le rendement en farines de chaque espèce de grains étrangers qui peuvent être admis à la mouture.

Le tableau arrêté par cette commission servira à régler la quantité de farines que les soumissionnaires devront s'engager à réintégrer en entrepôt, comme *minimum* du produit des grains livrés à la mouture.

La commission arbitrera par ce même tableau le délai nécessaire pour opérer la mouture et en rapporter le produit à l'entrepôt, suivant la saison et la distance des lieux.

5. La commission prononcera sur toutes les difficultés auxquelles pourront donner lieu, soit à la sortie de l'entrepôt, la qualification des grains et le rendement à soumissionner, soit à la rentrée des farines, la reconnaissance de leur espèce ou de leur quantité (1).

6. L'administration des douanes fera surveiller la conversion des grains en farines pour en assurer l'identité, et pourra faire exécuter à cet effet toutes visites et recherches nécessaires.

7. Toute substitution de grains et farines, tout manquement dans le rendement obligatoire, sera poursuivi comme soustraction de l'entrepôt et introduction frauduleuse des objets prohibés (2).

(1 et 2) Il est bien évident que la commission n'aura point à prononcer sur les peines, dans le cas où la fraude lui serait démontrée; la loi seule peut donner à des juges le pouvoir d'appliquer des dispositions pénales. Ainsi la commission constatera la fraude, et les tribunaux compétens devant lesquels seront exercées les poursuites prononceront, s'il y a lieu, les peines établies par la loi.

8. Les propriétaires de grains convertis en farines acquitteront les droits d'entrée des sons provenant de la mouture et restés en consommation.

9. La faculté accordée par la présente ordonnance aux grains entreposés à Marseille sera appliquée, avec l'autorisation de notre ministre du commerce, aux grains entreposés dans les autres ports du royaume, où l'entrepôt réel offrira des garanties semblables et les mêmes moyens d'accomplir chacune des conditions réglées par la présente ordonnance.

10. Notre ministre secrétaire d'État du commerce et des manufactures et notre ministre secrétaire d'État des finances (M. Saint-Cricq et comte Roy) sont chargés, chacun en ce qui le concerne, de l'exécution de la présente ordonnance, qui sera insérée au Bulletin des Lois.

28 SEPTEMBRE 1828. — Ordonnances qui autorisent l'acceptation de dons faits aux séminaires de Montpellier, d'Agen ; aux fabriques des églises des Salles, de Stenay, de Versailles, d'Arrast, de Condé, de Ham-les-Moines, de Troyes, de Noordpeenne, de Valbonne, de Saint-Aureil, de Saint-Saulge, de Saint-Laurent-en-Brionnais, d'Avioth et de Saint-Paul-d'Oueil ; aux communautés religieuses de Saint-Laurent-en-Brionnais et de La Rochelle. (8, Bull. 315, nos 12048 et suiv.)

28 SEPTEMBRE 1828. — Ordonnance qui autorise des exploitations dans les bois de plusieurs communes. (8, Bull. 257, n° 9595.)

28 SEPTEMBRE 1828. — Ordonnance portant que la foire qui a lieu annuellement le 9 octobre dans la commune de Nevache (Hautes-Alpes) est reportée au premier lundi du même mois. (8, Bull. 257, n° 9729.)

28 SEPTEMBRE 1828. — Ordonnance qui admet le sieur John Baker-Hearsey à établir son domicile en France. (8, Bull. 258, n° 9736.)

28 SEPTEMBRE 1828. — Ordonnance qui autorise définitivement la communauté des religieuses du Sacré-Cœur de Jésus, établie à Amiens. (8, Bull. 258, n° 9737.)

28 SEPTEMBRE 1828. — Ordonnance qui autorise définitivement la communauté des sœurs hospitalières de Saint-Charles, établie à Lay, près Saint-Symphorien. (8, Bull. 258, n° 9738.)

28 SEPTEMBRE 1828. — Ordonnance qui autorise l'inscription au Trésor royal de cent soixante-dix pensions civiles et militaires. (8, Bull. 260 bis, n° 5.)

28 SEPTEMBRE 1828. — Ordonnance qui accorde des lettres de déclaration de naturalité au sieur Bichler. (8, Bull. 271, n° 10481.)

30 SEPTEMBRE 1828. — Tableau des prix des grains pour servir de régulateur de l'exportation et de l'importation, conformément aux lois des 16 juillet 1819 et 4 juillet 1821. (8, Bull. 255, n° 9419.)

1er = 15 OCTOBRE 1828. — Ordonnance du Roi qui réunit les hospices de Gex et de Tougin, département de l'Ain. (8, Bull. 258, n° 9734.)

Charles, etc.

Sur le rapport de notre ministre secrétaire d'État au département de l'intérieur ;
Vu la délibération de la commission administrative et du conseil de charité de Gex et de Tougin, du 15 mai 1826 ;
Vu la délibération du conseil municipal du 22 juin 1826 ;
Vu également l'avis du préfet du département de l'Ain, du 19 août de la même année ;
Notre Conseil-d'État entendu,
Nous avons ordonné et ordonnons ce qui suit :
Art. 1er. Les hospices de Gex et de Tougin (Ain) seront réunis.
2. L'hospice de Gex sera exclusivement affecté au traitement des malades indigens, et celui de Tougin sera destiné à tenir les petites écoles, à la distribution des bouillons à domicile pour les pauvres malades, conformément aux dispositions testamentaires du sieur Panissod, fondateur de cet établissement, et enfin à recevoir des vieillards indigens et infirmes.
3. Notre ministre secrétaire d'État de l'intérieur (vicomte de Martignac) est chargé de l'exécution de la présente ordonnance, qui sera insérée au Bulletin des Lois.

1er = 13 OCTOBRE 1828. — Ordonnance du Roi portant qu'il sera établi à Ajaccio, en Corse, une commission chargée spécialement des fonctions attribuées aux conseils académiques par l'art. 18 de l'ordonnance du 21 avril 1828. (8, Bull. 257, n° 9592.)

Charles, etc.

Vu notre ordonnance en date du 21 avril 1828 ;
Sur le rapport de notre ministre secrétaire d'État au département de l'instruction publique ;
Nous avons ordonné et ordonnons ce qui suit :
Art. 1er. Il sera établi à Ajaccio, en Corse, une commission chargée spécialement des fonctions attribuées aux conseils académiques

par l'article 18 de l'ordonnance du 21 avril dernier.

2. Cette commission sera composée de douze membres, qui seront nommés par notre ministre secrétaire d'Etat de l'instruction publique.

3. Notre ministre secrétaire d'Etat au département de l'instruction publique (de Vatimesnil) est chargé de l'exécution de la présente ordonnance.

1ᵉʳ OCTOBRE 1828. — Ordonnance qui autorise le préfet du département d'Eure-et-Loir à consentir à divers échanges. (8, Bull. 258, n° 9783.)

1ᵉʳ OCTOBRE 1828. — Ordonnance qui accorde une pension au sieur Gouault, aide-vérificateur des poids et mesures. (8, Bull. 260 bis, n° 6.)

1ᵉʳ OCTOBRE 1828. — Ordonnances qui autorisent l'acceptation de dons et legs faits au séminaire luthérien de Strasbourg; aux consistoires des églises réformées de Bergerac et d'Anduze; aux pauvres de Villequier-Aumont et d'Argent; aux hospices de Manosques, de Pamiers, de Rodez et de Tarascon. (8, Bull. 258, n°ˢ 10337 à 10345.)

1ᵉʳ OCTOBRE 1828. — Ordonnances qui autorisent l'acceptation de dons et legs faits aux pauvres de Châteaudun, de Vieille-Vigne, de Portel-d'Aspet, de Rutigné, de Larchamp, de Nancy, de Vieille-Ségure, de Montrolier, de Chagny, de Saint-Martin, de Bretencourt, de Cavaillon; aux hospices et bureaux de bienfaisance de Châteaudun, d'Ambarez, de Saint-Loubez, de Rivedigier, de Toul, de Nancy, de la Garenne, de Noyon, de Prats-de-Mollo et de Boigneux, et à la commune de Montusson. (8, Bull. 269, n°ˢ 10363 à 10382.)

5 = 29 OCTOBRE 1828. — Ordonnance du Roi qui crée une chambre de commerce à Mulhausen, département du Haut-Rhin. (8, Bull. 259, n° 9795.)

Charles, etc.

Sur le rapport de notre ministre secrétaire d'Etat du commerce et des manufactures;

Vu l'article 13 de la loi du 23 juillet 1820,

Nous avons ordonné et ordonnons ce qui suit :

Art. 1ᵉʳ. Il est créé une chambre de commerce à Mulhausen, département du Haut-Rhin.

2. La circonscription de la chambre comprendra tout le département.

3. Notre ministre secrétaire d'Etat du commerce et des manufactures (M. Saint-Cricq) est chargé de l'exécution de la présente ordonnance, qui sera insérée au Bulletin des Lois.

5 OCTOBRE = 25 NOVEMBRE 1828. — Ordonnance du Roi portant autorisation de la société anonyme formée à Paris sous la dénomination de l'Union, compagnie d'assurances contre l'incendie, et approbation de ses statuts. (8, Bull. 261 bis.)

Charles, etc.

Vu les articles 29 et 37, 40 et 45 du Code de commerce;

Notre Conseil-d'Etat entendu,

Nous avons ordonné et ordonnons ce qui suit :

Art. 1ᵉʳ. La société anonyme formée à Paris sous la dénomination de l'Union, compagnie d'assurances contre l'incendie, par acte passé les 30 septembre, 1ᵉʳ et 20 octobre 1828, par-devant Vavin et son collègue, notaires en ladite ville, est autorisée. Sont approuvés les statuts contenus audit acte, qui restera annexé à la présente ordonnance.

2. Nous nous réservons de révoquer notre présente autorisation en cas de violation ou de non-exécution des statuts par nous approuvés, sans préjudice des dommages-intérêts des tiers.

3. La société sera tenue de remettre, tous les six mois, extrait de son état de situation au préfet du département de la Seine, au greffe du tribunal de commerce et à la chambre de commerce de Paris; pareil extrait sera transmis au ministère du commerce et des manufactures.

4. Notre ministre secrétaire d'Etat du commerce et des manufactures (M. Saint-Cricq) est chargé de l'exécution de la présente ordonnance, qui sera publiée au Bulletin des Lois, et insérée dans le Moniteur et dans un journal d'annonces judiciaires du département de la Seine.

L'Union, compagnie d'assurances contre l'incendie.

Par-devant Mᵉ Alexis Vavin et son collègue, notaires à Paris, soussignés, furent présens. . . . .

Lesquels ont arrêté et arrêtent comme il suit les bases de la société formée entre eux.

Objet et durée de la société.

Art. 1ᵉʳ. Il est établi, sauf l'approbation du Roi, une société anonyme portant le nom de l'Union, compagnie d'assurances contre l'incendie.

Le domicile social est fixé à Paris.

2. La durée de cette société est de cinquante années, sauf les cas de liquidation prévus ci-après.

3. Les opérations de la compagnie consistent dans l'assurance contre l'incendie de toutes les propriétés mobilières ou immobilières que le feu peut détruire ou endommager.

4. La compagnie ne répond pas des incendies occasionées par guerre, invasion, émeute populaire, force militaire quelconque et tremblement de terre.

5. Le *maximum* des assurances sur un seul risque ne doit pas excéder quatre cent mille francs pour les assurances de l'espèce la plus dangereuse, et huit cent mille francs pour celles de l'espèce la moins hasardeuse.

6. L'assurance peut être faite non-seulement au nom du propriétaire, mais encore au nom de toute personne intéressée à la conservation de la chose assurée.

7. L'assurance étant un moyen de conserver, et non un moyen d'acquérir, et ne devant garantir à l'assuré que la juste indemnité de ses pertes, la somme assurée ne peut être opposée comme preuve de la valeur des objets couverts par la police.

Si, au moment de l'incendie, il est reconnu que la valeur de ces objets est inférieure à la somme assurée, l'engagement de la compagnie est réduit de toute la différence.

8. L'assuré doit justifier, par tous les moyens en son pouvoir, de la valeur et de l'existence des objets détruits au moment de l'incendie; l'évaluation du dommage est faite de gré à gré ou par experts.

Le montant des pertes est payé comptant aussitôt qu'il a été justifié et réglé.

La compagnie se réserve le droit de rétablir ou de remplacer l'objet assuré.

9. Les assurances s'effectuent au nom de la compagnie à Paris, dans tout le royaume et à l'étranger.

10. Toutes opérations autres que lesdites assurances sont formellement interdites à la compagnie.

Du capital de la société.

11. Le capital de la société est fixé à dix millions de francs, et divisé en deux mille actions de cinq mille francs chacune.

12. Les actionnaires souscrivent l'obligation de verser, s'il y a lieu, jusqu'à la concurrence du montant de leurs actions. L'obligation indique un domicile à Paris.

L'obligation ci-dessus est garantie pour chaque action par le transfert, au nom de la compagnie, de quarante-cinq francs de rente, trois pour cent, sur l'État, et par un versement de cent francs en numéraire.

13. Les actionnaires ne sont responsables des engagemens de la compagnie que jusqu'à concurrence du montant de leurs actions.

14. Les actions sont représentées par une inscription nominative sur les registres de la compagnie.

Il est délivré à chaque actionnaire un certificat d'inscription signé par deux administrateurs et le directeur.

15. Aucun actionnaire ne peut posséder plus de cent actions.

Il ne sera admis d'actionnaires, autres que les souscripteurs du présent acte, qu'en vertu d'une délibération du conseil d'administration, prise au scrutin secret, et à la majorité des membres présens.

Le conseil peut exiger, comme condition d'admission, le dépôt ou le transfert de valeurs équivalentes au montant des actions.

16. Les rentes transférées au nom de la compagnie, ainsi que les valeurs déposées en garantie des actions, sont renfermées dans une caisse à deux clefs, dont l'une reste entre les mains d'un des administrateurs, l'autre entre les mains du directeur.

17. Les arrérages de rente, ainsi que les arrérages, intérêts et dividendes des autres valeurs transférées, ou déposées en garantie des actions, sont remis aux actionnaires immédiatement après qu'ils ont été perçus.

18. La transmission des actions s'opère par voie de transfert sur un registre tenu à cet effet au domicile de la société. Le transfert est signé par le cédant et accepté par le cessionnaire.

19. En cas de mort d'un actionnaire, ses héritiers ou ses ayant-droit ont, pendant six mois, la faculté de présenter un actionnaire en remplacement.

Si, à l'expiration des six mois à dater du jour du décès, il n'a été fait aucune présentation, ou si les remplaçans n'ont pas été admis, les actions sont vendues par le ministère d'un agent de change, aux risques et périls des héritiers ou ayant-droit, sans qu'il soit besoin d'aucune notification ou autorisation.

Les rentes transférées ou les valeurs déposées en garantie, et le produit de la vente des actions, sont affectés par compensation à ce qui peut être dû à la compagnie par l'actionnaire décédé: l'excédant, s'il s'en trouve, est mis à la disposition des héritiers.

20. En cas de faillite d'un des actionnaires, les actions inscrites sous le nom du *failli* sont vendues par le ministère d'un agent de change, sans qu'il soit besoin de notification ou autorisation.

Les rentes transférées ou les valeurs déposées en garantie, et le produit des actions, sont affectés par compensation à ce qui peut être dû à la compagnie par l'actionnaire failli; l'excédant, s'il s'en trouve, est mis à la disposition des créanciers.

De l'administration de la société.

21. La compagnie est administrée par un conseil composé de neuf administrateurs.

Les fonctions des administrateurs sont gratuites, sauf les jetons de présence, lesquels seront d'argent.

22. Tout administrateur doit être propriétaire de dix actions au moins, lesquelles sont

inaliénables pendant toute la durée de ses fonctions.

23. Les administrateurs sont nommés par l'assemblée générale des fonctionnaires.

La durée de leurs fonctions est de trois ans.

Pour cette fois et en vertu du présent acte, MM. J.-A. Blanc, Cleeman, B. Foult, J. Hagerman, Torras, Le Mercier de Nerville, G. Odier, de Rougemont et Salverte sont nommés administrateurs.

24. Le conseil d'administration est renouvelé par tiers d'année en année.

Le premier renouvellement aura lieu en 1830.

Les administrateurs sortans seront désignés, les premières années, par le sort.

Les mêmes membres peuvent être réélus.

25. Le conseil d'administration nomme parmi les membres un président.

La durée des fonctions du président est d'une année. Il peut être réélu.

En cas d'absence du président, il est remplacé par le plus âgé des membres présens.

26. Si l'une des places d'administrateur vient à vaquer, le conseil d'administration y nomme provisoirement. L'assemblée générale procède à l'élection définitive.

L'administrateur ainsi nommé ne reste en exercice que pendant le temps qui restait à courir à son prédécesseur.

27. Le conseil d'administration se réunit une fois par semaine.

Pour qu'une délibération soit valable, cinq membres au moins doivent assister au conseil.

Les arrêtés sont pris à la majorité absolue des membres présens.

En cas de partage, la voix du président ou de celui qui siége à sa place est prépondérante.

28. Le conseil d'administration prend communication de toutes les affaires de la compagnie.

Il délibère et arrête les conditions générales des contrats d'assurances;

Il fixe le tarif des primes applicables aux diverses natures de risques;

Il détermine l'emploi des fonds disponibles;

Il arrête le paiement des pertes et dommages à la charge de la compagnie;

Il nomme, révoque et destitue tous les agens employés de la compagnie, fixe leurs traitemens et salaires, ainsi que les dépenses générales de l'administration;

Il peut traiter, transiger et compromettre sur tous les intérêts de la compagnie. Il peut aussi substituer.

Les pouvoirs délégués par le conseil sont signés par deux administrateurs et le directeur.

29. Chaque semaine un administrateur est désigné, à tour de rôle, pour signer, conjointement avec le directeur, la correspondance, les polices et autres engagemens de la compagnie.

De la direction,

30. Le directeur est nommé par le conseil d'administration. Il peut être révoqué par une décision du conseil prise à une majorité de six membres.

Il doit être propriétaire de dix actions au moins, lesquelles sont inaliénables pendant toute la durée de ses fonctions. Il reçoit un traitement.

M. Maas est nommé directeur.

31. Le directeur assiste au conseil d'administration et y a voix consultative.

32. Le directeur est chargé de l'exécution des délibérations et arrêtés du conseil d'administration;

Il conduit le travail des bureaux, règle et arrête les conditions particulières des assurances;

Il soumet au conseil le réglement des pertes et dommages qui sont à la charge de la compagnie;

Il propose la nomination, révocation ou destitution des employés et agens de la compagnie.

33. Les contrats d'assurances, les traités et conventions, la correspondance, les endossemens, les transferts de rentes et autres fonds inscrits au nom de la compagnie, sont signés par le directeur conjointement avec l'administrateur de semaine.

Les actions judiciaires sont exercées au nom de la compagnie, poursuite et diligence du directeur.

34. En cas de maladie ou d'absence du directeur, il est remplacé provisoirement par un administrateur délégué à cet effet par le conseil.

De l'assemblée générale.

35. L'assemblée générale représente l'universalité des actionnaires; ses décisions sont obligatoires pour tous, même pour les absens.

36. L'assemblée générale se compose des actionnaires qui sont propriétaires de huit actions au moins depuis trois mois révolus.

Les membres composant l'assemblée générale n'ont qu'une voix, quel que soit le nombre des actions inscrites en leur nom.

Le droit d'assister à l'assemblée est personnel et ne peut être délégué.

L'assemblée générale doit être composée de vingt membres au moins.

37. L'assemblée générale est convoquée par délibération du conseil d'administration.

Elle est présidée par le président du conseil.

Les deux plus forts actionnaires sont scrutateurs.

Le plus jeune des membres est secrétaire.

Les scrutateurs et le secrétaire ne peuvent être membres du conseil.

38. L'assemblée générale se réunit dans le mois d'avril de chaque année.

Le directeur lui rend compte des opérations de la compagnie pendant l'année précédente.

39. L'assemblée délibère sur les comptes qui lui sont présentés, ainsi que sur les propositions qui lui sont faites.

Ses décisions sont prises à la majorité absolue des membres présens.

40. L'assemblée générale nomme les administrateurs à la majorité absolue des membres présens, et au scrutin.

41. Chaque année, l'assemblée choisit parmi ses membres, autres que ceux du conseil d'administration, trois commissaires qui sont chargés de vérifier les comptes présentés.

Ces commissaires font leur rapport dans le mois qui suit leur nomination, et l'adressent aussitôt au conseil d'administration, qui en donne communication à l'assemblée générale suivante.

42. L'assemblée générale peut être convoquée extraordinairement par le conseil d'administration.

Les lettres de convocation doivent être adressées au moins quinze jours à l'avance, et indiquer l'objet de la convocation.

43. L'assemblée convoquée extraordinairement pourra, à une majorité des trois quarts des membres présens, adopter les modifications aux présens statuts dont l'expérience aura démontré la nécessité.

Ces modifications doivent être soumises à l'approbation du Gouvernement.

Des comptes annuels et des répartitions de bénéfice.

44. Chaque année la situation de la compagnie est arrêtée au 31 décembre.

Le conseil d'administration, d'après cet arrêté de situation, décide s'il y a lieu à une répartition de bénéfice, et en fixe l'importance.

45. En cas de répartition de bénéfices, le quart au moins, et la moitié au plus, est mis en réserve en accroissement du capital.

Le surplus est distribué aux actionnaires au prorata de leur intérêt.

Lorsque les bénéfices réservés s'élèveront à un million, la réserve annuelle pourra être réduite du quart jusqu'au huitième des bénéfices.

L'excédant sera réparti aux actionnaires.

46. En cas de pertes qui absorberaient les bénéfices réservés et entameraient le capital de la société de plus de cinq pour cent, le conseil d'administration est tenu d'exiger de la part des actionnaires un versement proportionnel égal au montant du déficit, jusqu'au parfait paiement de la mise des actions.

Sur la notification de l'arrêté de la contribution déterminée par le conseil, les actionnaires sont tenus d'effectuer, dans les dix jours, le versement demandé.

A défaut de paiement dans le délai ci-dessus, les rentes transférées ou les valeurs déposées en garantie des actions seront vendues, ainsi que les actions elles-mêmes, par entremise d'agent de change, aux risques et périls de l'actionnaire retardataire, sans préjudice des poursuites à exercer contre lui pour le paiement des sommes dont il sera débiteur envers la compagnie.

En cas d'excédant, il en sera tenu compte à l'actionnaire.

47. Dans les cas prévus par l'article précédent, la totalité des bénéfices résultant des inventaires subséquens sera affectée au remboursement des sommes exigées des actionnaires à titre d'appel de fonds.

Lorsque les remboursemens auront été complétés, les réserves prescrites par l'article 45 seront continuées dans les proportions qui y sont indiquées.

Dissolution et liquidation.

48. La dissolution de la société aura lieu de plein droit : 1° si les pertes excèdent la moitié du capital social; 2° si elle est demandée par un nombre d'actionnaires représentant au moins les trois quarts des actions.

49. Dans les cas prévus par l'article précédent, le conseil d'administration est tenu de convoquer immédiatement l'assemblée générale.

50. L'assemblée générale nomme, séance tenante, trois commissaires liquidateurs.

51. Les commissaires liquidateurs font réassurer les risques non éteints, ou résilient les contrats existans, s'ils peuvent le faire de gré à gré.

Ils règlent et arrêtent les remboursemens des pertes et dommages à la charge de la compagnie;

Ils peuvent compromettre et transiger sur toutes contestations et demandes.

52. Les actionnaires sont tenus, sur la demande de la commission de liquidation, d'effectuer les versemens nécessaires pour opérer les remboursemens jusqu'à la concurrence du montant de leurs actions.

53. A l'expiration de l'année qui suivra l'époque où la liquidation aura été prononcée, il sera fait un inventaire de la situation de la compagnie.

Le compte en sera rendu à l'assemblée générale, qui prononcera sur le terme de la liquidation.

Tels sont les statuts de la société arrêtés entre les soussignés.

Fait et passé à Paris, sur modèle représenté et rendu, pour chacune des parties, en sa demeure respective.

L'an 1828, les 30 septembre, 1er et 2 octobre.

Et ont les comparans signé ces présentes avec les notaires, après lecture faite.

---

5 OCTOBRE 1828. — Ordonnances qui autorisent l'acceptation des dons et legs faits à la communauté des sœurs de la Sainte-Famille d'Amiens; aux fabriques des églises de Balagny, de Valajoux, de Saint-Etienne-le-Molard, de Brie-Comte-Robert, de Chazot, de Presles-Thierny, de Flavy-de-Meldeux, d'Orléans et de Versigny. (8, Bull. 315, n° 12072.)

---

5 OCTOBRE 1828. — Ordonnance qui établit une foire à l'île Rousse (Corse). (8, Bull. 259, n° 9817.)

---

5 OCTOBRE 1828. — Ordonnance qui accorde des pensions à deux veuves de militaires y dénommées, imputables sur le crédit d'inscription de l'année 1827. (8, Bull. 260 bis, n° 7.)

---

5 OCTOBRE 1828. — Ordonnance qui accorde des secours annuels aux orphelins de quatre militaires y dénommés, imputables sur le crédit d'inscription de l'année 1828. (8, Bull. 260 bis, n° 8.)

---

5 OCTOBRE 1828. — Ordonnance qui accorde des pensions de retraite à vingt-neuf militaires y dénommés, imputables sur le crédit d'inscription de dix-huit cent mille francs. (8, Bull. 260 bis, n° 9.)

---

5 OCTOBRE 1828. — Ordonnance qui accorde des pensions à quarante-neuf veuves de militaires y dénommées, imputables sur le crédit d'inscription de l'année 1828. (8, Bull. 262 bis, n° 10.)

---

12 OCTOBRE 1828 = 21 JUILLET 1829. — Ordonnance du Roi portant application du Code d'instruction criminelle à l'île de la Martinique et à l'île de la Guadeloupe et ses dépendances. (8, Bull. 302 bis.)

Voy. ordonnance du 29 NOVEMBRE 1828, portant publication du Code pénal.

Charles, etc.

Vu notre ordonnance du 9 février 1827, constitutive du Gouvernement de l'île de la Martinique et de celui de l'île de la Guadeloupe et ses dépendances;

Vu l'article 7 de notre ordonnance du 24 septembre 1828, sur l'organisation judiciaire et l'administration de la justice à l'île de la Martinique et à l'île de la Guadeloupe et ses dépendances, portant que ces deux colonies « seront régie par le Code civil, le « Code de procédure civile, le Code de com-

merce, le Code d'instruction criminelle et « le Code pénal, modifiés et mis en rapport « avec leurs besoins; »

Voulant pourvoir à l'exécution de cette disposition en ce qui concerne le Code d'instruction criminelle;

Sur le rapport de notre ministre secrétaire d'Etat de la marine et des colonies,

Nous avons ordonné et ordonnons ce qui suit :

Dispositions préliminaires.

Art. 1er. L'action pour l'application des peines n'appartient qu'aux fonctionnaires auxquels elle est confiée par la loi.

L'action en réparation du dommage causé par un crime, par un délit ou par une contravention, peut être exercée par tous ceux qui ont souffert de ce dommage.

2. L'action publique pour l'application de la peine s'éteint par la mort du prévenu.

L'action civile pour la réparation du dommage peut être exercée contre le prévenu et contre ses représentans.

L'une et l'autre actions s'éteignent par la prescription, ainsi qu'il est réglé au livre II, titre VII, chapitre V, *de la prescription.*

3. L'action civile peut être poursuivie en même temps et devant les mêmes juges que l'action publique. Elle peut aussi l'être séparément : dans ce cas, l'exercice en est suspendu tant qu'il n'a pas été prononcé définitivement sur l'action publique intentée avant ou pendant la poursuite de l'action civile.

4. La renonciation à l'action civile ne peut arrêter ni suspendre l'exercice de l'action publique.

5. Tout Français qui se sera rendu coupable, hors du territoire de la France et de ses colonies, d'un crime attentatoire à la sûreté de l'Etat, de contrefaction du sceau de l'Etat ou de la colonie, des monnaies nationales ou étrangères ayant cours, de papiers nationaux, de billets de banque ou de caisses publiques autorisées par la loi, pourra être poursuivi, jugé et puni dans la colonie, d'après les dispositions des lois en vigueur dans la colonie.

6. Cette disposition pourra être étendue aux étrangers qui, auteurs ou complices des mêmes crimes, seraient arrêtés dans la colonie, ou dont le Gouvernement obtiendrait l'extradition.

7. Tout Français qui se sera rendu coupable, hors du territoire du royaume, d'un crime contre un Français, pourra, s'il est arrêté dans la colonie, y être poursuivi et jugé s'il n'a pas été poursuivi et jugé en pays étranger, et si le Français offensé rend plainte contre lui.

LIVRE Ier. De la police judiciaire et des officiers de police qui l'exercent.

CHAPITRE Ier. De la police judiciaire.

8. La police judiciaire recherche les crimes, les délits et les contraventions, en rassemble les preuves, et en livre les auteurs aux tribunaux chargés de les punir.

9. La police judiciaire sera exercée, sous l'autorité de la cour royale et suivant les distinctions qui vont être établies,

Par les gardes-champêtres, les gardes-forestiers et les gardes de police;

Par les commissaires de police, les commissaires commandant des communes et leurs lieutenans;

Par les procureurs du Roi et leurs substituts;

Par les juges-de-paix;

Par les officiers et sous-officiers chargés du service de gendarmerie;

Par les secrétaires de communes;

Par les juges d'instruction.

10. Le directeur général de l'intérieur pourra faire personnellement, ou requérir les officiers de police judiciaire, chacun en ce qui le concerne, de faire tous actes nécessaires à l'effet de constater les crimes, délits et contraventions, et d'en livrer les auteurs aux tribunaux chargés de les punir, conformément à l'article 8 ci-dessus.

CHAPITRE II. Des commissaires de police, des commissaires commandans de commune et de leurs lieutenans.

11. Les commissaires de police, les commissaires commandans de communes et leurs lieutenans, rechercheront les contraventions de police, même celles qui sont sous la surveillance spéciale des gardes-forestiers et champêtres, à l'égard desquels ils auront concurrence et même prévention.

Ils recevront les rapports, dénonciations et plaintes qui seront relatifs aux contraventions de police.

Ils consigneront, dans les procès-verbaux qu'ils rédigeront à cet effet, la nature et les circonstances des contraventions, le temps et le lieu où elles auront été commises, les preuves ou indices à la charge de ceux qui en seront présumés coupables.

12. Supprimé.

13. Lorsque le commissaire de police ou le commissaire commandant de commune et son lieutenant se trouveront légitimement empêchés, ils seront remplacés par le secrétaire de la commune.

14. Supprimé.

15. Les commissaires commandans de communes, leurs lieutenans et les secrétaires de communes, remettront à l'officier par

qui seront remplies les fonctions du ministère public près le tribunal de police, toutes les pièces et renseignemens, dans les trois jours au plus tard, y compris celui où ils ont reconnu le fait sur lequel ils ont procédé.

CHAPITRE III. Des gardes-champêtres, forestiers et de police.

16. Les gardes-champêtres, les gardes-forestiers et les gardes de police, considérés comme officiers de police judiciaire, seront chargés de rechercher, chacun dans le territoire pour lequel il aura été assermenté, les délits et les contraventions de police qui auront porté atteinte aux propriétés rurales et forestières.

Les gardes de police seront chargés de rechercher aussi, chacun dans la commune pour laquelle il aura été assermenté, toutes autres contraventions de police.

Ils suivront les choses enlevées, dans les lieux où elles auront été transportées, et les mettront en séquestre; ils ne pourront néanmoins s'introduire dans les maisons, ateliers, bâtimens, cours adjacentes et enclos, si ce n'est en présence soit du juge-de-paix, soit de son suppléant, soit du commissaire de police, du commissaire commandant de commune ou de son lieutenant; le procès-verbal qui devra en être dressé sera signé par celui en présence duquel il aura été fait.

Ils arrêteront et conduiront devant le juge-de-paix, ou devant le commissaire de police, ou devant le commissaire commandant de la commune ou son lieutenant, tout individu qu'ils auront surpris en flagrant délit, ou qui sera dénoncé par la clameur publique, lorsque ce délit emportera la peine d'emprisonnement ou une peine plus grave.

Ils se feront donner, pour cet effet, main-forte par le commissaire commandant de la commune ou par son lieutenant, qui ne pourra s'y refuser.

17. Les gardes-champêtres, forestiers et de police, sont, comme officiers de police judiciaire, sous la surveillance du procureur du Roi, sans préjudice de leur subordination à l'égard de leurs supérieurs dans l'administration.

18. Les gardes-forestiers, les gardes-champêtres et les gardes de police devront, sous peine de nullité, affirmer, dans le délai de trois jours, leurs procès-verbaux, soit devant le commissaire commandant de la commune où réside l'officier qui a rédigé le procès-verbal, soit devant le commissaire commandant de la commune où la contravention a été commise, soit devant le commissaire commandant de la commune la plus voisine, soit devant le juge-de-paix du canton ou son suppléant.

Les lieutenans des commissaires comman-

28.

25

dans de communes ci-dessus désignés seront également aptes à recevoir l'affirmation.

Les gardes forestiers du Gouvernement, des communes et des établissemens publics, laisseront leurs procès-verbaux à l'officier qui aura reçu l'affirmation, lequel sera tenu, dans la huitaine, de les transmettre au procureur du Roi.

19. Dans le cas où il y aurait lieu de procéder par voie de citation directe, conformément à l'article 182 du présent Code, le procureur du Roi transmettra le procès-verbal au procureur général.

20. Les procès-verbaux des gardes-champêtres des communes, ceux des gardes-champêtres et forestiers des particuliers, et ceux des gardes de police, seront, lorsqu'il s'agira de simples contraventions, remis par eux, dans le délai fixé par l'article 15, à l'officier chargé de remplir les fonctions du ministère public près le tribunal de police du canton; et lorsqu'il s'agira d'un délit de nature à mériter une peine correctionnelle, la remise sera faite au procureur du Roi ou au juge-de-paix du canton, lequel se conformera aux dispositions de l'article précédent.

21. Si le procès-verbal a pour objet une contravention de police, il sera procédé par l'officier chargé de remplir les fonctions du ministère public près le tribunal de police du canton, ainsi qu'il sera réglé au chapitre Ier, titre Ier du livre II du présent Code.

CHAPITRE IV. Des procureurs du Roi et de leurs substituts.

SECTION Ire. De la compétence des procureurs du Roi relativement à la police judiciaire.

22. Les procureurs du Roi sont chargés de la recherche et de la poursuite de tous les crimes et délits.

23. Sont également compétens pour remplir les fonctions déléguées par l'article précédent, le procureur du Roi du lieu du crime ou délit, celui de la résidence du prévenu, et celui du lieu où le prévenu pourra être trouvé.

24. Ces fonctions, lorsqu'il s'agira de crimes ou délits commis hors du territoire de la France ou de ses colonies, dans les cas énoncés aux articles 5, 6 et 7, seront remplies par le procureur du Roi du lieu où résidera le prévenu, ou par celui du lieu où il pourra être trouvé, ou par celui de sa dernière résidence connue.

25. Les procureurs du Roi et tous les autres officiers de police judiciaire auront, dans l'exercice de leurs fonctions, le droit de requérir directement la force publique.

26. Le procureur du Roi sera, en cas d'empêchement, remplacé par son substitut, ou, s'il a plusieurs substituts, par le plus ancien. S'il n'a pas de substitut, il sera remplacé par un juge commis à cet effet par le président.

27. Les procureurs du Roi seront tenus, aussitôt que les délits parviendront à leur connaissance, d'en donner avis au procureur général près la cour royale, et d'exécuter ses ordres relativement à tous actes de police judiciaire.

28. Ils pourvoiront à l'envoi, à la notification et à l'exécution des ordonnances qui seront rendues par le juge d'instruction, d'après les règles qui seront ci-après établies au chapitre *des juges d'instructions*.

SECTION II. Mode de procéder des procureurs du Roi dans l'exercice de leurs fonctions.

29. Toute autorité constituée, tout fonctionnaire ou officier public qui, dans l'exercice de ses fonctions, acquerra la connaissance d'un crime ou d'un délit, sera tenu d'en donner avis sur-le-champ au procureur du Roi près le tribunal dans le ressort duquel le crime ou le délit aura été commis, ou dans lequel le prévenu pourrait être trouvé, et de transmettre à ce magistrat tous les renseignemens, procès-verbaux et actes qui y sont relatifs.

30. Toute personne qui aura été témoin d'un attentat, soit contre la sûreté publique, soit contre la vie ou la propriété d'un individu, sera pareillement tenue d'en donner avis au procureur du Roi, soit du lieu du crime ou délit, soit du lieu où le prévenu pourra être trouvé.

31. Les dénonciations seront rédigées par les dénonciateurs, ou par leurs fondés de procuration spéciale, ou par le procureur du Roi, s'il en est requis; elles seront toujours signées par le procureur du Roi à chaque feuillet, et par les dénonciateurs ou leurs fondés de pouvoir.

Si les dénonciateurs ou leurs fondés de pouvoir ne savent ou ne veulent pas signer, il en sera fait mention.

La procuration demeurera toujours annexée à la dénonciation, et le dénonciateur pourra se faire délivrer, mais à ses frais, une copie de sa dénonciation.

32. Lorsque le procureur du Roi aura acquis la connaissance d'un crime ou d'un délit emportant peine d'emprisonnement, il pourra se transporter sur le lieu, pour y dresser les procès-verbaux nécessaires, à l'effet de constater le corps du délit, son état, l'état des lieux, et pour recevoir les déclarations des personnes qui auraient été présentes ou qui auraient des renseignemens à donner.

Le procureur du Roi donnera avis de son transport au juge d'instruction, sans être toutefois tenu de l'attendre pour procéder ainsi qu'il est dit au présent chapitre.

33. Le procureur du Roi pourra aussi, dans le cas de l'article précédent, appeler à son procès-verbal les parens, voisins, domestiques ou esclaves présumés en état de donner des éclaircissemens sur le fait ; il recevra leurs déclarations qu'ils signeront.

Les déclarations, reçues en conséquence du présent article et de l'article précédent, seront signées par les parties ; ou, en cas de refus, il en sera fait mention.

34. Il pourra défendre que qui que ce soit sorte de la maison, ou s'éloigne du lieu, jusqu'à après la clôture de son procès-verbal.

Tout contrevenant à cette défense, si c'est un individu de condition libre, sera, s'il peut être saisi, déposé dans la maison d'arrêt. La peine encourue pour la contravention sera prononcée par le juge d'instruction, sur les conclusions du procureur du Roi, après que le contrevenant aura été cité et entendu, ou par défaut, s'il ne comparaît pas, sans autre formalité ni délai, et sans opposition ni appel.

La peine ne pourra excéder dix jours d'emprisonnement et cent francs d'amende.

35. Le procureur du Roi se saisira des armes et de tout ce qui paraîtra avoir servi ou avoir été destiné à commettre le crime ou le délit, ainsi que de tout ce qui paraîtra en avoir été le produit ; enfin de tout ce qui pourra servir à la manifestation de la vérité : il interpellera le prévenu de s'expliquer sur les choses saisies, qui lui seront représentées ; il dressera du tout un procès-verbal qui sera signé par le prévenu, ou mention sera faite de son refus.

36. Si la nature du crime ou délit est telle que la preuve puisse vraisemblablement être acquise par les papiers ou autres pièces et effets en la possession du prévenu, le procureur du Roi se transportera de suite dans le domicile du prévenu, pour y faire la perquisition des objets qu'il jugera utiles à la manifestation de la vérité.

37. S'il existe dans le domicile du prévenu des papiers ou effets qui puissent servir à conviction ou à décharge, le procureur du Roi en dressera procès-verbal, et se saisira lesdits effets ou papiers.

38. Les objets saisis seront clos et cachetés, si faire se peut ; ou, s'ils ne sont pas susceptibles de recevoir des caractères d'écriture, ils seront mis dans un vase ou dans un sac, sur lequel le procureur du Roi attachera une bande de papier, qu'il scellera de son sceau.

39. Les opérations prescrites par les articles précédens seront faites en présence du prévenu, s'il a été arrêté, et, s'il ne veut pas ou ne peut pas y assister, en présence d'un fondé de pouvoir, qu'il pourra nommer. Les objets lui seront représentés à l'effet de les reconnaître et de les parapher, s'il y a lieu ;

et, au cas de refus, il en sera fait mention au procès-verbal.

Si le prévenu est un esclave, et qu'il ne veuille ou ne puisse assister aux opérations ci-dessus prescrites, elles seront faites en présence de son maître, ou d'un fondé de pouvoir que celui-ci pourra nommer.

40. Lorsque le fait sera de nature à entraîner peine afflictive ou infamante, le procureur du Roi fera saisir les prévenus présens contre lesquels il existerait des indices graves.

Il pourra adopter la même mesure dans le cas où il s'agirait d'un délit de nature à motiver une peine de six mois d'emprisonnement, et encore toutes les fois que les inculpés sont des repris de justice, des mendians, des vagabonds ou des esclaves.

Si le prévenu n'est pas présent, le procureur du Roi rendra une ordonnance à l'effet de le faire comparaître ; cette ordonnance s'appelle *mandat d'amener*.

La dénonciation seule ne constitue pas une présomption suffisante pour décerner cette ordonnance contre un individu ayant domicile.

Le procureur du Roi interrogera sur-le-champ le prévenu amené devant lui.

41. *Supprimé.*

42. Les procès-verbaux des procureurs du Roi, en exécution des articles précédens, seront faits et rédigés en la présence et revêtus de la signature du commissaire commandant de la commune dans laquelle le crime ou le délit aura été commis, ou de son lieutenant, ou du secrétaire de la commune, ou de deux personnes de condition libre domiciliées dans la même commune.

Pourra néanmoins le procureur du Roi dresser les procès-verbaux sans assistance de témoins, lorsqu'il n'y aura pas possibilité de s'en procurer tout de suite.

Chaque feuillet du procès-verbal sera signé par le procureur du Roi et par les personnes qui y auront assisté. En cas de refus ou d'impossibilité de signer de la part de celles-ci, il en sera fait mention.

43. Le procureur du Roi se fera accompagner, au besoin, d'une ou de deux personnes présumées, par leur art ou profession, capables d'apprécier la nature et les circonstances du crime ou du délit.

44. S'il s'agit d'une mort violente, ou d'une mort dont la cause soit inconnue ou suspecte, le procureur du Roi se fera assister d'un ou de deux officiers de santé, qui feront leur rapport sur les causes de la mort et sur l'état du cadavre.

Les personnes appelées dans les cas du présent article et de l'article précédent prêteront, devant le procureur du Roi, le serment de faire leur rapport et de donner leur avis en leur honneur et conscience.

25.

45. Le procureur du Roi transmettra sans délai au juge d'instruction les procès-verbaux, actes, pièces et instrumens dressés ou saisis en conséquence des articles précédens, pour être procédé ainsi qu'il sera dit au chapitre *des juges d'instruction*; et cependant le prévenu restera sous la main de la justice en état de mandat d'amener.

46. *Supprimé.*

47. Le procureur du Roi, instruit, soit par une dénonciation, soit par toute autre voie, qu'il a été commis un crime ou un délit, ou qu'une personne qui en est prévenue se trouve dans la colonie, sera tenu, lorsqu'il ne procédera pas immédiatement aux actes autorisés par l'article 32, de requérir le juge d'instruction d'ordonner qu'il en soit informé, même de se transporter, s'il est besoin, sur les lieux, à l'effet d'y dresser tous les procès-verbaux nécessaires, ainsi qu'il sera dit au chapitre *des juges d'instruction*.

CHAPITRE V. Des officiers de police auxiliaires du procureur du Roi.

48. Les juges-de-paix et les commissaires commandant de communes recevront les dénonciations de crimes ou délits commis dans les lieux où ils exercent leurs fonctions habituelles.

49. Dans les cas prévus par l'art. 32, ils dresseront les procès-verbaux, recevront les déclarations des témoins, feront les visites et les autres actes qui sont, auxdits cas, de la compétence du procureur du Roi, le tout dans les formes et suivant les règles établies au chapitre *des procureurs du Roi*.

50. Les lieutenans des commissaires commandans de communes et les officiers faisant fonctions de gendarmerie recevront également les dénonciations, et feront, seulement dans les cas de flagrant délit, les actes énoncés en l'article précédent, en se conformant aux mêmes règles.

Le délit qui se commet actuellement; ou qui vient de se commettre, est *un flagrant délit.*

Seront aussi réputés flagrants délits le cas où le prévenu est poursuivi par la clameur publique, et celui où le prévenu est trouvé saisi d'effets, armes, instrumens ou papiers faisant présumer qu'il est auteur ou complice, pourvu que ce soit dans un temps voisin du délit.

Les attributions accordées par le présent article aux lieutenans des commissaires commandans de communes et aux officiers faisant fonctions d'officiers de gendarmerie, pour les cas de flagrant délit, leur appartiendront également toutes les fois que, s'agissant d'un crime ou d'un délit, même non flagrant, commis dans l'intérieur d'une maison, le chef de cette maison les requerra de le constater.

51. Dans le cas de concurrence entre le procureur du Roi et les officiers de police énoncés aux articles précédens, le procureur du Roi fera les actes attribués à la police judiciaire; s'il a été prévenu, il pourra continuer la procédure, ou autoriser l'officier qui l'aura commencée à la suivre.

En cas de concurrence entre le juge-de-paix et les autres officiers de police judiciaire, le juge-de-paix aura, à l'égard de ceux-ci, les droits conférés au procureur du Roi par le présent article.

52. Le procureur du Roi, exerçant son ministère dans les cas de l'article 32, pourra, s'il le juge utile et nécessaire, charger l'un des officiers de police auxiliaires de partie des actes de sa compétence.

53. Les officiers de police auxiliaires renverront sans délai les dénonciations, procès-verbaux et autres actes par eux faits dans les cas de leur compétence, au procureur du Roi, qui sera tenu d'examiner sans retard les procédures, et de les transmettre, avec les réquisitions qu'il jugera convenables, au juge d'instruction.

53. Dans les cas de dénonciation de crimes ou délits autres que ceux qu'ils sont directement chargés de constater, les officiers de police judiciaire transmettront aussi sans délai au procureur du Roi les dénonciations qui leur auront été faites, et le procureur du Roi les remettra au juge d'instruction avec son réquisitoire.

CHAPITRE VI. Des juges d'instruction.

SECTION Iʳᵉ. Du juge d'instruction.

55. *Supprimé.*
56. *Supprimé.*

57. Le juge d'instruction sera, quant aux fonctions de police judiciaire, sous la surveillance du procureur général près la cour royale.

58. Dans le cas où le juge d'instruction se trouverait empêché, il sera remplacé conformément aux dispositions de notre ordonnance du 24 septembre 1828, *sur l'organisation judiciaire.*

SECTION II. Fonctions du juge d'instruction.

DISTINCTION PREMIÈRE. *Des cas de flagrant délit.*

59. Le juge d'instruction, dans tous les cas réputés flagrant délit, peut faire, directement et par lui-même, tous les actes attribués au procureur du Roi, en se conformant aux règles établies au chapitre *des procureurs du Roi et de leurs substituts.*

Le juge d'instruction peut requérir la présence du procureur du Roi, sans aucun ré-

st tard néanmoins des opérations prescrites
sb dans ledit chapitre.

60. Lorsque le crime ou le délit aura déjà
été constaté, et que le procureur du Roi
transmettra les actes et pièces au juge d'instruction, celui-ci sera tenu de faire sans
délai l'examen de la procédure.

Il peut refaire les actes ou ceux des
actes qui ne lui paraîtraient pas complets.

DISTINCTION II. De l'instruction.

§ Ier. *Dispositions générales.*

61. Hors les cas de flagrant délit, le juge
d'instruction ne fera aucun acte d'instruction
et de poursuite qu'il n'ait donné communication de la procédure au procureur du Roi.
Il la lui communiquera pareillement lorsqu'elle sera terminée; et le procureur du
Roi fera les réquisitions qu'il jugera convenables, sans pouvoir retenir la procédure
plus de trois jours.

Néanmoins le juge d'instruction délivrera,
s'il y a lieu, le mandat d'amener, et même
le mandat de dépôt, sans que ces mandats
doivent être précédés des conclusions du
procureur du Roi.

62. Lorsque le juge d'instruction se transportera sur les lieux, il sera toujours accompagné du procureur du Roi et du greffier du
tribunal.

§ II. Des plaintes.

63. Toute personne qui se prétendra
lésée par un crime ou délit pourra en rendre
plainte, et se constituer partie civile devant
le juge d'instruction, soit du lieu du crime
ou délit, soit du lieu de la résidence du prévenu, soit du lieu où il pourra être trouvé.

64. Les plaintes qui auraient été adressées au procureur du Roi seront par lui
transmises au juge d'instruction avec son
réquisitoire; celles qui auraient été présentées aux officiers de police auxiliaires seront
par eux envoyées au procureur du Roi, et
transmises par lui au juge d'instruction, aussi
avec son réquisitoire.

Dans les matières du ressort de la police
correctionnelle, la partie lésée pourra s'a-
dresser directement à la cour royale, dans la
forme qui sera ci-après réglée.

65. Les dispositions de l'article 31, concernant les dénonciations, seront communes
aux plaintes.

66. Les plaignans ne seront réputés partie
civile, s'ils ne le déclarent formellement, soit
par la plainte, soit par acte subséquent, ou
s'ils ne prennent, par l'un ou par l'autre, des
conclusions en dommages-intérêts. Ils pourront se départir dans les vingt-quatre heures.
Dans le cas du désistement, ils ne sont pas
tenus des frais depuis qu'il aura été signifié,

sans préjudice néanmoins des dommages-intérêts des prévenus, s'il y a lieu.

67. Les plaignans pourront se porter partie
civile en tout état de cause jusqu'à la clôture
des débats; mais, en aucun cas, leur désistement après le jugement ne peut être valable
quoiqu'il ait été donné dans les vingt-quatre
heures de leur déclaration qu'ils se portent
partie civile.

68. Toute partie civile qui ne demeurera
pas dans le lieu de la résidence du juge d'instruction sera tenue d'y élire domicile par
acte passé au greffe du tribunal.

A défaut d'élection de domicile par la
partie civile, elle ne pourra opposer le défaut de signification contre les actes qui auraient dû lui être signifiés aux termes de la
loi.

69. Dans le cas où le juge d'instruction ne
serait ni celui du lieu du crime ou délit, ni
celui de la résidence du prévenu, ni celui du
lieu où il pourra être trouvé, il renverra la
plainte devant le juge d'instruction qui pourrait en connaître.

70. Le juge d'instruction compétent pour
connaître de la plainte en ordonnera la communication au procureur du Roi, pour être
par lui requis ce qu'il appartiendra.

§ III. De l'audition des témoins.

71. Le juge d'instruction fera citer devant
lui les personnes qui auront été indiquées,
par la dénonciation, par la plainte, par le
procureur du Roi, ou autrement, comme
ayant connaissance soit du crime ou délit,
soit de ses circonstances.

72. Les témoins seront cités par un huissier, ou par un agent de la force publique, à
la requête du procureur du Roi.

73. Ils seront entendus séparément, et
hors de la présence du prévenu, par le juge
d'instruction assisté de son greffier.

74. Ils représenteront, avant d'être entendus, la citation qui leur aura été donnée
pour déposer, et il en sera fait mention dans
le procès-verbal.

75. Les témoins prêteront serment de dire
toute la vérité, rien que la vérité. Le juge
d'instruction leur demandera leurs nom, prénoms, âge, état, profession, demeure; s'ils appartiennent à la population blanche, à celle des
gens de couleur libres, ou s'ils sont esclaves;
s'ils sont domestiques, esclaves, parens ou
alliés des parties, et à quel degré. Il sera
fait mention de la demande, et des réponses
des témoins.

76. Les dépositions seront signées du juge,
du greffier, et du témoin, après que lecture
lui en aura été faite, et qu'il aura déclaré y
persister; si le témoin ne veut ou ne peut
signer, il en sera fait mention. Chaque page
du cahier d'information sera signée par le
juge et par le greffier.

77. Les formalités prescrites par les trois articles précédens seront remplies, à peine de cinquante francs d'amende contre le greffier, même, s'il y a lieu, de prise à partie contre le juge d'instruction.

78. Aucune interligne ne pourra être faite; les ratures et les renvois seront approuvés et signés par le juge d'instruction, par le greffier et par le témoin, sous les peines portées en l'article précédent. Les interlignes, ratures et renvois non approuvés seront réputés comme non avenus.

79. Les enfans de l'un et de l'autre sexe au-dessous de l'âge de quinze ans pourront être entendus par forme de déclaration et sans prestation de serment.

80. Toute personne citée pour être entendue en témoignage sera tenue de comparaître et de satisfaire à la citation; sinon, elle pourra y être contrainte par le juge d'instruction, qui, à cet effet, sur les conclusions du procureur du Roi, sans autre formalité ni délai et sans appel, prononcera une amende qui n'excédera pas cent cinquante francs, et pourra ordonner que la personne citée sera contrainte par corps à venir donner son témoignage.

S'il s'agit d'un esclave, la condamnation à l'amende sera prononcée contre le maître.

81. Le témoin ou le maître de l'esclave ainsi condamné à l'amende sur le premier défaut, et qui, sur la seconde citation, produira devant le juge d'instruction des excuses légitimes, pourra, sur les conclusions du procureur du Roi, être déchargé de l'amende.

82. Chaque témoin qui demandera une indemnité sera taxé par le juge d'instruction.

La taxe sera allouée de droit à l'esclave, et elle appartiendra à son maître.

83. Lorsqu'il sera constaté, par le certificat d'un officier de santé, que des témoins se trouvent dans l'impossibilité de comparaître sur la citation qui leur aura été donnée, le juge d'instruction se transportera en leur demeure, quand ils habiteront dans le canton de la justice de paix du domicile du juge d'instruction.

Si les témoins habitent hors du canton, le juge d'instruction pourra commettre le juge-de-paix du lieu de leur résidence, à l'effet de recevoir leur déposition, et il enverra au juge-de-paix des notes et instructions qui feront connaître les faits sur lesquels les témoins devront déposer.

Si l'affaire ne paraît pas d'une nature assez grave pour exiger le transport du juge d'instruction, ou l'audition des témoins par lui-même, et si ces témoins habitent hors du canton de la résidence du juge d'instruction, il pourra également déléguer le juge-de-paix

du canton, à l'effet de recevoir leur déposition.

84. Si les témoins résident hors de l'arrondissement du juge d'instruction, celui-ci requerra le juge d'instruction de l'arrondissement dans lequel les témoins sont résidans, de se transporter auprès d'eux pour recevoir leurs dépositions.

Dans le cas où les témoins n'habiteraient pas le canton du juge d'instruction ainsi requis, il pourra commettre le juge-de-paix du lieu qu'ils habitent à l'effet de recevoir leurs dépositions, ainsi qu'il est dit dans l'article précédent.

85. Le juge qui aura reçu les dépositions, en conséquence des articles 83 et 84 ci-dessus, les enverra, closes et cachetées, au juge d'instruction du tribunal saisi de l'affaire.

86. Si le témoin auprès duquel le juge se sera transporté, dans les cas prévus par les trois articles précédens, n'était pas dans l'impossibilité de comparaître sur la citation qui lui avait été donnée, le juge décernera un mandat de dépôt contre le témoin et l'officier de santé qui aura délivré le certificat ci-dessus mentionné.

La peine portée en pareil cas sera prononcée par le juge d'instruction du même lieu, et sur la réquisition du procureur du Roi, en la forme prescrite par l'article 80.

§ IV. Des preuves par écrit et des pièces de conviction.

87. Le juge d'instruction se transportera, s'il en est requis, et pourra même se transporter d'office, dans le domicile du prévenu pour y faire la perquisition des papiers et effets, et généralement de tous les objets qui seront jugés utiles à la manifestation de la vérité.

88. Le juge d'instruction pourra pareillement se transporter dans les autres lieux où il présumerait qu'on aurait caché les effets dont il est parlé dans l'article précédent.

89. Les dispositions des articles 35, 36, 37, 38 et 39, concernant la saisie des objets dont la perquisition peut être faite par le procureur du Roi, sont communes aux juges d'instruction.

90. Si les papiers ou les effets dont il y aura lieu de faire la perquisition sont hors de l'arrondissement du juge d'instruction, il requerra le juge d'instruction, du lieu où on peut les trouver de procéder aux opérations prescrites par les articles précédens.

Si ces papiers ou effets sont dans l'arrondissement du juge d'instruction, mais hors du canton de sa résidence, il pourra déléguer tel officier de police judiciaire qu'il croira convenable, pour procéder auxdites opérations.

CHAPITRE VII. Des mandats de comparution, de dépôt, d'amener et d'arrêt.

91. Lorsque l'inculpé sera domicilié, et que le fait sera de nature à ne donner lieu qu'à une peine correctionnelle, le juge d'instruction pourra, s'il le juge convenable, ne décerner contre l'inculpé qu'un mandat de comparution, sauf, après l'avoir interrogé, à convertir le mandat en tel autre mandat qu'il appartiendra.

Si l'inculpé fait défaut, le juge d'instruction décernera contre lui un mandat d'amener.

Il décernera pareillement mandat d'amener contre toute personne, de quelque qualité qu'elle soit, inculpée d'un délit emportant peine afflictive ou infamante.

92. Il peut aussi donner des mandats d'amener contre les témoins qui refusent de comparaître sur la citation à eux donnée, conformément à l'article 80, et sans préjudice de l'amende portée en cet article.

93. Dans le cas de mandat de comparution, il interrogera de suite; dans le cas de mandat d'amener, dans les vingt-quatre heures au plus tard.

94. Il pourra, après avoir entendu les prévenus, et lorsque le fait emportera peine afflictive ou infamante, ou emprisonnement correctionnel, décerner un mandat de dépôt.

Il pourra également, dans les cas prévus par le présent article, et le procureur du Roi ouï, décerner un mandat d'arrêt dans la forme qui sera ci-après déterminée.

95. Les mandats de comparution, d'amener et de dépôt, seront signés par celui qui les aura décernés, et munis de son sceau.

Le prévenu y sera nommé ou désigné le plus clairement qu'il sera possible.

96. Les mêmes formalités seront observées dans le mandat d'arrêt; ce mandat contiendra de plus l'énonciation du fait pour lequel il est décerné, et la citation de la loi qui déclare que ce fait est un crime ou délit.

97. Les mandats de comparution, d'amener, de dépôt ou d'arrêt, seront notifiés par un huissier ou par un agent de la force publique, lequel en fera l'exhibition au prévenu, et lui en délivrera copie.

Le mandat d'arrêt sera exhibé au prévenu, lors même qu'il serait déjà détenu, et il lui en sera délivré copie.

Si l'esclave contre lequel le mandat est décerné se trouve sur la propriété de son maître, il sera fait exhibition et délivré copie du mandat au maître ou à son gérant.

98. Les mandats de comparution, d'amener, de dépôt et d'arrêt, seront exécutoires dans tout le territoire du royaume.

Si le prévenu est trouvé dans la colonie hors de l'arrondissement de l'officier qui aura délivré le mandat de dépôt ou d'arrêt, il sera conduit devant le juge-de-paix ou son suppléant, et, à leur défaut, devant le commissaire commandant de la commune, ou son lieutenant, lequel visera le mandat, sans pouvoir en empêcher l'exécution.

Si le prévenu est trouvé en France, il sera conduit devant le juge-de-paix ou son suppléant, et à leur défaut, devant le maire, ou l'adjoint du maire, ou le commissaire de police du lieu, lequel visera le mandat, sans pouvoir en empêcher l'exécution.

Si le prévenu est trouvé dans une colonie autre que celle de la résidence de l'officier qui aura délivré le mandat d'arrêt ou de dépôt, il sera conduit devant les officiers publics remplissant des fonctions analogues à celles des magistrats ci-dessus désignés.

99. Le prévenu qui refusera d'obéir au mandat d'amener, ou qui, après avoir déclaré qu'il est prêt à obéir, tentera de s'évader, devra être contraint.

Le porteur du mandat d'amener emploiera au besoin la force publique du lieu le plus voisin; elle sera tenue de marcher sur la réquisition contenue dans le mandat d'amener.

100. Le mandat d'amener ne sera exécutoire hors du ressort de la cour royale qu'autant que, sur le rapport du procureur général, il aura été soumis à la chambre d'accusation de cette cour, et revêtu de son approbation.

Dans le cas prévu par le présent article, le prévenu ne pourra être contraint de se rendre au mandat; mais alors le procureur du Roi de l'arrondissement où il aura été trouvé, et devant lequel il sera conduit, décernera un mandat de dépôt, en vertu duquel il sera retenu dans la maison d'arrêt.

Le mandat d'amener devra être pleinement exécuté si le prévenu a été trouvé muni d'effets, de papiers ou d'instrumens qui feront présumer qu'il est auteur ou complice du crime ou délit pour raison duquel il est recherché, quels que soient le délai et la distance dans lesquels il aura été trouvé.

101. Dans les vingt-quatre heures de l'exécution du mandat de dépôt, le procureur du Roi qui l'aura délivré en donnera avis, et transmettra les procès-verbaux, s'il en a été dressé, à l'officier qui a décerné le mandat d'amener.

102. L'officier qui a délivré le mandat d'amener, et auquel les pièces sont ainsi transmises, communiquera le tout, dans un pareil délai, au juge d'instruction près duquel il exerce; ce juge se conformera aux dispositions de l'art. 60.

103. Le juge d'instruction, saisi de l'affaire, directement ou par renvoi en exécution de l'article 60, transmettra, sous cachet, au juge d'instruction du lieu où le prévenu a

été trouvé, les pièces, notes et renseignemens relatifs au délit, afin de faire subir interrogatoire à ce prévenu.

Toutes les pièces seront ensuite également renvoyées, avec l'interrogatoire, au juge saisi de l'affaire.

104. Dans le cas où le prévenu, arrêté hors de la colonie, aurait été mis en état de mandat de dépôt, conformément à l'article 101, le juge saisi de l'affaire sera tenu d'en référer à la chambre d'accusation, laquelle ordonnera, s'il y a lieu, la translation du prévenu dans la colonie, fera cesser l'effet du mandat, ou ordonnera que le prévenu restera dans la maison d'arrêt de l'arrondissement dans lequel il aura été trouvé, jusqu'à ce qu'il ait été statué par la chambre d'accusation, conformément aux articles 217 à 250 du présent Code.

105. Si le prévenu contre lequel il a été décerné un mandat d'amener ne peut être trouvé, ce mandat sera exhibé au commissaire commandant de la commune de la résidence du prévenu, ou à son lieutenant.

Cet officier mettra son visa sur l'original de l'acte de notification.

106. Tout dépositaire de la force publique, et même toute personne, sera tenu de saisir le prévenu en flagrant délit, ou poursuivi, soit par la clameur publique, soit dans les cas assimilés au flagrant délit, et de le conduire devant le procureur du Roi, sans qu'il soit besoin de mandat d'amener, si le crime ou délit emporte peine afflictive ou infamante.

107. Sur l'exhibition du mandat de dépôt, le prévenu sera reçu et gardé dans la maison d'arrêt du lieu de la résidence du juge d'instruction, et le gardien remettra à l'huissier, ou à l'agent de la force publique chargé de l'exécution du mandat, une reconnaissance de la remise du prévenu.

108. L'officier chargé de l'exécution du mandat de dépôt ou d'arrêt se fera accompagner d'une force suffisante pour que le prévenu ne puisse se soustraire à la loi.

Cette force sera prise dans le lieu le plus à portée de celui où le mandat d'arrêt ou de dépôt devra s'exécuter, et elle est tenue de marcher sur la réquisition directement faite au commandant et contenue dans le mandat.

109. Si le prévenu ne peut être saisi, le mandat d'arrêt sera notifié au dernier lieu qu'il a habité, et il sera dressé procès-verbal de perquisition.

Ce procès-verbal sera dressé en présence des deux plus proches voisins du prévenu que le porteur du mandat d'arrêt pourra trouver; ils le signeront, ou, s'ils ne savent ou ne veulent pas signer, il en sera fait mention, ainsi que de l'interpellation qui leur en aura été faite.

Le porteur du mandat d'arrêt fera ensuite viser son procès-verbal par le juge-de-paix ou son suppléant, ou, à son défaut, par le commissaire commandant ou par son lieutenant, et lui en laissera copie.

Le mandat d'arrêt et le procès-verbal seront ensuite remis au greffe du tribunal.

110. Le prévenu saisi en vertu d'un mandat d'arrêt ou de dépôt, sera conduit, sans délai, dans la maison d'arrêt indiquée par le mandat.

Toutefois, lorsqu'il n'aura été décerné qu'un mandat de dépôt, le juge d'instruction pourra, sur les conclusions conformes du procureur du Roi, faire cesser l'effet de ce mandat.

111. L'officier chargé de l'exécution du mandat d'arrêt ou de dépôt remettra le prévenu au gardien de la maison d'arrêt, qui lui en donnera décharge, le tout dans la forme prescrite par l'article 107.

Il portera ensuite au greffe du tribunal de première instance les pièces relatives à l'arrestation, et en prendra une reconnaissance.

Il exhibera ces décharge et reconnaissance dans les vingt-quatre heures au juge d'instruction; celui-ci mettra sur l'une et sur l'autre son vu, qu'il datera et signera.

112. L'inobservation des formalités prescrites pour les mandats de comparution, de dépôt, d'amener et d'arrêt, sera toujours punie d'une amende de cent francs au moins contre le greffier, et, s'il y a lieu, d'injonctions au juge d'instruction et au procureur du Roi, même de prise à partie, s'il y échet.

CHAPITRE VIII. De la liberté provisoire et du cautionnement.

113. La liberté provisoire ne pourra jamais être accordée au prévenu lorsque le titre de l'accusation emportera une peine afflictive ou infamante.

114. Si le fait n'emporte pas une peine afflictive et infamante, mais seulement une peine correctionnelle, le juge d'instruction pourra, sur la demande du prévenu et sur les conclusions conformes du procureur du Roi, ordonner que le prévenu sera mis provisoirement en liberté, moyennant caution solvable de se représenter à tous les actes de la procédure et pour l'exécution du jugement, aussitôt qu'il en sera requis.

La mise en liberté provisoire avec caution pourra être demandée et accordée en tout état de cause.

115. Néanmoins les vagabonds et les repris de justice ne pourront, en aucun cas, être mis en liberté provisoire.

Cette mesure ne pourra également avoir lieu à l'égard des esclaves.

116. La demande en liberté provisoire

e sera notifiée à la partie civile, à son domi-
o cile ou à celui qu'elle aura élu.

117. La solvabilité de la caution offerte
e sera discutée par le procureur du Roi et par
f la partie civile dûment appelée.

Elle devra être justifiée par des immeubles, libres pour le montant du cautionnement et une moitié en sus, si mieux n'aime
la caution déposer dans la caisse de l'enregistrement le montant du cautionnement en
espèces.

118. Le prévenu sera admis à être sa propre caution, soit en déposant le montant du
cautionnement, soit en justifiant d'immeubles libres pour le montant du cautionnement et une moitié en sus, et en faisant,
dans l'un ou l'autre cas, la soumission dont
il sera parlé ci-après.

119. Le cautionnement ne pourra être au-
dessous de mille francs.

Si la peine correctionnelle était à la fois
l'emprisonnement et une amende dont le
double excéderait mille francs, le cautionnement ne pourrait pas être exigé d'une
somme plus forte que le double de cette
amende.

S'il était résulté du délit un dommage civil
appréciable en argent, le cautionnement sera
triple de la valeur du dommage, ainsi qu'il
sera arbitré, pour cet effet seulement, par le
juge d'instruction, sans néanmoins que, dans
ce cas, le cautionnement puisse être au-dessous de mille francs.

120. La caution admise fera sa soumission,
soit au greffe du tribunal, soit devant notaires, de payer, entre les mains du receveur
de l'enregistrement, le montant du cautionnement, en cas que le prévenu soit constitué
en défaut de se représenter.

Cette soumission entraînera la contrainte
par corps contre la caution : une expédition
en forme exécutoire en sera remise à la partie civile avant que le prévenu soit mis en
liberté provisoire.

121. Les espèces déposées et les immeubles servant de cautionnement seront affectés
par privilège : 1° au paiement des réparations civiles et des frais avancés par la partie
civile ; 2° aux amendes : le tout, néanmoins,
sans préjudice du privilège du trésor colonial, à raison des frais faits par la partie publique.

Le procureur du Roi et la partie civile
pourront prendre inscription hypothécaire
sans attendre le jugement définitif. L'inscription prise à la requête de l'un ou de l'autre
profitera à tous les deux.

122. Le juge d'instruction rendra, le cas
arrivant, sur les conclusions du procureur
du Roi ou sur la demande de la partie civile, une ordonnance pour le paiement de la
somme cautionnée.

Ce paiement sera poursuivi à la requête
du procureur du Roi et à la diligence du receveur de l'enregistrement. Les sommes recouvrées seront versées dans la caisse de l'enregistrement, sans préjudice des poursuites
et des droits de la partie civile.

123. Le juge d'instruction délivrera, dans
la même forme et sur les mêmes réquisitions,
une ordonnance de contrainte contre la caution ou les cautions d'un individu mis sous la
surveillance spéciale du Gouvernement, lorsque celui-ci aura été condamné, par un jugement devenu irrévocable, pour un crime
ou pour un délit commis dans l'intervalle déterminé par l'acte de cautionnement.

124. Le prévenu ne sera mis en liberté
provisoire sous caution qu'après avoir élu
domicile dans le lieu où réside le juge d'instruction, par un acte reçu au greffe du tribunal de première instance.

125. Outre les poursuites contre la caution,
s'il y a lieu, le prévenu sera saisi et écroué
dans la maison d'arrêt, en exécution d'une
ordonnance du juge d'instruction.

126. Le prévenu qui aurait laissé contraindre sa caution au paiement ne sera plus à l'a-
venir recevable, en aucun cas, à demander
de nouveau sa liberté provisoire moyennant
caution.

CHAPITRE IX. Du rapport du juge d'instruction
quand la procédure est complète.

127. Le juge d'instruction sera tenu, aussitôt qu'une instruction sera terminée, de
déposer au greffe du tribunal de première
instance un rapport dans lequel il exposera
les faits et motivera son opinion ; il en donnera en même temps avis au procureur du
Roi.

Dans les vingt-quatre heures de ce dépôt,
le procureur du Roi transmettra ce rapport
au procureur général, en y joignant son avis
motivé, les pièces d'instruction, le procès-
verbal constatant le corps du délit et un état
des pièces servant à conviction.

Dans le cas où l'inculpé sera détenu, il lui
sera donné avis, par le greffier, du renvoi de
l'affaire à la chambre d'accusation.

Les pièces de conviction resteront au tribunal de première instance, sauf ce qui sera
dit aux art. 248 et 291.

128. Sont exceptées des dispositions de
l'article précédent les contraventions aux
lois, ordonnances et réglemens sur le commerce étranger et sur les douanes.

S'il y a eu instruction sur des contraventions de cette nature, le procureur du Roi,
dès qu'elle sera terminée, fera citer directement les prévenus devant le tribunal de première instance jugeant correctionnellement.

129 à 136 inclusivement. *Supprimés.*

LIVRE II. De la justice.

TITRE Ier. *Des tribunaux de police.*

CHAPITRE Ier. Des tribunaux de simple police.

137. Sont considérés comme contraventions de police simple les faits énoncés au quatrième livre du Code pénal, et ceux prévus par les réglemens de police émanés de l'autorité locale, lorsque le maximum de la peine prononcée par ces réglemens n'excédera pas quinze jours d'emprisonnement ou cent francs d'amende.

138. La connaissance des contraventions de police est attribuée au juge-de-paix, et les fonctions du ministère public seront exercées près les tribunaux de paix suivant les règles et les distinctions qui seront ci-après établies.

§ Ier. Du tribunal du juge-de-paix, comme juge de police.

139. *Supprimé.*
140. *Supprimé.*
141. Le juge-de-paix connaîtra seul des affaires attribuées à son tribunal : les greffiers et les huissiers de la justice de paix feront le service pour les affaires de police.
142. *Supprimé.*
143. *Supprimé.*
144. Les fonctions du ministère public, pour les faits de police, seront remplies par le commissaire de police du lieu où siège le tribunal, et, à son défaut, par l'officier de l'état civil de la commune où siégera le tribunal.

145. Les citations pour contravention de police seront faites à la requête du ministère public ou de la partie qui réclame.

Elles seront notifiées par un huissier ; il en sera laissé copie au prévenu ou à la personne civilement responsable.

Les citations qui seront faites à la requête du ministère public pourront être notifiées par les gardes de police.

146. La citation ne pourra être donnée à un délai moindre de vingt-quatre heures, outre un jour par deux myriamètres, à peine de nullité tant de la citation que du jugement qui serait rendu par défaut. Néanmoins cette nullité ne pourra être proposée qu'à la première audience, avant toute exception et défense.

Dans les cas urgens, les délais pourront être abrégés, et les parties citées à comparaître, même dans le jour et à heure indiquée, en vertu d'une cédule délivrée par le juge-de-paix.

147. Les parties pourront comparaître volontairement et sur un simple avertissement, sans qu'il soit besoin de citation.

148. Avant le jour de l'audience, le juge-de-paix pourra, sur la réquisition du ministère public ou de la partie civile, estimer ou faire estimer les dommages, dresser ou faire dresser les procès-verbaux, faire ou ordonner tous actes requérant célérité.

149. Si la personne citée ne comparaît pas au jour et à l'heure fixés par la citation, elle sera jugée par défaut.

150. La personne condamnée par défaut ne sera plus recevable à s'opposer à l'exécution du jugement, si elle ne se présente à l'audience indiquée par l'article suivant, sauf ce qui sera ci-après réglé sur l'appel et le recours en annulation.

151. L'opposition au jugement par défaut pourra être faite par déclaration en réponse au bas de l'acte de signification, ou par acte notifié dans les trois jours de la signification, outre un jour par deux myriamètres.

L'opposition emportera de droit citation à la première audience, après l'expiration des délais, et sera réputée non-avenue si l'exposant ne comparaît pas.

152. La personne citée comparaîtra par elle-même ou par un fondé de procuration spéciale.

153. Les affaires de police seront inscrites, selon l'ordre de leur présentation au greffe ou à l'audience, sur un registre tenu par le greffier et coté et paraphé par le juge-de-paix.

Elles seront inscrites et jugées dans l'ordre de leur présentation.

L'instruction de chaque affaire sera publique, à peine de nullité.

Elle se fera dans l'ordre suivant :

Les procès-verbaux, s'il y en a, seront lus par le greffier ;

Les témoins, s'il en a été appelé par le ministère public ou la partie civile, seront entendus, s'il y a lieu ;

La partie civile prendra ses conclusions ;

La personne citée proposera sa défense et fera entendre ses témoins, si elle en a amené ou fait citer, et si, aux termes de l'article suivant, elle est recevable à les produire ;

Le ministère public résumera l'affaire, et donnera ses conclusions ; la partie citée pourra proposer ses observations ;

Le tribunal de police prononcera le jugement dans l'audience où l'instruction aura été terminée, ou, au plus tard, dans l'audience suivante ;

Le greffier portera sur la feuille d'audience du jour la minute du jugement, aussitôt qu'il aura été rendu.

154. Les contraventions seront prouvées, soit par procès-verbaux ou rapports, soit par témoins, à défaut de rapports et procès-verbaux, ou à leur appui.

Nul ne sera admis, à peine de nullité, à faire preuve par témoins outre ou contre le contenu aux procès-verbaux ou rapports des officiers de police ayant reçu de la loi le pouvoir de constater les délits ou les contraventions jusqu'à inscription de faux. Quant aux procès-verbaux et rapports faits par des agens, préposés ou officiers auxquels la loi n'a pas accordé le droit d'en être crus jusqu'à inscription de faux, ils pourront être débattus par des preuves contraires, soit écrites, soit testimoniales, si le tribunal juge à propos de les admettre.

155. Les témoins feront à l'audience, sous peine de nullité, le serment de dire toute la vérité, rien que la vérité; et le greffier en tiendra note, ainsi que de leurs noms, prénoms, âge, profession et demeure, et de leurs principales déclarations.

156. Les ascendans ou descendans de la personne prévenue, ses frères et sœurs ou alliés en pareil degré, la femme ou le mari, ne seront appelés ni reçus en témoignage.

Les esclaves ne pourront également être entendus ni pour ni contre leur maître.

Néanmoins, l'audition des personnes ci-dessus désignées ne pourra opérer une nullité lorsque, soit le ministère public, soit la partie civile, soit le prévenu, ne se seront pas opposés à ce qu'elles soient entendues.

157. Les témoins qui ne satisferont pas à la citation pourront y être contraints par le tribunal, qui, à cet effet, et sur la réquisition du ministère public, prononcera, dans la même audience, sur le premier défaut, l'amende, et, en cas d'un second défaut, la contrainte par corps.

Si le témoin non comparant est un esclave, il sera toujours contraignable par corps, sauf l'amende contre le maître si la non-comparution provient de ce dernier.

158. Le témoin ou le maître de l'esclave ainsi condamné à l'amende sur le premier défaut, et qui, sur la seconde citation, produira, devant le tribunal, des excuses légitimes, pourra, sur les conclusions du ministère public, être déchargé de l'amende.

Si le témoin n'est pas cité de nouveau, il pourra volontairement comparaître par lui ou par un fondé de procuration spéciale, à l'audience suivante, pour présenter ses excuses, et obtenir, s'il y a lieu, décharge de l'amende.

159. Si le fait ne présente ni délit ni contravention de police, le tribunal annulera la citation et tout ce qui aura suivi, et statuera par le même jugement sur les demandes en dommages-intérêts.

160. Si le fait est un délit qui emporte une peine correctionnelle ou plus grave, le tribunal renverra les parties devant le procureur du Roi.

161. Si le prévenu est convaincu de contravention de police, le tribunal prononcera la peine, et statuera par le même jugement sur les demandes en restitution et en dommages-intérêts.

162. La partie qui succombera sera condamnée aux frais, même envers la partie publique.

Les dépens seront liquidés par le jugement.

163. Tout jugement définitif de condamnation sera motivé, et les termes de la loi appliquée y seront insérés, à peine de nullité.

Il y sera fait mention s'il est rendu en dernier ressort ou en première instance.

164. La minute du jugement sera signée par le juge qui aura tenu l'audience, dans les vingt-quatre heures au plus tard, à peine de vingt-cinq francs d'amende contre le greffier et de prise à partie, s'il y a lieu, tant contre le greffier que contre le juge.

165. Le ministère public et la partie civile poursuivront l'exécution du jugement, chacun en ce qui le concerne.

§ II.

166 à 171 inclusivement. *Supprimés.*

§ III. De l'appel des jugemens de police.

172. Les jugemens rendus en matière de police pourront être attaqués par la voie de l'appel, lorsqu'ils prononceront un emprisonnement, ou lorsque les amendes, restitutions et autres réparations civiles excéderont la somme de cent francs, outre les dépens.

173. L'appel sera suspensif.

174. L'appel de jugemens rendus par le tribunal de police sera porté au tribunal de première instance, jugeant correctionnellement.

Cet appel sera interjeté, par déclaration au greffe, dans les dix jours de la signification de la sentence à personne ou domicile; il sera suivi et jugé dans la forme qui sera réglée par les articles suivans.

175. Lorsque, sur l'appel, le procureur du Roi ou l'une des parties le requerra, les témoins pourront être entendus de nouveau, et il pourra même en être entendu d'autres.

176. Les dispositions des articles précédens sur la forme et les délais de la citation, la solennité de l'instruction, la nature des preuves, la forme, l'authenticité et la signature du jugement définitif, la condamnation aux frais, ainsi que les peines que ces articles prononcent, seront communes aux jugemens rendus sur l'appel, par le tribunal de première instance jugeant correctionnellement.

177. Le ministère public et les parties pourront, s'il y a lieu, se pourvoir en annulation contre les jugemens rendus en dernier ressort par le tribunal de police, ou contre les jugemens rendus par le tribunal de première instance, jugeant correctionnellement sur l'appel des jugemens de police.

Le recours aura lieu dans la forme et dans les délais qui seront prescrits.

178. Au commencement de chaque trimestre, les juges-de-paix transmettront au procureur du Roi l'extrait des jugemens de police qui auront été rendus dans le trimestre précédent, et qui auront prononcé la peine d'emprisonnement. Cet extrait sera délivré sans frais par le greffier.

Le procureur du Roi le déposera au greffe du tribunal de première instance.

Il en rendra un compte sommaire au procureur général près la cour royale.

Chapitre II. Des tribunaux en matière correctionnelle.

179. La cour royale, constituée en chambre de police correctionnelle, connaîtra, en premier et dernier ressort, sauf l'exception portée en l'article suivant, de tous les délits auxquels la loi applique une peine dont le *maximum* excède quinze jours d'emprisonnement ou cent francs d'amende.

180. Les tribunaux de première instance, indépendamment de la compétence qui leur est attribuée par l'art. 174, connaîtront en premier ressort, sous le titre de tribunaux correctionnels, des contraventions aux lois, ordonnances et réglemens sur le commerce étranger et sur les douanes, conformément à l'article 31 de notre ordonnance du 24 septembre 1828, *sur l'organisation judiciaire des colonies de la Martinique et de la Guadeloupe et dépendances.*

181. S'il se commet un délit correctionnel dans l'enceinte et pendant la durée des audiences, soit d'une cour royale jugeant en matière civile ou en matière correctionnelle, soit d'une cour d'assises, le président dressera procès-verbal du fait, entendra le prévenu et les témoins, et la cour appliquera, sans désemparer, les peines prononcées par la loi.

Dans le cas où le délit aurait été commis à l'audience d'un tribunal de première instance, le juge royal dressera le procès-verbal, entendra les témoins et le prévenu, et pourra renvoyer celui-ci en état de mandat d'amener devant le juge d'instruction.

182. La cour royale sera saisie, en matière correctionnelle, de la connaissance des délits de sa compétence, soit par le renvoi qui lui en sera fait par la chambre d'accusation, soit par la citation donnée directement au prévenu et aux personnes civilement responsables du délit par la partie civile, et, dans tous les cas, par le ministère public.

Le tribunal de première instance, jugeant correctionnellement, sera saisi par les mêmes voies.

Est assimilée à la partie civile l'administration des douanes.

183. La partie civile fera, par l'acte de ci-

tation, élection de domicile dans la ville où siége la cour ou le tribunal; la citation énoncera les faits, et tiendra lieu de plainte.

184. Il y aura au moins un délai de trois jours, outre un jour par deux myriamètres, entre la citation et le jugement, à peine de nullité de la condamnation qui serait prononcée par défaut contre la personne citée.

Néanmoins cette nullité ne pourra être proposée qu'à la première audience, et avant toute exception ou défense.

185. Dans les affaires relatives à des délits qui n'entraîneront pas la peine d'emprisonnement, le prévenu pourra se faire représenter par un avoué. La cour, ou le tribunal, pourra néanmoins ordonner sa comparution en personne.

186. Si le prévenu ne comparaît pas, il sera jugé par défaut.

187. La condamnation par défaut sera comme non avenue si, dans les cinq jours de la signification qui en aura été faite au prévenu ou à son domicile, outre un jour par cinq myriamètres, celui-ci forme opposition à l'exécution du jugement, et notifie son opposition tant au ministère public qu'à la partie civile.

Néanmoins les frais de l'expédition, de la signification du jugement par défaut, et de l'opposition, demeureront à la charge du prévenu.

188. L'opposition emportera de droit citation à la première audience; elle sera comme non avenue, si l'opposant n'y comparaît pas. L'arrêt que la cour aura rendu sur l'opposition ne pourra être attaqué par la partie qui l'aura formée, si ce n'est par la voie du recours en cassation.

Quant au jugement rendu sur l'opposition par le tribunal de première instance jugeant correctionnellement, il pourra être attaqué par appel, ainsi qu'il sera dit ci-après.

Dans ce cas, le tribunal pourra, s'il y échet, accorder une provision; et cette disposition sera exécutoire nonobstant appel.

189. La preuve des délits correctionnels se fera de la manière prescrite aux art. 154, 155 et 156 ci-dessus, concernant les contraventions de police. Les dispositions des articles 157 et 158 sont communes à la cour royale jugeant correctionnellement.

Les dispositions de l'article 154, celles des art. 155, en ce qui concerne le serment des témoins; celles des art. 156, 157 et 158 ci-dessus, seront également observées par le tribunal de première instance jugeant correctionnellement.

Le greffier tiendra des notes exactes des noms, prénoms, âge, profession et demeure des témoins, de leur prestation de serment, de leurs dépositions, ainsi que des interrogatoires des prévenus : ces notes seront signées du président et du greffier.

Hors le cas de preuve légale résultant de procès-verbaux, ainsi qu'il est dit en l'article 154, le tribunal de première instance, jugeant correctionnellement, se décidera d'après les preuves résultant soit de l'instruction écrite, soit des dépositions des témoins, et suivant son intime conviction.

190. Les affaires correctionnelles seront inscrites, selon l'ordre de leur présentation au greffe ou à l'audience, sur un registre tenu à cet effet, à la cour royale, par le greffier de la cour, et au tribunal de première instance par le greffier du tribunal.

Elles seront instruites et jugées dans l'ordre indiqué par les juges saisis du procès.

L'instruction sera publique, à peine de nullité.

Le ministère public, la partie civile, ou son défenseur, exposeront l'affaire; les procès-verbaux ou rapports, s'il en a été dressé, seront lus par le greffier; les témoins pour et contre seront entendus, s'il y a lieu, et les reproches proposés et jugés; les pièces servant à conviction ou à décharge seront représentées aux témoins et aux parties; le prévenu sera interrogé; le prévenu et les personnes civilement responsables proposeront leurs défenses, le ministère public résumera l'affaire, et donnera ses conclusions; le prévenu et les personnes civilement responsables du délit pourront répliquer.

Le jugement sera prononcé de suite, ou, au plus tard, à l'audience qui suivra celle où l'instruction aura été terminée; il sera rendu, en cour royale, à la majorité des voix; et en première instance, par le juge royal seul, qui toutefois sera tenu de prendre l'avis des juges-auditeurs présens à l'audience.

Le greffier portera sur la feuille du jour la minute du jugement, aussitôt qu'il aura été rendu.

191. Si le fait n'est réputé ni délit ni contravention de police, la cour ou le tribunal annulera l'instruction, la citation et tout ce qui aura suivi; renverra le prévenu, et statuera sur les demandes en dommages-intérêts.

192. Si le fait n'est qu'une contravention de police, et si la partie publique ou la partie civile n'a pas demandé le renvoi, la cour ou le tribunal appliquera la peine, et statuera, s'il y a lieu, sur les dommages-intérêts.

Dans ce cas, si le jugement a été rendu par le tribunal de première instance, il le sera en dernier ressort.

Si le fait est de nature à mériter une peine afflictive ou infamante, la cour ou le tribunal pourront décerner de suite le mandat de dépôt ou le mandat d'arrêt; si la cour ou tribunal ont été saisis par voie de citation directe, ils renverront le prévenu devant le juge d'instruction.

S'ils ont été saisis par un renvoi de la chambre d'accusation, il sera procédé conformément aux dispositions du chapitre sur les réglemens de juges.

194. Tout jugement de condamnation rendu contre le prévenu et contre les personnes civilement responsables du délit, ou contre la partie civile, les condamnera aux frais, même envers la partie publique.

Les frais seront liquidés par le même jugement.

195. Dans le dispositif de tout jugement de condamnation, seront énoncés les faits dont les personnes citées seront jugées coupables ou responsables, la peine et les condamnations civiles.

Le texte de la loi dont on fera l'application sera lu à l'audience par le président; il sera fait mention de cette lecture dans le jugement, et le texte de la loi y sera inséré, sous peine de cent francs d'amende contre le greffier.

196. La minute du jugement sera signée au plus tard dans les vingt-quatre heures par les juges qui l'auront rendu.

Les greffiers qui livreront expédition d'un jugement avant qu'il ait été signé seront poursuivis comme faussaires.

Les officiers du ministère public se feront représenter, tous les mois, les minutes des jugemens, et, en cas de contravention au présent article, ils en dresseront procès-verbal, pour être procédé ainsi qu'il appartiendra.

197. Le jugement sera exécuté à la requête du ministère public et de la partie civile, chacun en ce qui le concerne.

Néanmoins les poursuites pour le recouvrement des amendes et confiscations seront faites, au nom du ministère public, par le receveur de l'enregistrement.

198. Lorsque le jugement aura été rendu par le tribunal de première instance dans les matières énoncées en l'article 31 de notre ordonnance du 24 septembre 1828 sur l'organisation judiciaire, le procureur du Roi sera tenu, dans les cinq jours de la prononciation, d'en envoyer extrait au contrôleur colonial remplissant les fonctions du ministère public près la commission d'appel.

Si le jugement a été rendu dans les matières énoncées en l'article 25 de ladite ordonnance, semblable extrait sera, dans les dix jours de la prononciation, envoyé par le procureur du Roi au procureur général.

199. Les jugemens rendus par le tribunal de première instance dans les matières énoncées en l'article 31 de notredite ordonnance du 24 septembre 1828 pourront être attaqués par la voie de l'appel.

200. Les appels desdits jugemens seront portés au conseil privé constitué en commission d'appel, conformément aux dispositions de l'article 179 de notre ordonnance du 9 février 1827.

Le mode de procéder devant le conseil privé est déterminé par une ordonnance particulière.

201. *Supprimé.*

202. La faculté d'appeler appartiendra :

1° Aux parties prévenues ou responsables;

2° A la partie civile, quant à ses intérêts civils seulement;

3° A l'administration des douanes, tant pour ses intérêts civils que pour l'application de la peine;

4° Au procureur du Roi près le tribunal de première instance;

5° Au contrôleur colonial;

203. Il y aura déchéance de l'appel, si la déclaration d'appeler n'a pas été faite, au greffe du tribunal qui a rendu le jugement, dix jours au plus tard après celui où il aura été prononcé, et si le jugement est rendu par défaut, dix jours au plus tard après celui de la signification qui en aura été faite à la partie condamnée ou à son domicile, outre un jour par deux myriamètres.

Pendant ce délai et pendant l'instance de l'appel, il sera sursis à l'exécution du jugement.

204. La requête contenant les moyens d'appel pourra être remise, dans le même délai, au même greffe; elle sera signée de l'appelant, ou d'un avoué, ou de tout autre fondé de pouvoir spécial.

Dans ce dernier cas, le pouvoir sera annexé à la requête.

Cette requête pourra aussi être remise directement au secrétariat du conseil privé.

205. *Supprimé.*

206. La mise en liberté du prévenu acquitté ne pourra être suspendue, lorsqu'aucun appel n'aura été déclaré dans les dix jours de la prononciation du jugement.

207. La requête, si elle a été remise au greffe du tribunal de première instance, et les pièces seront envoyées par le procureur du Roi au secrétariat du conseil privé, dans les vingt-quatre heures après la déclaration ou la remise de la notification d'appel.

208 à 215 inclusivement. *Supprimés.*

216. La partie civile, le prévenu, la partie publique, et les personnes civilement responsables du délit, pourront se pourvoir en cassation contre les arrêts rendus par la cour royale dans les cas prévus par l'art. 179.

TITRE II. Des affaires qui doivent être soumises à la chambre d'accusation, et des mises en accusation.

217. Le procureur général près la cour royale sera tenu de faire inscrire, sur un registre tenu au greffe, et coté et paraphé par le président de la cour, les affaires qui lui seront envoyées en exécution de l'article 127. Cette inscription aura lieu immédiatement après la réception des pièces. Il sera en outre

tenu de mettre les affaires en état dans les cinq jours de la réception des pièces, et de faire son rapport dans les cinq jours suivans.

Pendant ce temps, la partie civile et le prévenu pourront fournir tels mémoires qu'ils estimeront convenables, sans que le rapport puisse être retardé.

218. Une section de la cour royale, spécialement formée à cet effet, sera tenue de se réunir, au moins une fois par semaine, en la chambre du conseil, pour entendre le rapport du procureur général, et statuer sur ses réquisitions.

219. Il sera prononcé sur les affaires portées à la chambre d'accusation, dans l'ordre des rapports qui seront faits par le procureur général.

Celles dans lesquelles, soit le juge d'instruction, soit le procureur du Roi, aura été d'avis qu'il n'y a lieu à suivre; passeront les premières, si les inculpés sont détenus.

Le président sera tenu de faire prononcer la section au plus tard dans les trois jours du rapport du procureur général.

220. Si l'affaire est de la nature de celles qui sont réservées à la cour des pairs, ou à la Cour de cassation, ou au conseil privé, le procureur général est tenu d'en requérir la suspension et le renvoi, et la section, de l'ordonner.

221. Hors le cas prévu par l'article précédent, les juges examineront s'il existe contre le prévenu des preuves ou des indices d'un fait qualifié par la loi crime, délit ou contravention, et si ces preuves ou indices sont assez graves, soit pour ordonner le renvoi devant un tribunal de police ou un tribunal correctionnel, soit pour prononcer la mise en accusation.

222. Le greffier donnera aux juges, en présence du procureur général, lecture de toutes les pièces du procès; elles seront ensuite laissées sur le bureau, ainsi que les mémoires que la partie civile et le prévenu auront fournis.

223. La partie civile, le prévenu, les témoins ne paraîtront point.

224. Le procureur général, après avoir déposé sur le bureau sa réquisition écrite et signée, se retirera, ainsi que le greffier.

225. Les juges délibéreront entre eux sans désemparer et sans communiquer avec personne.

L'arrêt sera rendu à la majorité des voies, hors la présence des accusés, du public et du procureur général.

226. La cour statuera par un seul et même arrêt sur les délits connexes dont les pièces se trouveront en même temps produites devant elles.

227. Les délits sont connexes, soit lorsqu'ils ont été commis en même temps par plusieurs personnes réunies, soit lorsqu'ils

ont été commis par différentes personnes, même en différens temps et en divers lieux, mais par suite d'un concert formé à l'avance entre elles, soit lorsque les coupables ont commis les uns pour se procurer les moyens de commettre les autres, pour en faciliter, pour en consommer l'exécution, ou pour en assurer l'impunité.

228. Les juges pourront ordonner, s'il y échet, des informations nouvelles.

Ils pourront également ordonner, s'il y a lieu, l'apport des pièces servant à conviction, qui seront déposées au greffe du tribunal de première instance ;

Le tout dans le plus court délai.

229. Si la cour n'aperçoit aucune trace d'un délit prévu par la loi, ou si elle ne trouve pas des indices suffisans de culpabilité, elle ordonnera la mise en liberté de l'inculpé, ce qui sera exécuté sur le-champ s'il n'est retenu pour une autre cause.

230. Si la cour estime que l'inculpé doit être renvoyé à un tribunal de simple police, ou au tribunal de première instance jugeant correctionnellement, ou à la chambre correctionnelle de la cour, elle prononcera le renvoi et indiquera le tribunal qui doit en connaître. Dans le cas de renvoi à un tribunal de simple police, l'inculpé sera mis en liberté. Dans le cas de renvoi en police correctionnelle, la cour pourra maintenir les mandats de dépôt ou d'arrêt qui auront été délivrés par le juge d'instruction, ou en décerner d'office, s'il y a lieu.

231. Si le fait est qualifié crime par la loi, et que la cour trouve des charges suffisantes pour motiver la mise en accusation, elle ordonnera le renvoi du prévenu devant la cour d'assises compétente, et décernera une ordonnance de prise de corps.

232. Cette ordonnance contiendra le nom du prévenu, son signalement et son domicile, s'ils sont connus, l'exposé du fait et la nature du crime.

233. L'ordonnance de prise de corps sera insérée dans l'arrêt de mise en accusation, lequel contiendra l'ordre de conduire l'accusé dans la maison de justice établie près la cour où il sera renvoyé.

234. Les arrêts seront signés par chacun des juges qui les auront rendus; il y sera fait mention tant de la réquisition du ministère public que du nom de chacun des juges.

235. Dans toutes les affaires, la cour royale, tant qu'elle n'aura pas décidé s'il y a lieu de prononcer la mise en accusation, pourra, seulement, sur la réquisition du procureur général, soit qu'il y ait ou non une instruction commencée par les premiers juges, ordonner des poursuites, se faire apporter les pièces, informer ou faire informer, et statuer ensuite ce qu'il appartiendra.

236. Dans le cas du précédent article, un

des membres de la section dont il est parlé en l'article 218 fera les fonctions de juge instructeur.

237. Le juge entendra les témoins, ou commettra, pour recevoir leurs dépositions, un des juges du tribunal de première instance dans le ressort duquel ils demeurent, interrogera le prévenu, fera constater par écrit toutes les preuves ou indices qui pourront être recueillis, et décernera, suivant les circonstances, les mandats d'amener, de dépôt ou d'arrêt.

238. Le procureur général fera son rapport dans les cinq jours de la remise que le juge instructeur lui aura faite des pièces.

239. Il ne sera décerné préalablement aucune ordonnance de prise de corps, et s'il résulte de l'examen qu'il y a lieu de renvoyer le prévenu à la cour d'assises ou au tribunal de police correctionnelle, l'arrêt portera cette ordonnance, ou celle de se représenter si le prévenu a été admis à la liberté sous caution.

240. Seront, au surplus, observées les autres dispositions du présent Code qui ne sont point contraires aux cinq articles précédens.

241. Dans tous les cas où le prévenu sera renvoyé devant la cour d'assises, le procureur général sera tenu de rédiger un acte d'accusation.

L'acte d'accusation exposera :

1° La nature du délit qui forme la base de l'accusation;

2° Le fait, et toutes les circonstances qui peuvent aggraver ou diminuer la peine ; le prévenu y sera dénommé et clairement désigné.

L'acte d'accusation sera terminé par le résumé suivant :

« En conséquence N........ est accusé d'avoir commis tel meurtre, tel vol, ou tel autre crime, avec telle et telle circonstance. »

242. L'arrêt de renvoi et l'acte d'accusation seront signifiés à l'accusé, et il lui sera laissé copie du tout.

243. Dans les vingt-quatre heures qui suivront cette signification, l'accusé sera transféré de la maison d'arrêt dans la maison de justice établie près la cour où il doit être jugé.

244. Si l'accusé ne peut être saisi ou ne se présente point, on procédera contre lui par contumace, ainsi qu'il sera réglé ci-après au chapitre II du titre IV du présent livre.

245. Le procureur général donnera avis de l'arrêt de renvoi à la cour d'assises, tant au commissaire commandant de la commune dans laquelle se trouve le domicile de l'accusé, s'il est connu, qu'à celui du lieu où le délit a été commis.

246. L'inculpé à l'égard duquel la cour royale aura décidé qu'il n'y a pas lieu au ren-

voi, soit à la cour d'assises, soit au tribunal correctionnel, soit au tribunal de police, ne pourra plus être traduit devant aucun de ces tribunaux, à raison du même fait, à moins qu'il ne survienne de nouvelles charges.

247. Sont considérées comme charges nouvelles les déclarations des témoins, pièces et procès-verbaux, qui, n'ayant pu être soumis à l'examen de la cour royale, sont cependant de nature soit à fortifier les preuves que la cour aurait trouvé trop faibles, soit à donner aux faits de nouveaux développemens utiles à la manifestation de la vérité.

248. En ce cas, l'officier de police judiciaire, ou le juge d'instruction, adressera, sans délai, copie des pièces et charges au procureur général près la cour royale; et, sur la réquisition du procureur général, le président de la chambre d'accusation indiquera le juge devant lequel il sera, à la poursuite de l'officier du ministère public, procédé à une nouvelle instruction, conformément à ce qui a été prescrit.

Pourra toutefois le juge d'instruction décerner, s'il y a lieu, sur les nouvelles charges, et avant leur envoi au procureur général, un mandat de dépôt contre le prévenu qui aurait été déjà mis en liberté d'après les dispositions de l'article 229.

249. Le procureur du Roi enverra, tous les huit jours, au procureur général, une notice de toutes les affaires criminelles, de police correctionnelle ou de simple police, qui seront survenues.

250. Lorsque, dans la notice des causes de police correctionnelle ou de simple police, le procureur général trouvera qu'elles présentent des caractères plus graves, il pourra ordonner l'apport des pièces dans la quinzaine seulement de la réception de la notice, pour ensuite être par lui fait, dans un autre délai de quinzaine du jour de la réception des pièces, telles réquisitions qu'il estimera convenables, et par la cour être ordonné, dans le délai de trois jours, ce qu'il appartiendra.

TITRE III. Des assises.

CHAPITRE Ier. De la formation des cours d'assises.

251. Il sera tenu, dans chaque arrondissement, des assises pour juger les individus que la cour royale y aura renvoyés.

252. *Supprimé.*

253. Les cours d'assises seront composées ainsi qu'il est réglé par le chapitre IV du titre II de notre ordonnance du 24 septembre 1828 sur l'organisation judiciaire des colonies de la Martinique et de la Guadeloupe et de ses dépendances.

254. *Supprimé.*

255. *Supprimé.*

256. *Supprimé.*

257. Les membres de la cour royale qui auront voté la mise en accusation ne pourront, dans la même affaire, ni présider les assises ni assister le président, à peine de nullité; il en sera de même à l'égard du juge qui aura fait l'instruction.

258. Les assises pourront être tenues en d'autres lieux que ceux fixés, et ce dans les cas prévus et d'après le mode indiqué par l'art. 73 de notredite ordonnance du 24 septembre 1828.

259. La tenue des assises aura lieu conformément à l'art. 73 de l'ordonnance précitée.

260. Les affaires portées aux assises seront distribuées par le président de la session.

Les assises ne seront closes qu'après que toutes les affaires criminelles qui étaient en état lors de leur ouverture y auront été portées.

261. Lorsque des accusés ne seront arrivés dans la maison de justice qu'après le tirage des assesseurs ou qu'après l'ouverture des assises, il leur sera donné connaissance des noms, profession et demeure des assesseurs qui doivent siéger aux assises; et ils ne pourront y être jugés que lorsqu'ils y auront consenti, que le ministère public ne s'y sera point opposé, et que le président l'aura ordonné.

Dans ce cas, le ministère public et les accusés seront considérés comme ayant renoncé à la faculté d'exercer aucune récusation contre les assesseurs antérieurement désignés par le sort.

Il sera dressé un procès-verbal constatant l'accomplissement des formalités prescrites par le présent article.

262. Les arrêts de la cour d'assises ne pourront être attaqués que par la voie de la cassation et dans les formes déterminées par la loi.

263. Si, depuis la notification faite aux assesseurs en exécution de l'article 400 du présent Code, le président de la cour d'assises se trouve dans l'impossibilité de remplir ses fonctions, il sera remplacé par le plus ancien des autres juges de la cour royale nommés ou délégués pour l'assister, et, s'il n'est assisté d'aucun juge de la cour royale, par le juge royal.

264. En cas d'absence ou d'empêchement des autres membres de la cour royale, ils seront remplacés conformément aux dispositions de l'art. 75 de notre ordonnance du 24 septembre 1828, sur l'organisation judiciaire.

265. Le procureur général pourra, même étant présent, déléguer ses fonctions à l'un de ses substituts.

Cette disposition est commune à la cour royale et à la cour d'assises.

§ Ier. Fonctions du président.

266. Le président est chargé d'entendre l'accusé lors de son arrivée dans la maison de justice.

Il pourra déléguer ces fonctions à l'un des juges de la cour ou au juge royal.

267. Il sera de plus chargé personnellement de diriger le débat, de présider à toute l'instruction, et de déterminer l'ordre entre ceux qui demanderont à parler.

Il aura la police de l'audience.

268. Le président est investi d'un pouvoir discrétionnaire, en vertu duquel il pourra prendre sur lui tout ce qu'il croira utile pour découvrir la vérité, et la loi charge son honneur et sa conscience d'employer tous ses efforts pour en favoriser la manifestation.

269. Il pourra, dans le cours des débats, appeler, même par mandat d'amener, et entendre toutes personnes, sans distinction de classes, ou se faire apporter toutes nouvelles pièces qui lui paraîtraient, d'après les nouveaux développemens donnés à l'audience, soit par les accusés, soit par les témoins, pouvoir répandre un jour utile sur le fait contesté.

Les témoins ainsi appelés ne prêteront point serment, et leurs déclarations ne seront considérés que comme renseignemens.

Le pouvoir accordé au président par le présent article ne pourra s'exercer, à l'égard des esclaves qu'il jugerait convenable d'appeler, que sous les conditions prescrites par l'art. 322.

270. Le président devra rejeter tout ce qui tendrait à prolonger les débats sans donner lieu d'espérer plus de certitude dans les résultats.

§ II. Fonctions du procureur général près la cour royale.

271. Le procureur général près la cour royale poursuivra, soit par lui-même, soit par son substitut, toute personne mise en accusation suivant les formes prescrites au titre II du présent livre. Il ne pourra porter à la cour aucune autre accusation, à peine de nullité, et, s'il y a lieu, de prise à partie contre lui.

272. Aussitôt que le procureur général ou son substitut aura reçu les pièces, il apportera tous ses soins à ce que les actes préliminaires soient faits et que tous soient en état, pour que les débats puissent commencer à l'époque de l'ouverture des assises.

273. Il assistera aux débats; il requerra l'application de la peine; il sera présent à la prononciation de l'arrêt.

274. Le procureur général, soit d'office, soit par les ordres du gouverneur, charge le procureur du Roi de poursuivre les délits dont il a connaissance.

275. Il reçoit les dénonciations et les plaintes qui lui sont adressées directement, soit par un fonctionnaire public, soit par un simple particulier, et il en tient registre.

Il les transmet au procureur du Roi.

276. Il fait, au nom de la loi, toutes les réquisitions qu'il juge utiles; la cour est tenue de lui en donner acte et d'en délibérer.

277. Les réquisitions du procureur général doivent être de lui signées; celles faites dans le cours d'un débat seront retenues par le greffier sur son procès-verbal; elles seront aussi signées par le procureur général. Toutes les décisions auxquelles auront donné lieu ces réquisitions seront signées par le juge qui aura présidé et par le greffier.

278. Lorsque la cour ne déférera pas à la réquisition du procureur général, l'instruction ni le jugement ne seront arrêtés ni suspendus, sauf, après l'arrêt, s'il y a lieu, le recours en cassation par le procureur général.

279. Tous les officiers de police judiciaire, même les juges d'instruction, sont soumis à la surveillance du procureur général.

Tous ceux qui, d'après l'article 9 du présent Code, sont, à raison de fonctions, même administratives, appelés par la loi à faire quelques actes de police judiciaire, sont, sous ce rapport seulement, soumis à la même surveillance.

280. En cas de négligence des officiers de police judiciaire et des juges d'instruction, le procureur général les avertira; cet avertissement sera consigné par lui sur un registre tenu à cet effet.

281. En cas de récidive, le procureur général les dénoncera à la cour.

Sur l'autorisation de la cour, le procureur général les fera citer à la chambre du conseil.

La cour leur enjoindra d'être plus exacts à l'avenir, et les condamnera aux frais tant de la citation que de l'expédition et de la signification de l'arrêt.

282. Il y aura récidive lorsque le fonctionnaire sera repris, pour quelque affaire que ce soit, avant l'expiration d'une année, à compter du jour de l'avertissement consigné sur le registre.

283. Dans tous les cas où le procureur général et les présidens sont autorisés à remplir les fonctions d'officier de police judiciaire ou de juge d'instruction, ils pourront déléguer au procureur du Roi, au juge d'instruction et au juge-de-paix, même d'un canton voisin du lieu du délit, les fonctions qui leur sont respectivement attribuées, autres que le pouvoir de délivrer les mandats d'amener, de dépôt et d'arrêt contre les prévenus.

284. En cas d'empêchement du procureur général, il sera remplacé ainsi qu'il est dit

en l'article 75 de notre ordonnance du 24 septembre 1828, sur l'organisation judiciaire.

285 à 290 inclusivement. *Supprimés.*

CHAPITRE II. — De la procédure devant la cour d'assises.

291. Quand l'accusation aura été prononcée, si l'affaire ne doit pas être jugée dans le lieu où siége la cour royale, le procès sera, par les ordres du procureur général, envoyé, dans les vingt-quatre heures, au greffe du tribunal de première instance du chef-lieu de l'arrondissement de la cour d'assises qui doit en connaître.

Dans tous les cas, les pièces servant à conviction seront réunies dans le même délai au greffe où doivent être remises les pièces du procès.

292. Les vingt-quatre heures courront du moment de la signification faite à l'accusé de l'arrêt de renvoi devant la cour d'assises.

L'accusé, s'il est détenu, sera, dans le même délai, envoyé dans la maison de justice du lieu où doivent se tenir les assises.

293. Vingt-quatre heures au plus tard après la remise des pièces au greffe et l'arrivée de l'accusé dans la maison de justice, celui-ci sera interrogé par le président de la cour d'assises ou par le juge qu'il aura délégué.

294. L'accusé sera interpellé de déclarer le choix qu'il aura fait d'un conseil pour l'aider dans sa défense; sinon le juge lui en désignera un sur-le-champ, à peine de nullité de tout ce qui suivra.

Cette désignation sera comme non-avenue, et la nullité ne sera pas prononcée, si l'accusé choisit un conseil.

295. Le conseil de l'accusé ne pourra être choisi par lui ou désigné par le juge que parmi les avocats ou avoués exerçant près les tribunaux de la colonie.

296. L'exécution des deux précédens articles sera constatée par un procès-verbal, que signeront l'accusé, le juge et le greffier; si l'accusé ne sait ou ne veut pas signer, le procès-verbal en fera mention.

297. *Supprimé.*

298. Le procureur général sera tenu, dans le mois de l'interrogatoire, de déclarer s'il se pourvoit en nullité.

Ce pourvoi n'aura lieu que dans l'intérêt de la loi.

299. La déclaration du procureur général doit énoncer l'objet de la demande en nullité.

Cette demande ne peut être formée que contre l'arrêt de renvoi à la cour d'assises et dans les trois cas suivans :

1° Si le fait n'est pas qualifié crime par la loi ;

2° Si le ministère public n'a pas été entendu ;

3° Si l'arrêt n'a pas été rendu par le nombre de juges fixé par la loi.

300. La déclaration doit être faite au greffe.

Aussitôt qu'elle aura été reçue par le greffier, l'expédition de l'arrêt sera délivrée au procureur général, qui la remettra au gouverneur, à l'effet d'être adressée à notre ministre de la marine et des colonies, et transmise au procureur général près la Cour de cassation, par l'intermédiaire de notre ministre de la justice.

301. Nonobstant la demande en nullité, l'instruction sera continuée, et il sera procédé aux débats et au jugement.

302. Le conseil pourra communiquer avec l'accusé après son interrogatoire.

Il pourra aussi prendre communication de toutes les pièces, sans déplacement et sans retarder l'instruction.

303. S'il y a de nouveaux témoins à entendre, et qu'ils résident hors du lieu où se tient la cour d'assises, le président, ou le juge qui le remplace, pourra commettre, pour recevoir leurs dépositions, soit le juge d'instruction de l'arrondissement où ils résident, et même d'un autre arrondissement, soit le juge-de-paix du canton où ils résident, ou même d'un autre canton; le magistrat délégué enverra ces dépositions, closes et cachetées, au greffier qui doit exercer ses fonctions à la cour d'assises.

304. Les témoins qui n'auront pas comparu sur la citation du président ou du juge commis par lui, et qui n'auront pas justifié qu'ils en étaient légitimement empêchés, ou qui refuseront de faire leurs dépositions, seront jugés par la cour d'assises et punis conformément à l'article 80.

Si le témoin est un esclave, l'amende sera prononcée contre le maître, si c'est par son fait que l'esclave n'a pas comparu.

305. Les conseils des accusés pourront prendre ou faire prendre, à leurs frais, copie de telles pièces du procès qu'ils jugeront utiles à leur défense.

Il ne sera délivré gratuitement aux accusés, en quelque nombre qu'ils puissent être, et dans tous les cas, qu'une seule copie des procès-verbaux constatant le délit et les déclarations écrites des témoins.

Les présidens, les juges et le procureur général sont tenus de veiller à l'exécution du présent article.

306. Si le procureur général ou l'accusé ont des motifs pour demander que l'affaire ne soit pas portée à la première assise, ils présenteront au président de la cour d'assises une requête en prorogation de délai.

Le président décidera si cette prorogation

ib doit être accordée; il pourra aussi, d'office,
iq proroger le délai.

307. Lorsqu'il aura été formé, à raison du
m même délit, plusieurs actes d'accusation con-
il tre différens accusés, le procureur général
iq pourra en requérir la jonction, et le prési-
ib dent pourra l'ordonner, même d'office.

308. Lorsque l'acte d'accusation contien-
ibdra plusieurs délits non connexes, le procu-
ireur général pourra requérir que les accusés
ine soient mis en jugement, quant à présent,
ipque sur l'un ou quelques-uns de ces délits, et
ile président pourra aussi l'ordonner d'office.

309. *Supprimé.*

IOCHAPITRE III. De l'examen, du jugement et de
l'exécution.

SECTION Ire. *De l'examen.*

310. L'accusé comparaîtra libre, et seulement accompagné de gardes pour l'empêcher de s'évader.

Le président lui demandera son nom, ses
prénoms, son âge, sa profession, sa demeure,
le lieu de sa naissance, et la classe de la population à laquelle il appartient.

311. Le président avertira le conseil de
l'accusé qu'il ne peut rien dire contre sa
conscience ou contre le respect dû aux lois,
et qu'il doit s'exprimer avec décence et modération.

312. A la première audience de chaque
session d'assises, le président fera prêter aux
assesseurs, debout et découverts, le serment
prescrit par l'article 184 de notre ordonnance du 24 septembre 1828, sur l'organisation judiciaire; il prononcera la formule du
serment dans les termes suivans :

« Je jure et promets, devant Dieu, d'examiner avec l'attention la plus scrupuleuse
les affaires qui me seront soumises pendant le cours de la présente session; de ne
trahir ni les intérêts des accusés, ni ceux
de la société; de n'écouter ni la haine ou
la méchanceté, ni la crainte ou l'affection,
et de ne me décider que d'après les charges, les moyens de défense et les dispositions des lois, suivant ma conscience et
mon intime conviction. »

313. Immédiatement après, le président
avertira l'accusé d'être attentif à ce qu'il va
entendre.

Il ordonnera au greffier de lire l'arrêt de
la cour royale portant renvoi à la cour d'assises, et l'acte d'accusation.

Le greffier fera cette lecture à haute voix.

314. Après cette lecture, le président rap-
pellera à l'accusé ce qui est contenu en l'acte
d'accusation, et lui dira : « Voilà de quoi
vous êtes accusé; vous allez entendre les
charges qui seront produites contre vous. »

315. Le procureur général exposera, s'il
le juge nécessaire, le sujet d'accusation; il
présentera ensuite la liste des témoins qui
devront être entendus, soit à sa requête, soit
à la requête de la partie civile, soit à celle de
l'accusé.

Cette liste sera lue à haute voix par le
greffier.

Elle ne pourra contenir que les témoins
dont les noms, profession, condition et résidence auront été notifiés, vingt-quatre heures au moins avant l'examen de ces témoins,
à l'accusé, par le procureur général ou la
partie civile, et au procureur général par
l'accusé; sans préjudice de la faculté accordée au président par l'article 269.

L'accusé et le procureur général pourront,
en conséquence, s'opposer à l'audition d'un
témoin qui n'aurait pas été indiqué ou qui
n'aurait pas été clairement désigné dans l'acte
de notification.

La cour, délibérant suivant le mode prescrit par l'article 78 de notre ordonnance du
24 septembre 1828, sur l'organisation judiciaire, statuera de suite sur cette opposition.

316. Le président ordonnera aux témoins
de se retirer dans la chambre qui leur sera
destinée. Ils n'en sortiront que pour déposer.
Le président prendra des précautions, s'il en
est besoin, pour empêcher les témoins de
conférer entre eux du délit et de l'accusé
avant leur déposition.

317. Les témoins déposeront séparément
l'un de l'autre, dans l'ordre établi par le
procureur général. Avant de déposer, ils
prêteront, à peine de nullité, le serment de
parler sans haine et sans crainte, de dire
toute la vérité et rien que la vérité.

Le président leur demandera leurs noms,
prénoms, âge, profession, condition, leur
domicile ou résidence, s'ils connaissaient
l'accusé avant le fait mentionné dans l'acte
d'accusation; et, suivant la condition des
individus, il pourra leur demander encore
s'ils sont parens ou alliés soit de l'accusé, soit
de la partie civile, et à quel degré, et s'ils
ne sont pas attachés au service de l'un ou de
l'autre : cela fait, les témoins déposeront
oralement.

318. Le président fera tenir note, par le
greffier, des additions, changemens ou variations qui pourraient exister entre la déposition d'un témoin et ses précédentes déclarations.

Le procureur général et l'accusé pourront
requérir le président de faire tenir les notes
de ces changemens, additions et variations.

319. Après chaque déposition, le président
demandera au témoin si c'est de l'accusé
présent qu'il a entendu parler. Il demandera
ensuite à l'accusé s'il veut répondre à ce qui
vient d'être dit contre lui.

26.

Le témoin ne pourra être interrompu; l'accusé ou son conseil pourront le questionner par l'organe du président, après sa déposition, et dire, tant contre lui que contre son témoignage, tout ce qui pourra être utile à la défense de l'accusé.

Le président pourra également demander au témoin et à l'accusé tous les éclaircissemens qu'il croira nécessaires à la manifestation de la vérité.

Les juges, les assesseurs et le procureur général auront la même faculté, en demandant la parole au président. La partie civile ne pourra faire des questions, soit au témoin, soit à l'accusé, que par l'organe du président.

320. Chaque témoin, après sa déposition, restera dans l'auditoire, si le président n'en a ordonné autrement, jusqu'à ce que la cour se soit retirée pour délibérer.

321. Après l'audition des témoins produits par le ministère public et par la partie civile, l'accusé fera entendre ceux dont il aura notifié la liste, soit sur les faits mentionnés dans l'acte d'accusation, soit pour attester qu'il est homme d'honneur, de probité et d'une conduite irréprochable.

Les citations faites à la requête des accusés seront à leurs frais, ainsi que les salaires des témoins cités, s'ils en requièrent; sauf au ministère public à faire citer à sa requête les témoins qui lui seront indiqués par l'accusé, dans le cas où il jugerait que leur déclaration peut être utile pour la découverte de la vérité.

Si l'accusé est un esclave, le maître aura également le droit de faire entendre les témoins dont il aura notifié la liste; et, dans ce cas, les citations seront à ses frais.

322. Ne pourront être reçues les dépositions :

1° Du père, de la mère, de l'aïeul, de l'aïeule, ou de tout autre ascendant de l'accusé, ou de l'un des accusés présens et soumis au même débat;

2° Des fils, filles, des petit-fils, petite-fille, ou de tout autre descendant;

3° Des frères et sœurs;

4° Des alliés aux mêmes degrés;

5° Du mari ou de la femme, même après le divorce prononcé;

6° Des affranchis, à l'égard de celui de qui ils auront reçu la liberté;

7° Des dénonciateurs dont la dénonciation est récompensée pécuniairement par la loi.

Néanmoins, l'audition des personnes ci-dessus désignées pourra avoir lieu lorsque, soit le procureur général, soit la partie civile, soit les accusés, ne s'opposeront pas à ce qu'elles soient entendues.

Les esclaves cités à charge ou à décharge ne pourront être entendus pour ou contre leur maître qu'autant que l'accusé, le procureur général et la partie civile y auront consenti. En cas d'opposition, la cour, délibérant suivant le mode prescrit par l'art. 78 de notre ordonnance du 24 septembre 1828 sur l'organisation judiciaire, pourra ordonner qu'ils seront entendus. Dans ces deux cas, leurs déclarations ne seront reçues qu'à titre de renseignemens et sans prestation de serment.

Lorsque, dans une affaire criminelle, la cour aura jugé convenable de recevoir la déclaration de l'esclave pour ou contre son maître, elle pourra, par une délibération prise en chambre du conseil, exposer au gouverneur la nécessité qu'il y aurait que l'esclave sortit de la possession de son maître. Le gouverneur statuera en conseil privé, constitué conformément aux dispositions de l'article 179 de notre ordonnance du 9 février 1827, sur la délibération de la cour. Il ordonnera la vente de l'esclave, qui ne pourra être acheté par les ascendans ou les descendans du maître de cet esclave.

En cas de vente de l'esclave, le produit en appartiendra à son maître.

323. Les dénonciateurs, autres que ceux récompensés pécuniairement par la loi, pourront être entendus en témoignage; mais la cour sera avertie de leur qualité de dénonciateurs.

324. Les témoins produits par le procureur général ou par l'accusé seront entendus dans le débat, même lorsqu'ils n'auraient pas préalablement déposé par écrit, lorsqu'ils n'auraient reçu aucune assignation, pourvu, dans tous les cas, que ces témoins soient portés sur la liste mentionnée dans l'article 315.

325. Les témoins, par quelque partie qu'ils soient produits, ne pourront jamais s'interpeller entre eux.

326. L'accusé pourra demander, après qu'ils auront déposé, que ceux qu'il désignera se retirent de l'auditoire, et qu'un ou plusieurs d'entre eux soient introduits et entendus de nouveau, soit séparément, soit en présence les uns des autres.

Le procureur général aura la même faculté.

Le président pourra aussi l'ordonner d'office.

327. Le président pourra avant, pendant ou après l'audition d'un témoin, faire retirer un ou plusieurs accusés, et les examiner séparément sur quelques circonstances du procès; mais il aura soin de ne reprendre la suite des débats généraux qu'après avoir instruit chaque accusé de ce qui se sera fait en son absence, et de ce qui en sera résulté.

328. Pendant l'examen, les juges, les assesseurs et le procureur général pourront prendre note de ce qui leur paraîtra important.

tant soit dans les dépositions des témoins, soit dans la défense de l'accusé, pourvu que la discussion n'en soit pas interrompue.

329. Dans le cours ou à la suite des dépositions, le président fera représenter à l'accusé toutes les pièces relatives au délit et pouvant servir à conviction; il l'interpellera de répondre personnellement s'il les reconnaît. Le président les fera représenter aux témoins, s'il y a lieu.

330. Si, d'après les débats, la déposition d'un témoin paraît fausse, le président pourra, sur la réquisition soit du procureur général, soit de la partie civile, soit de l'accusé, et même d'office, faire sur-le-champ mettre le témoin en état d'arrestation. Le procureur général et le président, ou l'un des juges par lui commis, rempliront à son égard, le premier, les fonctions d'officier de police judiciaire; le second, les fonctions attribuées au juge d'instruction dans les autres cas.

Les pièces d'instruction seront ensuite transmises à la cour royale, pour y être statué sur la mise en accusation.

331. Dans le cas de l'article précédent, le procureur général, la partie civile ou l'accusé pourront immédiatement requérir, et la cour ordonner, même d'office, le renvoi de l'affaire à la prochaine session.

332. Dans le cas où l'accusé, les témoins ou l'un d'eux ne parleraient pas la même langue ou le même idiôme, le président nommera d'office un interprète âgé de vingt-un ans au moins, et lui fera prêter, à peine de nullité, sous la même peine, serment de traduire fidèlement les discours à transmettre entre ceux qui parlent des langages différens.

L'accusé et le procureur général pourront récuser l'interprète, en motivant leur récusation.

La cour prononcera, après en avoir délibéré suivant le mode prescrit par l'article 78 de notre ordonnance du 24 septembre 1828, sur l'organisation judiciaire.

L'interprète ne pourra, même du consentement de l'accusé ni du procureur général, être pris parmi les témoins, les juges et les assesseurs.

333. Si l'accusé est sourd-muet, et ne sait pas écrire, le président nommera d'office pour son interprète la personne qui aura le plus d'habitude de converser avec lui.

Il en sera de même à l'égard du témoin sourd-muet.

Le surplus des dispositions du précédent article sera exécuté.

Dans le cas où le sourd-muet saurait écrire, le greffier écrira les questions et observations qui lui seront faites; elles seront remises à l'accusé ou au témoin, qui donneront

par écrit leurs réponses ou déclarations. Il sera fait lecture du tout par le greffier.

334. Le président déterminera celui des accusés qui devra être soumis le premier aux débats, en commençant par le principal accusé, s'il y en a un.

Il se fera ensuite un débat particulier sur chacun des autres accusés.

335. A la suite des dépositions des témoins, et des dires respectifs auxquels elles auront donné lieu, la partie civile ou son conseil et le procureur général seront entendus, et développeront les moyens qui appuient l'accusation.

L'accusé et son conseil pourront leur répondre.

La réplique sera permise à la partie civile et au procureur général; mais l'accusé ou son conseil auront toujours la parole les derniers.

Le président déclarera ensuite que les débats sont terminés.

336. La cour délibérera sur la position des questions de fait.

337. La question résultant de l'acte d'accusation sera posée en ces termes :

« L'accusé est-il coupable d'avoir commis « tel meurtre, tel vol, ou tel autre crimes? »

« Le crime a-t-il été commis avec telle ou « telle circonstance? »

338. S'il résulte des débats une ou plusieurs circonstances aggravantes non mentionnées dans l'acte d'accusation, la cour posera en outre des questions sur ces circonstances.

S'il ressort des débats quelques circonstances de nature à modifier le fait qui est l'objet de l'accusation, il sera également posé des questions sur le fait ainsi modifié.

Dans tous les cas, les cours d'assises devront résoudre les questions résultant de l'arrêt de mise en accusation.

339. Lorsque l'accusé aura proposé pour excuse un fait admis comme tel par la loi, la question sera ainsi posée :

« Tel fait est-il constant? »

340. Si l'accusé a moins de seize ans, le président posera cette question :

« L'accusé a-t-il agi avec discernement? »

341. Le président donnera lecture à l'audience des questions telles qu'elles auront été arrêtées par la cour.

L'accusé, son conseil, la partie civile et le procureur général pourront faire, sur la position de ces questions, telles observations qu'ils jugeront convenables.

Si le procureur général ou l'accusé s'oppose à la position des questions telles qu'elles auront été présentées, la cour statuera conformément à l'article 78 de notre ordonnance du 24 septembre 1828.

342. Le président fera retirer ensuite l'accusé de l'auditoire, et la cour se rendra dans

la chambre du conseil. Le président y fera le résumé de l'affaire. Il soumettra successivement à la délibération les questions qui auront été posées à l'audience. La discussion terminée, il recueillera les voix. Les assesseurs opineront les premiers, en commençant par le plus jeune.

Si, par le résultat de la délibération, la cour croit devoir modifier la position des questions, elle devra se conformer, en ce qui concerne les nouvelles questions posées, aux dispositions de l'article 341.

343. L'instruction suivante sera affichée en gros caractères dans le lieu le plus apparent de la chambre du conseil :

« La loi ne demande pas compte aux mem« bres de la cour d'assises des moyens par « lesquels ils se sont convaincus; elle ne leur « prescrit point de règles desquelles ils doi« vent faire particulièrement dépendre la « plénitude et la suffisance d'une preuve : elle « leur prescrit de s'interroger eux-mêmes « dans le silence et le recueillement, et de « chercher, dans la sincérité de leur cons« cience, quelle impression ont faite sur « leur raison les preuves rapportées contre « l'accusé et les moyens de sa défense. La loi « ne leur dit point : *Vous tiendrez pour vrai* « *tout fait attesté par tel ou tel nombre de* « *témoins* ; elle ne leur dit point non plus : « *Vous ne regarderez pas comme suffisam*« *ment établie toute preuve qui ne sera pas* « *formée de tel procès-verbal, de telles pièces,* « *de tant de témoins ou de tant d'indices* ; « elle ne leur fait que cette seule question, « qui renferme toute la mesure de leurs de« voirs: *Avez-vous une conviction intime?* »

344. Tous arrêts seront rendus à la simple majorité. Néanmoins, la déclaration de culpabilité ne pourra être prononcée qu'à la majorité de cinq voix sur sept.

345 à 352 inclusivement. *Supprimés.*

353. L'examen et les débats, une fois entamés, devront être continués sans interruption et sans aucune espèce de communication au-dehors. Le président ne pourra les suspendre que pendant les intervalles nécessaires pour le repos des membres de la cour d'assises, des témoins et des accusés.

354. Lorsqu'un témoin qui aura été cité ne comparaîtra pas, la cour pourra, sur la réquisition du procureur général, et avant que les débats soient ouverts par la déposition du premier témoin inscrit sur la liste, renvoyer l'affaire à la prochaine session.

355. Si, à raison de la non-comparution d'un témoin, l'affaire est renvoyée à la session suivante, tous les frais de citation, actes, voyages de témoins, et autres ayant pour objet de faire juger l'affaire, seront à la charge de ce témoin; et il sera contraint, même par corps, sur la réquisition du procureur

général par l'arrêt qui renverra les débats à la session suivante.

Le même arrêt ordonnera de plus que ce témoin sera amené par la force publique devant la cour, pour y être entendu.

Et néanmoins, dans tous les cas, le témoin qui ne comparaîtra pas, ou qui refusera soit de prêter serment, soit de faire sa déposition, sera condamné à la peine portée par l'article 80.

Si le témoin est un esclave, et que ce soit par le fait ou du consentement du maître qu'il n'ait pas comparu, les condamnations pécuniaires énoncées ci-dessus seront prononcées contre le maître.

356. La voie de l'opposition sera ouverte contre ces condamnations, dans les dix jours de la signification qui en aura été faite au témoin condamné ou à son domicile, outre un jour par cinq myriamètres; et l'opposition sera reçue, s'il prouve qu'il a été légitimement empêché, ou que l'amende contre lui prononcée doit être modérée.

SECTION II. Du jugement et de l'exécution.

357. Le président fera comparaître l'accusé, et lira en sa présence la déclaration de la cour sur la question de fait.

358. Lorsque l'accusé aura été déclaré non coupable, le président prononcera qu'il est acquitté de l'accusation, et ordonnera qu'il soit mis en liberté, s'il n'est retenu pour autre cause.

La cour statuera ensuite sur les dommages-intérêts respectivement prétendus, après que les parties auront proposé leurs fins de non-recevoir ou leurs défenses, et que le procureur général aura été entendu.

La cour pourra néanmoins, si elle le juge convenable, commettre l'un des juges pour entendre les parties, prendre connaissance des pièces, et faire son rapport à l'audience, où les parties pourront encore présenter leurs observations, et où le ministère public sera entendu de nouveau.

L'accusé acquitté pourra aussi obtenir des dommages-intérêts contre ses dénonciateurs, pour fait de calomnie, sans néanmoins que les membres des autorités constituées puissent être ainsi poursuivis à raison des avis qu'ils sont tenus de donner concernant les délits dont ils ont cru acquérir la connaissance dans l'exercice de leurs fonctions, et sauf contre eux la demande en prise à partie, s'il y a lieu.

Le procureur général sera tenu, sur la réquisition de l'accusé, de lui faire connaître ses dénonciateurs.

359. Les demandes en dommages-intérêts formées, soit par l'accusé contre ses dénonciateurs ou la partie civile, soit par la partie civile contre l'accusé ou le condamné, seront portées à la cour d'assises.

La partie civile est tenue de former sa demande en dommages-intérêts avant le jugement; plus tard, elle sera non-recevable.

Il en est de même de l'accusé, s'il a connu son dénonciateur.

Dans le cas où l'accusé n'aurait connu son dénonciateur que depuis le jugement, mais avant la fin de la session, il sera tenu, sous peine de déchéance, de porter sa demande à la cour d'assises; s'il ne l'a connu qu'après la clôture de la session, sa demande sera portée au tribunal civil.

A l'égard des tiers qui n'auraient pas été parties au procès, ils s'adresseront au tribunal civil.

360. Toute personne acquittée légalement ne pourra plus être reprise ni accusée à raison du même fait.

361. Lorsque, dans le cours des débats, l'accusé aura été inculpé sur un autre fait, soit par des pièces, soit par les dépositions des témoins, le président, après avoir prononcé qu'il est acquitté de l'accusation, ordonnera qu'il soit poursuivi à raison du nouveau fait : en conséquence, il le renverra en état de mandat de comparution, ou d'amener, suivant les distinctions établies par l'article 91, et même en état de mandat d'arrêt, s'il y échet, devant le juge d'instruction, pour être procédé à une nouvelle instruction.

Cette disposition ne sera toutefois exécutée que dans le cas où, avant la clôture des débats, le procureur général aura fait des réserves à fin de poursuivre.

362. Lorsque l'accusé aura été déclaré coupable, le procureur général fera sa réquisition à la cour pour l'application de la loi.

La partie civile fera la sienne pour restitution et dommages-intérêts.

363. Le président demandera à l'accusé s'il n'a rien à dire pour sa défense.

L'accusé ni son conseil ne pourront plus plaider que le fait est faux; mais seulement qu'il n'est pas défendu ou qualifié délit par la loi, ou qu'il ne mérite pas la peine dont le procureur général a requis l'application, ou qu'il n'emporte pas de dommages-intérêts au profit de la partie civile, ou enfin que celle-ci élève trop haut les dommages-intérêts qui lui sont dus.

364. La cour prononcera l'absolution de l'accusé si le fait dont il est déclaré coupable n'est pas défendu par une loi pénale.

365. Si ce fait est défendu, la cour prononcera la peine établie par la loi, même dans le cas où, d'après les débats, il se trouverait n'être plus de la compétence de la cour d'assises.

En cas de conviction de plusieurs crimes ou délits, la peine la plus forte sera seule prononcée.

366. Dans le cas d'absolution comme dans celui d'acquittement ou de condamnation, la cour statuera sur les dommages-intérêts prétendus par la partie civile ou par l'accusé, elle les liquidera par le même arrêt, ou commettra l'un des juges pour entendre les parties, prendre connaissance des pièces et faire du tout son rapport, ainsi qu'il est dit en l'article 358.

La cour ordonnera aussi que les effets pris seront restitués au propriétaire.

367. Lorsque l'accusé aura été déclaré excusable, la cour prononcera conformément au Code pénal.

368. L'accusé ou la partie qui succombera sera condamné aux frais envers l'Etat et envers l'autre partie.

369. Les magistrats et les assesseurs délibéreront et opineront à voix basse, ils pourront, pour cet effet, se retirer dans la chambre du conseil; mais l'arrêt sera prononcé à haute voix par le président, en présence du public et de l'accusé.

Avant de le prononcer, le président est tenu de lire le texte de la loi sur laquelle il est fondé.

Le greffier écrira l'arrêt; il y insérera le texte de la loi appliquée; il y fera mention que l'arrêt a été rendu à la majorité fixée par l'article 344 du présent Code : le tout sous peine de cent francs d'amende.

370. La minute de l'arrêt sera signée par les magistrats et les assesseurs qui l'auront rendu, à peine de cent francs d'amende contre le greffier, et, s'il y a lieu, de prise à partie tant contre le greffier que contre les membres de la cour d'assises.

Elle sera signée dans les vingt-quatre heures de la prononciation de l'arrêt.

371. Après avoir prononcé l'arrêt, le président pourra, selon les circonstances, exhorter l'accusé à la fermeté, à la résignation, ou à réformer sa conduite. Il l'avertira de la faculté qui lui est accordée de se pourvoir en cassation, et du terme dans lequel l'exercice de cette faculté est circonscrit.

372. Le greffier dressera un procès-verbal de la séance, à l'effet de constater que les formalités prescrites ont été observées.

Il ne sera fait mention au procès-verbal ni des réponses des accusés ni du contenu aux dépositions, sans préjudice toutefois de l'exécution de l'article 318, concernant les changemens, variations et contradictions dans les déclarations des témoins.

Le procès-verbal sera signé par le président et par le greffier.

Le défaut de procès-verbal sera puni de cinq cents francs d'amende contre le greffier.

373. Le condamné aura trois jours francs, après celui où son arrêt lui aura été prononcé, pour déclarer au greffe qu'il se pourvoit en cassation.

Le procureur-général pourra, dans le

mêm *délai, déclarer au greffe qu'il demande la cassation de l'arrêt.

La partie civile aura aussi le même délai; mais elle ne pourra se pourvoir que quant aux dispositions relatives à ses intérêts civils.

Pendant ces trois jours, et s'il y a eu recours en cassation, jusqu'à la réception de l'arrêt de la cour de cassation, il sera sursis à l'exécution de l'arrêt de la cour.

374. Dans les cas prévus par les art. 418 et 421 du présent Code, le procureur général ou la partie civile n'auront que vingt-quatre heures pour se pourvoir.

375. La condamnation sera exécutée dans les vingt-quatre heures qui suivront les délais mentionnés en l'article 373, s'il n'y a point de recours en cassation ou, en cas de recours, dans les vingt-quatre heures de la réception de l'arrêt de la cour de cassation qui aura rejeté la demande.

Toutefois, il n'est pas dérogé aux dispositions de l'article 50 de notre ordonnance du 9 février 1827, concernant le recours en grace.

376. La condamnation sera exécutée par les ordres du procureur-général: il aura le droit de requérir directement, pour cet effet, l'assistance de la force publique.

377. Si le condamné veut faire une déclaration, elle sera reçue par un des juges du lieu de l'exécution, assisté du greffier.

378. Le procès-verbal d'exécution sera, sous peine de deux cents francs d'amende, dressé par le greffier et transcrit par lui dans les vingt-quatre heures au pied de la minute de l'arrêt. La transcription sera signée par lui; et il fera mention du tout, sous la même peine, en marge du procès-verbal: cette mention sera également signée, et la transcription fera preuve comme le procès-verbal même.

379. Lorsque, pendant les débats qui auront précédé l'arrêt de condamnation, l'accusé aura été inculpé, soit par des pièces, soit par des dépositions des témoins, sur d'autres crimes que ceux dont il était accusé, si ces crimes nouvellement manifestés méritent une peine plus grave que les premiers, ou si l'accusé a des complices en état d'arrestation, la cour ordonnera qu'il soit poursuivi à raison de ces nouveaux faits, suivant les formes prescrites par le présent Code.

Dans ces deux cas, le procureur général surseoira à l'exécution de l'arrêt qui a prononcé la première condamnation, jusqu'à ce qu'il ait été statué sur le second procès.

380. Toutes les minutes des arrêts rendus par les cours d'assises tenues à Saint-Pierre ou à la Pointe-à-Pitre, ou dans les communes de ces arrondissemens, seront réunies et déposées au greffe du tribunal de première instance établi au chef-lieu de l'arrondissement; et celles des arrêts rendus par les cours d'assises tenues au Fort-Royal ou à la Basse-Terre, ou dans les communes de ces arrondissemens, seront réunies et déposées au greffe de la cour royale. Le procureur général vérifiera toutes ces minutes, ainsi que les procès-verbaux d'assises, et sera tenu de requérir, s'il y a lieu, devant la cour royale, les condamnations contre les magistrats, dans les cas prévus par le présent Code.

CHAPITRE IV. Des assesseurs et du tirage au sort de ceux qui doivent être appelés à faire partie des cours d'assises.

SECTION Ire. Des assesseurs.

381. Le collége des assesseurs sera composé conformément au titre IV de notre ordonnance du 24 septembre 1828 sur l'organisation judiciaire.

Les assesseurs devront être âgés au moins de trente ans révolus.

382. Les fonctions d'assesseur sont incompatibles avec celles de membres du conseil privé, de membre de l'ordre judiciaire, de ministre du culte et de militaire en activité de service dans les armées de terre ou de mer.

Les empêchemens pour les juges, à raison de leur parenté ou de leur alliance entre eux, seront applicables aux assesseurs, soit entre eux, soit entre eux et les juges, soit entre eux et les accusés ou la partie civile.

383. Nul ne peut être assesseur dans la même affaire où il aura été officier de police judiciaire, témoin, interprète, expert ou partie.

384. Les assesseurs qui manqueraient à leur service seront passibles des peines ci-après, savoir: l'amende, l'affiche de l'arrêt de condamnation, l'exclusion du collége des assesseurs.

Ces peines seront prononcées par les trois magistrats appelés à siéger à la cour d'assises.

385. La liste des trente assesseurs de l'arrondissement sera notifiée à chacun des accusés au plus tard la veille du tirage prescrit par l'article 388.

SECTION II. Du tirage au sort des assesseurs et de la manière de les convoquer (1).

386. Douze jours avant l'époque fixée

(1) A la Guadeloupe, il est nécessaire, à peine de nullité, que la liste des assesseurs, signifiée à l'accusé la veille du tirage, comprenne les trente assesseurs de l'arrondissement dans lequel la cause doit être jugée (Cass. 29 août 1829; S. 29, 1, 433; D. 29, 1, 18).

pour l'ouverture des assises, il sera procédé de la manière suivante au tirage des assesseurs nécessaires pour le service de la cour d'assises, d'après les dispositions des articles 67 et 68 de notre ordonnance du 24 septembre 1828.

387. Le tirage des assesseurs qui doivent être appelés aux assises se fera, savoir : dans l'arrondissement où siége la cour royale, par le président de la cour royale, et dans les autres arrondissemens, par le juge royal du tribunal de première instance établi au chef-lieu de l'arrondissement.

388. Ce tirage aura lieu en la chambre du conseil, en présence du ministère public, des accusés et de leurs défenseurs.

A cet effet, le juge chargé du tirage déposera un à un dans une urne, après les avoir lus à haute et intelligible voix, les noms des assesseurs de l'arrondissement écrits sur un bulletin.

Ne seront point mis dans l'urne les noms des assesseurs qui auraient fait le service pendant les six mois précédens, sauf les exceptions portées aux articles 393 et 395 ci-après.

389. Cette première opération terminée, le juge tirera successivement chaque bulletin de l'urne, et lira le nom qui s'y trouve inscrit.

390. Les accusés, quel que soit leur nombre, auront la faculté d'exercer cinq récusations péremptoires; le ministère public pourra en exercer deux. Lorsque les accusés ne se seront point concertés pour exercer leurs récusations, l'ordre des récusations s'établira entre eux d'après la gravité de l'accusation.

Dans le cas d'accusation de crime de même gravité contre divers individus, l'ordre des récusations sera déterminé entre ceux-ci par la voie du sort.

391. La liste des assesseurs sera définitivement formée lorsque le magistrat chargé du tirage aura obtenu, par le sort, le nombre d'assesseurs nécessaire au service de la session, sans qu'il y ait eu de récusation ou lorsque les récusations auront été épuisées.

Procès-verbal du tout sera dressé par le greffier et signé du magistrat qui aura présidé au tirage.

392. Sept jours au moins avant l'ouverture des assises, notification sera faite à chacun des assesseurs de l'extrait du procès-verbal constatant qu'il fait partie de la cour d'assises.

Cette notification sera faite pour l'arrondissement où siége la cour royale, à la diligence du procureur général, et pour les autres arrondissemens, à celle du procureur du Roi du tribunal de première instance dans le ressort duquel est domicilié l'assesseur.

Elle contiendra sommation de se trouver aux jour, lieu et heure indiqués pour l'ouverture des assises.

393. Si, au jour indiqué, un ou plusieurs assesseurs n'avaient pas satisfait à cette notification, le nombre des assesseurs sera complété par le président de la cour d'assises.

Ils seront pris, par la voie du sort, parmi les assesseurs qui résident dans la ville où se tiennent les assises.

Le ministère public et l'accusé auront chacun le droit de récuser un des assesseurs du chef-lieu que le sort aura désignés pour le remplacement de chaque assesseur absent ou empêché.

L'assesseur tombé au sort sera tenu de faire le service des assises, lors même qu'il l'aurait déjà fait pendant les six mois précédens.

394. En cas d'assises extraordinaires, le tirage au sort aura lieu sur les noms de trente assesseurs de l'arrondissement. Le service des assises extraordinaires n'exemptera pas du service des assises ordinaires.

395. La cour d'assises connaîtra, suivant le mode prescrit par l'article 78 de notre ordonnance précitée, sur l'organisation judiciaire, des excuses présentées par les assesseurs ou en leur nom.

Dans le cas où elle ne les jugerait pas légitimes, elle condamnera, même par corps, le ministère public entendu, les assesseurs qui les auront produites, à une amende qui sera, pour la première fois, de deux cents francs au moins et de cinq cents francs au plus, et pour la seconde fois, de cinq cents francs au moins et de mille francs au plus.

Si l'assesseur encourt une troisième condamnation, l'amende sera de mille francs au moins et de deux mille francs au plus, et il pourra en outre être expulsé du collége des assesseurs.

Les amendes seront versées à la caisse coloniale, au profit du bureau de bienfaisance de la commune où l'assesseur est domicilié. Le recouvrement en sera poursuivi à la requête du procureur général et à la diligence des receveurs de l'enregistrement.

Les arrêts de condamnation seront publiés dans les journaux de la colonie, et les arrêts d'exclusion seront de plus affichés dans les lieux ordinaires, aux frais de l'assesseur exclu, et au nombre d'exemplaires fixé par la cour.

396. Les dispositions de l'article précédent sont applicables à tout assesseur qui, même s'étant rendu à son poste, se retirerait avant la fin de la session sans l'autorisation de la cour.

Les assesseurs qui ne se présenteront pas dans le costume fixé par l'article 268 de notre ordonnance sur l'organisation judiciaire seront considérés comme ayant refusé de siéger.

397. Les mêmes amendes que celles indi-

quées par l'article 395 pourront être prononcées, et le paiement poursuivi de la même manière, contre les médecins ou tous autres qui auraient délivré des certificats que la cour aurait cru devoir rejeter.

398. Si, par quelque événement, l'examen des accusés, sur les délits ou sur quelques-uns des délits compris dans l'acte ou dans les actes d'accusation, est renvoyé à la session suivante, l'accusé ne pourra être jugé par aucun des assesseurs qui auront fait partie de la cour d'assises de laquelle est émané l'arrêt de renvoi.

TITRE IV. Des manières de se pourvoir contre les arrêts ou jugemens.

CHAPITRE PREMIER. Demandes en annulation.

399. La voie d'annulation est ouverte aux parties et au ministère public contre les jugemens rendus en dernier ressort par les tribunaux de police, pour incompétence, excès de pouvoir, et contraventions à la loi.

La même voie est ouverte au procureur général, mais seulement dans l'intérêt de la loi, contre les jugemens du tribunal de première instance statuant sur l'appel des jugemens des tribunaux de police, et contre les jugemens de ces tribunaux qui auraient acquis force de chose jugée.

400. La violation ou l'omission de l'une ou de plusieurs des formalités prescrites à peine de nullité au titre Ier, livre II du présent Code, donnera lieu, sur la poursuite des parties ou du procureur général, d'après les distinctions établies en l'article précédent, à l'annulation du jugement et de ce qui a précédé, à partir du plus ancien acte nul.

Il en sera de même tant dans le cas d'incompétence que lorsqu'il aura été omis ou refusé de prononcer soit sur une ou plusieurs demandes de l'inculpé, soit sur une ou plusieurs réquisitions du ministère public, tendant à user d'une faculté ou d'un droit accordé par la loi, bien que la peine de nullité ne fût pas textuellement attachée à l'absence de la formalité dont l'exécution aura été demandée ou requise.

401. Lorsque le renvoi de l'inculpé aura été prononcé, nul ne pourra se prévaloir contre lui de la violation ou omission des formes prescrites pour assurer sa défense.

402. Lorsque la peine prononcée sera la même que celle portée par la loi qui s'applique à la contravention, l'annulation du jugement ne pourra être demandée sous le prétexte qu'il y aurait erreur dans la citation du texte de la loi.

403. Le recours en annulation, contre les jugemens préparatoires et d'instruction ou les jugemens en dernier ressort de cette qualité, ne sera ouvert qu'après le jugement définitif : l'exécution volontaire de tels jugemens préparatoires ne pourra, en aucun cas, être opposé comme fin de non-recevoir.

La présente disposition ne s'applique point aux jugemens rendus sur la compétence.

404. Le délai de pourvoi en annulation sera, pour le ministère public et les parties, de trois jours francs après celui où le jugement aura été prononcé.

Pendant ces trois jours, et, s'il y a eu recours, jusqu'à la réception de l'arrêt de la cour royale, il sera sursis à l'exécution du jugement. La déclaration de recours sera faite au greffe par la partie condamnée, et signée d'elle et du greffier ; et si le déclarant ne peut ou ne veut signer, le greffier en fera mention.

Cette déclaration pourra être faite, dans la même forme, par l'avoué de la partie condamnée ou par un fondé de pouvoir spécial ; dans ce dernier cas, le pouvoir demeurera annexé à la déclaration.

Elle sera inscrite sur un registre à ce destiné ; ce registre sera public, et toute personne aura le droit de s'en faire délivrer des extraits.

405. Lorsque le recours en annulation sera exercé, soit par la partie civile, s'il y en a une, soit par le ministère public, ce recours, outre l'inscription énoncée dans l'article précédent, sera, dans le délai de trois jours, notifié à la partie contre laquelle il sera dirigé, soit à sa personne, soit au domicile par elle élu. Le délai sera augmenté d'un jour par chaque distance de trois myriamètres.

La partie civile qui se sera pourvue en annulation est tenue de joindre aux pièces une expédition authentique du jugement.

Elle est tenue, à peine de déchéance, de consigner une amende de cent francs, ou de la moitié de cette somme si le jugement est rendu par défaut.

Les condamnés de condition libre et les personnes civilement responsables sont également tenus de consigner l'amende.

406. Sont dispensés de l'amende les agens publics pour affaires qui concernent directement l'administration et les domaines ou revenus de l'Etat.

A l'égard de toutes autres personnes, l'amende sera encourue par celles qui succomberont dans leur recours. Seront néanmoins dispensées de la consigner celles qui joindront à leur demande en annulation un certificat d'indigence à elles délivré par le commissaire commandant de la commune de leur domicile ou par son lieutenant, visé et approuvé par le directeur général de l'intérieur.

407. Les condamnés, en matière de police, à une peine emportant privation de la liberté, ne seront pas admis à se pourvoir en annulation, lorsqu'ils ne seront pas actuellement

en état, ou lorsqu'ils n'auront pas été mis en liberté sous caution.

L'acte de leur écrou, ou de leur mise en liberté sous caution, sera annexé à l'acte de recours en annulation.

Néanmoins, lorsque le recours en annulation sera motivé sur l'incompétence, il suffira au demandeur, pour que son recours soit reçu, de justifier qu'il s'est actuellement constitué dans la maison de justice du lieu où siége la cour royale.

408. Le condamné ou la partie civile, soit en faisant sa déclaration, soit dans les dix jours suivans, pourra déposer au greffe du tribunal qui aura rendu le jugement attaqué une requête contenant ses moyens d'annulation. Le greffier lui en donnera reconnaissance, et remettra sur-le-champ cette requête au magistrat chargé du ministère public.

409. Après les dix jours qui suivront la déclaration, ce magistrat fera passer au procureur général les pièces du procès, et les requêtes des parties, si elles en ont déposé.

Le greffier du tribunal qui aura rendu le jugement attaqué rédigera sans frais et joindra un inventaire des pièces, sous peine de cent francs d'amende, laquelle sera prononcée par la cour royale.

Dans les vingt-quatre heures de la réception de ces pièces, le procureur général les déposera au greffe de la cour royale.

Les condamnés pourront aussi transmettre directement au greffe de la cour royale soit leur requête, soit les expéditions ou copies signifiées tant du jugement que de leur demande en annulation. Néanmoins, la partie civile ne pourra user du bénéfice de la présente disposition sans le ministère d'un avoué.

410. La cour royale pourra statuer sur le recours en annulation aussitôt après l'expiration des délais portés au présent chapitre, et devra y statuer dans quinzaine, au plus tard, à compter du jour où ces délais seront expirés.

411. La cour royale rejettera la demande ou annulera le jugement sans qu'il soit besoin d'un arrêt préalable d'admission.

L'affaire sera jugée sur rapport d'un des membres de la cour, en audience publique. Le procureur général sera toujours entendu.

412. Lorsque la cour royale annulera un jugement rendu en matière de police, elle prononcera le renvoi devant l'un des tribunaux de police des cantons limitrophes, lequel statuera définitivement. Lorsque l'annulation sera prononcée pour cause d'incompétence, la cour royale renverra les parties devant les juges qui devront en connaître.

Lorsque le jugement sera annulé parce que le fait qui aura donné lieu à l'application de la peine ne constituera ni délit ni contravention, le renvoi, s'il y a une partie civile, sera

fait devant la juridiction civile. Dans ce cas, le tribunal civil sera saisi sans citation préalable en conciliation. S'il n'y a pas de partie civile, aucun renvoi ne sera prononcé.

Les dispositions du présent article ne seront point applicables au cas où l'annulation serait prononcée seulement dans l'intérêt de la loi.

413. La partie civile qui succombera dans son recours en annulation sera condamnée à une indemnité de cent cinquante francs, et aux frais envers la partie acquittée, absoute ou renvoyée. La partie civile sera de plus condamnée envers l'Etat à une amende de cent cinquante francs, ou de soixante-quinze francs seulement, si le jugement a été rendu par défaut.

Les administrations ou régies de l'Etat et les agens publics qui succomberont ne seront condamnés qu'aux frais et à l'indemnité.

414. Lorsque le jugement aura été annulé, l'amende consignée sera rendue sans aucun délai, en quelques termes que soit conçu l'arrêt qui aura statué sur le recours, et quand même il aurait omis d'en ordonner la restitution.

415. Lorsqu'une demande en annulation aura été rejetée, la partie qui l'avait formée ne pourra plus se pourvoir en annulation contre ce même jugement, sous quelque prétexte et par quelque moyen que ce soit.

416. L'arrêt de la cour royale qui aura rejeté la demande sera délivré, dans le délai de trois jours, au procureur général près cette cour, qui l'adressera au greffe du tribunal qui aura rendu le jugement attaqué.

Lorsque le jugement aura été annulé, expédition de l'arrêt d'annulation sera, à la diligence du procureur général, transcrite en marge ou à la suite du jugement annulé. Le greffier devra certifier au procureur général de l'exécution de cette disposition.

CHAPITRE II. Des demandes en cassation.

SECTION Ire. Des nullités en matière criminelle.

417. Lorsque l'accusé aura subi une condamnation, et que dans l'instruction et la procédure qui auront été faites devant la cour d'assises, ou dans l'arrêt de condamnation, il y aura eu violation ou omission des dispositions des articles 253 et 257 du présent Code, sur la composition des cours d'assises; de l'article 383, sur les motifs d'incapacité des assesseurs; de l'article 385, sur la notification de la liste des assesseurs aux accusés; des articles 390 et 393, sur l'exercice du droit de récusation; de l'article 294, sur le choix d'un défenseur, et, à défaut de choix, sur la nomination d'un défenseur d'office; de l'article 317, sur le serment à exiger des témoins; de l'article 332, sur la nomination

et le serment d'un interprète; de l'article 344, sur la majorité nécessaire pour la déclaration de culpabilité, et de l'article 369, sur l'insertion au jugement des termes de la loi pénale appliquée, cette violation ou cette omission donnera lieu, sur la poursuite de la partie condamnée ou du ministère public, à la cassation de l'arrêt de condamnation et de ce qui l'a précédé, à partir du plus ancien acte nul.

Il en sera de même tant dans les cas d'incompétence que lorsqu'il y aura eu violation ou fausse application des lois pénales, ou violation des dispositions de l'article 4 de notre ordonnance du 24 septembre 1828, sur l'organisation judiciaire, en ce qui concerne la publicité et l'obligation de motiver les arrêts.

418. Dans le cas d'acquittement de l'accusé, la cassation de l'arrêt qui l'aura prononcé et de ce qui l'aura précédé ne pourra être poursuivie par le ministère public que dans l'intérêt de la loi, et sans préjudicier à la partie acquittée.

419. Lorsque la nullité procédera de ce que l'arrêt aura prononcé une peine autre que celle appliquée par la loi à la nature du crime, la cassation de l'arrêt pourra être poursuivie tant par le ministère public que par la partie condamnée.

La même action appartiendra au ministère public contre les arrêts d'absolution mentionnés en l'article 364, si l'absolution a été prononcée sur le fondement de la non-existence d'une loi pénale qui pourtant aurait existé.

420. Lorsque la peine prononcée sera la même que celle portée par la loi qui s'applique au crime, nul ne pourra demander la cassation de l'arrêt, sous prétexte qu'il y aurait erreur dans la citation du texte de la loi.

421. Dans aucun cas, la partie civile ne pourra poursuivre la cassation d'un arrêt d'acquittement ou d'un arrêt d'absolution; mais, si l'arrêt a prononcé contre elle des condamnations civiles supérieures aux demandes de la partie acquittée ou absoute, cette disposition de l'arrêt pourra être annulée sur la demande de la partie civile.

SECTION II. Des nullités en matière correctionnelle.

422. Les voies de cassation exprimées en l'article 417 sont, en matière correctionnelle, respectivement ouvertes à la partie poursuivie pour un délit au ministère public, et à la partie civile, s'il y en a une, contre tous arrêts, sans distinction de ceux qui ont prononcé le renvoi de la partie ou sa condamnation.

Néanmoins, lorsque le renvoi de cette partie aura été prononcé, nul ne pourra se prévaloir contre elle de la violation ou omission des formes prescrites pour assurer sa défense.

La disposition de l'article 420 est applicable aux arrêts rendus en matière correctionnelle.

SECTION III. Dispositions communes aux deux sections précédentes.

423. Dans le cas où la Cour de cassation annulera une instruction, elle pourra ordonner que les frais de la procédure à recommencer seront à la charge de l'officier ou du juge instructeur qui aura commis la nullité.

Néanmoins, la présente disposition n'aura lieu que pour des fautes très-graves, et à l'égard seulement des nullités qui seront commises deux ans après la mise en activité du présent Code.

SECTION IV. Des formes, des délais et des effets du pourvoi en cassation.

424. Le recours en cassation contre les arrêts préparatoires et d'instruction ne sera ouvert qu'après l'arrêt définitif; l'exécution volontaire de tels arrêts préparatoires ne pourra, en aucun cas, être opposée comme fin de non-recevoir.

La présente disposition sera applicable aux arrêts par lesquels soit une cour d'assises, soit une cour royale jugeant correctionnellement, statuant sur leur compétence, auront retenu la connaissance du procès.

425. Les dispositions de l'article 373 du présent Code, sur le pourvoi en cassation contre les arrêts des cours d'assises, sont applicables au pourvoi en cassation contre les arrêts des cours royales jugeant correctionnellement.

426. La déclaration du recours sera faite au greffe par la partie condamnée, et signée d'elle et du greffier; et, si le déclarant ne peut ou ne veut signer, le greffier en fera mention. Cette déclaration pourra être faite dans la même forme par l'avoué de la partie condamnée, ou par un fondé de pouvoir spécial : dans ce dernier cas, le pouvoir demeurera annexé à la déclaration; elle sera inscrite sur un registre à ce destiné; ce registre sera public, et toute personne aura le droit de s'en faire délivrer des extraits.

Lorsque le recours en cassation, contre un arrêt rendu en matière criminelle ou correctionnelle, sera exercé soit par la partie civile, s'il y en a une, soit par le ministère public, ce recours, outre l'inscription énoncée au présent article, sera notifié à la partie contre laquelle il sera dirigé dans le délai de trois jours. Lorsque cette partie sera actuellement détenue, l'acte contenant la déclaration de recours lui sera lu par le greffier : elle le signera, ou, si elle ne le veut ou ne le peut, le greffier en fera mention. Lorsqu'elle sera en liberté, le demandeur en cassation lui notifiera son recours par le ministère d'un huissier, soit à sa personne, soit au domicile par elle élu. Le délai sera, en ce cas, augmenté d'un jour par chaque distance de trois myriamètres, si la partie demeure dans la colonie; si la partie demeure hors de la colonie, la signification sera faite, dans les trois jours, au parquet du procureur général, qui transmettra la copie suivant les règles ordinaires.

427. La partie civile qui se sera pourvue en cassation est tenue de joindre aux pièces une expédition authentique de l'arrêt; elle est tenue, à peine de déchéance, de consigner une amende de cent cinquante francs, ou de la moitié de cette somme, si l'arrêt est rendu par contumace ou par défaut.

Sont dispensés de l'amende : 1° les condamnés en matière criminelle; 2° les agens publics pour affaires qui concernent directement l'administration, ou les domaines et revenus de l'Etat. A l'égard de toutes autres personnes, l'amende sera encourue par celles qui succomberont dans leur recours. Seront néanmoins dispensées de la consigner celles qui joindront à leur demande en cassation un certificat d'indigence à elles délivré par le commissaire commandant de leur commune ou par son lieutenant, visé et approuvé par le directeur général de l'intérieur.

428. Les condamnés, même en matière correctionnelle, à une peine emportant privation de la liberté, ne seront point admis à se pourvoir en cassation lorsqu'ils ne seront pas actuellement en état, ou lorsqu'ils n'auront pas été mis en liberté sous caution. L'acte de leur écrou ou de leur mise en liberté sous caution sera annexé à l'acte de recours en cassation.

429. Le condamné ou la partie civile, soit en faisant sa déclaration, soit dans les dix jours suivans, pourra déposer au greffe de la cour qui aura rendu l'arrêt attaqué une requête contenant ses moyens de cassation : le greffier lui en donnera reconnaissance, et remettra sur-le-champ cette requête au magistrat chargé du ministère public.

Ce magistrat fera passer au gouverneur les pièces du procès et les requêtes des parties, si elles en ont déposé. Le greffier de la cour qui aura rendu l'arrêt rédigera sans frais et joindra un inventaire des pièces, sous peine de cent francs d'amende, laquelle sera prononcée par le conseil privé. Le gouverneur adressera à notre ministre secrétaire d'Etat de la marine et des colonies, par le premier navire qui partira pour France, toutes les pièces du procès.

430. Dans les vingt-quatre heures de la réception de ces pièces, notre ministre de la marine et des colonies les adressera au ministre de la justice, pour être transmises à la Cour de cassation.

Les condamnés pourront transmettre directement au greffe de la Cour de cassation, soit leurs requêtes, soit les expéditions ou copies signifiées tant de l'arrêt que de leur demande.

431. La Cour de cassation devra statuer toutes affaires cessantes, et dans la quinzaine au plus tard à compter du jour du dépôt des pièces en son greffe.

Elle rejettera la demande ou annulera l'arrêt, sans qu'il soit besoin d'un arrêt préalable d'admission.

432. Lorsque la Cour de cassation annulera un arrêt rendu en matière correctionnelle par une cour royale, elle renverra le procès et les parties devant une autre cour royale.

Lorsqu'un arrêt de cour d'assises sera annulé, le procès sera renvoyé devant une cour d'assises autre que celle qui aura rendu l'arrêt, et constituée de la même manière. Toutefois, si l'arrêt est annulé aux chefs seulement qui concernent les intérêts civils, le renvoi aura lieu devant un tribunal de première instance autre que celui auquel aura appartenu le juge d'instruction : dans ce cas, le tribunal sera saisi sans citation préalable en conciliation.

En matière criminelle ou correctionnelle, si l'arrêt et la procédure sont annulés pour cause d'incompétence, la Cour de cassation renverra le procès devant les juges qui doivent en connaître, et le désignera. Toutefois, si la compétence se trouvait appartenir au tribunal de première instance où siège le juge qui aurait fait la première instruction, le renvoi sera fait à un autre tribunal de première instance. Lorsque l'arrêt sera annulé parce que le fait qui aura donné lieu à une condamnation se trouvera n'être pas un délit qualifié par la loi, le renvoi, s'il y a une partie civile, sera fait devant un tribunal de première instance autre que celui auquel aura appartenu le juge d'instruction; et, s'il n'y a pas de partie civile, aucun renvoi ne sera prononcé.

433. Dans le cas où la Cour de cassation est autorisée à choisir une cour ou un tribunal pour le jugement d'une affaire renvoyée, ce choix ne pourra résulter que d'une délibération spéciale, prise en la chambre du conseil immédiatement après la prononciation de l'arrêt de cassation, et dont il sera fait mention expresse dans cet arrêt.

434. Si l'arrêt d'une cour d'assises a été annulé pour avoir prononcé une peine autre que celle que la loi applique à la nature du crime, ou pour avoir prononcé l'absolution de l'accusé dans un cas où le fait, déclaré constant, était qualifié crime ou délit par la loi, la cour d'assises à qui le procès sera renvoyé rendra son arrêt d'après la déclaration de la première cour sur la question de fait.

Si l'arrêt a été annulé pour autre cause, il sera procédé à de nouveaux débats devant la cour d'assises à laquelle le procès sera renvoyé.

La Cour de cassation n'annulera qu'une partie de l'arrêt, lorsque la nullité ne viciera qu'une ou quelques-unes de ses dispositions.

435. L'accusé dont la condamnation aura été annulée, et qui devra subir un nouveau jugement au criminel, sera traduit, en état d'arrestation, et en exécution de l'ordonnance de prise de corps, devant la cour d'assises à laquelle son procès sera renvoyé.

436. La partie civile qui succombera dans son recours, soit en matière criminelle, soit en matière correctionnelle, sera condamnée à une indemnité de cent cinquante francs, et aux frais envers la partie acquittée, absoute et renvoyée; la partie civile sera de plus condamnée envers l'État à une amende de cent cinquante francs, ou de soixante-quinze francs seulement si l'arrêt a été rendu par contumace ou par défaut.

Les administrations des régies de l'État, et les agens publics qui succomberont, ne seront condamnés qu'aux frais et à l'indemnité.

437. Lorsque l'arrêt aura été annulé, l'amende consignée sera rendue sans aucun délai, en quelques termes que soit conçu l'arrêt qui aura statué sur le recours, et quand même il aurait omis d'en ordonner la restitution.

438. Lorsqu'une demande en cassation aura été rejetée, la partie qui l'avait formée ne pourra plus se pourvoir en cassation contre ce même arrêt, sous quelque prétexte et par quelque moyen que ce soit.

439. L'arrêt qui aura rejeté la demande en cassation sera délivré dans les trois jours au procureur général près la Cour de cassation, par simple extrait signé du greffier, lequel sera adressé par duplicata au ministre de la marine et des colonies, et renvoyé par celui-ci au gouverneur de la colonie dans laquelle aura été rendu l'arrêt. Le gouverneur transmettra cet extrait au procureur général de la cour royale.

440. Lorsqu'après une première cassation, le deuxième arrêt sur le fond sera attaqué par les mêmes moyens, il sera procédé ainsi qu'il est prescrit par la loi du 30 juillet 1828, *sur l'interprétation des lois.*

SECTION V. Du pourvoi en cassation sur l'ordre du Gouvernement.

441. Lorsque, sur l'exhibition d'un ordre formel à lui donné par le ministre de la justice, sur la demande de notre ministre de la marine, le procureur général près la Cour de cassation dénoncera à la section criminelle des actes judiciaires, arrêts ou jugemens contraires à la loi, ces actes, arrêts ou jugemens pourront être annulés, et les officiers de police ou les juges poursuivis, s'il y a lieu, de la manière exprimée au chapitre III du titre V du présent livre.

SECTION VI. Du pourvoi en cassation dans l'intérêt de la loi.

442. Lorsqu'il aura été rendu par une cour royale, ou par une cour d'assises, un arrêt sujet à cassation, et contre lequel néanmoins aucune des parties n'aurait réclamé dans le délai déterminé, le procureur général près la Cour de cassation pourra, en vertu d'un ordre du ministre de la justice, donné sur la demande du ministre de la marine, ou même d'office, et nonobstant l'expiration du délai, en donner connaissance à la Cour de cassation; l'arrêt sera cassé, mais dans l'intérêt de la loi seulement, et sans que les parties puissent s'en prévaloir pour s'opposer à son exécution.

CHAPITRE III. Des demandes en révision.

443. Lorsqu'un accusé aura été condamné pour un crime, et qu'un autre accusé aura aussi été condamné par un autre arrêt comme auteur du même crime, si les deux arrêts ne peuvent se concilier et sont la preuve de l'innocence de l'un ou de l'autre condamné, l'exécution des deux arrêts sera suspendue par l'ordre du gouverneur.

Le gouverneur, soit d'office, soit sur la réclamation des condamnés ou de l'un d'eux, ou du procureur général, chargera le contrôleur colonial de déférer les deux arrêts au conseil privé.

Ledit conseil, après avoir vérifié que les deux arrêts ne peuvent se concilier, annulera les deux arrêts, et renverra les accusés, pour être procédé, sur les actes d'accusation subsistans, devant une cour d'assises autrement composée que celles qui auront rendu les deux arrêts.

444. Lorsqu'après une condamnation pour homicide, il sera, d'ordre exprès du gouverneur, adressé au conseil privé des pièces représentées postérieurement à la condamnation et propres à faire naître de suffisans indices sur l'existence de la personne dont la mort supposée aurait donné lieu à la condamnation, le conseil privé pourra, préparatoirement, désigner un conseiller de la cour royale ou le juge royal pour vérifier l'existence et l'identité de la personne prétendue homicidée, et les constater par l'interrogatoire de cette personne, par audition de témoins et par tous les moyens propres à mettre en évidence le fait destructif de la condamnation.

L'exécution de la condamnation sera de plein droit suspendue par l'ordre du gouverneur.

Le conseil privé, sur le rapport du magistrat délégué, et après avoir interrogé de nouveau la personne prétendue homicidée, prononcera sur l'identité ou la non-identité de cette personne, pourra annuler l'arrêt de condamnation, et même renvoyer, s'il y a lieu, l'affaire à une cour d'assises autrement composée que celle qui en aurait primitivement connu.

445. Lorsque, après une condamnation contre un accusé, l'un ou plusieurs des témoins qui avaient déposé à charge contre lui seront poursuivis pour avoir porté un faux témoignage dans le procès, et si l'accusation en faux témoignage est admise contre eux, ou même s'il est décerné contre eux des mandats d'arrêt, il sera sursis à l'exécution de l'arrêt de condamnation, quand même le conseil privé aurait précédemment déclaré qu'il n'y avait pas lieu à surseoir.

Si les témoins sont ensuite condamnés pour faux témoignage à charge, le gouverneur, soit d'office, soit sur la réclamation de l'individu condamné par le premier arrêt, ou soit, si le condamné est un esclave, sur la réclamation de son maître, chargera le contrôleur colonial de dénoncer le fait au conseil privé.

Ce conseil, après avoir vérifié la déclaration de la cour d'assises sur le point de fait qui aura servi de base au second arrêt, annulera le premier arrêt, si d'après cette décision les témoins sont convaincus de faux témoignage à charge contre le premier condamné ; et, pour être procédé contre l'accusé sur l'acte d'accusation subsistant, il renverra devant une cour d'assises autrement composée que celles qui auront rendu soit le premier, soit le second arrêt.

Les témoins condamnés pour faux témoignage ne pourront être entendus dans les nouveaux débats.

Si les accusés de faux témoignage sont acquittés, le sursis sera levé de droit, et l'arrêt de condamnation sera exécuté.

446. Dans les cas prévus par les articles 443, 444 et 445, le conseil privé se constituera conformément aux dispositions de l'art. 179 de notre ordonnance du 9 février 1827.

Aux mêmes cas, et lorsque les membres de la cour qui n'auront pas coopéré auxdits arrêts ne seront pas en nombre suffisant pour la composition de la nouvelle cour, ce nombre sera complété en appelant soit le juge royal, soit des juges-auditeurs ayant l'âge requis, ou, à leur défaut, des magistrats honoraires ou des avocats-avoués.

Les arrêts du conseil privé seront motivés, et rendus en audience publique : toutefois, le nombre des assistans ne pourra excéder le triple de celui des membres du conseil.

Les arrêts du conseil privé, en matière de révision, ne seront pas susceptibles d'être attaqués par voie de cassation.

447. Lorsqu'il y aura lieu de réviser une condamnation pour la cause exprimée en l'article 444, et que cette condamnation aura

été portée contre un individu mort depuis, le conseil privé créera un curateur à sa mémoire, avec lequel se fera l'instruction, et qui exercera tous les droits du condamné.

Si, par le résultat de la nouvelle procédure, la première condamnation se trouve avoir été portée injustement, le nouvel arrêt déchargera la mémoire du condamné de l'accusation qui avait été portée contre lui.

Titre V. De quelques procédures particulières.

Chapitre Ier. Du faux.

448. Dans tous les procès pour faux en écriture, la pièce arguée de faux, aussitôt qu'elle aura été produite, sera déposée au greffe, signée et paraphée à toutes les pages par le greffier, qui dressera un procès-verbal détaillé de l'état matériel de la pièce, et par la personne qui l'aura déposée, si elle sait signer, ce dont il sera fait mention ; le tout à peine de cent francs d'amende contre le greffier qui l'aura reçue sans que cette formalité ait été remplie.

449. Si la pièce arguée de faux est tirée d'un dépôt public, le fonctionnaire qui s'en dessaisira la signera aussi et la paraphera, comme il vient d'être dit, sous peine d'une pareille amende.

450. La pièce arguée de faux sera de plus signée par l'officier de police judiciaire, et par la partie civile ou son avoué, si ceux-ci se présentent.

Elle le sera également par le prévenu au moment de sa comparution.

Si les comparans ou quelques-uns d'entre eux ne peuvent pas ou ne veulent pas signer, le procès-verbal en fera mention.

En cas de négligence ou d'omission, le greffier sera puni de cent francs d'amende.

451. Les plaintes et dénonciations en faux pourront toujours être suivies, lors même que les pièces qui en sont l'objet auraient servi de fondement à des actes judiciaires ou civils.

452. Tout dépositaire public ou particulier de pièces arguées de faux est tenu, à peine d'y être contraint par corps, de les remettre, sur l'ordonnance donnée par l'officier du ministère public ou par le juge d'instruction.

Cette ordonnance et l'acte de dépôt lui serviront de décharge envers tous ceux qui auront intérêt à la pièce.

453. Les pièces qui seront fournies pour servir de comparaison seront signées et paraphées, comme il est dit aux trois premiers articles du présent chapitre pour la pièce arguée de faux, et sous les mêmes peines.

454. Tous dépositaires publics pourront être contraints, même par corps, à fournir les pièces de comparaison qui seront en leur

possession : l'ordonnance par écrit et l'acte de dépôt leur serviront de décharge envers ceux qui pourraient avoir intérêt à ces pièces.

455. S'il est nécessaire de déplacer une pièce authentique, il en sera laissé au dépositaire une copie collationnée, laquelle sera vérifiée, sur la minute ou l'original, par le juge royal, qui en dressera procès-verbal; et si le dépositaire est une personne publique, cette copie sera par lui mise au rang de ses minutes, pour en tenir lieu jusqu'au renvoi de la pièce, et il pourra en délivrer des grosses ou expéditions, en faisant mention du procès-verbal.

Néanmoins, si la pièce se trouve faire partie d'un registre, de manière à ne pouvoir en être momentanément distraite, le tribunal pourra, en ordonnant l'apport du registre, dispenser de la formalité établie par le présent article.

456. Les écritures privées peuvent aussi être produites pour pièces de comparaison, et être admises à ce titre, si les parties intéressées les reconnaissent.

Néanmoins, les particuliers qui, même de leur aveu, en sont possesseurs, ne peuvent être immédiatement contraints à les remettre; mais si, après avoir été cités devant le tribunal saisi pour faire cette remise ou déduire les motifs de leur refus, ils succombent, l'arrêt ou le jugement pourra ordonner qu'ils y seront contraints par corps.

457. Lorsque les témoins s'expliqueront sur une pièce du procès, ils la parapheront et la signeront; et s'ils ne peuvent signer, le procès-verbal en fera mention.

458. Si, dans le cours d'une instruction ou d'une procédure, une pièce produite est arguée de faux par l'une des parties, elle sommera l'autre de déclarer si elle entend se servir de la pièce.

459. La pièce sera rejetée du procès si la partie déclare qu'elle ne veut pas s'en servir, ou si, dans le délai de huit jours, elle ne fait aucune déclaration; et il sera passé outre à l'instruction et au jugement.

Si la partie déclare qu'elle entend se servir de la pièce, l'instruction sur le faux sera suivie incidemment devant la cour ou le tribunal saisi de l'affaire principale.

460. Si la partie qui a argué de faux la pièce soutient que celui qui l'a produite est l'auteur ou le complice du faux, ou s'il résulte de la procédure que l'auteur ou le complice du faux soit vivant, et la poursuite du crime non éteinte par la prescription, l'accusation sera suivie criminellement dans les formes ci-dessus prescrites.

Si le procès est engagé au civil, il sera sursis au jugement jusqu'à ce qu'il ait été prononcé sur le faux.

S'il s'agit de crimes, délits ou contraventions, la cour ou le tribunal saisi est tenu de décider préalablement, et après avoir entendu l'officier chargé du ministère public, s'il y a lieu ou non à surseoir.

461. Le prévenu ou l'accusé pourra être requis de produire et de former un corps d'écriture; en cas de refus et de silence, le procès-verbal en fera mention.

462. Si une cour ou un tribunal trouve, dans la visite d'un procès, même civil, des indices sur un faux et sur la personne qui l'a commis, l'officier chargé du ministère public ou le président transmettra les pièces au substitut du procureur général près le juge d'instruction soit du lieu où le délit paraîtra avoir été commis, soit du lieu où le prévenu pourra être saisi, et il pourra même délivrer le mandat d'amener.

463. Lorsque des actes authentiques auront été déclarés faux en tout ou en partie, la cour ou le tribunal qui aura connu du faux ordonnera qu'ils soient rétablis, rayés ou réformés, et du tout il sera dressé procès-verbal.

Les pièces de comparaison seront renvoyées dans les dépôts d'où elles auront été tirées, ou seront remises aux personnes qui les auront communiquées, le tout dans le délai de quinzaine à compter du jour de l'arrêt ou du jugement, à peine d'une amende de cent francs contre le greffier.

464. Le surplus de l'instruction sur le faux se fera comme sur les autres délits, sauf l'exception suivante :

Les présidens des cours d'assises et les juges de paix pourront continuer hors de leur ressort les visites nécessaires chez les personnes soupçonnées d'avoir fabriqué, introduit, distribué de faux papiers royaux, de faux billets de banque de France ou des colonies françaises.

La présente disposition a lieu également pour le crime de fausse monnaie ou de contrefaction du sceau de l'Etat ou du sceau colonial.

CHAPITRE II. Des contumaces.

465. Lorsqu'après un arrêt de mise en accusation l'accusé n'aura pu être saisi ou ne se présentera pas dans les dix jours de la notification qui en aura été faite à son domicile,

Ou lorsqu'après s'être présenté ou avoir été saisi il se sera évadé,

Le président de la cour d'assises, ou, en son absence, le magistrat chargé de le remplacer, rendra une ordonnance portant qu'il sera tenu de se représenter dans un délai de dix jours, sinon qu'il sera déclaré rebelle à la loi, qu'il sera procédé contre lui, et que toute personne est tenue d'indiquer le lieu où il se trouve, et en outre, suivant sa qualité, qu'il sera suspendu de l'exercice des droits de citoyen, que ses biens seront séquestrés pendant l'instruction de la contumace, et que toute action en justice lui sera interdite pendant le même temps.

Cette ordonnance fera de plus mention du crime et de l'ordonnance de prise de corps.

466. Cette ordonnance sera publiée au son de trompe ou de caisse le dimanche suivant, et affichée à la porte du domicile de l'accusé, à celle de son maître s'il est esclave, à celle du commissaire commandant de la commune ou de son lieutenant, et à celle de l'auditoire de la cour d'assises.

Le procureur général ou le procureur du Roi adressera aussi cette ordonnance au receveur de l'enregistrement du domicile du contumax.

467. Après un délai de dix jours, il sera procédé au jugement de la contumace.

468. Aucun conseil, aucun avoué ne pourra se présenter pour défendre l'accusé contumax.

Si l'accusé est absent du territoire de la colonie, ou s'il est dans l'impossibilité absolue de se rendre, ses parens ou ses amis pourront présenter son excuse et en plaider la légitimité.

469. Si la cour trouve l'excuse légitime, elle ordonnera qu'il sera sursis au jugement de l'accusé et au séquestre de ses biens pendant un temps qui sera fixé, eu égard à la nature de l'excuse et à la distance des lieux.

470. Hors ce cas, il sera procédé de suite à la lecture de l'arrêt de renvoi à la cour d'assises, de l'acte de la notification de l'ordonnance ayant pour objet la représentation du contumax, et des procès-verbaux dressés pour en constater la publication et l'affiche.

Après cette lecture, la cour, sur les conclusions du procureur général ou de son substitut, prononcera sur la contumace.

Si l'instruction n'est pas conforme à la loi, la cour la déclarera nulle, et ordonnera qu'elle sera recommencée à partir du plus ancien acte illégal.

Si l'instruction est régulière, la cour prononcera sur l'accusation et statuera sur les intérêts civils, le tout conformément à l'article 77 de l'ordonnance du 24 septembre 1828.

471. Si le contumax est condamné, ses biens seront, à partir de l'exécution de l'arrêt, considérés et régis comme biens d'absent, et le compte du séquestre sera rendu à qui il appartiendra, après que la condamnation sera devenue irrévocable par l'expiration du délai donné pour purger la contumace.

472. Extrait du jugement de condamnation sera, dans les trois jours de la prononciation, à la diligence du procureur général ou de son substitut, affiché par l'exécuteur des jugemens criminels à un poteau qui sera planté au milieu de l'une des places publiques de la ville chef-lieu de l'arrondissement où le crime aura été commis.

Pareil extrait sera, dans le même délai, adressé au receveur de l'enregistrement du domicile du contumax.

473. Le recours en cassation ne sera ouvert contre les jugemens de contumace qu'au procureur général, dans les cas prévus par l'article 442, et à la partie civile en ce qui la regarde.

474. En aucun cas, la contumace d'un accusé ne suspendra ni ne retardera de plein droit l'instruction à l'égard de ses coaccusés présens.

La cour pourra ordonner, après le jugement de ceux-ci, la remise des effets déposés au greffe comme pièces de conviction, lorsqu'ils seront réclamés par les propriétaires ou ayant-droit. Elle pourra aussi ne l'ordonner qu'à charge de représenter, s'il y a lieu.

Cette remise sera précédée d'un procès-verbal de description, dressé par le greffier, à peine de cent francs d'amende.

475. Durant le séquestre, il peut être accordé des secours à la femme, aux enfans, au père ou à la mère de l'accusé, s'ils sont dans le besoin.

Ces secours seront réglés par l'autorité administrative.

476. Si l'accusé se constitue prisonnier, ou s'il est arrêté avant que la peine soit éteinte par prescription, le jugement rendu par contumace et les procédures faites contre lui seront anéantis de plein droit depuis l'ordonnance de se représenter, et il sera procédé à son égard dans la forme ordinaire.

Si cependant la condamnation par contumace était de nature à emporter la mort civile, et si l'accusé n'a été arrêté ou ne s'est représenté qu'après les cinq ans qui ont suivi l'exécution du jugement de contumace, ce jugement, conformément à l'art. 30 du Code civil, conservera pour le passé les effets que la mort civile aurait produits dans l'intervalle écoulé depuis l'expiration des cinq ans jusqu'au jour de la comparution de l'accusé en justice.

477. Dans les cas prévus par l'article précédent, si, pour quelque cause que ce soit, des témoins ne peuvent être produits aux débats, leurs dépositions écrites et les réponses écrites des autres accusés du même délit seront lues à l'audience : il en sera de même de toutes les autres pièces qui seront jugées par le président être de nature à répandre la lumière sur le délit et les coupables.

478. Le contumax qui, après s'être représenté, obtiendrait son renvoi de l'accusation, sera toujours condamné aux frais occasionés par sa contumace.

CHAPITRE III. Des crimes commis par des juges, hors de leurs fonctions, et dans l'exercice de leurs fonctions.

SECTION Ire. *De la poursuite et instruction contre les juges pour crimes ou délits par eux commis hors de leurs fonctions.*

479. Lorsqu'un juge-de-paix, un membre des tribunaux de première instance ou un officier chargé du ministère public près l'un de ces tribunaux, sera prévenu d'avoir commis, hors de ses fonctions, un crime ou un délit, les fonctions ordinairement dévolues au juge d'instruction et au procureur du Roi seront immédiatement remplies par le président et le procureur général, chacun en ce qui-le concerne, ou par tels autres officiers qu'ils auront respectivement et spécialement désignés à cet effet.

Dans le cas où il existera un corps de délit, il pourra être constaté par tout officier de police judiciaire.

Il sera procédé ensuite, et dans la forme ordinaire, soit à la mise en accusation, soit à la mise en jugement.

Néanmoins, s'il s'agit seulement d'un délit, et que le procureur général juge qu'il n'est pas nécessaire de procéder à une instruction préalable, ce magistrat pourra citer directement le prévenu devant la cour royale, conformément à l'article 182 du présent Code.

480. *Supprimé.*

481. Si c'est un membre de la cour royale ou un officier exerçant près d'elle le ministère public, qui soit prévenu d'avoir commis un délit ou un crime hors de ses fonctions, l'officier qui aura reçu les dénonciations ou les plaintes sera tenu d'en envoyer de suite des copies au gouverneur, sans aucun retard de l'information.

482. Le gouverneur désignera sur-le-champ les magistrats qui rempliront les fonctions de juge d'instruction et du ministère public.

Dans le cas où la mise en accusation du magistrat inculpé serait prononcée, le gouverneur, en conseil, désignera celle des deux cours d'assises devant laquelle l'accusation sera portée, et nommera les magistrats qui devront en faire partie.

SECTION II. De la poursuite et instruction contre des juges et tribunaux autres que les cours royales et les cours d'assises, pour forfaiture et autres crimes ou délits relatifs à leurs fonctions.

483. Lorsqu'un juge-de-paix, un officier de police judiciaire, ou un officier chargé du ministère public près l'un des tribunaux de police, sera prévenu d'avoir commis, dans l'exercice de ses fonctions, un délit ou un crime, il sera procédé conformément à l'article 479.

484. Lorsque les fonctionnaires de la qualité exprimée en l'article précédent seront prévenus d'avoir commis un crime emportant la peine de forfaiture ou autre plus grave, les fonctions ordinairement dévolues au juge d'instruction et au procureur du Roi seront immédiatement remplies par le président et le procureur général près la cour royale, chacun en ce qui le concerne, ou par tels autres officiers qu'ils auront respectivement et spécialement désignés à cet effet.

Jusqu'à cette délégation, et dans le cas où il existerait un corps de délit, il pourra être constaté par tout officier de police judiciaire; et, pour le surplus de la procédure, on suivra les dispositions générales du présent Code.

485. Lorsque le délit ou le crime commis dans l'exercice des fonctions sera imputé soit à un membre du tribunal de première instance ou à un officier chargé du ministère public près ce tribunal, soit au tribunal entier de première instance, soit individuellement à un ou plusieurs des membres de la cour royale, et au procureur général et substitut près cette cour, il sera procédé ainsi qu'il suit.

486. Le délit ou le crime sera dénoncé au ministre de la marine, qui, s'il y a lieu, adressera les pièces au ministre de la justice pour qu'il soit donné ordre au procureur général près la Cour de cassation d'exercer des poursuites.

487. Si le procureur général près la Cour de cassation ne trouve pas dans les pièces à lui transmises par le ministre de la justice, ou produites par les parties, tous les renseignemens qu'il jugera nécessaires, il sera, sur son réquisitoire, désigné, par le premier président de cette cour, un de ses membres pour l'audition des témoins et tous autres actes d'instruction qu'il peut y avoir lieu de faire dans la ville où siège la Cour de cassation.

488. Lorsqu'il y aura des témoins à entendre ou des actes d'instruction à faire hors de la ville où siège la Cour de cassation, le premier président de cette cour fera à ce sujet toutes délégations nécessaires à un juge d'instruction, même d'un ressort autre que celui du tribunal ou du juge prévenu.

489. Après avoir entendu les témoins et terminé l'instruction qui lui aura été déléguée, le juge d'instruction mentionné en l'article précédent renverra les procès-verbaux et les autres actes, clos et cachetés, au premier président de la Cour de cassation.

490. Sur le vu, soit des pièces qui auront été transmises par le ministre de la justice ou produites par les parties, soit des renseignemens ultérieurs qu'il se sera procurés, le premier président décernera, s'il y a lieu, le mandat de dépôt.

Ce mandat désignera la maison d'arrêt dans laquelle le prévenu devra être déposé.

491. Le premier président de la Cour de cassation ordonnera de suite la communication de la procédure au procureur général, qui, dans les cinq jours suivans, adressera à la section des requêtes son réquisitoire contenant la dénonciation du prévenu.

492. Soit que la dénonciation portée à la section des requêtes ait été ou non précédée d'un mandat de dépôt, cette section y statuera, toutes affaires cessantes.

Si elle la rejette, elle ordonnera la mise en liberté du prévenu.

Si elle l'admet, elle renverra le tribunal ou le prévenu devant les juges de la section civile, qui prononceront sur la mise en accusation.

493. La dénonciation incidente à une affaire pendante à la Cour de cassation sera portée devant la section saisie de l'affaire ; et si elle est admise, elle sera renvoyée de la section criminelle ou de celle des requêtes à la section civile, et de la section civile à celles des requêtes.

494. Lorsque, dans l'examen d'une demande en prise à partie ou de toute autre affaire, et sans qu'il y ait de dénonciation directe ni incidente, l'une des sections de la Cour de cassation apercevra quelque délit de nature à faire poursuivre criminellement un tribunal ou un juge de la qualité exprimée en l'article 479, elle pourra, d'office, ordonner le renvoi conformément à l'article précédent.

495. Lorsque l'examen d'une affaire portée devant les sections réunies donnera lieu au renvoi d'office exprimé dans l'article qui précède, ce renvoi sera fait à la section civile.

496. Dans tous les cas, la section à laquelle sera fait le renvoi sur dénonciation ou d'office prononcera sur la mise en accusation.

Son président remplira les fonctions que la loi attribue aux juges d'instruction.

497. Ce président pourra déléguer l'audition des témoins et l'interrogatoire des prévenus à un autre juge d'instruction, pris même hors du ressort du tribunal où se trouvera le prévenu.

498. Le mandat d'arrêt que délivrera le président désignera la maison d'arrêt dans laquelle le prévenu devra être conduit.

499. La section de la Cour de cassation saisie de l'affaire délibérera sur la mise en accusation, en séance non publique; les juges devront être en nombre impair.

Si la majorité des juges trouve que la mise en accusation ne doit pas avoir lieu, la dénonciation sera rejetée par un arrêt, et le procureur général fera mettre le prévenu en liberté.

500. Si la majorité des juges est pour la mise en accusation, cette mise en accusation sera prononcée par un arrêt qui portera en même temps ordonnance de prise de corps.

En exécution de cet arrêt, l'accusé sera transféré dans la maison de justice de la cour d'assises qui sera désignée par celle de cassation dans l'arrêt même.

501. L'instruction ainsi faite devant la Cour de cassation ne pourra être attaquée quant à la forme.

Elle sera commune aux complices du tribunal ou du juge poursuivi, lors même qu'il n'exercerait point de fonctions judiciaires.

502. Seront, au surplus, observées les autres dispositions du présent Code qui ne sont pas contraires aux formes de procéder prescrites par le présent chapitre.

503. Lorsqu'il se trouvera, dans la section criminelle saisie du recours en cassation dirigé contre l'arrêt de la cour d'assises à laquelle l'affaire aura été renvoyée, des juges qui auront concouru à la mise en accusation dans l'une des autres sections, ils s'abstiendront.

Et néanmoins, dans le cas d'un second recours qui donnera lieu à la réunion des sections, tous les juges en pourront connaître.

CHAPITRE IV. Des délits contraires au respect dû aux autorités constituées.

504. Lorsqu'à l'audience, ou en tout autre lieu où se fait publiquement une instruction judiciaire, l'un ou plusieurs des assistans donneront des signes publics soit d'approbation, soit d'improbation, ou exciteront du tumulte de quelque manière que ce soit, le président ou le juge les fera expulser; s'ils résistent à ses ordres ou s'ils rentrent, le président ou le juge ordonnera de les arrêter et conduire dans la maison d'arrêt : il sera fait mention de cet ordre dans le procès-verbal; et, sur l'exhibition qui en sera faite au gardien de la maison d'arrêt, les perturbateurs y seront reçus et retenus pendant vingt-quatre heures.

505. Lorsque le tumulte aura été accompagné d'injures ou de voies de fait donnant lieu à l'application ultérieure de peines de police, ces peines pourront être prononcées séance tenante et sans appel, de quelque tribunal ou juge qu'elles émanent, immédiatement après que les faits auront été constatés.

506. S'il s'agit d'un délit ou d'un crime commis à l'audience d'un juge seul ou d'un tribunal sujet à appel, le juge ou le tribunal, après avoir fait arrêter le délinquant et dressé procès-verbal des faits, enverra les pièces et le prévenu devant les juges compétens.

507. A l'égard des voies de fait qui auraient dégénéré en crime, ou de tous autres crimes flagrans et commis à l'audience de la cour royale ou d'une cour d'assises, la cour procédera au jugement, de suite et sans désemparer.

Elle entendra les témoins, le délinquant, et le conseil qu'il aura choisi ou qui lui aura

27.

été désigné par le président; et après avoir constaté les faits et ouï le procureur général ou son substitut, le tout publiquement, elle appliquera la peine par un arrêt qui sera motivé.

508. Dans le cas de l'article précédent, si les juges présens à l'audience sont au nombre de cinq ou de six, il faudra quatre voix pour opérer la condamnation.

S'ils sont au nombre de sept, il faudra cinq voix pour condamner. Au nombre de huit et au-delà, l'arrêt de condamnation sera prononcé aux trois quarts de voix, de manière que, dans le calcul de ces trois quarts, les fractions, s'il s'en trouve, soient appliquées en faveur de l'absolution.

509. L'ordonnateur, le directeur général de l'intérieur, le contrôleur colonial, les commissaires commandans de communes et leurs lieutenans, et tous officiers de police administrative ou judiciaire, lorsqu'ils rempliront publiquement quelques actes de leur ministère, exerceront aussi les fonctions de police réglées par l'art. 504; et après avoir fait saisir les perturbateurs, ils dresseront procès-verbal du délit, et enverront ce procès-verbal, s'il y a lieu, ainsi que les prévenus, devant les juges compétens.

CHAPITRE V. De la manière dont seront reçues, en matière criminelle et de police, les dépositions du gouverneur, des chefs d'administration, des membres du conseil privé, et de certains fonctionnaires du royaume.

510. Le gouverneur ne pourra jamais être cité comme témoin, même devant la cour d'assises, si ce n'est de son consentement, à moins qu'il n'en ait été autrement ordonné par notre ministre de la marine et des colonies.

511. La déposition du gouverneur sera, hors les cas ci-dessus prévus, rédigée par écrit et reçue par le président de la cour royale, si le gouverneur se trouve au chef-lieu de cette cour; sinon par le juge royal.

Il sera, à cet effet, adressé par la cour ou le juge d'instruction, au magistrat ci-dessus dénommé, un état des faits, demandes et questions sur lesquels le témoignage est requis.

Ce magistrat se transportera à la demeure du gouverneur pour recevoir sa déposition.

512. La déposition ainsi reçue sera immédiatement remise au greffe, ou envoyée close et cachetée à celui de la cour ou du juge requérant, et communiquée sans délai à l'officier chargé du ministère public.

Dans l'examen devant la cour d'assises, elle sera lue publiquement et soumise aux débats, sous peine de nullité.

513. Toutes les fois que le gouverneur, cité en témoignage, comparaîtra en personne devant la cour d'assises, on observera à son égard le cérémonial prescrit par le chapitre II du titre VIII de notre ordonnance du 24 septembre 1828, sur l'organisation judiciaire.

514. Dans les affaires où le directeur général de l'intérieur aura agi en vertu de l'article 10 du présent Code, si le bien de la justice exige qu'il lui soit demandé de nouveaux renseignemens, les officiers chargés de l'instruction en feront la demande par écrit, et le directeur général de l'intérieur les donnera de la même manière.

515. Il ne sera donné suite à la citation faite ou aux chefs d'administration ou au contrôleur colonial, qu'autant que le gouverneur y aura donné son approbation, lorsqu'ils allégueront pour s'en excuser la nécessité de notre service.

Dans ce cas, le magistrat qui sera désigné par le président de la cour royale, après s'être entendu avec eux sur le jour et l'heure, se rendra dans leur demeure pour recevoir leurs dépositions.

Les dépositions ainsi reçues seront, comme au cas prévu en l'article 512, immédiatement envoyées au greffe de la cour ou du tribunal du juge compétent, communiquées et lues, ainsi qu'il est prescrit audit article 512 et sous les mêmes peines.

516. Les chefs d'administration et le contrôleur colonial, cités comme témoin à une audience correctionnelle ou devant les cours d'assises, devront comparaître en personne. Ils seront reçus par un huissier à la première porte du palais de justice, introduits dans le parquet, et placés sur des sièges particuliers.

Les autres membres du conseil privé, appelés comme témoins à une audience correctionnelle ou criminelle, auront un siége dans le parquet.

517. Seront au besoin observées les dispositions des lois du royaume sur la manière dont doivent être reçues les dépositions des personnes élevées en dignité à l'égard desquelles des règles particulières ont été établies.

CHAPITRE VI. De la reconnaissance de l'identité des individus condamnés, évadés et repris.

518. La reconnaissance de l'identité d'un individu condamné, évadé et repris, sera faite par la cour qui aura prononcé sa condamnation.

Il en sera de même de l'identité d'un individu condamné à la déportation ou au bannissement qui aura enfreint son ban et sera repris; et la cour, en prononçant l'identité, lui appliquera de plus la peine attachée par la loi à son infraction.

519. Tous ces jugemens seront rendus par la cour d'assises, après qu'elle aura entendu les témoins appelés tant à la requête du procureur général qu'à celle de l'individu repris, si ce dernier en a fait citer.

L'audience sera publique, et l'individu repris sera présent, à peine de nullité.

520. Le procureur général et l'individu repris pourront se pourvoir en cassation, dans la forme et dans le délai déterminés par la présente ordonnance, contre l'arrêt rendu sur les poursuites en reconnaissance d'identité.

CHAPITRE VII. Manière de procéder en cas de destruction ou d'enlèvement des pièces ou du jugement d'une affaire.

521. Lorsque, par l'effet d'un incendie, d'une inondation ou de toute autre cause extraordinaire, des minutes d'arrêts rendus en matière criminelle ou correctionnelle, et non encore exécutés, ou des procédures encore indécises, auront été détruites, enlevées, ou se trouveront égarées, et qu'il n'aura pas été possible de les rétablir, il sera procédé ainsi qu'il suit :

522. S'il existe une expédition ou copie authentique de l'arrêt, elle sera considérée comme minute, et, en conséquence, remise dans le dépôt destiné à la conservation des arrêts.

A cet effet, tout officier public ou tout individu dépositaire d'une expédition ou d'une copie authentique de l'arrêt est tenu, sous peine d'y être contraint par corps, de la remettre au greffe de la cour qui l'a rendu, sur l'ordre qui en sera donné par le président de cette cour.

Cet ordre lui servira de décharge envers ceux qui auront intérêt à la pièce.

Le dépositaire de l'expédition ou copie authentique de la minute détruite, enlevée ou égarée, aura la liberté, en la remettant dans le dépôt public, de s'en faire délivrer une expédition sans frais.

523. Lorsqu'il n'existera plus, en matière criminelle, d'expédition ni de copie authentique de l'arrêt, si la déclaration de la cour sur le point de fait existe encore en minute ou en copie authentique, on procédera, d'après cette déclaration, à un nouveau jugement.

524. Lorsque la déclaration de la cour d'assises sur le point ne pourra plus être représentée, qu'il n'en existera aucun acte par écrit, ou lorsque l'affaire aura été jugée correctionnellement, l'instruction sera recommencée à partir du point où les pièces se trouveront manquer, tant en minute qu'en expédition ou copie authentique.

TITRE VI. Des réglemens de juges, et des renvois d'un tribunal à un autre.

CHAPITRE Ier. Des réglemens de juges.

525. Il y aura lieu d'être réglé de juges par le conseil privé, constitué conformément à l'article 179 de notre ordonnance du 9 février 1827, en matières criminelle, correctionnelle ou de police, lorsque des tribunaux ne ressortissant point les uns aux autres, ou lorsque deux tribunaux de première instance de la colonie jugeant correctionnellement, ou lorsque la cour royale et un tribunal de police ou un tribunal de première instance jugeant correctionnellement, seront saisis du même délit, ou de délits connexes, ou de la même contravention. Il y aura lieu aussi à réglement de juges par le conseil privé, lorsque la chambre d'accusation et la chambre correctionnelle de la cour royale seront saisies du même délit ou de délits connexes.

526. La demande en réglement de juges devra également être portée devant le conseil privé, lorsque la cour prévôtale, un tribunal militaire ou maritime siégeant dans la colonie, ou un officier de police militaire, ou tout autre tribunal d'exception établi dans la colonie, d'une part; la cour royale, l'une des cours d'assises de la colonie, l'un des tribunaux de première instance jugeant correctionnellement, un tribunal de police de la colonie ou un juge d'instruction, d'autre part, seront saisis de la connaissance du même délit, ou de délits connexes, ou de la même contravention.

527. Lorsque, par l'effet de deux jugemens ou arrêts d'incompétence intervenus sur la même poursuite et émanés de deux tribunaux différens siégeant dans la colonie, ou de deux chambres de la cour royale, le cours de la justice sera interrompu, si les jugemens ou l'un d'eux ne sont plus susceptibles d'être réformés par la voie de l'appel, de l'annulation ou de la cassation, le conseil privé statuera ainsi qu'il est prescrit pour les cas de conflit.

528. Sur le vu de la requête et des pièces, le conseil privé prononcera en audience publique, ainsi qu'il est réglé au § 3 de l'article 446 du présent Code, après rapport de l'un de ses membres et après lecture des conclusions motivées du contrôleur colonial.

Il ordonnera que le tout soit communiqué aux parties, ou statuera définitivement, sauf l'opposition.

529. Dans le cas où la communication serait ordonnée sur le pourvoi en conflit du prévenu, de l'accusé ou de la partie civile, l'arrêt enjoindra à l'un et à l'autre des officiers chargés du ministère public près les autorités judiciaires concurremment saisies, de transmettre les pièces du procès et leur avis motivé sur le conflit.

530. Lorsque la communication sera ordonnée sur le pourvoi de l'un de ces officiers, l'arrêt ordonnera à l'autre de transmettre les pièces et son avis motivé.

531. L'arrêt de soit communiqué fera mention sommaire des actes d'où naîtra le conflit, et fixera, selon la distance des lieux, le

délai dans lequel les pièces et les avis motivés seront apportés au secrétariat du conseil privé.

La notification qui sera faite de cet arrêt aux parties emportera de plein droit sursis au jugement du procès, et, en matière criminelle, à la mise en accusation, ou, si elle a déjà été prononcée, à l'examen dans les cours d'assises et dans la cour prévôtale, mais non aux actes et aux procédures conservatoires ou d'instruction.

Le prévenu ou l'accusé et la partie civile pourront présenter leurs moyens sur le conflit, dans la forme réglée par notre ordonnance du 31 août 1828, *sur le mode de procéder devant le conseil privé constitué en commission d'appel.*

532. Lorsque, sur la simple requête, il sera intervenu arrêt qui aura statué sur la demande en réglement de juges, cet arrêt sera, à la diligence du contrôleur colonial, notifié à l'officier chargé du ministère public près la cour, le tribunal, ou le magistrat dessaisi.

Il sera notifié de même au prévenu ou à l'accusé, et à la partie civile, s'il y en a une.

333. Le prévenu ou l'accusé, et la partie civile, pourront former opposition à l'arrêt dans le délai de trois jours, et dans les formes prescrites par le chapitre Ier du titre IV du présent livre pour le recours en annulation.

534. L'opposition dont il est parlé au précédent article entraînera de plein droit sursis au jugement du procès, comme il est dit en l'art. 531.

535. Le prévenu qui ne sera pas en arrestation, l'accusé qui ne sera pas retenu dans la maison de justice, et la partie civile, ne seront point admis au bénéfice de l'opposition s'ils n'ont antérieurement, ou dans le délai fixé par l'art. 533, élu domicile dans le lieu où siège l'une des autorités judiciaires en conflit.

A défaut de cette élection, ils ne pourront non plus exciper de ce qu'il ne leur aurait été fourni aucune communication dont le poursuivant sera dispensé à leur égard.

536. Le conseil privé, en jugeant le conflit, statuera sur tous les actes qui pourraient avoir été faits par la cour, le tribunal, ou le magistrat qu'il dessaisira.

537. Les arrêts rendus sur les conflits ne pourront pas être attaqués par la voie de l'opposition, lorsqu'ils auront été précédés d'un arrêt de *soit communiqué* dûment exécuté.

538. L'arrêt rendu, ou après un *soit communiqué*, ou sur une opposition, sera notifié aux mêmes parties et dans la même forme que l'arrêt qui l'aura précédé.

539. Lorsque le prévenu, ou l'officier chargé du ministère public, ou la partie civile, aura excipé de l'incompétence du tribunal de police ou du tribunal de première instance jugeant correctionnellement, ou proposé un déclinatoire soit que l'exception ait été admise ou rejetée, nul ne pourra recourir au conseil privé pour être réglé de juges, sauf à se pourvoir devant qui de droit contre la décision intervenue sur l'exception.

540. Lorsque deux juges d'instruction établis dans le ressort de la même cour royale seront saisis de la connaissance du même délit ou de délits connexes, les parties seront réglées de juges par cette cour, suivant la forme prescrite au présent chapitre.

Lorsque deux tribunaux de police seront saisis de la connaissance de la même contraventions ou de contraventions connexes, les parties seront réglées de juges par le tribunal de première instance jugeant correctionnellement, sauf le recours en annulation, s'il y échet; et, dans ce dernier cas, s'il y a annulation, la cour indiquera le tribunal qui doit connaître de l'affaire.

La demande sera instruite sommairement et sur simple requête.

Les arrêts du conseil privé et de la cour royale, en matière de réglement de juges, ne pourront être attaqués par la voie du recours en cassation.

La partie civile, le prévenu ou l'accusé qui succombera dans la demande en réglement de juges qu'il aura introduite, pourra être condamné à une amende, qui toutefois n'excédera point la somme de trois cents francs, dont moitié sera pour la partie.

541. Lorsqu'il y aura lieu à un réglement de juges entre juge d'instruction, un officier de police militaire, ou l'un des tribunaux de la colonie, d'une part, et un juge d'instruction, un officier de police militaire, ou un des tribunaux de France ou d'une autre colonie française, d'autre part, la demande sera portée devant la Cour de cassation, qui se conformera, pour le mode de procéder, aux règles prescrites par les lois qui régissent le territoire continental du royaume.

CHAPITRE II. Des renvois d'un tribunal à un autre.

542. En matière criminelle et de police, les demandes en renvoi d'une cour d'assises à une autre, ou d'un tribunal de police à un autre tribunal de même qualité, seront portées devant le conseil privé, constitué conformément aux dispositions de l'article 179 de notre ordonnance du 9 février 1827.

Lorsque le procureur général estimera que des motifs de sûreté publique ou de suspicion légitime doivent donner lieu à ce renvoi, il sera tenu d'en faire l'objet d'un rapport au gouverneur, qui décidera s'il y a lieu de charger le contrôleur colonial de présenter à cet effet une demande au conseil privé.

Ce renvoi pourra aussi être ordonné par le conseil, sur la réquisition des parties intéressées, mais seulement pour cause de suspicion légitime.

543. La partie intéressée qui aura procédé volontairement devant une cour ou un tribunal ne sera reçue à demander le renvoi qu'à raison des circonstances survenues depuis, lorsqu'elles seront de nature à faire naître une suspicion légitime.

544. Les officiers du ministère public qui estimeront qu'il y a lieu à renvoi pour cause de sûreté publique ou de suspicion légitime adresseront au procureur général leurs observations et les pièces à l'appui.

545. Sur le vu de la requête et des pièces, le conseil privé statuera définitivement, dans les formes prescrites par l'article 528.

546. Lorsque le renvoi sera demandé par le prévenu, l'accusé ou la partie civile, et que le conseil ne jugera à propos ni d'accueillir ni de rejeter cette demande sur-le-champ, l'arrêt en ordonnera la communication à l'officier chargé du ministère public près la cour ou le tribunal saisi de la connaissance du crime ou de la contravention, et enjoindra à cet officier de transmettre les pièces avec son avis motivé sur la demande en renvoi; le conseil ordonnera de plus, s'il y a lieu, que la communication sera faite à l'autre partie.

547. Lorsque la demande en renvoi sera formée par le contrôleur colonial, et que le conseil n'y statuera pas définitivement, il ordonnera, s'il y a lieu, que la communication sera faite aux parties, ou prononcera telle autre disposition préparatoire qu'il jugera nécessaire.

548. Tout arrêt du conseil privé qui, sur le vu de la demande et des pièces, aura définitivement statué sur une demande en renvoi, sera, à la diligence du contrôleur colonial, notifié soit à l'officier chargé du ministère public près la cour ou le tribunal dessaisi, soit à la partie civile, au prévenu ou à l'accusé en personne ou au domicile élu.

549. L'opposition ne sera pas reçue si elle n'est pas formée d'après les règles et dans le délai fixés au chapitre Ier du présent titre.

550. L'opposition reçue emportera de plein droit sursis au jugement du procès, comme il est dit en l'article 531.

551. Les articles 530, 531, 535, 536, 537, 538, et les deuxième et troisième alinéa de l'article 540, seront communs aux demandes en renvoi d'un tribunal à un autre.

552. L'arrêt qui aura rejeté une demande en renvoi n'exclura pas une nouvelle demande en renvoi fondée sur des faits survenus depuis.

TITRE VII. De la cour prévôtale.

CHAPITRE UNIQUE. *De la compétence, de la composition et de la procédure devant la cour prévôtale.*

SECTION Ire. De la compétence et de la composition de la cour prévôtale.

§ Ier. *De la compétence.*

553. La cour prévôtale connaîtra des crimes énoncés en l'art. 306 de notre ordonnance du 24 septembre 1828, et procédera, sans distinction de classe ni de profession civile ou militaire, aux termes dudit article, contre tout individu prévenu d'avoir commis l'un de ces crimes.

554. Si les accusés ou quelques-uns des accusés compris dans le même procès sont en même temps prévenus de crimes non connexes, autres que ceux dont la poursuite est attribuée à la cour prévôtale, cette cour, après avoir statué sur l'affaire dont elle doit connaître, renverra pour le surplus, s'il y a lieu, devant qui de droit.

555. Aussitôt après la promulgation de l'arrêté qui ordonnera l'établissement d'une cour prévôtale, tous les crimes qui, aux termes de l'arrêté, rentreront dans la compétence de cette cour, et auront été commis postérieurement à la promulgation de l'arrêté, seront jugés par la cour prévôtale.

§ II. De l'établissement et de la composition de la cour prévôtale.

556. La cour prévôtale sera établie dans le cas et de la manière déterminée par les articles 297 et 298 de notre ordonnance du 24 septembre 1828.

557. Elle sera composée conformément aux règles prescrites par les articles 299 à 305 inclusivement de ladite ordonnance.

SECTION II. Des fonctions du prévôt, du président et des officiers du ministère public près de la cour prévôtale.

§ I. *Fonctions du prévôt.*

558. Le prévôt est spécialement chargé de la recherche et de la poursuite des crimes dont la connaissance est attribuée à la cour prévôtale.

Dans les cas de flagrant délit ou de clameur publique, le prévôt sera tenu de se transporter sur les lieux pour dresser les procès-verbaux constatant le corps du délit, recevoir les déclarations des témoins et recueillir tous renseignemens propres à la manifestation de la vérité. Il fera saisir les prévenus présens contre lesquels il existerait des indices graves.

559. Lorsque le prévôt aura reçu des plaintes ou des dénonciations relatives à des faits de la compétence de la cour prévôtale, il informera contre les prévenus, et pourra se

transporter sur les lieux, à l'effet d'y dresser tous procès-verbaux nécessaires. Il décernera, s'il y a lieu, des mandats d'amener ou de dépôt.

Il pourra, après l'interrogatoire des prévenus et sur les conclusions du ministère public, décerner des mandats d'arrêt.

Il sera, dans les circonstances prévues par le présent article, assisté de son adjoint.

Le prévôt pourra requérir directement la force publique.

560. En l'absence du prévôt, et dans le cas de compétence prévôtale, les juges-de-paix, les officiers faisant le service de la gendarmerie, les commissaires commandans de communes et leurs lieutenans seront tenus de dresser tous procès-verbaux et tous actes.

En cas de flagrant délit ou de clameur publique, ils feront saisir les prévenus, ou décerneront un mandat d'amener ou de dépôt contre eux.

561. Tous officiers faisant le service de la gendarmerie seront tenus d'informer le prévôt des faits de sa compétence qu'ils viendraient à découvrir. Ils devront lui fournir tous les renseignemens qu'il leur demandera.

562. Lorsque le prévôt estimera qu'il y a lieu d'instruire prévôtalement, il en donnera avis au procureur du Roi.

§ II. Fonctions du président.

563. Le président de la cour prévôtale est chargé d'entendre l'accusé lors de son arrivée dans la maison de justice.

Il pourra déléguer ces fonctions à l'un des juges.

Il dirigera l'instruction et le débat, déterminera l'ordre entre ceux qui demanderont à parler ; il aura la police de l'audience.

Les dispositions contenues aux articles 268, 269 et 270, relatifs aux attributions du président de la cour d'assises, seront communes au président de la cour prévôtale.

564. Le président convoquera la cour prévôtale toutes les fois que l'instruction d'une affaire sera complète.

§ III. Fonctions de l'officier du ministère public près la cour prévôtale.

565. Le procureur général exercera dans la cour prévôtale les fonctions qui lui sont attribuées pour la poursuite, l'instruction, le jugement dans les affaires de la compétence des cours d'assises, et qui sont réglées par les art. 271, 272, 273, 274, 275, 276, 277, par la première disposition de l'art. 278, par les art. 279 et suivans, jusques et y compris l'article 283.

Section III. De la procédure antérieure aux débats.

566. Les crimes dont la connaissance sera attribuée à la cour prévôtale par l'arrêté de sa création seront poursuivis d'office par le procureur du Roi, sous la surveillance du procureur général.

Les plaintes et dénonciations pourront être reçues par tous les officiers de police judiciaire, qui les adresseront, en ce cas, dans les vingt-quatre heures, au procureur du Roi.

567. A l'instant même de son arrestation, le prévenu sera traduit dans la prison la plus prochaine, et transféré sans délai dans celle de la cour prévôtale.

Dans les vingt-quatre heures de l'arrivée du prévenu dans la prison de la cour, le prévôt procédera à son interrogatoire, et, dans le plus court délai, à l'audition des témoins.

Il sera assisté de son adjoint.

L'adjoint signera l'interrogatoire et le procès-verbal d'audition des témoins, le tout à peine de nullité. L'adjoint pourra requérir le prévôt de faire à l'accusé telle question qu'il jugera nécessaire à l'éclaircissement de l'affaire.

568. Dans le cours de l'interrogatoire, le prévenu sera averti qu'il sera jugé prévôtalement en dernier ressort.

Il sera sommé de proposer ses exceptions contre la compétence, s'il en a à présenter. Il sera fait mention, dans le procès-verbal, de ladite sommation et des réponses du prévenu ; il lui sera demandé s'il a fait choix d'un conseil ; et s'il ne l'a pas fait, le prévôt lui en nommera un d'office, en se conformant aux dispositions de l'article 295 du présent Code : le tout à peine de nullité.

569. Sur le vu des pièces communiquées au ministère public, la cour, avant de statuer sur la compétence, statuera sur celles des nullités déterminées aux art. 567 et 568, et, s'il y a lieu, annulera la procédure à partir du plus ancien acte nul.

Le jugement d'incompétence sera rendu en la chambre du conseil et hors la présence de l'accusé, sur le rapport du prévôt ou de son adjoint et sur les conclusions écrites du ministère public.

Ce jugement sera signifié dans les vingt-quatre heures à l'accusé.

570. Dans le cas où la cour prévôtale se déclarerait incompétente, elle renverra l'accusé et les pièces devant qui de droit.

Dans le cas contraire, elle prononcera, s'il y a lieu, la mise en accusation, et décernera l'ordonnance de prise de corps.

Les jugemens d'incompétence ou de compétence seront, aux termes de l'article 308 de notre ordonnance du 24 septembre 1828, immédiatement transmis au contrôleur colonial, qui sera tenu, toute affaire cessante, de les soumettre à la délibération du conseil privé, pour qu'il y soit statué définitivement, sans recours en cassation.

Avant de régler la compétence, le conseil privé statuera sur les nullités, en se conformant aux dispositions du premier paragraphe de l'art. 569.

Si le conseil privé réforme le jugement d'incompétence, il renverra le procès et les prévenus devant la cour prévôtale, qui sera tenue de statuer immédiatement sur la mise en accusation.

Si le conseil réforme le jugement d'incompétence, il renverra l'accusé et les pièces devant qui de droit.

571. L'instruction sur le fond du procès ne sera pas suspendue par l'envoi du jugement de compétence au conseil privé, mais il sera sursis aux débats et au jugement définitif jusqu'à ce qu'il ait été prononcé par le conseil sur le jugement de compétence.

572. Les dispositions contenues aux articles 302, 303, 304, 305, 307 et 308, relatifs à l'instruction des procès de la compétence des cours d'assises, sont applicables à l'instruction des procès de la compétence de la cour prévôtale.

Section IV. De l'examen.

573. Dans les trois jours de la réception de l'arrêt du conseil privé sur la compétence, le procureur général fera ses diligences pour la convocation de la cour prévôtale.

574. Les dispositions contenues aux articles 310, 311, 313, 314, 315, 316, 317, 318, 319, 320, 321, 322, 323, 324, 325, 326 et 327, relatifs à l'examen et aux débats devant la cour d'assises, seront observées dans l'examen et les débats devant la cour prévôtale.

Chaque témoin, après sa déposition, restera dans l'auditoire, si le président n'en ordonne autrement, jusqu'à ce que la cour se soit retirée en la chambre du conseil, pour y délibérer le jugement.

575. Pendant l'examen, le ministère public et les juges pourront prendre note de ce qui leur paraîtra important soit dans les dépositions des témoins, soit dans la défense de l'accusé, pourvu que la discussion n'en soit pas interrompue.

576. Les dispositions contenues aux articles 329, 330, 331, 332, 333, 334 et 335, seront observées dans l'examen devant la cour prévôtale.

Le ministère public donnera des conclusions motivées, et requerra, s'il y a lieu, l'application de la peine.

577. Le président fera retirer l'accusé de l'auditoire.

578. L'examen et les débats, une fois entamés, devront être continués sans interruption : le président ne pourra les suspendre que pendant les intervalles nécessaires pour le repos des juges, des témoins et des accusés.

579. Les dispositions contenues aux articles 354, 355, 356, seront exécutées.

Section V. Du jugement.

580. La cour se retirera en la chambre du conseil pour y délibérer.

581. Le président posera les questions et recueillera les voix.

Le juge militaire opinera le premier, ensuite le prévôt, et successivement les autres juges, dans l'ordre inverse de leur réception.

582. Le jugement de la cour se formera à la majorité.

583. En cas d'égalité de voix, l'avis favorable à l'accusé prévaudra.

584. L'arrêt qui acquittera l'accusé statuera sur les dommages-intérêts respectivement prétendus, après que les parties auront proposé leurs fins de non-recevoir ou leurs défenses, et que le procureur général aura été entendu.

La cour pourra néanmoins, si elle le juge convenable, commettre l'un des juges pour entendre les parties, prendre connaissance des pièces, et faire son rapport à l'audience, où les parties pourront encore présenter leurs observations, et où le ministère public sera de nouveau entendu.

585. Les demandes en dommages-intérêts formées soit par l'accusé contre ses dénonciateurs ou la partie civile, soit par la partie civile contre l'accusé ou le condamné, seront portées à la cour prévôtale.

La partie civile est tenue de former sa demande en dommages-intérêts avant le jugement; plus tard, elle sera non-recevable.

Il en est de même de l'accusé, s'il a connu son dénonciateur.

Dans le cas où l'accusé n'aurait connu son dénonciateur que depuis le jugement, mais avant la fin du terme fixé pour la durée de la cour prévôtale, il sera tenu, sous peine de déchéance, de porter sa demande à la cour prévôtale; s'il ne l'a connu qu'après l'expiration dudit terme, sa demande sera portée au tribunal civil.

À l'égard des tiers qui n'auraient pas été parties au procès, ils s'adresseront au tribunal civil.

586. Les art. 360 et 361 recevront leur exécution.

587. Si la cour déclare l'accusé convaincu du crime porté en l'accusation, son arrêt prononcera la peine établie par la loi, et statuera en même temps sur les dommages-intérêts prétendus par la partie civile.

588. La cour pourra, dans les cas prévus par la loi, déclarer l'accusé excusable.

589. Si, par le résultat des débats, le fait dont l'accusé est convaincu était dépouillé des circonstances qui le rendaient justiciable de la cour prévôtale, ou n'était pas de nature à entraîner peine afflictive ou infamante, au premier cas, la cour enverra, par un arrêt motivé, l'accusé et le procès devant la cour

d'assises, qui prononcera, quel que soit ensuite le résultat des débats ; au deuxième cas,
la cour pourra appliquer, s'il y a lieu, les
peines correctionnelles ou de police encourues par l'accusé.

590. La cour prévôtale ne pourra infliger
d'autres peines que celles portées par les lois.

591. L'arrêt sera prononcé à haute voix
par le président, en présence du public et de
l'accusé.

592. L'arrêt contiendra, sous les peines
prononcées par l'art. 369, le texte de la loi
sur lequel il est fondé : ce texte sera lu à l'accusé.

593. La minute de l'arrêt sera signée par
les juges qui l'auront rendu, à peine de cent
francs d'amende contre le greffier et de prise
à partie tant contre le greffier que contre les
juges : elle sera signée dans les vingt-quatre
heures de la prononciation de l'arrêt.

594. Après avoir prononcé l'arrêt, le président pourra, selon les circonstances, exhorter l'accusé à la fermeté, à la résignation, ou
à réformer sa conduite.

595. La cour, après la prononciation de
l'arrêt, pourra, pour des motifs graves, recommander l'accusé à la commisération du
Roi, en invitant le Gouvernement à accorder
un sursis.

Cette recommandation ne sera point insérée dans l'arrêt, mais dans un procès-verbal séparé, secret, motivé, dressé en la chambre du conseil, le ministère public entendu,
et signé comme la minute de l'arrêt de condamnation.

Expédition dudit procès-verbal, ensemble
de l'arrêt de condamnation, sera adressée de
suite par le procureur général au gouverneur, et par ce dernier à notre ministre de
la marine et des colonies.

596. Les dispositions contenues en l'article 372 seront applicables à la cour prévôtale.

597. Les arrêts de la cour prévôtale seront
rendus en dernier ressort et sans recours en
cassation.

Ils seront exécutés dans les vingt-quatre
heures de la décision par laquelle le gouverneur en conseil aura ordonné l'exécution de
l'arrêt, conformément à l'art. 50 de notre ordonnance du 9 février 1827.

Les art. 376, 377, 378 et 379 recevront
leur application.

Les minutes des arrêts rendus à la cour
prévôtale seront recueillies, transmises et déposées conformément aux dispositions des articles 315, 316 et 317 de notre ordonnance
du 24 septembre 1828.

598. Lorsque le prévenu n'aura pas été
saisi, ou qu'après avoir été saisi il s'évadera,
il sera procédé contre lui par contumace.

La cour jugera sa contumace, et, après
avoir pris connaissance de la procédure et
de l'acte d'accusation, elle prononcera sur le
procès principal.

Les effets de la contumace demeureront,
au surplus, tels qu'ils sont réglés par le présent Code.

599. Tout ce qui est relatif à la fixation du
lieu où siégera la cour prévôtale, au nombre
de juges dont cette cour doit être composée
pour rendre arrêt, au serment à prêter par
chacun de ses membres, est réglé par notre
ordonnance du 24 septembre 1828.

TITRE VIII. De quelques objets d'intérêt public
et de sûreté générale.

CHAPITRE Ier. Du dépôt général de la notice des
jugemens.

600. Les greffiers des tribunaux de première instance et de la cour royale jugeant
correctionnellement, ainsi que ceux des cours
d'assises et des cours prévôtales, seront tenus
de consigner par ordre alphabétique, sur un
registre particulier, les nom, prénoms, profession, âge, résidence de tous les individus
condamnés à un emprisonnement correctionnel ou à une plus forte peine. Ce registre
contiendra une notice sommaire de chaque
affaire et de la condamnation, à peine de
cent francs d'amende pour chaque omission.

601. Tous les trois mois, les greffiers enverront, sous peine de deux cents francs d'a-
mende, copie de ces registres au directeur
général de l'intérieur, qui fera tenir, dans la
même forme, un registre général composé de
ces diverses copies.

602. Tous les ans, les greffiers enverront,
sous la même peine, copie des mêmes registres au procureur général, qui les transmettra
au gouverneur, pour être envoyés à notre ministre de la marine et des colonies.

CHAPITRE II. Des prisons, maisons d'arrêt et de
justice.

603. Indépendamment des prisons établies
pour peines, il y aura dans chaque arrondissement de la colonie une maison d'arrêt pour
y retenir les prévenus, et près de chaque
cour d'assises une maison de justice pour y
retenir ceux contre lesquels il aura été rendu
une ordonnance de prise de corps.

604. Les maisons d'arrêt et de justice seront entièrement distinctes des prisons établies pour peines.

605. Le directeur général de l'intérieur
veillera à ce que ces différentes maisons
soient non-seulement sûres, mais propres, et
telles que la santé des prisonniers ne puisse
être aucunement altérée.

606. Les gardiens de ces maisons seront
nommés par l'autorité administrative.

607. Les gardiens des maisons d'arrêt, des
maisons de justice et des prisons, seront tenus d'avoir un registre.

« Ce registre sera signé et paraphé à toutes ses pages par le juge d'instruction, pour les maisons d'arrêt; par le président de la cour d'assises, ou, en son absence, par le juge royal, pour les maisons de justice; et par le directeur général de l'intérieur, pour les prisons pour peines.

608. Tout exécuteur de mandat d'arrêt, d'ordonnance de prise de corps, d'arrêt ou de jugement de condamnation, est tenu, avant de remettre au gardien la personne qu'il conduira, de faire inscrire sur le registre l'acte dont il sera porteur. L'acte de remise sera écrit devant lui.

« Le tout sera signé tant par lui que par le gardien.

« Le gardien lui en remettra une copie signée de lui pour sa décharge.

609. Nul gardien ne pourra, à peine d'être poursuivi et puni comme coupable de détention arbitraire, recevoir ni retenir aucune personne de condition libre, qu'en vertu soit d'un mandat de dépôt, soit d'un mandat d'arrêt décerné selon les formes prescrites par la loi, soit d'un arrêt de renvoi devant la cour d'assises ou une cour prévôtale, soit d'un arrêt ou jugement de condamnation à une peine afflictive ou à un emprisonnement, et sans que la transcription en ait été faite sur son registre.

« Il n'est point dérogé à la disposition de l'art. 45 de notre ordonnance du 9 février 1827, en ce qui concerne les arrestations par mesure de haute police.

610. Le registre ci-dessus mentionné contiendra également, en marge de l'acte de remise, la date de la sortie du prisonnier, ainsi que l'ordonnance, l'arrêt ou le jugement en vertu duquel elle aura lieu.

« Dans le cas énoncé au dernier paragraphe de l'article précédent, le registre énoncera aussi l'ordre en vertu duquel la sortie du prisonnier aura eu lieu.

611. Le juge d'instruction est tenu de visiter, au moins une fois par mois, les personnes retenues dans la maison d'arrêt du lieu où il réside.

« Un conseiller-auditeur, délégué par le président, visitera également, une fois par mois, les personnes retenues dans la maison d'arrêt au lieu où siége la cour.

« Une fois au moins dans le cours de chaque session de la cour d'assises, le président de cette cour est tenu de visiter les personnes détenues dans la maison de justice.

« Le directeur général de l'intérieur est tenu de visiter, au moins deux fois par an, toutes les maisons de justice et prisons, et tous les prisonniers de la colonie.

612. Indépendamment des visites ordonnées par l'article précédent, le commissaire commandant ou son lieutenant, dans chaque commune où il y aura soit une maison d'arrêt, soit une maison de justice, soit une prison, est tenu de faire, au moins une fois par mois, la visite de ces maisons.

613. Le commissaire commandant de la commune veillera à ce que la nourriture des prisonniers soit suffisante et saine : la police de ces maisons lui appartiendra.

« Le juge d'instruction, le conseiller-auditeur, délégué en vertu de l'art. 611, et le président des assises, pourront néanmoins donner respectivement tous les ordres qui devront être exécutés dans les maisons d'arrêt et de justice, et qu'ils croiront nécessaires, soit pour l'instruction, soit pour le jugement.

614. Si quelque prisonnier use de menace, injures ou violences, soit à l'égard du gardien ou de ses préposés, soit à l'égard des autres prisonniers, il sera, sur les ordres de qui il appartiendra, resserré plus étroitement, enfermé seul, même mis aux fers, en cas de fureur ou de violence grave, sans préjudice des poursuites auxquelles il pourrait avoir donné lieu.

CHAPITRE III. Des moyens d'assurer la liberté individuelle contre les détentions illégales ou d'autres actes arbitraires.

615. Quiconque aura connaissance qu'un individu de condition libre est détenu dans un lieu qui n'a pas été destiné à servir de maison d'arrêt ou de justice, ou de prison, est tenu d'en donner avis au juge-de-paix, au procureur du Roi ou à son substitut, ou au juge d'instruction, ou au procureur général près la cour royale.

616. Les juges-de-paix, les officiers chargés du ministère public, et le juge d'instruction, seront tenus d'office, ou sur l'avis qu'ils en auront reçu, sous peine d'être poursuivis comme complices de détention arbitraire, de s'y transporter aussitôt, et de faire mettre en liberté la personne détenue, ou, s'il est allégué quelque cause légale de détention, de la faire conduire sur-le-champ devant le magistrat compétent.

« L'officier qui aura procédé à la visite dressera du tout procès-verbal.

617. Il rendra, au besoin, une ordonnance dans la forme prescrite par l'article 95 du présent Code.

« En cas de résistance, il pourra se faire assister de la force nécessaire ; et toute personne requise est tenue de prêter main-forte.

618. Tout gardien qui aura refusé ou de montrer au porteur de l'ordre de l'officier civil ayant la police de la maison d'arrêt ou de justice, ou de la prison, la personne du détenu, sur la réquisition qui en sera faite, ou de montrer l'ordre qui le lui défend, ou de faire aux officiers désignés dans l'article 616 l'exhibition de ses registres, ou de leur laisser prendre telle copie qu'ils croiront né-

cessaire de partie de ses registres, sera poursuivi comme coupable ou complice de détention arbitraire.

CHAPITRE IV. De la réhabilitation des condamnés.

619. Tout condamné à une peine afflictive ou infamante qui aura subi sa peine pourra être réhabilité.

La demande en réhabilitation ne pourra être formée par les condamnés aux travaux forcés à temps ou à la réclusion, que cinq ans après l'expiration de leur peine; et par les condamnés à la peine du carcan, que cinq ans à compter du jour de l'exécution de l'arrêt.

620. Nul ne sera admis à demander sa réhabilitation s'il ne demeure depuis cinq ans dans le ressort du même tribunal de première instance, s'il n'est pas domicilié depuis deux ans accomplis dans la même commune, et s'il ne joint à sa demande des attestations de bonne conduite qui lui auront été données par les commissaires commandans des communes dans le territoire desquelles il aura demeuré ou résidé pendant le temps qui aura précédé sa demande.

Ces attestations de bonne conduite ne pourront lui être délivrées qu'à l'instant où il quitterait son domicile ou le lieu qu'il habite.

Les attestations exigées ci-dessus devront être approuvées par le procureur du Roi, ou son substitut, et par les juges-de-paix des lieux où il aura demeuré ou résidé.

621. La demande en réhabilitation, les attestations exigées par l'article précédent, et l'expédition du jugement de condamnation, seront déposées au greffe de la cour royale.

622. La requête et les pièces seront communiquées au procureur général : il donnera ses conclusions motivées et par écrit.

623. L'affaire sera rapportée à la chambre d'accusation.

624. La cour et le ministère public pourront, en tout état de cause, ordonner de nouvelles informations.

625. La notice de la demande en réhabilitation sera insérée dans les journaux de la colonie.

626. La cour, le procureur général entendu, donnera son avis.

627. Cet avis ne pourra être donné que trois mois après la présentation de la demande en réhabilitation.

628. Si la cour est d'avis que la demande en réhabilitation ne peut être admise, le condamné pourra se pourvoir de nouveau après un nouvel intervalle de cinq ans.

629. Si la cour pense que la demande en réhabilitation peut être admise, son avis, ensemble les pièces exigées par l'article 620, seront par le procureur général, et dans le plus bref délai, transmis au gouverneur.

630. Le gouverneur transmettra cet av[is] avec ses observations au ministre secrétai[re] d'Etat de la marine et des colonies, qui e[n] fera son rapport au Roi.

631. Si la réhabilitation est prononcée, en sera expédié des lettres où l'avis de [la] cour sera inséré.

632. Les lettres de réhabilitation seron[t] adressées à la cour qui aura délibéré l'avis[;] il en sera envoyé copie authentique à la cou[r] qui aura prononcé la condamnation, et tran[s]cription des lettres sera faite en marge de [la] minute de l'arrêt de condamnation.

633. La réhabilitation fera cesser, pou[r] l'avenir, dans la personne du condamn[é] toutes les incapacités qui résultaient de [la] condamnation.

634. Le condamné pour récidive ne se[ra] jamais admis à la réhabilitation.

CHAPITRE V. De la prescription.

635. Les peines portées par les arrêts o[u] jugemens rendus en matière criminelle prescriront par vingt années révolues, [à] compter de la date des arrêts ou jugemen[s].

Néanmoins le condamné ne pourra rés[i]der dans la colonie, lorsque celui sur qui o[u] contre la propriété de qui le crime aura[it] été commis, ou ses héritiers directs, y rés[i]deront.

Le gouverneur pourra assigner au co[n]damné le lieu de son domicile.

636. Les peines portées par les arrêts o[u] jugemens rendus en matière correctionnell[e] se prescriront par cinq années révolues à compter de la date de l'arrêt ou du jugeme[n]s rendu en dernier ressort, et à l'égard d[es] peines prononcées par le tribunal de pr[e]mière instance jugeant correctionnellemen[t], à compter du jour où ils ne pourront pl[us] être attaqués par la voie de l'appel.

637. L'action publique et l'action civil[e] résultant d'un crime de nature à entrain[er] la peine de mort ou des peines afflictiv[es] perpétuelles, ou de tout autre crime empor[tant] peine afflictive ou infamante, se pre[s]criront après dix années révolues à compt[er] du jour où le crime aura été commis, si da[ns] cet intervalle il n'a été fait aucun acte d'in[s]truction ni de poursuite.

S'il a été fait, dans cet intervalle, des act[es] d'instruction ou de poursuite non suivis [de] jugement, l'action publique et l'action civil[e] ne se prescriront qu'après dix années révo[o]lues à compter du dernier acte, à l'éga[rd] même des personnes qui ne seraient pas im[pliquées dans cet acte d'instruction ou [de] poursuite.

638. Dans les deux cas exprimés en l'a[r]ticle précédent, et suivant les distinctio[ns] d'époques qui y sont établies, la durée de [la]

prescription sera réduite à trois années révolues, s'il s'agit d'un délit de nature à être puni correctionnellement.

639. Les peines portées par les jugemens rendus pour contraventions de police seront prescrites après deux années révolues, savoir : pour les peines prononcées par arrêt ou jugement rendu en dernier ressort, à compter du jour de l'arrêt; et, à l'égard des peines prononcées par les tribunaux de police, à compter du jour où ils ne pourront plus être attaqués par la voie de l'appel.

640. L'action publique et l'action civile pour une contravention de police seront prescrites après une année révolue, à compter du jour où elle aura été commise, même lorsqu'il y aura eu procès-verbal, saisie, instruction ou poursuite, si, dans cet intervalle, il n'est point intervenu de condamnation; s'il y a eu un jugement définitif de première instance de nature à être attaqué par la voie de l'appel, l'action publique et l'action civile se prescriront après une année révolue, à compter de la notification de l'appel qui en aura été interjeté.

641. En aucun cas les condamnés par défaut ou par contumace, dont la peine est prescrite, ne pourront être admis à se présenter pour purger le défaut ou la contumace.

642. Les condamnations civiles portées par les arrêts ou par les jugemens rendus en matière criminelle, correctionnelle ou de police, et devenues irrévocables, se prescriront d'après les règles établies par le code civil.

643. Les dispositions du présent chapitre ne dérogent point aux lois particulières relatives à la prescription des actions résultant de certains délits ou de certaines contraventions.

Dispositions générales.

644. Toutes dispositions des lois, ordonnances, arrêtés et réglemens, sont et demeurent abrogées en ce qu'elles ont de contraire à la présente ordonnance.

645. Les prescriptions établies par le présent Code seront appliquées aux crimes, délits et contraventions commis avant sa promulgation, si elles sont plus favorables aux prévenus ou aux accusés que celles établies par la législation antérieure.

646. Notre ministre secrétaire d'Etat de la marine et des colonies (baron Hyde de Neuville) est chargé de l'exécution de la présente ordonnance.

12 = Pr. 29 OCTOBRE 1828.—Ordonnance du Roi qui règle les formalités à remplir pour le maintien et la validité des inscriptions hypothécaires qui existent sur des biens situés dans des communes cédées à la France par la Bavière (1). (8, Bull. 259 , n° 9793.)

Charles, etc.

Sur le rapport de notre garde-des-sceaux, ministre secrétaire d'Etat au département de la justice;

Vu notre ordonnance du 6 mars 1828, par laquelle nous avons réuni au canton et à l'arrondissement de Wissembourg, département du Bas-Rhin, la commune de Nieder-Steinbach et les parties des communes de Wieler et d'Altenstadt qui ont été cédées par la Bavière à la France par la convention définitive conclue entre la France et la Bavière le 9 décembre 1825, pour la démarcation de la frontière du nord, et au canton de Bitche et à l'arrondissement de Sarguemines, département de la Moselle, la commune d'Ober-Steinbach, cédée à la France par la même convention;

Vu le titre du Code civil relatif aux priviléges et hypothèques, et notamment l'article 2146;

Voulant pourvoir, en ce qui touche les dispositions du Code civil relatives aux priviléges et hypothèques, à l'exécution de la convention définitive conclue entre la France et la Bavière le 9 décembre 1825, et de notre ordonnance du 6 mars 1828;

Notre Conseil-d'Etat entendu,

Nous avons ordonné et ordonnons ce qui suit :

Art. 1er. Pour conserver le rang des priviléges et hypothèques qui, d'après les dispositions du Code civil, ne se conservent pas indépendamment de l'inscription sur les registres du conservateur, et à raison desquels il a été pris des inscriptions aux bureaux bavarois de Landau et de Deux-Ponts, sur des immeubles situés dans les communes de Nieder-Steinbach et d'Ober-Steinbach, et dans les parties des communes de Weiler et d'Altenstadt réunies à la France par la convention définitive du 9 décembre 1825, comme aussi pour conserver l'effet des transcriptions faites aux mêmes bureaux, les porteurs de bordereaux d'inscription, des contrats transcrits et des certificats de transcription, seront tenus de les représenter dans le délai de six mois, savoir : au conservateur des hypothèques de Wissembourg, pour les immeubles situés dans la commune de Nieder-Steinbach et les parties des communes de Weiler et d'Altenstadt,

---

(1) On peut citer comme dispositions analogues à celles de cette ordonnance, les art. 37 et suivans de la loi du 11 brumaire an 7, la loi du 4 septembre 1807, les décrets du 8 novembre 1810, du 4 juillet 1811, art. 157, et du 30 septembre 1811, art. 46.

et au conservateur des hypothèques de Sarguemines, pour les immeubles situés dans la commune d'Ober-Steinbach.

2. Ces conservateurs, chacun en ce qui le concerne, porteront lesdits bordereaux, contrats et certificats de transcription sur leurs registres, suivant l'ordre des présentations, avec la date primitive de l'inscription ou transcription. Il sera fait mention, tant sur lesdits registres que sur les bordereaux d'inscription, contrats et certificats de transcription, du jour où ils auront été présentés auxdits conservateurs et portés par eux sur leurs registres.

3. A défaut de présentation des bordereaux d'inscription, contrats et certificats de transcription, aux conservateurs des hypothèques de Wissembourg et de Sarguemines, dans le délai ci-dessus déterminé, les hypothèques et transcriptions n'auront effet qu'à compter du jour de l'inscription ou de la transcription qui sera faite postérieurement; dans le même cas, les priviléges dégénéreront en simple hypothèque, et n'auront rang que du jour de leur inscription : le tout conformément aux règles de droit commun.

4. Notre garde-des-sceaux, ministre secrétaire d'Etat au département de la justice (comte Portalis), et notre ministre secrétaire d'Etat au département des finances (comte Roy), sont chargés, chacun en ce qui le concerne, de l'exécution de la présente ordonnance, qui sera insérée au Bulletin des Lois.

12 OCTOBRE = Pr. 1ᵉʳ NOVEMBRE 1828.—Ordonnance du Roi relative à la construction d'un pont sur la Garonne, à Miramont. (8, Bull. 260, n° 9820.)

Charles, etc.

Sur le rapport de notre ministre secrétaire d'Etat au département de l'intérieur;

Vu le cahier des charges pour la construction d'un pont en charpente sur la Garonne à Miramont, route départementale n° 29, moyennant la concession temporaire d'un péage;

Vu le procès-verbal du 20 mai dernier, constatant les opérations faites à la préfecture du département de la Haute-Garonne pour parvenir, avec publicité et concurrence, à l'adjudication de cette entreprise;

Notre Conseil-d'Etat entendu,

Nous avons ordonné et ordonnons ce qui suit :

Art. 1ᵉʳ. L'adjudication de la construction d'un pont en charpente sur la Garonne à Miramont, faite et passée, le 20 mai 1828, par le préfet de la Haute-Garonne, au sieur Bareille, moyennant la concession d'un péage sur ce pont pendant dix-huit années, est approuvée.

En conséquence, les clauses et conditions de cette adjudication recevront leur plei[.] et entière exécution.

2. L'administration est autorisée à acqu[é]rir les terrains nécessaires pour établir l[es] abords de ce pont et les raccorder avec l[es] communications existantes; elle se conf[o]rmera, à ce sujet, aux dispositions de la l[oi] du 8 mai 1810, sur l'expropriation po[ur] cause d'utilité publique.

3. Le cahier des charges, le tarif du péa[ge] et le procès-verbal d'adjudication demeure[nt] ront annexés à la présente ordonnance.

4. Notre ministre secrétaire d'Etat de l'i[n]térieur (vicomte de Martignac) est chargé [de] l'exécution de la présente ordonnance.

Tarif des droits à percevoir au passage du pont *Miramont sur la Garonne, route départeme[ntale]* *tale n° 29.*

Par personne.	0f 05c
Par cheval, mulet ou âne chargé ou non chargé, non compris le conducteur.	0 05
Par voyageur avec son cheval.	0 10
Par bœuf, vache ou taureau.	0 05
Par veau ou porc	0 02 1/2
Par mouton, brebis, bouc, chèvre, et paire d'oies ou de dindons. . . .	0 01

Les animaux allant au labour ou au pâturage ou à l'abreuvoir sont exempts des droits, ainsi que leurs conducteurs.

Pour une voiture suspendue à deux roues, attelée d'un cheval ou mulet, et son conducteur.	0 60
Pour *idem* à deux chevaux ou mulets.	0 75
Pour une voiture à quatre roues et un cheval ou mulet, et son conducteur.	0 75

Non compris les voyageurs qui sont dans la voiture, qui paieront comme les personnes à pied. Chaque cheval ou mulet attelé de plus paiera. 0 25

Pour une charrette chargée ou char attelé d'un mulet ou d'une paire de bœufs, compris le conducteur. . .	0 40
Pour *idem* à deux colliers, ou attelée de deux paires de bœufs.	0 50
Pour *idem* attelée seulement d'un âne ou d'une ânesse.	0 20

La charrette ou le char à vide paiera moitié prix, et chaque collier ou paire de bœufs de plus paiera. . . . 0 15

Sont exempts du droit de péage :

1° Le préfet et le sous-préfet en tournée, le maire de Miramont, le juge-de-paix du canton, les ingénieurs et conducteurs des ponts-et-chaussées, les cantonniers, les employés des contributions indirectes; les gendarmes, lorsqu'ils se transporteront pour l'exercice de leurs fonctions; les courriers du Gouvernement et les malles faisant le service des postes de l'Etat; les piétons et ordonnances employés pour le service de la correspondance de la sous-préfecture de Saint-Gaudens;

2° Les généraux, officiers, employés militaires, sous-officiers et soldats voyageant en troupe ou isolément, à la charge de présenter une feuille de route ou un ordre de service;

3° Les trains d'artillerie, caissons militaires, ainsi que les conducteurs;

4° Toutes voitures servant au transport des matériaux pour les travaux de la route et de ses ponts, ainsi que les ouvriers employés auxdits travaux.

£12 OCTOBRE = Pr. 1er NOVEMBRE 1828.—Ordonnance du Roi qui autorise, aux conditions y exprimées, les sieurs Vesin et Deranne à rendre la rivière de Dronne navigable depuis la Roche-Chalais (Dordogne), jusqu'à son embouchure dans celle de l'Isle, à Coutras (Gironde). (8, Bull. 260, n° 9321.)

Charles, etc.

Sur le rapport de notre ministre secrétaire d'État au département de l'intérieur;

Vu la demande faite le 14 janvier 1828 par les sieurs Vesin et Deranne, tendant à obtenir à perpétuité la concession du droit de navigation sur la rivière de Dronne, à la charge par eux de rendre cette rivière navigable depuis la Roche-Chalais, dans le département de la Dordogne, jusqu'à sa jonction dans l'Isle, à Coutras, département de la Gironde;

Vu la soumission présentée le 1er juillet 1828, et par laquelle les sieurs Vesin et Deranne réduisent à quatre-vingt-dix-neuf années la concession demandée du droit de navigation;

Vu le tarif joint à ce projet;

Vu l'état approximatif des transports qui pourront être effectués par cette navigation;

Vu les délibérations des conseils municipaux des communes de Coutras, les Peintures, les Eglisottes, la Gorce et Chamatelle, riveraines de la Dronne, situées dans le département de la Gironde, et celles des conseils municipaux de la Roche-Chalais, Saint-Aulaye, Parconel, Riberac, Saint-Aigulin et la Barde, situées, les quatre premières, dans le département de la Dordogne, et les deux dernières dans celui de la Charente-Inférieure;

Vu les actes de concession gratuite des terrains destinés au chemin de halage, consentis par les propriétaires riverains au profit des sieurs Vesin et Deranne;

Vu l'avis du sous-préfet de l'arrondissement de Libourne;

Vu l'avis de l'ingénieur en chef du département de la Gironde;

Vu l'arrêté du préfet du département du 2 mai 1828, ensemble les deux lettres écrites par ce préfet au directeur général des ponts-et-chaussées et des mines sous les dates des 2 et 16 du même mois;

Vu l'avis du conseil général des ponts-et-chaussées;

Vu enfin la loi de finances du 24 juin 1827, qui autorise le Gouvernement à établir, conformément à la loi du 4 mai 1802, des droits de péage où ils seront reconnus nécessaires;

Notre Conseil-d'Etat entendu,

Nous avons ordonné et ordonnons ce qui suit:

Art. 1er. Les sieurs Vesin et Deranne sont autorisés à rendre la rivière de Dronne navigable depuis la Roche-Chalais, dans le département de la Dordogne, jusqu'à son embouchure dans celle de l'Isle, à Coutras, département de la Gironde.

2. Si, indépendamment des ouvrages indiqués dans leur projet, les sieurs Vesin et Deranne veulent entreprendre d'autres travaux susceptibles d'affecter le régime de la rivière ou d'en changer le niveau ou le mode d'écoulement, ils seront tenus d'en référer à l'administration, et de lui en soumettre les projets.

3. Ces divers travaux seront exécutés aux risques, périls et fortune des sieurs Vesin et Deranne, sous la surveillance des ingénieurs, qui en feront la réception définitive avant la mise en activité de la navigation.

4. Préalablement à l'exécution de tous ouvrages, le niveau auquel les propriétaires de moulins pourront élever les eaux qui les alimentent, et celui auquel ils pourront les abaisser, seront reconnus et constatés au moyen de repères placés aux frais des concessionnaires.

5. La présente autorisation ne portera aucune atteinte soit aux droits des propriétaires de moulins de posséder et faire usage de bateaux pour naviguer d'un bief à l'autre, mais seulement pour ce qui se rattache à l'exploitation de leurs moulins, soit de tous autres droits de tiers sur la jouissance des eaux, sur celle de la pêche, sur l'irrigation, l'accession, etc., lesquels droits demeurent expressément réservés.

6. La navigation dont il s'agit sera ouverte au plus tard dans le délai de deux ans, à partir du jour de la notification qui sera faite de la présente ordonnance. A défaut de l'accomplissement de cette disposition, et après qu'ils auront été mis en demeure, les sieurs Vesin et Deranne seront déclarés déchus de leurs droits, et la présente autorisation considérée comme non-avenue.

Il en sera de même dans le cas où, plus tard, la navigation viendrait à chômer, par toute autre cause que par force majeure, pendant six mois.

7. Suivant l'offre qu'ils en ont faite par leur soumission, les sieurs Vesin et Deranne effectueront, avec assurance contre les avaries provenant du fait de leur entreprise, tous les transports qui leur seront confiés.

8. A l'expiration du temps de la conces-

sion, les machines employées pour racheter les diverses chutes de la rivière deviendront la propriété de l'État.

9. Pour indemniser les sieurs Vesin et Deranne des avances auxquelles ils seront obligés pour l'établissement et l'entretien de leurs machines, la confection et l'entretien usuelle des bateaux, et pour tout autre objet, de quelque nature qu'il puisse être, ils seront autorisés à percevoir à leur profit, pendant quatre-vingt dix-neuf ans à partir du jour où la navigation sera ouverte, les droits de transport portés au tarif ci-annexé.

10. Notre ministre secrétaire d'État de l'intérieur (vicomte de Martignac) est chargé de l'exécution de la présente ordonnance.

Tarif des Prix du Transport par eau, sur la Dronne, des Denrées et Marchandises expédiées de La Roche-Chalais à Coutras et de Coutras à La Roche-Chalais.

DE LA ROCHE-CHALAIS A COUTRAS.

NATURE DES DENRÉES ET MARCHANDISES.	DÉSIGNATION DE L'UNITÉ DE MESURE DOUBLE ET MÉTRIQUE.	PRIX de TRANSPORT.
Farines, grains de toute espèce, papier, huile de noix, acier, fer, peaux et cuirs de toute espèce.	Les 50 kilogrammes.	0f 23c
Faissonnais	Le cent	12 00
Fagots, bûches.	Idem	4 60
Planches de chêne, noyer, châtaignier.	La douzaine, de 2 mètres de long.	0 65
Idem de peuplier et de pin	Idem.	0 55
Refendu.	Idem.	0 40
Bois à brûler de tonneau	Le tonneau de 3stères, 64.	7 00
Bois de construction navale et civile.	Le pied cube de 0,034 de mètre . . .	0 23
Sabots	La bale de 40 kilogrammes.	0 50
Merrain	Le quart de millier.	4 60
Échalas de pin	Les 500	4 60
Eau-de-vie	La pièce de 50 veltes, 3 hectol., 76. . .	4 00
Vin	Le tonneau de 8 hectol., 40.	8 00
Charbon de bois	La barrique de 2 hectolitres.	0 33
Cercle en meule	La meule	0 07
Feuillard	Le millier.	0 65
Gland, châtaignes, pomme de terre.	L'hectolitre	0 33

DE COUTRAS A LA ROCHE-CHALAIS.

NATURE DES DENRÉES ET MARCHANDISES.	DÉSIGNATION DE L'UNITÉ DE MESURE USUELLE ET MÉTRIQUE.	PRIX de transport.
Grains de toute espèce.	Les 50 kilogrammes	0f 23c
Sel, résine, brai, goudron	Idem.	0 23
Chanvre en rame, tabac	Idem.	0 23
Quincaillerie, fers ouvrés ou en barre.	Idem.	0 23
Huile, savon, plâtre, chiffons . . .	Idem.	0 23
Peaux et cuirs de toute espèce. . .	Idem.	0 23
Denrées coloniales	Idem.	0 23
Draperies et autres marchandises sèches	Idem.	0 23
Verroterie, porcelaine, faïence, poterie de terre.	Idem.	0 23
Morues, harengs, sardines, fromages.	Idem.	0 23
Vins et liqueurs en caisse	Idem.	0 23
Pierre de taille tendre.	Les 2 pieds cubes, 0m,069	0 33
Pierre de taille dure.	Idem.	0 50
Pierres meulières.	Le pied courant	0 65
Vin, bière en barrique.	Le tonneau, 8 hectolitres 40 litres..	8 00
Planch. de nerva et de pin des Landes.	La douzaine, de 2 mètres de long.	0 65
Vime ou osier	Le millier	0 33
Vignons	Les 100 cordes de 24	0 50
Fumier-terreau	La pile cubant 17 mètres	24 00

Observations.

eLes marchandises partant des stations ou entrepôts intermédiaires paieront le même z.x de transport que celles partant de la bition principale immédiatement en arrière.

es marchandises partant pour des stations 19 entrepôts intermédiaires paieront le même z.x que celles destinées pour la station principale intermédiaire en avant.

Vu pour être annexé à l'ordonnance royale 12 octobre 1828, enregistrée sous le c 5513.

Le ministre de l'intérieur,
Signé DE MARTIGNAC.

———

o OCTOBRE = Pr. 1ᵉʳ NOVEMBRE 1828.—Ordonnance du Roi qui fait quelques changemens dans la classification des routes départementales des Bouches-du-Rhône. (8, Bull. 260, n° 9822.)

Charles, etc.

Sur le rapport de notre ministre secrétaire d'État au département de l'intérieur;

Vu les délibérations par lesquelles le conseil général des Bouches-du-Rhône propose différens changemens dans la classification des routes départementales de ce département;

Vu l'avis du préfet et celui du conseil général des ponts-et-chaussées;

Notre Conseil-d'État entendu,

Nous avons ordonné et ordonnons ce qui suit:

Art. 1ᵉʳ. L'embranchement de Cassis à la route départementale n° 16 est et demeure classé au rang des routes départementales du département des Bouches-du-Rhône, aux lieu et place de la route n° 5 de Marseille à la Ciotat, par Cassis, qui est supprimée du rang des routes départementales et mise au rang des chemins communaux.

2. Le chemin de Peyrolles à Rians est et demeure classé au rang des routes départementales du même département, avec le numéro et la dénomination qui suivent:

N° 13 *bis,* d'Aix à Rians, par Peyrolles et Couques.

3. L'administration est autorisée à acquérir les terrains nécessaires pour l'achèvement ou la rectification de ces chemins; elle se conformera, à ce sujet, aux dispositions de la loi du 8 mars 1810, sur l'expropriation pour cause d'utilité publique.

4. Les autres routes dont le conseil général demandait le déclassement et le changement de direction conserveront le rang et la direction déterminés par le décret du 7 janvier 1813.

5. Notre ministre secrétaire d'État de l'intérieur (vicomte de Martignac) est chargé de l'exécution de la présente ordonnance.

28.

———

12 OCTOBRE = 1ᵉʳ NOVEMBRE 1828. — Ordonnance du Roi qui classe la route du Chesne à Stenay parmi les routes départementales des Ardennes. (8, Bull. 260, n° 9823.)

Charles, etc.

Sur le rapport de notre ministre secrétaire d'État au département de l'intérieur;

Vu la délibération du conseil général du département des Ardennes, session de 1826, tendant à classer au rang des routes départementales l'ancienne route du Chesne à Stenay;

Vu l'avis du préfet de ce département;

Notre Conseil-d'État entendu,

Nous avons ordonné et ordonnons ce qui suit:

Art. 1ᵉʳ. La route du Chesne à Stenay est classée sous le n° 4 parmi les routes départementales du département des Ardennes.

2. Notre ministre secrétaire d'État de l'intérieur (vicomte de Martignac) est chargé de l'exécution de la présente ordonnance.

———

12 OCTOBRE 1828. — Ordonnance du Roi portant proclamation des brevets d'invention, de perfectionnement et d'importation, pris pendant le troisième trimestre de 1828, et des cessions qui ont été faites, durant le cours de ce trimestre, de tout ou partie des droits résultant des titres de la même nature. (8, Bull. 259, n° 9796.)

———

12 OCTOBRE 1828. — Ordonnance du Roi qui accorde des lettres de déclaration de naturalité au sieur Gillet. (8, Bull., 341, n° 14446.)

———

12 OCTOBRE 1828. — Ordonnance qui autorise l'acceptation de dons et legs faits aux fabriques des églises de Nieul, Loubeyrat, de Bayeux, d'Herzeele, de Metz, d'Osse, de Saint-Urbain, de Val-d'Ajol, de Saint-Bertrand, de Longeville et de Rove; aux séminaires de Bayonne et de Versailles; aux communautés religieuses d'Evreux, de Tournon, de Quimperlé, de Thodure, et aux sœurs de la charité de Saint-Vincent-de-Paul de Paris. (8, Bull. 315, n° 12082.)

———

12 OCTOBRE 1828. — Ordonnance qui accorde des lettres de déclaration de naturalité au sieur Guillaume. (8, Bull. 384, n° 10942.)

———

12 OCTOBRE 1828. — Ordonnance qui admet les sieurs Brune, d'Aranjo, Detiste, Fentzky, Henry, Keller, Mokler, Pitman et Styles, à établir leur domicile en France. (8, Bull. 259, n° 9802.)

———

12 OCTOBRE 1828. — Ordonnance qui accorde des lettres de déclaration de naturalité au sieur Coudray. (8, Bull. 271, n° 10482.)

———

28

12 OCTOBRE 1828. — Ordonnances qui autorisent l'acceptation de dons et legs faits aux villes de Caudebec, d'Alençon, de Mantes-la-Ville, de Sablé et de Mantes. (8, Bull. 269, n⁰ˢ 10383 à 10387.)

12 OCTOBRE 1828. — Ordonnance qui autorise les sieurs Ardaillon, Bessy et compagnie, à maintenir les modifications qu'ils ont faites aux dispositions de l'ordonnance du 30 août 1826, qui les a autorisés à établir deux patouillets mus par une roue hydraulique pour le lavage du minerai de fer, en remplacement du moulin de l'étang de la Bonde et sur le cours d'eau de ce moulin, commune de Delain, département de la Haute-Saône. (8, Bull. 270, n⁰ 10417.)

12 OCTOBRE 1828. — Ordonnance qui autorise le sieur Mion-Bouchard à conserver et tenir en activité le patouillet qu'il possède sur la rivière de Suize, au lieu dit *Chevraucourt*, département de la Haute-Marne. (8, Bull. 270, n⁰ 10,418.)

12 OCTOBRE 1828. — Ordonnance qui autorise le sieur Paillot à construire, dans l'un des moulins de Menaucourt dont il est propriétaire de la commune de ce nom, département de la Meuse, un haut-fourneau, dont les soufflets seront mus par une machine hydraulique, et un bocard à mine à deux batteries, comprenant chacune quatre pilons. (8, Bull. 270, n⁰ 10419.)

12 OCTOBRE 1828. — Ordonnance qui autorise les sieurs Derones et compagnie à tenir et conserver en activité les deux lavoirs à cheval destinés au lavage du minerai de fer, qu'ils possèdent au lieu dit *les Moulières*, territoire du Pernot, commune de Grandvelle, département de la Haute-Saône. (8, Bull. 270, n⁰ 10420.)

12 OCTOBRE 1828. — Ordonnance qui autorise le sieur Guillaume à établir un martinet à fer sur le ruisseau de Brouelle, au territoire de Brouenne, département de la Meuse, à cinq cents mètres en aval du chemin de Brouelle aux carrières de Brouenne, sur un terrain à lui appartenant. (8, Bull. 270, n⁰ 10421.)

12 OCTOBRE 1828. — Ordonnance qui accorde des lettres de déclaration de naturalité au sieur Ferrari. (8, Bull. 271, n⁰ 10483.)

15 OCTOBRE = Pr. 1ᵉʳ NOVEMBRE 1828. — Ordonnance du Roi portant approbation d'un nouveau tarif des frais d'affinage qui seront perçus aux changes des hôtels des monnaies sur les matières d'or et d'argent au-dessous du titre monétaire. (8, Bull. 260, n⁰ 9819.)

Charles, etc.

Vu l'art. 12 de la loi du 28 mars 1803 portant que les matières au-dessous du titre monétaire versées au change des monnaies supporteront les frais d'affinage;

Vu l'arrêté du 24 mai 1803, qui a fixé la quotité de ces frais;

Considérant qu'il résulte des dispositions du deuxième paragraphe de l'art. 12 ci-dessus relaté, qu'il ne doit être exigé des porteurs de matières à bas titre que le remboursement des frais matériels de l'affinage;

Considérant que les progrès des arts ont entièrement modifié les anciens procédés d'affinage, et que les prix actuellement perçus au change, en exécution de l'arrêté du 24 mai 1803, sont bien supérieurs à ceux qu'occasionnent les opérations de l'affinage;

Sur le rapport de notre ministre secrétaire d'Etat des finances,

Nous avons ordonné et ordonnons ce qui suit :

Art. 1ᵉʳ. Les frais d'affinage des matières d'or ou d'argent au-dessous du titre monétaire, ainsi que les lingots, espèces et matières contenant or et argent, quel qu'en soit le titre, qui seraient apportés au change de nos hôtels des monnaies, seront perçus conformément au tarif ci-annexé.

2. Notre ministre secrétaire d'Etat des finances (comte Roy) est chargé de l'exécution de la présente ordonnance, qui sera insérée au Bulletin des Lois.

TARIF DES FRAIS D'AFFINAGE

qui seront perçus aux changes des monnaies (1).

Affinage par l'acide sulfurique pour les matières d'or et d'argent alliées de cuivre seulement.

Iʳᵉ SECTION. *Or.*

	Par kilogram.
1⁰ Matières d'or ne contenant pas d'argent, au-dessous de neuf cents millièmes (titre monétaire)..	5ᶠ 000
2⁰ Matières d'or alliées d'argent, lorsqu'elles contiennent au-delà de cent millièmes d'or, pour la séparation et l'affinage des deux métaux.	5 752

IIᵉ SECTION. *Argent.*

1⁰ Matières d'argent ne contenant pas d'or, au-dessous de neuf cents millièmes (titre monétaire).	2 500

(1) Plusieurs erreurs s'étaient glissées dans le tarif tel qu'il avait été annexé à l'ordonnance. Il a été publié de nouveau avec les rectifications convenables, et inséré dans le Bulletin 265 n⁰ 10073. Je le donne ici rectifié.

Matières d'argent contenant or (ou doré), au titre de cent millièmes d'or et au-dessous, pour la séparation et l'affinage des deux métaux 2 50

Lorsque ces matières contiennent plus de cent millièmes d'or, elles sont considérées comme lingots d'or tenant argent, et paient l'affinage comme tels (1re section, n° 2, ci-dessus).

Affinage par la coupellation pour les matières d'or et d'argent alliées à d'autres métaux que le cuivre, tels que le plomb, l'étain, etc.

Alliages d'or ne contenant pas d'argent.

De neuf cent quatre-vingt-dix millièmes jusqu'à trois cents millièmes. . 6 00
Au-dessous de trois cents millièmes. 3 50

Alliages d'argent ne contenant pas d'or.

De neuf cent quatre-vingt-dix-sept millièmes jusqu'à trois cents millièmes. 3 50
Au-dessous de trois cents millièmes. 2 50

Alliages contenant or et argent.

De neuf cent quatre-vingt-dix-sept millièmes à trois cents millièmes d'or et d'argent réunis. 6 00
Au-dessous de trois cents millièmes d'or et d'argent réunis 3 50

OBSERVATIONS.

1° Il est avantageux de faire affiner les lingots d'or, même au-dessus de neuf cents millièmes d'or, lorsqu'ils contiennent plus de vingt-sept millièmes d'argent.

2° L'or et l'argent réunis, étant affinés par la coupellation, peuvent ensuite être séparés l'un de l'autre au moyen de l'acide sulfurique. Les frais qu'entraîne cette seconde opération se trouvent indiqués dans la première partie de ce tarif.

3° Les frais d'affinage se paient par kilogramme du poids brut des matières à affiner.

L'affineur rend au porteur de ces matières la totalité de l'or et de l'argent fins qu'elles contiennent, d'après les titres constatés par l'essayeur, en se réservant l'alliage indépendamment des frais d'affinage portés au présent tarif.

5 OCTOBRE = Pr. 25 NOVEMBRE 1828.—Ordonnance du Roi qui porte que le mont-de-piété de Tarascon (Bouches-du-Rhône) sera désormais régi conformément au réglement y annexé, et autorise l'acceptation de trois legs faits à cet établissement. (8, Bull. 262, n° 9889.)

Voy. loi du 16 PLUVIOSE an 12; décret du 24 MESSIDOR an 12, section 3; décret et avis du Conseil-d'Etat du 8 THERMIDOR an 13; avis du Conseil-d'Etat du 12 JUILLET 1807.

Charles, etc.

Sur le rapport de notre ministre secrétaire d'Etat au département de l'intérieur;

Notre Conseil-d'Etat entendu,

Nous avons ordonné et ordonnons ce qui suit :

Art. 1er. Le mont-de-piété créé en 1676 à Tarascon (Bouches-du-Rhône), et autorisé par lettres-patentes du mois de juin 1711, sera désormais régi conformément au réglement annexé à la présente ordonnance.

2. L'administration dudit mont-de-piété est autorisée à accepter les trois libéralités faites à cet établissement, savoir :

1° Le legs de mille francs fait par le sieur Victorin Cartier, suivant son testament olographe du 9 décembre 1822;

2° Le legs de deux mille francs fait par le sieur de Laudun, suivant son testament notarié du 2 septembre 1825 ;

3° Le legs de trois mille francs fait par le sieur Jacques Brun, suivant son testament mystique du 27 juin 1826.

3. Notre ministre secrétaire d'Etat de l'intérieur (vicomte de Martignac) est chargé de l'exécution de la présente ordonnance, qui sera insérée au Bulletin des Lois.

Réglement pour le mont-de-piété de Tarascon.

TITRE Ier. *De l'administration.*

Art. 1er. Le mont-de-piété de Tarascon sera régi par une administration gratuite et charitable, composée de douze notables, dont feront partie deux administrateurs des hospices ou du bureau de bienfaisance, deux notaires ou avocats, deux négocians ou marchands et deux bijoutiers ou orfèvres.

2. Tous les administrateurs seront nommés par le ministre de l'intérieur, sur une liste triple de candidats présentés par l'administration du mont-de-piété, et sur l'avis du préfet.

Pour la première formation, la liste sera formée par le préfet.

Les administrateurs qui seront membres de la commission des hospices ou du bureau de bienfaisance resteront en fonctions tant qu'ils conserveront ces dernières qualités. Les autres resteront en fonctions pendant cinq ans. Ils seront tous rééligibles.

3. Le maire sera président-né de l'administration; et lorsque, pour cause d'absence ou de maladie, un adjoint sera investi de la plénitude de ses pouvoirs, ce dernier pourra, mais dans ce cas seulement, assister aux séances et les présider.

4. L'administration élira dans son sein un vice-président, qui sera renouvelé tous les trois mois, et pourra être réélu. Le vice-président suppléera le maire, président-né, lorsque ce fonctionnaire, ou l'adjoint qui peut le remplacer dans le cas prévu par l'article 3, n'assistera pas aux séances de l'administration.

5. L'administration choisira aussi parmi ses

28.

membres un directeur, un caissier, un garde-magasin, un appréciateur et un secrétaire. Ils seront renouvelés tous les trois mois, et seront rééligibles.

6. Les réglemens nécessaires, ou les modifications à faire à ceux qui auront été adoptés, seront adressés par l'administration au préfet, qui les transmettra, avec son avis, au ministre de l'intérieur, pour être soumis, s'il y a lieu, à l'approbation du Roi.

7. L'administration s'assemblera, en réunion ordinaire, à des époques fixes et qui seront déterminées par elle. Le maire, président-né, ou l'administrateur vice-président, pourra en outre convoquer des assemblées extraordinaires aussi souvent que l'exigeront le bien du service et l'expédition des affaires.

8. L'administration prendra, sous l'approbation du préfet, le nombre d'employés nécessaire pour assurer le service de l'établissement, et fixera leurs appointemens. Ces employés seront nommés et révocables par l'administration.

9. Les bureaux du mont-de-piété seront ouverts au public aux jours et aux heures qui seront indiqués par l'administration.

10. Les administrateurs et les employés de l'établissement se rendront le matin au mont-de-piété, avant l'heure de l'ouverture des bureaux, pour disposer le travail de manière que le public n'éprouve aucun retard; et ils y resteront, le soir, tout le temps nécessaire pour faire la récapitulation et expédier les bulletins, en sorte qu'il ne reste rien en arrière.

11. Il est expressément défendu à tout administrateur ou employé du mont-de-piété de faire lui-même aucun prêt sur nantissement, même après que les demandeurs auraient été refusés dans les bureaux, sous peine de destitution, et d'être, en outre, poursuivi devant les tribunaux, conformément à l'article 3 de la loi du 16 pluviose an 12 (6 février 1804).

12. Il leur est également défendu, sous peine de destitution, de se rendre adjudicataires d'aucun effet mis en vente par le mont-de-piété.

TITRE II. Des fonctions des administrateurs chargés des différentes parties du service.

Du directeur.

13. Le directeur inspecte les opérations, veille à l'exécution des lois, ordonnances, décisions et réglemens, et à celle des délibérations de l'administration.

14. Il surveille les magasins et doit en faire souvent la visite.

15. Il lève les difficultés qui peuvent survenir entre les emprunteurs et les employés de l'établissement.

16. Il reçoit les réclamations, déclarations et oppositions, ainsi que les propositions qui peuvent être faites; mais il est tenu de prendre sur les objets d'un intérêt majeur l'avis de l'administration.

17. Le directeur est chargé de toutes les dépenses relatives à l'entretien des bâtimens, aux fournitures de bureau, au traitement des employés, aux mesures de sûreté, et généralement de tous les frais de régie. Il y pourvoit par des états ou mandats que le caissier est tenu d'acquitter.

18. Il tient les registres utiles à sa gestion, et les présente toutes les fois qu'il en est requis par l'administration.

19. A chaque séance ordinaire de l'administration, le directeur lui remet un bordereau de recette et dépense, qu'elle arrête après l'avoir vérifié, ainsi qu'un état sommaire de situation des magasins et un tableau analytique des opérations de l'établissement.

20. Il fait aussi à l'administration les rapports et les propositions qu'il croit utiles à l'établissement.

21. Le budget annuel des recettes et des dépenses présumées de l'établissement est présenté à l'administration dans le courant du troisième trimestre de chaque année pour l'année suivante, par le directeur alors en fonctions.

22. Le compte annuel des opérations et de leurs résultats est rendu dans le cours du premier trimestre de chaque année, pour l'année précédente, par le directeur alors en exercice.

23. Les comptes et budgets, vérifiés par l'administration, seront réglés conformément aux dispositions de l'ordonnance royale du 18 juin 1823.

Du caissier.

24. Le caissier est dépositaire des fonds de l'établissement. Il est chargé de faire toutes les recettes et d'acquitter toutes les dépenses.

25. Il ne peut faire aucun paiement, sans un état ou un mandat du directeur, pour des dépenses autres que les prêts qu'il effectue sur le vu des reconnaissances du garde-magasin, et la remise du *boni*, qui a lieu d'après les comptes de vente.

26. Il ne peut pas non plus recevoir de fonds autres que ceux qui proviennent des dégagemens, renouvellemens et ventes, si ce n'est d'après un bordereau signé par le directeur.

27. Le caissier tient tous les registres nécessaires à la régularité de sa comptabilité, d'après ce qui est réglé par l'administration.

28. A l'expiration de chaque année, le caissier en exercice remet au directeur le compte des recettes et des dépenses de caisse, appuyé des pièces justificatives, pour être joint à celui que le directeur doit rendre lui-même à l'administration.

Du garde-magasin.

29. Le garde-magasin a la manutention des magasins. Il est tenu de veiller soigneusement à la garde et à la conservation des effets qui y sont déposés et dont l'établissement est responsable.

30. Il doit faire le remuement des objets déposés et qui sont susceptibles de détérioration, au moins deux fois par mois.

31. Il est seul dépositaire des clefs des différens magasins où sont placés les effets donnés en nantissement.

32. Les objets précieux doivent être renfermés dans des armoires particulières.

33. Le garde-magasin tient soigneusement les registres et répertoires indiqués par l'administration.

Du secrétaire.

34. Le secrétaire tient les registres de la correspondance et des délibérations, et en délivre toutes les expéditions nécessaires.

35. Il est chargé de tout ce qui concerne la convocation des administrateurs en réunions ordinaires ou extraordinaires, suivant les indications qu'il reçoit de qui de droit.

36. Le secrétaire est chargé de la garde des archives.

De l'appréciateur.

37. L'appréciateur fait l'estimation de tous les objets présentés en nantissement. Lorsque l'emprunteur acquiesce à cette estimation, l'appréciateur en fait mention sur le registre des prêts, et signe un bulletin qui indique le montant de l'évaluation et qui reste joint au nantissement.

38. Lorsqu'un nantissement est composé de plusieurs objets, ils sont tous appréciés séparément, et l'appréciateur porte les diverses estimations sur le bulletin dont il est question à l'article précédent; mais le montant total de ces estimations est seul porté sur le registre des prêts.

39. L'appréciateur aura soin de visiter, au moins deux fois par mois, les nantissemens déposés dans les magasins, afin de s'assurer qu'ils y sont bien distribués et gardés.

Titre III. Des opérations du mont-de-piété.

40. Les opérations du mont-de-piété consistent dans le prêt sur nantissement en faveur des indigens.

41. Les prêts seront accordés sur engagement d'effets mobiliers déposés dans les magasins de l'établissement.

42. Nul ne sera admis à déposer des nantissemens, pour lui valoir prêt à la caisse du mont-de-piété, s'il n'est connu ou domicilié, ou assisté d'un répondant qui remplisse ces conditions.

43. Il ne sera prêté aux enfans en puissance paternelle ou en tutelle que de l'aveu de leurs parens ou tuteurs.

44. Il sera pris, dans le cas où les nantissemens seraient présentés par des personnes soupçonnées de les avoir volés, les mesures indiquées au titre XI du présent règlement (*Police et Contentieux*).

45. Lorsque le dépôt aura été jugé admissible, il sera procédé à l'estimation des effets, et ensuite au réglement de la somme à prêter sur leur valeur, d'après les bases fixées ci-après, à l'article 52.

46. Tout déposant sera tenu de signer l'acte de dépôt des effets donnés en nantissement. Si le déposant est illettré et inconnu, l'acte de dépôt sera signé par son répondant; mais, s'il est connu, il sera dispensé de présenter un répondant.

47. Le garde-magasin délivrera au déposant une reconnaissance du nantissement engagé: elle sera au porteur, et contiendra la date du dépôt, la désignation du nantissement, le numéro sous lequel il a été enregistré, l'estimation qui en a été faite, la quotité du prêt et ses conditions.

48. Sur le vu de cette reconnaissance, le caissier remettra à l'emprunteur la somme qu'elle indiquera comme devant lui être prêtée.

49. Dans le cas où l'emprunteur perdrait cette reconnaissance, il devra en faire aussitôt la déclaration au directeur, qui sera tenu de la faire inscrire sur le registre des prêts et sur celui du garde-magasin, en marge de l'article dont la reconnaissance serait adirée.

Titre IV. Des formes et des conditions du prêt.

50. Les prêts du mont-de-piété seront accordés pour un an.

51. Les emprunteurs pourront dégager les effets déposés avant le terme fixé pour la durée du prêt; ils pourront aussi renouveler les engagemens à l'échéance, ainsi qu'il est expliqué au titre V (*des Renouvellemens*).

52. Le montant des sommes à prêter sera réglé, pour les nantissemens et vaisselle, en bijoux d'or et d'argent, aux quatre cinquièmes de leur valeur au poids, et, pour tous les autres effets, aux deux tiers du prix de leur estimation.

53. Si l'emprunteur n'a pas besoin de toute la somme qui pourrait lui être prêtée d'après l'évaluation du nantissement, la reconnaissance ne doit pas moins porter l'évaluation entière, telle qu'elle doit toujours être faite par l'appréciateur, à qui il est expressément défendu de la réduire dans la proportion du prêt.

54. Sur la proposition de l'administration, il pourra être fixé par le préfet un *maximum* au-dessus duquel l'établissement ne pourra pas être obligé de prêter à la même personne, et un *minimum* au-dessous duquel les dépôts ne seront pas reçus. Ces fixations pourront

être changées, et les restrictions pourront même être entièrement levées en remplissant les mêmes formalités.

55. Le droit unique à percevoir par l'établissement, pour frais d'appréciation, de dépôt, de magasinage, de garde et de régie, ainsi que pour l'intérêt des sommes prêtées, sera fixé par le ministre, sur la proposition de l'administration et de l'avis du préfet; mais, dans aucun cas, il ne pourra dépasser six pour cent par an.

56. Les décomptes du droit dû par les emprunteurs se feront par quinzaine, et la quinzaine commencée sera due en entier.

Titre V. Des renouvellemens.

57. À l'expiration de la durée du prêt, l'emprunteur pourra être admis, si rien ne s'y oppose, à renouveler l'engagement des effets donnés en nantissement, et, par ce moyen, à en empêcher la vente.

58. Pour obtenir ce renouvellement, l'emprunteur sera tenu de payer d'abord les intérêts dus au mont-de-piété à raison du premier prêt, de consentir à ce que le nantissement soit soumis à une nouvelle appréciation, et à payer le montant de la différence qui pourrait être trouvée, d'après la nouvelle estimation, entre la valeur actuelle du nantissement et celle qu'il avait à l'époque du premier prêt.

59. Le renouvellement s'effectuera, d'après la valeur actuelle du gage, dans la même forme, aux mêmes termes et conditions, et pour le même délai que le prêt primitif.

60. La reconnaissance délivrée lors du premier engagement sera retirée; il en sera fait mention au registre des prêts, à l'article où elle aura été inscrite d'abord, et elle sera reportée au registre des dégagemens. Il sera délivré à l'emprunteur une nouvelle reconnaissance, dont on fera note au registre des prêts.

Titre VI. Des dégagemens.

61. Tout possesseur d'une reconnaissance de dépôt qui remboursera à la caisse de l'établissement la somme prêtée, plus les intérêts et droits dus, pourra retirer le nantissement énoncé en ladite reconnaissance, soit avant le terme, soit même après son expiration, dans le cas où la vente n'en aurait pas encore été faite.

62. Pour opérer le dégagement, on devra présenter la reconnaissance au caissier, qui, après en avoir reçu le montant et en avoir fait note au bas de ladite reconnaissance, y apposera sa signature, et la remettra ensuite au garde-magasin, qui restituera à l'emprunteur son nantissement.

63. Si l'effet donné en nantissement était perdu et ne pouvait être rendu à son propriétaire, la valeur lui en serait payée au prix de l'estimation fixé lors du dépôt, avec l'augmentation, à titre d'indemnité, d'un cinquième ou d'un tiers en sus, suivant que le nantissement consistait en vaisselle, en bijoux d'or ou d'argent, ou en autres effets, ainsi qu'il est dit à l'article 52.

64. Si l'effet donné en nantissement se trouve avoir été avarié, le propriétaire aura le droit de l'abandonner à l'établissement moyennant le prix d'estimation fixé lors du dépôt, si mieux il n'aime le reprendre en l'état où il se trouve, et recevoir en indemnité, d'après estimation de l'appréciateur de l'établissement, le montant de la différence reconnue exister entre la valeur actuelle dudit effet et celle qui lui avait été assignée lors du dépôt.

65. L'emprunteur qui aura perdu sa reconnaissance, et qui aura fait la déclaration prescrite par l'article 49, ne pourra toutefois dégager le nantissement avant l'échéance du terme fixé pour l'engagement; et, lorsqu'à l'expiration de ce terme ledit emprunteur sera admis soit à retirer son nantissement, soit à recevoir le *boni* résultant de la vente qui en aura été faite, il sera tenu d'en donner décharge spéciale, avec caution d'une personne domiciliée et reconnue solvable.

66. Les décharges spéciales, requises dans les cas prévus par l'article précédent, seront inscrites sur un registre et signées par l'emprunteur et la caution.

Titre VII. Des ventes des nantissemens.

67. Les effets donnés en nantissement et qui, à l'expiration du terme stipulé dans la reconnaissance du mont-de-piété délivrée à l'emprunteur, n'auront pas été dégagés, seront vendus pour le compte de l'administration, jusqu'à concurrence de la somme qui lui sera due, sauf, en cas d'excédant, à en tenir compte à l'emprunteur.

68. Dans aucun cas ni sous aucun prétexte il ne pourra être exposé en vente, au mont-de-piété, des effets autres que ceux qui y auront été mis en nantissement, dans les formes voulues par le présent réglement.

69. Les ventes se feront publiquement et sur une seule exposition, au plus offrant et dernier enchérisseur, par le ministère de l'appréciateur de l'établissement et à la diligence du directeur, d'après un rôle ou état sommaire par lui dressé sur la note, que lui aura fournie le garde-magasin, des nantissemens dont le terme de prêt est échu, et qui n'ont été ni retirés ni renouvelés.

70. Le rôle dressé par le directeur sera préalablement rendu exécutoire par le président du tribunal de première instance de l'arrondissement, ou par l'un des juges du même tribunal, à ce commis, en vertu d'une ordonnance mise sans frais au bas de la requête qui sera présentée par le directeur.

771. Le directeur veillera à ce qu'il y ait au moins deux ventes par an.

772. Les nantissemens qui devront faire partie de chaque vente seront remis par le garde-magasin à l'appréciateur, qui lui en donnera récépissé.

773. Dans le cas où, à la première exposition, un nantissement ne serait pas porté au montant de la somme due au mont-de-piété principal et accessoires, l'appréciateur aura la faculté d'en renvoyer l'adjudication à la vente suivante.

774. L'appréciateur aura la même faculté dans l'intérêt des déposans, lorsque, dans une première exposition, les effets ne seront pas portés à leur valeur au moins approximative, quoique les intérêts de l'établissement soient assurés.

775. Lorsqu'il verra qu'un objet n'est pas porté à sa valeur, ou qu'il y a collusion entre enchérisseurs, il requerra sur-le-champ la suspension de la vente de cet objet, et en renverra l'adjudication à la vente suivante.

776. Quel que soit le motif qui fasse suspendre la vente d'un objet, le propriétaire pourra, en aucun cas, être obligé de payer, sur le *boni* qui pourra lui revenir après la vente, l'intérêt du temps qui se sera écoulé entre la première et la dernière exposition.

777. Lorsque des nantissemens entièrement composés ou même seulement garnis d'or ou d'argent se trouveront compris dans rôle de vente, il en sera donné avis au contrôleur des droits de marque, avec invitation de venir procéder à la vérification desdits nantissemens.

778. Le contrôleur se transportera, à cet effet, au dépôt des ventes du mont-de-piété, et formera, après cette vérification, l'état de ceux desdits nantissemens d'or ou d'argent qui, n'étant pas revêtus de l'empreinte de garantie, ne pourront être délivrés qu'après avoir reçue, à moins que les adjudicataires consentent à les laisser briser et mettre hors de service.

779. Les ventes du mont-de-piété se feront dans le local désigné par l'administration, et seront annoncées, au moins huit jours à l'avance, par des publications et des affiches.

780. Toute affiche contiendra l'indication sommaire tant des numéros des articles divers à vendre que de la nature des effets et les conditions de la vente.

781. Les oppositions formées à la vente d'effets déposés en nantissement au mont-de-piété n'empêcheront pas que cette vente n'ait lieu, et même sans qu'il soit besoin d'y appeler l'opposant autrement que par la publicité des annonces, et sauf d'ailleurs audit opposant à faire valoir ses droits, s'il y a lieu, sur l'excédant ou *boni* restant net du prix de la vente, après l'entier acquittement de la somme due au mont-de-piété.

82. Le droit à percevoir par l'administration pour les frais de vente ne pourra s'élever à plus d'un pour cent de la valeur des gages.

83. Ce droit sera à la charge de l'adjudicataire, et en sus du prix de son adjudication.

84. Tout adjudicataire sera tenu de payer comptant le prix total de son adjudication et des frais accessoires. A défaut de ce paiement complet, l'effet adjugé est remis en vente, à l'instant même, aux risques et périls de l'adjudicataire, et sans autre formalité qu'une interpellation verbale à lui adressée par l'appréciateur de payer actuellement la somme due.

85. Les effets adjugés seront remis aussitôt à l'adjudicataire qui en aura payé la valeur.

86. Quant aux effets d'or ou d'argent non empreints de la marque de garantie, et que l'adjudicataire désirera conserver dans leur forme, ils seront provisoirement retenus pour être présentés au bureau de garantie, et n'être remis audit adjudicataire qu'après l'acquittement par lui fait des droits particuliers dus à la régie des contributions indirectes.

87. A la fin de chaque vacation de vente, l'appréciateur en versera le produit entre les mains du caissier de l'établissement, et lui remettra également les registres qui contiendront les procès-verbaux des ventes et tous les actes qui y sont relatifs, et au vu desquels le caissier formera, pour chaque article d'engagement, le compte du déposant emprunteur.

88. Ce compte sera composé, d'une part, du produit de la vente, et, de l'autre, de la somme due par le déposant emprunteur, tant en principal qu'intérêts et droits; et il indiquera pour résultat, soit l'excédant ou *boni* dont il y a lieu de tenir compte au déposant, soit le déficit à supporter par l'établissement, soit enfin la balance exacte des diverses parties du compte.

89. Les articles non adjugés seront remis par l'appréciateur au garde-magasin, qui lui en donnera décharge.

TITRE VIII. De l'excédant ou boni.

90. Le paiement de l'excédant ou *boni* restant net du produit de la vente d'un nantissement se fera sur la représentation et la remise de la reconnaissance d'engagement.

91. A défaut de représentation de ladite reconnaissance, l'emprunteur qui aura fait la déclaration prescrite par l'article 49 sera tenu de donner décharge spéciale du paiement du *boni*, dans les formes prescrites par les articles 65 et 66.

92. Les créanciers particuliers des porteurs

de reconnaissances seront reçus à former des oppositions à la délivrance du *boni* à ces derniers.

93. Les oppositions ne pourront être formées qu'entre les mains du directeur, et ne seront obligatoires pour le mont-de-piété qu'après qu'elles auront été visées par lui.

94. Lorsqu'il aura été formé opposition à un paiement de *boni*, ce paiement ne pourra avoir lieu entre les mains de l'emprunteur que du consentement de l'opposant, et sur le vu de la décharge ou main-levée de son opposition.

95. Les excédans ou *boni* qui n'auront pas été retirés dans les trois ans de la date des reconnaissances ne pourront plus être réclamés, et deviendront la propriété de l'établissement.

96. Les dispositions de l'article précédent devront être rappelées, en forme d'avis, dans la formule des reconnaissances.

TITRE IX. Hypothèque et garantie des prêteurs et des emprunteurs.

97. Les fonds versés dans la caisse du mont-de-piété, à quelque titre que ce soit, auront pour hypothèque la dotation de l'établissement.

98. Cette même dotation servira de garantie aux propriétaires de nantissemens, jusqu'à concurrence de l'excédant de la valeur desdits nantissemens sur les sommes prêtées.

99. L'établissement étant garant et responsable de la perte des nantissemens, l'administration prendra ou provoquera toutes les mesures nécessaires pour en empêcher la détérioration et en prévenir la soustraction, le vol et l'incendie.

100. Les bâtimens du mont-de-piété, ainsi que leur mobilier, dans lequel sont compris les nantissemens déposés dans ses magasins, seront assurés contre l'incendie, à la diligence de l'administration.

101. Sont exceptés de la garantie stipulée par l'article 99, les vols et pillages à force ouverte ou par suite d'émeute populaire, et les incendies causés par le feu du ciel, ou enfin tous les autres accidens extraordinaires et hors de toute prévoyance humaine.

TITRE X. De l'emprunt et du dépôt.

102. Le mont-de-piété pourra, lorsque les besoins du service l'exigeront, recevoir et employer tous les fonds qui lui seront offerts par des particuliers, soit en placement, soit en simple dépôt.

103. Le taux de l'intérêt auquel ces placemens seront reçus sera fixé par une délibération de l'administration, sauf confirmation par le ministre de l'intérieur sur l'avis du préfet.

104. Il sera délivré, à titre de reconnaissance du placement, deux billets payables au porteur, ou nominatifs, au choix du déposant, dont l'un pour le principal, et l'autre pour les intérêts. Ces billets porteront le numéro d'enregistrement, la date de l'émission et celle de l'échéance.

105. Le billet pour le principal indiquera la quotité du placement, et le billet relatif aux intérêts en indiquera le montant. Ils seront signés par le caissier, enregistrés à la direction, et la mention de cet enregistrement sera signée par le directeur.

106. Au fur et à mesure de l'acquittement de ces divers effets, mention en sera faite en marge de leur article d'enregistrement.

TITRE XI. Police et contentieux.

107. Dans le cas où il serait présenté des nantissemens des effets volés ou même soupçonnés de l'avoir été, la reconnaissance pourra être délivrée qu'après que le directeur aura entendu le porteur desdits effets et qu'il ne restera plus de doute sur la véracité de sa déclaration.

108. S'il restait encore quelques soupçons, les déclarations seraient constatées par procès-verbal dressé par un commissaire de police, que le directeur requerrait de transporter au mont-de-piété. Ce procès-verbal sera transmis sur-le-champ au procureur du Roi. En attendant, il ne sera prêté aucune somme au porteur desdits effets, lesquels resteront en dépôt dans les magasins de l'établissement, jusqu'à ce qu'il en soit autrement ordonné.

109. Les nantissemens revendiqués pour vol ou pour quelque autre cause que ce soit ne seront rendus aux réclamans qu'après qu'ils auront légalement justifié que ces effets leur appartiennent, et qu'après qu'ils auront acquitté en principal et droits la somme pour laquelle lesdits effets auront été laissés en nantissement, sauf leur recours contre ceux qui les auront déposés et contre leurs répondans; le tout sans préjudices du recours contre le directeur ou les autres administrateurs et les employés, en cas de fraude, de dol ou de négligence de l'exécution des articles 107, 108, 110 et 111 du présent réglement.

110. Les réclamations pour effets perdus ou volés qui parviendront à la connaissance du directeur seront inscrites sur un registre particulier. Celles qui seront faites directement au mont-de-piété seront signées sur ce registre par ceux qui les apporteront. Aussitôt après l'enregistrement des unes et des autres, il en sera distribué des notes dans les bureaux, et l'on vérifiera sur-le-champ si les effets sont au mont-de-piété, afin d'en prévenir les réclamans.

111. S'ils n'y ont pas été apportés, tous les employés par les mains desquels passent les effets offerts en nantissement n'en devront pas moins faire la plus grande attention aux notes qui leur auront été remises, afin de pouvoir reconnaître les effets dans le cas où ils seraient présentés; auquel cas, le directeur en sera averti, pour qu'il puisse prendre les précautions ci-dessus indiquées et en informer les réclamans.

112. Toutes les difficultés et contestations qui pourraient survenir, soit entre l'administration du mont-de-piété et ses membres ou ses employés, soit entre les divers administrateurs préposés ou les employés pour faits d'administration, seront portées, dans les formes prescrites par l'arrêté du 9 messidor an 9 (26 juin 1801), devant le conseil de préfecture, et décidées par lui, sauf recours au Conseil-d'Etat, par le ministère d'un avocat aux conseils.

113. Le recours réservé par l'article précédent devra être exercé dans la huitaine de la signification de l'arrêté du conseil de préfecture; à défaut de quoi, l'administration pourra poursuivre l'exécution des décisions intervenues.

114. Toute contestation qui surviendrait entre l'établissement et des particuliers sera portée devant les tribunaux ordinaires.

115. Des extraits du présent règlement, contenant tout ce qu'il est utile que le public connaisse, seront affichés dans les différentes salles où il est admis.

Vu pour être annexé à l'ordonnance royale du 15 octobre 1828, enregistrée sous le n° 5554.

Le ministre de l'intérieur,

Signé DE MARTIGNAC.

---

15 OCTOBRE 1828. — Ordonnance du Roi qui autorise des exploitations dans les bois de plusieurs communes. (8, Bull. 260, n° 9825.)

---

15 OCTOBRE 1828. — Ordonnance du Roi qui autorise des exploitations dans les bois de plusieurs communes et dans une forêt royale. (8, Bull. 260, n° 9824.)

---

15 OCTOBRE 1828. — Ordonnance qui accorde une pension à la veuve d'un conseiller référendaire à la cour des comptes. (8, Bull. 260 *bis*, n° 11.)

---

15 OCTOBRE 1828. — Ordonnance qui accorde une pension à un ancien commissaire particulier près la deuxième division des salines et usines de sel de l'Est. (8, Bull. 260 *bis*, n° 13.)

---

15 OCTOBRE 1828. — Ordonnance qui autorise l'inscription au Trésor royal de six pensions ecclésiastiques. (8, Bull. 260 *bis*, n° 12.)

---

15 OCTOBRE 1828. — Ordonnance qui accorde des pensions à trois conseillers référendaires près la cour des comptes. (8, Bull. 260 *bis*, n° 14.)

---

15 OCTOBRE 1828. — Ordonnance qui accorde une pension au sieur Lebreton, ancien portier de l'Hôtel de la Monnaie de Bordeaux. (8, Bull. 260 *bis*, n° 15.)

---

15 OCTOBRE 1828. — Ordonnances qui autorisent l'acceptation de dons et legs faits aux communes de Nollieux, de Lançon, de Bruxière-la-Grue et de Venex-Nadon. (8, Bull. 269, n°s 10388 à 10391.)

---

18 OCTOBRE 1828. — Lettres-patentes portant érection de majorats en faveur de MM. Imbert de Balorre et Renouard de Bussière. (8, Bull. 260, n° 9831.)

---

19 OCTOBRE 1828 = Pr. 31 JUILLET 1829. — Ordonnance du Roi sur le mode de procéder en matière civile à l'île de la Martinique et à l'île de la Guadeloupe et dépendances. (8, Bull. 304 *bis*.)

Voy. l'ordonnance du 12 OCTOBRE 1828, qui modifie et met en vigueur le Code d'instruction criminelle, et l'ordonnance du 29 NOVEMBRE 1828, relative au Code pénal.

Charles, etc.

Vu notre ordonnance du 24 septembre 1828, sur l'organisation de l'ordre judiciaire et l'administration de la justice aux îles de la Martinique et de la Guadeloupe;

Vu les ordonnances et arrêtés qui règlent le mode de procéder en matière civile dans ces colonies;

Voulant mettre en harmonie les dispositions de ces diverses ordonnances et arrêtés, en attendant que le nouveau Code de procédure civile destiné aux Antilles soit terminé;

Sur le rapport de notre ministre secrétaire d'Etat au département de la marine et des colonies,

Nous avons ordonné et ordonnons ce qui suit :

TITRE Ier. Des modifications apportées au Code de procédure civile.

Art. 1er. Le Code de procédure civile sera exécuté, aux îles de la Martinique et de la Guadeloupe et dépendances, sous les modifications ci-après établies.

2. En matière personnelle ou mobilière, la citation énoncée en l'article 2 du Code

de procédure civile sera donnée devant le juge du domicile du défendeur, et, s'il n'a pas de domicile, devant le juge de sa résidence, sauf l'exception portée en l'art. 420, en ce qui concerne les matières commerciales.

3. Au cas prévu par l'article 17, les jugemens rendus par les tribunaux de paix, en matière purement civile, seront, jusqu'à concurrence de trois cents francs, exécutoires par provision, et nonobstant appel, mais à la charge de donner caution.

Il en sera de même des jugemens rendus en matière commerciale; toutefois ils pourront être exécutés provisoirement sans caution, dans les cas spécifiés en l'article 439.

Lorsque, soit en matière civile, soit en matière commerciale, le jugement prononcera la contrainte par corps, l'appel sera suspensif quant à ce chef seulement.

4. Lorsqu'il y aura lieu de renvoyer les parties devant l'un des juges-de-paix des cantons limitrophes, le juge royal pourra prononcer ce renvoi, soit sur simple requête des parties et sur les conclusions du ministère public, soit à la réquisition du procureur du Roi.

5. L'article 51 est modifié ainsi qu'il suit:

Le délai de la citation en conciliation sera de trois jours au moins. Durant ce délai, le juge-de-paix pourra appeler les parties en son hôtel, et les entendre séparément ou en présence l'une de l'autre, à l'effet de les concilier. Dans ce cas, il sera loisible aux parties de se faire assister d'un parent ou d'un ami, pourvu qu'il ne soit pas officier ministériel.

6. L'article 69 est modifié ainsi qu'il suit:

Seront assignés : 1° l'Etat, lorsqu'il s'agit de domaines et droits domaniaux, en la personne ou au domicile du directeur général de l'intérieur;

2° Le trésor, en la personne ou au bureau du trésorier;

3° Les administrations ou établissemens publics, en leurs bureaux, dans le lieu où réside le siège de l'administration; dans les autres lieux, en la personne ou au bureau de leur préposé;

4° Le Roi, pour ses domaines, en la personne du procureur du Roi de l'arrondissement;

5° Les communes, en la personne ou au domicile du commissaire commandant de la commune;

Dans les cas ci-dessus, l'original sera visé de celui à qui copie de l'exploit sera laissée; en cas d'absence ou de refus, le visa sera donné, soit par le juge-de-paix, soit par le procureur du Roi, auquel en ce cas la copie sera laissée;

6° Les sociétés de commerce, tant qu'elles existent, en leur maison sociale, et, s'il n'y en a pas, en la personne ou au domicile de l'un des associés;

7° Les unions et directions de créanciers, en la personne ou au domicile de l'un des syndics ou directeurs;

8° Ceux qui n'ont aucun domicile connu dans la colonie, au lieu de leur résidence actuelle : si le lieu n'est pas connu, l'exploit sera affiché à la principale porte de l'auditoire du tribunal où la demande est portée; une seconde copie sera donnée au procureur du Roi, lequel visera l'original, et adressera la copie au procureur général, qui l'enverra au ministre de la marine et des colonies, chargé de la transmettre aux parties assignées.

Si la facilité des communications et la distance des lieux rendent la transmission par l'intermédiaire du gouverneur plus prompte, le procureur général lui adressera la copie.

7. Le délai des ajournemens prescrit par l'article 72 sera de huitaine pour ceux qui sont domiciliés dans la colonie.

Dans les cas qui requerront célérité, le juge royal pourra, par ordonnance rendue sur requête, permettre d'assigner à bref délai.

8. L'article 73 est remplacé par les dispositions suivantes :

Si celui qui est assigné demeure hors du territoire de la colonie, le délai sera :

1° Pour ceux demeurant dans les îles du Vent, de deux mois;

2° Pour ceux demeurant dans les pays situés à l'ouest du cap de Bonne-Espérance et à l'est du cap Horn, de six mois;

3° Pour ceux demeurant à l'est du cap de Bonne-Espérance et à l'ouest du cap Horn, d'un an.

9. Lorsqu'aux termes de l'art. 74 une assignation à une partie domiciliée hors de la colonie sera donnée à sa personne dans la colonie, elle n'emportera que les délais ordinaires, sauf au tribunal à les prolonger s'il y a lieu.

10. Seront communiquées au procureur du Roi, outre les causes énumérées en l'article 83, les demandes et contestations relatives aux affranchissemens, ainsi que toutes demandes au principal qui auront été précédées d'une instance en référé.

11. Dans les cas d'absence et d'empêchement prévus par l'art. 84, le procureur du Roi et son substitut seront remplacés par les plus anciens des juges-auditeurs, sans préjudice de la faculté accordée au gouverneur par l'art. 61 de l'ordonnance du 24 septembre 1828, sur l'organisation judiciaire.

12. Lorsque, aux termes de l'article 87, la cour royale aura ordonné que les plaidoiries se feront à huis clos, le greffier remettra sans délai expédition de la délibération prise par

la cour au procureur général, qui sera tenu de la transmettre sans retard au gouverneur.

13. L'art. 116 est remplacé par la disposition suivante.

Les jugemens seront rendus par le juge royal seul, qui néanmoins devra prendre l'avis des juges-auditeurs présens à l'audience.

Les jugemens seront prononcés sur-le-champ; toutefois le juge royal pourra ordonner qu'il en sera délibéré en la chambre du conseil; il pourra ainsi continuer la cause à une des prochaines audiences, pour prononcer le jugement.

14. Les art. 117 et 118 seront supprimés, en ce qui regarde le tribunal de première instance.

15. L'art. 154 est remplacé par la disposition suivante :

Sur un simple acte d'avoué à avoué, les parties seront réglées, sur l'opposition aux qualités, par le juge qui aura présidé, et, en cas d'empêchement, par le plus ancien des juges-auditeurs qui auront assisté à l'audience.

16. Les règles et formalités établies, en matière d'enquête, par les articles 252 à 294 inclusivement et par l'article 413, seront communes, sous les modifications suivantes, aux esclaves cités en témoignage.

Les esclaves ne pourront être entendus dans les enquêtes ordinaires ou sommaires que comme témoins nécessaires, et ils ne seront jamais entendus pour ou contre leurs maîtres, si ce n'est en matière de séparation de corps, sauf au juge à avoir à leur déposition tel égard que de raison.

Ils seront toujours assignés en la personne de leurs maîtres ou de leurs détenteurs, qui seront tenus de les faire comparaître, sous peine d'être condamnés aux amendes portées aux articles 263 et 264.

17. L'article 292 est remplacé par les dispositions suivantes :

Lorsqu'une enquête ou une déposition sera attaquée en nullité, et qu'il y aura été procédé par le juge royal ou par le lieutenant de juge, la demande en nullité sera portée devant celui de ces deux magistrats qui n'aura pas rempli les fonctions de juge-commissaire : si elle a été faite par un juge-auditeur, elle sera portée devant le juge royal, et, à son défaut, devant le lieutenant de juge.

Si l'enquête est déclarée régulière, la décision de l'affaire au fond sera renvoyée devant le juge compétent.

Si l'enquête est déclarée nulle, elle sera recommencée par le juge qui aura prononcé la nullité, et la décision de l'affaire au fond sera également renvoyée au juge compétent.

Les délais de la nouvelle enquête ou de la nouvelle audition de témoins courront du jour de la signification du jugement qui l'aura ordonnée; la partie pourra faire entendre les mêmes témoins; et si quelques-uns ne peuvent être entendus, le tribunal aura tel égard que de raison aux dépositions par eux faites dans la première enquête.

18. L'article 368 est remplacé par les dispositions suivantes :

Lorsqu'une partie aura un parent ou allié jusqu'au degré de cousin issu de germain inclusivement parmi les membres d'un tribunal de première instance, ou deux parens ou alliés au même degré parmi les membres d'une cour royale, l'autre partie pourra demander le renvoi.

Elle pourra également le demander dans les cas suivans :

1° Si la partie adverse est membre du tribunal de première instance;

2° Si, étant membre de la cour, elle y avait un parent ou allié au degré ci-dessus déterminé.

19. L'article 373 est remplacé par la disposition suivante :

Si les causes de la demande en renvoi sont avouées ou justifiées dans un tribunal de première instance, le renvoi sera fait à l'un des autres tribunaux ressortissans en la même cour royale; et si c'est dans une cour royale, le renvoi sera fait à l'une des cours les plus voisines.

20. L'article 380 est remplacé par la disposition qui suit :

Les membres du tribunal de première instance qui sauront cause de récusation en leur personne seront tenus de la déclarer à la cour royale. Si la cour n'est pas en session, la déclaration sera faite à la chambre de la cour qui est permanente en vertu de l'article 54 de notre ordonnance du 24 septembre 1828, sur l'organisation judiciaire.

La cour royale ou la chambre décidera s'ils doivent s'abstenir.

Dans le même cas, les juges-auditeurs ne pourront s'abstenir qu'après que leurs motifs de récusation auront été approuvés par le juge royal.

21. Les articles 385, 386, 387 et 388 sont remplacés par les dispositions suivantes :

Dans les dix jours de l'inscription au greffe de l'acte de récusation mentionné en l'article 384, le juge récusé fera, à la suite de cet acte, sa déclaration par écrit, contenant ou son acquiescement à la récusation ou son refus de s'abstenir, avec ses réponses aux moyens de récusation.

Trois jours après la réponse du juge, ou faute par lui de répondre dans ce délai, expédition de l'acte de récusation et de la déclaration du juge, s'il y en a, sera renvoyée par le greffier sur la réquisition de la partie la plus diligente, savoir : au procureur du Roi du tribunal de première instance lorsque la récusation aura été portée contre un juge-auditeur, et au procureur général lorsqu'elle aura été dirigée contre le juge royal ou le lieutenant de juge.

La récusation sera jugée dans la huitaine, sur les conclusions du ministère public, par le tribunal de première instance, s'il s'agit d'un juge-auditeur, et par la cour royale ou par la chambre permanente, s'il s'agit du juge royal ou du lieutenant de juge.

22. Les règles de compétence établies en matière commerciale par l'art. 420 s'appliqueront aux tribunaux de paix de la colonie.

23. L'art. 457 est remplacé par la disposition suivante :

L'appel des jugemens définitifs ou interlocutoires sera suspensif, si le jugement ne prononce pas l'exécution dans les cas où elle est autorisée.

L'exécution des jugemens mal à propos qualifiés en dernier ressort ne pourra être suspendue qu'en vertu de défenses obtenues par l'appelant, sur assignation à bref délai, à l'audience de la cour; si la cour n'était pas en session, l'assignation serait donnée devant la chambre permanente, en audience publique.

À l'égard des jugemens non qualifiés ou qualifiés en premier ressort, et dans lesquels les juges étaient autorisés à prononcer en dernier ressort, l'exécution provisoire pourra en être ordonnée par la cour royale, à l'audience et sur un simple acte.

24. L'art. 470 est modifié ainsi qu'il suit :

Les autres règles établies pour les tribunaux inférieurs par le Code de procédure, et non modifiées, seront observées, sur l'appel, en tout ce qui ne sera pas contraire aux modifications portées en la présente ordonnance.

25. La consultation prescrite par l'art. 495 sera donnée par deux avocats-avoués, et, à leur défaut, par deux avocats exerçant dans le ressort de la cour royale.

26. Au cas prévu par le deuxième paragraphe de l'art. 509, la prise à partie contre une cour d'assises, une cour royale, ou un conseil privé jugeant comme commission d'appel, sera portée devant la cour de cassation.

27. L'art. 515 est remplacé par la disposition suivante :

La prise à partie sera portée à l'audience sur un simple acte.

Elle sera jugée par la cour royale de la Guadeloupe, si l'admission a été prononcée par la cour de la Martinique, et par la cour royale de cette dernière colonie, si l'admission a été prononcée par la cour royale de la Guadeloupe.

L'art. 587 est modifié ainsi qu'il suit :

Si les portes sont fermées ou si l'ouverture en est refusée, l'huissier pourra établir un gardien aux portes pour empêcher le divertissement. Il se retirera sur-le-champ, sans

assignation, devant le juge-de-paix, ou, à son défaut, devant le commissaire de police; et dans les communes où il n'y en a pas, devant le commissaire commandant de la commune ou son lieutenant, en présence desquels l'ouverture des portes, même celle des meubles fermans, sera faite au fur et à mesure de la saisie; l'officier qui se transportera ne dressera point de procès-verbal, mais il signera celui de l'huissier, lequel ne pourra dresser du tout qu'un seul procès-verbal.

À défaut des officiers publics mentionnés ci-dessus, et dont l'absence ou le refus seront demeurés constatés par le procès-verbal de l'huissier, celui-ci requerra l'officier de l'état civil du domicile du saisi de se transporter audit domicile pour y procéder conformément au premier paragraphe du présent article.

L'officier de l'état civil sera tenu d'obtempérer à la réquisition, sous peine de tous dommages-intérêts envers les parties.

29. Sera toujours compris parmi les objets déclarés insaisissables par l'art. 592, un esclave domestique attaché au service personnel de la partie saisie, sans préjudice de l'exception portée en l'art. 593.

30. Les dispositions des art. 596, 597 et 598 du Code de procédure ne sont point applicables au cas où la saisie-exécution aura été faite sur une propriété rurale.

Dans ce cas, le propriétaire de l'habitation sera de droit gardien des effets saisis.

S'il ne réside pas sur l'habitation, ou si c'est une personne non contraignable par corps, le gérant, ou, à son défaut, le principal économe, sera également de plein droit gardien desdits effets, ce dont il sera fait mention au procès-verbal de saisie.

Tout gardien est tenu de représenter les effets saisis, et de les transporter à l'embarcadère ou au marché le plus voisin pour y être vendus, conformément aux dispositions de la présente ordonnance, au lieu et dans le délai qui lui seront indiqués pour la vente par le procès-verbal de saisie, sans préjudice au droit de la partie saisie de recourir à l'autorité du juge, par la voie de référé, dans le cas où elle aurait à réclamer contre l'indication du jour de la vente.

Si le gardien n'effectue pas ce transport au lieu et dans le délai indiqués, il y sera contraint par corps en vertu d'une simple ordonnance rendue par le juge royal, sur la demande du saisissant. En cas de détournement des objets saisis, le gardien sera puni conformément aux dispositions de l'article 401 du Code pénal.

31. L'article 617 est remplacé par les dispositions suivantes :

La vente des objets saisis sera faite au marché le plus voisin, un jour de dimanche, à l'issue de la messe paroissiale; pourra néanmoins le juge royal permettre de vendre les effets en un autre lieu plus avantageux et à un autre jour.

Dans tous les cas, la vente sera annoncée trois jours auparavant, par trois placards affichés, savoir :

1° Au lieu où sont les effets, ou à la porte du saisi ;

2° Au lieu où la vente doit s'effectuer ;

3° Au lieu où s'apposent les actes de l'autorité publique dans le chef-lieu du canton.

La vente sera en outre annoncée par la voie des journaux de la colonie.

32. Il n'y aura lieu à l'accomplissement des formalités prescrites par l'article 621 pour la vente des objets y mentionnés, qu'autant que la valeur de ces objets s'élèvera à six cents francs au moins.

33. Tous officiers publics qui, au cas prévu par l'article 625, procéderont à une vente judiciaire, seront responsables du prix des adjudications, et feront mention, dans leurs procès-verbaux, des noms et domiciles des adjudicataires : ils ne pourront recevoir d'eux aucune somme au-dessus de l'enchère, à peine d'être poursuivis comme concussionnaires.

34. Les dispositions du premier paragraphe de l'article 628, relatives à l'établissement du gardien des objets saisis-brandonnés, sont remplacées par celles qui suivent :

A défaut de garde-champêtre, toute personne de condition libre, majeure, domiciliée dans la colonie, et jouissant des droits de citoyen, pourra être établie gardien.

35. Les articles 629, 632 et 633 sont remplacés par les dispositions qui suivent :

La vente des objets saisis-brandonnés se fera un jour de dimanche, s'il n'en est autrement ordonné par le juge.

Elle pourra être faite sur les lieux, ou sur la place de la commune où est située la majeure partie des objets saisis.

Elle pourra également être faite sur la place principale du chef-lieu de canton, mais seulement s'il en est ainsi ordonné par le juge.

Le nombre et les lieux d'apposition des placards indicatifs de la vente seront les mêmes que ceux déterminés en l'article 31 ci-dessus.

Les placards seront affichés huitaine au moins avant la vente.

36. Les arrêtés rendus par les administrateurs des colonies de la Martinique et de la Guadeloupe, portant suspension de l'exécution des titres XII et XIII du Code de procédure, relatifs à la saisie immobilière et aux incidens sur ces poursuites, continueront provisoirement d'avoir leur effet.

L'exécution du titre XIV, intitulé *de l'Ordre,* sera également suspendue provisoirement, excepté dans celles de ces dispositions relatives au cas où l'ordre serait introduit par suite d'aliénation autre que l'expropriation.

37. L'extrait mentionné en l'article 867 sera inséré seulement dans les tableaux placés, à cet effet, tant dans l'auditoire du tribunal de première instance que dans l'auditoire des justices de paix.

38. La lecture des jugemens de séparation, prescrites par l'article 872, se fera à l'audience du tribunal de première instance; et l'extrait de chacun de ces jugemens, rédigé dans la forme prescrite audit article, sera inséré et exposé pendant un an dans les tableaux à ce destinés, tant dans l'auditoire du tribunal de première instance que dans celui de la justice de paix du domicile du mari.

39. L'article 881 est supprimé.

40. La déclaration à laquelle est assujéti le débiteur admis au bénéfice de cession par l'art. 901, se fera à l'audience du tribunal de première instance.

41. L'insertion prescrite par l'art. 903 sera faite dans l'auditoire du tribunal de première instance, et en outre dans l'auditoire de la justice de paix du domicile du débiteur.

42. Les dispositions d'ordre prescrites par l'art. 925 seront exécutées dans les villes où siègent les tribunaux de première instance.

43. Au cas prévu par l'art. 998, l'administration des successions réputées vacantes sera de droit révolue au curateur des biens vacans.

44. Les formalités prescrites pour l'héritier bénéficiaire s'appliqueront également au mode d'administration et au compte à rendre par le curateur aux biens vacans, qui se conformera en outre aux règles d'administration spéciales qui lui seront tracées par les lois, ordonnances et arrêtés en vigueur dans la colonie.

45. Aucune signification ni exécution ne pourra être faite dans la colonie, pendant tout le cours de l'année, avant six heures du matin et après six heures du soir.

46. § 1er. — En conformité de l'art. 31 de notre ordonnance du 24 septembre 1828, sur l'organisation judiciaire, les fonctions attribuées aux présidens des tribunaux de première instance par les diverses dispositions du Code de procédure, seront exercées par le juge royal.

§ 2. — Il en sera de même de celles que les présidens ne remplissent qu'en commun avec les autres juges.

§ 3. — Le juge royal pourra toujours se désigner lui-même, soit comme juge-rapporteur, soit comme juge-commissaire, si mieux il n'aime en déléguer les fonctions à l'un des juges-auditeurs, dans tous les cas où la nomination d'un juge-commissaire ou d'un juge-rapporteur est autorisée ou prescrite par le Code de procédure.

47. Les règles établies par les diverses dispositions du Code de procédure, en faveur de

ceux qui sont absens du territoire continental de la France, seront appliquées à ceux qui seront absens du territoire de la colonie.

48. Les attributions particulières conférées aux maires et à leurs adjoints par les diverses dispositions du Code de procédure, seront confiées aux commissaires commandans des communes et à leurs lieutenans, et, à leur défaut, aux officiers de l'état civil.

Les appositions d'extraits, d'affiches et placards, qui doivent être faites à la porte des mairies, se feront à l'avenir à celle des officiers de l'état civil.

49. Les insertions et annonces qui doivent être publiées dans les journaux d'arrondissement ou de département se feront dans tous les journaux de la colonie.

50. Lorsque des esclaves seront compris dans une saisie mobilière, ou feront l'objet d'une revendication, on observera à leur égard les mêmes formes et les mêmes règles que celles applicables aux meubles saisis ou revendiqués.

Leur désignation sera toujours établie par nombre, noms, caste et âge.

Il n'y aura jamais lieu de déposer ou retenir des esclaves dans les prisons pour cause de saisie.

TITRE II. Dispositions supplémentaires au Code de procédure civile.

CHAPITRE Ier. De la distribution des causes, et de l'instruction d'audience.

SECTION Ire. De la distribution des causes, et de l'instruction d'audience à la cour royale.

51. Il sera tenu, par le greffier de la cour, un registre ou rôle sur lequel seront inscrites les affaires civiles ou commerciales venant par voie d'appel.

Ce registre sera coté et paraphé par le président.

52. L'inscription devra être faite lors de l'échéance des délais de l'assignation, et, au plus tard, la veille du jour où l'on se présentera à l'audience.

Chaque inscription contiendra les noms des parties et ceux des avoués constitués.

53. A l'ouverture de la première audience de la session, l'huissier de service fera successivement l'appel des causes dans l'ordre de leur inscription au rôle.

Sur cet appel, le président retiendra, pour être jugées pendant le cours de la session, les causes dans lesquelles il y aurait eu constitution d'avoué, et renverra, soit à la fin de la session, soit au commencement de la session suivante, les causes qui ne seraient pas en état.

A l'égard de celles où il n'y aurait pas eu constitution d'avoué, il sera donné défaut

contre la partie, sur les conclusions signées de l'avoué qui le requerra.

Ces conclusions seront immédiatement remises au greffier.

54. Si un avoué demande acte, à l'audience, de sa constitution, il sera ultérieurement procédé comme dans les causes où il y aura eu constitution d'avoué.

55. Les causes où il y aura eu constitution d'avoué dans le délai de l'ajournement seront portées à l'audience au jour indiqué par le président, et sur un simple acte d'avoué à avoué.

56. Lorsque les avoués auront posé qualités, la cour donnera acte aux parties des conclusions par elles prises.

L'arrêt de qualités posées sera porté sur la feuille d'audience, et les conclusions signées des avoués seront remises au greffier.

57. Le greffier tiendra, pour chaque session, un rôle particulier sur lequel seront inscrites les causes qui devront être appelées à chaque audience de la session, avec mention de leur numéro au rôle général.

Les rôles particuliers seront affichés dans l'auditoire et au greffe.

58. Aucune cause ne pourra être plaidée qu'autant qu'elle aura été affichée huit jours à l'avance, si ce n'est en cas d'urgence ou du consentement des parties.

59. Dans toutes les causes, les avoués, avant d'être admis à requérir défaut ou à plaider, remettront au greffier de service leurs conclusions motivées, avec le numéro du rôle particulier.

Lorsqu'à l'audience les avoués changeront les conclusions par eux posées, ou qu'ils en prendront de nouvelles, ils seront tenus, après les avoir signées, de les remettre au greffier, qui les joindra à celles précédemment déposées.

60. Si, au jour fixé pour plaider, aucun avoué ne se présente, ou si celui qui se présente refuse de prendre jugement, la cour pourra, après avoir ordonné que les pièces seront déposées sur le bureau, juger sur le vu desdites pièces, et déclarer que la cause est retirée du rôle particulier.

Aucune cause retirée du rôle ne pourra y être rétablie que sur le vu de l'expédition de l'arrêt de radiation, dont le coût restera à la charge personnelle des avoués, qui seront en outre tenus de tous dommages-intérêts envers les parties, et auxquels il pourra encore être fait des injonctions, suivant les circonstances.

61. Lorsqu'il aura été formé opposition à un arrêt par défaut, la cause reprendra le rang qu'elle occupait, soit au rôle général, soit au rôle particulier, à moins qu'il ne soit accordé, par le président, un jour fixe pour statuer sur les moyens d'opposition.

SECTION II. De la distribution des causes, et de l'instruction d'audience devant les tribunaux de première instance et les tribunaux de paix.

62. Il sera tenu, aux greffes des tribunaux de première instance, un registre ou rôle coté et paraphé par le juge royal, et destiné à l'inscription, suivant l'ordre de leur présentation, des affaires civiles et commerciales.

63. Les causes introduites par assignation à bref délai, celles qui auront pour objet des déclinatoires, des exceptions, des réglemens de procédure qui ne tiennent point au fond, celles qui seront retenues pour être jugées en état de référé, ou qui seront relatives à des demandes à fin de mise en liberté ou de provisions alimentaires, et toutes autres causes également urgentes, seront appelées sur simples mémoires pour être plaidées et jugées sans remise, sans tour de rôle, avant toutes autres affaires, et sans qu'elles aient besoin d'être affichées. Si, par des motifs extraordinaires, le tribunal croit devoir accorder remise, elle sera ordonnée contradictoirement à jour fixe, et au jour indiqué il n'en pourra être accordé une nouvelle.

64. A l'ouverture de chaque audience, l'huissier de service fera successivement l'appel des causes dans l'ordre de leur inscription au rôle.

Sur cet appel et à la même audience, les causes dans lesquelles il y aurait eu constitution d'avoué seront distribuées par le juge royal à l'un des jours de la semaine.

A l'égard de celles où il n'y aurait pas eu constitution d'avoué, il sera donné défaut contre la partie, sur les conclusions signées de l'avoué qui le requerra.

Ces conclusions seront immédiatement remises au greffier.

65. Le greffier tiendra, pour chaque semaine, un rôle particulier sur lequel les causes seront inscrites dans l'ordre de leur distribution, avec mention de leur numéro au rôle général.

Les rôles particuliers seront affichés dans l'auditoire et aux greffes.

66. Aucune cause ne pourra être plaidée qu'autant qu'elle aura été affichée, huit jours à l'avance, dans l'auditoire et au greffe des tribunaux, si ce n'est en cas d'urgence ou de consentement des parties.

67. Les dispositions des art. 54, 55, 56, 58, 59, 60 et 61 de la présente ordonnance seront applicables aux tribunaux de première instance.

68. Il sera tenu, au greffe de chaque tribunal de paix, deux registres ou rôles cotés et paraphés par le juge-de-paix, et destinés à l'instruction, savoir :

Le premier, des affaires civiles et commerciales;

Le second, des affaires portées en conciliation.

Les causes civiles et commerciales seront jugées dans l'ordre de leur inscription au rôle.

CHAPITRE II. De la communication des causes au ministère public.

69. Le ministère public assistera à toutes les audiences.

Dans les causes qui devront lui être communiquées, les avoués seront tenus de remettre les pièces au parquet, la veille de l'audience où la cause devra être appelée.

Dans les causes contradictoires, cette communication devra être faite trois jours au moins avant celui indiqué pour la plaidoirie.

Si la remise des pièces n'a pas été faite dans le temps prescrit, elle ne passera point en taxe.

70. Lorsque celui qui remplit les fonctions du ministère public ne portera pas la parole sur-le-champ, il ne pourra demander qu'un seul délai, qui ne pourra excéder quinzaine, et il en sera fait mention sur la feuille d'audience.

71. Dans les procès mis au rapport et dont l'instruction sera faite par écrit, le juge-rapporteur devra veiller à ce que les communications au ministère public soient faites assez à temps pour que le jugement ne soit pas retardé.

Le ministère public, après avoir pris communication des pièces, les fera remettre, dans le plus bref délai, au rapporteur, quand il les aura reçues de ses mains; sinon, au greffe.

72. Le ministère public une fois entendu, les parties ni leurs avoués ne pourront obtenir la parole après lui ; ils pourront seulement remettre sur-le-champ de simples notes, ainsi qu'il est dit à l'art. 3 (1) du Code de procédure civile.

CHAPITRE III. Du jugement.

SECTION Ire. *Du jugement à la cour royale,*

73. Lorsque les juges tenant audience trouveront une cause suffisamment éclaircie, le président pourra faire cesser les plaidoiries.

74. Il mettra la matière en délibération, et recueillera ensuite les opinions dans l'ordre inverse du rang que les magistrats occupent entre eux.

Dans les affaires jugées sur rapport, le rapporteur opinera le premier.

75. Aucun membre du ministère public ne pourra assister aux délibérations des juges.

(1) *Lisez* article 111.

La même disposition s'appliquera au greffier.

76. Les arrêts seront rendus à la majorité des voix.

77. La rédaction des arrêts contiendra, indépendamment de ce qui est prescrit par le Code de procédure civile, la mention qu'ils ont été prononcés publiquement et à l'audience, sous peine, s'il y a lieu, de dommages et intérêts contre le greffier envers les parties.

78. Le greffier portera sur la feuille d'audience du jour la minute de chaque arrêt, aussitôt qu'il aura été rendu.

Les feuilles d'audience seront vérifiées par le président, et signées, par lui et par le greffier, dans les vingt-quatre heures qui suivront l'audience où l'arrêt aura été prononcé. Elles seront de papier de même forme, et réunies, par année, en forme de registre.

Le greffier se conformera, en outre, aux dispositions du titre VII, livre II, du Code de procédure civile.

79. Si le président se trouve dans l'impossibilité de signer la feuille d'audience, elle devra l'être, dans les vingt-quatre heures suivantes, par le plus ancien des magistrats qui aura assisté à l'audience.

80. Dans le cas où le greffier serait dans l'impossibilité de la signer, il suffira que le président en fasse mention en signant.

81. Si les feuilles d'une ou de plusieurs audiences n'avaient pas été signées dans les délais, et ainsi qu'il est dit ci-dessus, la cour pourra, suivant les circonstances, et sur les conclusions par écrit du procureur général, autoriser un des conseillers qui auront concouru à ces arrêts à les signer.

SECTION II. Du jugement au tribunal de première instance et aux tribunaux de paix.

82. Lorsque le juge royal trouvera une cause suffisamment éclaircie, il pourra faire cesser les plaidoiries.

83. Les dispositions des art. 75, 77, 78, ci-dessus, seront applicables aux tribunaux de première instance.

84. Si le juge royal se trouvait dans l'impossibilité de signer la feuille d'audience, elle devra l'être, dans les vingt-quatre heures suivantes, par le plus ancien des juges-auditeurs qui aura assisté à l'audience.

85. Dans le cas où le greffier serait dans l'impossibilité de la signer, il suffira que le juge royal en fasse mention en signant.

86. Si les feuilles d'une ou de plusieurs audiences n'avaient pas été signées dans les délais et ainsi qu'il est dit ci-dessus, la cour pourra, suivant les circonstances, autoriser un des juges-auditeurs qui auront assisté à l'audience à signer le jugement.

87. Lorsque le juge-de-paix aura entendu les parties, il prendra, avant de prononcer son jugement, l'avis de son suppléant, dans le cas où celui-ci serait présent à l'audience.

88. Les dispositions des art. 77, 78 et 85 seront applicables aux tribunaux de paix.

Aux cas prévus par l'art. 84, le juge suppléant qui aura assisté au jugement signera la feuille ordinaire.

Au cas prévu par l'art. 86, il pourra y être autorisé par la cour.

CHAPITRE IV. Du mode de procéder sur les demandes en annulation.

89. Les jugemens rendus en dernier ressort par les justices de paix, soit en matière civile, soit en matière commerciale, pourront être attaqués devant la cour royale par la voie de l'annulation.

Cette voie ne sera ouverte aux parties que pour cause d'incompétence ou d'excès de pouvoir.

Elle sera ouverte, mais dans l'intérêt de la loi seulement, au procureur général, pour cause d'incompétence, d'excès de pouvoir ou de contravention à la loi.

90. Le délai du recours en annulation sera, pour les parties, de dix jours francs, à dater de celui soit de la signification des jugemens définitifs, soit de la prononciation des jugemens interlocutoires.

A l'égard du recours contre les jugemens préparatoires, ce délai ne courra que du jour de la signification du jugement définitif, sans que leur exécution puisse, en aucun cas, être opposée au demandeur en annulation, comme fin de non-recevoir.

91. Lorsqu'à l'expiration du délai fixé par l'article précédent aucune des parties n'aura formé de recours, le jugement passé ainsi en force de chose jugée pourra être attaqué, par le procureur général, en annulation pour cause d'incompétence ou d'excès de pouvoir.

Dans le cas où le recours du procureur général aura pour cause une contravention à la loi, il lui sera loisible de l'introduire immédiatement après la prononciation du jugement définitif.

92. Les déclarations de recours seront formées, savoir :

Celles des parties, par une simple requête signée d'un avoué;

Et celles du procureur général, par un réquisitoire.

Les déclarations de recours seront déposées au greffe de la cour royale; elle y seront inscrites, par ordre de dates et de numéros, sur un registre ou rôle général, au moment de leur présentation.

93. Les requêtes introductives des recours formés par les parties devront contenir, indépendamment des noms, profession et do-

micile des demandeurs en annulation, de leurs conclusions et des noms et demeure des parties adverses, l'exposé sommaire des faits et des moyens tendant à prouver l'incompétence ou l'excès de pouvoir, sans que ni cet exposé, ni le complément ou le développement, soit des faits, soit des moyens, puisse ultérieurement donner lieu à la production d'aucun mémoire ampliatif.

94. Les parties seront tenues de joindre à leur requête introductive, savoir :

Si le jugement attaqué par elles est définitif, la copie qui leur en aura été signifiée ;

Et s'il est interlocutoire ou préparatoire, une expédition de ce jugement.

Le procureur général joindra seulement à son réquisitoire une copie certifiée du jugement attaqué dans l'intérêt de la loi.

95. Les parties seront tenues, en outre, de consigner, à peine de déchéance, une amende de cent francs, si leur recours est formé contre un jugement contradictoire, et de la moitié de cette somme, si le jugement attaqué a été rendu par défaut.

Sont exempts de l'amende les administrations, régies, ou agens publics, pour les affaires concernant directement les divers services administratifs ou les domaines et revenus de l'Etat.

A l'égard de toutes autres parties, l'amende sera encourue par celles qui succomberont dans leurs recours. Seront néanmoins dispensées de la consigner celles qui joindront à leur requête introductive un certificat d'indigence délivré par le commissaire commandant de la commune de leur domicile, ou par son lieutenant ; ce certificat devra, en outre, être visé et approuvé par le directeur général de l'intérieur.

96. La requête introductive sera signifiée dans les cinq jours de sa production à la partie au profit de laquelle aura été rendu le jugement attaqué.

La copie ne pourra être signifiée qu'après avoir été certifiée véritable, et signée par l'avoué du demandeur en annulation.

L'original de la signification sera, dans les cinq jours, rapporté par l'avoué au greffe de la cour royale, et joint par le greffier à l'original de la requête introductive.

97. Dans les dix jours de la signification, le défendeur en annulation sera tenu de constituer avoué, et de faire signifier à celui du demandeur sa requête en défense, dont l'original sera, dans les cinq jours de la signification, déposé au greffe de la cour.

98. La signature de l'avoué au bas de l'original et de la copie de la requête primitive, soit en demande, soit en défense, vaudra, à son égard, acte de constitution, et à l'égard de la partie, acte d'élection de domicile chez son avoué.

28.

99. Le demandeur pourra faire signifier une réplique dans la huitaine après les défenses fournies, et le défendeur signifier la sienne dans la huitaine suivante. L'original et la copie de chaque réplique seront également signés par l'avoué de la partie, lequel devra de même déposer l'original au greffe dans les cinq jours de la signification.

Il ne pourra être produit aucune autre requête de la part de chaque partie.

100. Les affaires seront réputées en état, soit après la production des deux requêtes à fournir en demande ainsi qu'en défense, soit après l'expiration des délais pour produire.

Chaque affaire, immédiatement après sa mise en état, sera distribuée par le président au conseiller qui devra en effectuer le rapport, et les pièces de l'instruction seront transmises par le greffier au rapporteur aussitôt après le dépôt de la réplique en défense.

A l'égard des demandes en annulation introduites par le procureur général dans l'intérêt de la loi, la nomination du rapporteur aura lieu immédiatement après le dépôt du réquisitoire, et le greffier transmettra san délai le réquisitoire au rapporteur.

101. Le rapporteur rétablira les pièces de chaque instruction au greffe, en y remettant son rapport écrit, dans les quinze jours de sa nomination, au plus tard, sans que, dans aucun cas, ce délai puisse être prolongé pour attendre les productions qui n'auraient pas eu lieu en temps utile.

102. La date de la nomination du rapporteur et celle de la remise du rapport au greffe seront inscrites par le greffier sur le rôle général de présentation.

103. Les affaires dont le rapport aura été déposé seront distribuées par le président à l'un des jours de la session qui suivra celle où le dépôt aura lieu.

Le greffier sera tenu de les inscrire par ordre de dates et de numéros, sur les rôles particuliers de distribution, qu'il devra, jusqu'à l'appel de la cause, tenir et afficher conformément à l'art. 57 de la présente ordonnance ; et il les y classera sous un titre distinct.

Il devra également inscrire, sur le dossier de chaque affaire, son numéro d'ordre au rôle particulier.

104. Dans le jour du dépôt des pièces de l'instruction, au greffe, par les conseillers rapporteurs, le greffier les transmettra au procureur général, qui les y rétablira trois jours au plus tard avant celui où chaque affaire devra être portée à l'audience.

105. Les affaires seront appelées et jugées suivant leur ordre d'inscription au rôle particulier.

Celles introduites à la requête des parties pourront, soit du consentement commun de

29

celles en demande et en défense, soit à la réquisition de l'une d'elles, être remises par la cour une seule fois et à jour fixe. Il ne pourra, sous aucun prétexte, être accordé de nouveaux délais; et l'ordre, soit de l'inscription, soit de la remise, devra être invariablement suivi pour le rapport et le jugement.

106. Les rapports seront faits à l'audience.

Après le rapport, les avoués des parties seront successivement entendus, et le président les avertira, s'il y a lieu, qu'ils doivent se borner à présenter de simples observations.

Le procureur général donnera ensuite ses conclusions. Il devra être entendu dans chaque affaire, même dans celles introduites sur son réquisitoire.

Les avoués des parties ne pourront obtenir la parole après le procureur général que dans le cas où celui-ci se trouverait partie principale et poursuivante.

107. Les dispositions établies en la présente ordonnance par les art. 72, 73, 74, 75 et 76, relativement à la cessation des plaidoiries et à la manière dont les arrêts seront délibérés et rendus, sont applicables au jugement des affaires en annulation.

108. Dans les affaires introduites à la requête des parties, si l'annulation est prononcée pour cause d'incompétence, la cour royale annulera le jugement ou les jugemens attaqués, ainsi que toute la procédure; et, prononçant par voie de règlement de juges, elle renverra l'affaire devant ceux qui devront en connaître, pour être statué sur le fond seulement. Si l'annulation est prononcée pour cause d'excès de pouvoir, la cour annulera, simplement en ce qui concerne l'excès de pouvoir, le jugement attaqué, et, s'il y a lieu, les actes de l'instruction; elle renverra l'affaire devant l'un des tribunaux de paix des cantons limitrophes du tribunal qui aura prononcé; et le tribunal de paix saisi par la cour devra, en statuant définitivement sur le litige, se renfermer strictement dans les limites résultant de l'arrêt d'annulation.

À l'égard des affaires introduites sur le réquisitoire du procureur général, l'annulation ne sera prononcée que dans l'intérêt de la loi, et les parties ne pourront s'en prévaloir pour se soustraire à l'exécution du jugement annulé.

109. Le demandeur qui succombera dans son recours en annulation sera condamné à l'amende et aux dépens; les administrations ou régies de l'Etat et les agens publics ne seront condamnés qu'aux frais.

Si le jugement est annulé, l'amende consignée sera rendue, quand même l'arrêt d'annulation aurait omis d'ordonner la restitution de l'amende.

L'arrêt d'annulation ou de rejet devra d'ailleurs contenir la liquidation des dépens.

110. Les motifs et le dispositif des arrêts seront rédigés par les rapporteurs, écrits de leur main même sur la minute de chaque arrêt, et remis par eux au greffe dans la semaine qui suivra celle de leur prononciation.

Seront observées, au surplus, les règles ci-dessus prescrites par les art. 78, 79, 80 et 81, pour la tenue des feuilles d'audience.

111. En cas d'annulation, soit à la requête des parties, soit sur le réquisitoire du procureur général, expédition de l'arrêt lui sera remise et sera transcrite, à sa diligence, en marge ou à la suite du jugement annulé.

Le greffier de la justice de paix devra justifier au procureur général de la transcription ainsi prescrite.

TITRE III. Dispositions générales.

112. Toutes dispositions concernant le mode de procéder en matière civile aux îles de la Martinique et de la Guadeloupe et dépendances, sont et demeurent abrogées en ce qu'elles ont de contraire à la présente ordonnance.

113. Notre ministre secrétaire d'Etat de la marine et des colonies (Hyde de Neuville) est chargé de l'exécution de la présente ordonnance.

19 OCTOBRE = Pr. 1er NOVEMBRE 1828.—Ordonnance du Roi portant convocation de trois colléges électoraux dans les départemens de l'Aude, du Doubs et de la Seine-Inférieure. (8, Bull. 260, n° 9826.)

Charles, etc.

Sur le rapport de notre ministre secrétaire d'Etat de l'intérieur;

Vu les lettres des préfets de la Seine-Inférieure, de l'Aude et du Jura, en date des 21 août, 15 septembre derniers, et 10 octobre courant, annonçant le décès des sieurs de Malartic, Andréossy et Jobez, membres de la Chambre des députés;

Vu les lois des 5 février 1817, 29 juin 1820, 2 mai 1827 et 2 juillet 1828;

Considérant que les opérations prescrites par la loi du 2 juillet 1828 ne seront consommées que le 16 décembre prochain, et qu'il convient, pour la régularité des listes, d'ajourner jusqu'à cette époque la réunion des colléges électoraux,

Nous avons ordonné et ordonnons ce qui suit :

Art. 1er. Les colléges du premier arrondissement électoral de l'Aude, du deuxième arrondissement électoral du Doubs, et du cinquième arrondissement électoral de la Seine Inférieure, sont convoqués à Castelnaudary, à Besançon et à Dieppe, pour le 26 décembre prochain, à l'effet d'élire chacun un député.

2. Conformément à l'art. 21 de la loi du 22 juillet 1828, il sera fait usage, pour ces élections, des listes arrêtées et closes le 16 décembre.

Les opérations des collèges électoraux auront lieu ainsi qu'il est prescrit par l'ordonnance du 11 octobre 1820.

3. Notre ministre secrétaire d'Etat de l'intérieur (vicomte de Martignac) est chargé de l'exécution de la présente ordonnance.

19 OCTOBRE = Pr. 1ᵉʳ NOVEMBRE 1828.—Ordonnance du Roi relative à la construction d'un pont suspendu sur la Garonne, à Langon. (8, Bull. 260, n° 9827.)

Charles, etc.

Sur le rapport de notre ministre secrétaire d'Etat au département de l'intérieur ;

Vu le cahier des charges pour l'exécution d'un pont suspendu sur la Garonne à Langon, moyennant la concession temporaire d'un droit de péage ;

Vu le procès-verbal du 14 mai 1828, constatant les opérations faites à la préfecture du département de la Gironde pour parvenir, avec publicité et concurrence, à l'adjudication de cette entreprise ;

Vu la soumission de l'adjudicataire ;

Notre Conseil d'Etat entendu ,

Nous avons ordonné et ordonnons ce qui suit :

Art. 1ᵉʳ. L'adjudication de la construction d'un pont suspendu sur la Garonne à Langon, faite et passée, le 14 mai 1828, au sieur Gimet, moyennant la concession d'un péage sur ce pont pendant quatre-vingt-dix-neuf ans, est et demeure approuvée.

En conséquence, les clauses et conditions de cette adjudication recevront leur pleine et entière exécution, conformément au cahier des charges, sauf dans les parties où cet acte est modifié par les dispositions de la présente ordonnance.

2. Le pont sera construit dans le délai de trois années, à dater de la notification de la présente ordonnance.

3. Le cautionnement de trente mille francs que l'adjudicataire doit fournir sera reçu par le préfet en immeubles situés dans le département de la Gironde, au lieu d'être versé en valeur dans la caisse du receveur général.

4. Le pont sera sur un seul tablier, ou à une seule voie, ou à deux voies distinctes, telles que les voitures puissent s'y croiser, de manière que ce tablier ait, dans l'un comme dans l'autre cas, six mètres de largeur entre les faces intérieures des garde-corps.

5. Si, pendant la durée de la concession, l'administration reconnaît la nécessité d'établir des passages d'eau entre Moudier à l'amont et Preignac à l'aval, l'adjudication de

ces passages sera, à offres égales, accordée de préférence au concessionnaire.

6. Il sera mis à la disposition du concessionnaire, sur inventaire estimatif, les machines et les objets de toute nature qui ont servi à la construction du pont de Bordeaux et qui pourraient être utiles pour la construction du pont de Langon. Ces machines et objets seront restitués en bon état après l'achèvement des travaux, et le concessionnaire sera tenu de payer la différence, s'il en existe, entre leur valeur au moment de la prise de possession et leur valeur au moment de la remise.

7. L'administration est autorisée à acquérir les terrains nécessaires pour établir les abords du pont et les raccorder avec les communications existantes ; elle se conformera, à ce sujet, aux dispositions de la loi du 8 mars 1810, sur les expropriations pour cause d'utilité publique. Les frais d'acquisition seront payés par le concessionnaire, conformément au cahier des charges.

8. Le cahier des charges, le tarif et le procès-verbal d'adjudication resteront annexés à la présente.

9. Notre ministre secrétaire d'Etat de l'intérieur (vicomte de Martignac) est chargé de l'exécution de la présente ordonnance.

19 OCTOBRE = Pr. 1ᵉʳ NOVEMBRE 1828.—Ordonnance du Roi qui classe deux chemins au rang des routes départementales de la Marne. (8, Bull. 260, n° 9828.)

Charles, etc.

Sur le rapport de notre ministre secrétaire d'Etat de l'intérieur ;

Vu la délibération prise par le conseil général du département de la Marne dans sa session de 1827, tendant à classer au rang des routes départementales les chemins de Sainte-Ménéhould à Vitry-le-Français et de Dormans à Etoges ;

Vu l'avis du préfet du département ;

Notre Conseil-d'Etat entendu ,

Nous avons ordonné et ordonnons ce qui suit :

Art. 1ᵉʳ. Les chemins de Sainte-Ménéhould à Vitry-le-Français et de Dormans à Etoges sont classés parmi les routes départementales du département de la Marne, sous les dénominations suivantes :

N° 10, de Sainte-Ménéhould à Vitry-le-Français ;

N° 11, de Dormans à Etoges.

2. L'administration est autorisée à acquérir les propriétés et terrains nécessaires pour la confection de ces routes, en se conformant à la loi du 8 mars 1810, sur les expropriations pour cause d'utilité publique.

3. Notre ministre secrétaire d'État de l'intérieur est chargé de l'exécution de la présente ordonnance.

19 OCTOBRE = Pr. 1er NOVEMBRE 1828. — Ordonnance du Roi qui classe un chemin au rang des routes départementales de la Vienne. (8, Bull. 260, n° 9829.)

Charles, etc.

Sur le rapport de notre ministre secrétaire d'État de l'intérieur ;

Vu la délibération du conseil général du département de la Vienne, tendant à ce que le chemin de Chauvigny au Dorat, par Leigne et Montmorillon, soit classé au rang des routes départementales ;

Vu l'avis du préfet et celui du conseil général des ponts-et-chaussées ;

Notre Conseil-d'État entendu,

Nous avons ordonné et ordonnons ce qui suit :

Art. 1er. Le chemin de Chauvigny au Dorat, par Leigne et Montmorillon, qui forme le prolongement de la route départementale n° 4, de Châtellerault à Chauvigny, est et demeure classé au rang des routes départementales de la Vienne. Il sera réuni à la route n° 4, pour ne former avec elle qu'une seule et même communication, sous la dénomination de *route départementale n° 4, de Châtellerault à Bellac, par Chauvigny, Leigne et Montmorillon.*

2. L'administration est autorisée à acquérir les terrains nécessaires pour terminer cette route, en se conformant toutefois aux dispositions de la loi du 8 mars 1810, sur l'expropriation pour cause d'utilité publique.

3. Notre ministre secrétaire d'État de l'intérieur (vicomte de Martignac) est chargé de l'exécution de la présente ordonnance.

19 OCTOBRE 1828. — Ordonnance du Roi qui autorise des exploitations dans les bois de plusieurs communes. (8, Bull. 260, n° 9830.)
Voy. Code forestier, art. 16 et 90.

19 OCTOBRE 1828. — Ordonnances qui autorisent l'acceptation de dons et legs faits aux séminaires d'Alby, d'Evreux, de Soissons, de Tours et de Nancy ; aux fabriques des églises d'Audun-le-Riche, de Ban-de-Sapt, de Bourberain, de Roquerlan, de Rouxeville, de Ville-France, de Longhapt, de Toulouse, de Metz, de Saint-Clément, de Pontarlier, de Romeschamps, de Bouilly et de Cazères, et au desservant de la succursale de Saint-Léonard. (8, Bull. 315, n°s 12102 et suiv.)

19 OCTOBRE 1828. — Ordonnance qui autorise définitivement la communauté des sœurs de Saint-Vincent de Paul établie à Surgères (Charente-Inférieure). (8, Bull. 260, n° 9832.)

19 OCTOBRE 1828. — Ordonnance qui autorise définitivement la compagnie des sœurs de la Croix établie à Montuselat (Haute-Loire). (8, Bull. 260, n° 9833.)

19 OCTOBRE 1828. — Ordonnances qui autorisent l'acceptation de dons et legs faits aux communes de Linselles, de Bivinne-sur-Mer, de Créchy et à la ville de Tours ; aux pauvres d'Issarlés et du Béage, de Ginliac, de Maroué, de Nyons, de Montagnac, d'Orléans, de Sainte-Livrade, de Loon et de la Madeleine-lès-Lille ; aux hospices de Carcassonne, du Buis, d'Agde, du Puy et de Ploërmel. (8, Bull. 269, n°s 10392 à 10410.)

19 OCTOBRE 1828. — Ordonnances qui autorisent l'acceptation de dons et legs faits aux pauvres de Gommecourt, de la Fontaine-Saint-Martin, d'Ouville-l'Abbaye et de Bretonville ; aux hospices et bureaux de bienfaisance de Vauzé et de Bessillon, de Molsheim, de Villefranche, de Caudebec et de Dieppe. (8, Bull. 270, n°s 10422 à 10430.)

21 OCTOBRE 1828. — Circulaire sur les élections. (Mon. du 22 octobre.)

Voy. la loi du 2 JUILLET 1828 et la circulaire du 25 AOUT 1828.

M. le préfet, il s'est formé dans plusieurs départemens des réunions qui, sous les dénominations de *bureaux,* de *comités consultatifs électoraux,* ou autres analogues, annoncent avoir pour objet de faciliter aux ayant-droit leur inscription sur la liste des électeurs et du jury, ou de veiller à ce que cette liste ne contienne que les noms de ceux qui doivent y être inscrits. Ces réunions se trouvent en dehors de notre législation. Aucune disposition expresse des lois ne leur est applicable, aucune n'a prohibé leur formation, aucune n'a réglé les conditions de leur existence tant qu'elles ne troublent point l'ordre public, soit par des actes illégaux, soit par des écrits susceptibles d'être déférés aux tribunaux ; vous n'avez à prendre à leur égard aucune mesure.

Une grande latitude peut, sans inconvénient, être laissée au conseil ; mais, en ce qui touche l'action, il importe de ne pas perdre de vue les règles qui doivent être suivies. Ces règles sont écrites dans la loi du 2 juillet dernier.

L'art. 11 admet tout individu à se plaindre des inexactitudes commises à son préjudice sur les listes de son département ; et l'art. 14 lui permet de réclamer *par lui-même ou par son fondé de pouvoir.*

L'art. 12 autorise *tout individu* inscrit sur

[la liste d'un département à réclamer l'inscription ou la radiation d'un tiers ou toute
autre rectification qui lui paraît devoir être
opérée sur cette liste.

L'art. 13 oblige le *réclamant* à joindre à sa
demande la preuve qu'elle a été notifiée par
lui à la partie intéressée.

Enfin l'art. 18 lui ouvre un recours devant la cour royale, dans les cas déterminés.

Il résulte de chacune de ces dispositions
que la loi n'admet point de réclamations ni
d'actions collectives; qu'elle autorise seulement les réclamations et les actions individuelles.

Ainsi, dans le cas où des demandes vous
seraient présentées au nom d'une réunion
quelconque, ou par les présidens, secrétaires
ou délégués de cette réunion, il est de votre
devoir de les rejeter, en rappelant à ceux qui
vous les présenteraient les dispositions de la
loi. Ma circulaire du 25 août vous a déjà fait
connaître que vous n'étiez pas tenu de soumettre au conseil de préfecture les demandes
formées par des individus sans qualité, et
que vous pouviez refuser de les recevoir.

La correspondance purement officieuse et
toute privée des bureaux et comités consultatifs, s'il en existe dans votre département,
ne peut donc avoir lieu qu'entre les individus
qui jugeraient à propos de s'adresser à eux et
les personnes qui en feraient partie. L'administration ne peut leur reconnaître aucun caractère public, et leurs membres sont, dans
leurs rapports avec elle, de simples particuliers isolés, qui ne peuvent agir qu'individuellement dans les qualités et dans les limites déterminées par la loi.

Je vous recommande, M. le préfet, de
ne pas perdre de vue les observations qui
précèdent, et de vous y conformer lors de la
réception et du jugement des réclamations
qui vous seraient présentées en vertu du titre II de la loi du 2 juillet dernier. Sans
doute il est du devoir de l'administration de
chercher à rendre facile aux individus qui la
réclament l'exécution des lois qui les intéressent directement, et c'est un devoir que vous
ne manquerez pas de remplir; mais, la loi
ayant réglé avec soin tout ce qui touche à
l'intervention des tiers, c'est une obligation
rigoureuse de maintenir l'exercice de ce droit
dans les limites qu'elle a sagement prescrites:
il importe au bon ordre que ces limites ne
soient point dépassées.

Ces deux devoirs peuvent être aisément
conciliés, et je m'en rapporte, à cet égard, à
votre prudence et à votre zèle.

Recevez, M. le préfet, l'assurance de ma
considération distinguée.

Le ministre de l'intérieur,
Signé DE MARTIGNAC.

———

26 OCTOBRE = Pr. 24 DÉCEMBRE 1828.—Ordonnance du Roi relative à la justice de paix
établie dans la partie française de l'île de
Saint-Martin , l'une des dépendances de la
Guadeloupe. (8, Bull. 258, n° 10277.)

Charles, etc.

Vu notre ordonnance du 24 septembre
1828, sur l'organisation judiciaire et l'administration de la justice aux îles de la Martinique, de la Guadeloupe et dépendances,
portant qu'il sera établi dans la partie française de l'île de Saint-Martin un tribunal de
paix, et que ce tribunal ressortira au tribunal de première instance de la Basse-Terre;

Considérant que la difficulté et la longueur
des communications entre l'île Saint-Martin
et celle de la Guadeloupe, à différentes époques de l'année, rendent nécessaires pour
ce tribunal quelques modifications tant dans
les règles de compétence établies pour les
tribunaux de paix du ressort de la cour
royale de la Guadeloupe que dans les diverses attributions des juges-de-paix;

Sur le rapport de notre ministre secrétaire d'Etat de la marine et des colonies,

Nous avons ordonné et ordonnons ce qui
suit :

CHAPITRE Ier. De la compétence et de la composition du tribunal de paix de Saint-Martin.

Art. 1er. Le tribunal de paix du canton
de Saint-Martin connaîtra, sauf les exceptions déterminées par la loi, des actions civiles, soit personnelles, soit mobilières, et
des actions commerciales, savoir:

En premier et dernier ressort, lorsque la
valeur principale de la demande n'excédera
pas *cinq cents francs* ;

En premier ressort seulement, lorsque la
valeur principale de la demande sera au-
dessus de *cinq cents francs* et n'excédera pas
mille francs.

2. Il connaîtra en premier et dernier ressort jusqu'à la valeur de *cinq cents francs* en
principal, et en premier ressort seulement,
à quelque valeur que la demande puisse
monter:

1° Des actions pour dommages faits, soit
par les hommes, soit par les animaux, aux
champs, fruits et récoltes;

2° Des déplacemens de bornes, des usurpations de terre, arbres, haies, fossés et autres clôtures, commis dans l'année, et de
toutes autres actions possessoires;

3° Des réparations locatives des maisons
et habitations affermées;

4° Des indemnités prétendues par le fermier ou locataire pour non-jouissance lorsque le droit à l'indemnité ne sera pas contesté, ainsi que des dégradations alléguées
par le propriétaire;

5° De l'exécution des engagemens entre le propriétaire et ses gérans ou économes, ou tous autres gens à gages; entre les marchands et les commis; entre les fabricans, entrepreneurs et maîtres-ouvriers, et leurs compagnons ou apprentis; entre les maîtres et les domestiques ou gens de travail;

6° Des contestations relatives aux locations d'esclaves;

7° Des fournitures faites par les bouchers et les boulangers;

8° Des contestations entre les aubergistes et les voyageurs, pour frais d'hôtellerie;

9° Des actions en dommages et intérêts pour injures verbales et autres contraventions de police pour lesquelles les parties ne se seront point pourvues par voie extraordinaire.

3. Toutes les fois que les parties y consentiront, le juge-de-paix connaîtra des actions énoncées aux deux articles précédens, soit en premier et dernier ressort, soit en premier ressort seulement, à quelque valeur que la demande puisse monter, lors même qu'il ne serait pas le juge naturel des parties.

4. En matières civile et commerciale, les jugemens du tribunal de paix, jusqu'à concurrence de *mille francs*, seront exécutoires par provision et nonobstant appel, sous les modifications portées au Code de procédure civile.

5. Dans les matières civiles qui excéderont sa compétence, le juge-de-paix remplira les fonctions de conciliateur, ainsi qu'il est réglé par le Code de procédure civile.

6. Le tribunal de paix connaîtra des contraventions de police, telles qu'elles sont définies par le Code pénal et par le Code d'instruction criminelle.

Les jugemens seront rendus, savoir :

En premier et dernier ressort, lorsque l'amende, les restitutions et autres réparations civiles n'excéderont pas *cinquante francs*, outre les dépens ;

Et en premier ressort seulement, lorsqu'ils prononceront l'emprisonnement, ou lorsque le montant de l'amende et des condamnations civiles excédera la somme de cinquante francs, sans les dépens.

7. Les dispositions de l'article 20 de notre ordonnance du 24 septembre dernier, sur l'organisation judiciaire de la Martinique et de la Guadeloupe, relatives à la faculté d'attaquer les jugemens des tribunaux de paix par voie d'annulation, sont applicables aux jugemens rendus par le tribunal de Saint-Martin.

8. Le tribunal de paix se constituera, pour juger les diverses matières de sa compétence, ainsi qu'il est prescrit par l'article 21 de notredite ordonnance sur l'organisation judiciaire.

Lorsqu'il se constituera en tribunal de police, les fonctions du ministère public y seront remplies, à défaut de l'officier de l'état civil, par le plus ancien notaire.

9. Le suppléant remplacera le juge-de-paix au besoin.

Il pourra toujours assister aux audiences, et il y aura voix consultative.

10. Il y aura un huissier attaché au tribunal de paix.

En cas d'empêchement, il sera remplacé par l'agent de la force publique qui sera commis par le juge, ce dont il sera fait mention dans la citation.

CHAPITRE II. Des diverses attributions du juge-de-paix en matières civile et commerciale.

11. Indépendamment des fonctions qui sont départies aux juges-de-paix par les Codes civil, de procédure civile et de commerce, le juge-de-paix de Saint-Martin aura les attributions suivantes:

Il recevra les oppositions aux mariages, sauf à renvoyer devant le juge compétent pour qu'il y soit statué.

Il autorisera les saisies dans le cas où ce droit est conféré au président du tribunal de première instance par les Codes de procédure civile et de commerce et par les ordonnances locales.

Il ordonnera, s'il y a lieu, la contrainte par corps dans le cas prévu par l'article 300 de notre ordonnance du 19 octobre 1828, portant application du Code de procédure civile aux colonies de la Martinique, de la Guadeloupe et dépendances.

Il déléguera le notaire qui devra procéder aux inventaires des biens des mineurs et des absens.

Il recevra les actes de notoriété.

Il légalisera les actes judiciaires et les actes de l'état civil qui seront destinés à l'extérieur de l'île.

Il homologuera les testamens, procédera à leur ouverture, lorsqu'ils seront olographes ou mystiques, et en ordonnera l'exécution, qui ne sera suspendue que s'il y a appel.

Il nommera les experts pour procéder aux réglemens d'avaries, ainsi que les experts en matière civile, toutes les fois que les parties n'en conviendront point, et recevra leur serment.

Il statuera sur tous les référés dont la connaissance est attribuée par les Codes civil, de procédure et de commerce, au président du tribunal de première instance.

Il exercera, quant aux demandes en séparation de corps, les fonctions dévolues au président du tribunal de première instance par les articles 234 à 244 inclusivement du Code civil, 875 à 878 inclusivement du Code de procédure civile, et renverra devant le tribunal de première instance, à l'effet de statuer sur l'admission de la demande.

Il surveillera spécialement l'administration des successions vacantes, et exercera, à cet égard, les fonctions attribuées au président et au procureur du Roi du tribunal de première instance.

Il fera procéder, dans son prétoire, à la publication des ordonnances, arrêtés et tous autres actes de l'autorité qui lui seront adressés à cet effet, et en ordonnera la transcription sur les registres du greffe de son tribunal.

CHAPITRE III. Des diverses attributions du juge-de-paix en matière de police et en matière de crimes et délits.

12. Indépendamment des fonctions qui sont départies au juge-de-paix par le Code d'instruction criminelle, le juge-de-paix de Saint-Martin aura les attributions suivantes :

Il recevra l'affirmation des procès-verbaux dressés en matières de police, de grande voirie, de chasse, de pêche, de délits ruraux et forestiers, de douanes et de contributions indirectes.

Il exercera les fonctions dévolues au juge d'instruction et au procureur du Roi par le Code d'instruction criminelle.

Il rendra un compte hebdomadaire de la procédure au procureur général, et sera tenu d'exécuter ses ordres, relativement à tous actes de police judiciaire.

Il lui renverra directement les pièces du procès, lorsque l'instruction sera terminée.

Il aura le droit de requérir la force publique.

CHAPITRE IV. Du traitement.

13. Le traitement des membres du tribunal de paix est fixé ainsi qu'il suit :

Pour le juge-de-paix, 4,000 fr.

Pour le suppléant, 2,000 fr.

Au moyen de ce traitement, il ne sera alloué au juge-de-paix et à son suppléant ni vacations ni honoraires ; ils ne pourront réclamer que les frais de transport réglés par le tarif. Les articles 160 et 162 de notre ordonnance du 24 septembre 1828 sont applicables à ces fonctionnaires.

Il sera alloué au greffier, indépendamment de la totalité du droit de greffe, un traitement de quinze cents francs.

Dispositions générales.

14. Toutes ordonnances et tous arrêtés et réglemens concernant le tribunal de paix de l'île Saint-Martin, sont et demeurent abrogés en ce qu'ils ont de contraire à la présente ordonnance.

15. Notre ministre secrétaire d'Etat de la marine et des colonies (baron Hyde de Neuville) est chargé de l'exécution de la présente ordonnance.

———

26 OCTOBRE = Pr. 25 NOVEMBRE 1828.—Ordonnance du Roi qui classe deux chemins au rang des routes départementales des Hautes-Pyrénées. (8, Bull. 262, n° 9890.)

Charles, etc.

Sur le rapport de notre ministre secrétaire d'Etat au département de l'intérieur ;

Vu la délibération du conseil général du département des Hautes-Pyrénées, tendant à ce que le chemin d'Auch à Pau, par Rabastens et Vic-Bigorre, et de Trie à Miélau, soit classé au rang des routes départementales ;

Vu l'avis du préfet et celui du conseil général des ponts-et-chaussées ;

Notre Conseil-d'Etat entendu,

Nous avons ordonné et ordonnons ce qui suit :

Art. 1er. Les deux chemins indiqués dans la délibération du conseil général des Hautes-Pyrénées sont et demeurent classés au rang des routes départementales de ce département, avec les numéros et dénominations qui suivent :

N° 6, d'Auch à Pau, par Rabastens et Vic-Bigorre ;

N° 7, de Trie à Miélau.

2. L'administration est autorisée à acquérir les terrains nécessaires pour rectifier ou perfectionner ces routes : elle se conformera, à ce sujet, aux dispositions de la loi du 8 mars 1810, sur l'expropriation pour cause d'utilité publique.

3. Notre ministre secrétaire d'Etat de l'intérieur (vicomte de Martignac) est chargé de l'exécution de la présente ordonnance.

———

26 OCTOBRE 1828. — Ordonnance du Roi qui autorise des exploitations dans les bois de plusieurs communes et d'un hospice. (8, Bull. 262, n° 9891.)

———

26 OCTOBRE 1828. — Ordonnances qui autorisent l'acceptation de dons et legs faits aux communautés religieuses établies à Lyon, à Maringes, à Thoissey, à Tours, à Evreux, à Nancy, à Niort, et au séminaire de Soissons. (8, Bull. 315, n° 12181.)

———

26 OCTOBRE 1828. — Ordonnance qui accorde des lettres de déclaration de naturalité au sieur Lumanne. (8, Bull. 296, n° 11313.)

———

26 OCTOBRE 1828. — Ordonnance qui autorise définitivement la communauté des sœurs de Saint-Alexis établie à Limoges. (8, Bull. 260, n° 9834.)

———

26 OCTOBRE 1828. — Ordonnance qui admet les sieurs Battemberg, Cottier, Haas, Nicolas, Troudlé et Git de la Corona à établir leur domicile en France. (8, Bull. 260, n° 9836.)

26 OCTOBRE 1828. — Ordonnances qui autorisent l'acceptation de dons et legs faits aux protestans de Saint-Pargoire; aux hospices et bureaux de bienfaisance de Saint-Geniez, de Bayeux, de Ciré, de Forges, de Thon, de Sainte-Foy, du Puy, du Puy-Notre-Dame, et aux pauvres de Meteren. (8, Bulletin 270, n°ˢ 10431 à 10438.)

26 OCTOBRE 1828. — Ordonnance qui accorde des lettres de déclaration de naturalité au sieur Jossé. (8, Bull. 271, n° 10484.)

26 OCTOBRE 1828. — Ordonnances qui autorisent l'acceptation de dons et legs faits aux hospices et bureaux de bienfaisance de Joinville, d'Orchies, de Cassel, de Herzècle, de Lens, de Châlons-sur-Saône, de Paris, de Saint-Germain-en-Laye, d'Amiens, de Lisle; et aux pauvres de Monterollier, de Saint-Martin-le-Blanc et d'Osmonville. (8, Bull. 271, n°ˢ 10486 à 10496.)

26 OCTOBRE 1828. — Ordonnance qui autorise les sieur Gignoux et compagnie à ajouter un haut-fourneau à fondre le minerai de fer à la forge de Cuzorn située sur la Lemancé, commune de Cuzorn (Lot-et-Garonne). (8, Bull. 272, n° 10516.)

26 OCTOBRE 1828. — Ordonnance qui fait au sieur Lavalette concession des mines de houille lignite situées dans la commune de Montonlieu et autres limitrophes, département de l'Hérault. (8, Bull. 272, n° 10517.)

29 OCTOBRE 1828 = Pr. 25 AOUT 1829.—Ordonnance du Roi portant application du Code pénal à l'île de la Martinique et à l'île de la Guadeloupe et dépendances (1). (8, Bull. 311 bis.)

Charles, etc.

Vu notre ordonnance du 9 février 1827, constitutive du gouvernement de l'île de la Martinique et de celui de l'île de la Guadeloupe et dépendances;

Vu l'article 7 de notre ordonnance, en date du 24 septembre 1828, concernant l'organisation de l'ordre judiciaire et l'administration de la justice à l'île de la Martinique et à l'île de la Guadeloupe et dépendances, portant que « les deux colonies seront régies par le « Code civil, le Code de procédure civile, le « Code de commerce, le Code d'instruction « criminelle et le Code pénal, modifiés et mis « en rapport avec leurs besoins; »

Voulant pourvoir à l'exécution de cette disposition en ce qui concerne le Code pénal;

Sur le rapport de notre ministre secrétaire d'Etat de la marine et des colonies,

Nous avons ordonné et ordonnons ce qui suit :

Dispositions préliminaires.

ART. 1ᵉʳ. L'infraction que les lois punissent de peines de police est une *contravention*.

L'infraction que les lois punissent de peines correctionnelles est un *délit*.

L'infraction que les lois punissent d'une peine afflictive ou infamante est un *crime*.

2. Toute tentative de *crime* qui aura été manifestée par des actes extérieurs, et suivie d'un commencement d'exécution, si elle n'a été suspendue ou n'a manqué son effet que par des circonstances fortuites ou indépendan-

_____

(1) Les modifications que cette ordonnance a fait subir au Code pénal sont trop nombreuses pour que j'aie cru devoir les indiquer dans chaque article; il est d'ailleurs facile à chacun de les apercevoir, en comparant le texte de l'ordonnance avec le texte du Code pénal. Il est cependant une observation très-importante qui doit être placée ici : c'est que l'abolition de la confiscation, prononcée par l'article 66 de la Charte, se trouve étendue aux colonies, pour lesquelles dispose la présente ordonnance. En effet, l'article 7 du Code pénal et une foule d'autres autorisaient ou prononçaient la confiscation générale des biens; l'ordonnance supprime dans ces articles tout ce qui est relatif à la confiscation.

Je dois faire remarquer en outre que les articles 302, 309, 310, 312, 381, 383, 384, 386 et 388 sont mis en harmonie avec la loi du 25 juin 1824 (*voy.* cette loi).

Une ordonnance du 26 avril 1829 rend exécu-

toire dans les colonies la loi du 10 avril 1825 sur la piraterie et la baraterie.

La loi du 25 avril 1827, répressive de la traite des noirs, est applicable dans les colonies (*voy.* la première note sur cette loi, et *voy.* aussi l'ordonnance du 27 août 1828 et le rapport au Roi qui le précède.

La loi du 20 avril 1825, sur le sacrilége, n'a point été déclarée applicable aux colonies; mais la présente ordonnance, dans la rédaction de l'article 390, déclare que les édifices consacrés aux exercices du culte sont assimilés aux maisons habitées; l'article 257 et les articles 260 et suivans sont également modifiés d'après les dispositions des articles 12 et suivans de la loi du 20 avril 1825.

La loi du 28 juillet 1824, relative aux altérations ou suppositions de noms sur les produits fabriqués, n'a été le motif d'aucune modification (*voy.* l'ordonnance du 13 octobre 1826, qui rend applicable à la Guadeloupe le Code d'instruction criminelle).

ertes de la volonté de l'auteur, est considérée comme le *crime* même.

3. Les tentatives de *délits* ne sont considérées comme *délits* que dans les cas déterminés par une disposition spéciale de la loi.

4. Nulle contravention, nul délit, nul crime, ne peuvent être punis de peines qui n'étaient pas prononcées par la loi avant qu'ils fussent commis.

5. Les dispositions du présent Code ne s'appliquent pas aux contraventions, délits et crimes *militaires*.

A l'égard des crimes, délits et contraventions commis par les esclaves, et de ceux commis par des personnes libres envers les esclaves, ils seront déterminés et punis par des ordonnances spéciales.

Jusqu'à l'époque de la promulgation de ces ordonnances, les crimes, délits et contraventions commis par des esclaves, seront punis conformément à la législation actuellement en vigueur; et ceux qui auront été commis par des personnes de condition libre envers les esclaves seront punis conformément aux lettres-patentes, édits et déclarations du Roi promulgués dans la colonie. Dans les cas non prévus, ils seront punis conformément aux dispositions du présent Code.

Livre Ier. Des peines en matières criminelle et correctionnelle, et de leurs effets.

6. Les peines en matière criminelle sont ou afflictives et infamantes, ou seulement infamantes.

7. Les peines afflictives et infamantes sont:
1° La mort;
2° Les travaux forcés à perpétuité;
3° La déportation;
4° Les travaux forcés à temps;
5° La réclusion.

La marque peut être prononcée concurremment avec une peine afflictive, dans les cas déterminés par la loi (1).

8. Les peines infamantes sont:
1° Le carcan;
2° Le bannissement;
3° La dégradation civique.

9. Les peines en matière correctionnelle sont:
1° L'emprisonnement à temps dans un lieu de correction;
2° L'interdiction à temps de certains droits civiques, civils, ou de famille;
3° L'amende.

10. La condamnation aux peines établies par la loi est toujours prononcée sans préjudice des restitutions et dommages-intérêts qui peuvent être dus aux parties.

11. Le renvoi sous la surveillance spéciale de la haute police, l'interdiction absolue ou limitée de posséder des esclaves, l'amende, et la confiscation spéciale, soit du corps du délit, quand la propriété en appartient au condamné, soit des choses produites par le délit, soit de celles qui ont servi ou qui ont été destinées à le commettre, sont des peines communes aux matières criminelle et correctionnelle.

CHAPITRE Ier. Des peines en matière criminelle.

12. Tout condamné à mort aura la tête tranchée.

13. Le coupable condamné à mort pour parricide sera conduit sur le lieu de l'exécution en chemise, nu-pieds, et la tête couverte d'un voile noir.

Il sera exposé sur l'échafaud, pendant qu'un huissier fera au peuple lecture de l'arrêt de condamnation; il aura ensuite le poing droit coupé, et sera immédiatement exécuté à mort.

14. Les corps des suppliciés seront délivrés à leurs familles, si elles les réclament, à la charge par elles de les faire inhumer sans aucun appareil.

15. Les hommes condamnés aux travaux forcés seront employés aux travaux les plus pénibles; ils traîneront à leurs pieds un boulet, ou seront attachés deux à deux avec une chaîne, lorsque la nature du travail auquel ils seront employés le permettra.

Les hommes condamnés aux travaux forcés seront renvoyés dans les bagnes des ports de France, pour subir leur condamnation, sans préjudice des autres peines déterminées par les articles 20 et 22 ci-après, qui seront appliquées dans la colonie.

Néanmoins, en attendant leur départ pour la France, ils subiront leur peine dans l'intérieur des prisons.

16. Les femmes et les filles condamnées aux travaux forcés n'y seront employées que dans l'intérieur d'une maison de force.

17. La peine de la déportation consistera à être transporté et à demeurer à perpétuité dans un lieu déterminé par le Gouvernement, hors du territoire continental de la France et du territoire de la colonie.

Si le déporté rentre sur le territoire qui lui est interdit, il sera, sur la seule preuve de son identité, condamné aux travaux forcés à perpétuité.

Le déporté qui ne sera pas rentré sur le territoire qui lui est interdit, mais qui sera saisi dans des pays occupés par les armées françaises, sera reconduit dans le lieu de sa déportation.

(1) La confiscation est donc abolie, puisque cet article ne reproduit pas la disposition du Code pénal relative à cette peine. *Voy.* la note de la page précédente et l'article 66 de la Charte.

18. Les condamnations aux travaux forcés à perpétuité et à la déportation emporteront mort civile.

Néanmoins, le Gouvernement pourra accorder au déporté, dans le lieu de la déportation, l'exercice des droits civils ou de quelques-uns de ces droits.

19. La condamnation à la peine des travaux forcés à temps sera prononcée pour cinq ans au moins et vingt ans au plus.

20. Quiconque aura été condamné à la peine des travaux forcés à perpétuité sera flétri, sur la place publique, par l'application d'une empreinte avec un fer brûlant, sur l'épaule droite.

Les condamnés à d'autres peines ne subiront la flétrissure que dans le cas où la loi l'aurait attachée à la peine qui leur est infligée.

Cette empreinte sera des lettres T. P. pour les coupables condamnés aux travaux forcés à perpétuité ; de la lettre T pour les coupables condamnés aux travaux forcés à temps, lorsqu'ils devront être flétris.

La lettre F sera ajoutée dans l'empreinte si le coupable est un faussaire.

21. Tout individu de l'un ou de l'autre sexe, condamné à la peine de la réclusion, sera renfermé dans une maison de force, et employé à des travaux dont le produit pourra être en partie appliqué à son profit, ainsi qu'il sera réglé par le Gouvernement.

La durée de cette peine sera au moins de cinq années, et de dix ans au plus.

Les individus mentionnés au présent article pourront être renvoyés en France pour y subir leur peine.

22. Quiconque aura été condamné à l'une des peines des travaux forcés à perpétuité, des travaux forcés à temps, ou de la réclusion, sera, avant de subir sa peine, attaché au carcan sur la place publique ; il y demeurera exposé aux regards du peuple durant une heure. Au-dessus de sa tête sera placé un écriteau portant, en caractères gros et lisibles, ses noms, sa profession, son domicile, sa peine, et la cause de sa condamnation.

23. La durée de la peine des travaux forcés à temps et de la peine de réclusion se comptera du jour de l'exposition.

24. La condamnation à la peine du carcan sera exécutée de la manière prescrite par l'article 22.

25. Aucune condamnation ne pourra être exécutée les jours de fêtes nationales ou religieuses, ni les dimanches.

26. L'exécution se fera sur l'une des places publiques du lieu qui sera indiqué par l'arrêt de condamnation.

27. Si une femme condamnée à mort se déclare et s'il est vérifié qu'elle est enceinte, elle ne subira sa peine qu'après sa délivrance.

28. Quiconque aura été condamné à la peine des travaux forcés à temps, du bannissement, de la réclusion ou du carcan, ne pourra jamais être assesseur, ni expert, ni être employé comme témoin dans les actes, ni déposer en justice, autrement que pour y donner de simples renseignemens.

Il sera incapable de tutelle et de curatelle, si ce n'est de ses enfans, et sur l'avis seulement de la famille.

Il sera déchu du droit de posséder des esclaves, à quelque titre que ce soit, du droit de port d'armes, et de servir dans les armées du Roi.

29. Quiconque aura été condamné à la peine des travaux forcés à temps, ou de la réclusion, sera de plus, pendant la durée de sa peine, en état d'interdiction légale ; à défaut de parens ou d'amis en état de gérer la curatelle, la gestion en appartiendra au curateur des biens vacans.

30. Les biens du condamné lui seront remis après qu'il aura subi sa peine, et le curateur lui rendra compte de son administration.

31. Pendant la durée de la peine, il ne pourra lui être remis aucune somme, aucune provision, aucune portion de ses revenus.

32. Quiconque aura été condamné au bannissement sera transporté, par ordre du Gouvernement, hors du territoire de la France et de ses colonies.

La durée du bannissement sera au moins de cinq années, et de dix ans au plus.

33. Si le banni, durant le temps de son bannissement, rentre sur le territoire qui lui est interdit, il sera, sur la seule preuve de son identité, condamné à la peine de la déportation.

34. La dégradation civique consiste dans la destitution et l'exclusion du condamné de toutes fonctions ou emplois publics, et dans la privation de tous les droits énoncés en l'article 28.

35. La durée du bannissement se comptera du jour où l'arrêt sera devenu irrévocable.

36. Tous les arrêts qui porteront la peine de mort, les travaux forcés à perpétuité ou à temps, la déportation, la réclusion, la peine du carcan, le bannissement et la dégradation civique, seront imprimés par extrait.

Ils seront affichés dans la ville chef-lieu de la colonie, dans celle où l'arrêt aura été rendu, dans la commune du lieu où le délit aura été commis, dans celle où se fera l'exécution, et dans celle du domicile du condamné.

37, 38 et 39. *Supprimés.*

CHAPITRE II. Des peines en matière correctionnelle.

40. Quiconque aura été condamné à la peine d'emprisonnement sera renfermé dans une maison de correction située dans la co-

lonie; il y sera employé à l'un des travaux établis dans cette maison.

La durée de cette peine sera au moins de seize jours, et de cinq années au plus, sauf le cas de récidive ou autres, où la loi aura déterminé d'autres limites. ,

La peine à un jour d'emprisonnement est de vingt-quatre heures;

Celle à un mois est de trente jours.

41. Les produits du travail de chaque détenu pour délit correctionnel sont appliqués, partie aux dépenses communes de la maison, partie à lui procurer quelques adoucissemens, s'il les mérite, et partie à former pour lui, au temps de sa sortie, un fonds de réserve; le tout ainsi qu'il sera ordonné par des réglemens d'administration publique.

42. La cour royale jugeant correctionnellement pourra, dans certains cas, interdire, en tout ou en partie, l'exercice des droits civiques, civils, et de famille suivans :

1° De vote et d'élection;

2° D'éligibilité;

3° D'être appelé ou nommé aux fonctions d'assesseur, ou autres fonctions publiques, ou aux emplois de l'administration, ou d'exercer ces fonctions ou emplois;

4° De port d'armes;

5° De vote et de suffrage dans les délibérations de famille;

6° D'être tuteur, curateur, si ce n'est de ses enfans, et sur l'avis seulement de la famille;

7° D'être expert ou employé comme témoin dans les actes;

8° De témoignage en justice, autrement que pour y faire de simples déclarations;

9° De posséder des esclaves pendant cinq ans au moins et dix ans au plus;

10° De conserver la propriété de tels ou tels esclaves déterminés.

43. La cour ne prononcera l'interdiction mentionnée dans l'article précédent, que lorsqu'elle aura été autorisée ou ordonnée par une disposition particulière de la loi.

CHAPITRE III. Des peines et autres condamnations qui peuvent être prononcées pour crimes ou délits.

44. L'effet du renvoi sous la surveillance de la haute police de l'État sera de donner au gouverneur, ainsi qu'à la partie intéressée, le droit d'exiger, soit de l'individu placé dans cet état, après qu'il aura subi sa peine, soit de ses père et mère, tuteur ou curateur, s'il est en âge de minorité, une caution solvable de bonne conduite, jusqu'à la somme qui sera fixée par l'arrêt. Toute personne pourra être admise à fournir cette caution.

Faute de fournir ce cautionnement, le condamné demeure à la disposition du gouverneur, qui a le droit d'ordonner soit l'éloignement de l'individu d'un certain lieu, soit sa résidence continue dans tel ou tel autre lieu de la colonie, soit même son expulsion de la colonie, dans le cas où il n'y aurait pas contracté mariage.

45. En cas de désobéissance à cet ordre, le gouverneur aura le droit de faire arrêter et détenir le condamné, durant un intervalle de temps qui pourra s'étendre jusqu'à l'expiration du temps fixé pour l'état de la surveillance spéciale.

46. Lorsque la personne mise sous la surveillance spéciale du Gouvernement, et ayant obtenu sa liberté sous caution, aura été condamnée, par un jugement devenu irrévocable, pour un ou plusieurs crimes, ou pour un ou plusieurs délits commis dans l'intervalle déterminé par l'acte de cautionnement, les cautions seront contraintes, même par corps, au paiement des sommes portées dans cet acte.

Les sommes recouvrées seront affectées de préférence aux restitutions, aux dommages-intérêts et frais adjugés aux parties lésées par ces crimes ou ces délits.

47. Les coupables condamnés aux travaux forcés à temps et à la réclusion seront de plein droit, après qu'ils auront subi leur peine, et pendant toute la vie, sous la surveillance de la haute police de l'État.

48. Les coupables condamnés au bannissement seront de plein droit sous la même surveillance pendant un temps égal à la durée de la peine qu'ils auront subie.

49. Devront être renvoyés sous la même surveillance ceux qui auront été condamnés pour crimes ou délits qui intéressent la sûreté intérieure ou extérieure de l'État.

50. Hors les cas déterminés par les articles précédens, les condamnés ne seront placés sous la surveillance de la haute police de l'État que dans le cas où une disposition particulière de la loi l'aura permis.

51. Quand il y aura lieu à restitution, le coupable sera condamné, en outre, envers la partie, à des indemnités dont la détermination est laissée à la justice des cours, lorsque la loi ne les aura pas réglées, sans qu'elles puissent jamais être au-dessous du quart des restitutions, et sans que ces cours puissent, du consentement même de la partie, en prononcer l'application à une œuvre quelconque.

52. L'exécution des condamnations à l'amende, aux restitutions, aux dommages-intérêts et aux frais, pourra être poursuivie par la voie de la contrainte par corps.

53. Lorsque des amendes et des frais seront prononcés au profit de l'État, si, après l'expiration de la peine afflictive ou infamante, l'emprisonnement du condamné, pour l'acquit de ces condamnations pécuniaires, a duré une année complète, il pourra, sur la preuve acquise, par les voies de droit, de son

absolue insolvabilité, obtenir sa liberté provisoire.

La durée de l'emprisonnement sera réduite à six mois, s'il s'agit d'un délit; sauf, dans tous les cas, à reprendre la contrainte par corps s'il survient au condamné quelque moyen de solvabilité.

Dans le cas où le condamné ne serait point détenu, l'exercice de la contrainte par corps aura lieu en vertu d'un ordre d'arrestation et d'écrou émané d'un officier du ministère public. Cet ordre ne pourra être délivré qu'après un commandement fait au condamné.

54. En cas de concurrence de l'amende avec les restitutions et les dommages-intérêts, sur les biens insuffisans du condamné, ces dernières condamnations obtiendront la préférence.

55. Tous les individus condamnés pour un même crime ou pour un même délit sont tenus solidairement des amendes, des restitutions, des dommages-intérêts et des frais.

Néanmoins, en cas de recélé par des personnes de condition libre, en tout ou partie, de choses volées par des esclaves, les recéleurs seront seuls tenus du paiement des amendes et des frais; ils seront, en outre, passibles des restitutions et dommages-intérêts, qui ne pourront être répétés contre le maître de l'esclave condamné qu'après la discussion de leurs biens.

CHAPITRE IV. Des peines de la récidive pour crimes et délits.

56. Quiconque, ayant été condamné pour crime, aura commis un second crime emportant la dégradation civique, sera condamné à la peine du carcan;

Si le second crime emporte la peine du carcan ou le bannissement, il sera condamné à la peine de la réclusion;

Si le second crime entraîne la peine de la réclusion, il sera condamné à la peine des travaux forcés à temps et à la marque;

Si le second crime entraîne la peine des travaux forcés à temps ou la déportation, il sera condamné à la peine des travaux forcés à perpétuité;

Si le second crime entraîne la peine des travaux forcés à perpétuité, il sera condamné à la peine de mort.

57. Quiconque, ayant été condamné pour un crime, aura commis un délit de nature à être puni correctionnellement, sera condamné au *maximum* de la peine portée par la loi, et cette peine pourra être élevée jusqu'au double.

58. Les coupables condamnés correctionnellement à un emprisonnement de plus d'une année seront aussi, en cas de nouveau délit, condamnés au *maximum* de la peine portée par la loi, et cette peine pourra être

élevée jusqu'au double; ils seront, de plus, mis sous la surveillance spéciale du Gouvernement, pendant au moins cinq années et dix ans au plus.

Néanmoins, dans les cas prévus par le présent article et par l'article précédent, si les circonstances paraissent atténuantes, et si le préjudice causé n'excède pas cinquante francs, les juges auront la faculté de réduire la peine au-dessous du *maximum*.

LIVRE II. Des personnes punissables, excusables ou responsables, pour crimes ou pour délits.

Chapitre unique.

59. Les complices d'un crime ou d'un délit seront punis de la même peine que les auteurs mêmes de ce crime ou de ce délit, sauf les cas où la loi en aurait disposé autrement.

Si le crime ou délit a été commis de complicité entre des personnes de condition libre et des esclaves, chacun d'eux sera condamné aux peines établies par les lois qui le concernent, si elles renferment des dispositions particulières relativement à ces crimes et délits.

60. Seront punis comme complices d'une action qualifiée crime ou délit. ceux qui, par dons, promesses, menaces, abus d'autorité ou de pouvoir, machinations ou artifices coupables, auront provoqué à cette action, ou donné des instructions pour la commettre;

Ceux qui auront procuré des armes, des instrumens, ou tout autre moyen qui aura servi à l'action, sachant qu'ils devaient y servir;

Ceux qui auront, avec connaissance, aidé ou assisté l'auteur ou les auteurs de l'action, dans les faits qui l'auront préparée ou facilitée, ou dans ceux qui l'auront consommée, sans préjudice des peines qui seront spécialement portées par le présent Code contre les auteurs de complots ou de provocations attentatoires à la sûreté intérieure ou extérieure de l'Etat, même dans le cas où le crime qui était l'objet des conspirateurs ou des provocateurs n'aurait pas été commis.

61. Ceux qui, connaissant la conduite criminelle des malfaiteurs exerçant des brigandages ou des violences contre l'Etat, la paix publique, les personnes ou les propriétés, leur fournissent habituellement logement, lieu de retraite ou de réunion, seront punis comme leurs complices.

62. Ceux qui sciemment auront recélé, en tout ou en partie, des choses enlevées, détournées, ou obtenues à l'aide d'un crime ou d'un délit, seront aussi punis comme complices de ce crime ou délit.

Lorsque les objets recélés proviendront de vols commis par des esclaves, le recéleur pourra en outre être exclu à perpétuité de la colonie.

Ceux qui auront acheté, reçu en dépôt, en gage, ou à tout autre titre, d'un esclave, des choses volées par lui ou par un autre esclave, seront réputés avoir eu connaissance du vol, et punis comme recéleurs, si le contraire n'est prouvé.

63. Néanmoins, et à l'égard des recéleurs désignés dans l'article précédent, la peine de mort, des travaux forcés à perpétuité, ou de la déportation, lorsqu'il y aura lieu, ne leur sera appliquée qu'autant qu'ils seront convaincus d'avoir eu, au temps du recélé, connaissance des circonstances auxquelles la loi attache les peines de ces trois genres ; sinon ils ne subiront que la peine des travaux forcés à temps.

64. Il n'y a ni crime ni délit, lorsque le prévenu était en état de démence au temps de l'action, ou lorsqu'il a été contraint par une force à laquelle il n'a pu résister.

65. Nul crime ou délit ne peut être excusé, ni la peine mitigée, que dans les cas et dans les circonstances où la loi déclare le fait excusable, ou permet de lui appliquer une peine moins rigoureuse.

66. Lorsque l'accusé aura moins de seize ans, s'il est décidé qu'il a agi *sans discernement*, il sera acquitté ; mais il sera, selon les circonstances, remis à ses parens, ou conduit dans une maison de correction, pour y être élevé et détenu pendant tel nombre d'années que le jugement déterminera, et qui toutefois ne pourra excéder l'époque où il aura accompli sa vingtième année.

67. S'il est décidé qu'il a agi *avec discernement*, les peines seront prononcées ainsi qu'il suit :

S'il a encouru la peine de mort, des travaux forcés à perpétuité ou de la déportation, il sera condamné à la peine de dix à vingt ans d'emprisonnement dans une maison de correction ;

S'il a encouru la peine des travaux forcés à temps ou de la réclusion, il sera condamné à être renfermé dans une maison de correction pour un temps égal au tiers au moins et à la moitié au plus de celui auquel il aurait pu être condamné à l'une de ces peines.

Dans tous ces cas, il pourra être mis, par le jugement, sous la surveillance de la haute police, pendant cinq ans au moins et dix ans au plus.

S'il a encouru la peine du carcan ou du bannissement, il sera condamné à être renfermé, d'un an à cinq ans, dans une maison de correction.

68. Dans aucun des cas prévus par l'article précédent, le condamné ne subira l'exposition publique.

69. Si le coupable n'a encouru qu'une peine correctionnelle, il pourra être condamné à telle peine correctionnelle qui sera jugée convenable, pourvu qu'elle soit au-dessous de la moitié de celle qu'il aurait subie s'il avait eu seize ans.

70. Les peines des travaux forcés à perpétuité, de la déportation et des travaux forcés à temps, ne seront prononcées contre aucun individu âgé de soixante-dix ans accomplis au moment du jugement.

71. Ces peines seront remplacées, à leur égard, par celle de la réclusion, soit à perpétuité, soit à temps, et selon la durée de la peine qu'elle remplacera.

72. Tout condamné à la peine des travaux forcés à perpétuité ou à temps, dès qu'il aura atteint l'âge de soixante-dix ans accomplis, en sera relevé, et sera renfermé dans une maison de force pour tout le temps à expirer de sa peine, comme s'il n'eût été condamné qu'à la réclusion.

73. Les aubergistes et hôteliers convaincus d'avoir logé plus de vingt-quatre heures quelqu'un qui, pendant son séjour, aurait commis un crime ou un délit, seront civilement responsables des restitutions, des indemnités et des frais adjugés à ceux à qui ce crime ou ce délit aurait causé quelque dommage, faute par eux d'avoir inscrit sur leur registre le nom, la profession et le domicile du coupable, sans préjudice de leur responsabilité dans le cas des articles 1951 et 1953 du Code civil.

74. Dans les autres cas de responsabilité civile qui pourront se présenter dans les affaires criminelles, correctionnelles ou de police, les cours et tribunaux devant qui ces affaires seront portées se conformeront aux dispositions du Code civil, livre III, titre IV, chapitre 2.

Néanmoins les maîtres pourront faire l'abandon de leurs esclaves au profit de qui il appartiendra, à raison des condamnations pécuniaires prononcées contre eux et des amendes encourues par le fait particulier desdits esclaves. Au moyen de cet abandon, ils ne seront point sujets aux dispositions du présent article et du précédent.

LIVRE III. Des crimes, des délits et de leur punition.

TITRE Ier. *Crimes et délits contre la chose publique.*

CHAPITRE Ier. Crimes et délits contre la sûreté de l'État.

SECTION Ire. *Des crimes et délits contre la sûreté extérieure de l'État.*

75. Tout Français qui aura porté les armes contre la France sera puni de mort.

76. Quiconque aura pratiqué des machinations ou entretenu des intelligences avec les puissances étrangères ou leurs agens, pour les engager à commettre des hostilités ou à entreprendre la guerre contre la France, ou pour leur en procurer les moyens, sera puni de mort.

Cette disposition aura lieu dans le cas même où lesdites machinations ou intelligences n'auraient pas été suivies d'hostilités.

77. Sera également puni de mort quiconque aura pratiqué des manœuvres ou entretenu des intelligences avec les ennemis de l'Etat, à effet de faciliter leur entrée sur le territoire et dépendances du royaume, ou de leur livrer des villes, forteresses, places, postes, ports, magasins, arsenaux ou bâtimens appartenant à la France, ou de fournir aux ennemis des secours en soldats, hommes, argent, vivres, armes ou munitions, ou de seconder les progrès de leurs armes sur les possessions ou contre les forces françaises de terre ou de mer, soit en ébranlant la fidélité des officiers, soldats, matelots ou autres, envers le Roi et l'Etat, soit de toute autre manière.

78. Si la correspondance avec les sujets d'une puissance ennemie, sans avoir pour objet l'un des crimes énoncés en l'article précédent, a néanmoins eu pour résultat de fournir aux ennemis des instructions nuisibles à la situation militaire ou politique de la France ou de ses alliés, ceux qui auront entretenu cette correspondance seront punis du bannissement, sans préjudice de plus fortes peines dans le cas où ces instructions auraient été la suite d'un concert constituant un fait d'espionnage.

79. La peine exprimée aux articles 76 et 77 sera la même, soit que les machinations ou manœuvres énoncées en ces articles aient été commises envers la France, soient qu'elles l'aient été envers les alliés de la France agissant contre l'ennemi commun.

80. Sera puni de la peine exprimée en l'article 76, tout fonctionnaire public, tout agent du Gouvernement, ou toute autre personne qui, chargée ou instruite officiellement, ou à raison de son état, du secret d'une négociation ou d'une expédition, l'aura livrée aux agens d'une puissance étrangère ou de l'ennemi.

81. Tout fonctionnaire public, tout agent, tout préposé du Gouvernement, chargé, à raison de ses fonctions, du dépôt des plans de fortifications, arsenaux, ports ou rades, qui aura livré ces plans ou l'un de ces plans à l'ennemi ou aux agens de l'ennemi, sera puni de mort.

Il sera puni du bannissement, s'il a livré ces plans aux agens d'une puissance étrangère, neutre ou alliée.

82. Toute autre personne qui, étant parvenue, par corruption, fraude ou violence, à soustraire lesdits plans, les aura livrés ou à l'ennemi, ou aux agens d'une puissance étrangère, sera puni comme le fonctionnaire ou agent mentionné dans l'article précédent, et selon les distinctions qui y sont établies.

Si lesdits plans se trouvaient, sans le préalable emploi de mauvaises voies, entre les mains de la personne qui les a livrés, la peine

sera, au premier cas mentionné dans l'article 81, la déportation;

Et au second cas du même article, un emprisonnement de deux à cinq ans.

83. Quiconque aura recélé ou aura fait recéler les espions ou les soldats ennemis envoyés à la découverte, et qu'il aura connus pour tels, sera condamné à la peine de mort.

84. Quiconque aura, par des actions hostiles non approuvées par le Gouvernement, exposé l'Etat à une déclaration de guerre, sera puni du bannissement, et si la guerre s'en est suivie, de la déportation.

85. Quiconque aura, par des actes non approuvés par le Gouvernement, exposé des Français à éprouver des représailles, sera puni du bannissement.

SECTION II. Des crimes contre la sûreté intérieure de l'Etat.

§ 1er. Des attentats et complots dirigés contre le Roi et sa famille.

86. L'attentat ou le complot contre la vie ou contre la personne du Roi est crime de lèse-majesté; ce crime est puni comme parricide.

87. L'attentat ou le complot contre la vie ou la personne des membres de la famille royale;

L'attentat ou le complot dont le but sera,

Soit de détruire ou de changer le Gouvernement, ou l'ordre de successibilité au trône,

Soit d'exciter les citoyens ou habitans à s'armer contre l'autorité royale,

Seront punis de la peine de mort.

88. Il y a attentat dès qu'un acte est commis ou commencé pour parvenir à l'exécution de ces crimes, quoiqu'ils n'aient pas été consommés.

89. Il y a complot dès que la résolution d'agir est concertée et arrêtée entre deux conspirateurs ou un plus grand nombre, quoiqu'il n'y ait pas eu d'attentat.

90. S'il n'y a pas eu de complot arrêté, mais une proposition faite et non agréée d'en former un pour arriver au crime mentionné dans l'article 86, celui qui aura fait une telle proposition sera puni de la réclusion.

L'auteur de toute proposition non agréée tendant à l'un des crimes énoncés dans l'article 87, sera puni du bannissement.

§ II. Des crimes tendant à troubler l'Etat par la guerre civile, l'illégal emploi de la force armée, la dévastation et le pillage public.

91. L'attentat ou le complot dont le but sera,

Soit d'exciter la guerre civile, en armant ou en portant les citoyens, les individus habitant le pays, ou les esclaves, à s'armer les uns contre les autres,

Soit de porter la dévastation, le massacre et le pillage dans une ou plusieurs communes,
Seront punis de la peine de mort.

92. Seront punis de mort ceux qui auront relevé ou fait lever des troupes armées, engagé ou enrôlé, fait engager ou enrôler des soldats, ou leur auront fourni ou procuré des armes ou munitions, sans ordre ou sans autorisation du pouvoir légitime.

93. Ceux qui, sans droit ou motif légitime, auront pris le commandement d'un corps d'armée, d'une troupe, d'une flotte, d'une escadre, d'un bâtiment de guerre, d'une place forte, d'un poste, d'un port, d'une ville ;

Ceux qui auront retenu, contre l'ordre du Gouvernement, un commandement militaire quelconque ;

Les commandans qui auront tenu leur armée ou troupe rassemblée après que le licenciement ou la séparation en auront été ordonnés,
Seront punis de la peine de mort.

94. Toute personne qui, pouvant disposer de la force publique, en aura requis ou ordonné, ou fait requérir ou ordonner l'action ou l'emploi contre la levée des gens de guerre légalement établie, sera punie de la déportation.

Si cette réquisition ou cet ordre ont été suivis de leur effet, le coupable sera puni de mort.

95. Tout individu qui aura incendié ou détruit, par l'explosion d'une mine, des édifices, magasins, arsenaux, vaisseaux, ou autres propriétés appartenant à l'Etat, sera puni de mort.

96. Quiconque, soit pour envahir des domaines, propriétés ou deniers publics, places, villes, forteresses, postes, magasins, arsenaux, ports, vaisseaux ou bâtimens appartenant à l'Etat, soit pour piller ou partager des propriétés publiques ou nationales, ou celles d'une généralité de citoyens, soit enfin pour faire attaque ou résistance envers la force publique agissant contre les auteurs de ces crimes, se sera mis à la tête de bandes armées, ou y aura exercé une fonction ou un commandement quelconque, sera puni de mort.

Les mêmes peines seront appliquées à ceux qui auront dirigé l'association, levé ou fait lever, organisé ou fait organiser les bandes, ou leur auront sciemment et volontairement fourni ou procuré des armes, munitions et instrumens de crime, ou envoyé des convois de subsistances, ou qui auront, de toute autre manière, pratiqué des intelligences avec les directeurs ou commandans des bandes.

97. Dans le cas où l'un ou plusieurs des crimes mentionnés aux articles 86, 87 et 91, auront été exécutés ou simplement tentés par une bande, la peine de mort sera appliquée, sans distinction de grade, à tous les individus faisant partie de la bande, et qui auront été saisis sur le lieu de la réunion séditieuse.

Sera puni des mêmes peines, quoique non saisi sur le lieu, quiconque aura dirigé la sédition, ou aura exercé, dans la bande, un emploi ou commandement quelconque.

98. Hors le cas où la réunion séditieuse aurait eu pour objet ou résultat l'un ou plusieurs des crimes énoncés aux articles 86, 87 et 91, les individus faisant partie des bandes dont il est parlé ci-dessus, sans y exercer aucun commandement ni emploi, et qui auront été saisis sur les lieux, seront punis de la déportation.

99. Ceux qui, connaissant le but et le caractère desdites bandes, leur auront, sans contrainte, fourni des logemens, lieux de retraite ou de réunion, seront condamnés à la peine des travaux forcés à temps.

100. Il ne sera prononcé aucune peine pour le fait de sédition, contre ceux qui, ayant fait partie de ces bandes, sans y exercer aucun commandement, et sans y remplir aucun emploi ni fonctions, se seront retirés au premier avertissement des autorités civiles ou militaires, ou même depuis, lorsqu'ils n'auront été saisis que hors des lieux de la réunion séditieuse, sans opposer de résistance, et sans armes.

Ils ne seront punis, dans ce cas, que des crimes particuliers qu'ils auraient personnellement commis, et néanmoins ils pourront être renvoyés, pour cinq ans, ou au plus jusqu'à dix, sous la surveillance spéciale de la haute police.

Ils pourront, de plus, être exclus à perpétuité de la colonie.

101. Sont compris dans le mot *armes*, toutes machines, tous instrumens ou ustensiles tranchans, perçans ou contondans.

Les couteaux et ciseaux de poche, les cannes simples, ne seront réputés armes qu'autant qu'il en aura été fait usage pour tuer, blesser ou frapper.

Disposition commune aux deux paragraphes de la présente section.

102. Seront punis comme coupables de crimes et complots mentionnés dans la présente section, tous ceux qui, soit par des discours tenus dans des lieux ou réunions publics, soit par des placards affichés, soit par des écrits imprimés, auront excité directement les citoyens, les individus habitant le pays, ou les esclaves, à les commettre.

Néanmoins, dans le cas où lesdites provocations n'auraient été suivies d'aucun effet, leurs auteurs seront simplement punis du bannissement.

Section III. De la révélation et de la non-révélation des crimes qui compromettent la sûreté
intérieure ou extérieure de l'Etat.

103. Toutes personnes qui, ayant eu connaissance de complots formés ou de crimes
projetés contre la sûreté intérieure ou extérieure de l'Etat, n'auront pas fait la déclaration de ces complots ou crimes, et n'auront
pas révélé au Gouvernement, ou aux autorités
administratives ou de police judiciaire, les
circonstances qui en seront venues à leur
connaissance, le tout dans les vingt-quatre
heures qui auront suivi ladite connaissance,
seront, lors même qu'elles seraient reconnues exemptes de toute complicité, punies
pour le seul fait de non révélation, de la
manière et selon les distinctions qui suivent.

104. S'il s'agit du crime de lèse-majesté,
tout individu qui, au cas de l'article précédent, n'aura point fait les déclarations qui y
sont prescrites, sera puni de la réclusion.

105. A l'égard des autres crimes ou complots mentionnés au présent chapitre, toute
personne qui, en étant instruite, n'aura pas
fait les déclarations prescrites par l'article
103, sera punie d'un emprisonnement de deux
à cinq ans et d'une amende de cinq cents
francs à deux mille francs.

106. Celui qui aura eu connaissance desdits
crimes ou complots non révélés ne sera point
admis à excuse, sur le fondement qu'il ne les
aurait point approuvés, ou même qu'il s'y
serait opposé et aurait cherché à en dissua-
der leurs auteurs.

107. Néanmoins, si l'auteur du complot ou
crime est époux, ascendant ou descendant,
frère ou sœur, ou allié aux mêmes degrés, de
la personne prévenue de réticence, celle-ci
ne sera point sujette aux peines portées par
les articles précédens; mais elle pourra être
mise, par l'arrêt, sous la surveillance spéciale de la haute police pendant un temps
qui n'excédera point dix ans.

108. Seront exemptés des peines prononcées contre les auteurs de complots, ou d'autres crimes attentatoires à la sûreté intérieure ou extérieure de l'Etat, ceux des coupables qui, avant toute exécution ou tentative
de ces complots ou de ces crimes, et avant
toutes poursuites commencées, auront, les
premiers, donné aux autorités mentionnées
en l'article 103 connaissance de ces complots
ou de ces crimes, et de leurs auteurs ou complices, ou qui, même depuis le commencement des poursuites, auront procuré l'arrestation desdits auteurs ou complices.

Les coupables qui auront donné ces connaissances ou procuré ces arrestations pourront néanmoins être condamnés à rester pour
la vie, ou à temps, sous la surveillance de la
haute police.

Chapitre II. Crimes et délits contre les lois
constitutives de la colonie.

Section Ire. Des crimes et délits relatifs à l'exercice des droits civiques.

109. Lorsque, par attroupement, voies de
fait ou menaces, on aura empêché un ou plusieurs citoyens d'exercer leurs droits civiques,
chacun des coupables sera puni d'un emprisonnement de six mois au moins et de deux
ans au plus, et de l'interdiction du droit de
voter et d'être éligible pendant cinq ans au
moins et dix ans au plus.

110. Si ce crime a été commis par suite
d'un plan concerté pour être exécuté, soit
dans tout le royaume, soit dans un ou plusieurs départemens, soit dans un ou plusieurs
arrondissemens communaux, soit dans toute
la colonie, la peine sera le bannissement.

111. Tout citoyen qui, étant chargé, dans
un scrutin, du dépouillement des billets contenant les suffrages des citoyens, sera surpris
falsifiant ces billets ou en soustrayant de la
masse, ou y en ajoutant, ou inscrivant, sur
les billets des votans non lettrés, des noms
autres que ceux qui lui auraient été déclarés,
sera puni de la peine du carcan.

112. Toutes autres personnes coupables
des faits énoncés dans l'article précédent seront punies d'un emprisonnement de six mois
au moins et de deux ans au plus, et de l'interdiction du droit de voter et d'être éligibles
pendant cinq ans au moins et dix ans au plus.

113. Tout citoyen qui aura, dans les élections, acheté ou vendu un suffrage à un prix
quelconque, sera puni d'interdiction des
droits de citoyen et de toute fonction ou emploi public pendant cinq ans au moins et dix
ans au plus.

Seront en outre le vendeur et l'acheteur
du suffrage condamnés chacun à une amende
double de la valeur des choses reçues ou pro-
mises (1).

Section II. Attentats à la liberté.

114. Lorsqu'un fonctionnaire public, un
agent ou un préposé du Gouvernement, aura
ordonné ou fait quelque acte arbitraire et attentatoire soit à la liberté individuelle, soit

---

(1) Dans quelques exemplaires du Bulletin
des Lois, le chiffre 114 est placé au commencement de la disposition contenue dans cet alinéa;
c'est une erreur, qui est indiquée dans un *erratum* placé dans le n° 311 *ter* du Bulletin. Cet
alinéa fait partie de l'art. 113, en sorte que le
chiffre 114 doit être placé au premier article
dans la section suivante, ainsi de suite; en conséquence le numéro du dernier article de l'ordonnance doit être 490.

aux droits civiques d'un ou de plusieurs citoyens, soit aux lois constitutives de la colonie, il sera condamné à la peine de la dégradation civique.

Si néanmoins il justifie qu'il a agi par ordre de ses supérieurs, pour des objets du ressort de ceux-ci, et sur lesquels il leur était dû obéissance hiérarchique, il sera exempt de la peine, laquelle sera, dans ce cas, appliquée seulement aux supérieurs qui auront donné l'ordre.

115. Si c'est le gouverneur qui a ordonné ou fait les actes ou l'un des actes mentionnés en l'article précédent, et s'il a refusé de faire réparer ces actes, il sera puni du bannissement.

116. Si le gouverneur, prévenu d'avoir ordonné ou autorisé l'acte contraire aux lois constitutives de la colonie, prétend que la signature à lui imputée lui a été surprise, il sera tenu, en faisant casser l'acte, de dénoncer celui qu'il déclarera auteur de la surprise; sinon il sera poursuivi personnellement.

117. Les dommages-intérêts qui pourraient être prononcés à raison des attentats exprimés dans l'article 114 seront demandés, soit sur la poursuite criminelle, soit par la voie civile, et seront réglés eu égard aux personnes, aux circonstances, et au préjudice souffert, sans que, en aucun cas, et quel que soit l'individu lésé, lesdits dommages-intérêts puissent être au-dessous de vingt-cinq francs pour chaque jour de détention illégale et arbitraire, et pour chaque individu.

118. Si l'acte contraire aux lois constitutives de la colonie a été fait d'après une fausse signature du nom d'un ministre, du gouverneur ou d'un fonctionnaire public, les auteurs du faux, et ceux qui en auront sciemment fait usage, seront punis des travaux forcés à temps, dont le *maximum* sera toujours appliqué dans ce cas.

119. Les fonctionnaires public chargés de la police administrative ou judiciaire, qui auront refusé ou négligé de déférer à une réclamation légale tendante à constater les détentions illégales et arbitraires, soit dans les maisons destinées à la garde des détenus, soit partout ailleurs, et qui ne justifieront pas les avoir dénoncées à l'autorité supérieure, seront punis de la dégradation civique, et tenus des dommages-intérêts, lesquels seront réglés comme il est dit dans l'art. 117.

120. Les gardiens et concierges des maisons de dépôt, d'arrêt, de justice ou de peine, qui auront reçu un prisonnier sans mandat ou jugement, ou sans ordre provisoire du gouverneur ou de l'un des chefs d'administration; ceux qui l'auront retenu ou auront refusé de le représenter à l'officier de police ou au porteur de ces ordres, sans justifier de la défense du procureur du Roi ou du juge; ceux qui auront refusé d'exhiber leurs regis-

tres à l'officier de police, seront, comme coupables de détention arbitraire, punis de six mois à deux ans d'emprisonnement, et d'une amende de cent un francs à quatre cents francs.

121. Seront, comme coupables de forfaiture, punis de la dégradation civique, tous officiers de police judiciaire, tous procureurs généraux ou procureurs du Roi, tous substituts, tous juges qui auront provoqué, donné ou signé un jugement, une ordonnance ou un mandat tendant à la poursuite personnelle ou accusation, soit d'un ministre, soit d'un membre de la Chambre des pairs, de la Chambre des députés ou du Conseil-d'Etat, sans les autorisations prescrites par les lois de l'Etat, ou qui, hors les cas de flagrant délit ou de clameur publique, auront, sans les mêmes autorisations, donné ou signé l'ordre ou le mandat de saisir ou arrêter un ou plusieurs ministres, ou membres de la Chambre des pairs, de la Chambre des députés ou du Conseil-d'Etat.

Seront punis de la même peine tous officiers de police judiciaire, tous procureurs généraux ou procureurs du Roi, tous substituts, tous juges qui, nonobstant les prohibitions portées au § III de l'article 84 de notre ordonnance du 9 février 1827, auront provoqué, donné ou signé des mandats, ordonnances ou jugemens contre le gouverneur, ou qui auront autorisé contre lui l'exécution d'un acte de cette nature.

Cette peine sera également encourue par les officiers ministériels qui auront mis à exécution de pareils actes.

Les dispositions des deux paragraphes précédens sont applicables aux fonctionnaires et aux officiers ministériels qui dirigeraient ou exerceraient des poursuites contre le gouverneur, même dans le cas de flagrant délit.

122. Seront aussi punis de la dégradation civique, les procureurs généraux ou procureurs du Roi, leurs substituts, les juges ou les officiers publics qui auront retenu ou fait retenir un individu libre, hors des lieux déterminés par le Gouvernement ou par l'administration publique, ou qui auront traduit un individu quelconque devant une cour d'assises ou une cour prévôtale, sans qu'il ait été préalablement mis légalement en accusation.

Section III. Coalition des fonctionnaires.

123. Tout concert de mesures contraires aux lois, pratiqué, soit par la réunion d'individus ou de corps dépositaires de quelque partie de l'autorité publique, soit par députation ou correspondance entre eux, sera puni d'un emprisonnement de deux mois au moins et de six mois au plus, contre chaque coupable, qui pourra de plus être condamné

28.

30

à l'interdiction des droits civiques et de tout emploi public, pendant dix ans au plus.

124. Si par l'un des moyens exprimés ci-dessus, il a été concerté des mesures contre l'exécution des lois ou contre les ordres du Gouvernement, la peine sera le bannissement.

Si ce concert a eu lieu entre les autorités civiles et les corps militaires ou leurs chefs, ceux qui en seront les auteurs ou provocateurs seront punis de la déportation; les autres coupables seront bannis.

125. Dans les cas où ce concert aurait eu pour objet ou résultat un complot attentatoire à la sûreté de l'Etat, les coupables seront punis de mort.

126. Seront coupables de forfaiture, et punis de la dégradation civique,

Les fonctionnaires publics qui auront, par délibération, arrêté de donner des démissions dont l'objet ou l'effet serait d'empêcher ou de suspendre soit l'administration de la justice, soit l'accomplissement d'un service quelconque.

SECTION IV. Empiétement des autorités administratives et judiciaires.

127. Seront coupables de forfaiture, et punis de la dégradation civique :

1° Les juges, les procureurs généraux et procureurs du Roi ou leurs substituts, et les officiers de police, qui se seront immiscés dans l'exercice du pouvoir législatif, soit par des réglemens contenant des dispositions législatives, soit en délibérant sur le point de savoir si les lois, ordonnances, arrêtés et réglemens, seront publiés ou exécutés, soit en arrêtant ou en suspendant leur exécution ;

2° Les juges, les procureurs généraux ou procureurs du Roi, ou leurs substituts, et les officiers de police judiciaire, qui auraient excédé leurs pouvoirs en s'immisçant dans les matières attribuées aux autorités administratives, soit en faisant des réglemens sur ces matières, soit en défendant d'exécuter les ordres émanés de l'administration, ou qui, ayant permis ou ordonné de citer des administrateurs pour raison de l'exercice de leurs fonctions, auraient persisté dans l'exécution de leurs jugemens ou ordonnances, nonobstant l'annulation qui en aurait été prononcée ou le conflit qui leur aurait été notifié.

128. Les juges qui, sur la revendication formellement faite par l'autorité administrative, d'une affaire portée devant eux, auront néanmoins procédé au jugement avant la décision de l'autorité supérieure, seront punis chacun d'une amende de cent un franc à trois cents francs au plus.

Les officiers du ministère public qui auront fait des réquisitions ou donné des conclusions pour ledit jugement seront punis de la même peine.

129. La peine sera d'une amende de deux cents francs au moins et de mille francs au plus contre chacun des juges qui, après une réclamation légale des parties intéressées ou de l'autorité administrative, auront, sans autorisation du Gouvernement, rendu des ordonnances ou décerné des mandats contre ses agens ou préposés prévenus de crimes ou délits commis dans l'exercice de leurs fonctions.

La même peine sera appliquée aux officiers du ministère public, ou de police, qui auront requis lesdits mandats ou ordonnances.

130. Les ordonnateurs, les directeurs généraux de l'intérieur, les commandans de communes, et tous les administrateurs qui se seront immiscés dans l'exercice du pouvoir législatif, comme il est dit au n° 1er de l'article 127, ou qui se seront ingérés de prendre des arrêtés généraux tendant à intimer des ordres ou des défenses quelconques à des cours ou tribunaux, seront punis de la dégradation civique.

131. Lorsque ces administrateurs entreprendront sur les fonctions judiciaires en s'ingérant de connaître des droits et intérêts privés du ressort des tribunaux, et qu'après la réclamation des parties ou de l'une d'elles, ils auront néanmoins décidé l'affaire avant que l'autorité supérieure ait prononcé, ils seront punis d'une amende de cent un francs au moins et de trois cents francs au plus.

CHAPITRE III. Crimes et délits contre la paix publique.

SECTION Ire. Du faux.

§ Ier. Fausse monnaie.

132. Quiconque aura contrefait ou altéré des monnaies d'or ou d'argent ayant cours légal en France ou dans les colonies françaises, ou participé à l'émission ou l'exposition desdites monnaies contrefaites ou altérées, ou à leur introduction sur le territoire français, sera puni de mort.

133. Celui qui aura contrefait ou altéré des monnaies de billon ou de cuivre, ayant cours légal en France ou dans lesdites colonies, ou participé à l'émission ou exposition desdites monnaies contrefaites ou altérées, et à leur introduction sur le territoire français, sera puni des travaux forcés à perpétuité.

134. Tout individu qui aura, en France ou dans les colonies françaises, contrefait ou altéré des monnaies étrangères, ou participé à l'émission, exposition ou introduction en France ou dans lesdites colonies, de monnaies étrangères contrefaites ou altérées, sera puni des travaux forcés à temps.

135. La participation énoncée aux précédens articles ne s'applique point à ceux qui, ayant reçu pour bonnes des pièces de monnaie contrefaites ou altérées, les ont remises en circulation.

Toutefois celui qui aura fait usage desdites pièces après en avoir vérifié ou fait vérifier les vices sera puni d'une amende triple au moins et sextuple au plus de la somme représentée par les pièces qu'il aura rendues à la circulation, sans que cette amende puisse en aucun cas être inférieure à cent un francs.

136. Ceux qui auront eu connaissance d'une fabrique ou d'un dépôt de monnaies d'or, d'argent, de billon ou de cuivre, ayant cours légal en France ou dans les colonies françaises, contrefaites ou altérées, et qui n'auront pas, dans les vingt-quatre heures, révélé ce qu'ils savent aux autorités administratives ou de police judiciaire, seront, pour le seul fait de non-révélation, et lors même qu'ils seraient reconnus exempts de toute complicité, punis d'un emprisonnement d'un mois à deux ans.

137. Sont néanmoins exceptés de la disposition précédente les ascendans et descendans, les époux et les frères et sœurs des coupables, ou les alliés de ceux-ci aux mêmes degrés.

138. Les personnes coupables des crimes mentionnés aux articles 132 et 133 seront exemptes de peines si, avant la consommation de ces crimes, et avant toutes les poursuites, elles en ont donné connaissance et révélé les auteurs aux autorités constituées, ou même après les poursuites commencées, elles ont procuré l'arrestation des autres coupables.

Elles pourront néanmoins être mises, pour la vie ou à temps, sous la surveillance spéciale de la haute police.

III. Contrefaction des sceaux de l'État ou des colonies françaises, des billets de banque, des effets publics, et des poinçons, timbres et marques.

139. Ceux qui auront contrefait le sceau de l'État ou des colonies françaises, ou fait usage de l'un de ces sceaux contrefaits;

Ceux qui auront contrefait ou falsifié, soit des effets émis par le trésor royal ou colonial, avec leur timbre, soit des bons de la caisse d'escompte et de prêt, soit des billets de banque autorisés par la loi ou par une ordonnance royale, ou qui auront fait usage de ces effets et billets contrefaits ou falsifiés, ou qui les auront introduits dans l'enceinte du territoire français,

Seront punis de mort.

140. Ceux qui auront contrefait ou falsifié, soit un ou plusieurs timbres nationaux, soit un ou plusieurs marteaux de l'État servant aux marques forestières, soit le poinçon ou les poinçons servant à marquer les matières d'or ou d'argent, ou qui auront fait usage des papiers, effets, timbres, marteaux ou poinçons falsifiés ou contrefaits, seront punis des travaux

forcés à temps, dont le *maximum* sera toujours appliqué dans ce cas.

141. Sera puni de la réclusion quiconque, s'étant indûment procuré les vrais timbres, marteaux ou poinçons ayant l'une des destinations exprimées en l'article 140, en aura fait une application ou un usage préjudiciable aux droits ou intérêts de l'Etat.

142. Ceux qui auront contrefait les marques destinées à être apposées, au nom du Gouvernement, sur les diverses espèces de denrées ou de marchandises, ou qui auront fait usage de ces fausses marques;

Ceux qui auront contrefait le sceau, timbre ou marque d'une autorité quelconque, ou d'un établissement particulier de banque ou de commerce, ou qui auront fait usage des sceaux, timbres ou marques contrefaits,

Seront punis de la réclusion.

143. Sera puni du carcan quiconque, s'étant indûment procuré les vrais sceaux, timbres ou marques ayant l'une des destinations exprimées en l'article 142, en aura fait une application ou un usage préjudiciable aux droits ou intérêts de l'Etat, d'une autorité quelconque, ou même d'un établissement particulier.

144. Les dispositions des articles 136, 137 et 138 sont applicables aux crimes mentionnés dans l'article 139.

§ III. Des faux en écritures publiques ou authentiques, et de commerce ou de banque.

145. Tout fonctionnaire ou officier public qui, dans l'exercice de ses fonctions, aura commis un faux,

Soit par fausses signatures,

Soit par altération des actes, écritures ou signatures,

Soit par supposition de personnes,

Soit par des écritures faites ou intercalées sur des registres ou d'autres actes publics, depuis leur confection ou clôture,

Sera puni des travaux forcés à perpétuité.

146. Sera aussi puni des travaux forcés à perpétuité tout fonctionnaire ou officier public qui, en rédigeant des actes de son ministère, en aura frauduleusement dénaturé la substance ou les circonstances, soit en écrivant des conventions autres que celles qui auraient été tracées ou dictées par les parties, soit en constatant comme vrais des faits faux, ou comme avoués des faits qui ne l'étaient pas.

147. Seront punies des travaux forcés à temps toutes autres personnes qui auront commis un faux en écriture authentique et publique, ou en écriture de commerce ou de banque,

Soit par contrefaçon ou altération d'écriture ou de signatures,

Soit par fabrication de conventions, dis-

30.

---

positions, obligations ou décharges, ou par leur insertion après coup dans ces actes,

Soit par addition ou altération de clauses, de déclarations ou de faits que ces actes avaient pour objet de recevoir ou de constater.

148. Dans tous les cas exprimés au présent paragraphe, celui qui aura fait usage des actes faux sera puni des travaux forcés à temps.

149. Sont exceptés des dispositions ci-dessus les faux commis dans les passeports et feuilles de route, sur lesquels il sera particulièrement statué ci-après.

§ IV. Du faux en écriture privée.

150. Tout individu qui aura, de l'une des manières exprimées en l'article 147, commis un faux en écriture privée, sera puni de la réclusion.

151. Sera puni de la même peine celui qui aura fait usage de la pièce fausse.

152. Sont exceptés des dispositions ci-dessus les faux certificats de l'espèce dont il sera ci-après parlé.

§ V. Des faux commis dans les passeports, feuilles de routes et certificats, permis de résidence ou de départ, et permis délivrés à des esclaves.

153. Quiconque fabriquera un faux passeport, un faux permis de résidence ou de départ, ou falsifiera une de ces pièces originairement véritable, ou fera usage de l'une d'elles fabriquée ou falsifiée, sera puni d'un emprisonnement d'une année au moins et de cinq ans au plus.

Tout individu de condition libre, qui fabriquera un faux permis du maître à l'esclave, ou falsifiera un tel permis originairement véritable, sera puni d'un emprisonnement de trois mois à un an.

154. Quiconque prendra, dans un passeport ou dans un permis de résidence ou de départ, un nom supposé, ou aura concouru comme témoin à faire délivrer le passeport ou un permis de résidence ou de départ sous le nom supposé, sera puni d'un emprisonnement de trois mois à un an.

Les logeurs et aubergistes qui, sciemment, inscriront sur leurs registres, sous des noms faux ou supposés, les personnes logées chez eux, seront punis d'un emprisonnement de six jours au moins et d'un mois au plus.

155. Les officiers publics qui délivreront un passeport à une personne qu'ils ne connaîtront pas personnellement, sans avoir fait attester ses noms et qualités par deux individus de condition libre à eux connus, regnicole, mâles et majeurs, seront punis d'un emprisonnement d'un mois à six mois.

Il en sera de même des officiers publics qui délivreront un permis de résidence ou de départ sans les autorisations exigées par les réglemens.

Si l'officier public, instruit de la supposition du nom, a néanmoins délivré le passeport ou le permis de résidence sous le nom supposé, il sera puni de bannissement.

156. Quiconque fabriquera une fausse feuille de route, ou falsifiera une feuille de route originairement véritable, ou fera usage d'une feuille de route fabriquée ou falsifiée, sera puni, savoir:

D'un emprisonnement d'une année au moins et de cinq ans au plus, si la fausse feuille de route n'a eu pour objet que de tromper la surveillance de l'autorité publique;

Du bannissement, si le trésor royal a payé au porteur de la fausse feuille des frais de route qui ne lui étaient pas dus, ou qui excédaient ceux auxquels il pouvait avoir droit: le tout néanmoins au-dessous de cent francs;

Et de la réclusion, si les sommes indûment reçues par le porteur de la feuille s'élèvent à cent francs ou au-delà.

157. Les peines portées en l'article précédent seront appliquées, selon les distinctions qui y sont posées, à toute personne qui se sera fait délivrer par l'officier public une feuille de route sous un nom supposé.

158. Si l'officier public était instruit de la supposition de nom lorsqu'il a délivré la feuille, il sera puni, savoir:

Dans le premier cas posé par l'article 156 du bannissement;

Dans le second cas du même article, de la réclusion;

Et dans le troisième cas, des travaux forcés à temps.

159. Toute personne qui, pour se rédimer elle-même ou en affranchir une autre d'un service public quelconque fabriquera, sous le nom d'un médecin, chirurgien ou autre officier de santé, un certificat de maladie ou d'infirmité, sera puni d'un emprisonnement de deux à cinq ans.

160. Tout médecin, chirurgien, ou autre officier de santé, qui, pour favoriser quelqu'un, certifiera faussement des maladies ou infirmités propres à dispenser d'un service public, sera puni d'un emprisonnement de deux à cinq ans.

S'il y a été mu par dons ou promesses, il sera puni du bannissement; les corrupteurs seront, en ce cas, punis de la même peine.

161. Quiconque fabriquera, sous le nom d'un fonctionnaire ou officier public, un certificat de bonne conduite, indigence ou autres circonstances propres à appeler la bienveillance du Gouvernement ou des particuliers sur la personne y désignée, et à lui procurer places, crédit ou secours, sera puni d'un emprisonnement de six mois à deux ans.

La même peine sera appliquée: 1° à celui

qui falsifiera un certificat de cette espèce, originairement véritable, pour l'approprier à une personne autre que celle à laquelle il a été primitivement délivré; 2° à tout individu qui se sera servi du certificat ainsi falsifié ou fabriqué.

162. Les faux certificats de toute autre nature, et d'où il pourrait résulter soit lésion envers des tiers, soit préjudice envers le trésor royal, seront punis, selon qu'il y aura lieu, d'après les dispositions des paragraphes III et IV de la présente section.

Dispositions communes.

163. L'application des peines portées contre ceux qui ont fait usage de monnaies, de billets, papiers autorisés par une ordonnance royale, sceaux, timbres, marteaux, poinçons, marques ou écrits faux, contrefaits, fabriqués ou falsifiés, cessera toutes les fois que le faux n'aura pas été connu de la personne qui aura fait usage de la chose fausse.

164. Dans tous les cas où la peine du faux sera prononcée, le coupable sera condamné, en outre, à une amende dont le *maximum* pourra être porté jusqu'au quart du bénéfice illégitime que le faux aura procuré ou était destiné à procurer aux auteurs du crime, à leurs complices, ou à ceux qui ont fait usage de la pièce fausse: le *minimum* de cette amende ne pourra être inférieur à deux cents francs.

165. La marque sera infligée à tout faussaire condamné, soit aux travaux forcés à temps, soit même à la réclusion.

SECTION II. De la forfaiture, et des crimes et délits des fonctionnaires publics dans l'exercice de leurs fonctions.

166. Tout crime commis par un fonctionnaire public dans ses fonctions est une forfaiture.

167. Toute forfaiture pour laquelle la loi ne prononce pas de peines plus graves est punie de la dégradation civique.

168. Les simples délits ne constituent pas les fonctionnaires en forfaiture.

Seront néanmoins assimilés aux cas de forfaiture, sans entraîner l'application de la peine mentionnée en l'article précédent, les délits prévus par les articles 330, 334, 401, 405, 406, 407 et 408 du présent Code, lorsqu'ils seront commis par des fonctionnaires publics.

§ Iᵉʳ. Des soustractions commises par les dépositaires publics.

169. Tout percepteur, tout commis à une perception, dépositaire, comptable public, ou curateur aux biens vacans, qui aura détourné ou soustrait des deniers publics ou privés, ou effets actifs en tenant lieu, ou des

pièces, titres, actes, effets mobiliers qui étaient entre ses mains en vertu de ses fonctions, sera puni des travaux forcés à temps si les choses détournées ou soustraites sont d'une valeur au-dessus de trois mille francs.

170. La peine des travaux forcés à temps aura lieu également, quelle que soit la valeur des deniers ou des effets détournés ou soustraits, si cette valeur égale ou excède, soit le tiers de la recette ou du dépôt, s'il s'agit de deniers ou effets une fois reçus ou déposés, soit le cautionnement, soit enfin le tiers du produit commun de la recette pendant un mois, s'il s'agit d'une recette composée de rentrées successives et non sujettes à cautionnement.

171. Si les valeurs détournées ou soustraites sont au-dessous de trois mille francs, et en outre inférieures aux mesures exprimées en l'article précédent, la peine sera un emprisonnement de deux ans au moins et de cinq ans au plus, et le condamné sera de plus déclaré à jamais incapable d'exercer aucune fonction publique.

172. Dans les cas exprimés aux trois articles précédens, il sera toujours prononcé, contre le condamné, une amende dont le *maximum* sera le quart des restitutions et indemnités, et le *minimum* le douzième.

173. Tout juge, administrateur, fonctionnaire ou officier public qui aura détruit, supprimé, soustrait ou détourné les actes et titres dont il était dépositaire en cette qualité, ou qui lui auront été remis ou communiqués à raison de ses fonctions, sera puni des travaux forcés à temps.

Tous agens, préposés ou commis, soit du Gouvernement, soit des dépositaires publics, qui se seront rendus coupables des mêmes soustractions, seront soumis à la même peine.

§ II. Des concussions commises par des fonctionnaires publics.

174. Tous fonctionnaires, tous officiers publics, leurs commis ou préposés, tous percepteurs des droits, taxes, contributions, deniers, revenus publics ou communaux, et leurs commis ou préposés, qui se seront rendus coupables du crime de concussion, en ordonnant de percevoir ou en exigeant et recevant ce qu'ils savaient n'être pas dû, ou excéder ce qui était dû pour droits, taxes, contributions, deniers ou revenus, ou pour salaires ou traitemens, seront punis, savoir: les fonctionnaires ou les officiers publics, de la peine de la réclusion; et leurs commis ou préposés, d'un emprisonnement de deux ans au moins et de cinq ans au plus.

Les coupables seront de plus condamnés à une amende dont le *maximum* sera le quart des restitutions et des dommages-intérêts, et le *minimum* le douzième.

§ III. Des délits de fonctionnaires qui se seront ingérés dans des affaires ou commerces incompatibles avec leur qualité.

175. Tout fonctionnaire, tout officier public, tout agent du Gouvernement qui, soit ouvertement, soit par actes simulés, soit par interposition de personnes, aura pris ou reçu quelque intérêt que ce soit dans les actes, adjudications, entreprises ou régies dont il a ou avait, au temps de l'acte, en tout ou en partie, l'administration ou la surveillance, sera puni d'un emprisonnement de six mois au moins et de deux ans au plus, et sera condamné à une amende qui ne pourra excéder le quart des restitutions et des indemnités, ni être au-dessous du douzième.

Il sera de plus déclaré à jamais incapable d'exercer aucune fonction publique.

La présente disposition est applicable à tout fonctionnaire ou agent du Gouvernement qui aura pris un intérêt quelconque dans une affaire dont il était chargé d'ordonnancer le paiement ou de faire la liquidation.

176. Si le gouverneur, le commissaire ordonnateur, le directeur général de l'intérieur, les commandans de places ou de villes, les capitaines de port, les directeurs des administrations financières, ou les commissaires commandans de communes, avaient, dans l'étendue des lieux où ils ont droit d'exercer leur autorité, fait ouvertement, ou par des actes simulés, ou par interposition de personnes, le commerce des grains, grenailles, riz, farines, substances farineuses, vins ou boissons, autres que ceux provenant de leurs propriétés, ils seront punis d'une amende de mille francs au moins et de dix mille francs au plus, et de la confiscation des denrées appartenant à ce commerce.

§ IV. De la corruption des fonctionnaires publics.

177. Tout fonctionnaire public de l'ordre administratif ou judiciaire, tout agent ou préposé d'une administration publique, qui aura agréé des offres ou promesses, ou reçu des dons ou présens, pour faire un acte de sa fonction ou de son emploi, même juste, mais non sujet à salaire, sera puni du carcan et condamné à une amende double de la valeur des promesses agréées ou des choses reçues, sans que ladite amende puisse être inférieure à deux cents francs.

La présente disposition est applicable à tout fonctionnaire, agent ou préposé de la qualité ci-dessus exprimée, qui, par offres ou promesses agréées, dons ou présens reçus, se sera abstenu de faire un acte qui entrait dans l'ordre de ses devoirs.

178. Dans le cas où la corruption aurait pour objet un fait criminel emportant une peine plus forte que celle du carcan, cette peine plus forte sera appliquée aux coupables.

179. Quiconque aura contraint ou tenté de contraindre, par voies de fait ou menaces, corrompu ou tenté de corrompre par promesses, offres, dons ou présens, un fonctionnaire, agent ou préposé de la qualité exprimée en l'article 178, pour obtenir soit une opinion favorable, soit des procès-verbaux, états, certificats ou estimations contraires à la vérité, soit des places, emplois, adjudications, entreprises et autres bénéfices quelconques, soit enfin tout autre acte du ministère du fonctionnaire, agent ou préposé, sera puni des mêmes peines que le fonctionnaire, agent ou préposé corrompu.

Toutefois, si les tentatives de contrainte ou de corruption n'ont eu aucun effet, les auteurs de ces tentatives seront simplement punis d'un emprisonnement de trois mois au moins et de six mois au plus, et d'une amende de cent un francs à trois cents francs.

180. Il ne sera jamais fait au corrupteur restitution des choses par lui livrées, ni de leur valeur; elles seront confisquées au profit des hospices des lieux où la corruption aura été commise, et, s'il n'en existe pas, au profit des bureaux de bienfaisance desdits lieux.

181. Si c'est un juge prononçant en matière criminelle, ou un assesseur, qui s'est laissé corrompre, soit en faveur, soit au préjudice de l'accusé, il sera puni de la réclusion, outre l'amende ordonnée par l'article 177.

182. Si, par l'effet de la corruption, il y a eu condamnation à une peine supérieure à celle de la réclusion, cette peine, quelle qu'elle soit, sera appliquée au juge ou à l'assesseur coupable de corruption.

183. Tout juge ou administrateur qui se sera décidé par faveur pour une partie, ou par une inimitié contre elle, sera coupable de forfaiture et puni de la dégradation civique.

§ V. Des abus d'autorité.

Ire CLASSE. *Des abus d'autorité contre les particuliers.*

184. Tout juge, tout procureur général ou du Roi, tout substitut, tout administrateur, ou tout autre officier de justice ou de police, qui se sera introduit dans le domicile d'un citoyen, hors les cas prévus par la loi et sans les formalités qu'elle a prescrites, sera puni d'une amende de cent un francs au moins et de quatre cents au plus.

185. Tout juge ou tribunal, tout administrateur ou autorité administrative qui, sous quelque prétexte que ce soit, même du silence ou de l'obscurité de la loi, aura dénié de rendre la justice qu'il doit aux parties,

après en avoir été requis, et qui aura persévéré dans son déni après avertissement ou injonction de ses supérieurs, pourra être poursuivi, et sera puni d'une amende de deux cents francs au moins et de cinq cents francs au plus, et de l'interdiction de l'exercice des fonctions publiques depuis cinq ans jusqu'à vingt.

186. Lorsqu'un fonctionnaire, un officier public, un administrateur, un agent ou préposé du Gouvernement ou de la police, un exécuteur des mandats de justice ou jugemens, un commandant en chef ou en sous-ordre de la force publique, aura, sans motif légitime, usé ou fait user de violence envers les personnes, dans l'exercice ou à l'occasion de l'exercice de ses fonctions, il sera puni selon la nature et la gravité de ses violences, et en suivant la peine suivant la règle posée par l'article 198 ci-après.

187. Toute suppression, toute ouverture de lettres confiées à la poste, commise ou facilitée par un fonctionnaire ou un agent du Gouvernement ou de l'administration des postes, sera punie d'une amende de cent un francs à six cents francs. Le coupable sera, de plus, interdit de toute fonction ou emploi public pendant cinq années au moins et dix ans au plus.

Tout capitaine de navire chargé du transport des lettres, qui se rendrait coupable d'un des délits prévus par le présent article, sera puni des peines qui y sont énoncées.

2e CLASSE. Des abus d'autorité contre la chose publique.

188. Tout fonctionnaire public, agent ou préposé du Gouvernement, de quelque état et grade qu'il soit, qui aura requis ou ordonné, fait requérir ou ordonner l'action ou l'emploi de la force publique contre l'exécution d'une loi, ou contre la perception d'une contribution légale, ou contre l'exécution, soit d'une ordonnance ou mandat de justice, soit de toute autre ordre émané de l'autorité légitime, sera puni de la réclusion.

189. Si cette réquisition ou cet ordre ont été suivis de leur effet, la peine sera la déportation.

190. Les peines énoncées aux art. 188 et 189 ne cesseront d'être applicables aux fonctionnaires ou préposés qui auraient agi par ordre de leurs supérieurs, qu'autant que cet ordre aura été donné par ceux-ci pour des objets de leur ressort et sur lesquels il leur était dû obéissance hiérarchique; dans ce cas, les peines portées ci-dessus ne seront appliquées qu'aux supérieurs qui les premiers auront donné cet ordre.

191. Si, par suite desdits ordres ou réquisition, il survient d'autres crimes punissables de peines plus fortes que celles exprimées aux articles 188 et 189, ces peines plus fortes seront appliquées aux fonctionnaires, agens ou préposés coupables d'avoir donné lesdits ordres ou fait lesdites réquisitions.

§ VI. De quelques délits relatifs à la tenue des actes de l'état civil.

192. Les officiers de l'état civil qui auront inscrit leurs actes sur de simples feuilles volantes seront punis d'un emprisonnement d'un mois au moins et de trois mois au plus, et d'une amende de cent un francs à quatre cents francs.

193. Lorsque, pour la validité d'un mariage, la loi prescrit le consentement des pères, mères et autres personnes, et que l'officier de l'état civil ne se sera point assuré de l'existence de ce consentement, il sera puni d'une amende de cent un francs à six cents francs, et d'un emprisonnement de six mois au moins et d'un an au plus.

La même peine sera appliquée à l'officier de l'état civil qui inscrira la naissance, le mariage ou le décès, soit des esclaves, soit des individus de condition libre, sur les registres affectés à une population autre que celle à laquelle ils appartiennent, lorsqu'il sera reconnu qu'il a agi par négligence ou inattention.

194. L'officier de l'état civil sera aussi puni de cent un francs à six cents francs d'amende, lorsqu'il aura reçu, avant le terme prescrit par l'article 228 du Code civil, l'acte de mariage d'une femme ayant déjà été mariée.

195. Les peines portées aux articles précédens contre les officiers de l'état civil leur seront appliquées lors même que la nullité de leurs actes n'aurait pas été demandée ou aurait été couverte : le tout sans préjudice des peines plus fortes prononcées en cas de collusion, et sans préjudice aussi des autres dispositions pénales du titre V du livre Ier du Code civil.

Néanmoins tout individu qui, sciemment, aura fait inscrire la naissance, le mariage ou le décès, soit d'un esclave sur les registres de la population libre ou blanche, soit d'un individu de la population libre sur les registres de la population blanche, sera puni de la peine d'un an à deux ans d'emprisonnement et d'une amende de six cents à deux mille francs.

Le maximum de la peine sera toujours appliqué à l'officier public qui se sera rendu complice du délit.

§ VII. De l'exercice de l'autorité publique illégalement anticipé ou prolongé.

196. Tout fonctionnaire public qui sera entré en exercice de ses fonctions sans avoir prêté le serment, pourra être poursuivi, et sera puni d'une amende de cent un francs à trois cents francs.

197. Tout fonctionnaire public révoqué, destitué, suspendu ou interdit légalement, qui, après en avoir eu la connaissance officielle, aura continué l'exercice de ses fonctions, ou qui, étant électif ou temporaire, les aura exercées après avoir été remplacé, sera puni d'un emprisonnement de six mois au moins et de deux ans au plus, et d'une amende de cent francs à cinq cents francs. Il sera interdit de l'exercice de toute fonction publique, pour cinq ans au moins et dix ans au plus, à compter du jour où il aura subi sa peine : le tout sans préjudice des plus fortes peines portées contre les officiers ou les commandans militaires par l'article 93 du présent Code.

Disposition particulière.

198. Hors les cas où la loi règle spécialement les peines encourues pour crimes ou délits commis par les fonctionnaires ou officiers publics, ceux d'entre eux qui auront participé à d'autres crimes ou délits qu'ils étaient chargés de surveiller ou de réprimer seront punis comme il suit :

S'il s'agit d'un délit de police correctionnelle, ils subiront toujours le *maximum* de la peine attachée à l'espèce de délit ;

Et s'il s'agit de crimes emportant peine afflictive, ils seront condamnés, savoir :

A la réclusion, si le crime emporte contre tout autre coupable la peine du bannissement ou du carcan ;

Aux travaux forcés à temps, si le crime emporte contre tout autre coupable la peine de la réclusion ;

Et aux travaux forcés à perpétuité, lorsque le crime emportera contre tout autre coupable la peine de la déportation ou celle des travaux forcés à temps.

Au-delà des cas qui viennent d'être exprimés, la peine commune sera appliquée sans aggravation.

SECTION III. *Des troubles apportés à l'ordre public par les ministres des cultes dans l'exercice de leur ministère.*

§ Ier. *Des contraventions propres à compromettre l'état civil des personnes.*

199. Tout ministre d'un culte qui procédera aux cérémonies religieuses d'un mariage sans qu'il lui ait été justifié d'un acte de mariage préalablement reçu par les officiers de l'état civil, sera, pour la première fois, puni d'une amende de cent un francs à deux cents francs.

200. En cas de nouvelles contraventions de l'espèce exprimée en l'article précédent, le ministre de culte qui les aura commises sera puni, savoir :

Pour la première récidive, d'un emprisonnement de deux à cinq ans ;

Et pour la seconde, de la déportation.

§ II. *Des critiques, censures ou provocations dirigées contre l'autorité publique dans un discours pastoral prononcé publiquement.*

201. Les ministres des cultes qui prononceront, dans l'exercice de leur ministère, et en assemblée publique, un discours contenant la critique ou censure du Gouvernement, d'une loi, d'une ordonnance royale, ou de tout autre acte de l'autorité publique, seront punis d'un emprisonnement de trois mois à deux ans.

La même peine leur sera appliquée si le discours contient une provocation tendant à opérer la désobéissance et l'insubordination des esclaves envers leurs maîtres, lorsque cette provocation n'aura été suivie d'aucun effet.

L'emprisonnement sera de deux ans au moins et de cinq ans au plus, dans le cas où la provocation aurait été suivie d'effet.

202. Si le discours contient une provocation directe à la désobéissance aux lois ou autres actes de l'autorité publique, ou s'il tend à soulever ou armer une partie des citoyens, des hommes de couleur libres ou des esclaves, contre les autres, le ministre de culte qui l'aura prononcé sera puni d'un emprisonnement de deux à cinq ans, si la provocation n'a été suivie d'aucun effet ; et du bannissement, si elle a donné lieu à désobéissance, autre toutefois que celle qui aurait dégénéré en sédition ou révolte.

203. Lorsque la provocation aura été suivie d'une sédition ou révolte dont la nature donnera lieu, contre l'un ou plusieurs des coupables, à une peine plus forte que celle du bannissement, cette peine, quelle qu'elle soit, sera appliquée au ministre coupable de la provocation.

§ III. *Des critiques, censures ou provocations dirigées contre l'autorité publique dans un écrit pastoral.*

204. Tout écrit contenant des instructions pastorales, en quelque forme que ce soit, et dans lequel un ministre de culte se sera ingéré de critiquer ou censurer, soit le Gouvernement, soit tout acte de l'autorité publique, emportera la peine du bannissement contre le ministre qui l'aura publié.

205. Si l'écrit mentionné en l'article précédent contient une provocation directe à la désobéissance aux lois ou autres actes de l'autorité publique, ou s'il tend à soulever ou armer une partie des citoyens, des hommes de couleur libres ou des esclaves, contre les autres, le ministre qui l'aura publié sera puni de la déportation.

206. Lorsque la provocation contenue dans l'écrit pastoral aura été suivie d'une sédition ou révolte dont la nature donnera lieu, comme

mtre l'un ou plusieurs des coupables, à une peine plus forte que celle de la déportation, cette peine, quelle qu'elle soit, sera appliquée au ministre coupable de la provocation.

§ IV. De la correspondance des ministres des cultes avec des cours ou puissances étrangères, sur des matières de religion.

207. Tout ministre d'un culte qui aura, sur des questions ou matières religieuses, entretenu une correspondance avec une cour ou puissance étrangère, sans en avoir préalablement informé le gouverneur, et sans en avoir obtenu son autorisation, sera, pour ce seul fait, puni d'une amende de cent francs à cinq cents francs, et d'un emprisonnement d'un mois à deux ans.

208. Si la correspondance mentionnée en l'article précédent a été accompagnée ou suivie d'autres faits contraires aux dispositions formelles d'une loi, ou d'une ordonnance du Roi, ou d'un arrêté du Gouvernement, le coupable sera puni du bannissement, à moins que la peine résultant de la nature de ces faits ne soit plus forte, auquel cas cette peine plus forte sera seule appliquée.

SECTION IV. Résistance, désobéissance, autres manquemens envers l'autorité publique.

§ Iᵉʳ. Rébellion.

209. Toute attaque, toute résistance avec violence et voies de fait envers les officiers ministériels, les gardes champêtres ou forestiers, la force publique, les préposés à la perception des taxes et des contributions, leurs porteurs de contraintes, les préposés des douanes, les séquestres, les officiers ou agens de la police administrative ou judiciaire, agissant pour l'exécution des lois, des ordres ou ordonnances de l'autorité publique, des mandats de justice ou jugemens, est qualifiée, selon les circonstances, crime ou délit de rébellion.

Dans tous les cas, les esclaves qui auront participé à la rébellion seront comptés pour la fixation du nombre des coupables d'après lequel les peines sont graduées par les articles suivans.

210. Si la rébellion a été commise par plus de dix personnes armées, les coupables seront punis des travaux forcés à temps; et s'il n'y a pas eu port d'armes, ils seront punis de la réclusion.

211. Si la rébellion a été commise par une réunion armée de trois personnes ou plus, jusqu'à dix inclusivement, la peine sera la réclusion; s'il n'y a pas eu port d'armes, la peine sera un emprisonnement de six mois au moins et de deux ans au plus.

212. Si la rébellion n'a été commise que par une ou deux personnes avec armes, elle sera punie d'un emprisonnement de six mois à deux ans; et si elle a eu lieu sans armes, d'un emprisonnement de six jours à six mois.

213. En cas de rébellion avec bande ou attroupement, l'article 100 du présent Code sera applicable aux rebelles sans fonctions ni emplois dans la bande, qui se seront retirés au premier avertissement de l'autorité publique, ou même depuis, s'ils n'ont été saisis que hors du lieu de la rébellion, sans nouvelle résistance et sans armes.

214. Toute réunion d'individus pour un crime ou un délit est réputée réunion armée lorsque plus de deux personnes portent des armes ostensibles.

215. Les personnes qui se trouveraient munies d'armes cachées, et qui auraient fait partie d'une troupe ou réunion non réputée armée, seront individuellement punies comme si elles avaient fait partie d'une troupe ou réunion armée.

216. Les auteurs des crimes ou délits commis pendant le cours et à l'occasion d'une rébellion seront punis des peines prononcées contre chacun de ces crimes, si elles sont plus fortes que celles de la rébellion.

217. Sera puni comme coupable de la rébellion quiconque y aura provoqué, soit par des discours tenus dans des lieux ou réunions publics, soit par placards affichés, soit par écrits imprimés.

Dans le cas où la rébellion n'aurait pas eu lieu, le provocateur sera puni d'un emprisonnement de seize jours au moins et d'un an au plus.

218. Dans tous les cas où il sera prononcé, pour fait de rébellion, une simple peine d'emprisonnement, les coupables pourront être condamnés en outre à une amende de cent un francs à quatre cents francs.

Si des esclaves ont pris part à la rébellion, les coupables de condition libre pourront en outre être interdits du droit de posséder des esclaves pendant le temps limité par l'article 42, nᵒ 9.

219. Seront punies comme réunions de rebelles, celles qui auront été formées avec ou sans armes, et accompagnées de violences ou de menaces contre l'autorité administrative, les officiers ministériels, les officiers et les agens de police, ou contre la force publique :

1ᵒ Par les ouvriers ou journaliers, dans les ateliers publics, usines ou manufactures;

2ᵒ Par les individus admis dans les hospices;

3ᵒ Par les prisonniers, prévenus, accusés ou condamnés;

4ᵒ Par les individus de condition libre réunis à des esclaves.

220. La peine appliquée pour rébellion, à des prisonniers, prévenus, accusés ou condamnés, relativement à d'autres crimes ou délits, sera par eux subie, savoir :

Par ceux qui, à raison des crimes ou délits qui ont causé leur détention, sont ou seraient condamnés à une peine non capitale ni perpétuelle, immédiatement après l'expiration de cette peine;

Et par les autres, immédiatement après l'arrêt ou jugement en dernier ressort qui les aura acquittés ou renvoyés absous du fait pour lequel ils étaient détenus.

221. Les chefs d'une rébellion, et ceux qui l'auront provoquée, pourront être condamnés à rester, après l'expiration de leur peine, sous la surveillance spéciale de la haute police pendant cinq ans au moins et dix ans au plus.

Cette peine sera toujours appliquée à ceux qui auront provoqué la rébellion de la part des esclaves, ou qui auront agi avec leur assistance.

§ II. Outrages et violences envers les dépositaires de l'autorité et de la force publique.

222. Lorsqu'un ou plusieurs magistrats de l'ordre administratif ou judiciaire auront reçu dans l'exercice de leurs fonctions, ou à l'occasion de cet exercice, quelque outrage par paroles tendant à inculper leur honneur ou leur délicatesse, celui qui les aura ainsi outragés sera puni d'un emprisonnement d'un mois à deux ans.

Si l'outrage a eu lieu à l'audience d'une cour ou d'un tribunal, l'emprisonnement sera de deux à cinq ans.

L'outrage fait publiquement, d'une manière quelconque, à raison de leurs fonctions ou de leur qualité, soit à un fonctionnaire public, soit à un ministre de la religion de l'État, ou de l'une des religions dont l'établissement est légalement reconnu en France, sera puni d'un emprisonnement de quinze jours à deux ans, et d'une amende de cent francs à quatre mille francs.

Le même délit envers un assesseur, à raison de ses fonctions, ou envers un témoin à raison de sa déposition, sera puni d'un emprisonnement de dix jours à un an, et d'une amende de cinquante francs à trois mille francs.

L'outrage fait à un ministre de la religion de l'État, ou de l'une des religions légalement reconnues en France, dans l'exercice même de ses fonctions, sera puni d'un emprisonnement de trois mois à cinq ans, et d'une amende de trois cents francs à six mille francs.

Si l'outrage, dans les différens cas prévus par le présent article, a été accompagné d'excès ou violences prévus par le premier paragraphe de l'article 228 du présent Code, il sera puni des peines portées audit paragraphe et à l'article 229, et, en outre, de l'amende portée au troisième paragraphe du présent article.

Si l'outrage est accompagné des excès pré-

vus par le second paragraphe de l'article 228, et par les articles 231, 232 et 233, le coupable sera puni des peines portées auxdits articles.

223. L'outrage fait, par gestes ou menaces, à un magistrat dans l'exercice ou à l'occasion de l'exercice de ses fonctions, sera puni d'un mois à six mois d'emprisonnement; et si l'outrage a eu lieu à l'audience d'une cour ou d'un tribunal, il sera puni d'un emprisonnement d'un mois à deux ans.

224. L'outrage fait par paroles, gestes ou menaces, à tout officier ministériel ou agent dépositaire de la force publique, dans l'exercice ou à l'occasion de l'exercice de ses fonctions, sera puni d'une amende de cent un francs à quatre cents francs.

225. La peine sera de seize jours à un mois d'emprisonnement, si l'outrage mentionné en l'article précédent a été dirigé contre un commandant de la force publique.

226. Dans les cas des articles 222, 223 et 225, l'offenseur pourra être, outre l'emprisonnement, condamné à faire réparation, soit à la première audience, soit par écrit; et le temps de l'emprisonnement prononcé contre lui ne sera compté qu'à dater du jour où la réparation aura eu lieu.

227. Dans le cas de l'art. 224, l'offenseur pourra de même, outre l'amende, être condamné à faire réparation à l'offensé; et, s'il retarde ou refuse, il y sera contraint par corps.

228. Tout individu qui, même sans armes, et sans qu'il en soit résulté de blessures, aura exercé des violences contre un magistrat dans l'exercice de ses fonctions ou à l'occasion de cet exercice, sera puni d'un emprisonnement de deux à cinq ans.

Si ces violences ont eu lieu à l'audience d'une cour ou d'un tribunal, le coupable sera puni du carcan.

229. Dans l'un et l'autre des cas exprimés en l'article précédent, le coupable pourra, de plus, être condamné à s'éloigner, pendant cinq à dix ans, du lieu où siège le magistrat, et d'un rayon de deux myriamètres.

Cette disposition aura son exécution à dater du jour où le condamné aura subi sa peine.

Si le condamné enfreint cet ordre avant l'expiration du temps fixé, il sera puni du bannissement.

230. Les violences de l'espèce exprimée en l'article 228, dirigées contre un officier ministériel, un agent de la force publique, ou un citoyen chargé d'un ministère de service public, si elles ont eu lieu pendant qu'ils exerçaient leur ministère ou à cette occasion, seront punies d'un emprisonnement d'un mois à six mois.

231. Si les violences exercées contre les fonctionnaires et agens désignés aux art. 228

... et 230 ont été la cause d'effusion de sang, blessures ou maladie, la peine sera la réclusion; si la mort s'en est suivie dans les quarante jours, le coupable sera puni de mort.

232. Dans le cas même où ces violences n'auraient pas causé d'effusion de sang, blessures ou maladie, les coups seront punis de la réclusion, s'ils ont été portés avec préméditation ou guet-apens.

233. Si les blessures sont du nombre de celles qui portent le caractère de meurtre, le coupable sera puni de mort.

§ III. Refus d'un service dû légalement.

234. Tout commandant, tout officier ou sous-officier de la force publique qui, après en avoir été légalement requis par l'autorité civile, aura refusé de faire agir la force à ses ordres, sera puni d'un emprisonnement d'un mois à trois mois, sans préjudice des réparations civiles qui pourraient être dues, aux termes de l'article 10 du présent Code.

235. Les lois pénales et les réglemens relatifs au recrutement de l'armée de terre, de mer, et au service de la milice, continueront de recevoir leur exécution.

236. Les témoins qui auront allégué une excuse reconnue fausse seront condamnés, outre les amendes prononcées pour la non comparution, à un emprisonnement de seize jours à deux mois.

§ IV. Évasion de détenus, recèlement de criminels.

237. Toutes les fois qu'une évasion de détenus aura lieu, les huissiers, les commandans en chef en sous ordre, soit des corps faisant le service de gendarmerie, soit de la force armée servant d'escorte ou garnissant les postes, les concierges, gardiens, geôliers, et tous autres préposés à la conduite, au transport ou à la garde des détenus, seront punis ainsi qu'il suit :

238. Si l'évadé était prévenu de délits de police ou de crimes simplement infamans, ou s'il était prisonnier de guerre, les préposés à sa garde ou à sa conduite seront punis, en cas de négligence, d'un emprisonnement de seize jours à deux mois, et en cas de connivence, d'un emprisonnement de six mois à deux ans.

Ceux qui, n'étant pas chargés de la garde ou de la conduite du détenu, auront procuré ou favorisé son évasion, seront punis de seize jours à trois mois d'emprisonnement.

Seront également punis de cette peine ceux qui auront, dans l'enceinte des prisons ou en dehors, facilité l'évasion d'un esclave détenu par ordre du maître, ou qui auront brisé ses fers dans la prison ou hors de la prison, sans préjudice des dommages-intérêts envers le maître de l'esclave.

239. Si les détenus évadés, ou l'un d'eux, étaient prévenus ou accusés d'un crime de nature à entraîner une peine afflictive à temps, ou condamnés pour l'un de ces crimes, la peine sera, contre les préposés à la garde ou conduite, en cas de négligence, un emprisonnement de deux mois à six mois ; en cas de connivence, la réclusion.

Les individus non chargés de la garde des détenus, qui auront procuré ou facilité l'évasion, seront punis d'un emprisonnement de trois mois à deux ans.

240. Si les évadés, ou l'un d'eux, sont prévenus ou accusés de crimes de nature à entraîner la peine de mort ou des peines perpétuelles, ou s'ils sont condamnés à l'une de ces peines, leurs conducteurs ou gardiens seront punis d'un an à deux ans d'emprisonnement, en cas de négligence, et des travaux forcés à temps en cas de connivence.

Les individus non chargés de la conduite ou de la garde, qui auront facilité ou procuré l'évasion, seront punis d'un emprisonnement d'un an au moins et de cinq ans au plus.

241. Si l'évasion a eu lieu ou a été tentée avec violence ou bris de prison, les peines contre ceux qui l'auront favorisée en fournissant des instrumens propres à l'opérer seront, au cas que l'évadé fût de la qualité exprimée en l'article 238, trois mois à deux ans d'emprisonnement; au cas de l'article 239, deux à cinq ans d'emprisonnement, et au cas de l'article 240, la réclusion.

242. Dans tous les cas ci-dessus, lorsque les tiers qui auront procuré ou facilité l'évasion y seront parvenus en corrompant les gardiens ou geôliers, ou de connivence avec eux, ils seront punis des mêmes peines que lesdits gardiens ou geôliers.

243. Si l'évasion avec bris ou violence a été favorisée par transmission d'armes, les gardiens et conducteurs qui y auront participé seront punis des travaux forcés à perpétuité; les autres personnes, des travaux forcés à temps.

244. Tous ceux qui auront connivé à l'évasion d'un détenu seront solidairement condamnés, à titre de dommages-intérêts, à tout ce que la partie civile du détenu aurait eu droit d'obtenir contre lui.

245. A l'égard des détenus qui se seront évadés ou qui auront tenté de s'évader par bris de prison ou par violence, ils seront, pour ce seul fait, punis de six mois à un an d'emprisonnement, et subiront cette peine immédiatement après l'expiration de celle qu'ils auront encourue pour le crime ou délit à raison duquel ils étaient détenus, ou immédiatement après l'arrêt ou jugement qui les aura acquittés ou renvoyés absous dudit

crime ou délit; le tout sans préjudice de plus fortes peines qu'ils auraient pu encourir pour d'autres crimes qu'ils auraient commis dans leurs violences.

246. Quiconque sera condamné, pour avoir favorisé une évasion ou des tentatives d'évasion, à un emprisonnement de plus de six mois, pourra en outre être mis sous la surveillance spéciale de la haute police pour un intervalle de cinq à dix ans.

247. Les peines d'emprisonnement ci-dessus établies contre les conducteurs ou les gardiens, en cas de négligence seulement, cesseront lorsque les évadés seront repris ou représentés, pourvu que ce soit dans les quatre mois de l'évasion, et qu'ils ne soient pas arrêtés pour d'autres crimes ou délits commis postérieurement.

248. Ceux qui auront recélé ou fait recéler des personnes qu'ils savaient avoir commis des délits emportant peine afflictive seront punis de trois mois d'emprisonnement au moins et de deux ans au plus.

Sont exceptés de la présente disposition les ascendans ou descendans, époux ou épouses, frères ou sœurs des criminels recélés, ou leurs alliés aux mêmes degrés.

§ V. Bris de scellés et enlèvement de pièces dans les dépôts publics.

249. Lorsque des scellés apposés, soit par ordre du Gouvernement, soit par suite d'une ordonnance de justice rendue en quelque matière que ce soit, auront été brisés, les gardiens seront punis, pour simple négligence, de seize jours à six mois d'emprisonnement.

250. Si le bris des scellés s'applique à des papiers et effets d'un individu prévenu ou accusé d'un crime emportant la peine de mort, des travaux forcés à perpétuité, ou de la déportation, ou qui soit condamné à l'une de ces peines, le gardien négligent sera puni de six mois à deux ans d'emprisonnement.

251. Quiconque aura, à dessein, brisé des scellés apposés sur des papiers ou effets de la qualité énoncée en l'article précédent, ou participé au bris des scellés, sera puni de la réclusion; et si c'est le gardien lui-même, il sera puni des travaux forcés à temps.

252. A l'égard de tous autres bris de scellés, les coupables seront punis de six mois à deux ans d'emprisonnement; et si c'est le gardien lui-même, il sera puni de deux à cinq ans de la même peine.

253. Tout vol commis à l'aide d'un bris de scellés sera puni comme vol commis à l'aide d'effraction.

254. Quant aux soustractions, destructions et enlèvemens de pièces ou de procédures criminelles, ou d'autres papiers, registres, actes et effets contenus dans des archives, greffes ou dépôts publics, ou remis à un dépositaire public en cette qualité, les peines seront, contre les greffiers, archivistes, notaires ou autres dépositaires négligens, de trois mois à un an d'emprisonnement et d'une amende de cent un francs à six cents francs.

255. Quiconque se sera rendu coupable des soustractions, enlèvemens ou destructions mentionnés en l'article précédent, sera puni de la réclusion.

Si le crime est l'ouvrage du dépositaire lui-même, il sera puni des travaux forcés à temps.

256. Si le bris des scellés, les soustractions, enlèvemens ou destructions de pièces, ont été commis avec violence envers les personnes, la peine sera, contre toute personne, celle des travaux forcés à temps, sans préjudice de peines plus fortes, s'il y a lieu, d'après la nature des violences et des autres crimes qui y seraient joints.

§ VI. Dégradation de monumens.

257. Quiconque aura détruit, abattu, mutilé ou dégradé des monumens, statues et autres objets destinés à l'utilité ou à la décoration publiques, et élevés par l'autorité publique ou avec son autorisation, sera puni d'un emprisonnement d'un mois à deux ans et d'une amende de cent un francs à cinq cents francs.

Si les monumens, statues, et autres objets détruits, abattus, mutilés ou dégradés, étaient consacrés, soit à la religion de l'Etat, soit à l'un des cultes légalement établis en France, le coupable sera puni d'un emprisonnement de six mois à deux ans et d'une amende de deux cents francs à deux mille francs.

La peine sera d'un an à cinq ans d'emprisonnement et de mille à cinq mille francs d'amende, si ce délit a été commis dans l'intérieur d'un édifice consacré à la religion de l'Etat ou d'un culte légalement établi en France (1).

§ VII. Usurpation de titres ou fonctions.

258. Quiconque, sans titre, se sera immiscé dans des fonctions publiques, civiles ou militaires, ou aura fait les actes de ces fonctions, sera puni d'un emprisonnement de deux à cinq ans, sans préjudice de la peine de faux, si l'acte porte le caractère de ce crime.

259. Toute personne qui aura publiquement porté un costume, un uniforme ou une décoration qui ne lui appartenait pas, ou qui se sera attribué des titres royaux qui ne lui auraient pas été légalement conférés, sera punie d'un emprisonnement de six mois à deux ans.

_____

(1) Voy. loi du 20 avril 1825.

§ VIII. Entraves au libre exercice des cultes (1).

260. Tout particulier qui, par des voies de fait ou des menaces, aura contraint ou empêché une ou plusieurs personnes d'exercer l'un des cultes autorisés, d'assister à l'exercice de ce culte, de célébrer certaines fêtes, d'observer certains jours de repos, et en conséquence d'ouvrir ou de fermer leurs ateliers, boutiques ou magasins, et de faire ou quitter certains travaux, sera puni, pour ce seul fait, d'une amende de cent un francs à quatre cents francs et d'un emprisonnement de seize jours à deux mois.

261. Ceux qui, par des troubles ou des désordres commis soit dans les édifices destinés ou servant actuellement à l'exercice d'un culte légalement établi en France, soit même à l'extérieur de cet édifice, auront retardé, interrompu ou empêché les cérémonies de ce culte, seront punis d'une amende de cent un francs à six cents francs et d'un emprisonnement de seize jours à trois mois.

262. Toute personne qui aura, par paroles ou gestes, outragé les objets d'un culte dans les lieux destinés ou servant actuellement à son exercice, ou les ministres de ce culte dans leurs fonctions, sera punie d'une amende de cent un francs à mille francs et d'un emprisonnement de seize jours à six mois.

263. Quiconque aura frappé le ministre d'un culte dans ses fonctions sera puni du carcan.

264. Les dispositions du premier paragraphe ne s'appliquent qu'aux troubles, outrages ou voies de fait dont la nature ou les circonstances ne donneront pas lieu à de plus fortes peines, d'après les autres dispositions du présent Code.

Section V. Association de malfaiteurs, vagabondage et mendicité.

§ Ier. Association de malfaiteurs.

265. Toute association de malfaiteurs envers les personnes ou les propriétés est un crime contre la paix publique.

266. Ce crime existe par le seul fait d'organisation de bandes, ou de correspondance entre elles et leurs chefs ou commandans, ou de conventions tendant à rendre compte ou à faire distribution ou partage du produit des méfaits.

267. Quand ce crime n'aurait été accompagné ni suivi d'aucun autre, les auteurs, les directeurs de l'association, et les commandans en chef ou en sous-ordre de ces bandes, seront punis des travaux forcés à temps.

Le *maximum* de la peine sera appliqué, s'il se trouve dans l'association un ou plusieurs esclaves.

268. Seront punis de la réclusion tous autres individus chargés d'un service quelconque dans ces bandes, et ceux qui auront sciemment et volontairement fourni aux bandes ou à leurs divisions des armes, munitions, instrumens de crime, logement, retraite, ou lieu de réunion.

Ils seront punis de la peine des travaux forcés à temps, si, à leur connaissance, des esclaves ont été employés, soit dans ces bandes, soit dans la préparation des moyens d'exécution, soit dans la consommation des méfaits.

§ II. Vagabondage.

269. Le vagabondage est un délit.

270. Les vagabonds ou gens sans aveu sont ceux qui n'ont ni domicile certain, ni moyens de subsistance, et qui n'exercent habituellement ni métier ni profession.

271. Les vagabonds ou gens sans aveu qui auront été légalement déclarés tels seront, pour ce seul fait, punis de trois à six mois d'emprisonnement, et demeureront, après avoir subi leur peine, à la disposition du Gouvernement pendant le temps qu'il déterminera, eu égard à leur conduite.

272. Les individus déclarés vagabonds par jugement pourront, s'ils sont étrangers, être conduits, par les ordres du Gouvernement, hors du territoire français.

273. Les vagabonds nés en France ou dans la colonie pourront, après un jugement, même passé en force de chose jugée, être réclamés par délibération du conseil municipal de la commune où ils sont nés, ou cautionnés par un citoyen solvable.

Si le Gouvernement accueille la réclamation ou agrée la caution, les individus ainsi réclamés ou cautionnés seront, par ses ordres, renvoyés ou conduits dans la commune qui les aura réclamés, ou dans celle qui leur sera assignée pour résidence sur la demande de la caution.

§ III. Mendicité.

274. Toute personne qui, recevant des secours de l'administration de bienfaisance ou d'un établissement quelconque de charité, aura été trouvée mendiant, sera punie de trois mois à six mois d'emprisonnement.

275. Les mendians d'habitude, valides, non secourus par l'administration de bienfaisance ou par un établissement quelconque de charité, seront punis d'un emprisonnement de six mois à deux ans.

276. Tous mendians, même invalides, qui auront usé de menaces, ou seront entrés,

---

(1) *Voy.* loi du 20 avril 1825, art. 12 et suiv.

sans permission du propriétaire ou de personnes demeurant avec lui, soit dans une maison d'habitation, soit dans un enclos en dépendant,

Ou qui feindront des plaies ou infirmités,

Ou qui mendieront, en réunion, à moins que ce ne soit le mari et la femme, le père ou la mère et leurs jeunes enfans, l'aveugle et son conducteur,

Seront punis d'un emprisonnement de six mois à deux ans.

Le *maximum* de la peine sera toujours appliqué au mendiant qui se serait introduit la nuit dans l'intérieur d'une maison habitée ou de ses dépendances.

Dispositions communes aux vagabonds et aux mendians.

277. Tout mendiant ou vagabond qui aura été saisi travesti d'une manière quelconque,

Ou porteur d'armes, bien qu'il n'en ait usé ni menacé,

Ou muni de limes, de crochets, ou autres instrumens propres soit à commettre des vols ou d'autres délits, soit à lui procurer les moyens de pénétrer dans les maisons,

Sera puni de deux à cinq ans d'emprisonnement.

278. Tout mendiant ou vagabond qui sera trouvé porteur d'un ou plusieurs effets d'une valeur supérieure à cent francs, et qui ne justifiera pas d'où ils lui proviennent, sera puni de la peine portée en l'article 276.

279. Tout mendiant ou vagabond qui aura exercé quelque acte de violence que ce soit envers les personnes sera puni de la réclusion, sans préjudice de peines plus fortes, s'il y a lieu, à raison du genre et des circonstances de la violence.

280. Tout vagabond ou mendiant qui aura commis un crime emportant la peine des travaux forcés à temps sera en outre marqué.

281. Les peines établies par le présent Code contre les individus porteurs de faux certificats, faux passeports ou fausses feuilles de route, seront toujours, dans leur espèce, portées au *maximum*, quand elles seront appliquées à des vagabonds ou mendians.

282. Les vagabonds ou mendians qui auront subi les peines portées par les articles précédens demeureront, à la fin de ces peines, à la disposition du Gouvernement.

SECTION VI. Délits commis par la voie d'écrits, images ou gravures, distribués sans nom d'auteur, imprimeur ou graveur.

283. Toute publication ou distribution d'ouvrages, écrits, avis, bulletins, affiches, journaux, feuilles périodiques ou autres imprimés, dans lesquels ne se trouvera pas l'indication vraie des noms, profession et demeure de l'auteur ou de l'imprimeur, sera,

pour ce seul fait, punie d'un emprisonnement de seize jours à six mois, contre toute personne qui aura sciemment contribué à la publication ou distribution.

284. Cette disposition sera réduite à des peines de simple police :

1° A l'égard des crieurs, afficheurs, vendeurs ou distributeurs qui auront fait connaître la personne de laquelle ils tiennent l'écrit imprimé;

2° A l'égard de quiconque, étant coupable du délit prévu par l'article précédent, aura fait connaître l'imprimeur;

3° A l'égard même de l'imprimeur ou du graveur qui auront fait connaître l'auteur ou la personne qui les aura chargés de l'impression ou de la gravure.

285. Si l'écrit imprimé contient quelques provocations à des crimes ou délits, les crieurs, afficheurs, vendeurs et distributeurs seront punis comme complices des provocateurs, à moins qu'ils n'aient fait connaître ceux dont ils tiennent l'écrit contenant la provocation.

En cas de révélation, ils n'encourront qu'un emprisonnement de seize jours à trois mois; et la peine de complicité ne restera applicable qu'à ceux qui n'auront point fait connaître les personnes dont ils auront reçu l'écrit imprimé, et à l'imprimeur, s'il est connu.

286. Dans tous les cas ci-dessus, il y aura confiscation des exemplaires saisis.

287. Toute exposition ou distribution de chansons, pamphlets, figures ou images contraires aux bonnes mœurs, sera punie d'une amende de cent un francs à mille francs, d'un emprisonnement d'un mois à un an, et de la confiscation des planches et des exemplaires imprimés ou gravés, de chansons, figures, ou autres objets du délit.

288. La peine d'emprisonnement et l'amende prononcées par l'article précédent seront réduites à des peines de simple police :

1° A l'égard des crieurs, vendeurs ou distributeurs qui auront fait connaître la personne qui leur a remis l'objet du délit;

2° A l'égard de quiconque aura fait connaître l'imprimeur ou le graveur;

3° A l'égard même de l'imprimeur ou du graveur qui auront fait connaître l'auteur ou la personne qui les aura chargés de l'impression ou de la gravure.

289. Dans tous les cas exprimés en la présente section, et où l'auteur sera connu, il subira le *maximum* de la peine attachée à l'espèce du délit.

Disposition particulière.

290. Tout individu qui, sans y avoir été autorisé par la police, fera le métier de crieur ou afficheur d'écrits imprimés, dessins ou gravures, même munis des noms d'auteur,

α i imprimeur, dessinateur ou graveur, sera puni 'b d'un emprisonnement de seize jours à deux ɯ mois.

Section VII. Des associations ou réunions illicites.

291. Nulle association de personnes dont ʃl le but sera de se réunir tous les jours ou à ɔ certains jours marqués pour s'occuper d'obɔ̨ jets religieux, littéraires, politiques ou auɹ tres, ne pourra se former qu'avec l'agrément b du Gouvernement, et sous les conditions qu'il ɋ plaira à l'autorité publique d'imposer à la ɐ société.

292. Toute association de la nature ci-desɐ sus exprimée qui se sera formée sans autoriɐ sation, ou qui, après l'avoir obtenue, aura ɘ enfreint les conditions à elle imposées, sera b dissoute.

Les chefs, directeurs ou administrateurs b de l'association seront, en outre, punis d'une ᴄ amende de cent un francs à quatre cents ʃl francs.

293. Si, par discours, exhortations, invoɔ cations ou prières, en quelque langue que ce ɐ soit, ou par lecture, affiche, publication ou ɔ distribution d'écrits quelconques, il a été fait ɔ dans ces assemblées quelques provocations à ɔ des crimes ou à des délits, la peine sera de ɔ cent un francs à six cents francs d'amende et ɔ de trois mois à deux ans d'emprisonnement, ɔ contre les chefs, directeurs et administraɹ teurs de ces associations; sans préjudice des ʃ peines plus fortes qui seraient portées par la ʃ loi contre les individus personnellement ɔ coupables de la provocation, lesquelles, en ᴣ aucun cas, ne pourront être punis d'une peine ɹ moindre que celle infligée aux chefs, direcʃ teurs et administrateurs de l'association.

294. Tout individu qui, sans la permisɐ sion de l'autorité municipale, aura accordé ɔ ou consenti l'usage de sa maison ou de son ᴣ appartement, en tout ou en partie, pour la ɹ réunion des membres d'une association, ꞓ même autorisée, ou pour l'exercice d'un ꞓ culte, sera puni d'une amende de cent un franc à quatre cents francs.

Titre II. Crimes et délits contre les particuliers.

Chapitre Iᵉʳ. Crimes et délits contre les personnes.

Section Iʳᵉ. Meurtres et autres crimes capitaux, menaces d'attentat contre les personnes.

§ Iᵉʳ. Meurtre, assassinat, parricide, infanticide empoisonnement.

295. L'homicide commis volontairement est qualifié meurtre.

296. Tout meurtre commis avec préméditation ou de guet-apens est qualifié assassinat.

297. La préméditation consiste dans le dessein formé, avant l'action, d'attenter à la personne d'un individu déterminé, ou même de celui qui sera trouvé ou rencontré, quand même ce dessein serait dépendant de quelque circonstance ou de quelque condition.

298. Le guet-apens consiste à attendre plus ou moins de temps, dans un ou divers lieux, un individu, soit pour lui donner la mort, soit pour exercer sur lui des actes de violence.

299. Est qualifié parricide le meurtre des pères et mères légitimes, naturels ou adoptifs, ou de tout autre ascendant légitime.

300. Est qualifié infanticide le meurtre d'un enfant nouveau-né.

301. Est qualifié empoisonnement tout attentat à la vie d'une personne, par l'effet de substances qui peuvent donner la mort plus ou moins promptement, de quelque manière que ces substances aient été employées ou administrées, quelles qu'en aient été les suites.

302. Tout coupable d'assassinat, de parricide, d'infanticide ou d'empoisonnement, sera puni de mort; sans préjudice de la disposition particulière contenue en l'article 13 relativement au parricide.

Toutefois, à l'égard de la mère coupable d'infanticide, les cours d'assises, lorsqu'elles auront reconnu qu'il existe des circonstances atténuantes, et sous la condition de le déclarer expressément, pourront réduire la peine à celle des travaux forcés à perpétuité (1).

303. Seront punis comme coupables d'assassinat, tous malfaiteurs, quelle que soit leur dénomination, qui, pour l'exécution de leur crimes, emploient des tortures ou commettent des actes de barbarie.

304. Le meurtre emportera la peine de mort, lorsqu'il aura précédé, accompagné ou suivi un autre crime ou délit.

En tout autre cas, le coupable de meurtre sera puni de la peine des travaux forcés à perpétuité.

§ II. Menaces.

305. Quiconque aura menacé, par écrit anonyme ou signé, d'assassinat, d'empoisonnement, ou de tout autre attentat contre les personnes qui serait punissable de la peine de mort, des travaux forcés à perpétuité, ou de la déportation, sera puni de la peine des travaux forcés à temps, dans le cas où la menace aurait été faite avec ordre de déposer une somme d'argent dans un lieu indiqué, ou de remplir toute autre condition.

____

(1) Voy. loi du 25 juin 1824.

306. Si cette menace n'a été accompagnée d'aucun ordre ou condition, la peine sera d'un emprisonnement de deux ans au moins et de cinq ans au plus et d'une amende de cent un francs à six cents francs.

307. Si la menace faite avec ordre ou sous condition a été verbale, le coupable sera puni d'un emprisonnement de six mois à deux ans et d'une amende de cent un francs à cinq cents francs.

308. Dans les cas prévus par les deux précédens articles, le coupable pourra de plus être mis, par le jugement, sous la surveillance de la haute police pour cinq ans au moins et dix ans au plus.

SECTION II. Blessures et coups volontaires non qualifiés meurtres, et autres crimes et délits volontaires.

309. Sera puni de la peine de la réclusion tout individu qui aura fait des blessures ou porté des coups, s'il est résulté de ces actes de violence une maladie ou incapacité de travail personnel pendant plus de vingt jours.

Dans les cas autres que ceux prévus par les articles 310 et 312, la peine pourra être réduite par la cour d'assises, en faisant la déclaration prescrite au deuxième paragraphe de l'article 302, aux peines déterminées par l'art. 401, sans néanmoins que la peine d'emprisonnement puisse être au-dessous de trois années.

La réduction de peine ne pourra avoir lieu lorsque le coupable sera mendiant, vagabond, ou lorsqu'il aura été antérieurement condamné à un emprisonnement correctionnel de plus de six mois (1).

310. Si le crime mentionné au précédent article a été commis avec préméditation ou guet-apens, la peine sera celle des travaux forcés à temps (2).

311. Lorsque les blessures ou les coups n'auront occasioné aucune maladie ni incapacité de travail personnel de l'espèce mentionnée en l'art. 309, le coupable sera puni d'un emprisonnement d'un mois à deux ans et d'une amende de cent un francs à quatre cents francs.

S'il y a eu préméditation ou guet-apens, l'emprisonnement sera de deux ans à cinq ans, et l'amende de deux cents francs à mille francs.

312. Dans les cas prévus par les articles 309, 310 et 311, si le coupable a commis le crime envers ses père ou mère légitimes, naturels ou adoptifs, ou autres ascendans légitimes, il sera puni ainsi qu'il suit :

Si l'article auquel le cas se référera prononce l'emprisonnement et l'amende, le coupable subira la peine de la réclusion ;

Si l'article prononce la peine de la réclusion, il subira celle des travaux forcés à temps ;

Si l'article prononce la peine des travaux forcés à temps, il subira celle des travaux forcés à perpétuité.

Les mêmes dispositions s'appliqueront à l'affranchi qui aura commis le crime envers le maître de qui il tient la liberté (3).

313. Les crimes et les délits prévus dans la présente section et dans la section précédente, s'ils sont commis en réunion séditieuse, avec rébellion ou pillage, sont imputables aux chefs, auteurs, instigateurs et provocateurs de ces réunions, rébellions ou pillages, qui seront punis comme coupables de ces crimes ou de ces délits, et condamnés aux mêmes peines que ceux qui les auront personnellement commis.

Le *maximum* de la peine leur sera toujours appliqué si des esclaves ont pris part à ces réunions.

314. Tout individu qui aura fabriqué ou débité des stylets, tromblons, ou quelque espèce que ce soit d'armes prohibées par la loi ou par des réglemens d'administration publique, sera puni d'un emprisonnement de seize jours à six mois.

Celui qui sera porteur desdites armes sera puni d'une amende de cent un francs à quatre cents francs.

La peine de six jours à six mois d'emprisonnement sera également appliquée à tout individu qui aura vendu ou donné à un esclave, sans autorisation du maître, des armes prohibées ou non prohibées.

Dans l'un et l'autre cas, les armes seront confisquées.

Le tout sans préjudice de plus forte peine, s'il y échoit, en cas de complicité de crime.

315. Outre les peines correctionnelles mentionnées dans les articles précédens, les tribunaux pourront prononcer le renvoi sous la surveillance de la haute police, depuis deux ans jusqu'à dix ans.

316. Toute personne coupable du crime de castration subira la peine des travaux forcés à perpétuité.

Si la mort en est résultée avant l'expiration des quarante jours qui auront suivi le crime, le coupable subira la peine de mort.

317. Quiconque, par alimens, breuvages, médicamens, violence, ou par tout autre moyen, aura procuré l'avortement d'une femme enceinte, soit qu'elle y ait consenti ou non, sera puni de la réclusion.

La même peine sera prononcée contre la femme qui se sera procuré l'avortement à elle-même, ou qui aura consenti à faire usage des moyens à elle indiqués ou adminis-

_____

(1, 2 et 3) *Voy.* loi du 25 juin 1824.

...trés à cet effet, si l'avortement s'en est suivi.

Les médecins, chirurgiens, et autres officiers de santé, ainsi que les pharmaciens, qui auront indiqué ou administré ces moyens, seront condamnés à la peine des travaux forcés à temps, dans le cas où l'avortement aura eu lieu.

318. Quiconque aura vendu ou débité des boissons falsifiées, contenant des mixtions nuisibles à la santé, sera puni d'un emprisonnement de seize jours à deux ans et d'une amende de cent un francs à douze cents francs.

Seront saisies et confisquées, pour être détruites, les boissons falsifiées trouvées appartenir au vendeur ou débitant.

SECTION III. Homicide, blessures et coups involontaires ; crimes et délits excusables, et cas où ils ne peuvent être excusés ; homicide, blessures et coups qui ne sont ni crimes ni délits.

§ Ier. *Homicide, blessures et coups involontaires.*

319. Quiconque, par maladresse, imprudence, inattention, négligence ou inobservation des réglemens, aura commis involontairement un homicide, ou en aura involontairement été la cause, sera puni d'un emprisonnement de trois mois à deux ans et d'une amende de cent un francs à douze cents francs.

320. S'il n'est résulté du défaut d'adresse ou de précaution que des blessures ou coups, la peine sera d'une amende de cent un francs à quatre cents francs, ou d'un emprisonnement de seize jours à deux mois, et les deux peines pourront être cumulées.

§ II. Crimes et délits excusables, et cas où ils ne peuvent être excusés.

321. Le meurtre ainsi que les blessures et les coups sont excusables, s'ils ont été provoqués par des coups ou violences graves envers les personnes.

322. Les crimes et délits mentionnés au présent article sont également excusables, s'ils ont été commis en repoussant, pendant le jour, l'escalade ou l'effraction des clôtures, murs ou entrée d'une maison ou d'un appartement habité, ou de leurs dépendances.

Si le fait est arrivé pendant la nuit, ce cas est réglé par l'art. 329.

323. Le parricide n'est jamais excusable.

324. Le meurtre commis par l'époux sur l'épouse, ou par celle-ci sur son époux, n'est pas excusable, si la vie de l'époux ou de l'épouse qui a commis le meurtre n'a pas été mise en péril dans le moment même où le meurtre a eu lieu.

28.

Néanmoins, dans le cas d'adultère, prévu par l'art. 336, le meurtre commis par l'époux sur son épouse, ainsi que sur le complice, à l'instant où il les surprend en flagrant délit dans la maison conjugale, est excusable.

325. Le crime de castration, s'il a été immédiatement provoqué par un outrage violent à la pudeur, sera considéré comme meurtre ou blessures excusables.

326. Lorsque le fait d'excuse sera prouvé,

S'il s'agit d'un crime emportant la peine de mort, ou celle des travaux forcés à perpétuité, ou celle de la déportation, la peine sera réduite à un emprisonnement d'un an à cinq ans;

S'il s'agit de tout autre crime, elle sera réduite à un emprisonnement de six mois à deux ans.

Dans ces deux premiers cas, les coupables pourront de plus être mis, par l'arrêt ou le jugement, sous la surveillance de la haute police pendant cinq ans au moins et dix ans au plus.

S'il s'agit d'un délit, la peine sera réduite à un emprisonnement de seize jours à six mois.

§ III. Homicide, blessures et coups non qualifiés crimes ni délits.

327. Il n'y a ni crime ni délit, lorsque l'homicide, les blessures et les coups étaient autorisés par la loi et commandés par l'autorité légitime.

328. Il n'y a ni crime ni délit, lorsque l'homicide, les blessures et les coups étaient commandés par la nécessité actuelle de la légitime défense de soi-même ou d'autrui.

329. Sont compris dans les cas de nécessité actuelle de défense, les deux cas suivans :

1° Si l'homicide a été commis, si les blessures ont été faites, ou si les coups ont été portés en repoussant pendant la nuit l'escalade ou l'effraction des clôtures, murs ou entrée d'une maison ou d'un appartement habité ou de leurs dépendances ;

2° Si le fait a eu lieu en se défendant contre les auteurs de vols ou pillages exécutés avec violence.

SECTION IV. Attentats aux mœurs.

330. Toute personne qui aura commis un outrage public à la pudeur sera punie d'un emprisonnement de trois mois à un an, et d'une amende de cent un francs à quatre cents francs.

Dans le cas où le délit aura été commis dans un édifice consacré soit à la religion de l'Etat, soit à l'un des cultes reconnus en France, l'emprisonnement sera de trois ans à cinq ans, et l'amende de cinq cents francs à dix mille francs.

31

331. Quiconque aura commis le crime de viol, ou sera coupable de tout autre attentat à la pudeur consommé ou tenté avec violence contre les individus de l'un ou de l'autre sexe, sera puni de la réclusion.

332. Si le crime a été commis sur la personne d'un enfant au-dessous de l'âge de quinze ans accomplis, le coupable subira la peine des travaux forcés à temps.

333. La peine sera celle des travaux forcés à perpétuité si les coupables sont de la classe de ceux qui ont autorité sur la personne envers laquelle ils ont commis l'attentat, s'ils sont ses instituteurs ou ses serviteurs à gages, ou s'ils sont fonctionnaires publics ou ministres d'un culte, ou si le coupable, quel qu'il soit, a été aidé dans son crime par une ou plusieurs personnes.

334. Quiconque aura attenté aux mœurs, en excitant, favorisant ou facilitant habituellement la débauche ou la corruption de la jeunesse de l'un ou de l'autre sexe, au-dessous de l'âge de vingt-un ans, sera puni d'un emprisonnement de six mois à deux ans et d'une amende de cent un francs à cinq cents francs.

Si la prostitution ou la corruption a été excitée, favorisée ou facilitée par leurs pères, mères, tuteurs ou autres personnes chargées de leur surveillance, la peine sera de deux ans à cinq ans d'emprisonnement et de trois cents francs à mille francs d'amende.

335. Les coupables du délit mentionné au précédent article seront interdits de toute tutelle et curatelle, et de toute participation au conseil de famille, savoir : les individus auxquels s'applique le premier paragraphe de cet article, pendant deux ans au moins et cinq ans au plus, et ceux dont il est parlé au second paragraphe, pendant dix ans au moins et vingt ans au plus.

Si le délit a été commis par le père ou la mère, le coupable sera de plus privé des droits et avantages à lui accordés sur la personne et les biens de l'enfant par le Code civil, livre Ier, titre IX, *de la puissance paternelle*.

Dans tous les cas, les coupables pourront de plus être mis par le jugement sous la surveillance de la haute police, en observant, pour la durée de la surveillance, ce qui vient d'être établi pour la durée de l'interdiction mentionnée au présent article.

336. L'adultère de la femme ne pourra être dénoncé que par le mari; cette faculté même cessera, s'il est dans le cas prévu par l'article 339.

337. La femme convaincue d'adultère subira la peine de l'emprisonnement pendant trois mois au moins et deux ans au plus.

Le mari restera maître d'arrêter les effets de cette condamnation contre sa femme, en consentant à la reprendre.

338. Le complice de la femme adultère sera puni de l'emprisonnement pendant le même espace de temps, et en outre d'une amende de deux cents francs à deux mille francs.

Les seules preuves qui pourront être admises contre le prévenu de complicité seront, outre le flagrant délit, celles résultant de lettres ou autres pièces écrites par le prévenu.

339. Le mari qui aura entretenu une concubine dans la maison conjugale, et qui aura été convaincu sur la plainte de la femme, sera puni d'une amende de deux cents francs à quatre mille francs.

340. Quiconque, étant engagé dans les liens du mariage, en aura contracté un autre avant la dissolution du précédent, sera puni de la peine des travaux forcés à temps.

L'officier public qui aura prêté son ministère à ce mariage, connaissant l'existence du précédent, sera condamné à la même peine.

SECTION V. Arrestations illégales et séquestrations de personnes.

341. Seront punis de la peine des travaux forcés à temps ceux qui, sans ordre des autorités constituées, et hors les cas où la loi ordonne de se saisir des prévenus, auront arrêté, détenu ou séquestré des personnes quelconques.

Quiconque aura prêté un lieu pour exécuter la détention ou séquestration subira la même peine.

342. Si détention ou la séquestration a duré plus d'un mois, la peine sera celle des travaux forcés à perpétuité.

343. La peine sera réduite à l'emprisonnement de deux ans à cinq ans, si les coupables des délits mentionnés en l'article 341, non encore poursuivis de fait, ont rendu la liberté à la personne arrêtée, séquestrée ou détenue, avant le dixième jour accompli puis celui de l'arrestation, détention ou séquestration. Ils pourront néanmoins être renvoyés sous la surveillance de la haute police depuis cinq ans jusqu'à dix ans.

344. Dans chacun des trois cas suivans :

1° Si l'arrestation a été exécutée avec le faux costume, sous un faux nom, ou sur un faux ordre de l'autorité publique;

2° Si l'individu arrêté, détenu ou séquestré, a été menacé de la mort;

3° S'il a été soumis à des tortures corporelles,

Les coupables seront punis de mort.

SECTION VI. Crimes et délits tendant à empêcher ou à détruire la preuve de l'état civil
d'un enfant, ou à compromettre son existence ; enlèvement de mineurs ; infractions
aux lois sur les inhumations.

§ Ier. Crimes et délits envers l'enfant.

345. Les coupables d'enlèvement, de recélé ou de suppression d'un enfant, de substitution d'un enfant à un autre, ou de supposition d'un enfant à une femme qui ne sera
pas accouchée, seront punis de la réclusion.

La même peine aura lieu contre ceux qui,
étant chargés d'un enfant, ne le représenteront point aux personnes qui ont le droit de
le réclamer.

Si c'est un enfant appartenant à la population des esclaves qui se trouve substitué à
un autre enfant de condition libre, le maximum de la peine de la réclusion sera toujours
appliqué à celui qui se sera rendu coupable
de ce crime.

346. Toute personne qui, ayant assisté à
un accouchement, n'aura pas fait la déclaration à elle prescrite par les lois et ordonnances, et dans le délai qu'elles déterminent,
sera punie d'un emprisonnement de seize
jours à six mois et d'une amende de cent un
francs à six cents francs.

347. Toute personne qui, ayant trouvé un
enfant nouveau-né, ne l'aura pas remis à
l'officier de l'état civil, ainsi qu'il est prescrit par l'art. 58 du Code civil, sera punie
des peines portées au précédent article.

La présente disposition n'est point applicable à celui qui aurait consenti à se charger de l'enfant, et qui aurait fait sa déclaration à cet égard devant l'autorité municipale
du lieu où l'enfant aura été trouvé.

348. Ceux qui auront porté à un hospice
un enfant au-dessous de l'âge de sept ans accomplis, qui leur aurait été confié afin qu'ils
en prissent soin ou pour toute autre cause, seront punis d'un emprisonnement de six semaines à six mois et d'une amende de cent
un francs à quatre cents francs.

Toutefois aucune peine ne sera prononcée, s'ils n'étaient pas tenus ou ne s'étaient
pas obligés de pourvoir gratuitement à la
nourriture et à l'entretien de l'enfant, et si
personne n'y avait pourvu.

349. Ceux qui auront exposé et délaissé
en un lieu solitaire un enfant au-dessous de
l'âge de sept ans accomplis ; ceux qui auront donné l'ordre de l'exposer ainsi, si cet
ordre a été exécuté, seront, pour ce seul fait,
condamnés à un emprisonnement de six mois à
deux ans et à une amende de cent un francs
à quatre cents francs.

350. La peine portée au précédent article
sera de deux ans à cinq ans, et l'amende de
cent un francs à cinq cents francs contre les
tuteurs ou tutrices, instituteurs et institutrices
de l'enfant exposé et délaissé par eux ou par
leur ordre.

351. Si, par suite de l'exposition et du délaissement prévus par les articles 349 et 350
l'enfant est demeuré mutilé ou estropié, l'action sera considérée comme blessures volontaires à lui faites par la personne qui l'a
exposé et délaissé ; et si la mort s'en est
suivie, l'action sera considérée comme meurtre : au premier cas, les coupables subiront
la peine applicable aux blessures volontaires,
et au second cas, celle de meurtre.

352. Ceux qui auront exposé et délaissé
en un lieu non solitaire un enfant au-dessous
de l'âge de sept ans accomplis seront punis
d'un emprisonnement de trois mois à un an
et d'une amende de cent un francs à deux
cents francs.

353. Le délit prévu par le précédent article sera puni d'un emprisonnement de six
mois à deux ans et d'une amende de cent
francs à quatre cents francs, s'il a été commis par les tuteurs ou tutrices, instituteurs
ou institutrices de l'enfant.

§ II. Enlèvement de mineurs.

354. Quiconque aura, par fraude ou violence, enlevé ou fait enlever des mineurs,
ou les aura entraînés, détournés ou dépla-
cés, ou les aura fait entraîner, détourner ou
déplacer des lieux où ils étaient mis par ceux
à l'autorité ou à la direction desquels ils
étaient soumis ou confiés, subira la peine
de la réclusion.

355. Si la personne ainsi enlevée ou détournée est une fille au-dessous de seize ans
accomplis, la peine sera celle des travaux
forcés à temps.

356. Quand la fille au-dessous de seize ans
aurait consenti à son enlèvement ou suivi volontairement le ravisseur, si celui-ci était majeur de vingt-un ans ou au-dessus, il sera
condamné aux travaux forcés à temps.

Si le ravisseur n'avait pas encore vingt-un
ans, il sera puni d'un emprisonnement de
deux à cinq ans.

357. Dans le cas où le ravisseur aurait
épousé la fille qu'il aurait enlevée, il ne
pourra être poursuivi que sur la plainte des
personnes qui, d'après le Code civil, ont le
droit de demander la nullité du mariage, ni
condamné qu'après que la nullité du mariage
aura été prononcée.

§ III. Infractions aux lois sur les inhumations.

358. Ceux qui, sans l'autorisation préalable de l'officier public dans le cas où elle est
prescrite, auront fait inhumer un individu
décédé, seront punis de seize jours à deux
mois d'emprisonnement et d'une amende de
cent un francs à trois cents francs ; sans pré-

judice de la poursuite des crimes dont les auteurs de ce délit pourraient être prévenus dans cette circonstance.

La même peine aura lieu contre ceux qui auront contrevenu, de quelque manière que ce soit, à la loi et aux réglemens relatifs aux inhumations précipitées.

359. Quiconque aura recélé ou caché le cadavre d'une personne homicidée ou morte des suites de coups ou blessures sera puni d'un emprisonnement de six mois à deux ans et d'une amende de cent un francs à quatre cents francs; sans préjudice de peines plus graves, s'il a participé au crime.

360. Sera puni d'un emprisonnement de trois mois à un an et de cent un francs à quatre cents francs d'amende, quiconque se sera rendu coupable de violation de tombeaux ou de sépultures; sans préjudice des peines contre les crimes ou les délits qui seraient joints à celui-ci.

SECTION VII. *Faux témoignage, calomnie, injures, révélation de secrets.*

§ Iᵉʳ. *Faux témoignage.*

361. Quiconque sera coupable de faux témoignage en matière criminelle, soit contre l'accusé, soit en sa faveur, sera puni de la peine des travaux forcés à temps.

Si néanmoins l'accusé a été condamné à une peine plus forte que celle des travaux forcés à temps, le faux témoin qui a déposé contre lui subira la même peine.

362. Quiconque sera coupable de faux témoignage en matière correctionnelle ou de police, soit contre le prévenu, soit en sa faveur, sera puni de la réclusion.

363. Le coupable de faux témoignage en matière civile sera puni de la peine portée au précédent article.

364. Le faux témoin en matières correctionnelle, de police, ou civile, qui aura reçu de l'argent, une récompense quelconque, ou des promesses, sera puni des travaux forcés à temps.

Dans tous les cas, ce que le faux témoin aura reçu sera confisqué.

365. Le coupable de subornation de témoins sera condamné à la peine des travaux forcés à temps, si le faux témoignage qui en a été l'objet emporte la peine de la réclusion; aux travaux forcés à perpétuité, lorsque le faux témoignage emportera la peine des travaux forcés à temps, ou celle de la déportation, et à la peine de mort, lorsqu'il emportera celle des travaux forcés à perpétuité ou la peine capitale.

366. Celui à qui le serment aura été déféré ou référé en matière civile, et qui aura fait un faux serment, sera puni de la dégradation civique.

§ II. *Calomnies, injures, révélation de secrets.*

367. Sera coupable du délit de calomnie celui qui, soit dans les lieux ou réunions publics, soit dans un acte authentique et public, soit dans un écrit imprimé ou non, qui aurait été affiché, vendu ou distribué, aura imputé à un individu quelconque des faits qui, s'ils existaient, exposeraient celui contre lequel ils sont articulés à des poursuites criminelles ou correctionnelles, ou même l'exposeraient seulement au mépris ou à la haine des citoyens.

La présente disposition n'est point applicables aux faits dont la loi autorise la publicité, ni à ceux que l'auteur de l'imputation était, par la nature de ses fonctions ou de ses devoirs, obligé de révéler ou de réprimer.

368. Est réputée fausse toute imputation à l'appui de laquelle la preuve légale n'est point rapportée. En conséquence, l'auteur de l'imputation ne sera, en aucun cas, admis à la preuve des faits par lui articulés; il ne pourra pas non plus alléguer comme moyen d'excuse que les pièces ou les faits sont notoires, ou que les imputations qui donnent lieu à la poursuite sont copiées ou extraites de papiers étrangers ou d'autres écrits imprimés.

369. Les calomnies mises au jour par la voie de papiers étrangers pourront être poursuivies contre ceux qui auront envoyé les articles ou donné l'ordre de les insérer, ou contribué à l'introduction ou à la distribution de ces papiers dans la colonie.

370. Lorsque le fait imputé sera légalement prouvé vrai, l'auteur de l'imputation sera à l'abri de toute peine.

Ne sera considérée comme preuve légale que celle qui résultera d'un jugement ou de tout autre acte authentique.

371. Le calomniateur sera puni des peines suivantes :

Si le fait imputé est de nature à mériter la peine de mort, les travaux forcés à perpétuité ou la déportation, le coupable sera puni d'un emprisonnement de deux à cinq ans et d'une amende de deux cents francs à cinq mille francs.

Dans tous les autres cas, l'emprisonnement sera d'un mois à six mois, et l'amende de cinquante francs à deux mille francs.

372. Lorsque les faits imputés seront punissables devant la loi, et que l'auteur de l'imputation les aura dénoncés, il sera, durant l'instruction sur ces faits, sursis à la poursuite et au jugement du délit de calomnie.

373. Quiconque aura fait, par écrit, une dénonciation calomnieuse contre un ou plusieurs individus, aux officiers de justice ou de police administrative ou judiciaire, sera puni d'un emprisonnement d'un mois à

man et d'une amende de cent francs à trois mille francs.

374. Dans tous les cas, le calomniateur sera, à compter du jour où il aura subi sa peine, interdit pendant cinq ans au moins et dix ans au plus des droits mentionnés en l'article 42 du présent Code.

375. Quant aux injures ou expressions outrageantes qui ne renfermeraient l'imputation d'aucun fait précis, mais celle d'un vice déterminé, si elles ont été proférées dans des lieux ou réunions publiques, ou insérées dans des écrits imprimés ou non, qui auraient été répandues et distribuées, la peine sera d'un emprisonnement de seize jours à six mois, et d'une amende de cent un francs à mille francs.

376. Toutes autres injures ou expressions outrageantes qui n'auront pas eu le double caractère de gravité et de publicité ne donneront lieu qu'à des peines de simple police.

377. A l'égard des imputations ou des injures qui seraient contenues dans les écrits relatifs à la défense des parties ou dans les plaidoyers, les juges saisis de la contestation pourront, en jugeant la cause, ou prononcer la suppression des injures ou des écrits injurieux, ou faire des injonctions aux auteurs du délit, ou les suspendre de leurs fonctions et statuer sur les dommages-intérêts.

La durée de cette suspension ne pourra excéder six mois. En cas de récidive, elle sera d'un au moins et de cinq ans au plus.

Si les injures ou écrits injurieux portent le caractère de calomnie grave, et que les juges saisis de la contestation ne puissent connaître du délit, ils ne pourront prononcer contre les prévenus qu'une suspension provisoire de leurs fonctions, et les renverront, pour le jugement du délit, devant les juges compétens.

378. Les médecins, chirurgiens et autres officiers de santé, ainsi que les pharmaciens, les sages-femmes et toutes autres personnes dépositaires, par état ou profession, des secrets qu'on leur confie, qui, hors le cas où la loi les oblige à se porter dénonciateurs, auront révélé des secrets, seront punis d'un emprisonnement d'un mois à six mois et d'une amende de cent francs à cinq cents francs.

CHAPITRE II. Crimes et délits contre les propriétés.

SECTION Ire. Vols.

379. Quiconque a soustrait frauduleusement une chose qui ne lui appartient pas est coupable de vol.

Est assimilée au vol la rétention de l'esclave.

380. Les soustractions commises par des maris au préjudice de leurs femmes, par des femmes au préjudice de leurs maris, par un veuf ou une veuve, quant aux choses qui avaient appartenu à l'époux décédé, par des enfans ou autres descendans au préjudice de leurs pères et mères, ou autres ascendans au préjudice de leurs enfans ou autres descendans, ou par des alliés aux mêmes degrés, ne pourront donner lieu qu'à des réparations civiles.

A l'égard de tous autres individus qui auraient recélé ou appliqué à leur profit tout ou partie des objets volés, ils seront punis comme coupables de vol.

381. Seront punis de la peine de mort les individus coupables de vol commis avec la réunion des cinq circonstances suivantes :

1° Si le vol a été commis la nuit ;

2° S'il a été commis par deux ou plusieurs personnes ;

3° Si les coupables ou l'un d'eux étaient porteurs d'armes apparentes ou cachées ;

4° S'ils ont commis le crime, soit à l'aide d'effraction extérieure, ou d'escalade, ou de fausses clefs, dans une maison, appartement, chambre ou logement habités ou servant à l'habitation, ou leurs dépendances, soit en prenant le titre d'un fonctionnaire public ou d'un officier civil ou militaire, ou après s'être revêtus de l'uniforme ou du costume du fonctionnaire ou de l'officier, en alléguant un faux ordre de l'autorité civile ou militaire ;

5° S'ils ont commis le crime avec violence ou menace de faire usage de leurs armes (1).

382. Sera puni de la peine des travaux forcés à perpétuité tout individu coupable de vol commis à l'aide de violence, et de plus avec deux des quatre premières circonstances prévues par le précédent article.

Si même la violence à l'aide de laquelle le vol a été commis a laissé des traces de blessures ou de contusions, cette circonstance seule suffira pour que la peine des travaux forcés à perpétuité soit prononcée.

383. Les vols commis sur les chemins publics emporteront également la peine des travaux forcés à perpétuité.

Toutefois, quand le vol ou la tentative de vol aura été commis sans menaces, sans armes apparentes ou cachées, sans violence et sans aucune des autres circonstances aggravantes prévues par l'article 381, la peine pourra être réduite par les cours d'assises, en faisant la déclaration prescrite par le second paragraphe de l'article 302, soit à celle des travaux forcés à temps, soit à celle de la ré-

(1) Voy. loi du 25 juin 1824.

clusion, lorsque le coupable ne sera ni mendiant, ni vagabond, et n'aura pas été antérieurement condamné à un emprisonnement correctionnel de plus de six mois (1).

384. Sera puni de la peine des travaux forcés à temps tout individu coupable de vol commis à l'aide d'un des moyens énoncés dans le n° 4 de l'article 381, même quoique l'effraction, l'escalade et l'usage des fausses clefs aient eu lieu dans des édifices, parcs ou enclos non servant à l'habitation et non dépendans des maisons habitées, et lors même que l'effraction n'aurait été qu'intérieure.

La peine pourra être réduite par la cour d'assises, en faisant la déclaration prescrite par le second paragraphe de l'article 302, soit à celle de la réclusion, soit au *maximum* des peines correctionnelles déterminées par l'article 401, si le vol ou la tentative de vol n'a point été commis la nuit, de complicité, ou n'a point été accompagné d'une ou plusieurs des circonstances aggravantes prévues par les articles 381 et suivans (2).

385. Sera également puni de la peine des travaux forcés à temps tout individu coupable de vol commis, soit avec violence, lorsqu'elle n'aura laissé aucune trace de blessures ou de contusions et qu'elle ne sera accompagnée d'aucune autre circonstance, soit sans violence, mais avec la réunion des trois circonstances suivantes :

1° Si le vol a été commis la nuit ;

2° S'il a été commis par deux ou plusieurs personnes ;

3° Si le coupable, ou l'un des coupables, était porteur d'armes apparentes ou cachées.

386. Sera puni de la peine de la réclusion tout individu coupable de vol commis dans l'un des cas ci-après :

1° Si le vol a été commis la nuit, et par deux ou plusieurs personnes, ou s'il a été commis avec une de ces deux circonstances seulement, mais en même temps dans un lieu habité ou servant à l'habitation, ou s'il a été commis dans la maison du maître, de connivence avec un de ses esclaves ;

2° Si le coupable, ou l'un des coupables, était porteur d'armes apparentes ou cachées, même quoique le lieu où le vol a été commis ne fût ni habité ni servant à l'habitation, et quoique le vol ait été commis le jour et par une seule personne ;

3° Si le voleur est un domestique ou un homme de service à gages, même lorsqu'il aura commis le vol envers des personnes qu'il ne servait pas, mais qui se trouvaient, soit dans la maison de son maître, soit dans celle où il l'accompagnait, ou si c'est un ouvrier, compagnon ou apprenti dans la maison, l'atelier ou le magasin de son maître, ou un individu travaillant habituellement dans le lieu d'habitation où il aura volé ;

4° Si le vol a été commis par un aubergiste, un hôtelier, un voiturier, un batelier ou un de leurs préposés, lorsqu'ils auront volé tout ou partie des choses qui leur étaient confiées à ce titre.

L'individu coupable de vol ou de tentative de vol dans l'auberge ou l'hôtellerie dans laquelle il était reçu sera puni des peines déterminées par l'article 401 du présent Code. Néanmoins, si le vol ou la tentative de vol, indépendamment de la circonstance qui vient d'être énoncée, a été accompagné d'une ou de plusieurs des autres circonstances prévues par les articles 381 et suivans du présent Code, le coupable sera puni de la réclusion, sans préjudice de peines plus sévères, si les circonstances aggravantes du vol entraînent l'application de ces peines.

Si l'individu coupable de vol ou de tentative de vol dans l'auberge ou dans l'hôtellerie dans laquelle il était reçu est un mendiant ou un vagabond, ou s'il a antérieurement été condamné à un emprisonnement correctionnel de plus de six mois, il sera également puni de la réclusion.

Si le coupable avait été antérieurement condamné à des peines afflictives ou infamantes, il sera puni des travaux forcés à temps.

La peine de la réclusion pourra, dans les cas prévus par le n° 1er de cet article, être réduite au *maximum* des peines correctionnelles déterminées par l'article 401 du présent Code.

Cette réduction n'aura lieu que lorsque les cours d'assises auront reconnu l'existence de circonstances atténuantes, et à la charge de le déclarer.

Elle ne sera jamais applicable aux vols qui, indépendamment des circonstances énoncées au n° 1er du présent article, auront été accompagnés d'une ou de plusieurs des autres circonstances aggravantes prévues par les articles 381 et suivans, ni aux vols commis par des mendians, par des vagabonds, ou par des individus condamnés antérieurement soit à des peines afflictives ou infamantes, soit à un emprisonnement correctionnel de plus de six mois (3).

387. Les voituriers, bateliers, ou leurs préposés, qui auront altéré les vins ou toute autre espèce de liquides ou de marchandises dont le transport leur avait été confié, et qui auront commis cette altération par le mélange de substances malfaisantes, seront punis de la réclusion.

S'il n'y a pas eu mélange de substances

(1, 2 et 3) *Voy.* loi du 25 juin 1824.

malfaisantes, là peine sera un emprisonnement d'un mois à un an et une amende de
cent un francs à trois cents francs.

388. Quiconque aura volé ou tenté de voler, dans les champs, des chevaux ou des
bêtes de charge, de voiture ou de monture,
gros et menus bestiaux, des instrumens d'a-
griculture, des récoltes ou meules de grains
faisant partie des récoltes, sera puni des peines déterminées par l'article 401.

Si ces vols, ou tentatives de vol, indépendamment des circonstances spécifiées dans le
paragraphe précédent, ont été accompagnées
d'une ou de plusieurs des autres circonstances
aggravantes prévues par les articles 381 et
suivans, la peine sera la réclusion; sans préjudice de peines plus sévères, si les circonstances aggravantes du vol entraînent l'application de ces peines.

La réclusion sera également prononcée,
si le coupable était un mendiant, un vagabond, ou un individu qui aurait été antérieurement condamné à un emprisonnement
correctionnel de plus de six mois, ou s'il a
commis le vol de connivence avec un ou plusieurs esclaves du propriétaire des effets volés.

Si le coupable a été antérieurement condamné à des peines afflictives ou infamantes,
il sera puni des travaux forcés à temps.

Tout individu qui aura volé ou tenté de
voler des récoltes ou autres productions
utiles de la terre, qui, avant d'avoir été soustraites, n'étaient pas encore détachées du
sol, sera coupable de maraudage.

Lorsque le maraudage aura été commis,
soit avec des paniers ou des sacs, soit à l'aide
de voitures ou d'animaux de charge, soit de
nuit par plusieurs personnes, les individus
qui en auront été déclarés coupables seront
punis conformément à l'article 401 du présent Code.

Si le maraudage a pour objet les produits
des caféiers ou girofliers, les peines déterminées par l'article 401 seront applicables
même au cas où l'enlèvement n'aurait pas été
accompagné des circonstances ci-dessus énoncées, pourvu toutefois que le poids brut du
café ou du girofle que l'on aura enlevé excède dix kilogrammes.

Dans le cas où le maraudage, accompagné
de quelqu'une des circonstances énoncées
aux deux précédens paragraphes, aurait lieu
de connivence avec les esclaves de l'habitant
auquel appartiendraient les productions et
fruits soustraits, le *maximum* de l'emprisonnement devra toujours être appliqué aux
coupables.

Le maraudage qui ne rentrera pas dans les
cas prévus par les trois précédens paragraphes sera puni de peines de simple police (1).

389. La peine de la réclusion aura lieu si,
pour commettre un vol, il y a eu enlèvement
ou déplacement de bornes servant de séparation aux propriétés.

390. Est réputé *maison habitée* tout bâtiment, logement, loge, cabane, même mo-
bile, qui, sans être actuellement habité, est
destiné à l'habitation, et tout ce qui en dépend, comme cours, basses-cours, granges,
écuries, édifices qui y sont enfermés, quel
qu'en soit l'usage, et quand même ils auraient une clôture particulière dans la clôture ou enceinte générale.

Sont assimilés aux maisons habitées les
édifices consacrés aux exercices du culte, les
navires et autres bâtimens de mer (2).

391. Est réputé *parc* ou *enclos* tout terrain
environné de fossés, de pieux, de claies, de
planches, de haies vives ou sèches, ou de murs
de quelque espèce de matériaux que ce soit,
quelles que soient la hauteur, la profondeur,
la vétusté, la dégradation de ces diverses clôtures, quand il n'y aurait pas de porte fermant à
clef ou autrement, ou quand la porte serait
à claire-voie et ouverte habituellement.

392. Les parcs mobiles destinés à contenir
du bétail dans la campagne, de quelque matière qu'ils soient faits, sont aussi réputés
enclos; et lorsqu'ils tiennent aux cabanes mobiles ou autres abris destinés aux gardiens,
ils sont réputés dépendans de maison habitée.

393. Est qualifié *effraction* tout forcement,
rupture, dégradation, démolition, enlèvement de murs, toits, planchers, portes, fenêtres, serrures, cadenas ou autres ustensiles ou instrumens servant à fermer ou empêcher le passage, et de toute espèce de clôture, quelle qu'elle soit.

394. Les effractions sont extérieures ou
intérieures.

395. Les effractions extérieures sont celles
à l'aide desquelles on peut s'introduire dans
les maisons, cours, basses-cours, enclos ou
dépendances, ou dans les appartemens ou
logemens particuliers.

396. Les effractions intérieures sont celles
qui, après l'introduction dans les lieux mentionnés en l'article précédent, sont faites aux
portes ou clôtures du dedans, ainsi qu'aux
armoires ou autres meubles fermés.

Est compris dans la classe des effractions
intérieures le simple enlèvement des caisses,
boîtes, ballots sous toiles et cordes, et autres
meubles fermés, qui contiennent des effets
quelconques, bien que l'effraction n'ait pas
été faite sur le lieu.

397. Est qualifiée *escalade* toute entrée
dans les maisons, bâtimens, cours, basses-

---

(1) *Voy.* loi du 25 juin 1824.
(2) *Voy.* loi du 20 avril 1825.

cours, édifices quelconques, jardins, parcs et enclos, exécutée par-dessus les murs, portes, toitures, ou toute autre clôture.

L'entrée par une ouverture souterraine autre que celle qui a été établie pour servir d'entrée est une circonstance de même gravité que l'escalade.

398. Sont qualifiés *fausses clefs* tous crochets, rossignols, passe-partout, clefs imitées, contrefaites ou altérées, ou qui n'ont pas été destinées par le propriétaire, locataire, aubergiste ou logeur, aux serrures, cadenas ou aux fermetures quelconques auxquelles le coupable les aura employés.

399. Quiconque aura contrefait ou altéré des clefs sera condamné à un emprisonnement de trois mois à deux ans et à une amende de cent un à trois cents francs.

Si le coupable est un serrurier de profession, il sera puni de la réclusion.

Le tout sans préjudice de plus fortes peines, s'il y échoit, en cas de complicité de crime.

400. Quiconque aura extorqué par force, violence ou contrainte, la signature ou la remise d'un écrit, d'un acte, d'un titre, d'une pièce quelconque contenant ou opérant obligation, disposition ou décharge, sera puni de la peine des travaux forcés à temps.

401. Les autres vols non spécifiés dans la présente section, les larcins et filouteries, ainsi que les tentatives de ces mêmes délits, seront punis d'un emprisonnement d'un an au moins et de cinq ans au plus, et pourront même l'être d'une amende qui sera de cent un francs au moins et de cinq cents francs au plus. Les coupables pourront encore être interdits des droits mentionnés en l'article 42 du présent Code, pendant cinq ans au moins et dix ans au plus, à compter du jour où ils auront subi leur peine.

Ils pourront aussi être mis, par le jugement, sous la surveillance de la haute police pendant le même nombre d'années.

Sera puni des mêmes peines tout individu qui aura frauduleusement attiré chez lui l'esclave d'autrui.

Seront punis d'un mois à six mois d'emprisonnement ceux qui, au lieu de remettre en la puissance du maître les esclaves étrangers qu'ils sauraient s'être retirés chez eux, les y auraient gardés plus de trois jours, s'ils habitent le chef-lieu de la commune, et plus de quatre jours, s'ils résident sur leurs habitations.

Dans l'un ou l'autre cas, le coupable sera en outre passible, envers le propriétaire de l'esclave, d'une indemnité de quinze francs par chaque jour de rétention abusive.

Section II. Banqueroute, escroqueries et autres espèces de fraudes.

§ Ier. *Banqueroute et escroquerie.*

402. Ceux qui, dans les cas prévus par la législation commerciale, seront déclarés coupables de banqueroutes, seront punis ainsi qu'il suit :

Les banqueroutiers frauduleux seront punis de la peine des travaux forcés à temps.

Les banqueroutiers simples seront punis d'un emprisonnement d'un mois au moins et de deux ans au plus.

403. Ceux qui, conformément à la législation commerciale, seront déclarés complices de banqueroute frauduleuse, seront punis de la même peine que les banqueroutiers frauduleux.

404. Les agens de change et courtiers qui auront fait faillite seront punis de la peine des travaux forcés à temps ; s'ils sont convaincus de banqueroute frauduleuse, la peine sera celle des travaux forcés à perpétuité.

405. Quiconque, soit en faisant usage de faux noms ou de fausses qualités, soit en employant des manœuvres frauduleuses pour persuader l'existence de fausses entreprises, d'un pouvoir ou d'un crédit imaginaire, ou pour faire naître l'espérance ou la crainte d'un succès, d'un accident, ou de tout autre évènement chimérique, se sera fait remettre ou délivrer des fonds, des meubles, ou des obligations, dispositions, billets, promesses, quittances ou décharges, et aura, par un de ces moyens, escroqué ou tenté d'escroquer la totalité ou partie de la fortune d'autrui, sera puni d'un emprisonnement d'un an au moins et de cinq ans au plus, et d'une amende de cent un francs au moins et de trois mille francs au plus.

Le coupable pourra être en outre, à compter du jour où il aura subi sa peine, interdit, pendant cinq ans au moins et dix ans au plus, des droits mentionnés en l'art. 42 du présent Code ; le tout sauf les peines plus graves, s'il y a crime de faux.

§ II. Abus de confiance.

406. Quiconque aura abusé des besoins, des faiblesses ou des passions d'un mineur, pour lui faire souscrire, à son préjudice, des obligations, quittances ou décharges, pour prêt d'argent, ou de choses mobilières, ou d'effets de commerce, ou de tous autres effets obligatoires, sous quelque forme que cette négociation ait été faite ou déguisée, sera puni d'un emprisonnement de deux mois au moins et de deux ans au plus, et d'une amende qui ne pourra excéder le quart des restitutions et des dommages-intérêts qui seront dus

aux parties lésées, ni être moindre de cent francs.

La disposition portée au second paragraphe du précédent article pourra de plus être appliquée.

407. Quiconque, abusant d'un blanc-seing qui lui aura été confié, aura frauduleusement écrit au-dessus une obligation ou décharge, ou tout autre acte pouvant compromettre la personne ou la fortune du signataire, sera puni des peines portées en l'art. 405.

Dans le cas où le blanc-seing ne lui aurait pas été confié, il sera poursuivi comme faussaire et puni comme tel.

408. Quiconque aura détourné ou dissipé, au préjudice du propriétaire, possesseur ou détenteur, des effets, deniers, marchandises, billets, quittances ou tous autres écrits contenant ou opérant obligation ou décharge, qui ne lui auraient été remis qu'à titre de dépôt ou pour un travail salarié, à la charge de les rendre ou représenter, ou d'en faire un usage ou un emploi déterminé, sera puni des peines portées en l'art. 406.

Le tout sans préjudice de ce qui est dit aux art. 254, 255 et 256, relativement aux soustractions et enlèvemens de deniers, effets ou pièces, commis dans les dépôts publics.

La disposition du premier alinéa du présent article est applicable au propriétaire qui serait constitué gardien judiciaire d'effets sur lui saisis, lorsqu'il y aura eu par lui détournement des effets saisis.

Les mêmes peines seront prononcées contre le gérant ou économe qui serait constitué gardien judiciaire de l'habitation dont il a la gestion, lorsque le détournement aura été fait par lui dans l'intérêt du propriétaire.

Si le détournement a été fait au profit du gérant ou économe, celui-ci sera passible de peines plus graves portées au présent Code.

409. Quiconque, après avoir produit dans une contestation judiciaire quelque titre, pièce ou mémoire, l'aura soustrait de quelque manière que ce soit, sera puni d'une amende de cent un francs à trois cents francs.

§ III. Contravention aux réglemens sur les maisons de jeu, les loteries et les maisons de prêt sur gages.

410. Ceux qui auront tenu une maison de jeux de hasard, et y auront admis le public, soit librement, soit sur la présentation des intéressés ou affiliés; les banquiers de cette maison, tous ceux qui auront établi ou tenu des loteries non autorisées par la loi; tous administrateurs, préposés ou agens de ces établissemens, seront punis d'un emprisonnement de deux mois au moins et de six mois au plus, et d'une amende de cent un francs à six mille francs.

Les coupables pourront être de plus, à compter du jour où ils auront subi leur peine, interdits, pendant cinq ans au moins et dix ans au plus, des droits mentionnés en l'art. 42 du présent Code.

Dans tous les cas, seront confisqués tous les fonds ou effets qui seront trouvés exposés au jeu ou mis à la loterie : les meubles, instrumens, ustensiles, appareils employés ou destinés au service des jeux ou des loteries, les meubles et les effets mobiliers dont les lieux seront garnis ou décorés.

411. Ceux qui auront établi ou tenu des maisons de prêt sur gages ou nantissemens, sans autorisation légale, ou qui, ayant une autorisation, n'auront pas tenu un registre conforme aux réglemens, contenant de suite, sans aucun blanc ni interligne, les sommes ou les objets prêtés, les noms, domicile et profession des emprunteurs, la nature, la qualité, la valeur des objets mis en nantissement, seront punis d'un emprisonnement de seize jours au moins et de trois mois au plus, et d'une amende de cent un francs à deux mille francs.

§ IV. Entraves apportées à la liberté des enchères.

412. Ceux qui, dans les adjudications de la propriété, de l'usufruit, ou de la location des choses mobilières ou immobilières, d'une entreprise, d'une fourniture, d'une exploitation ou d'un service quelconque, auront entravé ou troublé la liberté des enchères ou des soumissions, par voies de fait, violences ou menaces, soit avant, soit pendant les enchères ou les soumissions, seront punis d'un emprisonnement de seize jours au moins, de trois mois au plus, et d'une amende de deux cents francs au moins et de cinq mille francs au plus.

La même peine aura lieu contre ceux qui, par dons ou par promesses, auront écarté les enchérisseurs.

§ V. Violation des réglemens relatifs aux manufactures, au commerce et aux arts.

413. Toute violation des réglemens d'administration publique, relatifs aux produits des colonies ou des manufactures françaises qui s'exporteront à l'étranger ou dans la colonie, et qui ont pour objet de garantir la bonne qualité, les dimensions, la nature et l'origine de la fabrication, sera punie d'une amende de deux cents francs au moins, de trois mille francs au plus, et de la confiscation des marchandises. Ces deux peines pourront être prononcées cumulativement ou séparément, selon les circonstances.

414. Toute coalition entre ceux qui font travailler des ouvriers, tendant à forcer injustement et abusivement l'abaissement des salaires, suivie d'une tentative ou d'un com-

mencement d'exécution, sera punie d'un emprisonnement de seize jours à un mois et d'une amende de deux cents francs à trois mille francs.

415. Toute coalition de la part des ouvriers pour faire cesser en même temps de travailler, interdire le travail dans un atelier, empêcher de s'y rendre et d'y rester avant ou après certaines heures, et en général pour suspendre, empêcher, enchérir les travaux, s'il y a eu tentative ou commencement d'exécution, sera punie d'un emprisonnement d'un mois au moins et de trois mois au plus.

Les chefs ou moteurs seront punis d'un emprisonnement de deux ans à cinq ans.

416. Seront aussi punis de la peine portée par l'article précédent, et d'après les mêmes distinctions, les ouvriers qui auront prononcé des amendes, des défenses, des interdictions ou toutes proscriptions sous le nom de damnations, ou sous quelques qualifications que ce puisse être, soit contre les directeurs d'ateliers et entrepreneurs d'ouvrages, soit les uns contre les autres.

Dans le cas du présent article et dans celui du précédent, les chefs ou moteurs du délit pourront, après l'expiration de leur peine, être mis sous la surveillance de la haute police pendant deux ans au moins et cinq ans au plus.

417. Quiconque, dans la vue de nuire à l'industrie française, aura fait passer en pays étranger des directeurs, commis, ou des ouvriers d'un établissement, sera puni d'un emprisonnement de six mois à deux ans et d'une amende de cent un francs à six cents francs.

418. Tout directeur, commis, ouvrier de fabrique, qui aura communiqué à des étrangers ou à des Français résidant en pays étranger des secrets de la fabrique où il est employé, sera puni de la réclusion et d'une amende de cinq cents francs à vingt mille francs.

Si ces secrets ont été communiqués à des Français résidant en France ou dans les colonies, la peine sera d'un emprisonnement de trois mois à deux ans et d'une amende de cent un francs à quatre cents francs.

Celui qui, sans autorisation légale, aura exporté ou fait exporter de la colonie en pays étranger un ou plusieurs esclaves, sera puni d'un emprisonnement de deux mois à un an, et, en outre, d'une amende qui ne pourra excéder la valeur de l'esclave, ni être au-dessous de cinq cents francs par chaque esclave.

419. Tous ceux qui, par des faits faux ou calomnieux semés à dessein dans le public, par des sur-offres faites aux prix que demandaient les vendeurs eux-mêmes, par réunion ou coalition entre les principaux détenteurs d'une même marchandise ou denrée, tendant à ne pas la vendre ou à ne la vendre qu'à un certain prix, ou qui, par des voies ou moyens frauduleux quelconques, auront opéré la hausse ou la baisse du prix des denrées ou marchandises, du fret, ou des papiers et des effets publics, au-dessous et au-dessus des prix qu'aurait déterminés la concurrence naturelle et libre du commerce, seront punis d'un emprisonnement d'un mois au moins, d'un an au plus, et d'une amende de cinq cents francs à dix mille francs. Les coupables pourront de plus être mis, par le jugement, sous la surveillance de la haute police pendant deux ans au moins et cinq ans au plus.

420. La peine sera d'un emprisonnement de deux mois au moins et de deux ans au plus, et d'une amende de mille francs à vingt mille francs, si ces manœuvres ont été pratiquées sur grains, grenailles, farines, substances farineuses, pain, viandes et poissons salés, vin ou toute autre boisson.

La mise en surveillance qui pourra être prononcée sera de cinq ans au moins et de dix ans au plus.

421. Les paris qui auront été faits sur la hausse ou la baisse des effets publics seront punis des peines portées par l'art. 419.

422. Sera réputé pari de ce genre toute convention de vendre ou de livrer des effets publics qui ne seront pas prouvés, par le vendeur, avoir existé à sa disposition au temps de la convention, ou avoir dû s'y trouver au temps de la livraison.

423. Quiconque aura trompé l'acheteur sur le titre de matières d'or et d'argent, sur la qualité d'une pierre fausse vendue pour fine, sur la nature de toutes marchandises; quiconque, par usage de faux poids et de fausses mesures, aura trompé sur la quantité des choses vendues, sera puni de l'emprisonnement pendant trois mois au moins, un an au plus, et d'une amende qui ne pourra excéder le quart des restitutions et dommages-intérêts, ni être au-dessous de cent un francs.

Les objets du délit ou leur valeur, s'ils appartiennent encore au vendeur, seront confisqués; les faux poids et les fausses mesures seront aussi confisqués, et de plus seront brisés.

424. Si le vendeur ou l'acheteur se sont servis, dans leurs marchés, d'autres poids ou d'autres mesures que ceux qui ont été établis par la législation de la colonie, l'acheteur sera privé de toute action contre le vendeur qui l'aura trompé par l'usage de poids ou de mesures prohibés, sans préjudice de l'action publique, pour la punition tant de cette fraude que de l'emploi même des poids et des mesures prohibés.

La peine, en cas de fraude, sera celle portée par l'article précédent.

La peine, pour l'emploi des mesures et

oqpoids prohibés, sera déterminée par le livre IV du présent Code, contenant les peines de simple police.

425. Toute édition d'écrits, de composition musicale, de dessein, de peinture, ou
de toute autre production, imprimée ou gra-
vée en entier ou en partie, au mépris des
lois et réglemens relatifs à la propriété des
auteurs, est une contrefaçon, et toute contrefaçon est un délit.

426. Le débit d'ouvrages contrefaits, l'introduction sur le territoire français d'ouvrages qui, après avoir été imprimés en France
ou dans les colonies, ont été contrefaits chez
l'étranger, sont un délit de la même espèce.

427. La peine, contre le contrefacteur ou
contre l'introducteur, sera une amende de
cent un francs au moins et de deux mille
francs au plus, et contre le débitant, une
amende de cent un francs au moins et de cinq
cents francs au plus.

La confiscation de l'édition contrefaite sera
prononcée tant contre le contrefacteur que
contre l'introducteur et le débitant.

Les planches, moules ou matrices des objets contrefaits, seront aussi confisqués.

428. Tout directeur, tout entrepreneur de
spectacle, toute association d'artistes, qui
aura fait représenter sur son théâtre des ouvrages dramatiques au mépris des lois et réglemens relatifs à la propriété des auteurs,
sera puni d'une amende de cent un francs au
moins, de cinq cents francs au plus, et de la
confiscation des recettes.

429. Dans les cas prévus par les quatre articles précédens, le produit des confiscations
ou les recettes confisquées seront remis au
propriétaire, pour l'indemniser d'autant du
préjudice qu'il aura souffert; le surplus de
son indemnité, ou l'entière indemnité, s'il
n'y a eu ni vente d'objets confisqués, ni saisie
de recette, sera réglé par les voies ordinaires.

§ VI. Délits des fournisseurs.

430. Tous individus chargés, comme membres de compagnie ou individuellement, de
fournitures, d'entreprises ou régies pour le
compte des armées de terre et de mer, qui,
sans avoir été contraints par une force majeure, auront fait manquer le service dont ils
sont chargés, seront punis de la peine de la
réclusion, et d'une amende qui ne pourra
excéder le quart des dommages-intérêts, ni
être au-dessous de cinq cents francs; le tout
sans préjudice de peines plus fortes, en cas
d'intelligence avec l'ennemi.

431. Lorsque la cessation du service pro-
viendra du fait des agens des fournisseurs,
ces agens seront condamnés aux peines portées par le précédent article.

Les fournisseurs et leurs agens seront également condamnés, lorsque les uns et les autres auront participé au crime.

432. Si des fonctionnaires publics ou des
agens préposés ou salariés du Gouvernement
ont aidé les coupables à faire manquer le service, ils seront punis de la peine des travaux
forcés à temps; sans préjudice des peines
plus fortes, en cas d'intelligence avec l'ennemi.

433. Quoique le service n'ait pas manqué,
si, par négligence, les livraisons et les travaux ont été retardés, ou s'il y a eu fraude
sur la nature, la qualité ou la quantité des
travaux ou main-d'œuvre, ou des choses
fournies, les coupables seront punis d'un emprisonnement de six mois au moins et de cinq
ans au plus, et d'une amende qui ne pourra
excéder le quart des dommages-intérêts, ni
être moindre de deux cents francs.

Dans les divers cas prévus par les articles
composant le présent paragraphe, la poursuite ne pourra être faite que sur la dénonciation du Gouvernement.

SECTION III. Destructions, dégradations,
dommages.

434. Quiconque aura volontairement mis
le feu à des édifices, navires, bateaux, magasins, chantiers, forêts, bois taillis, récoltes
soit sur pied, soit abattus, soit aussi que les
bois soient en tas ou en cordes, et les récoltes en tas ou en meules, ou à des matières
combustibles placées de manière à communiquer le feu à ces choses ou à l'une d'elles,
sera puni de la peine de mort.

435. La peine sera la même contre ceux
qui auront détruit, par l'effet d'une mine,
des édifices, navires ou bateaux.

436. La menace d'incendier une maison
d'habitation ou toute autre propriété sera
punie de la peine portée contre la menace
d'assassinat, et d'après les distinctions établies par les articles 305, 306 et 307.

437. Quiconque aura volontairement détruit ou renversé, par quelque moyen que
ce soit, en tout ou en partie, des édifices,
des ponts, digues, chaussées ou autres constructions qu'il savait appartenir à autrui, sera
puni de la réclusion, et d'une amende qui
ne pourra excéder le quart des restitutions
et indemnités, ni être au-dessous de cent un
francs;

S'il y a eu homicide ou blessures, le coupable sera, dans le premier cas, puni de
mort, et, dans le second, puni de la peine
des travaux forcés à temps.

438. Quiconque, par des voies de faits, se
sera opposé à la confection des travaux autorisés par le Gouvernement, sera puni d'un
emprisonnement de trois mois à deux ans, et
d'une amende qui ne pourra excéder le quart
des dommages-intérêts, ni être au-dessous
de cent un francs.

Les moteurs subiront le *maximum* de la peine.

439. Quiconque aura volontairement brûlé ou détruit, d'une manière quelconque, des registres, minutes ou actes originaux de l'autorité publique, des titres, billets, lettres de change, effets de commerce ou de banque, contenant ou opérant obligation, disposition ou décharge, sera puni ainsi qu'il suit :

Si les pièces détruites sont des actes de l'autorité publique, ou des effets de commerce ou de banque, la peine sera la réclusion;

S'il s'agit de toute autre pièce, le coupable sera puni d'un emprisonnement de deux ans à cinq ans et d'une amende de cent un francs à six cents francs.

440. Tout pillage, tout dégât de denrées ou marchandises, effets, propriétés mobilières, commis en réunion ou bande et à force ouverte, sera puni des travaux forcés à temps; chacun des coupables sera de plus condamné à une amende de deux cents francs à cinq mille francs.

Si des esclaves font partie de la réunion ou bande, le *maximum* de la peine sera toujours appliqué aux coupables.

441. Néanmoins ceux qui prouveront avoir été entraînés par des provocations ou sollicitations à prendre part à ces violences, pourront n'être punis que de la peine de la réclusion.

442. Si les denrées pillées ou détruites sont des grains, grenailles, ou farines, substances farineuses, pain, viandes ou poissons salés, vin ou autre boisson, la peine que subiront les chefs, instigateurs ou provocateurs seulement, sera le *maximum* des travaux forcés à temps, et celui de l'amende prononcée par l'article 440.

443. Quiconque, à l'aide d'une liqueur corrosive ou par tout autre moyen, aura volontairement gâté des marchandises ou matières servant à la fabrication, sera puni d'un emprisonnement d'un mois à deux ans, et d'une amende qui ne pourra excéder le quart des dommages-intérêts, ni être moindre de cent un francs.

Si le délit a été commis par un ouvrier de la fabrique, ou par un commis de la maison de commerce, l'emprisonnement sera de deux ans à cinq ans; sans préjudice de l'amende, ainsi qu'il vient d'être dit.

444. Quiconque aura dévasté des récoltes sur pied, ou des plants venus naturellement ou faits d'homme, sera puni d'un emprisonnement de deux ans au moins, et de cinq ans au plus.

Les coupables pourront de plus être mis, par le jugement, sous la surveillance de la haute police pendant cinq ans au moins et dix ans au plus.

445. Quiconque aura abattu un ou plusieurs arbres qu'il savait appartenir à autrui sera puni d'un emprisonnement qui ne sera pas au-dessous de seize jours ni au-dessus de six mois, à raison de chaque arbre, sans que la totalité puisse excéder cinq ans.

446. Les peines seront les mêmes à raison de chaque arbre mutilé, coupé ou écorcé de manière à le faire périr.

447. S'il y a eu destruction d'une ou plusieurs greffes, l'emprisonnement sera de seize jours à deux mois, à raison de chaque greffe, sans que la totalité puisse excéder deux ans.

448. Le *minimum* de la peine sera d'un mois dans les cas prévus par les art. 445 et 446, et de vingt jours dans le cas prévu par l'art. 447, si les arbres étaient plantés sur les places, routes, chemins, rues ou voies publiques, ou vicinales, ou de traverse.

449. Quiconque aura coupé des grains ou des fourrages qu'il savait appartenir à autrui sera puni d'un emprisonnement qui ne sera pas au-dessous de seize jours ni au-dessus de deux mois.

450. L'emprisonnement sera de vingt jours au moins et quatre mois au plus, s'il a été coupé du grain en vert.

Dans les cas prévus par le présent article et les six précédens, si le fait a été commis en haine d'un fonctionnaire public et à raison de ses fonctions, le coupable sera puni du *maximum* de la peine établie par l'article auquel le cas se réfèrera.

Il en sera de même, quoique cette circonstance n'existe point, si le fait a été commis pendant la nuit.

451. Toute rupture, toute destruction d'instrumens d'agriculture, de parcs de bestiaux, de cabanes de gardiens, sera punie d'un emprisonnement d'un mois au moins et d'un an au plus.

452. Quiconque aura empoisonné des chevaux ou autres bêtes de voiture, de monture ou de charge, des bestiaux à cornes, des moutons, chèvres ou porcs, ou des poissons dans des étangs, viviers ou réservoirs, sera puni d'un emprisonnement d'un an à cinq ans et d'une amende de cent un francs à six mille francs. Les coupables pourront être mis, par le jugement, sous la surveillance de la haute police pendant deux ans au moins et cinq ans au plus.

Si le crime a été commis de complicité avec des esclaves, la peine sera la réclusion.

453. Ceux qui, sans nécessité, auront tué l'un des animaux mentionnés au précédent article, seront punis ainsi qu'il suit :

Si le délit a été commis dans les bâtimens, enclos et dépendances, ou sur les terres dont le maître de l'animal tué était propriétaire, locataire, colon ou fermier, la peine sera d'un emprisonnement de deux mois à six mois;

S'il a été commis dans les lieux dont le coupable était propriétaire, locataire, colon

non fermier, l'emprisonnement sera de seize
jours à un mois ;

2 S'il a été commis en tout autre lieu, l'emprisonnement sera de quinze jours à six semaines.

Le *maximum* de la peine sera toujours
prononcé en cas de violation de clôture.

454. Quiconque aura, sans nécessité, tué
un animal domestique dans un lieu dont celui à qui cet animal appartient est propriétaire, locataire, colon ou fermier, sera puni
d'un emprisonnement de seize jours au moins
et de six mois au plus.

S'il y a eu violation de clôture, le *maximum* de la peine sera prononcé.

455. Dans les cas prévus par les art. 444 et
suivans jusqu'au précédent article inclusivement, il sera prononcé une amende qui ne
pourra excéder le quart des restitutions et
dommages-intérêts, ni être au-dessous de cent
francs.

456. Quiconque aura, en tout ou en partie,
comblé des fossés, détruit des clôtures, de
quelques matériaux qu'elles soient faites,
coupé ou arraché des haies vives ou sèches ;
quiconque aura déplacé ou supprimé des bornes, ou pieds-corniers, ou autres arbres plantés ou reconnus pour établir des limites entre différens héritages, sera puni d'un emprisonnement qui ne pourra être au-dessous
d'un mois ni excéder une année, et d'une
amende égale au quart des restitutions et des
dommages-intérêts, qui, dans aucun cas, ne
pourra être au-dessous de cent un francs.

457. Seront punis d'une amende qui ne
pourra excéder le quart des restitutions et
des dommages-intérêts, ni être au-dessous
de cent un francs, les propriétaires ou fermiers, ou toute personne jouissant des moulins, usines ou étang, qui, par l'élévation
du déversoir de leurs eaux au-dessus de la
hauteur déterminée par l'autorité compétente, auront inondé les chemins ou les
propriétés d'autrui.

S'il est résulté du fait quelques dégradations, la peine sera, outre l'amende, un
emprisonnement de seize jours à un mois.

458. L'incendie des propriétés mobilières
ou immobilières d'autrui, qui aura été causé
par la vétusté, ou le défaut soit de réparation, soit du nettoyage des fours, cheminées,
forges, maisons ou usines prochaines, ou
par des feux allumés dans les champs à
moins de cent mètres des maisons, édifices ,
forêts, bruyères, bois, vergers, plantations,
haies, meules, tas de grains, pailles, foins,
fourrages, ou de tout autre dépôt de matières
combustibles, ou par des feux ou lumières
portés ou laissés sans précautions suffisantes,
ou par des pièces d'artifice allumées ou tirées par négligence ou imprudence, sera
puni d'une amende de cent un francs à mille

francs. Il pourra, en outre, être puni de seize
jours à un mois d'emprisonnement.

459. Tout détenteur ou gardien d'animaux ou de bestiaux soupçonnés d'être infectés de maladie contagieuse, qui n'aura
pas averti sur-le-champ l'autorité municipale de la commune où ils se trouvent, et
qui, même avant que l'un des officiers ait
répondu à l'avertissement, n'aura pas tenu
ces animaux et bestiaux renfermés, sera
puni d'un emprisonnement de seize jours à
deux mois et d'une amende de cent un
francs à quatre cents francs.

460. Seront également punis d'un emprisonnement de deux mois à six mois et d'une
amende de cent un francs à cinq cents francs,
ceux qui , au mépris des défenses de l'administration, auront laissé leurs animaux ou
bestiaux infectés communiquer avec d'autres.

461. Si, de la communication mentionnée
au précédent article, il est résulté une con-
tagion parmi les autres animaux, ceux qui
auront contrevenu aux défenses de l'autorité
administrative seront punis d'un emprisonnement de deux ans à cinq ans et d'une amende
de cent un francs à mille francs : le tout sans
préjudice de l'exécution des lois et réglemens relatifs aux maladies épizootiques, et
de l'application des peines y portées.

462. Si les délits de police correctionnelle
dont il est parlé au présent chapitre ont été
commis par des gardes champêtres ou forestiers, ou des officiers de police, à quelque
titre que ce soit, la peine d'emprisonnement
sera d'un mois au moins, et d'un tiers au plus
en sus de la peine la plus forte qui serait applicable à un autre coupable du même délit.

Disposition générale.

463. Dans tous les cas où la peine d'emprisonnement est portée par le présent Code,
si le préjudice causé n'excède pas cinquante
francs, et si les circonstances paraissent atténuantes, les tribunaux sont autorisés à réduire l'emprisonnement même au-dessous de
seize jours, et l'amende même au-dessous de
cent un francs. Ils pourront aussi prononcer
séparément l'une ou l'autre de ces peines,
sans qu'en aucun cas elles puissent être au-
dessous des peines de simple police.

Néanmoins cette disposition ne sera point
applicable :

1° Lorsque le délit aura été commis à l'aide
d'esclaves, ou de complicité avec eux ;

2° Aux cas prévus par les art. 57 et 58 ;

3° Aux délits prévus par le second et le
troisième paragraphes de l'article 257, par
l'article 261, par l'article 262, et par le second paragraphe de l'art. 330 ;

4° Aux délits prévus par l'article 401,
lorsqu'ils auront été commis dans l'intérieur
d'un édifice consacré à un culte légalement
établi en France ;

5° Lorsqu'il n'aura été prononcé que des peines correctionnelles contre ceux qui se sont rendus coupables des faits énoncés au premier paragraphe de l'article 309, en l'article 384, et au paragraphe premier de l'article 386;

6° Aux délits prévus par le n° 4 de l'article 386;

7° Aux délits prévus par l'art. 388.

Toutefois la réduction de la peine, autorisée par le présent article, pourra être appliquée aux délits de maraudage qui n'auraient pas été commis de connivence avec les esclaves.

LIVRE IV. Contraventions de police et peines.

CHAPITRE Ier. Des peines.

464. Les peines de police sont :
L'emprisonnement,
L'amende,
Et la confiscation de certains objets saisis.

465. L'emprisonnement pour contravention de police ne pourra être moindre d'un jour, ni excéder quinze jours, selon les classes, distinctions et cas ci-après spécifiés.

Les jours d'emprisonnement sont des jours complets de vingt-quatre heures.

466. Les amendes pour contravention pourront être prononcées depuis cinq francs jusqu'à cent francs inclusivement, selon les distinctions et classes ci-après spécifiées, et seront appliquées au profit de la commune où la contravention aura été commise.

467. La contrainte par corps a lieu pour le paiement de l'amende.

Néanmoins le condamné ne pourra être, pour cet objet, détenu plus de quinze jours, s'il justifie de son insolvabilité.

La disposition du deuxième paragraphe de l'article 53 est applicable au cas prévu par le présent article.

Les maîtres seront tenus, même par corps, de représenter leurs esclaves prévenus ou condamnés en matière de police correctionnelle ou en matière criminelle, dès qu'ils en auront été requis par le procureur du Roi, le commissaire-commandant de commune ou son lieutenant, ou les officiers de police.

468. En cas d'insuffisance des biens, les restitutions et les indemnités dues à la partie lésée sont préférées à l'amende.

469. Les restitutions, indemnités et frais entraîneront la contrainte par corps, et le condamné gardera prison jusqu'à parfait paiement : néanmoins, si ces condamnations sont prononcées au profit de l'État, les condamnés pourront jouir de la faculté accordée par l'article 467, dans le cas d'insolvabilité prévu par cet article.

470. Les tribunaux de police pourront aussi, dans les cas déterminés par la loi, prononcer la confiscation soit des choses saisies en contravention, soit des choses produites par la contravention, soit des matières ou des instrumens qui ont servi ou qui étaient destinés à la commettre.

CHAPITRE II. Contraventions et peines.

SECTION Ire. Première classe.

471. Seront punis d'amende depuis cinq francs jusqu'à vingt francs inclusivement:

1° Ceux qui auront négligé d'entretenir, réparer ou nettoyer les fours, cheminées ou usines où l'on fait usage du feu;

2° Ceux qui auront violé la défense de tirer des pièces d'artifice dans les rues et autres lieux désignés par les réglemens de police;

3° Les aubergistes et autres qui, obligés à l'éclairage, l'auront négligé;

4° Ceux qui auront embarrassé la voie publique, en y déposant ou y laissant sans autorisation, et hors le cas de force majeure, des matériaux ou des choses quelconques qui empêchent ou diminuent la liberté ou la sûreté du passage; ceux qui, en contravention aux lois et réglemens, auront négligé d'éclairer les matériaux par eux entreposés, ou les excavations par eux faites dans les rues et places;

5° Ceux qui auront négligé ou refusé d'exécuter les réglemens ou arrêtés concernant la petite voirie, ou d'obéir à la sommation émanée de l'autorité administrative, de réparer ou démolir les édifices menaçant ruine.

6° Ceux qui auront jeté ou exposé au-devant de leurs édifices des choses de nature à nuire par leur présence ou par leur chute, ou par des exhalaisons insalubres;

7° Ceux qui auront laissé dans les rues, chemins, places, lieux publics, ou dans les champs, des coutres de charrue, pinces, barres, barreaux ou autres machines, ou instrumens, ou armes dont puissent abuser les voleurs et autres malfaiteurs;

8° Ceux qui auront négligé de détruire, conformément aux réglemens de police, les animaux nuisibles aux récoltes; de faire piocher et détruire, devant les maisons qu'ils habitent et leurs entourages, les herbes, chiendens et autres plantes combustibles, dans le temps de leur sécheresse, et, en outre, chaque fois qu'il y aura avertissement de l'autorité;

9° Ceux qui, sans autre circonstance prévue par les lois, auront cueilli ou mangé, sur le lieu même, des fruits, cannes à sucre, racines ou légumes appartenant à autrui;

10° Ceux qui, sans autre circonstance, auront glané, ratelé ou grapillé;

11° Ceux qui auront coupé ou détruit, avant la maturité, de petites parties de grains verts, ou d'autres productions de la terre, sans intention manifeste de les voler;

12° Ceux qui auront imprudemment jeté des immondices sur quelque personne;

13° Ceux qui, n'étant ni propriétaires, ni usufruitiers, ni locataires, ni fermiers, ni jouissant d'un terrain ou d'un droit de passage, ou qui, n'étant agens ni préposés d'aucune de ces personnes, seront entrées et auront passé sur ce terrain, ou sur partie de ce terrain, s'il est préparé ou ensemencé;

14° Ceux qui auront laissé passer leurs bestiaux, ou leurs bêtes de trait, de charge ou de monture, sur le terrain d'autrui, avant l'enlèvement de la récolte;

15° Ceux qui auront porté dans les rues du feu autrement que dans des lanternes ou dans des vases, ou enfin sans les précautions nécessaires pour prévenir les accidens d'incendie;

16° Ceux qui, sans permission, auront établi à leur maison des étais ou des entourages emportant sur la rue, des abat-vent, des tables pour l'exposition de marchandises, et des trapes de cave;

17° Ceux qui n'auraient pas assujéti les contrevens et portes de leurs maisons, de manière que les passans n'en puissent être incommodés ni blessés;

18° Ceux qui auront négligé de balayer et nettoyer les rues et les places conformément aux réglemens de police;

19° Ceux qui auront, sans permission ou d'une manière contraire à la permission obtenue, pratiqué ou conservé sur les rues des égouts pour servir d'écoulement aux immondices de leurs cours et emplacemens;

20° Ceux qui auront laissé vaguer dans les rues les chevaux, ânes, mulets, bœufs et porcs;

21° Ceux qui auront déposé des animaux morts ou des ordures dans les lieux autres que ceux indiqués;

22° Ceux qui auront étalé ou fait étaler ailleurs qu'aux lieux autorisés par les réglemens, des fruits, viandes, légumes, poissons, et autres denrées destinées à être vendues;

23° Ceux qui, sans permission, auront colporté ou fait colporter des objets de mercerie, quincaillerie, friperie, et autres marchandises;

24° Les bouchers qui auront tué des bestiaux sur la voie publique;

25° Ceux qui auront sali, d'une manière quelconque, les murs extérieurs d'un édifice, d'une maison ou d'une clôture, sans préjudice des peines portées par l'article 287 du présent Code contre ceux qui auraient tracé sur les murs des écrits ou des images contraires aux bonnes mœurs.

472. Seront en outre confisqués, les pièces d'artifice saisies dans le cas du n° 2 de l'article 471, les coutres, les instrumens, les armes, et les autres objets mentionnés aux n°s 7 et 22 du même article; sans préjudice de la restitution, au maître, des objets illégalement vendus.

473. La peine d'emprisonnement pendant trois jours au plus pourra en outre être prononcée, selon les circonstances, contre ceux qui auront tiré des pièces d'artifice, et contre les contrevenans aux dispositions des n°s 10, 20 et 21 de l'article 471, sans néanmoins pouvoir être appliquée au maître de l'esclave contrevenant, dans le cas où celui-ci aurait agit sans l'ordre du maître ou sans son consentement.

474. La peine d'emprisonnement contre toutes les personnes mentionnées dans l'article 471 aura toujours lieu en cas de récidive, pendant trois jours au plus, sans pouvoir toutefois être appliquée au maître de l'esclave trouvé en contravention, à moins qu'il ne soit établi que la contravention a été commise par son ordre ou de son consentement.

Section II. Deuxième classe.

475. Seront punis d'amende depuis vingt-un francs jusqu'à quarante francs inclusivement:

1° Ceux qui auront dégradé la voie publique;

2° Les aubergistes, hôteliers, logeurs, ou loueurs de maisons garnies, qui auront négligé d'inscrire, de suite et sans aucun blanc, sur un registre tenu régulièrement, les noms, qualités, domicile habituel, dates d'entrée et de sortie de toute personne qui aurait couché ou passé une nuit dans leurs maisons; ceux d'entre eux qui auraient manqué à représenter ce registre aux époques déterminées par les réglemens ou lorsqu'ils en auraient été requis, aux commissaires commandans de commune ou à leurs lieutenans, aux officiers ou agens de police, ou aux citoyens commis à cet effet: le tout sans préjudice des cas de responsabilité mentionnés en l'art. 73 du présent Code, relativement aux crimes ou délits de ceux qui, ayant logé ou séjourné chez eux, n'auraient pas été régulièrement inscrits;

3° Les rouliers, charretiers, conducteurs de voitures quelconques ou de bêtes de charge, qui auraient négligé de se tenir constamment à portée de leurs chevaux, bêtes de trait ou de charge, ou de leurs voitures, et qui ne seraient pas en état de les guider et conduire; qui auraient négligé d'occuper un seul côté des rues, chemins ou voies publiques, de se détourner ou ranger devant toutes autres voitures, et, à leur approche, de leur laisser libre au moins la moitié des rues, chaussées, routes et chemins;

4° Ceux qui auront fait ou laissé courir les chevaux, bêtes de trait, de charge ou de monture, dans l'intérieur d'un lieu habité, ou violé les réglemens contre le chargement, la rapidité ou la mauvaise direction des voitures;

5° Ceux qui auront établi ou tenu dans les rues, chemins, places ou lieux publics, des jeux de loterie ou d'autres jeux de hasard;

6° Ceux qui auront vendu ou débité des boissons falsifiées, sans préjudice des peines plus sévères qui seront prononcées par les tribunaux de police correctionnelle dans le cas où elles contiendraient des mixtions nuisibles à la santé;

7° Ceux qui auraient laissé divaguer des fous ou des furieux étant sous leur garde, ou des animaux malfaisans ou féroces; ceux qui auront excité ou n'auront pas retenu leurs chiens lorsqu'ils attaquent ou poursuivent les passans, quand même il n'en serait résulté aucun mal ni dommage;

8° Ceux qui auraient jeté des pierres ou autres corps durs, ou des immondices, contre les maisons, édifices ou clôtures d'autrui, ou dans les jardins ou enclos, et ceux aussi qui auraient volontairement jeté des corps durs ou des immondices sur quelqu'un;

9° Ceux qui, n'étant pas propriétaires, usufruitiers, ni jouissant d'un terrain ou d'un droit de passage, y sont entrés et y ont passé, dans le temps où ce terrain était chargé de grains en tuyaux, de fruits, ou autres produits mûrs ou voisins de la maturité;

10° Ceux qui auraient fait ou laissé passer des bestiaux, animaux de trait, de charge ou de monture, sur le terrain d'autrui, ensemencé ou chargé d'une récolte, en quelque saison que ce soit, ou dans un bois taillis appartenant à autrui;

11° Ceux qui auraient refusé de recevoir les espèces et monnaies ayant cours légal dans la colonie, non fausses ni altérées, selon la valeur pour laquelle elles ont cours;

12° Ceux qui, le pouvant, auront refusé ou négligé de faire les travaux, le service, ou de prêter le secours dont ils auront été requis dans les circonstances d'accidens, tumulte, naufrage, inondation, incendie, autres calamités, ainsi que dans les cas de brigandage, rassemblemens illicites d'esclaves, pillage, flagrant délit, clameur publique, ou d'exécution judiciaire;

13° Les personnes désignées aux articles 284 et 288 du présent Code.

476. Pourra, suivant les circonstances, être prononcé, outre l'amende portée en l'article précédent, l'emprisonnement pendant cinq jours au plus contre les rouliers, charretiers, voituriers et conducteurs en contravention; contre ceux qui auront contrevenu à la loi par la rapidité, la mauvaise direction ou le chargement des voitures ou des animaux; contre les vendeurs et débitans de boissons falsifiées; contre ceux qui auraient refusé un service ou des secours requis dans des circonstances urgentes.

477. Seront saisis et confisqués :

1° Les tables et instrumens, appareils des jeux ou des loteries établis dans les rues, chemins et voies publiques, ainsi que les enjeux, les fonds, denrées, objets ou lots proposés aux joueurs, dans le cas du n° 5 de l'article 475;

2° Les boissons falsifiées trouvées appartenir au vendeur et débitant : ces boissons seront répandues;

3° Les écrits ou gravures contraires aux mœurs : ces objets seront mis sous le pilon.

478. La peine de l'emprisonnement, pendant huit jours au plus, sera toujours prononcée, en cas de récidive, contre toutes les personnes mentionnées en l'article 475, sans pouvoir toutefois être appliquée au maître de l'esclave trouvé en contravention, à moins qu'il ne soit établi que la contravention a été commise par son ordre ou de son consentement.

SECTION III. Troisième classe.

479. Seront punis d'une amende de quarante-un francs à soixante francs inclusivement :

1° Ceux qui, hors les cas prévus depuis l'article 454 jusques et compris l'article 462, auront volontairement causé du dommage aux propriétés mobilières d'autrui.

2° Ceux qui auront occasioné la mort ou la blessure des animaux ou bestiaux appartenant à autrui, par l'effet de la divagation des fous ou furieux, ou d'animaux malfaisans ou féroces, ou par la rapidité ou la mauvaise direction ou le chargement excessif des voitures, chevaux, bêtes de trait, de charge, ou de monture;

3° Ceux qui auront occasioné les mêmes dommages par l'emploi ou l'usage d'armes sans précaution et avec maladresse, ou par le jet de pierres ou d'autres corps durs;

4° Ceux qui auront causé les mêmes accidens par la vétusté, la dégradation, le défaut de réparation ou d'entretien des maisons ou édifices, ou par l'encombrement ou l'excavation, ou telles autres œuvres, dans ou près les rues, chemins, places ou voies publiques, sans les précautions ou signaux ordonnés ou d'usage;

5° Ceux qui emploieront des poids ou des mesures différens de ceux qui sont établis par les lois en vigueur;

6° Les gens qui font métier de deviner ou pronostiquer, ou d'expliquer les songes ;

7° Les auteurs ou complices de bruits ou tapages injurieux ou nocturnes, troublant la tranquillité des habitans ;

8° Ceux qui auront allumé du feu dans les rues ou places publiques, ou qui, hors les cas de nécessité, passeront dans les chemins ou traverseront les champs avec des torches allumées ;

9° Les cantiniers ou débitans de vins et liqueurs fortes, qui auront tenu leurs boutiques ouvertes avant six heures du matin ; et après sept heures du soir, ou qui auront permis à des esclaves de s'établir chez eux pour boire ou manger, ou qui auront vendu du tafia ou d'autres liqueurs à des individus visiblement ivres ;

10° Les cantiniers, aubergistes, traiteurs, ou cafetiers qui auront donné à boire ou à jouer à des militaires, gens de mer ou tous autres, au mépris des réglemens de police ;

11° Ceux qui, sur leur propriété, auront estropié ou blessé, sans nécessité, des chevaux ou des bêtes de trait, de charge, ou de monture, des bêtes à cornes ou à laine, porcs, ou autres animaux domestiques appartenant à autrui ;

12° Ceux qui auront donné à leurs esclaves des jours de la semaine pour suppléer à la nourriture qu'ils leur doivent aux termes des réglemens, ou qui, à raison de leurs infirmités ou de toute autre cause, les auront renvoyés de chez eux ou abandonnés, ou les auront laissés libres de chercher soit leur nourriture, soit un asile ;

13° Ceux qui, après trois avertissemens de l'autorité, négligeront de faire instruire dans la religion chrétienne ceux de leurs esclaves qui ne professeraient aucune religion reconnue ;

14° Ceux qui auront toléré des rassemblemens d'esclaves étrangers, à titre de fête ou autrement, dans les emplacemens qu'ils possèdent, sans permission de la police.

480. Pourra, selon les circonstances, être prononcée la peine d'emprisonnement pendant dix jours au plus contre les contrevenans désignés aux nᵒˢ 3, 5, 6, 7, 8, 10 et 12 du présent article.

481. Seront, de plus, saisis et confisqués les poids et mesures différens de ceux que la loi a établis.

482. La peine d'emprisonnement pendant dix jours au plus aura toujours lieu, pour récidive, contre les personnes et dans les cas mentionnés dans l'art. 479, sans pouvoir toutefois être appliquée au maître de l'esclave, à moins qu'il ne soit prouvé que la contravention a été commise par son ordre ou de son consentement.

28.

SECTION IV. Quatrième classe.

483. Seront punis d'une amende de soixante-un francs à cent francs :

1° Ceux qui anticiperont sur la voie publique, ou qui y feront des trous ou des excavations sans autorisation spéciale ;

2° Ceux qui auront des faux poids ou des fausses mesures dans leurs magasins, boutiques, ateliers ou maisons de commerce, ou dans les halles, foires ou marchés, sans préjudice des peines correctionnelles encourues par ceux qui ont fait usage de ces faux poids et de ces fausses mesures ;

3° Ceux qui, méchamment, sèmeront dans le public des nouvelles alarmantes autres que celles spécifiées en l'art. 419, des propos de nature à troubler l'ordre établi, ou des bruits propres à répandre l'inquiétude au sein des familles ;

4° Ceux qui, de mauvaise foi, dénonceront à l'autorité publique des crimes ou délits imaginaires, sans désignation des prétendus coupables ;

5° Ceux qui signeront ou colporteront, soit des adresses faites en nom collectif, quel qu'en soit l'objet, soit des pétitions également faites en nom collectif, dans un autre but que leur intérêt privé, ainsi que des listes ou notes de souscription, sans autorisation ;

6° Ceux qui refuseront d'obtempérer à un ordre légal de comparution extrajudiciaire, délivré par le gouverneur, sans préjudice du droit de contrainte qui lui est toujours réservé ;

7° Ceux qui, n'ayant la jouissance d'aucun terrain productif de girofle, café, maïs, seront trouvés nantis de café vert en coque, de girofle non préparé, ou de maïs en épis, et qui ne pourront en établir la légitime possession, sans préjudice, à l'égard des marchands et cantiniers, du droit réservé au ministère public de provoquer auprès du gouverneur la révocation de la patente ;

8° Ceux qui côtoieront ou traverseront des champs de cannes mûres, soit avec des pipes ou des bouts de tabac allumés, soit avec du feu porté à découvert ;

9° Ceux qui, par des digues, bâtardeaux, ou de toute autre manière, détourneront ou interrompront le cours des rivières ;

10° Ceux qui donneront retraite à des personnes non domiciliées, à des individus expulsés de la colonie, à des soldats ou à des marins, sans en avoir prévenu la police ; sans préjudice des peines encourues en cas de complicité de désertion ;

11° Ceux qui exposeront en vente des salaisons et autres comestibles viciés ou gâtés de manière à nuire à la santé ;

32

12° Ceux qui, de dessein prémédité, auront assailli, avec des pierres ou autres corps durs, un lieu habité et ses dépendances;

13° Les hôteliers et aubergistes qui, frauduleusement, auront porté sur leurs registres, sous des noms supposés ou sous de fausses qualifications, les personnes qui sont venues loger chez eux;

14° Ceux qui vendront ou donneront des amulettes, plantes, gerbes, substances ou ingrédiens quelconques, en leur attribuant des vertus ou des propriétés occultes, lors même que leur emploi ne pourrait produire aucun effet nuisible à la santé;

15° Ceux qui auront pris ou enlevé des terres, pierres et pierrailles, ou gazons, soit dans les chemins, soit sur les propriétés de l'Etat, soit sur le terrain d'autrui;

16° Ceux qui auront commis, pendant la nuit, l'une des contraventions énoncées aux n°s 3, 7 et 8 de l'article 475 du présent Code.

484. Pourra la peine d'emprisonnement être prononcée :

1° Pendant dix jours au plus, contre les contrevenans désignés aux n°s 2, 3, 6, 8, 9 et 14 du précédent article;

2° Pendant cinq jours au moins et quinze jours au plus, contre les contrevenans désignés aux n°s 7, 10, 12 et 13.

485. Seront de plus saisis et confisqués les objets spécifiés aux n°s 2, 7, 11 et 15.

Les faux poids et fausses mesures confisqués seront détruits; il en sera de même des salaisons et comestibles viciés, ainsi que des amulettes et autres objets indiqués au n° 14.

486. La peine d'emprisonnement, pendant cinq jours au moins et quinze jours au plus, aura toujours lieu pour récidive, dans les cas mentionnés en l'art. 483, sans pouvoir toutefois être appliquée au maître de l'esclave, à moins qu'il ne soit prouvé que la contravention a été commise par son ordre ou de son consentement.

Dispositions communes aux quatre sections précédentes.

487. Il y a récidive dans tous les cas prévus par le présent livre, lorsqu'il a été rendu contre le contrevenant, dans les deux mois précédens, un premier jugement pour contravention de police commise dans le ressort du même tribunal.

Dispositions générales.

488. Les crimes, délits et contraventions commis avant la promulgation du présent Code, et à l'égard desquels il ne serait point encore intervenu de décision définitive, seront punis conformément à la législation antérieure. Toutefois, ils seront punis conformément aux dispositions du présent Code, si les peines portées par le Code sont moins fortes que celles portées par la législation antérieure.

489. Toutes dispositions des lois, ordonnances, arrêtés et réglemens, sont et demeurent abrogées en ce qu'elles ont de contraire à la présente ordonnance.

490. Notre ministre secrétaire d'Etat de la marine et des colonies (baron Hyde de Neuville) est chargé de l'exécution de la présente ordonnance.

---

29 OCTOBRE = Pr. 25 NOVEMBRE 1828.—Ordonnance du Roi relative à la longueur des moyeux de charrette, voiture de roulage ou autre. (8, Bull. 262, n° 9894.)

Charles, etc.

Vu l'article 7 de la loi du 27 février 1804 (7 ventose an 12);

Sur le rapport de notre ministre secrétaire d'Etat au département de l'intérieur;

Notre Conseil-d'Etat entendu;

Nous avons ordonné et ordonnons ce qui suit :

Art. 1er. Dix-huit mois après la publication de la présente ordonnance, aucune charrette, voiture de roulage ou autre, ne pourra circuler, dans toute l'étendue de notre royaume, qu'avec des moyeux dont la saillie, en y comprenant celle de l'essieu, n'excédera pas de douze centimètres un plan passant par la face extérieure des jantes (1).

---

(1) La loi du 29 floréal an 10 ne contient de dispositions que sur le poids des voitures employées aux *roulages et messageries*, et ne parle point de la dimension des essieux; la loi du 7 ventose an 12 est, d'après son intitulé, consacrée *à déterminer la largeur des jantes pour les roues des voitures de roulage attelées de plus d'un cheval.* Cependant le dernier alinéa de l'article 7 porte: « Le Gouvernement fixera *la longueur des essieux,* la forme des bandes et celle des clous qui fixent les jantes *des voitures de roulage.* » Le décret du 23 juin 1806, art. 16, déclare que *la longueur des essieux de toute espèce de voiture, même de culture et labourage,* ne pourra jamais excéder deux mètres cinquante centimètres entre les deux extrémités; *et chaque bout ne pourra saillir au-dela des moyeux de plus de six centimètres.* — L'art. 28 ajoute que les contraventions à la longueur des essieux seront punies de l'amende de 15 francs, conformément au réglement du 4 mai 1624.

et 2. Toute charrette ou voiture trouvée en contravention après l'époque ci-dessus déterminée sera arrêté et retenue, et elle ne pourra être remise en circulation qu'après que les ro, oyeux et l'essieu auront été réduits à la longueur prescrite par l'article 1er.

3. Les contraventions seront en outre exactement constatées par des procès-verbaux, et poursuivies comme les autres contraventions matière de roulage, sans préjudice de peines plus graves dans les cas d'accidens prévus par les lois (1).

4. Nos ministres secrétaires d'État de l'intérieur, de la justice et de la guerre (vicomte Martignac, comte Portalis et vicomte de Caux), sont, chacun en ce qui le concerne, chargés de l'exécution de la présente ordonnance.

—

b. OCTOBRE = Pr. 25 NOVEMBRE 1828.—Ordonnance du Roi relative à la concession d'un droit de péage sur le pont du Port-Jouet (Deux-Sèvres). (8, Bull. 262, n° 9895.)

Charles, etc.

Sur le rapport de notre ministre secrétaire d'État au département de l'intérieur;

Notre Conseil-d'État entendu;

Nous avons ordonné et ordonnons ce qui fuit:

Art. 1er. La proposition faite par le sieur Miller, le 5 mai 1828, de céder à perpétuité aux communes de Saint-Hilaire-la-Palu et de Vy-Rançon, département des Deux-Sèvres, la propriété du pont du Port-Jouet et du chemin qui y aboutit, moyennant la concession d'un droit de péage pendant huit années, est acceptée.

2. Le tarif des droits à percevoir demeure fixé pendant ce temps ainsi qu'il suit:

Par charrette vide, attelée d'un ou deux chevaux ou bœufs. . . . . 10 cent.
Idem de trois chevaux et au dessus. . 15
Par charrette attelée d'un seul cheval. 15
Idem de deux chevaux ou bœufs. . . 20
Idem de trois chevaux ou bœufs . . 25
Idem de quatre chevaux ou bœufs et au delà. 30
Pour chaque cheval chargé. 5
Pour chaque voyageur à cheval . . . 5
Pour chaque homme à pied. 2 1/2
Pour chaque bœuf, vache, cheval, âne, mule ou cochon. 5
Pour chaque mouton ou brebis. . . . 2 1/2

3. Seront exempts du droit de péage les fonctionnaires du département dans l'exercice de leurs fonctions, les ingénieurs et conducteurs des ponts-et-chaussées, les agens des contributions indirectes, la gendarmerie, les militaires en corps ou isolés, à la charge de représenter une feuille de route ou un ordre de service, et les courriers ou piétons faisant le service du Gouvernement ou des communes.

4. Nos ministres secrétaires d'État de l'intérieur et des finances (vicomte Martignac et comte Roy) sont chargés de l'exécution de la présente ordonnance.

—

29 OCTOBRE 1828. — Ordonnance du Roi qui autorise des exploitations dans les bois de plusieurs communes et d'un hospice, et dans une forêt royale. (8, Bull. 262, n° 9893.) Voy. Code forestier, art. 16 et 90.

—

29 OCTOBRE 1828. — Ordonnance du Roi qui autorise des exploitations dans les bois de plusieurs communes et dans deux forêts royales. (8, Bull. 262, n° 9892.)

—

29 OCTOBRE 1828. — Ordonnance qui autorise l'inscription au Trésor royal de cinquante-sept pensions civiles et militaires. (8, Bull. 264 bis, n° 1.)

—

29 OCTOBRE 1828. — Ordonnance qui accorde des lettres de déclaration de naturalité au sieur Vanden-Meerschaut, dit Meerschaut. (8, Bull. 271, n° 10485.)

—

29 OCTOBRE 1828. — Ordonnances qui autorisent l'acceptation de donations faites aux pauvres de Feurs et de la Neuville-au-Pont; et au bureau de bienfaisance de Saint-Julien-Lavêtre. (8, Bull. 271, n°s 10497 à 10499.)

—

29 NOVEMBRE 1828. — Ordonnances qui autorisent l'acceptation de dons et legs fait aux pauvres de Casset, de Chambonas, de Tournon et de Belmont, et aux hospices de Tarascon. (8, Bull. 272, n°s 10518 à 10522.)

—

29 OCTOBRE 1828. — Ordonnances qui autorisent l'acceptation de dons et legs faits aux hospices et bureaux de bienfaisance de Paris, de Gordes, de Châtellerault, d'Aix, de Tarascon, de Lisieux, de La Rochelle, de Lodève, de Grenade, de Guérands, de Figeac,

—

(1) Aux termes des articles 4 de la loi du 29 floréal an 10, n° 1607 du Bulletin, 3 de la loi du 7 ventose an 12, 38 et suivans du décret du juin 1806, les contraventions sont poursuivies administrativement, c'est-à-dire que les maires, et à Paris le préfet de police, statuent, sauf le recours au conseil de préfecture. Voy. aussi les articles 2, 3 et 4 de la loi du 29 floréal an 10, n° 1606 du Bulletin.

de Soultz, de Gray, de Robastens, de Carpentras et de Poitiers; et aux pauvres de la Garnache, de Verteuil, de Fromental, de Becon, de Benac, de Vaudebarrier, de Vesoul, de Paris, de Lardy, de Celles et de Montamisé. (8, Bull. 273, n°s 10536 à 10562.)

31 OCTOBRE 1828. — Tableau des prix des grains pour servir de régulateur de l'exportation et de l'importation, conformément aux lois des 16 juillet 1819 et 4 juillet 1821, arrêté le 31 octobre 1828. (8, Bull. 260, n° 9818.)

31 OCTOBRE 1828. — Ordonnance qui accorde des lettres de déclaration de naturalité au sieur Eysenmann. (8, Bull. 263, n° 9914.)

2 NOVEMBRE 1828=Pr. 27 DÉCEMBRE 1832.—Ordonnance (1) relative à la bibliothèque royale. (9, Bull. O., 1re section, 202, n° 4581.)

Charles, etc. sur le compte qui nous a été rendu, par notre ministre secrétaire d'Etat au département de l'intérieur, du mode actuel d'administration de notre bibliothèque royale; voulant assurer pour l'avenir, dans cet important service, la régularité et l'économie nécessaires,

Art. 1er La bibliothèque du Roi est composée de cinq départemens:

1° Des livres imprimés;

2° Des manuscrits, chartes et diplômes;

3° Des médailles, pierres gravées et antiques;

4° Des estampes;

5° Des cartes géographiques et plans.

A l'avenir, chacun de ces départemens sera confié à un seul conservateur-administrateur, nommé par nous sur le rapport de notre ministre de l'intérieur. Jusqu'à ce que le nombre des conservateurs existans soit, par suite d'extinctions, réduit à un par département, il ne sera pas fait de nominations nouvelles.

2. Les cinq conservateurs dont il est parlé ci-dessus composent seuls le conseil d'administration, qui prendra le titre de Conservatoire de la bibliothèque du Roi.

3. Le conservatoire a la police générale de l'établissement, la présentation, par une liste triple de candidats, aux places de conservateurs, et la nomination à tous les emplois inférieurs, sauf l'approbation de notre ministre

de l'intérieur; de plus, il dispose, sous la surveillance du même ministre, des fonds attribués à la bibliothèque, soit par la loi des finances, soit par des décisions particulières du ministre.

4. Le conservatoire nomme, chaque année, dans son sein, un président qui pourra être réélu pour une seconde année seulement: le président correspond, au nom du conservatoire, pour tous les besoins du service.

5. Il pourra être attaché à chaque département, selon la nature ou l'étendue du travail, un ou plusieurs conservateurs-adjoints qui ne feront pas partie du conseil d'administration, et seront nommés par notre ministre de l'intérieur sur une liste de trois candidats présentés par le conservatoire.

6. Notre ministre de l'intérieur (M. Martignac) est chargé de faire tous les réglemens nécessaires en ce qui concerne l'administration générale, le service public et la police intérieure de l'établissement.

2 = Pr. 25 NOVEMBRE 1828. — Ordonnance du Roi portant répartition du crédit de cent quatre-vingt-treize millions sept cent trente-six mille neuf cent vingt-huit francs, accordé par la loi du 17 août 1828, pour les dépenses ordinaires du ministère de la guerre pendant l'exercice 1829. (8, Bull. 262, n° 9886.) (2).

Charles, etc.

Vu la loi du 17 août 1828, qui affecte un crédit de cent quatre-vingt-treize millions sept cent trente-six mille neuf cent vingt-huit francs aux dépenses ordinaires du ministère de la guerre pendant l'exercice 1829;

Vu l'article 151 de la loi du 25 mars 1817;

Vu l'article 2 de l'ordonnance royale du 14 septembre 1822;

Vu enfin notre ordonnance du 1er septembre 1827;

Sur le rapport de notre ministre secrétaire d'Etat au département de la guerre,

Nous avons ordonné et ordonnons ce qui suit:

Art. 1er. Le crédit de cent quatre-vingt-treize millions sept cent trente-six mille neuf cent vingt-huit francs, accordé par la loi du 17 août 1828 pour les dépenses ordinaires du ministère de la guerre pendant l'exercice 1829, est réparti ainsi qu'il suit, savoir:

---

(1) Cette ordonnance, citée dans une ordonnance du 14 novembre = 27 décembre 1832, n'avait point été insérée au Bulletin des Lois.

(2) Voy. ordonnances des 16 et 19 novembre, des 3, 13, 14 et 21 décembre 1828; elles établissent la spécialité qui ne se trouve pas réglée par la loi des finances.

SECTION Ire. *Administration centrale.*

CHAPITRE UNIQUE. Dépenses d'administration centrale.	Art. 1er. Traitement du ministre	120,000 ^f
	— 2. Appointemens des chefs et commis.	1,040,000
	— 3. Gages des gens de service.	97,000
	— 4. Fournitures générales (service des hôtels et bureaux du ministère)	315,000

Total de la section Ire. . . . 1,572,000

SECTION II. *États-majors.*

CHAPITRE UNIQUE. Traitement des états-majors.	Art. 1er. Traitement des maréchaux de France, officiers généraux, supérieurs et autres d'état-major	8,781,000
	— 2. Traitement de l'intendance militaire	2,246,000
	— 3. Traitement de l'état-major des places	1,535,000
	— 4. Traitement de l'état-major particulier de l'artillerie . .	2,351,000
	— 5. Traitement de l'état-major particulier du génie	2,090,000
	— 6. Traitement des ingénieurs géographes	312,000

Total de la section II. . . . 17,315,000

SECTION III. *Maison militaire du Roi.*

CHAPITRE UNIQUE. Maison militaire du Roi.	Art. unique. Dépenses, au compte de la guerre, des troupes de la maison militaire du Roi	3,140,000

SECTION IV. *Gendarmerie.*

CHAPITRE UNIQUE. Gendarmerie.	Art. unique. Dépenses de la gendarmerie	16,825,000

SECTION V. *Solde et entretien des troupes.*

CHAPITRE Ier. Solde d'activité et abonnemens payables comme la solde.	Art. 1er. Solde de l'infanterie. . . . . 46,390,000 ^f	73,143,000
	— 2. Solde de la cavalerie. 15,338,000	
	— 3. Solde de l'artillerie 7,835,000	
	— 4. Solde du génie 1,738,000	
	— 5. Solde du train des équipages militaires. 271,000	
	— 6. Solde des compagnies sédentaires. . . . 1,571,000	
CHAPITRE II. Subsistances militaires et chauffage.	Art. 1er. Personnel 618,000	27,720,518
	— 2. Vivres 12,541,408	
	— 3. Fourrages. 12,079,115	
	— 4. Approvisionnemens de siége 27,000	
	— 5. Chauffage et éclairage. 2,455,000	
CHAPITRE III. Habillement, campement et harnachement.	Art. 1er. Habillement et campement 12,778,000	13,105,000
	— 2. Harnachement (troupes à cheval). . . 327,000	
CHAPITRE IV. Hôpitaux.	Art. 1er. Personnel 1,470,000	8,088,000
	— 2. Traitement des malades dans les établissemens 6,500,000	
	— 3. Approvisionnemens de réserve. 118,000	
CHAPITRE V. Casernement.	Art. unique. Casernement	4,095,000
CHAPITRE VI. Recrutement.	Art. unique. Recrutement	1,006,000
CHAPITRE VII. Justice militaire.	Art. unique. Justice militaire.	224,000
CHAPITRE VIII. Remontes.	Art. unique. { Remontes des troupes à cheval. 1,908,260 / Remontes du train d'artillerie. 112,150 }	2,020,410

CHAPITRE IX. Service de marche et transports.	Art. 1er. Convois militaires .... 740,000 — 2. Transports généraux.......... 508,000 — 3. Equipages militaires .... 95,000 — 4. Frais de poste et de courriers..... 200,000 — 5. Indemnité de route.......... 1,261,000 — 6. Frais de gîte et de geolage........ 200,000	3,004,000

Total de la section V. 132,405,928

SECTION VI. *Matériel et établissemens militaires.*

CHAPITRE Ier. Artillerie (matériel).	Art. 1er. Arsenaux, directions, écoles régimen- taires et dépôt central de l'artillerie. 2,600,000 — 2. Manufactures d'armes.......... 2,890,000 — 3. Fonderies et forges......... 810,000 — 4. Achats de poudres.......... 1,000,000	7,300,000
CHAPITRE II. Génie (matériel).	Art. 1er. Fortifications......... 3,170,000 — 2. Bâtimens militaires...... 4,110,000 — 3. Dépenses accessoires du génie...... 820,000	8,100,000
CHAPITRE III. Dépôt de la guerre et carte de France.	Art. 1er. Dépôt de la guerre...... 150,000 — 2. Nouvelle carte de France 140,000	290,000
CHAPITRE IV. Ecoles militaires.	Art. 1er. Ecole militaire préparatre de La Flèche. 400,000 — 2. Ecole spéciale militaire de Saint-Cyr. . 335,000 — 3. Ecole royale de cavalerie...... 200,000 — 4. Ecole spéciale d'état-major....... 45,000 — 5. Ecole d'application d'artillerie et du génie à Metz .... 90,000 — 6. Gymnase normal militaire .... 42,000 — 7. Ecole des ingénieurs géographes .... 4,000 — 8. Dépenses accessoires du service des écoles militaires............ 68,000	1,184,000
CHAPITRE V. Ordre de St-Louis et du Mérite militaire.	Art. unique. Dotation de l'ordre royal de Saint-Louis et du Mérite militaire	600,000

Total de la section VI. 17,474,000

SECTION VII. *Dépenses temporaires et imprévues.*

CHAPITRE UNIQUE. Dépenses temporaires.	Art. 1er. Solde de non-activité .... 1,920,000 — 2. Traitement de réforme.................. 1,600,000 — 3. Secours.................... 1,280,000 — 4. Traitement temporaire aux employés réformés..... 205,000	

Total de la section VII. 5,005,000

RÉCAPITULATION.

SECTION Ire.   Administration centrale................... 1,572,000
—   II.   Etats-majors................. 17,315,000
—   III. Maison militaire du Roi................ 3,140,000
—   IV.   Gendarmerie.................. 16,825,000
—   V.   Solde et entretien des troupes............ 132,405,928
—   VI.   Matériel et établissemens militaires......... 17,474,000
—   VII. Dépenses temporaires et imprévues............ 5,005,000

Total général. 193,736,928

2. Nos ministres secrétaires d'Etat aux départemens de la guerre et des finances et (vicomte de Caux et comte Roy) sont chargés, chacun en ce qui le concerne, de l'exécution de la présente ordonnance, qui sera insérée au Bulletin des Lois.

I==Pr. 25 novembre 1828.—Ordonnance du Roi tendant à assurer l'avenir des officiers en non-activité qui ne seront pas susceptibles d'obtenir la pension de retraite. (8; Bull. d 262, n° 9887.)

Voy. les notes sur l'ordonnance du 21 mars 1828.

RAPPORT AU ROI.

Sire, les officiers de l'ancienne armée ont reçu avec une profonde reconnaissance le bienfait de l'ordonnance de Votre Majesté, du 21 mars dernier, qui leur accorde le traitement ordinaire de réforme, en admettant à compter, comme service actif, tout le temps pendant lequel ils ont joui de la solde de non-activité jusqu'au 1er juillet 1824.

Sur un nombre de seize cents officiers, l'ordonnance du 21 mars donne à trois cent quarante d'entre eux (au cinquième environ) la perspective de la pension de retraite. Elle n'accorde aux autres la jouissance du traitement de réforme que pour un temps limité, conformément au principe d'après lequel la durée de ce traitement est proportionnée à celle des services effectifs.

A l'égard de ces derniers, Votre Majesté s'était réservé d'assurer ultérieurement leur avenir d'une manière plus stable, et elle avait daigné m'autoriser à faire connaître aux Chambres législatives qu'ils pourraient toujours compter sur sa sollicitude. Mais il importait d'abord de se fixer sur le nombre de ceux qui seraient susceptibles de reprendre du service et qui en manifesteraient l'intention.

Il n'en est aucun qui ne soit prêt à consacrer le reste de sa vie au service de Votre Majesté. Toutefois, les détails qui m'ont été fournis sur les positions individuelles de ces officiers m'ont démontré que, s'il en est parmi eux qui soient en état de rentrer avec utilité dans l'armée active, il en existe d'autres aussi dont le rappel à l'activité, après une longue absence des cadres, se concilierait difficilement soit avec leur âge et l'affaiblissement progressif de leurs forces, soit avec leurs nouvelles habitudes et leurs convenances domestiques.

Ces considérations m'ont semblé de nature à motiver dès à présent la réalisation des intentions de Votre Majesté en faveur de ceux qui, n'ayant pas actuellement la perspective de la pension de retraite, n'auront pu être placés dans l'armée avant l'expiration de leur traitement temporaire de réforme.

Il ne saurait être question de leur créer des droits à la pension de retraite, contrairement aux lois. Tout ce qui, sous ce rapport, pouvait se combiner avec la législation, a été consacré par l'ordonnance du 21 mars 1828; mais il m'a paru que le but que Votre Majesté s'est proposé serait atteint par une mesure exceptionnelle qui conserverait à ces officiers leur traitement actuel de réforme (égal au minimum de la retraite) tant qu'ils ne seraient pas replacés dans les cadres de l'armée active.

Si Votre Majesté daigne adopter cette mesure, qui les rassurera dès aujourd'hui sur leur avenir, il entrera, je pense, dans ses vues bienveillantes de l'étendre aux officiers qui ont été ou seront ultérieurement admis au traitement de réforme, et qui, se trouvant dans la position de non-activité avant l'ordonnance du 5 mai 1824, auraient continué à jouir de la demi-solde postérieurement à cette ordonnance, s'ils n'en eussent pas été privés par l'effet de dispositions spéciales.

Le projet d'ordonnance ci-joint tend à consacrer ces diverses propositions, et j'ai en conséquence l'honneur de prier Votre Majesté de le revêtir de sa sanction.

Charles, etc.

Vu notre ordonnance du 21 mars 1828;

Voulant assurer l'avenir des officiers en non-activité qui ne seront pas susceptibles d'obtenir la pension de retraite;

Sur le rapport de notre ministre secrétaire d'Etat de la guerre,

Nous avons ordonné et ordonnons ce qui suit :

Art. 1er. Le traitement de réforme alloué par notre ordonnance du 21 mars dernier aux officiers en non-activité dont la demi-solde a cessé postérieurement à l'ordonnance du 5 mai 1824 sera continué à ceux de ces officiers qui n'auront pas droit à la pension de retraite, jusqu'à ce qu'ils puissent être replacés dans les cadres de l'armée active.

Cette prolongation de traitement ne pourra, en aucun cas, être admise dans le réglement des droits à la retraite.

2. La disposition de l'article ci-dessus sera applicable aux officiers qui ont été admis ou qui seront reconnus susceptibles d'être admis au traitement ordinaire de réforme, lorsque la réforme les aura atteints dans la position d'officiers en non-activité, et que, dans cette position, ils auraient eu droit de conserver, au-delà de la promulgation de l'ordonnance du 5 mai 1824, l'une des soldes de non-activité énoncées dans ladite ordonnance.

Néanmoins, ceux de ces officiers dont le traitement de réforme était parvenu à la limite de sa durée, avant l'époque du 1er juillet 1828, fixée par notre ordonnance du 21 mars dernier, ne pourront en réclamer la continuation qu'à partir de ladite époque.

3. Les officiers compris dans les deux articles précédens, qui, sur leur demande, auront été replacés dans les cadres de l'armée active, seront soumis, dans le cas où ils seraient ultérieurement admis au traitement de réforme,

aux conditions prescrites par l'ordonnance du 5 février 1823.

4. Notre ministre secrétaire d'Etat de la guerre (vicomte de Caux) est chargé de l'exécution de la présente ordonnance.

————

2 NOVEMBRE 1828. — Ordonnance qui accorde une pension à la dame veuve Lecrinier. (8, Bull. 264 *bis*, n° 2.)

5 = Pr. 25 NOVEMBRE 1828. — Ordonnance du Roi concernant l'organisation du Conseil-d'Etat. (8, Bull. 263, n° 9903.)

Voy. ordonnances des 29 JUIN 1814, 23 AOUT 1815, 19 et 21 SEPTEMBRE, 13 NOVEMBRE 1815, 19 AVRIL 1817, 16 JUILLET 1820, 26 AOUT 1824, 18 JANVIER 1826, et ci-après ordonnance du 12 NOVEMBRE 1828.

Charles, etc.

Vu la loi des finances du 17 août 1828;

Sur le rapport de notre garde-des-sceaux ministre secrétaire d'Etat au département de la justice;

De l'avis de notre Conseil,

Nous avons ordonné et ordonnons ce qui suit :

Art. 1er. Les membres de notre Conseil-d'Etat sont en service ordinaire, en service extraordinaire, ou honoraires.

Il sera dressé un tableau général de tous ceux auxquels il nous plait de conserver ou conférer le titre de conseiller d'Etat, de maître des requêtes ou d'auditeur en notre Conseil.

2. Le service ordinaire se compose : 1° des conseillers d'Etat et maîtres des requêtes employés aux travaux intérieurs et habituels des comités; 2° d'un certain nombre de conseillers d'Etat appelés à participer seulement aux délibérations du Conseil, tous les comités réunis, et dont le nombre ne pourra excéder dix; 3° des auditeurs employés aux travaux intérieurs et habituels des comités, qu'ils aient ou non droit de séance au Conseil-d'Etat, tous les comités réunis (1).

Il pourra, en outre, être attaché au service des comités douze conseillers d'Etat en service extraordinaire.

3. A l'avenir, le nombre des conseillers d'Etat en service ordinaire employés aux travaux intérieurs et habituels des comités sera fixé à vingt-quatre (2).

Celui des maîtres des requêtes ne pourra excéder trente (3).

Le nombre des auditeurs de première classe demeure fixé à douze, et celui des auditeurs de seconde classe, à dix-huit (4).

4. Lorsqu'un conseiller d'Etat en service ordinaire, investi d'autres fonctions publiques, jouira, à raison de ces fonctions, d'un traitement de vingt mille francs et au-dessus, il ne lui sera alloué aucun traitement comme conseiller-d'Etat.

Il en sera de même pour un maître des requêtes en service ordinaire, qui jouirait, en vertu des fonctions publiques dont il sera revêtu, d'un traitement de dix mille francs et au-dessus.

5. Si le traitement dont jouit un conseiller d'Etat en service ordinaire, revêtu d'autres fonctions publiques, est moindre de vingt mille francs, il recevra sur les fonds du Conseil d'Etat un supplément de traitement : toutefois ce supplément de traitement ne pourra, en aucun cas, excéder la proportion déterminée par la disposition de la loi des finances de 1816 sur les cumuls, ni élever à plus de vingt mille francs la somme totale qu'il recevra annuellement du Trésor royal.

Il en sera de même pour les maîtres des requêtes en service ordinaire, revêtus d'autres fonctions publiques, dont le traitement ne s'élèverait pas à dix mille francs : avec le supplément de traitement qui leur sera alloué, la somme totale et annuelle qu'ils recevront du Trésor royal pour les unes et les autres fonctions ne pourra excéder dix mille francs.

6. Le traitement des conseillers d'Etat en service ordinaire est fixé à dix mille francs; il sera porté à quinze mille francs pour les conseillers d'Etat employés aux travaux habituels et intérieurs des comités (5).

Le traitement des maîtres des requêtes en service ordinaire est fixé à cinq mille francs (6).

Les auditeurs ne reçoivent aucun traitement.

7. Sont en service extraordinaire les conseillers d'Etat, maîtres des requêtes et auditeurs qui, cessant d'être compris dans le service ordinaire, sont appelés par nous à déli-

————

(1) Avant cette ordonnance, le service ordinaire ne se composait que des conseillers d'Etat, maîtres des requêtes et auditeurs employés aux travaux habituels du Conseil (*voy.* art. 3, ordonnance du 26 août 1824).

(2, 3 et 4) Les articles 7, 10 et 15 de l'ordonnance du 26 août 1824, fixaient le nombre des conseillers d'Etat à trente, celui des maîtres des requêtes à quarante, et celui des auditeurs à trente.

(5 et 6) Les articles 20 et 21 de l'ordonnance du 23 août 1815 fixaient le traitement de tous les conseillers d'Etat en service ordinaire, sans distinction, à 16,000 fr., et celui des maîtres des requêtes à 6,000 fr.

ol fonctions publiques hors du Conseil; ceux de nos sujets exerçant des fonctions publiques auxquels, en récompense de leurs bons services, il nous plaît d'accorder ce titre; enfin ceux auxquels il nous plaira de le conserver, lors même qu'ils n'exerceraient plus de fonctions publiques.

8. Nos conseillers d'Etat directeurs généraux d'une administration, ou ceux des directeurs et secrétaires généraux dans l'un des ministères qui seraient conseillers-d'Etat, et que nous autoriserions à participer aux délibérations du Conseil, assisteront aux séances du Conseil et des comités établis près des ministères dont ils dépendent. Ils n'auront point voix délibérative dans les affaires contentieuses qui ressortiraient de l'administration ou du ministère auxquels ils appartiennent.

9. Tout conseiller d'Etat, maître des requêtes ou auditeur qui sera appelé à des fonctions publiques hors du Conseil, cessera de faire partie du service ordinaire, s'il n'en est autrement ordonné (1).

Aucun membre du Conseil-d'Etat ne pourra être mis en inactivité que par une ordonnance spéciale rendue sur le rapport de notre garde-des-sceaux.

10. Les conseillers d'Etat, maîtres des requêtes et auditeurs qui sortent d'activité, conservent le rang et le titre d'honoraires.

Il ne pourront en être privés qu'en vertu d'une ordonnance spéciale rendue sur le rapport de notre garde-des-sceaux.

Les conseillers d'Etat honoraires peuvent être appelés dans nos conseils de cabinet.

Les personnes qui auront été revêtues pendant dix ans de l'un des titres énumérés dans l'article 9 de l'ordonnance du 26 août 1824 pourront obtenir de notre grace le titre et le rang de conseillers d'Etat honoraires.

11. Les conseillers d'Etat, maîtres des requêtes et auditeurs en service ordinaire, seront distribués en quatre comités, savoir : 1° le comité de la justice et du contentieux; 2° le comité de la guerre et de la marine (2); 3° le comité de l'intérieur et du commerce; 4° le comité des finances.

12. Le comité de la justice et du contentieux sera composé de douze conseillers d'Etat, dix-huit maîtres des requêtes, cinq auditeurs de première classe, et sept auditeurs de seconde classe.

Le comité de la guerre et de la marine sera composé de six conseillers d'Etat, huit mai-

tres des requêtes, deux auditeurs de première classe et quatre de seconde.

Le comité de l'intérieur et du commerce sera composé de six conseillers d'Etat, huit maîtres des requêtes, quatre auditeurs de première classe et cinq de seconde.

Le comité des finances sera composé de quatre conseillers d'Etat, six maîtres des requêtes, un auditeur de première classe et deux de seconde.

Notre garde-des-sceaux arrêtera la répartition des conseillers d'Etat, maîtres des requêtes et auditeurs dans chaque comité, selon le besoin du service et d'après les proportions établies par le présent article.

Le nombre des conseillers d'Etat, maîtres des requêtes et auditeurs composant les divers comités, pourra être augmenté selon les besoins du service, sur le rapport de notre garde-des-sceaux, sans que les limites déterminées par l'article 3 de la présente ordonnance puissent être dépassées.

13. Le Conseil-d'Etat ne délibère qu'autant que la moitié plus un de ses membres ayant voix délibérative sont présens à la séance.

Il est tenu note des noms des membres présens par le secrétaire général du Conseil; ils sont inscrits au procès-verbal.

14. Tout projet de loi ou ordonnance portant règlement d'administration publique qui aura été préparé dans l'un des comités du Conseil-d'Etat, devra ensuite être délibéré en assemblée générale, tous les comités réunis et tous les ministres secrétaires d'Etat ayant été convoqués. Les ordonnances ainsi délibérées pourront seules porter dans leur préambule ces mots : *Notre Conseil-d'Etat entendu* (3).

15. Les rapports sur les projets de loi ou d'ordonnance portant règlement d'administration publique seront faits dans les comités par les maîtres des requêtes, et au Conseil-d'Etat, tous les comités réunis, par les conseillers d'Etat.

Les rapports des affaires purement administratives ou contentieuses pourront être faits dans les comités par les auditeurs concurremment avec les maîtres des requêtes; et ils seront faits au Conseil-d'Etat, tous les comités réunis, par les maîtres des requêtes ou les conseillers d'Etat, au choix de notre garde-des-sceaux.

16. Les honneurs attribués aux conseillers d'Etat en mission par le règlement sur les pré-

(1) *Voy.*, sur le cumul des traitemens, l'art. 5.

(2) L'ordonnance du 26 août 1824 établit un comité de la marine et un comité de la guerre distincts.

(3) *Voyez* art. 6 de l'ordonnance du 19 avril 1817, et la note sur cet article.

séances ne seront accordés qu'à ceux qui seront investis par nous d'une mission spéciale et temporaire.

Les conseillers d'État en service extraordinaire qui exercent des fonctions publiques dans les départemens prennent le rang que leur assignent les fonctions dont ils sont revêtus.

17. L'article 12 de l'ordonnance du 26 août 1824 est rapporté (1).

18. Les dispositions des réglemens et ordonnances concernant le Conseil-d'État auxquelles il n'est pas dérogé par la présente continueront d'être exécutées.

19. Notre garde-des-sceaux, ministre secrétaire d'État au département de la justice (comte Portalis), est chargé de l'exécution de la présente ordonnance.

———

5 NOVEMBRE = Pr. 1ᵉʳ DÉCEMBRE 1828.—Ordonnance du Roi portant que la ville de Molsheim (Haut-Rhin) continuera d'avoir un abattoir public. (8, Bull. 264, n° 10019.)

Charles, etc.

Sur le rapport de notre ministre secrétaire d'État au département de l'intérieur;

Vu la délibération du conseil municipal de Molsheim, département du Haut-Rhin, du 15 juillet 1828, relative à l'abattoir public de cette ville;

L'avis du préfet du 24 du même mois;

Notre Conseil-d'État entendu,

Nous avons ordonné et ordonnons ce qui suit :

Art. 1ᵉʳ. La ville de Molsheim, département du Haut-Rhin, continuera d'avoir un abattoir public et commun pour l'abattage des bestiaux et porcs.

Le bâtiment où se trouve maintenant placé ledit établissement demeure affecté à cette destination.

2. A dater de la promulgation de la présente ordonnance, l'abattage et la préparation des bestiaux et porcs auront lieu exclusivement dans ledit abattoir, et toutes les tueries particulières seront interdites et fermées.

Toutefois, les particuliers qui voudront faire abattre chez eux les porcs nécessaires à leur consommation en conserveront la faculté, à la charge par eux d'exécuter ou faire exécuter cette opération dans un lieu clos et séparé de la voie publique, en se conformant d'ailleurs aux réglemens de police.

3. Les bouchers et charcutiers forains pourront également faire usage de l'abattoir public, mais sans y être obligés, soit qu'ils concourent à l'approvisionnement de la ville, soit qu'ils approvisionnent seulement la banlieue: ils seront libres de tenir des abattoirs et des échaudoirs hors de la ville, dans les communes voisines, sous l'approbation de l'autorité locale.

4. En aucun cas et pour quelque motif que ce soit, le nombre des bouchers et charcutiers ne pourra être limité: tous ceux qui voudront s'établir à Molsheim seront seulement tenus de se faire inscrire à la mairie, où ils feront connaître le lieu de leur domicile et justifieront de leur patente.

5. Les bouchers et charcutiers de la ville auront la faculté d'exposer en vente et de débiter de la viande à leur domicile, pourvu que ce soit dans des étaux convenablement appropriés à cet usage, en suivant les règles de la police.

6. Les bouchers et charcutiers forains pourront exposer en vente et débiter de la viande dans la ville, mais seulement sur les lieux et marchés publics désignés par le maire et aux jours fixés par ce magistrat, et ce, en concurrence avec les bouchers et charcutiers de la ville qui voudront profiter de la même faculté.

7. Les droits à payer par les bouchers et charcutiers pour l'occupation des places dans l'abattoir public seront réglés par un tarif arrêté dans la forme ordinaire.

8. Le maire de Molsheim pourra faire les réglemens locaux nécessaires pour le service de l'abattoir public ou commun, ainsi que pour le commerce de la boucherie et charcuterie; mais ces actes ne seront exécutoires qu'après avoir reçu l'approbation du ministre de l'intérieur, sur l'avis du préfet.

9. Notre ministre secrétaire d'État de l'intérieur (vicomte de Martignac) est chargé de l'exécution de la présente ordonnance, qui sera insérée au Bulletin des Lois.

———

5 NOVEMBRE = 1ᵉʳ DÉCEMBRE 1828. — Ordonnance du Roi qui autorise la ville de Luxeuil (Haute-Saône) à établir un abattoir public. (8, Bull. 264, n° 10020.)

Charles, etc.

Sur le rapport de notre ministre secrétaire d'État au département de l'intérieur;

Vu la délibération du conseil municipal de Luxeuil, département de la Haute-Saône,

———

(1) Il déterminait les conditions d'aptitude pour être maître des requêtes.

ullu 5 mai 1828, relative à l'établissement
u'il'un abattoir public en cette ville;

L'avis du préfet du même département
nen date du 30 août 1828;

Notre Conseil-d'Etat entendu,

Nous avons ordonné et ordonnons ce qui
ursuit :

Art. 1er. La ville de Luxeuil, département
slle la Haute-Saône, est autorisée à établir
umun abattoir public et commun.

L'autorité municipale remplira, pour le
dcchoix du local, les formalités exigées par le
sldécret du 15 octobre 1810 et par l'ordon-
srnance royale du 4 janvier 1815, relative-
urrment à la troisième classe des établissemens
inuinsalubres ou incommodes.

2. Aussitôt que les échaudoirs auront été
irmis en état de servir, et dans le délai d'un
urmois, au plus tard, après que le public en
ursaura été averti par affiches, l'abattage des
odbœufs, vaches, veaux et moutons destinés à
slla consommation des habitans, ne pourra se
sifaire à l'intérieur de la ville que dans l'abat-
otloir public, et toutes les tueries particulières
seseront interdites et fermées.

3. Les charcutiers et les consommateurs
ococonserveront la faculté d'abattre chez eux
slles porcs, pourvu que ce soit dans un lieu
lnclos et séparé de la voie publique, et en se
oconformant d'ailleurs aux règles de la police.

4. Les bouchers forains pourront égale-
rrment faire usage de l'abattoir public, mais
sasans y être obligés, soit qu'ils concourent à
rll'approvisionnement de la ville, soit qu'ils
sapprovisionnent seulement la banlieue; ils
seseront libres de tenir des abattoirs et des
lséétaux hors de la ville, sous l'approbation de
rll'autorité locale.

5. En aucun cas et pour quelque motif que
roce soit, le nombre des bouchers et des char-
lacutiers ne pourra être limité : tous ceux qui
vvoudront s'établir à Luxeuil seront seule-
rrment tenus de se faire inscrire à la mairie,
ooù ils feront connaître le lieu de leur domi-
ocile et justifieront de leur patente.

6. Les bouchers et charcutiers de la ville
ssauront la faculté d'exposer en vente et de
bdébiter de la viande à leur domicile, pourvu
pque ce soit dans des étaux convenablement
sapproprés à cet usage et suivant les règles
bde la police.

7. Les bouchers et charcutiers forains
qpourront exposer en vente et débiter de la
vviande dans la ville, mais seulement sur les
illieux et marchés publics désignés par le
umaire et aux jours fixés par ce magistrat,
set ce en concurrence avec les bouchers et
lles charcutiers de la ville qui voudront pro-
filter de la même faculté.

8. Les droits à payer par les bouchers et
charcutiers pour l'occupation des places dans
l'abattoir public seront réglés par un tarif
arrêté dans la forme ordinaire.

9. Le maire de la ville de Luxeuil pourra
faire les réglemens locaux nécessaires pour
le service de l'abattoir public et commun,
ainsi que pour le commerce de la boucherie
et de la charcuterie ; mais ces actes ne seront exécutoires qu'après avoir reçu l'approbation de notre ministre de l'intérieur, sur
l'avis du préfet.

10. Notre ministre secrétaire d'Etat de
l'intérieur (vicomte de Martignac) est chargé
de l'exécution de la présente ordonnance,
qui sera insérée au Bulletin des Lois.

5 NOVEMBRE = Pr. 1er DÉCEMBRE 1828.—Ordonnance du Roi qui modifie le tarif du péage
établi sur le pont suspendu de Jarnac (Charente), annexé à l'ordonnance royale du 11
avril 1826. (8, Bull. 264, n° 10023.)

Charles, etc.

Sur le rapport de notre ministre secrétaire d'Etat de l'intérieur ;

Vu la demande du concessionnaire du
pont suspendu de Jarnac, département de
la Charente, tendant à ce que les articles 3,
4, 5, 6, 7, 8, 9 et 10 du tarif du péage
établi sur ce pont soient modifiés, afin de
faciliter la perception des droits qui y sont
portés ;

Vu, sur cette demande, l'avis du préfet
et celui du conseil général des ponts-et-chaussées ;

Vu le tarif annexé à notre ordonnance du
11 avril 1826, qui a autorisé l'établissement
d'un péage sur le pont de Jarnac ;

Notre Conseil-d'Etat entendu,

Nous avons ordonné et ordonnons ce qui
suit :

Art. 1er. Les articles 3, 4, 5, 6, 7, 8,
9 et 10 du tarif du péage établi sur le pont
suspendu de Jarnac, département de la Charente, sont et demeurent modifiés comme il
suit :

N° 3. Cheval ou mulet chargé, 5 centimes au lieu de 6 c.

N° 4. Cheval ou mulet non chargé, 5 c.
au lieu de 4.

N° 5. Ane et ânesse chargés, 5 c. au
lieu de 4.

N° 6. Ane et ânesse non chargés, 2 c. 1/2
au lieu de 3.

N° 7. Cheval, mulet, bœuf, vache, âne
ou ânesse employés au labour ou allant au
pâturage, 2 c. 1/2 au lieu de 3.

N° 8. Bœuf, vache, veau, appartenant à des marchands et destinés à la vente, 10 c. au lieu de 8.

N° 9. Porcs, 2 c. 1/2 au lieu de 3.

N° 10. Brebis, mouton, bouc, chèvre, cochon de lait, paire d'oies ou de dindons, 1 c. 1/4 au lieu de 1.

2. Notre ministre secrétaire d'État de l'intérieur (vicomte de Martignac) est chargé de l'exécution de la présente ordonnance.

5 NOVEMBRE 1828. — Ordonnance qui autorise le sieur Servat à établir une forge catalane dans la commune de Massat. (8, Bull. 274, n° 10576.)

5 NOVEMBRE 1828. — Ordonnance qui autorise l'acceptation de donations faites à la fabrique de l'église de Saint-Malo, de Valognes, et au séminaire d'Aire. (8, Bull. 315, n° 12129.)

5 NOVEMBRE 1828. — Ordonnances qui autorisent l'acceptation de legs faits aux fabriques des églises d'Ancerville, de Gorvello, de Lecey, de La Houssaye et de Boulogne-sur-Mer. (8, Bull. 316, n°s 12169 et suiv.)

5 NOVEMBRE 1828. — Ordonnance qui autorise définitivement la communauté des religieuses Ursulines établie à Rouen. (8, Bull. 262, n° 9899.)

6 NOVEMBRE 1828. — Lettres-patentes portant érection de majorats en faveur de M. de Renty. (8, Bull. 262, n° 9898.)

9 NOVEMBRE 1828. — Ordonnance portant que : 1° le nombre des avoués de la cour royale de Poitiers est définitivement fixé à huit; 2° le nombre des huissiers du tribunal de première instance séant à Rochefort (Charente-Inférieure), est définitivement fixé à quatorze. (8, Bull. 263, n° 10007.)

9 NOVEMBRE 1828. — Ordonnance qui autorise l'acceptation de dons et legs faits à la fabrique de l'église de Peumorit-Quintin, au séminaire de Périgueux, et aux desservans successifs de Rullac. (8, Bull. 317, n°s 12204 et 12205.)

9 NOVEMBRE 1828. — Ordonnances qui autorisent l'acceptation de dons et legs faits aux fabriques des églises de Grosville, de Gressveiller, d'Izy, de Lodève, de Saint-Germain-le-Gaillard, de Moulins, de Boisherhoult, de Chavoy, de Chauvé, de Coulombset, de Perrogney; aux desservans successifs de Sermange et d'Auxange. (8, Bull. 316, n° 12175.)

9 NOVEMBRE 1828. — Ordonnance qui autorise la supérieure générale des religieuses du Sacré-Cœur de Jésus à former, dans la ville de Perpignan, un établissement dépendant de sa congrégation. (8, Bull. 262, n° 9900.)

9 NOVEMBRE 1828. — Ordonnance du Roi qui autorise des exploitations dans les bois de plusieurs communes, et porte qu'il sera procédé à l'essartement des bois royaux et communaux qui bordent les routes y désignées. (8, Bull. 263, n° 9910.)

9 NOVEMBRE 1828. — Ordonnance qui accorde des pensions de retraite à trois militaires y dénommés, imputables sur le crédit d'inscription de l'année 1828. (8, Bull. 264 bis, n° 3.)

9 NOVEMBRE 1828. — Ordonnance qui accorde des pensions de retraite à cent militaires y dénommés, imputables sur les crédits d'inscription de 1827 et 1828. (8, Bull. 264 bis, n° 4.)

12 = Pr. 25 NOVEMBRE 1828. — Ordonnance du Roi qui autorise les membres des conseils de prud'hommes à porter une marque distinctive dans l'exercice de leurs fonctions. (8, Bull. 262, n° 9888.)

Charles, etc.

Vu la loi du 18 mars 1806, les décrets des 3 juillet 1806, 11 juin 1809, 20 février et 3 août 1810, portant création de prud'hommes en diverses villes de notre royaume, et qui, en leur donnant le caractère d'officiers publics, règlent l'exercice de leur juridiction, les chargent de constater les contraventions aux lois et réglemens en fait d'industrie, et les autorisent à faire des visites et vérifications dans les manufactures et fabriques;

Sur le rapport de notre garde-des-sceaux, ministre secrétaire d'État au département de la justice;

Notre Conseil-d'État entendu,

Nous avons ordonné et ordonnons ce qui suit :

Art. 1er. Les membres des conseils de prud'hommes porteront, dans l'exercice de leurs fonctions, soit à l'audience, soit au-dehors, une médaille d'argent suspendue à un ruban noir en sautoir, le tout conformément au modèle ci-annexé.

2. Notre garde-des-sceaux, ministre secrétaire d'État au département de la justice, et notre ministre secrétaire d'État au département du commerce (comte Portalis et M. Saint-Cricq), sont chargés, chacun en ce qui le concerne, de l'exécution de la présente ordonnance, qui sera insérée au Bulletin des Lois.

E 2 = Pr. 25 NOVEMBRE 1828. — Ordonnance du
Roi relative à une erreur qui s'est glissée dans
la promulgation de la loi du 6 août 1828,
portant allocation au ministère de la guerre
d'un crédit extraordinaire de onze millions
deux mille francs sur l'exercice de 1827. (8,
Bull. 262, n° 9896.)

Charles, etc.

Vu l'expédition originale de la loi du 6
août 1828, portant allocation au ministère
de la guerre d'un crédit extraordinaire de
onze millions deux mille francs sur l'exercice
8 1827;

Vu la résolution de la Chambre des députés, en date du 25 juin dernier, et celle de
la Chambre des pairs du 31 juillet suivant;

Vu l'expédition originale de ladite loi,
conforme à la teneur de ces résolutions et signée par nous le 6 août suivant;

Considérant qu'il s'est glissé, dans la promulgation qui en a été faite, une erreur matérielle qui consiste dans l'omission de la
dernière disposition de l'article unique de
la loi;

Qu'il importe de pourvoir immédiatement
à la rectification de cette erreur;

Sur le rapport de notre garde-des-sceaux,
ministre secrétaire d'Etat au département de
la justice,

Nous avons ordonné et ordonnons ce qui
suit :

Art. 1er. La disposition rapportée ci-après,
en tout conforme au texte des résolutions des
deux Chambres, et qui a été omise lors de la
promulgation de la loi du 6 août 1828, sera
rétablie dans la nouvelle promulgation qui en
sera faite, au moyen de l'insertion de la disposition suivante :

« Au moyen de l'allocation ci-dessus de
» « deux millions quatre cent soixante-douze
» « mille francs, la loi du 13 mai 1828 ne re-
» « cevra plus d'exécution qu'en ce qui con-
» « cerne l'aliénation par elle autorisée des
» « bâtimens et terrains situés entre les rues
» « de Belle-Chasse, de Grenelle-Saint-Ger-
» « main, de Bourgogne et Saint-Dominique,
» « dont le prix sera porté au compte des re-
» « cettes générales de l'Etat pour 1829. »

En conséquence, l'insertion contenue au
n° 246 du Bulletin des Lois sera considérée
comme non-avenue.

2. Notre garde-des-sceaux, ministre secrétaire d'Etat au département de la justice
(comte Portalis), est chargé de l'exécution
de la présente ordonnance.

12 = Pr. 25 NOVEMBRE 1828. — Ordonnance du
Roi contenant le tableau des conseillers
d'Etat et maîtres des requêtes. (8, Bull. 263,
n° 9904.)

Charles, etc.

Nous avons ordonné et ordonnons ce qui
suit :

Le tableau des conseillers d'Etat et maîtres des requêtes en notre Conseil-d'Etat est
et demeure arrêté ainsi qu'il suit :

Conseillers d'Etat en service ordinaire.

Les sieurs Chevalier Delamale, baron de
Ballainvilliers, comte Bérenger, baron Cu-
vier, baron de Gérando, de Blaire, cheva-
lier Allent, baron Favard de l'Anglade, vi-
comte Jurien, Jacquinot-Pampelune, baron
Hély d'Oyssel, comte d'Argout, Bertin de
Veaux, comte du Hamel, comte de Kerga-
riou, chevalier de Brevannes, comte de Tour-
non, Amy, marquis de Saint-Céry, baron de
Fréville, baron Héron de Villefosse, Mail-
lard, vicomte de Saint-Chamans, comte de
Coëtlosquet, abbé de la Chapelle, comte de
Loverdo, Ferdinand de Bertier, Salvandy,
Villemain, Agier, comte de Floirac, baron
Lepelletier d'Aunay, marquis de Cambon,
comte Alexandre de Laborde.

Sont employés aux travaux intérieurs et
habituels des comités, conformément à l'article 2 de notre ordonnance du 5 du courant,
les conseillers d'Etat dont les noms suivent :

Les sieurs chevalier Delamalle, Baron de
Balainvilliers, comte Bérenger, baron Cuvier,
baron de Gérando, de Blaire, chevalier Allent, baron Favard de l'Anglade, vicomte Jurien, Jacquinot Pampelune, baron Hély d'Oyssel, comte du Hamel, chevalier de Brevannes, comte de Tournon, Amy, baron de Fréville, baron Héron de Villefosse, Maillard,
vicomte de Saint-Chamans, comte du Coëtlosquet, abbé de la Chapelle, comte de Loverdo, Ferdinand de Bertier, Salvandy.

Sont appelés à prendre part aux délibérations du Conseil, tous les comités réunis, sans
participation aux travaux particuliers des comités, les conseillers d'Etat dont les noms
suivent (1) :

Les sieurs comte d'Argout, Bertin de Veaux,
comte de Kergariou, marquis de Saint-Géry,
Villemain, Agier, comte de Floirac, baron
Lepelletier d'Aunay, marquis de Cambon,
comte Alexandre de Laborde.

_____

(1) Voy. la note sur l'article 2 de l'ordonnance du 5 novembre 1828.

Conseillers d'Etat en service extraordinaire autorisés à participer aux travaux des comités et aux délibérations du Conseil.

Les sieurs comte de Vichy, évêque d'Autun; comte de Cheverus, archevêque de Bordeaux; Lepape de Trevern, évêque de Strasbourg; chevalier Faure; Becquey, directeur général des ponts-et-chaussées et des mines; baron Mounier; baron Zangiacomi; marquis de Bouthillier, directeur général des forêts; marquis de Vaulchier, directeur général des postes; baron de Crouseilhes; Jules Pasquier, directeur général de la caisse d'amortissement; de Boisbertrand, directeur des établissemens d'utilité publique et des secours généraux; comte de Pastoret, commissaire du Roi près la commission du sceau; Bourdeau, directeur général de l'enregistrement et des domaines; baron Bacot de Romand, directeur général des contributions indirectes, baron de Villeneuve-Bargemont, directeur général des douanes; baron de Balsac, secrétaire général du ministère de l'intérieur; baron Meyronnet de Saint-Marc, secrétaire général du ministère de la justice; Halgan, contre-amiral; Tarbé de Vaux-Clairs; Froidefond de Bellisle; vicomte Siméon, directeur des sciences, beaux-arts et librairie; comte de Charencey.

Conseillers d'Etat en service extraordinaire.

Les sieurs baron Henrion de Pensey, premier président de la cour de cassation; de Laporte-Lalanne, membre de la commission de liquidation des émigrés; comte de la Bourdonnaye de Blossac, pair de France; comte d'Hauterive, garde des archives au ministère des affaires étrangères; comte Reinhard, ministre plénipotentiaire à Francfort; baron Durant de Mareuil, ministre plénipotentiaire près les Etats-Unis; comte de Chabrol-Volvic, préfet du département de la Seine; baron Séguier, pair de France, premier président de la cour royale de Paris; comte de Grosbois, pair de France; marquis d'Orvilliers, pair de France; Flury, ex-chef au ministère des affaires étrangères; Baron Capelle, préfet du département de Seine-et-Oise; baron de Guilhermy, président en la cour des comptes; de Trinquelague, premier président de la cour royale de Montpellier; baron Dudon; comte de Montlivaut, préfet du département du Calvados; comte d'Allonville, préfet du département de la Meurthe; Royer-Collard; Ravez, premier président de la cour royale de Bordeaux; Esmangart, préfet du département du Bas-Rhin; comte Ricard, pair de France; Dupleix de Mézy, membre de la commission de liquidation des émigrés; comte d'Augier, vice-amiral; vicomte d'Ambray, pair de France; Tercier; Delavau; Franchet-Desperey; marquis de Forbin des Issarts, pair de France; de Frénilly, pair de France; vicomte de Castelbajac, pair de France; Boursaint, directeur de la comptabilité du ministère de la marine; comte de Richemont des Bassayns; Bourjot, chef de division au ministère des affaires étrangères; baron Camus-Dumartroy; baron de Vanssay, préfet du département de la Loire-Inférieure; Henri de Longuève; Vicomte Héricart de Thury, directeur des travaux publics de Paris; comte de Brosses, préfet du département du Rhône; baron d'Haussez, préfet du département de la Gironde; comte de Villeneuve-Bargemont, préfet du département des Bouches-du-Rhône; comte de Murat, préfet du département de la Seine-Inférieure; baron de Bretenière, premier président de la cour royale de Dijon; baron de l'Horme, premier président de la cour royale de Caen; baron Sallé, premier président de la cour royale de Bourges; baron de Gaujal, premier président de la cour royale de Limoges; baron Rateau, procureur général près la cour royale de Bordeaux; Courvoisier, procureur général près la cour royale de Lyon; marquis d'Arbaud-Jouques, préfet du département de la Côte-d'Or; comte d'Estourmel, préfet du département de la Manche; comte Redon de Beaupréau, préfet maritime à Lorient, Tupinier directeur des ports; marquis d'Audiffret, directeur de la comptabilité générale du ministère des finances; vicomte de Beaumont; préfet du département de Tarn et Garonne; Vauvilliers, secrétaire général du ministère de la marine; baron de Talleyrand, préfet; Prince de Broglie; Pichon; Sirieys de Mayrinhac, directeur de l'administration générale des haras, etc.; Rainneville; marquis de Gasville, préfet du département de l'Yonne; comte Vallée, lieutenant-général; vicomte Rogniat, lieutenant-général; vicomte Decazes, préfet du département du Tarn; baron de Barante, pair de France; chevalier de Rigny, vice-amiral; Sallier, administrateur de l'institution royale des Quinze-Vingts; baron Dunoyer, conseiller à la Cour de cassation; baron Pelet, membre de la Chambre des députés; baron de la Bonnardière, membre du conseil général des hospices; baron Rendu, procureur général à la cour des comptes; baron Feutrier; vicomte Alban de Villeneuve, préfet du département du Nord; vicomte de Villiers du Terrage; baron Malouet; vicomte de Senonnes; de Malartic; Boula du Colombiers.

Maîtres des requêtes en service ordinaire.

Les sieurs Jauffret, Taboureau, de Janzé, baron Prévost, vicomte de Cormenin, Leriche de Cheveigné, Mazoïer, baron Patry, Formon, marquis Amelot du Guépéan, Brière, vicomte Abrial, baron Thirat de Saint-Agnan, Masson, de Moydier, baron de Sèze, de La

...Bouillerie, baron Poyferré de Cère, de Ro-
sière, Hutteau d'Origny, vicomte de Conny,
comte de Rességuier, comte de Kersaint, vicomte de Richemont des Bassayns, baron
...sanet, Olivier de la Rochefoucauld, Paulze
d'Ivoy, Lantivy, Locard, Freslon de la Fres-
...nonière.

...Maîtres des requêtes en service extraordinaire
...autorisés à prendre part aux travaux des co-
...mités et aux délibérations du Conseil.

...Les sieurs Le Beau, de Villebois, de Broé,
...illeau-Saint-Hilaire, Delaire, Deffaudis, de
...oubers, Vincens.

...Maître des requêtes en service extraordinaire.

...Les sieurs comte Boissy d'Anglas, pair de
France; baron de Crazannes, sous-préfet à
...gignac; marquis de Portes; baron de Bon-
...naire de Forges; marquis de Gourgues, pair
...se France; baron de Bastard d'Estang, préfet
...au département de la Haute-Loire; baron de
...alz de Malvirade, consul général de France
...en Russie; comte de Breteuil, pair de France;
...vicomte Tassin de Nonneville, préfet du dé-
...partement d'Indre-et-Loire; baron Schiaffino,
...consul général à Gênes; vicomte de Laitre,
...préfet du département de l'Eure; Pallyet,
...intendant militaire; comte de Sussy, pair de
...France; de Jessaint, sous-préfet de l'arron-
...dissement de Saint-Denis; Colomb, avocat
...général à la cour royale de Paris; Rosman,
...chef de division au ministère de l'intérieur;
...comte de Chazelles, préfet du département
...du Morbihan; comte de Germiny, pair de
...France; baron de Lamardelle, membre de la
...commission de liquidation de l'indemnité at-
...tribuée aux anciens colons de Saint-Domin-
...gue; baron Creuzé de Lesser, préfet du dé-
...partement de l'Hérault; baron Walkenaer,
...préfet du département de la Nièvre; de la
...ville de Miremont, inspecteur général des
...prisons; comte Victor de Juigné, préfet du
...département de la Haute-Garonne; baron de
...tiresse de la Beyrie, préfet du département
...d'Eure-et-Loir; marquis Dalon, préfet du dé-
...partement de la Charente-Inférieure; baron
...Hilius, contre-amiral et administrateur de
...la Guadeloupe; comte Jules de Saint-Cricq;
...au de Champlouis, préfet du département
...des Vosges; vicomte de Curzay, préfet du
...département de la Vendée; comte de Milon de
...Mesne, préfet du département du Doubs;
...comte de Toqueville, pair de France; baron
...Chevalier, préfet du département des Landes;
...vicomte Armand d'Abancourt, secrétaire gé-
...néral de la commission de liquidation des émi-
...grés; comte de Nugent, préfet du département
...de l'Oise; marquis de Roussy, préfet du dépar-
...tement des Hautes-Alpes; Moreau, président
...au tribunal de première instance de Paris;

Pouyer, préfet du 1ᵉʳ arrondissement maritime; comte de Waters, préfet du département du Jura; Dessolle, préfet du département des Basses-Pyrénées; de Gères, membre
de la commission de Saint-Domingue; baron
Travers de Beauvert, sous-intendant militaire; Fleuriau, capitaine de vaisseau, secrétaire du conseil d'amirauté; baron Maurice;
Augustin Jordan, directeur de la première
division au ministère de l'intérieur; O'Don-
nel; Becheu de la Sancie; Cassaing; de la
Rue, garde des archives du royaume; de Vau-
freland, avocat général à la cour royale de
Paris; Roth, premier secrétaire d'ambassade
à Londres; Vielcastel, ancien sous-préfet;
Revelière, administrateur des subsistances
de la marine; d'Hincourt, secrétaire général du ministère de la guerre; vicomte de Su-
leau, préfet du département de la Moselle;
Blondel d'Aubers, fils, préfet du département
de l'Ardèche; marquis Ferdinand de Villeneuve, préfet du département de la Somme;
Audibert; de Chantelou, ancien sous-préfet.

Conseillers d'Etat honoraires.

Les sieurs comte Begouen, baron Jourdan,
comte de la Besnardière, Foullon d'Ecotier,
de Chaumont de la Galaizière, baron Rouill,
d'Orfeuil, de Granvelle, Mondragon de Plu-
vault, Cromot de Fougy, vicomte Pernetty-
comte Dumas, Froc de la Boulaye, Herman,
comte du Bouchage, de Tabarié, comte Du-
châtel, Lechat, de Pancemont, ancien premier président de notre cour de Nîmes; Blondel d'Aubers, conseiller honoraire en la Cour
de cassation; Juin de Siran, ancien procureur général près notre cour de Montpellier.

Maîtres des requêtes honoraires.

Les sieurs vicomte de Maleville, baron Joly
de Fleury, de la Chèze-Murel, vicomte d'Arlincourt, Leblanc de Castillon, Chopin d'Arnouville, Anisson Duperon, d'Arlincourt (Charles), Pruguon, Challaie, Jourdan, marquis
de Maleteste, de Collenel, Chevalier Amé-
dée Jaubert, comte de Montigny, Flauger-
gues, Forest, vicomte Edouard de Chabrol,
P. Lagarde.

Notre garde-des-sceaux, ministre secrétaire d'Etat au département de la justice
(comte Portalis), est chargé de l'exécution de
la présente ordonnance.

———

12 = Pr. 25 NOVEMBRE 1828.—Ordonnance du
Roi qui crée une commission administrative
des haras, et nomme M. le duc d'Escars président de cette commission. (8, Bull. 263,
n° 9908.)

Charles, etc.

Vu les ordonnances royales des 28 mai 1822 et 16 janvier 1825 ;

Sur le rapport de notre ministre secrétaire d'Etat au département de l'intérieur.

Nous avons ordonné et ordonnons ce qui suit :

Art. 1er. Il est établi près de notre ministre secrétaire d'Etat au département de l'intérieur une commission administrative des haras, dont les fonctions sont gratuites.

Les membres de cette commission, au nombre de dix, y compris son président, seront nommés par nous, sur la présentation de notre ministre de l'intérieur.

2. Seront appelés à cette commission trois officiers généraux de notre armée de terre, les trois plus anciens inspecteurs généraux des haras, et trois propriétaires pris parmi les personnes qui s'adonnent avec le plus de succès à l'éducation des chevaux.

3. Le président de la commission remplira auprès de notre ministre de l'intérieur les fonctions attribuées au directeur de l'administration générale des haras par l'article 4 de l'ordonnance royale du 28 mai 1822.

4. Les branches d'administration qui forment avec celle des haras les attributions actuelles de la direction créée par l'ordonnance du 28 mai 1822 seront réparties par notre ministre de l'intérieur entre les directions ou les divisions de son département.

5. Notre cousin le duc d'Escars, pair de France, lieutenant général de nos armées, est nommé président de la commission administrative des haras.

6. Notre ministre secrétaire d'Etat de l'intérieur (vicomte de Martignac) est chargé de l'exécution de la présente ordonnance.

12 NOVEMBRE 1828. — Ordonnances qui autorisent les sieurs Gauthier, Aubertot et Duplaquet, à établir des usines dans les communes de Cugney, de Brives et de Remigny. (8, Bull. 275, nos 10628 et suiv.)

12 NOVEMBRE 1828. — Ordonnance qui accorde des lettres de déclaration de naturalité au sieur Deghillenghien (8, Bull. 298, n° 11408.)

12 NOVEMBRE 1828. — Ordonnances qui autorisent l'acceptation de dons et legs faits aux pauvres de Crevic, de Noodpeene, de Saint-Pol, de Bryas, d'Ostreville, de Beaumont, de Sare, de Stundwiller, d'Ober-Rœdern, d'Aspach et de Sainte-Colombe ; aux hospices de Saint-Pol et de La Flèche. (8, Bull. 275, nos 10620 et suiv.)

12 NOVEMBRE 1828. — Ordonnances qui autorisent l'acceptation de dons et legs faits aux pauvres de Joyeuse, de Saint-Martin-ès-Vignes, de Puyvert, d'Aix, de Chassagne, de Valence, de Senonches, de Beaucaire, de Vernet, de Bordeaux, de Lodève, de Roquefort, de Pouillon, du Saint-Esprit, de Cour-sur-Loire, de Cahors, de Tombebœuf, d'Agen, de Saint-George-de-Levejac et de Laval ; aux hospices de Sarlat, de Beaucaire, de Grenoble, de Montaut et de Nantes. (8, Bull. 274, nos 10577 et suiv.)

12 NOVEMBRE 1828. — Ordonnance qui concède les mines de houille de Montvicq. (8, Bull. 275, n° 10680.)

12 NOVEMBRE 1828. — Ordonnance portant nomination à plusieurs préfectures. (8, Bull. 263, n° 9907.)

12 NOVEMBRE 1828. — Ordonnance qui autorise les sieurs Hochsteller et Liptrott à établir leur domicile en France. (8, Bull. 263, n° 9912.)

12 NOVEMBRE 1828. — Ordonnance qui accorde une pension au sieur Dupont-Delaroque, ancien sous-préfet. (8, Bull. 264 bis, n° 5.)

12 NOVEMBRE 1828. — Ordonnances qui autorisent l'acceptation de legs faits aux pauvres de Vernusse et à l'hospice de Gap. (8, Bull. 273, nos 10563 et 10564.)

13 NOVEMBRE 1828. — Ordonnance qui nomme M. le marquis de Vaulchier directeur général des douanes. (8, Bull. 263, n° 9905.)

13 NOVEMBRE 1828. — Ordonnance qui nomme M. le baron de Villeneuve directeur général des postes. (8, Bull. 263, n° 9906.)

16 NOVEMBRE 1828 = Pr. 7 JANVIER 1829. — Ordonnance du Roi relative au traitement des gouverneurs des divisions militaires. (8, Bull. 272, n° 10507.)

Voy. ordonnances des 4 SEPTEMBRE 1815 et 22 JUILLET 1818.

Charles, etc.

Sur le rapport de notre ministre secrétaire d'Etat de la guerre,

Nous avons ordonné et ordonnons ce qui suit :

Art. 1er. A dater du 1er janvier 1829, le traitement des gouverneurs des divisions militaires sera ramené au taux de dix mille francs, déterminé par l'ordonnance du 7 mars 1817.

§. 2. Ce traitement ne pourra être cumulé avec aucune solde d'activité, de disponibilité à la de retraite.

§. 3. Les gouverneurs des divisions militaires nommés à l'avenir n'auront droit, à ce titre, qu'aucun traitement spécial, à moins qu'ils ne reçoivent des lettres de service pour en remplir les fonctions, conformément à l'article 4 de l'ordonnance du 30 décembre 1818.

§. 4. Notre ministre secrétaire d'État au département de la guerre (vicomte de Caux) est chargé de l'exécution de la présente ordonnance.

_____

16 NOVEMBRE = Pr. 1ᵉʳ DÉCEMBRE 1828. — Ordonnance du Roi portant répartition du crédit de cinquante-six millions sept cent dix-neuf mille huit cent cinquante-six francs accordé par la loi du 17 août 1828 pour les dépenses ordinaires du ministère de la marine et des colonies pendant l'exercice 1829 (1). (8, I Bull. 264, n° 10009.)

Voy. les ordonnances des 16 et 19 NOVEMBRE, 3, 14 et 21 DÉCEMBRE 1828.

), Charles, etc.

Vu la loi de finances du 17 août 1828, qui accorde au ministère de la marine et des colonies un crédit de cinquante-six millions sept cent dix-neuf mille huit cent cinquante-six francs pour faire face aux dépenses ordinaires de l'exercice 1829;

Vu la loi du 25 mars 1817, art. 151;

Vu l'ordonnance royale du 14 septembre 1822, art. 2;

Vu l'ordonnance royale du 1ᵉʳ septembre 1827, art. 5;

Sur le rapport de notre ministre secrétaire d'État de la marine et des colonies,

Nous avons ordonné et ordonnons ce qui suit :

Art. 1ᵉʳ. Le crédit de cinquante-six millions sept cent dix-neuf mille huit cent cinquante-six francs, accordé par la loi de finances du 17 août 1828, pour faire face aux dépenses ordinaires du département de la marine et des colonies pendant l'exercice 1829, est réparti de la manière suivante, savoir :

SECTION 1ʳᵉ. *Administration centrale.*

CHAP. 1ᵉʳ. Administration centrale. 790,000

SECTION II. *Personnel.*

CHAP. II. Solde. . . . . 19,579,500 ⎫
—— III. Hôpitaux. . . . . 1,181,500 ⎬ 27,595,500
—— IV. Vivres. . . . . 6,834,500 ⎭

SECTION III. *Approvisionnemens.*

CHAP. V. Approvisionnemens de prévoyance. . . . .

SECTION IV. *Travaux relatifs à la flotte.*

CHAP. VI. Salaires d'ouvriers . . . . 5,169,100 ⎫
—— VII. Achats de matières. . . . . 17,100,900 ⎬ 23,621,300
—— VIII Artillerie. . . . . 1,351,300 ⎭

SECTION V. *Constructions hydrauliques et bâtimens civils.*

CHAP. IX. Constructions hydrauliques et bâtimens civils. 3,750,656

SECTION VI. *Objets spéciaux.*

CHAP. X. Chiourmes. . . . . 312,400 ⎫
—— XI. Dépenses diverses. . . . . 650,000 ⎬ 962,400

Total égal. 56,719,856

2. Notre ministre secrétaire d'État de la marine et des colonies et notre ministre secrétaire d'État des finances (baron Hyde de Neuville et comte Roy) sont chargés, chacun en ce qui le concerne, de l'exécution de la présente ordonnance, qui sera insérée au Bulletin des Lois.

_____

(1) Cette ordonnance et celles des 19 novembre et 3 décembre 1828 offrent un grand intérêt, en ce qu'elles suppléent à la spécialité qui ne se trouve pas dans les lois de finances.

16 NOVEMBRE = Pr. 1ᵉʳ DÉCEMBRE 1828. — Ordonnance du Roi portant prorogation de la chambre temporaire créée au tribunal de première instance de Saint-Girons. (8, Bull. 264, n° 10014.)

Charles, etc.

Vu l'article 39 de la loi du 20 avril 1810;

Vu notre ordonnance du 16 octobre 1827, portant création d'une chambre temporaire dans notre tribunal de première instance de Saint-Girons;

Considérant que, malgré les succès notables obtenus par le secours de la chambre temporaire dans l'expédition des affaires civiles arriérées, l'intérêt des justiciables exige que cette chambre continue l'exercice de ses fonctions;

Sur le rapport de notre garde-des-sceaux, ministre secrétaire d'Etat au département de la justice;

Notre Conseil-d'Etat entendu,

Nous avons ordonné et ordonnons ce qui suit :

Art. 1ᵉʳ. La chambre temporaire créée dans notre tribunal de première instance de Saint-Girons par notre ordonnance du 16 octobre 1827, pour l'expédition des affaires civiles, sera prorogée. Cette chambre continuera de remplir ses fonctions pendant une année : à l'expiration de ce temps, elle cessera de droit, s'il n'en a été par nous autrement ordonné.

2. Notre garde-des-sceaux, ministre secrétaire d'Etat au département de la justice (comte Portalis), est chargé de l'exécution de la présente ordonnance, qui sera insérée au Bulletin des Lois.

─────────

16 NOVEMBRE = Pr. 1ᵉʳ DÉCEMBRE 1828. — Ordonnance du Roi portant prorogation de la chambre temporaire créée au tribunal de première instance de Saint-Gaudens. (8, Bull. 264, n° 10015.)

Charles, etc.

Vu l'article 39 de la loi du 20 avril 1810;

Considérant qu'il existe encore un grand nombre d'affaires arriérées devant notre tribunal de première instance de Saint-Gaudens, et qu'il importe de remédier aux inconvéniens qui résultent d'un tel état de choses;

Sur le rapport de notre garde-des-sceaux, ministre secrétaire d'Etat au département de la justice;

Notre Conseil-d'Etat entendu,

Nous avons ordonné et ordonnons ce qui uit :

Art. 1ᵉʳ. La chambre temporaire créée dans

notre tribunal de première instance de Saint-Gaudens par notre ordonnance du 25 avril 1827, et déjà prorogée jusqu'à la fin de la présente année judiciaire par notre ordonnance du 16 octobre 1827, continuera de remplir ses fonctions pendant une année à l'expiration de ce temps, elle cessera de droit, s'il n'en a été par nous autrement ordonné.

2. Notre garde-des-sceaux, ministre secrétaire d'Etat au département de la justice (comte Portalis), est chargé de l'exécution de la présente ordonnance, qui sera insérée au Bulletin des Lois.

─────────

16 NOVEMBRE = Pr. 1ᵉʳ DÉCEMBRE 1828. — Ordonnance du Roi portant prorogation de la chambre temporaire créée au tribunal de première instance d'Espalion. (8, Bull. 264, n° 10016.)

Charles, etc.

Vu l'article 39 de la loi du 20 avril 1810;

Considérant qu'il existe encore un grand nombre d'affaires civiles arriérées devant notre tribunal de première instance d'Espalion, et qu'il importe de remédier aux inconvéniens qui résultent d'un tel état de choses;

Sur le rapport de notre garde-des-sceaux, ministre secrétaire d'Etat au département de la justice;

Notre Conseil-d'Etat entendu,

Nous avons ordonné et ordonnons ce qui suit :

Art. 1ᵉʳ. La chambre temporaire créée dans notre tribunal de première instance d'Espalion par notre ordonnance du 31 octobre 1827, pour l'expédition des affaires civiles, est prorogée pour un an : à l'expiration de ce temps, elle cessera de droit, s'il n'en a été par nous autrement ordonné.

2. Notre garde-des-sceaux, ministre secrétaire d'Etat au département de la justice (comte Portalis), est chargé de l'exécution de la présente ordonnance, qui sera insérée au Bulletin des Lois.

─────────

16 NOVEMBRE = Pr. 1ᵉʳ DÉCEMBRE 1828. — Ordonnance du Roi portant prorogation de la chambre temporaire créée au tribunal de première instance de Grenoble. (8, Bull. 264, n° 10017.)

Charles, etc.

Vu l'article 39 de la loi du 20 avril 1810;

L'ordonnance du 7 juillet 1824, portant création d'une chambre temporaire au tribunal de première instance de Grenoble pour une année à compter du jour de son installation;

Les ordonnances des 1er septembre 1825, 10 octobre 1826 et 16 octobre 1827, portant chacune prorogation de cette chambre pour une année;

Considérant que l'intérêt des justiciables exige encore le secours d'une chambre temporaire pour l'expédition des affaires civiles soumises à ce siège;

Sur le rapport de notre garde-des-sceaux, ministre secrétaire d'Etat au département de la justice;

Notre Conseil-d'Etat entendu,

Nous avons ordonné et ordonnons ce qui suit :

Art. 1er. La chambre temporaire créée au tribunal de première instance de Grenoble par l'ordonnance du 7 juillet 1824, et déjà prorogée par nos ordonnances des 1er septembre 1825, 15 octobre 1826 et 16 octobre 1827, continuera de remplir ses fonctions pendant une année : à l'expiration de ce temps, elle cessera de droit, s'il n'en a été par nous autrement ordonné.

.n. Notre garde-des-sceaux, ministre secrétaire d'Etat au département de la justice (comte Portalis), est chargé de l'exécution de la présente ordonnance, qui sera insérée au Bulletin des Lois.

16 NOVEMBRE = Pr. 1er DÉCEMBRE 1828. — Ordonnance du Roi portant prorogation de la chambre temporaire créée au tribunal de première instance de Saint-Etienne. (8, Bull. 264, n.° 10018.)

Charles, etc.

Vu, 1° l'article 39 de la loi du 20 avril 1810;

2° Nos ordonnances en date des 15 octobre 1826 et 16 octobre 1827, la première portant création d'une chambre temporaire au tribunal de première instance de Saint-Etienne pour une année à compter du jour de son installation, la seconde portant prorogation de cette chambre pour une autre année;

Considérant que l'intérêt des justiciables exige encore le secours d'une chambre temporaire pour l'expédition des affaires civiles siérées pendantes devant ce siège;

Sur le rapport de notre garde-des-sceaux, ministre secrétaire d'Etat au département de la justice;

Notre Conseil-d'Etat entendu,

Nous avons ordonné et ordonnons ce qui suit :

Art. 1er. La chambre temporaire créée au tribunal de première instance de Saint-Etienne par l'ordonnance du 15 octobre 1826, et déjà prorogée par l'ordonnance du 16 octobre 1827, continuera de remplir ses fonctions pendant une année, à l'expiration de laquelle son existence cessera de droit, s'il n'en a été par nous autrement ordonné.

.. Notre garde-des-sceaux, ministre secrétaire d'Etat au département de la justice (comte Portalis) est chargé de l'exécution de la présente ordonnance, qui sera insérée au Bulletin des Lois.

16 NOVEMBRE 1828. = Pr. 27 FÉVRIER 1829. — Ordonnance du Roi portant autorisation, conformément aux statuts y annexés, de la société anonyme formée à Nantes sous la dénomination d'entreprise de navigation accélérée sur la Loire et affluens, au moyen de la vapeur. (8, Bull. 278 bis, n° 2.)

Charles, etc.

Sur le rapport de notre ministre secrétaire d'Etat du commerce et des manufactures;

Vu les articles 29 à 37, 40 et 45 du Code de commerce,

Nous avons ordonné et ordonnons ce qui suit :

Art. 1er. La société anonyme formée à Nantes sous la dénomination d'entreprise de navigation accélérée sur la Loire et affluens, au moyen de la vapeur, par actes passés le 31 mars 1828 par-devant Brard et son collègue, notaires à Nantes; le 23 août, même année, par-devant Montaud et son collègue, notaires à Paris, et ratifiés, les 16 septembre et 22 octobre derniers, par-devant les mêmes Brard et son collègue, est autorisée; sont approuvés les statuts tels qu'ils résultent des actes des 31 mars et 23 août, qui resteront seuls annexés à la présente ordonnance.

2. Nous nous réservons de révoquer la présente autorisation en cas de violation ou de non-exécution des statuts approuvés, sans préjudice des dommages et intérêts des tiers.

3. La société sera tenue de remettre, tous les six mois, extrait de son état de situation au préfet du département de la Loire-Inférieure, au greffe du tribunal et de la chambre de commerce de Nantes; pareil extrait sera transmis au ministère du commerce et des manufactures.

4. Notre ministre secrétaire d'Etat du commerce et des manufactures (M. Saint-Cricq) est chargé de l'exécution de la présente ordonnance, qui sera publiée au Bulletin des Lois, et insérée dans le Moniteur et dans un journal d'annonces judiciaires du département de la Loire-Inférieure.

Par-devant Me Brard et son collègue, notaires royaux à Nantes, soussignés, sont comparus....

Lesquels ont exposé que, par des procédés nouveaux, et en s'aidant de l'expérience et des lumières de M. Louis Guibert, constructeur à Nantes, MM. William Arnous-Rivière et Louis Galbaud-Dufort ont découvert le moyen de diminuer considérablement le tirant d'eau des bateaux employés à la naviga-

33.

tion de la Loire, et spécialement des bateaux à vapeur ;

Que cette découverte offre les moyens d'établir sur ce fleuve un mode de navigation accélérée, à jour fixe, qui ne doit souffrir d'autre interruption que celle causée par les glaces et les plus basses eaux, et dont les avantages seront considérables pour le commerce, tant sous le rapport de la célérité que sous celui de la sûreté et de l'économie ;

Que cette entreprise présente d'autant plus de sûreté aux actionnaires, que ses fondateurs, MM. William Arnous-Rivière et Louis Galbaud-Dufort, se chargent eux-mêmes, et entièrement à leurs frais, d'avancer les fonds nécessaires pour la construction des bateaux-modèles dont le voyage d'épreuve déterminera le succès ou la non-réussite de l'opération ; qu'ainsi ces messieurs courent seuls les chances de l'entreprise, puisque leurs actionnaires ne seront tenus de verser leur souscription que lorsque la réussite du bateau d'épreuve aura été constatée par acte authentique ;

Que, pour donner encore plus de garantie à leurs actionnaires, les fondateurs se font forts de soixante actions, ainsi que le porte le *prospectus* publié par eux ;

Qu'enfin, pour rassurer complètement leurs actionnaires sur la certitude que les bateaux de l'entreprise effectueront leur service pendant les quinze années fixées ci-après pour sa durée, MM. Arnous-Rivière et Galbaud-Dufort ont conclu avec M. Guibert, leur constructeur, un traité par lequel ce dernier s'engage à entretenir en bon état de réparation, jusqu'à l'expiration desdites quinze années, les bateaux à vapeur appartenant à la société, de manière que les principales dépenses sont maintenant déterminées, et qu'on peut, sous ce rapport, établir les bénéfices sur des données certaines.

En conséquence, les parties comparantes désirant se réunir pour l'exploitation du mode de navigation présenté par MM. Arnous-Rivière et Galbaud-Dufort, ont arrêté, ainsi qu'il suit, les statuts de la *société anonyme* qu'ils sont dans l'intention de former à cet effet, sauf l'approbation de Sa Majesté, s'obligeant de prendre chacun le nombre d'actions porté à la suite de sa signature.

TITRE Ier. Fondation, but et durée de la société.

Art. 1er. Il y aura, entre MM. William Arnous-Rivière et Louis Galbaud-Dufort, les parties comparantes et les personnes qui adhéreront aux présens statuts, société anonyme pour l'établissement d'une navigation accélérée sur la Loire et rivières affluentes, au moyen de la vapeur.

2. Cette société prendra le titre d'*Entreprise de navigation accélérée sur la Loire et rivières affluentes*, au moyen de la vapeur ;

3. Elle se chargera, dans le principe :

1° De transporter des voyageurs et leurs effets, de Nantes à Orléans et retour, sur des bateaux à vapeur construits d'après le système de MM. Arnous-Rivière et Galbaud-Dufort ;

2° De transporter des marchandises, de Nantes à Orléans, sur des tireaux également construits d'après les procédés de MM. Arnous-Rivière et Galbaud-Dufort, lesquels tireaux seront remorqués jusqu'à Orléans par les bateaux à vapeur destinés au transport des voyageurs ;

3° Du transport des marchandises d'Orléans à Nantes, au moyen de ces tireaux et gabarres qui redescendront la Loire, par les moyens ordinaires, soit par le secours des bateaux à vapeur ; elle pourra, par suite, étendre son exploitation sur toute la Loire et rivières affluentes ;

4° Enfin, pour la facilité du commerce, elle pourra se charger du transport des voyageurs, de leurs effets et marchandises d'Orléans à Paris et retour, soit par elle-même, soit au moyen de traités particuliers qu'elle fera avec des entreprises de messageries et de maisons de roulage.

4. Le siège de la société sera établi à Nantes.

5. La durée de la société sera de quinze années, à partir de l'époque où le sixième bateau sera mis en activité, ce qui devra avoir lieu dix-huit mois au plus tard après l'obtention de l'ordonnance du Roi approuvant les statuts de la société.

TITRE II. Du fonds social et de son emploi.

Art. 6. Le capital de la société est fixé à six cent mille francs, divisés en trois cents actions de deux mille francs chacune.

Il pourra être successivement augmenté et porté jusqu'à quinze cent mille francs, au moyen de la création de nouvelles actions, mais seulement en vertu d'une décision prise à la majorité des trois quarts des voix d'une assemblée générale où seront présentés représentés les titulaires des trois quarts des actions au moins.

L'assemblée générale réglera également la quotité, le mode et les époques d'émission.

7. Chaque action portera un numéro d'ordre.

8. Le versement du montant des actions aura lieu dans les délais suivans, savoir : un quart dans la quinzaine qui suivra la première assemblée générale, et les trois derniers quarts de trois mois en trois mois.

Ces trois derniers paiemens s'effectueront par anticipation, au moyen d'effets à ordre souscrits aussitôt le premier versement.

1.. Faute par un actionnaire d'avoir versé intégralement et en temps utile le montant de sa souscription, il sera censé avoir renoncé à faire partie de la société et sera déchu de ses droits, sans préjudice de tous recours contre lui et de tous moyens de droit. En conséquence, le conseil d'administration fera opérer la vente des actions appartenant aux rétardataires, qui n'auront droit à aucuns intérêts ou bénéfices.

10. Sur le capital de six cent mille francs, formant le fonds social primitif, quatre cent vingt mille francs seront mis à la disposition immédiate du conseil d'administration, pour être employés par lui :

1° Au remboursement des frais de construction des bateau et tireau-modèles mentionnés dans le prospectus publié par MM. Arnous-Rivière et Galbaud-Dufort, et des dépenses y relatives, telles que voyages, frais d'impression et autres frais nécessités par la formation de la société, dont les mémoires seront vérifiés par le conseil d'administration ;

2° A l'acquisition de cinq nouveaux bateaux à vapeur et de cinq tireaux jugés nécessaires pour commencer le service de l'entreprise, et porter ainsi le matériel à six vaisseaux avec leurs machines à vapeur, et six bateaux pour le transport des marchandises;

3° En avances à l'équipage, assurances, frais et droits des douanes des machines à vapeur qui seront achetées en Angleterre, achats des combustibles, frais d'allocation et de fournitures de bureau, etc., ci . . . . 420,000 f

Soixante mille francs seront employés en la remise à faire à M. Arnous-Rivière et Dufort de trente actions, dixième de l'opération actuelle; cette remise suivra la progression du fonds social : elle leur est allouée à titre de dédommagement des chances qu'ils auront courues pour l'établissement à leurs frais des bateau et tireau-modèles, et à titre d'indemnité pour la cession qu'ils feront à la société de leur découverte. 60,000

Soixante autres mille francs seront employés, selon que le conseil d'administration le décidera, soit à l'acquisition de nouvelles gabarres, si on veut étendre le transport des marchandises, soit à la construction d'un dixième bateau à vapeur, si au contraire l'extension porte sur le transport des voyageurs, ci . . . 60,000

Enfin l'excédant, évalué à soixante mille francs, formera le premier fonds de réserve pour parer aux dépenses imprévues, lequel fonds de réserve sera accru chaque année tant par les intérêts résultant de son placement en valeurs sur l'Etat qu'au moyen d'un prélèvement annuel sur les bénéfices, ainsi qu'il sera expliqué ci-après, à l'article 50, titre VIII, ci 60,000

Total 600,000

Titre III. Des actions.

11. Les actions seront indivisibles et nominatives; la société ne reconnaîtra point de fractions d'action.

12. Les titres seront extraits d'un registre à souche; ils indiqueront le numéro d'ordre; ils porteront la signature du directeur et du caissier et le visa du président du conseil d'administration.

13. Les actions seront stipulées à ordre et seront transmissibles par endossement. Cet endossement, ou tout autre acte translatif, fera passer à l'acquéreur ou à l'ayant-droit la propriété de l'action; mais le transport n'aura d'effet envers la société, et le nouveau propriétaire ne pourra exercer les droits d'actionnaire qu'après que l'endossement ou le titre de transmission aura été visé au conseil d'administration et transcrit à la direction sur un registre tenu à cet effet, conformément à l'article 36 du Code de commerce.

14. En cas de mort de l'un des actionnaires, les héritiers seront tenus de désigner celui d'entre eux qui, durant l'indivision de l'héritage, devra représenter l'actionnaire décédé.

15. Les héritiers ou ayant-cause de l'actionnaire ne pourront, en aucun cas et sous quelque prétexte que ce soit, faire apposer aucun scellé, former aucune opposition, exiger aucun inventaire extraordinaire ni provoquer aucune licitation; ils devront s'en tenir uniquement aux inventaires et bilans annuels, et se contenter des intérêts et dividendes qui seront réglés conformément aux dispositions des présens statuts.

16. La transmission d'une action emportera toujours, à l'égard de la société, la cession des intérêts et des dividendes de l'année courante.

17. Tout propriétaire de deux actions au moins aura le droit personnel de voyager sur les bateaux de la société sans aucune rétribution; la qualité d'actionnaire, de quelque manière qu'elle soit acquise, emportera, pour ceux auxquels elle appartiendra ou leurs ayant-cause, élection de domicile attributif de juridiction, pour tout ce qui con-

cerne la société, au siége de l'administration, à Nantes.

Titre IV. De l'organisation.

18. La société sera représentée, dans les différens cas ci-après prévus, par l'assemblée générale des actionnaires et par un conseil d'administration.

Titre V. De l'assemblée générale.

19. L'assemblée générale se composera de tous les actionnaires. Les voix y seront comptées par action, et chaque action donnera droit à une voix.

20. Les actionnaires absens ou empêchés pourront s'y faire représenter en vertu d'une procuration spéciale.

21. Aucun actionnaire, quel que soit le nombre d'actions qu'il possédera ; aucun mandataire, quel que soit le nombre d'actions qu'il représentera, ne pourra avoir plus de trois voix à l'assemblée générale.

22. Les résolutions y seront prises à la majorité des voix présentes, sauf les exceptions prévues par les articles 6, 39 et 63.

L'assemblée générale ne pourra délibérer qu'autant que la moitié au moins des actions y sera représentée ; dans le cas contraire, elle s'ajournera à quinzaine, et, dans l'intervalle, il sera fait de nouvelles convocations indiquant les motifs de l'ajournement ; l'assemblée générale ainsi convoquée pourra délibérer, quel que soit le nombre des votans.

23. Le directeur ou l'inspecteur sera tenu d'assister aux assemblées générales, sauf les cas d'empêchement dûment justifiés.

24. Elles auront lieu à Nantes, dans les bureaux de la direction ; le président du conseil d'administration aura aussi la présidence des assemblées générales ; les fonctions de secrétaire seront remplies par un actionnaire choisi dans son sein.

25. Les arrêtés des assemblées seront transcrits sur un registre et signés par le président, le directeur ou l'inspecteur, si l'un d'eux est présent, et par le secrétaire.

26. Les actionnaires se réuniront, sans convocation et de plein droit, en assemblée générale, le 1er août de chaque année (ou le lendemain, si ce jour est férié).

Des assemblées extraordinaires seront convoquées toutes les fois que le conseil d'administration le jugera nécessaire, ou que le directeur le requerra, conjointement avec cinq actionnaires.

Dans ce cas, les convocations seront faites par lettres adressées aux actionnaires à domicile, et en outre par insertion dans les journaux de Paris et de Nantes destinés aux annonces publiques, huit jours au moins avant le jour fixé pour la réunion.

27. La première réunion aura lieu le 1er mai 1828 au plus tard.

28. L'objet principal des assemblées générales sera de discuter et arrêter définitivement, dans les réunions ordinaires, les comptes qui leur seront fournis par le directeur après qu'ils auront été communiqués, quinze jours au moins d'avance, à trois membres pris hors du sein du conseil d'administration et nommés dans l'assemblée générale précédente.

Cet arrêté de compte sera toujours précédé d'un rapport fait par le directeur, qui présentera les changemens, accroissemens et améliorations faits dans l'année précédente, et la situation générale de la société. Au reste l'assemblée générale pourra délibérer sur toutes propositions qui seront faites dans son sein.

29. Il sera aussi procédé, dans ces assemblées générales, au tirage au sort des actions qui devront être remboursées, conformément à l'article 49 ci-après.

30. Les actionnaires réunis en assemblées générales procéderont, s'il y a lieu, au remplacement des administrateurs sortans, décédés, démissionnaires, ou qui ne posséderaient plus le nombre d'actions nécessaires pour faire partie du conseil.

Titre VI. Du conseil d'administration.

31. Les affaires de la société seront gérées par un conseil d'administration composé de cinq membres pris parmi les actionnaires propriétaires de trois actions au moins, et nommés par l'assemblée générale à la majorité absolue des voix délibératives.

Les fonctions de secrétaire du conseil seront remplies par le secrétaire de l'assemblée générale ; le registre des délibérations sera déposé dans les bureaux de la direction.

32. La durée de leurs fonctions est de cinq ans : ils seront renouvelés annuellement par cinquième.

Pour les cinq premières années, le sort désignera les sortans ; plus tard ce sera l'ancienneté.

Les administrateurs sortans pourront être réélus.

33. Si, dans le courant de l'année, un administrateur vient à décéder ; s'il donne sa démission, ou s'il cesse de posséder le nombre requis d'actions, il sera provisoirement pourvu à son remplacement par les administrateurs restans ; les fonctions d'un membre ainsi nommé ne dureront que jusqu'à l'assemblée générale la plus prochaine, qui procédera au remplacement définitif.

34. Le conseil d'administration tiendra ses séances, à Nantes, dans les bureaux de la direction : il choisira dans son sein un prési-

sont nommé pour une année et rééligible tant qu'il sera administrateur.

34. En cas de maladie ou d'absence du président, le conseil d'administration pourvoira à son remplacement.

35. Le conseil d'administration se réunira au moins une fois par mois; il ne pourra délibérer si trois de ses membres ne sont pas présens: néanmoins, s'il ne se trouvait à Nantes que deux administrateurs, ils devront appeler au conseil l'un des trois plus forts actionnaires alors présens à Nantes.

S'ils ne s'accordent pas sur le choix du suppléant, celui des deux actionnaires présentés qui possédera le plus grand nombre d'actions aura la préférence, et, à nombre égal, le plus âgé sera choisi. Les délibérations prises par le conseil d'administration ainsi composé auront la même force que celles arrêtées dans les réunions ordinaires.

36. Les résolutions seront prises à la majorité des voix; chaque administrateur présent n'aura qu'une voix, quel que soit le nombre d'actions qu'il possède.

En cas de partage d'opinions, et si les administrateurs délibérant sont en nombre pair, la voix du président ou de celui qui le remplacera sera prépondérante.

37. Les résolutions du conseil d'administration seront inscrites sur un registre et signées par les membres présens et par le secrétaire; elles seront communiquées au directeur; les expéditions signées par le président et contre-signées par le secrétaire seront adressées à qui il appartiendra.

38. Le conseil réglera les tarifs présentés par le directeur et l'inspecteur; il les modifiera toutes les fois qu'il le jugera convenable; il arrêtera les devis des réparations et constructions excédant une somme de trois mille francs; il ordonnera les changemens et perfectionnemens qu'il croira convenable d'introduire dans le matériel servant à l'exploitation; il surveillera les recettes et toutes les parties de la comptabilité; il fera placer les fonds qui n'auront pas une destination immédiate en valeurs sur l'Etat, en ordonnera la vente au fur et à mesure des besoins; il réglera le budget de la société et autorisera les dépenses au-dessus de trois mille francs; il fixera le traitement et les frais de bureau des employés sur le rapport du directeur; il prononcera sur les suppressions d'emploi; il réglera en général tout ce qui concerne les affaires de la société, ainsi qu'il le jugera le plus conforme à l'intérêt commun des actionnaires; il désignera les divers agens qui devront, suivant la circonstance, représenter la société devant tous tribunaux quelconques, même en appel et en cassation, et leur donnera des pouvoirs spéciaux à cet effet, ainsi que pour nommer tous arbitres et passer tous compromis et transactions: toutefois, il ne

pourra les autoriser à transiger sur un objet de plus de six mille francs, auquel cas il en serait référé à l'assemblée générale des actionnaires, qui devrait être convoquée extraordinairement.

Le conseil d'administration nommera, excepté pour la première fois, le directeur et l'inspecteur: il nommera également le caissier sur la proposition des directeur et inspecteur. Quant aux agens qui seront aussi nommés par lui, sur la même proposition, ils seront choisis, autant que possible, parmi les actionnaires résidant dans les villes où ils devront exercer leurs fonctions.

39. Les directeur, inspecteur et caissier pourront être suspendus avec l'assentiment unanime des cinq administrateurs; mais leur révocation ne pourra être prononcée qu'à la majorité des trois quarts des votans à la première assemblée générale. A l'égard des agens principaux, ils pourront être suspendus et même révoqués par délibération du conseil d'administration.

40. Le conseil déterminera le mode de comptabilité, fera dresser des comptes annuels par le directeur, et les vérifiera avant d'être présentés à l'assemblée générale des actionnaires.

41. Les fonctions des administrateurs seront gratuites.

TITRE VII. Des agens et des employés.

42. La compagnie aura à Nantes un directeur et un inspecteur. Le directeur sera chargé de la gestion des affaires générales de la société, sous la direction et l'autorité du conseil d'administration; il dirigera et signera la correspondance, à l'exception de celle réservée au conseil d'administration; il ordonnera les paiemens à faire par le caissier, d'après les bases arrêtées par le conseil d'administration. Les pièces concernant une dépense de plus de trois mille francs relateront toujours la décision du conseil approbative du paiement. Le directeur contrôlera les opérations du caissier et de la comptabilité; il représentera la société devant tous corps administratifs, mais il ne pourra intenter aucune action judiciaire sans une autorisation spéciale du conseil d'administration, consignée sur le registre des délibérations.

Il fera placer les fonds disponibles en valeurs sur l'Etat, d'après les ordres du conseil d'administration; fera payer à Paris ou à Nantes, au choix des actionnaires, les intérêts et dividendes, ainsi que le montant des actions qui devront être remboursées.

Il transmettra les ordres et instructions du conseil aux différens agens de la société, et fera rendre compte des recettes et dépenses de l'administration.

Il aura la nomination et la révocation du

personnel des bureaux, de la direction et des équipages.

Il dressera, avec le caissier, l'inventaire général et le bilan de l'année.

Le directeur proposera les modifications qu'il croira convenable d'apporter au tarif; néanmoins, en cas d'urgence, il pourra opérer provisoirement ces modifications, sauf à solliciter immédiatement l'approbation du conseil d'administration.

Dans l'intérêt de la société, le directeur pourra employer, sur toute l'étendue de la Loire et rivières affluentes, soit pour le transport des voyageurs, soit pour le transport des marchandises, les bateaux et gabarres qui ne seraient pas indispensables au service périodique d'Orléans à Nantes.

43. L'inspecteur se transportera sur tous les points de la ligne à parcourir, d'après l'ordre du directeur, toutes les fois que le besoin du service l'exigera; il négociera, sous l'approbation du conseil d'administration, les traités pour les fournitures du matériel nécessaire à l'exploitation; il remplira les missions spéciales qui pourront lui être données par le conseil d'administration, avec lequel il correspondra; l'inspecteur constatera sa visite dans les établissemens de la société par un procès-verbal qu'il consignera sur les registres des agens.

44. La société aura un agent à Orléans et un à Châtellerault; ils représenteront la compagnie et feront tous les actes administratifs prévus ou imprévus, dans les limites des pouvoirs et instructions qui leur seront données par le conseil d'administration.

Le conseil déterminera ultérieurement s'il doit être établi des agens sur d'autres points.

45. Les agens seront tenus de rendre compte de leurs opérations, tous les mois, au directeur à Nantes, dans les formes qui leur seront tracées par le conseil d'administration.

Ils présenteront des situations des recettes et dépenses de toute nature qu'ils auront été chargés d'opérer; ils établiront et feront parvenir au directeur à Nantes, à la fin de chaque année, le compte intégral de leur gestion; ils entretiendront la correspondance avec le directeur pour tout ce qui intéresse la prospérité de la société.

Les agens de la société seront assujétis à un cautionnement qui sera fixé par le conseil d'administration.

46. En cas de maladie ou d'absence prolongée d'un des agens, le conseil pourvoira à son remplacement provisoire.

TITRE VIII. Du paiement des intérêts; du partage des bénéfices; du dividende et de l'amortissement.

47. Chaque action non remboursée participera au partage intégral des trente-six mille francs formant l'intérêt à six pour cent du fonds social; et cet intérêt, qui s'accroîtra chaque année de la portion des actionnaires remboursés, sera payé, soit à Paris, soit à Nantes, selon le désir des actionnaires.

Les paiemens auront lieu dans la première quinzaine de janvier et juillet, et, pour la première fois, après le commencement de la première des quinze années qui formeront la durée de la société.

48. Les bénéfices nets de toute origine et de toute nature produits par les opérations de la société seront partagés entre tous les actionnaires, dans les proportions qui seront déterminées ci-après.

Sera considérée comme bénéfice net la somme restant libre après prélèvement :

1º De la somme de trente-six mille francs destinée au paiement de l'intérêt du fonds social, somme qui sera toujours répartie intégralement entre les actionnaires non remboursés, quel que soit leur nombre;

2º De toutes les dépenses d'exploitation, d'administration et de conservation.

49. Sur les bénéfices nets, il sera prélevé chaque année :

1º Une somme de quarante mille francs destinée à amortir vingt actions, de manière qu'à la révolution de quinze années, qui forment la durée de la société, toutes actions auront été remboursées;

2º Un dividende variable dont le maximum est fixé, dès à présent, à dix pour cent du montant de chaque action. Ce dividende sera réparti entre tous les actionnaires indistinctement.

50. Le surplus du bénéfice net, acquis à la société, servira à former un fonds de réserve.

Ce fonds sera augmenté des intérêts des sommes placées sur l'État, ainsi qu'il est dit à l'article 42, titre VII.

51. Les propriétaires d'actions remboursées continueront à participer aux dividendes des bénéfices nets, aux partages des fonds de réserve et du produit de la vente du matériel, comme les autres actionnaires.

52. Chaque action conservera en outre le droit de participer, pour un trois centième, au produit de la liquidation, qui aura lieu à l'expiration du terme fixé pour la durée de la société.

53. Il ne sera fait aucune répartition des bénéfices aux actionnaires, si, par suite des opérations des années précédentes, la compagnie se trouvait en perte; et, dans tous les cas, les bénéfices ne seront répartis qu'après le prélèvement des quarante mille francs destinés à l'amortissement des vingt actions de chaque année.

54. Les dividendes des bénéfices seront payés à Paris ou à Nantes, au choix des actionnaires.

TITRE IX. De la prolongation de la durée de la société.

55. Un an avant l'expiration des quinze années formant la durée de la société, l'assemblée générale des actionnaires décidera si la société devra être continuée : cette décision, qui ne pourra être prise qu'à la majorité des trois quarts des voix présentes, déterminera les mesures à prendre dans le cas où l'entreprise serait continuée.

Ceux des actionnaires qui ne voudront point adhérer à une prolongation pourront se retirer, et ils auront droit au partage des fonds en réserve et à leur portion dans la valeur du matériel, qui sera estimé à dire d'experts : le tout leur sera payé six mois après cette estimation, qui elle-même ne pourra avoir lieu qu'à l'expiration des quinze années.

Si, avant cette époque, des pertes considérables pouvaient faire désirer la dissolution de la société, il y sera statué par l'assemblée générale des actionnaires.

Si la perte a déjà absorbé les trois quarts du fonds social, la liquidation et la dissolution auront lieu de plein droit.

TITRE X. De la liquidation.

56. Au terme de la société, il sera procédé à la liquidation de l'actif et passif de l'entreprise.

Cette liquidation sera faite par le directeur et l'inspecteur, sous la direction du conseil d'administration.

TITRE XI. Dispositions transitoires.

57. Sont nommés de droit pour remplir les fonctions de directeur et d'inspecteur MM. William Arnous-Rivière et Louis-Gaulbaud-Dufort, fondateurs de la société : ils alterneront leurs fonctions suivant qu'ils jugeront convenable, de manière cependant que l'un d'eux reste toujours au chef-lieu de la direction.

58. Les appointemens du directeur et de l'inspecteur sont fixés, pour chacun d'eux, à cinq mille francs, qu'ils toucheront, en deux paiemens égaux, de six mois en six mois, à partir du jour où le bateau, ayant fait son voyage d'épreuve, aura satisfait aux conditions énoncées dans le prospectus; ces appointemens sont calculés sur le nombre de sept bateaux, jugés nécessaires à l'entreprise ; si ce nombre est augmenté par la suite, les huitième et neuvième bateaux à vapeur donneront droit à chacun des directeur et inspecteur à une augmentation de sept cent cinquante francs par bateau; pour le dixième, cette augmentation ne sera que de cinq cents francs, et ainsi de suite pour les autres bateaux, sans que, dans aucun cas, le traitement des directeur et inspecteur puisse s'élever, pour chacun d'eux, à plus de dix mille francs : cette augmentation

ne courra que du jour où chaque nouveau bateau à vapeur aura été lancé.

L'inspecteur aura droit en outre au remboursement de ses frais de tournée, qui seront fixés par le conseil d'administration.

59. En cas de mort du directeur ou de l'inspecteur ci-dessus nommé, la direction sera dévolue de droit au survivant, et ses appointemens seront augmentés de mille francs.

60. Les directeurs et inspecteurs seront tenus de fournir chacun un cautionnement de vingt mille francs en dix actions de la société, qu'ils ne pourront transférer à des tiers qu'après la cessation de leurs fonctions.

Dans le cas où le sort désignerait ces actions comme devant être remboursées, ils seront tenus de fournir, au moment où le remboursement en sera effectué, un cautionnement en argent ou en immeubles, à raison de deux mille francs pour chacune des actions amorties.

Le caissier et les agens devront également fournir un cautionnement en actions, dont le conseil d'administration déterminera la quotité, et qui, en cas de remboursement, sera remplacé de la même manière qu'il est dit au paragraphe précédent.

Le dépôt des cautionnemens en actions sera fait entre les mains du notaire de la société : ces actions seront revêtues d'un timbre qui les rendra inaliénables.

61. Toutes les difficultés qui pourraient s'élever entre la société et les actionnaires ou ayant-droit de ceux-ci seront soumises à la décision de deux arbitres nommés par les parties respectives : à défaut par l'une des parties de nommer son arbitre dans les quinze jours qui suivront la sommation qui lui en aura été faite, il sera nommé d'office par le tribunal de commerce.

En cas de partage d'avis, les arbitres seront autorisés à choisir eux-mêmes un surarbitre, et, dans le cas où ils ne s'accorderaient pas sur le choix du sur-arbitre, il serait nommé par le tribunal de commerce.

Ces arbitres et sur-arbitre seront dispensés de l'observation des délais et des formes établies par les tribunaux. Les parties seront tenues de s'en rapporter à la décision arbitrale comme à un jugement en dernier ressort, sans pouvoir en appeler ni se pourvoir en cassation.

62. Les soixante-un articles qui précèdent formeront les statuts fondamentaux de la société, et le seul fait de l'inscription au registre des actions et des mutations emportera l'adhésion de celui qui sera devenu actionnaire.

63. Aussitôt que le voyage d'épreuve aura été effectué, et que son succès aura satisfait aux promesses contenues dans le prospectus, ces présens statuts seront soumis à l'approbation de Sa Majesté par MM. William Ar-

nous-Rivière et Louis Galbaud-Dufort, auxquels tous pouvoirs sont donnés à cet effet.

Tous pouvoirs leur seront également donnés d'admettre les modifications de forme que le Gouvernement jugera devoir y apporter.

Aucune modification aux présens statuts ne pourra être sollicitée du Gouvernement que sur une délibération de l'assemblée générale, prise à la majorité des trois quarts des voix.

Fait et passé à Nantes, ès étude et demeures des parties, l'an 1828, les 31 mars, 1er, 2, 3, 4, 5, 6, 7, 8, 9 et 10 avril.

———

Par-devant Me Montaud et son collègue, notaires à Paris, soussignés,

Fut présent M. William Arnous-Rivière, propriétaire, demeurant à Nantes, rue Félix, n° 9, étant en ce moment à Paris, logé rue du Mont-Blanc, n° 39,

Agissant pour lui et pour M. Jean-Louis-Philippe Galbaud-Dufort, propriétaire, chevalier des ordres royaux de Saint-Louis et de la Légion-d'Honneur, demeurant à Saint-Herblou, près Nantes, et ayant charge de lui, ainsi qu'il le déclare, pour le représenter;

Mesdits sieurs Arnous-Rivière et Galbaud-Dufort, souscripteurs d'actions dans la société anonyme formée (sauf l'approbation du Gouvernement) entre eux et les autres personnes aussi souscripteurs, ou qui le deviendront par la suite, par acte passé devant Me Brard, qui en a minute, et son confrère, notaires à Nantes, le 31 mars et autres jours de la présente année 1828, pour l'établissement d'une navigation accélérée sur la Loire et rivières affluentes, au moyen de la vapeur,

Et encore MM. Arnous-Rivière et Galbaud-Dufort, ayant reçu, par l'art. 63 et dernier de cet acte de société, le pouvoir d'admettre les modifications de forme que le Gouvernement jugerait devoir y apporter;

Lequel comparant, ès-noms qu'il agit, dans la vue d'opérer les modifications demandées par le Gouvernement aux conditions déjà réglées par le même acte de société, et parvenir à obtenir l'approbation de Sa Majesté, sans laquelle cette société ne peut exister, a fait aux différens articles qui vont être rappelés les changemens qui suivent, considérés comme étant de forme.

Toutefois, avant de présenter ces changemens, il convient de faire observer que, dans l'acte de société, il était dit que les fondateurs, MM. Arnous-Rivière et Galbaud-Dufort, se chargeaient eux-mêmes, et entièrement à leurs frais, d'avancer les fonds

nécessaires pour la construction des bateaux-modèles dont le voyage d'épreuve déterminerait le succès ou la non-réussite de l'opération, mais qu'aujourd'hui ce succès ne peut plus être douteux, puisque ces messieurs ont exécuté ces bateaux-modèles et que l'épreuve qui en a été faite a donné les résultats les plus satisfaisans, de sorte qu'il ne faut plus voir dans l'acte de société un essai à faire, mais bien l'assurance d'un succès obtenu.

Cette observation étant ainsi faite, les changemens annoncés ont été établis ainsi qu'il suit, savoir:

Art. 1er. A la rédaction qui est donnée à cet article le comparant substitue celle-ci:

« Il y aura entre les parties comparantes
« et les personnes qui adhéreront aux présens
« statuts société anonyme pour l'établisse-
« ment d'une navigation accélérée sur la
« Loire et rivières affluentes, au moyen de
« la vapeur. »

Art. 5. A la rédaction qui est donnée à cet article le comparant substitue celle-ci:

« La durée de la société sera de quinze
« années, à partir du jour de l'obtention de
« l'ordonnance du Roi approbative des pré-
« sens statuts. »

Art. 9. A la rédaction qui est donnée à cet article le comparant substitue celle-ci:

« Faute par un actionnaire d'avoir versé
« intégralement et en temps utile le montant
« de sa souscription, il sera censé avoir re-
« noncé à faire partie de la société et sera
« déchu de ses droits. Cette déchéance aura
« lieu, de plein droit, quinze jours après la
« sommation extrajudiciaire, faite à l'action-
« naire retardataire, d'effectuer le versement
« requis, s'il n'y a pas satisfait, sans préju-
« dice de tous recours contre lui et de tous
« moyens de droit. »

En conséquence, le conseil d'administration fera opérer la vente des actions appartenant aux actionnaires retardataires qui n'auraient droit à aucune part de bénéfices de la société, sauf à compter avec eux du produit de la vente desdites actions dont ils paieront le déficit, s'il y en a, comme il leur sera tenu compte de l'excédant du prix de vente au-delà de ce que la société avait à réclamer, s'il y a excédant.

Art. 10. A la rédaction qui est donnée à cet article le comparant substitue celle-ci:

« Sur le capital de six cent mille francs,
« formant le fonds social primitif,

« Quatre cent vingt mille francs seront mis
« à la disposition immédiate du conseil d'ad-
« ministration, pour être employés par lui:

« 1° Au remboursement de la somme de
« soixante-dix mille trois cent trois francs
« soixante-cinq centimes pour frais de cons-

» « truction des bateau et tireau - modèles,
« » mentionnés dans le prospectus publié par
» « MM. Arnous-Rivière et Galbaud-Dufort,
» « et des dépenses y relatives, telles que
» « voyages, frais d'impression et autres frais
» « nécessités pour la formation de la société,
» « dont les mémoires seront vérifiés par le
» « conseil d'administration;

« 2° A l'acquisition de cinq nouveaux ba-
» « teaux à vapeur et de cinq tireaux, jugés
» « nécessaires pour commencer le service de
» « l'entreprise, et porter ainsi le matériel à
» « six bateaux avec leurs machines à vapeur,
» « et six tireaux pour le transport des mar-
» « chandises;

« 3° En avances faites à l'équipage, assu-
» « rances, achat de combustibles, frais de lo-
» « cation et de fournitures de
» « bureau, etc., ci. . . . . 420,000 f

« Soixante mille francs seront
» « employés à la remise à faire à
» « MM. Louis Arnous-Rivière et
» « Galbaud-Dufort de trente ac-
» « tions, dixième de l'opération
» « actuelle. Elle leur est allouée à
» « titre de prix de leur industrie
» « pour l'établissement à leurs
» « frais des bateau et tireau-modè-
» « les; et à titre d'indemnité pour
» « la cession, que leur concours à
» « la présente société opère, en fa-
» « veur de cette société, de leur
» « découverte et du marché y re-
» « latif qu'ils déclarent avoir passé
» « avec leur constructeur, ci. . . 60,000

« Soixante mille francs seront
» « employés, selon que le conseil
» « d'administration le décidera, soit
» « à l'acquisition de nouvelles ga-
» « barres, si l'on veut étendre le
» « transport des marchandises, soit
» « à la construction d'un septième
» « bateau à vapeur, si au contraire
» « l'extension porte sur le trans-
» « port des voyageurs, ci. 60,000

« Enfin l'excédant, évalué à
» « soixante mille francs, formera le
» « premier fonds de réserve pour
» « parer aux dépenses imprévues,
» « lequel fonds de réserve sera ac-
» « cru chaque année, tant par les
» « intérêts résultant de son place-
» « ment en valeurs sur l'Etat, qu'au
» « moyen d'un prélèvement annuel
» « sur les bénéfices, ainsi qu'il sera
» « expliqué ci-après à l'article 50,
» « titre VIII, ci. 60,000
                                            ————————
» « Somme pareille, six cent mille
» « francs, ci. 600,000

Art. 13. A la rédaction qui est donnée à

cet article le comparant substitue celle-ci :
« La propriété des actions se transmettra
« aux tiers, conformément aux dispositions
« de l'article 36 du Code de commerce. »

Art. 22. A la rédaction qui est donnée à
cet article le comparant substitue celle-ci :
« Les résolutions y seront prises à la ma-
« jorité des voix présentes, sauf les excep-
« tions prévues par les articles 6, 39 et 63.
« L'assemblée générale ne pourra délibérer
« qu'autant que la moitié au moins des ac-
« tions y sera représentée; dans le cas con-
« traire, elle s'ajournera à quinzaine; et,
« dans l'intervalle, il sera fait de nouvelles
« convocations, indiquant les motifs de l'a-
« journement. L'assemblée générale ainsi
« convoquée pourra délibérer, quel que soit
« le nombre des votans, pourvu toutefois
« qu'il y ait au moins quatre-vingts actions
« représentées. »

Art. 24. A la rédaction qui est donnée à
cet article le comparant substitue celle-ci :
« Elles auront lieu à Nantes dans les bu-
« reaux de la direction; le président du con-
« seil d'administration aura aussi la prési-
« dence des assemblées générales; les fonc-
« tions de secrétaire seront remplies par un
« actionnaire choisi dans son sein et possé-
« dant au moins trois actions; ce choix aura
« lieu à la majorité des voix des membres
« présens; le secrétaire de l'assemblée géné-
« rale sera par suite secrétaire du conseil
« d'administration dont il fera partie en cette
« qualité. »

Art. 26. A la rédaction qui est donnée à
cet article le comparant substitue celle-ci :
« Les actionnaires se réuniront sans con-
« vocation et de plein droit, en assemblée
« générale, le premier août de chaque année,
« ou le lendemain, si ce jour est férié.

« Des assemblées extraordinaires seront
« convoquées toutes les fois que le conseil
« d'administration le jugera nécessaire, ou
« que le directeur le requerra conjointement
« avec cinq actionnaires.

« Dans ce cas, les convocations seront faites
« par lettres adressées aux actionnaires à do-
« micile, et, en outre, par insertion dans les
« journaux de Paris et de Nantes, destinés
« aux annonces publiques, quinze jours au
« moins avant le jour fixé pour la réunion;
« sauf le cas d'urgence, où ce délai pourrait
« être de huit jours seulement. Dans ce der-
« nier cas, l'urgence sera constatée par la
« délibération même du conseil d'adminis-
« tration. »

Art. 27. A la rédaction qui est donnée à
cet article le comparant substitue celle-ci :
« Une réunion aura lieu quinze jours après
« celui de la réception de l'ordonnance
« royale. »

Art. 29. A la rédaction qui est donnée à cet article le comparant substitue celle-ci :

« Il sera procédé aussi, dans ces assemblées générales, au sort des primes dont le nombre aura été fixé conformément à l'art. 49 ci-après. »

Art. 32. A la rédaction qui est donnée à cet article le comparant substitue celle-ci :

« La durée des fonctions des membres du conseil d'administration est de cinq ans. Ils seront renouvelés annuellement par cinquième; pour les quatre premières années, le sort désignera les sortans; plus tard ce sera l'ancienneté. Les administrateurs sortans pourront être réélus. »

Art. 42. A la rédaction du paragraphe de l'article 42, ainsi conçu : « Il fera placer les fonds disponibles en valeurs sur l'Etat, d'après les ordres du conseil d'administration, et fera payer les dividendes à Paris ou à Nantes, au choix des actionnaires, ainsi que le montant des actions qui devront être remboursées, » le comparant substitue la rédaction suivante, faisant observer que le surplus de l'article reste le même :

« Il fera placer les fonds disponibles en valeurs sur l'Etat, d'après les ordres du conseil d'administration, et fera payer les dividendes à Paris ou à Nantes, au choix des actionnaires, ainsi que le montant des primes dont il sera parlé ci-après dans l'article 49. »

Titre VIII, article 47. A la rédaction qui est donnée à ce titre et à cet article le comparant substitue celle-ci :

TITRE VIII. Du partage des bénéfices, du réglement et mode de paiement des dividendes et des primes.

« Chaque action que le sort n'aura pas désignée pour recevoir de primes, de la manière réglée par l'article 49 ci-après, participera au partage intégral de la part des bénéfices nets qui représente l'intérêt légal du fonds social. Ce premier dividende s'accroîtra dans le rapport du nombre des primes accordées.

« Les paiemens auront lieu dans les premières quinzaines de janvier et de juillet, et, pour la première fois, après le commencement de la première des quinze années qui formeront la durée de la société. »

Art. 48. A la rédaction qui est donnée à cet article le comparant substitue celle-ci :

« Les bénéfices nets de toute origine et de toute nature produits par les opérations de la société seront partagés entre tous les actionnaires dans les proportions qui seront déterminées ci-après.

« Sera considérée comme bénéfice net la somme restant libre après prélèvement de toutes dépenses d'exploitation, d'administration et de conservation. »

Art. 49. A la rédaction qui est donnée à cet article le comparant substitue celle-ci :

« Si les bénéfices nets dépassent une somme de trente mille francs, représentant l'intérêt légal du fonds social, le conseil d'administration, avant aucune autre répartition de dividendes, fixera sur la somme restant libre un prélèvement qui sera destiné à créer un certain nombre de primes de cinq cents francs chacune, pour être distribuées aux actionnaires par la voie du tirage au sort. »

« Cette création de primes sera calculée, autant que possible, de manière à ce que, à l'expiration de la société, chaque action ait pu en toucher quatre.

« Après les prélèvemens ci-dessus stipulés, un nouveau dividende sera réparti, s'il y a lieu, entre tous les actionnaires indistinctement. »

Art. 50. A la rédaction donnée à cet article le comparant substitue celle-ci :

« Le dixième des bénéfices nets sera prélevé chaque semestre avant toute répartition et sera destiné à former pour la société un fonds de réserve.

« Ce fonds sera augmenté des intérêts des sommes placées sur l'Etat, ainsi qu'il est dit à l'article 42, titre VII. »

Art. 51. A la rédaction qui est donnée à cet article le comparant substitue celle-ci :

« Les propriétaires d'actions qui auront touché des primes continueront à participer au dividende après prélèvement des primes, ainsi qu'aux avantages du fonds de réserve et du produit de la vente du matériel, comme les autres actionnaires. »

Art. 53. A la rédaction qui est donnée à cet article le comparant substitue celle-ci :

« Il est bien entendu qu'il ne sera fait aucune répartition des bénéfices aux actionnaires jusqu'à ce que la société soit couverte de ses pertes, si, contre toute attente, elle en avait éprouvé dans les années antérieures. »

Art. 54. A la rédaction qui est donnée à cet article le comparant substitue celle-ci :

« Les dividendes des bénéfices seront payés à Paris ou à Nantes, au choix des actionnaires, qui devront manifester à ce sujet leur option au moins deux mois à l'avance, sinon ils seront censés vouloir être payés à Nantes dans les bureaux de la direction. »

Art. 55. A la rédaction qui est donnée à cet article le comparant substitue celle-ci :

« Un an avant l'expiration des quinze an-
« nées formant la durée de la société, l'as-
« semblée générale des actionnaires décidera
« si la société devra être continuée; cette dé-
« cision, qui ne pourra être prise qu'à la
« majorité des trois quarts des voix présen-
« tes, déterminera les mesures à prendre
« dans le cas où l'entreprise serait conti-
« nuée.

« Ceux des actionnaires qui ne voudront
« pas adhérer à une prolongation pourront
« se retirer, et ils auront droit au partage
« des fonds en réserve et à leur portion dans
« la valeur du matériel, qui sera estimé à dire
« d'experts ; le tout leur sera payé six mois
« après cette estimation, qui elle-même ne
« pourra avoir lieu qu'à l'expiration des
« quinze années.

« Il est bien entendu que la prolongation
« de la société par l'universalité ou partie
« de ses membres n'aura lieu que sous l'au-
« torisation du Gouvernement et avec les
« formalités d'usage.

« Si, avant cette époque, des pertes con-
« sidérables pouvaient faire désirer la disso-
« lution de la société, il y sera statué par
« l'assemblée générale des actionnaires.

« Si la perte a déjà absorbé les trois quarts
« du fonds social, la liquidation et la disso-
« lution auront lieu de plein droit. »

Art. 57. A la rédaction qui est donnée à
cet article le comparant substitue celle-ci :

« Sont nommés, pour remplir les fonc-
« tions de directeur et d'inspecteur, les deux
« fondateurs de la société, savoir :

« Pour celles de directeur, M. Jean-
« Louis-Philippe Galbaud-Dufort;

« Et pour celles d'inspecteur, M. William
« Arnous-Rivière.

« Ces fonctionnaires pourront être sus-
« pendus ou révoqués conformément à l'ar-
« ticle 39 ci-dessus. »

Art. 58. A la rédaction qui est donnée à
cet article le comparant substitue celle-ci :

« Les appointemens du directeur et de
« l'inspecteur seront fixés, pour chacun
« d'eux, à cinq mille francs par an, qu'ils
« toucheront en deux paiemens égaux de
« six mois en six mois, à partir du jour de
« l'obtention de l'ordonnance royale d'au-
« torisation.

« Ces appointemens sont calculés sur le
« nombre de sept bateaux jugés nécessaires
« à l'entreprise. Si ce nombre est augmenté
« par la suite, les huitième et neuvième ba-
« teaux à vapeur donneront droit, à chacun
« des directeur et inspecteur, à une augmen-
« tation de sept cent cinquante francs par
« bateau. Pour le dixième, cette augmenta-
« tion ne sera que de cinq cents francs, et

« ainsi de suite pour les autres bateaux,
« sans que, dans aucun cas, le traitement
« des directeur et inspecteur puisse s'éle-
« ver pour chacun d'eux à plus de huit mille
« francs. Cette augmentation ne pourra que
« du jour où chaque nouveau bateau à va-
« peur aura été lancé.

« L'inspecteur aura droit, en outre, au
« remboursement de ses frais de tournée,
« qui seront fixés par le conseil d'adminis-
« tration. »

Art. 59. A la rédaction qui est donnée à
cet article le comparant substitue celle-ci :

« En cas de démission ou de mort du di-
« recteur ou de l'inspecteur ci-dessus nom-
« més, il sera pourvu à leur remplacement
« par l'assemblée générale des actionnaires,
« qui fixera le taux des appointemens du
« remplaçant, lequel sera pris parmi les ac-
« tionnaires et sera tenu de fournir le cau-
« tionnement exigé à l'article 60 ci-après. »

Art. 60. A la rédaction qui est donnée
à cet article le comparant substitue celle-ci :

« Les directeur et inspecteur seront tenus
« de fournir chacun un cautionnement de
« vingt mille francs, savoir : dix mille francs
« au moins en cinq actions de la société, qu'ils
« ne pourront transférer à des tiers qu'à la
« cessation de leurs fonctions, et les autres
« dix mille francs, à leur choix, en cinq ac-
« tions de la société ou en valeurs immobi-
« lières.

« Le caissier et les agens devront égale-
« ment fournir un cautionnement dont le
« conseil d'administration déterminera la
« quotité.

« Le dépôt des cautionnemens en actions
« sera fait entre les mains du notaire de la
« société. Ces actions seront revêtues d'un
« timbre qui les rendra inaliénables. »

Art. 63. A la rédaction qui est donnée à
cet article le comparant substitue celle-ci :

« Les présens statuts seront soumis à l'ap-
« probation de Sa Majesté par MM. Wil-
« liam Arnous-Rivière et Jean-Louis-Phi-
« lippe Galbaud-Dufort, auxquels tous pou-
« voirs sont donnés à cet effet.

« Tous pouvoirs leur sont également don-
« nés d'admettre les modifications de forme
« que le Gouvernement jugera y devoir ap-
« porter.

« Aucune modification aux présens statuts
« ne pourra être sollicitée du Gouvernement
« que sur une délibération de l'assemblée
« générale prise à la majorité des trois quarts
« des voix. »

Sauf les changemens ci-dessus établis, l'acte
de société dudit jour 31 mars 1828, et les
statuts qu'il contient subsisteront et auront

leur effet, pour que cet acte et les statuts ainsi modifiés reçoivent leur pleine et entière exécution, et toujours sauf l'approbation du Gouvernement, à qui le tout va être soumis.

Fait et passé à Paris, en l'étude de Mᵉ Montaud, l'an 1828, le 23 août, et a signé avec les notaires, après lecture, la minute des présentes, restée audit Mᵉ Montaud.

16 NOVEMBRE 1828. — Ordonnance du Roi qui supprime la place de directeur des affaires ecclésiastiques, et nomme M. l'abbé Busson secrétaire général du ministère des affaires ecclésiastiques. (8, Bull. 264, n° 10012.)

16 NOVEMBRE 1828. — Ordonnance du Roi qui supprime la place de directeur de l'instruction publique. (8, Bull. 263, n° 9909.)

16 NOVEMBRE 1828. — Ordonnances qui autorisent l'acceptation de donations faites aux communautés religieuses de Beaune, de Bollène, de Buillé-sur-Loir, de Saint-Féréol, de Saint-Geniez, de Saint-Laurent-d'Olt et de Saint-Sigolène. (8, Bull. 317, nᵒˢ 12207 et suiv.)

19 NOVEMBRE = Pr. 1ᵉʳ DÉCEMBRE 1828. — Ordonnance du Roi portant répartition du crédit de cent cinq millions huit cent cinquante-quatre mille six cent cinquante francs accordé par la loi du 17 août 1818 pour les dépenses

du ministère de l'intérieur pendant l'exercice 1829 (1). (8, Bull. 264, n° 10010.)

Charles, etc.

Vu la loi du 17 août 1828, relative à la fixation du budget des dépenses de l'exercice 1829, qui accorde au ministère de l'intérieur un crédit de cent cinq millions huit cent cinquante-quatre mille six cent cinquante francs pour pourvoir à ses diverses services pendant cette année ;

Vu l'article 22 de la loi du 17 août 1822, confirmé par l'article 7 de la loi du 17 août 1828, relative à la fixation du budget des recettes du même exercice 1829;

Vu aussi les lois des 21 juillet 1824, 22 mai 1825, 30 mars et 5 juillet 1826, 21 février et 9 mai 1827, 1ᵉʳ juin et 2 juillet 1828, portant autorisation d'impositions de centimes extraordinaires pour dépenses d'utilité départementale ;

Vu enfin l'article 151 de la loi du 25 mars 1817, l'article 2 de l'ordonnance royale du 14 septembre 1822, et les articles 2 et 5 de notre ordonnance du 1ᵉʳ septembre 1827;

Sur le rapport de notre ministre secrétaire d'Etat au département de l'intérieur ;

Nous avons ordonné et ordonnons ce qui suit :

Art. 1ᵉʳ. La somme de cent cinq millions huit cent cinquante-quatre mille six cent cinquante francs, accordée par la loi du 17 août 1828 pour les dépenses du ministère de l'intérieur pendant l'année 1829, est répartie en six sections spéciales, savoir :

SECTION Iʳᵉ. *Administration centrale et police générale.*

CHAP. Iᵉʳ.	Traitement du ministre secrétaire d'Etat	120,000	
— II.	Personnel de l'administration centrale	723,000	
— III.	Pensions et indemnités aux anciens employés supprimés.	95,000	2,860,000ᶠ
— IV.	Matériel de l'administration centrale et des hôtels	222,000	
— V.	Dépenses secrètes de la police générale, dont le compte est directement rendu au Roi.	1,700,000	

SECTION II. *Ponts-et-chaussées, mines et lignes télégraphiques.*

CHAP. VI.	Administration centrale	252,000	
— VII.	Travaux et dépenses du service matériel des routes royales, ponts, navigation, bacs, quais, canaux, desséchemens, digues, ports maritimes de commerce, phares, fanaux, plantations de dunes, et objets divers.	26,944,000	42,430,000
— VIII.	Charges du personnel du corps royal des ponts-et-chaussées	2,719,500	
— IX.	Corps royal des mines et dépenses de ce service	384,500	
— X.	Lignes télégraphiques	700,000	
— XI.	Contributions du Trésor royal pour travaux sur fonds particuliers	11,430,000	

(1) *Voy.* note sur l'ordonnance du 16 novembre 1828.

SECTION III. *Travaux publics.*

CHAP. XII. Travaux et dépenses d'entretien des bâtimens et édifices d'intérêt général à Paris, y compris les frais de bureau de la direction 320,000
— — XIII. Reconstruction de la salle de la Chambre des députés. 500,000
— — XIV. Église de la Madeleine 500,000
— — XV. Arc-de-triomphe de l'Étoile. 500,000
— — XVI. Travaux d'achèvement ou d'agrandissement à des monumens ou à des édifices de la capitale, consacrés à des services d'intérêt général. . . . . 630,000 } 3,757,936
— — XVII. Travaux d'achèvement des maisons centrales de détention 850,000
— — XVIII. Construction de lazarets et établissemens sanitaires ; conservations d'anciens monumens, et travaux à la charge de l'État dans les départemens 457,936

SECTION IV. *Services divers.*

CHAP. XIX. Cultes chrétiens non catholiques. 676,000
— — XX. Établissemens d'utilité publique. 170,000
— — XXI. Établissemens de bienfaisance. 488,000
— — XXII. Secours aux colons réfugiés 1,000,000
— — XXIII. Secours généraux aux sociétés de charité maternelle, aux bureaux de charité, hôpitaux, maisons d'éducation et autres. 490,000
— — XXIV. Haras, dépôts d'étalons, primes, prix de courses, etc. 1,773,500 } 9,205,500
— — XXV. Écoles vétérinaires et encouragemens à l'agriculture. 297,000
— — XXVI. Service de la vérification des poids et mesures. 600,000
— — XXVII. Établissemens scientifiques et littéraires 1,576,000
— — XXVIII. Établissemens des beaux-arts, monumens en bronze ou marbre 453,000
— — XXIX. Encouragemens et souscriptions en faveur des artistes et hommes de lettres. 382,000
— — XXX. Subvention aux théâtres royaux, y compris l'école de chant et de déclamation. 1,300,000

SECTION V. *Dépenses départementales.*

CHAP. XXXI. Dépenses fixes ou communes à plusieurs départemens (centimes centralisés au Trésor royal). 11,669,946
— — XXXII. Dépenses variables spéciales à chaque département, sept centimes et demi spéciaux mis à la disposition des préfets. . . . . 13,645,148 } 22,741,915
Et cinq centimes en fonds commun à répartir par le ministre de l'intérieur entre les départemens 9,096,767
— — XXXIII. Dépenses variables sur le produit des ressources éventuelles portées en recette aux budgets départementaux, et faisant partie des votes des conseils généraux. 770,000 } 45,781,861
— — XXXIV. Dépenses extraordinaires d'utilité départementale :
1° sur le produit des centimes facultatifs (art. 2 ci-après). 8,998,000
2° Sur les centimes extraordinaires votés par les conseils généraux (lois des 21 juillet 1824, 22 mai 1825, 30 mars et 5 juillet 1826, 21 février et 9 mai 1827, 1er juin et 2 juillet 1828). . . . . . . 3,626,000 } 10,600,000 Aperçu porté pour ordre dans la loi.

————————
12,624,000

SECTION VI. *Secours spéciaux.*

CHAP. XXXV. Secours spéciaux aux départemens, pour pertes résultant d'incendie, de grêle, inondations et autres accidens, un centime additionnel spécial à la disposition du ministre 1,819,353

Total. 105,854,650

2. Les impositions de centimes facultatifs votées par les conseils généraux de département dans leur dernière session, en exécution de l'article 22 de la loi du 17 août 1822, confirmé par l'article 7 de la loi du 17 août 1828, sont approuvées.

3. Nos ministres secrétaires d'Etat de l'intérieur et des finances (vicomte de Martignac et comte Roy) sont chargés, chacun en ce qui le concerne, de l'exécution de la présente ordonnance, qui sera insérée au Bulletin des Lois.

19 NOVEMBRE = Pr. 1ᵉʳ DÉCEMBRE 1828. — Ordonnance du Roi portant qu'à compter de 1829 il sera formé, du produit des cinq centimes de non-valeurs des redevances fixe et proportionnelle sur les mines, un fonds commun dont la distribution sera faite entre les départemens où ces mines existent, en raison de l'importance de leurs besoins. (8, Bull. 262, n° 10011.)

Charles, etc.

Vu la loi du 21 avril 1810, portant qu'il sera imputé dix centimes par franc en sus des redevances fixe et proportionnelle sur les mines, pour former un fonds de non-valeurs;

Vu les dispositions du décret du 6 mai 1811, desquelles il résulte que sur ces dix centimes moitié est mise à la disposition des préfets, pour être employée aux frais de confection des états, tableaux, matrices et rôles, aux décharges et réductions, remises et modérations, ainsi qu'aux frais d'expertise et de vérification des réclamations en dégrèvement;

Considérant que les cinq centimes de non-valeurs qui, dans un grand nombre de départemens, excèdent les besoins, ne suffisent pas dans plusieurs autres pour couvrir les dépenses, et qu'il importe de donner à tous les départemens les moyens d'assurer cette partie du service;

Sur le rapport de notre ministre secrétaire d'Etat des finances,

Nous avons ordonné et ordonnons ce qui suit:

Art. 1ᵉʳ. A compter de 1829, il sera formé, du produit des cinq centimes de non-valeurs des redevances fixe et proportionnelle sur les mines, un fonds commun dont la distribution sera faite par notre ministre secrétaire d'Etat des finances entre les divers départemens où ces mines existent, en raison de l'importance de leurs besoins.

2. Les dépenses qui n'auraient pu être liquidées en temps utile, et les mandats qui n'auraient pu être acquittés sur les crédits de l'exercice auquel ils se rattachent, seront, conformément à notre ordonnance du 14 septembre 1822, imputés sur les crédits ouverts pour l'exercice suivant.

3. Notre ministre secrétaire d'Etat des finances (comte Roy) est chargé de l'exécution de la présente ordonnance, qui sera insérée au Bulletin des Lois.

19 NOVEMBRE 1828 = Pr. 27 FÉVRIER 1829. — Ordonnance du Roi qui approuve les statuts supplémentaires proposés par les administrateurs de l'agence générale de placemens sur les fonds publics. (8, Bull. 278 bis, n° 3.)

Charles, etc.

Sur le rapport de notre ministre secrétaire d'Etat du commerce et des manufactures;

Vu l'ordonnance royale du 28 avril 1820, portant autorisation de l'agence générale de placement sur les fonds publics,

Nous avons ordonné et ordonnons ce qui suit:

Art. 1ᵉʳ. Les statuts supplémentaires proposés par les administrateurs de l'agence générale de placemens sur les fonds publics, et contenus dans les délibérations des 16 février 1824 et 1ᵉʳ juillet 1828, sont approuvés.

L'extrait de ces deux délibérations restera annexé à la présente ordonnance.

2. Notre ministre secrétaire d'Etat du commerce et des manufactures (M. de Saint-Cricq) est chargé de l'exécution de la présente ordonnance, qui sera publiée au Bulletin des Lois, et insérée dans le *Moniteur* et dans un journal d'annonces judiciaires du département de la Seine.

Agence générale de placemens temporaires et viagers sur les fonds publics, place de la Bourse, à Paris.

Paris, le 16 février 1824.

Les administrateurs de l'agence générale, délibérant sur les propositions qui leur ont été faites d'ouvrir des placemens par compagnies de cinq et de dix à cent personnes, et des séries à terme fixe, à la condition que les placeurs ne mettraient en commun que les arrérages ou intérêts de leurs capitaux;

Considérant que la restriction sollicitée tend à rapprocher les statuts de l'agence générale des règles du droit commun; qu'elle a pour objet de conserver l'hérédité des capitaux aux héritiers de chaque actionnaire, et que, sous ce point de vue, cette opération est un contrat synallagmatique qui n'a rien de contraire ni aux bonnes mœurs, ni aux lois du royaume, en ce qu'elle rentre dans l'esprit du texte des ordonnances du Roi relatives à l'agence générale;

Oui M. le commissaire du Roi, de l'avis du conseil particulier de l'établissement, et après communication donnée au comité d'audition des comptes, les administrateurs arrêtent:

Qu'il sera établi, indépendamment des deux modes de placemens existans, qui continueront d'avoir leur cours, une nouvelle section qui comprendra les placemens à faire sans *aliénation du capital*, lequel restera la propriété du fondateur d'action ou de ses ayant-droit.

¶ Pour l'exécution de cette nouvelle section, les administrateurs ont arrêté les dispositions réglementaires suivantes:

PREMIER ORDRE DE PLACEMENT SANS ALIÉNATION DU CAPITAL.

Placemens par compagnies de cinq et de dix à cent personnes au plus.

Art. 1er. Les actionnaires jouiront des intérêts de leur rente à partir du jour du placement. Les extinctions de ces intérêts tourneront au profit des survivans. Néanmoins, ceux du semestre courant seront payés aux ayant-droit du décédé jusqu'au jour inclus de son décès, sur la remise d'une expédition en forme de cet acte de décès et la justification des pièces d'hérédité.

2. Dans le cas où des actionnaires viendraient à décéder avant que leurs compagnies soient fermées, leurs mises et les arrérages déchus seraient immédiatement rendus à leurs ayant-droit, qui sont tenus de se faire connaître à l'administration dans les six mois du décès arrivé. Si ces ayant-droit ne remplissent pas cette formalité dans le délai fixé ci-dessus, le décès sera présumé avoir eu lieu postérieurement à la fermeture de la compagnie, et les arrérages échus et à échoir jusqu'à la liquidation définitive appartiendront aux survivans.

3. A l'époque de la dernière extinction, le montant de chacune des mises sera restituée aux ayant-droit de chaque fondateur.

4. L'actionnaire qui restera trois années consécutives sans produire de certificat de vie perdra tous ses droits aux arrérages de ces trois années, lesquels seront acquis et partagés en totalité entre les survivans. Les arrérages des semestres suivans entreront dans les dividendes semestriels. Si l'actionnaire en retard fournissait postérieurement un certificat de vie, il ne pourrait prétendre aucun rappel des arrérages distribués, mais seulement à sa part et portion des arrérages du semestre courant.

5. Si le dernier survivant des actionnaires d'une compagnie restait trois années consécutives sans fournir de certificat de vie pour toucher les arrérages de sa compagnie, et dans le cas même où le décès de l'un d'eux n de plusieurs de ses coassociés ne serait pas présumé (par le défaut de production d'un certificat de vie pendant plus de trois ans), l'extinction totale de la compagnie serait arrivée, la valeur des mises serait exigible, et le remboursement en serait immédiatement fait, conformément à l'article 3 ci-dessus. Les arrérages restés en réserve pendant ces trois années seraient également répartis entre les ayant-droit de tous les actionnaires.

6. Les capitaux et arrérages des compagnies dissoutes qui ne seront pas réclamés dans les cinq ans qui suivront la date du décès réel ou présumé du dernier survivant appartiendront, conformément à l'article 5 ci-dessus, à ceux des ayant-droit qui auront déjà retiré leurs parts des capitaux et arrérages de la compagnie. Ils seront partagés entre ceux de ces mêmes ayant-droit qui se présenteront dans les trois mois qui suivront les cinq années ci-dessus énoncées, et ce au prorata du nombre d'actions fondées par l'actionnaire qu'ils représenteront.

7. L'administration convertira en rentes sur l'Etat, trente jours après le paiement du semestre, les arrérages qui ne lui auront pas été réclamés, afin de faire porter intérêt à ces arrérages. Elle en fera le paiement ultérieur aux intéressés en transférant à leur profit le montant de la rente achetée pour eux, de manière qu'ils courront seuls les chances de hausse ou de baisse de la rente. L'administration ouvrira un compte spécial à chaque compagnie, pour y faire figurer ces arrérages.

8. La commission pour les placemens qui excéderont cent francs de rentes sera réduite ainsi qu'il suit:

Il ne sera rien perçu sur le paiement des arrérages jusqu'à la première extinction. Cette première extinction arrivée, la commission, pour le paiement des arrérages, ne sera que de deux pour cent, au lieu de quatre alloués par les statuts. L'administration continuera de percevoir la commission d'usage pour le droit d'entrée (c'est-à-dire un quart pour cent du capital versé), et le semestre qui suivra chaque extinction.

DEUXIÈME ORDRE DE PLACEMENT.

Placement à terme fixe, pour cinq, dix, quinze et vingt ans.

Les placeurs auront la faculté d'adopter le mode d'*aliénation* de leurs capitaux, conformément à toute la rigueur du texte des statuts, ou le mode qui, aux termes de la présente délibération, conserve ces capitaux à leurs ayant-droit.

Ceux qui choisiront ce dernier mode de placement feront partie des séries distinctives qui seront régies par les mêmes statuts avec les restrictions qui suivent:

Art. 1er. Si des actionnaires venaient à décéder avant la clôture de leur classe, la valeur de leurs actions et le semestre d'arrérages échus seraient rendus à leurs ayant-droit, s'ils en faisaient la réclamation avant cette clôture. Si la réclamation était faite postérieurement, les arrérages échus et à échoir jusqu'à partage de la série seraient acquis aux survivans. Les ayant-droit ne pourraient prétendre qu'au remboursement du capital de l'action.

2. A l'expiration du terme choisi, les survivans rentreront dans leurs mises respectives, et se partageront, au prorata de leurs actions, les arrérages de toutes les mises. Les capitaux versés par les actionnaires décédés seront rendus à leurs ayant-droit.

3. Les capitaux qui ne seront pas réclamés dans les cinq années qui suivront l'expiration des séries (cinq, dix, quinze ou vingt ans) seront acquis et appartiendront aux ayant-droit qui auront déjà retiré leurs parts des capitaux de la série. Ils seront partagés entre ceux de ces mêmes ayant-droit qui se présenteront dans les trois mois qui suivront les cinq années ci-dessus énoncées, et ce au prorata du nombre d'actions fondées par l'actionnaire qu'ils représenteront.

4. Les remises et commissions relatives à ce deuxième ordre de placement seront les mêmes que celles allouées par les statuts.

Dispositions générales.

Les administrateurs de l'agence générale seront tenus, sous leur responsabilité personnelle, de faire annoncer, par la voie d'un des journaux judiciaires existant alors, la liquidation de chaque compagnie ou série. Ils devront surtout faire connaître par la même voie les noms des actionnaires contre les héritiers desquels la déchéance sera prononcée, s'ils ne se présentent pas dans le courant de cinq années, pour réclamer les capitaux et arrérages qui leur reviennent. Ce dernier avis devra être répété deux fois par an, pendant le cours desdites cinq années.

L'administration sera couverte des frais et faux frais qu'occasionent ces diverses publications et les répartitions du montant des déchéances, par un prélèvement de vingt-cinq pour cent à son profit sur le montant de ces déchéances.

Les profits et pertes résultant des dispositions de la présente délibération entreront dans les comptes généraux de l'administration, et feront partie des dividendes afférans à la société en commandite.

Copie de la présente délibération sera déposée au greffe du tribunal de commerce, pour y être publiée conformément aux lois. Des expéditions seront adressées au commissaire du Roi et à MM. les commanditaires de l'agence générale, ainsi qu'au conseil particulier de l'établissement.

Délibéré en conseil à Paris, le 16 février 1824.

Les administrateurs de l'agence générale,

Signé Ratte, Darru, Berthon, Blandes-Fomandes.

Paris, 1er juillet 1828.

Les administrateurs de l'agence générale, vu les statuts de l'établissement, les ordonnances du Roi du 28 avril 1820 et 21 mars 1821, et l'arrêté pris en conseil le 16 février 1824;

Considérant que l'établissement a été conçu et autorisé dans la vue de faciliter les placemens sur les fonds publics avec chance d'accroissement et de successibilité;

Que dès lors il doit admettre toutes les conditions et combinaisons licites qui peuvent favoriser et étendre ces sortes de placement;

Qu'il doit surtout accueillir les combinaisons dans lesquelles les idées étroites de l'égoïsme font place à des vues et à des sentiment plus élevés qui, en conciliant plus parfaitement les divers intérêts, tendent à resserrer les liens sociaux et de famille;

Que déjà l'administration de l'agence générale a fait un premier pas important vers ce but, en adoptant, par son arrêté du 16 février 1824, des dispositions qui ont pour objet de conserver les capitaux des mises aux héritiers ou ayant-cause des placeurs;

Que, dirigé par le même esprit, l'établissement doit accueillir les propositions qui lui sont faites d'ouvrir des placemens pour des compagnies par actions reposant sur plusieurs têtes;

Ouï M. le commissaire du Roi, de l'avis du conseil particulier de l'établissement, et après communication donnée au comité d'audition des comptes, ont arrêté ce qui suit:

Art. 1er. Les divers ordres de placemens admis par les statuts et par l'arrêté du 16 février 1824 pourront, lorsque les placeurs le désireront, avoir lieu par compagnies composées d'un certain nombre d'actions, dont chacune reposera sur deux ou même sur trois têtes, selon les intentions des fondateurs de ces nouvelles compagnies.

2. Les compagnies dont les actions reposeront sur trois têtes seront distinctes de celles reposant sur deux têtes.

3. Les diverses têtes sur lesquelles sera établie chaque action d'une même compagnie devront, autant que possible, appartenir à la même classe ou aux mêmes classes, c'est-à-dire, par exemple, que si la compagnie est ouverte par une action reposant sur deux ou sur trois têtes étant toutes de la dixième classe, chacune des autres actions qui seront prises dans la même compagnie devra aussi être établie sur deux ou trois têtes de la dixième classe.

Si la première action de la compagnie porte sur deux têtes dont l'une appartienne à la douzième classe et l'autre à la onzième, chacune des autres actions à deux têtes de la même compagnie devra également porter sur une tête de la douzième classe et sur une de la onzième.

Si l'action qui ouvre une compagnie est établie sur trois têtes dont une de la neuvième classe, une autre de la huitième et une autre de la septième, chacune des autres actions à trois têtes de la même compagnie devra également être prise sur une tête de neuvième, sur une de la huitième et sur une de la septième, et ainsi de suite pour les compagnies composées de plusieurs têtes de diverses classes.

Dans les divers cas prévus par cet article, les mises seront égales pour chaque action, sauf aux divers titulaires de la même action à s'entendre entre eux pour la fixation de la part à fournir par chacun dans la mise, selon les droits qui leur seront attribués dans l'action.

4. Dans le cas où les personnes qui voudraient fonder des actions sur plusieurs têtes ne pourraient réunir un nombre suffisant de têtes des mêmes classes pour atteindre un minimum fixé par les statuts, elles pourront compléter leurs compagnies par des têtes prises dans d'autres classes, en préférant toujours les classes qui seront les plus rapprochées.

Chacune des compagnies prendra le nom de la classe à laquelle appartiendra la plus âgée des diverses têtes sur lesquelles sera établie la première action de la compagnie.

La différence de classe entre les têtes qui feront partie d'une même compagnie sera compensée par un supplément de mise calculé sur les bases dont il est parlé aux paragraphes III et IV des statuts du 12 avril 1820.

5. La rente de chaque compagnie composée d'actions reposant sur plusieurs têtes sera répartie par égales portions entre toutes les actions.

La part revenant à chaque action dans ladite rente sera payée intégralement jusqu'au jour du décès de la dernière survivance des diverses têtes sur lesquelles l'action reposera, et ce ne sera qu'à partir du lendemain de ce dernier décès que l'extinction de l'action aura lieu au profit des autres actions de la même compagnie subsistantes alors, et ce sans préjudicier aux droits particuliers de l'agence, au décès de chaque prédécédé, sur la portion personnelle dans l'action, conformément à l'article 10 des statuts du 12 avril 1820.

6. Les arrérages du semestre courant au moment du décès qui donnera lieu à l'extinction de chaque action, conformément à l'article précédent, seront payés, jusqu'au jour du décès inclusivement, aux héritiers ou ayant-cause du dernier survivant des titulaires de l'action, à la charge par eux de justifier de leurs qualités dans les six mois du décès; faute de quoi, ils en seront déchus au profit des autres actionnaires vivans de la compagnie.

7. Les compagnies par actions sur plusieurs têtes resteront ouvertes pendant quatre années consécutives, afin d'atteindre le *minimum* de leur complet; cependant elles pourront être fermées immédiatement après que ce *minimum* aura été atteint, à moins de stipulations contraires à l'époque de l'ouverture de la compagnie.

8. Le décès d'une des têtes ayant lieu avant la clôture de la compagnie n'apportera aucun changement dans sa composition ; mais le décès de toutes les têtes d'une même action avant cette clôture donnera lieu au retrait de la mise principale, si les extinctions sont notifiées à l'agence avant la clôture de la compagnie.

9. Toutes les dispositions des statuts et de l'arrêté du 16 février 1824, pour les points non réglés par les articles ci-dessus, seront applicables aux placemens par actions sur plusieurs têtes, comme aux placemens par actions qui ne reposent que sur une seule tête.

Délibéré en conseil à Paris, le 1er juillet 1828.

Les administrateurs de l'agence générale,

Signé : RATTE, DARU, BERTHON, BLANDES-FOMANDES.

---

19 NOVEMBRE 1828. — Ordonnance du Roi qui autorise des exploitations dans les bois appartenant à plusieurs communes et à la fabrique d'une église, et dans une forêt royale. (8, Bull. 264, n° 10021.)

---

19 NOVEMBRE 1828. — Ordonnances qui autorisent l'acceptation de dons et legs faits au collège de Saint-Chamond ; aux communes de Monna, de Saint-Germain du Crioult; aux pauvres de Plieux, de Rochemaure, de Bulle, de Saint-Paul-lès-Monestier, de Sallés, de Saint-Nizier-sons-Charlieu, d'Anrec et de Beaufort; aux hospices d'Ervy, de Limoux, de Mur-de-Barrez, de Suze-la-Rousse, de Toulouse, de Libourne, de Grenoble et de Montpellier. (8, Bull. 276, nos 10651 et suiv.)

---

19 NOVEMBRE 1828. — Ordonnances qui autorisent l'acceptation de dons et legs faits aux hospices de Durtal, de Craon, de Thionville, d'Orchies, d'Hazebrouck, de Fontainebleau, d'Orthez, de Rouen, de Verdun, de Barjols, de Pertuis, de Carpentras, d'Auxerre, de Limoux, de Rodez, de Lançon, d'Eymet, de Bagnols, de Quimperlé, de Montpellier, de Romorantin, de Châteaubriant, de Doué et de Châlons-sur-Marne; aux pauvres de Mâcon, de Pertuis, de Chacrise, de Saint-Jean-d'Angely, de Noidan, d'Arrou, de Bordeaux, de Montpellier, de Saint-Gaultier, de Vernon, de Lons-le-Saulnier, de Saint-Geours d'Auribat, d'Issé, de Châteaubriant, de Châteauneuf-sur-Loire, d'Orléans, de Monclar, de Metz, de Saint-Leu, de Courpierre, de Tarbes, de la Guierche, d'Ailly-le-Haut-

Clocher, de Lacaune, de Saint-Césaire et du 8ᵉ arrondissement de Paris. (8, Bull. 278, nᵒˢ 10688 et suiv.)

19 NOVEMBRE 1828. — Ordonnances qui autorisent l'établissement d'usines dans les communes de Boursières, de Velle-le-Châtel et de Rosey. (8, Bull. 278, n° 10739.)

19 NOVEMBRE 1828. — Ordonnance qui autorise l'acceptation de dons et legs faits aux fabriques des églises d'Aboncourt, de Charolles, du Durenque, de Fontaine-le-Bourg, de la Haie-du-Puits, de Saint-Jean-de-Marsacq, de Pont-de-Château, de Sergues, de Mongardon, d'Eausses, de Saverde, de Thélus et de Bellaing ; aux séminaires de Langres et de Vannes. (8, Bull. 317, n° 12215.)

19 NOVEMBRE 1828. — Ordonnances qui autorisent l'acceptation de dons et legs faits aux fabriques des églises de Saint-Clément-les-Maçons, de la Luzerne, de Saint-Denis-le-Gast, de Saffré, de Paouillac, de Saint-Mézard, de Poulaincourt, de Vouvrai, de Saint-Martin, de Bonfossé, de Largny, de Macey, de Litaire, de Messas et de Saintes; au séminaire de Limoges; aux communautés religieuses d'Orbes, de Mortain et de Metz, et aux desservans de Moyon. (8, Bull. 317, n° 12230.)

19 NOVEMBRE 1828. — Ordonnance portant que les deux foires qui se tenaient sans titre connu dans la commune de Saint-Just, arrondissement d'Epernay, département de la Marne, le lendemain du dimanche de la Quasimodo et le 1ᵉʳ octobre, sont maintenues et auront lieu à l'avenir comme par le passé. (8, Bull. 271, n° 10500.)

19 NOVEMBRE 1828. — Ordonnance portant que les quatre foires créées dans la commune d'Auvillars, arrondissement de Moissac, département de Tarn-et-Garonne, se tiendront à l'avenir le premier mercredi des mois de janvier, de mars et de juillet, et le 25 novembre de chaque année. (8, Bull. 271, n° 10501.)

19 NOVEMBRE 1828. — Ordonnance qui accorde une pension à la dame veuve Chafaroux. (8, Bull. 272 bis, n° 1.)

19 NOVEMBRE 1828. — Ordonnance qui accorde des pensions de retraite à trente-cinq militaires y dénommés, imputables sur le crédit spécial d'inscription de dix-huit cent mille francs, ouvert par l'article 3 de la loi du 20 juin 1827. (8, Bull. 272 bis, n° 2.)

23 NOVEMBRE 1828. — Ordonnance du Roi qui accorde des lettres de déclaration de naturalité au sieur Paulus. (8, Bull. 341, n° 13447.)

23 NOVEMBRE 1828. — Ordonnances qui accordent des lettres de déclaration de naturalité au sieur Haufmann. (8, Bull. 284, n° 10943.)

23 NOVEMBRE = 17 DÉCEMBRE 1828. — Ordonnance du Roi qui autorise des exploitations dans les bois de plusieurs communes. (8, Bull. 165, n° 10074.) Voy. Code forestier, art. 16 et 90.

23 NOVEMBRE 1828. — Ordonnance qui accorde des lettres de déclaration de naturalité au sieur Obert. (8, Bull. 296, n° 11314.)

23 NOVEMBRE 1828. — Ordonnance qui nomme M. Feutrier à la préfecture de Tarn-et-Garonne. (8, Bull. 264, n° 10013.)

23 NOVEMBRE 1828. — Ordonnance qui admet les sieurs Crauer, Gomet, Kleiner et Kohler, à établir leur domicile en France. (8, Bull. 265, n° 10076.)

23 NOVEMBRE 1828. — Ordonnance qui accorde des pensions à sept veuves de militaires y dénommées, imputable sur les crédits d'inscription de l'année 1827. (8, Bull. 272 bis, n° 3.)

23 NOVEMBRE 1828. — Ordonnance qui accorde des pensions à soixante et une veuves de militaires y dénommées, imputables sur le crédit d'inscription de l'année 1828. (8, Bull. 272 bis, n° 4.)

26 NOVEMBRE = Pr. 17 DÉCEMBRE 1828. — Ordonnance du Roi portant répartition, conformément au tableau y annexé, de seize mille huit cent soixante et un élèves ecclésiastiques entre les soixante et dix diocèses dont les écoles secondaires ont été autorisées par Sa Majesté. (8, Bull. 265, n° 10069.)

Charles, etc.

Vu l'article 1ᵉʳ de l'ordonnance du 16 juin 1828, relative aux écoles secondaires ecclésiastiques ;

Vu les renseignemens fournis et les demandes formées par les archevêques et évêques de notre royaume ;

Sur le rapport de notre ministre secrétaire d'Etat au département des affaires ecclésiastiques,

Nous avons ordonné et ordonnons ce qui suit :

Art. 1ᵉʳ. Le nombre des élèves ecclésiastiques de chacun des soixante-dix diocèses dont les écoles secondaires ont été jusqu'ici autorisées par nous est limité conformément au tableau ci-annexé.

2. Notre ministre secrétaire d'Etat au département des affaires ecclésiastiques (M. Feutrier) est chargé de l'exécution de la présente ordonnance.

TABLEAU DE RÉPARTITION

e seize mille huit cent soixante-un Elèves ecclésiastiques entre les diocèses ci-après, pour être annexé à l'ordonnance du 26 novembre 1828.

DIOCÈSES.	NOMBRE D'ÉLÈVES fixé pour chaque diocèse.	DIOCÈSES.	NOMBRE D'ÉLÈVES fixé pour chaque diocèse.
Agen	200	Mende	200
Aire	256	Metz	300
Aix	120	Montauban	200
Alby	300	Montpellier	200
Amiens	400	Moulins	250
Angers	400	Nantes	450
Angoulême	100	Nevers	160
Arras	290	Nîmes	180
Auch	230	Orléans	180
Autun	360	Pamiers	220
Avignon	180	Paris	150
Bayeux	360	Périgueux	100
Bayonne	160	Perpignan	120
Beauvais	300	Poitiers	500
Belley	300	Puy (le)	400
Besançon	465	Quimper	300
Blois	120	Reims	280
Bordeaux	300	Rennes	320
Bourges	260	Rochelle (la)	120
Cahors	220	Rodez	100
Cambrai	150	Saint-Brieuc	500
Carcassonne	260	Saint-Dié	200
Châlons	170	Saint-Flour	150
Clermont	150	Sens	150
Coutances	260	Soissons	380
Dijon	230	Strasbourg	300
Evreux	200	Tarbes	160
Fréjus	180	Tours	110
Gap	250	Troyes	200
Grenoble	400	Tulles	250
Langres	200	Valence	200
Limoges	400	Vannes	180
Luçon	240	Verdun	160
Mans (le)	250	Versailles	180
Meaux	250	Viviers	130

Approuvé.

Signé CHARLES.

Par le Roi : *le ministre des affaires ecclésiastiques,*

Signé F.-J.-H., Ev. DE BEAUVAIS.

26 NOVEMBRE = Pr. 17 DÉCEMBRE 1828. — Ordonnance du Roi relative à l'expédition des affaires d'indemnités introduites par le ministre des finances à la commission de liquidation établie en vertu de la loi du 27 avril 1825. (8, Bull. 265, n° 10070.)

Charles, etc.

Vu la loi du 27 avril 1825 et nos ordonnances des 1er mai 1825 et 23 décembre 1827;

Vu la loi du 17 août 1828, qui règle le budget des dépenses du ministère des finances pour l'année 1829;

Sur le compte qui nous a été rendu par notre ministre secrétaire d'Etat au département des finances de la situation des travaux de la commission chargée de l'exécution de la loi du 27 avril 1825, concernant la liquidation de l'indemnité due aux anciens propriétaires dépossédés de biens-fonds confisqués et aliénés révolutionnairement,

Nous avons ordonné et ordonnons ce qui suit :

Art. 1er. A partir du 1er janvier 1829, les rapports des affaires d'indemnité introduites par notre ministre des finances à la commission de la liquidation seront faits à ladite commission par tous les maitres des requêtes composant le service ordinaire de notre Conseil-d'Etat, à leur tour de rôle.

En conséquence, les dispositions contenues dans le deuxième paragraphe de l'article 1er de notre ordonnance du 23 décembre 1827 cesseront d'avoir leur effet.

2. Nos ministres secrétaires d'Etat des finances et de la justice (comtes Roy et Portalis) sont chargés de l'exécution de la présente ordonnance, qui sera insérée au Bulletin des Lois.

26 NOVEMBRE 1828 = Pr. 11 FÉVRIER 1829. — Ordonnance du Roi portant répartition du crédit d'un million huit cent vingt-cinq mille francs accordé, par la loi du 17 août 1828, pour les dépenses de l'instruction publique pendant l'exercice 1829. (8, Bull. 276, n° 10639.)

Charles, etc.

Vu la loi du 17 août 1828, qui accorde un crédit d'un million huit cent vingt-cinq mille francs pour les dépenses de l'instruction publique pendant l'exercice 1829;

Vu l'article 151 de la loi du 25 mars 1817, l'article 2 de l'ordonnance du 14 septembre 1822;

Sur le rapport de notre ministre secrétaire d'Etat au département de l'instruction publique,

Nous avons ordonné et ordonnons ce qui suit :

Art. 1er. La somme d'un million huit cent vingt-cinq mille francs, accordée par la loi

du 17 août 1828 pour les dépenses de l'instruction publique pendant l'exercice 1829, est mise à la disposition de notre ministre secrétaire d'Etat au département de l'instruction publique, et répartie en deux sections spéciales et en quatre chapitres, ainsi qu'il suit :

Ire SECTION SPÉCIALE.

Colléges royaux et bourses royales.

CHAP. Ier. Dépenses fixes des colléges royaux, traitemens des proviseurs, censeurs et professeurs 927,700	
CHAP II. Bourses royales et dépenses diverses . . 772,300	1,725,000
CH. III. Bourses spéciales dans l'école de Bourbon-Vendée. 25,000	

IIe SECTION SPÉCIALE.

Instruction primaire.

CHAPITRE UNIQUE. Encouragement à l'instruction primaire 100,000

Total. 1,825,000

2. Nos ministres secrétaires d'Etat des finances et de l'instruction publique (comte Roy et M. de Vatimesnil) sont chargés, chacun en ce qui le concerne, de l'exécution de la présente ordonnance, qui sera insérée au Bulletin des Lois.

26 NOVEMBRE 1828. — Ordonnance du Roi qui accorde des lettres de naturalisation au sieur J.-V. Tranquille Salicis, né en 1782. (8, Bull. O., 2e section, n° 3451.)

26 NOVEMBRE 1828. — Ordonnance qui autorise l'acceptation d'un legs fait à la commune de Pré-en-Pail. (8, Bull. 278, n° 10737.)

26 NOVEMBRE 1828. — Ordonnances qui autorisent l'acceptation de dons et legs faits aux communes de Châtillon-sur-Seiche, de Cléré, de Gresviller, de Gien, de Rennepont, de Woibey, de Séclin, de Puygouzon et de Bossy-le-Bois; aux pauvres de Vieux-Pont, de Livarot, du Mesnil-Bacley, d'Ecajeul, de Caen, de Saint-Flour, de Bonnœuvre, de Grez-en-Bouère, de Saint-Andéol-le-Château et de Ratenelle; aux hospices de Vienne et de Calais. (8, Bull. 279, n°s 10750 et suiv.)(v

26 NOVEMBRE 1828. — Ordonnances qui autorisent l'acceptation de dons et legs faits aux pauvres de Saint-Julien-de-Civry, de Passy, et de la paroisse Saint-Méry de Paris; aux hospices de Paris et d'Avignon. (8, Bull. 280, n°s 10782 et suiv.)

28 NOVEMBRE 1828. — Ordonnance qui autorise l'acceptation d'un legs fait à la fabrique de Vaux-le-Penil. (8, Bull. 317, n° 12248.)

———

29 NOVEMBRE 1828. — Ordonnances qui autorisent l'acceptation de dons et legs faits aux fabriques des églises de Saint-Léger, de Theil et de Marcilly. (8, Bull. 318, n° 12258.)

———

29 NOVEMBRE 1828. — Ordonnance qui accorde des lettres de déclaration de naturalité au sieur Verhellen. (8, Bull. 301, n° 11533.)

———

29 NOVEMBRE 1828. — Ordonnance qui admet les sieurs Butschi, Guillermet et Jomkinson-Wetenhall, à établir leur domicile en France. (8, Bull. 265, n° 10077.)

———

26 NOVEMBRE 1828. — Ordonnance qui autorise l'inscription au Trésor royal de deux cent trente-sept pensions civiles et militaires. (8, Bull. 272 bis, n° 5.)

———

30 NOVEMBRE 1828. — Ordonnance du Roi qui autorise des exploitations dans les bois de plusieurs communes. (8, Bull. 265, n° 10075.) Voy. Code forestier, art. 16 et 90.)

———

30 NOVEMBRE = 20 DÉCEMBRE 1828. — Ordonnance du Roi qui autorise des exploitations dans les bois de plusieurs communes et dans une forêt royale. (8, Bull. 266, n° 10183.) Voy. Code forestier, art. 16 et 90.

———

30 NOVEMBRE 1828. — Ordonnances qui autorisent l'acceptation de dons et legs faits aux fabriques des églises de Plesnoy, d'Eygliers, de Vagney, de Briouze, d'Ennemain, du Falga, de la Hosse, de Langues, de Tinery, de Mantes, de Saint-Pol, de Tilh, de Bohaz, du Vieux-Dampierre et de Sivry-sur-Ante; aux séminaires de Soissons, de Luzon et de Coutances. (8, Bull. 318, n° 12261.)

———

30 NOVEMBRE 1828. — Tableau des prix des grains pour servir de régulateur de l'exportation et de l'importation, conformément aux lois des 16 juillet 1819 et 4 juillet 1821, arrêté le 30 novembre 1828. (8, Bull. 264, n° 10028.)

———

30 NOVEMBRE 1828.— Ordonnance portant qu'il sera établi, dans la commune de Coulonges, arrondissement de Montmorillon, département de la Vienne, une nouvelle foire, qui se tiendra chaque année le 29 mars, dans le lieu appelé les Hérolles. (8, Bull. 274, n° 10502.)

———

30 NOVEMBRE 1828. — Ordonnance portant que la foire qui se tient annuellement, le 31 mai, dans la commune de Saint-Paul, département des Pyrénées-Orientales, est reportée au lundi après la Pentecôte, et durera trois jours. (8, Bull. 272, n° 10504.)

———

30 NOVEMBRE 1828. — Ordonnance portant que la foire qui se tient annuellement dans la commune de Caudiès, canton de Saint-Paul, département des Pyrénées-Orientales, le mardi après la Pentecôte, est fixée au jeudi qui précède cette fête, et durera trois jours. (8, Bull. 271, n° 10505.)

———

30 NOVEMBRE 1828. — Ordonnance portant qu'il sera créé deux foires annuelles dans la commune de Bellegarde, arrondissement de Nîmes, département du Gard : la première se tiendra le lundi qui suivra la fête de l'Ascension, et durera un jour; et la seconde se tiendra le 15 octobre, et durera deux jours. (8, Bull. 271, n° 10506.)

———

30 NOVEMBRE 1828. — Ordonnance qui accorde des pensions de retraite à cent huit militaires y dénommés, imputables sur le crédit d'inscription de l'année 1828. (8, Bull. 272 bis, n° 6.)

———

3 = Pr. 17 DÉCEMBRE 1828. — Ordonnance du Roi portant répartition du crédit de dix-neuf millions six cent quatre-vingt-cinq mille huit cent soixante-seize francs, accordé, par la loi du 17 août 1828, pour les dépenses du ministère de la justice pendant l'exercice 1829 (1). (8, Bull. 265, n° 10068.)

Charles, etc.

Vu la loi du 17 août 1828, qui a ouvert un crédit de dix-neuf millions six cent quatre-vingt-cinq mille huit cent soixante-seize francs pour les dépenses du ministère de la justice pendant l'exercice 1829;

Vu l'article 151 de la loi du 25 mars 1817;

Vu l'article 2 de l'ordonnance royale du 14 septembre 1822:

Vu enfin notre ordonnance du 1er septembre 1827;

Sur le rapport de notre garde-des-sceaux, ministre secrétaire d'État au département de la justice,

Nous avons ordonné et ordonnons ce qui suit :

Art. 1er. Le crédit de dix-neuf millions six cent quatre-vingt-cinq mille huit cent soixante-seize francs, accordé, par la loi du 17 août 1828, pour les dépenses du ministère de la justice pendant l'exercice 1829, est réparti ainsi qu'il suit, savoir :

———

(1) Cette ordonnance, et celles du 16 et 19 novembre, offrent la division, entre les divers services, des fonds alloués par loi la des finances; elles suppléent à la spécialité qu'on réclame dans le budget même. Voy. ord. des 3, 14 et 21 décembre 1828.

SECTION Ire. *Administration centrale.*

CHAPITRE Ier. *Personnel.*

Art. 1er. Traitement du garde-des-sceaux, ministre secrétaire d'Etat
de la justice . . . . 120,000^f

— 2. { Appointemens des bureaux . . . . 292,100^f } 327,700 } 456,522^f
      { Gages des gens de service . . . . 35,600 }

— 3. Indemnité temporaire accordée aux employés réformés des
bureaux 8,822

CHAPITRE II. *Matériel.*

Art. 1er. Fournitures générales de bureau, habillement des gens de
service, entretien des bâtimens et du mobilier . . . . . . 92,300 } 104,300
— 2. Dépenses imprévues ou accidentelles . . . . 12,000 }

                     Total de la section Ire **560,822**

SECTION II. *Conseils du Roi.*

CHAPITRE Ier. *Ministres d'Etat.*

Art. *unique.* Traitement des ministres d'Etat, membres du conseil privé 100,000

CHAPITRE II. *Conseil-d'Etat.*

PERSONNEL.

Art. 1er. Traitement des conseillers d'Etat et maîtres
des requêtes. . . . . 500,000^f

— 2. { Appointemens des bureaux . . . . 74,200 } 84,300 } 585,934
      { Gages des gens de service. . . . . 10,100 }

— 3. Indemnité temporaire accordée aux employés
réformés des bureaux . . . . 1,634 } 587,934

MATÉRIEL.

— 4. Fournitures diverses et habillement des gens de service. . . 2,000

                     Total de la section II **687,934**

SECTION III. *Cours et Tribunaux.*

CHAPITRE Ier. *Cour de Cassation.*

Art. 1er. { Traitement des membres de la cour. 922,500
{ Appointemens du greffier, de ses commis, et fournitures
   du greffe 42,500
{ Appointemens du secrétaire du parquet et du bibliothé-
   caire. . . . . 10,200 } 1,006,800
{ Gages des gens de service 19,600
{ Menues dépenses de la cour 12,000

CHAPITRE II. *Cours royales.*

Ar. 1er. { Traitement des membres des cours royales. 4,165,275^f } 4,430,575
{ Appointemens des greffiers et commis asser-
{ mentés . . . . 265,300 }

2. *Secrétariats* { de la première présidence et du par-
{ quet de la cour royale de Paris . . 24,000 }
{ du parquet de la cour royale de
{ Rennes (art. 26 du décret du 30 } 25,200
{ janvier 1811) . . . . 1,200 }

                         4,455,775

CHAPITRE III. *Cours d'assises.*

Art. 1er. Indemnité accordée aux conseillers délégués pour présider les cours d'assises autres que celles des chefs-lieux de cour royale. . . . . 186,800 ⎫
—— 2. Secrétariat du parquet des tribunaux de première instance chefs-lieux de cour d'assises autres que ceux où siégent les cours royales. . . . . 36,400 ⎭ 223,200

CHAPITRE IV. *Tribunaux de première instance.*

Art. 1er. { Traitement des membres des tribunaux. . 4,803,810 f ⎫
{ Appointemens des greffiers et commis asser-   ⎬ 5,524,110
{ mentés. . . . . 720,300 ⎭   ⎫ 5,541,110
—— 2. Secrétariat de la présidence et du parquet du tribunal de première instance de Paris . . . . 17,000 ⎭

CHAPITRE V. *Tribunaux de Commerce.*

Art. 1er. Appointemens des greffiers. . . . . 172,300 ⎫
—— 2. Secrétariat du président du tribunal de commerce de Paris. 2,000 ⎭ 174,300

CHAPITRE VI. *Tribunaux de Police.*

Art. *unique.* Appointemens des greffiers 62,400

CHAPITRE VII. *Justice-de-Paix.*

Art. *unique.* { Traitement des juges-de-paix. . . . . 2,325,400 ⎫ 3,100,535
{ Appointemens des greffiers. . . . . 775,135 ⎭

CHAPITRE VIII.

Art. *unique.* Fonds supplémentaire pour subvenir à l'insuffisance de la caisse des pensions du ministère de la justice. 398,000

Total de la section III. 14,962,120

SECTION IV. *Frais de Justice.*

CHAPITRE UNIQUE.

Art. *unique.* Frais de justice en matières criminelle, correctionnelle e de simple police. 3,400,000

SECTION V. *Pensions de la caisse du sceau des titres.*

CHAPITRE UNIQUE.

Art. *unique.* Fonds de subvention à la caisse du sceau des titres, pour complément du service des pensions inscrites à ladite caisse antérieurement au 1er janvier 1828 (art. 3 de la loi du 17 août 1828). 75,000

RÉCAPITULATION.

SECTION Ire. Administration centrale 560,822
— — II. Conseils du Roi 687,934
— — III. Cours et tribunaux. 14,962,120
— — IV. Frais de justice criminelle 3,400,000
— — V. Pensions de la caisse du sceau des titres 75,000

Total général. 19,685,876

I Notre garde-des-sceaux, ministre secrétaire d'Etat au département de la justice, et lootre ministre secrétaire d'Etat au département des finances (comtes Portalis et Roy), mont chargés, chacun en ce qui le concerne, de l'exécution de la présente ordon-ance, qui sera insérée au Bulletin des Lois.

3 = 20 DÉCEMBRE 1828. — Ordonnance du Roi portant répartition de la somme de trente-quatre millions huit cent quarante-cinq mille francs, montant des crédits spéciaux accordés, par les lois des 17 et 20 août 1828, pour les dépenses du ministère des affaires ecclésiastiques pendant l'exercice 1829 (1). (8, Bull. 266, n° 10181.)

Voy. ordonnances des 2, 16 et 19 NOVEM-BRE, 3, 14 et 21 DÉCEMBRE 1828.

Charles, etc.

Vu la loi du 17 août 1828, qui accorde au ministère des affaires ecclésiastiques, pour dépenses du service de l'exercice 1829, les crédits spéciaux ci-après, savoir :

Administration centrale . . .   370,000ᶠ

Clergé. 33,275,000

Vu la loi du 20 août 1828, qui accorde au même ministère, sur les fonds du même exercice, un crédit extraordinaire d'un million deux cent mille francs spécialement affecté à l'instruction ecclésiastique secondaire, ci . .   1,200,000

En total : . . . 34,845,000

Vu l'article 151 de la loi du 25 mars 1817, l'article 2 de l'ordonnance du 14 septembre 1822, et l'article 5 de notre ordonnance du 1er septembre 1827 ;

Sur le rapport de notre ministre secrétaire d'État des affaires ecclésiastiques,

Nous avons ordonné et ordonnons ce qui suit :

Art. 1er. La répartition de la somme de trente-quatre millions huit cent quarante-cinq mille francs, montant des crédits spéciaux accordés par les lois des 17 et 20 août 1828 pour les dépenses du ministère des affaires ecclésiastiques pendant l'exercice 1829, est fixée ainsi qu'il suit :

Irᵉ SECTION SPÉCIALE. *Administration centrale.*

CHAP. Ier. Frais d'administration centrale. 370,000ᶠ

IIᵉ SECTION SPÉCIALE. *Clergé.*

CHAP. II. Traitemens et indemnités fixes du clergé 25,820,000ᶠ
— III. Dépenses du chapitre royal de Saint-Denis 200,000
— IV. Dépenses de la maison des hautes études ecclésiastiques.   200,000
— V. Bourses des séminaires. 1,200,000
— VI. Secours au clergé 2,380,000   } 33,275,000
— VII. Dépenses extraordinaires des édifices diocésains 1,900,000
— VIII. Dépenses ordinaires diocésaines 1,440,000
— IX. Dépenses diverses, accidentelles ou imprévues. 135,000

IIIᵉ SECTION SPÉCIALE. *Instruction ecclésiastique secondaire.*

CHAP. X. Dépenses concernant l'instruction ecclésiastique secondaire. 1,200,000

Total. 34,845,000

2. Nos ministres secrétaires d'État des affaires ecclésiastiques et des finances (MM. Feutrier et comte Roy) sont chargés, chacun en ce qui le concerne, de l'exécution de la présente ordonnance, qui sera insérée au Bulletin des Lois.

3 DÉCEMBRE 1828. — Ordonnance qui autorise l'acceptation d'une donation faite au département de la Haute-Garonne. (8, Bull. 280, n° 10789.)

3 DÉCEMBRE 1828. — Ordonnances qui autorisent l'acceptation de dons et legs faits aux fabriques des églises de Florac, de Lavardens, de Malaincourt, de Mantes et de Dieulouart, et au séminaire du Mans. (8, Bull. 318, n° 12278 et suiv.)

3 DÉCEMBRE 1828. — Ordonnance qui approuve les délibérations de l'Académie française et de l'Académie royale des sciences au sujet des arrérages d'une rente provenant des legs Monthyon. (8, Bull. 269, n° 10411.)

3 DÉCEMBRE 1828. — Ordonnance portant que la commune de Pouy (Landes) prendra à l'avenir le nom de *Saint-Vincent-de-Paule.* (8, Bull. 269, n° 10412.)

(1) *Voy.* la note sur l'ordonnance des 2 et 16 novembre 1828.

10 DÉCEMBRE 1828. — Ordonnance qui accorde une pension au sieur Dubois, ancien aide-vérificateur des poids et mesures à Lille. (8, Bull. 272 bis, n° 7.)

= = 17 DÉCEMBRE 1828. — Ordonnance du Roi portant nomination des présidens de plusieurs colléges électoraux. (8, Bull. 265, n° 10071.)

= = Pr. 17 DÉCEMBRE 1828. — Ordonnance du Roi portant convocation de la Chambre des pairs et de la Chambre des députés. (8, Bull. 265, n° 10067.)

Charles, etc.

Sur le rapport de notre ministre secrétaire d'État au département de l'intérieur,

Nous avons ordonné et ordonnons ce qui suit :

Art. 1er. La Chambre des pairs et la Chambre des députés des départemens sont convoquées pour le 27 janvier 1829.

2. Notre ministre secrétaire d'État de l'intérieur (vicomte de Martignac) est chargé de l'exécution de la présente ordonnance, qui sera insérée au Bulletin des Lois.

7 DÉCEMBRE 1828. — Ordonnance du Roi portant convocation de plusieurs colléges électoraux. (8, Bull. 265, n° 10072.)

7 DÉCEMBRE 1828. — Ordonnance du Roi qui autorise des exploitations dans les bois, communaux et forêts royales y désignés. (8, Bull. 266, n° 10184.) Voy. Code forestier, art. 16 et 90.)

7 DÉCEMBRE 1828. — Ordonnance du Roi qui autorise des exploitations dans les bois de plusieurs communes. (8, Bull. 266, n° 10185.) Voy. Code forestier, art. 16 et 90.

7 DÉCEMBRE 1828. — Ordonnance qui autorise l'acceptation de dons et legs faits aux desservans successifs de Placy-en-Singlais, à la fabrique de l'église de Lucey et à l'école secondaire ecclésiastique de Blois. (8, Bull. 318, n° 12284.)

7 DÉCEMBRE 1828. — Ordonnance qui admet les sieurs Bartolo-Inigo et Daniel Maier à établir leur domicile en France. (8, Bull. 269, n° 10362.)

7 DÉCEMBRE 1828. — Ordonnance qui accorde des pensions de retraite à soixante-douze militaires y dénommés, imputables sur le crédit d'inscription de dix-huit cent mille francs, ouvert par l'art. 3 de la loi du 20 juin 1827. (8, Bull. 272 bis, n° 8.)

7 DÉCEMBRE 1828. — Ordonnance qui accorde des lettres de déclaration de naturalité au sieur Edwards. (8, Bull. 284, n° 10944.)

10 DÉCEMBRE 1828. — Ordonnance qui autorise l'acceptation de deux legs faits à la paroisse protestante du Temple-Neuf, à Strasbourg. (8, Bull. 280, n° 10790.)

10 DÉCEMBRE 1828. — Ordonnance portant nomination à quatre préfectures. (8, Bull. 269, n° 10351.)

10 DÉCEMBRE 1828. — Ordonnance qui autorise définitivement la communauté des sœurs de la doctrine chrétienne dites Vattelotes, établie à Charmes (Vosges). (8, Bull. 269, n° 10355.)

10 DÉCEMBRE 1828. — Ordonnance qui autorise définitivement la communauté des religieuses de Sainte-Claire établie à Perpignan (Pyrénées-Orientales). (8, Bull. 269, n° 10356.)

10 DÉCEMBRE 1828. — Ordonnance qui accorde une pension au sieur Cabasson, ex-vérificateur des poids et mesures. (8, Bull. 272 bis, n° 9.)

12 DÉCEMBRE 1828. — Lettres-patentes portant érection de majorats en faveur de M. Vilhies-Desondes. (8, Bull. 269, n° 10354.)

14 = Pr. 31 DÉCEMBRE 1828. — Ordonnance du Roi portant répartition du crédit de huit millions sept cent mille francs, accordé par la loi du 17 août 1828 pour les dépenses ordinaires du département des affaires étrangères pendant l'exercice 1829. (8, Bull. 270, n° 10413.)

Voy. ordonnances des 2, 16 et 19 NOVEMBRE, 3, 14 et 21 DÉCEMBRE 1828.

Charles, etc.

Vu la loi du 17 août dernier, qui affecte un crédit de huit millions sept cent mille francs aux dépenses ordinaires du département des affaires étrangères pendant l'exercice 1829;

Vu l'article 151 de la loi du 25 mars 1817;

Vu l'article 2 de l'ordonnance royale du 14 septembre 1822;

Vu enfin notre ordonnance du 1er septembre 1827;

Sur le rapport de notre ministre secrétaire d'État au département des affaires étrangères,

Nous avons ordonné et ordonnons ce qui suit :

Art. 1er. Le crédit de huit millions sept cent mille francs, accordé par la loi du 17 août 1828 pour les dépenses ordinaires du département des affaires étrangères pendant l'exercice 1829, est réparti ainsi qu'il suit, savoir:

Section Ire. *Administration centrale.*

Chap. Ier. *Personnel.*	Traitement du ministre . . . . 120,000 f	
	Frais extraordinaires de représentation. 30,000	
	Traitement des bureaux. 500,000	820,000 f
	Gages des gens de service 50,000	
Chap. II. *Matériel.*	Dépenses matérielles des bureaux, habillement des gens de service, entretien du mobilier, fournitures diverses pour le service des hôtels, etc., etc. 120,000	

Section II. *Traitemens du service extérieur.*

Chap. Ier. Traitemens des agens politiques 3,042,000	
— II. Traitemens des agens consulaires 1,792,000	5,034,000
— III. Traitemens des agens en inactivité. 200,000	

Section III. *Dépenses variables.*

Chap. Ier. Frais d'établissement et de voyages 400,000	
— II. Frais de service 1,000,000	
— III. Frais de courriers 216,000	
— IV. Présens diplomatiques. 200,000	2,846,000
— V. Dépenses diverses. 430,000	
— VI. Dépenses secrètes. 400,000	
— VII. Missions extraordinaires et dépenses imprévues. 200,000	

Total général. 8,700,000

2. Nos ministres secrétaires d'Etat des affaires étrangères et des finances (comte de La Ferronnays et comte Roy) sont chargés, chacun en ce qui le concerne, de l'exécution de la présente ordonnance, qui sera insérée au Bulletin des Lois.

---

14 = Pr. 20 DÉCEMBRE 1828. — Ordonnance du Roi portant répartition du crédit de cinq cent dix-huit millions sept cent soixante-dix mille six cent cinquante-un francs, ouvert, par la loi du 17 août 1828, pour les dépenses des divers services du ministère des finances pendant l'exercice 1829 (1). (8, Bull. 266, n° 10182.)

Voy. ordonnances des 2, 16 et 19 NOVEMBRE et 3 DÉCEMBRE 1828.

Charles, etc.

Vu la loi du 17 août 1828 (états A et B), qui a ouvert un crédit de cinq cent dix-huit millions sept cent soixante-dix mille six cent cinquante-un francs pour les dépenses des divers services du ministère des finances pendant l'exercice 1829;

Vu l'article 151 de la loi du 25 mars 1817

et l'article 2 de l'ordonnance du 14 septembre 1822;

Vu enfin notre ordonnance du 1er septembre 1827;

Sur le rapport de notre ministre secrétaire d'Etat au département des finances,

Nous avons ordonné et ordonnons ce qui suit :

Art. 1er. La somme de cinq cent dix-huit millions sept cent soixante-dix mille six cent cinquante-un francs (518,770,651 francs), portée au budget des dépenses à ordonnancer par notre ministre secrétaire d'Etat des finances pour l'exercice 1829, demeure répartie conformément à l'état ci-annexé.

2. Notre ministre secrétaire d'Etat des finances (comte Roy) est chargé de l'exécution de la présente ordonnance, qui sera insérée au Bulletin des Lois.

---

(1) *Voy.* aussi la note sur l'ordonnance des 2 et 16 novembre 1828.

Répartition des crédits ouverts au ministre secrétaire d'Etat des finances, par la loi du 17
août 1828 (états A et B), pour les dépenses
de l'exercice 1829.

DÉSIGNATION DES DÉPENSES ET SERVICES.

Iʳᵉ PARTIE DU BUDGET.

DETTE PERPÉTUELLE ET AMORTISSEMENT.

SECTION Iʳᵉ. Dette perpétuelle.

CHAP. Iᵉʳ. Intérêts des rentes 5 pour 100	165,245,914
II. Intérêts des rentes 4 1/2 pour 100	1,034,764
III. Intérêts des rentes 3 pour 100	37,720,269
VV. Intérêt de l'emprunt (loi du 19 juin 1828)	4,000,000
Total	208,000,947

SECTION II. Amortissement.

CHAP. UNIQUE. Dotation de la caisse d'amortissement	40,800,000
Total de la Iʳᵉ partie. . . .	248,800,947

IIᵉ PARTIE DU BUDGET.

SERVICE GÉNÉRAL.

SECTION III.

Chambre des pairs.	2,000,000

SECTION IV.

Chambre des députés	600,000

SECTION V.

Légion-d'Honneur (supplément à sa dotation)	3,400,000

SECTION VI. Cour des comptes.

Personnel.

CHAP. Iᵉʳ. Traitemens des magistrats composant la cour . .	656,800
II. Préciput et récompenses des conseillers référendaires . .	400,000
III. Traitemens des employés des greffes et bureaux	138,400
	1,195,200

Matériel.

IV. Bâtimens, chauffage, éclairage, etc.	61,100
Total. . . .	1,256,300

DETTE INSCRITE.

SECTION VII.

Dette viagère	7,300,000

SECTION VIII.

Pensions civiles	1,430,000

SECTION IX.

Pensions militaires	47,000,000

SECTION X.

Pensions ecclésiastiques.	5,700,000

SECTION XI.

Pensions des donataires. . . .	1,510,000

SECTION XII.

Subvention pour retraites aux ministères.	881,325

SECTION XIII.

Intérêts des capitaux de cautionnemens.	9,000,000

SECTION XIV. Administration centrale des finances.

Personnel.

CHAP. Iᵉʳ. Traitement du ministre	120,000
II. Traitement des bureaux . .	2,770,000
III. Gratifications aux commis des bureaux, et indemnités aux agens comptables, etc. . .	170,000
IV. Traitement des agens de l'inspection générale des finances.	328,600
V. Secours aux veuves et orphelins.	20,000
VI. Indemnités aux employés réformés (loi du 1ᵉʳ mai 1822)	470,213
VII. Subvention aux fonds de retenues.	379,787
Total	4,258,600

Matériel.

VIII. Fournitures de bureau, y compris les impressions . .	280,000
IX. Chauffage et éclairage . . .	200,000
X. Entretien et réparations du mobilier et des bâtimens. . .	130,000
XI. Habillement des gens de service.	35,000
XII. Menues dépenses et dépenses accidentelles	60,000

XIII. Frais de tournées ordinaires et extraordinaires des agens de l'inspection générale des finances.   121,400

XIV. Frais judiciaires   25,000

Total   851,400

Section XV. Frais de liquidation de l'indemnité accordée aux anciens propriétaires de biens-fonds confisqués.

Chap. Ier. Traitement des bureaux temporaires   150,400

II. Rétributions pour travaux à la tâche et gratifications. .   20,000

III. Impressions, fournitures de bureau, habillement des gens de service, etc..   39,600

Section XVI. Frais de liquidation de l'indemnité de Saint-Domingue.

Chap. Ier. Traitemens des membres de la commission et du commissaire du Roi   96,000

II. Traitemens des secrétaires de section et des bureaux temporaires.   100,000

III. Rétributions pour travaux à la tâche et gratifications . .   12,000

IV. Impressions, fournitures de bureau, habillement des gens de service, etc..   27,000

Total. . . .   235,000

Section XVII. Service central.

Personnel.

Chap. unique. Traitemens du président, des commissaires généraux, chefs, employés et gens de service.   123,700

Section XVIII. Service dans les départemens.

Personnel.

Chap. Ier. Traitemens et abonnement pour frais de bureau des fonctionnaires attachés aux établissemens monétaires, et traitemens de divers agens.   165,800

II. Traitement d'un inspecteur et des essayeurs de la garantie.   27,000

192,800

Matériel.

III. Service central (coins et essais)   55,300

IV. Frais de bureau et de tournées (service de la garantie).   5,000

V. Matériel des établissemens monétaires   62,500

122,800

Total de la section XVIII.   315,600

Section XIX. Frais de refonte.

Chap. unique. Refonte d'anciennes monnaies.   500,000

SERVICE DE TRÉSORERIE.

Section XX.

Frais de service et de trésorerie.   2,600,000

Section XXI.

Intérêts de la dette flottante, escomptes et frais de négociations.   6,000,000

Section XXII.

Bonifications d'intérêts aux receveurs des finances sur les anticipations de recouvremens des contributions directes.   2,000,000

Section XXIII.

Taxations aux mêmes sur l'encaissement des revenus indirects.   1,400,000

Section XXIV.

Chap. Ier. Traitemens fixes des payeurs dans les départemens et les ports   780,500

II. Frais de service des payeurs des départemens et des ports.   673,200

Total de la section XXIV.   1,453,700

Total de la IIe partie. . . .   100,025,625

IIIᵉ PARTIE DU BUDGET.

ADMINISTRATION DES REVENUS PUBLICS.

Administration des contributions directes.

SECTION XXV. Administration dans les départemens.

Personnel.

CHAP. Iᵉʳ. Traitemens des directeurs, inspecteurs et contrôleurs	1,962,500
II. Secours et dépenses imprévues..	12,040
	1,974,540

Matériel.

III. Frais de bureau des directions, y compris les frais de formation de rôles	992,500
IV. Frais de tournées des inspecteurs et contrôleurs. . . .	332,960
	1,325,460
Total de la section XXV. .	3,300,000

SECTION XXVI. Perception dans les départemens.

CHAP. Iᵉʳ. Traitemens et taxations des receveurs des finances . . .	2,304,000
II. Remises des percepteurs . .	9,788,000
III. Frais du premier avertissement donné aux contribuables	650,000
Total de la section XXVI.	12,742,000

SECTION XXVII. Cadastre.

CHAP. Iᵉʳ. Dépenses à la charge du fonds commun (loi du 31 juillet 1821, art. 21).	1,000,000
II. Dépenses à la charge du fonds provenant de centimes facultatifs votés par les conseils généraux de département. . .	3,900,000
Total de la section XXVII.	4,900,000

Administration de l'enregistrement et des domaines.

SECTION XXVIII. Administration centrale.

Personnel.

CHAP. Iᵉʳ. Traitemens des fonctionnaires et employés de tout grade et des gens du service intérieur	683,200

II. Gratifications aux employés dont le traitement n'excède pas 8,000 francs.	48,320
III. Traitemens des inspecteurs généraux	24,000
IV. Secours aux veuves et orphelins.	8,000
Fonds de réserve.	9,680
Total de la section XXVIII.	773,200

SECTION XXIX. Administration et perception dans les départemens.

Personnel.

CHAP. Iᵉʳ. Traitemens des directeurs, inspecteurs, vérificateurs, premiers commis des directions, etc.	3,323,100
II. Taxations et remises des tables	5,180,000
	8,503,100

Matériel.

III. Achats et frais de transports de papiers et d'impressions. .	185,500
IV. Frais de bureau des directeurs.	338,300
V. Frais de tournées des inspecteurs généraux	4,000
VI. Entretien et amélioration des biens régis par l'administration.	125,000
VII. Frais de poursuites et de recouvremens.	100,000
VIII. Dépenses diverses et accidentelles.	20,000
	772,800
Total de la sect. XXIX.	9,275,900

SECTION XXX. Timbre.

Personnel.

CHAP. Iᵉʳ. Traitemens des agens du timbre à Paris et dans les départemens	384,050

Matériel.

II. Achat de papier à timbrer et frais de transports. . . .	428,000
III. Frais de bureau et de fabrication	53,200
	481,200
Total de la sect. XXX.	865,250

Administration des forêts.

Section XXXI. Administration centrale.

Personnel.

Chap. Ier. Traitemens des fonctionnaires, employés et gens de service.   245,000

II. Gratifications aux employés.   9,000

Total de la sect. XXXI.   254,000

Section XXXII. Service dans les départemens.

Personnel.

Chap. Ier. Traitemens des conservateurs, du vérificateur général des arpentages, des inspecteurs, sous-inspecteurs et gardes.   2,503,500

II. Traitemens du directeur, des professeurs, maitres et gens de service de l'école forestière.   17,000

III. Indemnités, gratifications et secours.   318,000

   2,838,500

Matériel.

IV. Frais de bureau et frais divers.   69,000

V. Plantations et travaux d'entretien ou d'amélioration des forêts   200,000

   269,000

Total de la sect. XXXII. . . .   3,107,500

Section XXXIII. Avances recouvrables.

Chap. Ier. Frais de poursuites et d'instances.   240,000

II. Frais d'arpentage et de réarpentage des coupes de bois de l'État.   97,500

III. Frais divers pour les bois des communes.   321,150

Total de la sect. XXXIII. . . .   658,650

Administration des douanes.

Section XXXIV. Administration centrale.

Personnel.

Chap. Ier. Traitemens des fonctionnaires et employés de tout grade et des gens du service intérieur.   512,800

II. Gratifications aux employés.   *Mémoire.*

III. Traitemens des inspecteurs généraux et adjoints, et des secrétaires des inspecteurs généraux.   80,000

IV. Gratifications aux agens de l'inspection générale. . . .   *Mémoire.*

Total de la sect. XXXIV. . . .   592,800

Section XXXV. Administration et perception dans les départemens.

Personnel.

Chap. Ier. Service administratif et de perception (traitemens et remises).   4,748,710

II. Service actif (traitemens). .   16,363,188

III. Traitemens temporaires d'inactivité.   500,000

IV. Indemnités et gratifications aux agens du service administratif et du service actif (service central et service dans les départemens).   750,000

   22,361,898

Matériel.

V. Dépenses fixes (frais de loyer, chauffage, éclairage, etc.).   801,000

VI. Dépenses variables (constructions, entretien, réparations de bâtimens, impressions, transports, etc.).   445,300

VII. Frais de tournées des inspecteurs généraux et autres agens.   70,000

VIII. Indemnités aux employés blessés et frais de saisie non recouvrables   30,000

IX. Indemnités de pilotage et autres pour les navires étrangers.   150,000

   1,496,300

Total de la sect. XXXV. . . .   23,858,198

Administration des contributions indirectes.

Section XXXVI. Administration centrale.

Personnel.

Chap. Ier. Traitemens des fonctionnaires et employés de tout grade et des gens du service intérieur.   1,057,500

II. Taxations des employés. . .   51,750

Total de la sect. XXXVI. . . .   1,109,250

SECTION XXXVII. Administration et perception dans les départemens (service général).

Personnel.

CHAP. Ier. Traitemens des agens et préposés de tout grade dans les départemens, autres que les receveurs.	13,834,600
II. Traitemens des receveurs. .	1,437,300
III. Complément de traitement aux receveurs buralistes et aux receveurs aux entrées des villes en cas d'insuffisance des remises.	125,000
IV. Taxations proportionnelles des agens préposés autres que les directeurs.	1,381,250
V. Remises aux buralistes et à divers préposés aux recettes.	1,322,000
	18,100,150

Matériel.

VI. Frais de bureau, de loyer, etc.	949,100
VII. Frais d'impression et de transport de papiers, registres, etc.	384,200
VIII. Dépenses extraordinaires et imprévues	375,000
IX. Frais de procédures.	80,000
X. Contributions foncières des hôtels, bacs, canaux et francsbords.	44,000
XI. Frais de service recouvrables (service des cartes à jouer, achats d'instrumens et d'ustensiles, perception des octrois administrés par la régie, et frais d'impressions, de transport et d'emballage pour le compte des communes) . .	670,000
	2,502,300

Total de la sect. XXXVII. . . 20,602,450

SECTION XXXVIII. Exploitation des tabacs.

Personnel.

CHAP. Ier. Magasins de feuilles (traitemens).	290,500
II. Manufactures (traitemens).	469,500
III. Surveillance de la culture (traitemens).	235,000
IV. Service de répression de la fraude.	370,000
V. Remises aux entreposeurs.	1,245,000

28.

Matériel.

VI. Loyers et menus frais des magasins des entreposeurs. .	136,520
VII. Loyers, impositions, entretien et réparations des magasins; gages et salaires d'ouvriers	786,000
VIII. Loyers, impositions, entretien et réparations des manufactures, gages et salaires d'ouvriers, vignettes, etc.	3,345,780
IX. Achats de tabacs	14,900,000
X. Frais de transport de tabacs, etc.	1,300,000
XI. Dépenses diverses.	186,700
XII. Indemnités aux experts chargés du classement des tabacs indigènes.	100,000
	20,655,000

Total de la sect. XXXVIII. . . 23,265,000

SECTION XXXIX. Exploitation des poudres à feu.

Personnel.

CHAP. Ier. Traitemens des préposés aux ventes et expédition de poudres, etc.	25,000

Matériel.

II. Achats de poudres et primes.	2,326,000
III. Loyers, constructions et réparations des magasins de poudres	45,000
IV. Frais de transport des poudres et frais accessoires. . .	87,000
	2,458,000

Total de la sect. XXXIX. . . . 2,485,000

Administration des postes.

SECTION XL. Administration centrale.

Personnel.

CHAP. Ier. Traitemens des fonctionnaires et employés de tout grade et des gens du service intérieur.	1,667,950
II. Gratifications, indemnités de travaux extraordinaires et secours.	101,305

Matériel.

III. Entretien, réparations des bâtimens et du mobilier, etc.	66,950

35

IV. Fournitures de bureau, chauffage, éclairage, impressions, etc. 336,131

V. Fonds de réserve. 24,900

427,981

Total de la sect. XL. . . . . . : 2,197,281

SECTION XLI. Administration et perception dans les départemens.

Personnel.

CHAP. Ier. Traitemens des inspecteurs et sous-inspecteurs. 453,900

II. Traitemens des agens de tout grade non comptables. . 1,163,475

III. Traitemens fixes des directeurs. 1,494,550

IV. Remises et indemnités aux agens comptables 68,000

V. Secours aux veuves et orphelins et remplacemens de malades. 9,500

3,191,425

Matériel.

VI. Service à Paris (loyers des bureaux, habillement des facteurs, etc.) 128,105

VII. Service dans les départemens (frais de bureau, loyers, etc.). 474,169

VIII. Frais divers à Paris et dans les départemens (échange de cuivre et dépenses accidentelles et imprévues) 171,100

IX. Achat de lettres venant de l'étranger et des pays d'outre-mer. 75,000

848,374

Total de la sect. XLI. 4,039,799

SECTION XLII. Transport des dépêches.

Personnel.

CHAP. Ier. Transport en poste (gages des maîtres de poste, salaires des courriers, pensions des postillons, etc.) . . 1,557,426

II. Transports en paquebots (appointemens des capitaines et des équipages, et remises aux capitaines) 64,000

1,621,426

Matériel.

III. Transport en poste (frais de chevaux et guides, loyers et entretien des malles, frais d'estafettes, etc.). 5,962,415

IV. Transport en paquebots (entretien, réparations des paquebots, etc.). 232,000

V. Transport par entreprise. . 2,310,923

Fonds de réserve. 153,748

8,659,086

Total de la sect. XLII 10,280,512

Administration de la loterie.

SECTION XLIII. Administration centrale.

Personnel.

CHAP. Ier. Traitemens des administrateurs et des employés de tout grade, et des gens attachés au service des bureaux et magasins 484,000

II. Gratifications aux employés. 9,195

Fonds de réserve 800

Total de la sect. XLIII. . . . 493,995

SECTION XLIV. Service administratif dans les départemens.

Personnel.

CHAP. Ier. Traitemens des inspecteurs en chef, des inspecteurs et sous-inspecteurs. . . 176,500

II. Gratifications aux agens de l'inspection 10,475

186,975

Matériel.

III. Frais de bureau, loyer, entretien de bâtimens, etc. . . 20,000

IV. Fournitures et transport de papiers et d'impressions . . . 259,750

V. Dépenses diverses 93,175

372,925

Total de la sect. XLIV. . . . 559,900

SECTION XLV. Frais de perception.

CHAP. UNIQUE. Remises de cinq pour cent aux receveurs buralistes : : : 2,600,000

SECTION XLVI.

C CHAP. UNIQUE. Remises aux receveurs des finances sur le recouvrement des produits divers et des coupes de bois. . . 100,000

Total de la IIIᵉ partie. . . 128,058,685

IVᵉ PARTIE DU BUDGET.

REMBOURSEMENS ET RESTITUTIONS.

2 SECTION XLVII. Restitutions sur les contributions directes.

CHAP. Iᵉʳ. Non-valeurs des contributions foncière, personnelle et mobilière. 1,819,353

II II. Non-valeurs de la contribution des portes et fenêtres et frais de confection des rôles. 320,314

II III. Frais de confection de rôles et attributions aux communes sur patentes 3,031,727

I IV. Décharges et réductions imputables sur le produit des réimpositions. 770,000

V V. Restitutions sur le produit des centimes additionnels imposés pour dépenses ordinaires des communes. 9,000,000

V VI. Restitutions pour dépenses extraordinaires des communes. 9,200,000

V VII. Non-valeurs extraordinaires sur patentes pour cessation de commerce 220,000

Total de la sect. XLVII. . . . 24,361,394

2 SECTION XLVIII. Restitutions des sommes indûment perçues sur produits indirects et divers.

CHAP. Iᵉʳ. Enregistrement et domaines.

Я Remboursemens de droits et amendes indûment perçus et d'amendes consignées. . . . 800,000

Я Restitutions de revenus et de prix de vente de meubles et d'immeubles, y compris les déshérences. 300,000

CHAP. II. Forêts.

Я Remboursemens pour moins de mesure dans les coupes et autres remboursemens relatifs aux forêts. 100,000

CHAP. III. Douanes.

Я Remboursemens de droits et fonds consignés ou mal à propos perçus. 170,000

Я Prélèvemens divers et imprévus. 60,000

230,000

CHAP. IV. Contributions indirectes.

Restitutions de droits indûment perçus. 115,000

Remboursemens de droits pour cause d'exportations 30,000

Remboursemens sur produit des ponts et canaux soumissionnés. 5,000

150,000

CHAP. V. Postes.

Restitutions de sommes indûment reçues sur le produit de la taxe des lettres et sur le produit du droit des 5 pour 100 sur les envois d'argent. . 16,000

Remboursement du prix des places dans les malles-postes. 12,000

28,000

CHAP. VI. Produits divers.

Remboursemens de sommes indûment perçues à différens titres. 600,000

Total de la section XLVIII. 2,208,000

SECTION XLIX. Restitutions de produits d'amendes et confiscations.

CHAP. Iᵉʳ. Enregistrement et domaines.

Paiemens d'amendes attribuées aux communes et hospices. . 1,300,000

Paiemens à divers 100,000

1,400,000

CHAP. II. Douanes.

Prélèvemens et répartitions sur le produit des amendes et confiscations. 1,600,000

CHAP. III. Contributions indirectes.

Prélèvemens et répartitions sur le produit des amendes et confiscations. 900,000

CHAP. IV. Postes.

Prélèvemens sur le produit des amendes encourues pour transport frauduleux de lettres. . . 16,000

Total de la section XLIX. 3,916,000

35.

SECTION L.

Primes à l'exportation des marchandises   10,000,000

SECTION LI.

Escomptes sur le droit de consommation des sels   1,400,000

Total de la IV⁰ partie . .   41,885,394

RÉCAPITULATION.

1ʳᵉ partie du budget (dette perpétuelle et amortissement). . 248,800,947
II⁰ partie (service général). . . 100,025,625
III⁰ partie (administration des
revenus publics). 228,058,685
IV⁰ partie (remboursemens et
restitutions 41,885,394

Total général 518,770,651

Pour être annexé à l'ordonnance du 14
décembre 1828.

*Le ministre secrétaire d'Etat des
finances,*
Signé ROY.

14 DÉCEMBRE 1828 = Pr. 30 JANVIER 1829.— Ordonnance du Roi portant augmentation, dans
les différens grades, du nombre des officiers
du corps royal de la marine. (8, Bull. 274,
n° 10571.)

Charles, etc.

Ayant reconnu que le développement de
nos forces navales rendait indispensable une
augmentation dans le personnel de notre
marine;

Sur le rapport de notre ministre secrétaire d'Etat de la marine et des colonies,

Nous avons ordonné et ordonnons ce qui
suit :

Art. 1ᵉʳ. Le nombre des officiers généraux,
des officiers supérieurs et autres officiers
composant le corps royal de la marine, sera
porté, savoir :

Celui des vice-amiraux, à   12
des contre-amiraux, à   24
des capitaines de vaisseau, de
première classe, 44; de
seconde classe, 66, à . . . 110
des capitaines de frégate, à 130
des lieutenans de vaisseau, à . . . 500
des enseignes de vaisseau, à. . . 550

Toutefois les promotions nécessaires pour
compléter ces cadres n'auront lieu que successivement et à des époques que nous déterminerons.

Les nominations qui ont été faites hors
des cadres y rentreront à dater de ce jour.

2. Le nombre des élèves de première et de
seconde classes sera fixé à trois cent cinquante; mais, jusqu'à ce que le cadre des
enseignes de vaisseau soit complété, notre
ministre secrétaire d'Etat au département de
la marine et des colonies déterminera, chaque année, le nombre des candidats qui,
après avoir satisfait aux examens prescrits,
pourront être nommés au grade d'élèves de
seconde classe.

3. La dignité de maréchal de France
pourra être conférée à ceux de nos vice-
amiraux qui auront rempli les conditions sur
lesquelles nous nous réservons de statuer
ultérieurement.

4. Ceux de nos vice-amiraux que nous
aurons nommés au commandement en chef
d'une armée navale de quinze vaisseaux et
au-dessus, et que nous aurons pourvus d'une
commission temporaire d'amiral, jouiront,
à ce titre, pendant la durée de leur commandement, des honneurs et prérogatives
attribués à la dignité de maréchal de France.

5. Notre ministre secrétaire d'Etat de la
marine et des colonies (baron Hyde de Neuville) est chargé de l'exécution de la présente
ordonnance.

14 DÉCEMBRE 1828. — Ordonnance du Roi
qui autorise des exploitations dans les bois des
communes y désignées et des hospices de la
ville de Strasbourg. (8, Bull. 269, n° 10353.)

14 DÉCEMBRE 1828. — Ordonnance du Roi qui
accorde des lettres de déclaration de naturalité au sieur Blumendahl. (8, Bull. 286,
n° 10972.)

14 DÉCEMBRE 1828. — Ordonnance qui autorise
le sieur Ganteaume de la Rouvière à ajouter
à son nom celui de Castillon, et le sieur Faus-
tin Foncet, baron de Montailleur, à ajouter
au sien celui de Ruffo. (8, Bull. 269, n° 10358.)

14 DÉCEMBRE 1828. — Ordonnance qui limite
à deux cent soixante-dix pour le diocèse de
Rouen, et à six cents pour celui de Lyon, le
contingent accordé à ces diocèses dans la répartition de vingt mille élèves ecclésiastiques,
conformément à l'ordonnance du 16 juin dernier. (8, Bull. 269, n° 10357.)

14 DÉCEMBRE 1828. — Ordonnance du Roi qui
accorde des lettres de déclaration de naturalité au sieur Gillet. (8, Bull. 316, n° 12155.)

14 DÉCEMBRE 1828. — Ordonnance qui accorde des pensions de retraite à vingt-neuf militaires y dénommés, imputables sur le crédit d'inscription de 1828. (8, Bull. 273 bis, n° 1.)

14 DÉCEMBRE 1828. — Ordonnance qui accorde des pensions à quarante-neuf veuves de militaires y dénommées, imputables sur le crédit d'inscription de 1828. (8, Bull. 273 bis, n° 2.)

17 DÉCEMBRE 1828 = Pr. 1er JANVIER 1829. — Ordonnance du Roi qui répartit entre les différens départemens du royaume le montant de la contribution supplémentaire établie pour 1829 sur les bois des communes et établissemens publics. (8, Bull. 271, n° 10440.)

Charles, etc.

Vu l'article 106 du nouveau Code forestier, portant que, pour indemniser le Gouvernement des frais d'administration des bois des communes ou établissemens publics, il sera ajouté annuellement à la contribution foncière établie sur ces bois une somme équivalente à ces frais; que le montant de cette somme, réglé chaque année par la loi de finances, sera réparti au centime le franc de ladite contribution et perçu de la même manière;

Vu l'article 3 de la loi du 17 août dernier, qui fixe à quinze cent cinquante-huit mille deux cents francs le montant de la somme à ajouter, pour 1829, à la contribution foncière établie sur les bois dont il s'agit, et ordonne que cette somme sera répartie, par une ordonnance royale, entre les différens départemens du royaume;

Sur le rapport de notre ministre secrétaire d'Etat des finances;

Nous avons ordonné et ordonnons ce qui suit :

Art. 1er. La somme de quinze cent cinquante-huit mille deux cents francs, montant de la contribution supplémentaire établie, pour 1829, sur les bois des communes et établissemens publics, est répartie entre les différens départemens du royaume conformément au tableau ci-après, savoir :

DÉPARTEMENS.	MONTANT De la contribution foncière en principal, pour laquelle les bois sont compris dans les rôles de 1828.	MONTANT De la contribution à ajouter en vertu de l'article 106 du Code forestier, pour frais d'administr. à raison de 87 c. 16145/100000 par franc.	OBSERVATIONS.
Ille-et-Vilaine . . .	54 f	47 f	
Loire-Inférieure . .	273	238	
Calvados	851	742	
Eure.	1,716	1,496	
Manche.	88	77	
Orne.	777	677	
Seine-Inférieure . .	1,511	1,317	
Indre-et-Loire . . .	37	32	
Mayenne	950	828	
Maine-et-Loire . . .	770	671	
Sarthe.	786	685	
Sèvres (Deux). . .	233	203	
Vendée	14	12	
Vienne	305	266	
Eure-et-Loir . . .	418	364	
Loir-et-Cher	3,412	2,974	
Loiret	1,232	1,074	
Cher.	4,493	3,916	
Indre	911	794	
Allier	955	832	
Nièvre	31,857	27,767	
Loire	2,258	1,968	
Rhône.	110	96	
Rhin (Bas)	94,284	82,179	
Rhin (Haut)	106,756	93,050	
Alpes (Basses) . . .	7,180	6,258	
Bouches-du-Rhône.	3,199	2,788	
Var	8,681	7,566	
Vaucluse	3,636	3,169	
Ain	23,073	20,113	
Côte-d'Or	124,403	108,431	
Saône-et-Loire . . .	35,715	31,130	
Yonne.	60,081	52,368	
Alpes (Hautes) . .	15,499	13,509	
Drôme	9,276	8,085	
Isère.	20,411	17,790	
Doubs.	120,776	105,270	
Jura.	69,872	60,901	
Saône (Haute). . .	142,025	123,791	
Ardennes	55,040	47,974	
Aube	51,196	44,623	
Marne.	45,497	39,656	
Marne (Haute) . . .	109,788	95,693	
Meurthe.	82,598	71,994	
Meuse.	182,458	159,032	
Moselle	90,371	78,769	
Vosges.	95,653	83,373	
Nord	5,178	4,513	
Pas-de-Calais. . . .	3,671	3,200	
Aisne	13,159	11,470	
Oise.	7,116	6,203	
Seine	112	98	
Seine-et-Marne. . .	7,427	6,474	
Seine-et-Oise. . . .	1,959	1,708	
Somme	4,840	4,218	
Corrèze	125	109	

DÉPARTEMENS.	MONTANT De la contribution foncière en principal, pour laquelle les bois sont compris dans les rôles de 1828.	MONTANT De la contribution à ajouter en vertu de l'article 106 du Code forestier, pour frais d'administr. à raison de 87 c 16145/100000 par franc:	OBSERVATIONS.
Creuse.	672	586	
Vienne (Haute) . .	238	207	
Cantal.	6,523	5,686	
Loire (Haute). . . .	893	778	
Puy-de-Dôme . . .	3,292	2,869	
Landes.	6,707	5,846	
Lot-et-Garonne. . .	2,438	2,125	
Gers.	2,580	2,248	
Gironde.	682	594	
Aveyron.	3,090	2,693	
Ariége.	3,635	3,168	
Pyrénées (Basses).	21,131	18,418	
Pyrénées (Hautes).	15,910	13,868	
Pyrénées-Orientales.	3,396	2,960	
Ardèche.	6,362	5,545	
Aude	2,184	1,904	
Gard	22,411	19,534	
Garonne (Haute). .	16,208	14,127	
Hérault	9,916	8,643	
Lozère.	93	81	
Tarn.	2,571	2,241	
Tarn-et-Garonne. .	1,144	997	
Charente	219	191	
Charente-Inférieure.	356	310	
Total. . . .	1,787,717	1,558,200	

2. Notre ministre secrétaire d'Etat des finances (comte Roy) est chargé de l'exécution de la présente ordonnance.

17 DÉCEMBRE 1828 = Pr. 3 AVRIL 1829. — Ordonnance du Roi sur le service des ports, en exécution de l'ordonnance du 27 décembre 1826, portant rétablissement des préfectures maritimes. (8, Bull. 283, n° 10879.)

Voy. réglement du 7 FLORÉAL an 8, art. 3 ; ordonnances des 29 NOVEMBRE 1815 et 27 DÉCEMBRE 1826.

Charles, etc.

Sur le rapport de notre ministre secrétaire d'Etat de la marine et des colonies ,

Nous avons ordonné et ordonnons ce qui suit :

TITRE Iᵉʳ. Division du territoire maritime.

Art. 1ᵉʳ. Le territoire maritime de la France reste divisé en cinq arrondissemens.

Ces arrondissemens conservent les limites qui leur ont été précédemment assignées.

La circonscription actuelle des sous-arrondissemens est également maintenue; les arrondissemens et les sous-arrondissemens continueront d'être désignés par le nom de leur chef-lieu.

Les chefs-lieux sont, pour les arrondissemens, Cherbourg, Brest, Lorient, Rochefort, Toulon;

Et pour les sous-arrondissemens, Dunkerque, Le Havre, Saint-Servan, Nantes, Bordeaux, Bayonne.

TITRE II. De la répartition générale du service dans chaque arrondissement.

2. Le service de la marine dans chaque arrondissement sera dirigé en chef par un préfet maritime, ayant sous ses ordres les fonctionnaires chargés des diverses parties dont se compose le service général, savoir:

Le major général,

Le chef d'administration,

Le directeur des constructions navales,

Le directeur des mouvemens du port,

Le directeur de l'artillerie,

Le directeur des travaux hydrauliques et des bâtimens civils,

L'inspecteur.

Le préfet maritime et ces fonctionnaires résideront dans le port chef-lieu de l'arrondissement.

3. Le service dans chaque sous-arrondissement sera dirigé par un officier supérieur d'administration, qui résidera dans le chef-lieu du sous-arrondissement.

TITRE III. Du préfet maritime.

4. Le préfet maritime exercera une autorité supérieure sur toutes les personnes attachées, à quelque titre que ce soit, au service de la marine dans l'étendue de l'arrondissement.

5. Il aura la direction supérieure de l'administration, des travaux, de l'inscription maritime, et généralement de tous les services et établissemens dépendant de la marine.

Il aura la surveillance du service des vivres.

Il sera chargé de la sûreté du port militaire et de l'arsenal, de la protection maritime de la côte et du cabotage, de la police des rades de l'arrondissement, et de la police des pêches maritimes.

6. Il aura la direction de tous les bâtimens armés, à l'exception de ceux qui, d'après une décision spéciale du ministre de la marine, auront été placés hors de son autorité.

7. Le préfet maritime inspectera :

Le service de l'inscription maritime et celui de la caisse des invalides dans les divers quartiers de l'arrondissement ;

Les écoles d'hydrographie et tous les autres établissemens spéciaux d'enseignement formés par le Gouvernement pour le service de la marine et situés hors du chef-lieu ;

Les forges et fonderies qui dépendent de l'arrondissement.

Sauf les cas extraordinaires, ces inspections n'auront lieu que d'après les ordres du ministre de la marine.

8. Il présidera le conseil d'administration du port, le conseil nautique, le tribunal maritime spécial, et le conseil institué pour statuer sur l'admission ou le rejet des recours en révision des jugemens rendus par les tribunaux maritimes.

9. Le préfet maritime recevra directement les ordres du ministre de la marine, et il aura seul la correspondance habituelle avec lui.

10. Il sera personnellement responsable de toutes les dépenses en deniers, matières et main-d'œuvre, qu'il aurait ordonnées et qui seraient contraires aux ordonnances, aux réglemens ou aux ordres du ministre de la marine.

11. Il réglera les travaux de manière à ne pas excéder la quotité des fonds affectés aux dépenses des diverses parties du service.

Il ne pourra changer la destination de ces fonds que dans des circonstances urgentes, et après avoir pris l'avis du conseil d'administration. Il en rendra compte dans les vingt-quatre heures au ministre de la marine.

12. Il communiquera à l'inspecteur les ordres qu'il aura reçus du ministre de la marine, qu'il aura donnés lui-même, et à l'exécution desquels ce fonctionnaire est appelé à concourir.

13. Le préfet maritime se fera rendre compte par le commissaire-rapporteur près les tribunaux maritimes, ainsi que par le commandant de la gendarmerie affectée au service de la marine, de tous les faits graves qui auront exigé leur intervention, ou qui pourraient rendre nécessaire celle de l'autorité supérieure ; et il donnera à ces fonctionnaires tous ordres et instructions qu'il jugera utiles à la police et à la sûreté du port.

14. Il statuera, en conseil d'administration, sur le nombre d'ouvriers demandé par chacun des chefs de service pour les travaux ordonnés.

Il réglera entre les divers services la répartition des condamnés détenus dans les bagnes.

15. Lorsque le préfet maritime reconnaîtra qu'il pourrait être avantageux de faire confectionner dans les ateliers d'une seule direction des ouvrages de même nature destinés pour des services différens, il en chargera celle de ces directions qu'il jugera convenable d'employer.

16. Les directeurs des forges et fonderies de la marine établies hors des ports et arsenaux, et les chefs des directions forestières, correspondront directement avec les préfets maritimes, dans les cas qui seront déterminés par un règlement particulier.

17. Le préfet maritime jouira des honneurs attribués au vice-amiral commandant en chef une escadre.

18. En cas d'absence ou maladie, ou de tout autre empêchement, et lorsque Sa Majesté n'y aura pas pourvu d'avance, le préfet maritime sera provisoirement remplacé par le major général, et, en cas d'empêchement du major général, par celui des chefs de service qui aurait été désigné par le ministre de la marine.

TITRE IV. Des chefs de service dans les ports.

CHAPITRE Ier. Du major général de la marine.

19. Le major général de la marine commandera les officiers de vaisseau de tout grade, les élèves de la marine et les volon-

istaires, les équipages de ligne présens au port,
et le dépôt général de ces équipages.

Il commandera également les troupes appartenant à la marine, la gendarmerie et les autres corps mis temporairement à la disposition de ce département.

Il sera chargé de la garde militaire et de la sûreté du port chef-lieu de l'arrondissement, et des forts et établissemens qui dépendent de la marine.

Il sera chargé de la garde des prisons de la marine et de l'inspection de ces établissemens, en ce qui concerne leur sûreté.

Il désignera au préfet maritime les officiers qui, d'après leur tour d'embarquement, seront appelés à faire partie des états-majors des bâtimens du Roi, ceux à attacher à l'état-major et aux mouvemens du port, et, en général, à tous les autres services.

20. Il sera secondé dans son service par les officiers de vaisseau attachés à l'état-major général.

21. Il surveillera l'instruction théorique et pratique des élèves et volontaires de la marine, des élèves-maîtres, des équipages de ligne et des troupes de la marine.

Il surveillera également la bibliothèque, l'observatoire, l'école d'hydrographie et tous autres établissemens du chef-lieu destinés à l'instruction des élèves et des marins. Il aura sous ses ordres les professeurs et autres personnes attachés à ces établissemens.

22. Il aura autorité sur les bâtimens en armement et en désarmement, et se fera remettre chaque jour, par les capitaines, un rapport sur les travaux qui auront été exécutés à leur bord.

Il aura également autorité sur les bâtimens armés qui seront placés sous les ordres du préfet maritime.

23. Il présidera la commission chargée d'inspecter les bâtimens avant leur départ, à leur retour, et après le désarmement.

24. Il se fera remettre par les capitaines arrivant de la mer tous les journaux de navigation qui doivent être tenus à bord des bâtimens du Roi.

Lorsque ces bâtimens feront partie d'une armée, d'une escadre ou d'une division navale, il réclamera ces journaux du chef de l'état-major général.

25. Il recevra du commissaire-rapporteur près les tribunaux maritimes les rapports et informations qui seront de nature à intéresser la police et la sûreté du port.

26. En cas d'empêchement du préfet maritime, il présidera le tribunal maritime spécial.

27. Le major général, en cas d'absence, de maladie ou de tout autre empêchement, sera provisoirement remplacé dans ses fonctions par le major.

CHAPITRE II. Du chef d'administration.

28. Le chef d'administration sera chargé:
Des approvisionnemens pour lesquels il sera traité dans les ports:
De la recette et de la comptabilité de toutes les matières, de la garde et de la conservation de celles déposées dans les diverses dépendances du magasin général;
De la surveillance des approvisionnemens de vivres, et des ordres relatifs à leur délivrance;
De la revue de tous les corps et de toutes les personnes employées par la marine dans les ports et sur les bâtimens du Roi;
De la levée et du congédiement des marins et des ouvriers de l'inscription maritime;
De l'administration et de la police intérieure des prisons de la marine, autres que celles établies à bord de l'amiral ou dans les casernes;
De l'administration et de la police des hôpitaux et des chiourmes;
De la comptabilité des bâtimens armés, tant en matières qu'en deniers, et de l'apurement des comptes des bâtimens désarmés;
De la comptabilité et de l'ordonnancement des fonds;
De la convocation de la commission des prises, ainsi que de la liquidation et de la répartition de ces prises;
De la surveillance des trésoriers de la caisse des prises, des gens de mer et des invalides;
De la direction des ateliers des pavillons et de l'habillement, de la fabrication des tissus communs et autres objets qui pourront être confectionnés dans les ateliers dépendant du magasin général;
De l'administration du jardin botanique;
Enfin, de la correspondance habituelle avec les officiers d'administration des quartiers de l'inscription maritime.

29. Les détails du service dont le chef d'administration sera chargé seront divisés ainsi qu'il suit:
1° Approvisionnemens, comprenant la recette et la dépense des matières;
2° Revues, armemens et prises;
3° Hôpitaux, maisons d'arrêt et prisons;
4° Chiourmes;
5° Comptabilité des fonds;
6° Inscription maritime, comprenant la comptabilité des caisses des prises, des gens de mer et des invalides, la police de la navigation commerciale et des pêches maritimes.
Lorsque les circonstances le permettront, le chef d'administration proposera au préfet maritime de confier la direction de plusieurs détails à un même officier d'administration.

30. Le chef d'administration ordonnancera les dépenses conformément à la répartition mensuelle des fonds, arrêtée par le ministre

de la marine ou d'après les ordres du préfet maritime, dans les cas prévus par l'article 11 de la présente ordonnance.

Au commencement de chaque mois, le chef d'administration rendra compte au préfet maritime, en conseil d'administration, de la situation des crédits ouverts et des paiemens effectués sur chaque chapitre de comptabilité.

31. Lorsqu'il y aura lieu de faire des adjudications ou des marchés, soit pour fournitures, travaux et ouvrages, soit pour vente d'objets avariés ou devenus inutiles, le chef d'administration rédigera les clauses de ces adjudications et marchés, après s'être concerté avec les chefs de service que ces actes concerneront.

32. Le chef d'administration aura, quant à la police du corps, autorité sur tous les officiers et commis d'administration; et il donnera directement des ordres à ceux·qui seront employés dans les détails de son service et dans les quartiers dépendant du chef-lieu de l'arrondissement.

33. Il proposera au préfet maritime la destination des commissaires et sous-commissaires dans les divers détails du port et dans les quartiers. Il lui proposera également la destination des officiers et commis d'administration qui devront être embarqués sur les bâtimens du Roi, ou employés dans les directions du port.

Il réglera la répartition des élèves d'administration, des commis principaux, des commis et des écrivains dans les différens détails de son service.

34. Il aura sous sa surveillance le personnel des officiers de santé employés dans les hôpitaux; il désignera au préfet maritime, sur la présentation du conseil de santé, ceux des officiers de santé qui devront être embarqués sur les bâtimens du Roi, et il expédiera les ordres d'embarquement.

35. Il aura autorité sur les aumôniers employés dans le port, autres que ceux attachés aux corps militaires de la marine.

36. Il aura sous ses ordres les agens de surveillance des chiourmes, et il proposera au préfet maritime les mouvemens et avancemens qui devront avoir lieu parmi ces agens.

37. Il aura dans ses attributions le placement des gardiens de bureau, consignes et portiers aux issues de l'arsenal et des établissemens qui en dépendent.

Il se concertera avec les chefs de service pour le choix et la destination des gardiens qui doivent être placés sous leurs ordres.

38. En cas d'absence, de maladie ou de tout autre empêchement, il sera remplacé dans ces fonctions par l'officier d'administration qui aura été désigné à l'avance par le ministre, et, à défaut, par celui que le préfet maritime désignera.

CHAPITRE III. Du directeur des constructions navales.

39. Le directeur des constructions navales sera chargé :

Des constructions, refontes et radoubs;

De l'entretien des bâtimens flottans;

De tous les travaux à exécuter dans les chantiers de construction;

Des ateliers de forges à l'usage des constructions, de ceux de la mâture, des hunes, des cabestans, de la corderie, des étoupes, de la poulierie, de la tonnellerie, des pompes de vaisseaux et à incendie, des caisses en tôle, de la serrurerie, de la taillanderie, de la ferblanterie, de la chaudronnerie, de la menuiserie, de la sculpture, de la peinture, de l'avironnerie, des gournables;

De l'atelier spécial établi pour la réparation des machines à vapeur, et de tous les autres ateliers où s'exécutent des travaux relatifs aux constructions navales;

De l'arrangement et de la conservation des bois de construction, de mâture, et autres.

40. Le directeur des constructions navales aura sous ses ordres les officiers et élèves du génie maritime employés dans le port.

Il sera spécialement chargé de la direction de toutes les écoles formées dans le port pour l'instruction des ouvriers des constructions navales.

41. En cas d'absence, de maladie ou de tout autre empêchement, il sera remplacé dans ses fonctions par le sous-directeur, ou, à défaut, par l'officier de sa direction le plus élevé en grade et le plus ancien.

CHAPITRE IV. Du directeur des mouvemens du port.

42. Le directeur des mouvemens du port sera chargé :

De la garde et conservation des bâtimens flottans, en commission, en armement, en désarmement, et désarmés;

Du mouvement et amarrage, du mâtement et démâtement, du lestage et délestage des bâtimens; de leur abattage en carène, de leur entrée dans le port et dans les bassins, et de leur sortie; du halage à terre et de toutes les manœuvres à faire dans le port;

Des ateliers de la garniture, de la voilerie et des boussoles;

De la surveillance et de l'entretien des pompes à incendie en service;

De l'entretien et l'arrangement dans les magasins des grémens et des voiles;

Du curage ordinaire des ports et rades;

du placement et de la surveillance des ancres et chaînes d'amarrage, des tonnes et balises dans les dépendances de la marine, et de la surveillance de l'éclairage des phares entretenus par ce département;

Des signaux et vigies, du commandement

b des préposés à ces services, et des secours
é à donner aux bâtimens en danger;

De l'inspection du service des pilotes la-
ɪ maneurs.

43. Le directeur des mouvemens du port
ᴤ aura sous ses ordres les officiers et les élèves
ᴐ de la marine qui seront attachés à cette di-
ᴉ rection.

ɪ 44. En cas de maladie, d'absence ou de
ɪ tout autre empêchement, il sera remplacé
ᴌ dans ses fonctions par le sous-directeur des
ᴉ mouvemens du port, ou, à défaut, par l'officier le plus élevé en grade de la direction.

Chapitre V. Du directeur de l'artillerie.

45. Le directeur de l'artillerie sera chargé:
De tous les travaux relatifs à l'artillerie.

Des ateliers de fonderie, charronnage, forge,
armurerie, et tous autres affectés au service
de l'artillerie;

Des épreuves des bouches à feu et des
poudres;

De l'arrangement et de la conservation des
bouches à feu, des poudres et artifices, des
bombes, boulets et autres projectiles; des
armes et munitions servant à l'armement des
bâtimens du Roi, et des batteries dépendantes de la marine.

46. Il aura sous ses ordres les officiers attachés au service de l'artillerie, les compagnies d'ouvriers et les maîtres canonniers entretenus ou non entretenus employés dans le
port.

47. En cas de maladie, d'absence ou de
tout autre empêchement, il sera remplacé
dans ses fonctions par le sous-directeur d'artillerie, ou, à défaut de celui-ci, par l'officier le plus élevé en grade de la direction.

Chapitre VI. Du directeur des travaux hydrau-liques et des bâtimens civils.

48. Le directeur des travaux hydrauliques
et des bâtimens civils sera chargé de la construction et de l'entretien des édifices appartenant à la marine, des quais, bassins, cales,
et de tous autres ouvrages hydrauliques et
civils qui auront été ordonnés, ainsi que de
la direction des divers ateliers qui seront affectés à ce service. Il sera également chargé
de la construction et de l'entretien des phares dépendant de la marine.

49. Il aura sous ses ordres les ingénieurs
et conducteurs employés dans la direction
des travaux hydrauliques et civils.

50. En cas d'absence, de maladie ou de
tout autre empêchement, il sera remplacé
dans ses fonctions par l'ingénieur de la direction le plus élevé en grade et le plus ancien.

Chapitre VII. Dispositions communes aux chefs de service.

51. Les chefs de service exerceront leurs
fonctions sous l'autorité immédiate du préfet
maritime, et ils exécuteront ponctuellement
ses ordres.

Toutefois, ils seront responsables des actes relatifs à leurs fonctions; et lorsqu'il sera
résulté de ces actes préjudice pour le service,
ils devront justifier qu'ils ont agi en conséquence des ordres du préfet maritime, et
après lui avoir fait des représentations qui
n'ont pas été accueillies.

52. Les chefs de service tiendront enregistrement des instructions et des ordres écrits
qu'ils recevront du préfet maritime, ainsi
que des rapports qu'ils lui adresseront.

53. Ils recueilleront des copies des mémoires, plans et devis concernant les travaux
dépendans de leurs directions, et dont les
originaux sont déposés à l'inspection: ils seront chargés de ces pièces sur inventaire.

Ils conserveront également, sur inventaire,
les modèles relatifs aux divers ouvrages exécutés dans leurs directions, lorsque ces modèles ne devront pas être réunis dans un
local commun.

54. Les chefs de service feront tenir une
matricule des officiers et des agens entretenus employés sous leurs ordres.

Ils feront tenir également une matricule
des agens non entretenus, des ouvriers et
autres individus employés dans leurs directions.

Ils donneront connaissance au commissaire chargé du détail de l'inscription maritime des mouvemens qui surviendront parmi
les ouvriers de levées, employés dans leurs
directions.

Ils informeront journellement l'inspecteur de la situation numérique et de la répartition, par ateliers, des ouvriers de toute
classe et de toute profession employés sous
leurs ordres. Ils lui feront connaître les
mouvemens qui seront survenus parmi ces
ouvriers.

55. Les chefs de service auront la police
des chantiers, ateliers, magasins et établissemens dépendans de leurs directions respectives, en se conformant toutefois aux consignes arrêtées par le major général de la
marine et approuvées par le préfet maritime.

Ils feront la répartition des ouvriers placés sous leurs ordres, et ils s'assureront
journellement de leur présence sur les travaux; ils surveilleront l'emploi des matières
que les ouvriers auront à mettre en œuvre.

56. Lors de l'admission des ouvriers dans
les chantiers et ateliers du port, les chefs de
service proposeront au préfet maritime la
paie dont ils les jugeront susceptibles, et la

décision du préfet sera mentionnée sur les matricules des ouvriers.

Ils proposeront au conseil d'administration les avancemens en grade, en classe et en paie, des ouvriers employés dans leurs directions.

Les chefs de service feront expédier les décomptes de salaires alloués aux ouvriers et autres individus non entretenus, employés dans leurs directions; ils feront expédier également ceux pour journées d'attelage fournies par entreprise; et tous ces décomptes seront vérifiés et signés par l'inspecteur.

57. A la fin de chaque mois, ils remettront au préfet maritime une note sommaire sur les besoins de leurs directions et sur les dépenses à faire pour les travaux à exécuter pendant le mois suivant.

58. Ils tiendront exactement note de tous les travaux qu'ils auront fait exécuter à bord des bâtimens du Roi, et des époques auxquelles ces travaux auront été commencés et terminés.

59. Lorsqu'une construction navale, hydraulique ou civile sera complètement terminée, le chef de service qui l'aura dirigée présentera au conseil d'administration l'état de toutes les dépenses qu'elle aura occasionées, tant en matières qu'en main-d'œuvre; les plans, devis et détails estimatifs qui auront été approuvés avant le commencement des travaux seront joints à cet état.

60. Au commencement de chaque année, les chefs de service rédigeront un mémoire dans lequel ils présenteront sommairement les opérations effectuées dans leurs directions pendant l'année précédente. Ils feront connaître les améliorations dont le service qui leur est confié leur paraîtrait susceptible, et ils joindront à ce mémoire des notes sur la conduite et les talens des officiers et des employés placés sous leurs ordres.

Ils remettront ces rapports, mémoires et notes, au préfet maritime, pour être transmis au ministre de la marine.

TITRE V. De l'inspecteur

61. L'inspecteur exercera son inspection et son contrôle:

Sur toutes les recettes d'approvisionnemens et d'ouvrages, et sur les dépenses de fonds et de matières;

Sur la conservation des munitions et marchandises dans les magasins, ateliers et dépôts;

Sur les revues des entretenus, des équipages, des troupes et de tous les agens salariés par le département de la marine;

Sur l'emploi des matières;

Sur l'emploi du temps et les salaires des ouvriers;

Sur les clauses des adjudications et des marchés, ainsi que sur leur exécution;

Sur les hôpitaux, bagnes, prisons et tous autres établissemens dépendans de la marine;

Sur le service de l'inscription maritime, et sur l'administration, la comptabilité et la situation des caisses des prises, des gens de mer et des invalides, dans les quartiers de l'arrondissement.

62. L'inspecteur fera partie de la commission qui doit juger en première instance de la validité des prises maritimes.

Il fera également partie de la commission chargée de constater la situation des bâtimens du Roi, lorsque leur armement est terminé. Il vérifiera les inventaires de ces bâtimens.

63. Il tiendra des enregistremens sommaires de toutes les pièces relatives à la comptabilité des fonds et matières; ces pièces devront être vérifiées et signées par lui.

64. L'inspecteur veillera à ce que les cautionnemens souscrits pour l'exécution des conditions stipulées dans les adjudications et marchés soient versés dans les délais prescrits, et il demeurera dépositaire des récépissés de versemens.

Il exercera toutes poursuites nécessaires contre les fournisseurs et entrepreneurs qui ne rempliraient pas leurs engagemens, et contre les débiteurs du département de la marine.

Il prendra hypothèque sur les biens desdits débiteurs; il formera les oppositions nécessaires; et il en donnera la main-levée, lorsque les débiteurs se seront libérés.

Il procédera, soit en demandant, soit en défendant, devant l'autorité judiciaire ou administrative, dans toutes les affaires qui intéresseront le département de la marine.

65. Lorsque les chefs de service seront remplacés, l'inspecteur assistera au récolement des inventaires des archives dont ces chefs auraient pu être dépositaires, et il requerra la réintégration immédiate des pièces qui ne seront pas représentées.

Il assistera également à l'apposition et à la levée des scellés mis sur les papiers et effets des officiers des différens corps de la marine qui décéderont dans le chef-lieu de l'arrondissement, lorsqu'au moment de leur décès ces officiers seront débiteurs envers l'Etat, ou lorsqu'ils n'auront pas rendu des comptes auxquels ils étaient tenus.

Au besoin, il requerra l'apposition des scellés; et, lors de leur levée, il requerra la remise entre ses mains des papiers qui appartiendraient au Gouvernement.

66. Tous les bureaux, ateliers, magasins, casernes, maisons d'arrêt et prisons, et tous autres établissemens affectés au service du port, des hôpitaux, des subsistances et des chiourmes, lui seront ouverts, et il lui sera

donné communication des registres et matricules, états et pièces quelconques dont il demandera à prendre connaissance.

67. Il fera procéder fréquemment à des appels et contre-appels d'ouvriers.

Il vérifiera, visera et signera les décomptes de salaires d'ouvriers, arrêtés dans les directions.

68. L'inspecteur requerra dans toutes les parties du service, soit du préfet maritime, soit des chefs de service, l'exécution ponctuelle des lois, ordonnances, réglemens et ordres ministériels.

Il veillera à l'exécution des ordres du préfet maritime.

Il ne pourra diriger ni suspendre aucune opération.

69. Lorsqu'il reconnaîtra des irrégularités dans les divers services, il en avertira immédiatement les officiers qui les dirigent ou le préfet maritime.

Il tiendra enregistrement des observations écrites qu'il aura faites aux chefs de service ou au préfet maritime, et il adressera au ministre de la marine celles de ces observations auxquelles il n'aurait pas été fait droit.

70. L'inspecteur aura la faculté de correspondre directement avec le ministre de la marine; et, à la fin de chaque année, il lui adressera un rapport sur l'ensemble du service de l'inspection dans l'arrondissement et sur la conduite de ses subordonnés.

71. L'inspecteur fera des tournées d'inspection dans les ports et quartiers de l'arrondissement; mais elles n'auront lieu que sur l'ordre du ministre de la marine.

En cas d'urgence, et lorsqu'il jugera utile de se rendre dans un port ou quartier pour procéder à des inspections ou à des vérifications extraordinaires, il en demandera l'autorisation au préfet maritime.

72. Il aura l'enregistrement et le dépôt des lois, ordonnances, réglemens, décisions, ordres, brevets, commissions, mémoires et procès-verbaux, et il en délivrera, au besoin, des copies collationnées.

Il aura également l'enregistrement et le dépôt des plans et devis; mais les copies en seront délivrées dans les directions respectives et visées par les directeurs.

Il ne pourra se dessaisir des originaux que sur l'ordre du préfet maritime.

Il requerra la réintégration ou le dépôt des pièces qui dépendront des archives ou devront en faire partie, quels qu'en soient les détenteurs.

73. L'inspecteur aura sous ses ordres les sous-inspecteurs et commis qui seront affectés au service de l'inspection.

En cas de maladies, d'absence ou de tout autre empêchement, il sera remplacé dans ses fonctions par le plus ancien des sous-inspecteurs employés au chef-lieu de l'arrondissement.

TITRE VI. Du conseil d'administration.

74. Il y aura dans chaque chef-lieu d'arrondissement un conseil d'administration de marine, qui sera composé ainsi qu'il suit:

Le préfet maritime, *président*;

Le major général de la marine, *vice-président*;

Le chef d'administration;

Le directeur des constructions navales;

Le directeur des mouvemens du port;

Le directeur de l'artillerie;

Le directeur des travaux hydrauliques et des bâtimens civils,

Et l'inspecteur.

Le major général de la marine siégera à la droite du président, et l'inspecteur, en face.

Les autres membres du conseil prendront rang entre eux en raison de leur grade, et, à grade égal, dans l'ordre ci-dessus indiqué.

Un sous-commissaire de marine, nommé par le préfet maritime, remplira les fonctions de secrétaire du conseil, et tiendra registre des délibérations.

75. Le conseil d'administration pourra appeler à ses séances tels officiers ou autres personnes auxquels il jugera convenable de demander des renseignemens.

76. Le conseil s'assemblera à l'hôtel de la préfecture maritime.

Il se réunira deux fois par mois, et plus souvent, si le préfet maritime le juge nécessaire.

Le préfet fera connaître au conseil les questions sur lesquelles il devra délibérer, et l'ordre qui devra être suivi dans leur examen : autant que possible, le préfet maritime indiquera à l'avance les objets qui devront être discutés dans la séance suivante.

77. Le conseil examinera les projets d'adjudications et de marchés, et il les arrêtera lorsqu'ils seront conclus.

Toutefois, ces marchés ne seront exécutoires qu'après avoir été revêtus de l'approbation du ministre de la marine.

78. Sont exceptés des dispositions prescrites par l'article précédent les marchés dont la dépense n'excédera pas la somme de *quatre cents francs*.

Au commencement de chaque trimestre, le conseil d'administration nommera trois de ses membres, ou tels autres officiers qu'il jugera convenable de commettre, pour discuter et arrêter lesdits marchés. Tous les trois mois, l'état de ces marchés sera adressé au ministre de la marine par le préfet maritime.

79. Le conseil pourra nommer des commissions pour procéder aux examens, visites, vérifications et épreuves qu'il jugera néces-

saires, et il se fera remettre un rapport par ces commissions.

80. Les plans, projets et devis de constructions navales, hydrauliques ou civiles, de distributions nouvelles, dans les édifices des arsenaux, d'ouvrages d'artillerie et de tous autres travaux, ainsi que les tarifs de main-d'œuvre, seront examinés par le conseil d'administration avant d'être adressés au ministre de la marine.

81. Le conseil examinera les comptes de consommation et d'application de matières et de dépenses en main-d'œuvre, qui sont rendus annuellement par les chefs des directions.

82. Il vérifiera les comptes de consommation et de dépense des bâtimens du Roi, au retour de leurs campagnes.

83. Il déterminera le montant des reprises à exercer sur les commandans de bâtimens qui auraient fait exécuter des installations contraires aux réglemens, ou changé celles constatées avant le départ.

Il indiquera l'indemnité à allouer, en raison des dépenses qu'ils auront faites, aux officiers chargés d'une mission suspendue ou révoquée par le ministre de la marine.

84. Le conseil proposera au ministre de la marine l'admission et l'avancement des maîtres entretenus.

Il statuera sur l'avancement et la paie des ouvriers.

Il statuera également sur les avancemens accordés aux sous-officiers et marins pendant la durée de la campagne.

85. Il examinera les réglemens et les tarifs qui seront proposés par l'administration de la marine et les tribunaux de commerce sur le service des pilotes lamaneurs dans les ports de l'arrondissement.

86. Il donnera son avis sur les projets d'approvisionnement rédigés en exécution des ordres du ministre de la marine ; et, lorsqu'il y aura lieu, il autorisera le chef d'administration à passer des marchés d'urgence.

87. Les délibérations du conseil seront prises à la majorité des voix ; et, en cas de partage, la voix du président sera prépondérante.

Chaque membre du conseil aura le droit de faire mentionner son opinion au procès-verbal, lorsqu'elle sera contraire à l'avis de la majorité.

Tous les membres présens signeront au procès-verbal ; le président et le secrétaire signeront, seuls, les copies qui seront adressées au ministre de la marine.

Celles de ces délibérations qui devront donner lieu à une décision du ministre lui seront envoyées en double expédition.

88. Le registre des délibérations du conseil et les pièces qui ne seront pas de nature à être adressées au ministre de la marine, ou à être remises en dépôt, soit à l'inspection, soit aux directions, seront déposés au secrétariat de la préfecture maritime.

TITRE VII. Du service de santé.

89. Un conseil de santé, composé des premier et second officiers de santé en chef et du pharmacien en chef, sera chargé, sous l'autorité du préfet maritime, des fonctions ci-après.

90. Le conseil dirigera et surveillera l'enseignement des officiers de santé, et réglera leur service dans les hôpitaux.

Il proposera au chef d'administration la répartition des officiers de santé dans le service des hôpitaux et autres services à terre. Il lui proposera également ceux qui devront être embarqués sur les bâtimens du Roi.

Il donnera, lorsqu'il y aura lieu, aux chirurgiens embarqués sur ces bâtimens, des instructions spéciales, qui seront soumises à l'approbation du préfet maritime, et il s'assurera du bon état des instrumens dont ces chirurgiens devront être pourvus.

Il proposera au préfet maritime les mesures qui intéresseront la salubrité de l'arsenal et des établissemens qui en dépendent.

Il recueillera les rapports faits à la fin de leurs campagnes par les chirurgiens embarqués ; et, au désarmement des bâtimens, il participera à la vérification des comptes de consommation remis par ces chirurgiens.

Il surveillera la culture du jardin botanique.

Il surveillera également les collections d'objets d'histoire naturelle et les bibliothèques affectées à l'instruction des officiers de santé.

91. Le conseil de santé sera présidé par le premier médecin ou par le premier chirurgien en chef, le plus ancien en grade, et, si leur nomination date du même jour, par le plus ancien des deux au service de la marine.

Les fonctions de secrétaire seront remplies par un officier de santé nommé par le chef d'administration, sur la proposition du conseil de santé.

92. Lorsque le chef d'administration, d'après l'autorisation du préfet maritime, convoquera extraordinairement le conseil de santé, il en aura la présidence.

93. Le commissaire de marine chargé de l'administration et de la police des hôpitaux sera toujours appelé aux séances du conseil de santé, lorsque des questions qui se rattachent aux détails de l'administration devront y être discutées.

Il prendra part aux délibérations ; il requerra, s'il y a lieu, l'exécution des réglemens, et ses observations seront consignées au procès-verbal de la séance.

Il siégera en face du président.

94. Lorsque le président du conseil de santé sera appelé au conseil d'administration du port pour participer à l'examen de questions relatives au service de santé, il y aura voix délibérative.

95. Les officiers de santé, professeurs, feront partie du conseil de santé lorsqu'il se réunira pour statuer sur l'admission des élèves ou sur l'avancement des officiers de santé.

Titre VIII. Du service des subsistances.

96. Le service des subsistances dans les ports sera confié à un directeur ayant sous ses ordres les divers employés qui seront affectés à ce service.

Ce directeur sera chargé de la conservation, garde, manipulation et délivrance des vivres, ainsi que de la surveillance des ateliers et établissemens dépendans de la direction.

97. Le service des vivres sera placé sous la surveillance du chef d'administration, qui, lorsqu'il le jugera convenable, en visitera les ateliers et prendra connaissance de la situation des approvisionnemens.

98. Aucune délivrance de vivres ne pourra être effectuée que sur un ordre du chef d'administration.

99. Le préfet maritime recevra du ministre de la marine communication des ordres donnés pour l'approvisionnement des bâtimens du Roi et pour celui du port.

Lorsque, dans une circonstance urgente, le préfet maritime jugera qu'il y a lieu de passer des marchés dans le chef-lieu de l'arrondissement, ces marchés seront soumis au conseil d'administration : dans ce cas, le directeur des vivres assistera au conseil, et il y aura voix consultative.

100. Lorsque les adjudications publiques devront avoir lieu dans les ports pour des fournitures de vivres ou d'objets relatifs à ce service, les conditions de ces adjudications seront préalablement soumises à l'examen du conseil d'administration.

Les mêmes formalités seront observées, lorsqu'il s'agira de procéder à des adjudications publiques pour vente de vivres et d'ustensiles hors de service.

Ces adjudications auront lieu en présence d'un officier de l'inspection.

101. Le directeur des vivres soumettra à la vérification du chef d'administration et de l'inspecteur les comptes mensuels de consommation qu'il est tenu de dresser.

102. Le contrôleur des subsistances devra rendre compte à l'inspecteur de la marine des actes et opérations de son service, et lui fournir tous les renseignemens propres à éclairer son inspection.

Titre IX. De la comptabilité des matières et des travaux.

103. Toutes visites, épreuves et recettes d'approvisionnemens fournis et d'ouvrages exécutés par entreprise, seront faites en présence de l'inspecteur par une commission composée d'un officier du service auquel l'affaire se rattache, d'un officier de vaisseau et d'un officier d'administration.

104. Le commissaire préposé au détail des approvisionnemens sera chargé, sous les ordres du chef d'administration, de toutes les recettes des matières brutes et œuvrées qui seront livrées en exécution d'adjudications ou de marchés.

Il sera également chargé de la garde et conservation des approvisionnemens qui resteront déposés au magasin général ; il les fera délivrer, lorsqu'ils seront demandés dans les formes prescrites ci-après.

105. Les chefs des directions recevront du magasin général, sur leurs demandes, les matières brutes et œuvrées, les outils et ustensiles nécessaires soit pour les travaux des ateliers qu'ils dirigent, soit pour les bâtimens du Roi, et ils porteront ces objets en recette.

Ils seront chargés de la garde, conservation et délivrance de tous les objets confectionnés ou réparés dans les ateliers de leurs directions, ainsi que de ceux qui leur auront été délivrés ou remis par le magasin général, par les autres directions ou par les bâtimens du Roi.

106. Tous les objets œuvrés confectionnés dans les directions, ou qui leur auront été délivrés, seront classés suivant leur nature, et déposés dans des magasins affectés à chaque direction.

Ceux qui auront besoin de réparations seront d'abord remis dans les ateliers, et ils ne seront placés dans les magasins qu'après avoir été réparés.

Le commissaire préposé au détail des approvisionnemens agira comme directeur, en ce qui est relatif aux ateliers dépendans du magasin général.

107. Il sera dressé dans chaque port, d'après les ordres du préfet maritime, des états indiquant la nomenclature des objets à délivrer aux divers services du port, soit par le magasin général, soit par les directions.

108. Les demandes ordinaires pour délivrances à effectuer par les magasins et ateliers du port seront faites en duplicata ; elles seront adressées par les chefs de service et par les commandans des bâtimens du Roi au commissaire des approvisionnemens, pour tout ce qui est déposé au magasin général, et aux chefs des directions, pour tout ce qui dépend des ateliers et magasins placés sous leurs ordres.

Ces demandes ne seront assujéties qu'au visa du commissaire ou du directeur auquel elles auront été présentées; mais le duplicata sera remis chaque soir à l'inspecteur.

Les chefs de direction et le commissaire préposés aux approvisionnemens feront remettre aux parties prenantes des bordereaux sommaires des objets qui auront été délivrés : ces bordereaux seront signés par la personne qui aura fait la délivrance.

109. Les demandes pour délivrances nou prévues par les réglemens, ou qui en excéderaient les fixations, seront soumises aux formalités ci-dessus prescrites, au visa de l'inspecteur, et ensuite à la décision du préfet maritime.

110. Il sera tenu dans chaque direction un duplicata des feuilles qui servent à constater l'espèce et la quantité d'objets mis à la charge des maîtres et autres comptables à bord des bâtimens du Roi ; et toutes les délivrances qui seront faites pour le service de ces bâtimens seront successivement inscrites en toutes lettres sur les deux expéditions de ces feuilles.

Lorsque les armemens seront achevés, le commissaire préposé au détail des approvisionnemens fera rédiger, sur les *duplicata* des feuilles des maîtres et autres comptables, deux expéditions de l'inventaire de chaque bâtiment, dont une sera remise au capitaine et l'autre restera déposée dans le port.

Dans le cas où les bâtimens seraient obligés de partir avant que cette opération ait été terminée, la réunion des feuilles remises aux maîtres et aux comptables tiendra lieu de l'inventaire du bord.

111. Aux époques qui seront fixées par le ministre de la marine, les directeurs feront remettre au chef d'administration les documens nécessaires pour dresser les états de situation des magasins et ateliers du port.

112. Les billets dits *de sortie*, pour les objets demandés dans les magasins ou ateliers du port, seront signés par le comptable qui aura fait la délivrance, et visés par le chef de la direction qui l'aura autorisée.

Ces billets seront remis chaque soir à l'inspecteur.

113. Le chef d'administration et les directeurs feront dresser à la fin de chaque année, par atelier et par magasin :

1° Un état présentant le nombre d'ouvriers de toute classe et de toute profession qui auront été employés sous leurs ordres, ainsi que le nombre et le montant de leurs journées de travail;

2° Un état apprécié, tant en matière qu'en main-d'œuvre, des ouvrages exécutés, soit pour les bâtimens du Roi, soit pour d'autres services ;

3° Un inventaire des munitions, objets e ustensiles restant en magasin, en distinguan les objets neufs de ceux qui auront servi.

114. Le préfet maritime fera dresser, à la fin de chaque année, par le chef d'administration, de concert avec les directeurs, ur résumé qui présentera l'ensemble des compte prescrits par l'article précédent.

Cet état sera soumis à l'examen du consei d'administration et adressé au ministre de la marine avec les comptes particuliers des directions.

115. Des commis de marine seront destinés à remplir, dans les directions, les fonctions de garde-magasin, à faire les appels des ouvriers et à tenir toutes les écritures relatives à la recette et à la conservation ainsi qu'à l'application des matières, et aux dépenses en main-d'œuvre, soit par entreprise, soit à la journée.

Ces commis seront responsables des objets remis à leur garde, et ils seront subordonnés aux chefs des directions dans lesquelles ils seront employés.

Les fonctions de garde-magasin pourront être confiées, dans la direction de l'artillerie, à des sous-officiers provenant de ce service.

TITRE X. Du service dans les sous-arrondissemens maritimes.

116. Un officier supérieur d'administration sera, sous les ordres du préfet maritime, chef du service de la marine dans chaque sous-arrondissement.

Toutefois, lorsque des travaux extraordinaires de construction ou d'armement auront lieu dans un sous-arrondissement, l'exercice de l'autorité principale pourra être attribué à un officier de vaisseau ou à un officier de génie maritime.

Dans ce cas, l'officier d'administration exercera les fonctions attribuées par la présente ordonnance aux chefs d'administration dans les ports militaires.

117. Le chef du service de la marine, dans chaque sous-arrondissement, correspondra directement avec le ministre de la marine.

Il rendra compte au préfet maritime de toutes ses opérations.

TITRE XI. Dispositions générales.

118. Les ordonnances et réglemens relatifs au service de la marine dans les ports militaires et arrondissemens maritimes continueront à être observés en ce qui n'est pas contraire à la présente ordonnance.

Mandons et ordonnons à l'amiral de France, aux préfets maritimes, aux officiers généraux et supérieurs de notre corps royal de la marine, et à tous autres qu'il appartiendra, de tenir la main à l'exécution de la présente ordonnance, qui aura son effet à dater du 1er janvier 1829.

(Suit le mandement de monseigneur le Dauphin, amiral de France.)

17 DÉCEMBRE 1828. — Ordonnances du Roi qui autorisent l'acceptation de dons et legs faits aux pauvres de Saint-Servan, des Vans, d'Audric et de Castelnau-d'Estretefonds. (8, Bull. 280, n° 10794.)

17 DÉCEMBRE 1828. — Ordonnance qui autorise l'inscription au Trésor royal de cent dix pensions civiles et militaires. (8, Bull. 272 bis, n° 10.)

17 DÉCEMBRE 1828. — Ordonnance portant que la commune de Précieux, canton de Saint-Rambert, arrondissement de Montbrison, département de la Loire, est distraite de ce canton et réunie au canton de Montbrison, et que la commune de Craintilleux, canton de Montbrison, même département et même arrondissement, est distraite de ce canton et réunie à celui de Saint-Rambert. (8, Bull. 273, n° 10565).

19 DÉCEMBRE 1828. — Ordonnance du Roi portant que le collège du deuxième arrondissement électoral de la Loire-Inférieure se réunira, le 12 janvier 1829, à Pont-Rousseau, commune de Rezé. (8, Bull. 269, n° 10352.)

21 DÉCEMBRE 1828 = Pr. 3 AVRIL 1831. — Ordonnance du Roi (Charles X) concernant l'organisation de l'ordre judiciaire (1) et l'administration de la justice à la Guiane française. (9, Bull. O. 55.) (2).

Charles, etc.

Sur le rapport de notre ministre secrétaire d'Etat de la marine et des colonies, et de l'avis de notre conseil,

Nous avons ordonné et ordonnons ce qui suit :

TITRE 1er. Dispositions préliminaires.

Art. 1er. La justice sera administrée à la Guiane française par un tribunal de paix, un tribunal de première instance, une cour royale et une cour d'assises.

Les jugemens en dernier ressort et les arrêts pourront être attaqués par voie d'annulation ou de cassation, dans les cas spécifiés en la présente ordonnance.

2. Le conseil privé, la commission des prises et les conseils de guerre, continueront de connaître des matières qui leur sont spécialement attribuées par notre ordonnance du 27 août 1828 et par les lois, ordonnances et réglemens en vigueur dans la colonie.

3. Nul ne pourra être distrait de ses juges naturels.

Il ne sera, en conséquence, créé aucune commission extraordinaire.

Toutefois, une cour prévôtale pourra être établie dans les cas et suivant les formes déterminées par la présente ordonnance.

4. Les audiences seront publiques au civil et au criminel, excepté dans les affaires où la publicité sera jugée dangereuse pour l'ordre et les mœurs.

Dans tous les cas, les jugemens et arrêts seront prononcés publiquement.

Ils seront toujours motivés.

5. Les cours et tribunaux ne pourront, sous les peines portées par les lois, prendre directement ou indirectement aucune part

---

(1) L'organisation judiciaire dans les diverses colonies a été réglée par les ordonnances suivantes : à Bourbon, par l'ordonnance du 30 septembre 1827 ; à la Martinique et à la Guadeloupe, par l'ordonnance du 24 septembre 1828. Il existe, pour le Sénégal, une ordonnance du 7 janvier 1822, qui n'organise pas d'une manière complète les tribunaux ; elle se borne à établir quelques règles d'organisation et de procédure. L'ordonnance du 20 juillet 1828, relative à la Guiane, se réduit à quelques dispositions touchant l'instruction criminelle.

Il convient de rappeler ici les principales ordonnances sur les colonies, savoir : celles du 22 novembre 1819, relative à l'organisation judiciaire des colonies en général ; du 4 juillet 1827, sur la procédure criminelle à la Martinique et à la Guadeloupe ; du 12, du 19 et du 29 octobre 1828, portant application des Codes pénal, d'instruction criminelle et de procédure à la Martinique et à la Guadeloupe ; du 19 juillet 1829, établissant l'enregistrement à Bourbon ;

du 31 décembre 1828 et du 14 juin 1829, établissant l'enregistrement et les hypothèques à la Guiane ; du 25 octobre 1829, du 31 décembre 1828, du 14 juin 1829, établissant à la Martinique et à la Guadeloupe les douanes, l'enregistrement et les hypothèques ; du 21 août 1825, sur l'organisation administrative de Bourbon ; du 9 février 1827, sur l'organisation administrative de la Martinique et de la Guadeloupe ; du 27 août 1828, sur l'organisation administrative de la Guiane ; du 22 novembre 1819, portant établissement des comités consultatifs dans les colonies ; du 13 août 1823, sur les comités consultatifs ; du 31 août 1828, sur le mode de procéder devant les conseils privés des colonies. Il faut consulter les notes sur ces divers actes, l'ordonnance du 24 février 1831, et celle du 7 septembre 1830. Voy. les notes sur l'ordonnance du 27 août 1828.

(2) Le Bulletin des Lois ne donne pas à cette ordonnance de numéro d'ordre ; elle devrait être placée sous le n° 1400.

28.

36

à l'exercice du pouvoir législatif, ni s'immiscer dans les affaires administratives.

Ils ne pourront, sous aucun prétexte et sous les mêmes peines, refuser ni retarder l'enregistrement des lois, ordonnances, arrêtés et réglemens, lorsqu'ils en seront requis par le ministère public.

6. Il leur est également interdit de poursuivre, hors les cas de flagrant délit, les agens du Gouvernement pour délits commis dans l'exercice de leurs fonctions, à moins d'une autorisation spéciale donnée de la manière prescrite par l'article 60 de notre ordonnance du 27 août 1828.

7. La colonie sera régie par le Code civil, le Code de procédure civile, le Code de commerce, le Code d'instruction criminelle et le Code pénal, modifiés et mis en rapport avec ses besoins.

TITRE II. Des tribunaux et des cours

CHAPITRE 1er. Du tribunal de paix.

8. Il sera établi dans la colonie un tribunal de paix, dont le siége sera à Cayenne.

9. Ce tribunal de paix sera composé d'un juge-de-paix, de deux suppléans et d'un greffier.

Lorsque le tribunal aura à statuer sur les matières énoncées en l'article 15, les fonctions du ministère public seront remplies par le commissaire de police de Cayenne, et, à son défaut, par l'officier de l'état civil.

10. Le tribunal de paix connaîtra, sauf les exceptions déterminées par les lois, des actions civiles, soit personnelles, soit mobilières, et des actions commerciales, savoir :

En premier et dernier ressort, lorsque la valeur principale de la demande n'excédera pas cent cinquante francs ;

En premier ressort seulement, lorsque la valeur principale de la demande sera au-dessus de cent cinquante francs, et n'excédera pas trois cents francs.

11. Il connaîtra en premier et dernier ressort jusqu'à la valeur de cent cinquante francs en principal ; et en premier ressort seulement, à quelque valeur que la demande puisse monter :

1° Des actions pour dommages faits, soit par les hommes, soit par les animaux, aux champs, fruits et récoltes ;

2° Des déplacemens de bornes, des usurpations de terre, arbres, haies, fossés et autres clôtures, commis dans l'année ; des entreprises sur les cours d'eau, pareillement commises dans l'année, et de toutes autres actions possessoires ;

3° Des réparations locatives des maisons et habitations affermées ;

4° Des indemnités prétendues par le fermier ou locataire pour non-jouissance, lorsque le droit à l'indemnité ne sera pas contesté, ainsi que des dégradations alléguées par le propriétaire ;

5° De l'exécution des engagemens entre le propriétaire et ses gérans ou économes, ou tous gens à gages ; entre les marchands et leurs commis ; entre les fabricans, entrepreneurs et maitres-ouvriers, et leurs compagnons ou apprentis ; entre les maîtres et leurs domestiques ou gens de travail ;

6° Des contestations relatives aux locations d'esclaves ;

7° Des fournitures faites par les bouchers et les boulangers ;

8° Des contestations entre les aubergistes et les voyageurs pour frais d'hôtellerie ;

9° Des actions en dommages et intérêts pour injures verbales et autres contraventions de police, pour lesquelles les parties ne se seront pas pourvues par la voie extraordinaire.

12. Toutes les fois que les parties y consentiront, le juge-de-paix connaîtra des actions énoncées aux deux articles précédens, soit en premier et dernier ressort, soit en premier ressort seulement, à quelque valeur que la demande puisse monter, lors même qu'il ne serait pas le juge naturel des parties.

13. En matières civile et commerciale, les jugemens du tribunal de paix, jusqu'à concurrence de trois cents francs, seront exécutoires par provision et nonobstant appel, sous les modifications portées au Code de procédure.

14. Dans les matières civiles qui excéderont sa compétence, le juge-de-paix remplira les fonctions de conciliateur, ainsi qu'il sera réglé par le Code de procédure civile.

15. Le tribunal de paix connaîtra des contraventions de police, telles qu'elles sont définies par le Code pénal et par le Code d'instruction criminelle.

Ses jugemens seront rendus, savoir :

En premier et dernier ressort, lorsque l'amende, les restitutions et autres réparations civiles n'excéderont pas cinquante francs, outre les dépens ;

Et en premier ressort seulement, lorsqu'ils prononceront l'emprisonnement, ou lorsque le montant de l'amende et des condamnations civiles excédera la somme de cinquante francs, sans les dépens.

16. Les jugemens rendus en dernier ressort par le tribunal de paix, soit en matière civile, soit en matière de police, pourront être attaqués par voie d'annulation, dans les cas spécifiés aux articles 43 et 44 de la présente ordonnance.

17. Le tribunal de paix se constituera :

En justice de paix, pour prononcer sur les matières civiles et commerciales énoncées aux articles 10, 11 et 12;

En tribunal de police, pour prononcer sur les contraventions énoncées en l'art. 15;

Et en bureau de conciliation, dans les cas prévus par l'article 14.

18. Indépendamment des fonctions qui sont attribuées aux juges-de-paix par le Code civil et par les Codes de procédure, de commerce et d'instruction criminelle, le juge-de-paix de la Guiane française recevra l'affirmation des procès-verbaux dressés en matières de police, de grande voirie, de chasse, de pêche, de délits ruraux et forestiers, de douanes et de contributions indirectes, et en toutes autres matières, lorsque les ordonnances, arrêtés et réglemens lui en auront spécialement attribué le droit.

Il délivrera des sauf-conduit aux individus cités devant lui qui se trouveraient exposés à l'exercice de la contrainte par corps.

19. Les suppléans remplaceront le juge-de-paix au besoin.

Ils pourront toujours assister aux audiences, et ils y auront voix consultative.

CHAPITRE II. Du tribunal de première instance.

20. Il sera établi pour la Guiane française un tribunal de première instance, qui siégera à Cayenne.

21. Le tribunal de première instance sera composé d'un juge royal, d'un lieutenant de juge et de deux juges-auditeurs.

Il y aura près de ce tribunal un procureur du Roi, un greffier et un commis assermenté.

22. Le tribunal de première instance connaîtra, sauf les exceptions déterminées par la loi, savoir;

En dernier ressort, des matières civiles et commerciales sur l'appel des jugemens rendus par la justice-de-paix;

En premier et dernier ressort:

1° Des actions civiles, soit personnelles, soit mobilières, et des actions commerciales, lorsque la valeur de la demande en principal sera au-dessus de trois cents francs et n'excédera pas mille francs;

2° Des actions civiles, soit réelles, soit mixtes, lorsque la valeur de la demande en principal n'excédera pas mille francs, à l'exception de celles réservées à la justice de paix par l'article 11;

Et, en premier ressort seulement, des affaires civiles ou commerciales, lorsque la valeur de la demande en principal excédera mille francs, à l'exception de celles réservées à la justice de paix par l'article 11.

23. Le tribunal de première instance connaîtra de l'appel des jugemens du tribunal de police.

24. Il connaîtra des contraventions aux lois, ordonnances, arrêtés et réglemens sur le commerce étranger et sur les douanes, sauf l'appel au conseil privé, ainsi qu'il est réglé par l'article 167 de notre ordonnance du 27 août 1828.

25. Le recours en cassation sera ouvert contre les jugemens rendus en dernier ressort, dans les cas spécifiés en l'article 22.

26. Le recours en annulation sera ouvert contre les jugemens en dernier ressort rendus dans les cas prévus par l'article 23.

Ce recours sera exercé ainsi qu'il est réglé par l'article 44 ci-après.

27. Le tribunal de première instance se constituera:

En tribunal civil, pour prononcer sur les affaires civiles et commerciales indiquées en l'article 22;

En tribunal correctionnel, pour prononcer sur l'appel des jugemens de police mentionnés en l'article 23, ainsi que sur les contraventions énoncées en l'article 24.

28. Il pourra être formé dans le tribunal de première instance une section temporaire pour le jugement des affaires civiles arriérées.

Cette section sera tenue par le lieutenant de juge ou par un conseiller-auditeur.

Elle ne pourra être établie qu'en vertu d'un arrêté pris par le gouverneur en conseil.

29. Le juge royal rendra seul la justice dans les matières qui sont de la compétence du tribunal de première instance.

Il remplira les fonctions attribuées aux présidens des tribunaux de première instance par le Code civil et par les Codes de procédure civile, de commerce et d'instruction criminelle.

Il sera chargé, au lieu de sa résidence, de la visite des navires, ainsi qu'il est réglé par les lois, ordonnances et réglemens en vigueur dans la colonie.

Il visera, cotera et paraphera les répertoires des notaires, ceux des huissiers, les registres du curateur aux successions vacantes, et ceux du commissaire-priseur.

30. Le lieutenant de juge remplira les fonctions attribuées au juge d'instruction par le Code d'instruction criminelle.

En cas d'empêchement du juge royal, il le remplacera dans ses fonctions.

31. Les juges-auditeurs assisteront aux audiences.

Ils pourront être chargés, par le juge royal, des enquêtes, des interrogatoires, des ordres, des contributions et de tous les actes d'instruction civile, ainsi que des fonctions de juge-commissaire, de juge-rapporteur, et de celles indiquées aux deux derniers alinéa de l'article 29.

Dans tous les cas, ils n'auront que voix consultative.

36.

Ils pourront en outre être chargés par le procureur du Roi des fonctions du ministère public.

32. En cas d'empêchement du lieutenant de juge, le juge royal pourra remplir lui-même les fonctions de juge d'instruction, ou les déléguer à l'un des juges-auditeurs.

CHAPITRE III. De la cour royale.

33. Il sera établi pour la Guiane française une cour royale, dont le siége sera à Cayenne.

34. La cour sera composée de cinq conseillers et de deux conseillers-auditeurs.

Il y aura près de la cour un procureur général, ou un avocat général chargé d'en remplir les fonctions, un greffier et un commis assermenté.

35. La cour sera présidée par celui des conseillers que nous aurons désigné.

La durée de la présidence sera de trois années.

Le président ne pourra être nommé de nouveau qu'après un intervalle de trois années.

36. La justice sera rendue souverainement par la cour royale.

37. La cour royale connaîtra en dernier ressort des matières civiles et commerciales, sur l'appel des jugemens du tribunal de première instance.

38. Elle statuera directement sur les instructions en matière criminelle, correctionnelle et de police, et prononcera le renvoi devant les juges compétens, ou déclarera qu'il n'y a lieu à suivre.

Dans l'un ou l'autre cas, elle ordonnera, s'il y a lieu, la mise en liberté des inculpés.

39. Elle connaîtra en premier et dernier ressort des matières correctionnelles autres que celles spécifiées dans l'article 24.

40. La voie de cassation est ouverte :

1° Contre les arrêts rendus en matières civile et commerciale, sur l'appel des jugemens du tribunal de première instance;

2° Contre les arrêts rendus en matière correctionnelle.

41. Les arrêts de la chambre d'accusation pourront aussi être attaqués par voie de cassation, mais dans l'intérêt de la loi seulement.

42. Il n'est point dérogé aux dispositions de l'article 9 de notre ordonnance du 20 juillet 1828.

43. En matière civile ou commerciale, la cour royale connaîtra des demandes formées par les parties en annulation des jugemens en dernier ressort de la justice de paix, pour incompétence ou excès de pouvoir.

En matière de police, elle connaîtra des demandes formées par le ministère public ou par les parties en annulation des jugemens en dernier ressort du tribunal de police, pour incompétence, excès de pouvoir ou contravention à la loi.

En cas d'annulation, elle prononcera le renvoi devant le juge royal, lequel statuera définitivement.

Lorsque l'annulation sera prononcée pour cause d'incompétence, la cour royale, s'il y a lieu, renverra l'affaire devant les juges qui devront en connaître.

44. En matière civile ou commerciale, la cour royale connaîtra des demandes formées dans l'intérêt de la loi, par le procureur général, en annulation, pour incompétence, excès de pouvoir ou contravention à la loi, des jugemens rendus en dernier ressort par la justice de paix lorsqu'ils auront acquis force de chose jugée.

En matière de police, elle connaîtra des demandes formées, également dans l'intérêt de la loi et pour les mêmes causes, par le procureur général, en annulation soit des jugemens en dernier ressort du tribunal de police lorsqu'ils seront passés en force de chose jugée, soit des jugemens rendus par le tribunal correctionnel sur l'appel de ceux du tribunal de police.

L'annulation ne donnera lieu à aucun renvoi.

45. La cour royale connaîtra des faits de discipline, ainsi qu'il sera réglé au titre III, chapitre V, et au titre V, section III des chapitres I et II.

46. Elle pourra proposer au gouverneur des réglemens, soit pour la plus prompte expédition des affaires, soit pour la fixation du nombre et de la durée de ses audiences, de celles du tribunal de première instance et du tribunal de paix.

Ces réglemens ne seront exécutés qu'après avoir été arrêtés par le gouverneur en conseil privé, et ne deviendront définitifs que lorsqu'ils seront revêtus de l'approbation de notre ministre secrétaire d'Etat de la marine et des colonies.

47. La cour se constituera :

En chambre civile, pour prononcer sur les affaires mentionnées en l'article 37, sur les demandes en annulation spécifiées au paragraphe 1er des articles 43 et 44;

En chambre d'accusation, pour prononcer sur les affaires mentionnées en l'article 38;

En chambre correctionnelle, pour prononcer sur les affaires mentionnées en l'article 39, et sur les demandes en annulation spécifiées au second paragraphe des art. 43 et 44.

48. La chambre civile et la chambre correctionnelle ne pourront rendre arrêt qu'au nombre de cinq juges au moins.

49. La chambre d'accusation sera composée de trois membres de la cour, dont deux pourront être pris parmi les conseillers-auditeurs.

Elle ne pourra rendre arrêt qu'au nombre de trois juges.

50. Le service de la chambre d'accusation ne dispensera point de celui des chambres civile et correctionnelle.

51. Au commencement de chaque semestre, deux des membres de la chambre d'accusation en sortiront sur la désignation du président de la cour, qui nommera ceux qui devront les remplacer.

Chacun des membres de la cour sera successivement appelé à cette chambre, autant que les circonstances le permettront.

52. Le président de la cour remplira les fonctions qui lui sont attribuées par le Code civil et par les Codes de procédure civile et d'instruction criminelle.

Hors le cas d'empêchement, il présidera la chambre civile et correctionnelle : il pourra présider, toutes les fois qu'il le jugera convenable, la chambre d'accusation ; et, dans ce cas, le juge le moins ancien de cette chambre se retirera.

53. En cas d'empêchement, seront remplacés, savoir :

Le président, par le plus ancien des conseillers présens ;

Les conseillers, par les conseillers-auditeurs, suivant l'ordre d'ancienneté.

54. Indépendamment des fonctions attribuées aux conseillers-auditeurs par les articles 49 et 53, ils pourront,

Sur la désignation du président, être chargés des enquêtes et des interrogatoires ;

Sur la désignation du procureur général, remplir les fonctions du ministère public ;

Et sur un arrêté du gouverneur, remplacer, en cas d'empêchement, soit le juge royal, soit le lieutenant de juge, soit le procureur du Roi, dans leurs diverses attributions, ou former la section temporaire du tribunal de première instance qui pourrait être établie en vertu de l'article 28.

55. Les conseillers-auditeurs auront voix délibérative lorsqu'ils auront vingt-sept ans accomplis.

Avant cet âge, ils auront seulement voix consultative.

56. Si le nombre des magistrats nécessaires pour rendre arrêt est incomplet, le président y pourvoira, en appelant des magistrats honoraires ayant droit de siéger, et suivant l'ordre de leur ancienneté, ou des avocats-avoués, suivant l'ordre du tableau.

CHAPITRE IV. De la cour d'assises.

57. Il y aura à la Guiane française une cour d'assises, qui siégera à Cayenne.

58. La cour d'assises se composera de trois conseillers de la cour royale et de quatre membres du collège des assesseurs, dont il sera parlé au titre IV.

Le procureur général, ou le conseiller-auditeur désigné pour remplir les fonctions du ministère public, y portera la parole.

Le greffier de la cour royale, ou son commis assermenté, y tiendra la plume.

59. Dans les affaires qui paraîtront devoir se prolonger pendant plusieurs audiences, un conseiller-auditeur et un assesseur seront, en outre, appelés par le président pour assister aux débats, et remplacer le conseiller ou l'assesseur qui ne pourrait continuer de siéger.

60. La cour d'assises connaîtra de toutes les affaires où le fait qui est l'objet de la poursuite est de nature à emporter peine afflictive ou infamante.

61. Les arrêts de la cour d'assises pourront être attaqués par voie de cassation.

L'article 42 est applicable à ces arrêts.

62. Dans le cas où il y aurait lieu de renvoyer d'une cour d'assises à une autre pour cause de suspicion légitime, ainsi qu'il est prévu au Code d'instruction criminelle, le renvoi sera prononcé par le conseil privé, composé de la manière prescrite par l'article 168 de notre ordonnance du 27 août 1828, et il en sera référé à notre ministre de la marine.

63. La cour d'assises tiendra une session par trimestre ; un réglement délibéré dans la forme prescrite par l'article 46 fixera l'époque de l'ouverture des sessions.

Néanmoins, si les besoins du service le commandent, le gouverneur en conseil pourra changer l'époque de l'ouverture des assises, sans pouvoir en diminuer le nombre.

64. Le gouverneur en conseil pourra, lorsque les circonstances l'exigeront, convoquer des assises extraordinaires, qui se tiendront dans tel quartier de la colonie et à tel jour qu'il jugera convenable d'indiquer.

65. Le président de la cour royale désignera, à chaque renouvellement de semestre, les magistrats de la cour qui devront composer chacune des cours d'assises du semestre, et celui des conseillers qui les présidera, dans le cas où il ne jugerait pas à propos de les présider lui-même.

66. Le président de la cour d'assises remplira les fonctions qui lui sont attribuées par le Code d'instruction criminelle.

67. Les membres de la cour royale et les assesseurs prononceront en commun :

Sur la position des questions ;

Sur toutes les questions posées,

Et sur l'application de la peine.

68. Les membres de la cour royale connaîtront exclusivement des incidens de droit ou de procédure qui s'élèveraient avant l'ouverture ou pendant le cours des débats.

CHAPITRE V. Du ministère public.

69. Les fonctions du ministère public seront spécialement et personnellement confiées à notre procureur général.

Il portera la parole aux audiences quand il le jugera convenable.

70. Il sera tenu de veiller, dans la limite de ses attributions, à l'exécution des lois, ordonnances, arrêtés et réglemens en vigueur dans la colonie; il fera en conséquence les actes et réquisitions nécessaires.

71. Dans les affaires civiles, il n'exercera son ministère par voie d'action que dans les cas déterminés par les lois et ordonnances, ou lorsqu'il s'agira de la rectification d'actes de l'état civil qui, par de fausses énonciations, attribueraient à un homme de couleur libre, ou à un esclave, une qualité autre que celle qui lui appartient.

72. Il poursuivra d'office l'exécution des jugemens et arrêts, dans les dispositions qui intéressent l'ordre public.

73. Il signalera au ministre de la marine et des colonies les arrêts et jugemens en dernier ressort, passés en force de chose jugée, qui lui paraîtront susceptibles d'être attaqués par voie de cassation dans l'intérêt de la loi.

74. Il aura la surveillance des officiers ministériels, et pourra, sur la demande des parties, leur enjoindre de prêter leur ministère.

75. Il pourra requérir la force publique dans les cas et suivant les formes déterminés par les lois et ordonnances.

76. Le procureur général exercera l'action de la justice criminelle dans toute l'étendue du ressort de la cour. Tous les officiers de police judiciaire, même le juge d'instruction, sont soumis à sa surveillance.

77. Dans les affaires qui intéressent le Gouvernement, le procureur général sera tenu, lorsqu'il en sera requis par le gouverneur, de faire, conformément aux instructions qu'il en recevra, les notes (1) nécessaires pour saisir les tribunaux.

Il sera également tenu de requérir l'enregistrement des lois, ordonnances, arrêtés et réglemens qui lui seront adressés à cet effet par le gouverneur.

78. Il aura la surveillance des prisons et des maisons d'arrêt, et veillera à ce que personne n'y soit détenu illégalement.

79. Il aura l'inspection des registres constatant l'état civil des blancs, celui des hommes de couleur libres et les affranchissemens.

Il aura également l'inspection des registres qui contiennent les déclarations de naissances, de mariages et de décès des esclaves.

80. Il sera chargé de l'inspection des greffes et de tous dépôts d'actes publics autres que les dépôts des actes de l'administration.

81. Le conseiller-auditeur qui aura été désigné pour remplir les fonctions du ministère public ne participera à leur exercice que sous la direction du procureur général.

Toutes les fois qu'il en sera requis par le procureur général, il sera tenu de lui communiquer les conclusions qu'il se proposera de donner. En cas de dissentiment, le procureur général portera la parole.

82. Le procureur du Roi remplira les fonctions du ministère public près le tribunal de première instance, et participera, sous la direction du procureur général, à l'exercice des autres fonctions énoncées au présent chapitre. Il sera placé sous les ordres du procureur général.

CHAPITRE VI. Des greffiers de la cour et des tribunaux.

83. Les greffiers tiendront la plume aux audiences.

84. Ils seront chargés de recueillir et de conserver les actes des délibérations de la cour et des tribunaux.

85. Ils seront chargés de tenir en bon ordre les rôles et les différens registres prescrits par les Codes, les ordonnances et les réglemens, et de conserver avec soin les collections et la bibliothèque à l'usage de la cour ou du tribunal auquel ils seront attachés.

86. Ils auront la garde du sceau de la cour ou du tribunal près duquel ils exerceront leurs fonctions.

87. Il leur est interdit, sous peine de destitution, de recevoir sur leurs registres aucune protestation, soit de la cour ou du tribunal, soit d'aucun magistrat en particulier.

88. Les greffiers seront tenus d'établir de doubles minutes des actes destinés au dépôt des chartes coloniales, ainsi qu'il leur est prescrit par l'édit du mois de juin 1776, et de se conformer aux autres dispositions du même édit qui les concernent.

Ils seront tenus également d'établir de doubles minutes des jugemens et arrêts rendus en matières civile, criminelle et correctionnelle.

Dans les huit premiers jours de chaque trimestre, ils déposeront ces pièces au parquet de la cour ou du tribunal auquel ils seront attachés, ainsi que les états prescrits par les articles 243 et 244 de la présente ordonnance.

89. Le greffier de la cour assistera aux assemblées générales et y tiendra la plume.

90. Le greffier du tribunal de première

(1) Il faut lire : actes.

instance sera chargé, sous sa responsabilité, de la garde et de la conservation des anciennes minutes de notaires, et de toutes les pièces et actes dont les lois, ordonnances et réglemens prescrivent le dépôt au greffe.

TITRE III. Des membres de l'ordre judiciaire.

CHAPITRE Ier. Des conditions d'âge et de capacité.

91. Devront être âgés, savoir :

Les juges-auditeurs, de vingt-deux ans;

Les conseillers-auditeurs et les suppléans du juge-de-paix, de vingt-cinq ans;

Le lieutenant de juge, le procureur du Roi et le juge-de-paix, de vingt-sept ans;

Les conseillers, le procureur général, ou l'avocat général chargé d'en remplir les fonctions, et le juge royal, de trente ans.

La condition d'âge ne sera réputée accomplie qu'après la dernière année révolue.

92. Nul ne pourra être juge-auditeur s'il n'a été reçu avocat.

Les juges-auditeurs devront, en outre, justifier d'un revenu annuel de deux mille francs.

93. Nul ne pourra être conseiller-auditeur s'il n'a rempli les fonctions de juge ou d'officier du ministère public pendant un an au moins, ou celles de juge-auditeur pendant deux années.

94. Nul ne pourra être lieutenant de juge ou procureur du Roi s'il n'a été conseiller-auditeur pendant deux ans, ou s'il n'a rempli durant le même temps les fonctions de juge, ou celles d'officier du ministère public.

95. Nul ne pourra être juge royal s'il n'a été procureur du Roi ou substitut du procureur général, soit en France, soit dans les colonies, ou s'il n'a rempli pendant deux ans les fonctions de lieutenant de juge dans les colonies, ou celles de conseiller-auditeur ou de juge, soit en France, soit dans les colonies.

96. Nul ne pourra être conseiller s'il n'a été juge royal, ou s'il ne remplit l'une des conditions énoncées en l'article précédent.

97. Nul ne pourra être procureur général ou avocat général s'il n'a été pendant deux ans conseiller, juge royal, président d'un tribunal de première instance, officier du ministère public près d'une cour royale ou procureur du Roi.

98. A défaut de l'accomplissement des conditions prescrites par les cinq articles précédens, les candidats seront tenus de justifier de l'exercice de la profession soit d'avocat près une cour de France, soit d'avocat-avoué dans la colonie.

La durée de cet exercice est fixée, savoir :

A quatre ans, pour être conseiller-auditeur;

A six ans, pour être lieutenant du juge ou procureur du Roi;

A huit ans, pour être juge royal, conseiller ou avocat général;

Et à dix ans, pour être procureur général.

Dans le nombre de ces années d'exercice seront comptés les trois ans de stage exigés pour l'inscription au tableau des avocats près l'une des cours de France.

99. Les greffiers de la cour royale et des tribunaux devront être âgés de vingt-cinq ans;

Les commis-greffiers, de vingt-un ans.

Les greffiers de la cour et du tribunal de première instance ne pourront être choisis que parmi les licenciés en droit, à moins qu'ils n'aient précédemment exercé les fonctions d'avoué ou de greffier pendant trois ans au moins, soit en première instance, soit en appel.

CHAPITRE II. Des incompatibilités.

100. Les parens et alliés jusqu'au degré de cousin-germain inclusivement ne pourront être simultanément membres de la cour, soit comme conseillers ou conseillers-auditeurs, soit comme officiers du ministère public, soit comme greffiers.

Les mêmes causes d'incompatibilité s'appliqueront aux membres d'un même tribunal. Il y aura incompatibilité au même degré de parenté ou d'alliance entre les membres de la cour royale, juge royal et le lieutenant de juge.

101. En cas d'alliance survenue depuis la nomination, celui qui l'aura contractée ne pourra continuer ses fonctions, et il sera pourvu à son remplacement.

102. Les fonctions de conseillers, de conseiller-auditeur, de juge royal, de juge-de-paix, d'officier du ministère public ou de greffier, seront incompatibles avec celles de conseiller colonial, d'avocat-avoué, d'avoué, de notaire, et avec toutes fonctions salariées.

Pourront néanmoins, les notaires, être suppléans de juge-de-paix.

103. Il ne pourra, sous aucun prétexte, être accordé de dispenses pour l'accomplissement des conditions prescrites par le présent chapitre et par le précédent.

CHAPITRE III. De la nomination, et de la prestation de serment.

104. Seront nommés par nous les magistrats et les greffiers de la cour royale et du tribunal de première instance, et le juge-de-paix.

Ils exerceront leurs fonctions dans la colonie tant que nous le jugerons convenable au bien de notre service.

105. Les juges suppléans et le greffier du tribunal de paix seront nommés par notre ministre de la marine et des colonies.

Les commis-greffiers seront, sur la présentation des greffiers, agréés par la cour ou le tribunal près lequel ils exerceront.

106. Les membres de l'ordre judiciaire nommés par nous ou par notre ministre de la marine et des colonies ne pourront être révoqués par le gouverneur, si ce n'est en cas de forfaiture.

Toutefois, il n'est point dérogé aux dispositions de l'article 78 de notre ordonnance du 27 août 1828.

107. Six mois avant l'expiration du terme fixé pour la durée de la présidence de la cour royale, notre ministre de la marine et des colonies présentera des candidats à notre nomination.

108. Dans le cas où, à l'expiration de ce terme, notre choix ne sera pas connu, la présidence appartiendra provisoirement au plus ancien conseiller dans l'ordre de réception, le président sortant excepté.

109. Aussitôt que des places de l'ordre judiciaire viendront à vaquer, le procureur général présentera au gouverneur la liste des candidats réunissant les conditions mentionnées aux articles 91 à 102 inclusivement, et lui fera connaître son opinion sur chacun d'eux.

110. Dans le mois de la présentation, le gouverneur pourvoira au remplacement provisoire, suivant les formes prescrites par notre ordonnance du 27 août 1828.

Il en rendra compte immédiatement à notre ministre de la marine et des colonies, en lui adressant la liste de candidats avec ses observations, afin qu'il soit par nous pourvu au remplacement définitif.

111. En cas de vacance de la place de procureur général, il sera provisoirement remplacé, conformément aux dispositions de l'article 129 de notre ordonnance du 27 août 1828.

112. Les membres de l'ordre judiciaire prêteront, avant d'entrer en fonctions, le serment dont la formule suit :

« Je jure, devant Dieu, de bien et fidèle-« ment servir le Roi et l'État, de garder et « observer les lois, ordonnances et règlemens « en vigueur dans la colonie, et de m'acquit-« ter de mes fonctions en mon ame et cons-« cience. »

113. Le président de la cour royale et le procureur général prêteront serment devant le gouverneur en conseil; le procès-verbal en sera rapporté à la cour, qui en fera mention sur ses registres.

114. Les autres membres de la cour, le greffier de la cour et le commis-greffier, les membres du tribunal de première instance et ceux du parquet de ce tribunal, prêteront serment à l'audience de la cour.

115. Le tribunal de première instance recevra le serment de son greffier et du com-

mis-greffier, ainsi que celui du juge-de-paix et de ses suppléans.

Le juge-de-paix recevra le serment de son greffier.

Il pourra, en outre, être délégué par le tribunal de première instance pour recevoir le serment de ses suppléans.

CHAPITRE IV. De la résidence, des sessions de la cour royale, et des congés.

116. Le procureur général, les membres de la cour composant la chambre d'accusation, le greffier de la cour, et les membres du tribunal de première instance, ainsi que le juge-de-paix, seront tenus de résider dans la ville de Cayenne.

117. Les membres de la cour autres que ceux désignés dans l'article précédent seront tenus de se rendre au lieu où siége la cour, aux époques fixées pour l'ouverture des sessions ordinaires, soit civiles, soit correctionnelles, soit criminelles, et d'y résider pendant la durée de ses sessions.

118. Hors le temps des vacances, il y aura, tous les deux mois, une session civile et correctionnelle, qui s'ouvrira le premier lundi du mois de la session.

Les sessions dureront jusqu'à ce que les affaires portées au rôle et en état de recevoir jugement aient été expédiées. Il y aura cinq sessions par an.

119. Le gouverneur pourra convoquer des sessions extraordinaires pour le jugement des matières correctionnelles, l'enregistrement des lois, ordonnances et arrêtés, et lorsqu'il aura à faire connaître à la cour des ordres du Roi.

120. Les magistrats tenus à résidence ne pourront s'absenter sans congé, si ce n'est pour cause de service.

Il en sera de même des autres membres de la cour royale pendant la durée des sessions.

121. Si le congé ne doit pas excéder cinq jours, il sera délivré, savoir :

Aux membres de la cour royale, par le président;

Aux membres du tribunal de première instance, par le juge royal;

Aux officiers du ministère public, par le procureur général.

122. Si le congé doit excéder cinq jours, ou s'il est demandé par le président, le procureur général ou le juge royal, il sera délivré par le gouverneur, après qu'il se sera assuré que le service n'en souffrira pas.

123. Aucun magistrat ne pourra s'absenter de la colonie sans un congé délivré par notre ministre de la marine, sur l'avis du gouverneur en conseil.

En cas d'urgence ou de nécessité absolue dûment constatée, le congé pourra être délivré par le gouverneur en conseil, qui en fixera provisoirement la durée.

124. Tout magistrat qui se sera absenté sans congé, mais sans sortir de la colonie, sera privé, pendant le double du temps qu'aura duré son absence, de la totalité de son traitement et de l'indemnité à laquelle il pourrait avoir droit en vertu des dispositions du chapitre VI du présent titre.

Si cette absence excède dix jours, il lui sera notifié par notre procureur général de se rendre à son poste. Faute par lui d'obtempérer à cette notification dans le même délai, il en sera rendu compte par le procureur général au gouverneur, qui, suivant les circonstances, et de l'avis du conseil privé, pourra déclarer ce magistrat démissionnaire, après toutefois l'avoir entendu ou dûment appelé.

Cette décision donnera lieu au remplacement provisoire; mais elle n'aura d'effet définitif qu'après qu'il y aura été statué par nous.

Les dispositions ci-dessus sont applicables à tout magistrat qui n'aurait pas repris ses fonctions à l'expiration de son congé, ou qui ne résiderait pas dans le lieu qui lui est assigné par ses fonctions.

L'absence sans congé hors de la colonie emportera démission. Dans ce cas, le magistrat sera déclaré démissionnaire par le gouverneur en conseil, et il sera par nous statué définitivement.

125. Les congés accordés aux membres de la cour seront visés par le procureur général, et inscrits, au greffe de la cour, sur un registre à ce destiné.

Ceux accordés aux membres du tribunal de première instance seront visés par le procureur du Roi, et inscrits de la même manière au greffe de ce tribunal.

126. Lorsque le juge-de-paix voudra s'absenter, il devra en obtenir l'autorisation du procureur général.

Si son absence devait excéder quinze jours, cette autorisation ne pourra lui être accordée que par le gouverneur.

Dans tous les cas, l'autorité qui délivrera le congé s'assurera que le juge-de-paix sera remplacé par son suppléant.

CHAPITRE V. Des peines de discipline, et de la manière de les infliger.

127. Le président de la cour avertira d'office, ou sur la réquisition du procureur général, tout magistrat qui manquerait aux convenances de son état.

128. Si l'avertissement reste sans effet, ou si le fait reproché au magistrat est de nature à compromettre la dignité de son caractère, le président ou le procureur général provoquera contre ce magistrat, par forme de discipline, l'application de l'une des peines suivantes :

La censure simple,
La censure avec réprimande,
La suspension provisoire.

129. La censure avec réprimande emportera de droit la privation, pendant un mois, de la totalité du traitement et de l'indemnité.

La suspension provisoire emportera aussi, pendant le temps de sa durée, la privation du traitement et de l'indemnité, sans que, dans aucun cas, la durée de cette privation puisse être moindre de deux mois.

130. L'application des peines déterminées par l'art. 128 sera faite par la cour en la chambre du conseil, sur les conclusions écrites du procureur général, après toutefois que le magistrat inculpé aura été entendu ou dûment appelé.

131. Lorsque la censure avec réprimande, ou la suspension provisoire, auront été prononcées, ces mesures ne seront exécutées qu'autant qu'elles auront été approuvées par le gouverneur en conseil.

Néanmoins, en cas de suspension, le juge sera tenu de s'abstenir de ses fonctions, jusqu'à ce que le gouverneur ait prononcé.

Le gouverneur rendra compte à notre ministre de la marine et des colonies des décisions prises à cet égard.

132. Les décisions de la cour, en matière de discipline, ne pourront être attaquées par voie de cassation.

133. Le juge royal, d'office, ou sur la réquisition du procureur du Roi, exercera, à l'égard des magistrats qui composent le tribunal de première instance, et à l'égard du juge-de-paix, le droit accordé au président de la cour royale par l'art. 127.

S'il avait négligé de le faire, le président de la cour lui en intimerait l'ordre.

134. Dans les cas prévus par l'article précédent, le juge royal et le procureur du Roi seront tenus de déférer le magistrat inculpé, le premier, au président de la cour, et le second, au procureur général; la cour exercera à son égard le droit de discipline qui lui est accordé sur ses propres membres.

135. Les officiers du ministère public qui manqueraient aux convenances de leur état, ou qui compromettraient la dignité de leur caractère, seront rappelés à leur devoir par le procureur général. Il en sera rendu compte au gouverneur, qui, suivant la gravité des circonstances, leur fera faire par le procureur général les injonctions qu'il jugera nécessaires, ou pourra leur appliquer en conseil l'une des peines de discipline indiquées en l'art. 128, après toutefois que le magistrat inculpé aura été entendu ou dûment appelé.

Le gouverneur rendra compte à notre ministre de la marine et des colonies des décisions qui auront été prises à cet égard.

136. La cour royale et la cour d'assises seront tenues d'informer le gouverneur toutes les fois que les officiers du ministère public exerçant leurs fonctions près d'elles s'écarte-

ront du devoir de leur état, ou qu'ils en compromettront l'honneur et la dignité.

137. Le juge royal informera le procureur général des reproches qu'il se croirait en droit de faire aux officiers du ministère public exerçant soit près du tribunal de première instance, soit près du tribunal de police.

138. Tout magistrat qui se trouvera sous les liens d'un mandat d'arrêt, de dépôt, ou d'une ordonnance de prise de corps, sera suspendu de ses fonctions.

En cas de condamnation correctionnelle emportant emprisonnement, la suspension aura lieu à dater du jour de la condamnation jusqu'à celui où il aura subi sa peine, sans préjudice des mesures de discipline qui pourraient être prises contre lui, et même de la révocation, s'il y a lieu.

139. Tout jugement de condamnation, rendu contre un magistrat, à une peine même de simple police, sera transmis au gouverneur, qui pourra, s'il y a lieu, prononcer en conseil contre ce magistrat l'une des peines portées en l'art. 128.

Dans ce cas, le conseil sera composé conformément aux dispositions de l'article 168 de notre ordonnance du 27 août 1828.

140. Il est interdit aux magistrats de souscrire des billets négociables, de se charger de procurations, ou de se livrer à des opérations de commerce, à peine d'être poursuivis par voie de discipline.

141. Le gouverneur pourra toujours, quand il le jugera convenable, mander devant lui les membres de l'ordre judiciaire, pour en obtenir des explications sur les faits qui leur seraient imputés, et les déférer ensuite, s'il y a lieu, à la cour, qui statuera ce qu'il appartiendra.

142. Les greffiers seront avertis ou réprimandés, savoir : celui de la cour royale, par le président; celui du tribunal de première instance, par le juge royal; et celui du tribunal de paix, par le juge-de-paix.

Le procureur général aura, à l'égard des greffiers, les mêmes droits d'avertissement et de réprimande.

Le procureur général les dénoncera, s'il y a lieu, au gouverneur.

143. Les commis-greffiers pourront être révoqués par le greffier, avec l'agrément de la cour ou du tribunal auquel ils sont attachés.

Dans les cas de faute grave, la cour ou le tribunal pourra, d'office ou sur la réquisition du ministère public, ordonner que le commis-greffier, entendu ou dûment appelé, cessera sur-le-champ ses fonctions. Le greffier sera tenu de pourvoir au remplacement dans le délai qui aura été fixé par la cour ou le tribunal.

144. En matière de discipline, les citations seront délivrées aux magistrats de la cour et des tribunaux par les greffiers.

CHAPITRE VI. Des traitemens.

145. Les membres de l'ordre judiciaire recevront des traitemens annuels.

La moitié du traitement de chacun des membres de la cour et du tribunal de première instance sera répartie en droits d'assistance, dont la quotité sera déterminée par le nombre d'audiences auxquelles il sera tenu de se trouver.

146. Le traitement des membres des cours royales est fixé ainsi qu'il suit :

Pour chaque conseiller. . . . . . 4,000 f
Pour chaque conseiller-auditeur. . 2,000
Pour le greffier, indépendamment des droits de greffe. 2,000
Pour le commis assermenté. . . . 1,500

147. Le traitement des membres du tribunal de première instance est fixé ainsi qu'il suit :

Pour le juge royal. . . . . 4,000 f
Pour le lieutenant de juge. . . . 3,000
Pour chaque juge-auditeur. . . . 1,000
Pour le procureur du Roi. . . . 4,000
Pour le greffier, indépendamment des droits de greffe. 2,000
Pour le commis assermenté. . . . 1,500

148. Le traitement du juge-de-paix est fixé à. 3,000

Au moyen de ce traitement, il ne lui sera alloué ni vacations ni honoraires. Il ne pourra réclamer que les frais de transport réglés par le tarif.

Il sera alloué au greffier du tribunal de paix, indépendamment des droits de greffe, un traitement de quinze cents francs.

149. Les magistrats envoyés de la métropole auront droit à une indemnité annuelle égale à la moitié de leur traitement.

Cette indemnité cessera d'être payée au magistrat européen qui contracterait mariage avec une créole de la colonie, ou qui viendrait à y posséder des propriétés foncières, soit de son chef, soit du chef de sa femme.

Il n'est point dérogé à notre ordonnance du 31 août 1828, qui fixe à douze mille francs la somme allouée annuellement à notre procureur général. Lorsque les fonctions du procureur général seront remplies par un avocat général, le traitement de ce dernier sera de huit mille francs.

150. Le président de la cour royale recevra, pendant la durée de sa présidence, pour frais de représentation, une indemnité annuelle égale à la moitié de son traitement.

Cette indemnité sera cumulée avec celle à laquelle il pourrait avoir droit en vertu de l'article précédent.

151. Les magistrats envoyés de la métropole recevront, à titre de frais de déplacement, outre les frais de passage, auxquels il sera pourvu par notre ministre de la marine, une somme égale à la moitié de leur traitement.

Ceux qui auront droit à l'indemnité annuelle fixée par l'art. 149 recevront, en outre, la moitié de cette indemnité.

Au moyen de ces diverses allocations, il ne leur sera accordé aucune autre somme pour frais de route, ni pour frais de séjour dans le port d'embarquement ou dans les lieux de relâche, ni pour traitement jusqu'au jour de l'entrée en fonctions.

La moitié de la somme allouée leur sera payée en France, et l'autre moitié à leur arrivée dans la colonie.

Lorsque ces magistrats reviendront en France, le passage leur sera accordé aux frais du Gouvernement. Ils n'auront droit à aucune autre allocation.

Il n'est point dérogé, en ce qui concerne les frais de déplacement alloués au procureur général, à l'article 3 de notre ordonnance du 31 août 1828.

152. Les menues dépenses de la cour et des tribunaux seront réglées annuellement dans les budgets de la colonie.

CHAPITRE VII. Des pensions de retraite.

153. Le traitement des membres de l'ordre judiciaire, ainsi que leur indemnité annuelle, seront soumis à une retenue de trois pour cent qui sera versée dans la caisse des pensions et retraites.

154. Les magistrats auront droit, après un certain temps de service dans les tribunaux des colonies, à une pension de retraite qui sera calculée sur le terme moyen du traitement pendant les trois dernières années de leur service, et acquittée par la caisse des pensions et retraites.

155. A dater de la promulgation de la présente ordonnance, la pension de retraite des magistrats mentionnés dans l'article 149 sera réglée de la manière suivante :

Le minimum de cette pension sera d'un sixième du traitement, et le maximum, de la moitié.

Le minimum ne pourra être acquis qu'après dix ans de service dans l'une des fonctions mentionnées aux susdits articles, et le maximum, qu'après vingt ans.

Après dix années de service, la pension sera augmentée, par chaque année, d'un trentième du traitement, jusqu'à ce qu'elle ait atteint le maximum.

Les veuves des magistrats auxquelles s'appliquent les dispositions de cet article recevront une pension égale au quart de la retraite qui aurait été accordée à leurs maris,

ou à laquelle ils auraient eu droit à l'époque de leur décès.

156. Les magistrats qui ne sont point assujétis aux conditions prescrites par l'art. 149 cumuleront leurs services dans la métropole avec ceux qu'ils auront rendus dans la colonie, et leur pension sera liquidée d'après les règles prescrites par les lois, ordonnances et réglemens de la métropole.

Les magistrats soumis aux conditions prescrites par l'article 149 pourront opter, pour la liquidation de leur pension, entre le mode fixé par l'article précédent et celui fixé par le présent article.

Cette disposition s'appliquera à leurs veuves.

157. Lorsque les magistrats se trouveront atteints d'infirmités graves et permanentes qui les mettront dans l'impossibilité de faire habituellement leur service, ils pourront être remplacés et mis à la retraite, s'il y a lieu, sur la réquisition du procureur général.

Dans ce cas, la cour nommera une commission qui constatera les faits, entendra les magistrats, recevra à cet égard les déclarations des témoins et des gens de l'art, et en fera son rapport dans le mois.

Si la cour juge que les infirmités ou les empêchemens sont de nature à motiver le remplacement, il sera statué à cet égard par le gouverneur en conseil, et sa décision sera exécutée provisoirement, sauf notre approbation.

CHAPITRE VIII. Des magistrats honoraires.

158. Les magistrats admis à la retraite pourront recevoir le titre de conseiller honoraire, ou de juge honoraire, comme une marque de notre satisfaction.

159. Ils jouiront alors du droit d'assister aux audiences de rentrée et aux cérémonies publiques avec la cour ou le tribunal dont ils auront fait partie.

160. Les magistrats honoraires ne pourront être appelés à siéger, conformément à l'article 56, que lorsque leur brevet en contiendra l'autorisation spéciale.

TITRE IV. Des assesseurs.

161. Il sera établi pour la Guiane française un collège d'assesseurs dont les membres seront appelés à faire partie des cours d'assises.

Le collège sera composé de trente membres.

162. Les assesseurs seront tirés au sort pour le service de chaque assise.

Les accusés et le procureur général pourront exercer des récusations péremptoires.

Le mode du tirage, le nombre des récusations péremptoires et les cas de récusations ordinaires, seront réglés par le Code d'instruction criminelle.

163. Les assesseurs devront être âgés au moins de trente ans révolus.

164. Seront aptes à faire partie du collège des assesseurs :

1° Les habitans et les négocians éligibles au conseil général ;

2° Les membres de nos ordres royaux ;

3° Les fonctionnaires publics et employés du Gouvernement jouissant d'un traitement de trois mille francs au moins, en y comprenant les allocations de diverses natures ;

4° Les fonctionnaires publics et employés qui, ayant joui d'un traitement de pareille somme, ont été admis à la retraite ;

5° Les juges-de-paix en retraite, les licenciés en droit non pourvus d'une commission d'avoué, les professeurs de sciences et belles-lettres, les médecins, les notaires et les avoués retirés.

165. Les fonctions d'assesseur sont incompatibles avec celles de membre du conseil privé, de membre de l'ordre judiciaire, de ministre du culte, et de militaire en activité de service dans les armées de terre et de mer.

166. Les empêchemens résultant pour les juges de leur parenté ou de leur alliance entre eux seront applicables aux assesseurs, soit entre eux, soit entre eux et les juges, soit entre eux et les accusés ou la partie civile.

167. Le collège des assesseurs sera renouvelé tous les trois ans. Les membres qui le composent pourront être nommés de nouveau.

168. Six mois avant l'époque du renouvellement de ce collège le gouverneur arrêtera en conseil la liste générale de ceux qui réuniront les conditions exigées par la présente ordonnance pour remplir les fonctions d'assesseur, avec indication de leurs noms, prénoms, âges, qualités, professions et demeures.

Il adressera cette liste à notre ministre de la marine et des colonies, avec ses observations et celles du conseil privé.

169. La nomination des assesseurs sera faite par nous, sur la présentation de notre ministre secrétaire d'État de la marine et des colonies.

Toutefois, lors de la première formation du collège, la nomination des membres qui devront le composer sera faite par le gouverneur en conseil, sur la liste qui aura été dressée conformément à l'article précédent.

Ils exerceront leurs fonctions jusqu'à ce qu'il ait été pourvu par nous à la composition définitive du collège.

170. Le gouverneur statuera en conseil sur les demandes à fin d'exemption définitive du service d'assesseurs, soit pour cause d'infirmité grave, soit pour toute autre cause.

Les sexagénaires seront exemptés de droit, lorsqu'ils le requerront.

Afin que le collège soit toujours tenu au complet, le gouverneur pourvoira, également en conseil, au remplacement provisoire des assesseurs, quelle que soit la cause de la vacance.

171. Avant d'entrer en fonctions, chaque assesseur appelé au service de la session prêtera, en présence du président de la cour d'assises et de deux autres magistrats qui en feront partie, le serment dont la formule suit :

« Je jure et promets, devant Dieu, d'examiner avec l'attention la plus scrupuleuse les affaires qui me seront soumises pendant le cours de la présente session ; de ne trahir ni les intérêts des accusés, ni ceux de la société ; de n'écouter ni la haine ou la méchanceté, ni la crainte ou l'affection, et de ne me décider que d'après les charges, les moyens de défense et les dispositions des lois, suivant ma conscience et mon intime conviction. »

172. Les fonctions d'assesseurs seront gratuites. Il sera remis à chacun d'eux, par chaque session où il siégera, une médaille d'argent à l'effigie du Roi, avec cette légende : *Colonies françaises, Cour d'assises.*

TITRE V. Des officiers ministériels.

CHAPITRE Ier. Des avoués.

SECTION Ire. Des fonctions des avoués.

173. Les avoués seront exclusivement chargés de représenter les parties devant la cour royale et le tribunal de première instance, de faire les actes de forme nécessaires pour l'instruction des causes, l'obtention et l'exécution des jugemens et arrêts.

Ils plaideront pour leurs parties tant en demandant qu'en défendant, et ils rédigeront, s'il y a lieu, toutes consultations, mémoires et écritures.

174. Le nombre des avoués est fixé à six.

175. Les avoués postuleront et plaideront exclusivement près des cours et des tribunaux de la colonie.

176. Les avoués plaideront debout et découverts ; les avocats-avoués seront autorisés à se couvrir en plaidant, excepté lorsqu'ils liront les conclusions.

177. Il sera établi à Cayenne, près du tribunal de première instance et près de la cour royale, un bureau de consultation pour les pauvres.

178. Le procureur général nommera annuellement et à tour de rôle un avoué pour tenir ce bureau.

Cet avoué sera chargé de défendre au civil les militaires et les marins absens, et de défendre, soit au civil, soit au criminel, les pauvres qui seraient porteurs de certificats d'indigence délivrés par le commissaire commandant du quartier ou par le lieutenant-commissaire.

179. L'exercice de la profession d'avoué est incompatible avec les places de l'ordre judiciaire, avec des fonctions administratives salariées, avec celles de notaire, de greffier ou d'huissier, et avec toute espèce de commerce.

SECTION II. De la nomination des avoués.

180. Nul ne pourra être reçu avoué s'il n'est âgé de vingt-cinq ans révolus, s'il n'est licencié en droit, et s'il ne justifie de deux années de cléricature.

181. Pourront être néanmoins dispensés de la représentation du diplôme de licencié, ceux qui justifieront de cinq années de cléricature chez un avoué, soit en France, soit dans la colonie, dont trois en qualité de premier clerc; mais alors ils seront soumis à un examen public devant l'un des membres de la cour désigné par le président, et en présence d'un officier du ministère public : cet examen devra porter sur les cinq Codes.

182. L'avoué postulant présentera requête au gouverneur, à l'effet d'être autorisé à se pourvoir devant la cour. Sur cette autorisation, il fera viser ses pièces par le procureur général, et les déposera au greffe.

Le président désignera un rapporteur chargé de recueillir des renseignemens sur la conduite du requérant; extrait de la requête sera affiché dans l'auditoire pendant un mois, avec le nom du rapporteur, et sera inséré, à trois reprises différentes, et à huit jours d'intervalle, dans une des gazettes de la colonie.

183. Dans les huit jours qui suivront l'expiration de ces délais, le juge désigné fera son rapport en chambre du conseil, et la cour, le procureur général entendu, émettra son avis.

Cet avis sera transmis par le procureur général au gouverneur, qui statuera en conseil sur la demande, et délivrera, s'il y a lieu, une commission provisoire qui ne deviendra définitive que lorsqu'elle aura été approuvée par notre ministre de la marine et des colonies.

164. Toutefois, la nomination des avoués pourra être faite directement par notre ministre de la marine et des colonies, lorsque le postulant remplira les conditions prescrites par l'article 180.

185. Avant d'entrer en fonctions, les avoués prêteront devant la cour le serment suivant :

« Je jure d'être fidèle au Roi, de ne rien « dire ou publier de contraire aux lois, or-« donnances, arrêtés et réglemens, aux bonnes « mœurs, à la sûreté de l'État et à la paix pu-« blique; de ne jamais m'écarter du respect « dû aux tribunaux et aux autorités publi-« ques, et de ne plaider aucune cause que je « ne croirai pas juste en mon ame et cons-« cience. »

186. Les avoués seront assujétis à un cautionnement en immeuble, qui sera spécialement et par privilège affecté à la garantie des créances résultant d'abus et de prévarications qui pourraient être commis par eux dans l'exercice de leurs fonctions. Il sera reçu et discuté par le procureur du Roi, concurremment avec le contrôleur colonial, et l'inscription sera prise à la diligence de ce dernier.

Le cautionnement des avoués est fixé à huit mille francs.

187. Les avoués ne seront admis à prêter serment qu'après avoir rapporté le certificat de l'inscription prise en conformité de l'article précédent.

188. Lorsque les avoués seront licenciés en droit, ils prendront le titre d'avocat-avoué.

189. Le gouverneur en conseil, et d'après l'avis de la cour, pourra autoriser deux licenciés en droit, postulant des places d'avoués, à plaider devant la cour et devant le tribunal. Cette autorisation devra être renouvelée annuellement et pourra toujours être révoquée.

Les licenciés en droit autorisés à plaider seront tenus de prêter préalablement devant la cour le serment prescrit par l'article 185.

SECTION III. De la discipline des avoués.

190. Les avoués exerceront librement leur ministère pour la défense de la justice et de la vérité; mais ils devront s'abstenir de toute supposition dans les faits, de toute surprise dans les citations, et autres mauvaises voies, même de tous discours inutiles et superflus.

191. Il leur est défendu de se livrer à des injures et à des personnalités offensantes envers les parties ou leur défenseur; d'avancer aucun fait contre l'honneur et la réputation des parties, à moins que la nécessité de la cause ne l'exige, et qu'ils n'en aient charge expresse de leurs cliens.

192. Il leur est enjoint pareillement de ne jamais s'écarter, soit dans leurs discours soit dans leurs écrits, du respect dû à la religion et la justice; de ne point attaquer les principes de la monarchie, le système constitutif du gouvernement colonial, les lois, ordonnances, arrêtés ou réglemens de la colonie, comme aussi de ne point manquer au respect dû aux magistrats devant lesquels ils exercent.

193. Il est expressément défendu aux avoués de recevoir aucune somme des parties sans en donner des reçus détaillés, et de signer des effets négociables, ou de se livrer à des opérations de commerce.

194. Il est interdit aux avoués, sous peine de destitution, de se rendre cessionnaires d'aucun droit successif, de faire des traités pour leurs honoraires, ou de forcer les parties à reconnaître leurs soins avant les plaidoiries;

de faire entre eux aucune association ; d'acheter aucune affaire litigieuse, ainsi qu'il est prescrit par les Codes, et d'occuper sous le nom d'un autre pour les parties qui auraient des intérêts différens ou communs.

195. Les avoués seront placés sous la surveillance directe du ministère public, qui pourra procéder à leur égard conformément aux dispositions de l'article 121 de notre ordonnance du 27 août 1828.

196. Si les avoués s'écartaient, à l'audience ou dans les mémoires produits au procès, des devoirs qui leur sont prescrits, les tribunaux pourront, suivant l'exigence des cas, d'office ou à la réquisition du ministère public, leur appliquer sur-le-champ l'une des peines de discipline suivantes :

L'avertissement,

La réprimande,

L'interdiction.

Les tribunaux pourront, en outre, proposer au gouverneur la destitution des avoués contre lesquels ils auront prononcé l'interdiction.

L'interdiction temporaire ne pourra excéder le terme de deux années.

Ces peines seront prononcées sans préjudice de poursuites extraordinaires, s'il y a lieu.

197. Dans le cas où le jugement du tribunal de première instance prononcerait l'interdiction pour plus d'un mois, l'appel pourra en être porté à la cour.

198. Le droit accordé aux tribunaux sur les avoués dans les cas prévus par l'article 196 n'est point exclusif des pourvois (1) que le gouverneur pourrait exercer dans les mêmes cas, en se conformant aux dispositions du paragraphe 2 de l'article 121 de notre ordonnance du 27 août 1828.

199. L'avoué qui se refuserait au service prescrit par l'article 177 sera passible de l'une des peines de discipline portées en l'article 196.

CHAPITRE II. Des huissiers.

SECTION Iʳᵉ. Des fonctions des huissiers.

200. Le nombre des huissiers pour le service de la cour et des tribunaux de la colonie est fixé à cinq : deux seront attachés à la cour royale, deux au tribunal de première instance, et un au tribunal de paix.

Le gouverneur fera en conseil, et après avoir pris l'avis de la cour, la répartition de ces officiers ministériels entre les trois juridictions.

Les huissiers seront tenus de résider dans la ville de Cayenne.

201. Toutes citations autres que celles en conciliation, toutes notifications, assignations, significations, ainsi que tous actes et exploits nécessaires pour l'exécution des ordonnances de justice, jugemens et arrêts, seront faits par le ministère d'huissiers, sauf les exceptions portées par les lois, ordonnances, arrêtés et réglemens.

202. Ils auront tous le même caractère, les mêmes attributions et le droit d'exploiter concurremment dans toute l'étendue de la colonie.

Néanmoins, ils ne pourront faire le service de l'audience et les significations d'avoué à avoué que près de la cour ou du tribunal où ils seront immatriculés. En cas d'empêchement, ils pourront être remplacés par un autre huissier.

203. Le service des audiences de la cour d'assises sera fait par ceux des huissiers que le président aura désigné.

204. Les huissiers seront, en outre, chargés de faire en matière criminelle tous les actes dont ils seront requis par le procureur général, le procureur du Roi, le juge d'instruction ou les parties.

205. Les huissiers seront tenus d'exercer leur ministère toutes les fois qu'ils en seront requis. Néanmoins, il leur est défendu d'instrumenter à la requête des esclaves, à peine de destitution.

206. Les fonctions d'huissier sont incompatibles avec toute autre fonction publique salariée, et avec toute autre espèce de commerce.

SECTION II. De la nomination des huissiers.

207. Les conditions requises pour être huissier seront :

1° D'être âgé de vingt-cinq ans accomplis ;

2° D'avoir travaillé, au moins pendant deux ans, soit au greffe d'une cour royale ou d'un tribunal de première instance, soit dans l'étude d'un notaire ou d'un avoué, ou chez un huissier ;

3° D'avoir obtenu du juge royal et du procureur du Roi un certificat de bonnes vie et mœurs, et capacité.

208. Les commissions d'huissier seront délivrées par le gouverneur en conseil, sur la proposition du procureur général.

209. Avant d'entrer en fonctions, les huissiers du tribunal de première instance et du tribunal de paix prêteront, devant le tribunal de première instance, le serment suivant :

« Je jure d'être fidèle au Roi, de me conformer aux lois, ordonnances et réglemens » concernant mon ministère, et de remplir » mes fonctions avec exactitude et probité. »

_____

(1) Il faut lire : _poursuites._

Les huissiers de la cour prêteront le même serment devant elle.

210. Les huissiers seront assujétis à un cautionnement de quatre mille francs en immeubles, qui sera reçu de la même manière que celui des avoués, et affecté au même genre de garantie.

Ils ne seront admis à prêter serment qu'après avoir justifié de l'accomplissement des formalités prescrites par l'article 186.

Section III. De la discipline des huissiers.

211. Les huissiers seront placés, conformément à l'art. 121 de notre ordonnance du 27 août 1828, sous la surveillance du procureur général, sans préjudice de celle des tribunaux, qui pourront leur appliquer, s'il y a lieu, les peines énoncées en l'art. 196.

Titre VI. De l'ordre de service.

Chapitre Ier. *Du rang de service aux audiences.*

212. Le rang de service à l'audience sera réglé ainsi qu'il suit :

Cour royale.

Le président, les conseillers, les conseillers-auditeurs.

Cour d'assises.

Le président, les conseillers, les conseillers-auditeurs, les assesseurs.

Tribunal de première instance.

Le juge royal, le lieutenant de juge, les juges-auditeurs.

Tribunal de paix.

Le juge-de-paix, les suppléans.

213. Les conseillers, les conseillers-auditeurs, les juges-auditeurs et les suppléans de juge-de-paix, prendront rang entre eux d'après la date et l'ordre de leur réception.

Les assesseurs prendront rang dans l'ordre de leur nomination.

Chapitre II. De la police des audiences.

Section Ire. *De la police des audiences de la cour royale.*

214. La police de l'audience de la cour royale appartiendra au président. Le temps destiné aux audiences ne pourra être employé ni aux assemblées générales ni à aucun autre service.

215. Le président ouvrira l'audience à l'heure indiquée par le règlement. Si l'audience vient à manquer par défaut de juge, le président, ou, en son absence, le conseiller le plus ancien, en dressera un procès-ver-

bal qui sera envoyé au gouverneur par le procureur général.

216. Il sera tenu par le greffier, et pour chaque chambre, un registre de pointe sur lequel les conseillers et les conseillers-auditeurs seront tenus de s'inscrire.

Le président arrêtera ce registre avant l'ouverture de l'audience, et pointera les absens.

217. Seront également soumis à la pointe ceux de ces magistrats qui ne se rendraient pas à une assemblée générale.

218. Les droits d'assistance, ainsi qu'ils sont réglés par l'article 145, n'appartiendront qu'aux membres présens à l'ouverture de l'audience.

Néanmoins, les absens n'en seront point privés, lorsque leur absence aura pour cause une maladie dûment constatée.

219. Les absens, même par congé, seront soumis à la retenue des droits d'assistance, à moins qu'ils ne soient absens pour service public.

220. Avant d'entrer à l'audience, le président fera prévenir par un huissier le procureur général en son parquet que la chambre est complète et qu'il est attendu.

221. Les membres du ministère public seront soumis à la pointe de la même manière et dans les mêmes cas que les autres magistrats, lorsque la cour aura été obligée de les remplacer par un de ses membres.

222. Il sera dressé par le greffier, au commencement de chaque mois, un procès-verbal constatant les retenues à exercer, conformément au registre de pointe, sur la portion du traitement répartie en droits d'assistance.

Ce procès-verbal, signé et certifié par le président, sera visé par le procureur général.

223. En vertu de ce procès-verbal, les retenues seront faites à la fin du mois sur le traitement de chaque magistrat, et l'emploi du montant de ces retenues sera déterminé par un règlement de la cour.

Section II. De la police des audiences de la cour d'assises.

224. Les dispositions de la section précédente, relative à la police des audiences, seront communes aux cours d'assises, en ce qui concerne le président et les magistrats qui en feront partie.

225. A l'égard des assesseurs qui manqueraient à leur service, les trois magistrats appelés à siéger à la cour d'assises pourront prononcer contre eux les peines ci-après, savoir :

L'amende,

L'affiche de l'arrêt de condamnation,

L'exclusion du collège des assesseurs.

Les cas où ces diverses peines pourront être appliquées seront déterminés par le Code d'instruction criminelle.

SECTION III. De la police des audiences du tribunal de première instance et du tribunal de paix.

226. La police de l'audience du tribunal de première instance appartiendra au juge royal.

227. Dans le cas où l'audience viendrait à manquer par défaut de juge, le procès-verbal constatant le fait sera dressé par le procureur du Roi et envoyé au procureur général, qui en rendra compte au gouverneur.

228. Les dispositions des art. 216, 218, 219, 221, 222 et 223, seront applicables aux membres du tribunal de première instance.

229. Le juge-de-paix aura la police de son audience.

CHAPITRE III. Des assemblées générales.

230. Les assemblées générales auront pour objet de délibérer sur les matières qui concernent l'ordre et le service intérieur, ainsi que la discipline, et qui sont dans les attributions de la cour.

Elles se tiendront en chambre du conseil à huis clos, et n'auront lieu que sur la convocation du président, faite ou de son propre mouvement, ou sur la demande de deux conseillers, ou sur le réquisitoire du procureur général, ou sur l'ordre du gouverneur.

Le procureur général devra toujours être prévenu à l'avance, par le président, et de la convocation et de son objet. Il sera tenu d'en informer le Gouverneur.

Lorsque l'assemblée sera formée, le procureur général y sera appelé et y assistera. Néanmoins, il devra se retirer avant la délibération, lorsqu'il s'agira de l'application d'une peine de discipline.

231. L'assemblée générale se composera de tous les membres de la cour.

La cour ne pourra prendre de décision qu'au nombre de cinq magistrats. Ses décisions seront prises à la simple majorité.

Le greffier de la cour assistera aux assemblées générales et y tiendra la plume.

232. Le président ne permettra point qu'il soit mis en délibération d'autre objet que celui pour lequel la convocation aura été faite.

Le procureur général rendra compte au gouverneur du résultat de la délibération.

233. La cour se réunira en assemblée générale le premier mercredi qui suivra la rentrée, pour entendre le rapport que fera le procureur général sur la manière dont la justice civile et la justice criminelle auront été rendues, pendant l'année précédente, dans l'étendue du ressort.

Le procureur général signalera dans ce rapport les abus qu'il aurait remarqués, et fera, d'après les dispositions des lois, ordonnances et réglemens, toutes réquisitions qu'il jugera convenables, et sur lesquelles la cour sera tenue de délibérer.

Il adressera au gouverneur copie de son rapport, ainsi que de ses réquisitions et des arrêts qui seront intervenus.

CHAPITRE IV. Des vacations.

234. Chaque année, la cour et le tribunal de première instance prendront deux mois de vacances, dont l'époque sera fixée par un réglement pris dans la forme établie par l'art. 46.

235. Pendant les vacances, la chambre civile de la cour tiendra au moins une audience par mois pour l'expédition des affaires sommaires.

Le tribunal de première instance tiendra au moins une audience par semaine.

236. Le service des cours d'assises, celui de la chambre d'accusation, ainsi que l'instruction criminelle, ne seront point interrompus.

Le service du parquet, soit près la cour, soit près le tribunal de première instance, sera réglé de manière qu'un de ses membres soit toujours présent.

237. Le juge-de-paix ne prendra point de vacances.

CHAPITRE V. De la rentrée de la cour royale et du tribunal.

238. Au jour fixé pour la rentrée de la cour, le gouverneur et les diverses autorités seront invités par le président à assister à l'audience.

239. Le procureur général ou son substitut fera tous les ans, le jour de la rentrée, un discours sur le maintien des lois et les devoirs des magistrats; il tracera aux avoués la conduite qu'ils ont à tenir dans l'exercice de leur profession, et il exprimera ses regrets sur les pertes que la magistrature et le barreau auraient faites, dans le courant de l'année, de membres distingués par leur savoir, leurs talens et leur probité.

Il lui est interdit de traiter de toutes autres matières.

Copie du discours de rentrée sera remise par le procureur général au gouverneur, pour être adressée à notre ministre de la marine et des colonies.

240. Le président, sur le réquisitoire du procureur général, recevra, des avoués présens à l'audience, le serment prescrit par l'article 185.

241. Le tribunal de première instance reprendra ses audiences ordinaires le jour de la rentrée de la cour.

CHAPITRE VI. De l'envoi des états indicatifs des travaux des cours et des tribunaux.

242. Le procureur général sera tenu, dans les vingt premiers jours des mois de janvier et juillet, de remettre au gouverneur, pour être adressés à notre ministre de la marine et des colonies, deux états numériques relatifs au service du semestre précédent, l'un pour la justice civile et l'autre pour la justice criminelle.

243. L'état relatif à la justice civile comprendra, savoir :

Pour la justice de paix :

1° Les demandes civiles et commerciales dont elle aura été saisie dans les limites de sa compétence,

2° Les jugemens rendus en premier ressort,

3° Les jugemens définitifs ;

Pour le bureau de conciliation :

4° Les demandes portées en conciliation, en indiquant celles sur lesquelles les parties auraient transigé ;

Pour le tribunal civil,

5° Les causes inscrites au rôle,

6° Les jugemens par défaut,

7° Les jugemens préparatoires ou interlocutoires,

8° Les jugemens définitifs, en distinguant ceux rendus en matière commerciale,

9° Les commencemens de poursuites en saisies immobilières qui auraient été inscrittes au greffe,

10° Les jugemens d'adjudication sur lesdites saisies,

11° Les instances d'ordre ou de contributions ouvertes,

12° Les procès-verbaux définitifs faits sur lesdites instances,

13° Les affaires terminées par désistement de la demande ou par transaction,

14° Les affaires restant à juger,

15° Les affaires arriérées, en désignant par ordre de numéros chaque affaire en retard, ainsi que l'année et le semestre auxquels elles appartiennent.

Il sera fait mention dans la colonne d'observations, des motifs du retard apporté au jugement de ces affaires.

Seront réputées causes arriérées celles d'audience qui seraient depuis plus de trois mois sur le rôle général, ainsi que les procès par écrit qui ne seraient pas vidés dans les quatre mois du premier appel de la cause.

Il en sera de même des ordres et contributions qui ne seraient point terminées dans les six mois de la date du procès-verbal d'ouverture.

Pour la cour royale :

16° Les appels, en distinguant les arrêts infirmatifs des arrêts confirmatifs, les arrêts par défaut des arrêts définitifs ;

17° Les procès terminés par désistement ou transaction,

18° Les affaires restant à juger,

19° Les affaires arriérées et les causes du retard, dans la forme établie au n° 15 ;

20° Les arrêts qui auront été cassés,

21° Les arrêts rendus en annulation de jugement en dernier ressort de la justice de paix.

244. L'état relatif à la justice criminelle comprendra, savoir :

Pour le tribunal de police :

1° Les jugemens définitifs, en distinguant ceux qui auront prononcé l'emprisonnement ;

Pour le tribunal correctionnel :

2° Les jugemens de police rendus sur appel, en énonçant s'il y a eu confirmation ou infirmation ;

Pour la cour royale :

3° Les arrêts de la chambre d'accusation portant qu'il n'y a lieu à suivre, ou portant renvoi aux assises, avec mention, pour chaque prévenu, de l'intervalle écoulé entre la délivrance du mandat d'arrêt et l'arrêt de la chambre d'accusation ;

4° Les arrêts rendus par la chambre correctionnelle, avec mentions semblables à celles du numéro précédent.

5° Les arrêts d'annulation des jugemens en dernier ressort du tribunal de police et du tribunal correctionnel statuant sur appel en matière de simple police ;

Pour la cour d'assises :

6° Les arrêts d'acquittement ou de condamnation, avec mention, pour chaque affaire, du nom des accusés, de la nature du crime et de la peine prononcée en cas de condamnation ;

Il sera également fait mention de la durée de chaque session ;

7° Les noms, âge et sexe des détenus attendant jugement, et des détenus par suite de condamnation, en distinguant les blancs, les gens de couleur libres et les esclaves ;

8° Les déclarations de pourvoi en cassation ;

9° Les recours en grace sur lesquels il aura été accordé un sursis à l'exécution de l'arrêt.

245. Ces états, dressés au greffe de la cour sur les états particuliers, seront certifiés par le greffier et visés par le procureur général.

246. Le contrôleur colonial transmettra à notre ministre de la marine et des colonies, dans les délais énoncés en l'article 242, un état contenant :

1° Les jugemens rendus correctionnellement par le tribunal de première instance sur chacune des matières énoncées en l'article 24 de la présente ordonnance ;

78.

37

2° Les arrêts rendus par la commission d'appel prononçant la confirmation ou l'infirmation de ces jugemens.

Cet état indiquera la nature du délit, les noms, professions et demeures des inculpés, et, s'il y a eu condamnation, la peine prononcée.

Cet état sera dressé, pour les jugemens rendus en première instance, par le greffier du tribunal, et pour ceux rendus en appel, par le secrétaire-archiviste.

247. Le juge-de-paix sera tenu, dans les cinq premiers jours des mois indiqués par l'article 242, d'adresser au procureur du Roi, qui le transmettra de suite au procureur général, un état en cinq colonnes, contenant les énonciations prescrites par les n°s 1, 2, 3 et 4 de l'article 243, et par le n° 1 de l'article 244.

Cet état devra être certifié par le greffier et visé par le juge-de-paix.

248. Le procureur du Roi, dans les dix premiers jours des mêmes mois, adressera au procureur général un état en treize colonnes, contenant les énonciations prescrites par les n°s 5 à 15 inclusivement de l'article 243 et par le n° 2 de l'article 244.

Cet état sera certifié par le greffier et visé par le procureur du Roi.

TITRE VII. Du costume.

249. Aux audiences ordinaires, les conseillers de la cour royale, les conseillers-auditeurs et les membres du parquet porteront la toge et la simarre en étoffe de soie noire, la chausse de licencié sur l'épaule gauche, la ceinture moirée en soie noire, large de quatre pouces, avec franges et une rosette sur le côté gauche, la cravate en batiste tombante et plissée, les cheveux courts, les bas noirs, la toque en velours noir.

Le président et le procureur général auront autour de leur toque deux galons d'or en haut et deux galons d'or en bas. Les conseillers, l'avocat général, en auront deux en bas. Les conseillers-auditeurs n'en auront qu'un en bas.

Ces galons seront chacun de six lignes de large, et placés, soit en haut, soit en bas, à deux lignes de distance l'un de l'autre.

250. Aux audiences solennelles, savoir : celles de rentrée; celles où le gouverneur a le droit d'assister, aux termes de l'article 46 de notre ordonnance du 27 août 1828; celles où il s'agit de questions d'état ou de prise à partie; celles où la cour exerce les attributions qui lui sont conférées par les articles 43 et 44 de la présente ordonnance, ainsi qu'aux assises et aux cérémonies publiques, les membres de la cour porteront la toge et la chausse en étoffe de soie rouge.

La toge du président et celle du procureur général seront bordées, sur le devant, d'une fourrure d'hermine large de quatre pouces.

251. Le greffier de la cour portera, soit aux audiences ordinaires, soit aux audiences solennelles et aux assises, soit dans les cérémonies publiques, le même costume que celui des conseillers, à l'exception des galons d'or à la toque, qui seront remplacés par deux galons de soie noire.

252. Le commis-greffier portera la robe fermée, à grandes manches, en étamine noire, et la toque en étoffe de laine, avec un galon de laine de la même couleur.

253. Les assesseurs siégant aux assises seront vêtus en noir.

254. Les membres du tribunal de première instance auront, aux audiences ordinaires, le costume fixé par l'article 249, à l'exception de la toge, qui sera en étamine noire, et des galons de la toque, qui seront en argent.

Le nombre de ces galons sera le même pour le juge royal et le procureur du Roi que pour le président et le procureur général, pour le lieutenant de juge que pour les conseillers et l'avocat général, pour les juges-auditeurs que pour les conseillers-auditeurs.

Dans les cérémonies publiques, les membres du tribunal de première instance porteront la toge en soie noire.

255. Le greffier du tribunal de première instance aura, soit aux audiences ordinaires, soit dans les cérémonies publiques, le même costume que le lieutenant de juge, à l'exception des galons d'argent, qui seront remplacés par des galons de soie noire.

256. Le commis-greffier aura le même costume que celui réglé pour le commis-greffier de la cour.

257. Le juge-de-paix et ses suppléans porteront aux audiences et dans les cérémonies publiques le costume fixé par le premier alinéa de l'article 254, à l'exception de la toque, où il n'y aura au bas qu'un galon d'argent.

Dans l'exercice de leurs autres fonctions, ils seront vêtus en noir, et porteront une écharpe en soie bleu de ciel, avec des franges en soie de la même couleur.

258. Le greffier de la justice de paix sera vêtu en noir dans l'exercice de ses fonctions.

259. Les avoués porteront à l'audience la robe d'étamine noire fermée et la toque en laine bordée d'un ruban de velours.

Lorsqu'ils seront licenciés, ils auront le droit de porter la chausse.

260. Les avoués ne pourront se présenter qu'en robe à l'audience, à la chambre du conseil, au parquet et aux comparutions devant les juges-commissaires.

261. Les huissiers de la cour et des tribunaux seront vêtus en noir, et porteront, soit à l'audience, soit dans les cérémonies publiques, une baguette noire de quinze pouces, surmontée d'une boule d'ivoire.

TITRE VIII. Des honneurs.

CHAPITRE Ier. Des préséances.

262. Les corps judiciaires et les membres qui les composent prendront rang entre eux dans l'ordre ci-après :

COUR ROYALE.

Le président,
Les conseillers,
Les magistrats honoraires,
Les conseillers-auditeurs.

Parquet.

Le procureur général.

Greffe.

Le greffier,
Le commis assermenté.

COUR D'ASSISES.

Le président,
Les conseillers,
Les assesseurs.

Parquet.

Les officiers du ministère public.

Greffe.

Le greffier.

TRIBUNAL DE PREMIÈRE INSTANCE.

Le juge royal,
Le lieutenant de juge,
Les juges honoraires,
Les juges-auditeurs.

Parquet.

Le procureur du Roi.

Greffe.

Le greffier,
Le commis assermenté.

TRIBUNAL DE PAIX.

Le juge-de-paix,
Les suppléans,
Le greffier.

263. Lorsque la cour et les tribunaux ne marcheront point en corps, le rang individuel des membres de l'ordre judiciaire sera réglé ainsi qu'il suit :

Le procureur général,
Le président,
Les conseillers,
Le juge royal,
Le procureur du Roi,
Les conseillers-auditeurs,
Le lieutenant de juge,
Le greffier de la cour,
Les juges-auditeurs,

Le juge-de-paix,
Le greffier du tribunal de première instance,
Le greffier du tribunal de paix.

264. Les magistrats ayant parité de titre prendront rang entre eux d'après la date et l'ordre de leur prestation de serment.

CHAPITRE II. Du cérémonial à observer lorsque le gouverneur se rend à la cour royale.

265. Le fauteuil du Roi sera placé dans la salle d'audience, au centre de l'estrade où siége la cour.

Le gouverneur aura seul le droit de l'occuper.

266. Dans toutes les occasions où le gouverneur se rendra au Palais-de-Justice pour prendre séance à la cour, il en informera à l'avance le procureur général, qui en donnera aussitôt connaissance au président.

267. Le gouverneur sera attendu en avant de la porte extérieure du palais par une députation composée d'un conseiller, d'un conseiller-auditeur, et sera conduit à l'estrade où siége la cour, pour y prendre place.

268. A l'entrée du gouverneur, les membres de la cour se lèveront et se tiendront découverts. Ils s'assiéront et pourront se couvrir lorsque le gouverneur aura pris place.

269. La présidence d'honneur appartiendra au gouverneur.

Il parlera assis et couvert.

270. Le gouverneur aura à sa droite le président ; à sa gauche, le plus ancien des conseillers.

271. Lorsque le gouverneur se retirera, il sera reconduit jusqu'à la porte du palais par la députation qui l'aura reçu.

272. Les fonctionnaires publics qui accompagneront le gouverneur seront placés, dans l'ordre de préséance entre eux, sur des siéges, en dedans de la barre, et au bas de l'estrade où siége la cour.

273. Lorsque le gouverneur prendra séance à la cour royale, et dans toutes les occasions où il a le droit d'y siéger, conformément aux dispositions de l'article 46 de notre ordonnance du 27 août 1828, il ne pourra être prononcé de discours qu'avec son autorisation, et après qu'ils lui auront été communiqués.

Lorsque le président sera autorisé à prendre la parole, il parlera assis et découvert.

CHAPITRE III. Des honneurs à rendre aux cours et tribunaux.

274. Dans les cérémonies qui auront lieu hors de l'enceinte du Palais-de-Justice, les corps judiciaires seront convoqués par le gouverneur, ou, en cas d'absence, par le fonctionnaire appelé à le remplacer ; la lettre

37.

de convocation sera transmise par le procureur général.

275. Dans les églises, les cours et tribunaux occuperont les bancs de la nef les plus rapprochés du chœur, du côté de l'épître. Ils se placeront dans l'ordre des préséances déterminé par l'article 262.

Le pain bénit leur sera présenté après l'avoir été aux chefs de l'administration.

276. Le commandant des troupes, sur la réquisition du procureur général, fournira à la cour et au tribunal, lorsqu'ils marcheront en corps, une garde d'honneur composée ainsi qu'il suit :

Pour la cour royale, trente hommes commandés par un capitaine;

Pour la cour d'assises, vingt hommes commandés par un lieutenant;

Pour le tribunal de première instance, dix hommes commandés par un sergent.

A défaut de troupes de ligne, la garde d'honneur sera fournie par le commandant des milices.

277. Les gardes devant lesquelles passeront les corps ci-dessus dénommés prendront les armes et les porteront pour la cour royale et pour la cour d'assises; elles se reposeront dessus pour le tribunal de première instance.

278. Les tambours rappelleront pour la cour royale et pour la cour d'assises, et seront prêts à battre pour le tribunal de première instance.

CHAPITRE IV. Des honneurs funèbres à rendre aux membres de l'ordre judiciaire.

279. Le convoi des magistrats qui décéderont dans l'exercice de leurs fonctions, ainsi que celui des magistrats honoraires, sera accompagné, savoir :

Celui du procureur général et du président de la cour, par les membres de la cour et du parquet;

Celui d'un conseiller, par trois membres de la cour et par un membre du parquet;

Celui d'un conseiller-auditeur, par les conseillers-auditeurs;

Celui du juge royal et du procureur du Roi, par tous les membres du tribunal de première instance;

Celui du lieutenant de juge, par les membres du tribunal autres que le juge royal;

Celui d'un juge-auditeur, par un juge-auditeur;

Celui du juge-de-paix, par les suppléans et par le greffier;

Celui d'un suppléant, par les membres du tribunal de paix autres que le juge-de-paix.

280. Les avoués assisteront au convoi des membres des tribunaux près lesquels ils exercent.

TITRE IX. De la cour prévôtale.

281. Lorsque la colonie aura été déclarée en état de siège, ou lorsque sa sûreté intérieure sera menacée, il pourra être établi une cour prévôtale.

282. La cour prévôtale ne pourra être créée qu'en vertu d'un arrêté pris par le gouverneur en conseil privé, composé de la manière prescrite par l'article 169 de notre ordonnance du 27 août 1828.

L'arrêté énoncera les circonstances qui rendent nécessaire l'établissement de cette cour, déterminera sa durée, qui ne pourra excéder six mois, et fixera le lieu où elle devra siéger habituellement.

283. La cour prévôtale sera composée ainsi qu'il suit :

Un président,

Un prévôt,

Un adjoint du prévôt,

Trois juges, dont un militaire,

Deux juges suppléans, dont un militaire,

Un officier du parquet,

Un greffier.

284. Les membres de la cour prévôtale seront nommés par le gouverneur en conseil.

285. L'un des conseillers de la cour royale, ou le juge royal, remplira les fonctions de président.

286. Le prévôt sera choisi parmi les officiers de l'armée de terre ou de mer ayant le grade de capitaine au moins, et âgé de trente ans accomplis.

L'adjoint du prévôt sera pris parmi les juges-auditeurs ou les licenciés en droit.

287. Seront aptes à remplir les fonctions de juge ou de juge suppléant :

Les conseillers-auditeurs,

Le lieutenant de juge,

Les juges-auditeurs, s'ils ont vingt-cinq ans,

Et les magistrats honoraires.

Le juge militaire et son suppléant devront être pris parmi les officiers de l'armée de terre ou de mer ayant le grade de capitaine au moins, et âgés de vingt-sept ans accomplis.

288. Les fonctions du ministère public seront exercées près la cour prévôtale par le procureur-général, ou par celui des conseillers-auditeurs qu'il aura délégué.

289. Les fonctions de greffier seront remplies par le greffier de la cour ou du tribunal de première instance, et, à leur défaut, par leurs commis assermentés.

290. Pourront être déclarés justiciables de la cour prévôtale, sans distinction de classe ni de profession civile ou militaire, ceux qui seront prévenus d'avoir commis l'un des crimes qualifiés au Code pénal par les articles 75 à 85 inclusivement, 91 à 108 in-

inclusivement, 210, 211, § 1er, 213 à 217 inclusivement, 219, 265 à 268 inclusivement, 0 301, 434 à 436 inclusivement, et 452.

Toutefois, la compétence de la cour prévôtale sera restreinte à ceux des crimes ci-dessus énoncés dont la connaissance lui aura été spécialement attribuée par l'arrêté qui l'aura établie.

291. Dans chaque affaire qui lui sera soumise, et avant de décider s'il y a lieu ou non d'ordonner la mise en accusation des prévenus, la cour prévôtale statuera sur sa compétence.

292. Les arrêts de compétence ou d'incompétence rendus par la cour prévôtale ne pourront être attaqués par la voie de cassation. Ils seront transmis dans le plus bref délai au conseil privé, qui statuera définitivement sur la confirmation ou l'annulation de ces arrêts.

Dans ce cas, le conseil sera composé et procédera de la manière prescrite par l'article 169 de notre ordonnance du 27 août 1828.

293. La cour prévôtale ne pourra rendre d'arrêt qu'au nombre de six juges.

L'officier du ministère public se retirera lors de la délibération.

294. Avant d'entrer en fonctions, les membres de la cour prévôtale prêteront devant le gouverneur, ou, sur sa délégation, devant la cour royale, le serment dont la formule suit:

« Je jure et promets, devant Dieu, d'examiner avec l'attention la plus scrupuleuse les affaires qui me seront soumises, et de remplir avec impartialité et fermeté les fonctions qui me sont confiées. »

295. La cour prévôtale pourra, d'office ou sur la réquisition du ministère public, déclarer qu'il y a lieu par elle à se transporter dans tel quartier qu'elle aura indiqué.

La délibération ne sera exécutée que sur l'approbation du gouverneur en conseil.

296. Il sera tenu, au greffe de la cour prévôtale, un registre sur lequel seront inscrites les affaires qui seront portées devant elle.

Elles seront jugées dans l'ordre indiqué par le président.

297. Tout ce qui est relatif au mode d'instruction et au jugement des affaires soumises à la cour prévôtale, sera réglé par le Code d'instruction criminelle.

Il en sera de même du mode de rédaction des arrêts.

298. Il sera tenu au secrétariat du conseil privé un registre où seront inscrites les décisions du conseil sur les arrêts de compétence ou d'incompétence rendus par la cour prévôtale.

Les décisions du conseil sur ces arrêts seront transmises au procureur général, à la diligence du contrôleur colonial.

299. Le greffier de la cour prévôtale transmettra mensuellement au procureur général l'état des arrêts rendus par cette cour dans le mois précédent, en distinguant les arrêts de compétence ou d'incompétence, les arrêts qui déclareront n'y avoir lieu à suivre, ceux qui ordonneront la mise en accusation, et les arrêts définitifs.

Cet état indiquera, en outre, la nature de l'accusation, les noms et prénoms des accusés, avec distinction de sexe, d'âge, de classe et de couleur, et la mention des condamnations et des acquittemens.

300. Au commencement de chaque mois, le procureur général transmettra à notre ministre de la marine et des colonies l'état prescrit par l'article précédent, ainsi que celui des décisions du conseil privé sur les arrêts de compétence de la cour prévôtale.

Il y joindra ses observations.

301. A l'expiration des fonctions de la cour prévôtale, les minutes de ses arrêts, ses registres, ainsi que toutes les pièces et procédures, seront déposés au greffe de la cour royale.

302. Les dispositions relatives aux honneurs et préséances dont jouira la cour d'assises seront applicables à la cour prévôtale.

Dans le cas où la cour prévôtale siégerait dans le même lieu que la cour d'assises, elle prendra rang après celle-ci.

TITRE X. Disposition générale.

303. Toutes dispositions concernant l'organisation de l'ordre judiciaire et l'administration de la justice à la Guiane française sont et demeurent abrogées en ce qu'elles ont de contraire à la présente ordonnance.

304. Notre ministre secrétaire d'Etat de la marine et des colonies (M. Hyde de Neuville) est chargé de l'exécution de la présente ordonnance.

Extrait des lettres-patentes de Louis XV, en forme d'édit, concernant les esclaves nègres des îles de France et de Bourbon (1).

A Versailles, décembre 1723.

Art. 51. Déclarons les affranchissemens faits selon les formes ci-devant prescrites tenir lieu de naissance dans nosdites îles, et les affranchis n'avoir besoin de nos lettres de naturalité pour jouir des avantages de nos sujets naturels dans notre royaume, terres et pays de notre obéissance, encore qu'ils soient nés dans les pays étrangers; déclarons cependant lesdits affranchis, ensemble les

(1) *Voy.* ordonnance du 24 février 1831.

nègres libres, incapables de recevoir des blancs aucune donation entre-vifs à cause de mort, ou autrement ; voulons qu'en cas qu'il leur en soit fait aucune, elle demeure nulle à leur égard et soit appliquée au profit de l'hôpital le plus prochain.

Signé Louis.

Et plus bas, *signé* Phélypeaux.

Extrait des lettres-patentes, en forme d'édit, concernant les esclaves nègres des îles de France et de Bourbon.

Art. 53. « Octroyons aux affranchis les « mêmes droits, priviléges et immunités « dont jouissent les personnes nées libres; « voulons que le mérite d'une liberté acquise « produise en eux, tant pour leurs personnes « que pour leurs biens, les mêmes effets que « le bonheur de la liberté naturelle cause à « nos autres sujets, le tout cependant aux ex- « ceptions portées par l'article 51 des pré- « sentes. »

Donné à Versailles, au mois de décembre 1723.

Signé Louis.

Et plus bas, *signé* Phélypeaux.

Déclaration du Roi (Louis XV), en interprétation de l'édit de 1685 contre les esclaves, sur les donations faites à des personnes de sang mêlé, et le recélé d'esclaves (1).

À Versailles, 5 février 1726 (enregistré au Conseil souverain).

Louis, etc., salut.

Le feu roi, notre très-honoré seigneur et bisaïeul, aurait, par ses lettres-patentes en forme d'édit du mois de mars 1685, établi une loi et des règles certaines sur ce qui concerne l'état et la qualité des esclaves aux îles de l'Amérique. Mais, sur les représentations qui nous ont été faites, qu'il convient au bien et à l'avantage de nosdites colonies d'ajouter à certaines dispositions dudit état, et d'en retrancher d'autres, eu égard aux circonstances présentes :

À ces causes, de notre certaine science, pleine puissance et autorité royale, nous, en interprétant, en tant que besoin est, ledit édit du mois de mars 1785, avons dit, déclaré et ordonné, et, par ces présentes, disons, déclarons et ordonnons, voulons et nous plaît ce qui suit : que l'article 39 dudit édit soit exécuté selon sa forme et teneur, et en conséquence que les affranchis qui auront donné retraite dans leurs maisons aux esclaves fugitifs soient condamnés par corps envers le maître en l'amende de trois cents livres de sucre par chaque jour de rétention et les autres personnes libres qui leur auront donné pareille retraite, en dix livres tournois d'amende par chaque jour de rétention et, en ajoutant à cet article, ordonnons que conformément à ce qui est porté par notre édit du mois de mars 1724, qui sert de loi pour les esclaves de notre province de la Louisiane, faute par lesdits nègres affranchis ou libres qui auront donné retraite auxdits esclaves, de pouvoir payer ladite amende de trois cents livres de sucre par chaque jour de rétention des esclaves fugitifs, ils soient réduits à la condition d'esclaves, et, comme tels, vendus au plus offrant et dernier enchérisseur, à la diligence de notre procureur en la juridiction en laquelle ils seront demeurans.

Voulons que, si le prix provenant de la vente qui en sera faite excède l'amende encourue, le surplus soit adjugé au profit de l'hôpital le plus prochain ; voulons aussi que conformément à ce qui est porté par l'art. 59 de notre édit du mois de mars 1724, tous esclaves affranchis ou nègres, leurs enfans et descendans, soient incapables de recevoir, à l'avenir, des blancs, aucune donation entre vifs, à cause de mort ou autrement, sous quelque dénomination ou prétexte que ce puisse être, nonobstant ce qui est porté par les articles 56, 57 et 59 dudit édit du mois de mars 1685, auxquels nous avons dérogé et dérogeons par ces présentes pour cet égard seulement, et ordonnons qu'en cas qu'il soit fait auxdits nègres affranchis ou libres, ou à leurs enfans et descendans, aucuns dons ou legs en quelque manière que ce soit, ils demeureront nuls à leur égard, et soient appliqués au profit de l'hôpital le plus prochain. Ordonnons, au surplus, que notredit édit du mois de mars 1685 soit exécuté selon sa forme et teneur.

Si donnons en mandement, etc.

Pour copie conforme :

Le secrétaire général de la marine,

Signé Boucher.

---

21 = Pr. 30 décembre 1828.—Ordonnance du Roi portant répartition du crédit de trois millions deux cent quarante-six mille quatre cents francs, accordé, par la loi du 17 août 1828, pour les dépenses ordinaires du ministère du commerce et des manufactures pendant l'exercice 1829. (8, Bull. 269, n° 10350.)

---

(1) *Voy.* ordonnance du 24 février 1831.

Voy. ordonnances des 2, 16 et 19 NOVEM-
BRE, des 3 et 14 DÉCEMBRE 1828, et les notes.

Charles, etc.

Sur le rapport de notre ministre secrétaire d'Etat du commerce et des manufactures;

Vu la loi du 17 août 1828, qui affecte un crédit de trois millions deux cent quarante-six mille quatre cents francs aux dépenses ordinaires du ministère du commerce et des manufactures pendant l'exercice 1829;

Vu l'article 151 de la loi du 25 mars 1817;

Vu l'article 2 de l'ordonnance royale du 14 septembre 1822;

Vu enfin notre ordonnance du 1er septembre 1827,

Nous avons ordonné et ordonnons ce qui suit:

Art. 1er. Le crédit de trois millions deux cent quarante-six mille quatre cents francs, accordé par la loi du 17 août 1828 pour les dépenses ordinaires du ministère du commerce et des manufactures pendant l'exercice 1829, est réparti ainsi qu'il suit, savoir:

SECTION Ire. *Administration centrale.*

CHAP. Ier. Traitement du ministre	120,000f
— II. Personnel des bureaux, y compris les gens de service	224,000
— III. Matériel	82,400
	426,400

SECTION II. *Services divers.*

CHAP. Ier. Conseils généraux du commerce et des manufactures, comité consultatif et commissaires experts	30,000
— II. Conservatoire des arts et métiers, écoles royales de Châlons et d'Angers	380,000
— III. Appel, impression et publication de documens relatifs au commerce et à l'industrie	10,000
— IV. Encouragemens aux arts et manufactures	Mémoire.
	420,000

SECTION III. *Primes.*

CHAP. UNIQ. Primes accordées aux expéditions pour la pêche de la morue et de la baleine	2,400,000

RÉCAPITULATION.

SECTION Ire. Administration centrale	426,400
— II. Services divers	420,000
— III. Primes	2,400,000
Total général	3,246,400

2. Nos ministres secrétaires d'Etat du commerce et des manufactures et des finances (M. de Saint-Cricq et comte Roy) sont chargés, chacun en ce qui le concerne, de l'exécution de la présente ordonnance, qui sera insérée au Bulletin des Lois.

---

21 = Pr. 31 DÉCEMBRE 1828. — Ordonnance du Roi portant fixation du prix des poudres qui seront livrées, pendant l'année 1829, aux départemens de la guerre, de la marine et des finances. (8, Bull. 270, n° 10414.)

Charles, etc.

Vu l'article 2 de notre ordonnance du 25 mars 1818, relatif à la fixation du prix des poudres fournies par la direction du service des poudres et salpêtres aux départemens de la guerre, de la marine et des finances;

Sur la proposition de notre ministre secrétaire d'Etat au département de la guerre,

Nous avons ordonné et ordonnons ce qui suit:

Art. 1er. Le prix des poudres de toute espèce qui seront livrées pendant l'année 1829 par la direction des poudres et salpêtres aux départemens de la guerre, de la marine et des finances, est réglé de la manière suivante:

Pour le département de la guerre.

Poudre de guerre, 2 fr. 55 c. le kilogramme.

Poudre de chasse fine, 2, 65 *idem.*

Pour le département de la marine.

Poudre de guerre, 2,65 *idem.*

Pour le département des finances.

Poudre de guerre, 2,51 *idem.*
Poudre de mine, 2,24 *idem.*
Poudre de commerce extérieur, 1,82 *idem.*
Poudre de chasse fine, 2,85 *idem.*
Idem superfine, 3,03 *idem.*
Idem royale, 3,36 *idem.*

2. Nos ministres secrétaires d'Etat aux départemens de la guerre, de la marine et des finances (vicomte de Caux, baron Hyde de Neuville et comte Roy), sont chargés, chacun en ce qui le concerne, de l'exécution de la présente ordonnance.

———

21 DÉCEMBRE 1828 = Pr. 7 JANVIER 1829.—Ordonnance du Roi portant qu'à dater du 1er janvier 1830 la direction, l'administration et la comptabilité de tous les services militaires dans les colonies, ressortiront exclusivement au département de la marine et des colonies. (8, Bull. 272, n° 10508.).

Charles, etc.

Vu nos ordonnances des 26 janvier 1825 et 17 août 1828;

Sur le rapport de notre ministre secrétaire d'Etat de la marine et des colonies,

Nous avons ordonné et ordonnons ce qui suit :

Art. 1er. A dater du 1er janvier 1830, la direction, l'administration et la comptabilité de tous les services militaires dans les colonies et des dépôts des corps affectés à la garde de ces établissemens ressortiront exclusivement au département de la marine et des colonies.

2. Les corps d'infanterie organisés et recrutés conformément aux dispositions de notre ordonnance du 17 août dernier, les compagnies de gendarmerie royale, les officiers faisant le service de l'état-major général et de l'état-major des places, les officiers et gardes du génie employés dans les colonies, continueront d'appartenir à l'armée de terre.

Ces divers corps et états-majors seront soumis à l'inspection d'officiers généraux de l'armée de terre, toutes les fois que notre ministre de la guerre le jugera convenable.

Ces officiers prendront les ordres des ministres de la guerre et de la marine, et rendront compte à chacun d'eux du résultat de leurs opérations.

A défaut d'envoi aux colonies d'inspecteurs généraux de l'armée de terre, il continuera d'être pourvu aux inspections annuelles par les soins de nos gouverneurs.

3. Le service de l'état-major de l'artillerie et des troupes de cette arme dans les colonies sera fait par notre corps royal d'artillerie de la marine, à partir du 1er janvier 1830.

4. Les projets relatifs aux ouvrages de dé-

fense et aux bâtimens militaires dans les colonies seront soumis au comité du génie.

5. Toutes les dispositions des ordonnances antérieures ou des réglemens généraux auxquelles il n'est point dérogé par la présente, demeureront applicables au service militaire dans les colonies.

6. Nos ministres secrétaires d'Etat de la guerre et de la marine (vicomte de Caux et baron Hyde de Neuville) sont chargés, chacun en ce qui le concerne, de l'exécution de la présente ordonnance, qui sera insérée au Bulletin des Lois.

———

21 DÉCEMBRE 1828. — Ordonnance qui autorise l'acceptation des dons faits aux fabriques des églises de Guéméné et de Charceune. (8, Bull. 318, n°s 12287 et 12288.)

———

21 DÉCEMBRE 1828. — Ordonnance qui autorise l'acceptation des donations faites aux fabriques des églises de Vieux-Berquin, de Racrange, de Locmalo, de Quiberon, de Sirod, de Saint-Jean-Thurien et de Linseuil. (8, Bull. 319, n°s 12304 et suiv.)

———

21 DÉCEMBRE 1828. — Ordonnance qui accorde des secours annuels aux orphelins des trois militaires y dénommés, imputables sur le crédit de 1828. (8, Bull. 273 ter, n° 1er.)

———

21 DÉCEMBRE 1828. — Ordonnance qui accorde des pensions à quatre veuves de militaires y dénommées, imputables sur le crédit de 1827. (8, Bull. 273 ter, n° 2.)

———

21 DÉCEMBRE 1828. — Ordonnance qui accorde des pensions de retraite à cinquante-neuf militaires y dénommés, imputables sur les crédits d'inscription de 1827, 1828 et 1829. (8, Bull. 273 ter, n° 3.)

———

21 DÉCEMBRE 1828. — Ordonnance qui accorde des pensions à des veuves de militaires, imputables sur le crédit de 1828. (8, Bull. 273 ter, n° 4.)

———

21 DÉCEMBRE 1828. — Ordonnance qui limite à trois cent cinquante le contingent du diocèse de Saint-Claude, dans la répartition du nombre de vingt mille élèves fixé par l'ordonnance du 16 juin dernier, pour les écoles secondaires ecclésiastiques du royaume. (8, Bull. 272, n° 10511.)

———

21 DÉCEMBRE 1828. — Ordonnance qui autorise définitivement la communauté des religieuses de Notre-Dame établie à Saint-Antoine (Isère). (8, Bull. 270, n° 10416.)

21 DÉCEMBRE 1828. — Ordonnance qui admet les sieurs Carafa, Diuges, Haag, Ibig, Leloup, Meyer et Rinderknecht, à établir leur domicile en France. (8, Bull. 270, n° 10415.)

22 DÉCEMBRE 1828. — Ordonnance qui limite à cent cinquante pour le diocèse de Marseille, et à deux cent cinquante pour celui de Nancy, le contingent de ces diocèses dans la répartition du nombre de vingt mille élèves, fixé par l'ordonnance du 16 juin dernier, pour les écoles secondaires ecclésiastiques du royaume. (8, Bull. 272, n° 10512.)

24 DÉCEMBRE 1828 = Pr. 14 JANVIER 1829. — Ordonnance du Roi qui fixe le nombre des membres de l'académie royale des inscriptions et belles-lettres, et contient d'autres dispositions relatives à cette académie. (8, Bull. 273, n° 10526.)

Charles, etc.

Vu l'ordonnance du 21 mars 1816, portant réorganisation de l'Institut royal de France, et les réglemens du régime intérieur des académies, notamment ceux des 26 avril, 3 et 10 mai, approuvés par l'ordonnance du 9 juillet de la même année;

Nous étant fait représenter l'ordonnance du 1er octobre 1823 et le réglement du 30 décembre suivant, qui, modifiant dans quelques-uns de leurs articles l'ordonnance et les réglemens de 1816, réduisent le nombre des membres ordinaires de l'académie des inscriptions et belles-lettres, et disposent des sommes demeurées libres par cette mesure;

Voulant rendre à cette académie tout son éclat, reconnaître l'importance de ses travaux, donner aux savans français un témoignage de notre estime, et accorder une marque particulière de faveur à ceux qui font de constans et louables efforts pour agrandir le domaine de l'histoire, de la saine érudition et de la véritable critique littéraire,

Nous avons ordonné et ordonnons ce qui suit:

Art. 1er. Le nombre des membres ordinaires de l'académie royale des inscriptions et belles-lettres est définitivement fixé à *quarante*.

2. Le nombre des académiciens libres reste fixé à *dix*.

3. Les nominations aux places vacantes seront faites par l'académie dans le cours de 1829 et de 1830.

4. Le fonds alloué spécialement pour le service de l'académie des inscriptions et belles-lettres dans le budget de l'Institut royal de France demeure fixé à quatre-vingt-dix-huit mille francs, et cette somme sera répartie conformément à un nouveau réglement d'organisation intérieure que rédigera l'académie, et qui sera soumis à notre approbation.

5. Notre ministre secrétaire d'Etat de l'intérieur (vicomte de Martignac) est chargé de l'exécution de la présente ordonnance.

24 DÉCEMBRE 1828. — Ordonnances qui autorisent l'acceptation de dons et legs faits aux communes de Balbigny et de Ville-Dieu, aux fondations protestantes Schunkbecher et Goll, dépendantes de la confession d'Augsbourg; aux hospices de Grenoble et de Bar-le-Duc. (8, Bull. 280, n° 10795 et suiv.)

24 DÉCEMBRE 1828. — Ordonnance relative aux usines du sieur Laulanié dans la commune de Saint-Sernin de Biron. (8, Bull. 281, n° 10811.)

27 DÉCEMBRE 1828. — Lettres-patentes portant érection de majorats en faveur de MM. Richard et Faure de la Lilate. (8, Bull. 273, n° 10528.)

28 DÉCEMBRE 1828 = Pr. 7 JANVIER 1829. — Ordonnance du Roi relative à la commission mixte des travaux publics. (8, Bull. 272, n° 10509.)

Charles, etc.

Vu les décrets des 20 février et 20 juin 1810 (1) et du 22 décembre 1812, relatifs à la création et à l'organisation de la commission mixte des travaux publics;

Vu l'organisation du 18 septembre 1816, qui fixe la composition de cette commission;

Sur le rapport de notre ministre secrétaire d'Etat de la guerre,

Nous avons ordonné et ordonnons ce qui suit:

Art. 1er. La commission mixte des travaux publics, créée par l'ordonnance du 18 septembre 1816, sera chargée de délibérer et de donner son avis sur chacun des objets renvoyés à son examen.

2. Cette commission sera composée ainsi qu'il suit:

Un ministre d'Etat, président;

Trois conseillers d'Etat;

Deux inspecteurs généraux du génie militaire;

Un inspecteur général des ponts-et-chaussées;

Un inspecteur général membre du conseil des travaux maritimes;

Un secrétaire archiviste.

---

(1) Les décrets des 20 février et 20 juin 1810 sont inédits. *Voy.* décrets du 13 fructidor an 13, du 4 août 1811, du 22 décembre 1812, du 31 janvier 1813; ordonnances du 27 février 1815, du 18 septembre 1816.

Le président et les membres seront nommés par nous, sur la présentation de nos ministres secrétaires d'Etat de la guerre, de l'intérieur et de la marine.

Les deux secrétaires du comité du génie et du conseil général des ponts-et-chaussées assisteront aux séances de la commission, mais n'auront pas voix délibérative.

3. La présence de quatre membres, indépendamment du président et des secrétaires desdits comité et conseil, sera nécessaire pour délibérer. En cas de partage de voix, celle du président sera prépondérante.

En cas d'absence du président, la présidence sera dévolue momentanément au plus ancien des conseillers d'Etat membres de la commission.

4. Le comité des fortifications, le conseil général des ponts-et-chaussées, et l'inspection générale des travaux maritimes, pourront nommer, lorsqu'ils le jugeront nécessaire, un de leurs membres comme rapporteur chargé de soutenir leur opinion devant la commission et indiquer, s'il y a lieu, des moyens de conciliation.

5. Le président convoquera la commission ainsi que les rapporteurs des conseil et comité, et fera mettre sous ses yeux toutes les pièces envoyées.

Les rapporteurs du comité et du conseil seront entendus, et pourront assister à la discussion; mais ils se retireront au moment de la délibération.

6. Le président transmettra au ministre de chacun des départemens dont le concours aura été réclamé, un extrait de la délibération.

7. Si l'un des ministres ne croit pas devoir adhérer à la délibération de la commission, il portera l'affaire devant nous en notre conseil des ministres, pour qu'il y soit statué définitivement.

8. Les dispositions de l'ordonnance du 18 septembre 1816 sont maintenues en tout ce qu'elles n'ont pas de contraire à la présente ordonnance.

9. Nos ministres secrétaires d'Etat de la guerre, de l'intérieur et de la marine (vicomtes de Caux et Martignac et baron Hyde de Neuville) sont chargés, chacun en ce qui le concerne, de l'exécution de la présente ordonnance, qui sera insérée au Bulletin des Lois.

28 DÉCEMBRE 1828 = 14 JANVIER 1829. — Ordonnance du Roi qui fixe les points de sortie pour les boissons expédiées à l'étranger par la voie de terre. (8, Bull. 273, n° 10523.)

Charles, etc.

Vu les articles 5, 8 et 87 de la loi du 28 avril 1816;

Vu les articles 2 et 3 de l'ordonnance du 11 juin de la même année, et les dispositions de l'ordonnance du 20 mai 1818, qui fixe les points de sortie par la voie de terre;

Considérant que, depuis cette époque, de nouvelles routes ont été ouvertes au commerce, et que quelques points de sortie ne sont plus fréquentés, ce qui a obligé à modifier le tableau annexé à ladite ordonnance, et exige qu'il y soit encore fait des changemens;

Voulant favoriser autant qu'il est possible l'exportation des boissons à l'étranger, et concilier les besoins du commerce avec la surveillance;

Sur le rapport de notre ministre secrétaire d'Etat des finances,

Nous avons ordonné et ordonnons ce qui suit:

Art. 1er. Pour jouir de la franchise des droits prononcée par les articles 5 et 87 de la loi du 28 avril 1816, les boissons qui seront destinées à passer à l'étranger par la voie de terre devront, à compter du 1er février prochain, sortir par l'un des bureaux dénommés au tableau annexé à la présente.

2. Toutes dispositions contraires sont abrogées.

3. Notre ministre secrétaire d'Etat des finances (comte Roy) est chargé de l'exécution de la présente ordonnance, qui sera insérée au Bulletin des Lois.

Tableau des Lieux qui peuvent seuls être désignés comme points de sortie pour les boissons expédiées à l'étranger par la voie de terre.

NOMS.		
DÉPARTEMENS.	ARRONDISSEMENS	POINTS DE SORTIE.
AIN.	Belley.	Port de Cordon, Seissel.
	Gex.	Ferney, Pouilly-Saint-Genis.
ALPES (Hautes).	Briançon	Mont-Genève.
ARDENNES.	Rocroi	Givet, Gué-d'Hossus.
	Sedan.	La Chapelle, Messincourt.
DOUBS.	Montbelliard	Villars-sous-Blamont.
	Pontarlier	Echampey (les), Verrières-de-Joux, Villers.
GARONNE (Haute).	Saint-Gaudens.	Fos.
ISÈRE.	Grenoble	Chapareillan, Pont-Charras.
	La Tour-du-Pin.	Le Pont-de-Beauvoisin.
JURA.	Saint-Claude.	Les Rousses.
MEUSE.	Montmédy	Thonne-la-Long.
MOSELLE.	Briey	La Malmaison, Mont-Saint-Martin.
	Sarreguemines	Parling, Forbach, Frauenberg.
	Thionville.	Ottange, Roussy, Sierck, Tromborn.
NORD.	Avesnes.	Bettignies.
	Dunkerque.	Oost-Cappel, Zuidcoote.
	Hazebrouck	Hameau de la Beele, le Sceau.
	Lille	Armentières, Baisieux, Hallain.
	Valenciennes.	Blanc-Misseron, Bon-Secours.
PYRÉNÉES (Basses).	Bayonne	Ainhoa, Béhobie.
	Mauléon	Arnéguy.
	Oloron	Urdos.
PYRÉNÉES-ORIENTALES.	Céret	Le Per-Hus, Prats-de-Mollo, Saint-Laurent de Cerda.
	Prades	Bourg-Madame.
RHIN (Bas).	Strasbourg	Le Pont-du-Rhin, la Wantzenau.
	Wissembourg.	Lauterbourg, Wissembourg.
	Schelestadt.	Rhinau.
RHIN (Haut).	Altkirch.	Saint-Louis.
	Belfort	Delle.
	Colmar.	Artzenheim, Ile-de-Paille.
VAR	Grasse.	Saint-Laurent-du-Var.

Vu pour être annexé à l'ordonnance du 28 décembre 1828.

Le ministre secrétaire d'Etat des finances,

Signé ROY.

28 décembre 1828 = Pr. 26 février 1831. — Ordonnance du Roi (Charles X) qui autorise le duc de Padoue à échanger des biens provenant du majorat à lui constitué sur le domaine extraordinaire. (9, Bull. O. 45 *bis*, n° 3.)

Charles, etc.

Vu les demandes du sieur Arrichi de Casanova, duc de Padoue, titulaire d'un majorat auquel a été affecté un hôtel situé rue de la Chaussée-d'Antin, n° 11, provenant de l'ancien domaine extraordinaire, lesdites demandes tendantes à être autorisé :

1° A échanger la jouissance de mille trente-huit toises de terrain provenant des ci-devant Mathurins, lesquelles font partie du jardin de l'hôtel, et sont tenues à bail emphytéotique pour quatre-vingt-dix-neuf ans qui ont commencé à courir les 10 septembre 1768 et 16 février 1769, moyennant une redevance annuelle de six cent quatre-vingt-deux francs trente-neuf centimes, contre la propriété de cent toises de terrain à prendre dans les mille trente-huit toises, lesquelles cent toises seront réunies dès ce moment en usufruit et en toute propriété au jardin de l'hôtel ;

2° A vendre, après cet échange consommé, ledit hôtel, pour le prix en être employé soit en acquisition de rentes sur l'État, en actions de la Banque de France ou en immeubles, au choix du donataire ;

Vu les dispositions des décrets des 1er mars 1808 et 3 mars 1810, concernant la vente et le remploi des biens affectés aux majorats et dotations ;

Vu la loi du 15 mai 1818, relative à la vente des biens du domaine extraordinaire ;

Considérant qu'il est également dans l'intérêt du donataire et de celui de l'État d'aliéner les biens qui composent le majorat accordé, le 28 mars 1812, au sieur duc de Padoue ;

Sur le rapport de notre ministre secrétaire d'État des finances,

Nous avons ordonné et ordonnons ce qui suit :

Art. 1er. Le sieur duc de Padoue est autorisé à abandonner la jouissance de mille trente-huit toises de terrain provenant des ci-devant Mathurins, et comprises dans le jardin de l'hôtel affecté à son majorat, lesdits terrains tenus à baux emphytéotiques qui expireront les 10 septembre 1867 et 16 février 1868, sous la condition : 1° qu'il recevra du nu-propriétaire, en échange de son droit de jouissance, cent toises de terrain à prendre dans les mille trente-huit toises abandonnées, lesquelles cent toises seront réunies en propriété et usufruit à son majorat ;

2° Que les biens dudit majorat seront déchargés du paiement de la rente de six cent quatre-vingt-deux francs trente-neuf centimes dont ils sont grevés envers ledit nu-propriétaire ;

3° Que ce propriétaire renoncera, tant pour lui que pour ses successeurs et ayant-cause, à établir des jours ou autres servitudes sur le jardin de l'hôtel, dans le cas où des constructions viendraient à être élevées sur les neuf cent trente-huit toises dont la jouissance lui sera abandonnée ;

4° Que tous les frais auxquels l'échange peut donner lieu seront supportés, soit par ce nu-propriétaire, soit par le sieur duc de Padoue, selon les conventions qu'ils auront faites ou qu'ils feront à cet égard, sans que, dans aucun cas, il puisse en être attribué aucune portion à la charge de l'État.

2. Après la consommation du contrat d'échange, et après que notre ministre des finances aura reconnu qu'il est revêtu de toutes les formalités requises, et que la purge des hypothèques aura eu lieu, le sieur duc de Padoue jouira du délai d'une année à partir de cette reconnaissance, pour faire procéder à la vente de l'hôtel affecté à sa dotation.

3. La vente aura lieu devant le préfet de la Seine, dans les formes usitées pour l'aliénation des biens de l'État, et d'après une expertise dont le résultat servira de mise à prix.

4. Pour sûreté du paiement du prix, l'acquéreur sera tenu de fournir caution ou une hypothèque suffisante, jusqu'à concurrence de la moitié du montant d'estimation, et il ne pourra faire aucune démolition ni changement notable avant l'entier paiement du prix.

5. Le prix principal de la vente sera versé par l'acquéreur, aux termes fixés par l'adjudication, à la caisse des dépôts et consignations, et employé, sous la surveillance de l'administration des domaines et au choix du donataire, soit en actions de la Banque de France, soit en acquisitions de rentes cinq pour cent sur l'État qui seront immobilisées, soit en immeubles ; le tout conformément aux clauses des lettres d'investiture, et aux articles 68, 69 et suivans du décret du 1er mars 1808.

6. Les intérêts du prix d'acquisition seront payés directement par l'adjudicataire, entre les mains du sieur duc de Padoue, qui recevra également les intérêts des sommes qui seront versées à la caisse des dépôts et consignations.

7. Les frais d'expertise et de vente seront payés comptant par l'acquéreur en sus du prix principal.

8. Notre ministre secrétaire d'État des finances (M. le comte Chabrol) est chargé de l'exécution de la présente ordonnance.

---

28 décembre 1828 = 14 janvier 1829. — Ordonnance du Roi qui autorise des exploitations dans les bois de plusieurs communes et dans deux forêts royales. (8, Bull. 273, n° 10527.)

28 DÉCEMBRE 1828. — Ordonnances qui accordent des lettres de déclaration de naturalité aux sieurs Peeters et Clément. (8, Bull. 286, nᵒˢ 10973 et 10974.)

28 DÉCEMBRE 1828. — Ordonnance qui accorde des lettres de déclaration de naturalité au sieur Lagasse. (8, Bull. 296, nᵒ 11315.)

28 DÉCEMBRE 1828. — Ordonnance qui accorde des lettres de déclaration de naturalité au sieur Vicario dit Vicary. (8, Bull. 301, nᵒ 11534.)

28 DÉCEMBRE 1828. — Ordonnance qui accorde des lettres de déclaration de naturalité au sieur Badie. (8, Bull. 316, nᵒ 12156.)

28 DÉCEMBRE 1828. — Ordonnance qui autorise l'acceptation de dons et legs aux séminaires de Poitiers et de Reims, aux fabriques des églises de Vannes, de Varces et de Racrange. (8, Bull. 319, nᵒˢ 12312 et suiv.)

28 DÉCEMBRE 1828. — Ordonnance qui accorde des pensions de retraite à des militaires y dénommés, imputables sur le crédit spécial ouvert par la loi du 20 juin 1827. (8, Bull. 273 quater, nᵒ 1ᵉʳ.)

28 DÉCEMBRE 1828. — Ordonnance qui accorde des pensions de retraite à des militaires y dénommés, imputables sur le crédit de 1828 et 1829. (8, Bull. 273 quater, nᵒ 2.)

28 DÉCEMBRE 1828. — Ordonnance du Roi qui accorde des lettres de déclaration de naturalité au sieur Bourgeois. (8, Bull. 338, nᵒ 13374.)

28 DÉCEMBRE 1828. — Ordonnance qui fixe définitivement à douze le nombre des avoués près la cour royale d'Agen. (8, Bull. 272, nᵒ 10513.)

28 DÉCEMBRE 1828. — Ordonnance qui autorise le sieur Guillemardet à ajouter à son nom celui de Lamare. (8, Bull. 272, nᵒ 10514.)

28 DÉCEMBRE 1828. — Ordonnance qui accorde des pensions de retraite à des militaires y dénommés, imputables sur le crédit spécial d'un million huit cent mille francs. (8, Bull. 273 quater, nᵒ 3.)

28 DÉCEMBRE 1828. — Ordonnance qui admet les sieurs Becci et Golaz à établir leur domicile en France. (8, Bull. 272, nᵒ 10515.)

28 DÉCEMBRE 1828. — Ordonnance qui accorde des pensions à quatre anciens grands fonctionnaires de l'État. (8, Bull. 273 bis, nᵉ 3.)

31 DÉCEMBRE 1828 = Pr. 28 AOUT 1829. — Ordonnance du Roi portant établissement de l'enregistrement à la Martinique, à la Guadeloupe et ses dépendances, et à la Guiane française (1). (8, Bull. 312 bis.)

Charles, etc.

Sur le rapport de notre ministre secrétaire d'État de la marine et des colonies,

Nous avons ordonné et ordonnons ce qui suit :

TITRE PREMIER.

CHAPITRE PREMIER. De l'enregistrement des droits et de leur application.

Art. 1ᵉʳ. A dater de la promulgation de la présente ordonnance, la formalité de l'enregistrement sera établie dans nos colonies des Antilles et à la Guiane française, et les droits y seront liquidés et perçus d'après les bases et suivant les règles déterminées ci-après.

2. Les droits d'enregistrement sont fixes ou proportionnels, suivant la nature des actes et mutations qui y sont assujétis.

La perception de ces droits est réglée d'après la forme extérieure des actes ou la substance de leurs dispositions, sans égard à leur validité ni aux causes quelconques de résolution ou d'annulation ultérieures, sauf les exceptions prévues par la présente ordonnance.

3. Le droit fixe s'applique aux actes soit civils, soit judiciaires ou extrajudiciaires, qui

(1) On sait que le contrôle n'existait pas autrefois aux colonies. Voy. lois des 5 = 19 décembre 1790, art. 24, et 22 frimaire an 7, art. 70). Dans cette ordonnance se trouvent reproduites et combinées les dispositions de toutes les lois rendues sur la matière de l'enregistrement, notamment des lois des 22 frimaire an 7, 27 ventose an 9, 28 avril 1816, art. 37 et suivans; 16 juin 1824, et de plusieurs autres dont l'énumération complète se trouve placée dans mes notes sur la loi du 22 frimaire an 7. On a eu soin de réunir, en outre, toutes les solutions qui ont été fournies par la jurisprudence de la Cour de cassation, ou par les décisions de la régie et instructions ministérielles. Je me proposais de faire ressortir sur chaque disposition les motifs qui me paraîtraient l'avoir déterminée ; mais ce travail se trouve fait dans l'excellent rapport au Roi du ministre de la marine, en date du 31 décembre 1828, inséré à la suite de l'ordonnance. Ce rapport peut être consulté avec beaucoup d'utilité, non-seulement pour l'application de la présente ordonnance aux colonies, mais encore pour l'application des lois de l'enregistrement en France; car il offre un résumé très-clair des dispositions des lois qui se sont succédées sur cette matière, des arrêts de la Cour de cassation et des décisions de la direction de l'enregistrement sur les questions les plus importantes. Voy. ordonnances du 14 juin 1829, du 28 septembre 1830, du 22 septembre 1832.

ne contiennent ni obligation, ni libération, ni condamnation, attribution, collocation ou liquidation de sommes et valeurs, ni transmission de propriété, d'usufruit ou de jouissance de biens meubles ou immeubles.

Il sera perçu aux taux fixés par le chapitre Ier du titre II de la présente ordonnance.

4. Le droit proportionnel est établi pour les obligations, libérations, condamnations, attributions, collocations ou liquidations de sommes et valeurs, et pour toute transmission de propriété, d'usufruit ou de jouissance de biens meubles ou immeubles soit entre vifs, soit par décès.

Il est assis sur les valeurs.

Ses quotités sont réglées par le chapitre II du titre II de la présente ordonnance.

Il n'y a point de fraction de centime dans la liquidation du droit proportionnel : lorsqu'une fraction de somme ne produit pas un centime de droit, le centime est perçu au profit du Trésor ; sans que, dans aucun cas, ce droit puisse être au-dessous de vingt-cinq centimes.

5. Tous les actes civils et extrajudiciaires sont enregistrés sur les minutes, brevets ou originaux.

6. Les actes judiciaires sont également soumis à l'enregistrement sur les minutes, brevets ou originaux, suivant les distinctions ci-après :

1° *En matières civile et de commerce,* tous les actes et jugemens, de quelque nature qu'ils soient, émanés des juges ou des greffiers, sans exception.

2° *En matières de police et de police correctionnelle,* les actes de dépôt et décharge, faits au greffe par les parties, les ordonnances de mise en liberté provisoire sous caution, les cautionnemens, les ordonnances sur requête, et tous les jugemens définitifs rendus à l'audience publique, les actes d'appel et ceux de recours en cassation, et les certificats délivrés en brevet.

3° *En matière criminelle,* les actes de dépôt et de décharge au greffe pour toutes personnes autres que les prévenus, dans le cas seulement où il y a partie civile en cause, les jugemens et arrêts définitifs rendus à l'audience publique, aussi seulement lorsqu'il y a partie civile, les cautionnemens, les actes d'appel, les recours en cassation par les parties civiles, ainsi que les ordonnances rendues sur leurs requêtes et les certificats délivrés en brevet.

7. Les actes des administrations et des établissemens publics qui sont soumis à l'enregistrement sur la minute sont : 1° les actes translatifs de propriété, d'usufruit ou de jouissance de biens meubles et immeubles ; 2° les traités et marchés de toute nature, à prix convenu, aux enchères, au rabais ou par soumissions ; 3° les cautionnemens et renforts de cautions y relatifs ; 4° les prestations de serment des employés et comptables salariés pour entrer en fonctions ; 5° les procès-verbaux désignés au n° 41 du § II de l'article 91.

8. Il n'est dû aucun droit d'enregistrement pour les extraits, copies ou expéditions des actes dont les minutes ont dû être enregistrées.

Les extraits et copies collationnées en sont seules passibles.

9. Dans le cas de transmission de biens, la quittance donnée, ou l'obligation consentie par le même acte, pour tout ou partie du prix entre les contractans, ne peut être sujette à un droit particulier d'enregistrement.

La quittance du prix de vente insérée dans une déclaration de command n'est pareillement sujette à aucun droit particulier.

Il en est de même si le prix est payé par la remise de billets souscrits par l'acquéreur et sans l'intervention d'un tiers.

Toutefois la donation ou la remise d'une partie du prix par le vendeur à l'acquéreur doit le droit qui lui est propre, quoique stipulée dans le même acte.

10. Lorsque dans un acte quelconque, soit civil, soit judiciaire ou extrajudiciaire, il y a plusieurs dispositions indépendantes ou ne dérivant pas nécessairement les unes des autres, il est dû par chacune d'elles, et selon son espèce, un droit particulier.

Il est également dû plusieurs droits, lorsqu'une seule disposition concerne plusieurs personnes ayant des intérêts distincts et indépendans les uns des autres.

La quotité des divers droits est déterminée par l'article de la présente ordonnance dans lequel la disposition se trouve classée, ou auquel elle se rapporte.

S'il n'y a lieu qu'à un seul droit, il doit être établi sur la disposition principale, et non sur celle qui en dérive et qui n'en est que l'accessoire.

11. Les biens immeubles par leur destination ou par l'objet auquel ils s'appliquent sont assujétis aux mêmes droits que les immeubles par nature.

12. Lorsqu'un acte de vente comprend des meubles et des immeubles, le droit d'enregistrement est perçu sur la totalité du prix, au taux réglé pour les immeubles, à moins qu'il ne soit stipulé un prix particulier pour les objets mobiliers, et que ces objets ne soient détaillés et estimés, article par article, dans le contrat, ou par un état y annexé, ou par un inventaire antérieur constatant ce détail et rappelé dans l'acte.

13. La mutation d'un immeuble en propriété ou en usufruit est suffisamment établie pour la demande du droit d'enregistrement et la poursuite du paiement contre le nouveau possesseur, soit par le recensement qu'il

aura fait de ses biens, soit par l'inscription de son nom au rôle de la contribution foncière, et des paiemens par lui faits d'après ce rôle, soit par des baux par lui passés, ou enfin par des transactions ou tous autres actes constatant sa propriété ou son usufruit.

A défaut d'actes, ou lorsque les nouveaux possesseurs prétendront qu'il n'existe pas de conventions écrites entre eux et les précédens propriétaires ou usufruitiers, il y sera suppléé par des déclarations détaillées et estimatives.

14. La jouissance à titre de ferme, de location ou d'engagement d'un immeuble, est aussi suffisamment établie pour la demande et la poursuite du paiement des droits des baux et engagemens non enregistrés, par les actes qui la font connaître ou par des paiemens de contributions imposées aux fermiers, locataires et détenteurs temporaires, sans que la présente disposition s'applique aux baux par conventions verbales ni par tacites reconductions.

15. Les actes passés en pays étrangers, ou dans les colonies françaises où l'enregistrement n'est pas établi, quel que soit leur objet, et les actes passés dans les Antilles françaises et à la Guiane française, et relatifs à des droits, actions ou biens meubles situés dans les pays étrangers ou dans les colonies françaises où l'enregistrement n'est pas établi, paieront les mêmes droits que les actes de même nature passés aux Antilles françaises et à la Guiane française pour des biens qui y seraient situés.

Sont seuls exceptés de ces dispositions les actes translatifs de propriété, d'usufruit ou de jouissance de biens immeubles situés en pays étrangers, qui ne paieront qu'un droit fixe.

Les actes qui ne seraient pas rédigés en langue française ne seront enregistrés que sur une traduction authentique.

A l'égard des actes enregistrés en France, ou dans une colonie française, ils seront de nouveau soumis à cette formalité dans la colonie, avant qu'il puisse en être fait aucun usage public, mais il ne sera perçu aucun droit fixe dans le cas où la perception déjà faite serait égale ou supérieure à celle déterminée par la présente ordonnance, et, dans le cas où elle serait inférieure, il y aura lieu d'acquitter le complément des droits auxquels ces actes sont assujétis par leur nature.

CHAPITRE II. Des valeurs et des bases sur lesquelles le droit proportionnel est assis, et de l'expertise.

SECTION PREMIÈRE. Des valeurs et des bases.

16. La valeur de la propriété, de l'usufruit et de la jouissance *des biens meubles*, est dé-terminée, pour la liquidation et le paiement du droit proportionnel, ainsi qu'il suit, savoir :

1° Pour les baux et locations, les sous-baux, cessions, subrogations et résiliations de baux, *par le total formé du prix et des charges de toutes les années du terme le plus long auquel la jouissance puisse s'étendre, pourvu que la durée du bail soit limitée.*

2° Pour les créances à terme, leurs cessions, transports ou délégations et autres actes obligatoires, *par le capital exprimé dans l'acte et qui en fait l'objet, sans y comprendre les intérêts à échoir, ni aucune somme réunie au capital et qui ne serait que la représentation de ces intérêts.*

Les délégations de prix stipulées dans un contrat pour acquitter des créances à terme envers un tiers donnent lieu au droit proportionnel, lorsque le créancier délégataire est présent au contrat; et, s'il est absent, ce droit devient exigible sur tout acte ultérieur duquel il résulte que ce créancier a reconnu la délégation ou qu'il a agi en conséquence, même sans acceptation expresse et sans décharger son premier débiteur.

En cas de quittance d'à-compte donné par le créancier au débiteur délégué, le droit de la délégation sera payé sur la quittance pour le restant dû par ce dernier.

Si le contrat n'énonce pas de titre enregistré au profit du créancier délégataire non présent, le droit d'obligation sera perçu sur le montant de la créance, sauf restitution dans le délai prescrit, en cas de représentation du titre enregistré; mais, si le créancier délégataire est présent au contrat, il ne pourra être perçu qu'un seul droit pour l'obligation et la délégation consenties par le même acte.

3° Pour les quittances et tous autres actes de libération, *par le total des sommes ou capitaux dont le débiteur demeure libéré, ou dont la remise se trouve consentie par le créancier, excepté par acte de concordat après faillite.*

Quant aux intérêts échus, le droit n'est dû que sur leur paiement ou leur remise, reconnus par les parties.

Les sommes balancées en recette et en dépense, dans les comptes des mandataires et des tuteurs, ne devront aucun droit, si le compte est réglé par acte sous seing privé, selon ce qui est autorisé par l'art. 32 ci-après.

Si le compte est arrêté par acte public, il n'y aura de soumis au droit de quittance que les recettes et les dépenses justifiées par des pièces écrites autres que celles exemptes de la formalité par le n° 8 du § III de l'article 93 de la présente ordonnance, et qui n'auraient pas été enregistrées avant d'en faire usage:

Sans préjudice, dans l'un et l'autre cas, des droits dus sur le reliquat.

4° Pour les marchés et traités, *par les prix*

exprimés, ou par l'évaluation qui sera faite
des objets qui en seront susceptibles;

5° Pour les ventes et autres transmissions
à titre onéreux, *par le prix exprimé et le ca-*
pital des charges qui peuvent ajouter aux
prix, ainsi que le capital des rentes dont le
service est imposé à l'acquéreur;

6° Pour les créations de rentes soit perpétuelles, soit viagères, ou de pensions aussi à
titre onéreux, *par le capital constitué et*
aliéné;

7° Pour les cessions, transports ou délégations desdites rentes ou pensions, et pour
leur amortissement ou rachat, *par le capital*
constitué, quel que soit le prix stipulé pour
le transport, la délégation ou l'amortisse-
ment;

8° Pour les rentes et pensions créées sans
expression de capital, pour leur transport,
délégation et amortissement, *à raison d'un*
capital formé de douze fois la rente perpé-
tuelle, et de six fois la rente viagère ou la
pension, quel que soit le prix stipulé pour le
transport, la délégation ou l'amortissement.

Il ne sera fait aucune distinction entre les
rentes viagères et pensions créées sur une
tête, et celles créées sur plusieurs têtes, quant
à l'évaluation.

Les rentes et pensions stipulées payables
en nature seront évaluées aux mêmes capitaux, estimation préalablement faite des objets d'après le taux commun résultant des
mercuriales ou parères des trois dernières
années de la commune de la situation des
biens, à la date de l'acte, s'il s'agit d'une
rente créée pour aliénation d'immeubles, ou,
dans tout autre cas, d'après le prix moyen
des mercuriales ou parères des trois dernières années du lieu où l'acte aura été passé.

Il sera rapporté, à l'appui de l'acte, un
extrait certifié des mercuriales, ou un parère signé par trois négocians patentés ou
par trois propriétaires, suivant le nature de
l'objet à estimer.

S'il est question d'objets dont le prix ne
puisse être réglé par les mercuriales ou parères, les parties en feront une déclaration
estimative.

9° Pour les transmissions entre-vifs, à titre
gratuit, et celles qui s'opèrent par décès,
par la déclaration estimative des parties,
sans distraction des charges, à l'exception
seulement de celles qui seraient établies par
titres authentiques ou ayant date certaine
antérieure au décès, faits sans dol ni fraude,
et à la charge d'en affirmer l'existence réelle
au jour du décès, devant le juge-de-paix, par
un acte qui sera annexé à la déclaration, sur
la réquisition qui pourrait en être faite par
le préposé de l'enregistrement.

10° Pour les transmissions d'usufruit à titre
gratuit, par la moitié de la valeur entière
de l'objet.

Dans le cas de transmission par adjudication publique des biens compris au précédent article, le prix et les charges serviront
seuls de base au droit de mutation.

17. La valeur de la propriété, de l'usufruit
et de la jouissance *des immeubles,* est déterminée, pour la liquidation et le paiement du
droit proportionnel, ainsi qu'il suit, savoir:

1° Pour les baux à ferme ou à loyer, les
sous-baux, cessions, subrogations et résiliations de baux, *par le total formé du prix et*
des charges de toutes les années du terme le
plus long auquel la jouissance puisse s'éten-
dre, pourvu que la durée du bail soit limitée.

Si le prix et les charges sont stipulés payables en nature, il en sera fait une évaluation
d'après le taux moyen des trois dernières années à la date de l'acte des mercuriales ou
parères de la commune où sont situés les
biens, et il sera produit un extrait certifié
desdites mercuriales, ou un parère signé par
trois négocians patentés ou trois propriétai-
rés, suivant la nature des objets à estimer.

Il en sera de même des baux à portion de
fruits, pour la part revenant au bailleur, dont
la quotité sera préalablement déclarée, et sur
la valeur de laquelle le droit d'enregistrement
sera perçu.

S'il s'agit d'objets dont la valeur ne puisse
être constatée par les mercuriales ou parères,
les parties en feront une déclaration estimative.

2° Pour les baux à rentes perpétuelles et
ceux dont la durée est illimitée, *par un capi-*
tal formé de douze fois la rente, ou le prix
annuel, et les charges aussi annuelles, en y
ajoutant également les autres charges en ca-
pital et les deniers d'entrée, s'il en est sti-
pulé.

Les objets en nature s'évaluent comme ci-
dessus.

3° Pour les baux à vie, sans distinction de
ceux faits sur une ou plusieurs têtes, *par un*
capital formé de six fois le prix et les charges
annuelles, en y ajoutant de même le montant
des deniers d'entrée et des autres charges,
s'il s'en trouve d'exprimé.

Les objets en nature s'évaluent pareillement comme il est prescrit ci-dessus.

4° Pour les échanges, *par le revenu cons-*
taté par les baux courans à la date de l'acte,
et, à défaut, par une évaluation qui doit être
faite en capital, d'après le revenu multiplié
par douze: le tout sans distraction des charges.

5° Pour les engagemens ou antichrèses,
par les prix et sommes pour lesquels ils sont
faits.

6° Pour les ventes, adjudications, cessions,
rétrocessions, résiliations, licitations, et tous
autres actes portant transmission de propriété
ou d'usufruit à titre onéreux, *par le prix ex-*
primé, en y ajoutant toutes les charges, même
celles éventuelles, et les rentes en capital dont

le service est imposé à l'acquéreur, ou par une estimation d'experts, ainsi qu'il est prescrit au chapitre II ci-après.

Si le prix exprimé comprend les frais du contrat et des intérêts à échoir postérieurement au trimestre de l'entrée en jouissance de l'acquéreur, il en sera fait déduction, pour ne percevoir le droit que sur le capital revenant au vendeur.

Dans le cas où la fixation du prix est laissée à l'arbitrage d'un tiers, la déclaration de la valeur devra être faite au pied de l'acte par les parties, conformément à l'article 23 ci-après.

La réserve de jouissance pour un temps quelconque postérieur au paiement du prix de l'aliénation doit être regardée comme une charge dont il faut cumuler l'évaluation en capital avec le prix exprimé dans le contrat, excepté quand cette réserve n'a pour objet que le terme courant, lors de la vente, des revenus à échoir.

Le contrat aléatoire entre des acquéreurs qui ont contribué au prix, même par portions inégales, et par lequel la totalité de l'acquisition doit appartenir au survivant, ne donne lieu à aucun droit particulier sur le contrat, ni à l'évènement.

7° Pour les ventes de nues-propriétés, même celles qui sont faites par le même acte que l'usufruit (1) à une autre personne, *par tout ce qui forme le prix de la nue-propriété, en y ajoutant moitié en sus, et le droit sera perçu sur la totalité.*

Mais il ne sera dû aucun autre droit pour la réunion de l'usufruit à la propriété; cependant, si elle s'opère par un acte de cession, et que le prix soit supérieur à l'évaluation qui en aura été faite pour régler le droit de la translation de propriété, il est dû un droit, par supplément, sur ce qui se trouve excéder cette évaluation : dans le cas contraire, l'acte de cession est enregistré pour le droit fixe.

8° Pour les transmissions entre-vifs et à titre gratuit de propriétés entières ou de nues-propriétés, et pour celles qui s'effectuent par décès, *par le prix des baux courans à l'époque de la mutation, et, à défaut de baux, par l'évaluation qui sera faite du revenu et porté à douze fois le produit des biens, sans distraction de dettes ni charges quelconques.*

Il ne sera rien dû pour la réunion de l'usufruit à la propriété lorsqu'elle s'opérera naturellement et sans acte, et que le droit aura été acquitté sur la valeur entière; et, dans ce cas, l'acte entre-vifs de la réunion de l'usu-

fruit ne paiera que le droit fixe d'enregistrement.

9° Pour les transmissions d'usufruit seulement, soit entre-vifs à titre gratuit, soit par décès, *par le prix des baux courans à l'époque de la donation ou du décès, ou, à défaut de baux, par l'évaluation du revenu qui sera porté à six fois le produit des biens, aussi sans distraction de dettes ni charges.*

Lorsque l'usufruitier qui aura acquitté le droit d'enregistrement pour son usufruit acquerra la nue-propriété, il paiera le droit d'enregistrement sur sa valeur, sans qu'il y ait lieu de joindre celle de l'usufruit.

Dans tous les cas prévus au présent article, l'usufruit et la nue-propriété, transmis pour un seul prix, s'évaluent chacun à la moitié de la valeur entière.

18. Les droits de mutation des actes, qualifiés par les parties donations entre-vifs, ne sont exigibles que lorsque ces donations sont acceptées, ou sur l'acte postérieur qui constate cette acceptation, et les règles générales ci-après énoncées seront suivies pour la liquidation de ces droits :

1° Il ne sera fait aucune distinction entre celles à titre gratuit et celles à titre onéreux;

2° Les réserves de l'art. 946 du Code civil doivent être déduites des biens donnés pour ne percevoir les droits que sur le surplus, mais les charges de l'art. 1086, faisant provisoirement partie de la donation, doivent supporter le droit, sauf restitution à l'évènement;

3° Les droits devant être perçus sur l'intégralité des biens compris dans la donation, il n'en sera dû aucun pour les sommes d'argent que le donataire pourrait être chargé de payer à des tiers, à titre de libéralité;

4° Toutes les donations consenties par contrat de mariage ne paieront que la moitié des droits fixés par les différens paragraphes dans lesquels elles se trouvent classées · la même réduction aura lieu pour l'acte de délivrance d'immeubles en nature, et en tenant compte de ceux déjà perçus comme donation mobilière, lorsque le contrat aura réservé aux futurs et aux donateurs la faculté d'acquitter ultérieurement la dot en meubles ou en immeubles;

5° La condition imposée à un donataire de renoncer à demander compte et partage, pendant plus de cinq ans ou pour un temps indéterminé, d'une communauté ou d'une succession ouverte et indivise avec le donateur, donne ouverture au droit d'abandon d'usufruit, et à celui de vente, si le donateur est autorisé à disposer de la propriété des biens desdites communauté ou succession, ou lors-

___

(1) Il faut évidemment lire : « Pour les ventes « de nues-propriétés, même celles qui sont faites « par le même acte que *la vente de l'usufruit.* »

28.

C'est ainsi que la disposition est rédigée dans l'ordonnance du 19 juillet 1829, relative à l'île Bourbon.

38

que la donation est stipulée pour remplir le donataire de ses droits dans les mêmes biens;

6° Le paiement de la dot promis ou effectué par un autre que le donateur donne ouverture au droit d'obligation, indépendamment de celui dû pour la donation; ou à celui de cession, si ce paiement a pour objet de remplir le donataire de ses droits dans les biens indivis.

19. Le droit d'enregistrement sur les transactions sera réglé selon la nature des droits apparens et l'état de possession des parties, au moment de l'acte, et sans égard à leurs droits réels, dont l'appréciation n'appartient souverainement qu'aux tribunaux.

20. A l'égard des transmissions par décès :

1° Il n'est dû qu'un seul droit à raison d'une hérédité; ce droit est perçu sur la portion attribuée dans la masse à l'héritier ou aux légataires, en raison du degré de parenté ou de leur qualité;

2° Dans le cas de communauté de biens, les droits ne sont appliqués qu'après la déduction des reprises de l'époux survivant, et d'après les attributions de l'acte de partage définitif, revêtu de toutes les formalités légales, et sans qu'il y ait lieu à aucun droit pour raison des différentes attributions des ameublissemens consentis par contrat de mariage, et dans le cas seulement où ces ameublissemens sont déterminés;

3° Les absens sont censés n'avoir recueilli aucun droit dans les successions ouvertes depuis leur absence, lorsque leur existence, à l'époque de l'ouverture de ces successions, n'est pas prouvée; la même disposition s'applique aux militaires et aux marins, même avant que leur absence ait été déclarée;

4° Les biens constitués en majorat ne doivent que le droit de mutation de simple usufruit; il doit être payé par l'appelé et par la veuve par proportion, sans qu'il puisse être réclamé contre la succession du titulaire décédé;

5° Les biens meubles ou immeubles légués pour remplir le légataire d'une créance sur le testateur paieront les droits de mutation par décès, en raison du degré de parenté ou de la qualité de ce légataire.

21. Pour liquider les droits des soultes de partages à payer par un lot comprenant des biens de diverses natures, la soulte s'imputera d'abord sur les rentes sur l'Etat exemptes du droit de mutation, et successivement sur les biens soumis à la moindre perception en finissant par la plus élevée; à moins que des imputations spéciales de la soulte ne soient déterminées dans l'acte.

Seront considérées comme soultes les portions de dettes et charges que l'un des copartageans supporterait au-delà de sa portion virile au moyen d'une augmentation donnée à son lot, ainsi que les biens abandonnés pour

le remplir de ses créances personnelles contre le défunt, sous la déduction, toutefois, de sa portion virile dans la succession. Il en sera de même pour les biens employés dans la formation des lots et qui seraient pris hors de la masse à partager; mais l'usufruit et la nue-propriété du même bien de la masse attribuée à deux lots différens ne produisent pas de soulte.

Les portions attribuées à un héritier, dans le rapport fait par son cohéritier, de biens reçus par acte enregistré, ne donnent lieu à aucun droit particulier, cet héritier étant censé les avoir reçues immédiatement du défunt qui s'en était dessaisi de son vivant : les sommes reconnues avoir été reçues de ce dernier sans acte enregistré donnent ouverture au droit de mutation par décès.

22. La perception des droits sur les jugemens est déterminée par l'ensemble des parties dont ils se composent, et qui sont le point de fait, le point de droit, les motifs et le dispositif.

Lorsqu'un jugement ou un autre acte judiciaire portant condamnation, collocation, attribution, ou liquidation de sommes ou valeurs mobilières, sera rendu sur une demande non établie par un titre enregistré, et qui ne serait pas exempt de la formalité de l'enregistrement, le droit auquel l'objet de la demande aurait donné lieu, s'il avait été convenu par un acte antérieur, sera perçu indépendamment du droit dû pour la disposition judiciaire, quand même la convention serait verbale.

Toutefois, les portions de créances, à l'exclusion des prix d'objets immobiliers, résultant de conventions verbales et qui auraient été acquittées avant la demande, ne donneront lieu à aucun droit de titre; mais si le jugement n'avait pour objet qu'un à-compte d'une plus forte créance non encore exigible en totalité, ou un terme d'un marché devant recevoir ultérieurement son exécution, il y aurait lieu de percevoir les droits dus à raison du surplus de ces conventions verbales dont l'existence se trouverait constatée pour l'avenir par le jugement.

Les demandes d'intérêts échus ayant pour objet d'en former un nouveau capital productif d'intérêts donneront lieu au droit de titre, indépendamment du droit de la liquidation judiciaire, quoique le capital de la créance soit établi par un titre enregistré.

Dans le cas de condamnations en garantie autres que celles prononcées contre des débiteurs solidaires et des endosseurs d'effets négociables, les droits en seront perçus en outre sur le jugement.

Sont exceptées de ces dispositions les contributions au marc le franc dont les titres, pouvant être produits sans enregistrement préalable, selon l'art. 56, ne donneront lieu à aucune perception indépendante du droit de collocation; mais cette exception sera sans effet pour tout autre usage qui pourrait être fait des mêmes titres.

Lorsque les droits proportionnels auront été acquittés pour un jugement rendu par défaut ou infirmé sur appel, la perception, sur le jugement ou l'arrêt intervenu, n'aura lieu que sur le supplément des condamnations, s'il en est prononcé : il en sera de même à l'égard des exécutoires.

S'il n'y a pas de supplément de condamnation, ou si le dernier jugement ou arrêt n'ordonne que la restitution des sommes qui auraient été payées en exécution du premier jugement, il ne sera dû que le droit fixe, qui sera toujours le moindre droit à percevoir sur chacune des dispositions des jugemens et arrêts.

23. Si les sommes et valeurs, ainsi que les dettes et charges, ne sont pas déterminées dans un acte ou un jugement donnant lieu au droit proportionnel, les parties seront tenues d'y suppléer, avant l'enregistrement, par une déclaration estimative, affirmée véritable et signée au pied de l'acte.

Section II. De l'expertise.

24. Lorsque, dans un acte translatif de propriété ou d'usufruit de biens immeubles, le prix réuni aux charges paraîtra inférieur à leur valeur vénale à l'époque de l'aliénation, par comparaison avec les fonds voisins de même nature, le receveur de l'enregistrement pourra requérir une expertise, pourvu qu'il en fasse la demande dans l'année à compter du jour de l'enregistrement du contrat.

Il en sera de même à l'égard des ventes à réméré, des ventes à rentes viagères sans expression de capital, des ventes de droits successifs et des soultes de partage.

Ces dispositions ne s'appliquent point aux adjudications faites avec les formalités judiciaires.

25. La demande en expertise sera faite au tribunal de première instance de la situation des biens, par une requête portant nomination de l'expert du Gouvernement; elle sera signifiée avec sommation à la partie de nommer son expert, dans le délai de l'année mentionné dans l'article précédent.

Lorsque les biens seront situés dans le ressort de plusieurs tribunaux, la demande sera portée exclusivement au tribunal dans le ressort duquel se trouve le chef-lieu de l'exploitation, ou, à défaut de chef-lieu, la partie des biens qui présente le plus grand revenu.

L'expertise sera ordonnée par ce tribunal dans les vingt jours de la demande; en cas de

refus ou de retard par la partie de nommer son expert dans ledit délai, il lui en sera nommé un d'office par le tribunal, sans qu'il soit besoin de l'appeler de nouveau, mais elle sera assignée pour être présente à la prestation de serment des experts qui aura lieu devant le juge-de-paix du canton de la principale situation des biens.

Les experts, en cas de partage, appelleront un tiers-expert; s'ils ne peuvent en convenir, le juge-de-paix qui aura reçu le serment des experts y pourvoira.

Le procès-verbal d'expertise sera rapporté, au plus tard, dans le mois qui suivra la remise qui aura été faite aux experts de l'ordonnance du tribunal, ou dans le mois après l'appel du tiers-expert.

Les frais de l'expertise seront à la charge de l'acquéreur, mais seulement lorsque l'estimation excédera d'un huitième au moins le prix énoncé au contrat.

L'acquéreur sera tenu, dans tous les cas, d'acquitter le droit sur le supplément d'estimation, s'il y a une plus-value constatée par le rapport des experts.

Le tiers-expert n'est point obligé d'adopter exclusivement l'opinion de l'un des deux experts, et les juges ne pourront surseoir à la demande en expertise, ni y suppléer par une autre évaluation; mais ils pourront ordonner une seconde expertise, en cas d'insuffisance de la première, et dans la même forme.

26. Il y aura lieu également à requérir l'expertise des revenus, dans tous les cas où ils doivent servir de base au droit de mutation des immeubles transmis en propriété ou usufruit, lorsque l'insuffisance ne pourra être établie par des baux, et, à leur défaut, par d'autres actes qui puissent faire connaître le véritable revenu des biens.

La demande devra en être faite dans les deux ans à compter du jour de l'enregistrement de l'acte de mutation ou de la déclaration après décès.

On procédera comme en l'article précédent, et les frais de l'expertise seront à la charge de la partie, dans le cas prévu au même article.

27. Les expertises faites à la requête des parties pourront leur être opposées, pourvu qu'à défaut de baux elles aient établi le revenu au jour de la mutation, relativement à celles qui font l'objet de l'article précédent; et la valeur capitale à l'époque du contrat, pour les mutations auxquelles l'article 24 est applicable.

Mais, dans aucun cas, les parties ne seront admises à se prévaloir de ces expertises ni à en requérir aucune pour fixer les bases de la liquidation des droits d'enregistrement.

38.

Chapitre III. Des délais.

28. Les délais pour faire enregistrer les actes publics sont, savoir :

1° De quatre jours, pour ceux des huissiers et tous autres ayant pouvoir de faire des exploits et procès-verbaux.

A l'égard de ceux de ces actes qui seraient faits dans un lieu où il n'existerait pas de bureau d'enregistrement, et lorsqu'il n'en existera pas non plus dans le lieu de la résidence du fonctionnaire, le délai sera de de six jours; et s'il y a eu, par force majeure, empêchement légitime à leur présentation, ce délai sera augmenté d'autant de jours, plus un, que l'empêchement aura duré, ce qui devra être constaté dans le chef-lieu du canton par le visa du juge-de-paix ou de son suppléant, et, dans les autres communes, par le visa du commissaire-commandant de la commune, ou de son lieutenant; le receveur de l'enregistrement fera mention de ce visa, tant sur son registre que sur l'acte, sous peine d'être responsable de l'amende.

2° De dix jours, pour les actes des notaires qui résident dans la commune où le bureau de l'enregistrement est établi;

3° De quinze jours, pour ceux des notaires qui n'y résident pas; dans le cas d'empêchement par force majeure, les dispositions du n° 1er ci-dessus seront applicables.

Lorsque, toutes les parties n'ayant pu signer le même jour, les actes des notaires porteront plusieurs dates, le délai de dix jours ou de quinze jours ne courra que de la dernière date de l'acte.

4° De vingt jours pour les actes judiciaires en minute, et pour ceux dont il ne reste pas de minute au greffe ou qui se délivrent en brevet;

Pour les adjudications de biens meubles ou immeubles, quoique frappées d'appel, surenchère ou folle-enchère;

Et pour les jugemens des arbitres, à partir de leur acte de dépôt.

Sont exceptés les actes ci-après énoncés, qui pourront n'être enregistrés que lorsque les parties en demanderont l'expédition et avant qu'elle puisse être délivrée, savoir :

Les jugemens de remise de causes, autres que ceux qui ont pour objet des productions de pièces, des preuves ou des comparutions ordonnées;

Les radiations de causes, autres que celles dont les frais demeurent à la charge des avoués;

Les nominations des juges rapporteurs, et les mentions d'opposition à jugement faites au greffe sur le registre à ce destiné;

Les jugemens de nomination d'un nouveau juge-commissaire, pour l'empêchement d'un juge précédemment nommé par un jugement enregistré;

Et généralement tous les actes et jugemens n'ayant pour objet que l'ordre intérieur des tribunaux.

Sont encore exceptés dudit délai les procès-verbaux d'ordre et de contribution arrêtés définitivement par le juge-commissaire, pourvu toutefois qu'ils soient enregistrés avant la délivrance d'aucun mandement ou bordereau.

5° De vingt jours pour les actes des administrations et des établissemens publics assujétis à l'enregistrement par l'article 8 de la présente ordonnance.

A l'égard de ceux de ces actes qui ne doivent avoir d'exécution qu'après avoir été approuvés par l'autorité supérieure, le délai ne courra que du jour où cette approbation sera parvenue à l'autorité qui doit les mettre à exécution, à la charge de faire mention de la condition suspensive dans l'acte, et d'annoter, à l'article du répertoire, la date de la réception de l'approbation.

29. Si, dans les cas prévus par l'article 60 ci-après, un acte contient plusieurs vacations de différentes dates, chaque vacation sera enregistrée dans son délai.

30. Les testamens reçus par les notaires, ou déposés chez eux par les testateurs, seront enregistrés dans les trois mois du décès des testateurs, à la diligence des héritiers, donataires, légataires ou exécuteurs testamentaires.

Il en sera de même des actes de suscription des testamens mystiques dressés par les notaires.

31. Les actes qui seront faits sous signature privée, et qui porteront transmission de propriété ou d'usufruit de biens immeubles, et les baux à ferme et à loyer, sous-baux, résiliations, cessions et subrogations de baux, et les engagemens ou antichrèses, aussi sous signature privée, de biens de même nature, seront enregistrés dans les trois mois de leur date.

Les obligations contractées sous une condition suspensive exprimée dans l'acte devront également acquitter le droit proportionnel, dans les trois mois de l'accomplissement de l'évènement; à défaut d'acte public constatant le fait, la partie tenue du paiement des droits par l'article 41 sera obligée d'en faire la déclaration, au bureau où l'acte aura été enregistré provisoirement pour le droit fixe.

La déclaration prescrite par les art. 13 et 14, pour les transmissions par conventions verbales, devra être faite dans les trois mois de l'entrée en possession de droit, selon les art. 1583 et 1589 du Code civil.

Le même délai, à partir de l'acte de renonciation, s'appliquera aux veuves et héritiers qui renonceraient à la communauté ou à la succession après s'être rendus adjudicataires par acte de licitation dont les droits n'auraient été perçus que déduction faite de leur portion virile, à l'effet d'acquitter les droits sur le prix intégral de l'adjudication.

A l'égard des actes et conventions des espèces mentionnées dans les alinéa précédens, qui seront passés, soit en France, même en forme authentique, soit dans les colonies autres que les Antilles françaises et la Guiane française, soit en pays étrangers, et qui seront relatifs à des biens immeubles situés à la Martinique, à la Guadeloupe et dans ses dépendances, ou à la Guiane française, le délai sera, savoir :

1º De six mois, pour les actes passés dans les colonies des Antilles, autres que celles où l'enregistrement doit avoir lieu ;

2º D'un an, pour les actes passés dans les pays situés à l'ouest du cap de Bonne-Espérance et à l'est du cap Horn ;

3º De deux ans, pour les actes passés dans les pays situés à l'est du cap de Bonne-Espérance et à l'ouest du cap Horn.

32. Il n'y a point de délai de rigueur pour l'enregistrement de tous actes autres que ceux mentionnés en l'article précédent, qui seront faits sous signature privée, ou passés soit en France, même en forme authentique, soit en pays étrangers ou dans les colonies françaises où l'enregistrement n'aurait pas encore été établi ; mais il ne pourra en être fait aucun usage ni mention quelconque, soit dans un acte public, soit en justice, soit devant l'autorité administrative, s'ils n'ont été préalablement enregistrés dans la colonie.

Ces dispositions ne s'appliquent pas aux actes produits devant les conseils privés des colonies, lesquels sont dispensés pour cet usage de l'enregistrement, conformément à l'article 204 de l'ordonnance du 31 août 1828 sur le mode de procéder devant lesdits conseils.

Toutefois, mention des actes ci-dessus énoncés pourra être faite dans des actes sous seing privé, sans qu'il y ait lieu d'en exiger les droits, pourvu que les actes mentionnés ne soient pas de l'espèce de ceux désignés dans l'article précédent.

33. Les délais pour l'enregistrement des déclarations que les héritiers, donataires ou légataires auront à passer des biens à eux échus ou transmis par décès, courront à compter du jour du décès, et seront, savoir :

1º De six mois, lorsque le décès sera arrivé dans la colonie où la déclaration doit être faite ;

2º De neuf mois, lorsque le décès sera arrivé dans une colonie des Antilles autre que celle où la déclaration devra être faite ;

3º D'un an, lorsque le décès sera arrivé dans un pays situé à l'ouest du cap de Bonne-Espérance et à l'est du cap Horn ;

4º De deux ans, lorsque le décès sera arrivé dans un pays situé à l'est du cap de Bonne-Espérance et à l'ouest du cap Horn ;

Le délai de six mois ne courra que du jour de la mise en possession pour la succession d'un absent, et pour celle d'un militaire ou d'un marin, ou d'un employé civil, s'il est mort en activité de service hors de la colonie.

Si, avant les derniers six mois des délais fixés pour les déclarations de successions des personnes décédées hors de la colonie, leurs héritiers prennent possession des biens, ou font un acte quelconque qui suppose leur qualité d'héritiers, il ne restera d'autre délai à courir, pour passer déclaration, que celui de six mois à compter du jour de la prise de possession ou de la date de l'acte qu'ils auront fait ; et le droit sera dû dans tous les cas, sans qu'il soit nécessaire de prouver le décès de l'absent.

Le délai de six mois pour le paiement des droits de succession courra également contre les héritiers présomptifs d'un absent, envoyés en possession provisoire de ses biens, à compter du jour de cet envoi en possession, sans égard à l'acte de cautionnement.

En cas de retour de l'absent, les droits payés seront restitués sous la seule déduction de celui auquel la jouissance des héritiers aura donné lieu.

34. Dans tous les délais fixés par la présente ordonnance, le jour de la date de l'acte pour les actes non enregistrés, celui de l'enregistrement, ou celui de l'ouverture de la succession, ne sera point compté.

Si le dernier jour du délai se trouve être un dimanche ou un jour de fête légale, ce jour ne sera point compté non plus.

CHAPITRE IV. Des bureaux où les actes et mutations doivent être enregistrés.

35. Les notaires ne pourront faire enregistrer leurs actes qu'au bureau situé au chef-lieu du tribunal de première instance dans le ressort duquel ils résident.

Les huissiers et tous autres ayant pouvoir de faire des exploits, procès-verbaux ou rapports, feront enregistrer leurs actes, soit au bureau de leur résidence, soit au bureau du lieu où ils les auront faits.

Les greffiers et secrétaires des administrations et établissemens publics feront enregistrer les actes qu'ils sont tenus de soumettre à cette formalité, au bureau situé au chef-lieu du tribunal de première instance dans le ressort duquel ils exercent leurs fonctions.

Les actes sous seing privé, et ceux passés ailleurs que dans la colonie, pourront être enregistrés dans tous les bureaux indistinctement.

Il en sera de même des conventions verbales prévues par les art. 13 et 14.

36. Les mutations de propriété ou d'usufruit, par décès, seront enregistrées par une déclaration séparée et indépendante, faite dans chaque bureau de la situation des biens.

S'il s'agit d'une mutation, au même titre, de biens meubles, la déclaration en sera faite au bureau dans l'arrondissement duquel ils se seront trouvés au décès de l'auteur de la succession.

Les rentes, créances, actions mobilières, même les marchandises entreposées en pays étranger, et autres biens meubles sans assiette déterminée lors du décès, seront déclarés au bureau du domicile ou de la résidence du décédé dans la colonie : mais si le décédé était domicilié partout ailleurs que dans la colonie, la déclaration en sera faite au bureau dans l'arrondissement duquel ces biens se seront trouvés à l'époque du décès.

Les droits sur les legs de rentes en argent et de sommes d'argent en faveur de regnicoles seront acquittés au bureau du domicile du testateur, à raison du capital intégral desdites rentes et sommes, quoique assignées, en tout ou en partie, sur des biens situés à l'étranger ou dans des pays où l'enregistrement n'est pas établi.

Les héritiers, donataires ou légataires rapporteront à l'appui de leurs déclarations de biens meubles un inventaire ou état estimatif, article par article, par eux certifié, s'il n'a pas été fait par un officier public ; cet inventaire sera annexé à la déclaration.

Toutes déclarations faites par des héritiers, donataires ou légataires, leurs tuteurs ou curateurs, seront reçues et signées sur le registre du receveur de l'enregistrement après avoir été affirmées sincères et véritables par eux ou par leurs mandataires, dont le pouvoir spécial restera annexé à la déclaration.

CHAPITRE V. Du paiement des droits et de ceux qui doivent les acquitter.

37. Les droits des actes et ceux des mutations par décès seront payés avant l'enregistrement, au taux et suivant la quotité réglée par la présente ordonnance.

Nul ne pourra en atténuer ni différer le paiement, sous prétexte de contestations sur la quotité du droit, lors même qu'elles seraient portées devant les tribunaux, ni pour quelque autre motif que ce soit, sauf à se pourvoir en restitution, s'il y a lieu.

38. Les droits des actes à enregistrer seront acquittés, savoir :

1° Par les notaires, *pour les actes passés devant eux ;*

2° Par les huissiers et autres ayant pouvoir de faire des exploits et procès-verbaux, *pour ceux de leur ministère ;*

3° Par les greffiers, *pour les actes faits ou rédigés par eux, ou dont il est conservé minute au greffe, et pour les jugemens rendus à l'audience, sauf le cas prévu par l'art. 46 ci-après ;*

4° Par les officiers et secrétaires d'administrations et autres établissemens publics, *pour les actes de ces administrations qui sont soumis à la formalité de l'enregistrement, sauf aussi le cas prévu par l'article 46 ci-après ;*

5° Par les parties, *pour les actes sous signature privée et ceux passés ailleurs que dans la colonie, pour les ordonnances délivrées sur requête ou autrement, dont il n'est pas conservé minute au greffe, pour les certificats qui leur sont immédiatement délivrés par les juges, pour les procès-verbaux de cote et paraphe des livrets de marchands ; pour les actes et jugemens et autres des arbitres ;*

6° Et par les héritiers, légataires, donataires, tuteurs, curateurs ou exécuteurs testamentaires, *pour les testamens et autres actes de libéralité à cause de mort.*

39. Le paiement des droits est indivisible comme la formalité ; en conséquence, lorsqu'il y a lieu à plusieurs droits à raison d'un même acte, on ne peut acquitter ceux d'une disposition et laisser en suspens ceux des autres ; la totalité des droits doit être acquittée par les officiers publics ci-dessus désignés, ou par les parties qui requièrent l'enregistrement, ou qui sont tenues de faire enregistrer les actes, sauf leur recours contre qui de droit.

40. Les officiers publics qui, aux termes des dispositions précédentes, auraient fait, pour les parties, l'avance des droits d'enregistrement, pourront prendre exécutoire du juge-de-paix de leur arrondissement, pour en poursuivre le remboursement.

L'opposition qui serait formée contre cet exécutoire, ainsi que toutes les contestations qui s'élèveraient à cet égard, seront jugées conformément aux dispositions du chapitre IX du présent titre.

41. Les droits des actes civils et judiciaires emportant (1) obligation, libération ou transmission de propriété, d'usufruit ou de jouissance de meubles ou immeubles, et en général les droits de tous les actes, seront acquittés et supportés par les débiteurs ou les nouveaux possesseurs, ou par les parties aux-

---

(1) On lit dans le Bulletin *emporteront ;* il faut évidemment ici *emportant.*

quelles ces actes profiteront, lorsque, dans ces divers cas, il n'aura pas été stipulé de dispositions contraires dans les actes.

Les droits des actes extrajudiciaires et ceux des jugemens contradictoires ou par défaut seront acquittés par les parties à la requête desquelles ils seront faits, par les demandeurs ou par les parties civiles, sans préjudice des condamnations qui pourraient ensuite intervenir.

42. Les droits des mutations par décès seront payés par les héritiers, donataires ou légataires; les cohéritiers et colégataires en sont solidaires.

Les héritiers ou légataires universels sont tenus de faire l'avance des droits dus à raison des legs particuliers.

Ces dispositions s'appliquent aux héritiers et légataires sous bénéfice d'inventaire, et aux curateurs aux successions vacantes.

Le Gouvernement aura privilège pour le paiement des droits de mutation du jour de l'ouverture de la succession, sur les revenus des biens à déclarer, en quelques mains qu'ils se trouvent, soit à titre d'usufruit, soit à tout autre titre, pourvu que l'usufruit ait fait partie de la même succession; ce privilége s'exercera même contre les tiers-acquéreurs.

CHAPITRE VI. Des peines.

43. Les notaires qui n'auront pas fait enregistrer leurs actes dans les délais prescrits paieront personnellement, à titre d'amende, et pour chaque contravention, une somme de dix francs, s'il s'agit d'un acte sujet au droit fixe; et une somme égale au montant du droit, s'il s'agit d'un acte sujet au droit proportionnel, sans que, dans ce dernier cas, la peine puisse être au-dessous de dix francs.

Ils seront tenus en outre du paiement des droits, sauf leur recours contre les parties, pour ces droits seulement.

44. La peine contre un huissier ou autre agent ayant pouvoir de faire des exploits ou procès-verbaux sera, pour un exploit ou procès-verbal non présenté à l'enregistrement dans le délai prescrit, de cinq francs, et en outre d'une somme équivalente au montant du droit de l'acte non enregistré. L'exploit ou procès-verbal non enregistré dans le délai *est nul*, et le contrevenant sera responsable de cette nullité envers la partie.

Ces dispositions relativement aux exploits et procès-verbaux s'appliquent aux significations d'avoué à avoué; mais elles ne s'étendent pas aux procès-verbaux de ventes de meubles et autres objets mobiliers, ni à tout autre acte sujet au droit proportionnel; la peine, dans ce cas, sera d'une somme égale au montant du droit, sans qu'elle puisse être au-dessous de cinq francs : le contrevenant paiera en outre le droit dû pour l'acte,

sauf son recours contre la partie, pour ce droit seulement.

45. Les greffiers qui auront négligé de soumettre à l'enregistrement, dans les délais prescrits, les actes qu'ils sont tenus de présenter à cette formalité, paieront personnellement, à titre d'amende, et pour chaque contravention, une somme égale au montant du droit; ils acquitteront en même temps le droit, sauf leur recours pour ce droit seulement contre la partie.

Les dispositions du présent article s'appliquent aux officiers des administrations et établissemens publics, pour les actes qu'il leur est prescrit de faire enregistrer, s'ils ne les ont pas soumis à l'enregistrement dans les délais.

46. Sont néanmoins exceptés des dispositions de l'article précédent les jugemens rendus à l'audience publique, et les actes d'adjudication passés par des administrations en séance publique, lorsque les parties n'auront pas consigné aux mains des greffiers ou officiers et secrétaires des administrations et établissemens publics, dans le délai prescrit pour l'enregistrement, le montant des droits. Dans ce cas, le recouvrement, tant du droit que du double droit dû à titre de peine, sera poursuivi par le receveur, contre les adjudicataires ou contre les demandeurs, soit au principal, soit incidemment, soit reconventionnellement, ou contre les parties civiles, ou contre les parties auxquelles ces actes auront profité : toutefois la peine du double droit ne portera pas sur les droits dus à raison des conventions non enregistrées antérieures au jugement, si ces conventions n'étaient pas assujéties à la formalité dans un délai déterminé.

Pour l'exécution de ces dispositions, les greffiers, officiers et secrétaires des administrations et établissemens publics fourniront au receveur de l'enregistrement, dans les dix jours qui suivront l'expiration des délais, des extraits, par eux certifiés, des actes et jugemens dont les droits ne leur auront pas été remis par les parties, à peine d'une amende de cinq francs pour chaque dix jours de retard et pour chaque acte et jugement, et d'être, en outre, personnellement contraints au paiement du double droit. Il leur sera délivré, par les receveurs de l'enregistrement, des récépissés des extraits de ces actes et jugemens; ces récépissés seront inscrits sur les répertoires des greffiers et secrétaires.

47. Les actes sous signature privée et ceux passés en pays étranger, désignés dans l'article 31, et ceux passés en France, dans le cas prévu au même article, qui n'auront pas été enregistrés dans la colonie dans les délais déterminés, seront passibles du **double droit** d'enregistrement.

Il en sera de même pour les conventions soumises à une condition suspensive, et à l'égard des mutations qui s'opèrent au profit des veuves et héritiers adjudicataires par licitation, après les délais et dans les cas prévus par ledit article 31.

Les mutations par conventions verbales, dans les cas désignés au même article, seront passibles du droit en sus, lorsque la déclaration n'en aura pas été faite dans les trois mois du jour où la propriété est acquise de droit, aux termes des articles 1583 et 1589 du Code civil.

Le double droit sera également perçu sur tout acte duquel il résulterait que la propriété a été acquise de droit, ou que l'entrée en possession a eu lieu depuis plus de trois mois.

Il y aura lieu aussi à poursuivre le recouvrement du double droit, lors même que l'acte de mutation aurait été enregistré, s'il est reconnu ultérieurement que la propriété était acquise de droit ou que l'entrée en possession a eu lieu plus de trois mois avant la date dudit acte.

48. Les ordonnances sur requête ou sur référé, les certificats délivrés en brevet par les juges, les procès-verbaux de cote et paraphe des registres des marchands, dont l'enregistrement est à la diligence des parties, les testamens déposés chez les notaires ou par eux reçus, et les actes de suscription de testamens mystiques, seront passibles de la peine du double droit, lorsqu'ils n'auront pas été enregistrés dans les délais déterminés.

Les héritiers des contrevenans, ou leurs ayant-cause, seront également passibles, comme ceux qu'ils représentent, du paiement des droits en sus, dans les cas prévus par le présent article et par les articles 47 et 63.

49. Toute déclaration inexacte ou insuffisante, dans les cas prévus par l'article 23, donnera lieu au double droit sur la différence constatée entre la déclaration faite et les sommes, dettes et charges dont la quotité était déterminée à l'époque de l'enregistrement, indépendamment du supplément de droit exigible pour cette différence.

Néanmoins les parties pourront compléter leur première déclaration en payant le simple droit, tant que la demande du double droit n'aura pas été formée contre elles par les préposés.

50. Les héritiers, donataires ou légataires qui n'auront pas fait, dans les délais prescrits, les déclarations des biens à eux transmis par décès, paieront, à titre d'amende, un demi-droit en sus du droit qui sera dû pour la mutation.

La peine pour les omissions qui seront reconnues avoir été faites dans les déclarations sera d'un droit en sus de celui qui se trou-

vera dû pour les objets omis : il en sera de même pour les insuffisances constatées dans les estimations des biens déclarés et pour les inexactitudes reconnues dans la distraction des charges mentionnées dans le n° 9 de l'article 16.

Dans tous les cas, les parties seront admises à rectifier leurs déclarations, sans être passibles d'aucune peine, tant que les délais fixés par l'article 33 ne seront point expirés.

51. Les héritiers et les légataires, sous bénéfice d'inventaire, ainsi que les tuteurs et curateurs, supporteront personnellement les peines énoncées dans l'article précédent, lorsqu'ils auront négligé de passer les déclarations dans les délais déterminés, ou qu'ils auront fait des omissions, des déductions inexactes, ou des estimations insuffisantes. Ils demeureront responsables du droit principal, lorsqu'il sera devenu irrécouvrable par leur fait.

Ces dispositions s'appliquent aux curateurs des successions vacantes. Toutefois, lorsqu'à l'époque de l'expiration des délais, ils justifieront qu'ils n'ont encore eu entre les mains aucuns deniers appartenant à la succession, ils seront admis à faire la déclaration dans les délais, sans être tenus de l'avance des droits, en s'obligeant personnellement à les payer au fur et à mesure des premiers recouvremens qu'ils feront.

52. Lorsque, par suite d'une expertise faite conformément aux articles 24 et 26 de la présente ordonnance, le rapport des experts aura constaté une plus-value, il sera dû un simple droit sur ce supplément d'estimation.

Il sera dû, en outre, un double droit sur ce supplément, lorsque les frais de l'expertise seront à la charge de la partie, dans les cas prévus par les articles 25 et 26.

53. Toute contre-lettre faite sous signature privée, qui aurait pour objet une augmentation du prix stipulé dans un acte public ou sous signature privée, précédemment enregistré, n'ayant d'effet qu'entre les parties contractantes, ne pourra être opposée aux préposés de l'enregistrement.

Néanmoins, lorsque l'existence en sera constatée, il y aura lieu d'exiger, à titre d'amende, une somme triple du droit ordinaire.

Toute augmentation du prix de vente d'immeubles, non constatée par écrit lors de la vente, et n'ayant point pour cause une lésion d'outre-moitié ou une transaction sur procès, sera passible du double droit sur tout acte qui la fera connaître après les trois mois du premier contrat.

54. Lorsqu'après une sommation ou signification extrajudiciaire, une citation en conciliation, ou une demande tendant à obtenir un paiement, une livraison ou l'exécution de

toute autre convention (1), dont le titre n'aurait point été indiqué dans lesdits exploits, ou qu'on aura simplement énoncé comme verbal, ou produira ou on énoncera dans un acte, au cours de l'instance, des écrits, billets, marchés, factures, lettres ou tous autres titres émanés de la partie adverse, qui n'auraient pas été enregistrés avant le premier de ces exploits, le double droit sera dû et devra être exigé ou perçu lors de l'enregistrement du jugement intervenu.

Il en sera de même dans tous les cas où, des conventions (2) ayant été énoncées comme verbales dans un acte public, l'acte de ces conventions fait antérieurement sous seing privé sera mentionné dans un acte postérieur, ou lorsque son existence sera constatée ; le double droit sera exigible sur ledit acte, ou, s'il a été enregistré depuis la convention (3), ce double droit sera perçu sur l'acte contenant ladite mention.

CHAPITRE VII. Des obligations des officiers publics et ministériels ; des juges et des arbitres ; des receveurs et des parties.

55. Les notaires, avoués, huissiers, greffiers et secrétaires des administrations et autres établissemens publics, ne pourront délivrer un brevet, copie ou expédition, même par simple note ou extraits, aux parties ou autres intéressés, aucun acte soumis à l'enregistrement sur la minute ou l'original, ni faire aucun autre acte en conséquence du premier, avant que celui-ci ait été enregistré, quand même le délai pour l'enregistrement ne serait pas encore expiré, à peine de dix francs d'amende, outre le paiement du droit.

Sont exceptés :

1° Les actes ci-après, qui pourront être enregistrés, savoir :

Les ordonnances à fin d'apposition de scellés, avec le procès-verbal et les ordonnances de référé, avec l'acte ou le procès-verbal sur lequel elles sont écrites ;

L'ordonnance du juge-de-paix pour permettre d'arrêter le débiteur dans une maison quelconque, avec l'acte de l'huissier ;

L'ordonnance pour permettre d'assigner à bref délai, en même temps que l'assignation ;

L'ordonnance d'exécution des jugemens arbitraux en matière de société commerciale, avec le jugement ;

2° Les jugemens des juges-de-paix, qui pourront être rendus avant que la citation ait été enregistrée, dans les cas urgens et en vertu de cédule pour abréger les délais ;

Le consentement des parties, à l'effet d'être jugées par le juge-de-paix hors des limites de sa compétence : ce consentement pourra n'être enregistré qu'avec le jugement ;

3° Les actes suivans, qui pourront être faits, savoir :

Les déclarations de command passées dans le délai fixé par le n° 5 du § 3 de l'article 91 de la présente ordonnance, avant l'enregistrement des actes de vente ;

Les inventaires, avant l'enregistrement de l'acte de nomination du subrogé-tuteur ;

L'acte de surenchère, avant l'enregistrement du jugement d'adjudication ;

Les actes d'appel et de recours en cassation par le défendeur seulement, avant l'enregistrement du jugement attaqué ;

Les exploits et autres actes de cette nature qui se signifient à partie ou par affiches, avant l'enregistrement des exploits antérieurs ;

4° Les actes qu'un même officier aurait reçus, pour lesquels le délai de l'enregistrement ne serait pas encore expiré, et dont il pourra énoncer la date dans des actes postérieurs, avec la mention que ledit acte sera présenté à l'enregistrement en même temps que celui qui contient ladite mention ; mais, dans aucun cas, l'enregistrement du second acte ne pourra avoir lieu avant celui du premier, sous peine de dix francs d'amende ;

5° Les testamens dont les notaires pourront délivrer des expéditions, du vivant du testateur, sans les avoir fait enregistrer.

56. Aucun notaire, avoué, huissier, greffier, secrétaire d'administration, ou autre officier public, ne pourra faire ou rédiger un acte en vertu d'un autre acte passé, soit en pays étranger, soit en France, soit dans les colonies françaises, en quelque forme que soit cet acte, même lorsqu'il aurait été enregistré, en faire aucune mention, le recevoir en dépôt, ni en délivrer extrait, copie ou expédition, s'il n'a été préalablement enregistré dans la colonie, à peine de dix francs d'amende et d'être tenu personnellement des droits.

Néanmoins, les actes publics passés dans la colonie pourront contenir mention des actes ci-dessus désignés, et dont les parties voudraient faire usage ; mais, dans ce cas, chacun de ces actes demeurera joint à celui dans lequel il sera mentionné, et les officiers publics seront tenus d'acquitter tous les droits des actes annexés en même temps que ceux de l'acte principal, et sous les mêmes peines.

Sont exceptés :

1° Les testamens et les inventaires dans lesquels on peut énoncer des actes non enregistrés, sauf, si ces actes devaient être enregistrés dans un délai déterminé, à poursuivre le recouvrement des droits contre les parties ;

(1, 2 et 3) Dans le Bulletin officiel, on lit *contravention ;* mais il faut évidemment *convention.*

2° Les liquidations et partages, dans lesquels on pourra énoncer des actes non soumis à la formalité dans un délai déterminé : cependant, si toutes les parties présentes à l'acte étaient les mêmes que celles qui ont figuré dans l'acte énoncé, les droits d'enregistrement de ce dernier seraient également perçus;

3° Les comptes de tutelle, dans lesquels pourront être mentionnés les actes non enregistrés remis par le tuteur à son pupille, sauf l'action des préposés pour les actes qui seraient soumis à l'enregistrement dans un délai déterminé;

4° Les déclarations affirmatives des tiers saisis; les dépôts de titres et pièces par le débiteur, pour être admis au bénéfice de cession; les vérifications et affirmations de créances en matière de faillite, et les productions dans les contributions de deniers mobiliers qui pourront être faits et reçus sans que les actes y annexés ou énoncés aient été enregistrés, sauf la perception du droit exigible pour le concordat ou celui de l'obligation préexistante, s'il est rendu un jugement de condamnation; sauf aussi la réclamation des droits contre les parties, s'il s'agissait d'actes de mutation de propriété, d'usufruit ou de jouissance d'immeubles.

Dans tous les cas, l'exception portée aux numéros précédens sera sans effet pour tout autre usage qui pourrait être fait des mêmes actes sous signature privée.

5° Les protêts qui pourront aussi être faits avant que les effets négociables y énoncés aient été enregistrés, mais sans que cette exception s'applique aux exploits d'assignation.

57. Il est également défendu, sous la même peine de dix francs d'amende, à tout notaire ou greffier, de recevoir aucun acte en dépôt, sans dresser acte de ce dépôt.

Sont exceptés les testamens déposés chez les notaires par les testateurs eux-mêmes, et les titres des créanciers déposés au greffe pour la vérification des créances en matière de faillite.

58. Il sera fait mention dans toutes les expéditions, copies ou extraits des actes publics, civils ou judiciaires, de la quittance des droits, par une transcription littérale et entière de cette quittance.

Pareille mention sera faite dans les minutes des actes publics, civils, judiciaires ou extrajudiciaires, qui contiendront l'énonciation d'actes publics, sous signature privée ou passés ailleurs que dans la colonie, et qui sont soumis à l'enregistrement par la présente.

Chaque contravention sera punie d'une amende de cinq francs, indépendamment de la perception provisoire du droit ordonné par l'article 64, ci-après.

59. Dans le cas de fausse mention d'enregistrement, soit dans une minute, soit dans une expédition, le délinquant sera poursuivi par le ministère public, sur la dénonciation du préposé de l'enregistrement, et condamné aux peines prononcées pour le faux.

60. Lorsque des actes ou procès-verbaux ne pourront se terminer dans la séance, les officiers publics qui les rédigeront indiqueront l'heure du commencement, celle de l'interruption, par une mention qui sera signée par toutes les parties et par eux, sous peine de dix francs d'amende : le procès-verbal de chaque séance sera enregistré dans les délais fixés par le chapitre III. Chaque vacation sera calculée, à raison de trois heures au moins et de quatre heures au plus, sur la réunion de toutes les heures du procès-verbal de la même journée.

61. Il est défendu aux juges et arbitres de rendre aucun jugement, aux administrations et établissemens publics, de faire aucun des actes désignés dans l'article 8 de la présente ordonnance, sur des actes non enregistrés et susceptibles de l'être, à peine d'être personnellement responsables des droits.

Néanmoins, dans les cas d'urgence, il est permis aux juges de poursuivre l'instruction des affaires et même de rendre des jugemens définitifs, avant que les actes et jugemens susceptibles d'enregistrement dans un délai déterminé aient subi cette formalité, à la charge seulement de constater l'urgence dans leurs jugemens.

Mais, dans tous les cas, lorsqu'un jugement ou une ordonnance sera rendue, avant que de précédens jugemens dans la même affaire, non compris dans les exceptions du n° 4 de l'article 28, aient été enregistrés, les avoués seront tenus personnellement du paiement de tous les droits de ces jugemens antérieurs, sauf le recours contre qui de droit.

62. Les juges, les arbitres, les secrétaires des administrations et les autres fonctionnaires publics sont également autorisés, dans les cas d'urgence, à faire mention des actes sous signature privée, dont les parties voudraient faire usage, à la charge d'imposer aux parties l'obligation d'en acquitter tous les droits en même temps que ceux du jugement ou de l'acte administratif, lequel énoncera que l'acte sous signature privée a été remis, à cet effet, au greffier ou secrétaire, et paraphé par lui à l'instant, pour être présenté au receveur avec l'acte principal.

63. Dans tous les cas translatifs de propriété ou d'usufruit d'immeubles, les notaires et avoués seront tenus d'énoncer les titres de propriété du vendeur, conformément à l'article 58 ci-dessus, en remontant au moins jusqu'à la précédente transcription hypothécaire : à défaut de cette énonciation, l'acte devra contenir la déclaration des parties qu'il n'existe pas de titres, le tout à peine de dix francs d'amende.

Sont exceptés de ces dispositions les cahiers des charges sur saisie immobilière.

64. Toutes les fois qu'un jugement ou un
acte administratif de la nature de ceux désignés dans l'article 8, contiendra l'énonciation
d'un acte enregistré, il sera fait mention également du montant du droit payé, de la date
du paiement, et du bureau où il aura été acquitté; en cas d'omission, le receveur exigera
le droit, sauf restitution dans le délai prescrit, s'il est ensuite justifié de l'enregistrement de l'acte sur lequel l'arrêté aurait été
pris ou le jugement prononcé.

Cette disposition est commune aux actes
des notaires et des autres officiers publics,
dans lesquels seront rappelés d'autres actes
sujets à l'enregistrement.

65. Lorsqu'il aura été rendu un jugement
portant condamnation à l'amende ou prononçant toute autre peine pécuniaire au
profit du Gouvernement, le greffier du tribunal devra, dans les dix jours suivans, en remettre extrait au receveur de l'enregistrement chargé du recouvrement, à peine d'une
amende de cinq francs par chaque contravention.

66. Les notaires, huissiers, greffiers, courtiers de commerce, commissaires-priseurs ou
tous autres officiers légalement autorisés à
faire des ventes mobilières, et les secrétaires
des administrations publiques, tiendront des
répertoires à colonnes sur lesquels ils inscriront, jour par jour, sans blanc, interlignes,
omissions, intercalations ni transpositions,
et par ordre de numéros, tous les actes de
leur ministère soumis à l'enregistrement,
savoir :

1° Les notaires, tous les actes et contrats
qu'ils recevront, même ceux qui sont passés
en brevet, ainsi que les copies collationnées
et extraits par eux délivrés sur pièces représentées et rendues; les testamens et autres
dispositions à cause de mort, soit qu'ils aient
été passés devant eux et du vivant des testateurs, soit qu'étant olographes ils leur aient
été remis en dépôt par le juge.

Sont exceptés les états estimatifs de mobilier et tous les autres états ou plans non
signés antérieurement par les parties, et annexés aux actes principaux.

2° Les huissiers, courtiers de commerce,
commissaires-priseurs et autres officiers publics procédant à des ventes mobilières, tous
les actes et exploits par eux faits, même les
significations d'avoué à avoué, et les actes
pour lesquels la formalité doit avoir lieu en
débet ou gratis.

3° Les greffiers, tous les actes et jugemens
soumis à l'enregistrement dans les vingt
jours, et les procès-verbaux d'ordre et de
contribution.

4° Les secrétaires des administrations publiques, les actes soumis à l'enregistrement
par l'article 8.

Chaque contravention aux dispositions
précédentes donnera lieu à une amende de
cinq francs.

Les procès-verbaux qui ne pourront être
terminés dans la même journée seront inscrits à leur première date, et il sera fait
mention, en marge de cette inscription, des
dates subséquentes et de leur enregistrement,
à peine de cinq francs d'amende pour chaque omission.

67. Le répertoire sera établi conformément
au modèle joint à la présente ordonnance.

Il indiquera, pour chaque article : 1° le
numéro d'ordre; 2° la date de l'acte; 3° sa
nature; 4° les noms et prénoms des parties
et leur domicile; 5° l'indication des biens,
leur situation et le prix, lorsqu'il s'agira
d'actes qui auront pour objet la propriété,
l'usufruit ou la jouissance de biens immeubles, ou de biens meubles autres que des
ventes en détail; 6° la relation de l'enregistrement ou la mention du récépissé dans les
cas autorisés.

A l'égard des testamens inscrits du vivant
des testateurs, les indications prescrites par
les n°s 5 et 6 ne seront pas obligatoires.

68. Les répertoires seront cotés et paraphés, savoir : ceux des notaires, par le juge
royal du ressort; ceux des huissiers et greffiers de la justice de paix, par le juge-de-paix
de leur résidence; ceux des huissiers et greffiers des tribunaux, par le président du tribunal auquel ils sont attachés, et ceux des
secrétaires des administrations publiques, par
le fonctionnaire chef de cette administration.

69. Les officiers publics dénommés dans
l'article 66 présenteront, tous les trois mois,
leur répertoire au visa du receveur de l'enregistrement de leur résidence. Cette présentation aura lieu, chaque année, dans les dix
premiers jours de chacun des mois de janvier, avril, juillet et octobre, à peine d'une
amende de cinq francs par chaque contravention, lors même qu'il n'aurait été reçu
aucun acte pendant le trimestre précédent.
Cette présentation sera constatée à la date
courante, dans une case particulière du registre destiné à l'enregistrement des actes de
ces différens officiers publics. La mention de
cette présentation indiquera le nombre des
actes passés, reçus ou faits depuis le dernier
visa, les omissions, doubles emplois, renvois,
intercalations et ratures, ainsi que la date
des procès-verbaux, s'il en a été rapporté.
Les mêmes mentions seront faites dans le
certificat du visa apposé au bas du dernier
article inscrit au répertoire, avec indication
du folio et de la case de l'enregistrement.
Les receveurs seront personnellement responsables du paiement des amendes résultant des
contraventions qu'ils n'auront pas constatées.

70. Indépendamment de la présentation de leurs répertoires au visa, prescrite par l'article précédent, les officiers publics seront tenus de les communiquer, à toutes réquisitions, aux préposés de l'enregistrement qui se présenteront chez eux pour y faire des recherches ou des vérifications.

En cas de refus, le préposé requerra l'assistance du commissaire commandant de la commune ou de son lieutenant, pour en dresser procès-verbal en sa présence, et l'officier public sera passible d'une amende de dix francs.

71. Les dépositaires des registres de l'état civil ou des rôles des contributions, et tous autres fonctionnaires chargés des archives et dépôts des titres publics, le dépôt du contrôle colonial excepté, seront tenus de les communiquer, sans déplacement, aux préposés de l'enregistrement, à toute réquisition, et de leur laisser prendre sans frais les renseignemens, extraits et copies qui leur seront nécessaires à raison de leurs fonctions, à peine de dix francs d'amende en cas de refus, lequel sera constaté comme il est dit dans l'article précédent.

Ces dispositions s'appliquent aux officiers publics dénommés dans l'article 66, pour les actes dont ils sont dépositaires en leursdites qualités.

Sont exceptés les testamens, mais seulement pendant la vie des testateurs.

Les communications ci-dessus autorisées ne pourront avoir pour objet, de la part des préposés, que de s'assurer, dans l'intérêt de l'ordre public, de l'exécution des lois et réglemens. Elles ne pourront être exigées les dimanches et jours de fêtes légales, et les séances ne pourront durer plus de quatre heures.

72. Chaque officier de l'état civil fournira, par trimestre, au receveur de l'enregistrement, qui sera tenu de lui en donner récépissé, les états par lui certifiés de tous les actes de décès inscrits sur le registre pendant le trimestre précédent. Ces états seront dressés conformément au modèle annexé à la présente ordonnance.

Ils seront remis dans les mois de janvier, avril, juillet et octobre, à peine d'une amende de dix francs pour chaque mois de retard, laquelle sera encourue au premier jour du deuxième mois de chaque trimestre.

Pour constater les contraventions aux dispositions précédentes, les receveurs de l'enregistrement inscriront à la fin du premier mois de chaque trimestre, sur le registre des actes civils, dans une ou plusieurs des cases qui précèdent, l'arrêté du dernier jour du mois, les noms des fonctionnaires qui auront satisfait à cette disposition et de ceux qui y auront contrevenu; ils rapporteront procès-verbal des contraventions, pour y être donné suite de la manière indiquée par l'article suivant.

Ils seront personnellement responsables des amendes à raison des contraventions qu'ils n'auront pas constatées.

73. Dans les deux premiers mois de chaque année, les notaires seront tenus de déposer au greffe du tribunal de première instance, dans le ressort duquel ils exercent leurs fonctions, un double, par eux certifié, du répertoire des actes qu'ils auront reçus pendant le cours de l'année précédente, à peine de cinquante francs d'amende par chaque mois de retard, laquelle sera encourue le premier jour de chacun de ces mois. En conséquence, le 1er mars de chaque année, le receveur de l'enregistrement du lieu où siége le tribunal constatera, par un procès-verbal qui sera remis au procureur du Roi, quels sont les notaires en retard de satisfaire à cette obligation, sous peine d'être personnellement responsable des contraventions qu'il n'aurait pas constatées : le procureur du Roi lui donnera récépissé de ce procès-verbal, et sera chargé de poursuivre la condamnation et de faire exécuter le dépôt.

74. Les avoués seront tenus de consigner les amendes d'appel, en faisant la cause au rôle, à peine de dix francs d'amende pour chaque contravention.

Il sera consigné une amende pour chaque partie appelante, soit au principal, soit incidemment.

Il ne sera dû qu'une seule amende pour les parties solidaires ou ayant un intérêt commun.

En cas d'infirmation sur l'appel, le remboursement sera effectué sur la remise de la quittance du receveur, à laquelle seront joints l'extrait du jugement sur l'appel certifié par l'avoué, et la quittance de ce dernier.

75. Les receveurs de l'enregistrement ne pourront, sous aucun prétexte, lors même qu'il y aurait lieu à expertise, différer l'enregistrement des actes et mutations dont les droits auront été payés au taux réglé par la présente ordonnance, pourvu toutefois que les mercuriales leur aient été fournies, et qu'il ait été satisfait aux déclarations prescrites par l'article 23, dans le cas où elles peuvent être exigées.

Ils ne pourront non plus suspendre ni arrêter le cours des procédures, en retenant des actes ou exploits : cependant, si un exploit ou un acte dont il n'y a pas de minute contient des renseignemens dont la trace puisse être utile pour la découverte des droits dus, le receveur aura la faculté d'en tirer copie et de la faire certifier conforme à l'original par l'officier public qui l'aura présentée à l'enregistrement. En cas de refus, il pourra conserver l'acte pendant vingt-quatre heures seulement, pour s'en procurer une collation en forme à ses frais, sauf répétition, s'il y a lieu.

Ces dispositions sont applicables aux actes

sous signature privée qui seront présentés à l'enregistrement.

76. Tous les enregistremens contiendront, dans un même contexte, les énonciations essentielles ainsi qu'une analyse claire et précise de toutes les dispositions principales des actes, même de celles qui n'engendreraient point de droits; il y sera fait mention du nombre des rôles, de celui des renvois et des mots rayés.

Les actes synallagmatiques faits sous signature privée seront transcrits en entier.

Chaque rôle, ainsi que chaque renvoi approuvé des parties et des officiers publics, sera paraphé par le receveur.

Les déclarations de successions contiendront les noms, prénoms et demeures de tous les héritiers, le lieu et la date du décès, ainsi que le degré de parenté, et le détail, article par article, de tous les biens, avec l'indication précise de leur consistance, de leur contenance, des lieux dits et communes de leur situation.

Lorsque l'acte renfermera plusieurs dispositions donnant lieu chacune à un droit particulier, le receveur énoncera séparément sur le registre de recette la quotité de chacun de ces droits.

Le montant du droit pour chaque disposition sera écrit en toutes lettres et le total de ces droits sera tiré hors ligne en chiffres, à la marge droite du registre.

La quittance de l'enregistrement sera mise sur l'acte enregistré, ou sur l'extrait de la déclaration du nouveau possesseur; le receveur y exprimera, en toutes lettres, la date de l'enregistrement, et, en chiffres, le folio et la case du registre.

La quittance contiendra en outre, en toutes lettres, le total des droits perçus, et, s'il y a lieu, le montant de chaque droit particulier, en énonçant la disposition à laquelle il s'applique.

Si l'acte est passé en double minute, il en sera fait mention sur le registre, et la quittance sera mise par duplicata sur la double minute ou sur chaque original représenté.

Chaque omission sera punie d'une amende de cinq francs.

77. Les receveurs de l'enregistrement ne pourront délivrer d'extraits de leurs registres que sur une ordonnance du juge-de-paix, lorsque ces extraits ne seront pas demandés par quelqu'une des parties contractantes ou par leurs ayant-cause.

Il leur sera payé deux francs pour recherche de chaque année indiquée, et un franc par rôle de chaque extrait; ils ne pourront rien exiger au-delà.

78. Les bureaux de l'enregistrement seront ouverts au public pendant six heures tous les jours, excepté les dimanches et jours de fêtes légales : les heures de séances seront affichées à la porte du bureau.

79. Tous les registres de recette seront arrêtés chaque jour à l'instant où le bureau sera fermé au public.

L'arrêté sera mis dans la case ou l'espace qui suivra immédiatement le dernier enregistrement ou le dernier arrêté, sans qu'il puisse en être mis plus d'un dans la même case, ni sur la même ligne, pour les registres non distribués en case : chaque arrêté sera écrit de la main du receveur et signé par lui; les dimanches et jours de fêtes légales y seront désignés, indépendamment de la date.

80. Aucune autorité administrative ou judiciaire ne pourra accorder de remise ni de modération des droits ni des peines déterminés par la présente ordonnance, ni suspendre ou faire suspendre le recouvrement des sommes dues, sans en devenir personnellement responsable.

CHAPITRE VIII. Des droits acquis et des prescriptions.

81. Les droits d'enregistrement ne pourront être restitués s'ils ont été régulièrement perçus, et ils seront exigibles, tels qu'ils résultent des actes, quels que soient, dans les deux cas, les évènemens ultérieurs, sauf les exceptions prévues par les articles 16, n° 2; 18, n° 2; 33, 64 et 82 de la présente ordonnance.

82. Il y aura lieu à restitution ou à supplément des droits qui n'auront été perçus que provisoirement dans les cas ci-après, savoir :

1° Les droits perçus sur les contrats de mariage résiliés par les parties par renonciation au projet de mariage, ou annulés par le décès de l'un des futurs avant la célébration ou par son mariage avec une autre personne, seront restitués, sous la retenue du droit fixe.

2° Les droits perçus sur les adjudications faites en justice, et ceux perçus sur les ventes et adjudications frappées de surenchère, seront restitués, sous la retenue du droit fixe, lorsque l'adjudication aura été annulée sur l'appel, ou lorsque la surenchère aura été déclarée valable et suivie de caution.

3° Lorsque, dans le cas prévu par l'art. 23, les sommes et valeurs n'étant pas déterminées dans un acte ou un jugement donnant lieu au droit proportionnel, il n'aura été fait qu'une déclaration estimative, il y aura lieu à restitution si, par le résultat d'une expertise ou autrement, la valeur se trouve au-dessous du montant de la déclaration; il y aura lieu à supplément de droit, si la valeur est plus élevée.

4° Le droit perçu pour la mutation, sur un jugement qui autorise le vendeur d'un immeuble à rentrer en possession, à l'expiration du délai fixé à l'acquéreur pour se libérer du prix, sera restitué si l'acquéreur se libère avant l'expiration du délai.

5° Lorsqu'un jugement aura condamné à payer une somme ou à rembourser une rente due par le privilége, *si mieux n'aime le tiers-détenteur délaisser l'héritage acquis*, et que le détenteur aura délaissé l'héritage dans le délai fixé par le jugement, le droit proportionnel perçu sur le jugement, moins le droit fixe, sera déduit du droit de mutation dû sur l'acte de délaissement.

6° Quand un jugement aura ordonné de faire une chose, si non de payer une somme déterminée, et qu'il sera justifié que la chose a été faite dans le délai fixé par le jugement, il y aura lieu à restitution de l'excédant du droit perçu provisoirement.

7° La déclaration affirmative par un tiers saisi qu'il ne doit rien, faite après un jugement qui l'aurait déclaré débiteur des causes de l'opposition, ou qui aurait autorisé le créancier saisissant à toucher les deniers appartenant à la partie saisie, donnera lieu à la restitution du droit proportionnel qui aurait été perçu sur ce jugement, sous la retenue du droit fixe.

Il y aura également lieu à tenir compte de ce droit proportionnel, dans le cas où il sera fait ultérieurement une contribution de la même somme avec d'autres opposans.

8° Il y aura lieu à restitution du droit perçu pour une distribution de somme réformée ultérieurement, mais le droit sera imputé jusqu'à due concurrence sur celui dû à raison d'une nouvelle distribution arrêtée définitivement.

9° Les droits proportionnels perçus sur les actes qui doivent être soumis à l'homologation de tribunaux seront restitués en cas de refus de l'homologation, sous la retenue du droit fixe.

10° Les droits des soultes, perçus provisoirement sur les licitations, ainsi que ceux de mutation par décès pour les biens faisant partie de communauté entre époux, seront réglés définitivement d'après les abandonnemens du partage général de la communauté ou de la succession indivise, et l'excédant sera restitué ou le supplément acquitté, suivant qu'il y aura lieu.

11° Lorsqu'une vente aura été faite à raison de tant la mesure, il sera dû un supplément de droit, ou l'excédant sera restitué, suivant que, la contenance étant constatée moindre ou plus grande, il y aura lieu à diminution ou à supplément du prix, dans les cas prévus par le Code civil.

Il sera fait mention de toutes les restitutions ou supplémens effectués, tant en marge de l'enregistrement que sur la relation au pied de l'acte : cette mention sera signée du receveur.

83. Il y a prescription, savoir :

1° Après un an à compter du jour de l'enregistrement du contrat, pour la demande en expertise des biens vendus et dont le prix paraîtrait inférieur à la valeur vénale ;

2° Après deux années à compter du jour de l'enregistrement, s'il s'agit d'un droit non perçu sur une disposition particulière dans un acte, ou d'un supplément de perception insuffisamment faite, ou d'une fausse évaluation du revenu ou des dettes et charges, soit dans un acte de transmission entre-vifs, soit dans une déclaration après décès, ou s'il s'agit d'une demande en expertise pour constater la valeur du revenu.

La même prescription s'applique aux droits des actes et mutations, et aux contraventions que les préposés auront été à portée de découvrir par des actes présentés à l'enregistrement, et qui les auraient mis dans le cas de former la demande des droits ou amendes, sans qu'il fût besoin de recherches ultérieures.

Toutefois, si, avant que la prescription fût acquise, ou depuis qu'elle l'aurait été, les actes ou mutations étaient énoncés dans un acte postérieur, il y aura lieu à une nouvelle action en paiement des droits, laquelle ne se prescrira que par un autre délai de deux ans, à dater du nouvel acte.

Après le même délai de deux ans, toute demande par les parties en restitution de droits perçus sera également non-recevable. Dans tous les cas, lorsqu'il s'agira d'une perception provisoire ou soumise à une condition exprimée dans l'acte, le délai de deux ans ne commencera à courir que du jour où les préposés ou les parties auront été à même d'agir.

3° Après trois années aussi à compter du jour de l'enregistrement, s'il s'agit d'une omission de biens dans une déclaration faite après décès ;

4° Après cinq années à compter du jour du décès, pour les successions non déclarées, lorsque le décès aura été constaté sur les registres de l'état civil de la colonie, ou par un acte parvenu à la connaissance des préposés dans la colonie ; et à compter de la mise en possession, pour la succession d'un absent, ou de celle dont le Gouvernement a joui à titre de déshérence.

Néanmoins, le délai de cinq ans ne courra que du jour de l'exercice du réméré, pour les biens vendus par le défunt avec faculté de rachat, et que du jour de la cession du droit de retrait, pour le prix de cette cession.

Ce délai ne courra également que du jour du jugement définitif, pour les biens en litige ou recouvrés par suite d'une instance ou d'une demande en rescision, quand même il n'aurait encore été fait aucune déclaration; que du jour de l'ouverture des testamens, pour les dispositions qu'ils peuvent contenir, et enfin que du jour de la renonciation à la communauté, pour l'accroissement en faveur des héritiers du mari.

A l'égard des reversions successives d'usufruit ou de rentes viagères, par suite de legs ou de donations éventuelles, le même délai ne courra que du jour du décès du premier investi, et du jour de l'évènement pour les legs soumis à une condition suspensive; et pour les appelés à restitution dans les cas prévus par les articles 1048 et 1049 du Code civil, que du jour du décès du grevé.

Les prescriptions ci-dessus seront suspendues par des demandes administratives ou judiciaires signifiées et visées, ou enregistrées avant l'expiration des délais; mais les demandes ne profiteront qu'aux parties qui les auront formées, et les prescriptions seront irrévocablement acquises si les poursuites extrajudiciaires commencées sont interrompues pendant une année, sans qu'il y ait eu d'instance devant les juges compétens, quand même le premier délai pour la prescription ne serait pas expiré.

84. L'action du Gouvernement pour le paiement des droits et amendes se prescrit par trente ans révolus, à partir de la date des actes, pour ceux en forme authentique; à partir du décès des testateurs, pour les testamens; et à l'égard des mutations verbales et des actes sous seing privé, à partir du jour où lesdits actes et mutations auront acquis date certaine; toutefois, les droits ordinaires seront perçus lorsqu'il y aura lieu de soumettre les actes sous seing privé à la formalité de l'enregistrement, quelle que soit leur date.

85. Les receveurs de l'enregistrement pourront être rendus responsables des droits et amendes qui seraient prescrits par leur négligence.

CHAPITRE IX. Des poursuites et instances.

86. La solution des difficultés qui pourront s'élever relativement à la perception des droits d'enregistrement, avant l'introduction des instances, appartiendra au conseil privé, conformément aux ordonnances sur le gouvernement des colonies, sans préjudice du recours des parties devant les tribunaux ordinaires.

87. Le premier acte de poursuite pour le recouvrement des droits d'enregistrement, et le paiement des peines et amendes, sera une contrainte; elle sera décernée par le receveur ou préposé de l'enregistrement et signifiée à la partie, après avoir été visée et déclarée exécutoire par le juge-de-paix du canton où le bureau est établi.

La contrainte emportera de droit hypothèque sur tous les biens du débiteur, à la charge par le préposé de prendre inscription.

Les receveurs ne seront tenus d'élire domicile que dans leurs bureaux, pour les actes de saisie-exécution.

L'exécution de la contrainte ne pourra être interrompue que par une opposition formée par le redevable et motivée, avec assignation à jour fixe devant le tribunal de première instance de la situation du bureau, et l'opposant sera tenu d'élire domicile dans le chef-lieu où siège ce tribunal.

88. La connaissance et la décision des contestations en matière d'enregistrement est interdite à toute autorité administrative.

L'introduction et l'instruction des instances auront lieu devant le tribunal de première instance de la situation du bureau chargé de la perception; dans tous les cas, et quel que soit l'objet ou la valeur de la demande, la voie de l'appel sera ouverte aux parties.

L'instruction, tant en première instance qu'en appel, se fera par simples mémoires respectivement signifiés, sans plaidoiries, et le ministère des avoués sera exclu, excepté lorsque l'instance aura pour objet des contestations sur la déclaration affirmative de tiers saisis, ou une distribution de deniers par voie d'ordre ou de contribution, ou une saisie immobilière, ou des questions de propriété soutenues par le Gouvernement; dans ces différens cas, les affaires seront instruites dans les formes ordinaires prescrites par le Code de procédure civile.

89. Le tiers saisi sera assigné devant le tribunal qui doit connaître de la contrainte, sans citation préalable en conciliation. L'exploit d'assignation contiendra élection de domicile dans la commune où demeure le tiers saisi. Le tiers saisi pourra, si sa déclaration est contestée, demander son renvoi devant son juge.

Les tribunaux accorderont aux parties, pour produire leurs défenses, les délais qu'ils jugeront convenables, sans que ces délais puissent excéder trente jours.

Les instances seront jugées, au plus tard, dans les trois mois à compter du jour de leur introduction; les jugemens seront rendus sur le rapport d'un juge fait publiquement à l'audience, et sur les conclusions du ministère public; il sera fait mention, dans le jugement, de l'accomplissement de ces formalités : le tout à peine de nullité.

Les jugemens pourront être attaqués par la requête civile dans les cas prévus par le Code de procédure, et par le recours en cassation.

La partie qui succombera n'aura d'autres frais à supporter que le coût et les droits d'enregistrement des significations et des juge mens, et, en outre, les frais des avoués, dans les cas où leur ministère est autorisé.

Aucune somme à payer ou à restituer ne pourra donner lieu à condamnation à des intérêts.

90. Les frais de poursuites payés par les préposés de l'enregistrement pour des articles tombés en non valeur pour cause d'insolvabilité constatée des parties condamnées, leur seront remboursés sur l'état qu'ils en rapporteront à l'appui de leurs comptes.

L'état appuyé des pièces justificatives sera taxé sans frais par le tribunal qui aura connu de l'affaire.

TITRE II. De la fixation des droits.

CHAPITRE PREMIER. Droits fixes.

91. Les actes compris sous cet article seront enregistrés et les droits payés ainsi qu'il suit, savoir :

§ Ier. Actes sujets au droit fixe de vingt-cinq centimes.

1° Les significations d'avoué à avoué pour l'instruction des procédures devant les tribunaux de première instance, sans y comprendre celles qui contiendraient un appel incident.

Le consentement ou le pouvoir signé par la partie dans le même acte donne lieu à un droit particulier.

Il est dû un droit pour chacun des avoués auxquels la signification est faite.

2° Les attestations pures et simples.

3° Les bilans.

4° Les brevets d'apprentissage qui ne contiennent ni obligation de sommes et valeurs mobilières, ni quittance.

5° Les certificats de vie.

6° Les certificats, par les imprimeurs, d'insertions dans les journaux.

7° Les collations ou extraits d'actes ou pièces, précédemment enregistrés, par quelque officier public qu'ils soient faits, même les copies certifiées par les parties.

Le droit sera payé par chaque acte, pièce ou extrait collationné.

8° Les connaissemens et reconnaissances de chargement par mer, et les lettres de voiture.

Il est dû un droit par chaque personne à laquelle les envois sont faits.

9° Les devis d'ouvrages et entreprises, non signés des parties pour lesquelles les ouvrages doivent être faits, et qui ne contiennent aucune obligation de sommes et valeurs, ni engagement d'effectuer les travaux.

10° Les états et autres pièces annexés à l'acte principal, et qui n'auraient pas été antérieurement reconnus ou signés par les parties ou par les officiers publics.

11° Les factures, mémoires des marchands et ouvriers, et les extraits des livres de commerçans, signés seulement de celui qui se prétend créancier, sauf les droits proportionnels sur l'acte de reconnaissance ou de libération ultérieure du débiteur, ou sur le jugement à intervenir.

12° Les originaux d'affiches et placards judiciaires.

13° Les requêtes de productions dans les contributions et les ordres de deniers mobiliers et immobiliers.

§ II. Actes sujets au droit fixe de cinquante centimes.

1° Les abstentions, répudiations et renonciations à legs ou communautés, successions ou donations à cause de mort, lorsqu'elles sont pures et simples, et si elles ne sont pas faites en justice.

Il est dû un droit par chaque renonçant, et pour chaque succession ou communauté à laquelle on renonce.

Si la renonciation n'est que partielle ou soumise à une condition, ou qu'elle ne soit pas faite en faveur de tous les autres ayant-droit à l'hérédité, il est dû les droits proportionnels à raison de l'abandon.

2° Les acceptations de successions, legs ou communautés, aussi lorsqu'elles sont pures et simples, et qu'elles ne sont pas faites en justice.

Il est dû un droit par chaque acceptant et par chaque succession ou communauté.

3° Les acceptations de transports ou de délégations de créances à terme ou de rentes, par les cessionnaires ou délégataires, faites par actes séparés, lorsque le droit proportionnel a été acquitté pour le transport ou la délégation; dans le cas contraire, il est dû le droit proportionnel, suivant les nos 5 et 6 du § V, et le n° 2 du § VI de l'article suivant;

Et celles qui se font par les débiteurs délégués, dans les actes mêmes de délégation, ou par actes postérieurs, lorsqu'il est justifié de leur obligation précédemment enregistrée.

4° Les acquiescemens purs et simples, quand ils ne sont point faits en justice.

5° Les actes de notoriété.

Si un acte de notoriété a pour objet de constater des faits relatifs à des parties n'ayant pas un intérêt commun, il est dû un droit par chaque partie.

6° Les actes ne contenant que l'exécution, le complément et la consommation ou la réalisation d'actes antérieurs enregistrés, sans aucun changement à leurs clauses et conventions.

7° Les actes refaits pour cause de nullité ou autre motif, sans aucun changement qui ajoute aux objets des conventions ou à leur valeur.

8° Les actes autres que ceux faits en justice, constatant une obligation quelconque contractée sous une condition suspensive exprimée dans l'acte, sous la réserve du droit proportionnel lors de l'évènement.

9° Les adjudications à la folle-enchère, autres que celles faites en justice, lorsque le prix n'est pas supérieur à celui de l'adjudication, si celle-ci a été enregistrée.

10° Les adjudications au rabais, et marchés dont le prix doit être payé directement ou indirectement par le Gouvernement, et les cautionnemens :

Ne sont pas compris dans cette disposition les sous-traités, cessions, subrogations ou associations faits par les adjudicataires ou entrepreneurs directs, postérieurement à l'acte principal, et les cautionnemens des mêmes actes, qui sont sujets au droit proportionnel comme actes faits entre particuliers.

11° Les adoptions faites devant les juges-de-paix;

12° Les autorisations pures et simples;

13° Les actes et contrats d'assurances maritimes, sous la réserve du droit proportionnel, conformément au n° 1 du § 2 de l'article suivant, lorsqu'il en est fait usage en justice;

14° Les cahiers de charges, s'ils sont rédigés et signés séparément du contrat ou de l'adjudication;

15° Les cautionnemens de personnes et navires en cas de prompt départ, sauf le droit proportionnel à l'évènement;

16° Les cautionnemens des conservateurs des hypothèques;

Ceux des fonctionnaires publics et officiers ministériels;

Les certifications et renforts de cautions lorsque l'acte de cautionnement a été enregistré;

Les cautionnemens et garanties mobilières dont l'objet est indéterminé ou éventuel, et non susceptible d'évaluation, de même que l'obligation principale;

17° Les certificats purs et simples, y compris ceux de propriété de rentes sur l'État, et ceux délivrés en brevet par les juges et les greffiers, en quelque matière que ce soit;

18° Les codicilles qui n'ajoutent aucune disposition nouvelle de libéralité aux testamens précédemment enregistrés;

19° Les consentemens purs et simples, par actes civils;

20° Les décharges également pures et simples, y compris celles des reliquats de compte par les mandans à leurs mandataires, et par les pupilles à leurs tuteurs, lorsque la remise en est effectuée par l'acte même d'arrêté du compte de la gestion ou de la tutelle;

Les récépissés de pièces purs et simples;

21° Les déclarations aussi pures et simples par actes civils, ainsi que celles des tiers saisis devant le juge-de-paix, sauf les droits proportionnels, dans le cas seulement où il serait rendu un jugement de condamnation personnelle contre eux, ou qui les déclarerait débiteurs des causes de l'opposition;

Les déclarations autorisées par l'article 7 du Code de procédure, lorsqu'elles sont faites devant le juge-de-paix, par acte séparé ou indépendant du jugement;

22° Les déclarations pour faire acquérir privilége de second ordre aux bailleurs de fonds de cautionnemens des comptables envers le Gouvernement, mais seulement lorsqu'il existe un acte d'obligation antérieurement enregistré au droit proportionnel;

23° La déclaration d'emploi en faveur du mari dans un contrat d'acquisition faite par lui, et l'acceptation par la femme de celle en sa faveur;

24° La déclaration d'origine dans l'acte d'emploi des deniers empruntés pour opérer la subrogation en faveur du prêteur;

25° Les délivrances et décharges de legs purs et simples, même ceux de sommes d'argent, et toutes celles données aux exécuteurs testamentaires d'effets mobiliers, sommes et valeurs de la succession, par les héritiers ou légataires :

Les intérêts échus des legs, s'il en est payé, doivent le droit proportionnel comme formant une dette personnelle de l'héritier.

26° Les dépôts et consignations de sommes et effets mobiliers chez les officiers publics, et dans les caisses du Gouvernement, lorsqu'ils n'opèrent pas la libération des déposans, ainsi que les décharges qu'en donnent les déposans ou leurs héritiers, lorsque la remise des objets déposés leur est faite;

27° Les dépôts d'actes et pièces chez les officiers publics, et ceux faits aux chambres des notaires et des avoués des actes et jugemens dont l'insertion au tableau à ce destiné est prescrite par les lois civiles et commerciales :

Il est dû un droit pour chaque personne non solidaire que les pièces déposées concernent; mais il ne sera perçu qu'un seul droit, s'il n'est déposé qu'un seul acte.

28° Les désistemens purs et simples lorsqu'il n'en résulte pas de mutation de propriété, d'usufruit ou de jouissance;

29° Les donations entre-vifs et testamentaires en faveur des communes, hospices, établissemens religieux et de bienfaisance, ou autres légalement autorisés, ou en faveur d'une colonie;

Celles entre particuliers et qualifiées telles par les parties, faites en l'absence des donataires ou non acceptées par eux, sauf le droit proportionnel sur l'acte d'acceptation;

30° Les échanges de biens immeubles ruraux lorsque l'un des immeubles échangés est contigu aux propriétés de celui qui le reçoit, à l'exception des échanges de maisons et bâtimens, et de ceux de biens ruraux non contigus, compris dans le § 6 de l'article suivant :

S'il y a soulte ou plus-value, le droit en sera perçu comme il est réglé à l'égard des ventes par le § 8 de l'article suivant.

31° Les états de situation et les projets de compte de tutelle non débattus, présentés par les tuteurs, ainsi que les récépissés qui leur en sont donnés par le pupille ou par ses représentans ;

32° Les états de recette et dépense présentés par les autres comptables, et qui ne contiennent la reconnaissance d'aucun excédant de recette à leur charge ;

33° Les exploits, les significations (celles d'avoué à avoué et celles devant les conseils privés exceptés), les commandemens, demandes, notifications, citations, offres ne faisant pas titre pour le créancier, ou non acceptées, oppositions, sommations, procès-verbaux, assignations, protêts, interventions à protêt, protestations, publications et affiches, saisies, saisies-arrêts, séquestres, mains-levées, et généralement tous actes extrajudiciaires des huissiers ou de leur ministère, qui ne peuvent donner lieu au droit proportionnel, sauf les exceptions mentionnées dans la présente ordonnance ;

Les procès-verbaux, les exploits et significations, et tous autres actes extrajudiciaires faits pour le recouvrement des contributions directes ou indirectes, et de toutes autres sommes dues au Gouvernement pour le recouvrement des contributions locales, pour le paiement des mois de nourrice, frais d'éducation et de pensionnat, des travaux de curage des canaux et rivières, mais seulement lorsqu'il s'agira de cotes, droits ou créances excédant en total la somme de cent francs;

Enfin tous les exploits en matière de police simple ou correctionnelle, et ceux faits en matière criminelle, à la requête des parties civiles seulement :

Il est dû un droit pour chaque demandeur et pour chaque défendeur, en quelque nombre qu'ils soient dans le même acte, excepté les copropriétaires et cohéritiers, les parens réunis, les cointéressés, les débiteurs ou créanciers associés ou solidaires, les séquestres, les experts et les témoins, qui ne seront comptés que pour une seule et même personne, soit en demandant, soit en défendant dans le même original, lorsque leurs qualités y seront exprimées.

Les procès-verbaux de saisie devront aussi un droit par chaque vacation.

34° Les gages ou garanties mobilières, sans aucun dessaisissement de propriété, et les affectations hypothécaires fournies par les dé-biteurs eux-mêmes envers leurs créanciers en exécution de titres antérieurement enregistrés, à l'exception des engagemens d'immeubles ;

35° Les lettres missives qui ne contiennent ni obligations ni quittance, ni autre convention ou reconnaissance donnant lieu au droit proportionnel ;

36° Les mains-levées pures et simples d'oppositions et inscriptions hypothécaires par actes civils, à moins qu'elles ne soient contenues dans les quittances des sommes qu'elles avaient pour objet, auquel cas elles ne doivent aucun droit; mais elles seront passibles du droit applicable aux quittances, si l'acte énonce que la cause de l'opposition ou de l'inscription ne subsiste plus ou qu'elle subsiste sans cause, sans rappeler d'acte de libération enregistré ;

37° Les nominations d'experts qui ne sont pas faites en justice :

Celles contenues dans les inventaires à l'effet d'estimer le mobilier ne doivent aucun droit.

38° Les prestations de serment des agens provisoires ou commissaires dans les faillites, des courtiers, des experts (sous l'exception de celles des experts constatées par le procès-verbal de la visite, dressé par le greffier, ou dans le jugement même du juge-de-paix), des gardes, des interprètes ou de toutes autres personnes, lorsqu'elles ne sont chargées que momentanément de fonctions publiques ;

39° Les prises de possession en vertu d'actes enregistrés ;

40° Les prisées et les inventaires de meubles, d'objets mobiliers, titres et papiers :

Il est dû un droit par chaque vacation.

41° Les procès-verbaux de sauvetage des bâtimens naufragés et les déclarations des capitaines, dressés par les officiers d'administration de la marine, quel que soit le nombre des vacations;

42° Les procès-verbaux et rapports des huissiers, employés, gardes, commissaires, séquestres, experts, arpenteurs, agens ruraux et forestiers, et capitaines de navire, en matière civile ou de commerce;

43° Les procès-verbaux de dires, d'enchères, adjudications préparatoires et autres de même nature, qui ne contiennent aucune disposition donnant lieu au droit proportionnel ;

Ceux de cote et paraphe des livres de marchands ;

Les procès-verbaux des notaires constatant la rédaction de lettres de change ;

44° Les procès-verbaux, les plaintes ou autre premier acte constatant des contraventions ou des délits en matière de police simple ou de police correctionnelle ;

45° Les procurations, mandats et pouvoirs pour agir, ne contenant aucune stipulation, clause, engagement ou reconnaissance donnant lieu au droit proportionnel :

Il est dû un droit pour chaque mandant et chaque mandataire non solidaires ou indépendans dans l'un de l'autre.

46° Les promesses d'indemnité indéterminées et non susceptibles d'estimation, autres que celles stipulées entre les contractans dans celles actes mêmes qu'elles ont pour objet et dont elles font partie intégrante;

Celles de secours pour pensions alimentaires, entre les enfans et les ascendans et les époux séparés, sans détermination de sommes;

47° Les ratifications pures et simples d'actes en forme :

Il est dû un droit par chaque ratifiant.

48° Les reconnaissances aussi pures et simples par actes civils ne contenant aucune obligation ni quittance, ni autre aveu donnant ouverture au droit proportionnel;

49° Les résiliemens purs et simples, faits par actes authentiques, dans les vingt-quatre heures, des actes résiliés et notifiés au receveur le lendemain;

50° Les rétractations et les révocations, autres que celles exprimées dans les procurations, sans dénommer les mandataires révoqués;

51° Les significations d'avoué à avoué devant les cours royales, non compris les appels incidens :

Il est dû un droit pour chacun des avoués auxquels la signification est faite;

Le consentement ou le pouvoir signé par la partie sur l'original donne lieu à un droit particulier.

52° Les soumissions et enchères, hors celles faites en justice, sur des objets mis ou à mettre en adjudication ou en vente, ou sur des marchés à passer, lorsqu'elles seront faites par actes séparés de l'adjudication;

53° Les soumissions tendant à obtenir l'autorisation de construire dans le rayon des places de guerre et sur les pas géométriques;

54° Les ventes de navires, bris et débris de navires faites par les officiers de l'administration de la marine ou autres officiers publics, ainsi que celles de marchandises avariées à la mer, dans le cas où il n'est pas dû de droit de douane;

Les mêmes ventes entre des personnes privées;

55° Les ventes ou cessions de terrains ou constructions faites par des propriétaires pour se libérer de la portion à leur charge dans l'augmentation de valeur que leurs propriétés auraient acquise par suite de travaux publics ou de constructions ordonnés ou approuvés par le Gouvernement;

Les abandons de portions de terrain en faveur des concessionnaires par les propriétaires des terrains desséchés ou défrichés;

56° Les actes et jugemens préparatoires, interlocutoires ou d'instruction des juges-de-paix; les certificats et visas de pièces préalables à l'exercice de la contrainte par corps; les actes de notoriété; les oppositions à la levée des scellés par comparution personnelle dans le procès-verbal; les ordonnances et permis d'assigner; les nominations de tuteurs, curateurs et subrogés tuteurs, et tous les procès-verbaux d'avis de parens et de délibérations de conseil de famille qui ne contiennent aucune reconnaissance ou engagement donnant ouverture au droit proportionnel; les procès-verbaux d'apposition, de reconnaissance et de levée de scellés, et généralement tous autres actes et procès-verbaux des juges-de-paix ou passés devant eux, ne donnant pas lieu au droit proportionnel, ou dont le droit proportionnel ne s'élèverait pas à cinquante centimes.

Sont exceptés les actes d'émancipation.

Il est dû un droit pour chaque vacation de juge-de-paix dans les opérations de scellés.

57° Les jugemens des juges-de-paix portant condamnation de sommes ou valeurs mobilières, renvoi ou décharge de demande, débouté d'opposition, validité de congé, expulsion, condamnation à réparation d'injures personnelles, et généralement tous ceux qui, contenant des dispositions définitives, ne donnent pas ouverture au droit proportionnel, ou dont le droit proportionnel ne s'élèverait pas à cinquante centimes, et qui ne sont pas classés dans le numéro précédent;

58° Les actes et jugemens en matière de police ordinaire et de police correctionnelle, et en matière criminelle, soit entre les parties, soit sur la poursuite du ministère public, avec partie civile, désignés dans les n°s 2 et 3 de l'article 6 du titre Ier, ne donnant pas lieu au droit proportionnel, ou dont le droit proportionnel ne s'élèverait pas à cinquante centimes;

Sont exceptés les actes de recours en cassation;

59° Les jugemens qui seront rendus en matière de contributions, soit directes, soit indirectes, ou pour autres sommes dues au Gouvernement, ou pour contributions locales, mois de nourrices, frais d'éducation ou de pensionnat, travaux de curage des canaux et rivières, quel que soit le montant des condamnations, et de quelque tribunal qu'émanent les jugemens :

Si le même jugement porte recours du condamné contre un particulier, le droit proportionnel sera dû sur le montant de la condamnation récursoire.

60° Les actes déjà enregistrés, soit en France, soit dans les colonies françaises, lorsque le droit perçu sera égal ou supérieur à celui dû dans la colonie;

61° Et généralement tous actes civils ou

39.

extrajudiciaires, quels qu'ils soient, ou actes des juges-de-paix qui ne se trouvent dénommés dans aucun des autres paragraphes du présent article, ni dans ceux de l'article suivant, et qui ne peuvent donner lieu au droit proportionnel.

§ III. Actes sujets au droit fixe de soixante-quinze centimes.

1° Les compromis et nominations d'arbitres qui ne contiennent aucune obligation de sommes et valeurs, ni reconnaissance donnant lieu au droit proportionnel;

2° Les conversions de rentes perpétuelles en rentes viagères, et de celles-ci en rentes perpétuelles, sans augmentation du premier capital aliéné;

3° Les déclarations ou élections de command ou d'ami, lorsque la faculté d'élire un command a été réservée dans l'adjudication ou le contrat en forme authentique, et que la déclaration est faite sans novation de clause, de condition ou de prix, et notifiée au receveur de l'enregistrement dans les vingt-quatre heures de l'adjudication ou du contrat.

Le délai sera de trois jours pour les adjudications des domaines de l'État.

A l'égard des adjudications faites devant les tribunaux de première instance où le ministère des avoués est indispensable, il suffira que l'avoué fasse connaître l'adjudicataire par une déclaration faite et acceptée, ou appuyée du mandat pour acquérir, dans les trois jours de l'adjudication.

4° Les prorogations de délai et les modifications apportées aux clauses d'un acte d'obligation, lorsqu'elles ne constituent pas un des cas de novation énoncés dans l'article 1271 du Code civil, pourvu toutefois que le titre de la créance ait été enregistré, et sauf le droit proportionnel sur les stipulations relatives aux intérêts échus, ainsi que sur les délégations désignées au n° 5 du § V et au n° 2 du § II de l'article suivant;

5° Les réunions d'usufruit à la propriété, lorsque la réunion s'opère par un acte de cession, et qu'elle n'est pas faite pour un prix supérieur à celui sur lequel le droit a été perçu lors de l'aliénation de la nue-propriété, à titre onéreux, et ce conformément au n° 7 de l'article 17;

6° Les titres nouvels ou reconnaissances de rentes, purs et simples, dont les contrats sont justifiés en forme, et les soumissions pour le remboursement du capital, dans le cas où le débiteur peut y être contraint, suivant l'article 1912 du Code civil:

Sauf, dans tous les cas, le droit proportionnel sur les stipulations relatives aux intérêts échus.

7° Les transactions, en quelque matière que ce soit, qui ne contiennent aucune stipulation de sommes et valeurs, ni dispositions soumises à un plus fort droit ni au droit proportionnel, ainsi qu'il est établi dans l'article 19, chapitre II;

8° Les ordonnances des juges des tribunaux de première instance jugeant en matière civile ou de commerce, rendues sur requêtes, mémoires ou autrement; celles de référé, dont la minute reste au greffe, ou qui sont délivrées en brevet ou original;

Les ordonnances du procureur du Roi dans les cas où il est autorisé à en rendre;

Les actes et jugemens préparatoires, interlocutoires ou d'instruction de ces tribunaux et des arbitres, rendus contradictoirement ou par défaut;

Les procès-verbaux d'ouverture et réglemens provisoires de contributions et d'ordres, et les ordonnances de renvoi à l'audience, en cas de contestation sur ces mêmes procès-verbaux;

9° Les actes faits ou passés aux greffes des mêmes tribunaux, portant acquiescement, affirmation de voyage, et autres; certificats en minute, consentemens et déclarations de toute espèce ne donnant pas ouverture au droit proportionnel; demandes en renvoi, dépôt de registres, répertoires, signatures de notaires, et généralement de tous actes et pièces, de quelque nature qu'ils soient, et leurs décharges, désaveux, enchères et surenchères, enquêtes, interrogatoires, inscription de faux incident, nomination d'experts ou arbitres, oppositions, représentations de cautions, acceptation ou renonciation à succession, communauté, legs ou donations à cause de mort (*il est dû un droit pour chaque renonçant ou acceptant, et par chaque succession ou communauté*), récusation, tirage de lots (*sauf le droit proportionnel sur la soulte ou plus-value, s'il en existe*), transcriptions et radiations de saisies immobilières, vérification et affirmation de créances (*il n'est dû qu'un seul droit pour celles en matière de faillite*);

Les dépôts des extraits d'actes de société, de contrats de mariage et de mutations immobilières (*il est dû un droit par chaque acquéreur non indivis*), et de tous les actes et jugemens désignés, par les lois civiles et commerciales, pour être insérés au tableau placé dans l'auditoire des tribunaux et leurs décharges;

Et généralement les procès-verbaux, rapports et tous autres actes conservatoires ou de formalité, autres que ceux formellement exempts de l'enregistrement, faits aux greffes desdits tribunaux, et ne donnant pas lieu au droit proportionnel, ou dont le droit proportionnel ne s'élèverait pas à soixante-quinze centimes;

10° Les exécutoires de dépens, et les taxes des experts dont le droit proportionnel réglé par le n° 12, § 2 de l'article suivant, ne serait pas plus élevé que soixante-quinze centimes ;

11° Les mêmes actes, ordonnances et jugemens des tribunaux de première instance en matière de commerce ;

12° Les ordonnances et procès-verbaux des présidens des tribunaux de première instance, relatifs au mariage et à la séparation de corps.

§ IV. Actes sujets au droit fixe d'un franc

1° Les actes respectueux pour obtenir consentement à mariage ;

2° Les actes de société qui ne portent ni obligation, ni transmission de biens meubles ou immeubles entre les associés individuellement, ou envers d'autres personnes, et quelle que soit la nature des biens apportés par chacun des associés ;

Les actes d'adhésion postérieurs par de nouveaux associés ;

Les actes de dissolution de société qui sont dans le même cas, sauf les droits proportionnels auxquels pourraient donner ouverture les cessions de droits, ou le partage pour raison des soultes ou de l'abandon fait à l'un des associés de biens apportés originairement par un autre associé ;

3° Les cessions, abandonnemens et délaissemens des biens, soit volontaires, soit forcés, pour être vendus en direction ;

4° Les contrats de mariage qui ne contiennent d'autres dispositions que des déclarations de la part des futurs de ce qu'ils apportent eux-mêmes en mariage et se constituent, sans aucune stipulation avantageuse entre eux :

La reconnaissance y énoncée de la part du futur, d'avoir reçu la dot apportée par la future, ne donne pas lieu à un droit particulier ; celle par la future non commune en biens, d'avoir reçu la dot du futur, donne lieu au droit d'obligation.

La clause d'ameublissement déterminé ou indéterminé ne donne lieu à aucun droit. Il en est de même dans le cas où les meubles apportés par la femme sont mis à prix par le contrat fait sous le régime dotal.

Si les futurs sont dotés par leurs ascendans ou s'il leur est fait des donations par des collatéraux ou autres personnes, par leur contrat de mariage, les droits, dans ces cas, seront perçus suivant la nature des biens, ainsi qu'ils sont réglés par les différens paragraphes de l'article suivant.

5° Les donations des biens présens et à venir sans annexe de l'état des dettes du donateur, ou sans leur détail dans l'acte, et lorsque le donataire n'entre pas de suite en jouissance d'aucun des biens :

A défaut de l'une ou de l'autre de ces circonstances, le droit proportionnel est dû sur les biens présens.

6° Les donations de sommes, à prendre seulement sur la succession du donateur sans intérêts jusque là même avec affectation hypothécaire :

En cas de promesse d'intérêts, le droit proportionnel est dû sur leur capital au denier six.

7° Les institutions contractuelles et toutes autres dispositions avantageuses, soumises à l'évènement du décès, qui sont faites par contrat de mariage entre les futurs ou par d'autres personnes en leur faveur :

Le forfait de communauté des articles 1520 à 1525 du Code civil, n'étant qu'une simple convention de mariage et entre associés, ne donne lieu à aucun droit.

Il n'y a lieu à percevoir le droit de donation pour le préciput, que lorsqu'il est réservé à la femme survivante, même en renonçant à la communauté.

8° Les déclarations et significations d'appel, soit principal, soit incident, des jugemens de juges-de-paix en matière civile ou de commerce, au tribunal de première instance, même par acte d'avoué à avoué :

Il est dû plusieurs droits, dans les cas prévus par le n° 53 du § 2 du présent article.

9° Les exploits relatifs aux procédures devant les conseils privés, sans qu'il puisse être perçu plus d'un seul droit, quel que soit le nombre des demandeurs et des défendeurs.

10° Les prestations de sermens des secrétaires des administrations publiques, des greffiers et des huissiers des juges-de-paix, des porteurs de contraintes, des gardes et autres préposés des douanes d'un grade inférieur à celui de contrôleur exclusivement, des gardes du génie; des agens et conducteurs des travaux des ponts-et-chaussées chargés de constater les contraventions en matière de grande voirie ; des imprimeurs et libraires, des gardes forestiers et gardes champêtres ; des préposés au mesurage ou pesage public ; des concierges des maisons d'arrêts et des prisons, enfin de tous les employés et comptables salariés par le Gouvernement, les communes ou les établissemens publics, autres que ceux compris dans le n° 3 du § 7 ci-après, et qui sont assujétis au serment à raison de leurs fonctions, quelle que soit l'autorité devant laquelle le serment sera reçu.

11° Les reconnaissances d'enfant naturel, faites autrement que par acte de l'état civil.

12° Les testamens, codicilles et tous les actes de libéralité entre-vifs ou à cause de mort, qui ne contiennent que des dispositions soumises à l'évènement du décès, sans préjudice des droits proportionnels auxquels donneraient ouverture les reconnaissances contenues dans ces actes.

13° Les unions et directions de créanciers :

Si elles portent obligation de sommes déterminées par les cointéressés envers un ou plusieurs d'entre eux, ou autres personnes chargées d'agir pour l'union, il sera perçu en outre un droit d'obligation.

14° Les jugemens contradictoires ou par défaut des tribunaux de première instance, en matière civile ou de commerce, portant acquiescement, acte d'affirmation, admission de revendication, débouté d'opposition, homologation d'actes et rapports ne donnant pas lieu aux droits proportionnels, ou dont ces droits ont été acquittés ; décharge et renvoi de demande, déclaration de jugement commun, injonction de procéder à partage ou à licitation, main-levée d'inscription ou opposition, nomination d'arbitres et tiers-arbitres, commissaires, directeurs et séquestres ; nullité de procédure, maintenue en possession, publication d'actes et de lettres-patentes, péremption d'instances ; reconnaissances d'écritures, réhabilitation, rejet ou admission de récusation, résiliemens de baux autrement que du consentement des parties ;

Les jugemens qui établissent seulement les bases ou les élémens d'un compte ou d'une liquidation à faire, sans déterminer aucun reliquat ; ceux qui statuent sur l'admission d'un créancier au passif d'une faillite, sans prononcer de condamnation de sommes ; les jugemens qui condamnent à servir une rente conformément au titre en forme authentique :

Si le titre était verbal ou sous seing privé, il serait dû le droit proportionnel, ainsi que pour une condamnation qui rendrait le capital de la rente exigible.

Les réglemens définitifs d'ordres et de contributions ne donnant pas lieu à un droit proportionnel plus élevé, sans que, dans aucun cas, il soit dû aucun droit pour les forclusions et les mains-levées prononcées par le même acte ;

Les ordonnances d'exécutions de jugemens arbitraux, et celles d'envoi en possession ;

Et généralement tous les jugemens de ces tribunaux et des arbitres, en premier ou en dernier ressort, non compris dans le § 3 précédent, et contenant des dispositions définitives ne donnant pas ouverture au droit proportionnel, ou dont le droit proportionnel ne s'élèverait pas à un franc ;

Les adjudications frappées de surenchère avant le délai de l'enregistrement, et celles sur folle enchère, lorsque la première adjudication a été enregistrée et que le nouveau prix n'est pas supérieur au premier ; dans le cas contraire, les droits sont perçus comme il est dit au n° 1er, §§ 6 et 8 de l'article suivant.

15° Les jugemens des tribunaux de première instance en matière civile ou de commerce,

à l'exclusion de ceux des arbitres, portant : 1° résolution de contrats ou de clauses de contrats pour cause de nullité radicale ; 2° résolution de contrats de vente pour lésion d'outre moitié, dans la forme et les délais prescrits par la loi ; 3° résolution de contrats pour cause de simulation, mais seulement lorsque la résolution n'est point prononcée sur la demande de l'une des parties contractantes ; 4° révocation de donation pour cause d'ingratitude ; 5° résolution de contrats de vente pour défaut de paiement du prix, mais seulement avec ces deux circonstances, que l'acquéreur n'aura payé aucun à-compte sur le prix, et qu'il ne sera point entré en jouissance :

Toutefois les droits ainsi que les doubles droits et amendes dus à raison des contrats ou des conventions verbales résolus seront perçus en outre sur les jugemens, dans le cas où ils n'auraient pas été acquittés précédemment dans les délais déterminés.

16° Les ordonnances, arrêts et actes du greffe des cours royales, de l'espèce des actes et jugemens désignés dans les numéros 8, 9 et 10 du § 3 précédent ;

Les mêmes actes émanés des arbitres jugeant en dernier ressort du consentement des parties.

§ V. Actes sujets au droit fixe d'un franc cinquante centimes.

1° Les actes d'émancipation :

Il est dû un droit par chaque émancipé, mais il n'en est dû aucun pour la nomination du curateur.

2° Les déclarations et significations d'appel, soit principal, soit incident, des jugemens des tribunaux de première instance en matière civile ou de commerce, même par actes d'avoué à avoué :

Il est dû plusieurs droits, dans les cas prévus par le n° 33 du § 2 du présent article.

3° Les partages de biens meubles ou immeubles entre copropriétaires, à quelque titre que ce soit, pourvu qu'il en soit justifié :

Il n'est pas dû de droit particulier pour les subdivisions contenues dans le même acte, et qui sont faites entre les mêmes copartageans.

S'il y a retour ou plus-value entre les lots, le droit sur ce qui en fera l'objet sera perçu au taux réglé pour les ventes.

4° Les arrêts définitifs des cours royales ne donnant pas lieu à un droit proportionnel plus élevé et de l'espèce des jugemens désignés dans les n°s 14 et 15 du paragraphe précédent.

5° Les jugemens définitifs désignés dans les mêmes numéros rendus par les arbitres jugeant en dernier ressort, du consentement des parties.

§ VI. Actes sujets au droit fixe de deux francs.

1º Les acquisitions de biens immeubles par la colonie, les communes, hospices, séminaires, fabriques, congrégations religieuses, et tous autres établissemens publics légalement autorisés, faites à titre onéreux, et lorsque les biens acquis devront recevoir une destination d'utilité publique et ne pas produire de revenus :

A défaut de l'une ou de l'autre de ces circonstances, il est dû le droit proportionnel déterminé par le § 8 de l'article suivant ; et le droit fixe sera réductible dans tous les cas où la valeur des biens ne donnerait pas deux francs de droit.

2º Les actes translatifs de propriété, d'usufruit ou de jouissance de biens immeubles situés en pays étranger, sans que, dans aucun cas, le droit fixe puisse excéder le droit proportionnel qui serait dû si les biens étaient situés dans la colonie.

3º Les jugemens des tribunaux de première instance prononçant une interdiction ; les jugemens de séparation de biens entre mari et femme, lorsqu'ils ne portent point de condamnation de sommes et valeurs mobilières, ou lorsque le droit proportionnel de la condamnation prononcée ne s'élève pas à deux francs.

4º Les actes de tutelle officieuse :
Il est dû un droit pour chaque pupille.

§ VII. Actes sujets au droit fixe de trois francs.

1º Le premier acte de recours au Conseil-d'Etat, et le premier acte de recours en cassation, en matières civile, correctionnelle ou de simple police, de quelque partie qu'il émane ; et en matière criminelle, celui des parties civiles seulement :
Il est dû un droit pour chacun des condamnés non solidaires qui exercent le recours par un même acte.

2º Les jugemens des tribunaux de première instance prononçant une séparation de corps entre mari et femme ;
Ceux admettant une adoption :
Il est dû un droit pour chaque adopté.

3º Les prestations de serment des notaires, avocats, avoués et arpenteurs, pour entrer en fonctions ; des directeurs, inspecteurs, vérificateurs, contrôleurs, et receveurs des contributions directes et indirectes, des curateurs aux biens vacans, des greffiers, commis-greffiers et huissiers près les tribunaux de première instance et les cours royales, pour entrer en fonctions ; des ingénieurs des ponts-et-chaussées, des commissaires des poudres et salpêtres, et généralement de tous les employés et comptables salariés par le Gouvernement, les communes et les établissemens publics, qui y sont assujétis à raison de leurs fonctions, et quelle que soit l'autorité devant laquelle le serment sera reçu, lorsque le traitement s'élève à deux mille francs et au-dessus.

Tous les employés et comptables dont le salaire serait inférieur à cette somme ne devront que le droit fixé par le nº 10 du § 4 ci-dessus :
Il n'est dû de nouveau droit que dans le cas de changement de grade ou de fonctions, et non lors d'un simple changement de résidence : toutefois, si, dans ce dernier cas, il était rédigé un nouvel acte de prestation de serment, il serait dû le droit déterminé par le nº 6 du § 2 du présent article.

§ VIII. Actes sujets au droit fixe de cinq francs.

1º Les arrêts des cours royales prononçant une interdiction, une séparation de corps ou une séparation de biens entre mari et femme, sauf le droit proportionnel de la condamnation, si elle donne lieu à un droit plus élevé ;
Les arrêts confirmant une adoption :
Il est dû un droit pour chaque adopté.

1º L'adoption par tuteur officieux dans un acte testamentaire.
Il est dû un droit pour chaque adopté.

CHAPITRE II. Droits proportionnels.

92. Les actes et mutations compris sous cet article seront enregistrés et les droits payés suivant les quotités ci-après, savoir :

§ Ier. Deux centimes et demi par cent francs.

1º Les baux à ferme ou à loyer de biens meubles ou immeubles, même de ceux appartenant au Gouvernement ;
Les baux ou conventions pour nourriture de personnes ;
Le louage des esclaves, ainsi que des gens de travail qui s'engagent au service de quelqu'un ;
Les baux de pâturage et nourriture d'animaux, lorsque la durée de tous ces baux est limitée :
Si la durée du bail est illimitée, la quotité du droit est réglée par les nºs 2 des §§ 6 et 8 ci-après.

2º Les baux à cheptel et reconnaissance des bestiaux :
Le droit sera perçu sur le prix exprimé dans l'acte, ou, à défaut, d'après l'évaluation qui sera faite du bétail.

3º Les sous-baux, subrogations, cessions, rétrocessions et résiliations des mêmes baux :
Le droit sera perçu et liquidé sur les années à courir et d'après la même base que pour les baux.

Les sommes payées sur le prix du bétail par l'acte même ne donnent pas lieu au droit de quittance.

4° Les brevets d'apprentissage, lorsqu'ils contiendront stipulation de sommes ou valeurs payées ou non.|

Les cautionnemens de tous les actes désignés aux numéros précédens ne paieront que la moitié des droits déterminés pour ces actes.

5° Les actes volontaires contenant promesse de pensions alimentaires entre les ascendans et leurs descendans, ainsi qu'entre époux séparés, lorsque la somme est déterminée, et même dans le cas où la pension alimentaire serait représentée par le revenu d'un immeuble désigné :

Le droit sera perçu sur le capital au denier six de la pension annuelle ; si l'acte ne contient la stipulation d'aucune somme déterminée, il n'est dû que le droit fixe réglé par le n° 46 du § 2 de l'article précédent.

6° Les quittances, remboursemens ou rachats de rentes, redevances et créances de toute nature ;

Les retraits exercés par les vendeurs en vertu de réméré, par actes publics, dans le délai stipulé par l'acte de vente, pourvu qu'il n'excède pas cinq ans, ou faits sous signature privée et présentés à l'enregistrement avant l'expiration des délais.

Le droit n'est dû que sur les sommes remboursées par le vendeur.

Le retrait successoral et le retrait de droits litigieux, sur le montant des sommes remboursées, dans le cas où le cessionnaire peut y être contraint par la loi ;

Les paiemens faits avec subrogation légale selon l'article 1251 du Code civil, et ceux effectués par un acquéreur aux créanciers du vendeur après délégation ou indication quelconque de paiement, et généralement tous actes ou écrits, soit civils, soit judiciaires ou extrajudiciaires, portant libération de sommes et valeurs mobilières, sans que le paiement ait pour cause une libéralité ou le prix d'une transmission de meubles ou d'immeubles non enregistrés ; auxquels cas il serait dû les droits dont ces diverses stipulations sont passibles suivant les différens paragraphes du présent article :

Il n'est dû qu'un seul droit pour les compensations de créances respectives.

Mais les droits des deux libérations seront perçus lorsque les paiemens seront faits par un débiteur aux créanciers de son créancier, en présence de ce dernier, sans aucune indication de paiement antérieurement enregistré.

7° Les actes de dépôts et consignations de sommes faits dans les caisses publiques ou chez des officiers publics, lorsqu'ils opèrent la libération des déposans.

§ II. Cinq centimes par cent francs.

1° Les actes d'assurances maritimes :

Le droit ne sera exigible que sur le montant de la prime, et seulement avant que la police puisse être produite en justice, et en tenant compte du droit fixe payé conformément au n° 13 du § 2 de l'article précédent.

2° Les délaissemens par suite d'une assurance, et dans les autres cas prévus par les lois commerciales :

Le droit est dû sur la valeur des objets délaissés ; il n'est exigible que sur l'acte d'acceptation, ou le jugement qui valide le délaissement.

En cas d'assurance, la valeur est fixée par la police.

3° Les adjudications au rabais et marchés pour constructions, réparations, entretien, approvisionnement et fournitures, dont le prix doit être payé sur les fonds communaux ou par les établissemens publics.

Le droit est dû sur la totalité du prix de ces actes.

Le cautionnement ne doit que moitié du droit.

4° Les atermoiemens ou concordats passés entre les faillis et leurs créanciers, même lorsqu'il ne serait consenti aucune remise sur les créances :

Le droit est perçu sur tous les biens meubles abandonnés par le failli, et sur les sommes qu'il s'oblige de payer tant aux créanciers présens qu'à ceux non représentés, avec lesquels le traité est commun par l'effet de la majorité.

Le cautionnement, s'il en est fourni, ne paiera que la moitié du droit.

5° Les billets à ordre et tous autres effets négociables de particuliers ou de compagnies, à l'exception des lettres de change.

Les avals donnés par actes séparés des effets négociables de toute espèce :

Ces effets négociables pourront n'être présentés à l'enregistrement qu'avec les protêts qui en seront faits ; mais le droit de ces effets serait exigible sur l'exploit de citation qui déclarerait qu'ils sont adirés.

Les ouvertures de crédits entre banquiers et commerçans sujets à patentes.

6° Les actions, coupons d'actions et cessions d'actions mobilières de compagnies et sociétés de finance, de commerce ou d'industrie, sans aucun droit de propriété dans le fonds social.

7° Les cautionnemens de sommes et objets mobiliers, les garanties et les gages mobiliers fournis par des tiers, et les indemnités de même nature ;

Les cautionnemens par le tireur ou les endosseurs, pour le paiement de lettres de change.

Sont exceptés les cautionnemens nommé-
ment désignés dans d'autres numéros du
présent article et de l'article précédent.

Dans tous les cas, le droit sera perçu indé-
pendamment de celui de la disposition que le
cautionnement, la garantie, le gage ou l'in-
demnité aura pour objet, et sur le même capi-
tal, mais sans pouvoir excéder le droit prin-
cipal.

8° Les cautionnemens de se représenter
ou de représenter un tiers en cas de mise en
liberté provisoire, ou en vertu d'un sauf-conduit, dans les cas prévus par le Code de procédure et par les lois civiles et commerciales,
et en matière correctionnelle ou criminelle.

9° Les soumissions de cautions au greffe
des tribunaux :

Lorsque le jugement d'admission de la
caution ne l'oblige pas à faire un acte de
soumission, le droit proportionnel est perçu
sur le jugement.

Pour les cautions des surenchères, le droit
est dû sur le prix principal, en y joignant
toutes les charges et le montant de la suren-
chère. Mais ce droit n'est perçu que sur le
jugement d'adjudication au profit du suren-
chérisseur, et l'acte de cautionnement, dont
l'obligation principale est soumise à cette
condition, ne doit que le droit fixe établi par
le n° 9 du § 3 de l'article précédent.

10° Les legs et donations, à cause de mort,
de sommes et d'effets mobiliers en lignes directe, naturelle ou adoptive, sur la portion
disponible seulement.

11° Les obligations à la grosse-aventure ou
pour retour de voyage :

Le droit n'est dû que sur le capital prêté.

12° Les jugemens et arrêts contradictoires
ou par défaut, ou autres actes judiciaires, en
matière civile ou de commerce, et en matières
criminelle, correctionnelle ou de police, quel
que soit le tribunal ou la cour dont ils émanent, portant condamnation, attribution ou
liquidation de sommes et valeurs mobilières,
intérêts et dépens entre particuliers, même
celles prononcées sur des actes authentiques,
excepté les dommages-intérêts compris au
n° 3 du § ci-après, et les amendes qui ne
seront point ajoutées aux autres sommes pour
la liquidation du droit proportionnel.

Est soumis au même droit le jugement qui
déclare un débiteur déchu du bénéfice du
terme qui lui avait été accordé pour le paiement par acte civil :

Dans aucun cas, et pour aucun de ces ju-
gemens ou arrêts, le droit proportionnel ne
pourra être au-dessous du droit fixe, tel qu'il
est réglé dans l'article précédent pour les
jugemens définitifs des divers tribunaux.

13° Les collocations et distributions de deniers mobiliers ou immobiliers, soit volontaires ou judiciaires, dans quelque forme
qu'elles aient lieu, et quel que soit le nombre ou la qualité des créanciers colloqués,
présens ou non :

Le droit est dû sur le montant de la somme
distribuée en capital et intérêts; et, si le paie-
ment est effectué par le même acte, il n'est
dû aucun droit pour la quittance.

14° Les ventes publiques de marchandises
et d'effets mobiliers, en cas de faillite, en
vertu d'ordonnance du juge-commissaire.

Les ventes de marchandises aux enchères
publiques, pourvu que le lieu de la vente et
la quotité des lots aient été fixés par les tribunaux.

§ III. Sept centimes et demi par cent francs.

1° Les actes et contrats d'assurance autres
que ceux maritimes :

Le droit sera perçu sur la valeur de la
prime.

2° Les donations entre-vifs en propriété
ou usufruit de biens meubles, celles portant
partage anticipé, faites selon les articles 1075
et 1076 du Code civil, en faveur de tous les
successibles en lignes directe, naturelle ou
adoptive.

3° Les donations de sommes payables ou
exigibles, avec ou sans intérêts, au décès du
donateur, même sans hypothèque, et celles
avec dessaisissement actuel par le donateur.

§ IV. Dix centimes par cent francs.

1° Les baux ou conventions pour nourriture de personnes, lorsque la durée est illimitée :

Le droit sera perçu sur le capital au denier
six.

2° Les mutations des biens immeubles en
propriété ou usufruit, qui auront lieu par décès en lignes directe, naturelle ou adoptive;

3° Les rentrées en possession de biens de
même nature, en vertu du droit successif
attribué aux ascendans par l'article 747 du
Code civil.

§ V. Quinze centimes par cent francs.

1° Les adjudications au rabais, marchés,
autres que ceux compris dans le n° 3 du § 2
précédent, pour constructions, réparations
et entretien entre particuliers, quand même
ils contiendraient promesse de livrer les marchandises ou objets mobiliers nécessaires à la
confection des ouvrages.

Le procès-verbal de réception des ouvrages, afin d'obtenir le privilége accordé aux
architectes et ouvriers par le n° 4 de l'article 2103 du Code civil :

Le droit est dû sur le montant total du
prix des travaux, déduction faite de celui
perçu sur le marché, s'il est représenté enre-
gistré.

Les traités pour ouvrages et travaux de toute espèce; ceux pour le transport de personnes ou marchandises, entre particuliers, désignés aux n°s 2 et 3 de l'article 1779 du Code civil;

Les traités de remplacemens pour le service de l'État;

Les avis de parens portant fixation d'honoraires ou d'indemnité en faveur des tuteurs ou curateurs.

2° Les conversions de rentes ou obligations à terme, excepté dans les cas prévus par le n° 6 du § 3 de l'article précédent.

3° Les contrats et transactions portant obligation de sommes, les billets simples et promesses de payer, les arrêtés de compte et les actes de liquidation de créances et reprises qui ne résultent pas d'actes précédemment enregistrés :

Sont exceptées les liquidations contenues dans les partages de succession, communauté ou société, qui doivent précéder le partage, et dont les résultats sont employés dans les lots des copartageans, sauf les droits des soultes qu'ils pourraient produire.

4° Les mandats, les lettres de crédit, les reconnaissances de devoir, même faites en l'absence des créanciers, à l'exception des déclarations passives dans les inventaires, à la charge de la succession; et celles de dépôts de sommes chez des particuliers;

Les reconnaissances d'intérêts ou arrérages échus, même lorsque le titre de la créance principale est enregistré;

La reconnaissance, par un débiteur, d'être détenteur d'une somme énoncée avoir été payée par lui dans un précédent acte, et généralement tous autres actes ou écrits, soit civils, judiciaires ou extrajudiciaires, qui contiendront obligation de devoir ou de prêter une somme d'argent, sans libéralité et sans que l'obligation soit le prix d'une transmission de meubles ou immeubles non enregistrée : auxquels cas, il serait dû les droits dont les stipulations sont passibles suivant les différens paragraphes du présent article;

Les reconnaissances par acte public et les affectations hypothécaires par les souscripteurs, pour le paiement d'effets négociables précédemment enregistrés, et de lettres de change.

5° Les transports, cessions et délégations de créances à terme et de droits mobiliers incorporels, autres que ceux compris aux paragraphes 2 et 4 du présent article, même faits hors de la présence du créancier délégataire ou du cessionnaire, ou sans son acceptation expresse, et sans décharger le premier débiteur; et ceux faits à titre de garantie par tout autre acte que l'obligation principale, lorsque le débiteur cédant s'est dessaisi de la propriété;

Les subrogations conventionnelles au profit d'un tiers payant en l'acquit du débiteur, et les substitutions de débiteurs;

Les délégations avec dessaisissement pour tenir lieu du service des intérêts dans l'acte même d'obligation, indépendamment du droit dû pour le capital; et les transports par endossement de billets simples, et ceux d'effets négociables après protêt qui en a été fait.

6° Les délégations de prix stipulées dans un contrat, pour acquitter des créances à terme envers un tiers.

7° Les déclarations de command, d'ami ou de prête-nom, si l'acte d'obligation, de transport ou de délégation n'en contient pas la réserve, et que la déclaration ne soit pas faite et notifiée au receveur dans les vingt-quatre heures du contrat, ainsi qu'il est prescrit par le n° 3 du § 3 de l'article précédent.

8° Les donations entre-vifs et les mutations en propriété ou usufruit de biens meubles qui s'effectueront par décès entre époux.

§ VI. Vingt centimes par cent francs.

1° Les adjudications, ventes, reventes, cessions, rétrocessions, marchés (autres que ceux énoncés au n° 3 du § 2 et au n° 1er du § 5 ci-dessus), les traités et tous autres actes, soit civils, soit judiciaires ou extrajudiciaires, translatifs de propriété à titre onéreux, de biens meubles, récoltes à l'année sur pied, coupes de bois taillis et de haute-futaie, actions dans les compagnies et sociétés de finance, de commerce ou d'industrie donnant droit de propriété dans le fonds social, encore qu'il en dépende des immeubles, tant que dure la société; des produits extraits ou à extraire des minières et des carrières; des matières extraites seulement des mines, et leurs approvisionnemens, et de tous autres objets mobiliers, généralement quelconques, en quelques lieux ou pays qu'ils soient situés; même les ventes de cette nature faites par le Gouvernement, à l'exception de celles énoncées au n° 54 du § II de l'article précédent;

Les adjudications à la folle enchère, mais seulement sur ce qui excédera le prix de la précédente adjudication, si le droit en a été acquitté :

Lorsque l'acquéreur d'une coupe de bois se rend postérieurement acquéreur du fonds, il est dû, sur ce second acte ou pour la nouvelle convention, le complément du droit fixé par le § 8 ci-après, pour la totalité ou les portions de la coupe qui, n'ayant point encore été abattues à cette époque, n'auraient point cessé de faire partie de l'immeuble, indépendamment du droit dû suivant le même paragraphe pour la nouvelle mutation; et, si la vente du sol a précédé celle de la superficie au même acquéreur, avant qu'elle en ait été détachée, le prix de cette superficie acquittera le droit déterminé par le même § 8.

2° Les constitutions de rentes, soit perpétuelles, soit viagères, et de pensions à titre onéreux; les cessions, transports et délégations qui en sont faits au même titre, ainsi qu'il est établi aux n°s 5 et 6 du paragraphe précédent pour les délégations, subrogations de créanciers et substitutions de débiteurs de créances à terme :

Les transports d'arrérages ne doivent que le droit des créances à terme.

Les baux de biens meubles faits à vie ou pour un temps illimité, leurs transports, rétrocessions et résiliations.

3° Les dommages-intérêts prononcés par les tribunaux, en matière de police simple, de police correctionnelle, et en matière criminelle, et ceux en matière civile dans les cas désignés aux art. 1142, 1145, 1147, 1149 et 1382 du Code civil.

4° Les donations entre-vifs de propriété ou d'usufruit de biens immeubles en lignes directe, naturelle ou adoptive :

Les donations portant partage anticipé faites par les pères et mères entre tous leurs enfans ou descendans, conformément aux art. 1075 et 1076 du Code civil, ne paieront que moitié droit, quel que soit le mode de composition des lots, même au moyen d'une licitation des biens donnés par le même acte.

5° Les donations entre-vifs et les mutations en propriété ou usufruit de biens meubles, qui s'opéreront par décès entre collatéraux et autres parens au degré successible seulement.

6° Les échanges de propriétés bâties, et ceux de biens ruraux, lorsque l'un des immeubles ruraux ne sera pas contigu aux propriétés de celui qui le recevra, mais pour cet immeuble seulement ; les échanges semblables faits avec des communes et des établissemens publics désignés au n° 1, § 6 de l'article précédent :

Le droit ne sera perçu que sur la valeur d'une des parts, et celui dû pour la soulte ou plus-value sera liquidé conformémé t au § 8 ci-après. Si la soulte doit être payée par les communes ou établissemens publics, elle ne sera passible que du droit fixe selon le n° 1er du § 6 de l'article précédent.

Les rescisions de ces différens actes pour cause de lésion.

7° Les élections ou déclarations d'ami, de command ou prête-nom, sur les actes translatifs de propriété ou d'usufruit de biens meubles compris dans le présent paragraphe, lorsque la réserve de command n'aura pas été insérée dans le contrat, et sans qu'elle ait été faite et notifiée au receveur, dans les vingt-quatre heures de ce contrat, comme il est dit au n° 3 du § 3 de l'article précédent.

8° Les engagemens ou antichrèses de biens immeubles.

9° Les parts et portions acquises par licitation, et les soultes de partages de biens meubles.

10° Les retraits de biens meubles, après le premier délai fixé par l'acte de vente, avec faculté de rachat, ou en vertu de prorogation de délai, et ceux exercés par des tiers cessionnaires des vendeurs.

11° Les résolutions et résiliations de contrats de vente de biens meubles, à la seule exception de celles prononcées par les tribunaux de première instance jugeant en matière civile ou de commerce, et les cours royales, pour cause de nullité radicale ou pour défaut du paiement du prix, lorsque l'acquéreur n'aura payé aucun à-compte et qu'il ne sera point entré en jouissance.

§ VII. Vingt-cinq centimes par cent francs.

Les donations entre-vifs et les mutations qui s'effectueront par décès, soit par testament ou tous autres actes de libéralité à cause de mort, de propriété ou d'usufruit des biens immeubles entre époux.

§ VIII. Trente-cinq centimes par cent francs.

1° Les adjudications, ventes, reventes, cessions, rétrocessions et tous autres actes soit civils, judiciaires ou extrajudiciaires, translatifs de propriété ou d'usufruit de biens immeubles, droits et actions immobiliers à titre onéreux, même de ceux appartenant au Gouvernement; des mines, indépendamment de la surface des constructions et travaux en dépendant, ainsi que des chevaux, agrès et ustensiles servant à leur exploitation; des coupes de bois non séparées du sol, dans les cas prévus par le dernier alinéa du n° 1er du § 6 :

Les adjudications à la folle enchère seront assujéties au même droit, mais seulement sur ce qui excédera le prix de la première adjudication, si elle a été enregistrée.

2° Les baux à rentes perpétuelles de biens immeubles, ceux à vie et ceux dont la durée est illimitée, ainsi que les traités portant fixation de la redevance à payer au propriétaire du fonds pour l'exploitation d'une mine jusqu'à son épuisement;

Leurs transports, rétrocessions et résiliations.

3° Les déclarations de command, d'ami ou de prête-nom, par des actes translatifs de propriétés immobilières, lorsque ces déclarations ne réunissent pas toutes les conditions énoncées au n° 3, § 3 de l'article précédent.

4° Les parts et portions de biens immeubles acquises par licitation :

Cette portion se calcule d'après le prix de la totalité des biens faisant l'objet de la licitation.

5° Les retours ou plus-values de partages et d'échanges d'immeubles.

6° Les retraits exercés après l'expiration du délai convenu par le contrat de vente, et dans ce délai, s'il excède cinq années, ou en vertu de prorogation, et ceux exercés par des cessionnaires de vendeur avec faculté de rachat.

7° Les résolutions et résiliations de contrats translatifs de propriété ou d'usufruit de biens immeubles, même lorsqu'il aurait été stipulé par le contrat qu'à défaut de paiement la vente serait nulle de plein droit :

Sont seulement exceptées celles prononcées par les tribunaux de première instance et les cours royales pour cause de nullité radicale, pour lésion d'outre moitié, dans les formes et les délais prescrits par la loi ; et pour défaut de paiement du prix, lorsque l'acquéreur n'aura payé aucun à-compte, et qu'il ne sera point encore entré en jouissance.

§ IX. Cinquante centimes par cent francs.

1° Les donations entre-vifs et les mutations qui s'effectueront par décès, pour quelque cause que ce soit, de propriété ou d'usufruit de biens meubles entre collatéraux au-delà du degré successible, et toutes personnes non parentes ;

Et celles qui s'opéreront pour des biens de même nature, lorsque l'époux survivant ou les enfans naturels seront appelés à succéder à défaut de parens au degré successible :

Toutefois, pour les enfans naturels, ce droit ne sera appliqué que sur l'excédant de ce qui leur aurait été attribué dans les cas de l'article 757 du Code civil.

2° Les donations entre-vifs et les mutations qui s'effectueront par décès de biens immeubles entre collatéraux au degré successible seulement.

§ X. Un franc par cent francs.

1° Les donations entre-vifs et les mutations qui s'effectueront par décès, de *biens immeubles* entre collatéraux au-delà du degré successible et toutes personnes non parentes :

Seront considérées comme personnes non parentes, l'époux survivant et les enfans naturels, lorsqu'ils seront appelés à la succession, à défaut de parens au degré successible.

Toutefois, à l'égard des enfans naturels, ils n'acquitteront le droit que sur l'excédant de ce qui leur aurait été attribué en vertu de l'art. 757 du Code civil, et dont ils paieront les droits de mutation en ligne directe.

CHAPITRE III. Des actes qui doivent être enregistrés en débet ou gratis, et de ceux qui sont exempts de la formalité.

93. Sont soumis à la formalité de l'enregistrement en débet ou gratis, ou exempts de cette formalité, les actes ci-après, savoir :

§ Ier. A enregistrer en débet.

Seront enregistrés en débet, mais dans leurs délais et sous les peines prononcées par la présente ordonnance pour défaut d'enregistrement ;

1° Les actes et procès-verbaux des juges-de-paix, des greffiers, des commissaires commandans de communes et de leurs lieutenans, des officiers, commissaires et agens de police, ainsi que des huissiers et gendarmes, en matières de police simple et de police correctionnelle.

2° Les exploits, les actes d'appel, et ceux de recours en cassation par les prévenus en mêmes matières, mais seulement lorsqu'ils sont emprisonnés.

3° Les actes et procès-verbaux constatant des délits en matières de grande voirie.

4° Ceux des gardes établis par l'autorité publique, relatifs à des délits ruraux ou forestiers.

5° Ceux relatifs à des contraventions aux ordonnances et réglemens en matière de contributions directes ou indirectes, et aux contributions locales.

6° Tous les actes faits à la requête du ministère public, agissant d'office en matière civile, ou dans l'intérêt des lois, et pour assurer leur exécution.

7° Les jugemens et arrêts qui interviennent sur ces actes et procès-verbaux.

8° Les procès-verbaux de contraventions et les significations par les gardes du génie.

9° Les procès-verbaux d'apposition et levée de scellés, lorsque les juges-de-paix agissent d'office après l'ouverture des successions échues à des héritiers absens et non représentés ;

Les actes de tutelle faits d'office, relatifs à des mineurs qui n'ont ni tuteur ni curateur ;

Les actes concernant la nomination faite d'office d'un subrogé tuteur, dans le cas prévu par l'article 421 du Code civil.

10° Les jugemens d'ouverture de faillite, rendus d'office ;

Les procès-verbaux d'apposition de scellés après faillite, lorsque les juges-de-paix agissent d'office, et les actes de dépôts qui peuvent être dressés desdits procès-verbaux.

11° Les inventaires faits par les juges-de-paix des effets ou titres actifs trouvés sur les personnes qui ont péri par mort violente ou présumée telle.

12° Les rapports faits par les capitaines de navires, dans les cas prévus par les lois commerciales, et leur dépôt au greffe, lorsqu'il résulte des circonstances énoncées dans la déclaration, que le capitaine est dans l'impossibilité absolue de payer les droits;

Ceux faits par les capitaines de navires capturés, dans les mêmes cas :

Les droits d'enregistrement de ces actes, procès-verbaux et jugemens, seront compris par distinction dans la liquidation des dépens prononcés contre les parties condamnées, et le recouvrement en sera suivi par les receveurs de l'enregistrement, d'après les extraits qui leur seront fournis à cet effet par les greffiers contre les tuteurs, curateurs ou subrogés tuteurs, les agens, commissaires et syndics de faillites, les pères, mères et époux des interdits, ou contre ceux à qui lesdits actes auront profité ou dû profiter.

Mais, dans aucun cas, il ne pourra être délivré expédition, copie ou extrait de ceux désignés aux numéros 9, 10, 11 et 12, à l'exception de ceux qui pourraient être requis par le ministère public, sans qu'au préalable les droits dus au Gouvernement n'aient été payés, et ce, sous les peines portées par l'art. 55 de la présente ordonnance.

§ II. A enregistrer gratis.

1° Les acquisitions et échanges faits par le Gouvernement, les partages de biens entre l'État et les particuliers, et tous actes faits à ce sujet, même les cessions faites au Gouvernement pour se libérer de créances envers lui :

S'il y a soulte à payer par les particuliers, il est dû les droits proportionnels auxquels toutes les acquisitions sont assujéties par l'article précédent.

2° Les cahiers de charges, ainsi que tous autres actes dont les droits seraient supportés par le Gouvernement.

3° Les exploits, commandemens, significations, sommations, établissemens de garnisaires, saisies, saisies-arrêts et autres actes, tant en demande qu'en défense, ayant pour objet le recouvrement des contributions directes et indirectes et de toutes autres sommes dues au Gouvernement, à quelque titre et pour quelque objet que ce soit, même des contributions locales; pour le paiement de mois de nourrices, frais d'éducation et de pensionnat, travaux de curage de canaux et rivières, lorsqu'il s'agira de cotes, droits ou créances excédant en total la somme de cent francs (1).

4° Les actes des huissiers, gendarmes et agens de police en matière criminelle, autres que ceux faits à la requête des parties civiles.

5° Les actes et jugemens rendus à la requête du ministère public pour des rectifications, ou pour réparer des omissions concernant les actes de l'État civil; et ceux pour parvenir au mariage d'individus dont l'indigence notoire est constatée par certificat du commissaire commandant de la commune, ou de son lieutenant.

6° Les notifications de plans et tous les actes de procédures relatifs aux terrains des places de guerre.

7° Les ventes des effets non réclamés des marins et passagers morts en mer, faites par les officiers de l'administration de la marine, lorsque le prix n'est que de vingt-cinq francs et au-dessous.

Cette disposition s'applique tant aux bâtimens de l'État qu'à ceux du commerce et des armemens en course, pourvu que les ventes soient faites d'office, et non à la requête des particuliers, par des administrateurs et préposés de la marine.

8° En cas d'omission d'enregistrement, dans les délais, des actes compris au présent paragraphe, il y a lieu aux mêmes amendes contre les officiers publics que pour ceux passibles du droit.

§ III. Exempts de la formalité et du droit d'enregistrement :

1° Les actes du Gouvernement.

2° Les actes d'administration publique non désignés dans l'article 7 de la présente ordonnance, et ceux devenus nuls par le refus d'approbation de l'autorité supérieure, ainsi qu'il est prévu par le n° 5 de l'article 28, à la charge de faire mention de la décision sur l'acte et à l'article du répertoire.

3° Les inscriptions sur le grand-livre de la dette publique du royaume, leurs transferts et mutations, les quittances des intérêts qui en sont payés, et généralement tous les effets de la dette publique inscrits ou à inscrire définitivement :

Mais, dans tous les cas où les effets de la dette publique ne formeront que le prix ou l'objet de conventions désignées dans les articles 91 et 92 précédens, ces conventions ou stipulations acquitteront les droits auxquels elles sont toutes formellement assujéties par le paragraphe de ces articles dans lequel elles se trouvent classées.

4° Les actes de naissance, de mariage et de

---

(1) Il faut lire : « ou créances *non excédant* en « total la somme de cent francs. » C'est évidemment le sens de la disposition ; telle est d'ailleurs la rédaction de l'art. 93, § 2, n° 3, de l'ordonnance du 19 juillet 1829, relative à l'île Bourbon. *Voy.* aussi l'art. 70, § 2, n° 2, de la loi du 22 frimaire an 7.

décès, et les extraits qui en sont délivrés, ainsi que tous autres actes de l'état civil.

5° Les actes judiciaires dont le détail suit : les actes de productions de pièces faits sur le registre tenu au greffe à cet effet, et ceux sur le registre des contributions et des adjudications pour la distribution des deniers; les ordonnances de communiqué au ministère public, et les conclusions de ce dernier; les cédules pour appeler au bureau de paix (sauf la signification), et les mentions de non comparution; les visas donnés sur les actes des huissiers par les magistrats civils et judiciaires, ainsi que par les secrétaires des administrations publiques et les greffiers, dans tous les cas prescrits par la loi, et les visas exécutoires des contraintes pour le recouvrement des deniers de l'Etat; les actes portés sur les registres de délibérations intérieures des cours et tribunaux, ainsi que sur les registres de délibérations des chambres de notaires, avoués et huissiers, autres que ceux qui contiendraient transmissions de propriété, d'usufruit ou de jouissance de biens meubles ou immeubles, ainsi que ceux portés sur les registres de dépôts désignés au n° 7 du § 11 de l'article 91; les actes de dépôts des registres de l'état civil; tous les actes, procès-verbaux, jugemens et arrêts en matières de police simple et de police correctionnelle, et en matière criminelle, autres que ceux nommément assujétis à la formalité par les dispositions de la présente ordonnance, et les procès-verbaux de contravention à la police du roulage; les décisions du juge sur le règlement des qualités des jugemens; les actes de notoriété et les procès-verbaux des juges-de-paix pour constater les causes de la disparition des militaires et des marins, et le défaut de moyen d'existence de leurs veuves et orphelins: l'acte d'affirmation devant le juge-de-paix, dans les cas prévus par le n° 8 de l'article 16, ainsi que le pouvoir spécial exigé par l'article 36.

6° Les rescriptions, mandats et ordonnances de paiement sur les caisses publiques, leurs endossemens et acquits.

7° Les quittances des contributions, droits, créances et revenus payés à l'Etat; celles des charges locales, et celles des fonctionnaires et employés salariés par le Gouvernement pour leurs traitemens et émolumens :

Cette disposition ne s'applique pas aux quittances ou reconnaissances de dépôts faits dans les caisses publiques.

8° Les quittances des fournisseurs, ouvriers, maîtres de pensions et autres de même nature, produites comme pièces justificatives des comptes judiciaires et de ceux rendus à l'amiable ou devant notaires :

Sont exceptées celles des honoraires des officiers publics, ainsi que de leurs frais et avances.

9° Les ordonnances de décharge ou de réduction, remise ou modération d'impositions, les quittances y relatives, les recensemens, les rôles des contributions et extraits d'iceux.

10° Les récépissés délivrés aux percepteurs, collecteurs et receveurs des deniers publics et de contributions locales, et les comptes de recette ou gestion publique.

11° Les légalisations de signatures d'officiers publics et des particuliers.

12° Les affirmations de procès-verbaux des employés, gardes et agens salariés, faits dans l'exercice de leurs fonctions.

13° Les certificats de vie délivrés aux rentiers et pensionnaires de l'Etat, et sur les fonds de retenue, ainsi que sur la liste civile, et pour toucher les traitemens ou pensions des ordres royaux de Saint-Louis et de la Légion-d'Honneur.

14° Les lettres de change tirées originairement de place en place, et réunissant le concours des trois personnes.

Les endossemens, acceptations et acquits desdites lettres de change, des billets à ordre et autres effets négociables.

15° Les engagemens, enrôlemens, congés, certificats, cartouches, passeports, quittances de prêt et fourniture, billets d'étapes, de subsistances et de logement, tant pour le service de terre que pour le service de mer, et tous autres actes de l'une ou l'autre administration non compris dans les articles précédens.

Sont aussi exempts de la formalité de l'enregistrement les rôles d'équipage et les engagemens de matelots et gens de mer des bâtimens du commerce et des armemens en course.

16° Les mutations par décès des biens immeubles en ligne directe, naturelle ou adoptive, autres que celles résultant de dons et legs.

17° Les passeports délivrés par l'administration publique.

18° Les commissions pour exercer les fonctions publiques.

19° Les requêtes et pétitions aux autorités administratives.

20° Les prestations de serment des administrateurs généraux, du contrôleur colonial, des commissaires, sous-commissaires de marine, commis et autres employés de l'administration de la marine, des juges des tribunaux et des cours, des procureurs du Roi et des procureurs généraux et de leurs substituts, des juges-de-paix, des commissaires de police, des commis temporaires de la douane; celles des experts, lorsqu'elles sont faites par le procès-verbal d'expertise ou de visite, ou dans le jugement même du juge-de-paix, et toutes les prestations de serment civique et militaire.

21° Les testamens dont toutes les dispositions se trouvent révoquées par des actes postérieurs.

22° Les actes passés en forme authentique, en France, ou dans les colonies françaises des Antilles ou à la Guiane française, antérieurement à l'exécution de la présente ordonnance, et ceux faits sous signature privée dans ces colonies, et qui y ont acquis une date certaine, ainsi que les mutations entre-vifs et par décès effectués avant l'établissement de l'enregistrement.

Chapitre IV. Des formalités relatives aux ventes mobilières à l'encan.

94. Les officiers publics légalement autorisés ont seuls qualité pour procéder, publiquement et par enchères, aux ventes volontaires d'esclaves, meubles, effets, marchandises, bois, coupes de bois, fruits, récoltes, denrées, et de tous autres objets mobiliers.

Sont considérées comme ventes publiques celles faites entre les créanciers unis d'un individu en faillite, quand tous les créanciers sont admis à enchérir.

Il n'en est pas de même de celles faites par licitation entre cohéritiers ou copropriétaires, si on n'y admet que les ayant-droit et qu'elles soient faites à huis-clos.

95. Aucun officier public ne pourra procéder à une vente publique et par enchères d'objets mobiliers, qu'il n'en ait préalablement fait la déclaration au bureau de l'enregistrement dans l'arrondissement où la vente aura lieu.

96. La déclaration sera inscrite sur un registre qui sera tenu à cet effet, et elle sera datée. Elle contiendra les noms, qualité et domicile de l'officier, ceux de tous les requérans et des personnes dont le mobilier sera mis en vente, l'indication de l'endroit où se fera la vente et du jour de son ouverture. Elle sera signée par l'officier public, et il lui en sera délivré une copie sans frais. Cette déclaration ne pourra servir que pour le mobilier qui y sera désigné.

97. Le registre sera coté et paraphé sans frais par le juge-de-paix dans l'arrondissement duquel le bureau d'enregistrement sera établi.

98. Les officiers publics transcriront en tête de leurs procès-verbaux de vente les copies de leurs déclarations.

Chaque objet adjugé sera porté de suite au procès-verbal; le prix y sera écrit en toutes lettres, et tiré hors ligne en chiffres : il y sera également fait mention des objets retirés par les propriétaires comme n'étant pas adjugés.

Chaque séance sera close et signée par l'officier public et deux témoins domiciliés.

Lorsqu'une vente aura lieu par suite d'in-

ventaire, il en sera fait mention au procès-verbal, avec indication de la date de l'inventaire, du nom du notaire qui y aura procédé et de la relation de l'enregistrement.

La clôture du procès-verbal annoncera si la vente est terminée, et, dans le cas contraire, il sera fait mention du jour et de l'heure où la continuation sera renvoyée.

99. Les procès-verbaux de vente ne pourront être enregistrés qu'aux bureaux où les déclarations auront été faites.

Le droit d'enregistrement sera perçu sur le montant des sommes que contiendra cumulativement le procès-verbal des séances à enregistrer, ainsi qu'il est prescrit par les articles 29 et 60, et dans le délai fixé par l'article 28, n° 1er, sous les peines portées par la présente ordonnance, mais sans que le droit puisse être perçu sur les sommes applicables aux objets retirés par les propriétaires, pour lesquels il n'y a pas de vente. S'il est fourni caution, il sera dû, en outre, le droit fixé par le n° 6 du § II de l'article 92.

100. En cas de contravention aux dispositions du présent chapitre, l'officier public qui aura procédé à la vente sera puni des amendes ci-après, savoir :

De cinq francs pour défaut de transcription, en tête du procès-verbal, de la déclaration faite au bureau de l'enregistrement;

De vingt francs pour chaque article adjugé et non porté au procès-verbal de vente, outre la restitution du droit ;

De vingt francs aussi pour chaque altération de prix des articles adjugés, faites dans le procès-verbal, indépendamment de la restitution du droit et des peines de faux ;

Et de cinq francs pour chaque article dont le prix ne serait pas écrit en toutes lettres au procès-verbal.

Les autres contraventions aux dispositions relatives à l'enregistrement donneront lieu à l'application des amendes et au paiement des droits déterminés par les autres chapitres de la présente ordonnance.

L'amende encourue par toute personne qui contreviendrait aux dispositions de l'article 94, en vendant ou faisant vendre publiquement et par enchère, sans le ministère d'un officier public légalement autorisé, ne pourra cependant être moindre de vingt francs ni excéder trois cents francs pour chaque vente, indépendamment de la restitution des droits qui se trouveront dus.

101. Les préposés de l'enregistrement sont autorisés à se transporter dans tous les lieux où se feront des ventes publiques et par enchères, et à s'y faire représenter les procès-verbaux de vente et les copies de déclarations préalables.

Ils dresseront des procès-verbaux des contraventions qu'ils auront reconnues et constatées; ils pourront même requérir l'assis-

tance du commissaire commandant de la
commune où se fera la vente, ou de son
lieutenant.

Les poursuites et instances auront lieu de
la manière prescrite par le chapitre IX de
la présente ordonnance.

La preuve testimoniale pourra être admise. La demande en sera formée par une
simple requête présentée au tribunal de
première instance de l'arrondissement du
bureau, contenant les faits à prouver, et signifiée à la partie dans l'année de la contravention ; il sera procédé au surplus, pour
l'enquête, conformément au Code de procédure civile, mais sans ministère d'avoué.

Les autres prescriptions établies par le
chapitre VIII de la présente ordonnance
s'appliqueront aux contraventions, droits et
amendes résultant du présent chapitre.

102. Sont dispensés de la déclaration ordonnée par l'article 95 les officiers et les
préposés des administrations publiques, qui
auront à procéder aux ventes de meubles et
autres objets mobiliers appartenant au Gouvernement.

Les commissaires commandans des communes en sont également dispensés pour les
ventes mobilières qu'ils sont dans le cas de
faire dans l'intérêt de leurs communes, avec
l'autorisation de l'autorité locale.

Dispositions transitoires.

103. Les actes faits sous signature privée,
et qui n'auront pas acquis une date certaine
à l'époque de la promulgation de la présente
ordonnance, pourront être enregistrés au
simple droit fixe de un franc, pendant le délai de trois mois à compter de ladite promulgation : ce délai expiré, ces actes seront
soumis à toutes les dispositions de la présente ordonnance, lorsqu'il y aura lieu de
les présenter à la formalité de l'enregistrement.

104. Notre ministre secrétaire d'État de
la marine et des colonies (baron Hyde de
Neuville) est chargé de l'exécution de la présente ordonnance.

Modèles des Répertoires prescrits par les articles 66 et 67, chap. VII.

NUMÉRO D'ORDRE du répertoire.	DATE des ACTES.	NATURE ET ESPÈCE DES ACTES		NOMS, PRÉNOMS ET DOMICILE DES PARTIES, INDICATION, SITUATION et prix des biens.	RELATION DE L'ENREGISTREMENT.	
		en brevets.	en minutes.		Dates.	Montant des droits.
(1)						

(1) La série des numéros d'ordre change chaque année.

Modèle de l'état prescrit par l'art. 72, chap. VII.

Etat remis, en exécution de l'article 72 de l'ordonnance royale du
par le secrétaire greffier de la commune d
au receveur de l'enregistrement au bureau d
des actes de décès reçus pendant le trimestre de

NOMS ET PRÉNOMS des décédés.	LEUR PROFESSION.	LEUR ÂGE.	LIEU DE LEUR DEMEURE.	DATE DU DÉCÈS.	LIEU DE NAISSANCE du décédé.	SON ÉTAT DE CÉLIBATAIRE, marié ou veuf.	NOMS DES PÈRE ET MÈRE du décédé, avec mention si l'un ou l'autre ou tous les deux sont décédés.	NOMS ET PRÉNOMS du survivant des époux, si le décédé était marié.	NOMS, PRÉNOMS, PROFESSION et demeure, et degré de parenté des héritiers.	OBSERVATIONS Par lesquelles on fera particulièrement connaître la nature des biens, leur situation et leur valeur approximative, quand il y aura lieu.

Certifié conforme : *le ministre secrétaire d'Etat de la marine et des colonies,*
Signé HYDE DE NEUVILLE.

---

31 DÉCEMBRE 1828. — Rapport au Roi sur l'établissement de l'enregistrement à la Martinique, à la Guadeloupe et dans ses dépendances, et à la Guiane française. (Mon. du 24 janvier 1829.)

Voy. l'ordonnance qui précède.

Sire, j'ai l'honneur de présenter à Votre Majesté le projet d'ordonnance relatif à l'établissement de la formalité et des droits d'enregistrement à la Martinique, à la Guadeloupe et à la Guiane française.

Destiné, par sa nature, à donner aux actes une date certaine et à les préserver de toute altération, l'enregistrement devient en quelque sorte le complément nécessaire de tout état de choses régulier.

Cette institution, dont l'établissement à l'île de Bourbon remonte à l'année 1804, y a produit les plus heureux résultats, et depuis long-temps on sentait la nécessité d'en étendre les effets aux Antilles et à la Guiane françaises : le moment de réaliser cette pensée a paru devoir être celui où ces colonies reçoivent de Votre Majesté le bienfait d'une organisation judiciaire dont les règles, puisées dans celles de France, vont faire disparaître la confusion des anciennes lois coloniales et donner à l'administration de la justice une marche sûre et uniforme.

Considéré dans ses rapports avec l'ordre public, l'établissement de l'enregistrement n'a pas besoin d'être justifié; son ancienne origine, à laquelle se rattache le nom de Colbert, et l'adoption d'une institution semblable ou analogue par tous les peuples, annoncent assez combien il leur est nécessaire.

Il n'y a que les choses utiles qui se maintiennent et se répandent.

Sous le rapport fiscal, l'enregistrement a eu ses partisans et ses adversaires. Je puis, au surplus, me dispenser d'entrer dans l'examen de cette question; car le projet présenté à Votre Majesté offre, dans la comparaison de son tarif avec celui de la France, des différences si considérables que le maximum des droits proportionnels n'est que de 1 fr. et le minimum de 2 centimes et demi, tandis que la progression des mêmes droits, en France, s'étend de 28 c. à 9 fr. 35 c.; une réduction comparativement aussi forte existe à l'égard des droits fixes.

Ainsi, le produit des droits ne servira en quelque sorte qu'à payer les dépenses qu'entraînera cette nouvelle administration.

28.

40

C'est donc seulement sous le point de vue de l'ordre public que le projet d'ordonnance a été conçu dans son ensemble.

Il reste à indiquer à Votre Majesté à quelles sources ont été puisées les dispositions qu'il renferme.

L'enregistrement a éprouvé en France le sort de toutes les autres parties de la législation.

Les règles principales, éparses dans plusieurs lois antérieures, réunies ensuite dans la loi du 22 frimaire an 7, avaient déjà subi, par l'effet de la promulgation du Code civil, des modifications importantes qui ont reçu plus d'extension encore par les lois subséquentes, et notamment par les lois de finances.

De nombreux arrêts de la Cour de cassation, des avis du Conseil-d'Etat, les décisions ministérielles, et surtout les solutions données par l'administration générale de l'enregistrement elle-même, ont aussi expliqué et commenté le sens de chacun des articles.

Si l'on se fût borné à appliquer aux colonies les lois rendues sur l'enregistrement, c'eût été les livrer, comme la métropole l'a été pendant long-temps, à cette incertitude qu'entraine toujours une loi nouvelle et nécessairement imparfaite sur une matière aussi étendue que difficile, et les laisser en arrière de tout ce que l'expérience et la jurisprudence avaient produit de bien pour la France.

Il fallait donc, pour présenter un travail complet, réunir dans le projet d'ordonnance le texte des diverses lois et les modifications et additions résultant des arrêts souverains et des instructions de l'administration supérieure.

C'est ce qui a été fait; et l'on a eu ainsi l'avantage de classer dans un ordre méthodique et de coordonner entre elles des dispositions rendues à diverses époques et souvent mêlées à des matières étrangères à l'enregistrement, qui, sans cette classification, auraient donné lieu à des recherches toujours pénibles et souvent infructueuses.

Le projet est divisé en deux titres.

Le titre Ier comprend les principes et la doctrine, et se compose de neuf chapitres, dont chacun a pour objet d'expliquer les règles relatives à une division des principes.

Le chapitre 1er traite des droits en général et de leur application.

Suivant l'article 2, les droits sont dus d'après la forme extérieure des actes, et sans égard à leur validité, ni aux causes quelconques de résolution ou d'annulation ultérieures.

Cette règle, qu'on peut considérer comme le principe fondamental de l'enregistrement, ne se trouve cependant énoncée d'une manière explicite dans aucune des lois qui régissent cette matière en France, et leur si-

lence à cet égard a donné lieu à de nombreuses contestations sur des demandes en restitution de droits ou à l'occasion du refus d'acquitter les droits dus à raison d'actes dont l'annulation était déjà prononcée.

La Cour de cassation a toujours repoussé de semblables prétentions, et l'art. 2 du projet n'est que le résumé de sa jurisprudence.

Dans les articles 3 et 4, lesquels définissent les différentes natures d'actes qui donnent ouverture au droit fixe ou au droit proportionnel, on a rétabli le mot *attribution* qui se trouvait dans la loi du 19 décembre 1790, et que la loi du 22 frimaire an 7 avait supprimé, comme surabondant, pour ne laisser subsister que le mot *collocation*. Cette dernière expression, qui n'a une application exacte que lorsqu'il y a *plusieurs* créanciers, avait fourni le prétexte de soutenir que les *attributions*, qui ne s'entendent que du cas où il y a un *seul* créancier, ne pouvaient être rangées dans la même catégorie; le rétablissement de ce mot ne permettra plus de faire de semblables distinctions.

L'article 6 du projet, relatif aux *actes judiciaires*, donne lieu à des observations importantes.

Des difficultés s'étaient élevées sur l'interprétation de l'article 7 de la loi de frimaire an 7, qui ne distinguait pas assez clairement les actes judiciaires qui doivent être enregistrés sur la minute, de ceux qui doivent ne l'être que sur chaque expédition délivrée.

L'article 38 de la loi du 28 avril 1816 eut pour objet de les faire cesser, en appliquant à ces actes le principe général de l'enregistrement sur minute; mais on reconnut bientôt que la formalité était sans objet utile pour le plus grand nombre des actes en matières correctionnelle et criminelle.

Des modifications furent autorisées par une ordonnance du Roi du 22 mai 1816, et confirmées par l'art. 74 de la loi du 25 mars 1817; de nouvelles explications furent encore données, en dernier lieu, par une circulaire de M. le garde-des-sceaux du 24 septembre 1823 : c'est d'après ces autorités que le n° 2 de l'article 6 maintient l'enregistrement sur minute pour les actes en matière civile, et que, pour prévenir tous les doutes, les nos 2 et 3 désignent nominativement les seuls actes judiciaires des deux autres espèces qui y demeurent assujétis.

Le premier alinéa de l'article 9 reproduit le texte de l'article 10 de la loi du 22 frimaire an 7, et porte que, dans le cas de transmission de biens, la quittance donnée ou l'obligation consentie par le même acte, pour tout ou partie du prix, entre les contractans, ne peut être sujette à aucun droit d'enregistrement.

Les autres paragraphes de cet article, tirés de la jurisprudence, sont le développement et l'application de la règle générale.

Dans l'article 10, au texte de l'article 11 de la loi du 22 frimaire an 7, pour les cas où il est dû plusieurs droits, on a réuni d'autres dispositions corrélatives tirées du tarif, et qui trouvaient bien plus convenablement leur place à la suite du principe général.

L'article 11 détermine, conformément à l'article 517 du Code civil, ce qu'on doit entendre par *immeubles*; cette définition était nécessaire dans une loi qui a pour objet de régler quels droits sont dus pour toutes les espèces d'immeubles.

La jouissance à titre de ferme est suffisamment établie pour la demande et la poursuite des droits des *baux,* par les actes qui les font connaître; cette règle, que la loi de frimaire avait posée, se retrouve dans l'article 14 du projet, qui renferme en même temps une exception nouvelle en faveur des baux par convention verbale et des tacites reconductions.

Cette exception, qui résulte d'un arrêt de la Cour de cassation et d'une décision de l'administration de l'enregistrement, est fondée sur la nature de la convention à laquelle elle s'applique, et qui, se reproduisant souvent, amènerait un assujétissement trop gênant pour les parties.

L'article 15 est relatif aux actes passés en pays étrangers pour les biens qui y sont situés : le premier paragraphe est extrait de l'article 58 de la loi sur les finances du 28 avril 1816; le troisième paragraphe est extrait de l'article 4 de la loi sur l'enregistrement, du 16 juin 1824; mais ces deux lois rapprochées laissaient encore une lacune que la Cour de cassation avait signalée par plusieurs de ses arrêts. En effet, l'article 58 de la loi du 28 avril 1816, n'assujétissant au droit proportionnel que les actes passés en pays étrangers ou dans les colonies, laissait par cela même soumis seulement au droit fixe les actes passés en France pour des biens situés en pays étrangers : la rédaction du projet fait disparaître cette anomalie.

Le chapitre 2 se divise en deux sections : la première traite des *valeurs* et des *bases* sur lesquelles le droit proportionnel est assis, et la seconde, de l'*expertise.*

Dans l'article 16, n° 2, on a ajouté aux mots *transport de créances à terme,* que contient seulement l'article 14 de la loi du 22 frimaire an 7, le mot *délégation,* qui ne se trouvait que dans le tarif et dont le sens est différent de celui du premier, un transport supposant seulement *deux* personnes, et la délégation nécessitant le concours de *trois.*

L'exception relative aux *intérêts* que renferme également ce numéro ne se trouve pas dans la loi de l'an 7; elle résulte d'une décision de l'administration générale de l'enregistrement, qu'on a cru devoir maintenir comme favorable aux parties.

Les autres dispositions du même numéro y ont été transportées du tarif, parce qu'elles appartiennent par leur nature à l'exposé des principes : on les a étendues et rendues plus claires, à l'aide des secours que présentait la jurisprudence.

La même observation s'applique à la disposition n° 3, relative aux *intérêts échus,* et qui ne sont soumis au droit que lorsque les parties en reconnaissent le paiement dans l'acte. La loi de l'an 7 était muette à cet égard; et comme il est de principe, ainsi que l'article 1908 du Code civil s'en explique formellement, que la quittance du capital, donnée sans réserve des intérêts, fait présumer le paiement de ces derniers et en opère la libération, on a cru pouvoir soutenir que les droits étaient dus sur les intérêts, puisqu'ils étaient réputés payés. L'administration de l'enregistrement avait pensé, au contraire, avec raison, que le droit n'était pas dû, puisque la libération résultait d'une disposition de la loi, et non d'une stipulation des parties qu'on pût soumettre à une perception quelconque : cette judicieuse et favorable distinction, consignée dans plusieurs décisions, devait être consacrée par le projet d'ordonnance.

Suivant le même numéro, le droit de quittance n'est dû que sur les recettes et dépenses justifiées par pièces écrites, lorsque le compte est rendu *par acte public* : cette restriction est fondée sur ce que rien n'empêche qu'un comptable présente son compte sans pièces à l'appui, si celui à qui le compte est rendu s'en contente; elle devait être énoncée explicitement, afin qu'on ne pensât pas que, l'admission des dépenses libérant le comptable, il était dû un droit de libération : cette dernière prétention, que, dans quelques circonstances, on avait élevée, a été proscrite avec raison par la cour régulatrice; et, en effet, les sommes qui se compensent entre elles dans la balance d'un compte ne peuvent produire aucune obligation; la seule qui pourrait exister naîtrait du *reliquat* : c'est donc le reliquat seul qui peut donner lieu au droit d'obligation.

Si le compte était rendu par acte *sous seing privé,* les pièces écrites seraient elles-mêmes exemptes de tout droit, pour cet usage, conformément à la disposition générale de l'article 32, dont il sera parlé ci-après.

Le paragraphe 8 exempte du droit les *charges* qui grèvent les valeurs mobilières d'une succession, lorsqu'elles sont établies par titres authentiques ou ayant date certaine antérieure au décès, et, sur ce point, le projet s'écarte de la législation de la métropole; c'est une faveur qui a son exemple dans l'ordonnance qui régit l'enregistrement à l'île de Bourbon, et qu'on a cru devoir étendre aux autres colonies; elle est fondée sur l'équité, puisqu'en effet l'héritier ne profite que de ce qui excède les charges.

Par le paragraphe 9, le capital des rentes perpétuelles a été réduit au denier 12, et celui des rentes viagères, au denier 6; ce taux a été calculé sur le produit relatif des biens situés dans les colonies.

Lorsqu'il y aura lieu à estimer des rentes en nature, c'est sur des mercuriales ou parères de *trois* années que l'estimation se fera, et non sur des mercuriales de *quatorze* années, comme le veut la loi du 15 mai 1818 : le prix des denrées est trop variable aux colonies d'une année à l'autre, pour que l'on pût admettre une si longue période de temps; on n'a fait, au surplus, que revenir à la disposition du décret de 1808, auquel la loi de 1818 avait dérogé.

L'article 11 contient, en faveur des *ventes par adjudication publique,* une exception au principe général suivant lequel les droits doivent être acquittés d'après le capital ou la valeur réelle de l'objet aliéné, et sans égard aux prix et charges stipulés dans l'acte. Dans les contrats ordinaires, les parties, étant libres d'établir à leur gré les conditions de la vente et la valeur de l'objet vendu, pourraient s'écarter à cet égard de la vérité, afin de diminuer les droits d'enregistrement. On a donc dû donner à l'administration un moyen de vérification indépendant de la volonté des parties. Ces circonstances ne se reproduisant pas dans les adjudications publiques, pour lesquelles la liberté et la concurrence des enchères donnent des garanties suffisantes, le prix de l'enchère doit être considéré comme représentant la valeur réelle de l'objet vendu; et le projet ne fait que consacrer une distinction que déjà la cour régulatrice avait faite, malgré le texte rigoureux de la loi de France.

Dans l'article 17, n° 6, on trouve une addition qui a pour objet de régler le droit dû pour un acte de vente, dans lequel la fixation du prix de vente est laissé à l'*arbitrage d'un tiers.* La loi du 22 frimaire an 7 ne contient rien de semblable; mais, l'article 1592 du Code civil donnant la faculté de faire une vente avec cette stipulation, il y avait nécessité de prévoir les cas où un pareil acte serait soumis à la formalité de l'enregistrement; la déclaration de la valeur doit alors être faite au pied de l'acte par les parties, conformément à une instruction générale de l'administration de l'enregistrement, fondée sur l'article 16 de la loi de l'an 7, devenu l'article 28 du projet.

Ce même numéro de l'article 17 se termine par une disposition également nouvelle, qui dispense d'un droit particulier le *contrat aléatoire* entre les acquéreurs qui ont contribué au prix, même par portions inégales, et par lequel la totalité de l'acquisition doit appartenir au survivant. Une semblable convention ne renferme, en effet, ni dotation ni avantage réciproque, les chances de perte et de gain étant égales de part et d'autre.

Dans le n° 8, on a prévu le cas qui n'était point exprimé dans la loi de frimaire an 7, où il y aurait vente d'une nue-propriété dont l'usufruit appartiendrait à un tiers autre que le vendeur. La réserve d'usufruit, quelle que soit la personne au profit de qui elle a lieu, est une *charge,* et le principe en matière d'enregistrement est que toute espèce de charge donne lieu à une augmentation de droits. Le n° 6 de l'article 15 de la loi du 22 frimaire an 7, qui ne parlait que du cas où l'usufruit était réservé par le *vendeur,* était donc incomplet; et la disposition du projet fait justement cesser les distinctions auxquelles la rédaction de la loi de l'an 7 avait donné lieu.

L'article 18 du projet est relatif aux *donations entre-vifs,* et porte que les droits ne seront dus qu'après l'*acceptation* : c'est une conséquence nécessaire de l'article 932 du Code civil, suivant lequel il n'y a de donation que lorsqu'il y a acceptation. Les autres dispositions de cet article ne sont que des développemens et des applications des principes généraux sur les donations, empruntés à la jurisprudence de la cour régulatrice et aux décisions de l'administration.

L'article 19, qui veut que, dans le cas d'une *transaction,* et sous le rapport de l'enregistrement, on n'ait égard qu'aux droits apparens des parties ou à leur état de possession, sans qu'il y ait lieu de s'occuper de leurs droits réels, s'explique par la règle générale posée dans l'article 2, et suivant laquelle la perception des droits se termine d'après la forme extérieure des actes.

Le premier paragraphe de l'article 20 est la reproduction d'un avis du Conseil-d'État du 20 septembre 1808, qui a pour objet d'empêcher que deux droits soient cumulativement perçus sur une même succession.

Le n° 2 de cet article n'est autre chose que l'application de l'article 883 du Code civil sur l'effet des partages. Cette disposition ne pouvait se trouver dans la loi de frimaire an 7, antérieure à ce Code.

Le n° 3, relatif aux *absens,* n'est également que la reproduction des articles 135 et 136 du Code civil. Ses dispositions ont été étendues aux *marins* et aux *militaires,* que la loi du 11 ventose an 2, *sur les successions,* réputait présens : d'où il résultait que, lorsqu'une succession revenait à un militaire ou à un marin dont l'absence n'avait pas été déclarée, comme il était réputé présent, il était perçu un droit, pour la mutation du décédé, au militaire ou au marin, et qu'un nouveau droit était perçu de celui-ci à l'envoyé en possession, lorsque l'absence était déclarée. La disposition nouvelle, tirée d'une décision de l'administration de l'enregistrement en date du 2 août 1824, évitera ce double droit.

Le n° 4 du même article, sur les *majorats*, est conçu dans les mêmes termes que l'article 6 du décret du 12 juin 1808.

L'article 21 a pour objet de régler les *imputations de soulte* de la manière la plus avantageuse aux parties : c'est la reproduction du principe posé par l'article 1256 du Code civil, que l'imputation du paiement doit se faire sur la dette que le débiteur avait plus d'intérêt d'acquitter.

La dernière disposition est également tirée de l'article 883 du Code civil, sur l'effet des *attributions* en matière de partage ; l'une et l'autre sont, au reste, conformes aux décisions de l'administration de l'enregistrement.

L'article 22 établit que la perception des droits sur un *jugement* doit se faire eu égard à toutes les parties du jugement, et non pas, comme on aurait pu le penser, en s'arrêtant seulement au *dispositif*, qui souvent ne reproduit point d'une manière complète les prétentions ou les demandes, bien qu'elles doivent servir de base à la liquidation des droits.

On a substitué également, dans cet article, les mots *acte antérieur* aux mots *acte public*, qui se trouvaient dans la loi, et qui ne s'entendaient que des actes passés devant notaires ou autres officiers publics ; ce qui excluait le plus grand nombre de conventions, et notamment les conventions verbales qu'un avis du Conseil-d'Etat du 5 août 1809 a cependant déclarées être comprises dans la disposition de cet article.

Lorsque le jugement prononce sur une demande en paiement d'une somme dont une partie a déjà été acquittée, et qui n'est pas le prix d'objets immobiliers, il y a alors une juste distinction à faire, et qui ne se trouve pas dans la loi du 22 frimaire an 7. S'il n'y a point de contestation relativement à la partie payée, c'est une convention éteinte qui ne donne lieu à aucun droit d'enregistrement ; le jugement ne forme titre qu'à l'égard de la partie qui reste à payer : c'est donc sur cette partie seulement que le droit peut être perçu.

Mais, d'un autre côté, lorsqu'il y a demande d'*intérêts échus* à l'effet d'en former un nouveau capital productif d'intérêts, le jugement devenant titre à l'égard de ce nouveau capital est sujet, sous ce rapport, à une perception nouvelle.

La même observation s'applique au cas d'un jugement qui prononce une condamnation en *garantie*.

Enfin, lorsqu'un jugement est réformé en appel, et qu'il y a une condamnation supérieure à la première, le jugement rendu sur l'appel forme titre à l'égard de l'*excédant* ; mais, si le jugement d'appel réformant celui

de première instance prononce une *restitution*, on ne saurait trouver là une condamnation nouvelle dans le sens inverse de la première, et il n'est point dû de nouveau droit.

Ces différens principes incontestables, et qui cependant manquent à notre législation, se trouvent consacrés par l'article 22 du projet d'ordonnance.

L'article 25, placé sous la section II, qui traite de l'*expertise des immeubles*, règle les formes de la demande en expertise. Ces formes, énoncées avec trop de concision dans la loi du 22 frimaire an 7, ont été complétées à l'aide de la jurisprudence de la Cour de cassation.

Le projet distingue avec raison deux espèces de conventions, suivant que les biens qui en font l'objet doivent être appréciés, soit d'après leur valeur vénale, soit d'après le revenu.

Le délai pour ordonner l'expertise a été porté de dix jours à vingt, attendu la difficulté des communications dans les colonies. Cette extension est d'ailleurs favorable aux parties, et ne peut compromettre les intérêts de l'administration.

Quoiqu'il soit de principe que l'avis des experts ne lie pas les juges, l'expertise étant, en matière d'enregistrement, le moyen qu'indique la loi comme la base sur laquelle le droit doit être perçu, les juges ne peuvent y suppléer par une conviction personnelle. Cette règle spéciale à la matière avait été adoptée par la Cour de cassation ; il était nécessaire de rendre explicite dans le projet cette dérogation au droit commun.

Le chapitre III est intitulé : *Des délais*. L'article 28 indique dans quel délai doivent être enregistrés les actes publics. Les nécessités locales ont apporté quelques modifications dans la fixation de ces délais ; mais, en même temps, des mesures sont prescrites pour qu'on n'en abuse pas.

Aux actes qui doivent être enregistrés dans les vingt jours, et dont parle la loi de frimaire an 7, le n° 4 de l'art. 28 du projet ajoute les *adjudications des biens meubles ou immeubles*, conformément à un avis du Conseil-d'Etat du 22 octobre 1808, et les *jugemens arbitraux* pour lesquels le délai court du jour de l'acte de dépôt, conformément à l'art. 1020 du Code de procédure.

Le n° 4 de l'art. 28 renferme aussi des exceptions au principe général posé par l'article 6 du projet, suivant lequel tous actes judiciaires, en matière civile, sont soumis à l'enregistrement sur les minutes ou sur les originaux. Des décisions de l'administration de l'enregistrement ayant fait sentir la nécessité de ces exceptions lorsqu'il ne s'agit que d'actes préparatoires ou d'instruction, elles devaient être reproduites dans le projet d'ordonnance.

Le n° 5 contient une mesure qui a pour objet de ne rendre les actes d'administration passibles du droit d'enregistrement qu'après l'approbation, lorsqu'ils en sont susceptibles; approbation sans laquelle ces actes n'ont pas d'existence légale.

Dans l'art 31, qui détermine, conformément à la loi de France, les délais de l'enregistrement pour les actes passés ailleurs que dans les Antilles et à la Guiane française, on a pris soin d'adopter les énonciations déjà consacrées par l'art. 3 de l'ordonnance du 31 août 1828, *sur le mode de procéder devant les conseils privés des colonies.*

On a compris parmi les actes qui n'étaient point soumis au délai ordinaire à partir du jour de leur confection, les obligations contractées sous une *condition suspensive*, à l'égard desquelles la loi du 22 frimaire était muette. On leur a appliqué le délai de trois mois *à partir du jour de l'évènement*, pour le paiement du droit proportionnel, parce que ce n'est réellement qu'à dater de ce jour que l'acte acquiert une existence complète.

L'article 32 rappelle la disposition de l'article 204 de l'ordonnance du 31 août 1828, *sur le mode de procéder devant les conseils privés des colonies*, et suivant laquelle les pièces produites par les parties ne sont pas sujettes à l'enregistrement, à l'exception des exploits d'huissiers : cette disposition trouvait naturellement ici sa place.

L'art. 32 consacre enfin la faculté pour les particuliers de faire usage d'*actes sous seing privé*, non translatifs de propriété d'immeubles, dans d'autres actes sous seing privé : cette faculté pouvait bien résulter des principes généraux de la loi, mais elle n'était établie nulle part d'une manière explicite.

Le chapitre 4 détermine les *bureaux* où les actes et mutations doivent être enregistrés.

Dans l'art. 36, relatif à l'enregistrement des mutations de propriété ou d'usufruit par décès, on a ajouté qu'il y aurait déclaration séparée et indépendante faite dans chaque bureau de la situation des biens, afin d'éviter la prétention qu'on pourrait élever d'opposer dans un bureau la déclaration qui aurait été faite dans un autre bureau; prétention constamment repoussée par la Cour de cassation.

Dans ce même article, aux mots *biens meubles sans assiette déterminée*, dont se sert la loi, on a ajouté l'énonciation de quelques-uns des biens particulièrement signalés par la jurisprudence de la cour régulatrice. Enfin, l'obligation de rapporter un *pouvoir spécial*, imposée aux mandataires des héritiers, donataires ou légataires, est conforme à l'usage, et aux principes du Code civil sur le mandat.

L'art. 39, placé sous le chapitre 5, qui traite *du paiement des droits et de ceux qui doivent les acquitter*, contient une règle gé-

nérale que les arrêtés de l'administration de Bourbon sur l'enregistrement avaient déjà consacrée, d'après la jurisprudence de la Cour de cassation, comme une des bases fondamentales. Il porte que le paiement des droits est *indivisible* comme la formalité : un acte, en effet, ne saurait être enregistré pour une partie et ne point l'être pour l'autre; et si l'une des parties seulement était assujétie au droit, l'autre se trouverait avoir acquis gratuitement la date certaine, et les autres garanties que procure la formalité de l'enregistrement, ce qui serait contraire au but de cette institution.

Dans l'art. 41, à la disposition qui prescrit que les droits seront *supportés* par les débiteurs, on a ajouté qu'ils seraient *acquittés* par eux, afin de prévenir les difficultés auxquelles a donné lieu l'emploi de la première expression seule, que l'on voulait interpréter en ce sens, que les droits devaient être *acquittés* par les créanciers, sauf leurs recours contre les débiteurs, qui devaient les *supporter* en définitive.

Cet article porte aussi, conformément à la jurisprudence constante de la Cour de cassation, que les droits des jugemens contradictoires ou par défaut seront acquittés par les demandeurs. C'est à eux seuls en effet que l'administration peut s'adresser, puisqu'ils ont provoqué le jugement qui donne lieu au droit.

Le second paragraphe de l'art. 42 impose aux *héritiers* ou *légataires universels* l'obligation de faire l'avance des droits dus à raison des legs particuliers; cette disposition aura pour résultat de simplifier l'opération, sans d'ailleurs être onéreuse au légataire universel; car, si le paiement des droits des legs particuliers a été mis à sa charge, il ne paiera que ce qu'il devait, et, dans le cas contraire, il pourra retenir les droits par lui avancés, sur les legs particuliers, lors de leur délivrance.

On a compris dans cette disposition, pour lever toute difficulté, les héritiers bénéficiaires, qui sont aussi des héritiers.

Le dernier paragraphe de cet article accorde au Gouvernement un *privilége* pour le paiement des droits qui lui sont dus : l'art. 22 de la loi du 22 frimaire an 7 énonce seulement qu'il a une *action*; expression qui, entendue dans un sens restreint, rend le plus souvent la disposition illusoire.

La Cour de cassation l'avait senti : et, partant du principe que toute action du fisc est, en général, privilégiée, elle avait reconnu le privilége; mais un avis du Conseil-d'État, se renfermant dans le sens étroit des expressions de la loi, avait depuis déclaré que le privilége n'existait pas. On a dû le rétablir dans le projet, à cause de son importance et de sa nécessité; ce n'est d'ailleurs que du jour de l'ouverture de la succession que le privilége a lieu, parce qu'étant corrélatif à la cause qui le produit, il ne peut lui être antérieur.

Le chapitre 6 traite *des peines.*

Dans l'art. 48, on a étendu, conformément à un avis du Conseil-d'État du 9 février 1810, l'obligation de payer le double droit aux héritiers des contrevenans et à leurs représentans; un héritier représente en effet son auteur dans tous ses droits actifs et passifs.

L'art. 49 prononce une peine pour le cas de déclaration *inexacte;* la loi de frimaire an 7 s'était contentée d'en établir une pour le cas d'*omission* ou d'*insuffisance :* c'était une lacune qu'on ne pouvait laisser subsister.

Dans l'art. 51, on a étendu aux héritiers et légataires sous bénéfice d'inventaire et aux curateurs aux successions vacantes, la peine prononcée contre les tuteurs et curateurs qui négligent de passer les déclarations dans les délais prescrits : il n'y a, en effet, aucune différence à établir entre ces divers administrateurs; toutefois, on accorde aux curateurs aux successions vacantes une facilité réclamée par leur position particulière.

L'art. 52 n'impose aux héritiers l'obligation de payer un double droit et les frais d'expertise que lorsque la différence entre le résultat de cette expertise et la valeur déclarée est d'un huitième.

Dans cette disposition, semblable d'ailleurs à celle qui existe à l'égard des ventes, le projet se montre bien moins sévère que la loi du 22 frimaire an 7, qui rend les héritiers passibles du paiement du double droit et des frais, toutes les fois qu'il y a insuffisance dans la déclaration, quelle que peu importante que soit d'ailleurs la différence.

L'art. 40 de la loi du 22 frimaire an 7 déclarait nulle toute *contre-lettre* sous signature privée; l'art. 1321 du Code civil ayant, au contraire, donné effet aux contre-lettres entre les parties contractantes seulement, il était indispensable de modifier dans le même sens la disposition de la loi de frimaire an 7.

Les mots *demande judiciaire,* qui se trouvent seuls dans la loi de 1816, n'ont peut-être pas un sens assez déterminé; l'art. 54 du projet l'étend aux *citations en conciliation,* que les expressions de la loi comprenaient déjà implicitement.

Le chapitre 7 réunit tout ce qui concerne les obligations des officiers publics, des juges, des arbitres et des préposés.

Dans l'art. 55, à la suite du principe général suivant lequel un officier public ne peut délivrer expédition d'un acte public, ni faire un acte en vertu d'un autre acte, avant que celui-ci ait été enregistré, on a ajouté une nouvelle nomenclature d'actes exceptés, et que l'on ne trouve point mentionnés dans la loi de frimaire an 7. Ces exceptions, dont le Code de procédure civile a fait connaître la

nécessité, ont toutes pour objet de faciliter le cours des instances.

Le deuxième paragraphe de l'art. 56, qui permet d'énoncer dans les actes publics, des actes sous seing privé non enregistrés, sous la condition que chacun de ces actes demeurera annexé à celui dans lequel il sera mentionné, et que les droits en seront acquittés en même temps que ceux de l'acte principal, est tiré de l'art. 13 de la loi sur l'enregistrement du 16 juin 1824, qui déroge, à cet égard, aux lois antérieures; seulement le projet étend, par une analogie raisonnable et favorable d'ailleurs aux parties, à *tous les officiers publics* une faculté que la loi de 1824 n'accordait qu'aux *notaires.*

Les exceptions au principe général que renferment les autres paragraphes de l'article 56, sur l'usage des actes sous signature privée non enregistrés, sont consacrées par une jurisprudence constante, et nécessitées, en quelque sorte, par la nature des actes auxquels elles se rapportent.

L'art. 57 dispense de la formalité d'un acte de dépôt la remise au greffe, par les créanciers d'un failli, des titres nécessaires pour la vérification des créances; cette faveur, qui résulte d'une décision ministérielle, a eu pour objet d'éviter aux créanciers les frais d'enregistrement d'un acte de dépôt, frais qui souvent absorberaient leur dividende dans l'actif de la faillite.

L'art. 61, dans la vue de faciliter le cours des procédures, permet aux juges et aux arbitres, dans le cas d'urgence, de rendre un jugement définitif en vertu d'un jugement antérieur qui n'aurait point encore été enregistré; mais, pour prévenir tous abus, le projet rend personnelle aux avoués l'obligation de payer les droits dans le cas où le premier jugement n'aurait point été enregistré précédemment.

L'art. 62 applique aux juges, arbitres, et aux fonctionnaires publics, mais dans le cas d'urgence seulement, la faculté de faire mention d'actes sous signatures privées, que l'art. 56 du projet a étendue à tous les officiers publics.

La disposition de l'art. 63 a pour objet de fournir aux receveurs de l'enregistrement des renseignemens à l'aide desquels ils pourront atteindre des mutations qui auraient eu lieu sans actes, en même temps qu'elle donne à l'acquéreur les moyens de purger sa propriété des hypothèques qui frapperaient sur les anciens propriétaires.

La mesure d'ordre prescrite à l'égard des greffiers, par l'art. 65, se justifie par l'utilité de donner aux receveurs les indications nécessaires pour opérer le recouvrement des condamnations; le décret du 18 juin 1811, sur les frais de justice, contient une disposition semblable.

L'obligation imposée aux officiers publics, par l'art. 67, d'énoncer avec détail sur leur répertoire le contenu des actes de leur ministère, ne pouvait s'appliquer aux testamens inscrits du vivant du testateur; et la restriction que renferme, à cet égard, le deuxième paragraphe de cet article, était commandée par la nécessité de conserver le secret dont ces actes doivent être entourés.

Les articles 69, 72 et 76 contiennent des mesures d'ordre sur le visa des répertoires et la forme des enregistremens des actes et des mutations.

Ces dispositions, tirées des circulaires de l'administration de l'enregistrement en France, ont paru devoir figurer dans le projet d'ordonnance, afin de servir de guide aux receveurs qui n'auront point, pour s'éclairer, les instructions fréquentes d'une autorité supérieure.

Le chapitre 8 est intitulé : *Des droits acquis et des prescriptions*. On y retrouve, avec des développemens puisés dans la jurisprudence de la Cour de cassation, le principe posé dans l'article 60 de la loi du 22 frimaire an 7, et suivant lequel tout droit d'enregistrement régulièrement perçu ne peut être restitué.

Toutefois, ce principe reçoit exception dans quelques circonstances; les divers cas dans lesquels il y a lieu à restitution se trouvaient déjà spécifiés par des décisions de l'administration, et par des avis du Conseil-d'Etat que l'art. 82 du projet reproduit.

Dans l'article 83, on a également inséré l'avis du Conseil-d'Etat du 18 août 1810, sur la prescription de deux ans.

Enfin, l'article 84 applique aux droits d'enregistrement, en général, la prescription de trente ans; cette prescription résultait implicitement du silence de la loi de l'an 7, puisque tout ce qui n'est point réglé par une loi spéciale reste sous l'empire du droit commun; mais il a paru que c'était un complément nécessaire du titre du projet qui traitait de la prescription.

Le chapitre 9 est relatif aux *instances*.

Suivant l'article 87, la contrainte décernée par le receveur emportera *hypothèque;* c'est, en effet, un caractère qui doit appartenir à toutes les contraintes, et sans lequel elles n'auraient aucune efficacité.

Il est spécialement attribué, par la loi sur les douanes, aux contraintes décernées dans cette matière : ce n'était donc que par un oubli fâcheux que là loi du 22 frimaire an 7 ne contenait pas de dispositions semblables; et la cour de cassation avait signalé plusieurs fois avec raison cet oubli : on n'a pas dû le laisser subsister dans le nouveau projet.

L'article 88 établit deux *degrés de juridiction* pour les contestations relatives au paiement des droits.

En France, où il n'en existe qu'un seul, les particuliers trouvent des garanties suffisantes dans les décisions habituelles de l'administration, et dans la facilité de se pourvoir devant la cour régulatrice : on a pensé que dans les colonies l'appel à la cour royale remplacerait utilement ces avantages; toutefois le recours en cassation a été conservé aux parties.

L'article 89 conserve aux tiers-saisis tous les droits que leur accorde le Code de procédure; et, en déterminant les frais à supporter par les parties qui succomberont, il dispose, conformément à la jurisprudence de la Cour de cassation, que, dans aucun cas, la condamnation ne pourra être étendue aux intérêts des sommes à payer ou à restituer, ces intérêts ne pouvant être considérés que comme une augmentation de droits déjà irrévocablement fixés.

L'art. 90, relatif aux frais de poursuite payés par les préposés pour des articles tombés en non-valeur, termine tout ce qui concerne les règles de la prescription et le premier titre du projet.

Le titre II renferme les *tarifs*, et se divise en deux chapitres, dont chacun traite d'une nature particulière de droits.

Il serait inutile d'entrer dans le détail des divers actes qui ont été classés dans l'une ou dans l'autre de ces deux catégories; il suffira d'indiquer les modifications principales apportées au système de France, dans l'intérêt des contribuables.

Le chapitre 1er comprend tous les actes soumis au *droit fixe*.

Dans le paragraphe 1er de l'article 91, on a réuni, sous la moindre quotité, qui est de vingt-cinq centimes, les actes qui ne contiennent que des attestations pures et simples ou des renseignemens relatifs au commerce, et ceux qui ne sont que des annexes d'actes principaux.

Le paragraphe 2 du même article présente la nomenclature des actes dont le droit est de cinquante centimes : le n° 3 de ce paragraphe établit quelles sont les *acceptations de délégations* qui ne donnent lieu qu'au droit fixe, lorsque les droits proportionnels ont été perçus dans les cas prévus par le n° 2 de l'article 16.

Les remises de *reliquats de compte* avaient été considérées, jusqu'en 1827, comme une libération par le comptable, et, par suite, on les avait assujétis au droit proportionnel; mais, à cette époque, on reconnut que, lorsque le reliquat était remis immédiatement, l'énonciation de ce fait ne constituait qu'une simple décharge, pour laquelle il n'était dû qu'un droit fixe; que ce n'était que dans le cas où le reliquat ne devrait être remis qu'ultérieurement qu'il y avait obligation, et ensuite quittance, et que, dans cette dernière circonstance seulement, il y avait lieu au droit proportionnel; le n° 20 consacre cette sage distinction, qui résulte des décisions de l'administration.

Le n° 22 contient une modification à l'article 3 du décret du 22 décembre 1822, sur les *cautionnemens*, suivant lequel les déclarations de privilége de second ordre ne sont assujéties qu'au simple droit fixe. Une semblable déclaration présuppose nécessairement une obligation antérieure; et, lorsque cette obligation ne résulte pas d'un autre acte, la déclaration constitue elle-même une obligation principale qui donne lieu au droit proportionnel : on pourrait éluder ce droit d'obligation en se contentant de faire une simple déclaration; le projet y remédie en assujétissant ces déclarations au droit proportionnel, lorsqu'il n'existe point d'ailleurs d'autre obligation.

Les *légataires particuliers* sont des propriétaires du legs qui leur est affecté, et non pas seulement de simples créanciers : d'où la conséquence que la délivrance qui leur est faite du legs renferme une *décharge*, et non une *quittance*. Il en est de même lorsque les exécuteurs testamentaires remettent aux héritiers des deniers de la succession : toutefois, les *intérêts* formant une dette personnelle à l'héritier, leur paiement produit la libération de cet héritier, et donne lieu au droit proportionnel de quittance : telle est la règle qui a été adoptée par le n° 25 du même paragraphe.

Sous le n° 29, on a compris les donations en faveur des communes, hospices et établissemens religieux et de bienfaisance des colonies, et en faveur des colonies elles-mêmes. Les dispositions de cette nature devaient être favorisées et encouragées par l'exemption du droit proportionnel.

Dans le n° 33, aux exploits relatifs aux contributions directes ou indirectes, qui ne sont soumis au droit qu'au-dessus de 100 fr., on a ajouté les mêmes actes relatifs aux travaux de curage de canaux et rivières, comme intéressant l'agriculture.

Les gages et garanties fournies par le débiteur lui-même, sans aucun désaisissement de propriété, ne sont soumis, par le n° 34, qu'au droit fixe, comme n'étant que le complément de l'obligation principale, qui seule doit être frappée du droit proportionnel; c'est une application de l'article 2092 du Code civil, suivant lequel *tous* les biens d'un débiteur sont le gage commun de ses créanciers.

Les *lettres de change* sont exemptes de l'enregistrement, comme elles l'étaient antérieurement à la loi de 1816; toutefois, à l'égard de celles passées devant notaire, le n° 43 porte qu'on percevra le droit fixe pour l'acte notarié, qui doit être soumis à la formalité.

Le n° 49 n'assujétit qu'au droit fixe les *résiliemens* faits dans les vingt-quatre heures;

mais on a ajouté la condition déjà établie à l'égard des déclarations de command, qu'ils seraient notifiés au receveur le lendemain.

Les ventes de navires, de bris et débris de navires, ainsi que celles de marchandises avariées à la mer, ne sont également assujéties qu'au droit fixe par le n° 54.

Sous le n° 55, on a ajouté les *défrichemens* de terrains aux opérations de dessèchemens, en faveur desquelles la loi du 16 septembre 1807 avait déjà réduit le droit de mutation de propriété au droit fixe.

Les n°s 56, 57 et 58 réunissent tous les actes et jugemens des justices de paix dont la loi de France assujétissait une partie à une quotité de droits plus élevée.

Les jugemens en matière de contributions ont été ramenés, par le n° 59, au droit fixe, comme sous la loi de l'an 7, tandis que la loi de 1816 les a rangés parmi les jugemens soumis au droit proportionnel; ce qui constitue dès lors une augmentation réelle des sommes réclamées par l'État lui-même. Les contribuables dans les colonies n'auront pas à supporter cette double peine.

Le chapitre II énonce quels sont les actes soumis au droit proportionnel, et quelles mutations donnent également lieu à ce droit.

Sous le paragraphe 1er de l'article 92, dont la quotité est de deux centimes et demi par 100 fr., on a classé avec les *baux* de toute nature, dont le plus grand nombre intéresse l'agriculture, les *quittances* et tous les actes de libération, qui, en France, appartiennent à une catégorie de droits relativement plus élevée. On a pensé que, ces derniers actes n'étant que le complément d'exécution des conventions antérieures, qui avaient déjà acquitté des droits proportionnels, ils devaient être traités plus favorablement lorsque les mêmes capitaux étaient soumis à une nouvelle perception.

Le droit pour les biens meubles abandonnés par le failli a été rangé sous le n° 4 du paragraphe 2, dont la quotité est de 5 cent. par 100 fr., et se trouve ainsi réduit au même droit que celui qui est dû pour les sommes que le débiteur s'oblige à payer. En France, ces biens sont encore assujétis aux divers droits de mutation, suivant leur nature.

Le droit de cautionnement lui-même a été réduit à moitié. En France, ce droit est égal à celui de l'obligation.

Le droit de mutation par décès, en ligne directe, sur les biens meubles, a été conservé, suivant le n° 10 du paragraphe 2 de l'article 92, tel qu'il avait été établi, par la loi du 19 décembre 1790, pour les legs et donations à cause de mort, parce qu'il en résulte un avantage pour le légataire ou le donataire. Un semblable motif ne pouvait s'appliquer à l'héritier direct qui ne recueille que sa portion virile dans les biens meubles de la succession; et, à cet égard, le projet consacre une importante modification que beaucoup de bons esprits désirent voir admise dans la législation actuelle de la France.

Le n° 12, dérogeant à l'usage suivi en France, excepte formellement les amendes des condamnations prononcées par un jugement, et sur lesquelles le droit proportionnel est perçu. Le droit sur les amendes deviendrait, suivant l'observation qui en a déjà été faite plus haut, une véritable aggravation de peine.

En classant les donations de sommes payables ou exigibles au décès du donateur sous le n° 3 du paragraphe 3, dont la quotité est de sept centimes et demi pour 100 francs, on a suivi les principes consacrés par la jurisprudence de la Cour de cassation, qui déclare ces actes soumis au droit proportionnel.

Sous le n° 1 du paragraphe 6, dont la quotité est de 20 cent. pour 100 fr., on a classé, conformément à l'article 529 du Code civil, parmi les biens meubles, les actions dans les compagnies tant que dure la société, même lorsqu'elle est propriétaire d'immeubles.

La loi de 1816 assujétit les actes de vente d'immeubles, et *ceux de nature à être transcrits aux hypothèques*, à un droit plus élevé que celui établi par la loi de l'an 7, pour tous les actes de transmission de propriétés immobilières en général. Cette disposition a fait naître, sur ce qu'on doit entendre par *actes de nature à être transcrits*, des difficultés sur lesquelles la jurisprudence n'est pas encore fixée en France, et que fait disparaître le paragraphe 8 du projet ci-joint, en revenant à l'unité de quotité de droits, consacrée par la loi du 22 frimaire an 7.

Dans le cas de transmission par décès de propriétés immobilières entre *personnes non parentes,* la loi de 1816 assimile à ces dernières les *enfans naturels* et les *époux survivans,* lorsqu'ils succèdent à défaut de parens. Les paragraphes 9 et 10, en consacrant cette disposition, la modifient en ce sens, que les enfans naturels ne paieront le droit de cette nature de transmission que sur l'*excédant* de la part qu'ils eussent recueillie, s'ils s'étaient trouvés en concours avec des enfans légitimes. Cet excédant est, en effet, le seul avantage que l'absence de parens successibles leur procure.

Les autres dispositions du projet n'offrent rien qui mérite d'être signalé à Votre Majesté. Au surplus, ces diverses observations, en faisant connaître à Votre Majesté toutes les modifications apportées à la législation française par le projet que j'ai l'honneur de lui présenter, lui donneront aussi la mesure du zèle consciencieux qui a été apporté dans ce travail, d'où l'on a surtout cherché à écarter les difficultés d'application qui résultent toujours d'une institution nouvelle. On peut espérer que, quoique le projet ci-joint soit destiné spécialement aux colonies, il ne sera pas cependant sans utilité pour la métropole elle-même, puisqu'il offre un Code complet des lois et des dispositions qui régissent cette matière si difficile et tellement étendue, qu'elle touche à tous les intérêts et à toutes les transactions de la société.

Je prie Votre Majesté, Sire, de signer, si elle l'adopte, le projet d'ordonnance royale portant établissement de l'enregistrement à la Martinique, à la Guadeloupe et à la Guiane française.

Je m'occuperai immédiatement de l'organisation du personnel de ce nouveau service, qui sera réduit, au surplus, à l'absolu nécessaire.

Je proposerai ensuite à Votre Majesté d'étendre à l'île de Bourbon les améliorations que présente l'ordonnance que je soumets à son approbation.

---

31 DÉCEMBRE = 30 JANVIER 1829. — Ordonnance du Roi qui prescrit la publication du traité concernant les rapports de voisinage, de justice et de police, conclu entre Sa Majesté Très-Chrétienne et les Etats de la Confédération helvétique. (8, Bull. 274, n° 10572.)

Voy. traité du 4 VENDÉMIAIRE an 12.

Charles, etc.

Nous avons ordonné et ordonnons que le traité suivant, concernant les rapports de voisinage, de justice et de police, conclu et signé à Zurich, le 18 juillet 1828, entre nous et les Etats composant la confédération helvétique, ratifié par nous le 17 octobre suivant, et dont les ratifications ont été échangées à Berne le 16 du présent mois de décembre, sera inséré au Bulletin des Lois, pour être exécuté suivant sa forme et teneur.

Sa Majesté le Roi de France et de Navarre et les Etats composant la confédération helvétique, également animés du désir de consolider de plus en plus les liens d'amitié et les relations de bon voisinage qui subsistent depuis si long-temps entre eux, et, dans ce but, ayant jugé convenable de fixer définitivement et sur la base d'une parfaite réciprocité les règles à suivre de part et d'autre, tant pour l'exercice de la justice qu'à l'égard de divers autres points d'un intérêt commun pour les deux pays, ont, à cet effet nommé pour leurs plénipotentiaires, savoir:

Sa Majesté Très-Chrétienne, le sieur François-Joseph-Maximilien Gérard de Rayneval, grand-officier de l'ordre royal de la Légion-d'Honneur, chevalier de l'ordre de Charles III, conseiller d'Etat, son ambassadeur près la Confédération helvétique;

Et les Etats de la Confédération helvétique, les sieurs Emmanuel Frédéric Ficher, avoyer de la ville et république de Berne; Jean Herzog d'Effinguen, bourgmestre du canton d'Argovie, et Auguste-Charles-François de Perrot, conseiller d'État de Neuchâtel ; lesquels, après avoir échangé leurs pleins pouvoirs respectifs trouvés en bonne et due forme, sont convenus des articles suivans :

Art. 1er. Les jugemens définitifs en matière civile, ayant force de chose jugée, rendus par les tribunaux français, seront exécutoires en Suisse, et réciproquement, après qu'ils auront été légalisés par les envoyés respectifs, ou, à leur défaut, par les autorités compétentes de chaque pays.

2. Il ne sera exigé des Français qui auraient à poursuivre une action en Suisse, et des Suisses qui auraient une action à poursuivre en France, aucuns droits, caution ou dépôt auxquels ne seraient pas soumis les nationaux eux-mêmes, conformément aux lois de chaque localité (1).

3. Dans les affaires litigieuses personnelles ou de commerce qui ne pourront se terminer à l'amiable sans la voie des tribunaux, le demandeur sera obligé de poursuivre son action devant les juges naturels du défendeur, à moins que les parties ne soient présentes dans le lieu même où le contrat a été stipulé, ou qu'elles ne fussent convenues des juges par-devant lesquels elles se seraient engagées à discuter leurs difficultés.

Dans les affaires litigieuses ayant pour objet des propriétés foncières, l'action sera suivie par-devant le tribunal ou magistrat du lieu où ladite propriété est située.

Les contestations qui pourraient s'élever entre les héritiers d'un Français mort en Suisse, à raison de sa succession, seront portées devant le juge du dernier domicile que le Français avait en France. La réciprocité aura lieu à l'égard des contestations qui pourraient s'élever entre les héritiers d'un Suisse mort en France. Le même principe sera suivi pour les contestations qui naîtraient au sujet des tutelles.

4. En cas de faillite ou de banqueroute de la part de Français possédant des biens en France, s'il y a des créanciers suisses et des créanciers français, les créanciers suisses qui se seraient conformés aux lois françaises pour la sûreté de leur hypothèque seront payés sur lesdits biens, comme les créanciers hypothécaires français, suivant l'ordre de leur hypothèque ; et réciproquement, si des Suisses possédant des biens sur le territoire de la

Confédération helvétique se trouvaient avoir des créanciers français et des créanciers suisses, les créanciers français qui se seraient conformés aux lois suisses pour la sûreté de leur hypothèque en Suisse seront colloqués sans distinction avec les créanciers suisses, suivant l'ordre de leur hypothèque.

Quant aux simples créanciers, ils seront aussi traités également, sans considérer auquel des deux pays ils appartiennent, mais toujours conformément aux lois de chaque pays.

5. Si des Français ou des Suisses, déclarés juridiquement coupables, dans leurs pays respectifs, des crimes suivans, savoir : crimes contre la sûreté de l'État, assassinats, empoisonnemens, incendies, faux sur des actes publics et en écriture de commerce, fabrication de fausse monnaie, vols avec violence ou effraction, vols de grand chemin, banqueroute frauduleuse, ou qui seraient poursuivis comme tels en vertu de mandats d'arrêt décernés par l'autorité légale, venaient à se réfugier, les Français en Suisse, et les Suisses en France, leur extradition sera accordée à la première réquisition. Il en sera de même à l'égard des fonctionnaires ou dépositaires publics poursuivis pour soustraction de fonds appartenant à l'État. Chacun des deux pays supportera jusqu'aux frontières de son territoire les frais d'extradition et de transport.

Les choses volées dans l'un des deux pays et déposées dans l'autre seront fidèlement restituées (2).

6. Dans toutes les procédures criminelles ayant pour objet les mêmes crimes spécifiés à l'article ci-dessus, dont l'instruction se fera soit devant les tribunaux français, soit devant ceux de Suisse, les témoins suisses qui seront cités à comparaître en personne en France, et les témoins français qui seront cités à comparaître en personne en Suisse, seront tenus de se transporter devant le tribunal qui les aura appelés, sous les peines déterminées par les lois respectives des deux nations. Les passeports nécessaires seront donnés aux témoins, et les Gouvernemens respectifs se concerteront pour fixer l'indemnité et l'avance préalable qui seront dues à raison de la distance et du séjour. Si le témoin se trouvait complice, il sera renvoyé par-devant son juge naturel, aux frais du Gouvernement qui l'aurait appelé (3).

---

(1) L'art. 14 du traité du 4 vendémiaire an 12 est conçu de la même manière ; et la cour de Colmar, par arrêt du 28 mars 1810, a jugé qu'aux termes de cet article le Suisse demandeur devant les tribunaux de France est dispensé de fournir la caution *judicatum solvi* (S. 10, 2, 288).

(2 et 3) Il résulte des considérans d'un arrêt de la Cour de cassation du 30 juin 1827 (S. 1827, 1,

438 ; D. 1827, 1, 288), que le droit de livrer un étranger aux tribunaux de son pays est un droit que le Roi tient de sa naissance, et qu'il peut exercer même en l'absence de toute convention diplomatique.

Voy., pour les formes de l'extradition, le *Traité de Législation criminelle* de M. Legraverend, chap. Ier, sect. 8.

7. Les habitans suisses des cantons limitrophes de la France auront la faculté d'exporter les denrées provenant des biens-fonds dont ils seraient propriétaires sur le territoire du royaume à une lieue des frontières respectives, et la même faculté est accordée réciproquement aux Français qui posséderaient en Suisse des propriétés foncières situées à la même distance des frontières. L'exportation et l'importation de ces denrées territoriales seront libres et exemptes de tous droits. Néanmoins les propriétaires qui voudront user de la faculté qui leur est accordée par le présent article se conformeront aux lois de douane et de police de chaque pays; mais, pour éviter que les formalités à remplir ne causent des retards préjudiciables aux récoltes, leur transport d'un pays dans l'autre ne pourra être retardé, si ceux qui en auront préalablement demandé l'autorisation fournissent, jusqu'à ce qu'ils aient pu l'obtenir, une caution solvable.

Il est bien entendu que cette faculté ne sera pas limitée, et qu'elle durera toute l'année; mais il est également convenu qu'elle ne s'appliquera qu'aux récoltes brutes et telles que le terrain sur lequel elles auront cru les aura produites.

8. Il sera conclu un arrangement particulier entre Sa Majesté Très-Chrétienne et les cantons limitrophes de la France, pour régler l'exploitation des forêts voisines des frontières et en prévenir la dégradation.

9. Si par la suite on venait à reconnaître le besoin d'éclaircissemens sur quelques articles du présent traité, il est expressément convenu que les parties contractantes se concerteront pour régler à l'amiable les articles sujets à interprétation.

10. Le présent traité sera ratifié et les ratifications en seront échangées dans l'espace de trois mois, ou plus tôt, si faire se peut.

En foi de quoi, les plénipotentiaires respectifs l'ont signé et y ont apposé le cachet de leurs armes.

Fait à Zurich, le 18 juillet de l'an de grace 1828.

(L. S.) *Signé* RAYNEVAL.

(L. S.) *Signé* FISCHER.

(L. S.) *Signé* HERZOG D'EFFINGUEN.

(L. S.) *Signé* PERROT.

Mandons et ordonnons que les présentes, revêtues du sceau de l'État, insérées au Bulletin des lois, soient adressées aux cours et tribunaux et aux autorités administratives, pour qu'ils les inscrivent dans leurs registres; et notre garde-des-sceaux, ministre et secrétaire d'Etat au département de la justice (comte Portalis), est chargé d'en surveiller la publication.

31 DÉCEMBRE 1828. — Ordonnance qui concède les mines de houille de Puech-la-Bastide, commune de Laissac. (8, Bull. 281, n° 10812.)

31 DÉCEMBRE 1828. — Tableau des prix des grains, pour servir de régulateur de l'exportation et de l'importation, conformément aux lois des 16 juillet 1819 et 4 juillet 1821, arrêté le 31 décembre 1828. (8, Bull. 271, n° 10439.)

31 DÉCEMBRE 1828. — Ordonnance qui autorise définitivement la communauté des religieuses ursulines de Jésus, dites *de Chavagnes*, établie aux Sables-d'Olonne (Vendée). (8, Bull. 273, n° 10529.)

31 DÉCEMBRE 1828. — Ordonnance qui autorise les religieuses de Notre-Dame de Ham (Somme) à transférer leur établissement à Bar-le-Duc (Meuse). (8, Bull. 273, n° 10530.)

31 DÉCEMBRE 1828. — Ordonnance qui limite à deux cents le contingent du diocèse de Séez, dans la répartition du nombre de vingt mille élèves fixé par l'ordonnance du 16 juin dernier, pour les écoles secondaires ecclésiastiques du royaume. (8, Bull. 273, n° 10531.)

31 DÉCEMBRE 1828. — Ordonnance qui autorise le sieur Cantegril à substituer à son nom celui de Montès, et le sieur Coquin à substituer au sien celui de Bessirard. (8, Bull. 273, n° 10533.)

31 DÉCEMBRE 1828. — Ordonnance qui autorise le sieur Deard à ajouter à son nom celui de François de Neufchâteau. (8, Bull. 273, n° 10534.)

31 DÉCEMBRE 1828. — Ordonnance qui admet le sieur Schmidt à établir son domicile en France. (8, Bull. 273, n° 10535.)

31 DÉCEMBRE 1828. — Ordonnance portant: 1° que les communes de Belmont, de Bellefosse, de Blancherupt, de Fonday et de Salbach, canton de Rosheim, arrondissement de Schelestadt, département du Bas-Rhin, sont distraites de ce canton et réunies à celui de Villé, mêmes arrondissement et département; 2° que la commune de Griesheim, canton d'Erstein, mêmes arrondissement et département, est distraite de ce canton et réunie à celui de Rosheim. (8, Bull. 273, n° 10566.)

FIN DU TOME VINGT-HUITIÈME.

www.ingramcontent.com/pod-product-compliance
Lightning Source LLC
Chambersburg PA
CBHW060824220326
41599CB00017B/2272